Anke Jaspers
Suhrkamp und DDR

Studien und Texte zur
Sozialgeschichte der Literatur

―

Herausgegeben von
Maximilian Benz, Kai Bremer, Walter Erhart,
Barbara Picht und Meike Werner

Band 159

Anke Jaspers

Suhrkamp und DDR

Literaturhistorische, praxeologische und werktheoretische Perspektiven auf ein Verlagsarchiv

DE GRUYTER

Zugl. Diss. Humboldt-Universität zu Berlin.

Diese Arbeit ist im Rahmen des von der VolkswagenStiftung geförderten Suhrkamp-Forschungskollegs entstanden.

Die freie Verfügbarkeit der E-Book-Ausgabe dieser Publikation wurde durch 35 wissenschaftliche Bibliotheken und Initiativen ermöglicht, die die Open-Access-Transformation in der Deutschen Literaturwissenschaft fördern.

ISBN 978-3-11-163110-3
e-ISBN (PDF) 978-3-11-074275-6
e-ISBN (EPUB) 978-3-11-074281-7
ISSN 0174-4410
DOI https://doi.org/10.1515/9783110742756

Dieses Werk ist lizenziert unter der Creative Commons Attribution-NonCommercial-NoDerivatives 4.0 International Lizenz. Weitere Informationen finden Sie unter http://creativecommons.org/licenses/by-nc-nd/4.0/.

Die Bedingungen der Creative-Commons-Lizenz für die Weiterverwendung gelten nicht für Inhalte (z. B. Grafiken, Abbildungen, Fotos, Auszüge usw.), die nicht Teil der Open-Access-Publikation sind. Diese erfordern ggf. die Einholung einer weiteren Genehmigung des Rechteinhabers. Die Verpflichtung zur Recherche und Klärung liegt allein bei der Partei, die das Material weiterverwendet.

Library of Congress Control Number: 2022931231

Bibliografische Information der Deutschen Nationalbibliothek
Die Deutsche Nationalbibliothek verzeichnet diese Publikation in der Deutschen Nationalbibliografie; detaillierte bibliografische Daten sind im Internet über http://dnb.dnb.de abrufbar.

© 2024 bei der Autorin, publiziert von Walter de Gruyter GmbH, Berlin/Boston
Dieser Band ist text- und seitenidentisch mit der 2022 erschienenen gebundenen Ausgabe.
Dieses Buch ist als Open-Access-Publikation verfügbar über www.degruyter.com.

Einbandabbildung: Aeya / iStock / Getty Images Plus

www.degruyter.com

Open-Access-Transformation in der Literaturwissenschaft

Open Access für exzellente Publikationen aus der Deutschen Literaturwissenschaft: Dank der Unterstützung von 35 wissenschaftlichen Bibliotheken und Initiativen können 2022 insgesamt neun literaturwissenschaftliche Neuerscheinungen transformiert und unmittelbar im Open Access veröffentlicht werden, ohne dass für Autorinnen und Autoren Publikationskosten entstehen.

Folgende Einrichtungen und Initiativen haben durch ihren Beitrag die Open-Access-Veröffentlichung dieses Titels ermöglicht:

Dachinitiative „Hochschule.digital Niedersachsen" des Landes Niedersachsen
Universitätsbibliothek Bayreuth
Staatsbibliothek zu Berlin – Preußischer Kulturbesitz
Universitätsbibliothek der Freien Universität Berlin
Universitätsbibliothek der Humboldt-Universität zu Berlin
Universitätsbibliothek Bochum
Universitäts- und Landesbibliothek Bonn
Universitätsbibliothek Braunschweig
Staats- und Universitätsbibliothek Bremen
Universitäts- und Landesbibliothek Darmstadt
Technische Universität Dortmund – Universitätsbibliothek (Universitätsbibliothek Dortmund)
Sächsische Landesbibliothek – Staats- und Universitätsbibliothek Dresden
Universitätsbibliothek Duisburg-Essen
Universitäts- und Landesbibliothek Düsseldorf
Universitätsbibliothek Johann Christian Senckenberg, Frankfurt a. M.
Universitätsbibliothek Freiburg
Bibliothek der Pädagogischen Hochschule Freiburg
Niedersächsische Staats- und Universitätsbibliothek Göttingen
Universitätsbibliothek Greifswald
Staats- und Universitätsbibliothek Hamburg Carl von Ossietzky
Gottfried Wilhelm Leibniz Bibliothek – Niedersächsische Landesbibliothek, Hannover
Technische Informationsbibliothek (TIB) Hannover
Universitätsbibliothek Kassel – Landesbibliothek und Murhardsche Bibliothek der Stadt Kassel
Universitäts- und Stadtbibliothek Köln
Universitätsbibliothek der Universität Koblenz-Landau
Zentral- und Hochschulbibliothek Luzern
Universitätsbibliothek Magdeburg
Universitätsbibliothek Marburg
Universitätsbibliothek der Ludwig-Maximilians-Universität München
Universitäts- und Landesbibliothek Münster
Universitätsbibliothek Osnabrück
Universitätsbibliothek Vechta
Herzog August Bibliothek Wolfenbüttel
Universitätsbibliothek Wuppertal
Zentralbibliothek Zürich

∂ OpenAccess. © 2022 Anke Jaspers, publiziert von De Gruyter. [CC BY-NC-ND] Dieses Werk ist lizenziert unter einer Creative Commons Namensnennung – Nicht kommerziell – Keine Bearbeitung 4.0 International Lizenz.
https://doi.org/10.1515/9783110742756-001

Dank

Die vorliegende Arbeit ist die überarbeitete Fassung meiner Dissertation, die am 24. Mai 2018 unter dem Titel *Suhrkamp und DDR. Verlagspraxis im geteilten Deutschland* von der Philosophischen Fakultät II der Humboldt-Universität zu Berlin angenommen wurde.

Auch dieses Buch ist nicht ohne die Begleitung, Beratung und Förderung vieler Personen und Institutionen entstanden, denen ich meinen großen Dank aussprechen möchte. Die Entwicklung der Dissertation hat Prof. Dr. Steffen Martus mit methodischen, inhaltlichen und stilistischen Anmerkungen auf außerordentliche Weise begleitet. Von ihm habe ich gelernt, kritische Distanz zu Materialmengen zu wahren und die praxeologische Sichtweise mit literaturwissenschaftlicher Theoriebildung zusammenzudenken. Ihm sei für das Vertrauen, das er in mich setzte, und sein großartiges Engagement für unser Kolleg herzlich gedankt. Wegweisend für meine Arbeit waren auch die Wissbegier und Empathie, mit denen Prof. Dr. Roland Berbig vermittelt, wie man mit Archivfunden über Literatur nachdenken kann. Ihm danke ich herzlich für seinen motivierenden Zuspruch und das große Interesse an meiner Arbeit.

Den institutionellen Rahmen, in dem diese Studie entstanden ist, bildete das Suhrkamp-Forschungskolleg, dem ich nicht nur deshalb zu Dank verpflichtet bin, weil es meine Arbeit, viele Vortrags- und Archivreisen finanziell ermöglicht hat. Denn zugleich hat es mich Wissenschaft von Beginn an als kollaboratives und innovatives Arbeiten kennenlernen lassen. Ich danke allen Mitgliedern des Kollegs und vor allem seiner Koordinatorin Anna Kinder für ihr großes Engagement. Insbesondere aber danke ich meinen Mitpromovierenden Dr. Tobias Amslinger, Dr. Katharina Einert, Dr. Christian Gohlke, Dr. Claudia Michalski, Dr. Morten Paul, Dr. Marja-Christine Sprengel und Dr. Charlotte Weyrauch für ihre Diskussionsbereitschaft, ihre konstruktive Kritik und ihre Begeisterungsfähigkeit für unser gemeinsames Projekt.

Ohne die große Hilfsbereitschaft der Archivar:innen wäre die Forschungsarbeit, die diesem Buch zugrunde liegt, nicht möglich gewesen. Ein herzlicher Dank gilt vor allem den Archivarinnen des Siegfried Unseld Archivs sowie den Mitarbeiter:innen des Deutschen Literaturarchivs Marbach dafür, dass sie für bestmögliche Arbeitsbedingungen gesorgt haben. Ebenso danke ich den Mitarbeiter:innen weiterer Archive, die mir beratend zur Seite standen: im Archiv der Akademie für Künste, im Archiv des Bundesbeauftragten für die Unterlagen des Staatssicherheitsdienstes der ehemaligen DDR, im Archiv der Staatsbibliothek zu Berlin, im Landeshauptarchiv Sachsen-Anhalt und im Uwe-Johnson-Archiv.

OpenAccess. © 2022 Anke Jaspers, publiziert von De Gruyter. Dieses Werk ist lizenziert unter einer Creative Commons Namensnennung – Nicht kommerziell – Keine Bearbeitung 4.0 International Lizenz.
https://doi.org/10.1515/9783110742756-002

Dr. Karlheinz Braun, Volker Braun, Fritz Rudolf Fries, Klaus Höpcke, Uwe Kolbe, Angela Krauß, Alain Lance, Hartmut Lange und Rudolf Rach bin ich dankbar, dass sie mir im Gespräch die Welt der Literatur im geteilten Deutschland eröffnet haben. Die Einsichtnahme in das Archivmaterial, das Zitat und der Abdruck von Dokumenten erfolgten mit freundlicher Genehmigung der Rechteinhaber:innen sowie der Archive. Dafür möchte ich mich herzlich bedanken. Meine Nachforschungen zu Urheberrechtsinhaber:innen der Werke von Werner Berthel, Ulrich Blank, Helmut Coing, Hans Joachim Haack, Edith Rothe, Heinz Sachs, Herrn Schwarz, Rolf Staudt und Adalbert Wiemers sind leider erfolglos geblieben. Falls Urheberrechtsinhaber:innen in Erscheinung treten sollten, werden berechtigte Ansprüche nachträglich abgegolten.

Es freut mich besonders, dass die Herausgeber:innen der *Studien und Texte zur Sozialgeschichte der Literatur* meine Arbeit in ihre Reihe aufgenommen haben. Für die Unterstützung im Drucklegungsprozess möchte ich mich bei Marcus Böhm, Julie Miess, Matthias Wand und ihren Kolleg:innen bedanken.

Auf dem Weg zur Promotion haben mich Wissenschaftler:innen begleitet, die diese Arbeit auf vielfältige Weise ermöglicht und unterstützt haben. Dr. Manuel Bamert, Dr. Svenja Bromberg, Prof. Dr. Birgit Dahlke, Dr. Julia Frohn, Dr. Angela Gencarelli, Ines Hülsmann, Prof. Dr. Andreas Kilcher, Dr. Michaela Nowotnick, Prof. Dr. Carlos Spoerhase sowie den Kolleg:innen im Forschungsnetzwerk „Literatur im geteilten Deutschland" sei herzlich gedankt für Gespräche und Lektüren zwischen Berlin, Marbach, Zürich und Graz. Besonders danken möchte ich Dr. Martina Schönbächler für ihr gründliches Lektorat und ihr enthusiastisches Mitdenken. Ebenso gilt mein Dank Prof. Dr. Anne-Kathrin Reulecke, deren wertschätzender Blick auf meine Arbeit, mich dabei unterstützt hat, sie schließlich in einen Rahmen zu fassen.

Von Herzen möchte ich mich bei meiner Familie und meinen Freund:innen bedanken, die mir mit viel Humor und Liebe Rückhalt und Kraft in der Promotionszeit gegeben haben: Omed Arghandiwal, Dr. Torben Bührer, Hans und Dorothea Jaspers, Dr. Sophie Junge, Yousef Olbi, Dr. Marie Schulte, Berivan Sigargök-Martin, Henrike Straka und das Junge Ensemble Berlin.

Graz, im Sommer 2022

Inhalt

Abkürzungen —— XIII

Abbildungen —— XV

Einleitung —— 1
    1   Literatur der DDR im Suhrkamp Verlag. Szenen einer Beziehungsgeschichte —— 1
    2   Zur Genese dieser Studie. Methodische Grundlagen —— 15
    3   Aufbau des Buchs und Forschungsliteratur —— 32
    4   Quellenmaterial —— 46

I   **Literaturgeschichte aus Verlagsperspektive** —— 53
    1949: Wiederherstellen. Peter Suhrkamp und die Remigrant:innen —— 58
    1959: Entdecken. Siegfried Unseld und die ‚gesamtdeutsche' Literatur —— 66
    1969: Expandieren. ‚DDR-Literatur' im Suhrkamp Verlag —— 84
    1979: Etablieren. Die Generation der ‚Hineingeborenen' —— 96
    1989: Integrieren. Neue Verlagsautor:innen bei Suhrkamp —— 104
    Fazit —— 112

II   **Der Suhrkamp Verlag im Literaturaustausch** —— 117
    1   Eine Diskursgeschichte der Verlagspraxis —— 121
    1.1   Wie Siegfried Unseld Verleger wurde —— 122
    1.2   Aufklärung und Liberalisierung der DDR. Der Verleger und seine Autor:innen —— 128
    1.3   Eine gemeinsame Sprache. Die deutsch-deutsche ‚Kulturnation' —— 132
    1.4   Marktwirtschaft und Demokratie. Die Luhmann-Unseld-Kontroverse —— 140
    2   Steuernachlass und Bundesverdienstkreuz. Zur kulturpolitischen Funktion der Verlagspraxis —— 148
    3   Volker Brauns *Die Zickzackbrücke* im Einigungsprozess —— 153
    4   Suhrkamp und die Leipziger Buchmesse —— 159
    1965: Demonstration für den Literaturaustausch —— 163
    1969: Ein deutsch-deutsches Programm —— 173
    1973: Mühen der Leipziger Buchmesse —— 176
    1976: Rückzug von der Messe —— 182

5	Literatur der DDR verlegen. Lektionen —— **186**
5.1	*Kunst im Dienst* —— **188**
5.2	Erste Lektion: Auswahlkriterien (*Johnson*) —— **196**
5.3	Zweite Lektion: Assoziationen (*Bloch, Johnson, Brasch, Braun*) —— **206**
5.4	Dritte Lektion: Kommunikations- und Informationspraktiken (*Fries*) —— **209**

III Verlagspraktiken im geteilten Deutschland —— 219

1	Assoziieren —— **226**
1.1	Das Label ‚DDR-Literatur' —— **228**
1.2	Autormarken im geteilten Deutschland (*Becker*) —— **240**
1.3	Wertung und Kanon in der Gutachtenpraxis —— **247**
1.3.1	Assoziative Bewertung. Lyrik der frühen sechziger Jahre bei Suhrkamp (*Mickel, Kunert*) —— **249**
1.3.2	Transtextuelle Bezüge in Karl Mickels Gedicht *Die Friedensfeier* —— **264**
1.3.3	Brecht – Müller – Grünbein. Literarische Tradition im Verlag —— **272**
1.4	Buchgestaltung und Werkeinheit bei Angela Krauß —— **278**
1.4.1	Die Bilder Wolfgang Mattheuers in der Einbandgestaltung —— **280**
1.4.2	*Das Vergnügen* im *suhrkamp taschenbuch*. Eine Ausgabeninterpretation —— **294**
1.4.3	Zwischenfazit: Die Ausgabeninterpretation als methodisches Konzept oder: Rezeptions- und Produktionsästhetik nach dem *material turn* —— **302**
2	Selektieren —— **306**
2.1	„[A]lles oder nichts". Franz Fühmann im Suhrkamp-Lektorat —— **310**
2.2	Lost in translation. Der Bruch mit Fritz Rudolf Fries —— **332**
3	Variieren —— **350**
3.1	Gedichte der ‚Hineingeborenen'. Ein Ausgabenvergleich (*Kolbe, Drawert, Brasch, Becker*) —— **353**
3.2	Variation als Konflikt. Ausgabenpolitik bei Durs Grünbeins *Grauzone morgens* —— **374**
3.3	„Mangel an Welt". Habituelle Variation (*Johnson, Grünbein*) —— **383**

4	Konspirieren —— **388**	
4.1	Der Suhrkamp Verlag im Visier der Staatssicherheit —— **390**	
4.2	Schweigen, schmuggeln, simulieren. Praktiken der Konspiration —— **398**	
5	Investieren —— **407**	
5.1	Investitionen des Verlags oder: Waschmittel für die DDR —— **409**	
5.2	Loyalität und Solidarität (*Wolf, Kolbe*) —— **418**	
6	Fazit: Praktiken im Literaturaustausch —— **425**	

IV Ein Werk in Ausgaben. Editoriale Biographie eines Gedichtbands von Volker Braun —— 429

1	Modell einer editorialen Biographie eines Gedichtbands —— **432**
2	Die ‚Ausgabe' in der Theorie des literarischen Werks —— **435**
3	Vorstufen zum Werk. Wie eine Gedichtsammlung entsteht —— **438**
3.1	Lesungen. Die Lyrikabende der Jahre 1962 und 1963 —— **439**
3.2	Gedichte in Anthologien —— **444**
3.3	Gedichte in der Literaturzeitschrift *Sinn und Form* —— **450**
4	*Provokation für mich* und *Vorläufiges*. Parallelausgaben im geteilten Deutschland —— **458**
5	Poetik des Prozesses. Zu den Auflagen und der Werkausgabe *Texte in zeitlicher Folge* —— **472**
6	*Provokation für mich* in graphischer Bearbeitung —— **481**
7	Fazit —— **486**

Schlussbetrachtung —— 489

Dokumente aus dem Siegfried Unseld Archiv —— 503
    Überblick der Dokumente —— **503**
    Manuskripte —— **505**
    Reiseberichte —— **523**
    Gutachten —— **526**
    Interne Notizen und Protokolle —— **544**
    Briefe —— **547**

Gespräche —— 571
    Überblick der Gespräche —— **571**
    1) Gespräch mit Rudolf Rach am 28. März 2014 in Paris —— **571**
    2) Gespräch mit Karlheinz Braun am 3. März 2015 in Frankfurt a. M. —— **583**

3) Gespräch mit Uwe Kolbe am 8. Oktober 2015 in Berlin —— 599
4) Gespräch mit Klaus Höpcke am 17. November 2014 in Berlin —— 618

Literatur der DDR im Suhrkamp Verlag. Eine Bibliographie —— 641

Archivmaterial —— 657
    Korrespondenz —— 657
    Reiseberichte —— 664
    Gutachten —— 665
    Chronik —— 666
    Manuskripte —— 666
    Berichte, Protokolle und Notizen —— 666

Publizierte Quellen und Primärliteratur —— 671

Forschungsliteratur —— 681

Register —— 701

Abkürzungen

APuZ	*Aus Politik und Zeitgeschichte*
Archiv der AdK	Archiv der Akademie der Künste
BS	*Bibliothek Suhrkamp*
BStU	Der Bundesbeauftragte für die Unterlagen des Staatssicherheitsdienstes der ehemaligen Deutschen Demokratischen Republik
DLA	Deutsches Literaturarchiv Marbach
EA	Erstausgabe
ELH	*English Literary History*
es	*edition suhrkamp*
FAZ	*Frankfurter Allgemeine Zeitung*
FDJ	Freie Deutsche Jugend
GBl.	Gesetzblatt
GG	Grundgesetz
HA	Hauptabteilung
IASL	*Internationales Archiv für Sozialgeschichte der Literatur*
LASA	Landesarchiv Sachsen-Anhalt
MD	Mitteldeutscher Verlag
MfS	Ministerium für Staatssicherheit
ND	*Neues Deutschland*
NDB	*Neue Deutsche Biographie*
ndl	*neue deutsche literatur*
NZZ	*Neue Zürcher Zeitung*
OA	Originalausgabe
o.D.	ohne Datum
o.S.	ohne Seite
o.V.	ohne Verfasser:in
PhB	*Phantastische Bibliothek*
SED	Sozialistische Einheitspartei Deutschland
Spr.i.t.Z.	*Sprache im technischen Zeitalter*
st	*suhrkamp taschenbuch*
stm	*suhrkamp taschenbuch materialien*
SUA	Siegfried Unseld Archiv
SuF	*Sinn und Form*
SZ	*Süddeutsche Zeitung*
TLS	*Times Literary Supplement*
Ü	Übersetzung
ZfGerm	*Zeitschrift für Germanistik*
ZIG	*Zeitschrift für Ideengeschichte*
ZfO	*Zeitschrift für Ostmitteleuropa-Forschung*
ZK	Zentralkomitee

Abbildungen

Abb. 1: Hans Mayer an Peter Suhrkamp, Brief vom 6.01.1954. In: DLA, SUA: Suhrkamp.
Abb. 2: Streifenanzeige für Ulrich Plenzdorfs *Die neuen Leiden des jungen W.* In: FAZ von April 1973. In: DLA, SUA: Suhrkamp.
Abb. 3: Streifenanzeige Jurek Becker, Franz Fühmann, Ulrich Plenzdorf. In: FAZ von Januar 1974. In: DLA, SUA: Suhrkamp.
Abb. 4: Elisabeth Borchers an Siegfried Unseld, Notiz vom 22.09.1977. In: DLA, SUA: Suhrkamp.
Abb. 5: Streifenanzeige für die *edition suhrkamp*. In: Die Zeit vom 26.01.1990. In: DLA, SUA: Suhrkamp.
Abb. 6: Streifenanzeige Jurek Becker und Martin Walser. In: Die Zeit vom 10.03.1978. In: DLA, SUA: Suhrkamp.
Abb. 7: Angela Krauß: Das Vergnügen. Berlin 1984.
Abb. 8: Angela Krauß: Das Glashaus. Berlin 1988.
Abb. 9: Angela Krauß: Das Vergnügen. Frankfurt a.M. 1988.
Abb. 10: Angela Krauß: Das Vergnügen. Frankfurt a.M. 1990.
Abb. 11: Angela Krauß: Kleine Landschaft. Frankfurt a.M. 1989.
Abb. 12: Angela Krauß: Kleine Landschaft. Frankfurt a.M. 1991.
Abb. 13: Vorschautext zu Thomas Brasch: *Kargo. 32. Versuch auf einem untergehenden Schiff aus der eigenen Haut zu kommen.* In: Thomas Brasch an Elisabeth Borchers, Brief vom 25.03.1977. In: DLA, SUA: Suhrkamp.
Abb. 14: Volker Braun: Provokation für mich. In: Auftakt 63. Gedichte mit Publikum, hg. vom Zentralrat der Freien Deutschen Jugend, S. 71–73.
Abb. 15: Holzschnitt von Rolf Kuhrt. In: Volker Braun: Provokation für mich. Leipzig 2005, S. 52.
Abb. 16: Elisabeth Borchers an Anna Seghers, Brief vom 13.02.1973. In: DLA, SUA: Suhrkamp.
Abb. 17: Siegfried Unseld: Kunst im Dienst. Die kulturelle und intellektuelle Situation in der Deutschen Demokratischen Republik, S. 1. In: DLA, SUA: Suhrkamp.
Abb. 18: Siegfried Unseld an Helene Weigel, Brief vom 31.08.1961. In: DLA, SUA: Suhrkamp.

Einleitung

1 Literatur der DDR im Suhrkamp Verlag. Szenen einer Beziehungsgeschichte

Im Sommer 1970 bereiteten der Suhrkamp Verlag und Fritz J. Raddatz ein Buch über die Geschichte der Literatur der DDR[1] für den Druck vor. Es handelte sich um die erste westdeutsche systematische Studie zu diesem Thema, mit der sich der 1958 aus der DDR emigrierte Raddatz an der Universität Hannover bei dem ebenfalls von dort emigrierten und mit dem Verlag verbundenen Literaturwissenschaftler Hans Mayer habilitierte. Nur wenige Jahre zuvor hatte Suhrkamp noch in einem Konkurrenzverhältnis zu Raddatz als Lektor im Rowohlt Verlag gestanden, mit dem Siegfried Unseld über erfolgversprechende Autor:innen[2] der

---

[1] In der vorliegenden Studie geht es um die Beziehungen des Suhrkamp Verlags zu ostdeutschen Autor:innen und um das Verlegen literarischer Texte, die in der DDR entstanden sind. Zur Bezeichnung dieser Texte verwende ich den Begriff ‚Literatur der DDR', um zum einen deren Entstehungs- und Produktionskontext hervorzuheben, der mit den Lebens- und Arbeitsorten der Autor:innen korrespondiert und konstitutiv für die hier fokussierte Autor:in-Verlag-Beziehung war. Den raum-zeitlichen Bezugspunkt des Begriffs bildet also der historische Staat DDR und nicht in einem weiteren Sinne zum Beispiel die Gesellschaftsutopie, die mit diesem verbunden war (vgl. Katrin Max: Bürgerlichkeit und bürgerliche Kultur in der Literatur der DDR. München 2018, S. 56). Zum anderen lässt sich so die Differenz zum Begriff ‚DDR-Literatur' anzeigen, der in der Literaturgeschichte des geteilten Deutschlands – und im Suhrkamp Verlag – als Label mit historisch variablen Konnotationen verwendet wurde (vgl. Janine Ludwig/Miriam Meuser: In diesem besseren Land – Die Geschichte der DDR-Literatur in vier Generationen engagierter Literaten. In: J. L./M. M. (Hg.): Literatur ohne Land? Schreibstrategien einer DDR-Literatur im vereinten Deutschland. Freiburg i. Br. 2009, S. 11–72).

[2] Im Verlagsarchiv kann mit ‚Autor' sowohl die Autor-Funktion, die zum Beispiel die Einheit eines Werks konstituiert (vgl. Michel Foucault: Was ist ein Autor? In: M.F.: Schriften zur Literatur. Hg. von Daniel Defert/François Ewald. Frankfurt a. M. 2003, S. 234–270, hier S. 237), als auch eine Autor-Marke (vgl. Stefan Neuhaus: Der Autor als Marke. Strategien der Personalisierung im Literaturbetrieb. In: Wirkendes Wort. Deutsche Sprache und Literatur in Forschung und Lehre 61 (2011), 2, S. 313–328), die mit verschiedenen Labels aufgebaut, vermittelt und gepflegt wird (vgl. Dirk Niefanger: Der Autor und sein Label. Überlegungen zur *fonction classificatoire* Foucaults (mit Fallstudien zu Langbehn und Kracauer). In: Heinrich Detering (Hg.): Autorschaft. Positionen und Revisionen. DFG-Symposion 2001. Stuttgart/Weimar 2002, S. 521–539) oder die empirische Person bezeichnet sein. Solange ‚Autor' also nicht lediglich eine Funktion, sondern gerade aus der verlagspraktischen Perspektive immer zugleich auch eine empirische Person bzw. eine Marke meint, die mit Attributen des Geschlechts verbunden ist, verwende ich eine gegenderte Variante des Begriffs.

᧟ OpenAccess. © 2022 Anke Jaspers, publiziert von De Gruyter. [CC BY-NC-ND] Dieses Werk ist lizenziert unter einer Creative Commons Namensnennung – Nicht kommerziell – Keine Bearbeitung 4.0 International Lizenz.
https://doi.org/10.1515/9783110742756-005

DDR wie Karl Mickel stritt und Lizenzen austauschte.³ Nun verhandelte Suhrkamp mit dem wissenschaftlichen Autor Raddatz über Aufbau, Inhalt und Titel des Manuskripts, gegen das Mayer einer Gesprächsnotiz zufolge „sehr große Einwände gehabt habe".⁴

Nach einem Gespräch im Frankfurter Verlagshaus protokollierte der Suhrkamp-Lektor Dieter Hildebrandt in einem Brief an Raddatz die vereinbarten Änderungen: Raddatz sollte die Einleitung erweitern und stärker auf literaturpolitische Debatten der DDR sowie die Rezeption in der Bundesrepublik eingehen. Er hatte sich ebenfalls darauf einlassen müssen, den Vergleich einer Rede des Suhrkamp-Autors Hans Magnus Enzensberger mit einer Rede Walter Ulbrichts, der zu diesem Zeitpunkt noch Erster Sekretär des Zentralkomitees (ZK) der Sozialistischen Einheitspartei Deutschlands (SED) war, durch eine andere Gegenüberstellung zu ersetzen. „[I]ch denke, ich kann davon sprechen, daß wir in diesem Punkt Einigung erzielt haben", sicherte Hildebrandt sich schriftlich ab.⁵ Mit dem literarischen Feld der DDR vertraut, empfahl Hildebrandt, auch literarische Reportagen zu behandeln, um „ein paar Autoren minderen Kalibers" aufzunehmen, weil diese „in den Debatten eine große Rolle spielen" – er nannte Erik Neutsch und „Jacob", gemeint ist höchst wahrscheinlich Karl-Heinz Jakobs. Außerdem schlug er vor, die Autor:innen unter Sachtiteln zu ordnen, um den „Zugang zum Werk zu erleichtern".⁶ Der Anmerkungsapparat sollte gekürzt, die Materialien zur literaturpolitischen Diskussion in der DDR aber erhalten bleiben. Schließlich informierte Hildebrandt seinen Autor noch über die materiellen Bedingungen der Ausgabe wie Satz, Format und Ausstattung.⁷ Einen Tag später, am 29. Juli 1970 schrieb Verleger Unseld an den Autor:

> Wir diskutierten hier den Titel Ihrer Arbeit: „Die zweite deutsche Literatur". Soll man wirklich bei der Angabe „zweite" deutsche Literatur bleiben? Ist das nicht eine Abwertung

---

3 Vgl. Siegfried Unseld: Reisebericht Berlin, 19.–25.11.1965; Korrespondenz mit dem Rowohlt-Verlag 1962–68. In: DLA, SUA: Suhrkamp.
4 Siegfried Unseld: Reisebericht München – Zürich, 2.–4.05.1971. In: DLA, SUA: Suhrkamp.
5 Dieter Hildebrandt an Fritz J. Raddatz, Brief vom 28.07.1970. In: DLA, SUA: Suhrkamp.
6 Ebd.
7 Geplant waren zwei Ausgaben mit einem Seitenumfang von ca. 650 Seiten, eine Leinenausgabe zum Preis von 32 DM und eine kartonierte Ausgabe mit einer Auflage von 7.000 Exemplaren zu einem Preis von unter 20 DM. Aufgrund des Lektoratsgesprächs erweiterte Raddatz die Auswahl der Autor:innen, unter anderem um Willi Bredel und Franz Carl Weiskopf. Vereinbart war außerdem, dass Raddatz den Anmerkungsapparat kürzen und einen eigenen Klappentext verfassen sollte. Auf den Vorschlag Hildebrandts, das Genre Reportage in die Darstellung miteinzubeziehen, weil dieses „für das literaturpolitische Verständnis drüben geradezu zentral" sei, ging Raddatz jedoch nicht ein (ebd.).

gegenüber einer möglicherweise „ersten"? Sollte man nicht von der „anderen" deutschen Literatur sprechen, denn sie ist ja wirklich anders.[8]

In seinem Antwortschreiben teilte Raddatz Unselds Bedenken aufgrund der „Tonempfindlichkeit"[9] im geteilten Deutschland, wies den Verleger aber darauf hin, dass auch das Attribut ‚andere' missverstanden werden könne, da es nach wie vor ein Abhängigkeitsverhältnis von der einen, der bundesdeutschen Literatur ausdrücke.[10] Als Vergleich erwähnte er das bei Rowohlt 1951 als *Das andere Geschlecht* übersetzte Buch von Simone de Beauvoir, das im französischen Original unter dem Titel *Le deuxième sexe* erschienen war. Nachdem Raddatz zwei Titel vorgeschlagen hatte, die die behandelten Gattungen betonten,[11] einigten sich Verlag und Autor schließlich auf den Titel *Traditionen und Tendenzen. Materialien zur Literatur der DDR*, der weder eine Einordnung literarischer Gattungen noch eine Hierarchisierung der Literatur(en) in beiden Staaten vornimmt. Der Titel grenzt zwar die Literatur der DDR von der implizierten, aber nie als solche bezeichneten ‚Literatur der BRD' ab, stellt diese aber nicht mehr als die primäre voran. Damit bildet der Titel auch nicht länger die westdeutsche Perspektive ab, die ihre eigene als die eine, deutsche Literatur wahrnahm. Mit dem Verweis auf eigene Traditionen und Entwicklungen betont er im Gegenteil nun vor allem eine Kontinuität literarischen Schreibens in der DDR und nimmt mit dem Genre der Materialiensammlung einen distanzierten Blick auf Heterogenes, Erweiterbares und Veränderliches ein.

Die dargestellte Szene bietet ein paradigmatisches Beispiel für die Verlagspraxis im geteilten Deutschland, gerade weil sie sich zwischen Frankfurt a. M. und Hamburg abspielte. Für den Zweck meiner Studie lässt sich daran veranschaulichen, wie die westdeutschen Verlagsprozesse zur Zeit der deutschen Teilung von den innerdeutschen Beziehungen beeinflusst waren und dass Verlagspublikationen Produkte kollektiver und multifaktorieller Aushandlungs- und Entscheidungsprozesse einer Gemeinschaft[12] von Verlag und Autor:in sind. Da die Geschichte der Literatur im geteilten Deutschland und die Praxis des Suhrkamp

---

8 Siegfried Unseld an Fritz J. Raddatz, Brief vom 29.07.1970. In: DLA, SUA: Suhrkamp.
9 Fritz J. Raddatz an Siegfried Unseld, Brief vom 6.08.1970. In: DLA, SUA: Suhrkamp.
10 Vgl. ebd.
11 Als Alternativen nannte er *Lyrik, Prosa und Dramatik in der DDR. Traditionen und Tendenzen* oder *Zur Literatur der DDR. Traditionen und Tendenzen in Lyrik, Prosa und Dramatik*. Vgl. ebd.
12 Zum Begriff ‚Gemeinschaft' vgl. Philipp Theisohn/Christine Weder: Literatur als/statt Betrieb – Einleitung. In: P.T./C.W. (Hg.): Literaturbetrieb. Zur Poetik einer Produktionsgemeinschaft. München 2013, S. 7–16. Der hier verwendete Begriff der ‚Produktionsgemeinschaft' von Verlag und Autor:in wird im Laufe der Untersuchung ausdifferenziert.

Verlags den thematischen und methodischen Rahmen der Untersuchung abstecken, werde ich auf beide Aspekte einleitend eingehen und die Bedeutung der Schlüsselszene erklären. Die kurze Einführung inszeniert somit pars pro toto Vorgehensweise und Inhalt der vorliegenden Studie, die sich fast ausschließlich aus dem Archiv des Suhrkamp Verlags, dem so genannten Siegfried Unseld Archiv, entwickelt hat. Szenen und Szenarien der Beziehungsgeschichte Suhrkamps zur Literatur der DDR werden in vergleichenden Lektüren herangezogen, um Regeln und Routinen darzustellen, die symptomatisch für die Verlagspraktiken im geteilten Deutschland sind.

Seit 1949 existierten zwei deutsche Staaten. Doch ungeachtet der Realität der deutschen Teilung vertraten sowohl BRD als auch DDR zunächst den Anspruch, die gesamte deutsche Bevölkerung zu repräsentieren. Beide Staaten hielten an der nationalen Einheit fest und akzeptierten die Existenz eines zweiten deutschen Staates nicht,[13] auch wenn der Bau der Berliner Mauer ab 1961 die deutsche Teilung manifestierte.[14] Die inneren und äußeren Grenzen Deutschlands blieben bis zum Beitritt der DDR zur Bundesrepublik und der Anerkennung der Staatsgrenzen Anlass und Inhalt politischer und kultureller Auseinandersetzungen, auch in Bezug auf die Rolle eines vereinten Deutschlands im europäischen Einigungsprozess.[15]

Der bundesdeutsche Alleinvertretungsanspruch fand zum Beispiel nach der sowjetischen Niederschlagung des Aufstands vom 17. Juni 1953 Ausdruck im Bundestagsbeschluss, den 17. Juni als ‚Tag der deutschen Einheit' zum gesetzlichen Feiertag zu erklären, oder in der Hallstein-Doktrin von 1955, die jeden Staat, der mit der DDR diplomatische Beziehungen aufnahm, als feindlich der BRD gegenüber einstufte.[16] Erst die ‚Neue Ostpolitik' unter Bundeskanzler Willy Brandt

---

13 Vgl. Horst Möller: Zwei deutsche Staaten, eine Nation? Zum nationalen Selbstverständnis in den Verfassungen der Bundesrepublik Deutschland und der DDR. In: Udo Wengst/Hermann Wentker (Hg.): Das doppelte Deutschland. 40 Jahre Systemkonkurrenz. Berlin 2008, S. 15–33.
14 Mit den Pariser Verträgen erhielt die Bundesrepublik 1955 eingeschränkte Souveränität, kurze Zeit später folgte die Sowjetunion dem Beispiel der Westalliierten und erteilte auch der DDR eingeschränkte Souveränität. Ausgenommen hiervon waren Berlin und Deutschland als Ganzes. Volle Souveränität erlangte Deutschland erst mit der Wiedervereinigung von 1990.
15 Ähnlich: Alexander Gallus/Axel Schildt/Detlef Siegfried: Deutsche Zeitgeschichte – transnational. In: A.G./A.S./D.S. (Hg.): Deutsche Zeitgeschichte – transnational. Göttingen 2015, S. 11–26.
16 Die so genannte Hallstein-Doktrin war ein Instrument der bundesrepublikanischen Außenpolitik zwischen 1955 und 1969, das erfolgreich verhinderte, dass die DDR diplomatische Beziehungen zu nicht-kommunistischen Regierungen aufnehmen konnte. Benannt ist die Doktrin nach Staatssekretär Walter Hallstein. Er vertrat vor allem in der westdeutschen Presse den Standpunkt des Auswärtigen Amts, dass diplomatische Beziehungen mit jeder Regierung abzubrechen seien,

sorgte für Entspannung. Brandt distanzierte sich im Herbst 1969 von der Hallstein-Doktrin und ermöglichte bilaterale Beziehungen, indem er DDR und BRD als „zwei Staaten einer Nation in Deutschland" auffasste.[17] Auch die DDR proklamierte mit der Verfassung von 1968, dass durch die deutsche Teilung zwei Staaten existierten.[18] Die gegenseitige Anerkennung als Staaten folgte dann mit dem Grundlagenvertrag von 1972, der die Auseinandersetzung um die Frage nach der deutschen Nation allerdings ungeklärt ließ.[19] Der deutsch-deutsche Vertrag enthielt unter anderem den Wunsch nach Erweiterung und Regelung der kulturellen Beziehungen;[20] es sollte aber noch 14 Jahre dauern, bis beide deutschen Staaten sich auf ein gemeinsames Kulturabkommen einigen konnten.[21]

Durch die doppelte Staatengründung entwickelten sich auch zwei literarische Felder in BRD und DDR.[22] Es gab zwei deutsche Schriftstellerverbände, zwei

---

die die DDR als Staat anerkannte. Somit war die Doktrin nicht nur ein Mittel zur internationalen Isolierung der DDR, sie verhinderte auch den Aufbau deutsch-deutscher Beziehungen (vgl. William Glenn Gray: Die Hallstein-Doktrin: Ein souveräner Fehlgriff? In: APuZ 55 (2005), 17, S. 17–23).
17 Rainer Blasius: Starke Geste im Übergang. Als die Hallstein-Doktrin zum ersten Mal angewendet wurde, kannte noch niemand ihren Namen. In: FAZ, Nr. 243 vom 19.10. 2007, S. 12.
18 Vgl. Möller: Zwei deutsche Staaten, S. 29. Möller verweist auf den generellen Unterschied zwischen Verfassungs- und Gesetzestexten im geteilten Deutschland und der jeweiligen Praxis. So akzeptierte die BRD die DDR zwar als Staat – beide waren seit 1973 Mitglied der Vereinten Nationen –, hielt aber im Gegensatz zur DDR über die gesamte Zeit der Teilung an einer einheitlichen deutschen Staatsbürgerschaft fest (vgl. ebd., S. 30 f.). Eine ähnliche Ambivalenz zwischen Anspruch und Praxis zeigt sich im Umgang des Suhrkamp Verlags mit Autor:innen der DDR und ihren Werken (vgl. Teil II und III).
19 Vgl. ebd., S. 32.
20 Der Vertrag über die Grundlagen der Beziehungen zwischen der Bundesrepublik Deutschland und der Deutschen Demokratischen Republik, kurz Grundlagenvertrag, wurde am 21.12.1972 geschlossen und trat am 21.06.1973 in Kraft. Er regelte unter anderem die Gleichberechtigung und Unabhängigkeit beider Staaten, sicherte den Grenzverlauf und kündigte neben dem Austausch von Ständigen Vertreter:innen auch die Zusammenarbeit auf verschiedenen gesellschaftlichen Gebieten an (vgl. Vertrag über die Grundlagen der Beziehungen zwischen der Bundesrepublik Deutschland und der Deutschen Demokratischen Republik („Grundlagenvertrag") vom 21.12. 1972: www.documentarchiv.de/brd/grundlvertr.html (zuletzt eingesehen am 5.05.2022)).
21 Vgl. Sebastian Lindner: Zwischen Öffnung und Abgrenzung. Die Geschichte des innerdeutschen Kulturabkommens 1973–1986. Berlin 2015.
22 Zur Anwendung der Feldtheorie auf die DDR und den Literaturaustausch vgl. Konstantin Ulmer: VEB Luchterhand? Ein Verlag im deutsch-deutschen literarischen Leben. Berlin 2016, S. 30–35. Die feldanalytisch orientierte Forschung zur Literatur nach 1945 vertritt mehrheitlich die Ansicht, dass es zwei literarische Felder im geteilten Deutschland gab (vgl. exempl. Gregor Ohlerich: Sozialistische Denkwelten. Modell eines literarischen Feldes der SBZ/DDR 1945 bis 1953. Heidelberg 2005; Ute Wölfel (Hg.): Literarisches Feld DDR. Bedingungen und Formen literarischer Produktion in der DDR. Würzburg 2005). Empirisch fundieren lässt sich dies auch mit den zahlreichen Feldeffekten, die sich im Literaturaustausch beobachten lassen. Sie werden an den

deutsche Börsenvereine und zwei Buchmessen, ost- und westdeutsche Literaturpreise.[23] In beiden Teilen Deutschlands entwickelte sich die Literatur unterschiedlich, nicht zuletzt, weil die Literaturproduktion – wie auch der Literaturaustausch – in der DDR im hohen Maße institutionalisiert war und staatlich kontrolliert wurde.[24] In beiden Teilen Deutschlands lebten und arbeiteten aber auch Schriftsteller:innen, die mit Verlagen in Ost *und* West kooperierten. Persönliche Kontakte, die teilweise bis in die Zeit der Weimarer Republik zurückreichten, sowie institutionelle Beziehungen blieben über die gesamte Zeit der deutschen Teilung bestehen und ermöglichten einen regen Literaturaustausch.[25] Am Beispiel des westdeutschen Luchterhand Verlags hat Konstantin Ulmer gezeigt, dass es im deutsch-deutschen Literaturaustausch vor dem Hintergrund des Ost-West-Konflikts nicht bloß um die Lizenzübernahme von literarischen Texten derselben Sprache ging. Es begegneten sich auch zwei Literaturen und Gesellschaften, deren mal kooperative, mal konfliktreiche Beziehungen politisch und ideologisch geprägt waren. An seine Untersuchung des literarischen Austauschs anknüpfend, hat Ulmer die These aufgestellt, dass im geteilten Deutschland ein deutsch-deutsches literarisches Feld zweiter Ordnung existierte, dass sich nur auf Teile der west- und ostdeutschen Literatur bezog, die sich interdependent entwickelte. Ulmer meint, dass es sich hierbei um den tendenziell autonomen Teil der Literatur handelte.[26] Ob und wenn ja, wann mit den literarischen Beziehungen im geteilten Deutschland tatsächlich etwas Drittes entstand oder ob sich im Literaturaustausch eine Überlappung der beiden literarischen Felder zeigt, bliebe allerdings zu diskutieren.[27]

Verlagspraktiken evident, zum Beispiel an umfassenden Erläuterungen von Produktionsbedingungen und Textinhalten in Gutachten und Briefen oder an Anmerkungen und Nachworten, die der westdeutschen Leserschaft Zugang zu einem Text der DDR verschaffen sollten.
23 Eine Ausnahme stellte die deutsch-deutsche Goethe-Gesellschaft dar, mit Sitz in Weimar und Ortsvereinigungen in Ost und West (vgl. Lothar Ehrlich: Die Goethe-Gesellschaft im Spannungsfeld der Deutschland- und Kulturpolitik der SED. In: L.E./Gunther Mai (Hg.): Weimarer Klassik in der Ära Ulbricht. Köln/Weimar/Wien 2000, S. 251–281).
24 Vgl. Ulmer: VEB Luchterhand, S. 40.
25 Vgl. Julia Frohn: Literaturaustausch im geteilten Deutschland 1945–1972. Berlin 2014.
26 Vgl. Ulmer: VEB Luchterhand, S. 35.
27 Wolfgang Emmerich spricht allein in Bezug auf die Autor:innen, die nach 1976 die DDR verließen, von „hybride[n] Habitus- und Identitätsbildungen" (Wolfgang Emmerich: Habitus- und Generationsgemeinschaften im literarischen Feld Ostdeutschlands – vor und nach der Wende. Ein Versuch, das veränderte literarische Feld mit Bourdieu und Mannheim besser zu verstehen. In: Holger Helbig (Hg.): Weiterschreiben. Zur DDR-Literatur nach dem Ende der DDR. Berlin. 2001, S. 269–283, hier S. 279). Indizien hingegen für die Existenz eines *geteilten* deutsch-deutschen Grenzfeldes sind zum Beispiel der strategische Einsatz einer westdeutschen Publikation (vgl. Anke Jaspers: Ausgabenpolitik. Verlagspraktiken im geteilten Deutschland am Beispiel von An-

Unter dem Begriff ‚Literaturaustausch' verstehe ich den Verkauf von Büchern und Werklizenzen in das jeweils andere Deutschland, aber auch die vielfältigen persönlichen und literarischen Beziehungen; er umfasst das gesamte literarische Leben im geteilten Deutschland. Damit verbunden ist auch ein im doppelten Sinne geteiltes Bewusstsein für deutsch-deutsche Gemeinsamkeiten und Unterschiede über die tatsächlichen Austauschbeziehungen hinaus. ‚Geteilt' bezeichnet in seiner Doppelbedeutung von trennen und etwas gemeinsam haben die Prozesse der Verflechtung und Abgrenzung sowohl auf textueller als auch auf Akteursebene.

Ähnlich wie im Politischen fand gerade wegen fortbestehender und neuer kultureller Kontakte im geteilten Deutschland auch im Literarischen ein Ringen um die Vereinnahmung von literarischen Traditionen und die Angemessenheit literarischer Formen und Inhalte statt. Dies kam bereits in den deutsch-deutschen Auseinandersetzungen um die Reden Thomas Manns anlässlich Goethes Geburtstag im Sommer 1949 zum Ausdruck, die der exilierte ‚Nationalschriftsteller' in Frankfurt und in Weimar, also beiden Teilen Deutschlands hielt.[28] Ost und West beharrten parallel zur politischen Entwicklung auf der Vorstellung einer einheitlichen ‚Kulturnation', allerdings mit einer östlichen und einer westlichen Deutung von Gegenwartsliteratur und den aufzunehmenden literarischen Traditionen.[29]

Das literarische Feld der DDR integrierte seit Beginn der deutschen Teilung ausgewählte westdeutsche Literatur entsprechend seines Konzepts einer deutschen – und seit dem Bitterfelder Weg[30] – sozialistischen Nationalliteratur.[31] In

---

gela Krauß, Volker Braun und Uwe Kolbe. In: IASL 43 (2018), 1, S. 151–180) oder die Anpassung der Suhrkamp'schen Verlagspraktiken an die Bedingungen des Literaturaustauschs (vgl. Teil II und III).

28 Vgl. Petra Weber: Thomas Mann in Frankfurt, Stuttgart und Weimar. Umstrittenes kulturelles Erbe und deutsche Kulturnation. In: Wengst/Wentker (Hg.): Das doppelte Deutschland, S. 35–64.
29 Vgl. ebd., S. 42.
30 Siegfried Lokatis bezeichnet den Wandel des Bitterfelder Wegs als „literarische Autarkiepolitik": „Die Abschottung richtete sich nicht nur gegen Autoren der Moderne und ‚Dekadenz', also gegen Faulkner, Joyce, Kafka und Musil, sondern hatte ganz allgemein einen dramatischen Rückgang an Westimporten zur Folge." (Siegfried Lokatis: Nimm den Elefanten – Konturen einer Verlagsgeschichte. In: Simone Barck/S. L. (Hg.): Fenster zur Welt. Eine Geschichte des DDR-Verlages Volk & Welt. Berlin 2003, S. 15–30, hier S. 20).
31 Dementsprechend hieß auch der Lehrstuhl, den Hans Mayer von 1948 bis 1963 an der Universität Leipzig hatte, „Geschichte der Nationalliteratur" (vgl. Hermann Glaser: Kulturgeschichte der Bundesrepublik Deutschland. Bonn 1991, S. 164 f.). Der Begriff ‚Nationalliteratur' umfasste allerdings nicht die gesamte deutsche Literatur, sondern allein die als humanistisch-bürgerlich und proletarisch-revolutionär definierte Literatur der Vergangenheit und Gegenwart (vgl. Helmut Peitsch: Nachkriegsliteratur 1945–1989. Göttingen 2009, S. 14). Texte bundesdeutscher

der BRD knüpfte die Literatur an Traditionen der klassischen Moderne an und ignorierte bis Ende der fünfziger Jahre größtenteils die in der DDR entstehende Literatur.[32] Erst im Laufe der sechziger Jahre entwickelte sich, gleichzeitig mit der politischen Annäherung, ein Interesse an jungen Autor:innen der DDR, dem die Erkenntnis folgte, es handle sich um eine andere literarische Ästhetik, einen anderen Erfahrungs- und Erlebnishorizont und damit um eine andere deutsche Literatur.[33] Der aufblühende Literaturaustausch ab Ende der fünfziger Jahre fiel allerdings auch mit der Etablierung einer neuen Autor:innengeneration in der DDR zusammen, die sich statt mit Nationalsozialismus und Exil mit den zeitgenössischen Verhältnissen in der DDR auseinandersetzte.[34] Sowohl die politische als auch die kulturelle Geschichte im geteilten Deutschland sind also ohne die Auseinandersetzung um die Idee der deutschen Nation nicht zu denken.

Vor diesem Hintergrund unternahm die Habilitationsschrift von Raddatz zu Beginn der siebziger Jahre einen der ersten Versuche, die als anders bzw. relativ eigenständig verstandene Literatur der DDR poetologisch und genealogisch zu untersuchen, wie der Kommentar von Unseld, „sie ist ja wirklich anders" bestätigt. Die Überlegungen zum Titel veranschaulichen, wie Verlag und Autor darauf bedacht waren, das literarische Feld der DDR nicht abzuwerten und sich damit auf die Bedingungen des Literaturaustauschs einzustellen. Dahinter stand (und steht) die Wahrnehmung einer Differenz zwischen Ost und West. In der vorliegenden Studie werde ich unter anderem sowohl diese Differenz(en) als auch die Wahrnehmung derselben aus den hier vertretenen Perspektiven eines westdeutschen Verlags, des Suhrkamp Verlags, und ostdeutscher Autor:innen untersuchen. ‚Suhrkamp' und ‚DDR' sind in diesem Sinne als zwei sich gegenüberstehende Vorstellungswelten zu verstehen, die im Literaturaustausch – und konkreter in der

---

Autor:innen erschienen in den fünfziger Jahren zum Beispiel in der Zeitschrift *Neue deutsche Literatur* (vgl. Ulmer: VEB Luchterhand, S. 55).
32 Frohn konstatiert für die fünfziger Jahre: „Weder eine rigide Kulturpolitik noch finanzielle Schwierigkeiten hinderten den westdeutschen Markt an der Veröffentlichung von DDR-Literatur, sondern eigene ökonomische Absatzinteressen sowie ein nahezu kollektiver Argwohn respektive eine weitreichende Ignoranz gegenüber der Literatur jenseits der Demarkationslinie." (Frohn: Literaturaustausch, S. 97. Vgl. auch Peitsch: Nachkriegsliteratur, S. 32). Ulmer erwähnt in seiner Verlags- und Literaturgeschichte des Luchterhand Verlags, dass in den fünfziger Jahren nur einige Texte des Autors Karl Mundstock in der Zeitschrift *Texte und Zeichen* veröffentlicht wurden. Erst mit Anna Seghers' *Das siebte Kreuz* von 1962 begann der eigentliche Literaturaustausch (vgl. Ulmer: VEB Luchterhand, S. 49 – 70). Eine ähnliche Entwicklung ist für den Suhrkamp Verlag zu verzeichnen (vgl. Teil I).
33 Vgl. Peitsch: Nachkriegsliteratur, S. 15 – 17.
34 Vgl. Werner Mittenzwei: Die Intellektuellen. Literatur und Politik in Ostdeutschland 1945 bis 2000. Leipzig: 2001, S. 174 – 183.

Buchproduktion – in Kontakt gerieten. Worin bestanden die Differenzen? Wer stellte sie fest und wozu? Wurden die Differenzen unterschiedlich wahrgenommen? Woraus speiste sich die Wahrnehmung und worauf hatte sie Auswirkungen? Welche Gemeinsamkeiten wurden dennoch gefunden? Die Fokussierung auf einen *west*deutschen Verlag und dessen Beziehungen zur *ost*deutschen Literatur korrespondiert mit der Annahme, aufgrund der wirtschaftlich-politischen Abhängigkeit der DDR sei für die deutsch-deutschen Beziehungen, also auch für den Literaturaustausch, vor allem der Westen prägend gewesen.[35] Inwieweit aber auch Rückkoppelungseffekte entstanden und in welchen Aspekten präziser von einer gegenseitigen Prägung die Rede sein müsste, kann gerade die Mikroperspektive auf Verlagspraktiken zeigen.[36] Als Beispiel für die Beziehungen eines westdeutschen Verlags zu ostdeutschen Autor:innen und Literatur eignet sich der Suhrkamp Verlag in ganz besonderer Weise, wie zu zeigen sein wird, aufgrund seiner herausragenden Bedeutung im literarischen Feld der Nachkriegszeit, aufgrund seines Hausautors Bertolt Brecht und aufgrund seines eigenen Anspruchs, im geteilten Deutschland kulturpolitisch zu agieren. Auch wenn die Erkenntnisse aus dem SUA also nicht als repräsentativ für das verlegerische Feld der Bundesrepublik gelten können, so eignet sich das Archiv doch als Labor zur Untersuchung des deutsch-deutschen Literaturaustauschs.

Der Suhrkamp Verlag stand seit seiner Gründung im Jahr 1950 als Vertreter der Weltrechte am Gesamtwerk Brechts im institutionellen Austausch mit dem Aufbau Verlag, dem Berliner Ensemble und dem Brecht-Zentrum in der DDR. Nach dem Tod Brechts baute der Verlag ab Ende der fünfziger Jahre weitere Beziehungen zu Autor:innen sowie Verlagen in der DDR auf, um auch Gegenwartsliteratur zu veröffentlichen.[37] Unseld und andere Verlagsmitarbeiter:innen pflegten zu Beginn der siebziger Jahre durch das deutsch-deutsche Verlagsprogramm also bereits langjährige, sowohl geschäftliche als auch mehr oder weniger private Kontakte in die DDR. Raddatz hatte als Verlagslektor in ost- und westdeutschen Verlagen gewirkt[38] und stand spätestens seit der so genannten Ballon-Af-

---

35 Vgl. Arnd Bauerkämper/Martin Sabrow/Bernd Stöver (Hg.): Doppelte Zeitgeschichte. Deutschdeutsche Beziehungen 1945–1990, Bonn 1998, S. 9–16; Detlev Brunner/Udo Grashoff/Andreas Kötzing: Asymmetrisch verflochten? Einleitung. In: D.B./U.G./A.K. (Hg.): Asymmetrisch verflochten? Neue Forschungen zur gesamtdeutschen Nachkriegsgeschichte. Berlin 2013, S. 11–17.
36 Zur umgekehrten Perspektive auf westdeutsche Literatur in ostdeutschen Verlagen vgl. exempl. Barck/Lokatis (Hg.): Fenster zur Welt; Frohn: Literaturaustausch im geteilten Deutschland, S. 139–233; Ulmer: VEB Luchterhand.
37 Vgl. Teil I, Kapitel 1959.
38 Von 1953 bis 1958 war Raddatz als Lektor im Ostberliner Verlag Volk und Welt tätig, nach seiner Übersiedlung in die BRD war er von 1960 bis 1969 Cheflektor und stellvertretender Ver-

färe[39] im Fokus der öffentlichen Diskussion um die deutsch-deutschen Kulturbeziehungen. Unseld und Raddatz konnten demnach beide kein Interesse daran haben, das Publikum des Buchs im geteilten Deutschland – Vertreter, Buchhandel, Kritik, Philologie und Kulturpolitik – durch einen ideologisch interpretierbaren Titel zu verärgern und damit dessen Verbreitung zu schaden. Zwar gilt im Regelfall der Autor als Adressant des Titels, die Verantwortung hierfür teilen sich aber Verlag und Autor:in.[40] Ihre Verhandlungen zeigen, wie sensibel und flexibel beide im Literaturaustausch agierten. Immerhin galt die ostdeutsche Literatur als eine ‚andere' Literatur und zwar zum einen aus der westdeutschen Perspektive auf das literarische Feld der DDR – so wie aus ostdeutscher Perspektive die westdeutsche Literatur eine ‚andere' gewesen wäre – und zum anderen auch im poetologischen Sinne, so lautete zumindest die grundlegende These der Studie Raddatz'. Unseld ging davon aus, dass potentiell jede öffentliche Äußerung in Bezug auf die DDR, und sei es auf dem Schutzumschlag einer Suhrkamp-Publikation, wahrgenommen und Anlass einer Auseinandersetzung werden konnte. Durch die engere Verflechtung von literarischem und politischem Feld in der DDR konnte jede Positionierung im Literaturaustausch auch eine Provokation der Kulturpolitik und des politischen Systems der DDR bedeuten.[41] Im Literaturaustausch waren es also nicht nur die Autor:innen der DDR, die immer schon im

---

lagsleiter unter Heinrich Maria Ledig-Rowohlt im Rowohlt Verlag (vgl. Hermann Gieselbusch u. a.: 100 Jahre Rowohlt. Eine illustrierte Chronik. Reinbek bei Hamburg 2008, S. 226).

39 Auf Betreiben des Rowohlt-Vertriebsleiters Karl Hans Hintermeier druckte und lieferte Rowohlt im Jahr 1969 über 50.000 Sonderexemplare der Erinnerungen Jewgenija Semjonowna Ginsburgs an ihr Leben im Gulag (*Marschroute eines Lebens*) an die Bundeswehr, die das Buch als Propagandainstrument per Ballon in die DDR sandte. Als Resultat der darauffolgenden internen Verlagskonflikte verließen Lektor Raddatz und andere Mitarbeiter den Rowohlt Verlag (vgl. Dieter E. Zimmer: Frißt die Revolution ihre Verleger? Unter- und Hintergründe einer Affäre im Hause Rowohlt. In: Die Zeit vom 26.09.1969, S. 16 f.; Wolfgang Kraushaar: Die Ballon-Affäre. Ein Kapitel aus der „Protest-Chronik". In: Gieselbusch u. a.: 100 Jahre Rowohlt, S. 260–267; Frohn: Literaturaustausch, S. 296–298).

40 Vgl. Gérard Genette: Paratexte. Das Buch zum Beiwerk des Buches. Frankfurt a. M. 2016, S. 75–77.

41 Vgl. Mittenzwei: Die Intellektuellen. Inwieweit im Vergleich dazu in der BRD eher Literatur und Wirtschaft bzw. wie weit auch hier Literatur und Politik verflochten waren und dieses Verhältnis sowohl konstitutiv als auch prägend für die (deutsch-deutsche) Literatur der Nachkriegszeit war, wird in den letzten Jahren intensiver erforscht (vgl. Günther Rüther: Literatur und Politik? Ein deutsches Verhängnis. Göttingen 2013). Anhand von Szenen der Verlagsgeschichte liefert auch meine Studie (vgl. v. a. Teil II) Erkenntnisse zum kooperativen Handeln des Verlags mit politischen Akteuren, anhand derer die typisch verlegerische Mischkalkulation literarischer, ökonomischer und politischer Faktoren zum Ausdruck kommt.

Hinblick auf zwei deutsche Leserschaften[42] (und die ostdeutsche Zensur) schrieben, wie zuletzt Stephan Pabst gezeigt hat,[43] auch Verlage kalkulierten in Absprache mit den Autor:innen bei der Produktion der Bücher und den sie begleitenden Paratexten mit den zwei unterschiedlichen literarischen Feldern.

Mit der Zusammenstellung von literarischen Werken und literaturpolitischen Debatten, fiktionalen und faktualen Texten, mehr und weniger bekannten Autor:innen kam in Raddatz' Studie ein Literaturverständnis zum Ausdruck, das Literatur und Politik zusammendachte und das inhaltliche und formale Spektrum der publizierten Texte ostdeutscher Autor:innen in den Blick nahm. Personen und Texte sollten, wie gesagt, unter dem Label ‚DDR-Literatur' subsummiert und in Sachgruppen geordnet werden. Weiterhin zeigt die Bitte des Lektors, die Reden Enzensbergers und Ulbrichts einander nicht gegenüber zu stellen, dass der Verlag in seinen Entscheidungen nicht nur die allgemeine gesellschaftliche und politische Befindlichkeit auf beiden Seiten berücksichtigte, sondern auch das symbolische und ökonomische Kapital eines zweiten Verlagsautors, Enzensbergers, mitbedachte. Gleichzeitig musste der Verlag behutsam mit Raddatz umgehen, der als Literaturkritiker und Jurymitglied, zum Beispiel bei der Vergabe der Villa Massimo-Stipendien oder des Hamburger Lessing-Preises, wichtigen Einfluss auf Bucherfolge Suhrkamps haben konnte. Es ging um das Prestige von Verlag und Autor, die im deutsch-deutschen Literaturaustausch jeweils eigene und gemeinsame Interessen verfolgten. Beide, Unseld und Raddatz, suchten aber auch nach der inhaltlich korrekten Bezeichnung für die These, die Raddatz seiner Untersuchung zugrunde legte: „Es gibt zwei deutsche Literaturen."[44]

Der kurze Briefwechsel zwischen Lektor, Verleger und Autor verdeutlicht also, wie Verlage in der Praxis mit vielfältigen, kulturellen, ökonomischen, politischen, gesellschaftlichen und sozialen Faktoren kalkulieren, die gewichtet und gegeneinander aufgewogen werden. Üblicherweise wird die alltägliche Verlagsarbeit mit dem Bild des in zwei entgegengesetzte Richtungen blickenden Januskopfes beschrieben. Dem damit implizierten dichotomischen Denken über das Zusammenwirken von Kultur und Wirtschaft in Verlagen, das sich von der doppelten Kodierung des Buchs als kulturelles und ökonomisches Gut ableitet,[45] schließt

---

42 Ich unterscheide begrifflich zwischen ‚Leserschaft' als ideales Publikum eines Werks – quasi als ausgabenimmanente Kategorie – und ‚Rezipient:innen' als empirische Personen, die einen Text bzw. ein Werk tatsächlich sinnlich erfassen.
43 Vgl. Stephan Pabst: Post-Ost-Moderne. Poetik nach der DDR. Göttingen 2016, S. 100 f.
44 Fritz J. Raddatz: Traditionen und Tendenzen. Materialien zur Literatur der DDR. Frankfurt a. M. 1972, S. 7.
45 Vgl. Georg Jäger: Keine Kulturtheorie ohne Geldtheorie. Grundlegung einer Theorie des Buchverlags. In: IASL online Diskussionsforum Probleme der Geschichtsschreibung des Buch-

sich meine Untersuchung allerdings nicht an. Verdeckt es doch die Tatsache, dass sich Rezeption, Produktion und Vermittlung von Literatur in der Verlagspraxis als weitaus komplexere, intrikate Prozesse mit Konfliktpotential darstellen, bei denen das Kulturelle nicht ohne das Ökonomische und das Ökonomische nicht ohne das Kulturelle denkbar ist. Bereits die ungewöhnliche Reihenfolge von Rezeption, Produktion und Vermittlung bzw. Distribution ergibt sich aus der Analyse von Verlagsprozessen, die zeigt, dass ein Verlag nicht allein als produzierende und vermittelnde Instanz zu sehen ist, sondern dass diese Praktiken mit der Rezeption von Texten vielfältig verwoben sind. Verlage, verstanden als Kollektivakteure, lesen und konstruieren auf der Grundlage ihrer Lektüren ein Publikum für die jeweiligen Bücher. Im Gegensatz zur Perspektive auf die Lektüre von Buchausgaben, ist die Rezeption im Verlag also heuristisch gesehen den Herstellungsprozessen vorgelagert.

Das Raddatz-Beispiel veranschaulicht, wie Verlag und Autor kooperierten. Rechtlich gesehen, autorisiert der ‚Autor' im Sinne des Urheberrechts einen Verlag zur Nutzung eines Werks für publizistische Zwecke, ebenso verfügt er theoretisch allein über die sprachliche Gestalt seines Textes.[46] Der Verlag ist von der Schrifttype bis zu den Werbetexten einer Ausgabe für die Erstellung der Paratexte verantwortlich, die den Text (hier) als Buch materialisieren und dieses bewerben, um den Verkauf zu fördern.[47] Wer genau was im Prozess der Buchproduktion vorschlägt, entscheidet und herstellt, ist in der Praxis aber Verhandlungssache. Der Buchtitel gehört zur Zone des verlegerischen Peritextes, fällt also in den Verantwortungsbereich des Verlags, über den sich dieser mit der Autor:in abspricht und der mit dem Erscheinungsdatum der Originalausgabe auftritt. Mehr als der Text räumt der Titel dem Verlag Rechte und Pflichten ein, wenn es um dessen Katalogisierung und Vermarktung geht. Zum Titel gehört aber auch seine Entstehungsgeschichte, die im privaten Schreibprozess beginnt und erst mit der Veröffentlichung des Textes in die Sphäre des Verlags gerät.[48] Theodor W. Adorno

---

handels: http://www.iasl.uni-muenchen.de/discuss/lisforen/jaeger_buchverlag.pdf (zuletzt eingesehen am 5.05.2022), S. 11 f.
46 Vgl. Heinrich Bosse: Autorschaft ist Werkherrschaft. Über die Entstehung des Urheberrechts aus dem Geist der Goethezeit. Paderborn 2014, S. 51.
47 Vgl. Genette: Paratexte, S. 22–40 und 331.
48 Vgl. ebd., S. 68–75. Genette bezeichnet diejenigen Elemente des Paratextes als Peritext, die sich „im Umfeld des Textes, innerhalb ein und desselben Bandes" (ebd., S. 12) situieren lassen. Epitexte zirkulieren in weiterer Entfernung des Textes, können aber auch zum Teil eines Buchs, also zu Peritexten werden. Peritext und Epitext ergeben zusammen den Paratext. Der Begriff ist insofern verwirrend, als dass er die Elemente nicht in ihrer Form, sondern in ihrer Funktion bezeichnet, nämlich einen Text zu begleiten, zu erweitern, zu deuten etc. Es kann sich dabei also um textuelle, materielle oder bildliche Elemente handeln.

zählte die Fähigkeit, „dem Text seinen Titel zu entlocken" zu den Verlegertugenden.[49] Das Beispiel zeigt darüber hinaus, dass auch Inhalt und Struktur des Textes Gegenstand der Verhandlungen zwischen Autor:in und Verlag bzw. Lektorat sein können, obwohl der gedruckte Text einer Ausgabe in der auktorialen Verantwortung des Autors liegt. Inwiefern dabei Textgattungen und die Frage, ob es sich um einen Einzeltext oder eine Textsammlung handelt, eine Rolle spielen, werde ich im Laufe der Studie diskutieren. Für den Klappentext wiederum, der laut Genette zum verlegerischen Peritext gehört,[50] sollte in diesem Fall der Autor Raddatz einen Formulierungsvorschlag beisteuern.

Im Interesse einer erfolgreichen, längerfristigen Zusammenarbeit verhandeln Verlag und Autor:in über Form *und* Inhalt eines Werks in seiner Materialisierung als Verlagsausgabe, also darüber, wie der literarische oder wissenschaftliche Text präsentiert wird und in der Öffentlichkeit zirkuliert.[51] Literarische oder wissen-

---

49 Theodor W. Adorno: Titel. In: T.W.A.: Gesammelte Schriften. Bd. II: Noten zur Literatur. Hg. von Rolf Tiedemann. Frankfurt a. M. 1996, S. 325–334, hier S. 327.
50 Vgl. Genette: Paratexte, S. 32 ff.
51 Der Werkbegriff im Verlagsarchiv ist heterogen: Mit ‚Werk' kann der ‚Text' als schriftliche Überlieferung in festgelegter Zeichenreihenfolge und verbindlicher Leseordnung gemeint sein, unabhängig von seiner materiellen Form als Typoskript, Korrekturfahne oder (veröffentlichtes) Buch. In diesem Sinne wird der Werkbegriff in der verlegerischen Kommunikation also vor allem emphatisch verwendet und verdeutlicht, welchem Text der Verlag Werkstatus zuschreibt, noch bevor bzw. relativ unabhängig davon, ob die gängigen Kriterien zur Konstitution eines Einzelwerks vorliegen: dessen Vollendung (im Lektorat), die finale Betitelung, die Autorintention und die Veröffentlichung (vgl. Carlos Spoerhase: Was ist ein Werk? Über philologische Werkfunktionen. In: Scientia Poetica 11 (2007), S. 276–344, hier S. 288). Als ‚Werk' wird aber auch die Gesamtheit aller (auch zukünftiger) Texte mit Werkstatus bezeichnet, im Sinne von ‚Gesamtwerk', von denen ggf. nur eine Teilmenge im Suhrkamp Verlag erschienen ist oder noch erscheinen wird. Der Textbegriff wird im Verlagsarchiv auch für unveröffentlichte Texte (als Teile des Werks) oder für verschiedene Formen von Paratexten verwendet. Ich unterscheide davon abweichend zwischen ‚Text' als Reihe sprachlicher Zeichen, unabhängig davon, ob es um den idealen, realen oder materiellen Text geht (vgl. Johnny Kondrup: Text und Werk – zwei Begriffe auf dem Prüfstand. In: editio. Internationales Jahrbuch für Editionswissenschaft 27 (2013), S. 1–14). Als ‚Werk' bezeichne ich zunächst den ‚Text' in seiner veröffentlichten Form, d. h. mitsamt seiner Materialität und Peritextualität, bzw. genauer gesagt eine Vielfalt von Texten im Modus der Ausgabe, die zwar Varianten aufweisen können, deren Zusammenhang aber durch Werkidentität besteht. Der Werkbegriff ist damit – ähnlich einem Werktitel – sowohl eine immaterielle als auch eine materielle Kategorie, wenn er sich als Kollektivsingular auf eine Menge von Drucken bezieht. Diese Ambivalenz des Werkbegriffs entwickele ich im Lauf der Untersuchung, indem ich an Fallbeispielen die ‚Ausgabe', die ‚Auflage' und das ‚Exemplar' als (Sub-)Kategorien etabliere, die in der Editionsphilologie Verwendung finden. Diese hat im Zuge einer semiotisch interessierten Literaturwissenschaft am Buchdruck sowohl in ihrer Praxis als auch in ihrer theoretischen Reflexion begonnen, die Materialität und Medialität literarischer Werke im editorialen Kontext u. a. von

schaftliche Bücher sind also Gemeinschaftsprodukte bzw. Produkte kollektiver Kreativität im radikalen Sinne,[52] auch wenn, oder besser: gerade weil sich die einzelnen Vorschläge und Entscheidungen im Aushandlungsprozess bzw. dessen Ergebnis oft nicht auf eine einzelne Person zurückführen lassen. Philipp Theisohn und Christine Weder bezeichnen eine „Einheit von zusammenwirkenden Personen und Produktionsmitteln zur Hervorbringung von Gütern und Leistungen" als Produktionsgemeinschaft.[53] Ich übernehme ihren Begriff für die gemeinschaftliche Zusammenarbeit von Verlag und Autor:in. Die Produkte dieser Gemeinschaft sind die jeweiligen gemeinsam verantworteten Ausgaben eines Werks, also der wissenschaftliche oder literarische Text in seinen unterschiedlichen Materialisierungen, mitsamt den verbreiteten Epitexten.

Kurzum: Die Rekonstruktion von Verlagsprozessen, beispielhaft vorgeführt an einer Szene aus der Produktionsgeschichte von Raddatz' Habilitationsschrift, ermöglicht es, die kollektiven Praktiken der Rezeption, Produktion und Vermittlung von Literatur (und Wissenschaft) im Verlag unter kulturellen, ökonomischen, politischen, ethischen und sozialen Bedingungen zu begreifen. Diese multifaktorielle Mischkalkulation von Verlagen lässt sich am Verhältnis ‚Suhrkamp und DDR' besonders gut nachvollziehen. Die Auseinandersetzungen und Konflikte mit einer zweiten deutschen (National-)Literatur lassen sich als Störungen verstehen, durch die Regeln und Regularien eines routinierten Handelns zur Sprache kommen.[54] Sie machen die politischen und ethischen Komponenten der Verlagspraxis durch die Sondersituation des geteilten Deutschland besonders transparent.

Mir geht es im Folgenden darum, zunächst eine Geschichte der Literatur der DDR im Suhrkamp Verlag zu entwickeln (Teil I), zu der es bislang nur Beiträge zu einzelnen Autor:innen oder bestimmten Perioden gibt. Im Anschluss daran werde ich zeigen, welche Diskurse und diskursiven Ereignisse sich im Zusammenhang mit dem Literaturaustausch im Verlag bzw. in dessen Archiv materialisiert und überliefert haben (Teil II), und die Verlagspraktiken im Umgang mit vorrangig literarischen Autor:innen der DDR und ihren Werken systematisieren und ana-

---

Verlagen konzeptuell zu integrieren (vgl. exempl. die Überblicksdarstellung in Wolfgang Lukas/Rüdiger Nutt-Kofoth/Madleen Podewski: Zur Bedeutung von Materialität und Medialität für Edition und Interpretation. Eine Einführung. In: W.L./R.N.-K./M.P. (Hg.): Text – Material – Medium. Zur Relevanz editorischer Dokumentationen für die literaturwissenschaftliche Interpretation. Berlin/Boston 2014, S. 1–22, hier S. 9–12).

52 Vgl. Stephan Porombka: Literaturbetriebskunde. Zur „genetischen Kritik" kollektiver Kreativität. In: S.P./Wolfgang Schneider/Volker Wortmann (Hg.): Kollektive Kreativität. Tübingen 2006, S. 72–87, hier S. 76.

53 Theisohn/Weder: Literatur als/statt Betrieb – Einleitung, S. 9 und 14.

54 Vgl. Rahel Jaeggi: Kritik von Lebensformen. Berlin 2014, S. 128.

lysieren (Teil III). Mit Blick auf die Kollektivität und Prozessualität der Literaturproduktion und mithilfe der in der Studie entwickelten Kategorie der ‚Ausgabe' untersuche ich schließlich die editoriale Biographie eines Werks, des ersten Gedichtbands von Volker Braun, der parallel unter den Titeln *Provokation für mich* im Mitteldeutschen Verlag und *Vorläufiges* im Suhrkamp Verlag erschien (Teil IV). Meine Studie ist damit ein Beitrag zu einer bisher weitgehend ungeschriebenen Literaturgeschichte des geteilten Deutschlands und zur Geschichte des Suhrkamp Verlags. Aus methodischer Sicht erprobe ich die Möglichkeiten einer praxeologisch ausgerichteten Literaturgeschichtsschreibung, bei der Verlage als zentrale Akteure konzeptionell mit einbezogen werden. Die Untersuchung führt außerdem empirisch fundiert vor, dass die ‚Ausgabe' als Kategorie zwischen Text und Werk in die Theorie des literarischen Werks integriert werden müsste und zeigt am hier entwickelten Genre der ‚Ausgabeninterpretation', wie sich Konzepte von Intention innerhalb der Hermeneutik unter Berücksichtigung der Rolle von Verlagen in der Literaturproduktion reichhaltiger und komplexer darstellen lassen. Mit einem Verständnis vom Autor als „Mitarbeiter"[55] an der Produktion seiner Bücher oder „Verlagsgehilfe"[56] – einem alternativen Autorschaftskonzept, das Tobias Amslinger als ‚Verlagsautorschaft' bezeichnet hat[57] – werden auch Ansätze einer Materialästhetik von Autor:innen entwickelt.

2 Zur Genese dieser Studie. Methodische Grundlagen

Die vorliegende Studie ist im Rahmen des Suhrkamp-Forschungskollegs (2012–2016) entstanden,[58] einer internationalen, interdisziplinären Kooperation der Universitäten Konstanz (Bernd Stiegler), Stuttgart (Sandra Richter), Tübingen (Frauke Berndt, seit 2016 Zürich, und Dorothee Kimmich) und Potsdam (Gesine Müller, seit 2013 Köln) sowie der Humboldt-Universität zu Berlin (Steffen Martus) und der University of Pennsylvania, Philadelphia (Liliane Weissberg) mit dem Deutschen Literaturarchiv Marbach (DLA) zur Erforschung des Siegfried Unseld Archivs (SUA). Das SUA umfasst die Archive des Suhrkamp Verlags, des Insel Verlags, des Jüdischen Verlags, des Deutschen Klassiker Verlags, das Pressearchiv, die Produktionsbibliotheken und Bildarchive von Suhrkamp und Insel sowie

---

55 Porombka: Literaturbetriebskunde, S. 76.
56 Genette: Paratexte, S. 331.
57 Vgl. Tobias Amslinger: Verlagsautorschaft. Hans Magnus Enzensberger und Suhrkamp. Göttingen 2018, S. 14 ff.
58 Vgl. Homepage des Suhrkamp-Forschungskollegs: https://suhrkamp-forschungskolleg.de/ (zuletzt eingesehen am 5.05.2022).

die persönlichen Nachlässe der Verleger Peter Suhrkamp und Unseld. Sieben Doktorand:innen beschäftigten sich in dieser Zeit vor allem mit dem literarischen und wissenschaftlichen Programm des Suhrkamp Verlags. Zeitgleich waren sieben Bibliothekarinnen nach einem eigenen Erschließungsplan mit dem SUA befasst. Die Erarbeitung der Dissertationen begleiteten regelmäßige interne Workshops und Gespräche[59] sowie ein umfangreiches Tagungsprogramm, die

---

[59] Zu den Aktivitäten des Suhrkamp-Forschungskollegs gehörten folgende Workshops und Tagungen: Forschen im Archiv. Auftaktworkshop des Suhrkamp-Forschungskollegs (09/2012), Heuristiken der Archivforschung: Zum Umgang mit großen Mengen (10/2012); Eine Intellektuellengeschichte der Bundesrepublik, Gespräch mit Axel Schildt (11/2012); Zeitzeugengespräche, Workshop mit Harald Welzer (11/2012); Ideengeschichte? Intellektuellengeschichte?, Gespräch mit Marcel Lepper (02/2013); Zur Lyrik im Merkur (1947–1957), Workshop mit Hannah Klessner (03/2013); Verlagsarchive am Mainzer Institut für Buchwissenschaften, Workshop mit Stephan Füssel am Mainzer Institut für Buchwissenschaften (04/2013); Neue ostdeutsche Literatur, Workshop mit Birgit Dahlke und Paul Michael Lützeler (06/2013); Interne Verlagsprozesse, Workshop mit Paul Michael Lützeler, Steffen Martus und Sandra Richter (06/2013); Buch(Wissenschaft) und Literaturwissenschaft, Workshop mit Steffen Martus, Georg Stanitzek, Carlos Spoerhase und Thomas Wegmann am Institut für deutsche Literatur der Humboldt-Universität zu Berlin (10–11/2013); Literatur – Verlag – Archiv: Verlagswesen und Verlagsarchive in literaturwissenschaftlicher Perspektive, Internationales Kolloquium des Schweizerischen Literaturarchivs, Bern; Verlagsarchive – Archivtheorie, Workshop mit Magnus Wieland und Philip Ajouri (03/2014); Editorial Archives: Research Opportunities and Challenges, Workshop am l'Institut Mémoires de l'édition contemporaine (IMEC) (03–04/2014); Schreibworkshop mit Ulrich Nolte (08/2014); Mao-Bibel 1964: Ein Buch-Ereignis, Workshop mit Philipp Goll, Rembert Hüser, Daniel Leese und Helen Wang (12/2014); Schreibworkshop mit Valentin Groebner (03/2015); Verlag und Politik, Workshop mit Ingrid Gilcher-Holtey (04/2015); Die Verlagschronik aus organisationssoziologischer Perspektive, Workshop mit André Kieserling (06/2015), Erste Bücher. Das Neue im Literaturbetrieb, Abschlussworkshop des Suhrkamp-Forschungskollegs mit Roland Berbig, Katja Diefenbach, Doris Plöschberger, Nikola Richter, Uwe Wirth, Mathias Zeiske u. a. in der Literaturwerkstatt Berlin (02/2016) (vgl. Workshops des Suhrkamp-Forschungskollegs: https://suhrkamp-forschungskolleg.de/forschung/forschungsergebnisse/#1526309752065–1026f87a-b9c5 (zuletzt eingesehen am 5.05.2022)). Neben den Dissertationsschriften der Kollegiat:innen wurden die Forschungsergebnisse in folgenden Publikationen festgehalten: Tobias Amslinger u.a.: suhrkamp wissen. Anatomie einer gescheiterten Reihe. In: Zeitschrift für Ideengeschichte VIII (2014), 1, S. 118–126; Tobias Amslinger/Marja-Christine Grüne/Anke Jaspers: Mythos und Magazin. Das Siegfried Unseld Archiv als literaturwissenschaftlicher Forschungsgegenstand. In: Irmgard M. Wirtz/Ulrich Weber/Magnus Wieland (Hg.): Literatur – Verlag – Archiv. Göttingen/Zürich 2015, S. 183–213; Anke Jaspers/Claudia Michalski/Morten Paul (Hg.): Ein kleines rotes Buch. Die Mao-Bibel und die Bücher-Revolution der Sechzigerjahre. Berlin 2018; Themenschwerpunkt: Suhrkamp-Kulturen. Verlagspraktiken in literaturwissenschaftlicher Perspektive. Hg. vom Suhrkamp-Forschungskolleg. In: IASL 43 (2018), 1, S. 90–198; Homepage des Suhrkamp-Forschungskollegs, hier vor allem die Bibliographie und die Interviews: https://suhrkamp-forschungskolleg.de (zuletzt eingesehen am 5.05.2022).

Forschungstreffen Suhrkamp/Insel (2011–2016).⁶⁰ Des Weiteren stellte das Marbacher Literaturmuseum der Moderne in der Reihe *Suhrkamp-Inseln* (2010–2014) regelmäßig Konvolute aus dem SUA aus.⁶¹

Meine eigene Arbeit begann mit einem literaturgeschichtlichen Interesse: Welche Rolle spielten Autor:innen der DDR im Suhrkamp Verlag? Gab es ein Netzwerk, innerhalb dessen man sich las, kannte und unterstützte, und welche Bedeutung hatte in diesem Zusammenhang Brecht als Verlagsautor? Wie ‚entdeckte', bewertete, integrierte und vermarktete Suhrkamp Literatur aus der DDR? Welche Kontakte pflegte der Verlag in die DDR, und inwiefern hatten politische Ereignisse und gesellschaftliche Entwicklungen im geteilten Deutschland Einfluss auf die Beziehungen und Praktiken des Verlags im Literaturaustausch? Welchen Wandel durchlief das Verhältnis? Lässt sich ein Beitrag des Literaturaustauschs zur staatlichen Vereinigung ausmachen?

Die Idee, den Untersuchungszeitraum zu beschränken oder bestimmte Autor:innen (gedacht war an Jurek Becker, Volker Braun, Thomas Brasch) zu fokussieren, musste ich schon bei den ersten Lektüren im Verlagsarchiv aufgeben: Es stellten sich Zusammenhänge zwischen den Anfängen des Verlags mit der Beziehung von Suhrkamp und Brecht zu den späteren Entwicklungen und Ereignissen im Literaturaustausch her, und es ergab sich durch den praxeologischen Ansatz, dass Szenen der Verlagsgeschichte mit verschiedenen Akteuren und in verschiedenen Phasen relevant waren. Verlegerische Praktiken im Umgang mit Literatur und Autor:innen der DDR zeigten sich an ganz verschiedenen Phänomenen, die mit dem Blick auf einige wenige Autor:innen oder nur eine Phase in der Geschichte des Verlags nicht zu fassen gewesen wären: am Beziehungsgefüge der Autor:innen, an Bewertungskriterien, Textänderungen, Vermarktungsstrategien und der offiziellen Verlagspolitik. Darüber hinaus lieferten die archivierten Schriftstücke unzählige, oft unbekannte Namen von Autor:innen, Mitarbeiter:innen der Verlage, des Buchhandels und der Ministerien, Werktitel, Orte und Ereignisse, die in der Geschichte des deutsch-deutschen Literaturaustauschs eine Rolle gespielt haben. Die Relevanz der Akteure, die Reichweite ihrer Wirkung sowie die Konstellationen, in die diese eingebunden waren, lassen sich nur selten a priori bestimmen. Mehr noch: Eine Beschäftigung mit dem Verlagsarchiv, die sich von vornherein von kanonisierten Daten, Namen oder Titeln den Blick verengen lässt, verkennt dessen Potential, mit Nebenfiguren, abseitigen Schauplät-

---

60 Vgl. Forschungstreffen Suhrkamp/Insel: https://suhrkamp-forschungskolleg.de/forschung/forschungsergebnisse/#1526309752065–1026f87a-b9c5 (zuletzt eingesehen am 5.05.2022).
61 Vgl. Ausstellungen des Suhrkamp-Forschungskollegs: https://suhrkamp-forschungskolleg.de/forschung/forschungsergebnisse/#1526309825611-a51893a4–0b8b (zuletzt eingesehen am 5.05.2022).

zen, kuriosen Anekdoten und nicht realisierten oder gescheiterten Projekten Literaturgeschichte neu zu perspektivieren.

Aufgrund der Funde im Verlagsarchiv erweiterte ich meinen ursprünglichen Fokus auf die siebziger Jahre, in denen sich die Verlagsbeziehungen im geteilten Deutschland mit der Ausbürgerung und Übersiedlung vieler Schriftsteller:innen grundlegend änderten, deshalb auf alle mit dem Suhrkamp Verlag im Zeitraum von 1950 bis in die Mitte der neunziger Jahre in Kontakt stehenden Autor:innen sowie andere relevante Akteure des Literaturaustauschs. Aufgrund des Kollegrahmens, genauer gesagt der Fokussierung der anderen Forschungsprojekte, sowie der Materialfülle blieb jedoch ein Schwerpunkt auf den sechziger und siebziger Jahren, was als Indiz dafür gewertet werden kann, dass der Suhrkamp Verlag in dieser Zeit besonders intensiv mit seinem Verhältnis zur (Literatur der) DDR beschäftigt gewesen ist.

Eine grundsätzliche Erfahrung war, dass der ‚Autor' im Archiv nicht nur als Funktion und als Marke[62], sondern auch als empirische Person präsent ist, was sich in der Polyvalenz des Autor-Begriffs in der schriftlichen Überlieferung niederschlägt. Diese Erfahrung ließ sich in einigen Fällen mit persönlichen Gesprächen vertiefen, die ich mit Karlheinz Braun, Volker Braun, Fritz Rudolf Fries, Klaus Höpcke, Uwe Kolbe, Angela Krauß, Alain Lance, Hartmut Lange und Rudolf Rach geführt habe. In der Konfrontation von Material und Erinnerung, die unausweichlich von den Wertmaßstäben der Gegenwart geprägt ist, zeigte sich bei den Gesprächspartner:innen vor allem die Distanz zum historischen ‚Ich' und damit zu den Archivfunden.

Sowohl in den Gesprächen als auch im Archivtext kam zudem oft klar zum Ausdruck, was Autor:innen mit dem Text und dessen Materialität intendierten. Je nach Stand der Überlieferung sind Intentionen allerdings sowohl in den Produktionsprozessen von Verlag und Autor:in, als auch in deren Produkten, wie oben dargelegt, kollektiv und kooperativ zu denken. Diese Beobachtungen stellten mich zum einen vor die Herausforderung, über ihre theoretischen Implikationen für die Interpretation der literarischen Texte nachzudenken, und zum anderen vor die Frage, wie sich die Kommunikation *über* Literatur, die oft abstrakt

---

[62] Als Marke definiere ich nach Philip Kotler u. a.: „[A] name, symbol, logo, design or image, or any combination of these, which is designed to identify a product or service and distinguish it from those of their competitors. A brand is an entity which offers customers (and other relevant parties) added value over and above its functional performance. A successful brand is an identified product, service, person or place, augmented in such way that a buyer or user perceives relevant unique, sustained added value that matches their needs most closely. A brand basically exists to distinguish a particular product or service from its competitors." (Philip Kotler u. a.: Marketing Management. Harlow u. a. ²2012, S. 467 f.).

bleibt, und seine konkrete Materialität in Buchform mit einer Interpretation des Textes selbst überhaupt verbinden lassen. Dementsprechend fiel auch die Entscheidung darüber, welche literarischen Texte ich analysieren würde, nicht aus Gründen der Literarizität bzw. aufgrund der Lektüre des literarischen Textes, sondern auf der Grundlage der Beschäftigung mit dem Archiv, also der kritischen Kommunikation *über* Texte als Voraussetzung für die verlegerische Produktion des Textes und seiner Paratexte.[63] Was sich im Verlagsarchiv also literaturwissenschaftlich zum einen untersuchen lässt, sind die Wertungskriterien, die der Verlag an Literatur der DDR heranträgt, und wie die Rezeption des literarischen Textes unmittelbar mit dessen materieller Produktion und Vermarktung zusammenhängt, und zum anderen, welche Deutungsmodelle dem Text mit den Epiaber vor allem mit den Peritexten mitgegeben werden. Dies lässt sich im Rahmen einer Ausgabeninterpretation, d. h. einer intertextuellen bzw. intermedialen Interpretation des Textes auf der Grundlage seines Peritextes, untersuchen. Ich führe dies beispielhaft an den Ausgaben von Angela Krauß im Suhrkamp Verlag vor. Zum Vergleich lassen sich die ostdeutschen Ausgaben desselben Werks heranziehen. Von Relevanz können alle materiellen bzw. paratextuellen Aspekte der Ausgabe sein. Wirken Autor:innen an der Gestaltung der Ausgaben mit, dann kann die Verlagskorrespondenz auch Aussagen über die Materialästhetik der Autor:innen beinhalten. Daran wird evident, dass Verlage und Autor:innen eine Produktionsgemeinschaft darstellen, Verlagspraktiken also dem Schreibprozess eines Textes (meist) zwar nachgelagert sind, dem Produktionsprozess eines literarischen Werks aber nicht fremd gegenüberstehen oder anders gesagt, dass Autor:innen beim Schreiben die materielle Gestaltung ihrer Texte bei der Veröffentlichung mitdenken. Oft allerdings lassen sich Änderungen und Entscheidungen nicht auf eine singuläre Urheberschaft zurückführen. Eine Produktionsgemeinschaft bilden Verlag und Autor:in folglich nicht nur in dem Sinne, dass aus der Zusammenarbeit ein Produkt, die Ausgabe, entsteht, sondern dass diese Ausgabe als kollektives Produkt eines kooperativen Aushandlungsprozesses zu verstehen ist.

Der Ansatz zur Grundlagenforschung lag nicht nur in den Zusammenhängen, die sich im Archiv ergaben, sondern auch darin begründet, dass zum Projektbeginn kaum systematische Forschung zum Literaturaustausch aus westdeutscher Perspektive, geschweige denn zum Verhältnis des Suhrkamp Verlags zur Literatur der DDR vorlag. Das SUA war zu Beginn unserer Recherchen unerschlossen und

---

[63] Vgl. zu Aspekten der literarischen Wertung in der Zusammenarbeit von Verlag und Autor:in Marja-Christine Sprengel: Der Lektor und sein Autor. Vergleichende Fallstudien aus dem Suhrkamp Verlag. Wiesbaden 2016, S. 16 f.

weitgehend unerforscht.⁶⁴ Auch in den Veröffentlichungen zum und aus dem Suhrkamp Verlag kamen die deutsch-deutschen Verlagsbeziehungen kaum vor, Gegenwartsautor:innen der DDR und ihre Werke – abgesehen von Ernst Bloch, Bertolt Brecht, Uwe Johnson und Hans Mayer, bei denen der Umgang mit ihren prekären Verbindungen zur DDR in einem aufschlussreichen Spannungsverhältnis zu ihrem Status als moderne Klassiker steht – wurden wenn, dann nur am Rande erwähnt.⁶⁵ Wegweisend für die Erforschung von Literatur im geteilten Deutschland und die Verlagsgeschichtsschreibung waren zum einen die Arbeiten von Siegfried Lokatis und seinen Kolleg:innen. Meist aus ostdeutscher Perspektive liefern sie auf der Grundlage von Archivmaterial und Erinnerungen der Beiträger:innen und mit Blick auf verschiedene Akteure des literarischen Lebens Beiträge aus Wissenschaft, Archiv und Verlag.⁶⁶ Zum anderen waren vor allem in Bezug auf Johnson die Arbeiten im Umfeld von Roland Berbig zu literarischen Beziehungen, Kontakten und Kooperationen im geteilten Deutschland grundlegend für meine Recherchen.⁶⁷ Sie stellen das Beispiel Suhrkamp in einen größeren Zusammenhang und dienten als wertvolle Informationsquellen. Erste Einblicke in das SUA und damit in das Erkenntnispotential einer (deutsch-deutschen) Lite-

---

64 Vgl. Jan Bürger: „Aber unsere große Entdeckung… war Siegfried Unseld". Ein erster Blick auf das Archiv der Verlage Suhrkamp und Insel. In: Jahrbuch der Deutschen Schillergesellschaft 54 (2010), S. 13–20; J.B.: Die Suhrkamp-Insel. Über die ersten beiden Stationen einer neuen Ausstellungsreihe. In: Jahrbuch der Deutschen Schillergesellschaft 55 (2011), S. 78–88; J.B.: Die ‚Suhrkamp-Insel' im Jahr 2011. Über drei Ausstellungen mit Fundstücken aus dem Siegfried Unseld Archiv und Gespräche zu Max Frisch, Stefan Zweig und Ingeborg Bachmann. In: Jahrbuch der Deutschen Schillergesellschaft 56 (2012), S. 69–78.
65 Vgl. Anke Jaspers/Morten Paul: Bibliografie zum Suhrkamp Verlag und zum Siegfried Unseld Archiv (Stand 2018): https://suhrkamp-forschungskolleg.de/wissenswertes/bibliographie/ (zuletzt eingesehen am 5.05.2022). Erst die 2014 herausgegebene Zusammenstellung *Siegfried Unseld. Sein Leben in Bildern und Texten* enthält Archivmaterialien und Texte zur Literatur der DDR, allerdings vor allem aus den Jahren 1988–90, also der Zeit, in der die erwähnten Lizenzautoren zu Verlagsautoren wurden, und damit, ohne den Literaturaustausch zu erwähnen (vgl. Raimund Fellinger/Matthias Reiner (Hg.): Siegfried Unseld. Sein Leben in Bildern und Texten. Berlin 2014, S. 242–252). Eine Ausnahme stellen die 2007 veröffentlichten Briefe von Jurek Becker dar (vgl. Jurek Becker: „Ihr Unvergleichlichen". Briefe. Frankfurt a. M. 2007).
66 Vgl. Mark Lehmstedt/Siegfried Lokatis (Hg.): Das Loch in der Mauer. Der innerdeutsche Literaturaustausch. Wiesbaden 1997; Barck/Lokatis (Hg.): Fenster zur Welt, hier v.a. S. 97–113; Simone Barck/Siegfried Lokatis (Hg.): Zensurspiele. Heimliche Literaturgeschichten aus der DDR. Halle (Saale) 2008, hier v.a. S. 105–124; Siegfried Lokatis/Ingrid Sonntag (Hg.): 100 Jahre Kiepenheuer Verlage. Berlin 2011, hier v.a. S. 138 ff.
67 Vgl. Roland Berbig/Erdmut Wizisla (Hg.): Wo ich her bin… Uwe Johnson in der D.D.R. Berlin 1994; R.B. (Hg.): Uwe Johnson. Befreundungen. Gespräche, Dokumente, Essays. Berlin 2002; R.B. (Hg.): Stille Post. Inoffizielle Schriftstellerkontakte zwischen West und Ost. Von Christa Wolf über Günter Grass bis Wolf Biermann. Berlin 2005.

raturgeschichte aus den Verlagsarchiven bieten die beiden von Berbig und Ulrich von Bülow sowie Sabine Wolf herausgegebenen Bände zur ‚DDR-Literatur' im Archiv.[68]

Die Literatur und das literarische Leben im geteilten Deutschland sind ein bewegliches Forschungsfeld, so dass meine Recherchen neben der Lektüre von Forschungsliteratur von Gesprächen mit Forschenden über ihre aktuellen Projekte geprägt waren. Diese Formen des kollaborativen Arbeitens im Kolleg und in den eigenen Forschungsfeldern, bei denen die Frequenz der Forschungsergebnisse und Publikationen ein stetes Überdenken der eigenen Position fordert, machten Forschung als Prozess im starken Sinne erlebbar. Sie korrespondieren auf vielfältige Weise mit den kooperativen Prozessen der Literaturproduktion im Verlag.[69] Zu denken wäre zum Beispiel an das Spannungsverhältnis von kollektiven Entstehungsprozessen und singulärer Autorschaft. In der Frage, wie ein Buch entsteht, stellt das kollektive Arbeiten in diesem Sinne die Rahmenbedingung *und* den Inhalt meiner Studie dar.

Mittlerweile liegen mit den Monographien von Julia Frohn (2014) zum deutsch-deutschen Literaturaustausch von 1950 bis 1972 und Konstantin Ulmer (2016) zum Luchterhand Verlag im geteilten Deutschland umfangreiche Studien vor, die ebenfalls aus der Arbeit mit Verlagsarchiven und mithilfe von Interviews mit Zeitzeug:innen, außerhalb des Kollegs, aber im lebendigen Austausch miteinander entstanden sind.[70] Sie liefern entscheidende Forschungsergebnisse zu den historischen, rechtlichen und institutionellen Bedingungen des Literaturaustauschs im geteilten Deutschland und bieten mit zahlreichen Fallstudien auch eine Vergleichsbasis für meine Untersuchung. Die monographischen Arbeiten von Birgit Dahlke zu Autorinnen der DDR und von Beate Müller zu Publikationsgeschichten von Becker untersuchen die Produktionsbedingungen der literarischen Texte sowie die Texte selbst im Spannungsfeld Ost-West. In der Verbindung von

---

68 Vgl. Ulrich von Bülow/Sabine Wolf (Hg.): DDR-Literatur. Eine Archivexpedition. Berlin 2014; Roland Berbig (Hg.): Auslaufmodell „DDR-Literatur". Essays und Dokumente. Berlin 2018.
69 In Abgrenzung von hierarchiefreien bzw. -kritischen kollaborativen Arbeitsbeziehungen bezeichne ich die Zusammenarbeit von Verlag (als Kollektivakteur) und Autor:in im literarischen Produktionsprozess als ‚Kooperation', um deren arbeitsteilige und hierarchische Struktur hervorzuheben (vgl. Nacim Ghanbari u. a.: Einleitung. In: N.G. u. a. (Hg.): Kollaboration. Beiträge zur Medientheorie und Kulturgeschichte der Zusammenarbeit. München 2018, S. 1–20, hier S. 1–3).
70 Vgl. Frohn: Literaturaustausch im geteilten Deutschland; Ulmer: VEB Luchterhand. Für neuere integrative literaturhistorische Darstellungen der Literatur im geteilten Deutschland vgl. Heribert Tommek: Der lange Weg in die Gegenwartsliteratur. Studien zur Geschichte des literarischen Feldes in Deutschland von 1960 bis 2000. Berlin/Boston 2015; Christian Adam: Der Traum vom Jahre Null. Autoren, Bestseller, Leser: die Neuordnung der Bücherwelt in Ost und West nach 1945. Berlin 2016.

hypothetischer Textanalyse, Interviews und der Verwendung von Archivmaterial waren sie in ihrer methodischen Herangehensweise ebenfalls leitend für meine Studie.[71] Anschließen ließ sich außerdem an die deutsch-deutschen Literaturgeschichten von Hans Dieter Zimmermann und Helmut Peitsch sowie an den Band von Monika Estermann und Edgar Lersch zum deutsch-deutschen Literaturaustausch in den siebziger Jahren.[72]

Im Suhrkamp-Forschungskolleg entstand nicht nur das Bewusstsein, dass hier zum ersten Mal eine Gruppe von Doktorand:innen gleichzeitig und umfassend mit einem Verlagsarchiv forschte. Auch die Möglichkeiten und Synergieeffekte, die das Kolleg mit der engen Zusammenarbeit, den maßgeschneiderten Workshops und begleitenden Tagungen, also einem thematisch und methodisch eng an der Arbeit mit dem Material konzipierten Programm schuf, waren einzigartig und würden es, so unsere Vermutung, auf lange Zeit bleiben. Wir machten es uns deshalb zur Aufgabe, auch die wissenschaftlichen und wissenschaftsinstitutionellen Bedingungen der Forschung mit und zu Verlagsarchiven zu reflektieren. Anschließen ließ sich hierbei vor allem an die Arbeiten der Mainzer Buchwissenschaft von Stephan Füssel, Corinna Norrick-Rühl und Ute Schneider.[73]

Aufgrund einerseits der hohen Erwartungen, die von der internationalen, interdisziplinären Forschungsgemeinschaft an das Archiv und die zu erwartenden Forschungsarbeiten gestellt wurden, und andererseits der materiellen und epistemologischen Herausforderungen, die ein unerschlossenes, weitgehend unbekanntes Großarchiv mit sich brachte,[74] entwickelte sich bereits zu Beginn ein modus operandi der Doktorand:innen: Transparenz und Kooperation. Hinweise auf relevante Dokumente, Konvolute und Bestände, regelmäßige thematische Workshops und Projektpräsentationen und gegenseitige Lektüren der entstehenden Texte erleichterten den Umgang mit der Menge und Vielfalt des Materials. Die Themen der Projekte griffen konstruktiv ineinander, so dass die eigene Untersuchung mit den Forschungsergebnissen der anderen Studien ergänzt werden konnte. Anders gesagt: Nur aufgrund der Tatsache, dass sich zeitgleich sieben

---

71 Vgl. Birgit Dahlke: Papierboot. Autorinnen aus der DDR – inoffiziell publiziert. Würzburg 1997; Beate Müller: Stasi – Zensur – Machtdiskurse. Publikationsgeschichten und Materialien zu Jurek Beckers Werk. Tübingen 2006.
72 Vgl. Hans Dieter Zimmermann: Literaturbetrieb Ost – West. Die Spaltung der deutschen Literatur von 1948 bis 1998. Stuttgart 2000; Peitsch: Nachkriegsliteratur.; Monika Estermann/Edgar Lersch (Hg.): Deutsch-deutscher Literaturaustausch in den 70er Jahren. Wiesbaden 2006.
73 Vgl. v. a. Corinna Norrick/Ute Schneider (Hg.): Verlagsgeschichtsschreibung. Modelle und Archivfunde. Wiesbaden 2012; Stephan Füssel (Hg.): „Ungeöffnete Königsgräber". Chancen und Nutzen von Verlagsarchiven. Wiesbaden 2013.
74 Vgl. Amslinger/Grüne/Jaspers: Mythos und Magazin; Tobias Amslinger u. a.: Editorial. In: IASL 43 (2018), 1, S. 90–107.

Doktorand:innen aus unterschiedlicher Perspektive mit dem Bestand beschäftigten, war es möglich, die Gesamtstruktur des SUA zu verstehen, vielfältige Suchwege zu entwickeln, die Dokumente adäquat einzuordnen und damit die Gestalt der eigenen Arbeit zu konzipieren.

Die parallelen Forschungsarbeiten im Suhrkamp-Forschungskolleg zur Kooperation von Lektorat und Autor:in, zur *edition suhrkamp* sowie zum Verlagsautor Enzensberger lieferten für meine Untersuchung wichtige Vergleichsmöglichkeiten. Marja-Christine Sprengel untersuchte schwerpunktmäßig das Lektorat von Elisabeth Borchers, die ab 1971 unter anderem das Lektorat für ‚DDR-Literatur' führte.[75] Viele Autor:innen der DDR debütierten in der *edition suhrkamp*, so dass Claudia Michalskis Studie zu dieser Reihe wichtige ergänzende Ergebnisse lieferte.[76] Enzensberger war in seiner multifunktionalen Position im Suhrkamp Verlag der sechziger Jahre als Autor, Berater und Lektor von entscheidendem Einfluss für den Aufbau des Literaturaustauschs. Tobias Amslinger hat zudem mit seinem Konzept der Verlagsautorschaft die Rollenvielfalt von Autor:innen im Verlag auf den Begriff gebracht.[77] Im Theaterverlag, den Charlotte Weyrauch untersuchte, versammelten sich vor allem in den sechziger Jahren wichtige Autor:innen der DDR.[78] In der Verschränkung von Theorie und (verlegerischer) Praxis, die Morten Paul im Rahmen seiner Untersuchung der Reihe Suhrkamp Theorie beschäftigte, ergaben sich methodische und erkenntnistheoretische Parallelen zum hier vorliegenden Ansatz einer praxeologischen und diskursgeschichtlichen Perspektive auf das Verhältnis ‚Suhrkamp und DDR'.[79] In der Wahrnehmung einer ‚anderen' Literatur und deren Transfer ließen sich vor allem praxeologische Vergleiche zur ‚Übersetzung' der lateinamerikanischen Literaturen für den westdeutschen Buchmarkt ziehen, die Katharina Einert bearbeitete.[80] Christian Gohlkes Untersuchung von Klassikern im Insel Verlag, die bis 2013 im Rahmen des Kollegs stattfand, lieferte wichtige Hinweise zur Bedeutung des

---

75 Vgl. Sprengel: Der Lektor und sein Autor.
76 Vgl. Claudia Michalski: Die edition suhrkamp 1963–1980. Geschichte, Texte und Kontexte. Berlin/Boston 2021.
77 Vgl. Amslinger: Verlagsautorschaft.
78 Vgl. Charlotte Weyrauch: Der Suhrkamp Theaterverlag in den 1960er und 1970er Jahren. Tübingen: Univ.-Diss. 2018.
79 Vgl. Morten Paul: Suhrkamp Theorie. Eine Buchreihe im philosophischen Nachkrieg. Leipzig 2022.
80 Vgl. Katharina Einert: Die Übersetzung eines Kontinents. Die Anfänge des Lateinamerika-Programms im Suhrkamp Verlag. Berlin 2018.

deutsch-deutschen Parallelverlags innerhalb der Verlagsgruppe.[81] Die entstandenen Forschungsarbeiten ergänzen und erweitern somit die Forschungsergebnisse meiner Untersuchung. Zur Einordnung von verlagshistorischen Ereignissen und Akteuren sowie der Rekonstruktion von Prozessen und Praktiken waren außerdem die archivbasierten Untersuchungen von Rainer Gerlach zur Verlagsbeziehung von Peter Weiss, von Henning Marmulla zum *Kursbuch* sowie zu Suhrkamp und Osteuropa von Dirk Kemper, Paweł Zajas und anderen eine inhaltliche und methodische Stütze.[82]

Aus der Konfrontation mit dem Material im SUA entstanden grundsätzliche Fragen zu den Möglichkeiten einer Literaturgeschichtsschreibung, die Verlage als zentrale Akteure mitberücksichtigt. Was tun Verlage? Was ist mit der Perspektive auf verlegerisches Handeln erzählenswert und was konstituiert ein Ereignis: eine Publikation (oder nur eine *erfolgreiche* Publikation?), die Kontaktaufnahme mit einer Autor:in, ein Literaturskandal, die Einführung einer neuen Reihe oder Programmsparte? Ein- und Austritte von Beschäftigten, die den Verlag stark geprägt haben? Grundlegende strategische Veränderungen im Marketing, in der Verlagsstruktur? Wenn davon auszugehen ist, dass Vieles mündlich besprochen wurde, welchen Stellenwert hat dann die schriftliche Überlieferung, die als Grundlage der Verlags- und Literaturgeschichtsschreibung dient? Welche Ereignisse haben auf dieser mikrohistorischen Ebene einen Aussagewert, der über die Belange des Verlags hinausgeht? Und um diese Ereignisse einbetten zu können, sind Entwicklungen in der Buchbranche (im literarischen Feld) sowie politische und gesellschaftliche Entwicklungen relevant, insofern sie den Verlag tangieren? Woran lässt sich Wandel festmachen und wie lässt sich die Darstellung periodisieren?

Die Diskussion über die Verfahrensweisen der Verlags- und Literaturgeschichtsschreibung aus dem Archiv kann zweifellos gängige Verlags- und Verlegergeschichten in Frage stellen, die sich auf wenige führende, meist männliche Protagonisten konzentrieren und nicht selten für die Zwecke des *History Marke-*

---

[81] Vgl. Christian Gohlke: Was sind und zu welchem Ende brauchen wir Klassiker? Zur Konstruktion und Rezeption eines facettenreichen Phänomens. Tübingen: Univ.-Diss. 2020: http://dx.doi.org/10.15496/publikation-39632 (zuletzt eingesehen am 5.05.2022).
[82] Vgl. Rainer Gerlach: Die Bedeutung des Suhrkamp Verlags für das Werk von Peter Weiss. St. Ingbert 2005; Henning Marmulla: Enzensbergers Kursbuch. Eine Zeitschrift um 68. Berlin 2011; Dirk Kemper/Paweł Zajas/Natali Bakshi (Hg.): Kulturtransfer und Verlagsarbeit. Suhrkamp und Osteuropa. München 2019; Paweł Zajas: Verlagspraxis und Kulturpolitik. Beiträge zur Soziologie des Literatursystems. München 2019.

tings eingesetzt werden.[83] Ein prominentes Beispiel für das Spannungsverhältnis von Verlegerzentriertheit und kollektiver Verlagspraxis ist die Chronik Unselds, deren Veröffentlichung sogleich die Publikation einer Gegen- und Alternativperspektive der ehemaligen Suhrkamp-Lektoren provozierte.[84] Zusammen mit den bilateralen Briefwechseln männlicher Akteure des Suhrkamp Verlags entsteht daraus das Bild einer dominant männlichen Geschichte und eines hierarchisch organisierten Verlags, dessen Geschicke vor allem von einem omnipotenten Verleger geleitet werden, der sich von männlichen Autoren und Lektoren beraten lässt. Bei den veröffentlichten Briefwechseln geht es demnach nicht um die Abbildung der Beziehung eines Autors zum Verlag, die viele weitere Schriftstücke und Personen umfassen müsste, sondern darum, die soziale und psychologische Dynamik zwischen Autor und Verleger hervorzuheben.[85] Diese Diskrepanz ist nicht zuletzt dem Genre des edierten Briefwechsels geschuldet, das auf Personen, nicht auf Prozesse fokussiert.

Die Briefwechsel im Archiv haben außerdem nicht nur einen Sender und Empfänger. Hinzu kommen Sekretärinnen, die ihre Mitarbeit in Kürzeln und einem fehlerfreien Typoskript hinterlassen, Mitarbeiter:innen, die den Brief oder einen Ausschnitt daraus zur Kenntnis der Verlagsvorgänge erhalten und die spätere Historiographie, also Wissenschaftler:innen, die sich mit dem Archiv beschäftigen. Wer tatsächlich im Austausch mit Autor:innen stand, Trends der Buchbranche witterte und Entscheidungen initiierte, an der Fertigstellung von Text und Buch mitwirkte und welche unterschiedlichen Dokumentsorten dabei entstanden sind, ist, wenn überhaupt, dem Archiv zu entnehmen.

Auch im Archiv gilt aber das Interesse normalerweise den Autor:innen, im Fall der Verlagsarchive außerdem vor allem dem Verleger und berühmten (meist männlichen) Lektoren. Im Kolleg arbeiteten wir hingegen zu einzelnen Reihen,

---

83 Vgl. das von Monika Estermann, Georg Jäger und Siegfried Lokatis moderierte IASL-Diskussionsforum zur Geschichtsschreibung des Buchhandels: http://www.iasl.uni-muenchen.de/discuss/lisforen/lisforen.htm#buchgesch (zuletzt eingesehen am 5.05.2022).
84 Vgl. Walter Boehlich u. a.: Chronik der Lektoren. Vom Suhrkamp Verlag zum Verlag der Autoren. Frankfurt a. M. 2011.
85 Im Gespräch zählte Rudolf Rach, ehemaliger Leiter des Theaterverlags, am Beispiel von Thomas Bernhard auf, mit wem dieser im Verlag Briefe wechselte: „Das ganze Verhältnis zwischen Verlag und Autor lag auf mehreren Schultern. […] Bei so einem Autor wie Bernhard, der sehr kompliziert und unberechenbar war, ist das für einen allein überhaupt gar nicht zu schaffen." (Gespräch mit Rudolf Rach am 28.03.2014. Siehe Anhang, Gespräche, Nr. 1, S. 572). Zum Verhältnis Bernhards zum Suhrkamp Verlag vgl. Catherine Marten: Bernhards Baukasten. Schrift und sequenzielle Poetik in Thomas Bernhards Prosa. Berlin/Boston 2018; Anneliese Botond: Briefe an Thomas Bernhard. Mit unbekannten Briefen von Thomas Bernhard 1963–1971. Hg. von Raimund Fellinger. Mattighofen 2018.

verschiedenen Lektoraten, interessierten uns für Herstellungsprozesse und Marketingstrategien. Es ging nicht nur darum, aus dem Verlagsarchiv Material zu einzelnen Werken oder diskursgeschichtlichen Themen zur Erweiterung unserer Thesen zu nutzen, sondern die meisten Kollegiat:innen entwickelten die Anlage ihrer Studie induktiv aus den Inhalten und Strukturen des Verlagsarchivs heraus. Dadurch verschiebt sich das Interesse vom Verleger, den Lektor:innen und Autor:innen auf Personen der Herstellung, der Werbung, der Rechtsabteilung und nicht zuletzt auf die Sekretariate, die durch die Verschriftlichung der Diktate sowie mit Korrekturen und Ergänzungen die Kommunikation und damit auch die Geschichtsschreibung des Verlags prägen.[86]

Bei der Archivarbeit stellte sich schnell heraus, welche große Zahl an unbekannten Akteuren und Ereignissen einzuordnen sind und wie schwierig es ist, das Gelesene in Zusammenhänge zu bringen. „[A]uf die physische Freude über die wiedergefundene Spur", beschreibt Arlette Farge den Wirklichkeitseffekt des Archivs, „folgt der Zweifel, vermischt mit der Machtlosigkeit, die darin liegt, nicht zu wissen, was man mit ihr anfangen soll."[87] So ließ sich bei der Lektüre oftmals nicht gleich einschätzen, welche Tragweite ein Ereignis hatte, welche Rolle eine Person und in welchen Kontexten spielte, von wann bis wann jemand zum Verlag oder dessen Umfeld gehörte usw.[88] Die Arbeit mit dem Verlagsarchiv war im hohen Maße voraussetzungsreich – Namen, Ereignisse und Zusammenhänge mussten recherchiert, Dokumente gelesen, gesammelt und geordnet, das Archiv und seine Ordnungen (Abteilungen, Ablagesysteme, Ordnerbeschriftungen) verstanden werden – und ergab Diskrepanzen zur öffentlichen Darstellung der Verlagsgeschichte in Briefwechseln, Chroniken und essayistischen Beiträgen. Die Vielfalt des Verlagsarchivs stand in einem produktiven Spannungsverhältnis zu der auf die Verleger und wenige Autor:innen fokussierten Historiographie des Suhrkamp Verlags. Es galt, sich von diesen Erzählungen männlicher Produktivität und Kooperation und dem Eindruck einer kausallogischen Entwicklung in der Verlagsgeschichte zu befreien oder genauer gesagt ein angemessenes Verhältnis dazu zu entwickeln. Das heißt, neben den Leistungen Unselds, Walter Boehlichs oder Raimund Fellingers, der Bedeutung Johnsons, Handkes, Enzensbergers, Walsers oder Frischs für den Verlag waren andere Akteure und Publikationen,

---

[86] Vgl. Amslinger/Grüne/Jaspers: Mythos und Magazin, S. 190.
[87] Arlette Farge: Der Geschmack des Archivs. Aus dem Franz. v. Jörn Etzold in Zusammenarbeit mit Alf Lüdtke. Mit einem Nachwort von Alf Lüdtke. Göttingen 2011, S. 14f.
[88] Gemeinsam mit den Bibliothekarinnen legten wir eine Datenbank an, die Namen, deren Kürzel, Lebensdaten, Funktionen, Ein- und Austritte, Biographisches, Zusammenhänge und Quellen dieser Informationen dokumentieren sollte. Dieses sehr brauchbare *Who is Who* des Suhrkamp Verlags harrt aufgrund von Persönlichkeitsrechten seiner Veröffentlichung.

aber vor allem auch geplante oder gescheiterte Projekte, die in den Archivdokumenten zu Tage treten,[89] zur Geltung zu bringen; nicht als Gegenerzählung, aber in Erweiterung der gängigen Rhetorik des Gelingens in den Erzählungen vom ‚Mythos Suhrkamp'.[90] Im Ergebnis zeigt sich eine Erweiterung des Personals der Buchhandelsgeschichte, damit einhergehend ein relativierender Ausgleich des Geschlechterverhältnisses und – zumindest bezogen auf den Suhrkamp Verlag – eine Erweiterung der Textsorten, die zur Erforschung von verlegerischen Praktiken und Prozessen von Relevanz sind. Bemerkenswert ist, dass seit der Öffnung des Archivs nicht nur durch die Forschungsarbeiten, sondern auch durch die umfassende Editionsarbeit Raimund Fellingers eine Vervielfältigung der Geschichten aus dem Verlag bemerkbar ist, an der auch die vorliegende Studie Anteil hat.

Anders gesagt wirkte die Arbeit mit dem noch zu erforschenden Verlagsarchiv in besonderem Maße wie ein Katalysator: Jedes Dokument steht in einem Zusammenhang, der sich erzählen lässt, jede Publikation hat ihre Geschichte, zu jeder Autor:in lassen sich Szenen ihrer Verlagsbeziehungen wiedergeben, viele rekonstruierbare Diskussionen sind mit literatur- oder allgemeingeschichtlichen Ereignissen verbunden. Der Reiz lag auch beim SUA gerade darin, bei der Suche etwas zu finden, womit die Forscherin nicht gerechnet hat, und sich von der Materiallektüre leiten zu lassen.[91] An der Schnittstelle zwischen Archiv und Universität bzw. im Rahmen einer wissenschaftlichen Qualifikationsschrift bestand die Herausforderung aber darin, sich nicht in der Nacherzählung der vielen Funde und Geschichten zu verlieren, sondern diese zu befragen, zu interpretieren und in eine Ordnung zu bringen, die sich wiederum in einen aussagekräftigen Bezug zu einer Untersuchungsfrage setzen ließ. Im Gegensatz zur Analyse eines literarischen Textes waren wir Kollegiat:innen zu großen Teilen also darauf angewiesen, erst einmal Narrative zu entwickeln, die sich darstellen und untersuchen ließen.

Bei der Konstruktion von Zusammenhängen aus einer mehr oder weniger kontingenten Ansammlung von Archivdokumenten kann sich leicht ein epistemologischer Fehlschluss ergeben, wenn die Funde als unmittelbare Eindrücke der

---

89 Vgl. Amslinger u.a.: suhrkamp wissen.
90 Vgl. Siegfried Unseld: „Ins Gelingen verliebt sein und in die Mittel des Gelingens" – Siegfried Unseld zum Gedenken. Red. von Raimund Fellinger. Frankfurt a.M. 2003.
91 Vgl. James L. Shulman: Introduction. In: Robert K. Merton/Elinor Barber: The Travels and Adventures of Serendipity. A Study in Sociological Semantics and the Sociology of Science. Princeton/Oxford 2004, S. XIII–XXV, hier S. XIV; Marcel Lepper/Ulrich Raulff: Jäger, Sammler, Händler. Forschung im Archiv. In: Gegenworte 26 (2011), S. 74–76.

Wirklichkeit gelesen werden.[92] Der Zirkelschluss aus dem kontingent Überlieferten Verbindungen zu knüpfen, die dann als wissenschaftliche Wahrheiten interpretiert werden, lässt sich allein durch methodische Transparenz und umsichtige Formulierungen umgehen. Nicht jeder Verweis in einem Dokument ließ sich entschlüsseln, über manche Zusammenhänge musste ich mutmaßen, oft ließen sich nur verschiedene Szenarien entwickeln, die zu überprüfen wären. In der Darstellung ergaben sich daraus Szenen der Verlagsgeschichte, die es zu erkunden galt, deren Zusammenhang, wenn überhaupt, erst einmal ein inhaltlicher und chronologischer sein konnte. Im Umkehrschluss bot gerade das Bewusstsein der Vorläufigkeit mancher Analysen einen Ansatz, mit der Größe, der partiellen Unbekanntheit und den Lücken des Archivs zurechtzukommen.

Aus der Beschäftigung mit den Verlagsstrukturen, der Arbeitsorganisation und den Zugehörigkeiten von Prozessen, Praktiken, Räumen, Personen, Texten und Inhalten zum Verlag entstand auch die Frage, was denn überhaupt ein Verlag sei? Ich verstehe das Verlegen von Literatur im Sinne von Rachel Malik als „set of historical processes and practices".[93] Praktiken definieren Steffen Martus und Carlos Spoerhase als „an impliziten Normen orientierte Handlungsroutinen".[94] Sie sind in andere Praktiken eingebunden, haben „Voraussetzungen" in anderen Praktiken und bieten „Anschlüsse" für weitere Praktiken.[95] Praktiken, so Malik, „intersect", „cohere or conflict", das heißt, sie sind nicht beliebig kombinierbar.[96] Bei der Lektüre des Archivmaterials stellte sich aber zunächst die Frage, was überhaupt als Verlagspraktiken zu bezeichnen wäre und wie sich deren Spuren im Gesamttext der Archivdokumente identifizieren und voneinander abgrenzen ließen. In der Verlagspraxis könnte es sich zum Beispiel um die Gruppierung von Autor:innen in der Verlagswerbung, die Textbewertung und -lektorierung, die Sortierung des Verlagsprogramms, die schriftliche oder mündliche Verlagskommunikation handeln. Verlagspraktiken finden ihre Entsprechung also nicht in einem linearen Arbeitsprozess, der mit der Formel ‚vom Manuskript zum Buch' beschrieben werden könnte, sondern bilden ein Geflecht von Praktiken. Wie

---

92 Vgl. zu dieser Problematik auch Dirk Kemper: Kulturtransfer und Verlagsarbeit – Suhrkamp und Osteuropa. Überlegungen zum Umgang mit dem Siegfried Unseld Archiv. In: Kemper/Zajas/Bakshi (Hg.): Kulturtransfer und Verlagsarbeit, S. 1–17, hier S. 6.
93 Rachel Malik: Horizons of the Publishable: Publishing in/as Literary Studies. In: ELH 75 (2008), 3, S. 707–735, hier S. 709.
94 Steffen Martus/Carlos Spoerhase: Praxeologie der Literaturwissenschaft. In: Geschichte der Germanistik. Mitteilungen 35/36 (2009), S. 89–96, hier S. 89.
95 Jaeggi: Kritik von Lebensformen, S. 103.
96 Rachel Malik: Fixing meaning. Intertextuality, inference and the horizon of the publishable. In: Radical Philosophy 124 (2004), S. 13–26, hier S. 24. Vgl. auch Jaeggi: Kritik von Lebensformen, S. 115.

lassen sie sich von anderen Handlungsformen abgrenzen? Was zählt als routiniertes Handeln in Bezug auf die Literatur der DDR? Lassen sich besondere Praktiken im Literaturaustausch feststellen? Wie etablieren sich Praktiken? Lässt sich dieser Prozess nachvollziehen und ab wann kann man von einer Routine sprechen? Welche blinden Flecke bringt die praxeologische Perspektive mit sich?

Praktiken, so stellte sich heraus, treten vor allem dann zum Vorschein, wenn sie expliziert werden müssen, wenn also Routinen, die oftmals unbewusst ablaufen, kurzzeitig ins Bewusstsein treten und erklärt werden. Für eine praxeologische Untersuchung eignet sich deshalb die Korrespondenz im geteilten Deutschland ganz besonders. Zum einen musste aufgrund der räumlichen Distanz, der Reisebeschränkungen, und – ganz schlicht – weil in der DDR nicht immer ein Telefon zur Verfügung stand, vieles schriftlich kommuniziert werden (wobei die Analyse allerdings die Auswirkungen der Postzensur berücksichtigen muss). Zum anderen mussten Praktiken im geteilten Deutschland, weil sie sich in beiden Teilen unterschieden (zum Beispiel die Honorierung von Publikationen) oder sich erst im Laufe des Literaturaustauschs entwickelten (zum Beispiel die Adressierung von Buchsendungen), in der Korrespondenz zwischen Ost und West erläutert werden. Was sich in der Beziehung zur DDR also beobachten lässt, ist die Entautomatisierung und Explikation von Routinen, an der Normen, Werte und Einstellungen sichtbar werden, und die Reetablierung von (modifizierten) Praktiken. Diese Praktiken im Verlagskontext zu beschreiben, ihre Entwicklung nachzuvollziehen und ihre Zusammenhänge aufzuzeigen, gehört zu den Zielen meiner Untersuchung. Sie macht damit einen Vorschlag zur *Operationalisierung* des praxeologischen Ansatzes.

Zur Analyse und Darstellung des Zusammenspiels von Verlagspraktiken hat sich das Lebensform-Konzept von Rahel Jaeggi zur Beschreibung und Analyse von Formen gesellschaftlichen Zusammenlebens als brauchbar erwiesen.[97] Jaeggi bezeichnet eine Lebensform als „Ensemble von Praktiken und Orientierungen und Ordnungen sozialen Verhaltens."[98] Wenn ich im Folgenden den Suhrkamp Verlag als Lebensform verstehe, ist das nur *eine* Perspektive auf den Verlag, der

---

[97] In ihrem grundlegenden Aufsatz zur Praxeologie der Literaturwissenschaft von 2009 verwenden Martus/Spoerhase den Begriff „communities of practice" zur Bezeichnung des Praxiszusammenhangs von wissenschaftlichen Disziplinen (Martus/Spoerhase: Praxeologie der Literaturwissenschaft, S. 90). Seit kurzem hat Martus das Lebensform-Konzept allerdings auch für die Praxis der Literaturwissenschaft eingeführt (vgl. Steffen Martus: Wandernde Praktiken „after theory"? Praxeologische Perspektiven auf „Literatur/Wissenschaft". In: IASL 40 (2015), 1, S. 177–195).

[98] Jaeggi: Kritik von Lebensformen, S. 77.

auch als Institution[99] oder Medienunternehmen mit der Ware Buch[100] begriffen werden kann. Gerade das Lebensform-Konzept ermöglicht es aber, institutionelle (und disziplinäre) Grenzen zu überschreiten und „wandernde Praktiken" zu identifizieren, die in der Verlagspraxis ebenso wie in der Literaturwissenschaft oder der Literaturkritik vorkommen können.[101] Dadurch werden Konzepte von Zugehörigkeit (zum Verlag) integrierbar, die über die institutionelle bzw. vertragliche Bindung hinausgehen, wenn zum Beispiel die Rede davon ist, dass eine Autor:in eines fremden Verlags ‚eigentlich' zu Suhrkamp gehöre.[102] Zu Suhrkamp ‚gehörte' jemand also nicht nur mit Verlagsvertrag, sondern auch aufgrund eines beiderseitigen Einvernehmens darüber, „was mit bestimmten Praktiken gemeint, mitgemeint und gewollt wird".[103] Das Konzept bietet somit auch Erklärungsmöglichkeiten für Kooperationen und Konflikte zwischen Verlag und Autor:innen, die mit der erfolgreichen Reproduktion oder dem „Abweichen von relevanten kollektiven Praktiken" zusammenhängen und im Extremfall zur Trennung von Verlag und Autor:in führten.[104]

Praktiken sind regelgeleitetes Verhalten, dessen Normen von Menschen gemacht sind und nur selten ausformuliert werden.[105] Sie sind im normalen Betriebsablauf nicht sichtbar und werden durch die Übernahme und Teilhabe an einer Praxis erlernt, „durch wiederholtes Beobachten, Imitieren, Einüben".[106] Die

---

99 Vgl. ebd., S. 105.
100 Vgl. Wulf D. von Lucius: Verlagswirtschaft. Ökonomische, rechtliche und organisatorische Grundlagen. Stuttgart/Konstanz ³2014, S. 17–26.
101 Martus: Wandernde Praktiken „after theory", S. 193 f. Martus weist allerdings darauf hin, dass nicht alle Praktiken problemlos wandern können, weil sie immer in einem spezifischen Praxiszusammenhang wirken. Form und Funktion von Praktiken können bzw. müssen sich je nach Kontext verändern.
102 Vgl. Teil III, Kapitel 5.
103 Martus: Wandernde Praktiken „after theory", S. 184.
104 Jaeggi: Kritik von Lebensformen, S. 72; vgl. Teil III, Kapitel 2.2, 3 und Teil IV. Das Lebensform-Konzept ermöglicht es, das Handeln von Akteuren in sozialen Kontexten zu beobachten und zu strukturieren. Die Feldtheorie von Pierre Bourdieu, die sich auf einer mittleren Analyseebene bewegt, liefert zwar ein grundsätzliches Verständnis und eine Begrifflichkeit zur Beschreibung des Gegenstands, bezieht sich aber nicht, wie Elisabeth Kampmann dargelegt hat, auf Verlagshandlungen (vgl. Elisabeth Kampmann: Kanon und Verlag. Zur Kanonisierungspraxis des Deutschen Taschenbuch Verlags. Berlin 2011, S. 47). Konstantin Ulmer und Paweł Zajas, die ebenfalls mit Verlagsarchiven gearbeitet haben, zeigen aber, dass empirische Studien den feldtheoretischen Ansatz gerade in Bezug auf Austauschprozesse zwischen literarischen Feldern zu differenzieren vermögen (vgl. Ulmer: VEB Luchterhand, S. 39; Zajas: Verlagspraxis und Kulturpolitik, S. 49 f.). Auch meine Studie bietet hierzu zahlreiche Anknüpfungspunkte.
105 Vgl. Jaeggi: Kritik von Lebensformen, S. 147.
106 Martus/Spoerhase: Praxeologie der Literaturwissenschaft., S. 90.

Reproduktion von Lebensformen ist allerdings keine reine Wiederholung, sondern schließt die Transformation des Reproduzierten mit ein.[107] In diesem Sinne sind Lebensformen „gleichzeitig Produkte wie Voraussetzungen" der praktischen Tätigkeit.[108] Sie sind „gegeben und gemacht".[109] Lebensformen verändern sich also und Praktiken werden transformiert, ausgetauscht oder aufgegeben. Im praxeologischen Teil meiner Untersuchung zeichne ich diese Erfahrungs- und Lernprozesse im Fall der aus dem Archiv ersichtlichen Verlagspraktiken nach.[110]

Praktiken sind darüber hinaus „mit Einstellungen und Orientierungen unzertrennlich verwoben".[111] „Eine Lebensform zu teilen", so Jaeggi, „bedeutet nicht nur, Praktiken gemeinsam auszuüben, sondern die Interpretationen dieser Praktiken, vor allem aber die Interpretationsschemata für die Praktiken zu teilen."[112] In den Archivdokumenten zeigt sich, dass Praktiken mit Ideologemen und Diskursen verbunden sind, sich aus diesen herleiten und von ihnen geprägt werden. Den von Jaeggi als „Ethos einer Lebensform" bezeichneten Kontext von Einstellungen, Regeln und Orientierungen der Verlagspraxis im spezifischen soziopolitischen Feld des geteilten Deutschland zu skizzieren, ist deshalb ein weiteres Ziel meiner Studie.[113] Die berühmt gewordene ‚Suhrkamp-Kultur' ließe sich somit nicht nur als literarisch-intellektueller Zusammenhang, sondern als historisch spezifisches Ensemble von Praktiken, Einstellungen und Orientierungen verstehen.[114] Bei dieser den rein praxeologischen mit einem diskursgeschichtlichen Ansatz verbindenden Perspektive auf das Archivmaterial wird es vor allem darum gehen, herauszufinden, welche Einstellungen und Orientierungen hinter der Begründung eines deutsch-deutschen Verlagsprogramms stehen, die über den finanziellen Gewinn der Buchproduktion hinausgehen.

Meine Untersuchung ist in mehrfacher Hinsicht als Grundlagenforschung zu verstehen. Zum einen werte ich zum ersten Mal Dokumente aus Verlagsarchiven und Autor:innennachlässen mit dem Blick auf deutsch-deutsche literarische Beziehungen, auf Kontakte und Kooperationen im geteilten Deutschland aus. Im Rahmen aktueller Studien zum Literaturaustausch[115] und zur Geschichte und

---

107 Vgl. Jaeggi: Kritik von Lebensformen, S. 132.
108 Ebd., S. 94.
109 Ebd., S. 119.
110 Vgl. hierzu Teil II, Kapitel 5 und Teil III.
111 Jaeggi: Kritik von Lebensformen, S. 105.
112 Ebd., S. 106.
113 Ebd., S. 158; vgl. Teil II.
114 Inwiefern die ‚Suhrkamp-Kultur' nicht nur literarisch-intellektuell, sondern im Feld der Verlage auch als Lebensform prägend gewesen ist, müsste in vergleichenden Untersuchungen geklärt werden.
115 Vgl. Frohn: Literaturaustausch; Ulmer: VEB Luchterhand.

Praxis des Suhrkamp Verlags[116] will ich zum anderen die Perspektive des Verlags als gewinnbringend für die Neubewertung literaturwissenschaftlicher Begriffe und als Erweiterung für produktions- und rezeptionsästhetische Untersuchungen etablieren, nicht zuletzt durch den Fokus auf Paratexte als Schnittstelle zwischen Produktion, Rezeption und Vermittlung. In diesem Sinne ist meine Studie anschlussfähig für theoretische Überlegungen, die Literatur als Produkt eines kollektiven Schreib- und Leseprozesses verstehen. Ich werde außerdem Praktiken des ‚Bücher-machens' identifizieren, deren Relevanz und Transformation ausgehend von meiner Untersuchung in unterschiedlichen wirtschaftlichen, politischen und kulturellen Kontexten bzw. in anderen Praxiszusammenhängen überprüft werden können.[117] Die hier gestellten Fragenkomplexe werden in der Studie nicht systematisch diskutiert und abschließend beantwortet. Es geht vielmehr darum, Probleme aufzuzeigen und Fragen zu entwickeln, um das epistemologische Potential der Verlagsarchivforschung und den Mehrwert der praxeologischen Perspektive auf Verlage für die Literaturwissenschaft zu verdeutlichen.

3 Aufbau des Buchs und Forschungsliteratur

In der vorliegenden Studie untersuche ich die Verlagspraxis des Suhrkamp Verlags zur Zeit der deutschen Teilung vorrangig am Beispiel von literarischen Autor:innen der DDR und ihren Werken. Im Fokus der Analyse steht vor allem das Literatur- und Theaterprogramm des Suhrkamp Verlags.[118] Die Frage ist, wie der Verlag mit Autor:innen sowie deren Werken umging, von der Auswahl über Lektorat und Herstellung bis zur Vermarktung. Welche Funktion und Wirkung haben diese Verlagspraktiken, sowohl für den Verlag, als auch für die Autor:innen und ihre Werke? Meine Studie knüpft somit an Arbeiten an, die ausgehend von einer materialistisch orientierten Textphilologie das Buch zum dezidiert *literatur*wissenschaftlichen Forschungsgegenstand erklärt haben und ein Interesse der Germanistik zum einen am „Zusammenhang von Text und Veröffentlichung" kon-

---

116 Vgl. Amslinger: Verlagsautorschaft; Einert: Die Übersetzung eines Kontinents; Michalski: edition suhrkamp; Paul: Suhrkamp Theorie; Sprengel: Der Lektor und sein Autor; Weyrauch: Der Suhrkamp Theaterverlag.
117 Vgl. Martus: Wandernde Praktiken „after theory", S. 194 f.
118 Zum wissenschaftlichen Programm vgl. Michalski: Die edition suhrkamp, v. a. S. 98–145; Paul: Suhrkamp Theorie.

statieren.[119] Damit einher geht zum anderen die seitdem mehrfach wiederholte Aufforderung, die Institutionen des Literaturbetriebs als Akteure im literarischen Feld und damit als Gegenstand literaturwissenschaftlicher Forschung zu untersuchen, der meine Studie ebenso Rechnung trägt.[120] Dahinter steht die Auffassung, „daß das Verständnis des literarischen Lebens zwischen dem schriftstellerischen Verhalten eines Autors und den vorgefundenen Bedingungen vermittelt" und also Auskunft über die sozialgeschichtliche Verfasstheit von Autorschaft bzw. die Kontexte literarischer Produktion als historische Grundlage der Textforschung gibt.[121]

Für meine Forschung habe ich vorrangig auf die Bestände des SUA zugegriffen, das während meiner Recherchen im DLA erschlossen wurde. Menge, Heterogenität und Unbekanntheit der Archivmaterialien gestalteten sich, wie oben dargelegt, als experimentelle Herausforderungen für mein Projekt. Die Vielfalt der Verlagsbeziehungen und der hohe Informationsgehalt des Quellenmaterials, das sich in verschiedene theoretische Diskurse einlesen lässt, erfordert eine induktive Herangehensweise, die einen gewissen Methodenpluralismus und Wechsel der Perspektiven bedingt. Nur so lässt sich die Komplexität und histo-

---

119 Paul Raabe: Die Geschichte des Buchwesens als Aufgabe der Germanistik. In: Jahrbuch der Internationalen Germanistik 8 (1976), 2, S. 95–106, hier S. 99.
120 Vgl. Werner Krauss: Über den Anteil der Buchgeschichte an der literarischen Entfaltung der Aufklärung. In: W.K.: Studien zur deutschen und französischen Aufklärung. Berlin 1963, S. 206–325, hier S. 206; Raabe: Die Geschichte des Buchwesens; Peter Uwe Hohendahl: Literarische Kultur im Zeitalter des Liberalismus 1830–1870. München 1975, S. 45; Porombka: Literaturbetriebskunde, 75 f. Bereits 1930 forderte Walter Benjamin eine *Kritik der Verlagsanstalten* nach soziologischen Maßstäben, „weil der Verleger weder vom ideellen noch kommerziellen Wert eines Manuskripts im luftleeren Raum seine Meinung sich bilden kann." (Walter Benjamin: Kritik der Verlagsanstalten. In: W.B.: Medienästhetische Schriften. Mit einem Nachwort von Detlev Schöttker. Frankfurt a. M., S. 165–168, hier S. 166). Mit Blick auf die aktuelle Forschungslandschaft lässt sich ein allgemeines Interesse an Akteuren des Literaturbetriebs sowie Praktiken des Publizierens erkennen. Gleich mehrere Panels der jährlichen Tagung der German Studies Association im Herbst 2016 widmeten sich *publishing practices* im 19. Jahrhundert (vgl. Vance Byrd/Ervin Malakaj: Market Strategies and German Literature in the Long Nineteenth Century. Berlin/Boston 2020). Auch die von der Volkswagen-Stiftung finanzierten Forschungskollegs Wertung und Kanon (2006–2010), Suhrkamp-Forschungskolleg (2012–2016) und Schreibszene Frankfurt (seit 2015) beschäftig(t)en sich mit den Bedingungen des Schreibens und Lesens im Rahmen des Literaturbetriebs.
121 Peter Wruck: Theodor Fontane in der Rolle des vaterländischen Schriftstellers. Bemerkungen zum schriftstellerischen Sozialverhalten. In: Friedhilde Krause (Hg.): Theodor Fontane im literarischen Leben seiner Zeit. Beiträge zur Fontane-Konferenz vom 17. bis 20. Juni 1986 in Potsdam. Berlin 1987, S. 1–39, hier S. 31.

rische Entwicklung der verlegerischen Beziehungen zu Autor:innen sowie zur Literatur der DDR, wie sie sich im Verlagsarchiv abgezeichnet hat, darstellen.[122]

Der gewählte multiperspektivische Zugriff strukturiert auch den Aufbau meiner Studie in einen literaturhistorischen, einen diskurs- und praxisgeschichtlichen, einen praxeologischen und einen werkbiographischen Teil. Durch diese Darstellung, getrennt nach unterschiedlichen Perspektiven auf das Material, ergibt sich eine gewisse Wiederholungsstruktur in Bezug auf Namen, Werke und Ereignisse und damit auch auf manche Archivdokumente. Das Register, in dem Personen, Werke und andere Publikationen wie Zeitungen und Zeitschriften aufgeführt sind, ermöglicht jedoch alternative Lektüren.

Im ersten Teil rekonstruiere ich das Verhältnis des Suhrkamp Verlags zu Autor:innen der DDR sowie zu deren Werken in einer chronologischen und systematischen Darstellung, bei der es darum geht, den Wandel in der Beziehungsgeschichte anhand von Labels[123] aufzuzeigen. Labels wie ‚gesamtdeutscher Autor', ‚DDR-Literatur' oder die Generation der ‚Hineingeborenen' sind zum einen Ausdruck der Rezeption und Vermittlung durch den Verlag. Zum anderen entwickeln sie eine strukturierende Kraft von der Autor:innen- und Textauswahl über das Marketing bis hin zur Verlagsorganisation. Der Untersuchungszeitraum reicht von der doppelten Staatengründung, die einen deutsch-deutschen Literaturaus-

---

122 Die meisten wissenschaftlichen Verlagsgeschichten sind als Sammelbände erschienen, um der Quellenvielfalt und Komplexität von Verlagsprozessen gerecht zu werden. Vgl. mit unterschiedlichem Fokus Barck/Lokatis (Hg.): Fenster zur Welt; Lokatis/Sonntag (Hg.): 100 Jahre Kiepenheuer Verlage; David Oels/Ute Schneider (Hg.): „Der ganze Verlag ist einfach eine Bonbonniere". Ullstein in der ersten Hälfte des 20. Jahrhunderts. Berlin/München/Boston 2015; Ingrid Sonntag (Hg.): An den Grenzen des Möglichen. Reclam Leipzig 1945–1991. Berlin 2016. Die Publikationsform verweist auf die Notwendigkeit und Herausforderung, Verlagspraxis und -geschichte aus unterschiedlichen – unternehmensgeschichtlichen, feldtheoretischen, sozial- und literaturhistorischen, produktionsästhetischen, diskursanalytischen – Perspektiven zu untersuchen (vgl. Reinhard Wittmann: Vorwort. In: R.W.: Ein Verlag und seine Geschichte. Dreihundert Jahre J. B. Metzler Stuttgart. Stuttgart 1982, S. 9–13). Verschiedene Perspektiven innerhalb einer monographischen Studie miteinander zu verbinden, ist der Ansatz der vorliegenden Studie.

123 Ich verwende den Begriff ‚Label', weil er dem ökonomischen Denken im 20. Jahrhundert entlehnt ist und die Positionierung im ökonomischen *und* kulturellen Feld anzeigt. Mit Rekurs auf Michel Foucault *Qu'est qu'un Auteur?* definiert Dirk Niefanger ein Label als Etikett, Ordnungshilfe oder Qualitätsbezeichnung für einen oder mehrere Texte: „Das Label ist nicht Bestandteil des eigentlichen Textes, sondern steht in einem engen, sogar in einem interpretativen Verhältnis zu ihm." (Niefanger: Der Autor und sein Label, S. 526). In diesem Sinne kommt einem Label eine ebensolche klassifikatorische Funktion wie dem Autornamen zu, indem der Begriff es ermöglicht mehrere Texte oder Paratexte immer wieder neu zu gruppieren, „sie ab[zu]grenzen und anderen gegenüber[zu]stellen. Außerdem bewirkt er ein In-Beziehung-Setzen der Texte untereinander." (Foucault: Was ist ein Autor?, S. 244).

tausch überhaupt erst ermöglichte, und der Gründung des Suhrkamp Verlags, bis zum Ende der DDR und der Übernahme ehemaliger Lizenzautor:innen der DDR in den Suhrkamp Verlag. Auf diese Weise gibt die Studie zunächst einen einführenden Überblick über relevante Personen, Werke und Ereignisse der Verlagsgeschichte, die ich wiederum in ihrer Wechselwirkung mit (kultur-)politischen und gesellschaftlichen Entwicklungen kontextualisiere. Der erste Teil liefert damit den verlags- und literaturhistorischen Kontext für die darauffolgenden exemplarischen Analysen der Verlagspraktiken. Als Beziehungsgeschichte von Verlag und Autor:in im geteilten Deutschland im Spannungsverhältnis von kulturellen, historischen und politischen Gemeinsamkeiten und Unterschieden gerät deutsche Literaturgeschichte nach 1945 als „asymmetrisch verflochtene Parallelgeschichte" in den Blick.[124] Gleichzeitig können im Netzwerk des Verlags – aus Kontakten, Kooperationen und Transfers – Vorstellungen einer abgrenzbaren ‚DDR-Literatur' oder einer deutschen Nationalliteratur nicht aufrecht gehalten werden. Ganz im Gegenteil: Der Blick auf Verlagspraktiken führt zu einer Entgrenzung und Internationalisierung von Literatur, hier in der besonderen historischen Phase des geteilten Deutschlands.

Der literaturhistorische Teil bietet grundlegende Forschungsergebnisse zu Beziehungen ostdeutscher Autor:innen zu westdeutschen Verlagen und erweitert Studien zum deutsch-deutschen Literaturaustausch[125] und zur wissenschaftlichen Verlagsgeschichtsschreibung.[126] Mit dem Fokus auf die Verwendung von Labels für Autor:innen sowie für Werke der DDR in der Verlagskommunikation ergibt sich eine Periodisierung dieser Literaturgeschichte, die Beispielcharakter für Literatur in publizistischen Kontexten im geteilten Deutschland hat und als Beitrag zur aktuellen Diskussion über Möglichkeiten und Grenzen der Literaturgeschichtsschreibung gelten kann.[127]

---

124 Christoph Kleßmann/Hans Misselwitz/Günter Wichert (Hg.): Deutsche Vergangenheiten – eine gemeinsame Herausforderung. Der schwierige Umgang mit der Nachkriegsgeschichte. Berlin 1999, S. 13.
125 Vgl. Berbig (Hg.): Stille Post; Estermann/Lersch (Hg.): Deutsch-deutscher Literaturaustausch; Frohn: Literaturaustausch; Peitsch: Nachkriegsliteratur; Ulmer: VEB Luchterhand.
126 Vgl. Norrick/Schneider (Hg.): Verlagsgeschichtsschreibung; Korinna Trinckauf: Nicht nur Festschrift – Methodische Überlegungen zur wissenschaftlichen Verlagsgeschichtsschreibung und Florian Triebel: Theoretische Überlegungen zur Verlagsgeschichte: http://www.iasl.uni-muenchen.de/discuss/lisforen/lisforen.htm#buchgesch (zuletzt eingesehen am 5.05.2022).
127 Vgl. den Themenschwerpunkt Literatur/Geschichte in IASL 36 (2011), stellvertretend hierfür Walter Erhart/Gangolf Hübinger: Editorial zum Themenschwerpunkt „Literatur/Geschichte". In: IASL 36 (2011), 1, S. 116–119; Matthias Buschmeier/Walter Erhart/Kai Kauffmann (Hg.): Literaturgeschichte. Theorien – Modelle – Praktiken. Berlin/Boston 2014.

Daran anschließend behandele ich im zweiten Teil das Ethos der Verlagspraxis.[128] Mir geht es also nicht nur darum, *was* der Verlag im Literaturaustausch machte, sondern welche Einstellungen und Positionen im Verlag über das Verlegen von Literatur der DDR und den Umgang mit Autor:innen der DDR zum Ausdruck kamen. Nur wenige Archivdokumente haben sich erhalten, die die Verlagspraxis explizit reflektieren. Dies gilt laut Stephan Füssel für die meisten Verlagsarchive: „Der Bestand der Verlagsarchive ist zu einem großen Teil – wie fast in jedem Berufsfeld von Alltäglichem, von Routinen und redundanten Vorgängen geprägt."[129] Immer dann allerdings, wenn die alltägliche Praxis in Frage stand, Routinen unterbrochen waren und Klärungsbedarf herrschte (Jaeggi spricht in diesem Fall von Störungen des Praxiszusammenhangs[130]), sind Dokumente entstanden, die die Verlagspraxis erklären und reformulieren. Zum Großteil handelt es sich hierbei um dokumentierende, bilanzierende und reflektierende Schriftstücke des Verlegers.[131] Offenbar nur selten haben sich Verlagsmitarbeiter:innen schriftlich zu ihrem Verständnis vom ‚Bücher-Machen', geschweige denn in Bezug auf den deutsch-deutschen Literaturaustausch geäußert.[132] Dass der Schwerpunkt in diesem Teil beim Verleger liegt, ist also auf die Quellenlage zurückzuführen. Nicht ohne Grund werden die Archive des Suhrkamp Verlags, des Insel Verlags, des Jüdischen Verlags und des Deutschen Klassiker Verlags gesammelt als *Siegfried Unseld* Archiv bezeichnet. Unseld ist vermutlich der Verfasser, der am meisten Spuren im Verlagsarchiv hinterlassen hat. Außerdem scheint es aufgrund der hierarchischen, von einer Person geführten Unternehmensstruktur plausibel, dass bei Störungen und Krisen vor allem der Verleger Strategien entwickelte und sich zu den Vorgängen äußerte.

Um die ethischen Prinzipien der Verlagspraxis konturieren zu können, habe ich drei Perspektiven gewählt. Anhand von Störmomenten untersuche ich erstens die Positionierungen und Erklärungen Unselds in Bezug auf die deutsche Teilung, die DDR und den deutsch-deutschen Literaturaustausch sowie auf sein Berufsverständnis als Verleger, die in seiner Argumentation, so werde ich zeigen, eng

---

128 Vgl. Jaeggi: Kritik von Lebensformen, S. 158.
129 Stephan Füssel: Vorwort. In: S.F. (Hg.): „Ungeöffnete Königsgräber" – Chancen und Nutzen von Verlagsarchiven. Wiesbaden 2013, S. 7–12, hier S. 10.
130 Vgl. Jaeggi: Kritik von Lebensformen, S. 128.
131 Vgl. Kapitel 4 zu den Dokumentsorten im SUA.
132 Erst im Zuge der editorialen Erschließung und Erforschung des SUA erscheinen nun auch die autobiographischen Schriften ehemaliger Verlagsmitarbeiter:innen: Vgl. Boehlich u.a.: Chronik der Lektoren; Elisabeth Borchers: Nicht zur Veröffentlichung bestimmt. Ein Fragment. Frankfurt a.M. 2018; Karlheinz Braun: Herzstücke. Leben mit Autoren. Frankfurt a.M. 2019; Rudolf Rach: Alles war möglich. '39 bis '86. Köln 2019; Petra Hardt: Fernlieben. Frankfurt a.M. 2021.

miteinander verbunden waren.[133] Der Verlag und besonders Unseld als Verleger erklärten das Verlegen von Literatur der DDR als Mittel zum Erhalt einer kulturell verstandenen nationalen Einheit, zur Liberalisierung der DDR mit dem Ziel der Vereinigung und als Unterstützung für Autor:innen in einem totalitären Staat. Neben den Archivdokumenten greife ich hierfür auf Unselds programmatische Schrift *Die Aufgaben des literarischen Verlegers* zurück.[134]

Zweitens untersuche ich, welche Funktion die Leipziger Buchmesse in der Verlagspraxis hatte, und schließe hierbei vor allem an Untersuchungen von Patricia F. Blume, ehemals Zeckert an.[135] Ich betrachte die Messepraxis getrennt von den Verlagspraktiken mit Autor:innen-Bezug, weil es nicht um das Verhältnis des Verlags zu *einer* Autor:in geht, sondern um die Präsenz auf der Leipziger Messe als Forum für den persönlichen Kontakt und Austausch im geteilten Deutschland. Da immer nur einige wenige Personen und selten der Verleger nach Leipzig reisten, sind im SUA vor allem dokumentierende und bilanzierende Dokumente überliefert, die, adressiert an relevante Verlagsmitarbeiter:innen, die Messepraxis und die Funktion einer Präsenz des Verlags reflektieren. Die Messepraxis in Leipzig werde ich mit Studien zur Rolle des Suhrkamp Verlags auf der Frankfurter Buchmesse kontrastieren.[136] Die von der Darstellung in Teil I abweichende Periodisierung begründet sich in der veränderten Perspektivierung des Quellenmaterials und zeigt sowohl die Möglichkeit der multiplen Chronologisierung von Verlags- und Literaturgeschichte als auch wichtige Zäsuren auf.[137]

---

133 Die Äußerungen und Selbstdarstellungen Unselds kontextualisiere ich mit den Erkenntnissen des Unseld-Biographen Peter Michalzik. Vgl. Peter Michalzik: Unseld. Eine Biographie. München 2002.
134 Vgl. Siegfried Unseld: Die Aufgaben des literarischen Verlegers. In: S.U.: Der Autor und sein Verleger. Frankfurt a. M. 1985, S. 9–64.
135 Vgl. Patricia F. Zeckert: Die Internationale Leipziger Buchmesse. In: Leseland DDR. In: APuZ 11 (2009), S. 39–46; P.F.Z.: DDR-Leser im Schlaraffenland. Westliteratur, Buchmesse und alternative Medienkultur. In: Stefan Zahlmann (Hg.): Wie im Westen, nur anders. Medien in der DDR. Berlin 2010, S. 97–116.
136 Vgl. Claus Kröger: „Establishment und Avantgarde zugleich"? Siegfried Unseld und der Börsenverein des Deutschen Buchhandels 1967/68. In: Ingrid Gilcher-Holthey (Hg.): Zwischen den Fronten. Positionskämpfe europäischer Intellektueller im 20. Jahrhundert. Berlin 2006, S. 311–331; Ulrike Seyer: Die Frankfurter Buchmesse in den Jahren 1967 bis 1969. In: Stephan Füssel (Hg.): Die Politisierung des Buchmarkts. 1968 als Branchenereignis. Wiesbaden 2007, S. 159–241; Claus Kröger: Walter Boehlich vs. Siegfried Unseld. Der „Aufstand der Lektoren" im Suhrkamp Verlag. In: Helmut Peitsch/Helen Thein-Peitsch (Hg.): Walter Boehlich. Kritiker. Berlin 2011, S. 229–249.
137 Vgl. zu den Möglichkeiten der alternativen Periodisierung aus dem Archiv auch Zajas: Verlagspraxis und Kulturpolitik, S. 50.

Drittens verdeutliche ich an den frühen Verlagsbeziehungen zu Johnson, Bloch und Fries[138] Ende der fünfziger bis Mitte der sechziger Jahre, dass die Entstehung und Entwicklung von Verlagspraktiken im geteilten Deutschland mit Erfahrungs- und Lernprozessen verbunden waren, die eine Bedingung für das Gelingen einer Lebensform sind.[139] Meine These lautet, dass der Verlag durch den Umgang mit ostdeutschen Autor:innen zum einen mit alternativen Praktiken des ‚Bücher-machens' aus Praxiszusammenhängen in der DDR konfrontiert war und zum anderen für das Verlegen einer als ‚anders' wahrgenommenen Literatur der DDR neue Praktiken ausbilden und alte modifizieren musste, um sich den Bedingungen des Literaturaustauschs anzupassen. Die Beziehungsgeschichte von Suhrkamp und der Literatur der DDR lässt sich deshalb als stetiger Anpassungs- und Abgrenzungsprozess verstehen.

Im dritten Teil widme ich mich der Untersuchung von Verlagspraktiken im Umgang mit Autor:innen und literarischen Werken der DDR. Die einzelnen Unterkapitel strukturieren sich aber weder nach den behandelten Autor:innen noch nach den Werken, noch nach bestimmten Gattungen, Text- oder Dokumentsorten des Archivs. Der Fokus liegt auf den Praktiken des Verlags. Mein Ziel ist es, Verlagspraktiken in ihrer Form und Funktion zu analysieren und ihre Wechselwirkung zu konturieren. Wie erhielt, bewertete, veränderte, materialisierte, bewarb und vermarktete der Verlag die literarischen Werke? Inwiefern wirkte sich die Verlagspraxis auf die Positionierung der Autor:in in Ost und West aus? Welche Funktion also hatte die Publikation in einem westdeutschen Verlag für eine Autor:in der DDR und ihr Gesamtwerk? Inwiefern hatte die Beziehung zu einem oder mehreren Verlagen Einfluss auf das Denken und Handeln der Autor:innen, vor allem auf ihr Lesen und Schreiben? Wie wirkte sich aber auch der Literaturaustausch auf die Praxis des Verlags aus? Mit der Beantwortung dieser Fragen verdeutliche ich, welche Rolle Verlage bei der Rezeption und Produktion von Lite-

---

138 Während es zur Beziehung Blochs zum Suhrkamp Verlag noch keine Studie gibt, stütze ich mich für das Verhältnis von Johnson und Fries zum Verlag auf die Arbeiten von Roland Berbig, Christoph Kapp und Katja Leuchtenberger; letztere hat auch die Rolle Johnsons als Vermittler und Lektor von Fries in den Blick genommen. Vgl. Roland Berbig: In fremden Texten. Uwe Johnsons Lektorate. In: Johnson-Jahrbuch 17 (2010), S. 141–158; Christoph Kapp: „Kaum gibt sich der Lektor mit einem Autor auch ausserhalb des Geschäftshauses ab". Uwe Johnson und Walter Boehlich. In: Johnson-Jahrbuch 23 (2016), S. 59–79; Katja Leuchtenberger: „Wer erzählt, muß an alles denken". Erzählstrukturen und Leserlenkung in den frühen Romanen Uwe Johnsons. Göttingen 2003; K.L.: Spiel. Zwang. Flucht. Uwe Johnson und Fritz Rudolf Fries. Ein Rollenspiel in Briefen. In: Ulrich Fries u.a. (Hg.): So noch nicht gezeigt. Uwe Johnson zum Gedenken, London 2004. Göttingen 2006, S. 45–68. Vgl. auch Teil III, Kapitel 4.
139 Vgl. Jaeggi: Kritik von Lebensformen, S. 200.

ratur, aber auch für die Positionierung von Autor:innen im literarischen Feld spielen.[140]

Die einzelnen Praktiken nahmen zwar im geteilten Deutschland eine besondere Form und Funktion an, aufgrund von Stichproben gehe ich aber davon aus, dass es sich zumindest teilweise um „wandernde" Praktiken handelt, die der Verlag auch in anderen Zusammenhängen einsetzte.[141] Ein Ergebnis meiner Untersuchung ist damit ein Ensemble von Verlagspraktiken, das sich an den Verlagsprozessen von der Autor:innenauswahl, über die Manuskriptbewertung, die Programm- und Buchgestaltung bis zum Marketing zeigen und Forschungsprojekten zu anderen Verlagen und in anderen historischen Zusammenhängen als Vergleichsmodell dienen kann.

Ich untersuche fünf dominante Praktiken an ausgewählten Fallbeispielen: Als ‚assoziieren' bezeichne ich die Verknüpfung von einzelnen Autoren sowie Werken zu einem Ensemble, mit dem gewisse Konzepte von Autorschaft (zum Beispiel in der Nachfolge Brechts) oder literarischem Schreiben (zum Beispiel ‚Nachkriegsroman') verknüpft sind. Der Begriff drückt zugleich den konnektiven Aspekt der Beziehung zwischen Autoren und Werken sowie die Verbindung mit einer gedanklichen Vorstellung aus. „All publishing practices create intertextual relations", konstatiert Malik.[142] In der schriftlichen und bildlichen Kommunikation des Verlags – sei es in Briefen, Gutachten, Notizen, den Peritexten eines Buchs oder in Verlagsprospekten und Werbeanzeigen – werden Texte und Autoren, die wiederum metonymisch auf ihre Werke verweisen, miteinander in Verbindung gebracht. Dadurch entstehen abstrakte Vorstellungen von transtextuel-

---

140 Feldtheoretisch gesehen verleiht die Zugehörigkeit zu einem Verlag Autor:innen und ihrem Werk ein Konsekrationskapital, das mit dessen Programmprofil zusammenhängt und mit dem diese handeln können (vgl. Pierre Bourdieu: Die Regeln der Kunst. Genese und Struktur des literarischen Feldes. Frankfurt a.M. 2001, S. 239). Das kulturelle und symbolische Kapital der Autor:innen wird im Verlag als Eigner des wirtschaftlichen Kapitals wiederum in ökonomisches verwandelt, an dem die Autor:innen beteiligt werden. Durch diese Austauschprozesse entstehen homologe Beziehungen, so dass „jedem Autor, jeder Produktions- und jeder Produktform ein (bereits existierender oder zu schaffender) *natürlicher* Ort im Feld der Produktion" entspricht [Herv. im Original] (ebd., S. 267). Genese und Struktur der Beziehungen zwischen dem Suhrkamp Verlag und den ostdeutschen Autor:innen ist Gegenstand dieser Studie. Darüber hinaus wäre von Interesse, wie sich die verschiedenen Verlagsbeziehungen von Autor:innen im geteilten Deutschland auswirkten und somit die Vorstellung von *einem* natürlichen Ort (für Autor:innen, für deren Werke) differenzieren ließe.
141 Vgl. exempl. Einert: Die Übersetzung eines Kontinents.
142 Malik: Horizons of the Publishable, S. 725.

len[143] Bezügen, was etwa die Romane von Jurek Becker und Martin Walser gemeinsam haben, die ein Verlag potentiell strategisch einsetzen kann. Materiell evident wird dies besonders an den Dokumenten, die unmittelbar zum Produktionsprozess gehören.[144] Darüber hinaus beruht diese Kategorie auch auf der Beobachtung, dass die Verlagspraxis sowohl Autornamen und Werke als auch reale Personen auf Grundlage literarischer wie sozialer Gemeinsamkeiten miteinander in Kontakt brachte. Durch den Verlag entstand also ein Netzwerk von Autor:innen, Texten und Paratexten, das sich im Gesamttext des Verlagsarchivs als ein „Gewebe von Zitaten" spiegelt.[145] ‚Assoziieren' kann in diesem Sinne als übergeordnete Kategorie gelten, da sich die Assoziation an verschiedenen Praktiken zeigt.

‚Selektieren' meint die Auswahl von Autor:innen und Texten, deren Dispositionen sie für den Verlag geeignet machen. Hiermit war die Vorstellung verbunden, dass es nicht nur zwei Literaturen im geteilten Deutschland gab, sondern sich auch nur bestimmte Texte für den Literaturaustausch bzw. für die Integration in das Verlagsprogramm bei Suhrkamp eigneten. Es zeigt sich, dass gewisse Ästhetiken, in diesem Fall die Auseinandersetzung mit dem Mythos bei Franz Fühmann, sowie Praktiken, hier an Fries' Publikationspraxis veranschaulicht, nicht in den Praxiszusammenhang des Verlags passten.

Unter ‚variieren' fasse ich die Aufnahme von Autor:in und Text in den Verlag und damit in das literarische Feld der BRD. Beide Seiten, die aufnehmende und die sich einfügende, durchlaufen dabei Wandlungsprozesse, die es hier vor allem in Bezug auf den Habitus der ostdeutschen Autor:innen sowie auf ost- und westdeutsche Fassungen des publizierten Werks nachzuzeichnen gilt. Den Begriff leite ich von der materialen Varianz von Parallelausgaben ab, beziehe ihn aber auch auf die habituelle Varianz der Autor:innen. In Analogie zum Begriff der Parallelverlage als Bezeichnung für Verlage, die unter gleichem Namen in beiden deutschen Staaten existierten, verstehe ich unter dem Begriff ‚Parallelausgabe' die meist zeitnah oder sogar kooperativ, in Abhängigkeit voneinander entstandenen Ausgaben eines Werks in ost- und westdeutschen Verlagen. Der Begriff ist demnach nicht ohne Weiteres übertragbar auf andere deutschsprachige Ausgaben eines Werks. Parallelausgaben unterscheiden sich im Regelfall durch ihre

---

143 Ich nutze die Begrifflichkeit Genettes, um die verschiedenen Typen textueller Bezüge beschreiben zu können. Vgl. Gérard Genette: Palimpseste. Die Literatur auf zweiter Stufe. Frankfurt a. M. 2015. S. 9–18.
144 Vgl. Sprengel: Der Lektor und sein Autor, S. 17 f.
145 Roland Barthes: Der Tod des Autors. In: Fotis Jannidis u. a. (Hg.): Texte zur Theorie der Autorschaft. Stuttgart 2007, S. 185–193, hier S. 190.

Paratextualität bzw. ihren Publikationskontext.[146] Besonders eindrücklich zeigen sich diese Variationen an den Parallelausgaben und Verlagsbeziehungen von Uwe Kolbe und Durs Grünbein in den achtziger Jahren.

Mit ‚konspirieren' ist die geheime Kooperation und Kommunikation von westdeutschem Verlag und ostdeutschen Autor:innen vor dem Hintergrund der kulturpolitischen Bestimmungen und bilateralen Vereinbarungen zwischen dem Suhrkamp Verlag und den Verlagen und Behörden der DDR gemeint. Ich zeige, dass Verlagsmitarbeiter:innen von Beginn der Kontaktaufnahme zu Autor:innen der DDR an überwacht wurden, und wie sich daraus bestimmte Praktiken der Konspiration entwickelten, die symptomatisch für den Literaturaustausch sind.

Schließlich versammle ich unter dem Begriff ‚investieren' die Bindungspraktiken des Verlags, Autor:innen für den Verlag zu gewinnen, zu halten und sie im Sinne einer Verlagsautorschaft[147] zu engagieren.[148] Bei dieser besonders variantenreichen Praktik konnte es um den Vorschlag für Stipendien gehen, die den Autor:innen einen Westaufenthalt ermöglichten, um Buchsendungen oder um die Versorgung mit Waschmittel. Im Gegenzug empfahlen Autor:innen ihre Kolleg:innen dem Verlag, nahmen an Verlagsveranstaltungen teil oder ließen sich auf vom Verlag gewünschte Streichungen in ihren Texten ein. Der Vergleich zwischen (westdeutschen) Verlagsautor:innen und den ostdeutschen Lizenzautor:innen, die selten als Scouts, Herausgeber oder Nachwortgeber gewirkt haben, zeigt, welche Unterschiede in der Ausgestaltung einer Verlagsautorschaft im geteilten Deutschland bestanden.

Angereichert sind die praxeologischen Analysen mit der Rekonstruktion der jeweiligen Autor:in-Verlag-Beziehungen sowie der Produktionsprozesse der literarischen Werke in den jeweiligen Ausgaben. Da ich hierfür Quellenmaterial aus verschiedenen Verlagsarchiven und Nachlässen ausgewertet habe, das zum größten Teil noch unveröffentlicht und unbekannt ist, bieten die Fallanalysen

---

[146] Mit Rekurs auf Marx' *Manifest der Kommunistischen Partei* stellt Bourdieu in Bezug auf den deutsch-französischen Literaturaustausch fest: „Le fait que les textes circulent sans leur contexte, qu'ils n'emportent pas avec eux le champ de production – pour employer mon jargon – dont ils sont le produit et que les récepteurs, étant eux-mêmes insérés dans un champ de production différent, les réinterprètent en fonction de la structure du champ de réception, est générateur de formidables malentendus." (Pierre Bourdieu: Les conditions sociales de la circulation internationale des idées. In: Actes de la Recherche en Sciences Sociales 145 (2002), S. 3–8, hier S. 4).
[147] Amslinger fasst unter diesem Begriff alle Rollen von Autorschaft zusammen, die Schriftsteller:innen in der Verbindung zu einem Verlag einnehmen können. Dazu gehören Funktionen des Lektorats, der Herausgeberschaft, der Akquise und Beratung u.v.m. (vgl. Amslinger: Verlagsautorschaft).
[148] Vgl. zur weiteren Definition und Abgrenzung der Praktiken die entsprechenden Kapitel in Teil III.

neben Erkenntnissen zur Geschichte und Praxis des Suhrkamp Verlags auch Forschungsergebnisse zu den deutsch-deutschen Verlagsbeziehungen der Autor:innen sowie der Genese ihrer literarischen Werke nicht nur als Text, sondern in Form von Ausgaben.[149] Der literarische Text gerät dabei zum einen im Schreibprozess in den Blick, der bei der Manuskriptabgabe nicht abgeschlossen ist und sich in den kooperativen und kollektiven Praktiken des Verlags mit dem Produktionsprozess einer Ausgabe teilweise überlagert, insofern, als im Verlag die Materialität einer Ausgabe sowie deren Epitexte immer schon mitgedacht werden. Hierin besteht auch der Unterschied zwischen der Autorschaft und dem Schreiben von Texten vor dem Buch-Debüt, bei dem Schriftsteller:innen (theoretisch) noch nicht mit dem Buch-Verlag in Verbindung stehen, und der Verlagsautorschaft, bei der die Texte entstehen, während die Autor:innen an einen Verlag gebunden sind. Eine längerfristige Beziehung zu Autor:innen für den Aufbau und Nutzen eines Gesamtwerks galt für den Suhrkamp Verlag zumindest im 20. Jahrhundert als erstrebenswert. Zum anderen sind die literarischen Texte Ausgangs- und Bezugspunkte der in der Verlagspraxis entstehenden Paratexte, die auf der Grundlage von Lektüren entstanden sind und deshalb nicht nur als Medien der Inszenierung und Positionierung, sondern hier vor allem als Deutungsmodelle verstanden werden. Anhand der Genese von Ausgaben, von Ausgabeninterpretationen und -vergleichen zeige ich, wie das Wissen um die kollektive Intentionalität der Produktionsgemeinschaft von Verlag und Autor:in einerseits die Deutung eines Textes leiten und damit die potentielle Bedeutungsvielfalt eines literarischen Textes ebenso einschränken wie erweitern kann. Anders gesagt veranschaulicht die materielle Variationsvielfalt von Ausgaben eines literarischen Werks, die sich besonders prägnant an den Parallelausgaben im geteilten Deutschland zeigt, wiederum, wie sich der semantische Gehalt eines Textes dem Kontext entsprechend unterschiedlich akzentuieren lässt. So ließe sich anhand der Ausgabengestaltung eines Werks nicht nur eine materiell orientierte editoriale Biographie (siehe unten), sondern auch eine Rezeptionsgeschichte in verlegerischen Kontexten schreiben.

Da die Auswahl der Autor:innen der praxeologischen Fragestellung folgt und auf dem Quellenmaterial basiert,[150] geraten auch weniger bekannte Autor:innen

---

[149] So erwähnen zum Beispiel die Biographien zu Franz Fühmann nur, dass er im Westen erschien, nicht aber, wie komplex und einflussreich die westdeutschen Verlagsbeziehungen für ihn waren.

[150] Die Fallbeispiele wurden auf Grundlage der praxeologischen Fragestellung nach qualitativen Kriterien ausgesucht, je nachdem, bei welcher Autor:in und bei welcher Publikation die jeweilige Verlagspraktik am prägnantesten und nahezu vollständig aus den Archivdokumenten zu rekonstruieren war. Nicht alle Autor:innen haben allerdings Einblick in ihre Korrespondenz im

wie Frank-Wolf Matthies oder das Autor:innenpaar Johanna und Günter Braun in den Blick. Der Forschungsstand zu den ausgewählten Autor:innen, darunter Jurek Becker, Volker Braun, Kurt Drawert, Fritz Rudolf Fries, Franz Fühmann, Durs Grünbein, Uwe Kolbe und Angela Krauß, stellt sich deshalb sehr heterogen dar. Während es zu Matthies und dem Ehepaar Braun kaum Studien gibt, entstehen zum Werk von Becker oder Krauß laufend neue wissenschaftliche Arbeiten.[151] Dennoch ist es nicht möglich, sich auf eine breite, geschweige denn dynamische Forschungsdiskussion zu ihren Verlagsbeziehungen oder den Entstehungsprozessen ihrer Werke zu beziehen und die Erkenntnisse aus dem Archiv in diese einzuordnen. Generell mangelt es noch an Forschung zur Materialästhetik von Autor:innen oder zum materiellen Produktionsprozess von Werken, die hier im Fokus stehen. Die Kategorie der Ausgabe, die traditionell in der Editionswissenschaft eine Rolle spielt, hat erst über die Buchwissenschaft bzw. die *history of books* sowie das aktuelle Interesse an der Materialität von Literatur wieder mehr Aufmerksamkeit in der Literaturwissenschaft bekommen.[152] Beiträge zur editorialen Biographie eines Werks, im Besonderen Ausgabenvergleiche, die als Modell hätten dienen können, sind kaum vorhanden. Ich stütze mich deshalb in der Untersuchung vor allem auf das SUA und ziehe stellenweise Forschungsergebnisse zu Verlagsbeziehungen in der DDR sowie zu Werk und Produktionsästhetik hinzu.[153]

Darüber hinaus diskutiere ich punktuell in einzelnen Kapiteln, wie die Verlagsperspektive, d. h. in diesem Fall der Wechsel zwischen der Textlektüre und dem Blick auf die materielle, prozessuale Produktion von Literatur, das Potential zur Theoriemodifikation in sich trägt, und erprobe damit den Konnex zwischen einem praxeologischen Zugriff auf das Archivmaterial und der literaturwissen-

---

Verlagsarchiv gewährt, so dass die Auswahl auch durch rechtliche Bedingungen eingeschränkt war. Nicht einsehen konnte ich die Verlagskorrespondenz mit Wulf Kirsten und Thomas Rosenlöcher.
151 Vgl. zur Forschungsliteratur zu Jurek Becker Teil III, Kapitel 1.2 und zu Angela Krauß Teil III, Kapitel 1.4.
152 Vgl. exempl. Lukas/Nutt-Kofoth/Podewski (Hg.): Text – Material – Medium; Carlos Spoerhase: Das Format der Literatur. Praktiken materieller Textualität zwischen 1740 und 1830. Göttingen 2018; Lutz Danneberg/Annette Gilbert/Carlos Spoerhase: Das Werk. Zum Verschwinden und Fortwirken eines Grundbegriffs. Berlin/Boston 2019. Gerade in Bezug auf die Materialästhetik von Autor:innen sowie eine materialistische Rezeptionsästhetik hat sich gezeigt, dass einige Arbeiten der DDR-Literaturwissenschaft (zum Beispiel von Dieter Schlenstedt und Peter Wruck) aus den siebziger und achtziger Jahren methodische Ansätze bereithalten, die sich in gegenwärtige Diskussionen der Literaturwissenschaft integrieren lassen.
153 Da es sich um Einzeluntersuchungen zu den Autor:innen handelt, führe ich die Forschungsliteratur hier nicht auf, sondern dort, wo ich sie benutze.

schaftlichen Theoriebildung. Dies gilt unter anderem für die Produktions- und Rezeptionsästhetik, die Schreibprozessforschung, die Intertextualitätsforschung, die Gattungstheorie, die Theorie des literarischen Werks, die Autorschaftstheorie und die Interpretationstheorie. Diese punktuellen Überlegungen verstehen sich als Vorschlag, mit dem Blick auf das Denken und Handeln von Verlagen, verstanden als Orte, an denen die Kollektivität, Prozessualität, Kontextualität, Intentionalität und Lokalität der Literaturproduktion in Blick gerät, bestimmte literaturwissenschaftliche Begriffe und Theorien zu differenzieren bzw. zu erweitern.

Anhand der Parallelausgaben von Volker Brauns erstem Gedichtband *Provokation für mich* (1965, Mitteldeutscher Verlag) bzw. *Vorläufiges* (1966, Suhrkamp Verlag) und im Anschluss an die in Teil I bis III entwickelten Thesen untersuche ich im vierten Teil die Auswirkung von Publikations- und Verlagspraktiken auf die Text- und Werkgestalt. Mit dem Blick auf die Genese und Vielfalt der Ausgaben eines literarischen Werks öffne ich den Untersuchungsrahmen für Publikationspraktiken von Autor:innen und deren Wechselwirkung mit Form und Inhalt eines literarischen Werks, dessen editoriale Biographie[154] somit sichtbar wird. Wie kamen Änderungen zustande? Wie beeinflussten Publikationspraktiken die Bedeutung, Form und Funktion eines Textes bzw. die Materialität einer Ausgabe oder Auflage und damit die Wahrnehmungs- und Deutungsdispositionen für die Leserschaft? Mit der Rekonstruktion der editorialen Biographie werde ich zum einen die Verflechtung der Geschichte des Werks in seinen ost- und westdeutschen Ausgaben verdeutlichen. Der erste Gedichtband von Braun eignet sich in besonderer Weise für einen Ausgabenvergleich: Die Parallelausgaben in Ost und West trugen unterschiedliche Titel, *Provokation für mich/Vorläufiges*, und wichen auch inhaltlich in der Zusammenstellung der Gedichte voneinander ab. Sie entstanden in der Anfangszeit des Literaturaustauschs, in der sich die Praxis der Parallelausgaben erst entwickelte, und können in diesem Sinne sowohl als Beispiel als auch als Grenzphänomen analysiert werden. Der Band erschien in der DDR in

---

154 Ich verwende den Begriff in Anlehnung an Igor Kopytoffs Konzept einer sich als Biographie verstehenden Objektgeschichte (vgl. Igor Kopytoff: The Cultural Biography of Things: Commoditization as Process. In: Arjun Appadurai (Hg.): The Social Life of Things: Commodities in Cultural Perspective. Cambridge 1986, S. 64–91 und Teil IV). Dem Gegenstandsbereich der editorialen Biographie sehr ähnlich verwendet die *critique génétique* zur Bezeichnung der Veränderlichkeit des Textes nach seiner Erstveröffentlichung den Begriff ‚Epigenese' (vgl. Dirk van Hulle: Modelling a Digital Scholarly Edition for Genetic Criticism. A Rapprochement. In: Variants 12/13 (2016), S. 34–56, hier S. 46: https://doi.org/10.4000/variants.293 (zuletzt eingesehen am 5.05.2022)). Während dort allerdings der Schreibprozess im Fokus steht, lassen sich hier unter dem Begriff der editorialen Biographie, also mit dem Blick auf Ausgaben als Fassungen des Werks nicht nur Veränderungen des Textes, sondern auch des Paratextes erfassen.

variierenden Auflagen und ging auch in eine Werkausgabe ein; in der BRD blieb es bis heute bei der Erstausgabe. Außerdem liegen der Band bzw. einzelne Gedichte in Übersetzungen vor. Heute wird der Band nur noch als graphisch gestaltete Ausgabe vertrieben, die auf einer ostdeutschen Ausgabe beruht, also nicht der Variante des Suhrkamp Verlags entspricht, dem Braun seit mehr als 50 Jahren angehört.

Vor diesem Hintergrund ermöglicht es der Band zum anderen, das praxeologisch-terminologische Spannungsverhältnis zwischen Konzepten von Werk und Ausgabe zu diskutieren. Handelt es sich bei den Parallelausgaben um materielle Versionen *einer* Ausgabe, die wiederum in Varianten existieren können? Inwiefern sind Parallelausgaben als Fassungen eines literarischen Werks konzeptualisierbar? Können die Parallelausgaben einen eigenen Werkcharakter haben? Vor dem Hintergrund der verflochtenen editorialen Biographie im geteilten Deutschland und den sehr unterschiedlichen Publikationsbedingungen in Ost und West stellt sich außerdem die Frage, inwiefern sich die Vorstellung von einer Originalausgabe kritisieren lässt.

Ich knüpfe damit an aktuelle Auseinandersetzungen mit der Buchförmigkeit von Literatur und der Bedeutung von Ausgaben an.[155] Amslingers Studie zur Verlagsautorschaft ist ein Beispiel des auch hier verfolgten erweiterten produktionsästhetischen Ansatzes, der die Entstehung von Ausgaben, verstanden als das Produkt einer Gemeinschaft von Verlag und Autor:in, untersucht.[156] Ziel ist es, den Erkenntniswert der ‚Ausgabe' als literaturwissenschaftliche Kategorie auszuloten und diese zwischen Text und Werk zu etablieren.

Im Anhang ergänzen halboffen geführte Experteninterviews aus den Jahren 2014 und 2015 mit zwei ehemaligen Leitern des Suhrkamp Theaterverlags, Karlheinz Braun und Rudolf Rach, dem ehemaligen Suhrkamp-Autor Uwe Kolbe sowie dem ehemaligen stellvertretenden Kulturminister der DDR, Klaus Höpcke meine Untersuchung. Sie sind aufgrund ihrer Subjektivität und der Erinnerungslücken der Gesprächspartner zwar unzuverlässige Quellen für eine wissenschaftliche Darstellung, ermöglichen aber einen polyphonen Zugang zur Verlagsgeschichte. Sie förderten Details der Verlagsgeschichte zu Tage und halfen meine Thesen zu verifizieren oder zu falsifizieren. Zudem ermöglichten sie lebhafte, emotionale Einblicke in die Bedingungen des Literaturaustauschs im geteilten Deutschland. Wie die Gespräche können auch die ebenfalls im Anhang wiedergegebenen Ar-

---

155 Vgl. Charlotte Kurbjuhn/Steffen Martus/Carlos Spoerhase: Editoriale Aneignung literarischer Werke im 18. Jahrhundert. Vorwort. In: ZfGerm Neue Folge XXVII (2017), 1, S. 7–16; Spoerhase: Das Format der Literatur.
156 Vgl. Amslinger: Verlagsautorschaft.

chivdokumente aus dem SUA als Anreiz zur fortführenden wissenschaftlichen Auseinandersetzung mit dem Suhrkamp Verlag dienen.

4 Quellenmaterial

Die Fragestellung und Methodik meiner Untersuchung habe ich, wie bereits erwähnt, aus der Beschäftigung mit dem SUA entwickelt. Stellenweise habe ich zum Vergleich oder zur Ergänzung einzelner Prozesse und Praktiken auch mit anderen Verlagsarchiven gearbeitet. Hierzu gehören die Archive des Mitteldeutschen Verlags (Landeshauptarchiv Magdeburg), des Aufbau Verlags (Staatsbibliothek zu Berlin), von Hoffmann und Campe (Archiv beim Verlag in Hamburg), des Luchterhand Verlags und des Rowohlt Verlags (DLA). Der Status dieser Verlagsarchive ist sehr heterogen. Während das eine noch beim Verlag liegt und die Benutzung nur stichprobenweise im Büro eines Mitarbeiters möglich war, sind andere zwar archiviert, aber nicht erschlossen, wieder andere volldigitalisiert und einsehbar. Manche Dokumente aus dem SUA lassen sich deshalb (noch) nicht umfassend quellenkritisch erschließen. Seitenblicke waren nur punktuell möglich, auch, weil die Recherche nach Werken oder Autor:innen in verschiedenen Verlagsarchiven, gerade, wenn keine langjährige Beziehung und damit eine gesonderte Dokumentablage entstanden, sehr aufwendig ist. Einen Überblick über die Topographie von deutschsprachigen Verlagsarchiven, die für die Erforschung der Literaturgeschichte von Relevanz wäre, gibt es nicht. Ich schließe mich deshalb dem Appell Stephan Füssels, Verlagsarchive zu pflegen und der Forschung zur Verfügung zu stellen, nicht nur an,[157] sondern möchte ihn mit einem Vorschlag zur Einrichtung einer übergreifenden Datenbank zur Verlagsarchivforschung erweitern, die den Zugriff und Umgang mit diesen komplexen Großbeständen erleichtern und die Vernetzung und Systematisierung der Forschung ermöglichen würde.

Weitere Quellen stammen aus Autor:innennachlässen von Fries (DLA), Johnson (Universität Rostock), dem Nachlass von Margarete Franck (Staatsbibliothek zu Berlin) sowie aus den Archiven der Akademie der Künste (AdK), des Ministeriums für Staatssicherheit der DDR (Archiv des Bundesbeauftragten für die Unterlagen des Staatssicherheitsdienstes der ehemaligen DDR (BStU)) und dem Landesarchiv Sachsen-Anhalt (LASA). Bei Drucklegung der Studie war es leider noch nicht möglich mit Brauns Vorlass im Archiv der AdK zu arbeiten, um bei-

---

[157] Vgl. Aufruf: Verlage brauchen ein Gedächtnis. In: Stephan Füssel (Hg.): „Ungeöffnete Königsgräber", S. 113.

spielsweise den Schreib- und Umarbeitungsprozess des ersten Gedichtbands nachvollziehen zu können.

Vor allem in Bezug auf das SUA stellt die Aufarbeitung des Quellenmaterials als Grundlage zur Entwicklung von theoretisch-methodischen Überlegungen zur Verlags- und Literaturgeschichtsschreibung ein wichtiges Ergebnis meiner Studie dar. Aufgrund der Breite meines Themas habe ich umfassend auf die Bestände des SUA zugegriffen und gehe im Folgenden kurz auf die dortige Quellenlage ein.[158]

Quellengrundlage meiner Studie ist vorrangig das Archiv des Suhrkamp Verlags im SUA, das seit 2011 im DLA erschlossen wird.[159] Meine Recherchen beziehen sich vor allem auf die Ablagen der Verlagsleitung (Peter-Suhrkamp-Archiv, Allgemeine Korrespondenz, Autorenkonvolute, Reiseberichte, Verlagsnotizen), der Lektorate (edition suhrkamp, Suhrkamp Taschenbücher, Deutschsprachige Literatur, Insel Verlag, Klassikerprogramme und Werkausgaben, Theater Verlag), der Werbung und Presse sowie auf die Produktionsbibliothek.[160] Relevant waren die Korrespondenz mit Autor:innen, Verlagen und dem Kulturministerium der DDR sowie Verlagspublikationen, die aus dem Literaturaustausch entstanden sind. Für die Kommunikation *über* den Literaturaustausch habe ich zusätzlich mit internen Verlagsdokumenten sowie der Korrespondenz mit kulturellen und politischen Entscheidungsträgern der BRD gearbeitet. Da manche Archivteile gesperrt sind oder die nötigen Einsichtsgenehmigungen nicht erteilt wurden, konnte ich nicht alle potentiell relevanten Dokumente auswerten, weise in der Studie aber an den jeweiligen Stellen auf Anschlussmöglichkeiten hin. Das Archivmaterial wird größtenteils in meiner Studie zum ersten Mal bearbeitet und veröffentlicht.[161] Darunter befindet sich eine Vielfalt an Dokumentsorten wie Briefe, Telegramme, Postkarten, Aktennotizen, Jahresberichte, Reiseberichte, Protokolle, Gutachten, Rechnungen usw. Grundsätzlich handelt es sich nicht um standardisierte Quellen, wie zum Beispiel die Gutachten belegen, die in der Form von eigenständigen Textdokumenten oder im Rahmen von Briefen, von Mitarbeiter:innen, Autor:innen oder externen Lektor:innen verfasst, in verdichteter Kürze oder

---

158 Ich schließe damit an Forschungsergebnisse aus dem Suhrkamp-Forschungskolleg an. Vgl. Amslinger/Grüne/Jaspers: Mythos und Magazin; Amslinger u. a.: Editorial.
159 Zur Geschichte und Struktur des SUA vgl. Amslinger/Grüne/Jaspers: Mythos und Magazin.
160 Vgl. Die Suhrkamp Tektonik: https://suhrkamp-forschungskolleg.de/archiv/suhrkamp/ (zuletzt eingesehen am 5.05.2022).
161 Für meine Untersuchung greife ich außerdem auf folgende Editionen aus dem SUA zurück: Uwe Johnson/Siegfried Unseld: Der Briefwechsel. Hg. von Eberhard Fahlke und Raimund Fellinger. Frankfurt a. M. 1999; Siegfried Unseld: Chronik Bd. 1: 1970. Mit den Chroniken Buchmesse 1967, Buchmesse 1968 und der Chronik eines Konflikts 1968. Hg. von Raimund Fellinger. Berlin 2010; Fellinger/Reiner (Hg.): Siegfried Unseld; sowie auf das bereits veröffentlichte Material aus dem SUA in Frohn: Literaturaustausch.

detailreicher Länge vorkommen können.¹⁶² Größtenteils liegen die Texte als Typoskripte vor, deren Papierqualität und Druckfarbe in den meisten Fällen gut erhalten sind. Viele weisen Annotationen von einer oder mehreren Händen auf (Abb. 4); teilweise sind Dokumente in Handschrift überliefert, die dem Geschriebenen einen privaten Charakter verleiht (Abb. 18). Im Schriftbild unterscheiden sich vor allem die Korrespondenz der Institutionen von derjenigen der Autor:innen. Deren politisch-ästhetische Einstellungen und poetologische Eigenheiten haben in der Groß- und Kleinschreibung (zum Beispiel bei Enzensberger), im Einsatz von Satzzeichen (zum Beispiel in Briefen Johnsons), dem visuellen Eindruck der Briefe oder der Wahl von Postkarten (zum Beispiel in der Korrespondenz mit Becker) ihre Spuren hinterlassen. Sie sind ein Indiz für die Materialästhetik von Autor:innen, die im Produktionsprozess in Kooperation mit Verlagen sichtbar wird und erwirken im Sinne der *critique génétique* die Vorstellung vom Werk als Prozess *und* als Produkt,¹⁶³ in dem die verschiedenen Ausgaben als Fassungen, also gerahmte Standbilder gelten können.¹⁶⁴

Einen besonderen Status im Archiv und für meine Untersuchung hat die so genannte Chronik, also das Geschäftstagebuch des Verlegers Unseld, das dieser über einen mehr als 30-jährigen Zeitraum führte.¹⁶⁵ Bei der Recherche diente es mir mit Namen, Ereignissen, Orten und Praktiken als Findbuch für das noch unkatalogisierte Verlagsarchiv. Die Chronik ist selbst aus einer Art Archiv entstanden, den Kalendernotizen und Sprachaufzeichnungen des Verlegers, die seine Chefsekretärin Burgel Zeeh verschriftlichte. Sie war das Produkt einer Verlagskrise, bei der die strukturellen Bedingungen der Verlagspraxis zur Debatte standen, und diente der Dokumentation und Regulierung der Alltagsgeschäfte.¹⁶⁶ Die Chronik wählt aus, stiftet Zusammenhänge und bewertet. Sie generiert dabei wiederum ihr eigenes Archiv aus Texten und Bildern, die die Darstellung dokumentieren sollen. Das Narrativ der Chronik spiegelt – wenn auch aus Perspektive

---

162 Für die weitere Verlagsarchivforschung wäre eine Kritik der Textsorten im Verlagsarchiv wünschenswert, die sich hier vielleicht wie in keinem anderen Kommunikationskontext durch eine besondere Formenvielfalt, Polyphonie und Multifunktionalität auszeichnet. So kann ein Brief zum Beispiel verlagsintern durch zustimmende, korrigierende oder handlungsanweisende Annotationen zur Notiz umfunktioniert werden (Abb. 1).
163 Vgl. hierzu bereits Dieter Schlenstedt: Literarisches Werk? Zu Rahmenbestimmungen eines Begriffsfeldes. In: ZfGerm 3 (1987), 3, S. 297–310.
164 Vgl. Wolfgang Lukas: Archiv – Text – Zeit. Überlegungen zur Modellierung und Visualisierung von Textgenese im analogen und digitalen Medium. In: Anke Bosse/Walter Fanta (Hg.): Textgenese in der digitalen Edition. Berlin/Boston 2019, S. 23–50, hier S. 26.
165 Die Chronik erscheint seit 2010 als Werkausgabe Siegfried Unselds im Suhrkamp Verlag. Bislang sind die Bände 1970 und 1971 erschienen.
166 Vgl. Teil II, Kapitel 1.

der Verlagsleitung –, wie vielfältig Verlagsarbeit ist, welche unterschiedlichen Faktoren eine Rolle spielen, mit wie vielen Personen aus unterschiedlichen gesellschaftlichen Bereichen Verlag und Verleger in Kontakt stehen, die je nach Kontext ganz unterschiedliche Funktionen einnehmen.[167] Sie legt bei der Lektüre mit Namen und Daten Fährten ins Verlagsarchiv,[168] die sich im SUA selbst allerdings teilweise anders oder differenzierter darstellen. Anhand von Teilkopien aus der Chronik, die in Ausschnitten in anderen Ablagen zu finden sind, lässt sich nachvollziehen, dass der Verleger sie als Instrument zur Information und Instruktion innerhalb des Verlags einsetzte. Heute nutzt der Verlag die veröffentlichte *Chronik* vor allem als Marketinginstrument für Verlag und Verleger. Es handelt sich somit um ein formal und funktional äußerst komplexes Dokument.

Die Machart der Chronik verweist auch auf die Tatsache, dass Archive nie die historische Realität abbilden, sondern immer schon Ergebnis einer Reihe von Auswahlprozessen sind.[169] Was und worüber Verlagsmitarbeiter:innen mündlich verhandeln und was davon im Nachgang eventuell verschriftlicht wird, ist von Person zu Person und Fall zu Fall unterschiedlich. Was von den Schriftstücken wiederum nach welchen Ordnungsprinzipien zu einem Teil des Verlagsarchivs wurde, war zum einen von der persönlichen Ablagepraxis, zum anderen von den verlagsspezifischen Vorgaben abhängig. So lässt sich über Gespräche nur etwas aus der Erinnerung von Zeitzeug:innen oder aus einem kondensierten Bericht erfahren. Nicht nur aufgrund des Nachlassbewusstseins des Verlags, sondern auch der geographischen und praxisbezogenen Distanz, ist die Beziehung zum literarischen Feld der DDR allerdings besonders umfangreich dokumentiert. Da die Korrespondenzpartner:innen der DDR hunderte von Kilometern entfernt waren und infolge der strikten Ein- und Ausreisebedingungen nur selten persönliche Gespräche zustande kamen, hat sich ein reger Briefwechsel zum Literaturaustausch erhalten.

Die Korrespondenz und andere schriftliche Dokumente im Verlagsarchiv sind im Vergleich zu privaten Nachlässen grundsätzlich anders zu bewerten. Zum einen existieren sie in den meisten Fällen mehrfach in Durchschlägen, Abschriften und Ausschnitten, die sich materiell – zum Beispiel durch handschriftliche Annotationen oder im Rahmen anderer Texte – unterscheiden und zum anderen müssen sie mit pluralen Leserschaften im Verlag und in einer historisch interessierten Philologie rechnen. Eine Besonderheit der deutsch-deutschen Briefkor-

---

[167] Vgl. zur Chronik auch Amslinger/Grüne/Jaspers: Mythos und Magazin, S. 207–212.
[168] Vgl. Sybille Krämer: Was also ist eine Spur? Und worin besteht ihre epistemologische Rolle? Eine Bestandsaufnahme. In: S.K./Werner Kogge/Gernot Grube (Hg.): Spur. Spurenlesen als Orientierungstechnik und Wissenskunst. Frankfurt a. M. 2007, S. 11–33, hier S. 13 f.
[169] Vgl. Amslinger/Grüne/Jaspers: Mythos und Magazin, S. 212.

respondenz liegt darin, dass sowohl Sender:in als auch Empfänger:in unter den Bedingungen einer potentiellen Postkontrolle mit einer weiteren Leserschaft rechnen mussten.[170] Der konspirative Charakter vieler Autor:in-Verlag-Beziehungen verlangt deshalb ein besonderes Maß an Quellenkritik, da viele Briefe Sprachcodes, zum Beispiel in der Anrede, oder fingierte Inhalte aufweisen, die mit der Postzensur rechneten.

Neben den Briefwechseln, die im SUA in den meisten Fällen als adressierter Brief in Kopie und empfangener Brief im Original überliefert sind, waren die Reiseberichte Unselds und vor allem der Verlagsmitarbeiter:innen aus dem Lektorat und der Herstellung eine ertragreiche Belegquelle für Verhandlungen des Verlags mit Autor:innen sowie Verlagen der DDR. Sie sind ein internes Kommunikationsmedium und verdeutlichen, dass einzelne Akteure repräsentativ für den Verlag und damit der Verlag selbst an vielen, unterschiedlichen Orten agierte. Im Fall des Literaturaustauschs geht es vor allem um Treffen in Ost-Berlin und Messebesuche in Leipzig, von denen die Mitarbeiter:innen berichteten.[171] Die Reiseberichte zirkulierten wie die Chronik ebenfalls durch die Abteilungen. Unselds Reiseberichte wertet Fellinger in ihrem Ursprung als Mittel zur Selbstversicherung des jungen Verlegers, der sich „die Welt der Autoren, Kritiker, Agenten und Kulturinstitutionen" aneignete.[172] Später dienten sie, wie auch die Chronik, als Instrument zur Sicherung seiner Position. Reiseberichte waren für meine Untersuchung von besonderer Bedeutung, weil sie wertende, bilanzierende und prognostische Kommentare enthalten. Darüber hinaus liefern sie eine Fülle von Informationen über Kontaktpersonen, Orte und Ereignisse der Verlagsgeschichte, die allerdings ähnlich wie bei der Chronik kritisch betrachtet und eingeordnet werden müssen.[173]

‚Manuskripte' sind größtenteils in Form von Fahnen, vereinzelt auch als Typoskripte vorhanden, die teilweise handschriftliche Korrekturen aufweisen. Sprengel hat bereits dargelegt, dass sich im Verlagsarchiv bezogen auf das Lektorat hauptsächlich Dokumente der „Interaktion zwischen Autor und Lektor" finden lassen. „Belege konkreter Textarbeit wie verschiedene Manuskriptstufen oder Lektoratsanmerkungen sind eher selten". Als Begründung erwähnt sie zum einen die an der Entlastung der Archive orientierte Ablagepolitik der Verlage und

---

170 Vgl. hierzu Teil III, Kapitel 4.
171 Zur Berichtspraxis im Suhrkamp Verlag vgl. Amslinger/Grüne/Jaspers: Mythos und Magazin, S. 187–190.
172 Raimund Fellinger: Nachwort. In: Siegfried Unseld: Reiseberichte. Hg. von Raimund Fellinger. Berlin 2020, S. 373–375, hier S. 373.
173 Vgl. ebd., S. 374.

zum anderen Inszenierungsstrategien von Autor:innen, die den Produktionsprozess ihrer Werke „bewusst vor der Öffentlichkeit verborgen" halten.[174]

Die Autor:innen der DDR konnten bis 1965 ihre als fertig erachteten Manuskripte selbstständig an einen westdeutschen Verlag geben, danach brauchten sie eine Genehmigung der HV Verlage und Buchhandel. Ab diesem Zeitpunkt konnte die Manuskriptübergabe an den westdeutschen Verlag im langwierigen, ostdeutschen Druckgenehmigungsverfahren strategisch genutzt werden, um Textversionen genehmigt zu bekommen, da der DDR an textgleichen Parallelausgaben gelegen war. Die Manuskripte verblieben meist bei den Autor:innen. Durch die deutsch-deutsche Publikation ergaben sich doppelte, zum Teil konfliktreiche, aber auch kooperative Lektorate, die ihre Spuren in der Korrespondenz sowie in der Gestalt der gedruckten Texte hinterlassen haben. Nur selten lässt sich allerdings nachvollziehen, welche Textänderungen welchen Ursprung haben. Vielmehr ist es so, dass diese deutsch-deutschen Verhandlungsprozesse zeigen, wie sich spätestens ab Mitte der sechziger Jahre die Grenze des literarischen Felds verschob und die Autor:innen eine geteilte Werkpolitik betrieben.

Bei der Rekonstruktion von Verlagsprozessen und -praktiken war ich im Forschungsprozess auch mit der Herausforderung konfrontiert, dass weite Teile des Archivbestands (noch) nicht archiviert, gesichtet oder katalogisiert waren. Die Archivsituation bedingte einen selektiven Umgang mit den Dokumenten und schärfte den Blick dafür, dass jede historische Rekonstruktion aus dem Archiv notwendigerweise unvollständig bleiben muss. Dies hing mit dem Sammlungs- und Erschließungsfokus des DLA sowie dem Prozess der Erschließung zusammen, der gewisse Bestände, darunter die Autorenkorrespondenzen, die Dokumente der Verlagsleitung und der Lektorate gemäß der Nutzungsstatistik privilegiert, während für die verlegerische Praxis wichtige Dokumente der Werbung und Herstellung als weniger relevant eingestuft und teilweise gar nicht vor Ort archiviert wurden. Hinzu kam, dass die Jahresberichte, die als bilanzierende und betriebswirtschaftliche Dokumente gerade für die Literaturgeschichtsschreibung aus Verlagsperspektive aussagekräftig wären, seit dem Gerichtsverfahren um die Eigentumsverhältnisse im Suhrkamp Verlag im Jahr 2013 gesperrt sind. Sie enthalten unter anderem eine Chronik der wichtigsten literarischen Neuigkeiten und Verlagsereignisse, Reaktionen der Presse auf literarische Neuheiten, Absatzzahlen von Reihen, Ausgaben oder Autor:innen (bzw. deren Werken) sowie Entwicklungen im literarischen Feld. Die Abteilungen und Redaktionen fassten die Ereignisse des Jahres, Erfolge, Strategien und Ergebnisse zusammen, und Unseld

---

[174] Sprengel: Der Lektor und sein Autor, S. 9.

nahm die Berichte in den allgemeinen Jahresbericht auf. Aufgrund der Sperrung konnten die Informationen der Jahresberichte nur teilweise ausgewertet werden.

Weiterhin weisen vor allem die Bestände der jüngeren Verlagsgeschichte sowie der Werbe- und Herstellungsabteilung im Marbacher Bestand Lücken auf, die unter anderem damit zu erklären sind, dass das SUA kein abgeschlossener Bestand ist. Darüber hinaus haben die Recherchen ergeben, dass auch aus der älteren Zeit kleinere Konvolute oder einzelne Dokumente, deren Existenz in anderen Dokumenten angegeben ist, eventuell verloren gegangen sind oder noch fehlen. Nach Aussage von DLA und Verlag könnten sich diese noch im Verlag oder im Privatbesitz befinden. Auch Unselds private Bibliothek, deren Sammlungsprinzipien, Ordnungen, Inhalte und Lesespuren weiterführende Einsichten in den intellektuellen und literarischen Horizont des Verlegers geben könnte, steht der Erforschung noch nicht zur Verfügung.[175] Gerade vor dem Hintergrund der Kontingenz des Archivs bietet die vorliegende Studie mit aufschlussreichen Szenen der Beziehungsgeschichte des Suhrkamp Verlags zur Literatur der DDR, wie sie die paradigmatische Auseinandersetzung mit Raddatz um den Titel seiner Habilitationsschrift darstellt, deshalb einen Ausgangspunkt für weiterführende Diskussionen über den Umgang mit Verlagsarchiven, über Möglichkeiten der Literaturgeschichtsschreibung im geteilten Deutschland *und* unter Berücksichtigung relevanter Akteure des Literaturbetriebs sowie über die Wechselwirkung von praxeologisch entwickelten Begriffen und der literaturwissenschaftlichen Theoriebildung.

---

[175] Vgl. Hannah Kirsch an Anke Jaspers, Mail vom 20.11.2015. In: Privatarchiv.

I Literaturgeschichte aus Verlagsperspektive

Vom heutigen Kanon ostdeutscher Literatur ausgehend, haben die meisten ‚wichtigen' Autor:innen zur Zeit der deutschen Teilung nicht bei Suhrkamp, sondern in anderen westdeutschen Verlagen veröffentlicht. Christa Wolf und Christoph Hein, beide heute bei Suhrkamp, kooperierten bis in die neunziger Jahre mit dem Luchterhand Verlag. Beckers Romandebüt *Jakob der Lügner* eröffnete dort die Taschenbuchreihe *Sammlung Luchterhand*, ebenso publizierten Maxie Wander, Helga Königsdorf oder Irmtraud Morgner im „VEB Luchterhand".[176] *Levins Mühle* von Johannes Bobrowski erschien im S. Fischer Verlag, in dem auch Reiner Kunze debütierte, ihm folgten Ausgaben von Wolfgang Hilbig, Gert Neumann, Monika Maron und Katja Lange-Müller in der Taschenbuchreihe *Collection S. Fischer*. Sarah Kirsch war bei der Deutschen Verlags-Anstalt, Günter Kunert im Carl Hanser Verlag, und Heiner Müller wanderte durch mehrere westdeutsche Verlage, bevor er seine Gesamtausgabe von Suhrkamp umsetzen ließ.

Dies mag daran liegen, dass die Herkunft der Autor:innen der DDR und ihrer Werke neben den großen deutschsprachigen Suhrkamp-Autoren wie Enzensberger, Max Frisch, Martin Walser oder Peter Weiss, sowie die Tatsache, dass der Verlag den Literaturaustausch aktiv mitgestaltete, in der Geschichtsschreibung des Verlags nur eine marginale Rolle spielen. Allein Johnson kann als Ausnahme gelten, obwohl oder gerade weil dessen Romandebüt 1959 erst nach der Emigration in den Westen bei Suhrkamp erschien und damit Autor und Werk als Teil einer ‚gesamtdeutschen' Literatur positionierbar waren (siehe unten). Die *Geschichte des Suhrkamp Verlages 1950–2000* subsumiert Becker in der Liste „deutschsprachiger Autoren",[177] Brasch gilt als Repräsentant für die „deutschsprachige Literatur".[178] Nur in Einzelfällen wie bei Volker Brauns Roman *Unvollendete Geschichte* wird deutlich, in diesem Fall mit einem Rezensionszitat von Rolf Michaelis, dass es um ein aus der DDR übernommenes Werk geht.[179] Der Hinweis, dass es sich um eine Verlagspublikation „ohne vorherige Ankündigung" handelt, deutet darauf hin, dass der Verlag – nicht nur in diesem Fall – besondere

---

176 Ulmer: VEB Luchterhand, S. 10.
177 Die Geschichte des Suhrkamp Verlages. 1. Juli 1950 bis 30. Juni 2000. Frankfurt a. M. 2000, S. 94.
178 Ebd., S. 136.
179 Auch im Fall von Plenzdorfs *Die neuen Leiden des jungen W.* erwähnt die Verlagsgeschichte Diskussionen in der DDR, das Debüt von Angela Krauß (*Das Vergnügen*) kommt „[a]us der DDR" und bei Kurt Drawert handelt es sich um einen „in Leipzig lebenden Lyriker" (ebd., S. 94, 199 und 205).

OpenAccess. © 2022 Anke Jaspers, publiziert von De Gruyter. Dieses Werk ist lizenziert unter einer Creative Commons Namensnennung – Nicht kommerziell – Keine Bearbeitung 4.0 International Lizenz.
https://doi.org/10.1515/9783110742756-006

Praktiken für den Umgang mit Autor:innen der DDR anwandte.[180] Auch die edierten bilateralen Briefwechsel des Verlags mit literarischen Autoren (Thomas Bernhard, Peter Handke, Uwe Johnson, Wolfgang Koeppen, Peter Weiss) oder von Suhrkamp-Autor:innen untereinander (Ingeborg Bachmann, Paul Celan, Hans Magnus Enzensberger, Max Frisch, Hermann Hesse, Uwe Johnson, Peter Weiss u. a.) lassen, wieder mit Ausnahme von Johnson, die Bedeutung des Suhrkamp Verlags für den Literaturaustausch bzw. die Bedeutung von Gegenwartsliteratur der DDR im Verlag nur ansatzweise sichtbar werden. Erst die aktuellste Verlagspublikation zum 90. Geburtstag des verstorbenen Verlegers Unseld, die parallel zum Suhrkamp-Forschungskolleg und ebenso auf der Grundlage von Archivmaterial entstanden ist, erwähnt neben politischen Ereignissen der deutsch-deutschen Geschichte auf zwei Doppelseiten auch relevante Autoren der DDR bei Suhrkamp, allerdings vorrangig in Verbindung mit dem Mauerfall und der Wiedervereinigung.[181] Sie werden also im Zusammenhang mit politischen Ereignissen bzw. vor allem zu dem Zeitpunkt als solche erwähnt, in dem sich ihr Status von ostdeutschen Lizenz- zu ‚deutschen' Verlagsautoren wandelte.

Julia Frohn hat 2014 in ihrer grundlegenden Studie zum deutsch-deutschen Literaturaustausch jedoch gezeigt, dass der Suhrkamp Verlag gerade im Vergleich zu anderen westdeutschen Verlagen, die ostdeutsche Literatur veröffentlichen, „besondere Beziehungen zu Verlagen und Autoren in der DDR" hatte.[182] Dies lag vor allem an der Zusammenarbeit mit Brecht und seinen Erben, durch die der Suhrkamp Verlag „unmittelbar mit seiner Gründung" in den deutsch-deutschen Literaturaustausch involviert war.[183] Bedeutend waren außerdem die westdeutschen Debüts von Müller, Braun, Fries, Brasch, Kolbe, Grünbein und anderen, aus denen sich jahrzehntelange Kooperationen mit Akteuren des literarischen Felds der DDR ergaben. Unselds Bestreben, die deutschsprachige Gegenwartsliteratur in seinem Verlag zu vereinen, wirkte sich positiv auf den Literaturaustausch aus und führte zum Beispiel dazu, dass mit Borchers ab den siebziger Jahren eine der bedeutendsten Lektorinnen für Literatur der DDR im Suhrkamp Verlag tätig war.[184] Weiterhin spielten das politische und programmatische Engagement wichtiger Verlagsautoren wie Walser und Enzensberger, die neben ihrer Berater-

---

180 Ebd., S. 120.
181 Vgl. Fellinger/Reiner (Hg.): Siegfried Unseld, S. 250–252. Es handelt sich in alphabetischer Reihenfolge um Jurek Becker, Volker Braun, Christoph Hein, Heiner Müller und Ulrich Plenzdorf.
182 Frohn: Literaturaustausch, S. 284.
183 Ebd., S. 261.
184 Vgl. zu Elisabeth Borchers im Suhrkamp Verlag auch Sprengel: Der Lektor und sein Autor, S. 23–130 und Julia Frohn: „Bitte vernichte diesen Brief". Ostdeutsche Literatur im Suhrkamp Verlag in der Ära Elisabeth Borchers. In: Berbig (Hg.): Auslaufmodell „DDR-Literatur", S. 81–100.

funktion auch als Lektoren für Literatur der DDR wirkten, und schließlich der enge Austausch des Verlegers mit Johnson, der auch nach seiner Emigration Kontakte in die DDR aufrechterhielt, eine entscheidende Rolle im Literaturaustausch.

Die folgende literatur- und verlagsgeschichtliche Darstellung liefert vor dem Hintergrund der relativ dünnen Forschungslage und der Unbekanntheit des SUA einen Überblick über die Geschichte der Literatur der DDR im Suhrkamp Verlag. Sie nennt relevante Akteure, die Zeiträume, in denen diese mit dem Verlag verbunden waren, die westdeutschen Debüts und Bestseller, Ablehnungen ebenso wie besondere Konsekrationen von Autor:innen und Werken, strategische Entscheidungen und strukturelle Veränderungen des Verlags – neue Programmsparten oder Reihen –, die im Literaturaustausch relevant waren sowie politische Ereignisse, die Einfluss auf das Verhältnis des Suhrkamp Verlags zur Literatur der DDR hatten. Ich gehe davon aus, dass sich in den mikrohistorischen Szenen Symptomatisches äußert, Diskurse sich spiegeln, dass also ein noch zu erkundendes Zusammenspiel zwischen einer allgemeinen (Literatur-)Geschichte und den Verlagsprozessen auszumachen ist, das im Lauf der Untersuchung deutlich wird. Dementsprechend werde ich hier und in den weiteren literaturhistorischen Darstellungen verdeutlichen, welchen Wirkungskreis diese Ereignisse im Verlag, für die Autor:innen und ihr(e) Werk(e), in der Verlagsbranche, im Literaturaustausch oder in der Gesellschaft hatten. Der historische Überblick zu Akteuren, Ereignissen, Publikationsprozessen und -praktiken legt eine verlags- und literaturhistorische Grundlage für die anschließenden Analysen und zeigt auf, welche Entwicklung die Verlagspraxis generell nahm. Gleichzeitig geht es um eine Beziehungs- und Wahrnehmungsgeschichte zwischen den beiden literarischen Feldern im geteilten Deutschland.

Im Folgenden wird deutlich, dass sich der Wandel der Verlagspraxis im Umgang mit Literatur und Autor:innen der DDR in den mehr als vier Jahrzehnten des innerdeutschen Literaturaustauschs in Labels äußerte, die der Verlag für die individuelle und kollektive Bezeichnung der Autor:innen, einzelner Werke und Werkgruppen verwendete. Sie treten in unterschiedlichen Kontexten und Funktionen im Autor- und Ausgabenmarketing, in der Strukturierung des Programms und der Verlagsorganisation auf und können bezeichnen, konnotieren, kollektivieren, ordnen, hierarchisieren oder kanonisieren. In ihnen kristallisiert sich sowohl die Positionierung einzelner Akteure oder des Verlags als kollektiv handelnder Akteur, als auch, wie Suhrkamp die Autor:innen und ihre Werke wahrnahm. „[W]ie der Eindruck von einem Gesicht sich je nach zugeschriebenem ethnischen Etikett verändert", erläutert Pierre Bourdieu den Labeling-Effekt, „so hängt auch der Rang von Künsten, Gattungen, Werken, Autoren ab von dem ihnen im jeweiligen Zeitpunkt aufgedrückten sozialen Stempel (beispielsweise dem Publikationsort, etc.)."[185] In einer Beziehungs- und Wahrnehmungsgeschichte lassen die Labels also Aufschlüsse darüber zu, welchen Status Autor:innen und Werke hatten. Ich nutze deshalb die vom Verlag geprägten und aus dem Archivmaterial ermittelten Labels ‚gesamtdeutsch', ‚DDR-Literatur', Generation der ‚Hineingeborenen' und ‚ostdeutsche Literatur', um die literaturhistorische Darstellung aus Verlagsperspektive zu strukturieren. Als Marker für den Wandel der Verlagspraxis dienen Ereignisse oder Sets von Ereignissen mit unterschiedlicher Wirkkraft, die als Anlass für die Entwicklung der Labels gelten können.

Der folgende Aufriss der Literaturgeschichte aus Verlagsperspektive ist in Dekaden von 1949 bis 1989 aufgeteilt. Die Jahreszahlen bezeichnen keine harten Zäsuren, sondern vielmehr Wendejahre, in denen sich die unterschiedlichen Bedingungen im Literaturaustausch zwischen Suhrkamp und der DDR veränderten. Die Geschichte setzt mit der doppelten Staatengründung und der ein Jahr später folgenden Gründung des Verlags ein. Diese erste Phase des Verlags unter der Leitung Suhrkamps ist durch die Zusammenarbeit mit Remigrant:innen und die Wieder- bzw. Neuauflage von Werken der Vorkriegszeit gekennzeichnet. Sie ist gleichsam durch die Abwesenheit eines Labels gekennzeichnet, weil weder die Autor:innen (Bloch, Brecht, Mayer, Seghers) noch ihre Werke als Teil eines literarischen Lebens in der DDR gesehen wurden. Erst gegen Ende der fünfziger Jahre zeigte der Verlag Interesse an einer in der DDR entstehenden Gegenwartsliteratur. Mit der Übernahme des Verlags durch Unseld und der Publikation von Johnsons erstem Buch *Mutmassungen über Jakob* beginnt ab 1959 die zweite, explorative Phase, in der Suhrkamp die junge Literatur der DDR ‚entdeckte', diese aber als ‚gesamtdeutsche' Literatur in den westdeutschen Literaturbetrieb integrierte. Im Laufe der sechziger Jahre manifestierte sich dann, nicht nur im Verlag, ein Bewusstsein dafür, dass es sich in Ost und West um zwei Literaturen handelte. 1969 folgte nach der fast vollständigen Auflösung des Suhrkamp-Lektorats eine strukturelle, personale und programmatische Neuorientierung im Verlag, die dann mit der Einstellung Borchers' als Lektorin für „DDR-Literatur"[186] – das Label, das die siebziger Jahre kennzeichnet – eine sowohl expansive als auch konsolidierende Phase im Literaturaustausch einläutete. Da Ende der siebziger Jahre viele Schriftsteller:innen, die bislang das literarische Feld geprägt hatten, die DDR verließen, lag die Aufmerksamkeit nun auf der Bildung einer neuen Autor:innengeneration, die der Verlag mit dem Titel des ersten Gedichtbands von

---

[185] Pierre Bourdieu: Die feinen Unterschiede. Kritik der gesellschaftlichen Urteilskraft. Frankfurt a. M. 2014, S. 152.
[186] Elisabeth Borchers an Volker Braun, Brief vom 20.12.1971. In: DLA, SUA: Suhrkamp.

Kolbe als Generation der ‚Hineingeborenen' bezeichnete. Das Jahr 1979 markiert mit der Erstauflage dieses Werks im Aufbau Verlag deshalb den Beginn der vierten Phase. Zum Generationswechsel gehörte neben der Präsentation einer jüngeren auch die Kanonisierung der älteren Generationen, die zum Beispiel im Lizenzangebot einer Werkausgabe von Volker Braun aus dem Mitteldeutschen Verlag oder in der Berliner und Frankfurter Gesamtausgabe der Werke Brechts – das letzte große Kooperationsprojekt im geteilten Deutschland – ihren Ausdruck fand. Mit der Lockerung der Zensurbedingungen, dem Mauerfall und dem Anschluss der DDR an die Bundesrepublik begann schließlich die letzte hier untersuchte Phase der Verlagspraxis im Umgang mit Autor:innen der DDR und ihren Werken. Sie ist geprägt von der Integration ehemaliger Lizenzautor:innen in den Verlag und scheint aufgrund der staatlichen Vereinigungspolitik Labels, die sich an der deutschen Teilung oder der Existenz der DDR orientierten, obsolet gemacht zu haben. In den Vordergrund rückten regionale Zugehörigkeiten, die den Regionalismus der Nachkriegsliteratur widerspiegeln.[187]

Die Dekaden markieren Paradigmenwechsel in der Wahrnehmung der Autor:innen der DDR und ihrer Werke, die mit politischen, literarischen, unternehmerischen und sozialen Entwicklungen korrelieren, und sich in den vom Verlag verwendeten Labels ausdrücken. Die Labels und die mit ihnen verbundenen Vorstellungen und Wertungen lösten einander aber nicht einfach ab, sondern wirkten als Teil-, Unter- oder Überlappungskategorien weiter. Um ein Beispiel zu geben: Drawert konnte Ende der achtziger Jahre zugleich als ‚DDR-Autor' und als ‚Hineingeborener' wahrgenommen werden, weil es sich bei Letzterem um eine Binnenkategorisierung handelte. Ebenso bedeutete die Anerkennung einer ‚DDR-Literatur' Ende der sechziger Jahre nicht, dass damit die Vorstellung von einer deutschen Nationalliteratur aufgegeben worden wäre.

Zu fragen bleibt, welche Rolle Autor:innen der DDR im Suhrkamp Verlag spielten. Welche Bedeutung hatte Brecht als Verlagsautor? Ergaben sich bestimmte Netzwerke von Autor:innen oder Werken erst durch den Verlagszusammenhang? Wie ist Suhrkamp als Akteur im Literaturaustausch einzuschätzen? Inwiefern lässt sich die hier eingenommene Perspektive in die Literaturgeschichtsschreibung des 20. Jahrhunderts integrieren?

---

187 Ursula Heukenkamp: Ortsgebundenheit. Die DDR-Literatur als Variante des Regionalismus in der deutschen Nachkriegsliteratur. In: Weimarer Beiträge 42 (1996), 1, S. 30–53, hier S. 34.

1949: Wiederherstellen. Peter Suhrkamp und die Remigrant:innen

Als die beiden deutschen Staaten im Herbst 1949 gegründet wurden, war auch die Grundlage für eine separate Entwicklung zweier Literaturen und damit für einen deutsch-deutschen Literaturaustausch gegeben. Aus der doppelten Staatengründung resultierten zwei kodependente, aber unterschiedliche politische und rechtliche Felder, in Abhängigkeit derer sich auch das literarische Feld entwickelte. Beide Staaten – und Literaturen – blieben dabei immer in Anpassung und Abgrenzung aufeinander bezogen.[188] Das Jahr 1949 dient deshalb als Ausgangspunkt für eine Literaturgeschichte aus der Perspektive des Suhrkamp Verlags und nicht dessen Gründungsjahr 1950.[189]

Suhrkamp, der bis dato in Berlin und seit 1946 auch in Frankfurt a. M. unter seinem eigenen Namen den S. Fischer Verlag als ‚Suhrkamp Verlag', in Frankfurt mit dem Zusatz ‚vorm. S. Fischer' geleitet hatte,[190] eröffnete ein Jahr nach der Gründung der beiden deutschen Staaten seinen eigenen Verlag für Literatur, in dem potentiell, d.h. rechtlich und programmatisch, auch Literatur der DDR erscheinen konnte. Bereits in den Vorbereitungen der Verlagsgründung in Frankfurt a. M. mit einem Berliner Büro in Zehlendorf hatte Suhrkamp die Eröffnung einer Filiale im Ostsektor Berlins beantragt, um ostdeutsche Autor:innen verlegen und Bücher in der DDR vertreiben zu können. Der Antrag wurde mit der Begründung abgelehnt, man sei nur an Teilen der Verlagsproduktion interessiert.[191] Seit seiner Gründung am 1. Juli 1950 war der Suhrkamp Verlag als Vertreter der Weltrechte an

---

188 Vgl. zur Entwicklung des Buchhandels nach dem Zweiten Weltkrieg Kapitel 2 in Frohn: Literaturaustausch.
189 Die hier gewählte Perspektive auf den Literaturaustausch lässt sich mit Forschungsergebnissen zusammendenken, die zeigen, dass und welche regen Kontakte und Kooperationen zwischen Angehörigen der kulturellen und intellektuellen Intelligenz in Ost und West quer zu den politischen Fronten und institutionellen Grenzen vor und nach 1949 bestanden. Vgl. exempl. Ursula Heukenkamp (Hg.): Unterm Notdach. Nachkriegsliteratur in Berlin 1945–1949. Berlin 1996; Berbig (Hg.): Stille Post.
190 Zu Inhalt und Geschichte der Trennung vgl. die unterschiedlichen Darstellungen in Hermann Hesse/Peter Suhrkamp: Briefwechsel 1945–1959. Hg. von Siegfried Unseld. Frankfurt a. M. 1969; Siegfried Unseld: Peter Suhrkamp. Eine Biographie. Frankfurt a. M. 2004, S. 100f.; Corinne Michaela Müller: Ein bedeutendes Stück Verlagsgeschichte – die Trennung der Verlage Suhrkamp und S. Fischer im Jahre 1950. Heidelberg Univ.-Diss. 1989; Gottfried Bermann Fischer: Bedroht – bewahrt. Der Weg eines Verlegers. Frankfurt a. M. 1971, S. 264–269. Eine sachliche, archivgestützte Erforschung der Trennungsgeschichte der Verlage Suhrkamp und S. Fischer steht noch aus.
191 Vgl. Ursula Reinhold: „Beiträge zur Humanität". Der Verleger Peter Suhrkamp. In: Heukenkamp (Hg.): Unterm Notdach, S. 175–196, hier S. 176f.

Brechts Werk[192] aber dennoch eng mit der DDR verbunden: Brecht lebte in Ost-Berlin, wirkte dort am Berliner Ensemble und hatte festgelegt, dass seine Werke in der DDR und den sozialistischen Ländern vom Aufbau Verlag herausgegeben und vertrieben werden sollten.[193] Die Verbindung zu Brecht hob Suhrkamp in seiner Bedeutung im Literaturaustausch nicht nur von anderen westdeutschen Verlagen ab, sie sollte sich auch in mehrfacher Weise paradigmatisch auf das Verhältnis des Suhrkamp Verlags zur DDR auswirken, wie im Lauf der Untersuchung zu zeigen sein wird.

Die Verflechtung des Suhrkamp Verlags mit dem literarischen Feld der DDR ist in der Gründungslegende des Verlags überliefert: Elisabeth Hauptmann erinnerte sich im Gespräch mit Unseld im September 1971 an die letzten Tage, die Brecht in Deutschland verbrachte. Der Autor lag mit einem Leistenbruch im Krankenhaus, als seine Freunde ihn nach dem Reichstagsbrand Ende Februar 1933 warnten: Er solle nicht mehr in seine Wohnung zurückkehren, sondern direkt mit Helene Weigel fliehen. Mit gepackten Koffern gingen beide zu Suhrkamp, der damals die *Neue Rundschau* im S. Fischer Verlag redaktionell betreute, um ihn um Hilfe zu bitten. Er lieh ihnen einige hundert Mark, die Brecht und seiner Frau die Flucht aus Deutschland ermöglichten.[194] Zwölf Jahre war der Kontakt unterbrochen, als Brecht nach dem Krieg seinen Freund Suhrkamp autorisierte, die rechtlichen Angelegenheiten bezüglich seiner Werke im deutschsprachigen Raum treuhänderisch zu verwalten.[195] Suhrkamp kümmerte sich daraufhin vor allem um Textfassungen, Besetzungen und Regisseure für die Aufführungen der Theaterstücke.[196]

In der Zeit des Nationalsozialismus hatte Suhrkamp nach dem Tod Samuel Fischers im Jahr 1934 und der Emigration der Verlegerfamilie zwei Jahre später den S. Fischer Verlag mit einem Teil der Autor:innenrechte geleitet, ab 1942 aufgrund der Arisierungsgesetze im Dritten Reich unter eigenem Verlagsnamen.[197] Gottfried Bermann Fischer gründete mit dem anderen Teil der Autor:innenrechte

---

192 Vgl. Friedrich Voit: Der Verleger Suhrkamp und seine Autoren. Seine Zusammenarbeit mit Hermann Hesse, Rudolf Alexander Schröder, Ernst Penzoldt und Bertolt Brecht. Kronberg im Taunus 1975, S. 246 f.
193 Vgl. Frohn: Literaturaustausch, S. 101.
194 Vgl. Siegfried Unseld: Bertolt Brecht und Suhrkamp. Aufzeichnungen nach meinem Gespräch mit Elisabeth Hauptmann am 16. September 1971 in Ost-Berlin. In: DLA, SUA: Suhrkamp.
195 Vgl. Peter Suhrkamp an Bertolt Brecht, Briefe von Ende 1945 und 3.04.1946. In: DLA, SUA: Suhrkamp; Siegfried Unseld: Bertolt Brecht und seine Verleger. In: S.U.: Der Autor und sein Verleger. Frankfurt a. M. 1985, S. 114–171, hier S. 121–124.
196 Vgl. Suhrkamp an Brecht, Briefe von Ende 1945 und 3.04.1946.
197 Vgl. Unseld: Peter Suhrkamp, S. 16.

verschiedene Exil-Verlage während seiner Zeit der Emigration.[198] Als die Familie nach dem Krieg nach Deutschland zurückkehrte, führten die unterschiedlichen verlagspolitischen Vorstellungen zu Konflikten zwischen Bermann Fischer und Suhrkamp. Schließlich gründete Suhrkamp 1950 seinen eigenen Verlag.[199] Die Autor:innen, die er seit 1936 betreut hatte, konnten über ihre zukünftige Verlagszugehörigkeit entscheiden. Die Rechte von 32 Autor:innen,[200] darunter Brecht, und verschiedenen Werken boten dem Verlag eine ökonomische und programmatische Grundlage. Der Brief Brechts vom 21. Mai 1950, der Suhrkamp die Zusammenarbeit sicherte, wird heute in einer Vitrine im Verlagshaus ausgestellt und verdeutlicht die existentielle Bedeutung dieser Zusammenarbeit sowie das Selbstverständnis als ‚Brecht-Verlag'.[201] Die Übertragung der Rechte an Brechts Werk geschah allerdings nicht nur aus Dankbarkeit gegenüber oder Verbundenheit mit der Person Suhrkamps. Sie war auch eine pragmatische Entscheidung für die nach dem Krieg neu etablierte Zusammenarbeit zwischen Autor und Verleger und hatte für beide Seiten Auswirkungen auf die Publikationspraxis.[202]

Brecht hatte einige Bedingungen an den Vertrag mit Suhrkamp geknüpft. Neben monatlichen Zahlungen an Brechts Mitarbeiterin Hauptmann verpflichtete sich Suhrkamp zur Kooperation mit dem Aufbau Verlag in Ost-Berlin, der die Verbreitung der Brecht'schen Schriften in den damals sozialistischen Ländern übernahm.[203] Mit seinen beiden Verlagen Aufbau (Ost) und Suhrkamp (West) schuf Brecht sich unter den asymmetrischen Zusammenhängen der Buchpro-

---

198 Dazu gehörten u. a. Thomas Mann, Hugo von Hofmannsthal, Carl Zuckmayer, Alfred Kerr, Alfred Döblin und andere. Vgl. Fischer: Bedroht – bewahrt, S. 95f. Während des Exils gründete Bermann Fischer Verlage in Wien, Stockholm, New York und Amsterdam.
199 Suhrkamp gründete den Verlag zunächst als Einzelunternehmen. Am 18. Juli 1951 wandelte er den Verlag in eine Kommanditgesellschaft um, mit Suhrkamp als persönlich haftendem Gesellschafter (Komplementär), und Manfred Rosenthal, der als Kommanditist für die Kapitaleinlage sorgte. An die Stelle von Rosenthal trat ab 1. Januar 1953 das Bremer Handelsunternehmen Volkart GmbH, später deren Eigentümer die Familie Reinhart (vgl. Unseld: Peter Suhrkamp, S. 143; S.U.: Gebrüder Volkart und der Suhrkamp Verlag. In: Walter H. Rambousek/Armin Vogt/Hans R. Volkart (Hg.): Volkart. Die Geschichte einer Welthandelsfirma. Frankfurt a. M. 1990, S. 189–196).
200 Gottfried Bermann Fischer gibt die Zahl 36 an, darunter Brecht, Hermann Kasack, Wilhelm Lehmann, Reinhold Schneider, Rudolf Alexander Schröder, T. S. Eliot, Max Frisch, Hermann Hesse und Ernst Penzoldt (vgl. Bermann Fischer: Bedroht – bewahrt, S. 269). Eine vollständige Liste mit Autoren und Werken findet sich in Die Bibliographie des Suhrkamp Verlages 1950–2000. Bearb. von Wolfgang Jeske. Frankfurt a. M. 2000, S. XIf.
201 Vgl. Teil III, Kapitel 1.3.
202 Vgl. Frohn: Literaturaustausch, S. 261.
203 Vgl. zum Verhältnis Brechts zu seinen Verlagen Suhrkamp und Aufbau Frohn: Literaturaustausch, S. 210 ff.

duktion im geteilten Deutschland optimale Publikationsbedingungen für sein Werk: „Alles, was er aus politischen Gründen nicht bei Suhrkamp unterbrachte (wie z. B. *Die Erziehung der Hirse* von 1951) publizierte er im Aufbau Verlag. Titel, die der ostdeutschen Zensur nicht standhielten, gab Brecht ohnehin bei Suhrkamp heraus."[204] Frohn hat gezeigt, dass der Suhrkamp Verlag dadurch nicht nur mit dem Kultur- und Literaturbetrieb in Verbindung stand, sondern auch Kontakte zum politischen Apparat pflegte.[205] Brecht war Anlass für Reisen in die DDR, für Auseinandersetzungen und Konflikte wie für Kooperationsprojekte.[206] Auch wenn die Erträge aus den Brecht-Inszenierungen den Verlag erst ab Ende der fünfziger Jahre finanziell stützten, wie Rainer Gerlach argumentiert, lässt sich der Einschätzung Frohns, die Herausgabe der Werke Brechts stellte eine „existentiell-finanzielle als auch eine verlagsprogrammatische Basis" dar,[207] dennoch zustimmen. Das Desiderat einer systematischen Untersuchung der „mannigfaltigen Verstrickungen",[208] die sich aus der Verbindung zu Brecht ergaben, wird auch in meiner Studie nicht erfüllt. Darlegen werde ich jedoch, dass die vielfältigen Verbindungen, in die der Suhrkamp Verlag über das Werk Brechts mit der DDR geriet, für das Verlegen von Literatur der DDR und das Verhältnis zu anderen Autor:innen weitreichende Auswirkungen hatte. Zunächst einmal lässt sich festhalten, dass die Verlagsautorschaft Brechts vor allem Einfluss auf die Verlagspraxis hatte, weil sie „öffentlichkeitswirksam"[209] war.

Ausgehend von Brecht, erhielt der Kontakt zum 1945 neu gegründeten Aufbau Verlag Bedeutung für Suhrkamp. Wie dieser konzentrierte sich auch Aufbau in den ersten Jahren auf die Exilliteratur,[210] vor allem durch die Übernahme der Rechte des Aurora-Verlags, den Wieland Herzfelde 1944 in New York gegründet hatte.[211] Laut Frohn bestand Anfang der fünfziger Jahre ein reger Bücheraustausch zwischen beiden Verlagen.[212] Verlagsleiter Walter Janka machte Suhrkamp auf Blochs *Prinzip Hoffnung* aufmerksam, das Aufbau in einer dreibändigen Ausgabe vorbereitete, um seinem Autor und dessen Werk eine gesamtdeutsche Wirkung zu ermöglichen.[213] Die Wahl des westdeutschen Verlags begründete der Remigrant

---

204 Ebd., S. 262.
205 Vgl. ebd.
206 Vgl. Kapitel 1979.
207 Frohn: Literaturaustausch, S. 262.
208 Ebd.
209 Ebd.
210 Vgl. ebd., S. 140.
211 Vgl. Frank Hermann: Malik. Zur Geschichte eines Verlages 1916–1947. Düsseldorf 1989, S. 79 f.
212 Vgl. Frohn: Literaturaustausch, S. 263.
213 Vgl. ebd.

und Leipziger Philosophieprofessor Bloch mit der Möglichkeit, im Suhrkamp Verlag neben Brecht und Walter Benjamin veröffentlichen zu können.[214] Anscheinend lehnte Suhrkamp ab, erwog aber erneut im Herbst 1958 einen Teil aus Blochs *Spuren* in der *Bibliothek Suhrkamp* zu veröffentlichen, in der er kleinere Werke bekannter Autor:innen der Gegenwartsliteratur versammeln wollte.[215] Die Reihe, die der Verleger im Gründungsjahr 1950 ins Leben rief und die bis heute das Verlagsprogramm prägt, war damals programmatisch für die Verlagspolitik, ausgewählte literarische und philosophische Schriften in hochwertiger Form für ein elitäres Publikum zu verlegen.[216] Sein Fokus auf Geisteswissenschaft und Theater, um das er und seine Sekretärin Helene Ritzerfeld sich kümmerten, spiegelt sich in dieser Zeit mit den Kontakten zu Bloch und Mayer sowie Brecht und Hacks auch in der Beziehung zur DDR.

Spuren erschien erst nach dem Tod Suhrkamps und markiert den Beginn der Zusammenarbeit mit dem Verlag, die sich nach Blochs Emigration auf die Herausgabe seiner gesamten Schriften ausweitete. Noch im gleichen Jahr erschien mit *Prinzip Hoffnung* zuerst der fünfte Band einer 16-bändigen Gesamtausgabe, die 1980 ihren Abschluss fand. Blochs Entscheidung für Suhrkamp war nicht nur eine *für* das Verlagsprogramm gewesen, sondern auch eine *gegen* das Programm und die Autor:innenschaft in anderen westdeutschen Verlagen. Bloch lehnte zum Beispiel ein Publikationsangebot des Neske Verlags mit der Begründung ab, dass er mit den Verlagsautoren Martin Heidegger und Ernst Jünger aufgrund ihrer Rolle im Nationalsozialismus und vor dem Hintergrund politisch-ideologischer Kämpfe zwischen West und Ost nicht assoziiert werden wollte.[217] Berthold Petzinna kommt zu dem Schluss:

> Es waren politische Gründe, die Bloch die Verbindung mit dem bekannten Kalten Krieger Joseph Caspar Witsch scheuen ließen. Ebenfalls aus politischen Gründen, die diesmal vom Aufbau-Verlag ausgingen, kam der angesehene Verlag von Günther Neske nicht zum Zuge – er verlegte mit Martin Heidegger einen nationalsozialistisch belasteten Kollegen Blochs.[218]

---

214 Vgl. Ernst Bloch an Peter Suhrkamp, Brief vom 27.09.1958. In: DLA, SUA: Suhrkamp. Vgl. Teil III.
215 Vgl. Peter Suhrkamp an Ernst Bloch, Brief vom 23.09.1958. In: DLA, SUA: Suhrkamp; Siegfried Unseld: Kleine Geschichte der Bibliothek Suhrkamp. In: Geschichte des Suhrkamp Verlages, S. 233–253, hier S. 237.
216 Vgl. Reinhold: „Beiträge zur Humanität"; Gerlach: Die Bedeutung des Suhrkamp Verlags, S. 60.
217 Vgl. Ernst Bloch an Peter Suhrkamp, Brief vom 27.11.1958. In: DLA, SUA: Suhrkamp.
218 Berthold Petzinna: Die Beobachtung des westdeutschen Verlagswesens durch das Ministerium für Staatssicherheit (MfS) der DDR. Das Beispiel des Suhrkamp Verlags. In: dla-online vom 20.09.2012: http://www.bpb.de/geschichte/zeitgeschichte/deutschlandarchiv/139910/die-beob

Ob der Suhrkamp Verlag aus politischen, pragmatischen oder ökonomischen Gründen bereits im ersten Jahrzehnt seiner Existenz ein geeigneter Publikationsort für Autor:innen der DDR war, lässt sich nur von Fall zu Fall entscheiden. Festhalten lässt sich aber, dass der Verlag mit Remigrant:innen ein literarisches und intellektuelles Programm und Netzwerk aufbaute, das in Wechselwirkung mit der Literatur und Geisteswissenschaft der DDR stand. Der Leipziger Literaturwissenschaftler Hans Mayer zum Beispiel wies Suhrkamp anlässlich einer Neuauflage der zweibändigen Textsammlung *Deutscher Geist*, die Suhrkamp mit Oskar Loerke bereits 1939 herausgegeben hatte, im Jahr 1954 darauf hin, dass die Essayistik der DDR darin fehle und warf ihm eine „restaurative Tendenz" vor: „Ich nehme diese Lücken als Verfallserscheinungen an einem scheinbar restaurierten, in Wirklichkeit aber von Grund auf morschen Gemäuer."[219] Suhrkamp hatte sich vorgenommen, die gesamte deutschsprachige Literatur, die nicht mehr verfügbar oder vor 1945 unterdrückt worden war, wieder bereitzustellen. Für Mayers Kritik an einer Lücke im Verlagsprogramm, die dieser metaphorisch mit der Erneuerung von Gebäuden nach dem Krieg in Verbindung brachte, war Suhrkamp empfänglich, wie die Lesespuren belegen. Das Wort ‚Verfallserscheinungen' hat er rot unterstrichen und mit zwei Ausrufezeichen am Rand versehen. Er markierte außerdem bis auf Brecht und den Leipziger Romanisten Werner Krauss[220] alle Namen, die Mayer vorschlug, mit Fragezeichen am Rand.[221] Sie können als Indiz dafür gelten, dass Suhrkamp Mayers Vorschläge für eine Verlagspublikation zumindest in Erwägung zog (Abb. 1).

Inwieweit Suhrkamps Entscheidung, Anna Seghers' *Aufstand der Fischer von St. Barbara* in der vierten Serie der *Bibliothek Suhrkamp* im gleichen Jahr zu veröffentlichen, mit Mayers Brief zusammenhängt, lässt sich nicht sagen. Suhrkamp kannte ihr Werk und hatte bereits 1949 ihre Erzählung *Die Toten bleiben jung* vom Aufbau Verlag übernommen. Seghers blieb in der Beziehung zum Suhrkamp Verlag eine Autorin der *Bibliothek Suhrkamp*, d. h. der Verlag übernahm nur ausgewählte Werke, die bereits bekannt waren, und nicht die regelmäßige Pu-

---

achtung-des-westdeutschen-verlagswesens-durch-das-mfs?p=all#fr-footnode2 (zuletzt eingesehen am 5.05.2022).
219 Vgl. Hans Mayer an Peter Suhrkamp, Brief vom 6.01.1954. In: DLA, SUA: Suhrkamp.
220 Der Leipziger Romanistikprofessor Werner Krauss hatte Peter Suhrkamp im Jahr 1949 seine Mitarbeit als Übersetzer, Berater und Herausgeber angeboten. Zu einer Zusammenarbeit kam es nicht, die Gründe dafür sind ungeklärt. Vgl. Briefwechsel Peter Suhrkamp und Werner Krauss. In: DLA, SUA: Suhrkamp.
221 Mayer verwies den Verleger auf die Arbeiten von Ernst Bloch, Anna Seghers, Werner Krauss, Arnold Zweig und nicht zuletzt Bertolt Brecht, der ebenfalls nicht in den Bänden repräsentiert war. Vgl. Hans Mayer an Peter Suhrkamp, Brief vom 6.01.1954. In: DLA, SUA: Suhrkamp.

> Nicht zu verteidigen aber, mein lieber Herr Suhrkamp, sind, wie ich meine, gewisse Auslassungen, die auch heute wieder an das Wort des Schulmeisters von den anwesenden Nichtanwesenden erinnern lassen. Gibt es bei uns in der Deutschen Demokratischen Republik keinen Mann und keinen Essay, der es verdient hätte, in eine Sammlung "Deutscher Geist" aufgenommen zu werden? Sie sind doch Brechts Verleger. Meinen Sie nicht, dass Brecht hier seinen Platz beanspruchen dürfte mit dem gleichen Recht wie Kassner oder Borchardt? Ist Brechts von Ihnen selbst publizierter Essay über die "Fünf Schwierigkeiten beim Schreiben der Wahrheit" nicht grosse deutsche Essayistik, auch wenn sie unbequem ist? Und wenn man, mit Recht, Benjamin aufnahm, so durfte doch wohl auch Ernst Bloch nicht fehlen. Und wenn man Vossler und Curtius wählte, so hätte man leicht auch Meisterhaftes bei Werner Krauss finden können. Und man hätte zudem bei Krauss einen Lebenslauf voranstellen können, der gleichfalls als symbo-
>
> – 3 –
>
> lisch für das Schicksal des deutschen Geistes hätte gelten können. Das brauche ich doch gerade Ihnen nicht auseinanderzusetzen. Ich erwähnte hier drei grosse Essayisten, die bei uns leben und die ganz zweifellos zum Bild der heutigen deutschen Essayistik gehören. Man hätte überdies bei Anna Seghers den einen oder anderen tiefen und wundervoll formulierten Aufsatz finden können; es wäre in dem essayistischen Werk von Arnold Zweig neben manchem feuilletonistischem höchst Bedeutsames gefunden worden, hätte man nur richtig gesucht.
> Ich bin davon überzeugt, dass ich Ihnen hier nichts Ueberraschendes erzähle. Ich nehme diese Lücken als Verfallserscheinungen an einem scheinbar restaurierten, in Wirklichkeit aber von Grund auf morschen Gemäuer. Schade ist es nur, dass die restaurative Tendenz sogar dieses schöne Verlagswerk in gewisser Weise entstellen durfte.

Abb. 1: Peter Suhrkamps Markierungen zu Vorschlägen und Kritik Hans Mayers anlässlich der Neuauflage der Essaysammlung Deutscher Geist (1953).

blikation ihrer Texte.[222] Die Lizenzübernahme vom Aufbau Verlag geschah 1954 ohne viel Aufhebens, nicht zuletzt, weil Seghers ihre Rechte selbst an westdeutsche Verlage geben konnte. Im Gegensatz dazu entspannte sich um die Veröffentlichung von Seghers' Roman *Das siebte Kreuz* 1962 im Luchterhand Verlag ein Jahr nach dem Mauerbau eine Debatte über die Bedingungen des Literaturaustauschs. Laut Ulmer ging es dabei, angestoßen von dem aus der DDR geflüchteten Lyriker Peter Jokostra, um die Frage, ob die westdeutsche Lizenzübernahme von Literatur der DDR indirekt die Politik Walter Ulbrichts unterstütze.[223] Die Publikation war ein geeigneter Aufhänger, da Seghers Präsidentin des Schriftsteller-

---

222 Nach *Aufstand der Fischer von St. Barbara* (1954) erschienen auch *Wiedereinführung der Sklaverei in Guadeloupe* (1966) und *Die schönsten Sagen vom Räuber Woynok* (1975) in der Bibliothek Suhrkamp. Suhrkamp übernahm 1999 auch *Das siebte Kreuz* in die Reihe *Romane des Jahrhunderts*. Vgl. Die Bibliographie des Suhrkamp Verlages 1950–2000, S. 540.
223 Vgl. Ulmer: VEB Luchterhand, S. 62–68.

verbands war, das Werk zur Pflichtlektüre im Schulunterricht der DDR gehörte und die Autorin damit als staatstragende Schriftstellerin gesehen werden konnte. Der Vergleich der beiden Lizenzübernahmen bei Suhrkamp und Luchterhand von Werken derselben Autorin zeigt, wie kontextabhängig und instabil der Literaturaustausch – und damit ist hier die Wirkung deutsch-deutscher Publikationen gemeint – war. Bei Luchterhand betreute zu dieser Zeit Borchers die westdeutschen Ausgaben der Werke Seghers'. Als Borchers 1971 zum Suhrkamp Verlag wechselte, konnte sie mit ihrem neuen Arbeitgeber die Sonderregelung vereinbaren, weiterhin mit ihrer Autorin für Luchterhand zusammenarbeiten zu können.[224]

Die Positionen, die Brecht, Bloch oder Mayer im literarischen und wissenschaftlichen Feld der DDR hatten, und vor allem ihre Netzwerke ermöglichten später wiederum dem Suhrkamp Verlag, ein Netzwerk in der DDR aufzubauen, das den Verlag beriet, Texte zur Publikation vorschlug und mit weiteren potentiellen Verlagsautor:innen in Kontakt brachte: Brecht und Peter Hacks waren am Berliner Ensemble bzw. am Deutschen Theater von jungen Dramaturgen umgeben, Mayer hatte einen Lehrstuhl für Literatur in Leipzig, durch den er in Kontakt mit jungen Autor:innen kam. Er war derjenige, der Suhrkamp 1957 das erste Manuskript seines Leipziger Studenten empfahl, *Ingrid Babendererde* von Johnson, das Suhrkamp auf Anraten Unselds allerdings ablehnte. Aus einem Vortrag über Literatur in der DDR, den Unseld noch als Lektor im Verlag ein Jahr zuvor vorbereitete, geht hervor, dass der Verlag zu diesem Zeitpunkt zwar neue Autor:innen registrierte, sich aber – mehr aus ideologischen Gründen als auf Grundlage einer Auseinandersetzung mit den jeweiligen Werken – noch nicht um eigene Veröffentlichungen bemühte.[225] In den fünfziger Jahren lassen sich nur zwei Aktivitäten des Verlags in Bezug auf neue, d. h. in der DDR entstandene Literatur nachweisen: Das Angebot kabarettistische Rundfunksendungen von Hacks zu drucken sowie die Empfehlung von Johnsons erstem Roman durch Mayer. Beide lehnte Suhrkamp ab.[226] Gegenwartsliteratur der DDR war im Verlagsprogramm der fünfziger Jahre also nicht präsent.

---

[224] Vgl. Kapitel 1969.
[225] Vgl. Teil II, Kapitel 5.1. Unseld erwähnte Peter Huchel, Franz Fühmann, Günter Kunert, Anna Seghers, Ludwig Renn, Arnold Zweig, Bertolt Brecht, Friedrich Wolf und Erwin Strittmatter als positive Beispiele einer Literatur der DDR. Mit Ausnahme von Fühmann, Kunert und Strittmatter hatten alle bereits in der Weimarer Republik publiziert. Vgl. Siegfried Unseld: Kunst im Dienst. Die kulturelle und intellektuelle Situation in der Deutschen Demokratischen Republik. In: DLA, SUA: Suhrkamp. Siehe Anhang, Dokumente Nr. 1.
[226] Vgl. Frohn: Literaturaustausch, S. 266 und Teil II, Kapitel 5.2.

Dass der junge Verlag damals nur wenige und alte Verbindungen in die DDR unterhielt, lässt schließen, dass Suhrkamp sich neben Brecht zunächst für die Wiederauflage von Werken bzw. für Autor:innen interessierte, deren Namen bereits bekannt und unbelastet waren. Es handelte sich dabei mit Bloch, Brecht, Mayer und Seghers ausschließlich um Autor:innen, die während der NS-Zeit im Exil gelebt hatten und nach dem Ende des Kriegs nach Deutschland zurückgekehrt waren. Die Verlagspraxis des ersten Jahrzehnts wirkt damit in der unmittelbaren Nachkriegszeit als Wiedergutmachungsbemühung in Form von publizistischer Verbreitung, und wurde als solche auch wahrgenommen.[227] Bei dieser Verlagspraxis des ‚Wiederherstellens' und ‚wieder Herstellens' – Mayer schrieb von einem „restaurierten [...] Gemäuer" – ging es explizit darum, Werke wieder verfügbar zu machen, materielle, ästhetische und ideelle Lücken, die der Nationalsozialismus im literarischen und intellektuellen Feld hinterlassen hatte, wieder zu füllen. Der Suhrkamp Verlag stellte nicht nur her, was nach eigenem Ermessen an Büchern fehlte. Um einen gegenwärtigen Bedarf an Literatur zu decken, wandte er sich rückwärts. Indessen registrierte er kaum, was sich gleichzeitig in der DDR an Literatur entwickelte.[228] Dies änderte sich erst, als Unseld mit der Lektüre des zweiten Romans von Johnson, *Mutmassungen über Jakob*, auf Werke junger Autoren in der DDR aufmerksam wurde, die sich mit dem bestehenden Verlagsprogramm verbinden ließen.

1959: Entdecken. Siegfried Unseld und die ‚gesamtdeutsche' Literatur

Als im März 1959 Suhrkamp verstarb, übernahm Unseld die Leitung des Verlags. Im gleichen Jahr erschien bei Suhrkamp mit Johnsons *Mutmassungen über Jakob* die erste Publikation eines Autors der DDR, der mit der Unterstützung des Verlags allerdings kurz vor dem Erscheinungstermin in den Westen emigrierte. Zwei Jahre später half Unseld auch Bloch und seiner Familie die DDR zu verlassen. Mit beiden Inverlagnahmen begann nicht nur die Verlegerzeit Unselds, sondern auch die zweite Phase der deutsch-deutschen Verlagsgeschichte, die von einer explorativen Verlagspraxis geprägt war. Während Johnson und Bloch, später auch

---

227 So lobte George Steiner noch im Jahr 1973 den Suhrkamp Verlag dafür, dass er durch die Veröffentlichung von Theodor W. Adorno, Ernst Bloch und Walter Benjamin den Zugang zu Werken jüdischer Intellektueller ermöglicht hatte, die vom Nationalsozialismus unterdrückt worden waren. Vgl. George Steiner: Adorno: love and cognition. In: TLS vom 9.03.1973.
228 Vgl. Daniel Haufler: Das Volkseigentum wird streng bewacht. Klaus Wagenbachs West-Ost-Projekte. In: Lehmstedt/Lokatis (Hg.): Das Loch in der Mauer, S. 166–184, hier S. 166.

Mayer und Lange in die BRD emigrierten, musste sich der Verlag ab Mitte der sechziger Jahre auch mit Autoren auseinandersetzen, die in beiden Teilen Deutschlands publizieren aber in der DDR leben wollten. Im Umgang mit den Autor:innen in der DDR entwickelte der Verlag besondere Praktiken, die sich dann ab den siebziger Jahren konsolidierten. In einem nur scheinbaren Widerspruch engagierte sich der Verlag verstärkt im Literaturaustausch mit der DDR, integrierte die übernommenen Werke aber mit der Idee einer deutschen Nationalliteratur ins eigene Programm. Sich offen in Beziehung mit der DDR zu stellen, vermied der Verlag in der externen Kommunikation bzw. er positionierte die Werke explizit als Teil einer ‚gesamtdeutschen' Literatur.

Die ‚Entdeckung' der Autor:innen der DDR war in die vielfältigen Aktivitäten der sechziger Jahre eingebettet, die mit der Verlagsübernahme Unselds zusammenhingen. Suhrkamp hatte Literatur verlegt, deren Wirkung auf die innere Person zielte und vor allem Anlass zur Besinnung und geistig-seelischen Erneuerung bot. Sein Programm richtete sich an ein ausgewähltes Publikum, dass der Verlag unter anderem mithilfe einer Leserkartei beschickte, und explizit nicht an die breite Masse.²²⁹ Gerlach hat gezeigt, dass Unseld sich als Nachfolger zwar um den Anschein programmatischer Kontinuität bemühte; tatsächlich änderte sich 1959 aber nicht nur das Verhältnis des Verlags zur Literatur der DDR: „Was Siegfried Unseld zwischen 1959 und 1963 plante und durchführte, war nichts weniger als ein Umschwenken auf einen anderen Kurs und ein kompletter Umbau der Verlagsfundamente. Seine Ziele hießen Modernisierung und Expansion, Mehrung von Ruhm und Ertrag, seine Instrumente Werbung und Öffentlichkeitsarbeit."²³⁰

Unseld öffnete den Verlag für junge, experimentierfreudige Autor:innen, erweiterte das geisteswissenschaftliche Programm, begründete mit der *edition suhrkamp* eine Reihe, die diese neuen Texte einem erweiterten und jüngeren Publikum zugänglich machen sollte, baute eine Werbeabteilung auf und sorgte mit der neu geschaffenen Abteilung Rechte und Lizenzen unter der Leitung von Helene Ritzerfeld für den Ausbau des internationalen Verlagsnetzwerks und die Verwertung der bestehenden und neuen Nutzungsrechte. Er gründete den Theaterverlag und setzte Karlheinz Braun als dessen Leiter ein, der in den sechziger Jahren mit Autoren der DDR wie Müller, Braun oder Lange zusammenarbeitete, mehrfach auch bei Besuchen in der DDR.²³¹ Als erfolgreichste Strategie des neuen

---

229 Vgl. Reinhold: „Beiträge zur Humanität", S. 182.
230 Gerlach: Die Bedeutung des Suhrkamp Verlages, S. 63.
231 Vgl. Gespräch mit Karlheinz Braun am 3.03.2015, siehe Anhang, Gespräche, Nr. 2. Zur Zusammenarbeit mit Heiner Müller sowie mit den damals bereits emigrierten Heinar Kipphardt,

Verlegers bezeichnet Gerlach jedoch die Zusammenarbeit mit dem Buchgestalter Willy Fleckhaus, der das Corporate Design und damit auch die Marke ‚Suhrkamp' über Jahrzehnte hinweg prägte.[232] Sein von geometrischen Formen, Kontrasten und einer strengen Typographie geprägtes Design unterstützte die Branding-Strategie des Verlags, Autor- bzw. Verlagsmarken nach dem Kriterium aufzubauen, dass ihr „Image eine ausreichend große Schnittmenge mit dem Unternehmensimage aufwies".[233]

Eine dieser Autormarken ist Uwe Johnson. Bis heute verwendet der Verlag für ihn das Label eines ‚gesamtdeutschen' Autors. Johnson gilt als der „Dichter der beiden Deutschland", als „Erzähler von Ost wie West".[234] Die immer wieder erzählte „Entdeckung" Johnsons auf den zweiten Blick gehört zum Mythos der Verlegerschaft Unselds.[235] Dieser hatte, wie erwähnt, das erste Manuskript Johnsons als Lektor unter Suhrkamp abgelehnt, um dann aber als Verleger zwei Jahre später Johnsons zweiten Roman *Mutmassungen über Jakob* zu veröffentlichen.[236] Da Johnsons Debüt mit Unselds Verlagsübernahme zeitlich zusammenfiel, nutzte Unseld den doppelten und gemeinsamen Beginn, um sich in einer langen Tradition von Autor-Verleger-Beziehungen von Johann Wolfgang von Goethe und seinem Verleger Johann Friedrich Cotta bis Brecht und Suhrkamp zu positionieren: „Daß Ihr Erstling auch für mich ein Erstling ist, soll unsere Freude an dem Buch vermehren."[237] Vor der Publikation von *Mutmassungen über Jakob* wechselte Johnson 1959 nach Westberlin und veröffentlichte weiterhin im Suhrkamp Verlag.[238] Wie Enzensberger und Walser zu dieser Zeit unterstützte auch Johnson den Verlag von Beginn an als Berater, Lektor, Scout und Herausgeber.[239]

Hartmut Lange und Jochen Ziem vgl. auch Braun: Herzstücke, S. 117–122 (Kipphardt), 158–161 (Müller), 170–172 (Lange), 172 f. (Ziem).
232 Vgl. Gerlach: Die Bedeutung des Suhrkamp Verlages, S. 308 f.
233 Ebd., S. 311.
234 Vgl. Uwe Johnson: Werkausgabe im Suhrkamp Verlag: https://www.suhrkamp.de/buch/uwe-johnson-werkausgabe-t-9783518427026 (zuletzt eingesehen am 5.05.2022).
235 Vgl. Beate Wunsch: Studien zu Uwe Johnsons früher Erzählung ‚Ingrid Babendererde. Reifeprüfung 1953'. Frankfurt a.M. u.a. 1991, S. 13–36; Walter Maria Guggenheimer: Nachwort. In: Uwe Johnson: Karsch und andere Prosa. Frankfurt a.M. 1964, S. 85–96; Siegfried Unseld: „Für wenn ich tot bin". In: Über Uwe Johnson. Hg. von Raimund Fellinger. Frankfurt a.M. 1992, S. 249–285; Uwe Johnson: Freiberuflich. In: U.J.: Begleitumstände. Frankfurter Vorlesungen. Frankfurt a.M. 1980, S. 157–251.
236 Dieser Diskrepanz zwischen Johnsons Schreib- und Publikationsbiographie entspricht der Editionsplan der Johnson-Werkausgabe, der 2017 mit *Mutmassungen* als Band 2 der Werke beginnt, während *Ingrid Babendererde* als Band 1 noch in Planung ist (vgl. Johnson: Werkausgabe im Suhrkamp Verlag).
237 Johnson/Unseld: Der Briefwechsel, S. 38.
238 Vgl. ebd.

Ein frühes Beispiel für die Markenbildung des Verlags ist schon 1959 der Klappentext der Erstausgabe, der ein Festhalten an der nationalen Einheit, gerade aufgrund der deutschen Teilung zeigt:[240] Es handle sich um ein „Buch, in dem zum ersten Male die politischen Umstände der beiden Deutschland ohne Absage an sie als literarische Wirklichkeit aufgefasst werden[...]."[241] Katja Leuchtenberger hat gezeigt, dass die Vorstellung eines ‚gesamtdeutschen' Buchs daraufhin von der Literaturkritik weiterentwickelt wurde.[242] Die Verlagsgeschichte zitiert für das Jahr 1959 Günter Blöcker, der das Buch in der *Frankfurter Allgemeinen Zeitung* (*FAZ*) als „Roman der beiden Deutschland" bezeichnet hatte.[243] Enzensberger brachte es in den *Frankfurter Heften* auf den Begriff: „Es ist hier das Erscheinen des ersten deutschen Romans nach dem Kriege anzuzeigen, das heißt des ersten Romans, der weder der west- noch der ostdeutschen Literatur angehört, für die unsere Verwaltungssprache die groteske Benennung ‚gesamtdeutsch' bereithält."[244] „Grotesk" war die Bezeichnung nicht nur, weil es – sowohl im Politischen als auch Literarischen – etwas bezeichnete, was de jure nicht bestand und von dem de facto nicht klar war, was es bezeichnen bzw. umfassen sollte. Politisch konnte noch mindestens bis zum sogenannten Zwei-plus-Vier-Vertrag ein Staatsgebiet in den Grenzen vom 31. Dezember 1937 oder in den Nachkriegsgrenzen gemeint sein. Die Literatur betreffend stand zur Debatte, wie viele deutsche Literaturen es gab. „Es gibt keine deutsche Literatur", schrieb Enzensberger, „weil es zwei deutsche Literaturen gibt, die so gut wie unabhängig voneinander existieren, kaum Notiz voneinander nehmen und sich von Jahr zu Jahr weiter voneinander entfernen."[245] Das Label ‚gesamtdeutsch' konstruierte also nicht nur die Einheit einer in diesem Fall in den Nachkriegsgrenzen definierten Nationalliteratur, es vereinnahmte auch den Vertretungsanspruch der DDR und das Eigenständige einer DDR-Literatur. Des Weiteren entsprach es nur selten der Selbst-

---

239 Vgl. Johnson/Unseld. Der Briefwechsel.
240 ‚Gesamtdeutsch' bezog sich im Kontext der Verlagspraxis immer auf Staat und Gesellschaft von BRD und DDR und nicht auf eine Vorstellung von Deutschland in den Grenzen von 1937 wie die Bezeichnung ‚Mitteldeutschland' für die DDR, die ein ‚Ostdeutschland' implizierte, nämlich die Ostgebiete des Deutschen Reichs jenseits der Oder-Neiße-Grenze.
241 Uwe Johnson: Mutmassungen über Jakob. Frankfurt a. M. 1959, Klappentext.
242 Vgl. Leuchtenberger: Erzählstrukturen und Leserlenkung, S. 12.
243 Die Geschichte des Suhrkamp Verlages, S. 42. Auch in dem Materialienband *Über Uwe Johnson* in der *edition suhrkamp* ist Blöckers Beitrag enthalten. Vgl. Günter Blöcker: Roman der beiden Deutschland. In: Über Uwe Johnson. Hg. von Reinhard Baumgart. Frankfurt a. M. 1970, S. 10–13.
244 Hans Magnus Enzensberger: Die große Ausnahme. In: Frankfurter Hefte 14 (1959), 12, S. 910–912, hier S. 910.
245 Ebd.

wahrnehmung der jeweiligen Autor:innen. Nach ihren Erinnerungen gefragt, orientierten sich vor allem viele der aus dem Exil zurück gekehrten Schriftsteller:innen an der Literatur der internationalen Moderne.[246]

Johnson selbst veranlasste das Labeling seines Romans, ausgehend von den politisch-ideologischen Bedingungen der deutschen Teilung und im Vergleich mit den gesellschaftlichen Realitäten zu einer Reflexion über den Begriff ‚gesamtdeutsch'. 1962 geschrieben, erschien der Text zunächst auf Italienisch in der Literaturzeitschrift *il menabò*, die als Rudiment des trilateralen Zeitschriftenprojekts *Gulliver* übriggeblieben war,[247] und erst 1990 auf Deutsch in der Zeitschrift *Sprache im technischen Zeitalter*. Darin stellt Johnson fest, dass es sich um eine rein westdeutsche Bezeichnung handle, die tatsächlich, wenn überhaupt, nur „blass in Beziehungen familiärer Art und in Wünschen eines Nationalgefühls" vorkomme[248] und deshalb ein Gefühl der „Unvereinbarkeit"[249] der beiden nicht nur geographisch und politisch ungleichen Teile Deutschlands hervorrufe. Die Teilung und der Einfluss der Besatzungsmächte hätten unterschiedliche Lebensverhältnisse und vor allem eine sprachliche Spaltung nach sich gezogen, in der „selbst morphologisch gleiche Sprachgesten unterschiedlich funktionieren".[250] „Die simpelste Redensart", so Johnson, „bezieht sich auf unvergleichbare Verhältnisse, berücksichtigt geteilte Vergangenheit, sieht eigentümliche Weiterungen voraus, ist demgemäss versehen mit unabhängigem Inhalt von Misstrauen, Gedächtnis, Kalkulation."[251] Was also eigentlich auf einen nationalen Aspekt der Teilung abziele, so Johnson, wirke bezogen auf die Literatur provinziell. Die Bezeichnung ‚gesamtdeutsch' drücke also vor allem die Hoffnung auf eine Vereinigung der sich eigenständig entwickelnden Teile Deutschlands aus und traue der Literatur eine „unmittelbare politische Wirkung" zu, die von ihr nicht zu verlangen sei.[252] Dass Johnson sich mehrfach gegen diese Zuschreibung wehrte, hat allerdings eher zum Erfolg des Labelings beigetragen als es zu entkräften.[253] Was Johnson Anfang der sechziger Jahre vehement verurteilte, nämlich ostdeutsche

---

246 Vgl. Roland Berbig (Hg.): Ein Rundbrief und 32 Antworten. In: R.B. (Hg.): Auslaufmodell, S. 413–499, hier S. 430.
247 Vgl. Eberhard Fahlke: „Un vocabolo tedesco". Uwe Johnsons deutscher Beitrag zum Projekt einer europäischen Zeitschrift. In: Spr.i.t.Z. 28 (1990), 113, S. 108–115.
248 Uwe Johnson: Gesamtdeutsch, provinziell. In: Spr.i.t.Z. 28 (1990), 114, S. 116–122, hier S. 118.
249 Ebd., S. 116.
250 Ebd., S. 120.
251 Ebd., S. 121.
252 Ebd., S. 122.
253 Vgl. Leuchtenberger: Erzählstrukturen und Leserlenkung, S. 12; Uwe Johnson: Auskünfte und Abreden zu ‚Zwei Ansichten' (auf Fragen von Mike S. Schoelman). In: Dichten und Trachten 26 (1965), 2, S. 5–10; Johnson: Gesamtdeutsch, provinziell.

Texte anhand bestimmter Termini bzw. durch ein Glossar an die westdeutsche Sprachsphäre anzupassen,²⁵⁴ gehörte in den siebziger Jahren dann zum Repertoire der Verlagspraktiken Suhrkamps und verdeutlicht die Kontinuität des Diskurses über die (Un-)Vereinbarkeit ost- und westdeutscher Literatur im geteilten Deutschland.

Suhrkamp verwendete das Label ‚gesamtdeutsch' in seinen unterschiedlichen Formen im Marketing der Publikationen Johnsons, es wurde zu dessen Markenzeichen.²⁵⁵ Wie erfolgreich das Label in den sechziger Jahren funktionierte, belegt auch dessen Übertragung auf den Autor Fries.²⁵⁶ Im Klappentext von dessen Debüt-Roman *Der Weg nach Oobliadooh*, der 1966 bei Suhrkamp erschien, heißt es zwar, dass der Autor in der DDR lebe und der Roman in Leipzig spiele, doch stoße die Prosa „gegen alle Grenzen, die diesem Jean Paulschen Geist aufgerichtet sind".²⁵⁷ Das Wort ‚Grenze' verwies zu dieser Zeit nicht nur auf den Inhalt oder die erzählerischen Möglichkeiten, sondern vor allem auf die Literaturpolitik der DDR sowie auf die innerdeutsche Grenze, die fünf Jahre zuvor mit der Mauer befestigt worden war. „Endlich ist ein solches Buch da: die Untersuchung der beiden Deutschländer mit den Augen des Taugenichts und im Rhythmus eines Schlagers ‚Oobliadooh', doch aus der Perspektive der DDR."²⁵⁸ Im Gegensatz zu jenem von Johnsons sieben Jahre zuvor veröffentlichten *Mutmassungen* geht der Klappentext nun schon von zwei deutschen Staaten aus und spricht dem Buch eine ambivalente Andersartigkeit zu. Der Autor bzw. der Text habe eine eigene „Stimme, in der Bekanntes mitklingt. [...] Den Ton müssen wir hören lernen, auch wenn er allen Erwartungen und Vorurteilen widerspricht."²⁵⁹ Gerade weil dieser Text dem westdeutschen Bild von der Literatur der DDR nicht entsprach, ließe sich schlussfolgern, sollte er als Beispiel für die literarischen Gemeinsamkeiten wahrgenommen werden und in der Folge wiederum das Bild differenzieren. Bleibt im Klappentext die Assoziation mit einer ‚gesamtdeutschen' Literatur nur angedeutet und wird sie durch die DDR-Bezüge (Wohn- und Handlungsort) gebrochen, so nutzte der Verlag auf einem Faltblatt gezielt das Label ‚gesamtdeutsch', um den

---

254 Vgl. Johnson: Gesamtdeutsch, provinziell, S. 120.
255 Robert Gillett/Astrid Köhler: Ansichten über Ansichten. Rezeptionsanalytische Überlegungen. In: Fries u. a. (Hg.): So noch nicht gezeigt, S. 281–308, hier S. 289. Gillet und Köhler belegen dessen Verwendung bei der Vermarktung von *Zwei Ansichten*, die Verlagsgeschichte hält es auch bei der Wahrnehmung von *Das dritte Buch über Achim* fest (vgl. Die Geschichte des Suhrkamp Verlages, S. 51).
256 Katja Leuchtenberger: Spiel. Zwang. Flucht. Uwe Johnson und Fritz Rudolf Fries. Ein Rollenspiel in Briefen. In: Fries u. a. (Hg.): So noch nicht gezeigt, S. 45–68, hier S. 49.
257 Fritz Rudolf Fries: Der Weg nach Oobliadooh. Frankfurt a. M. 1966, Klappentext.
258 Ebd.
259 Ebd.

Roman zu bewerben.²⁶⁰ Damit positionierte Suhrkamp den in der DDR lebenden Autor quasi als ostdeutsches Pendant zu Johnson.

Fries, ein wenig ratlos darüber, wie er als in der DDR unveröffentlichter, nun aber durch sein westdeutsches Debüt zu ‚gesamtdeutscher' Bekanntheit gelangter Autor mit diesem Etikett umgehen sollte, wandte sich an Johnson. Dieser antwortete:

> Glueckwunsch zum Titel des „gesamtdeutschen Dichters", diese Urkunde wuerde ich mir aufheben. Denn Rohstoff von beiden Seiten der Grenze reicht fuer das Etikett nicht, dass einer in beiden Gegenden mit Lesern dichtend verkehrt [!] ist auch noch nicht vorgekommen, und eben dieser windige Sachverhalt scheint der oeffentlichen Sprache geeignet das Gesamtdeutsche doch wenigstens da vorkommen zu lassen [!] wo es auch nicht vorkommt; Sie werden diesen Hut zu tragen wissen, gerade weil es durch ihn regnet.²⁶¹

Beide Texte, *Mutmassungen* und *Oobliadooh*, handeln größtenteils von der DDR, erschienen aber beide nur in der BRD, wo Johnson lebte, während Fries mit den Konsequenzen seines Suhrkamp-Debüts in der DDR umgehen musste.²⁶² Das Label bezog sich also weniger auf den Inhalt oder die Verbreitung eines Textes in beiden Teilen Deutschlands. Vielmehr suchte Johnson den ideellen Gehalt des Labels ‚gesamtdeutsch' in der Erfahrungswelt des Autors bzw. in der Thematik des Romans. Seiner Einschätzung zufolge verdeutlichte es zum einen die staatliche und kulturelle Teilung und zum anderen das damit verbundene Festhalten an kulturellen Gemeinsamkeiten. So hatte auch Blöcker in seiner Besprechung der *Mutmassungen* vermutet, dass die „Entfremdung der beiden Deutschland" sich im Protagonisten Jakob Abs verankert habe, der „weder in dem einen noch in dem anderen Deutschland ein Zuhause findet".²⁶³ Das Label des ‚gesamtdeutschen' Autors erweist sich damit als paradigmatisch für die sechziger Jahre, indem es Literatur der DDR ohne eigentliche Kenntnis ihres Entstehungskontexts in die Vorstellung einer deutschen Nationalliteratur integrierte, einen Deutungszusammenhang für beide Teile Deutschlands beanspruchte und damit – als Fiktion – versuchte, die deutsche Teilung zu überwinden.²⁶⁴ Johnson kann als Schlüsselfigur für das Verhältnis des Verlags zur DDR gelten, wie die Studie zeigen wird, ausgehend von dieser Wahrnehmung als deutsch-deutschem Erzähler.²⁶⁵

---

260 Vgl. Leuchtenberger: Spiel. Zwang. Flucht, S. 49.
261 Uwe Johnson an Fritz Rudolf Fries, Brief vom 8.09.1966. In: DLA, A: Fries.
262 Vgl. Teil III, Kapitel 2.2.
263 Blöcker: Roman der beiden Deutschland, S. 13.
264 Vgl. zur Integration von Literatur der DDR in das Verlagsprogramm auch Teil III und IV.
265 Vgl. Teil II, Kapitel 5.

Autor:innen bei Reisen oder ihrer Übersiedlung in den Westen behilflich zu sein, gehörte zu den gängigen Verlagspraktiken. Wie bereits Johnson unterstützte Unseld auch Bloch bei der Emigration in die BRD. Während der Arbeit an *Naturrecht und menschliche Würde*, das 1961 erschien, kehrte Bloch wegen des Mauerbaus und den damit verbundenen Einschränkungen der Publikationsmöglichkeiten im August 1961 von einer Reise nach Tübingen und Bayreuth nicht in die DDR zurück: „[B]in ich drüben, so komme ich nicht mehr heraus. [...] Eine Rückkehr in Ulbrichts sinnfälligst deklariertes Zuchthaus würde hier höchstwahrscheinlich wie ein Bekenntnis aussehen und so wirken. Ich hätte mein Gesicht verloren, das Naturrecht-Buch, als Lehrgang von aufrechtem Gang und Würde, wäre – sehr höflich gesagt – menschlich unbegreiflich."[266] Blochs Überlegungen verdeutlichen, wie wichtig es dem Autor als Garant seiner Philosophie und damit für den Erfolg seiner Bücher war, eine Kongruenz zwischen dem Gehalt seiner Texte und dem eigenen Verhalten zumindest öffentlich zu wahren. Unseld bot ihm in dieser Zeit nicht nur moralische und finanzielle Unterstützung,[267] sondern veranlasste auch, dass die Buchhändler- und Verlegerfamilie Dausien aus Hanau nach einem Besuch der Leipziger Buchmesse im September 1961 Blochs Manuskripte aus seinem Haus über die Grenze brachte.[268] Margret Dausien erinnerte sich im Jahr 2016, dass Bloch nur unter dieser Bedingung eingewilligt hatte, nicht mehr in die DDR zurückzureisen.[269]

Für Bloch war die Autorengemeinschaft ein Grund gewesen, den Suhrkamp Verlag für seine Publikationen zu wählen. Im Laufe der sechziger Jahre entwickelte die Marke ‚Brecht' im Verlag auch eine Anziehungskraft auf junge Autoren der DDR, die sich selbst als Brecht-Schüler wahrnahmen oder vom Verlag als solche wahrgenommen wurden. Über das Werk Brechts hatte sich ein Verlags-

---

[266] Ernst Bloch an Siegfried Unseld, Brief vom 20.08.1961. In: DLA, SUA: Suhrkamp.
[267] Bloch erhielt in der ersten Zeit in Tübingen eine Summe von 10.000 DM in monatlichen Ratenzahlungen von 1000 DM. Vgl. Siegfried Unseld an Karola Bloch, Brief vom 4.09.1961. In: DLA, SUA: Suhrkamp.
[268] Vgl. Briefwechsel Ernst Bloch und Verlagsleitung im Jahr 1961. In: DLA, SUA: Suhrkamp. Vgl. auch Teil III.
[269] Telefonisches Gespräch mit Margret Dausien am 19.07.2016. Margret und Werner Dausien führten in Hanau die Buchhandlung „Bücher bei Dausien" und fuhren regelmäßig in und durch die DDR für ihre Importgeschäfte. Laut Aussage Dausiens überredete Unseld das Paar auf ihrer Fahrt zur Messe in Leipzig die Manuskripte Blochs aus seinem Haus zu holen. Dausien erinnerte sich, dass sie den Hausschlüssel und einen Koffer mit Kleidung von Karola Bloch mitnahmen, den sie einer befreundeten Familie überreichten. In Blochs Haus fanden sie die Manuskripte in einem alten Bauernschrank und transportieren sie in einem Müllsack verstaut mit ihrem PKW über die innerdeutsche Grenze. Auf Bitten Ernst Blochs überbrachten sie außerdem eine kleine gotische Holzfigur, die Bloch seiner Frau Karola geschenkt hatte.

netzwerk in der DDR entwickelt, dass sich nun positiv auf die Autorenakquise auswirkte. Im Februar 1960 erhielt Unseld von Benno Slupianek, Lektor des Aufbau Verlags, ein Gedichtmanuskript von Günter Kunert, den auch Hans Mayer bereits empfohlen hatte.[270] Enzensberger prüfte die Gedichte, kam allerdings zu einem negativen Ergebnis.[271] Im Frühjahr 1960 lernte Enzensberger, damals für Suhrkamp tätig, auf der Leipziger Buchmesse Peter Huchel kennen, der ihn fortan regelmäßig über Neuerscheinungen in der DDR informieren sollte. Obgleich sowohl Enzensberger als auch Unseld mehrfach ihr Interesse an Huchels Gedichten bekundeten,[272] erschien sein Gedichtband *Chausseen, Chausseen* 1963 bei der Konkurrenz im S. Fischer Verlag. Zu einer Zusammenarbeit kam es erst nach Huchels Übersiedlung in den Westen 1971.[273]

Auch Peter Hacks hatte sich bei Unseld für Huchel eingesetzt, dessen Stücke der Verlag in den sechziger Jahren in der *edition suhrkamp* veröffentlichte.[274] Ein Vergleich der Klappentexte verdeutlicht, dass Hacks zunächst als „Schüler Brechts" und in einem gesamtdeutschen Kontext wahrgenommen wurde.[275] So geben die Ausgaben von 1963 und 1965 die Aufführungen und Publikationen der Stücke in ost- und westdeutschen Verlagen an. Das Wort ‚DDR' kommt nicht vor, nur ein Hinweis darauf, der Autor lebe in „Ost-Berlin".[276] Erst in der Suhrkamp-Ausgabe seiner Essays von 1972 fällt der Bezug zu Brecht weg, der Verlag, der in den siebziger Jahren mit dem Label ‚DDR-Literatur' operierte, kontextualisierte stattdessen die Entwicklung des Autors in der „DDR-Gesellschaft".[277] Der Klappentext gibt außerdem den Wohnort des Autors mit „Berlin, DDR" an und erwähnt allein dessen Suhrkamp-Publikationen.[278]

---

270 Vgl. Siegfried Unseld: Reisebericht Berlin 7.–11.02.1960. In: DLA, SUA: Suhrkamp.
271 Vgl. Hans Magnus Enzensberger: Notiz zu dem Gedichtmanuskript „Aufforderung zum Zuhören" von Kunert, Gutachten o.D. In: DLA, SUA: Suhrkamp. Siehe Anhang, Dokumente, Nr. 6.
272 Vgl. Hans Magnus Enzensberger an Peter Huchel, Briefe vom 20.04.1960 und 25.01.1961. In: DLA, SUA: Suhrkamp; Siegfried Unseld an Peter Huchel, Briefe vom 26.06. und 21.08.1961, 15.01.1962. In: DLA, SUA: Suhrkamp.
273 In der DDR unterlag Peter Huchel nach seinem Rücktritt von der Chefredaktion der Zeitschrift *Sinn und Form* im Jahr 1962 und seit der Annahme des Fontane-Preises ein Jahr später einem Publikations- und Reiseverbot. Huchel lebte zurückgezogen in seinem Haus in Wilhelmshorst, bis er u.a. auf Betreiben Unselds 1971 in die BRD ausreisen konnte.
274 Vgl. Siegfried Unseld an Klaus Gysi, Brief vom 6.05.1964. In: DLA, SUA: Suhrkamp.
275 Peter Hacks: Zwei Bearbeitungen. Frankfurt a.M. 1963, Klappentext.
276 Hacks: Zwei Bearbeitungen, Klappentext; P.H.: Stücke nach Stücken. Bearbeitungen 2. Frankfurt a.M. 1965, Klappentext.
277 Peter Hacks: Das Poetische. Frankfurt a.M. 1972, Klappentext.
278 Ebd.

Nach Johnson und Bloch emigrierte im Sommer 1963 auch Mayer nach Westdeutschland und übernahm fortan einen Lehrstuhl an der Technischen Universität Hannover. Zwar war der Verlag in diesem Fall nicht in die Übersiedlung involviert, Unseld begrüßte ihn aber per Brief und bot ihm eine Zusammenarbeit und generelle Unterstützung beim Landeswechsel an.[279] Mayer publizierte daraufhin seine gesamten Werke im Suhrkamp Verlag. Die Zusammenarbeit blieb eng. Unseld unterstütze Mayer beim Aufbau einer Institutsbibliothek, indem er Bücher des Verlags nach Hannover schickte[280] und fragte Mayer immer wieder um Rat bei verlegerischen Entscheidungen.[281] Wie bei Johnson bemühte sich Unseld auch bei Mayer immer wieder um die Publikation seiner Werke in der DDR.[282] Bis zu seinem Tod im Jahr 2001 fungierte Mayer als Autor, Berater, Gutachter und Herausgeber bei Suhrkamp.

Die vielfältigen Projekte der Verlagserweiterung und Programmprofilierung in den sechziger Jahren entwickelte der Verlag und insbesondere der Verleger über ein Netzwerk in den Bereichen Literatur, Kultur, Wissenschaft und Politik, das sich über die Brecht-Kontakte und die neuen Autoren aus der DDR im Verlag – auch wenn sie in der BRD lebten – in die DDR ausweitete. Die Autorenakquise in der DDR funktionierte, ähnlich wie bei den fremdsprachigen Literaturen,[283] über den Besuch von Buchmessen, persönliche Empfehlungen und Scouts, weshalb für diese Phase von einer explorativen Verlagspraxis gesprochen werden kann. Damit ein Verlag erfolgreich operieren kann, zumal wenn die Entscheidungsprozesse autokratisch strukturiert sind, ist er auf interne wie externe Beratung und Information angewiesen. Bereits Suhrkamp ließ sich regelmäßig zum Beispiel vom Direktor der Universitätsbibliothek in Frankfurt, Hanns Wilhelm Eppelsheimer beraten.[284] Aus dieser kooperativen Arbeitsform ergibt sich eine Rollenvielfalt der Akteure in und um den Verlag, die über ihre offizielle Funktion hinausgeht: Bei Suhrkamp fertigte Lektor Walter Maria Guggenheimer Übersetzungen an,[285] Autor Martin Walser leitete zeitweise das Theaterlektorat und Chefsekretärin Burgel

---

279 Vgl. Siegfried Unseld an Hans Mayer, Brief vom 6.09.1963. In: DLA, SUA: Suhrkamp.
280 Vgl. Hans Mayer an Siegfried Unseld, Brief vom 9.06.1966. In: DLA, SUA: Suhrkamp.
281 So erstellte Mayer für ihn z. B. ein Gutachten zur Neukonzeption der *Bibliothek Suhrkamp*. Vgl. Siegfried Unseld an Hans Mayer, Brief vom 10.07.1973. In: DLA, SUA: Suhrkamp.
282 Vgl. u. a. Elisabeth Borchers an Siegfried Unseld, Notiz vom 8.05.1973; Siegfried Unseld an Klaus Gysi, Brief vom 13.10.1959 und 1.09.1965. In: DLA, SUA: Suhrkamp.
283 Vgl. Einert: Die Übersetzung eines Kontinents.
284 Vgl. Fellinger/Reiner (Hg.): Siegfried Unseld, S. 61.
285 Guggenheimer übersetzte für den Suhrkamp Verlag Werke aus dem Französischen von Maurice Blanchot, Marguerite Duras, Christiane Rochefort, Dominique Rolin und Kateb Yacine.

Zeeh gab mit dem Geschäftsführer Gottfried Honnefelder eine Bibliographie der Schriften Unselds heraus.[286]

Unseld entwickelte in den sechziger Jahren mit einem kleinen Beraterkreis, bestehend aus dem Cheflektor Walter Boehlich sowie den Verlagsautoren Enzensberger, Walser, Johnson und Frisch, mehrere Ideen für Publikationen, die teilweise im Projektstatus blieben,[287] nach kurzer Zeit scheiterten bzw. in anderen Formen aufgingen[288] oder aber nachhaltig die Physiognomie des Programms prägten. Ein Beispiel ist die *edition suhrkamp* und ihre Theater-Subreihe *Im Dialog*, die mit hoher Auflage zu günstigen Preisen auch attraktiv für Autor:innen der DDR war. Wenn die *Bibliothek Suhrkamp* die Verlagspolitik Suhrkamps symbolisierte, dann stand die *edition suhrkamp* für die Öffnung des Verlags für eine jüngere und breitere Leserschaft. Programmatisch begann die Regenbogenreihe mit Brechts *Leben des Galilei*.[289] Ebenso attraktiv war die bereits 1956 von Suhrkamp eingeführte Theaterreihe *Spectaculum*, eine Anthologie zeitgenössischer Theaterstücke, die der Verlag mit verändertem Konzept bis heute weiterführt.[290] Die Reihe erschien ab 1959 jährlich, ab 1970 sogar zweimal im Jahr.[291] *Spectaculum* entwickelte sich in den sechziger Jahren immer mehr zu einem Publikationsort zeitgenössischer Theatertexte, gerade auch für Autoren der DDR wie Hacks, Müller und Braun. Sie verkaufte und verbreitete sich so gut, dass Braun, der seine ersten Theaterstücke im Westen bei Suhrkamp publizierte, unbedingt in jeder zweiten Ausgabe einen seiner Texte veröffentlichen wollte.[292]

Ein weiterer wichtiger Faktor im Literaturaustausch war in diesem Zusammenhang der seit der Verlagsgründung bestehende Suhrkamp-Theaterverlag unter der Leitung von Karlheinz Braun, denn die Autoren der DDR, die in den

---

286 Vgl. Burgel Zeeh/Gottfried Honnefelder (Hg.): Siegfried Unseld. Veröffentlichungen 1951–1994. Eine Bibliographie zum 28. September 1994. Frankfurt a. M. 1995.
287 Hierzu zählen Uwe Johnsons Anthologie *Das Ostdeutsche Jahr* und die internationale Zeitschrift *Gulliver*.
288 Dazu gehörten u. a. die Reihen *suhrkamp wissen* und *Poesie*. Vgl. Amslinger u. a.: suhrkamp wissen.
289 Zur Programmatik, den Inhalten und zur Geschichte der *edition suhrkamp* vgl. Michalski: Die edition suhrkamp.
290 Die Anthologie *Spectaculum* wurde 2008 eingestellt. Seit 2013 gibt der Verlag die Reihe *suhrkamp spectaculum* heraus. Sie enthält „[n]eue szenische Literatur und theaterästhetische Positionen in autorenbezogenen Einzelbänden". Suhrkamp spectaculum: https://www.suhrkamp theater.de/theater-verlag/suhrkamp-theater-buecher-s-22 (zuletzt eingesehen am 5.05.2022).
291 Anfang der sechziger Jahre erschienen im *Spectaculum* als Nebenreihen außerdem die *Texte moderner Filme* (1961 und 1964, hg. von Enno Patalas), die *Texte moderner Hörspiele* (1963, hg. von Karl Markus Michel) und die *Texte moderner Opern* (1962, hg. von H. H. Stuckenschmidt). Diese Projekte führte der Verlag nicht weiter.
292 Vgl. Volker Braun an Siegfried Unseld, Telegramm vom 5.12.1972. In: DLA, SUA: Suhrkamp.

sechziger Jahren bei Suhrkamp veröffentlichten, waren vor allem Dramatiker. Hacks hatte den Verleger im April 1964 auf Lange und Müller hingewiesen.[293] Deren jeweilige westdeutsche Erstveröffentlichungen *Marski* (1965) und *Philoktet. Herakles 5* (1966) erschienen in der Subreihe *Im Dialog. Neues deutsches Theater* der *edition suhrkamp*. Mit dem Henschel Verlag, zuständig für Theater in der DDR, bestand ein reger Lizenzaustausch, so dass beide Verlage im Frühjahr 1963 beschlossen, Henschel den Subvertrieb für Suhrkamp in der DDR zu übergeben.[294] Der Vertrag kam allerdings nur zustande, weil Henschel sich verpflichtete, für werkgetreue Aufführungen an den Theatern zu sorgen, ein Prinzip, das Suhrkamp seit seiner Zusammenarbeit mit Brecht verfolgte.[295]

Wie *Der Weg nach Oobliadooh* von Fries war auch *Marski* eine rein westdeutsche Buchpublikation, obwohl der Ost-Berliner Henschel Verlag ursprünglich die Rechte an Langes Stück vertreten hatte, und erhielt aufgrund des Rechtestreits in der Presse viel Aufmerksamkeit.[296] Denn die juristische Auseinandersetzung über die Publikation des Stücks zwischen Henschel und Suhrkamp sowie den Behörden der DDR führte zunächst dazu, dass ost- und westdeutsche Theater ihre Inszenierungen absagten.[297] In der Folge wurde Lange außerdem die Einreise in die BRD zu Proben in Mannheim versagt. Unseld nutzte jedoch seine Beziehungen zu Alexander Abusch, dem stellvertretenden Vorsitzenden des Ministerrats für Kultur und Erziehung, um dem Autor doch noch eine Fahrt in die BRD zu ermöglichen.[298] Lange reiste daraufhin über Jugoslawien aus der DDR aus und blieb

---

[293] Vgl. Siegfried Unseld: Reisebericht Berlin, 22.–30.04.1964. In: DLA, SUA: Suhrkamp.
[294] Vgl. Walter Hardtmann an Helene Ritzerfeld, Brief vom 7.05.1963. In: DLA, SUA: Suhrkamp.
[295] Vgl. Helene Ritzerfeld an Siegfried Unseld, Notiz o.D. In: DLA, SUA: Suhrkamp; Unseld: Bertolt Brecht und seine Verleger, S. 132.
[296] Nachdem im März 1965 *Marski* in der *edition suhrkamp* erschienen war, berichten die Briefe zwischen Unseld bzw. Karlheinz Braun und dem Autor vom Interesse der Rundfunkstationen, Artikeln in der *FAZ*, der *Zeit* und der *Welt der Literatur*, Anfragen und Abdrucken in den Zeitschriften *Sinn und Form* und *Theater der Zeit* sowie einer Übersetzungsanfrage, die Lange allerdings ablehnte. Vgl. Siegfried Unseld an Hartmut Lange, Brief vom 12.03.1965; Siegfried Unseld an Hartmut Lange, Brief vom 24.03.1965; Karlheinz Braun an Hartmut Lange, Brief vom 26.03.1965; Siegfried Unseld an Hartmut Lange, Brief vom 1.04.1965; Hartmut Lange an Siegfried Unseld, Brief vom 21.04.1965 und Hartmut Lange an Suhrkamp Verlag, Telegramm o.D. In: DLA, SUA: Suhrkamp.
[297] Neben dem Deutschen Theater in Ostberlin zögerte auch Harry Buckwitz, zu dieser Zeit Generalintendant der Städtischen Bühnen in Frankfurt a.M., das Stück zu inszenieren. Vgl. Siegfried Unseld an Hartmut Lange, Brief vom 12.03.1965. In: DLA, SUA: Suhrkamp.
[298] Vgl. Siegfried Unseld an Hartmut Lange, Brief vom 6.07.1965. In: DLA, SUA: Suhrkamp.

mit finanzieller Unterstützung des Verlags in Westdeutschland.²⁹⁹ Bei Suhrkamp erschienen 1967 die *Senftenberger Erzählungen* im zweiten Band von *Deutsches Theater der Gegenwart* (Sonderausgabe der Reihe *Spectaculum*) und ein Jahr später *Der Hundsprozeß* in der *edition suhrkamp*. Noch wichtiger als im ‚Brecht-Verlag' zu erscheinen, so erinnerte sich Lange im Jahr 2014, war generell und für ihn persönlich überhaupt die Publikation von Theaterstücken, wofür die *edition suhrkamp*, aber auch das *Spectaculum* geeignet waren. Später folgte Lange seinem Lektor Braun in den Verlag der Autoren, nicht zuletzt, um im Umfeld der westdeutschen Linken veröffentlichen zu können.³⁰⁰

Eine weitere strategische Entscheidung Unselds, die das Verhältnis zur DDR prägte, war die Übernahme des Insel Verlags zum 1. Januar 1963 mit finanzieller Unterstützung der Familie Reinhart, Kommanditisten des Suhrkamp Verlags. Rudolf Hirsch, vormals Verlagsdirektor im S. Fischer Verlag, gehörte zunächst auch zu den Gesellschaftern, stieg allerdings Ende 1964 wieder aus.³⁰¹ Das Programm der Insel erweiterte das Suhrkamp-Programm für Gegenwartsliteratur um die Literatur des 18. bis frühen 20. Jahrhunderts. Die Kombination beider Verlage gab Unseld vielfältige Gestaltungsmöglichkeiten bei der Entscheidung, in welchem Verlag und in welcher Reihe ein Text am sinnvollsten untergebracht werden könnte.³⁰² Die Verbindung der beiden Verlage legte auch den Grundstein für die Entstehung des Deutschen Klassiker Verlags sowie des Verlags der Weltreligionen. Der Insel Verlag gehörte schon vor der Übernahme durch Suhrkamp zu den deutsch-deutschen Parallelverlagen, Verlagshäuser in Ost und West mit identischem Namen, die durch die deutsche Teilung entstanden waren.³⁰³ Mit dem Erwerb knüpfte Suhrkamp also ein weiteres Band mit der DDR.³⁰⁴ Im Frühjahr 1965 unternahm Unseld mit Buchgestalter Fleckhaus eine Reise nach Leipzig, um dort den parallelen Insel Verlag kennen zu lernen. Unseld traf die Belegschaft, besichtigte das Verlagsarchiv, informierte sich über die Praxis und die finanzielle

---

299 Lange erhielt ein Darlehen, eine monatliche Unterstützung lehnte er jedoch ab, weil er sich mit seinen Arbeiten nicht an den Verlag binden wollte. Vgl. Hartmut Lange an Siegfried Unseld, Brief vom 17.09.1965. In: DLA, SUA: Suhrkamp.
300 Vgl. Gespräch mit Hartmut Lange am 3.03.2014. In: Privatarchiv Jaspers.
301 Vgl. Fellinger/Reiner (Hg.): Siegfried Unseld, S. 98.
302 Vgl. Heinz Sarkowski/Wolfgang Jeske: Der Insel-Verlag 1899–1999. Die Geschichte des Verlags. Mit einer Einleitung von Siegfried Unseld. Frankfurt a. M. 1999; 100 Jahre Insel-Verlag, 1899–1999. Begleitbuch zur Ausstellung. Hg. von der Deutschen Bibliothek und dem Insel Verlag. Frankfurt a. M. 1999.
303 Vgl. Teil II, Kapitel 4; Frohn: Literaturaustausch, S. 235–260.
304 Eine systematische Untersuchung der Zusammenarbeit der Verlagsgruppe Suhrkamp/Insel mit dem Leipziger Verlagsteil ist noch ein Forschungsdesiderat. Erste Einblicke in die Geschichte und Zusammenarbeit der beiden Insel Verlage bietet Frohn: Literaturaustausch, S. 244–257.

Lage des Verlags. Man vereinbarte gemeinsame Ausgaben, Tausch- und Übernahmegeschäfte.[305] Er besuchte auch die Deutsche Buch-Export und -Import GmbH, die für den Im- und Export von Medienerzeugnissen zuständig war, und den 1960 neu gegründeten Verlag Edition Leipzig, der Lizenzen von DDR-Verlagen für den Außenhandel, vor allem mit der Bundesrepublik übernahm und somit in direkter Konkurrenz zu Suhrkamp stand. Im Reisebericht hielt Unseld den Ablauf der Lizenzvergabe an die Bundesrepublik fest: Lizenzen für Autorenrechte vergab das Büro für Urheberrechte, Liefergeschäfte übernahm die Deutsche Buch-Export und -Import GmbH.[306]

Mitte der sechziger Jahre intensivierten sich also die Beziehungen Suhrkamps zur DDR, nicht zuletzt deshalb, weil der Verlag im Jahr 1965 zum ersten Mal mit einem eigenen Stand an der Leipziger Frühjahrsmesse teilnahm. Auf den Messen konnte sich der Verlag über neue Entwicklungen in der DDR informieren, weitere Autor:innen kennenlernen und Manuskripte und Optionen direkt von den Verlagen erhalten. Die Messebesuche unterstützten den Verlag dabei, sich im Literaturaustausch zu etablieren. In den sechziger Jahren war der Schritt, an der Leipziger Messe teilzunehmen im bundesdeutschen Kontext noch brisant, weil er öffentlich als Anerkennung des literarischen Felds und damit der DDR selbst wahrgenommen wurde. Als Suhrkamp in den siebziger Jahren mit der Lektorin Borchers kontinuierliche Verlagsbeziehungen in die DDR aufgebaut hatte, nahm die Bedeutung der Leipziger Messe für Suhrkamp wieder ab.[307]

Die Konkurrenz im Literaturaustausch – zumal auf den Buchmessen – war groß. Meist interessierten sich mehrere westdeutsche Verlage für einen ostdeutschen Autor oder eine Autorin. So stieg mit der Frequenz der Kontakte und Angebote auch die Zahl der nicht oder nicht bei Suhrkamp realisierten Projekte. In Leipzig wurde Unseld auf die Gedichte von Karl Mickel aufmerksam,[308] die kurze Zeit später auch in der Zeitschrift *kürbiskern* erschienen. Mit Raddatz, damals Rowohlt-Lektor, entwickelte sich auf der Tagung der Gruppe 47 am Wannsee ein Konkurrenzkampf um den Vertragsabschluss mit Mickel, so dass Unseld seinen

---

305 Ein berühmtes Beispiel für die Kooperation der beiden Insel Verlage im geteilten Deutschland ist die Insel-Bibliographie von Heinz Sarkowski, für die Sarkowski auf das Verlagsarchiv in Leipzig zugriff. Sie erschien 1969 in Frankfurt a. M., wurde aber in Leipzig gedruckt. Vgl. Christoph Links: Das Schicksal der DDR-Verlage. Die Privatisierung und ihre Konsequenzen. Berlin 2009, S. 289.
306 Vgl. Siegfried Unseld: Reisebericht Leipzig, 7.–9.02.1965. In: DLA, SUA: Suhrkamp. Zum Büro für Urheberrechte und der Deutschen Buch-Export und -Import GmbH vgl. Frohn: Literaturaustausch, S. 396–402 und 422–428.
307 Vgl. Teil II, Kapitel 4.
308 Vgl. Siegfried Unseld an Karl Mickel, Brief vom 19.07.1965. In: DLA, SUA: Suhrkamp.

Lyrik-Berater Enzensberger drängte, bald seine Meinung zu den Gedichten zu äußern.[309] Enzensberger, der regelmäßigen Kontakt zu Verlagen und Autor:innen der DDR pflegte, lehnte die Gedichte für eine Suhrkamp-Publikation allerdings ab,[310] so dass der Band *Vita nova mea* 1967 schließlich im Rowohlt Verlag erschien.[311] Noch mehrmals zog Suhrkamp eine Publikation der Texte Mickels in Erwägung, meist auf Empfehlung anderer Autoren, letztendlich wurde aber keines der optierten und begutachteten Manuskripte veröffentlicht.[312] Zu den vielumworbenen, von Suhrkamp schließlich aber abgelehnten Autoren gehörte auch Wolf Biermann,[313] dessen Gedichte nach Ansicht von Johnson nicht in das Verlagsprogramm passten.[314] Biermanns *Drahtharfe* erschien im Verlag Klaus Wagenbach, dessen Verleger daraufhin ein Einreiseverbot in die DDR erhielt.[315] Suhrkamp blieb mit Biermann aber in Kontakt, plante mit ihm Ende 1969 für die *Bibliothek Suhrkamp* eine Auswahl mit Nachwort aus den *Galgenliedern* von Christian Morgenstern[316] und zeigte Interesse an dem Manuskript seiner Oper *Der Drachen*.[317] Beide Projekte kamen nicht zustande. Suhrkamp prüfte auch den Roman *Die Aula* von Hermann Kant, der 1965 im Aufbau Verlag veröffentlicht werden sollte.[318] Nachdem Marcel Reich-Ranicki in der *Zeit* und Karl Hans Hintermeier, Vertriebsleiter und Geschäftsführer bei Rowohlt, Schwächen des Romans vor allem in Bezug auf die Darstellung der westlichen Welt aufgezeigt

---

309 Vgl. Siegfried Unseld an Hans Magnus Enzensberger, Brief vom 20.12.1965. In: DLA, SUA: Suhrkamp.
310 Vgl. Hans Magnus Enzensberger an Siegfried Unseld, Brief vom 17.01.1966. In: DLA, SUA: Suhrkamp und Hans Magnus Enzensberger: notiz zu karl mickel, vita nova mea, Gutachten von April 1966. In: DLA, SUA: Suhrkamp. Siehe Anhang, Dokumente, Nr. 8. Zur Bewertung der Mickel-Gedichte vgl. Teil III, Kapitel 1.3.2.
311 Vgl. Karl Mickel: Vita Nova Mea. Gedichte. Reinbek 1967.
312 Es handelt sich um den Essayband *Gelehrtenrepublik* und den Roman *Lachmunds Freunde*, 1969 von Heiner Müller empfohlen. Vgl. Siegfried Unseld: Reisebericht Berlin, 15.–18.05.1969; Eberhard Günther an Elisabeth Borchers, Brief vom 5.11.1976 und Elisabeth Borchers: Reisebericht Leipzig, 11.–14.10.1977. In: DLA, SUA: Suhrkamp.
313 Vgl. Hans Magnus Enzensberger an Siegfried Unseld, Brief vom 11.02.1965. In: DLA, SUA: Suhrkamp.
314 Vgl. „Johnson, ziemlich deutsch." Klaus Wagenbach im Gespräch über Uwe Johnson, geführt von Roland Berbig und Florian Petsch. In: Berbig (Hg.): Uwe Johnson. Befreundungen, S. 133–156, hier S. 145f.
315 Vgl. Frohn: Literaturaustausch, S. 127f.
316 Vgl. Siegfried Unseld: Reisebericht Berlin, 5.–6.10.1969. In: DLA, SUA: Suhrkamp.
317 Vgl. Dieter Hildebrandt: Reisebericht Berlin, 6.04.1970. In: DLA, SUA: Suhrkamp.
318 Vgl. Siegfried Unseld an Klaus Gysi, Brief vom 3.08.1965. In: DLA, SUA: Suhrkamp.

hatten,[319] erschien das Buch 1966 nicht bei Suhrkamp, sondern bei Rütten & Loening in München. Über Helene Weigel erhielt Unseld den Hinweis auf die Erzählungen von Stefan Heym, die auch Peter Hacks bereits empfohlen hatte.[320] Da Heym dem Verlag jedoch keine westdeutsche Erstveröffentlichung mehr anbieten konnte, kam es zu keiner Zusammenarbeit. Heym publizierte in den sechziger Jahren in der BRD u. a. im Münchner Paul List Verlag sowie bei Goldmann.

Im Frühjahr 1966 konnte Suhrkamp mit zwei westdeutschen Erstveröffentlichungen von ostdeutschen Autoren im Hauptprogramm Weichen für das Verhältnis zur DDR stellen. Vermittelt von Johnson und begutachtet von Walser erschien, wie erwähnt, *Der Weg nach Oobliadooh* von Fries.[321] Fries veröffentlichte in der Folge nicht nur eigene Werke bei Suhrkamp. Er war auch einer derjenigen Autoren, die das Suhrkamp-Programm mit Übersetzungen aus der spanischen, lateinamerikanischen, französischen und sowjetischen Literatur anreicherten, die in der DDR herausgegeben und von Suhrkamp in Lizenz übernommen wurden.[322] Fries übersetzte Texte, die in den siebziger Jahren Kern des lateinamerikanischen Programmschwerpunkts bei Suhrkamp waren.[323] Ein anderes Beispiel sind die Übersetzungen des chilenischen Lyrikers Pablo Neruda von Erich Arendt und Stephan Hermlin, auf die Enzensberger für seine Anthologie *Museum der modernen Poesie* zurückgriff.[324] Arendt steuerte auch das Nachwort zu einem Neruda-Band in der *Bibliothek Suhrkamp* bei.

Empfohlen von Helene Weigel und Elisabeth Hauptmann[325] und begutachtet von Enzensberger[326] erschien beinahe gleichzeitig mit *Oobliadooh* der Gedichtband *Vorläufiges* von Volker Braun. Mit Braun entstand nicht nur eine enge Verlagsbeziehung über die innerdeutsche Grenze hinweg, die bis heute andauert. Im

---

319 Vgl. Marcel Reich-Ranicki: Ein Land des Lächelns. Hermann Kants Roman „Die Aula". In: Die Zeit vom 1. 4.1966; Karl Hans Hintermeier an Siegfried Unseld, Brief vom 5. 04.1966. In: DLA, SUA: Suhrkamp.
320 Vgl. Siegfried Unseld: Reisebericht Berlin, 22.–30.04.1964. In: DLA, SUA: Suhrkamp.
321 Vgl. Uwe Johnson an Walter Boehlich, Brief vom 3.09.1964. In: DLA, SUA: Suhrkamp; Martin Walser: Zu Der Weg nach Oobliadooh, Gutachten o. D. In: DLA, SUA: Suhrkamp. Siehe Anhang, Dokumente Nr. 7.
322 Vgl. auch Teil II.
323 Vgl. dazu Teil III. Katharina Einert bespricht Fries' Übersetzung von Julio Cortázars *Rayuela*, allerdings ohne auf den deutsch-deutschen Hintergrund einzugehen. Vgl. Einert: Die Übersetzung eines Kontinents, S. 199–205.
324 Vgl. Einert: Die Übersetzung eines Kontinents, S. 76–82.
325 Vgl. Siegfried Unseld an Volker Braun, Brief vom 6.11.1964. In: DLA, SUA: Suhrkamp.
326 Vgl. Hans Magnus Enzensberger an Volker Braun, Brief vom 18.05.1965. In: DLA, SUA: Suhrkamp.

Publikationsprozess für den ersten Gedichtband entwickelte der Verlag auch Praktiken, die in den nächsten Jahrzehnten den Umgang mit Literatur der DDR prägten.[327] Dazu gehörte zum Beispiel die Publikation von Parallelausgaben, die auf der DDR-Ausgabe basierten, sich aber in den Paratexten oder in der Auswahl der Erzählungen und Gedichte von ihrem ostdeutschen Pendant unterscheiden.[328]

Aus den Manuskripten von Braun und Fries veröffentlichte der Verlag Auszüge im *Kursbuch*,[329] das zu dieser Zeit noch zu Suhrkamp gehörte. Enzensberger nutzte die Zeitschrift regelmäßig für Vorabdrucke von Texten, die kurze Zeit darauf in Buchform erscheinen sollten. Die Texte standen im *Kursbuch 4* im Kontext des bereits in der Herstellung kontrovers diskutierten *Katechismus zur deutschen Frage* von Enzensberger und dem Suhrkamp-Lektor Karl Markus Michel,[330] der in West und Ost ambivalente Reaktionen hervorrief.[331] Die gesamte Ausgabe, von den literarischen und essayistischen Texten bis zur Verlagswerbung, handelt von der deutschen Teilung, ein „Sonderfall"[332] in der sonst international ausgerichteten Zeitschrift. In diesem Zusammenhang wirkten die Texte von Braun und Fries als Beitrag zu einer deutsch-deutschen politisch-kulturellen Debatte.[333]

Beide Debüts gehörten 1966 zu den letzten Publikationen aus der DDR, für die die Autor:innen selbst ihre Urheberrechte dem Westverlag zur Nutzung übergeben durften. Das 11. Plenum des Zentralkomitees der DDR hatte im Herbst 1965 beschlossen, den Literaturaustausch stärker zu regulieren.[334] Mit einer Anordnung vom 7. Februar 1966 erforderte der Abschluss eines Vertrags mit einem Verlag außerhalb der DDR fortan die Genehmigung des Büros für Urheberrechte.[335] Bei

---

327 Vgl. zu den Verlagspraktiken Teil III und zur Publikation von Brauns Gedichtband Teil IV.
328 Vgl. Kapitel 1969.
329 Vgl. Kursbuch 4. Hg. von Hans Magnus Enzensberger. Frankfurt a. M. 1966, S. 64–82.
330 Vgl. Marmulla: Enzensbergers Kursbuch, S. 103 f.
331 Vgl. Kursbuch. Bd. 1: Kursbuch 1–10. 1965–1967. Hg. von Hans Magnus Enzensberger. Frankfurt a. M. 1965–1967, Nachsatz von Kursbuch 5. Der Suhrkamp-Vertrieb lieferte mit dieser Ausgabe das *Kursbuch* als kostenloses Abonnement auch an Kontakte in der DDR, Polen und der Tschechoslowakei. Das *Kursbuch* erhielten ab Frühjahr 1966 Manfred Bierwisch, Volker Braun, Stephan Hermlin, Günter Kunert, wahrscheinlich auch Helene Weigel und Peter Hacks in der DDR sowie der polnische Theaterwissenschaftler Andrzej Wirth, der polnische Autor Tadeusz Różewicz und der tschechische Autor Josef Hiršal. Vgl. Hans Magnus Enzensberger an Elisabeth Conradi, Brief vom 15.05.1966. In: DLA, SUA: Suhrkamp.
332 Marmulla: Enzensbergers Kursbuch, S. 104.
333 Vgl. Teil III, Kapitel 2.2 und Teil IV.
334 Vgl. Simone Barck u. a.: „Jedes Buch ein Abenteuer". Zensursystem und literarische Öffentlichkeit in der DDR bis Ende der sechziger Jahre. Berlin 1997, S. 222.
335 Vgl. Gbl. (DDR) II, Nr. 21, 1966, S. 107, §1 und 2.

Missachtung drohten ein Verweis oder eine Ordnungsstrafe zwischen 10 MDN[336] und 500 MDN, die der Leiter der Hauptverwaltung Verlage und Buchhandel des Ministeriums für Kultur[337] zu verhängen hatte.[338] Das Gesetz veränderte den sich gerade etablierenden Literaturaustausch grundlegend, weil es ihn in strukturierte und offizielle Bahnen lenkte und sich als Folge die institutionellen Beziehungen verstärkten. Um einen regelmäßigen und erfolgreichen Informations- und Literaturaustausch aufrecht zu erhalten, reichten persönliche Kontakte zu Autor:innen nicht mehr aus. Die Kooperation mit Verlagen und Behörden der DDR war mindestens ebenso wichtig.

Die Entwicklung des Suhrkamp Verlags, vor allem die Modernisierungs- und Expansionsbestrebungen der Verlagspolitik Unselds in den sechziger Jahren, gingen mit den politischen Auseinandersetzungen rund um die Buchmessen der Jahre 1967 und 1968 einher[339] und führten im Verlag zur Forderung des Lektorats nach mehr Mitbestimmung bei der Programmgestaltung. Die Verhandlungen mit dem Verleger, die als sogenannter ‚Aufstand der Lektoren' in die Geschichte des bundesdeutschen Verlagswesens eingegangen sind, führten dazu, dass Walter Boehlich (Cheflektor), Klaus Reichert (Englische Literatur), Peter Urban (Slawische Literatur), Urs Widmer (Deutsche Literatur) und kurze Zeit später auch Karlheinz Braun (Theater) und Anneliese Botond (Lektorat Suhrkamp/Insel) Suhrkamp verließen.[340] Sie hatten bis dato das Programm maßgeblich geprägt, so dass der Verlag kurzzeitig in eine Krise geriet.[341] Die ausgeschiedenen Lektoren gründeten 1969 den Verlag der Autoren, der Gemeinschaftseigentum aller Mitarbeiter:innen sowie Autor:innen war und damit ein Gegenkonzept zu den eta-

---

336 Als Mark der Deutschen Notenbank (MDN) wurde die Währung der DDR zwischen dem 1. August 1964 und dem 31. Dezember 1967 bezeichnet. Danach hieß die Währung Mark (der DDR). Das monatliche Durchschnittseinkommen lag 1968 in der DDR bei 650 Mark. Vgl. „M". In: Der Spiegel 15 (1968) vom 8.04.1968, S. 74.
337 In der DDR war die Koordination und Kontrolle von Druckerzeugnissen im Jahr 1951 im Amt für Literatur und Verlagswesen gebündelt worden, das 1956 in die Hauptverwaltung Verlagswesen überging. Gemeinsam mit der Hauptabteilung Schöne Literatur des Ministeriums für Kultur (1954 gegründet) entstand daraus 1963 die Hauptverwaltung für Verlage und Buchhandel, die sogenannte Zensurbehörde, die dem Ministerium für Kultur unterstellt war. Vgl. zur Geschichte und Zensurpraxis der Literaturbehörde Barck u. a.: „Jedes Buch ein Abenteuer".
338 Vgl. Gbl. (DDR) II, Nr. 21, 1966, S. 108, §6, Abs. 1 und 2.
339 Vgl. Kröger: „Establishment und Avantgarde zugleich"?
340 Außer ihnen gehörten zu dieser Zeit Günther Busch (*edition suhrkamp*) und Karl Markus Michel (*Kursbuch* und Wissenschaftsprogramm) zum Suhrkamp-Lektorat. Vgl. Karlheinz Braun: 1959 und 1969 von 1999 aus gesehen. In: Verleger als Beruf. Siegfried Unseld zum fünfundsiebzigsten Geburtstag. Frankfurt a.M. 1999, S. 28–34, hier S. 31f; Michalzik: Unseld, S. 238.
341 Vgl. Unseld: Chronik 1970; Boehlich u. a.: Chronik der Lektoren; Braun: Herzstücke, S. 191–206.

blierten, eigentümergeführten Verlagen wie Suhrkamp, Rowohlt oder Luchterhand darstellte.[342] Da Braun bei Suhrkamp mit den Theaterautoren zusammengearbeitet hatte, stand der neue Verlag in direkter Konkurrenz zu Suhrkamp. Tatsächlich gaben Müller und Lange fortan ihre Stücke an den Verlag der Autoren, Fries überließ ihm ein übersetztes Theaterstück,[343] nicht zuletzt, weil die Unternehmensform des jungen Verlags den politischen Vorstellungen der Autoren entsprach.[344] Außerdem wertschätzten sie die Zusammenarbeit mit Braun[345] und anderen Lektoren, zumal Suhrkamp als Ersatz zunächst nur Interimslektoren für das Theater vorweisen konnte. Trotz des zeitweiligen Verlagswechsels fungierten sowohl Müller als auch Fries weiterhin als Berater, Übersetzer und Autoren bei Suhrkamp. Im Verlag überbrückten Thomas Beckermann, Dieter Hildebrandt und für das Theater Martin Walser und später Volker Canaris die Lücke im Suhrkamp-Lektorat. Mit der Neujustierung des Verlags ab 1969 begann auch eine weitere Phase im Literaturaustausch, in der es vor allem darum ging, die Beziehungen in die DDR auszubauen und zu systematisieren, wobei sich erfolgreiche Verlagspraktiken konsolidierten.

1969: Expandieren. ‚DDR-Literatur' im Suhrkamp Verlag

Ende der sechziger Jahre steckte Suhrkamp nicht nur personell in der Krise. Auch die Beziehungen zur DDR waren belastet. Denn als die DDR im August 1968 den Einmarsch der Warschauer-Pakt-Truppen in die Tschechoslowakei unterstützte, sagte der Verlag aus Protest seine Teilnahme an der darauffolgenden Leipziger Buchmesse ab.[346] In der Folge fiel die Bilanz der noch von Suhrkamp verlegten Autor:innen der DDR mager aus: Müller, Lange und Fries gaben ihre Theaterstücke an den Verlag der Autoren, mit Hacks gab es immer wieder Unstimmigkeiten,[347] Hermann Kant, Christa Wolf, Sarah Kirsch und viele andere hatten bereits einen westdeutschen Verlag, Kunert, Mickel und Biermann passten nicht ins Programm. Allein bei Volker Braun konnte sich der Verlag auf eine andauernde

---

342 Vgl. Das Buch vom Verlag der Autoren 1969–1989. Beschreibung eines Modells und seiner Entwicklung. Zusammengestellt von Peter Urban. Frankfurt a. M. 1989.
343 Es handelte sich um *Dame Kobold* von Pedro Calderón de la Barca.
344 Vgl. Hartmut Lange an Siegfried Unseld, Brief vom 11.02.1969. In: DLA, SUA: Suhrkamp.
345 Vgl. Fritz Rudolf Fries an Siegfried Unseld, Brief vom 15.06.1969. In: DLA, SUA: Suhrkamp.
346 Vgl. Pressemitteilung des Suhrkamp Verlags vom 23.08.1968. In: DLA, SUA: Suhrkamp; Teil II, Kapitel 4.
347 Vgl. Frohn: Literaturaustausch, S. 266.

Zusammenarbeit verlassen.[348] Im Zuge der Umstrukturierung des Verlags ab 1969 stellte die neu etablierte Lektoratsversammlung deshalb Überlegungen an, wie Suhrkamp seine Kontakte in die DDR wieder aufbauen und die Präsenz der Literatur der DDR im Verlagsprogramm erweitern könnte.[349] Im Protokoll der Sitzung vom 9. September 1969 hielt Lektor Karl Markus Michel fest: „Es bestand Konsensus darüber, daß wir nicht mehr, wie bisher, gewisse DDR-Autoren, weil sie nicht unter einen rigorosen (westlichen) Literaturbegriff einzuordnen sind, ignorieren können und dürfen."[350] Auf die Erkenntnis, dass die Literatur der DDR nach eigenen Maßstäben zu bewerten sei, folgten verschiedene Ideen für entsprechende Publikationspraktiken, d. h. dazu, wie die Literatur der DDR zusammenfassend und regelmäßig präsentiert werden könnte. Ab diesem Zeitpunkt fasste der Verlag die Autor:innen der DDR als Ensemble auf, das unter dem Label ‚DDR' vermarktet wurde. Fries zum Beispiel, den Suhrkamp in den sechziger Jahren noch als ‚gesamtdeutschen' Autor gehandelt hatte, galt nun als ‚DDR-Autor'.[351] Mit Borchers baute der Verlag ab 1971 außerdem ein eigenes Lektorat für ‚DDR-Literatur' auf.[352] Die Lyrikerin und Lektorin verfügte durch ihre langjährige Tätigkeit beim Luchterhand Verlag über ein Netzwerk von DDR-Kontakten und Erfahrungen im Umgang mit Autor:innen der DDR wie Becker, Fühmann, Seghers, Wolf und anderen. Ulmer wertet die Abwerbung der Lektorin deshalb als „herbe [n] Schlag" für das Luchterhand-Lektorat in einer Zeit, in der die gesamte Verlagsbranche mit der Umstrukturierung einzelner Abteilungen und der Etablierung neuer Verlagsformen beschäftigt war.[353] Neben der Expertise der Lektorin gingen auch die Autoren Becker und Fühmann an den Konkurrenten Suhrkamp verloren.[354]

Mit der Einführung eines eigenen Programmschwerpunkts und der Profilierung spezifischer Umgangsweisen mit Autor:innen der DDR konsolidierte sich in den siebziger Jahren die Verlagspraxis. Das neue Bewusstsein des Verlags für eine genuine ‚DDR-Literatur' spiegelt sich im Marketing, in der Programm- und Lektoratsstrukturierung, der internen Verlagskommunikation und der Ablagepraxis

---

348 Vgl. zum Loyalitäts-Konzept des Verlags Teil III, Kapitel 5.
349 Vgl. Teil II, Kapitel 4.
350 Karl Markus Michel: Protokoll der Lektoratsversammlung am 9.09.1969, Protokoll vom 16.09. 1969. In: DLA, SUA: Suhrkamp. Siehe Anhang, Dokumente, Nr. 13.
351 Vgl. Elisabeth Borchers: Arbeitsbericht. In: Jahresbericht 1972. In: DLA, SUA: Suhrkamp; Siegfried Unseld: Jahresbericht 1974. In: DLA, SUA: Suhrkamp.
352 Vgl. Hans-Dieter Teichmann: Protokoll der Lektoratsversammlung vom 7.10.1971. In: DLA, SUA: Suhrkamp.
353 Ulmer: VEB Luchterhand, S. 171.
354 Vgl. ebd., S. 15.

der Lektorin Borchers in Ordnern für ‚DDR-Autoren' und ‚DDR-Verlage' wider.[355] Im Kontext „stetig fortschreitende[r] Kommerzialisierung des Literaturbetriebs" und einem steigenden „Konsumverhalten auf dem Massenbuchmarkt" versprach der Einsatz des Labels ‚DDR' hohe Auflagen und Verkaufszahlen,[356] ganz nach dem Motto der siebziger Jahre: „Nie war die DDR-Literatur so en vogue wie zur Zeit."[357] Das Jahr 1969 kann deshalb im Umgang mit Literatur der DDR, aber auch in der gesamten Verlagsgeschichte als paradigmatischer Wendepunkt gesehen werden.[358]

In Korrelation zur Verlagspraxis kam es im Übergang zu den siebziger Jahren auch in Literaturwissenschaft und literarischer Öffentlichkeit zu der Annahme, es seien (inzwischen) zwei deutsche Literaturen entstanden.[359] Wie schwierig die Anerkennung einer ‚zweiten' oder ‚anderen' deutschen Literatur, einer ‚DDR-Literatur' oder ‚Literatur der DDR' unter anderem begrifflich mit der Vorstellung einer deutschen Nationalliteratur zu verbinden war, verdeutlichen die Diskussionen über den Titel der Habilitationsschrift von Raddatz.[360] Die Labels ‚DDR-Literatur' oder ‚gesamtdeutsche' Literatur bezogen sich weniger auf Inhalte, literarische Verfahren oder eine literaturhistorische Entwicklung, sondern auf die „Legitimität der DDR, ihrer Kultur, ihrer Existenz als Völkerrechtssubjekt usw."[361] Aus diesem Grund, weil er seine Funktion der Anerkennung, Abgrenzung bzw. Zuschreibung eingebüßt hatte und weil mit der Auflösung des Staates scheinbar auch sein Bezugspunkt verloren gegangen war, wurde der Begriff ‚DDR-Literatur' dann nach 1989 zumindest in der Verlagskommunikation obsolet bzw. der ver-

---

355 In ihrer Ablage im SUA befanden sich drei Ordner mit der Aufschrift ‚DDR-Verlage' sowie mehrere Ordner mit Korrespondenz der ‚DDR-Autoren'.
356 Ute Schneider: Der unsichtbare Zweite. Die Berufsgeschichte des Lektors im literarischen Verlag. Göttingen 2005, S. 240.
357 Elisabeth Borchers an Siegfried Unseld, Notiz vom 22.09.1977. In: DLA, SUA: Suhrkamp. Siehe Abb. 4.
358 Im Jahr 1969 begann in vielen Bereichen des bundesdeutschen Buch- und Verlagswesens eine Phase des Wandels, wie Ute Schneider gezeigt hat. So begann zu dieser Zeit das Bestsellermarketing in den großen Publikumsverlagen. Damit korrespondierte eine erhöhte Produktion von Taschenbüchern in neu etablierten Reihen. Die Kritik der Lektor:innen im sogenannten Aufstand der Lektoren ist als Reaktion auf diese Kommerzialisierung zu verstehen, aus der wiederum, mit öffentlichen Selbstaussagen und einer Ausdifferenzierung des Aufgabenprofils, eine Professionalisierung des Lektorenberufs resultierte. Diese Prozesse wurden von Konzentrationsbewegungen in der Verlagsbranche begleitet, d. h. es entstanden immer mehr Großkonzerne, und im Gegensatz dazu etablierten sich kleine Verlage mit spezifischem Profil. Vgl. Schneider: Der unsichtbare Zweite, S. 242–248.
359 Vgl. Peitsch: Nachkriegsliteratur 1945–1989, S. 18.
360 Vgl. Einleitung, Kapitel 1.
361 Heukenkamp: Ortsgebundenheit, S. 34.

änderten politischen Situation angepasst. Die Diskussion darüber, welchen Bedeutungsgehalt die Bezeichnung hatte bzw. noch haben könnte und inwiefern es sich um einen Ausdruck der Fremd- oder Selbstwahrnehmung handelt(e), hält allerdings bis heute an.[362]

Im Rahmen der ab 1969 unternommenen Umstrukturierungsmaßnahmen richtete der Verlag die Lektoratsversammlung ein,[363] deren Mitglieder immer wieder über die Auswahl- und Publikationskriterien für Literatur der DDR diskutierten.[364] Außerdem begann Unseld die Ereignisse im und um den Verlag in einer Chronik festzuhalten, die sich als effektives Instrument zugleich zur internen Steuerung und für das *History Marketing* erwies.[365] Zum 1. Oktober 1971 stellte Unseld Borchers ein, die fortan als Cheflektorin für das literarische Hauptprogramm bei Suhrkamp und Insel sowie die Kinder- und Jugendliteratur im Insel Verlag zuständig war. Zuvor hatten Braun im Bereich Theater, Enzensberger für die Lyrik sowie Boehlich, Widmer, Beckermann und Hildebrandt für die Erzählliteratur Kontakt zu den Autor:innen der DDR. Sie betreuten die Texte, präsentierten den Verlag auf der Leipziger Buchmesse und waren diejenigen, die im Verlag die Veröffentlichung von Texten aus der DDR förderten. In den siebziger Jahren konzentrierten sich diese Aktivitäten bezüglich der DDR vor allem im Lektorat von Borchers.

Mit dem Verlagseintritt von Borchers nahm zunächst die Anwerbung neuer Autor:innen zu, teilweise auf Empfehlung anderer Autoren,[366] teilweise auf der Grundlage von Vorabdrucken,[367] teilweise auf Vorschlag der DDR-Verlage, die einzelne Titel als Erweiterung des bestehenden DDR-Schwerpunkts bei Suhrkamp vorschlugen, was als Indiz für dessen Profilierung gelten kann.[368] Borchers pflegte freundschaftliche Beziehungen zu ihren Autor:innen, die den Rat einer Kollegin *und* professionellen Lektorin schätzten. Hierzu zählten Becker und Fries, deren kreative, liebevolle Anreden in den Briefwechseln bereits von einer Freundschaft über das berufliche Verhältnis hinaus zeugen, und Seghers, die Borchers trotz

---

362 Vgl. zuletzt Berbig (Hg.): Auslaufmodell, S. 415–499.
363 Vgl. Geschäftsordnung der Lektoratsversammlung vom 1.11.1968. In: DLA, SUA: Suhrkamp.
364 Vgl. Michel: Protokoll der Lektoratsversammlung am 9.09.1969. Siehe Anhang, Dokumente, Nr. 13. Zum Suhrkamp Verlag und der Leipziger Buchmesse vgl. Teil II, Kapitel 4.
365 Zur Geschichte und Funktion der Chronik vgl. Amslinger/Grüne/Jaspers: Mythos und Magazin; Amslinger u. a.: Editorial.
366 Heiner Müller empfahl zum Beispiel Thomas Brasch sich nach seiner Emigration im Jahr 1976 an den Suhrkamp Verlag zu wenden. Brasch blieb bis zu seinem Tod 2001 Verlagsautor. Vgl. Siegfried Unseld: Chronik, Eintrag vom 5.01.1977. In: DLA, SUA: Suhrkamp.
367 Vgl. Elisabeth Borchers an Konrad Reich, Brief vom 7.10.1976. In: DLA, SUA: Suhrkamp.
368 Vgl. Hans Sachs an Siegfried Unseld, Brief vom 7.08.1968. In: DLA, SUA: Suhrkamp.

ihrer Anstellung bei Suhrkamp weiterhin als Luchterhand-Autorin betreute.[369] Diese besondere Vereinbarung ist vermutlich zum einen auf die herausragende Stellung der Autorin Seghers bei Luchterhand und der Lektorin Borchers bei Suhrkamp und zum anderen auf deren produktives, beinahe freundschaftliches Arbeitsverhältnis zurückzuführen.[370] Becker und Fühmann folgten Borchers zum neuen Verlag, weil sie das Betreuungsverhältnis nicht aufgeben wollten. Generell verstetigte sich der Austausch mit Verlagen der DDR, allen voran dem Hinstorff Verlag, zu dessen Leiter Konrad Reich Borchers einen freundschaftlichen Kontakt pflegte.[371] Die Kooperation mit Verlagen ermöglichte den Mitdruck von Ausgaben,[372] eine Praxis, die sich in den siebziger Jahren etablierte. Hierbei übernahm Suhrkamp die Druckfahnen von Titeln der DDR-Verlage, die der Verlag in Lizenz herausbringen wollte, zu einem Festpreis und führte den Herstellungsprozess im eigenen Betrieb weiter.[373] Außerdem war Suhrkamp, allen voran vertreten von Borchers, regelmäßig mit einem eigenen Verlagsstand auf der Leipziger Buchmesse präsent. Auch bei der Frankfurter Buchmesse waren Autor:innen der DDR auf Einladung des Suhrkamp Verlags anwesend, nahmen an Veranstaltungen und Lesungen teil.[374] Auf Vermittlung des Verlags gingen manche Autoren der DDR auf Lesereise in der BRD[375] oder konnten an den Proben für ihre Theaterstücke auf westdeutschen Bühnen teilnehmen.[376]

Neben den Kontakten der Lektorin erleichterte seit Ende der sechziger Jahre auch die Aufhebung der Hallstein-Doktrin und der 1972 daraus resultierende Grundlagenvertrag zwischen beiden deutschen Staaten den Kulturaustausch zwischen Ost und West.[377] Der Suhrkamp Verlag und die bundesdeutsche Kul-

---

369 Zu Elisabeth Borchers im Luchterhand Verlag vgl. Ulmer: VEB Luchterhand, Kapitel 2 und 3.
370 Vgl. Frohn: Literaturaustausch, S. 334.
371 Vgl. Briefwechsel Elisabeth Borchers mit DDR-Verlagen. In: DLA, SUA: Suhrkamp.
372 Vgl. Siegfried Unseld: Notiz zur Lektoratsversammlung vom 30.03.1971. In: DLA, SUA: Suhrkamp.
373 Vgl. Briefwechsel Elisabeth Borchers und Konrad Reich, Ende 1972. In: DLA, SUA: Suhrkamp; Ulmer: VEB Luchterhand, S. 45.
374 Vgl. exempl. Siegfried Unseld an Ulrich Plenzdorf, Brief vom 5.10.1983. In: DLA, SUA: Suhrkamp.
375 Vgl. exempl. Siegfried Unseld: Notiz vom 7.04.1976. In: DLA, SUA: Suhrkamp. Teilweise erhielten die Autor:innen direkte Anfragen der Veranstalter:innen, teilweise vermittelte der Verlag die Lesungen. Suhrkamp übernahm dabei die Flug- und Aufenthaltskosten, zahlte ein Honorar und sorgte für Werbematerial und Bücher zum Verkauf vor Ort.
376 Vgl. Wolfgang Storch: Bericht Mitte März 1977. In: DLA, SUA: Suhrkamp.
377 Mit dem Prinzip der Gleichberechtigung (Art. 1) und der Abmachung, den anderen Staat international nicht vertreten zu können (Art. 4), vereinbarten BRD und DDR im Grundlagenvertrag indirekt eine gegenseitige Anerkennung. Artikel 7 formulierte außerdem die Absicht, weitere Abkommen zur Zusammenarbeit der beiden deutschen Staaten zu schließen und legte somit den

turpolitik hatten somit gemeinsame Interessen, über die sich Unseld regelmäßig mit (kultur-)politischen Vertretern austauschte und auf deren Grundlage gemeinsame Projekte geplant und durchgeführt wurden.[378] Der Verein Inter Nationes für auswärtige Kulturpolitik schlug dem Verlag zum Beispiel bereits 1968 vor, einen Band zur Präsentation von Autor:innen aus der BRD und DDR mit Porträts und Interviews zu produzieren, die sich über den Verlag auch ins Ausland verbreiten sollten.[379] Da der Sekretär des Ost-Berliner Journalistenverbands Kittelmann[380] die Recherchearbeiten für einen Gemeinschaftsband allerdings nicht genehmigen wollte, schlug Unseld schließlich drei unabhängige Bände für deutschsprachige Autor:innen in der BRD, der DDR und dem „Ausland" vor.[381] Zumindest die externe Verlagskommunikation stimmte hierbei bis in die Formulierungen mit der westlichen Deutschlandpolitik überein, die den Staat DDR, und damit auch eine Literatur der DDR, zwar anerkannte, aber nicht als Ausland bzw. ausländisch ansah.[382]

Unter Unselds Leitung hatte der Verlag im ersten Jahrzehnt nach Suhrkamps Tod eine moderne Werbeabteilung und eine wirksame Presseabteilung aufgebaut, das Verlagsnetzwerk ausgebaut und die Verlagsmarke im Buchmarkt etabliert,[383] für die George Steiner 1973 das Label ‚Suhrkamp-Kultur' lieferte.[384] Als einer der bekanntesten und profiliertesten Verlage der BRD publizierte der Suhrkamp Verlag in den darauffolgenden Jahren systematisch Literatur der DDR: Peter Huchel entschied sich 1971 aus den vielzähligen Verlagsangeboten, die er nach seiner Ausreise aus der DDR erhielt, für Suhrkamp. Unseld unterstützte ihn dabei, für

---

Grundstein u. a. für das innerdeutsche Kulturabkommen von 1986. Vgl. Vertrag über die Grundlagen der Beziehungen zwischen der Bundesrepublik Deutschland und der Deutschen Demokratischen Republik (Grundlagenvertrag), 21.12.1972: http://www.documentarchiv.de/brd/grundl vertr.html (zuletzt eingesehen am 5.05.2022).
378 Vgl. zum Zusammenhang von Verlagspraxis und Kulturpolitik Teil II, Kapitel 1.
379 Vgl. Siegfried Unseld an Rolf Staudt, Aktennotiz von 26.09.1968. In: DLA, SUA: Suhrkamp.
380 Eventuell ist hiermit Hans-Joachim Kittelmann gemeint, der dafür bekannt geworden ist, als Mitarbeiter des Ministeriums für Staatssicherheit die westdeutsche Studentenbewegung Ende der sechziger Jahre vor allem gegen den Verleger Axel Springer mit Propaganda-Material beliefert zu haben. Vgl. Hubertus Knabe: Die Stasi war immer dabei. In: Focus Magazin 26, 22.06.2009: http://www.focus.de/kultur/medien/geschichte-die-stasi-war-immer-dabei_aid_409961.html (zuletzt eingesehen am 5.05.2022).
381 Siegfried Unseld: Gespräch mit den Herren Blank und Wiemers am 7. Februar 1969, Aktennotiz vom 10.02.1969. In: DLA, SUA: Suhrkamp. Es handelt sich um den Autor Ulrich Blank und den Graphiker Adalbert Wiemers.
382 Vgl. Teil II, Kapitel 2.
383 Vgl. Gerlach: Die Bedeutung des Suhrkamp Verlages, S. 307–311.
384 Vgl. Steiner: Adorno.

den Übergang ein Stipendium der Villa Massimo in Rom zu bekommen[385] und erleichterte dem Ehepaar Huchel die Ankunft in der BRD im ersten Jahr außerdem mit einer monatlichen Zahlung von 1.500 DM.[386] Nach dem Gedichtband *Chausseen, Chausseen* aus dem Jahr 1963 im S. Fischer Verlag veröffentlichte Suhrkamp mit *Gezählte Tage* (1972) nach fast einem Jahrzehnt wieder einen neuen Gedichtband von Huchel.[387]

1973 verlegte Unseld gleich mehrere Bücher, die im Rostocker Hinstorff Verlag erschienen waren, über den er im Reisebericht der Leipziger Buchmesse desselben Jahres festhielt, dort versammelten sich die „entscheidenden jüngeren literarischen Kräfte".[388] Umso mehr wertschätzte Unseld das freundschaftliche Verhältnis seiner Lektorin Borchers zum Verlagsleiter Reich.[389] Fühmanns *22 Tage oder die Hälfte des Lebens* und Beckers *Irreführung der Behörden* waren die ersten Suhrkamp-Bücher der ehemaligen Luchterhand-Autoren.[390] Ebenfalls erschien ein Band mit Erzählungen von Manfred Jendryschik, der eine Auswahl seiner bei Hinstorff publizierten Erzählbände von 1967 und 1971 enthielt.[391] Trotz der veränderten Wahrnehmung der Autor:innen der DDR als Kollektiv, das sich von der übrigen deutschsprachigen Literatur im Verlag absetzen ließ, integrierte der Verlag die Publikationen aus der DDR in den Formenkontext von Suhrkamp und Insel, nutzte aber das Differenzierungs- und Kollektivierungspotential dieser Gruppe von Autor:innen samt ihrer Texte im Verlagsmarketing.[392]

Mit Ulrich Plenzdorfs *Neuen Leiden des jungen W.*, ebenfalls von 1973, erlebte der Verlag seinen ersten Bestseller unter den Lizenzautor:innen der DDR. Der Text wurde von bundesdeutschen Theatern und dem Fernsehen[393] adaptiert und war

---

385 Vgl. Siegfried Unseld: Reisebericht München, 2.–4.05.1971. In: DLA, SUA: Suhrkamp.
386 Vgl. Siegfried Unseld an Peter Huchel, Brief vom 26.04.1971. In: DLA, SUA: Suhrkamp. Monica Huchel an Siegfried Unseld, Brief vom 3.08.1971. In: DLA, SUA: Suhrkamp. Zur Praxis der verlegerischen Vorauszahlung und ihrer Funktion für Autor:innen der DDR vgl. Teil III, Kapitel 5.
387 Vgl. Peter Huchel: Gezählte Tage. Gedichte. Frankfurt a. M. 1972.
388 Siegfried Unseld: Reisebericht Leipzig, 14. März 1973. In: S.U.: Reiseberichte, S. 148–152, hier S. 152.
389 Dies wird besonders deutlich an der variierenden Diktion im Briefwechsel von Borchers und Reich: In der Geschäftskorrespondenz über die innerdeutsche Grenze hinweg siezten sich die beiden, als Reich einen Brief aus Hamburg verschickte, duzte er seine Kollegin. Vgl. Konrad Reich an Elisabeth Borchers, Brief vom 22.04.1976. In: DLA, SUA: Suhrkamp.
390 Vgl. hierzu auch Teil III, Kapitel 1.2.
391 Borchers wählte aus den Bänden *Glas und Ahorn. Achtundzwanzig Geschichten* (Rostock 1967) und *Die Fackel und der Bart. Dreiunddreißig Geschichten* (Rostock 1971). Bei Suhrkamp erschienen die Erzählungen unter dem Titel *Frost und Feuer, ein Protokoll und andere Erzählungen*.
392 Vgl. Teil III, Kapitel 1.
393 Vgl. *Die neuen Leiden des jungen W.* Regie: Eberhard Itzenplitz. Sendung am 20. April 1976 in der ARD.

1978 mit 110.528 Exemplaren einer der meist verkauften Titel.[394] Um das Interesse an den *Neuen Leiden* noch zu bestärken,[395] veröffentlichte der Verlag 1982 einen Materialienband zu dem Roman. Nach zehn Jahren konnte Unseld Plenzdorf das millionste Exemplar überreichen.[396] Nur wenige Wochen nach dem Fall der Mauer nahm der Verlag den Text als Ausweis seiner Kanonisierung auch in die *Bibliothek Suhrkamp* auf.[397]

Auch der nachfolgende Roman Plenzdorfs, *Die Legende vom Glück ohne Ende* (1979), verbreitete sich daraufhin mit Erfolg (21.683 verkaufte Exemplare, 302.600 DM Umsatz im Jahr 1979[398]) und erschien kurz danach auch auf Norwegisch im Gylendal Norsk Forlag, auf Französisch bei Editions Robert Laffont in Paris, auf Niederländisch bei Meulenhoff und auf Schwedisch im Verlag Norstedts. Aufgrund der Rechteteilung zwischen Hinstorff und Suhrkamp für das östliche und westliche Ausland wirkte der westdeutsche Verlag somit bei der Vermittlung seines Autors Plenzdorf an ausländische Verlage im Westen mit[399] und trug durch seine Kontakte zu renommierten internationalen Verlagen zu dessen Erfolg maßgeblich bei.[400] Andere erfolgreiche Titel in den siebziger Jahren – sowohl bei der Literaturkritik als auch im Verkauf – waren Brauns *Unvollendete Geschichte* und Beckers *Schlaflose Tage*.[401]

Noch höher als die Anzahl der veröffentlichten Bücher von Autor:innen der DDR war allerdings die Menge der von Borchers optierten, geprüften und abgelehnten Texte, die die Lektorin meist nach den Buchmessen und auf Empfehlung der DDR-Verlage erhielt. Die Gründe für die Ablehnung konnten sehr unterschiedlich, sprachlich-literarischer, ökonomischer, programmatischer oder technischer Natur sein. Ende 1972 beispielsweise wandte sich Erich Arendt mit der Bitte an Borchers, von seinem Gedichtband *Feuerhalm*, der ein Jahr später in der Insel-Bücherei in Leipzig erscheinen sollte, auch einige hundert Exemplare für die westdeutsche Insel-Bücherei zu übernehmen.[402] Die Lektorin lehnte das Angebot ab, weil das Programm schon verplant sei und die Reihe sich auf „Kuriosa-Tex-

---

394 Vgl. Die Ökonomie des Programms, Jahresbericht 1978. In: DLA, SUA: Suhrkamp.
395 Vgl. Siegfried Unseld an Ulrich Plenzdorf, Brief vom 14.04.1982. In: DLA, SUA: Suhrkamp.
396 Vgl. Fellinger/Reiner (Hg.): Siegfried Unseld, S. 251.
397 Vgl. Siegfried Unseld an Ulrich Plenzdorf, Brief vom 23.11.1989. In: DLA, SUA: Suhrkamp.
398 Vgl. Die Ökonomie des Programms, Jahresbericht 1979. In: DLA, SUA: Suhrkamp.
399 Mit Bezug auf die Auslandsrechte von Ulrich Plenzdorf notierte Elisabeth Borchers im Messebericht von 1979: „Suhrkamp tritt als Plenzdorf-Agent für das westliche Ausland auf." (Elisabeth Borchers: Reisebericht Leipziger Buchmesse, 11.–14.03.1979. In: DLA, SUA: Suhrkamp).
400 Vgl. Gerlach: Die Bedeutung des Suhrkamp Verlags, S. 66.
401 Vgl. Die einzelnen Abteilungen, Jahresbericht 1978. In: DLA, SUA: Suhrkamp.
402 Vgl. Erich Arendt an Elisabeth Borchers, Brief vom 29.11.1972. In: DLA, SUA: Suhrkamp.

te"[403] konzentriere. *Das ganze halbe Leben*, den zweiten Gedichtband von Andreas Reimann, der 1979 im Mitteldeutschen Verlag erschien, lehnte Borchers ab, weil sie der Meinung war, seine Texte wiesen keine eigene Sprache auf.[404] Gerhard W. Menzels Roman *Die Truppe des Molière* aus dem Jahr 1975 konnte wegen seines „außerordentlichen Umfang[s]"[405] nicht übernommen werden.[406] Auch Hacks, der in den sechziger Jahren noch regelmäßig bei Suhrkamp veröffentlichte, schickte mehrere Arbeiten. Von ihm erschien allerdings nur noch das Kinderbuch *Der Schuhu und die fliegende Prinzessin* in der Insel-Bücherei, alle anderen Angebote lehnte Borchers ab.[407] Im Fall von Steffen Menschings *Erinnerung an eine Milchglasscheibe*, lag es nicht am Text, dass es nicht zu einer Veröffentlichung kam, sondern daran, dass Borchers nicht schnell genug handelte und andere westdeutsche Verlage ihr zuvorkamen.[408]

Es gab keine Generalverträge für die Lizenzen aus der DDR, d. h. über jeden neuen Text eines Autors oder einer Autorin musste Suhrkamp neu verhandeln. Wie anhand der Neugründung des Verlags der Autoren schon aufgezeigt, konnte das bei Konflikten bedeuten, dass Autor:innen zur wachsenden Konkurrenz im Literaturaustausch wechselten. Umso wichtiger waren langfristige Verlagsbeziehungen, so dass die Sammlung der Werke in einem Verlag sowie die persönlichen

---

403 Vgl. Elisabeth Borchers an Erich Arendt, Brief vom 24.01.1973. In: DLA, SUA: Suhrkamp.
404 Vgl. Elisabeth Borchers an Eberhard Günther, Brief vom 15.12.1978. In: DLA, SUA: Suhrkamp.
405 Elisabeth Borchers an Herrn Schwarz (Paul List Verlag), Brief vom 20.02.1976. In: DLA, SUA: Suhrkamp.
406 Zur Wertung von Literatur der DDR, d. h. Gründen der Annahme und Ablehnung, vgl. Teil III.
407 Vgl. Peter Hacks an Elisabeth Borchers, Brief vom 22.11.1974. In: DLA, SUA: Suhrkamp.
408 Vgl. Elisabeth Borchers: Reisebericht Buchmesse Frankfurt 1984. In: DLA, SUA: Suhrkamp. Zu den in den siebziger und achtziger Jahren nicht realisierten Manuskripten gehören Paul Gratzik: *Transportpaule*, Wolfgang Sämann: *Der Anfang einer Reise*, *Das Haus des Dr. Pondabel* und *Der Lichtblick*, Peter Jakubeit: *Trallenwurzeln*, Armin Stolper: *Die Karriere des Seiltänzers*, Kurt Bisalski: *Der kleine Mann*, Erich Köhler: *Schrägschnitte*, Heinz Zander: *Stille Landfahrten*, Heinrich Ehlers: *Königskinder*, Kristian Pech: *Die Mützentransaktion*, Winfried Völlger: *Verwirrspiel* und Renate Apitz: *Hexenzeit* vom Hinstorff Verlag; Werner Lenz: *Wie Graßnick seinen Steinkauz fliegen ließ*, Karl Mickel: *Gelehrtenrepublik*, Gedichte von Andreas Reimann, Werner Heiduczek: *Tod am Meer*, Peter Gosse: *Ausfahrt aus Byzanz*, Jürgen Lehmann: *Strandgesellschaft*, Axel Schulze: *Kirschenzeit*, Hanns Cibulka: *Swantows Tagebuch*, Steffen Mensching: *Erinnerung an eine Milchglasscheibe*, Joachim Nowotny: *Letzter Auftritt der Komparsen*, Hans-Eckart Wenzel: *Lied vom roten Mohn*, Werner Bräunig: *Ein Kranich am Himmel* und Stefan Stein: *Wolfsmilch* aus dem Mitteldeutschen Verlag; Alfred Wellm: *Morisco*, Sigrid Damm: *Vögel, die verkünden Land*, Inge Müller: *Wenn ich schon sterben muß*, Helga Königsdorf: *Meine ungehörigen Träume*, zwei Bücher von Christine Wolter (1977/78) und ein Roman von Erwin Strittmatter, Wolfgang Trampe: *Verhaltene Tage*, Harald Gerlach: *Vermutungen um einen Landstreicher* sowie Gedichte, Wolfgang Licht: *Bilanz mit vierunddreißig oder Die Ehe der Claudia M.* aus dem Aufbau Verlag. Vgl. Elisabeth Borchers: Briefwechsel mit DDR-Verlagen und Reiseberichte. In: DLA, SUA: Suhrkamp.

Beziehungen als Argument in den Lizenzverhandlungen, aber auch im Verlagsmarketing Gewicht hatten. Ein Beispiel dieser Verlagsloyalität – wenn auch zu Ungunsten Suhrkamps – ist Christa Wolf, die Borchers bei ihrem westdeutschen Debüt von *Der geteilte Himmel* im Luchterhand Verlag betreut hatte. Nach den Erfolgen ihrer ersten Romane überlegte Suhrkamp 1973 Wolfs *Eulenspiegel* zu verlegen; allerdings nur unter der Voraussetzung, dass Wolf auch mit anderen Büchern zu Suhrkamp wechselte.[409] Da Wolf den ihr angestammten Luchterhand Verlag jedoch nicht verlassen wollte, beschränkte sich die Zusammenarbeit während der deutschen Teilung auf den Abdruck von einzelnen Texten und ein Nachwort zum Briefroman von Bettina von Arnim über Karoline von Günderrode im Insel Verlag.[410] Ein Beispiel gescheiterter Verlagsbeziehungen ist das Verhältnis des Suhrkamp Verlags zu Fühmann, der, aufgrund von poetologischen Differenzen und weil der Verlag nur eine Auswahl seiner publizierten Werke übernahm, nach dem Luchterhand-Suhrkamp-Wechsel Ende der siebziger Jahre noch einmal zu Hoffmann und Campe und damit auch die Lektorin wechselte.[411]

Obwohl mit dem Verlag der Autoren ein starker Konkurrent entstanden war, stellte bei Suhrkamp das Theater auch in den siebziger Jahren eine wichtige Säule der Literatur der DDR dar. Seit 1971 leitete Rudolf Rach den Theaterverlag.[412] Neben Müller und Braun betreute er auch Stefan Schütz und Lothar Trolle, deren Stücke regelmäßig auf westdeutschen Bühnen gespielt wurden.[413] Um attraktiv zu bleiben, nicht zuletzt im Hinblick auf das Werk Müllers, plante die Lektoratsversammlung Anfang der siebziger Jahre auf Vorschlag Unselds ein „Nebenspectaculum"[414] für Stücke aus der DDR, anstatt Anthologien aus der DDR zu übernehmen. Ebenso wie eine DDR-Anthologie, die Beckermann und Hildebrandt planten,[415] wurde aber auch dieses Vorhaben nicht umgesetzt. Immer wieder veröffentlichte Suhrkamp einzelne Texte Müllers und hielt somit den Kontakt zum Autor, der sich Ende der achtziger Jahre entschied, seine Werkausgabe im re-

---

409 Vgl. Elisabeth Borchers: Aufzeichnungen Buchmesse 1973, Frankfurt a.M.. In: DLA, SUA: Suhrkamp.
410 Vgl. Bettina von Arnim: Die Günderrode. Mit einem Essay von Christa Wolf. Frankfurt a.M. 1994.
411 Vgl. hierzu ausführlich Teil III, Kapitel 2.1.
412 Vgl. Gespräch mit Rudolf Rach am 28.03.2014. Siehe Anhang, Gespräche, Nr. 1.
413 Vgl. Wend Kässens/Gabriele Neumann: Reisebericht Berlin 25.–30.05.1978. In: DLA, SUA: Suhrkamp. Wend Kässens und Gabriele Neumann waren im Lektorat des Suhrkamp Theaterverlags beschäftigt.
414 Vgl. Werner Berthel: Protokoll der Lektoratsversammlung am 25.02.1970, Protokoll vom 2.03.1970. In: DLA, SUA: Suhrkamp.
415 Vgl. Werner Berthel: Protokoll der Lektoratsversammlung am 5.01.1971, Protokoll vom 12.01.1971. In: DLA, SUA: Suhrkamp.

nommierten Suhrkamp Verlag zu platzieren. Die lukrativen Aufführungsrechte Müllers blieben allerdings trotz der Überzeugungsversuche Borchers' beim Verlag der Autoren.[416]

An dem Protest gegen die Ausbürgerung Wolf Biermanns nach seinem Konzert in der Kölner Sporthalle am 13. November 1976 waren auch Autoren beteiligt, die im Westen bei Suhrkamp publizierten. Braun, Fühmann und Becker unterschrieben den Protestbrief, der im Westen veröffentlicht wurde, Brasch, Fries und Plenzdorf erklärten sich solidarisch mit dem Protest.[417] Die DDR reagierte darauf mit Verweisen, Restriktionen und Verboten. In den folgenden Monaten und Jahren verließen viele Schriftsteller:innen und andere Kulturschaffende das Land, für die die Entscheidung der SED, Biermann auszubürgern, ausschlaggebend gewesen war, unter den Bedingungen in der DDR nicht länger leben und arbeiten zu wollen.[418] Brasch war einer der ersten, der schon am 16. November 1976 mit Ausreisegenehmigung nach West-Berlin ging. Müller empfahl ihm, sich im Westen an den Suhrkamp Verlag zu wenden.[419] Nach einer ersten Publikation im Rotbuch Verlag mit *Vor den Vätern sterben die Söhne*, veröffentlichte Brasch 1977 bei Suhrkamp *Kargo*, eine Textcollage aus Gedichten und dramatischen Texten und blieb auch mit seinen darauffolgenden Arbeiten im Verlag.[420] Auch Einar Schleef, der ebenfalls 1976 in die BRD emigrierte, publizierte fortan im Suhrkamp Verlag. Becker erhielt in der Folge der Ereignisse ein dreijähriges Visum zur mehrfachen Ein- und Ausreise, so dass er in West-Berlin leben konnte. Nach Ablauf wurde das Visum noch einmal um zehn Jahre verlängert. Die bestehenden Verlagsbeziehungen in den Westen – und dies betraf nicht nur Suhrkamp und seine Autoren – halfen den regimekritischen Autor:innen also in die BRD auszuwandern und sich dort beruflich zu integrieren. Suhrkamp wiederum profitierte in der Folge vor allem von seinem neuen Verlagsautor Brasch.

---

416 Vgl. Elisabeth Borchers: Bericht vom 23.09.1972. In: DLA, SUA: Suhrkamp.
417 Vgl. Offener Brief. Erklärung der Berliner Künstler vom 17.11.1976. In: Roland Berbig u. a. (Hg.): In Sachen Biermann. Protokolle, Berichte und Briefe zu den Folgen einer Ausbürgerung. Berlin 1994, S. 70 f.
418 Vgl. Andrea Jäger: Schriftsteller aus der DDR. Ausbürgerungen und Übersiedlungen von 1961 bis 1989. 2 Bde. Frankfurt a. M. u. a. 1995.
419 Vgl. Elisabeth Borchers an Siegfried Unseld, Notiz vom 8.08.1977. In: DLA, SUA: Suhrkamp. In der Erinnerung Borchers' hatte auch Fühmann Brasch empfohlen. Vgl. Elisabeth Borchers: Es hatte keinen Sinn, sich gegen Suhrkamp zu wehren. Gespräch mit Elisabeth Borchers am 8. Dezember 2003 in Frankfurt a. M.. In: Berbig (Hg.): Stille Post, S. 149–171, hier S. 164.
420 Vgl. Friedrich Christian Delius: „Für meinen ersten Verleger". In: Martina Hanf/Kristin Schulz (Hg.): Das blanke Wesen. Arbeitsbuch Thomas Brasch. Berlin 2004, S. 95–99.

Auf der Leipziger Frühjahrsmesse[421] waren die Verlage Suhrkamp und Insel wie erwähnt seit 1965 regelmäßig mit einem eigenem Stand gegenüber des Insel Verlags Leipzig anwesend, an dessen Stand während der Messe die für Suhrkamp bestimmten Telefongespräche angenommen wurden.[422] Der Bücherdiebstahl an den Ständen war erheblich genug, dass im Verlag mehrfach erwogen wurde, nicht mehr an der Messe teilzunehmen:[423] einerseits wegen des Drucks von Zoll und Messeamt, die mit der Kriminalpolizei und erhöhten Sicherheitsmaßnahmen dagegen vorzugehen drohten,[424] andererseits aus Kostengründen.[425] Ab 1977 organisierte Suhrkamp schließlich keinen eigenen Stand mehr, sondern schickte eine Delegation nach Leipzig, um weiterhin Kontakte zu pflegen und Vertragsabschlüsse direkt zu tätigen.[426] Die eingeschränkte Präsenz auf der Messe ist ein Zeichen dafür, dass sich der Literaturaustausch in den siebziger Jahren systematisierte. Im Gegensatz zu den sechziger Jahren, in denen Kontakte in die DDR vor allem über das Verlagsnetzwerk von Autor:innen geknüpft wurden, liefen nun vor allem Lizenzangebote mehr über die Verlage und weniger über die Autor:innen selbst, so dass diese sich sogar über die mangelnde Präsenz ihrer Westlektorin beschwerten.[427] Im Gegensatz zur Lektorin des Luchterhand Verlags Ingrid Krüger war Borchers in den siebziger Jahren im literarischen Feld der DDR weniger persönlich anwesend. Ihre Reisen in die DDR wurden seltener, Vorschläge für Publikationen erhielt sie per Brief. Suhrkamp stützte sich auf seine bestehenden Beziehungen und bewährten Praktiken, während Verlage wie Luchterhand, S. Fischer oder Hoffmann und Campe sich vor Ort über literarische Ent-

---

421 Bis 1973 gab es jährlich zwei Leipziger Buchmessen, der Suhrkamp Verlag beteiligte sich aufgrund der Überschneidung im Herbst mit der Frankfurter Buchmesse nur im Frühjahr. Vgl. Zeckert: DDR-Leser im Schlaraffenland, S. 97.
422 Vgl. Elisabeth Borchers an Leipziger Messeamt (Frau Rothe), Brief vom 5.05.1973. In: DLA, SUA: Suhrkamp.
423 Vgl. Elisabeth Borchers: Reisebericht Buchmesse Leipzig 9.–13.03.1974. In: DLA, SUA: Suhrkamp.
424 Vgl. Dieter Hildebrandt: Reisebericht Leipzig 7.09.1970. In: DLA, SUA: Suhrkamp.
425 In einer Notiz an Elisabeth Borchers und den Leiter der Herstellung Rolf Staudt teilte Unseld mit, die Kosten für die Leipziger Buchmesse lägen im Durchschnitt bei 6500 DM pro Jahr (vgl. Siegfried Unseld an Elisabeth Borchers und Rolf Staudt, Notiz vom 27.05.1975. In: DLA, SUA: Suhrkamp).
426 Vgl. Elisabeth Borchers: Reisebericht Leipzig 22.03.1976. In: DLA, SUA: Suhrkamp. Vgl. zum Suhrkamp Verlag auf der Leipziger Buchmesse ausführlich Teil II, Kapitel 4.
427 In einer Notiz an den Herstellungsleiter Rolf Staudt und Unseld zu einer möglichen Publikation von Stephan Hermlins Memoiren schrieb Borchers: „Richtig und verständlich ist, daß Hermlin uns gram ist. Ich lasse mich nicht mehr sehen, vom Verleger ganz zu schweigen." (Elisabeth Borchers an Rolf Staudt und Siegfried Unseld, Notiz vom 7.12.1978. In: DLA, SUA: Suhrkamp).

wicklungen informierten und mit neuen Reihen und Formaten Literatur der DDR verbreiteten.

1979: Etablieren. Die Generation der ‚Hineingeborenen'

Nachdem der Suhrkamp Verlag im Laufe der siebziger Jahre viele neue Autor:innen der DDR anwerben und mit Plenzdorf, Becker, Braun, Brasch und anderen Erfolge feiern konnte, konstatierte Borchers nach Gesprächen auf der Leipziger Buchmesse mit Eberhard Günther vom Mitteldeutschen Verlag Anfang der achtziger Jahre einen Mangel an literarischem Nachwuchs in der DDR: „Der Verlag gibt sich große Mühe mit jungen Autoren, doch wo nichts ist..."[428] Da die Fahrt nach Leipzig, wie Borchers schrieb, „einem Strafkommando gleichkommt (Grenze, Hotelmatratzen, Sauerstoffentzug)",[429] überlegte sie, ob sich die Präsenz des Verlags überhaupt noch lohnen würde.

Ihre Wahrnehmung mag mehrere Gründe gehabt haben. Borchers hatte in den siebziger Jahren stabile Verlagsbeziehungen aufgebaut, über die sie regelmäßig von neuen Publikationsprojekten erfuhr. Der Verlag zeigte deshalb auf der Leipziger Messe weniger Präsens und reduzierte auch die Reisen zu den Autor:innen in der DDR. Außerdem entwickelte sich dort seit Ende der siebziger Jahre eine inoffizielle Literatur- und Kunstszene, die weniger Verbindungen zu Verlagen, Zeitschriften, dem Rundfunk oder Theater hatte, sondern ihre performativen, kollektiven, intermedialen, seriellen und experimentellen Verfahren auf privaten Veranstaltungen und durch selbst verlegte Publikationen zum Ausdruck brachte.[430] Sie blieb unter dem Label ‚Prenzlauer Berg' zunächst ein „Mythos für Eingeweihte".[431] Erst mit der Anthologie *Berührung ist nur eine Randerscheinung* (1985) im Verlag Kiepenheuer und Witsch wurde sie als literarische „Dissidenz" in die BRD-Öffentlichkeit miteinbezogen und somit wiederum Teil eines nationalen Verständnisses, das Literatur als Gesellschaftskritik verstand.[432] Der Suhrkamp Verlag, der im Literaturaustausch hauptsächlich über die offiziellen Wege operierte, war an dieser Entwicklung kaum beteiligt. Erst als sich die Szene Ende der

---

[428] Elisabeth Borchers: Reisebericht Leipziger Messe 13.–16.03.1982. In: DLA, SUA: Suhrkamp.
[429] Ebd.
[430] Vgl. Peter Böthig: Grammatik einer Landschaft. Literatur aus der DDR in den 80er Jahren. Berlin 1997; Roland Berbig u.a. (Hg.): Zersammelt. Die inoffizielle Literaturszene der DDR nach 1990. Eine Bestandsaufnahme. Berlin 2001.
[431] Frauke Meyer-Gosau: Zu Markte getragen. Texte vom Prenzlauer Berg in der BRD. In: Berbig u.a. (Hg.): Zersammelt, S. 20–36, hier S. 23.
[432] Peitsch: Nachkriegsliteratur, S. 44.

achtziger Jahre nach innen und außen institutionalisierte, unter anderem durch Anthologien in westdeutschen Verlagen,[433] kam es wiederum auch zu Kontakten mit Suhrkamp.

Für den Literaturaustausch und vor allem für die Möglichkeit westdeutscher Erstveröffentlichungen kam nach der Ausbürgerung Biermanns erschwerend hinzu, dass Schriftsteller:innen, die nicht bereits über vertragliche Bindungen verfügten, aufgrund der restriktiven Kulturpolitik kaum Aussicht auf Veröffentlichung hatten. Wer außerdem nicht Mitglied im Schriftstellerverband war, hatte keinen offiziellen Status als Schriftsteller:in und deshalb keine Aussicht auf Stipendien oder zeitlich befristete Anstellungen.[434] Die Autor:innen, die in dieser Zeit Bücher in Verlagen veröffentlichen wollten, mussten also auf westdeutsche Kontakte zurückgreifen. Der Literaturtransfer[435] dieser Texte, so urteilt Frauke Meyer-Gosau, war allerdings nur mäßig und kurz, denn „als Zeugnisse eines Gegen-Lebens in einem anderen Land" waren sie „nur schwer verständlich".[436] Besonders erfolgreich beim Aufbau neuer Verlagsbeziehungen war in den achtziger Jahren nicht Suhrkamp, sondern der Konkurrent S. Fischer mit der 1978 neu aufgelegten Taschenbuchreihe *Collection S. Fischer*, herausgegeben von Beckermann, der Anfang der siebziger Jahre noch im Suhrkamp Verlag für Literatur der DDR zuständig gewesen war.[437] Hier debütierten Wolfgang Hilbig (*Abwesenheit*,

---

433 Vgl. Peter Geist: Die Lyrik der nichtoffiziellen Literaturszene in der DDR (1976–1989): http://petergeist.homepage.t-online.de/prenzlauerberg.htm (zuletzt eingesehen am 5.05.2022).
434 Vgl. Julian Kanning: Schriftstellerverband der DDR. In: Michael Opitz/Michael Hoffmann (Hg.): Metzler Lexikon DDR-Literatur. Autoren – Institutionen – Debatten. Stuttgart/Weimar 2009, S. 301f.; Klaus Michael: Unabhängige Literatur in der DDR. In: Autonome Kunst der DDR (Dossier): http://www.bpb.de/geschichte/deutsche-geschichte/autonome-kunst-in-der-ddr/55789/unabhaengige-literatur-in-der-ddr?p=all (zuletzt eingesehen am 5.05.2022).
435 Während mit Literaturaustausch der gegenseitige Austausch von Büchern und Lizenzen sowie die persönlichen Kontakte im literarischen Feld gemeint ist, bezeichnet der Begriff ‚Literaturtransfer' im Sinne der Kulturtransferforschung konkreter den Transfer und die Transformation der fremdkulturellen in die eigenkulturelle Literatur. Praktiken und Prozesse der Integration von Literatur der DDR (in das literarische Feld, das Verlags- oder Reihenprofil) ähneln aus dieser Perspektive derjenigen fremdsprachiger Literatur (vgl. Einert: Die Übersetzung eines Kontinents; Kemper/Zajas/Bakshi (Hg.): Kulturtransfer und Verlagsarbeit). Mit dem Blick auf die Akkulturation der Literatur der DDR ergibt sich außerdem ein produktives Spannungsverhältnis zu Vorstellungen einer deutschen Nationalliteratur, die die Zeit der deutschen Teilung überdauert hat.
436 Meyer-Gosau: Zu Markte getragen, S. 21.
437 Vgl. Schneider: Der unsichtbare Zweite, S. 15.

1979), Gert Neumann (*Die Schuld der Worte*, 1979), Monika Maron (*Flugasche*, 1981) und Katja Lange-Müller (*Wehleid – wie im Leben*, 1986).[438]

Der Suhrkamp Verlag etablierte hingegen in dieser Zeit unter dem Label der ‚Hineingeborenen' eine neue Generation von Schriftsteller:innen in der DDR. Die Bezeichnung geht in diesem Fall auf den Titel des ersten Gedichtbands von Kolbe aus dem Jahr 1979 zurück, der ein Nachwort Fühmanns enthielt und den Autor als Vertreter einer neuen Generation vorstellte. Das Label der ‚Hineingeborenen' bezeichnet bis heute nicht nur eine Gruppe von Schriftsteller:innen, sondern jene ehemaligen Bürger:innen der DDR,[439] die nach 1949 geboren und ohne Kriegserfahrung, aber mit der deutschen Teilung aufgewachsen sind.[440] Fühmann, der es sich Ende der siebziger Jahre zur Aufgabe gemacht hatte, junge Talente zu fördern,[441] machte Borchers auf Kolbes Gedichte aufmerksam.[442] Diese erschienen fortan in Lizenz vom Aufbau Verlag in der *edition suhrkamp* (*Hineingeboren* 1982, *Abschiede* 1983 und *Bornholm II* 1987). In der Erinnerung Kolbes bestand die Rolle des Suhrkamp Verlags vor allem darin, eine offizielle Vertragsbindung zu bieten, die es dem Autor ermöglichte, seine zahlreichen Aktivitäten in der inoffiziellen Literaturszene umzusetzen.[443] Als Teil einer Literatur der ‚Hineingeborenen' bezeichnete Suhrkamp später auch die Debüts von Drawert und Grünbein.[444] Neben Kolbe unterstützte Fühmann auch Frank-Wolf Matthies, der in der BRD bis zu diesem Zeitpunkt bei Rowohlt erschienen war. Suhrkamp-Lektor Hans-Ulrich Müller-Schwefe lehnte das Manuskript *Das Überleben herrscht den ganzen Tag* im Mai 1983 zwar ab,[445] veröffentlichte 1985 aber das *Tagebuch Fortunes*.[446]

---

438 Nach ihrer Emigration veröffentlichten in der *Collection S. Fischer* auch Wolfgang Hegewald (*Das Gegenteil der Fotografie*, 1984) und Klaus Schlesinger (*Matulla und Busch*, 1984). Bei S. Fischer publizierten außerdem Rolf Schneider und Klaus Poche. Eine Untersuchung der Beziehungen des S. Fischer Verlags zur Literatur der DDR steht noch aus.
439 Vgl. Thorsten Ahrend: Was ging uns die DDR-Kulturpolitik an? Biographische Notizen eines „Hineingeborenen". In: APuZ 10 (1994), S. 23–29.
440 Vgl. Ludwig/ Meuser: In diesem besseren Land, S. 68.
441 Eine von Fühmann in Zusammenarbeit mit Kolbe und Sascha Anderson projektierte Anthologie der jungen Literaturszene für die Akademie der Künste kam aufgrund der Einwirkung der Staatssicherheit nicht zustande (vgl. Birgit Dahlke: „Die Fahnen faulen die Zeichen/sind abgenutzt." Zur deutsch-deutschen Geschichte der Anthologie *Berührung ist nur eine Randerscheinung* (1985). In: Günther Häntzschel (Hg.): Literatur in der DDR im Spiegel ihrer Anthologien. Ein Symposion. Wiesbaden 2005, S. 167–180).
442 Vgl. Elisabeth Borchers: Reisebericht Leipzig 9.–12.03.1980. In: DLA, SUA: Suhrkamp.
443 Vgl. Teil III, Kapitel 3.1.
444 Vgl. Teil III, Kapitel 3.
445 Vgl. Frank-Wolf Matthies an Hans-Ulrich Müller-Schwefe, Brief vom 28.05.1983. In: DLA, SUA: Suhrkamp.
446 Vgl. Teil III, Kapitel 5.

Mit dem Generationenwechsel ging eine Kanonisierung der älteren Generationen einher. So verhandelte Suhrkamp in den achtziger Jahren mit Braun über eine erste Werkausgabe und setzte mit der *Großen kommentierten Berliner und Frankfurter Ausgabe* der Werke Brechts eines der größten deutsch-deutschen Kooperationsprojekte um.[447] Die Genealogie, die Suhrkamp im eigenen Programm etablierte, ging auf die Marke ‚Brecht' zurück.[448] Mit einem deutsch-deutschen Herausgeberteam, langwierigen und intensiven Editionsgesprächen sowie einem gemeinsamen Marketing kann die Bewerkstelligung der Brecht-Ausgabe aus Suhrkamp-Perspektive zudem als Kulmination der verlegerischen Kooperationspraxis mit der DDR gesehen werden.

Erste konzeptionelle Überlegungen bezüglich einer Brecht-Ausgabe stellte der Aufbau Verlag bereits Ende der siebziger Jahre an. Gotthard Erler, Verlagslektor und Fontane-Herausgeber, übermittelte einen Vorschlag für eine kommentierte 30-bändige Ausgabe. Diese sollte als Ergänzung zu den bereits vorhandenen Werkausgaben, unterteilt in Genres mit Textfassungen letzter Hand, vor allem den Forschungsstand zu Entstehung, Überlieferung und zeitgenössischer Rezeption bereitstellen. Noch war von einer gemeinsamen Herausgabe mit Suhrkamp keine Rede.[449] Im Reisebericht der Leipziger Messe 1980 notierte Borchers lediglich eine Bitte des Aufbau-Verlegers Voigt an Unseld, sich bei Brechts Tochter und Erbin Barbara Brecht-Schall für die Ausgabe einzusetzen. Borchers kommentierte: „Eigentlich aber sind wir doch nicht wirklich interessiert."[450] Im Autorenkonvolut Brechts im SUA befindet sich ein zweiter Vorschlag von 1981, der, nachweisbar an einzelnen Formulierungen, aus dem ersten Plan entstanden ist. Der Unterschied liegt allerdings in der Beteiligung des Brecht-Archivs und der Akademie der Wissenschaften, die mit einer Forschergruppe unter der Leitung von Werner Mittenzwei vom Verlag mit der Erarbeitung der Bände beauftragt werden sollte.[451] Der Vorschlag ist detaillierter ausgearbeitet und verweist damit auf mögliche Einwände zur Realisierung des Projekts. Ein dritter Vorschlag von Werner Hecht, dem Leiter des Brecht-Zentrums der DDR, gibt 1983 als Begründung die ablehnende Haltung der Erben-Gemeinschaft gegen die beabsichtigte Kommentierung

---

[447] Das größte und längste deutsch-deutsche Editionsprojekt war die Nationalausgabe der Werke Schillers seit 1943, an der das Goethe- und Schiller-Archiv in Weimar und das Schiller Nationalmuseum in Marbach beteiligt waren und sind.
[448] Vgl. Teil III, Kapitel 1.3.
[449] Vgl. Gotthard Erler: Vorüberlegungen zu einer neuen Ausgabe der Werke Brechts im Aufbau-Verlag, 2.10.1979. In: DLA, SUA: Suhrkamp.
[450] Elisabeth Borchers: Reisebericht Leipzig, 9.–12.03.1980. In: DLA, SUA: Suhrkamp.
[451] Vgl. Vorüberlegungen zu einer Brecht-Ausgabe in 30 Bänden in Zusammenarbeit zwischen Aufbau-Verlag und Akademie der Wissenschaften der DDR, 27.07.1981. In: DLA, SUA: Suhrkamp.

an.⁴⁵² Erst für das Jahr 1984 belegen Reiseberichte und Chronik die Verhandlungen über eine 30-bändige Ausgabe als deutsch-deutsche Koproduktion in den Verlagen Suhrkamp und Aufbau. Nachdem alle Beteiligten dem Projekt zugestimmt hatten, bildeten Jan Knopf (Universität Karlsruhe), Klaus Detlef Müller (Universität Kiel, seit 1987 Universität Tübingen), Werner Mittenzwei (Akademie der Wissenschaften der DDR) und Werner Hecht (Brecht-Zentrum der DDR) gemeinsam mit dem Suhrkamp-Lektor Wolfgang Jeske das deutsch-deutsche Herausgeberteam. In den Planungsgesprächen, die Unseld in Ost-Berlin führte, prophezeite Hans Otto Bräutigam, damals Leiter der Ständigen Vertretung der BRD in der DDR, es handle sich um „eines der wichtigsten Elemente in der kulturgeschichtlichen Beziehung der beiden Staaten".⁴⁵³ Es ist bezeichnend, dass Unseld im Reisebericht einen Kommentar notierte, der die kulturpolitische Bedeutung des Projekts hervorhob, denn er nutzte die gemeinsame Interessenlage des Verlags und der bundesdeutschen Kulturpolitik gerade in Bezug auf die deutsche Teilung immer wieder in der Verlagspraxis.⁴⁵⁴

Die Verlage und Herausgeber vereinbarten, dass die meiste editorische Arbeit sowie Druck und Bindung in Ost-Berlin bzw. der DDR stattfinden, der Satz aber in Frankfurt hergestellt werden würde. Für Fotokopien stellte Suhrkamp in Ost-Berlin ein Kopiergerät zur Verfügung, bei Reisen der Westherausgeber in die DDR zahlte Suhrkamp die Reisekosten, Aufbau übernahm die Unterkunftskosten; und vice versa. Wichtig in der Zusammenarbeit waren die Konsensfindung der Herausgeber, die Wahl der Textgrundlage, die Textsicherheit auf Grundlage des Archivs und eine sachliche, weniger interpretierende Kommentierung, vermutlich um Ost-West-Konflikte in der Auslegung zu vermeiden und die Ausgabe weit und langfristig verbreiten zu können. Editorisches Ziel war die Herausgabe einer Lese- und Studienausgabe, die wissenschaftlichen Ansprüchen genügen würde. Die Brecht-Ausgabe orientierte sich an den editorischen und gestalterischen Richtlinien des Deutschen Klassiker Verlags.⁴⁵⁵

Das Projekt hatte großes Potential für langwierige Diskussionen und Konflikte, von denen sich vermutlich nur einige im Verlagsarchiv niedergeschlagen haben. Ein Aspekt war zum Beispiel die Titelfindung (Berlin oder Frankfurt an erster Stelle), ein anderer die Honorierung der Herausgeber sowie der Ladenpreis (Faber plädierte für 24 bis 29 Mark, Unseld schlug 38 Mark für die DDR und 59 DM

---

452 Vgl. Werner Hecht: Bemerkungen zu einer Konzeption der Brecht-Studien-Ausgabe, 10.11. 1983. In: DLA, SUA: Suhrkamp.
453 Siegfried Unseld: Reisebericht Ost-Berlin, 18.07.1984. In: DLA, SUA: Suhrkamp.
454 Vgl. Teil II, Kapitel 1.
455 Vgl. Siegfried Unseld: Stichworte zu der geplanten Gemeinschaftsausgabe Brecht im Suhrkamp Verlag Frankfurt und Aufbau Verlag Berlin, 20.07.1984. In: DLA, SUA: Suhrkamp.

für die BRD vor).⁴⁵⁶ Den Archivdokumenten ist zu entnehmen, dass gerade bei der Ausstattung und dem Preis die Meinungen auseinandergingen. Während der ostdeutschen Seite eine der Brecht-Leserschaft ohne Vorbildung zugängliche Ausgabe zu moderaten Preisen vorschwebte, waren die Pläne Suhrkamps mehr auf die Kanonisierung Brechts mit einer Klassiker-Ausgabe in aufwendiger Ausstattung ausgelegt.⁴⁵⁷ Unseld schlug deshalb eine begleitende Taschenbuchausgabe vor, um beiden Bedürfnissen gerecht zu werden;⁴⁵⁸ stattdessen erschienen schließlich aber eine Leinen- und eine Halb-Lederausgabe in beiden Verlagen.⁴⁵⁹

Wie bereits erwähnt, gab es auch mit Braun und dem Mitteldeutschen Verlag Ende der achtziger Jahre Pläne für die Koproduktion einer Werkausgabe in zeitlicher Folge. Zwar lief es der Verlagspolitik und -praxis zuwider, einen noch schreibenden, gerade 50-jährigen Autor in einer gesammelten Ausgabe zu präsentieren. Borchers verhandelte aber dennoch mit dem DDR-Verlag, damit dieser die Ausgabe nicht an einen anderen Verlag gab.⁴⁶⁰ Die Verhandlungen zogen sich bis in den Herbst 1989, da der Mitteldeutsche Verlag die Fahnen für die ersten beiden Bände nicht fertigstellte.⁴⁶¹ Vermutlich, weil Braun im vereinten Deutschland mit seinem gesamten Werk zum Suhrkamp Verlag wechselte und dieser damit hauptverantwortlich für die Erarbeitung einer (zukünftigen) Werkausgabe wurde, übernahm Suhrkamp die Werkausgabe schließlich nicht. Stattdessen erschienen zwei Bände mit *Gesammelten Stücken* in der *edition suhrkamp* sowie eine Auswahl der Gedichte mit einem Nachwort von Hans Mayer in der *Bibliothek Suhrkamp*. Der Mitteldeutsche Verlag führte die bereits geplante Herausgabe der zehn Bände aber bis 1993 zu Ende.

Ein weiteres Großprojekt der achtziger Jahre war die Einführung der *Phantastischen Bibliothek*. Nachdem im Insel Verlag mit der *Bibliothek des Hauses Usher* und den Reihen *Phaicon* und *Polaris* die fantastische Literatur eine lange

---

456 Vgl. Siegfried Unseld: Reisebericht Ost-Berlin, 18.07.1984. In: DLA, SUA: Suhrkamp.
457 Vgl. Werner Hecht: Bemerkungen zu einer Konzeption der Brecht-Studien-Ausgabe, 10.11.1983. In: DLA, SUA: Suhrkamp.
458 Vgl. Unseld: Reisebericht Ost-Berlin, 18.07.1984.
459 Die Geschichte des deutsch-deutschen Editionsprojekts der *Großen kommentierten Berliner und Frankfurter Ausgabe* ist ein Desiderat der Forschung. In ihr kulminieren nicht nur der deutsch-deutsche Literaturaustausch; sie kann als Beispiel editionsphilologischer Arbeiten vor dem Hintergrund des Ost-West-Konflikts gesehen werden, die einerseits von unterschiedlichen Geschichtsphilosophien und andererseits von der gegenseitigen Wahrnehmung geprägt waren. Neben den Unterlagen im SUA befindet sich umfangreiches Material in der Arbeitsstelle Bertolt Brecht (ABB) am Karlsruher Institut für Technologie unter der Leitung von Prof. Dr. Jan Knopf.
460 Vgl. Elisabeth Borchers an Siegfried Unseld, Notiz vom 9.12.1988. In: DLA, SUA: Suhrkamp.
461 Vgl. Briefwechsel zwischen Elisabeth Borchers und Mitteldeutschem Verlag 1988/89. In: DLA, SUA: Suhrkamp.

Tradition hatte, entschied Unseld 1979, diese Linien in der *Phantastischen Bibliothek* innerhalb der *suhrkamp taschenbücher* weiter zu führen.[462] Die Subreihe widmete sich Texten der Fantastik und Science Fiction sowie der Horrorliteratur und setzte sich durch eine rosa-violette Farbgestaltung des Einbands von der Mutterreihe ab. Ähnlich wie bei der Literatur der DDR verlegten Suhrkamp und Insel im internationalen Vergleich erst spät fantastische Literatur, als das Genre vor dem Hintergrund technisch-wissenschaftlicher Entwicklungen der sechziger Jahre und den damit verbundenen utopischen und dystopischen Zukunftsvisionen mehr Aufmerksamkeit erhielt. Mit der Betonung einer langen europäischen Tradition fantastischer Literatur und dem Verweis auf die literarische Qualität der Titel – als Zugpferd galt Stanisław Lem – geriet die Reihe zu einem großen Erfolg: Bis 1999 erschienen 370 Reihentitel, d. h. durchschnittlich ca. 17 Titel pro Jahr, die im Fall von Lem mitunter verkaufte Auflagen von 10. – 13.000 Exemplaren pro Jahr hatten.[463] Betreut wurde die Reihe von Suhrkamp- und Insel-Lektor Werner Berthel, der sich zum einen von dem Wiener Publizisten Franz Rottensteiner, Herausgeber und Autor der Zeitschrift *Quarber Merkur* sowie der Insel-Buchreihe *Science Fiction der Welt* (1971–1975), und zum anderen von dem estnischen Physiker Kalju Kirde, Herausgeber der *Bibliothek des Hauses Usher*, beraten ließ.[464] Eine wichtige Rolle spielte die Reihe nicht nur im Verhältnis des Verlags zur Literatur aus Osteuropa, die das Profil prägte,[465] sondern vor allem im Literaturaustausch mit der DDR. Aus Mangel an kompetenten Übersetzer:innen und aus Kostengründen griff der Verlag gerade bei den osteuropäischen Titeln auf Lizenzausgaben von DDR-Verlagen zurück.[466] Zu den Autor:innen zählten neben Lem, der die Reihe eröffnete (*Nacht und Schimmel*, 1979) und weiterhin stark prägte, auch die Autorenehepaare Angela und Karlheinz Steinmüller aus Schmalkalden sowie Johanna und Günter Braun aus Magdeburg.[467] Für Letztere

---

462 Vgl. Werner Berthel an Frank Rottensteiner, Brief vom 8.11.1979. In: DLA, SUA: Suhrkamp.
463 Vgl. Matthias Schwartz: „Eine Vision anderer Zeiten und Welten". Der Osten Europas und die „Phantastische Bibliothek". In: Kemper/Zajas/Bakshi (Hg.): Kulturtransfer und Verlagsarbeit, S. 85–112, hier S. 86–92, 98.
464 Vgl. „Phantastische Bibliothek" soll sich über literarische Qualität profilieren. In: Buchreport, Nr. 46, 24.11.1978, S. 14.
465 Vgl. Schwartz: „Eine Vision anderer Zeiten und Welten", S. 94.
466 Vgl. Schwartz: „Eine Vision anderer Zeiten und Welten", S. 99.
467 Von Karlheinz Steinmüller erschien *Der Traum vom großen roten Fleck* (1985), von Angela und Karlheinz Steinmüller *Pulaster* (1988), von Johanna und Günter Braun erschienen in der *Phantastischen Bibliothek* auf Vermittlung von Rottensteiner *Unheimliche Erscheinungsformen auf Omega XI* (1981), *Der Fehlfaktor* (1981), *Der Utofant* (1981), *Conviva Ludibundus* (1982), *Der Irrtum des großen Zauberers* (1982), *Das Kugeltranzendentale Vorhaben* (1983), *Die unhörbaren Töne* (1984), *Der x-mal vervielfachte Held* (1985), *Professor Mittelzwercks Geschöpfe* (1991) sowie ein-

nahm die von Rottensteiner vermittelte Zusammenarbeit mit dem Suhrkamp Verlag in den achtziger Jahren eine besondere Bedeutung an, weil ihre Romane aufgrund ihrer gesellschaftskritischen Inhalte nur in der BRD veröffentlicht werden durften.[468] Erst 1988 erschien mit *Die Geburt des Pantamannes* wieder ein Roman der Brauns im Verlag Das Neue Berlin.

Ab Mitte der achtziger Jahre veröffentlichte Suhrkamp eine Reihe von Lyrikdebüts von Autor:innen, die bis heute eine relevante Rolle im Literaturbetrieb spielen. Im Sommer 1986 erreichte auf Empfehlung Walsers das Manuskript von Wulf Kirstens Gedichtband *Die Erde von Meißen* den Verlag. Nachdem der Band in der DDR bei Reclam mit einem Nachwort des Germanisten Eberhard Haufe erschienen war und ein Jahr später den Peter-Huchel-Preis verliehen bekommen hatte, setzte sich Borchers statt für die geplante Gedichtauswahl für eine textgleiche Herausgabe des unterdessen doppelt ausgezeichneten Buchs ein. Tatsächlich erschien der Band 1987 textgleich bei Suhrkamp im Hauptprogramm – allerdings ohne Nachwort. Auf Empfehlung von Müller erhielt der Verlag 1987 ein bis dato unveröffentlichtes Gedichtmanuskript Durs Grünbeins. Dessen ersten Gedichtband *Grauzone morgens* veröffentlichte Suhrkamp 1988 jedoch erst, nachdem eine Auswahl seiner Texte in *Sinn und Form* erschienen war, um den Autor nicht mit einer westdeutschen Erstpublikation zu kompromittieren.

Die erneute Zunahme von Kontakten in die und Veröffentlichungen aus der DDR Ende der achtziger Jahre hatte zum einen damit zu tun, dass sich dort die Druckgenehmigungspraxis lockerte. Dies hing nicht zuletzt damit zusammen, dass Christoph Hein und andere auf dem zehnten Schriftstellerkongress die staatliche Zensur nicht nur beim Namen genannt, sondern auch deren Abschaffung gefordert hatten.[469] In der Folge genehmigte die Hauptverwaltung Verlage und Buchhandel den Druck von Büchern, die in vorherigen Jahren nicht realisiert werden konnten, darunter die *Unvollendete Geschichte* von Braun, die 1977 bei Suhrkamp erschienen war, und *Der Weg nach Oobliadooh* von Fries, 23 Jahre nach seiner Erstveröffentlichung bei Suhrkamp. Zum anderen übernahm 1987 Christian Döring das Suhrkamp-Lektorat für junge Literatur und förderte mit neuem Elan

---

zelne Erzählungen in Sammelbänden: *Polaris 5* (1981), *Die andere Zukunft* (1982), *Phantastische Träume* (1983), *Phantastische Welten* (1984), *Phantastische Aussichten* (1985), *Der Eingang ins Paradies* (1988), *Phantastische Begegnungen* (1990).
468 Vgl. Johanna und Günter Braun an Frank Rottensteiner, Brief vom 19.05.1981. In: DLA, SUA: Suhrkamp.
469 Vgl. exempl. Ernest Wichner: „Und unverständlich wird mein ganzer Text". Anmerkungen zu einer zensurgesteuerten ‚Nationalliteratur'. In: E.W./Herbert Wiesner (Hg.): „Literaturentwicklungsprozesse". Die Zensur der Literatur in der DDR. Frankfurt a. M. 1993, S. 199–216, hier S. 203.

die Literatur der DDR.[470] Krauß debütierte 1988 mit der Erzählung *Das Vergnügen* bei Suhrkamp, nachdem sie im gleichen Jahr den Ingeborg-Bachmann-Preis erhalten hatte. Von Drawert erschien 1989 der Gedichtband *Privateigentum*.[471] Die noch geplante Übernahme der Gedichte Johannes Jansens (*prost neuland*) aus dem Aufbau Verlag konnte Suhrkamp aufgrund des politischen und gesellschaftlichen Umbruchs schon nicht mehr realisieren.[472]

Ende der achtziger Jahre wurden auch längere Aufenthalte von Autor:innen der DDR in der BRD möglich. Ebenso wie Becker Ende der siebziger Jahre erhielt auch Kolbe 1988 die Erlaubnis, in der BRD zu leben, aber DDR-Bürger zu bleiben. Er zog mit seiner Frau nach Worpswede, arbeitete unter anderem für den Bremer Rundfunk und besuchte sporadisch die DDR. Der Verlag unterstützte ihn im ersten halben Jahr mit einem Arbeitsstipendium von 2.000 DM pro Monat. Um Grünbein einen Aufenthalt in West-Berlin zu ermöglichen, vermittelte Döring ihm ein Stipendium beim Literarischen Colloquium Berlin.[473] Der Verlag unterstützte den dreimonatigen Besuch von Januar bis März 1989 mit 1.000 DM pro Monat[474] und einem Leihauto für eine Reise durch die BRD und nach Amsterdam.[475]

1989: Integrieren. Neue Verlagsautor:innen bei Suhrkamp

Die Demonstrationen in der DDR und die Öffnung der Berliner Mauer veränderten die politischen Verhältnisse in der DDR und damit auch die Bedingungen des Literaturaustauschs grundlegend. Im Dezember 1989 setzte das Ministerium für Kultur das Druckgenehmigungsverfahren außer Kraft, d. h. die Vorzensur für Texte war damit abgeschafft.[476] Diese Öffnung bzw. Entkoppelung des literarischen Felds veränderte auch den Status der Verlagsbeziehungen der Autor:innen der DDR, die sich nun für einen Verlag in Ost oder West entscheiden konnten. Ebenso mussten Verlage entscheiden, welche Autor:innen weiterhin zu ihnen gehören sollten, nun nicht länger in Lizenz, sondern mit Verlagsvertrag. Um die neuen

---

470 Zum Lektorat von Christian Döring vgl. Sprengel: Der Lektor und sein Autor, S. 184–226.
471 Vgl. Christian Döring an Joachim Unseld, Notiz vom 31.03.1989. In: DLA, SUA: Suhrkamp.
472 Vgl. Christine Mebus (Vertragsabteilung Aufbau Verlag) an Christian Döring, Brief vom 29.02.1990. In: DLA, SUA: Suhrkamp.
473 Vgl. Christian Döring an Siegfried Unseld und Joachim Unseld, Notiz vom 24.10.1988. In: DLA, SUA: Suhrkamp.
474 Vgl. Siegfried Unseld an Joachim Unseld und Heribert Marré, Notiz vom 14.11.1988. In: DLA, SUA: Suhrkamp.
475 Vgl. Siegfried Unseld an Siegfried Ebert (Rechnungswesen), Notiz vom 11.04.1989. In: DLA, SUA: Suhrkamp.
476 Vgl. Links: Das Schicksal der DDR-Verlage, S. 30.

Verlagsautor:innen in das Programm zu integrieren, verzichtete Suhrkamp fortan in der Verlagskommunikation auf das Attribut ‚DDR'. Bereits im November 1989 hatten Christian Döring und Hajo Steinert in einem Sammelband mit Erzählungen „aus der DDR" (nicht „DDR-Literatur") unter dem Titel *Schöne Aussichten*, der auch Texte von Autor:innen der inoffiziellen Literaturszene enthielt,[477] pathetisch und passend zum Idealismus der Zeit darauf hingewiesen, dass sich fortan jeder Text und alle Autor:innen kontextlos, außerhalb des DDR-Zusammenhangs beweisen müssten: „es gibt keine zirkel mehr. keine ismen. keine sächsische dichterschule. keine prenzlauer-berg-connection. es geht nur noch von text zu text. von autor zu autor."[478]

Der Verlag betonte stattdessen die Zugehörigkeit der Autor:innen der DDR zu Suhrkamp und zu einer deutschen Literatur, ohne, wie in den sechziger Jahren, auf den Begriff des ‚Gesamtdeutschen' zurückzugreifen, was in seiner emphatischen Proklamation einer nationalen, kulturellen Einheit die reale Teilungsgeschichte und den Unterschied zwischen Ost und West eher noch hervorgehoben hatte. Wenn überhaupt, entstand eine Binnenstrukturierung im Verlag nach 1989/90 durch die regionale Zuordnung der Autor:innen oder die Gattungsbezeichnung der Texte. Während die Klappentexte Anfang der neunziger Jahre Johannes Jansen noch als „Ostberliner Schriftsteller und Grafiker" vorstellten,[479] reduzierte sich die Zuschreibung zur ehemaligen DDR ab Mitte der neunziger Jahre noch einmal, Jansen galt nun als „Berliner".[480] Bereits im Februar 1990 hielt Unseld diesen neuen Regionalismus in seiner Chronik fest: „Und in der DDR ist auch eine Entwicklung im Gange, die ich lange voraussah: immer mehr bricht sich die Erkenntnis Bahn, daß die fünf Länder nicht untergegangen sind, sondern weiterbestehen: Mecklenburg, Brandenburg, Sachsen-Anhalt, Sachsen und Thüringen."[481] Demgemäß schrieb er fortan von der „Situation ostdeutscher Verlage"[482] oder von den „Leser[n] in den neuen Bundesländern".[483]

---

477 Schöne Aussichten. Neue Prosa aus der DDR. Hg. von Christian Döring und Hajo Steinert. Frankfurt a. M. 1990. Der Band erschien in der *edition suhrkamp* mit Texten von Thomas Böhme, Brigitte Burmeister, Jan Faktor, Durs Grünbein, Thomas Günther, Eberhard Häfner, Kerstin Hensel, Wolfgang Hilbig, Uwe Hübner, Jayne-Ann Igel, Johannes Jansen, Gabriele Kachold, Uwe Kolbe, Barbara Köhler, Angela Krauß, Irina Liebmann, Steffen Mensching, Detlev Opitz, Bert Papenfuß-Gorek, Lutz Rathenow, Thomas Rosenlöcher, Uwe Saeger und Rainer Schedlinski.
478 Christian Döring/Hajo Steinert: Vorwort. In: ebd., S. 7 f., hier S. 8.
479 Johannes Jansen: Splittergraben. Aufzeichnungen II. Frankfurt a. M. 1993, Klappentext.
480 Johannes Jansen: Heimat. Abgang. Mehr geht nicht. Ansätze. Frankfurt a. M. 1995, Klappentext.
481 Siegfried Unseld: Chronik, Eintrag vom 5.02.1990. In: DLA, SUA: Suhrkamp.
482 Unseld: Chronik, Eintrag vom 21.12.1993. In: DLA, SUA: Suhrkamp.
483 Unseld: Chronik, Eintrag vom 31.08.1993. In: DLA, SUA: Suhrkamp.

Für die Autor:innen der DDR begann 1989 auch in Bezug auf ihre Verlagsbeziehungen eine Zeit des Wandels. Die Umstrukturierungen und Privatisierungen der DDR-Verlage brachten finanzielle Unsicherheiten mit sich,[484] die Unseld mit Übergangsstipendien auszugleichen versuchte;[485] eine bewährte Praxis, um Autor:innen an den Verlag zu binden. In einer Zeit, in der sich Programme, Personal und Eigentumsverhältnisse der ostdeutschen Verlage änderten, konnte sich Suhrkamp im Wettstreit um Autor:innen- und Werkrechte mit finanzieller Stärke und programmatischer sowie logistischer Kontinuität behaupten. Plenzdorf war einer der ersten, der nach dem Mauerfall seine Rechte von den Verlagen Hinstorff und Henschel an den Suhrkamp Verlag übertrug.[486] Kolbe verließ 1991 den Aufbau Verlag und ging mit den Rechten an seinen Gedichtbänden zu Suhrkamp.[487] Ihm folgten von Aufbau auch Krauß und Drawert. Braun vereinbarte für den Abschluss der Werkausgabe noch eine Übergangsregelung mit dem Mitteldeutschen Verlag und wechselte daraufhin mit seinem Gesamtwerk zu Suhrkamp.[488]

Auch jüngere Autor:innen, die erst in den letzten Jahren der DDR Kontakt zu Suhrkamp aufgenommen hatten, veröffentlichten nun ihre Werke ausschließlich bei Suhrkamp. Von Johannes Jansen erschienen in kurzer Folge die erzählerisch-graphischen Werke *Reisswolf* (1992), *Splittergraben* (1993) und *Heimat. Abgang. Mehr geht nicht* (1995). Matthias Hermann debütierte mit dem Gedichtband *72 Buchstaben*, auch von Rainer Schedlinski und Barbara Köhler erschienen erste Gedichtbände.[489] Im Jahr 1993 debütierte Christian Lehnert als Suhrkamp-Autor mit dem Gedichtband *Der gefesselte Sänger*. Von Thomas Rosenlöcher erschienen

---

484 Vgl. Links: Das Schicksal der DDR-Verlage.
485 Vgl. Siegfried Unseld: Reisebericht Berlin, 27.–28.06.1990. In: DLA, SUA: Suhrkamp.
486 Vgl. Ulrich Plenzdorf an Frau Binz, Brief vom 14.11.1989. In: DLA, SUA: Suhrkamp. Eine entsprechende Vereinbarung, die eine Rechtteilung zwischen der DDR mit den sozialistischen Ländern und der BRD mit dem restlichen Ausland vorsah, trafen Unseld und Plenzdorf am 24.01.1990 (vgl. Vereinbarung zwischen Siegfried Unseld und Ulrich Plenzdorf vom 24.01.1990. In: DLA, SUA: Suhrkamp). Einen Tag nach der Vereinigung Deutschlands schickte Unseld ihm dann einen neuen Verlagsvertrag, der bis auf wenige Theaterstücke im Henschel Verlag allein Suhrkamp die Nutzung der Rechte erteilte (vgl. Siegfried Unseld an Ulrich Plenzdorf, Brief vom 4.10.1990. In: DLA, SUA: Suhrkamp).
487 Vgl. Siegfried Unseld an Uwe Kolbe, Briefe vom 12.11.1990 und 21.01.1991. In: DLA, SUA: Suhrkamp. Bis 1990 erschienen bei Suhrkamp *Hineingeboren* (1982), *Abschiede und andere Liebesgedichte* (1983) und *Bornholm II* (1987).
488 Vgl. Siegfried Unseld: Chronik, Eintrag vom 19.02.1990. In: DLA, SUA: Suhrkamp. Auch mit dem Henschel Verlag gab es Übergangsregelungen. So ließen einige Autoren ihre Aufführungsrechte nach wie vor beim Henschel Verlag, um dessen Existenz weiterhin zu unterstützen (vgl. Siegfried Unseld: Reisebericht Berlin, 27.–28.06.1990. In: DLA, SUA: Suhrkamp).
489 Schedlinski veröffentlichte 1990 den Band *die rationen des ja und des nein*, 1991 erschien *Deutsches Roulette* mit Gedichten aus den Jahren 1984–1989 von Köhler.

Die verkauften Pflastersteine (1990), das Dresdner Tagebuch der Ereignisse im Herbst 1989, und seine Harzreise *Die Wiederentdeckung des Gehens beim Wandern* (1991). Außerdem veröffentlichte Sigrid Damm ihren Roman *Ich bin nicht Ottilie*, es folgte in verschiedenen Studien und Herausgaben ihre Auseinandersetzung mit dem sozialen Umfeld von Goethe und anderen Autoren.[490] Stefan Schütz, dessen Theaterstücke auf Empfehlung von Heiner Müller bereits in den siebziger Jahren im *Spectaculum* erschienen waren, veröffentlichte 1993 seinen Roman *Galaxas Hochzeit* bei Suhrkamp. Auch von Kerstin Hensel erschienen nach 1989 zwei Erzählungen bei Suhrkamp.[491] Der anfängliche Boom der neuen ostdeutschen Literatur bei Suhrkamp hielt jedoch nicht lange an: In den meisten Fällen entwickelten sich mit den Autor:innen, die ab Ende der achtziger Jahre mit Suhrkamp in Kontakt traten – mit Hensel, Hermann, Jansen, Kirsten, Köhler, Schedlinski, Schütz – keine dauerhaften Verlagsbeziehungen.

Den Ereignissen rund um den Fall der Mauer am 9. November 1989 widmete Unseld einen umfangreichen Eintrag in der Chronik.[492] Auch den Wendediskurs in den Medien sowie die weiteren gesellschaftlichen Entwicklungen hielt Unseld fest. Dazu gehörten zum Beispiel Nachrichten über die Tätigkeit einiger Verlagsautoren wie Rainer Schedlinksi[493] und Heiner Müller[494] für das Ministerium für Staatssicherheit. In den Aufzeichnungen empörte sich Unseld außerdem über die so genannte Plusauflagenpraxis vor allem des Aufbau-Verlegers Elmar Faber, mit dem er lange Jahre eng zusammengearbeitet hatte.[495] Dabei ging es um die gängige Praxis von DDR-Verlagen, bei der Lizenzübernahme eine niedrige Auflage mit den bundesdeutschen Verlagen vertraglich zu vereinbaren und eine weitaus höhere Auflage von Lizenzausgaben zu drucken, um die Nachfrage nach westdeutscher Literatur in der DDR zu decken und dabei Devisen zu sparen. Unseld involvierte sich daraufhin in Gerichtsverfahren gegen Verlage der DDR.[496] Auch an der Debatte um die Frage, ob mit dem Ende der DDR auch die BRD untergegangen sei, beteiligte Unseld sich, wenn auch nicht öffentlich, sondern in einem Briefwechsel mit seinem Autor Niklas Luhmann, der in der *FAZ* einen Nachruf auf die

---

[490] Vgl. Sigrid Damm: Siegfried Unseld zum 75. Geburtstag (1994). In: S.D.: „Einmal nur blick ich zurück". Auskünfte. Frankfurt a. M. 2010, S. 328–334. Mit ihrem Buch *Cornelia Goethe* war Damm bereits seit 1988 Insel-Autorin.
[491] Von Kerstin Hensel erschienen *Im Schlauch* (1993) und *Tanz am Kanal* (1994).
[492] Vgl. Siegfried Unseld: Chronik. Das politische Jahr 1989. In: DLA, SUA: Suhrkamp.
[493] Vgl. Siegfried Unseld: Reisebericht Berlin, 18.01.1992. In: DLA, SUA: Suhrkamp.
[494] Vgl. Siegfried Unseld: Chronik, Eintrag vom 22.01.1993. In: DLA, SUA: Suhrkamp; Siegfried Unseld an Heiner Müller, Brief vom 21.01.1993. In: DLA, SUA: Suhrkamp.
[495] Vgl. Siegfried Unseld an Elmar Faber, Brief vom 18.01.1991; Siegfried Unseld: Chronik, Eintrag vom 14.10.1991. In: DLA, SUA: Suhrkamp.
[496] Vgl. zur Praxis der Plusauflagen ausführlich Frohn: Literaturaustausch, S. 451–455.

Bundesrepublik veröffentlicht hatte.[497] Sein Standpunkt, die DDR-Bevölkerung habe sich für die BRD entschieden, weil diese als politisches und gesellschaftliches System der DDR überlegen sei, wirft ein Schlaglicht auf Unselds politische Einstellung zur Teilung Deutschlands.[498] Beide Stellungnahmen reihen sich in die vielen Schriften von Verlagsautor:innen aus dieser Zeit ein, die sich essayistisch oder literarisch zu der gesellschaftlichen und politischen Entwicklung äußerten.[499]

Den Verlagsautor:innen der DDR schickte Unseld aus Anlass der wiederhergestellten Einheit Deutschlands einen Gruß, der zu zukünftiger Zusammenarbeit aufforderte.[500] In der Folge von Mauerfall und Vereinigung der beiden deutschen Staaten eruierte er verschiedene Projekte, die sich auf die neuen Vertriebsmöglichkeiten sowie die Zukunft des Verlags bezogen. Eine der ersten Verlagsaktivitäten waren deshalb die Verhandlungen um die Zusammenführung der beiden Verlagshäuser des Insel Verlags in Frankfurt und Leipzig.[501] Ebenfalls bereits im Dezember 1989 plante Unseld mit Elmar Faber eine gemeinsame 24-bändige Taschenbuchreihe für Literatur und Wissenschaft mit allen Texten, die in der DDR nicht öffentlich verbreitet werden durften. Er ging davon aus, dass vor allem Hesse

---

497 Vgl. Niklas Luhmann: Dabeisein und Dagegensein. Anregungen zu einem Nachruf auf die Bundesrepublik. In: FAZ vom 22.08.1990.
498 Vgl. Siegfried Unseld an Niklas Luhmann, Brief vom 24.08.1990. In: DLA, SUA: Suhrkamp. Siehe Anhang, Dokumente, Nr. 15; Teil II, Kapitel 1.1.
499 Vgl. exempl. das Gedicht *Das Eigentum* von Volker Braun in der *FAZ* über den Bedeutungsverlust der eigenen Biographie und der in der DDR entstandenen literarischen Texte (vgl. Volker Braun: Das Eigentum [hier noch ohne Titel]. In: FAZ vom 30.03.1990). Ein Jahr später publizierte Braun das Gedicht unter dem Titel *Nachruf* in Anna Chiarloni/Helga Pankoke (Hg.): Grenzfallgedichte. Eine deutsche Anthologie. Berlin 1991, S. 109. Die parallele Formulierung zum Beitrag von Luhmann verdeutlicht die Abschiedsstimmung im vereinten Deutschland.
500 Unseld erkannte in seinem Brief die unterschiedliche Entwicklung in beiden deutschen Staaten an, rief zur aktiven Gestaltung auf und zielte auf ein diskursives Miteinander, das schließlich zu einem europäischen Integrationsprozess führen sollte: „[A]m 3. Oktober 1990 drängt es mich, Ihnen zu sagen:/Wir haben nun nach 40 Jahren unterschiedlicher Geschichte einen gemeinsamen Raum, den wir zusammen, von den jeweiligen Voraussetzungen ausgehend, erfinderisch, kritisch und solidarisch und zukünftig auch europäisch ausfüllen sollten./Ich freue mich auf dieses Miteinander." (Siegfried Unseld an Ulrich Plenzdorf, Brief vom 2.10.1990. In: DLA, SUA: Suhrkamp).
501 Vgl. Siegfried Unseld: Reisebericht Ost-Berlin, 22./23. Dezember 1989. In: S.U.: Reiseberichte, S. 288–293. Die umfangreichen Aktennotizen, Reise- und Gesprächsberichte aus dieser Zeit, auch im Archiv des Insel Verlags in Frankfurt und Leipzig, versprechen Aufschluss über thematische Aspekte, Konfliktpunkte und Lösungsansätze dieses Prozesses zu geben. Ihre Auswertung könnte die vorhandenen Forschungsbeiträge (vgl. vor allem Links: Das Schicksal der DDR-Verlage) zu Krise und Wandel des deutsch-deutschen Buchhandels 1989/90 sinnvoll ergänzen.

und Johnson einen Boom auslösen könnten.⁵⁰² Zu der Reihe kam es nicht, stattdessen führte Suhrkamp die Subreihe *Edition Suhrkamp Leipzig* ein, um über kostengünstige Bücher die ostdeutsche Leserschaft mit dem Verlagsprogramm vertraut zu machen.⁵⁰³ Laut Aussage des damaligen *edition suhrkamp*-Lektors Fellinger stellte der Verlag sie nach einigen Jahren wieder ein, weil sich das literarische Feld immer mehr vermischte und anglich.⁵⁰⁴

Werner Hecht, Leiter des Brecht-Zentrums der DDR, schlug außerdem die Eröffnung eines Berliner Büros vor, wie der Suhrkamp Verlag es zu Beginn seiner Geschichte gehabt hatte,⁵⁰⁵ um Werbung und Vertrieb in den neuen Bundesländern zu übernehmen, u. a. auch für die Brecht-Ausgabe.⁵⁰⁶ Stattdessen gründete Unseld im Jahr 1994, unter anderen mit dem ehemaligen Programmleiter des S. Fischer Verlags, Arnulf Conradi, den Berlin Verlag, der im Frühjahr mit 20 Titeln sein erstes, internationales Programm vorstellte.⁵⁰⁷ Der Verlag gehört heute zur Gruppe Bonnier Media Deutschland.

Teil der Integration von Autor:innen der DDR in das literarische Feld war deren Anerkennung durch (ehemals westdeutsche) literarische Preise. So erhielt Grünbein 1995 als jüngster Schriftsteller den Georg-Büchner-Preis, fünf Jahre später wurde auch Braun mit dem Preis ausgezeichnet. Die Laudatio auf Grünbein hielt Heiner Müller, der den Preis zehn Jahre zuvor erhalten hatte. Inwieweit der mit Blick auf die Literaturgeschichtsschreibung der Gegenwartsliteratur entwi-

---

502 Auf den ostdeutschen Spuren Johnsons organisierte Unseld außerdem am 5. September 1992 einen Sonderzug in dessen Heimatstadt Güstrow (vgl. Die Geschichte des Suhrkamp Verlages, S. 242).
503 Vgl. Siegfried Unseld: Chronik, Eintrag vom 12.05.1992. In: DLA, SUA: Suhrkamp. Es erschienen Johnsons *Jahrestage*, die Frankfurter Vorlesungen, der Materialienband sowie *Mutmassungen über Jakob* und Lesebücher von Brecht und Adorno.
504 Gespräch mit Raimund Fellinger am 16.06.2015. Die *Edition Suhrkamp Leipzig* verwendete die einheitliche Großschreibung, um sich vom Rest der Reihe abzusetzen (vgl. Raimund Fellinger an Siegfried Unseld, Brief vom 15.07.1992. In: DLA, SUA: Suhrkamp). Sie umfasste ungefähr die Reihennummern es1817 bis es1844 in den Jahren 1992–97 (vgl. Ablage edition suhrkamp, Ordner es1805–1867. In: DLA, SUA: Suhrkamp).
505 Das Berliner Büro in einer Villa in Zehlendorf leitete Margarete Franck, die seit 1947 bereits im S. Fischer Verlag mit Suhrkamp zusammengearbeitet hatte. Unseld löste das Büro im Sommer 1959 aus finanziellen Gründen auf (vgl. Margarete Franck an Siegfried Unseld, Brief vom 13.06.1959. In: DLA, SUA: Suhrkamp).
506 Vgl. Werner Hecht: Aufgaben der Berliner Repräsentanz, 20.10.1990. In: DLA, SUA: Suhrkamp.
507 Vgl. Siegfried Unseld und Arnulf Conradi gründen Berliner Verlag, Presseerklärung o.D. In: DLA, SUA: Suhrkamp. Zu den ersten Titeln gehörten Margaret Atwood: *Gute Knochen*, Richard Ford: *Eifersüchtig*, Nadine Gordimer: *Niemand, der mit mir geht*, Martin Mosebach: *Stilleben mit wildem Tier*, Viktor Jerofejew: *Tigerliebe* (vgl. auch Michalzik: Unseld, S. 310 f.).

ckelten These zuzustimmen ist, dass sich ab Mitte der neunziger Jahre eine „Angleichung von Ost- und West-Erfahrungen und -Erfolgen" beobachten lässt,[508] bliebe allerdings zu klären. Wichtig wäre zum einen den Begriff der ‚Erfahrung' und zum anderen die Prämissen zu hinterfragen, auf denen diese Beobachtung basiert. So hat sich doch gezeigt, dass der Fokus auf Dualismen in der Literatur im geteilten Deutschland den Blick auf literarische Beziehungen – auf sozialer und textueller Ebene, synchron und diachron – eher versperrt. Statt für die Zeit der Teilung von Unterschieden zwischen *zwei* literarischen Feldern auszugehen, die sich nach 1990 ‚angleichen', erscheint es ergiebiger mit der Vorstellung eines geteilten dritten Felds zweiter Ordnung zu operieren. Für die Zeit nach der Teilung ließe sich dann mit Methoden der post-colonial studies nach den verschiedenen Integrations- und Assimilationspraktiken fragen, um die Prozesse nach 1990 zu differenzieren.

Mit Müller plante Unseld seit 1993 eine Gesamtausgabe seiner Werke, da der Rotbuch Verlag, in dem Müller bislang im Westen veröffentlicht hatte, sich im selben Jahr in seiner ursprünglichen Form auflöste. Als Herausgeber war zunächst Frank Schirrmacher angedacht, damals Literatur-Redakteur der *FAZ* in der Nachfolge von Marcel Reich-Ranicki.[509] Die 16-bändige Werkausgabe erschien schließlich in den Jahren 1998 bis 2008 unter der Leitung des Literaturwissenschaftlers Frank Hörnigk.

Die erste Post-DDR-Phase im Suhrkamp Verlag fand 1999 einen Abschluss in der Aufnahme des Autors Christoph Hein mit seinem Roman *Willenbrock*.[510] Kurz darauf ging auch Christa Wolf von Luchterhand zu Suhrkamp. An beiden hatte der Verlag schon seit langem Interesse.[511] Trotz verschiedener Abwerbungsversuche waren jedoch beide beim Luchterhand Verlag geblieben, bis dessen wechselnde Eigentumsverhältnisse in den neunziger Jahren und dem Verkauf an die Verlagsgruppe Random House einen Verlagswechsel ermöglichten. Wie wichtig der

---

508 Meike Herrmann: Die Historisierung hat begonnen. Die Gegenwartsliteratur seit 1990 als Gegenstand der Lektüre und Forschung. In: ZfGerm Neue Folge XVI (2006), 1, S. 109–118, hier S. 113; vgl. auch Heribert Tommek/Matteo Galli/Achim Geisenhanslüke: Wendejahr 1995. Transformationen der deutschsprachigen Literatur. Berlin/Boston 2015.
509 Vgl. Siegfried Unseld: Reisebericht Berlin, 1.10.1993. In: DLA, SUA: Suhrkamp.
510 Laut Archiv war Unseld maßgeblich in die Titelfindung involviert. Das Manuskript trug in der Herstellung den Titel *Foka 6*, später einigte man sich auf den Titel *Willenbrock*, der sowohl ein Vorschlag Unselds war als auch Heins Arbeitstitel entsprach (vgl. Siegfried Unseld, Notiz vom 26.10.1999. In: DLA, SUA: Suhrkamp).
511 Seit den siebziger Jahren versuchte Unseld mehrfach, Wolf als Autorin anzuwerben (vgl. Teil III, Kapitel 5). Christoph Heins Roman *Horns Ende* wurde Unseld Mitte der achtziger Jahre vom Aufbau Verlag als „bestseller-verdächtig" empfohlen (Siegfried Unseld: Reisebericht Berlin, 13.–15.09.1985. In: DLA, SUA: Suhrkamp).

Verlagseintritt der beiden für Suhrkamp war, zeigen einerseits das insistierende Bemühen Unselds um Wolf und andererseits die besonderen Honorarbedingungen für Hein. Er erhielt zwölf Prozent Honorar bis zum 20. Tausend einer Auflage, bei höheren Auflagen 15 Prozent. Bei Taschenbuchausgaben bekam er sieben Prozent statt der sonst gestaffelten Gewinnbeteiligung. An den Lizenzgebühren der Nebenrechte beteiligte der Verlag Hein mit 75 Prozent.[512] Anscheinend bot Unseld ihm auch eine einmalige Summe für den Verlagseintritt an, die Hein allerdings ablehnte.[513] Hein und Wolf gehören heute zu den erfolgreichsten Suhrkamp-Autor:innen.

Gleichzeitig steht der Verlagswechsel von Hein und Wolf auch für einen Neuanfang: Gemeinsam mit Volker Braun, Thomas Brasch, Sigrid Damm, Durs Grünbein, Lutz Seiler oder Uwe Tellkamp gehören sie heute zu den Aushängeschildern der Suhrkamp Verlage. 2012 erhielt Hein für seinen Roman *Weiskerns Nachlass* den Uwe-Johnson-Preis, den Wolf bereits zwei Jahre zuvor erhalten hatte. Seine Werke werden regelmäßig international ausgezeichnet. Wolfs Erinnerungsroman *Stadt der Engel oder The Overcoat of Dr. Freud* gehörte 2016 zu den Longsellern bei Suhrkamp.[514] Regelmäßig erscheinen Editionen aus den Nachlässen von Wolf und Brasch. Mit Tellkamps *Der Turm* aus dem Jahr 2008, den die ARD im Oktober 2012 auch als Literaturverfilmung zeigte und der als Bühnenstück von verschiedenen ostdeutschen Theatern gespielt wurde,[515] erreichte der Suhrkamp Verlag erneut einen Longseller-Erfolg.[516] Zum 25. Jahrestag des Mauerfalls erhielt der Suhrkamp-Autor Lutz Seiler, der 1999 seinen zweiten Gedichtband *pech&blende* bei Suhrkamp veröffentlicht hatte, für seinen Roman *Kruso* den Deutschen Buchpreis. Der Roman gehörte im Frühjahr 2020 zu den Long-

---

512 Zum Vergleich: Die *Gemeinsamen Vergütungsregeln für Autoren belletristischer Werke in der deutschen Sprache* vom 1. Juli 2005 geben als Richtwert zehn Prozent Honorar an, bei Taschenbuchausgaben bis 20.000 Exemplaren fünf Prozent, dann sechs Prozent, ab 40.000 Exemplaren sieben Prozent und ab 100.000 Exemplaren acht Prozent. An der Verwertung von Nebenrechten soll der Autor oder die Autorin mit 50–60 Prozent beteiligt werden (vgl. Gemeinsame Vergütungsregeln für Autoren belletristischer Werke in der deutschen Sprache: https://vs.verdi.de/++file++519f41526f68445ebf0001f6/download/Vertrag_Belletristik.pdf (zuletzt eingesehen am 5.05.2022)).
513 Vgl. Siegfried Unseld: Notiz vom 26.10.1999. In: DLA, SUA: Suhrkamp.
514 Als Longseller bezeichnet der Verlag die meistverkauften Titel der vergangenen fünf Jahre. Vgl. Suhrkamp Longseller: http://www.suhrkamp.de/longseller_108.html (zuletzt eingesehen am 5.05.2022).
515 Es gibt Bühnenfassungen von John von Düffel, Armin Petras und Jens Groß, die u.a. in Potsdam, Schwerin, Dessau und Dresden inszeniert wurden.
516 Vgl. Suhrkamp Longseller: http://www.suhrkamp.de/longseller_108.html (zuletzt eingesehen am 5.05.2022).

sellern. Seiler wurde außerdem mit dem Uwe-Johnson-Preis und dem Marie-Luise-Kaschnitz-Preis 2015 für sein Gesamtwerk ausgezeichnet.

Fazit

Nach dem Ende der DDR verloren in der Verlagspraxis die bislang verwendeten Labels ihre Funktion als Mittel zur Abgrenzung, Kollektivierung, Strukturierung und Vermarktung. Nicht einmal die Bezeichnung ‚gesamtdeutsch' aktualisierte sich im vereinten Deutschland, denn, wie Johnson bereits Anfang der sechziger Jahre erörtert hatte, gründete der Begriff im Festhalten an einer nationalen Einheit, die zu dieser Zeit nicht bestand. Im vereinten Deutschland fiel die Funktion des Labels, in der Literatur etwas Gemeinsames zu finden, das in der Realität durch die Teilung nur scheinbar verloren gegangen war, weg. Im Gegensatz dazu bezog sich das Label ‚DDR' in der historischen Verlagspraxis vor allem auf den Entstehungs- und Erscheinungsort des Textes und erst zweitrangig auf die Herkunft der Autor:innen oder den Gegenstand des Textes. Ein paradigmatisches Beispiel hierfür ist die Marketingpraxis im Fall von Becker, dessen Zugehörigkeit zur ‚DDR-Literatur' in dem Moment endete, als er die DDR verließ, während sich seine Texte weiterhin thematisch damit beschäftigten.[517] Das Label der ‚Hineingeborenen' konstituierte schließlich eine Generationenfolge im literarischen Feld der DDR und nahm eine Binnendifferenzierung vor. Aufgrund der wieder hergestellten staatlichen Einheit verwendete der Verlag nach 1990 die Bezeichnung ‚deutsche' Autor:innen, die, wenn überhaupt, regional oder gattungsspezifisch eingeordnet wurden.

An der Zusammenschau zeigt sich abschließend, dass sich die Labels auf Inhalte, den Schaffensort, die Biographie, das genealogische Verhältnis zu anderen Autor:innen, also auf ganz verschiedene Aspekte von Autorschaft und Werk bezogen. Sie hatten außerdem unterschiedliche Haltbarkeiten und Reichweiten. So war das Label ‚gesamtdeutsch' im Verlag nur in den sechziger Jahren wirksam, in anderen Diskursen aber gesellschaftlich weit verbreitet und noch lange präsent. Das Bundesministerium für gesamtdeutsche Beziehungen zum Beispiel wurde zwar im Zuge der neuen Ostpolitik 1969 in Bundesministerium für innerdeutsche Beziehungen umbenannt, gleichzeitig richtete man aber die Bundesanstalt für gesamtdeutsche Fragen ein, die erst 1991 aufgelöst wurde. Die Labels ‚DDR-Literatur' oder ‚DDR-Autor' haben seit den Sechzigern und bis heute im literaturwissenschaftlichen und literaturkritischen Diskurs Bestand. Das Label der

---

[517] Vgl. Teil III, Kapitel 1.2.

'Hineingeborenen' ist inzwischen zum Topos in der Soziologie und Literaturwissenschaft geworden[518] und wirkt weiterhin als Label für Autor:innen und Werke.[519]

Festhalten lässt sich weiter, dass der Suhrkamp Verlag durch die Herausgabe der Werke Brechts, durch die an Literatur der DDR interessierten Lektorate, durch seine Position im Literaturbetrieb der BRD und sein internationales Netzwerk eine herausragende Position im geteilten Deutschland hatte. Dementsprechend spielten Autor:innen und Literatur der DDR im Verlag eine bedeutende Rolle, die der Verlag immer wieder diskutierte und den Umständen entsprechend modifizierte. Im Verlag war der Literaturaustausch neben den Verlegern vor allem von den Lektor:innen Braun, Beckermann, Hildebrandt, Borchers und Döring bestimmt, ebenso wichtig waren die Einflüsse der Verlagsautoren Enzensberger und Walser. Was sich zeigt, ist, dass sich die Autor-Verlags-Beziehungen nicht auf ein bilaterales Verhältnis reduzieren lassen, selbst dann nicht, wenn man den Verlag als *einen* kollektiven Akteur versteht. Der Verlag zeigt sich im Verhältnis zur DDR als eine kollektive und kooperative und mit Blick auf die Labels, als Ausdruck einer sich wandelnden Wahrnehmung und Positionierung von Autor:innen und ihren Werken, zudem als eine lernende, dynamische Organisation.

Überblickt man das Ensemble der Autor:innen, die von Suhrkamp verlegt wurden, dann wird deutlich, dass sich mit dem Fokus auf verlegerische Prozesse und Praktiken transtextuelle Zusammenhänge ergeben, die sich textimmanent-vergleichend oder aus anderen medialen und sozialen Kontexten nicht ohne Weiteres ergeben würden.[520] Dies zeigt sich an Zugehörigkeiten zum Verlag, an Koexistenzen in bestimmten Reihen oder Nachbarschaften in Zeitschriftenheften und gilt sowohl für die Gruppe der DDR, als auch für das weitere Suhrkamp-Programm. In der Produktionsbibliothek im DLA, in der die publizierten Bücher des Verlags in chronologischer Reihenfolge stehen, werden die Zusammenhänge, die der Verlag

---

518 Vgl. Ludwig/Meuser: In diesem besseren Land, S. 68.
519 Vgl. Steffen Richter: Der Blick der Hineingeborenen. Aus den Tiefen des Realsozialismus: Eugen Ruges Familienroman „In Zeiten abnehmenden Lichts". In: Der Tagesspiegel vom 27.08. 2011: http://www.tagesspiegel.de/kultur/rezension-in-zeiten-der-blick-der-hineingeborenen/4546 738.html (zuletzt eingesehen am 5.05.2022).
520 Diese Perspektivierung von ‚Kotextualität' bzw. transtextuellen Bezügen in medialen und sozialen Zusammenhängen – Zeitschrift, Buch, Reihe, Bibliothek – lässt sich auch in der Zeitschriften- bzw. der Autorenbibliotheksforschung beobachten. Vgl. exempl. Madleen Podewski: Akkumulieren – Mischen – Abwechseln: Wie die Gartenlaube eine anschauliche Welt druckt und was dabei aus ‚Literatur' wird (1853, 1866, 1885). Berlin 2020: https://refubium.fu-berlin.de/hand le/fub188/28386 (zuletzt eingesehen am 5.05.2022) und Anke Jaspers/Andreas B. Kilcher (Hg.): Randkulturen. Lese- und Gebrauchsspuren in Autorenbibliotheken des 19. und 20. Jahrhunderts. Göttingen 2020.

stiftet, materiell evident. Es ergeben sich neue Kombinationsmöglichkeiten für Vergleiche von Texten sowie ihrer Rezeption, Produktion und Vermarktung im Verlag. Dies trifft zum Beispiel auf die Herausgabe von Hans Blumenbergs *Arbeit am Mythos* (1979) und die zeitgleiche Ablehnung von Fühmanns mythologischen Novellen zu.[521] Ebenso geraten alternative Konstellationen der Literaturgeschichte in den Blick. Damit geht eine Entgrenzung und Internationalisierung der Literatur der DDR einher. Wie vielfältig die Konnotationen des Begriffs ‚DDR-Literatur' sind, dass auch bundesdeutsche, Schweizer und österreichische Literatur darunter gefasst werden konnte, habe ich bereits gezeigt. Die Perspektive auf den Verlag erweitert diesen Raum um die internationale Literatur, zum einen, indem Texte über den Verlag ins fremdsprachige Ausland vermittelt werden und zum anderen, indem der Verlag personell und das Verlagsprogramm literarisch international geprägt sind. Durch internationale Kontakte sowie den Austausch von Literatur (Buchgeschenke und -bestellungen) erweitern sich Netzwerke und Lektürefelder der ostdeutschen Autor:innen, wie noch zu zeigen sein wird.

Dieser Erweiterung entgegengesetzt, deckt die Suhrkamp-Perspektive allerdings nur einen Teil des literarischen Lebens in der DDR und nur einen Teil der literarischen Beziehungen im geteilten Deutschland ab. Suhrkamp war (und ist) vorrangig ein Buch-Verlag, der zwar immer wieder Zeitschriften pflegte, diese aber im Fall von literarischen Texten eher für Vorabdrucke nutzte. Aus der Zusammenschau der Kommunikation über Texte sowie an der Materialität der Ausgaben ergibt sich außerdem so etwas wie eine Suhrkamp-Ästhetik, an deren Prinzipien sich diese Studie heuristisch annähern wird. Sie stand (und steht) in Wechselwirkung mit dem Literaturverständnis der handelnden und entscheidenden Akteure sowie der Tradition des Verlags, die im folgenden Teil behandelt werden, und grenzt sich von der Ästhetik anderer Verlage ab. Ein Gesamtbild der Literatur im geteilten Deutschland weiter einschränkend kommt hinzu, dass Suhrkamp vor allem Anteil am offiziellen Literaturaustausch hatte, d. h. mit den Texten und Autor:innen in Verbindung stand, die in der DDR bereits vorselektiert waren.

Zu Beginn meines Forschungsprojekts war die Frage untersuchungsleitend, inwiefern die politischen Zäsuren des Mauerbaus und der Biermann-Ausbürgerung den Literaturaustausch beeinflussten, veränderten oder prägten. Für den Suhrkamp Verlag lässt sich festhalten, dass das Jahr 1961 weniger eine Zäsur in der Geschichte der deutsch-deutschen Verlagsbeziehungen bedeutete, als es für den Literaturaustusch generell angenommen wird.[522] Ähnliches gilt für das Jahr 1976. Die hier anhand der Wirksamkeit von Labels für Autor:innen der DDR und ihre Werke her-

---

521 Vgl. Teil III, Kap. 2.1.
522 Vgl. Frohn: Literaturaustausch, S. 108.

ausgearbeitete alternative Periodisierung in Dekaden mag auch auf andere Verlags- und literaturhistorische Zusammenhänge anwendbar sein.[523] Die Phasen zeigen, dass für den Wandel der Verlagspraxis sowohl interne als auch externe Faktoren eine Rolle spielen. Inwiefern also Verlage ihre literaturgeschichtliche Eigenzeitlichkeit haben, müsste an weiteren Studien überprüft werden. Hierbei wäre auch die Korrelation mit Praktiken der Literaturkritik und Literaturwissenschaft weiterhin zu beobachten. Denn wie Steffen Martus gezeigt hat, können Praktiken von einem Praxisfeld zum anderen wandern.[524] Sie stehen über ihre Kontexte mit verschiedenen Diskursen in Verbindung, die wiederum Aufschluss über ihre Ausformung geben.

Die literaturgeschichtliche Perspektive auf das Verhältnis ‚Suhrkamp und DDR' gibt einen Überblick über relevante Akteure und Zusammenhänge als Grundlage für die nachfolgenden Teile der Studie. Es handelt sich gleichzeitig um eine Dokumentation konkreter Abläufe und Ereignisse aus dem Material des SUA, die historisch und politisch eingeordnet und interpretiert werden. Mittels der Labels gelingt eine gegenüber anderen Kriterien (Kanonisierung, Gattung, Thematik, Geschlecht) alternative Strukturierung und Periodisierung, die als Gegenvorschlag zu gängigen Bruch-Narrativen gelten kann. Die Darstellung mag in diesem Sinne Anregung dafür geben, das literarische Leben nach 1945 (auch) als eine im positiven Sinn geteilte Literaturgeschichte zu erzählen, insofern man denn weiterhin nationalphilologisch denken möchte.[525] Ansätze hierfür gibt es ausreichend, sie haben sich aber in Forschung und Lehre noch nicht durchgesetzt. Dies würde zum einen Zeitschriften wie den *kürbiskern*[526] und wichtige Vermittlungsfiguren wie Gisela Lindemann,[527] die sonst eine marginale Rolle spielen, aber auch Formen kooperativen, transmedialen und internationalen Arbeitens in den Fokus rücken. Zum anderen ließen sich dann – das zeigen aktuelle Studien zur Post-DDR-Literatur[528] – auch Phänomene und Entwicklungen des aktuellen literarischen und gesellschaftlichen Lebens besser einordnen und bewerten lassen.

---

523 Vgl. zur Verwendung von Labels im Literaturaustausch auch Ulmer: VEB Luchterhand, hier vor allem S. 307 und 425.
524 Vgl. Martus: Wandernde Praktiken „after theory".
525 Wie sich die Geschichte der deutschsprachigen Literatur als eine Weltgeschichte darstellen lässt, hat zuletzt Sandra Richter gezeigt (vgl. Sandra Richter: Eine Weltgeschichte der deutschsprachigen Literatur. München 2017).
526 Vgl. Frohn: Literaturaustausch, S. 126 f.; Ulmer: VEB Luchterhand, S. 198 f.
527 Gisela Lindemann war Literaturkritikerin und widmete Radiosendungen beim NDR („Journal 3 – Für Kultur und Kritik", „Autoren lesen im Funkhaus Hannover" und „Neue Texte") immer wieder der Literatur der DDR.
528 Vgl. Pabst: Post-Ost-Moderne; Michael Ostheimer: Leseland. Chronotopographie der DDR- und Post-DDR-Literatur. Göttingen 2018.

II Der Suhrkamp Verlag im Literaturaustausch

Lebensformen sind dynamische Gebilde. Sie sind, so Rahel Jaeggi, „Problemlösungsinstanzen", d. h. ihr Gelingen oder Misslingen misst sich „an ihrer Fähigkeit zur Lösung dieser sich (mit) ihnen stellenden Probleme".[529] Das Aushandeln von Problemkonstellationen und das Anpassen von Praktiken und mentalen Einstellungen der personellen Akteure ist also ein konstitutives Moment der Etablierung und Erhaltung einer Lebensform, die ich Jaeggi folgend als Praxiszusammenhang verstehe.[530] Jaeggi unterscheidet zwischen Problemen, die extern sind und extern bleiben, Problemen, die von außen gestellt sind, auf die eine Lebensform aber reagiert, und Problemen, die ihr inhärent sind – im Fall des Verlags zum Beispiel die Kalkulation von literarischem Wert und Verkäuflichkeit eines Texts.[531] Die beiden letzteren Fälle bezeichnet Jaeggi als „Lebensformprobleme"[532]. Als solche externen Lebensformprobleme, auf die der Verlag reagiert, fasse ich im Folgenden die deutsche Teilung, die Entwicklung der Literatur der DDR und den Literaturaustausch auf und zeige, welche Auswirkungen sie auf die Verlagspraxis hatten. Zumindest die Entwicklung der Literatur der DDR und der Literaturaustausch wurden im Lauf der Verlagsgeschichte der Verlagspraxis insofern inhärent, als sich die Existenz des Verlags darin begründet, Bücher zu verlegen, und ein erklärtes Ziel der Verlagspraxis war, zeitgenössische Literatur zu produzieren und zu verbreiten,[533] zu der potentiell auch die Literatur der DDR gehörte. Als westdeutscher Verlag ostdeutscher Autor:innen war Suhrkamp deshalb an der Entwicklung der Literatur der DDR beteiligt, ein Zusammenhang, der sich eher unter den Begriff ‚Literatur im geteilten Deutschland' fassen lässt.

Wie bereits erwähnt, werden Praktiken regelgeleitet und routinemäßig ausgeführt und sind mit Einstellungen und Orientierungen verbunden, die in einem interpretativen Zusammenhang stehen. Im Fall einer Störung oder Irritation der Handlungsroutine, d.h. wenn Praktiken problematisch werden, Abläufe unterbrochen sind oder deren Interpretationen von den personellen Akteuren in Frage gestellt werden, wird der Praxiszusammenhang allerdings auffällig.[534] Störungen, so Jaeggi, heben eine Praxis „über die Aufmerksamkeitsschwelle".[535] Zwischen

---

[529] Jaeggi: Kritik von Lebensformen, S. 141.
[530] Vgl. ebd., S. 130.
[531] Vgl. ebd., S. 246 f.
[532] Ebd., S. 247.
[533] Vgl. Unseld: Peter Suhrkamp, S. 144.
[534] Vgl. Jaeggi: Kritik von Lebensformen, S. 127.
[535] Ebd., S. 129.

Problemen als Aufgaben, die die Akteure einer Lebensform lösen,[536] und Problemen als Störungen, bei denen der Praxiszusammenhang in eine Krise geraten ist, gibt es einen graduellen Unterschied, der darin besteht, dass Handlungsroutinen, Einstellungen und Interpretationen erst bei Störungen „explizit und nachvollziehbar und damit gestaltbar und verhandelbar" werden.[537] Im Verlag wären demnach die routinemäßigen Handlungsabläufe des Bücher-machens eine ständig zu lösende Aufgabe, die generell unterhalb der Bewusstseinsschwelle bleibt. Nicht alle Akteure haben gleichermaßen an der Lebensform teil, nicht nur in Bezug auf die Abläufe im Verlag oder die unterschiedlichen Bindungsformen (vertraglich oder ideell, längerfristig oder projektbezogen, als Mitarbeiter:in, Autor:in, Berater:in etc.). Auch der interpretative Zusammenhang ist nicht allen personellen Akteuren gleichermaßen bewusst, bzw. der Praxiszusammenhang wird von den Akteuren unterschiedlich interpretiert. Im Rahmen dieser Komplexität des Verlags als Lebensform, einem Zusammenhang aus Praktiken, Akteuren, institutionellen Bedingungen, Einstellungen und Orientierungen, entsteht das Konflikt- und Störungspotential.

In der Beziehungsgeschichte zwischen ‚Suhrkamp und DDR' lassen sich anhand des Archivmaterials Störmomente ausmachen, aufgrund derer der Verlag veranlasst war, den Zusammenhang seiner Praktiken, Einstellungen und Orientierungen zu erklären, zu reevaluieren und zu manifestieren. Hierzu zählen unter anderem der Mauerbau, der sogenannte Aufstand der Lektoren, der als Krise angesehen werden kann, weil dabei die Lebensform an sich in Frage gestellt wurde, und die Umbruchphase zwischen Mauerfall und staatlicher Vereinigung. Die Praktiken, die der Verlag zur Lösung der Probleme entwickelte, und die Selbstreflexionen des Verlags haben sich vielfältig im Archiv und publizistisch niedergeschlagen. Neben Stellungnahmen von Lektor:innen und Autor:innen handelt es sich bei den meisten schriftlichen Überlieferungen um Äußerungen des Verlegers, der als Entscheidungsträger Richtlinien setzte und den Verlag nach außen vertrat.[538] Sein individuelles Handeln ist in diesem Sinn Teil der kollektiven Praxis.[539] An seinen Äußerungen lässt sich allerdings auch zeigen, wie Unseld den Literaturaustausch nutzte, um sein Image als Verleger zu prägen.

---

536 Jaeggi spricht von „Handlungshemmnissen", die selten dazu führen, „alle Praktiken und alle Aspekte einer Lebensform gleichzeitig explizit zu machen" (ebd., S. 130).
537 Ebd.
538 Wie Unseld den Verlag nach seinen eigenen Vorstellungen formte, veranschaulichen auch die Anekdoten des ehemaligen Suhrkamp-Lektors Rach, der z. B. ein Beuys-Plakat nicht im Verlag aufhängen durfte (vgl. Gespräch mit Rudolf Rach am 28.03.2014. Siehe Anhang, Gespräche, Nr. 1).
539 Vgl. Jaeggi: Kritik von Lebensformen, S. 77.

Anhand von Szenen der Verlagsgeschichte[540] und vor dem Hintergrund des Lebensform-Konzepts skizziere ich im ersten Kapitel, welche Einstellungen und Orientierungen mit den Verlagspraktiken im Literaturaustausch verknüpft waren. Der Verlag argumentierte, Ziel des Literaturaustauschs sei der Erhalt der deutschen ‚Kulturnation' sowie die Liberalisierung der DDR bzw. die Erziehung der Leserschaft in der DDR zu einem demokratischen Bewusstsein im Hinblick auf eine staatliche Vereinigung. Aus dieser Perspektive, so die These, konnte der Beitritt der DDR zur Bundesrepublik im Jahr 1990 als positiver Effekt des Literaturaustauschs in die Selbstdarstellung des Verlags integriert werden. Deutlich wird, wie der Interpretationszusammenhang der Verlagspraxis in politisch-gesellschaftliche und kulturhistorische Diskurse eingebettet ist. Anhand der Erklärungen des Verlags im geteilten Deutschland zum Verhältnis von Staat und Nation, zu den Handlungsmöglichkeiten in einem totalitären Staat, zum aufklärerischen Potential von Literatur, zur Systemdifferenz zwischen beiden deutschen Staaten und zu den Modalitäten einer Vereinigung der beiden deutschen Staaten lässt sich eine Diskursgeschichte der Verlagspraxis schreiben. Unseld positionierte sich darin mit einer Parallelisierung von biographischer und gesellschaftlicher Entwicklung als typisch westdeutscher Intellektueller.

Der deutsch-deutsche Literaturaustausch wurde mit hohem personellem, finanziellem und zeitlichem Aufwand betrieben: langwierige und unzuverlässige Postwege, nur selten die Möglichkeit zum persönlichen Gespräch, unter Zensurbedingungen entstandene Texte, die im Regelfall nur in textidentischen Ausgaben gedruckt und verbreitet werden durften, Streit mit Verlagen, kulturpolitische Restriktionen – warum also überhaupt Literatur der DDR verlegen? Diese Frage stellte sich der Verlag immer wieder. Sie dient als Ausgangspunkt des zweiten Kapitels, in dem ich beispielhaft zeige, welchen Nutzen der vom Verlag interpretierte Zusammenhang von Praktiken und Einstellungen im Literaturaustausch dem Verlag als Ganzem und Unseld als Verleger brachte.

Im dritten Kapitel verdeutliche ich daran anschließend das Zusammenspiel von Praktiken und Einstellungen beispielhaft an der Bewertung und Ablehnung des Manuskripts *Die Zickzackbrücke* von Volker Braun im Einigungsprozess. Hieran zeigt sich, in welchem Spannungsverhältnis von literarischen, ökonomischen, politischen und sozialen Faktoren die Verlagspraxis steht und wie sie in den Verlagsprozessen gegeneinander abgewogen werden.

Besonders prägnant zeigen sich diese Aushandlungsprozesse am Verhältnis des Verlags zur Leipziger Buchmesse, das ich im vierten Kapitel untersuche. Das

---

540 Die zentralen Dokumente der in diesem Teil vorgelegten Analysen sind im Anhang geordnet nach Textsorten wiedergegeben. Siehe Anhang, Dokumente.

Aufeinandertreffen internationaler Verlage und Akteure aus Ost und West auf dem Staatsgebiet der DDR bot kontinuierlich Anlass für Kooperationen und Konflikte, zu denen der Verlag Stellung nahm. Ziel der Untersuchung ist, den Wandel im Verhältnis des Verlags zur Messe zu skizzieren, über deren Funktion und Nutzen immer wieder diskutiert wurde. Die Periodisierung dieser Beziehungsgeschichte zeigt, dass sich durch den multiperspektivischen Ansatz meiner Untersuchung alternative Chronologien der Verlagsgeschichte ergeben. Allein das Jahr 1969 erweist sich ebenso wie in der Periodisierung nach Labels auch in der Messepraxis als Wendejahr. Denn die offizielle Interpretation der Messepraxis war auch ein Grund für die Auseinandersetzung mit dem Lektorat Ende der sechziger Jahre, weil Ziele proklamiert wurden, die in der Auffassung der Lektorate nicht den Prozessen und Praktiken des Verlags entsprachen. Dass die Kritik der bundesdeutschen Lektorate nicht nur den Suhrkamp Verlag, sondern viele andere Verlage erfasste,[541] deren Programm und Struktur sich ähnelten – Luchterhand, Rowohlt etc. – ist ein Indiz dafür, dass diese Verlage eine ähnliche Lebensform teilten, die durch die Entwicklungen im literarischen Feld in eine Krise geriet. Im Suhrkamp Verlag löste sich das Problem, indem die Kritiker:innen ihren eigenen Verlag – mit einer alternativen Lebensform – gründeten und Suhrkamp einige Praktiken transformierte oder adaptierte, vor allem aber den Interpretationszusammenhang seiner Verlagspraxis änderte.

Im fünften und letzten Kapitel zeige ich anhand von Szenen aus der Anfangsphase des Literaturaustauschs, dass die Verlagspraxis im geteilten Deutschland von einem ständigen Erfahrungs- und Lernprozess, von Irritationen und reflexiver Neubewertung begleitet war, die darin gründeten, dass Autor:innen und deren Werke aus verschiedenen Praxis- und Interpretationszusammenhängen kamen. Jaeggi unterscheidet zwischen Erfahrung als passiv-rezeptivem Vorgang und Lernen als „Erwerb von Kompetenzen, eine[m] Zugewinn an Wissen, der eine ‚dauerhafte Verhaltensänderung'" erwirkt.[542] Das Moment der Reflexion ist deshalb ein entscheidendes Kriterium für die funktionale Weiterentwicklung von Praktiken sowie das Gelingen oder Misslingen einer Lebensform. Ausgehend von einem Text, den Unseld 1956 über die Situation von Literatur und Kultur in der DDR verfasste und der sich als Typoskript im SUA erhalten hat, verdeutliche ich an Szenen aus den Verlagsbeziehungen zu Johnson, Bloch und Fries, inwiefern der Verlag „mit unerwarteten Bedingungen konfrontiert" war und in der Folge seine

---

541 Vgl. Schneider: Der unsichtbare Zweite, S. 265 ff.
542 Jaeggi: Kritik von Lebensformen, S. 323.

Wertungskriterien, Informationswege, seine Kommunikationspraktiken und die Assoziationspraxis adaptierte.[543]

1 Eine Diskursgeschichte der Verlagspraxis

Seit der Gründung des Suhrkamp Verlags bestanden Beziehungen nach Ostberlin, die ein kapitalbringendes deutsch-deutsches Programm ermöglichten. Die Verlagspraxis entsprach deshalb von Beginn an einem pragmatischen Zwei-Staaten-Modell, das Unseld seit den fünfziger Jahren auch öffentlich propagierte.[544] Neben den ökonomischen Möglichkeiten eines deutschsprachigen Lizenzmarkts – Mitdruck, Übernahme von Übersetzungen usw. –, also dem reinen Profitmotiv, spielten auch ideelle Motive eine Rolle im Engagement des Verlags. Der Verlag argumentierte im Literaturaustausch mit der Überlegenheit der westdeutschen Demokratie und dem Erhalt der ‚Kulturnation'. In diesem Verständnis von Literatur zeigt sich ein kulturelles Sendungs- und Aufklärungsbewusstsein.

An drei Störmomenten der Verlagspraxis – Mauerbau, der Aufstand der Lektoren im Kontext der politischen Ereignisse im Jahr 1968 sowie Mauerfall und Einigungsprozess – behandle ich im Folgenden die Erklärungen, Rechtfertigungen und Interpretationen der Verlagspraxis im geteilten Deutschland. Sie betten sich in (historische) Diskurse zur deutschen Nation und zum Verhältnis von Literatur und Gesellschaft sowie den Wendediskurs ein. Deutlich wird außerdem eine Ambivalenz zwischen den Auswirkungen der Verlagspraxis und ihrem vom Verlag proklamierten Interpretationsrahmen. Unseld lehnte die Teilung Deutschlands und auch die DDR aus kulturellen und politischen Gründen grundsätzlich ab. Er engagierte sich aber im Namen des Verlags für die Anerkennung der DDR und den Umgang mit ostdeutschen Autor:innen, um den Literaturaustausch zu ermöglichen, der wiederum als Mittel und Weg zur staatlichen Einigung gesehen wurde.[545] Unseld erschien der Öffentlichkeit in den sechziger Jahren als linker Verleger, weil die Verlagspraktiken vor allem in Bezug auf die DDR der bundesdeutschen Politik und Debatte voraus waren und sich seine Forderungen teilweise mit denen der Studentenbewegung überschnitten. Der Praxiszusammenhang des Verlags verdeutlicht aber, dass Unseld zwar pragmatisch und damit zeitweise fortschrittlich handelte, im gleichen Moment aber an konservativen Werten festhielt. Die Untersuchung der Szenen beginne ich

---

543 Ebd., S. 129.
544 Vgl. Kapitel 5.1.
545 Vgl. hierzu auch Kapitel 4.

aus diesem Grund mit einigen Bemerkungen zur intellektuellen Biographie Unselds und zu drei Faktoren, die seine Verlagspolitik prägten: sein Glaube an die Gesellschaftsordnung der BRD, sein Bildungsglauben und sein Verständnis von der gesellschaftlichen Verantwortung des Verlegers.

1.1 Wie Siegfried Unseld Verleger wurde

Karl Siegfried Unseld wurde am 28. September 1924 in Ulm geboren und von seinem protestantischen Vater und der katholischen Mutter interkonfessionell erzogen. Mit acht Jahren wurde er Mitglied des nationalsozialistischen Jungvolks, stieg dort 1942 zum Fähnleinführer und 1943 zum Stammführer auf. Sein Vater trat 1933 in die NSDAP und die SA ein, avancierte 1934 zum Scharführer und 1937 zum SA-Sturmführer, ein Jahr später zum SA-Obersturmführer. Unselds neben Suhrkamp-Lektor Fellinger bislang einziger Biograph Peter Michalzik nimmt an, dass der Vater auch in die Reichspogromnacht in der Region um Ulm verwickelt war.[546] Fellingers Zusammenstellung von Bildern und Texten aus dem Leben Unselds belegt zumindest eine Beteiligung des Vaters an den Brandlegungen der Synagogen in Laupheim und Buchau in der Umgebung von Ulm.[547] Den Recherchen Michalziks zufolge hat Unseld sich nur wenig über seinen Vater geäußert.[548] Bekannt ist allerdings, dass er viel gelesen haben soll. Tatsächlich, so stellt Michalzik fest, sind alle Jugenderinnerungen Unselds mit Lektüreerfahrungen verbunden: „Lesen begriff er [...] vor allem als eine Begegnung mit sich selbst, ein Identifikationsangebot."[549]

Nach einem Notabitur 1942 ließ Unseld sich zum Marinefunker ausbilden. Seinen Militärdienst absolvierte er unter anderem auf der Krim, in Athen und auf der Insel Syra in der Ägäis.[550] Bei Kriegsende war er Teil eines Funktrupps unter Admiral Karl Dönitz in Flensburg. Zu Unselds Kriegserzählungen gehört, wie er bei der Evakuierung von Sewastopol (Krim) im Mai 1944 als einziger Überlebender schwimmend dem Angriff der Russen entkommen ist.[551] Immer wieder dokumentiert seither die Verlagschronik Unselds morgendliches Schwimmen. Zu-

---

546 Vgl. Michalzik: Unseld, S. 36.
547 Vgl. Fellinger/Reiner (Hg.): Siegfried Unseld, S. 26.
548 Bekannt ist bislang nur die Aussage Unselds, sein Vater sei ein „großer Leser" gewesen (Michalzik: Unseld, S. 19).
549 Ebd., S. 29.
550 Zu Unselds Stationen im Zweiten Weltkrieg vgl. Fellinger/Reiner (Hg.): Siegfried Unseld, S. 18.
551 Vgl. Michalzik: Unseld, S. 38f und Fellinger/Reiner (Hg.): Siegfried Unseld, S. 18–21.

sammen mit seiner jährlichen Sommerkur in der Klinik Dr. Otto Buchinger in Überlingen am Bodensee (heute Klinik Buchinger-Wilhelmi) wirken diese Erwähnungen wie Bestätigungen und Bedingungen seiner Leistungsfähigkeit als Verleger. Mit dem Schwimmen als Symbol für sein Dasein und Handeln konnte er später nicht nur den Zufall seines Überlebens und eine Kontinuität seiner Biographie belegen, so Michalzik, sondern auch die Fähigkeit auf sich allein gestellt, als souveräner Verleger zu „überleben".[552] Sein Leben stellt er so als eine Reihe von Zufällen dar, die sich schließlich zu einem sinnvollen Ganzen fügten.[553] Das beginnt bereits mit seinen sportlichen Leistungen in der Schule: „Leibesübungen: sehr gut".[554] Was zunächst als die sportliche Begabung eines Jugendlichen begann, so der Eindruck, verbindet sich eindrucksvoll und bedeutungsträchtig mit dem Überleben im Krieg und entwickelt sich zur Erfolgsstrategie der Person und des Verlegers Unseld. Ein anderes Beispiel für diese Art der Sinnstiftung: Seine Prägung im Nationalsozialismus setzt Unseld in seinen biographischen Schriften mit der Lektüre von Rilke sowie chinesischen Weisheiten aus dem Insel Verlag parallel, womit er seine spätere Auseinandersetzung mit dem Werk Hesses sowie den Erwerb des Insel Verlags vorausdeutet und aus der Retrospektive begründet.[555] Auch die mehrfache Wiederholung des Umstands, dass er im gleichen Fähnlein wie Hans Scholl gewesen sei, antizipiert bereits seine Wandlung vom jugendbewegten Scharführer zum kritisch-intellektuellen und engagierten Verleger.[556]

Den Beginn seiner „eigentlichen Biographie" datierte Unseld auf das Jahr 1946,[557] in dem er nach Ulm zurückkehrte und in der Vorbereitung auf ein reguläres Abitur im Deutschunterricht bei Eugen Zeller Leben und Werk Hesses kennenlernte: „Wir müssen von vorn anfangen[]"", zitiert Unseld in seinen Erinnerungen an die erste Begegnung mit Hesses Werk aus *Zarathustras Wiederkehr*, „[d]as war auch mein Gefühl und meine Erfahrung des Jahres 1946. Freilich, wie das zu bewerkstelligen sei, wußte ich nicht. So erhoffte ich mir von der Lektüre des Werkes Hesses Rat und Aufschluß."[558] Mit seinem Schweigen über die Jugendjahre, der Proklamation einer ‚Stunde Null' seiner Biographie nach 1945 und dem gleichzeitigen Anknüpfen an das, was Krieg und Nationalsozialismus un-

---

552 Michalzik: Unseld, S. 236.
553 Vgl. ebd., S. 47 ff.
554 Fellinger/Reiner (Hg.): Siegfried Unseld, S. 13.
555 Vgl. Michalzik: Unseld, S. 27 f.
556 Vgl. ebd.
557 Ebd., S. 19.
558 Siegfried Unseld: Meine erste Begegnung. In: S.U.: Begegnungen mit Hermann Hesse. Frankfurt a. M. 1975, S. 13–19, hier S. 17.

terbrochen hatten, kann Unseld, so urteilt auch Michalzik, noch zur Generation der Flakhelfer gezählt werden, die nach 1945 ein Bewusstsein dafür entwickelte, am Aufbau des Staats und an der Umsetzung und Verteidigung einer freiheitlich-demokratischen Gesellschaft mitzuwirken.[559] Unselds kurze Erzählung belegt außerdem sein Verständnis von Literatur als bewusstseinsveränderndes Mittel und Quelle der Inspiration für das eigene Handeln. Hierin, so meine These, begründet sich sowohl seine Hesse-Faszination als auch sein Interesse an Literatur der DDR.[560] Seine autobiographischen und berufsethischen Schriften legitimieren aus der Retrospektive sein verlegerisches Handeln und stellen seine persönliche und berufliche Entwicklung in einen einheitlichen Deutungszusammenhang.

Nach dem Abitur absolvierte Unseld eine Lehre im Ulmer Aegis Verlag, begann 1947 an der Universität Tübingen zu studieren und zeitweise (1948 und 1949) nebenbei im Wissenschaftsverlag J. C. B. Mohr zu arbeiten, wo er vor allem für die Herstellung und Werbung zuständig war.[561] In seiner Darstellung der Studienjahre benennt er Carlo Schmid[562] sowie Theodor Eschenburg[563] als wichtige Einflüsse: „So waren Eschenburgs ‚Einführung in die Bonner Verfassung' und Carlo Schmids Vorlesungen über Völkerrecht und Geschichte der Demokratie Orientierungsdaten."[564] Michalzik bezweifelt jedoch, dass Unseld tatsächlich Teil dieser Studienkreise war, an denen nur Doktoranden teilnahmen. Zu diesen gehörte Unseld erst später, als Schmid bereits mit der Erarbeitung des Grundgesetzes der BRD beschäftigt war.[565] Ob es sich um eine wahrheitsgetreue Darstellung handelt, ist hier jedoch unerheblich, geht es doch um Unselds Selbstdarstellung. An der Formulierung und Kontextualisierung seiner Erinnerungen an die Studienzeit wird deutlich, dass er seine Initiationsgeschichte als Student mit einem „Verfassungsvater" verband und in die Entstehungsgeschichte des Grundgesetzes einbettete.

Nachdem Unseld seine Rolle als Verleger in den sechziger Jahren mit einem gesamtgesellschaftlichen Engagement verbunden und sich an der Diskussion über die Notstandsgesetze oder am Boykott der Leipziger Buchmesse beteiligt

---

559 Vgl. Michalzik: Unseld, S. 197.
560 Vgl. Kapitel 3.
561 Vgl. Fellinger/Reiner (Hg.): Siegfried Unseld, S. 30–40.
562 Carlo Schmid war von 1946 bis 1953 Professor für Öffentliches Recht an der Eberhard-Karls-Universität Tübingen.
563 Theodor Eschenburg war ab 1952 der erste Lehrstuhlinhaber und Gründungsdirektor des Instituts für Politikwissenschaft an der Eberhard-Karls-Universität Tübingen.
564 Siegfried Unseld: Tübinger Hesse-Studien. In: S.U.: Begegnungen mit Hermann Hesse, S. 21–27, hier S. 23 f.
565 Vgl. Michalzik: Unseld, S. 59.

hatte, kehrte er in den siebziger Jahren zu der Einstellung zurück, der Verlag solle sich für den einzelnen Autor oder die einzelne Autorin engagieren. Gegenüber Helmut Coing, dem damaligen Leiter des Max-Planck-Instituts für europäische Rechtsgeschichte, führte er aus, dass ein Wandel der politischen Situation vor allem durch die Förderung des Individuums zu erreichen sei. Wenn Unseld mit politischen Entscheidungsträgern kooperierte oder die Verlagspraxis bzw. sein Berufsverständnis in einen (kultur-)politischen Kontext stellte, argumentierte er immer wieder mit den Normen des Grundgesetzes und der Situation der Menschen im anderen Teil Deutschlands.[566] So auch hier: „[W]ir müssen, laut unserem Verfassungsauftrag, eine Vereinigung der beiden Staaten (nie mehr eine ‚Wiedervereinigung') anstreben, aber wir wissen ja, daß wir mit generationenlangen Zeiträumen zu rechnen haben."[567] Mit dem „wir" nahm er an einer Diskussion teil, in der es um eine der Realität der deutschen Teilung adäquate Praxis ging:

> Und bringt uns die gegenwärtige Denkprozedur nicht zur vorsichtigen Annahme, daß wir im Augenblick die großen Fragen vorerst auf sich beruhen lassen (ohne sie aus den Augen zu verlieren) und daß wir uns mehr auf die Bedingungen des einzelnen Menschen einstellen müssen, damit dieser sein Ich stärken, sein Selbst entwickeln kann, und daß aus solcher gestärkten Identität des Einzelnen gesellschaftliche Gebilde entstehen, die ihrerseits vernünftige Identitäten ausbilden können.[568]

---

[566] Paweł Zajas hat darauf aufmerksam gemacht, dass das SUA neue Erkenntnisse zum Spannungsverhältnis von auswärtiger Kulturpolitik und verlegerischem Feld verspricht (vgl. Paweł Zajas: „Wir lieben ja die Polen..." Zum Forschungspotenzial des Siegfried Unseld Archivs im Hinblick auf den polnisch-deutschen Literaturtransfer. In: Zeitschrift für Slawistik 63 (2018), 1, S. 1–29, hier S. 26). Ähnlich wie in den deutsch-polnischen Beziehungen, die Zajas untersucht hat, sind auch im deutsch-deutschen Literaturaustausch kooperative Projekte zwischen dem Verlag und (kultur-)politischen Institutionen zu verzeichnen. Eine systematische Studie zum Suhrkamp Verlag als inoffizielle Mittlerorganisation des Auswärtigen Amts wäre also ein lohnenswertes Unterfangen.
[567] Siegfried Unseld an Helmut Coing, Brief vom 17.08.1979. In: DLA, SUA: Suhrkamp. Anscheinend teilte Unseld sein Anliegen einer sprachlichen Neuregelung des Begriffs ‚Wiedervereinigung' mehreren Adressaten mit (vgl. Kapitel 2), so dass er im Dezember 1989 in der *Chronik* festhielt: „In den Tagesthemen Willy Brandt in der Leipziger Marienkirche: ‚Sprechen wir von Vereinigung – eine Wiedervereinigung wird es nicht geben. Wieder bedeutet, auf etwas zurückgehen. Ein Zurück gibt es nicht. Es gilt nur ein Neues'. Wörtlich meinen Briefen an Politiker entnommen! Und auf das Gespräch zurückgehend, das ich während der Buchmesse mit Egon Bahr hatte: ‚Herr Unseld, Sie haben recht, die SPD wird von nun an nicht mehr von Wiedervereinigung, nur von Vereinigung sprechen.'!!! Späte Anerkennung." (Siegfried Unseld: Chronik, Eintrag vom 5.12.1989. In: DLA, SUA: Suhrkamp).
[568] Siegfried Unseld an Helmut Coing, Brief vom 17.08.1979. In: DLA, SUA: Suhrkamp.

Aus dem Brief geht hervor, dass Unseld eine Debatte über die Hauptstadtfrage bzw. den Status Berlins zum Anlass für sein Schreiben nahm. Unselds Verlagspolitik erscheint hier als Erziehungsstrategie mit dem Programm, die DDR-Bevölkerung zu demokratisieren. Deren Wunsch nach einem freiheitlichen Staat, der auf der Freiheit des Individuums basiert, sollte der Literaturaustausch gezielt befördern. Unselds Bewusstsein für eine Selbstbestimmung der Bevölkerung durch Bildung nimmt somit den Gedanken der Friedlichen Revolution von 1989 vorweg. Deutlich wird aber auch seine Kritik an der DDR und an einem politischen Deutschlanddiskurs, der sich mit gesellschaftlichen Strukturen beschäftigte statt mit den Individuen, die darin leben. Sein Fokus auf das Individuum, dessen ‚Ich' gestärkt und dessen ‚Selbst' entwickelt werden soll, korrespondiert mit der Neuen Subjektivität und Innerlichkeit der siebziger Jahre, die sich auch an der Programmpolitik Suhrkamps zeigte. Hatte der Verlag in den sechziger Jahren noch Wert auf die allgemeinpolitische Wirksamkeit von Literatur gelegt und deren Bedeutung für den gesellschaftlichen Wandel betont,[569] prognostizierte Unseld Anfang der siebziger Jahre der literarischen Entwicklung entsprechend eine Rückkehr zur subjektiven Literatur, die die Erfahrung und Entwicklung des Individuums in den Fokus stellt.[570]

Bevor Unseld 1952 in den Suhrkamp Verlag eintrat, verfasste er seine Dissertation *Hermann Hesses Anschauung vom Beruf des Dichters* über dessen Berufsethik und die Rolle eines Schriftstellers.[571] Das Schlusskapitel zu Hesses *Glasperlenspiel* veröffentlichte er später, als der ‚Hesse-Boom' der USA in den siebziger Jahren auch Deutschland erreichte, in dem bereits erwähnten Band über seine Begegnungen mit dem Autor.[572] Er dokumentiert darin die „[f]ast drei Jahrzehnte"[573] seiner Beschäftigung mit Hesse und dessen Gesamtwerk und ver-

---

569 Vgl. Teil III, Kapitel 1.3.
570 In der Chronik hielt Unseld den Wandel der Programmpolitik fest: „Die Arbeit an der Basis ist ganz schön, aber man muß endlich einsehen, daß Arbeiter nie diese Art von Literatur lesen werden, wie auch immer diese Autoren sich bemühen werden, für Arbeiter zu schreiben. [...] Mir erscheint immer wichtiger, Arbeiten mit der Sprache mit dem Ziel, die Phantasie des Lesers in Bewegung zu bringen. Ich glaube, wir werden in einigen Jahren wieder eine ganz neue Literaturform und Literaturbewegung erhalten, eine Literatur, die wieder träumt und Werten des Gefühls Ausdruck verleiht." (Siegfried Unseld: Chronik, Eintrag vom 2.03.1971; zit. nach S.U.: Chronik 1971. Hg. von Ulrike Anders, Raimund Fellinger und Katharina Karduck. Berlin 2014, S. 70).
571 Vgl. Siegfried Unseld: Hermann Hesses Anschauung vom Beruf des Dichters. Tübingen Univ.-Diss. 1952.
572 Vgl. Siegfried Unseld: „Das Glasperlenspiel". Der Dichter als Bewahrer von „Maß und Ordnung". In: S.U.: Begegnungen mit Hermann Hesse, S. 50–107.
573 Siegfried Unseld: Vorbemerkung. In: S.U.: Begegnungen mit Hermann Hesse, S. 7.

bindet deren Beginn „unmittelbar mit der deutschen Stunde Null".[574] Im Widerspruch zur Suggestion eines voraussetzungslosen Neubeginns nach dem Krieg erklärt Unseld, dass es damals nicht nur darum gegangen sei, den Bombenschutt auf den Straßen zu beseitigen, sondern auch „mit dem anderen Schutt, den das Bewußtsein mit sich herumschleppte, [...] fertig zu werden."[575] Er erwähnt „jenes bis heute weder zu verdrängende noch zu vergessende geistige Vakuum" der ersten Nachkriegszeit und legt somit die eigene Biographie, in der die Lektüre der Werke Hesses eine „Initialzündung"[576] also einen vermeintlichen Neuanfang darstellte, mit der Geschichte der jungen BRD, die aus dem demokratischen Fortschrittsgedanken der ‚Stunde Null' entstand, parallel. Diesem doppelten Beginn seien „nur noch Kettenreaktionen"[577] gefolgt, so Unseld, der somit sein gesamtes Werden – das Literaturstudium, seine Promotion über Hesse, das Volontariat im Aegis Verlag und schließlich die Karriere in Hesses Verlag Suhrkamp – darauf zurückführt. Ohne ‚ich' zu sagen, mit Formulierungen, die sein erinnertes Erleben als bekannt („jenes") und damit allgemeingültig darstellen, konzipiert Unseld seine persönliche und berufliche Entwicklung gleichsam als paradigmatisch für die Intellektuellen in der BRD, eine Deutung, die sich in der Selbstdarstellung des Verlags immer wieder finden lässt. Der Band *Begegnungen mit Hermann Hesse* gab Unseld die Möglichkeit, gleichermaßen als Autor autobiographischer Erinnerungen, als Literaturwissenschaftler und als Verleger mit enger Beziehung zu seinem Bestseller-Autor aufzutreten. Gleichzeitig konnte dieses Medium der Selbstvergewisserung und -darstellung im Kontext der Verbreitung von Hesses Werk in den siebziger Jahren auch als Marketinginstrument für Autor und Verlag genutzt werden. Das galt besonders im Rahmen der Positionierung Suhrkamps als Produzent und Vermittler einer von den Nationalsozialisten unterdrückten Literatur, die George Steiner nur zwei Jahre zuvor mit Bezug auf Theodor W. Adorno, Walter Benjamin und Ernst Bloch als „Suhrkamp culture" bezeichnet hatte.[578]

---

574 Unseld: Meine erste Begegnung, S. 13.
575 Ebd.
576 Ebd., S. 17.
577 Ebd.
578 George Steiner hatte 1973 festgestellt: „Almost singlehanded, by force of cultural-political vision and technical acumen, the publishing firm of Suhrkamp has created a modern philosophic canon. In so far as it has made widely available the most important, demanding philosophical voices of the age, in so far as it has filled German bookshelves with the presence of that German-Jewish intellectual and nervous genius which Nazism sought to obliterate, the Suhrkamp initiative has been a permanent gain." (Steiner: Adorno: love and cognition).

Der Hesse-Band ist ein Beispiel dafür, dass Unselds ethisches Verständnis der Verlagspraxis in einem wechselseitigen Verhältnis zur Arbeit mit Autor:innen stand und mit dem Willen zur Demokratisierung und Liberalisierung durch Literatur verbunden war.[579] So hat in Unselds autobiographischen Äußerungen vor allem das Lesen eine aufklärerische Bedeutung für den Heranwachsenden, als Bildungsmoment nach einer Jugend im Nationalsozialismus; die Erwähnung von prägenden Autoren und Werken hat dabei eine den Verleger legitimierende Funktion.[580]

1.2 Aufklärung und Liberalisierung der DDR. Der Verleger und seine Autor:innen

Unseld verfasste zum Beruf des Verlegers und dessen Verhältnis zu Autor:innen mehrere Schriften.[581] In der Einleitung von *Goethe und seine Verleger* erwähnte er seine „Bibliothek verlagsgeschichtlicher Werke",[582] wies mit der Bezeichnung ‚Bibliothek' auf seine umfassende Auseinandersetzung mit dem Thema hin und stellte sich somit in eine Tradition von Verlegern und Verlagen, deren eigene Geschichten sich als darstellungswürdig erwiesen hatten.[583] Seine Beschäftigung mit den Voraussetzungen und der Bewertung seines Handelns hat Unseld vor allem in seinem Aufsatz über *Die Aufgaben des literarischen Verlegers* dargestellt. Darin wird deutlich, dass sein Berufs- und Literaturverständnis unmittelbar mit der Verlagspraxis im geteilten Deutschland verbunden war.

Die Aufgaben des literarischen Verlegers wurde 1977 in einem Band über das Verhältnis von Autor und Verleger veröffentlicht. Der Text geht auf den Vortrag „Der Suhrkamp Verlag oder wie macht man literarische Bücher?" zurück, den Unseld am 6. November 1968 vor der Literarischen Gesellschaft Bremen hielt.[584] Er entstand im Kontext weiterer Schriften Unselds, die das eigene Erleben, Denken

---

579 Vgl. auch Unseld: Der Autor und sein Verleger.
580 Vgl. Unseld: Meine erste Begegnung, S. 14 ff.
581 Vgl. Siegfried Unseld: Veröffentlichungen 1946 bis 1999. Eine Bibliographie. Zum 28. September 1999. Bearbeitet von Burgel Zeeh. Frankfurt a. M. 1999.
582 Siegfried Unseld: Goethe und seine Verleger. Frankfurt a. M./Leipzig, S. 9.
583 Die Privatbibliothek Unselds konnte aus rechtlichen Gründen für diese Untersuchung nicht ausgewertet werden.
584 Siegfried Unseld: Nachbemerkung. In: S.U.: Der Autor und sein Verleger, S. 343–345, hier S. 343. Die Bibliographie der Veröffentlichungen Siegfried Unseld weist einen Vortrag mit dem Titel *Die Aufgaben des Verlegers* auf, den dieser am 11. Mai 1965 im Goethe-Institut Hamburg gehalten hat. Wahrscheinlich handelt es sich hierbei um eine weitere Vorstufe. Das Manuskript ist nicht überliefert (vgl. Unseld: Veröffentlichungen 1946 bis 1999, S. 84).

und Handeln reflektieren: Zu Beginn des Jahres 1968 hatte Unseld einen schweren Skiunfall, den er selbst als Nahtoderlebnis wahrnahm. Die Erfahrung verarbeitete er in einer Erzählung mit dem Titel *Abfahrt*, die er als Privatdruck an Autoren und Freunde verteilte. Als Reaktion auf den im Untertitel als *Schreibübungen des Verlegers* bezeichneten Text erhielt er allerdings mehr Kritik als Zuspruch.[585] Für die von Unseld herausgegebene Festschrift zum 60. Geburtstag seines Kollegen Heinrich Maria Ledig-Rowohlt im März 1968 verfasste er außerdem den Beitrag *Wie gewinnt man Autoren?*, in dem er sich auf den Verleger Johann Friedrich Cotta bezog und damit Rowohlt und sich in eine Traditionslinie großer Verlegerpersönlichkeiten stellte.[586] Darauf folgte dann im Herbst die Auseinandersetzung mit dem Beruf des Verlegers und dem Verhältnis zu seinen Autoren im Vortrag „Der Suhrkamp Verlag oder wie macht man literarische Bücher?".[587] Dass Unseld solche selbstreflektierenden, ethisch-moralischen Schriften verfasste und seine Abhandlungen über Verleger-Autor-Beziehungen mit einer vorangestellten berufsethischen Schrift in einem Band kombinierte, lässt auf sein Traditionsbewusstsein des Berufs schließen und zeigt, dass er sein Verständnis vom Verlegerberuf aus der Arbeit mit Schriftsteller:innen herleitete.

Politisch war das Jahr 1968 unter anderem von der Diskussion um die Einführung von Notstandsgesetzen,[588] den Student:innenprotesten rund um die Frankfurter Buchmesse[589] sowie dem Boykott der Leipziger Messe nach dem

---

585 Vgl. Michalzik: Unseld, S. 179.
586 Vgl. ebd., S. 179f.; Siegfried Unseld: Wie gewinnt man Autoren? In: Heinrich Maria Ledig-Rowohlt zuliebe. Festschrift zu seinem 60. Geburtstag am 12. März 1968. Hg. von Siegfried Unseld. Reinbek bei Hamburg 1968, S. 99–108.
587 Vgl. Siegfried Unseld: Der Suhrkamp Verlag oder wie macht man literarische Bücher? In: DLA, SUA: Suhrkamp.
588 Als die Große Koalition im Jahr 1968 die notwendige Zweidrittelmehrheit besaß, um Notstandsgesetze einzuführen, und damit auf Protest in der breiten Bevölkerung stieß, weil man ein erneutes Ermächtigungsgesetz befürchtete, involvierte sich auch der Verlag in die Debatte. Unseld organisierte mit den Frankfurter Professoren Theodor W. Adorno und Jürgen Habermas sowie dem damaligen Leiter des Sigmund-Freud-Instituts für Psychoanalyse, Alexander Mitscherlich – alle drei Verlagsautoren – am 28. Mai, zwei Tage vor der Abstimmung im Bundestag, im Sendesaal des Hessischen Rundfunks eine Diskussionsveranstaltung aus Protest gegen die bevorstehende Gesetzgebung. Anwesend waren neben Hans Magnus Enzensberger und Ernst Bloch als Verlagsautoren auch Heinrich Böll und Rudolf Augstein (vgl. 1968: Ideenkonflikte in globalen Archiven: https://www.literaturarchiv1968.de/content/heinrich-boell-theodor-w-adorno-und-siegfried-unseld-protestversammlung-zur-notstandsgesetzgebung-am-29-mai-1968/ (zuletzt eingesehen am 5.05.2022)).
589 Die Studierenden protestierten u. a. gegen die Verleihung des Friedenspreises an den senegalesischen Staatspräsidenten Léopold Sédar Senghor in der Frankfurter Paulskirche. Bei den Student:innenprotesten auf der Frankfurter Buchmesse vermittelte Unseld zwischen den De-

Einmarsch der Warschauer Pakt-Truppen in die Tschechoslowakei geprägt.[590] Der Verlag war von diesen Ereignissen auf verschiedene Weise betroffen und hatte daran Anteil, schließlich führten die Debatten und gesellschaftlichen Entwicklungen nach der Buchmesse auch zu den Forderungen der Suhrkamp-Lektor:innen nach mehr Mitbestimmung. Das Grundargument der Lektor:innen war, dass die internen Entscheidungsprozesse den proklamierten Zielen der Etablierung einer Diskussionskultur, Demokratisierung, Egalisierung etc. angepasst werden müssten. Ein Verlag, der Texte veröffentlichte, die den gesellschaftlichen Wandel forderten, so ein Argument, müsse diese Forderung auch auf sich selbst anwenden, also seine Praxis dementsprechend anpassen.[591] Neben der Chronik ist auch der Vortrag Unselds, der sich mit der moralisch-ethischen Begründung eines Verlags beschäftigte, als Produkt des mit dieser Krise, die Werte und Handeln von Staat und Gesellschaft und damit auch die eigene Rolle darin in Frage stellte, verbundenen Lernprozesses zu verstehen.[592] Unseld hat seine Ausführungen danach mehrfach für verschiedene Anlässe überarbeitet, bis er sie in der letztendlichen Fassung veröffentlichte.[593]

Ein Rechtfertigungsgestus des Verlegers gegenüber den Lektor:innen, die die Struktur des Verlags als kapitalistisches Privatunternehmen in Frage stellten, hat den Aufsatz deutlich geprägt:

> Die Stellung des Verlegers ist eine eigenartige, weil er für das Tun seines Hauses die intellektuelle wie auch die materielle Verantwortung trägt, weil er allein in und mit seiner Person für diese Bücher und sein Unternehmen haftet, und dies nicht nur politisch, moralisch, intellektuell, rechtlich, sondern mit Haut und Haaren materiell.[594]

---

monstrant:innen und der Frankfurter Messeleitung (vgl. Siegfried Unseld: Bericht über die Vorgänge auf der Buchmesse 1968. In: S.U.: Chronik. Band 1: 1970. Mit den Chroniken Buchmesse 1967, Buchmesse 1968 und der Chronik eines Konflikts 1968. Hg. von Ulrike Anders u. a. Berlin 2010, S. 16–21; Ulrike Seyer: Die Frankfurter Buchmesse in den Jahren 1967 bis 1969. In: Stephan Füssel (Hg.): Die Politisierung des Buchmarkts. 1968 als Branchenereignis. Hans Altenhein zum 80. Geburtstag gewidmet. Wiesbaden 2007, S. 159–241).

590 Der Frankfurter Börsenverein empfahl seinen Mitgliedern, nachdem die Unterstützung der DDR für den Einmarsch der Warschauer Pakt-Truppen in die ČSSR bekannt war, im Herbst 1968 nicht an der Leipziger Buchmesse teilzunehmen. Siegfried Unseld und der Suhrkamp Verlag schlossen sich dem Protest an. Vgl. Kapitel 4, 1965.

591 Die Abfassung der Chronik ist als Produkt des mit dieser Krise verbundenen Lernprozesses zu verstehen. Zum Aufstand der Lektoren vgl. Teil I, Kapitel 1959 und Kapitel 4.

592 Vgl. Unseld: Der Suhrkamp Verlag oder wie macht man literarische Bücher; Michalzik: Unseld, S. 192.

593 Vgl. Unseld: Nachbemerkung. In: S.U.: Der Autor und sein Verleger, S. 343.

594 Unseld: Die Aufgaben des literarischen Verlegers, S. 15 f.

Im Suhrkamp Verlag haftete der Verleger und verfügte deshalb, wie sich aus der Passage schließen lässt, auch über die Entscheidungsgewalt. Unseld bringt die Diskrepanz, dass auch anti-kapitalistische Literatur dennoch in einem kapitalistisch orientierten Verlag veröffentlicht wird, mit der Kunstfreiheit und der Freiheit von Meinungsäußerungen, also mit einer demokratisch-freiheitlichen Gesellschaft in Zusammenhang: „[W]ir sehen, welchen Preis Autoren sogenannter sozialistischer Länder in der Gegenwart für die Änderung des Warencharakters Buch zu bezahlen haben, manchmal den Preis der Nichtveröffentlichung, nicht selten den von Zensur, Selbstzensur, Verstummen."[595] Gerade weil es Fälle von „Unfreiheit und Unterdrückung von Autoren und Werken" gebe,[596] müsse ein Verlag wie Suhrkamp progressive Literatur veröffentlichen, die ins „Bewußtsein dringt und dies zu verändern sucht"[597] und die die „individuellen Grundrechte stärkt".[598] Um dies zu ermöglichen, sei der Verleger auch erster Ansprechpartner der Autor:innen.[599] Diese Funktion, so schränkt Unseld ein, könne er im wachsenden Verlag allerdings nur noch „bei seinen wichtigsten Autoren" ausüben, alle weiteren Beziehungen müssten die Mitarbeiter:innen pflegen.[600] Er kalkulierte in seiner verlegerischen Praxis also zum einen mit einer Autorenhierarchie – wobei unklar bleibt, ob mit den „wichtigsten Autoren" diejenigen mit dem größten Erfolg oder jene gemeint sind, mit denen er befreundet war – und zum anderen mit der Arbeitsteilung im Verlag. Indem er außerdem einen Gegensatz zur DDR implizierte, machte er den Warencharakter des Buchs zur Bedingung von (autonomer) Literatur überhaupt.[601] Zu den Aufgaben des Verlegers, nicht zuletzt im Umgang mit den Autor:innen der DDR, gehöre es zudem, eine Gemeinschaft der Verlagsautor:innen herzustellen, deren Gesamtwerk zu betreuen und dieses in einer anspruchsvollen Form zu präsentieren,[602] sowie auch das „Mutmachen, Energien bewegen", da der Verleger zwar produktiv sein möchte, dies aber nur mittelbar

---

595 Ebd., S. 16.
596 Ebd., S. 19.
597 Ebd., S. 54.
598 Ebd., S. 16.
599 Ebd., S. 47.
600 Ebd., S. 49.
601 Ebenso hatte der Kölner Verleger Joseph Caspar Witsch auf einer Pressekonferenz der Frankfurter Buchmesse 1958 argumentiert: „Die Kommerzialisierung der Literatur ist die notwendige Bedingung ihrer Freiheit. [...] In dem Augenblick in dem sie aus einem Gegenstand des Geschäfts verwandelt wird in ein Objekt der Fürsorge des Staates, verliert sie ihre Unabhängigkeit und mit ihrer Unabhängigkeit Wahrheit und Schönheit." (Joseph C. Witsch: Zehn Jahre Frankfurter Buchmesse. In: Börsenblatt für den Deutschen Buchhandel 78, vom 30.09.1958, hier zitiert nach Lucius: Verlagswirtschaft, S. 20).
602 Vgl. Unseld: Die Aufgaben des literarischen Verlegers, S. 41.

durch die Kooperation mit Schriftsteller:innen realisieren kann.[603] Das Autor:in-Verlags-Verhältnis beinhalte schließlich aber auch „eine gegenseitige Prägung",[604] die Unseld darin sah, dass Autor:innen als „Antennen für den Verlag" wirkten und neue literarische Entwicklungen an den Verlag weiterleiteten.[605] Die folgenden Analysen werden zeigen, dass die Darstellung des Verlegers den Verlagspraktiken in großen Teilen entsprach.

Unseld basiert sein Verständnis von der Verlagspraxis im Aufsatz zum einen auf die demokratischen Grundsätze und individuellen Freiheiten, wie sie im Grundgesetz der Bundesrepublik festgehalten sind, sowie auf den gesellschaftlichen Fortschritt, den er damit verbindet, und zum anderen auf den Glauben an die bewusstseinsverändernde Wirkung von Literatur und damit auch an das Medium Buch „als erste Quelle der Aufklärung".[606] Aus der Beschäftigung mit historischen Verlegern wie dem Nürnberger Buchhändler Johann Phillip Palm, der 1806 in der Stein'schen Buchhandlung ein Pamphlet gegen die Besetzung Deutschlands durch Napoleon veröffentlichte und dafür hingerichtet wurde,[607] oder dem berühmten Leipziger Verleger Georg Joachim Göschen, der sich um die ersten Werkausgaben von Johann Wolfgang Goethe und Friedrich Schiller verdient gemacht hat, leitet Unseld als dritten Faktor die Handlungsmaxime ab, dass ein Verleger mittels Umgang mit Autor:innen eine gesellschaftliche Verantwortung trage.[608] Gleichzeitig beruft er sich damit auf eine Traditionslinie von Verlegern, an deren vorläufigem Endpunkt er selbst steht. Nicht umsonst hatte er wenige Jahre vor dem Aufsatz durch den Erwerb des Insel Verlags dafür gesorgt, dass auch er selbst Werke von Goethe und Schiller als Verleger verantwortete.

1.3 Eine gemeinsame Sprache. Die deutsch-deutsche ‚Kulturnation'

Als der Bau der Mauer am 13. August 1961 mit der Schließung der Sektorengrenze begann, hielt sich Unseld mit dem Ehepaar Bloch in Bayreuth auf. Ernst Bloch war für eine Vorlesung nach Tübingen gereist und entschied daraufhin, in West-

---

[603] Ebd., S. 50f.
[604] Ebd., S. 26.
[605] Ebd., S. 52f.
[606] Ebd., S. 25.
[607] Vgl. Uwe Meier: Palm, Johann Philipp. In: NDB. Bd. 20. Hg. von Otto zu Stolberg-Wernigerode. Berlin 2001, S. 20f.
[608] Vgl. Unseld: Die Aufgaben des literarischen Verlegers, S. 15.

deutschland zu bleiben.⁶⁰⁹ Unseld erlebte also durch seinen Verlagsautor unmittelbar, welche Konsequenzen der Mauerbau nach sich zog: Bereits geplante deutsch-deutsche Publikationen kamen nicht zustande, Verlage kündigten ihre Lizenzverträge mit ostdeutschen Schriftsteller:innen, weil diese sich positiv über die politische Entwicklung geäußert hatten.⁶¹⁰ Neben der Emigration von Kulturschaffenden provozierte die Manifestierung der innerdeutschen Grenze vielfältige verbale und nonverbale Reaktionen in Ost und West, nicht zuletzt aufgrund der scheinbaren Tatenlosigkeit der westdeutschen Regierung, die zwischen den Ansprüchen der USA und der Regierung in Ostberlin navigierte.⁶¹¹ Drei Tage nach dem Mauerbau richteten sich Wolfgang Schnurre und Günter Grass mit einem Protestbrief an den Schriftstellerverband der DDR und forderten ihre Kolleg:innen auf, gegen die politischen Maßnahmen Position zu beziehen.⁶¹² Dem folgte ein Appell an die Vereinten Nationen, unter anderem von den Suhrkamp-Autoren Enzensberger und Walser unterschrieben, der allerdings folgenlos blieb.⁶¹³ Neben den Antworten der ostdeutschen Kolleg:innen rief das Engagement der Schriftsteller:innen auch kontroverse Reaktionen in den westdeutschen Medien hervor. Manche waren der Meinung, Literaturschaffende sollten lieber Bücher schreiben und sich nicht in das politische Geschehen involvieren, und schon gar nicht in Austausch mit ihren ostdeutschen Kolleg:innen treten, da dies als Anerkennung der ostdeutschen Gesellschaftsordnung sowie der Politik des SED-Regimes aufgefasst werden könne.⁶¹⁴ Joachim Scholtyseck hat gezeigt, wie die westdeutschen Reaktionen auf den Mauerbau noch von der Erinnerung an die Erfahrungen im Nationalsozialismus geprägt waren. Denn in der Kritik an den Stellungnahmen vor allem der ostdeutschen Intellektuellen ging es erstrangig darum, vor einer erneuten „Verführbarkeit des Geistes" zu warnen.⁶¹⁵

---

609 Vgl. Ernst Bloch an Siegfried Unseld, Brief vom 20.08.1961. In: DLA, SUA: Suhrkamp. Siehe Anhang, Dokumente, Nr. 17.
610 Vgl. Frohn: Literaturaustausch, S. 108.
611 Vgl. Joachim Scholtyseck: Mauerbau und Deutsche Frage. Westdeutsche Intellektuelle und der Kalte Krieg. In: Dominik Geppert/Jens Hacke (Hg.): Streit um den Staat. Intellektuelle Debatten in der Bundesrepublik 1960–1980. Göttingen 2011, S. 69–90, hier S. 76 f.
612 Vgl. Günter Grass/Wolfdietrich Schnurre: An die Mitglieder des Deutschen Schriftstellerverbands, Brief vom 16.08.1961. In: Manfried Hammer u. a. (Hg.): Das Mauerbuch. Texte und Bilder aus Deutschland von 1945 bis heute. Berlin 1981, S. 137 f.
613 Vgl. Offener Brief an den Generalsekretär der UNO von September 1961. In: Kai Schlüter: Günter Grass im Visier. Die Stasi-Akte. Eine Dokumentation mit Kommentaren von Günter Grass und Zeitzeugen. Berlin 2010, S. 34 f.
614 Vgl. Scholtyseck: Mauerbau und Deutsche Frage, S. 77 f.
615 Ebd., S. 83.

Unseld äußerte sich zu den Debatten nach dem Mauerbau nicht öffentlich. Erst als im Lauf des August immer mehr westdeutsche Theater ihre geplanten Aufführungen der Werke Brechts verschoben oder absagten, nahm er eine Meldung der westdeutschen Presse, wonach Helene Weigel eine Erklärung unterschrieben habe, „in der die Massnahmen der DDR-Regierung leidenschaftlich begrüsst worden sind", zum Anlass sich an die Witwe Brechts zu wenden.[616] Weigel hatte sich an einem offenen Brief des Berliner Ensembles an Regisseur Peter Palitzsch beteiligt. Dieser war von Proben zu einer Brecht-Inszenierung in Ulm nicht mehr in die DDR zurückgekehrt und hatte seine Entscheidung in einem privaten Brief an Manfred Wekwerth, seinem Kollegen am Berliner Ensemble, erklärt.[617] In dem offenen Antwortbrief kritisierte der künstlerische Beirat des Theaters, Palitzsch habe sich der Auseinandersetzung entzogen. Sie hingegen hätten es nicht an „Vorschlägen" mangeln lassen, „Ihre Zweifel an der Berechtigung der Maßnahmen des 13. August mit uns im gemeinsamen Gespräch zu beseitigen".[618] Unseld reagierte auf diese implizite Parteinahme des Berliner Ensembles für den Bau der Mauer: „Man vergisst nur allzuoft die Kehrseite solcher Erklärungen", kommentierte er das politische Engagement Weigels, „sie wirken nicht selten als blamable, weil offensichtlich nötige Stärkungen behördlicher Massnahmen."[619] Seinen aus Weigels Perspektive streitbaren Standpunkt verteidigte er mit dem pragmatischen Interesse des Verlegers an einer Verbreitung der Werke Brechts:

> Ich habe mich bisher bewusst jeglicher Kundgebung nach aussen hin enthalten [!] persönlich lehne ich den vollzogenen Akt der gewaltsamen Separation leidenschaftlich ab [!] ich habe alles vermieden, was Ihre Beziehung zu mir, zum Verlag und zu den Theatern erschweren könnte, und diese Haltung ist nicht ohne Sensibilitäten möglich.[620]

Er erwähnte die Absetzung des Stücks *Mahagonny* an der Hamburger Staatsoper sowie eine generelle Zurückhaltung der Intendanzen und des Buchhandels „in der Aufnahme und Ausstellung der Bücher Brechts".[621] Die kontroversen Reak-

---

616 Siegfried Unseld an Helene Weigel, Brief vom 31.08.1961. In: DLA, SUA: Suhrkamp. Siehe Anhang, Dokumente, Nr. 18.
617 Vgl. Peter Palitzsch an Manfred Wekwerth, Brief o.D. In: Hammer u. a. (Hg.): Das Mauerbuch, S. 144–146.
618 Der künstlerische Beirat an Peter Palitzsch, Brief o.D. In: Hammer u.a. (Hg.): Das Mauerbuch, S. 146.
619 Unseld an Weigel, Brief vom 31.08.1961. Siehe Anhang, Dokumente, Nr. 18.
620 Ebd.
621 Ebd.

tionen auf den Mauerbau hatten also eine direkte Auswirkung auf die Bewerbung und Aufführung der Werke Brechts, von denen der Verkauf und Vertrieb des Suhrkamp Verlags abhängig war. Weder ökonomisch noch in Bezug auf die mit der Verlagspraxis verbundenen Einstellungen und Ideen konnte eine ost-westdeutsche Konfrontation im Interesse des Verlags sein.

Mit Brecht-Boykotten, mit denen Politik und Kulturbetrieb symbolisch gegen das SED-Regime protestierten, hatte sich der Suhrkamp Verlag in den fünfziger und sechziger Jahren immer wieder auseinanderzusetzen, so vor allem nach den Aufständen vom 17. Juni 1953 und in Ungarn 1956.[622] Die Absetzung oder Verschiebung von Aufführungen im Sommer 1961 wurde mit dem Mauerbau und der politischen Haltung Brechts begründet, den die SED zu ihrem Aushängeschild gemacht hatte.[623] Angeregt von den Diskussionen formulierte Friedrich Torberg, der für den Wiener Boykott gegen Werk und Person Brechts mitverantwortlich war, deshalb nach dem Bau der Mauer auch die Frage, ob Werke von Brecht im Westen überhaupt gespielt werden sollten.[624]

Für den Suhrkamp Verlag, der von der gerade erst beginnenden internationalen Verbreitung der Werke Brechts, vor allem durch den Vertrieb der Aufführungsrechte, profitierte, musste diese Diskussion verbunden mit den Absagen der Intendanten alarmierend sein. Auch auf die Kooperation mit den Theatern und Kulturschaffenden der DDR war der Verlag angewiesen, schließlich trugen die Reisen des Berliner Ensembles erheblich dazu bei, das Werk Brechts bekannt zu machen.[625]

Unseld schrieb den Brief an Weigel mit eigener Hand auf privatem Briefpapier, obwohl oder vielleicht auch gerade weil er sich in Sachen des Verlags an sie

---

622 Vgl. Stephan Buchloh: Erotik und Kommunismus im Visier: Der Staat gegen Bertolt Brecht und gegen die ‚Schundliteratur'. In: York-Gothart Mix (Hg.): Kunstfreiheit und Zensur in der Bundesrepublik Deutschland. Berlin/Boston 2014, S. 67–95, hier S. 74 f.
623 Vgl. ebd., S. 79 und 94.
624 Torberg argumentierte mit der Wirkung des Namens bzw. der Marke ‚Brecht', die unabhängig von der jeweiligen Interpretation eines Stücks sei: „Ich meine, daß der einbekannte Kommunist Bertolt Brecht eine Propagandawirkung erzielt, die unabhängig von dem ist, *was* er sagt, und einfach darauf beruht, daß *er* es ist, der es sagt." Dies liege auch daran, dass keine tatsächliche Auseinandersetzung mit dem Werk Brechts stattfinde, sondern nur ein „Brecht-Kult", den Torberg mit einem „Nachholbedarf an Zivilcourage" erklärt (Friedrich Torberg: Soll man Brecht im Westen spielen? Ein Vortrag im Zyklus „Umstrittene Sachen" des WDR. In: Der Monat 14 (1961), 159, S. 56–62, hier S. 58 f.). Auch Beiträge der Diskussion, die Torberg mit seiner Argumentation auslöste, sind im *Monat* abgedruckt (vgl. Soll man Brecht spielen? Antworten an Friedrich Torberg. In: Der Monat 14 (1962), 161, S. 57–64 und Joachim Kaiser: Heißer Krieg gegen kalte Dramen. In: Der Monat 14 (1962), 162, S. 60–64).
625 Vgl. Agnes Hüfner: Brecht in Frankreich 1930–1963. Verbreitung, Aufnahme, Wirkung. Stuttgart 1968, S. 150.

wandte. Keine Sekretärin hatte den Text vom Diktiergerät abgetippt und ausformuliert, Unseld, das bekräftigt die Materialität des Briefs, wollte sich direkt und persönlich an Weigel richten. Das Vorgehen entspricht seiner damaligen Maxime, sich öffentlicher Stellungnahmen zu politischen Ereignissen und Entwicklungen zu Gunsten der Verbreitung der Werke Brechts zu enthalten.[626] Ein konstruktives Verhältnis zu Weigel und den Brecht-Erben zu wahren, stellte eine Bedingung für die editorische Arbeit des Verlags dar. Diese gaben ihre Zustimmung zu Editionskonzepten, der Auswahl von Texten und Fassungen sowie den jeweiligen Herausgebern und der Kommentierung von Editionen. Außerdem verhandelten sie mit den DDR-Behörden über Einreisegenehmigungen und Aufenthalte, auf die der Verlag für seine Brecht-Publikationen angewiesen war.[627] In die zwei Lager des Kalten Kriegs eingebunden, navigierte der Verlag diese jahrzehntelange Produktionsgemeinschaft allerdings immer wieder zwischen Kooperationen und Konflikten.[628] Trotz seiner gegen die bauliche Manifestation der deutschen Teilung deutlich ablehnenden Haltung, ging er daher mit Weigel, die die Zeit des Nationalsozialismus mit ihrem Mann im Exil verbracht hatte, diplomatisch um:

> Ich zögere, als Jüngerer und gerade Ihnen und Ihrer Exilerfahrung gegenüber von der Klugheit taktischen Verhaltens zu sprechen, aber für uns beide sollte dies über das Engagement gestellt sein. Wir wissen nicht, vor welchen Entscheidungen wir noch stehen. Umso mehr gilt für uns, dass die Brechtsche [!] Wahrheit, beim Schreiben mit Schwierigkeiten verbunden, meist nur mit Klugheit und List verbreitet werden kann.[629]

Mit seiner Enthaltungsgeste solidarisierte er sich nicht mit Weigels politischer Position, sondern versuchte den Fokus des beiderseitigen Engagements auf die gemeinsame Sache zu lenken: „Es geht um das Werk von Brecht."[630] Das wiederholte „wir" und „uns" unterstreicht das Gemeinsame und suggeriert eine gleichwertige, interessengeleitete Partnerschaft in Opposition zu den Machthabenden. Mit dem Verweis auf die Emigration von Brecht und Weigel im Jahr 1933

---

[626] Diesen Grundsatz sollte er nur wenige Jahre später aufgeben, als es darum ging, die kulturpolitische Entwicklung sowie die Position des Börsenvereins in Bezug auf den Literaturaustausch im Sinne der Verlagspraxis zu beeinflussen. Vgl. Kapitel 4.
[627] Vgl. Siegfried Unseld: Reisebericht Ost-Berlin, 10.–11.02.1967. In: DLA, SUA: Suhrkamp. Dies sind nur einige Beispiele aus der Zusammenarbeit zwischen dem Suhrkamp Verlag und Helene Weigel bzw. den Brecht-Erben. Den Einfluss, den dieses Verhältnis auf den deutsch-deutschen Literaturaustausch sowie das edierte Werk und die Rezeption Brechts ausgeübt hat, kann ich in der vorliegenden Studie nur stellenweise beleuchten. Eine systematische Untersuchung der Beziehung des Suhrkamp Verlags zu Brecht und dessen Werk bleibt ein Forschungsdesiderat.
[628] Vgl. Kapitel 3 und Teil I, Kapitel 1979.
[629] Unseld an Weigel, Brief vom 31.08.1961. Siehe Anhang, Dokumente, Nr. 18.
[630] Ebd.

vergleicht er das Verhältnis zum SED-Regime mit der Opposition gegen die Nationalsozialisten hinweisen und lässt den Mauerbau als diktatorische Maßnahme erscheinen, der gegenüber Weigel und er sich verbünden sollten, um die Verbreitung der Werke Brechts zu ermöglichen. Das Werk Brechts, seine Inhalte und Ideen erscheinen von Dauerhaftigkeit im Gegensatz zu den politischen Entwicklungen, die Unseld als unvorhersehbar darstellt. Vor dem Hintergrund der Exilerfahrung und im Hinblick auf zukünftige politische Szenarien teilen sich demnach Weigel und der Verlag ihre Verantwortung gegenüber Brecht und für die Verbreitung von dessen Schriften.

Unseld vermittelt in dem Brief die Vorstellung einer Gemeinschaft, die sich auf gemeinsamen Werten, einer gemeinsamen Erinnerung sowie der kulturellen Produktion begründet und sich quer zur staatlichen Realität konstituiert. Das verbindende Element ist für ihn „die gemeinsame Sprache".[631] Ihm ging es anlässlich der „gewaltsamen Separation" um eine gemeinsame Identität, die dem Konzept der ‚Kulturnation' entspricht. Seine Formulierung lässt durchblicken, dass damit der Wunsch nach dem Zustandekommen einer Staatsnation verbunden war. Gegenüber Weigel kritisiert er die Entscheidung der DDR, die Teilung zu manifestieren, gerade weil er der Meinung war, dass sich die beiden Teile Deutschlands bereits vor dem Mauerbau voneinander entfernt hatten. Aus seiner Perspektive war die Mauer also ein Resultat der Entfremdung, die dadurch weiter gefördert wurde. Sie wirkte folglich der Vorstellung von einem kulturell verstandenen, nationalen Zusammenhalt entgegen.

Gerade auf bundesdeutscher Seite war die Vorstellung von der deutschen ‚Kulturnation' ein Mittel, um die Zusammengehörigkeit der beiden deutschen Staaten im Hinblick auf die staatliche Vereinigung zu proklamieren, die der Leipziger Slawist Erhard Hexelschneider und der Leipziger Kunstwissenschaftler Erhard John 1984 als „Integrationsideologie jenseits aller sozialen Verhältnisse" bezeichneten.[632] Aus ihrer Perspektive ging es dabei um nichts weniger als „die Beseitigung der DDR".[633] Der in Westdeutschland weit verbreiteten Vorstellung von Deutschland als ‚Kulturnation' entsprechend, die die Zeit der Teilung überdauerte, hat der Diskurs auch auf den so genannten Einigungsvertrag gewirkt. In dessen Artikel 35 heißt es, die „Einheit der Nation" habe während der deutschen Teilung auf „Kunst und Kultur" basiert, die einen „eigenständigen und unver-

---

631 Ebd.
632 Erhard Hexelschneider/Erhard John: Kultur als einigendes Band? Eine Auseinandersetzung mit der These von der „einheitlichen deutschen Kulturnation". Berlin 1984, S. 60.
633 Ebd., S. 54.

zichtbaren Beitrag" im staatlichen Einigungsprozess geleistet hätten.[634] Den Begriff der ‚Kulturnation', der auf den Historiker Friedrich Meinecke zurückgeht und von den Nationalsozialisten für ihre rassistische Ideologie verwendet worden war,[635] vermeidet der Artikel und spricht stattdessen vom „Kulturstaat" Deutschland.[636]

Unseld vertrat bereits in den fünfziger Jahren die Ansicht, dass ein Literatur- und Kulturaustausch nur möglich wäre, wenn beide Länder zumindest vorläufig die gemeinsamen Staatsgrenzen akzeptierten.[637] Sein Pragmatismus in Bezug auf die deutsche Teilung ging der offiziellen Politik voraus, die sich erst in der zweiten Hälfte der sechziger Jahre stärker um Anerkennung und Austausch bemühte.[638] Im April 1967 nahm Unseld an einer Sitzung des Kulturpolitischen Arbeitskreises des Kuratoriums Unteilbares Deutschland teil, um die Möglichkeiten des kulturellen Austauschs mit den osteuropäischen Staaten zu diskutieren.[639] Auf dem offiziellen Ergebnisprotokoll hielt er handschriftlich einige Maßnahmen fest: Finanzierung des Austauschs durch Inter Nationes, Lesungen, ein Empfang für polnische Schriftsteller:innen auf der Warschauer Buchmesse, Gründung einer Bibliothek des deutschen Geistes.[640] Er notierte außerdem Wahlsprüche zum Konzept der ‚Kulturnation', die vermutlich auf der Veranstaltung geäußert wurden

---

[634] Art. 35, Abs. 1, Vertrag zwischen der Bundesrepublik Deutschland und der Deutschen Demokratischen Republik über die Herstellung der Einheit Deutschlands: https://www.gesetze-im-internet.de/einigvtr/BJNR208890990.html (zuletzt eingesehen am 5.05.2022).
[635] Vgl. Lindner: Zwischen Öffnung und Abgrenzung, S. 21.
[636] Art. 35, Abs. 1, Vertrag zwischen der Bundesrepublik Deutschland und der Deutschen Demokratischen Republik über die Herstellung der Einheit Deutschlands.
[637] Vgl. Kapitel 5.1.
[638] Nach dem Passierscheinabkommen von 1963, das den Grenzverkehr in Berlin nach dem Mauerbau wieder ermöglichte, der Wiederaufnahme von diplomatischen Beziehungen mit Rumänien und Jugoslawien in den Jahren 1967 und 1968 gab die sozial-liberale Koalition unter Bundeskanzler Willy Brandt (1969–1974) den Alleinvertretungsanspruch auf und trat in Verhandlungen mit der DDR, der Sowjetunion und Polen. In den Verträgen von Moskau und Warschau von 1970 ging es um die Anerkennung der Oder-Neiße-Linie, den Gewaltverzicht, aber auch um die deutsche Einheit. Zur Neuen Ostpolitik vgl. Peter Graf Kielmansegg: Nach der Katastrophe. Eine Geschichte des geteilten Deutschland. Berlin 2000, S. 191–212.
[639] Vgl. hierzu auch Kemper/Zajas/Bakshi (Hg.): Kulturtransfer und Verlagsarbeit; Zajas: Verlagspraxis und Kulturpolitik, hier vor allem S. 90–99.
[640] Vgl. Kulturbeziehungen Deutschlands zu den osteuropäischen Staaten, Ergebnisprotokoll o.D. In: DLA, SUA: Suhrkamp. Zur Förderung des deutsch-polnischen Literaturaustauschs durch Inter Nationes und das Auswärtige Amt sowie dem Suhrkamp Verlag auf der Warschauer Messe vgl. Paweł Zajas: Aus der Vorgeschichte der Ostpolitik. Literaturtransfer zwischen der Bundesrepublik Deutschland und der Volksrepublik Polen im kulturpolitischen Kontext (1960–1970). In: ZfO 66 (2017), 1, S. 70–98.

und wie eine Bestätigung seiner eigenen Position wirken. So zitierte er Theodor Heuss mit den Worten „[m]it Politik keine Kultur doch mit Kultur Politik machen" sowie der Phrase „Einheit des geistigen Deutschlands" als kulturpolitische Prämissen der BRD.[641] Wie an den Labels für Literatur und Autor:innen der DDR zeigt sich hieran, dass Unseld sich mit rhetorischen Regelungen des Diskurses, mit Labels und Slogans auseinandersetzte, nicht zuletzt im Hinblick auf die Begründung der eigenen Verlagspraxis. Der Verlag nutzte kulturpolitische Entwicklungen und Appelle, um Publikationen und großangelegte Projekte umzusetzen, wie in diesem Fall der Austausch mit den slawischen Ländern und Literaturen.[642] Unseld übernahm dadurch eine Mittlerfunktion zwischen politischem und literarischem Feld vor dem Hintergrund eigener ökonomischer Interessen.[643]

An der Idee der ‚Kulturnation', die im Brief an Weigel zum Ausdruck kommt, zeigt sich, dass Unseld die deutsche Literatur in einem nationalen Zusammenhang sah. Ein solches nationales Verständnis von Literatur hängt mit den rechtlichen und logistischen Bedingungen der Lizenzübernahme zusammen. Dabei spielen auch sprachliche und institutionelle Bedingungen des literarischen Felds eine Rolle. Dass dieses mit staatlichen oder nationalen Grenzen kongruent sein kann, wird nicht nur am deutsch-deutschen Verlagsprogramm evident, das Deutschland – wohlgemerkt nicht den deutschsprachigen Raum – als literarische Einheit verstand, sondern auch am Umgang mit den osteuropäischen Staaten. So nahm Unseld auf einer Delegationsreise in die ČSSR die Literatur als getrennt in eine Tschechische und eine Slowakische wahr.[644] Als es um die Erweiterung der *Bibliothek Suhrkamp* ging, erteilte er seine Zustimmung als Reaktion auf ein Lektoratsgutachten von Karl Markus Michel zu Jerzy Szaniawski: „Wir brauchen

---

641 Kulturbeziehungen Deutschlands zu den osteuropäischen Staaten, Ergebnisprotokoll o.D.
642 Im Verlag wurde weiter über den Kulturaustausch mit den sozialistischen Ländern nachgedacht. Man überlegte, wie der persönliche Kontakt und der Austausch von Büchern intensiviert und institutionalisiert werden könnten, z.B. mittels Übersetzungsförderung oder einer deutsch-slawischen Bibliothek, eine Idee des Übersetzers Karl Dedecius (vgl. Peter Urban: Zur Intensivierung des Kulturaustauschs, Notiz vom 9.11.1967. In: DLA, SUA: Suhrkamp). Zum Osteuropa-Programm des Suhrkamp Verlags vgl. Kemper/Zajas/Bakshi (Hg.): Kulturtransfer und Verlagsarbeit.
643 Zu den Verlagsaktivitäten, die dem kulturpolitischen Programm der Bundesregierung entsprachen, zählt auch die Herstellung des Geschenkbuchs *Deutsches Mosaik* für die Olympischen Spiele in München 1972 (vgl. Julia Frohn: Deutsches Mosaik. Ostdeutsche Literatur im Suhrkamp Verlag 1950–1972. In: Von Bülow/Wolf (Hg.): DDR-Literatur, S. 137–147, hier S. 144f.).
644 Vgl. Siegfried Unseld: Reisebericht ČSSR, 15.–22.02.1966. In: DLA, SUA: Suhrkamp.

einen Polen".⁶⁴⁵ Neben der Programmpolitik zeigt sich das Prinzip der Kollektivierung nach nationalen bzw. kulturellen Zusammenhängen, wie Einert in ihrer Untersuchung zur lateinamerikanischen Literatur bei Suhrkamp zeigt, auch im Verlagsmarketing.⁶⁴⁶

Unselds deutsch-deutsche Verlagspolitik, die er nach anfänglichem Zögern spätestens ab Ende der sechziger Jahre systematisch betrieb,⁶⁴⁷ war also von einer Ambivalenz geprägt: Einerseits proklamierte er die Aufrechterhaltung der ‚Kulturnation' und die Vereinigung der beiden deutschen Staaten, auch wenn diese zunächst nur stellvertretend durch den Literaturaustausch innerhalb des Verlagsprogramms stattfinden konnte. Andererseits akzeptierte er aus eben diesem Grund die DDR und ihr literarisches Feld als Bedingung für einen innerdeutschen Literaturaustausch, wovon der Suhrkamp Verlag durch die Anhäufung von ökonomischem und symbolischem Kapital profitierte. Der Bau der Mauer als Störmoment der Verlagspraxis gefährdete somit sowohl die Verbreitung der Werke Brechts und damit die finanziellen Gewinne sowie das Prestige des Verlags als auch die Vorstellung von der nationalen Einheit. War zuvor der Literaturaustausch zumindest logistisch problemlos möglich gewesen, wurden nun ein erheblicher Aufwand sowie rechtliche Regelungen notwendig, um einen kontinuierlichen Austausch zu ermöglichen. Vor diesem Hintergrund erscheint die Entwicklung der deutsch-deutschen literarischen Beziehungen im Laufe der sechziger Jahre, unterstützt durch eine Politik der Annäherung, als Reaktion auf die Gefahr einer weiteren Entfremdung der beiden deutschen Staaten und Gesellschaften.

1.4 Marktwirtschaft und Demokratie. Die Luhmann-Unseld-Kontroverse

Am 22. August 1990, kurz vor einer Vortragsreise nach Mexico und Brasilien, veröffentlichte Niklas Luhmann einen viel beachteten Aufsatz in der *FAZ*. Er vertrat darin die These, dass mit dem bevorstehenden Untergang der DDR auch die Bundesrepublik am Ende sei. Während die Veränderungen auf dem Gebiet der DDR allerdings „offensichtlich, scharf spürbar" seien, habe die Bundesrepublik „nichts Besonderes vorzuweisen", also im Gegensatz zur DDR keine

---

645 Siegfried Unseld: Handschriftliche Notiz. In: Karl Markus Michel: Gutachten zu Jerzy Szaniawski: Professor Tutka von 1960. In: DLA, SUA: Suhrkamp.
646 Vgl. Katharina Einert: „,17 Autoren schreiben am Roman des lateinamerikanischen Kontinents". Die Fiktionalisierung Lateinamerikas und seiner Literaturen. In: IASL 43 (2018), 1, S. 127–150. In Bezug auf die Literatur Lateinamerikas war die Verlagspraxis sogar in einer noch größeren Kollektivbildung von einem kontinentalen Literaturverständnis geprägt.
647 Vgl. Teil I.

klare Identität entwickelt.⁶⁴⁸ Allein „die Fähigkeit, die in der Zerstörung liegende Chance zu nutzen", womit er auf den gesellschaftlichen Wiederaufbau nach 1945 anspielte, und den „Mythos, daß Deutsche gerne arbeiten und etwas können", ließ Luhmann als geschichtliche Errungenschaften gelten, die allerdings in einem globalen Kontext eher nebensächlich erschienen.⁶⁴⁹ Was unter der Formel „Modernisierung aus dem Geiste des Traditionsabbruchs" nach 1945 als „Erfolgsgeheimnis der Bundesrepublik" funktioniert hatte, stellte Luhmann nun erneut zur Debatte:⁶⁵⁰ Würde es einen Neuanfang im vereinten Deutschland geben? Und wenn ja, was würde verloren gehen und was Bestand haben? Was also könnte ein *Nachruf auf die Bundesrepublik* enthalten?

Luhmann nannte als erstes den ökonomischen Erfolg der Bundesrepublik, der aber, schränkte er ein, „unter bestimmten weltwirtschaftlichen Bedingungen" und „unter der Bedingung einer im Krieg zerstörten und deshalb wiederaufbaufähigen Industrie" entstanden sei.⁶⁵¹ Das Wirtschaftswachstum sei insofern also keine besondere Leistung, als es erstens notwendig und zweitens Teil einer Strategie der Westmächte zur Integration der Bundesrepublik vor dem Hintergrund der Konkurrenz von Marktwirtschaft und Planwirtschaft im Kalten Krieg gewesen sei. Nun würde nach dem Zusammenbruch der sozialistischen Wirtschaftsordnungen, so Luhmann weiter, der „Triumph der Marktwirtschaft" gefeiert, nicht zuletzt in Bezug auf das geteilte Deutschland.⁶⁵² Sich auf der „Siegerseite" zu wähnen, berge allerdings die Gefahr, für Fragen, die für die Zukunft der Marktwirtschaft von Belang seien, „falsche, jedenfalls kurzsichtige und unergiebige Schemata zu wählen", die sich allein in der Abgrenzung vom gescheiterten „Jahrhundertexperiment einer ethischen Steuerung der Wirtschaft" begründeten.⁶⁵³ Mit seiner Warnung, der Westen sei auf die zukünftigen Herausforderungen von Demokratie und Marktwirtschaft nicht vorbereitet, weil diese allein unter dem Systemgegensatz betrachtet würden, positionierte sich Luhmann zu den in der Bundesrepublik virulenten Debatten über den Siegeszug des westlichen Systems einerseits und zu Katastrophen- und Untergangs-

---

648 Niklas Luhmann: Dabeisein und Dagegensein. Anregungen zu einem Nachruf auf die Bundesrepublik. In: FAZ vom 22.08.1990, zitiert nach N.L.: Protest. Systemtheorie und soziale Bewegungen. Hg. und eingeleitet von Kai-Uwe Hellmann. Frankfurt a. M. 1996, S. 156–159, hier S. 156.
649 Ebd.
650 Stephan Schlak: Wilhelm Hennis. Szenen einer Ideengeschichte der Bundesrepublik. München 2008, S. 10.
651 Luhmann: Dabeisein und Dagegensein, S. 156 f.
652 Ebd., S. 157.
653 Ebd., S. 158 f.

szenarien in den „apokalyptischen achtziger Jahren" andererseits.[654] Luhmanns Argumentation steht im Kontext der ein Jahr zuvor von dem US-amerikanischen Politikwissenschaftler Francis Fukuyama aufgestellten These vom Ende der Geschichte, das sich am „unabashed victory of economic and political liberalism" zeige.[655] Die auch von Fukuyama propagierte Prognose eines „triumph of the West"[656] sah Luhmann allerdings kritisch, denn sie verstelle den Blick auf die kommenden weltpolitischen und weltwirtschaftlichen Herausforderungen.

Neben dem ökonomischen sah Luhmann einen zweiten Erfolg in der bundesdeutschen Protestkultur, auch im internationalen Vergleich, als „Frühwarneffekt" für Probleme und Themen einer „funktionierende[n] Demokratie".[657] Wenn nun mit der Bundesrepublik auch diese Protestkultur unterginge, sei dies zwar problematisch, die Herausforderungen der Zukunft hätten allerdings „ein anderes Format".[658]

Luhmanns Überlegungen zum Einigungsprozess stießen bei Unseld auf Ablehnung: „[E]in törichter Artikel", notierte er in der Chronik. „Ich kann es nicht unterlassen, ihm darauf zu schreiben. Er wird sich nicht freuen."[659] Zwei Tage später verfasste er einen kurzen Brief an seinen Verlagsautor, aus dem seine politische Haltung zum Einigungsdiskurs deutlich hervorgeht. Er verwahrt sich darin gegen die Abfassung von Nachrufen, also den Blick zurück auf das Vergangene, wichtiger seien doch „Projektionen und Perspektiven".[660] Seine Positionierung korrespondierte mit seinen unternehmerischen Zielen im Einigungsprozess, nämlich rechtliche Tatsachen in Bezug auf die Vereinigung der Insel-Verlage sowie die Werkrechte aus der DDR zu schaffen und damit für eine stabile Zukunft (des Verlags) zu sorgen statt Bilanz zu ziehen und Raum für Zwischen-

---

654 Philipp Felsch: Der lange Sommer der Theorie. Geschichte einer Revolte 1960–1990. München 2015, S. 160. Zur Diskussion in der Bundesrepublik vgl. Lutz Niethammer: Posthistoire. Ist die Geschichte zu Ende? Reinbek bei Hamburg 1989; Thomas Jung: Vom Ende der Geschichte. Rekonstruktionen zum Posthistoire in kritischer Absicht. Münster 1989.
655 Francis Fukuyama: The End of History? In: The National Interest 16 (1989), S. 3–18, hier S. 3. Zur Debatte im Anschluss an die These Fukuyamas vgl. exempl. Volker Pesch (Hg.): Ende der Geschichte oder Kampf der Kulturen? Der Universalismus des Westens und die internationalen Beziehungen. Greifswald 1997.
656 Fukuyama: The End of History, S. 3; vgl. Luhmann: Dabeisein und Dagegensein, S. 158f.
657 Luhmann: Dabeisein und Dagegensein, S. 159.
658 Ebd.
659 Siegfried Unseld: Chronik, Eintrag vom 22.08.1990. In: DLA, SUA: Suhrkamp.
660 Siegfried Unseld an Niklas Luhmann, Brief vom 24.08.1990. In: DLA, SUA: Suhrkamp. Siehe Anhang, Dokumente, Nr. 15.

und Übergangslösungen zu schaffen.⁶⁶¹ Ebenso distanzierte er sich von der Vorstellung, eine „bundesrepublikanische Phase" sei zu Ende gegangen.⁶⁶² Unseld sah die BRD vielmehr als errungenen, anhaltenden Erfolg der deutschen Geschichte, der sich gerade durch den Beitritt der DDR als solcher bestätigen würde. Marktwirtschaft und Protestkultur allein reichten deshalb nicht aus, um ein mögliches Erbe zu beschreiben.

> Ist nicht das wichtigere Phänomen das der Demokratie – d. h. ein mündig gewordener Bürger, jedenfalls so mündig wie er in der deutschen Geschichte noch nie war – es gibt keinen Obrigkeitsstaat mehr, den wir über die Jahrhunderte hinweg zu registrieren hatten? Und ist es nicht wichtig, daß in dieser Phase der Geschichte keine kriegerische Verwicklung stattfand? Und ist nicht drittens wichtig, daß die Bundesrepublik, aus welchen Gründen auch immer, für die Bürger der DDR ein so erstrebenswertes Vorbild war, daß sie zur Erhebung motiviert wurden?⁶⁶³

Im Gegensatz zu Luhmann argumentierte Unseld mit Blick auf die deutsche Geschichte, und hob deshalb die erfolgreiche Durchsetzung der demokratischen Verfassung nach dem Zweiten Weltkrieg hervor. In seinem Antwortbrief wies Luhmann ihn daher darauf hin, dass die Demokratie in einem weltgeschichtlichen Kontext eben keine Errungenschaft der Bundesrepublik sei, „das gibt es ja schließlich auch in Frankreich, Großbritannien, den USA usw."⁶⁶⁴ Unselds Auseinandersetzung mit den Ideen Immanuel Kants zeichnet sich in dem Argument ab, dass ein demokratischer Staat zumindest relativ mündige Bürger:innen bedinge und die kriegerische Auseinandersetzung mit anderen demokratischen Staaten verhindere.⁶⁶⁵ Die implizite Gegenüberstellung von westdeutscher Demokratie und dem „Obrigkeitsstaat" der DDR, der seine Bevölkerung systemgemäß zu Untertanen erziehe, verdeutlicht daran anschließend Unselds Denken in zugleich diachronen und synchronen gesellschaftlichen Konkurrenzen. Deutlich wird dies im Vergleich der BRD mit früheren historischen Phasen – vermutlich ist die Zeit des Nationalsozialismus gemeint – und der DDR. Die staatliche und ge-

---

661 Vgl. Teil I, Kapitel 1989.
662 Unseld an Luhmann, Brief vom 24.08.1990. Siehe Anhang, Dokumente, Nr. 15.
663 Ebd.
664 Niklas Luhmann an Siegfried Unseld, Brief vom 8.10.1990. In: DLA, SUA: Suhrkamp. Siehe Anhang, Dokumente, Nr. 16.
665 Seine Formulierungen rekurrieren auf die These vom „demokratischen Frieden", dergemäß Kriege zwischen demokratischen Staaten nicht bzw. seltener stattfinden. Als philosophische Grundlage gilt Kants Schrift *Zum ewigen Frieden*, in der er das Argument entwickelt, dass Staatsbürger im Gegensatz zu Fürsten kein Interesse an der Kriegsführung hätten, weil sie mit dem Einsatz von Ressourcen – dem eigenen Leben oder Eigentum – verbunden sind (vgl. Immanuel Kant: Zum ewigen Frieden. Ditzingen 2008).

sellschaftliche Entwicklung der DDR verortete er so in einer vormodernen Phase. Seine Haltung korrespondierte mit der These Fukuyamas, Demokratie und Modernisierung im Sinne einer westlichen Moderne würden einander bedingen.[666] Die Rede von einer verspäteten Moderne in der DDR dominierte nicht nur während der deutschen Teilung und im Einigungsprozess, sondern ist, wie Stephan Pabsts Studie zur *Post-Ost-Moderne* demonstriert, bis heute zumindest in Teilen der Literaturwissenschaft noch virulent.[667] Erst neuere Forschungsbeiträge dekonstruieren die gängige, normativ verstandene westliche Bestimmung von Moderne und argumentieren mit alternativen Vorstellungen bzw. einer internationalen Moderne.[668] Der Vergleich von BRD und DDR unter einem Moderne-Begriff impliziert auch die Vorstellung, die Bundesrepublik stelle im Vergleich zu vorangegangenen deutschen Staatsmodellen einen politisch-gesellschaftlichen Fortschritt dar. Die Friedliche Revolution der DDR-Bevölkerung interpretierte Unseld vor diesem Hintergrund als teleologische Entwicklung – angeregt von den Ideen und der Literatur des Westens – zu einem Beitritt zur BRD, die dadurch wiederum als „erstrebenswertes Vorbild" legitimiert würde.

Luhmanns Antwort lavierte zwischen der Verteidigung seiner Ansichten und einem diplomatischen Umgang mit seinem Verleger. Er stellte die Vermutung an, die Bürger:innen der DDR strebten weniger den Anschluss an die demokratische Ordnung, als den an die Möglichkeiten des kapitalistischen Marktes an.[669] Weiterhin erklärte er, sein Bezugspunkt sei nicht Deutschland, sondern die moderne Weltgesellschaft: „Das führt natürlich zu einer Abwertung nationaler Spezifica, und in diesem Sinne habe ich offenbar manchen verletzt, der die gegenwärtige Entwicklung als einen Triumph der bunderepublikanischen Ordnung sieht."[670]

Unseld war, wie sich Luhmanns Formulierung entnehmen lässt, nicht der einzige, der auf den Artikel reagiert hatte. Zu den „mannigfachen Reaktionen"[671] gehörte auch eine Replik in der *FAZ* von Ernst Nolte, ebenfalls Suhrkamp-Autor, der argumentierte, dass die Vereinigung ein deutsches Ereignis sei und die Geschichte der Bundesrepublik insofern nicht an ihr Ende käme, sondern ihre Fortsetzung in einem Gesamtdeutschland finden werde, selbst wenn damit gravierende Verfassungsänderungen verbunden seien.[672] Noltes Bezugnahme auf das

---

666 Vgl. Fukuyama: The End of History, S. 4.
667 Vgl. Pabst: Post-Ost-Moderne, S. 406 f.
668 Vgl. Kathrin Sandhöfer-Klesen: Christa Wolf im Kontext der Moderne. Eine Neuverortung ihres Œuvres zwischen Ost und West. Würzburg 2019.
669 Vgl. Luhmann an Unseld, Brief vom 8.10.1990. Siehe Anhang, Dokumente, Nr. 16.
670 Ebd.
671 Ebd.
672 Vgl. Ernst Nolte: „Untergang" der Bundesrepublik? In: FAZ vom 5.09.1990.

Grundgesetz ist bezeichnend für die öffentliche Debatte im Einigungsprozess. Schließlich ging es in den politischen Verhandlungen der Jahre 1989/90 auf der Grundlage der ehemaligen Artikel 23 und 146 des Grundgesetzes vor allem um die Frage eines Beitritts der DDR zum Grundgesetz oder aber der Erarbeitung einer gesamtdeutschen Verfassung.[673] Nicht wenige Intellektuelle der DDR hatten mit ihren Protesten diesen „dritten Weg" gefordert, darunter auch Autoren wie Volker Braun, die mit dem Suhrkamp Verlag verbunden waren.[674] Sie vertraten die Idee einer demokratisch-freiheitlichen Reform des DDR-Staats, der sich Schritt für Schritt der Bundesrepublik annähern sollte.[675] Aus ihrer Perspektive war der westdeutsche Kapitalismus alles andere als ein Vorbild, ihr Ansatz lag in der sozialistischen Erneuerung. Dass diese Option im Frühjahr 1990, u. a. durch die vorgezogenen Volkskammerwahlen, verloren ging, lag vor allem an der „Inkompatibilität mit den Zielen und Interessen der in Bewegung geratenen Massen", deren Interesse auf „Reisefreiheit und Wohlstandsteilhabe" gerichtet war.[676] Das Projekt eines reformierten sozialistischen Staats mit veränderter Verfassung auf deutschem Boden stand also für einen Moment zur Debatte und hätte nicht nur Hoffnungen auf die nationale Einheit enttäuscht, sondern auch die Legitimität der bundesdeutschen Ordnung in Frage gestellt, und damit auch die des kapitalistischen Buchmarkts und seiner Institutionen.[677]

---

[673] Der ehemalige Artikel 23 beschränkte die Gültigkeit des Grundgesetzes auf die westdeutschen Bundesländer, hielt die Möglichkeit einer Ausweitung auf andere Teile Deutschlands aber offen. Artikel 146 stellte das Inkrafttreten einer vom deutschen Volk in freier Entscheidung gewählten Verfassung in Aussicht, die das Grundgesetz ablösen sollte (vgl. Ursula Münch: 1990: Grundgesetz oder neue Verfassung, 1.09.2008: www.bpb.de/geschichte/deutsche-geschichte/grundgesetz-und-parlamentarischer-rat/38984/deutsche-einheit (zuletzt eingesehen am 5.05.2022)). Beide Artikel hielten auch die Definition des deutschen Staatsgebiets noch offen. Artikel 23 wurde 1990 aufgehoben und durch die Maastrichter Verträge von 1992 durch den so genannten Europa-Artikel 23 symbolträchtig ersetzt.
[674] Aufruf *Für unser Land* vom 26.11.1989: https://www.chronik-der-mauer.de/material/178900/aufruf-fuer-unser-land-neues-deutschland-26-november-1989 (zuletzt eingesehen am 5.05.2022).
[675] Vgl. Martin Sabrow: Der vergessene „Dritte Weg". In: APuZ 11 (2010): http://www.bpb.de/apuz/32883/der-vergessene-dritte-weg?p=all#fr-footnodeid_19 (zuletzt eingesehen am 5.05.2022).
[676] Ebd.
[677] Trotz der Entscheidung für den Beitritt blieb die Frage nach der gesellschaftlichen Kontinuität ein Diskussionspunkt. Erneut angeregt durch die Verlegung des Regierungssitzes, hielten die Überlegungen über Kontinuität und Wandel der „Berliner Republik" nach der Vereinigung an (vgl. exempl. Eckhard Jesse/Eberhard Sandschneider (Hg.): Neues Deutschland. Eine Bilanz der deutschen Wiedervereinigung. Baden-Baden 2008). Zu neueren Auseinandersetzungen mit der westdeutschen Vergangenheit vgl. exempl. Philipp Felsch/Franz Witzel: BRD noir. Berlin 2016.

Unseld stimmte dementsprechend der Haltung Noltes zu.[678] Ein Vergleich seiner Stellungnahme zum Einigungsprozess mit Äußerungen der siebziger Jahre verdeutlicht, dass der Verleger im Laufe der achtziger Jahre jene „verfassungspatriotische Wende" in seiner Argumentation vollzogen hat, die Jens Hacke für Teile der sozialliberalen Linken unter der Führung von Jürgen Habermas, ebenfalls Suhrkamp-Autor, konstatiert.[679] Ein kurzer Briefwechsel mit dem damaligen Bundeskanzler Helmut Schmidt im Sommer 1975 verdeutlicht darüber hinaus, dass Unseld aus seiner zwischen West und Ost vermittelnden Position heraus immer wieder Kritik an Begrifflichkeiten im Teilungsdiskurs übte.

Unseld hatte Schmidts Rede zum 17. Juni 1975 zum Anlass genommen, ausgehend von der Etymologie des Adverbs ‚wieder' – ein Zurück zum Gleichen – dem damaligen Bundeskanzler vorzuschlagen, statt von der „Wiedervereinigung" von einer „kommenden Vereinigung" zu sprechen.[680] Schließlich könne es eine „Wiederherstellung einer Verbindung wie sie einmal war" in den „Grenzen von 1933 oder 1938 oder 1940" nicht mehr geben.[681] Mit dem Hinweis darauf, dass auch das Grundgesetz den Begriff ‚Wiedervereinigung' nicht führe, schlug er dem Bundeskanzler vor: „Was wir realisieren können, ist eine Vereinigung der beiden deutschen Staaten zu einem dritten. Mir schiene es richtig, wenn man von einer ‚kommenden Vereinigung' spräche."[682] Die Formulierung lässt vermuten, dass er Mitte der siebziger Jahre davon ausging, dass sich die Ost- und Westdeutschen bei einer staatlichen Vereinigung wie in Artikel 146 des Grundgesetzes vorgesehen, eine gemeinsame Verfassung geben würden. Diese Erwartung hatte er 1989/90 nicht mehr, vertrat sie als Hoffnung aber pro forma noch vor seinen ostdeutschen Geschäftspartnern, indem er sich mit diesen als ein ‚Wir' solidarisierte, wie eine

---

[678] In der Chronik notierte Unseld: „Ich bin wie Nolte der Meinung, daß die Bundesrepublik nicht untergegangen ist mit dem Beitritt der fünf neuen Bundesländer." (Siegfried Unseld: Chronik, Eintrag vom 5.09.1990. In: DLA, SUA: Suhrkamp).
[679] Jens Hacke: Die Bundesrepublik als Idee. Zur Legitimitätsbedürftigkeit politischer Ordnung. In: Otto Depenheuer (Hg.): Erzählungen vom Staat. Ideen als Grundlage von Staatlichkeit. Wiesbaden 2011, S. 115–136, hier S. 122.
[680] Siegfried Unseld an Helmut Schmidt, Brief vom 11.07.1975. In: DLA, SUA: Suhrkamp. Siehe Anhang, Dokumente, Nr. 19. Schmidt lehnte Unselds Vorschlag mit der Begründung ab, dass sich der Begriff ‚Wiedervereinigung' bereits etabliert habe. Außerdem gehe inzwischen niemand mehr davon aus, dass die Staatsgrenzen von vor 1945 wiederhergestellt würden, und schließlich schüre Unselds Gegenvorschlag einer ‚kommenden Vereinigung' Hoffnungen, die kurzfristig nicht zu realisieren seien (vgl. Helmut Schmidt an Siegfried Unseld, Brief vom 18.09.1975. In: DLA, SUA: Suhrkamp. Siehe Anhang, Dokumente, Nr. 20).
[681] Unseld an Schmidt, Brief vom 11.07.1975. Siehe Anhang, Dokumente, Nr. 19.
[682] Ebd. Unseld plädierte auch dafür, den 17. Juni als Tag der deutschen Einheit abzuschaffen. Im Brief wird deutlich, dass er den bundesdeutschen Feiertag kritisierte, weil dieser sich auf ein Ereignis in der DDR bezog und damit deren eigenständige staatliche Existenz negierte.

Notiz nach einem Gespräch mit dem Aufbau-Verleger Elmar Faber im Dezember 1989 belegt: „Ich sagte ihm, ‚noch haben wir die Chance einer sozialistischen Alternative zur BRD' – ich glaube das nicht."[683] Diesen hier am Beispiel Unselds dargelegten Mentalitätswandel erklärt Hacke damit, dass eine neue gesamtdeutsche Verfassung die „mühsam erarbeitete Selbstanerkennung der Bundesrepublik und ihres Grundgesetzes entwertet" hätte.[684]

Unselds Haltung lässt sich aber nicht nur mit dem Festhalten am Grundgesetz begründen. Einer Legitimierung bedurfte im Einigungsprozess, d. h. hier bei den Verhandlungen mit Verlagen sowie Autor:innen, schließlich auch die Verlagspraxis. Inwiefern Werkrechte der DDR-Verlage noch Bestand hatten und Verlage der DDR von der westdeutschen Konkurrenz übernommen werden konnten, war teilweise Gegenstand langjähriger juristischer Auseinandersetzung, im Besonderen bezüglich der Enteignung von Privatunternehmen durch die sowjetische Besatzungsmacht und die Regierung der DDR.[685] Eine dringliche Angelegenheit war dementsprechend die Übernahme des Leipziger Insel Verlags. Unseld wies bereits im Dezember 1989 bei Verhandlungen in Ostberlin darauf hin, dass der Insel Verlag als Privatunternehmen 1963 rechtmäßig dem Suhrkamp Verlag angeschlossen wurde, nachdem Anton Kippenberg den Firmensitz bereits 1960 von Leipzig nach Wiesbaden verlegt hatte.[686] Die Übertragung westdeutscher Strukturen auf den Literaturbetrieb der DDR wurde unterstützt von der bundesdeutschen Wirtschaftspolitik, die Investitionen vor möglichen Unsicherheiten in der Übergangszeit schützen wollte.[687]

Unseld nutzte die unternehmerischen Möglichkeiten, die sich durch den Beitritt der DDR boten: Expansion der Unternehmensgruppe, des Programms, des Vertriebs und der Werkrechte. Hatte er während der Zeit der deutschen Teilung den Literaturaustausch als Mittel zur Aufrechterhaltung einer kulturell verstandenen nationalen Gemeinschaft gerechtfertigt, ließen sich die Übernahmen im Kulturbetrieb jetzt als teleologische Zusammenführung darstellen. Die vermittelnde Verlagspraxis während der deutschen Teilung ermöglichte es, den Suhrkamp Verlag im Einigungsprozess durch die Übernahme von Autor:innen und des Leipziger Insel Verlags sowie durch die Ausweitung des Vertriebsgebiets neu aufzustellen und dabei den unternehmerischen Gewinn noch als Beitrag zur

---

683 Siegfried Unseld: Gespräch mit Elmar Faber am Sonntag, dem 3.12.1989 in Frankfurt, Notiz vom 5.12.1989. In: DLA, SUA: Suhrkamp.
684 Hacke: Die Bundesrepublik als Idee, S. 122.
685 Vgl. Links: Das Schicksal der DDR-Verlage, S. 10–13.
686 Unseld: Reisebericht Ost-Berlin, 22./23. Dezember 1989. In: S.U.: Reiseberichte, S. 288.
687 Vgl. Helmut Wiesenthal: Die Transformation der DDR. Verfahren und Resultat. Gütersloh 1999, S. 9.

nationalen Einheit zu deuten.[688] Innerhalb des ostdeutschen Verlagsnetzwerks musste Unseld allerdings im Hinblick auf die zukünftige Zusammenarbeit um Verständnis für seine Eigentumsansprüche werben: „Ich versuche ja dem Kapitalismus ein menschliches Gesicht zu geben", schrieb er nach seinem Aufenthalt in Ostberlin im Dezember 1989 in einer Gesprächsnotiz.[689] Seine Argumentation im geteilten Deutschland, in der es zwar nie darum ging, das Projekt eines sozialistischen Staates zu unterstützen, die aber von Interesse und Verständnis für manche Ideen sowie die Umstände und Erfahrungen in der DDR geprägt war, steht in einem Spannungsverhältnis zu offensiven Postulaten der Überlegenheit des westdeutschen Systems. Es verdeutlicht die teilweise ambivalente Wechselwirkung von Einstellungen, Haltungen und Orientierungen mit den Praktiken des Verlags.

2 Steuernachlass und Bundesverdienstkreuz. Zur kulturpolitischen Funktion der Verlagspraxis

Während der deutschen Teilung konnte Unseld die Verlagspraxis im Literaturaustausch mit kulturpolitischen Zielen wie der Aufrechterhaltung einer kulturell verstandenen nationalen Einheit, der Liberalisierung der DDR durch Literatur und der Unterstützung von Autor:innen gegen das SED-Regime begründen. Unseld sah sich also in einer homologen Position zu politischen Entscheidungsträgern, deren Nähe er immer wieder suchte. Dies belegen zum einen Archivdokumente, zum anderen Unselds Praktiken rhetorischer Selbstpositionierung. Aus der Interpretation und Darstellung der Verlagspraxis als kulturpolitische Arbeit zog er Kapital. Sie brachte ihm Auszeichnungen und Preise der Regierungen von Bund und Ländern. In den Begründungen spielte hierbei immer das gesellschaftliche Engagement des Verlags bzw. des Verlegers, nicht zuletzt im Literaturaustausch eine Rolle.

Unseld nutzte die Arbeit des Verlags sogar, um beim hessischen Finanzminister um Steuernachlass zu bitten. Im Frühjahr 1971 wandte er sich an Rudi Arndt, um aus seiner Position als Verleger finanzielle Vorteile für den Verlag zu schlagen. Seine Bitte um Unterstützung bei einer Steuernachforderung begründete er damit, dass der Suhrkamp Verlag

---

688 Vgl. Teil I, Kapitel 1989.
689 Unseld: Gespräch mit Elmar Faber am Sonntag, dem 3.12.1989 in Frankfurt, Notiz vom 5.12.1989.

ein anspruchsvolles literarisches und kulturpolitisches Programm realisiert und damit fraglos kulturelle Arbeit für die Öffentlichkeit geleistet [hat]. Ich darf auch betonen, daß das ideologische Konzept des Verlages den gesellschaftspolitischen Vorstellungen der Gegenwart entspricht, wie sie von der heutigen Bundesregierung, aber auch vom Land Hessen und der Stadt Frankfurt vertreten werden.[690]

Unselds Identifikation mit dem politischen Programm der Bundesrepublik, vor allem in den siebziger Jahren, wurde auch von politischer Seite konsekriert. Mehrfach erhielt er das Bundesverdienstkreuz und andere staatliche Auszeichnungen,[691] wurde zu Gesprächen mit hochrangigen Politikern wie Helmut Schmidt sowie Reisen in die Tschechoslowakei oder die USA eingeladen. Als er 1973 das Bundesverdienstkreuz 1. Klasse erhielt, bedankte er sich bei dem damaligen Bundespräsidenten Gustav Heinemann, indem er den Verlag als Mittlerorganisation der Bundesregierung darstellte: „Seien Sie versichert, daß ich diese Anerkennung durchaus ernst nehme. [...] [S]ie ist mir auch Impuls, meine Arbeit und die meiner Verlage weiterhin dem ‚Staat und dem Volk' zu widmen."[692] In der Überzeugung mit dem Verlegen von Literatur dem deutschen Staat und der Gesellschaft zu dienen, äußert sich die Assoziation des Verlegerberufs mit einem politischen Amt. Die Gegenüberstellung von „Staat und Volk" gleicht dem Amtseid des Bundespräsidenten, sich „dem Wohle des Volkes"[693] zu widmen und die politische Ordnung zu achten. Sie stellt Unselds Position als homolog zur Exekutive der Bundesregierung dar und legt einen hierarchischen Unterschied zum Publikum des Verlags fest. In der Verwendung des Begriffs ‚Volk' klingt Unselds Verständnis von einer deutschen ‚Kulturnation' an, die Sprache, Kultur und Geschichte miteinander teilt und die in seiner Vorstellung auch die DDR umfasste.[694]

Unseld suchte immer wieder den Kontakt zu Politikern. Er gratulierte Heinemann zu seiner Wahl zum Bundespräsidenten[695] und veröffentlichte später

---

690 Siegfried Unseld an Rudi Arndt, Brief vom 27.04.1971. In: DLA, SUA: Suhrkamp.
691 1973 Verdienstkreuz 1. Klasse, 1977 Goethe-Plakette der Stadt Frankfurt a.M., 1979 Großes Verdienstkreuz, 1981 Wilhelm-Leuschner-Medaille des Landes Hessen, 1984 Ricarda-Huch-Preis der Stadt Darmstadt, 1990 Hessischer Verdienstorden, 1993 Großes Verdienstkreuz mit Stern, 1999 Hessischer Kulturpreis, 2000 Verdienstorden des Landes Baden-Württemberg.
692 Siegfried Unseld an Gustav Heinemann, Brief vom 23.01.1973. In: DLA, SUA: Suhrkamp.
693 Art. 56 Satz 1 GG: https://www.gesetze-im-internet.de/gg/art_56.html (zuletzt eingesehen am 5.05.2022).
694 Vgl. Kapitel 2.
695 Vgl. Siegfried Unseld an Gustav Heinemann, Brief vom 13.03.1969. In: DLA, SUA: Suhrkamp.

seine Reden und Schriften.[696] Heinrich Lübke versorgte er zu dessen Bundespräsidialzeit mit zeitgenössischer Literatur.[697] Mit Schmidt setzte er sich öfter brieflich und persönlich über politische Denkweisen und Formulierungen auseinander.[698] Auch mit Klaus Höpcke, damals stellvertretender Kulturminister der DDR und Leiter der Hauptverwaltung Verlage und Buchhandel, verbanden ihn und seine Frau Ulla Unseld-Berkéwicz ein freundschaftliches Verhältnis.[699]

Auch an seinem Verhältnis zu Schmidt wird deutlich, dass Unseld die Vorstellung hatte, in gleichartiger Position mit den Ranghöchsten der Politik zu stehen. In einem Brief vom Sommer 1975 kommentierte er Schmidts kritisches Verhältnis zum theoriegeleiteten Handeln im Vorwort zum Band *Kritischer Rationalismus und Sozialdemokratie* und verglich in der Wir-Form seine verlegerische Tätigkeit und diejenige des Bundeskanzlers miteinander: „Wenn wir entscheiden, entscheiden wir[...] im Grunde genommen aus sittlichen Gründen. Unser Gewissen spricht also bei diesen Entscheidungen mit, und das heißt, daß es doch so etwas wie ein Wissen von Gut und Böse gibt, das letztlich theoretisch ist."[700]

Am 16. Oktober 1977 war Unseld mit Heinrich Böll, Siegfried Lenz und Max Frisch bei Schmidt im Bundeskanzleramt eingeladen – ein Treffen, dass Unseld ausführlich in der Chronik festgehalten hat.[701] Der Bundeskanzler war zu dieser Zeit in die politische Krise des so genannten Deutschen Herbstes involviert: Anfang September war der Arbeitgeberpräsident Hanns Martin Schleyer entführt worden und Schmidt war am Tag des Gesprächs in die Verhandlungen um das ebenfalls entführte Lufthansa-Flugzeug Landshut eingebunden. Laut Unselds Bericht verließ Schmidt immer wieder den Raum, um Entscheidungen in der politischen Krise zu treffen.[702] Auf der Rückfahrt mit Frisch diskutierte Unseld seine Eindrücke von der politischen Verantwortung des Bundeskanzlers und kam

---

696 Vgl. Gustav Heinemann: Reden und Schriften. Band I–III. Reden des Bundespräsidenten 1969–1974. Frankfurt a. M. 1975–1977; G.H.: Präsidiale Reden. Frankfurt a. M. 1975.
697 Vgl. Siegfried Unseld an Heinrich Lübke, Brief vom 28.09.1964. In: DLA, SUA: Suhrkamp.
698 Vgl. Kapitel 2.2.
699 Vgl. Gespräch mit Klaus Höpcke am 17. November 2014. Siehe Anhang, Gespräche, Nr. 4. Siegfried Unselds Verhältnis zur Politik kann hier nur in Bezug auf sein Berufsverständnis und seine Beziehung zur DDR beurteilt werden. Für eine systematische Studie zu Unselds Politikverständnis und seinem breiten Netzwerk an Politikern fehlte bislang der notwendige Zugang zu Quellenmaterial.
700 Unseld an Schmidt, Brief vom 11.07.1975. Siehe Anhang, Dokumente, Nr. 19.
701 Vgl. Siegfried Unseld: Chronik. Eintrag vom 16.10.1977. In: Fellinger/Reiner (Hg.): Siegfried Unseld, S. 187–189; Jan Bürger: Herrenrunde mit Panzerwagen. Ein Kommentar. In: ZIG IV (2010), 4, S. 107–110.
702 Vgl. Unseld: Chronik. Eintrag vom 16.10.1977, S. 187.

zu einem Schluss, der zeigt, wie weit seine Identifikation mit den politischen Entscheidungsträgern ging: „Auch ich nahm in dieser Nacht Abschied von Vorstellungen irgendwann einmal ein politisches Amt auszuüben."[703]

Unseld übernahm, wie bereits erwähnt, immer wieder Ideen und Slogans aus dem Bereich der (Kultur-)Politik, um sich selbst und die Verlagspraxis darzustellen. Aus Anlass des 25-jährigen Bestehens der Mauer zwischen Ost- und Westdeutschland formulierte Unseld in der Chronik: „Die Teilung nicht nur Deutschlands, sondern die der Welt in West und Ost. Solange es die Mauer gibt und der Zugang also zu ist, muß die deutsche Frage offen bleiben, wie die Konflikte West/Ost gelöst werden müssen, wenn wir überleben wollen."[704] Er übernahm damit Redeweisen hochrangiger Politiker der Zeit, z. B. aus einem Vortrag des damaligen Bundespräsidenten Richard von Weizsäcker auf dem 21. Deutschen Evangelischen Kirchentag[705] oder aus der Gedenkrede Helmut Kohls zum Bau der Mauer am 13. August 1986.[706] An seiner Abhandlung *Verleger als Beruf*[707] zeugt bereits der Titel von dem Bezug zu Max Webers Vortrag *Politik als Beruf*.[708] Darin stellt Weber eine Typologie von Politikern auf und reflektiert das Verhältnis von Verantwortungs- und Gesinnungsethik im politischen Handeln. Unseld hat sich mit Webers Schrift beschäftigt und bezog von dort wesentliche Aspekte seines Politikbegriffs. Der verlegerische Beruf sei ebenso wie der politische „ein starkes langsames Bohren von harten Brettern mit Leidenschaft und Augenmaß", so Unselds Worte,[709] der damit im Sinne Webers „jede Art selbstständig leitender Tätigkeit" zur politischen Handlung erklärte.[710]

---

703 Unseld: Chronik. Eintrag vom 16.10.1977, S. 188. Vgl. Bürger: Herrenrunde mit Panzerwagen. Ob „auch" Max Frisch darüber nachdachte, ein politisches Amt auszuüben, lässt sich aufgrund von Unselds Formulierung nur vermuten. Es wird in der Chronik nicht weiter ausgeführt.
704 Siegfried Unseld: Chronik, Eintrag vom 13.08.1986. In: DLA, SUA: Suhrkamp.
705 Von Richard von Weizsäcker stammt der Satz: „Die deutsche Frage ist so lange offen, als das Brandenburger Tor zu ist." (Richard von Weizsäcker: Die Deutschen und ihre Identität. Kiel 1986, S. 78).
706 Darin heißt es: „Solange es Mauer, Stacheldraht und Schießbefehl gibt, kann von Normalität in Deutschland keine Rede sein. […] Solange Deutschen die Freiheit vorenthalten wird, solange grundlegende Menschen- und Bürgerrechte mitten in Deutschland verletzt werden – solange bleibt auch die deutsche Frage offen." (Helmut Kohl: Ansprache bei der Gedenkstunde zum 25. Jahrestag des Mauerbaus am 13. August 1986 in Berlin, Bulletin des Presse- und Informationsamts der Bundesregierung Nr. 93 (15.08.1986): https://www.bundeskanzler-helmut-kohl.de/seite/13-august-1986/ (zuletzt eingesehen am 5.05.2022)).
707 Vgl. Unseld: Verleger als Beruf.
708 Vgl. Max Weber: Politik als Beruf. In: M.W.: Gesamtausgabe. Abteilung I: Schriften und Reden. Band 17. Hg. von Wolfgang J. Mommsen u. a. Tübingen 1992, S. 113–252.
709 Unseld: Verleger als Beruf, S. 23.
710 Weber: Politik als Beruf, S. 157.

1984 notierte Unseld aus Anlass seiner Auszeichnung mit dem Ricarda-Huch-Preis in der Chronik:

> In der FAZ-Meldung, die Reich-Ranicki ja formulierte, wird mein Eintreten für die Autoren aus der DDR ‚von Ernst Bloch und Bertolt Brecht bis Uwe Johnson und Thomas Brasch' gewürdigt.
>
> Ich lese nach in den Reden zur Preisverleihung 1981 an Reich-Ranicki. Dort sprach Stadtrat Peter Benz, daß Sabais diesen Preis eingerichtet habe, einen „Literarischen Preis", „der das Bewusstsein der Deutschen von der Einheit ihrer nationalen Kultur wachhalten, die Gemeinsamkeit der Sprache und der Überlieferung pflegen oder der Idee der Wiedervereinigung der getrennten Teile Deutschlands in Frieden und Freiheit und mit dem Verfassungsgebot der Menschenrechte dienen soll, wie es im Grundgesetz der Bundesrepublik Deutschland postuliert ist".[711]

Obwohl mit dem Preis die Förderung ehemaliger Exil- und aus der DDR emigrierter Autor:innen gewürdigt werden sollte, bringt die Chronik das verlegerische Handeln mit politischen Zielen in Verbindung. Suhrkamps gesamtdeutsche Programmpolitik erscheint in dem Chronik-Eintrag als Engagement für den Erhalt der deutschen ‚Kulturnation', wenn nicht sogar als Beitrag zur staatlichen Vereinigung. Die Leistungen des Verlags lagen so gesehen in der Erinnerungsarbeit sowie der Sprach- und Traditionspflege durch die Produktion und Verbreitung von Literatur, die auf das Bewusstsein der Öffentlichkeit einwirkte. In seiner Darstellung positionierte Unseld sich als alleiniger Förderer der Autor:innen der DDR im Verlag, ohne zu erwähnen, dass er das Handeln des Verlags zwar leitete und verantwortete, aber maßgeblich, gerade in Bezug auf die Literatur der DDR, auf seine Lektor:innen und die kollektive Funktionsweise des Verlags angewiesen war.[712] Der Preis bedeutete für ihn eine Konsekration seiner Person, nicht des Verlags. Das Possessiv „mein" verdeutlicht deshalb die Differenz zwischen dem öffentlichen Diskurs, zu dem auch die Chronik als im Hinblick auf Veröffentlichung verfasstes Dokument zu sehen ist, und der Verlagspraxis. Die Verlagsarbeit ist eine kollektive Leistung, für die Unseld als Verleger haftete. Es liegt nahe, dass er folglich auch bei einer solchen Konsekration durch Preise für den Verlag ‚haftete', weil seine Rolle gerade in Bezug auf die DDR eine repräsentative und entscheidende Funktion war, während die Expertise zur Struktur und Funktionalität des literarischen Felds der DDR sich auf den gesamten Verlag verteilte.

---

711 Siegfried Unseld: Chronik, Eintrag vom 24.03.1984. In: DLA, SUA: Suhrkamp.
712 Im „Instinkt für Mitarbeiter" sieht Rudolf Rach die große Leistung Unselds als „bemerkenswert guter Unternehmer". (Gespräch mit Rudolf Rach am 28.03.2014. Siehe Anhang: Dokumente, Gespräche Nr. 1, S. 573).

3 Volker Brauns *Die Zickzackbrücke* im Einigungsprozess

Der Verlag vertrat seine Position im Einigungsprozess so eindeutig, dass Lektorin Borchers und Verleger Unseld 1991 damit auch die Ablehnung eines Manuskripts von Braun begründeten, der seit 1966 seine Werke kontinuierlich im Suhrkamp Verlag veröffentlicht hatte. Beim Manuskript *Die Zickzackbrücke* handelte es sich um eine Zusammenstellung aus veröffentlichten und unveröffentlichten Texten, die in den Jahren 1988 bis 1991 entstanden waren und den gesellschaftlichen und politischen Wandel der Zeit reflektieren, weshalb Braun sie zeitnah bei Suhrkamp, seinem neuen Verlag nach der Vereinigung veröffentlichen wollte. In der Kombination belegen die Gespräche, Gedichte und Kurztexte die intensive Auseinandersetzung des Autors mit dem Zeitgeschehen. Braun kritisiert in den Texten die gesellschaftliche Dynamik im Einigungsprozess – im Bild der für böse Geister unpassierbaren Neun-Biegungen-Brücke verdichtet – und verarbeitet auch deren Implikationen für das lyrische und erzählende Ich. Die Texte konstatieren einen fundamentalen Ost-West-Gegensatz, der weder zur Verlagspraxis noch in die Debatte um einen schnellen Einigungsprozess nach 1990 passte, denn Artikel 35 des Vertrags zur Herstellung der Einheit Deutschlands behauptete, wie erwähnt, dass Kunst und Kultur in den Jahren der Teilung Garanten einer fortbestehenden Einheit gewesen seien.[713] Unseld hatte, wie gezeigt, politisch an der kulturellen Einheit Deutschlands festgehalten und befürwortete die demokratische Grundordnung der Bundesrepublik. Die totalitäre Unterdrückungspolitik der DDR lehnte er ab, auch aufgrund der Erfahrungen, die er mit den Autor:innen der DDR gemacht hatte. Seine Haltung, so wird deutlich werden, differenzierte im Teilungsdiskurs nicht zwischen der DDR als Staat und sozialistischen Ideen zur Gestaltung eines politisch-gesellschaftlichen Systems, was auch als Grund für seinen Dissens mit Luhmann angesehen werden kann.

Borchers, die den Band begutachtete, und Unseld, der im Antwortbrief die Haltung des Verlags vertrat, reagierten dementsprechend ablehnend.[714] Beide störte vor allem, dass Braun eine einseitige Kritik am Konsum im westdeutschen Kapitalismus formulierte, ohne die Vorzüge einer westlichen Demokratie zu benennen. In der Vehemenz mancher Formulierungen, vor allem im Gutachten von

---

713 Vgl. Vertrag zwischen der Bundesrepublik Deutschland und der Deutschen Demokratischen Republik über die Herstellung der Einheit Deutschlands (Einigungsvertrag), Art. 35, Satz 1: http://www.gesetze-im-internet.de/einigvtr/art_35.html (zuletzt eingesehen am 5.05.2022).
714 Vgl. Elisabeth Borchers: Volker Braun: „Die Zickzackbrücke". 111 Seiten. Gedichte, Erzählungen, Interviews. Gutachten vom 28.10.1991; Siegfried Unseld an Volker Braun, Brief vom 31.10.1991. In: DLA, SUA: Suhrkamp. Siehe Anhang, Dokumente, Nr. 11.

Borchers, bricht außerdem eine bislang noch unerwähnte emotionale Ebene der Verlagspraxis durch („Auf S. 95 das Gedicht, das schon einmal in der ZEIT abgedruckt war und mich damals schon in Harnisch versetzte."[715]), die sich im Folgenden noch öfter zeigen wird.

Brauns Haltung lässt sich mit der These Luhmanns von der Niederlage des sozialistischen Wirtschaftssystems und den mangelnden Errungenschaften der Bundesrepublik vergleichen, mit der auch der Bielefelder Soziologe sich Unselds Unwillen zugezogen hatte.[716] Borchers und Unseld verlangten jedoch von Braun, wie schon in der Auseinandersetzung mit Luhmann, eine ‚ausgewogene' Darstellung der Verhältnisse aus verschiedenen Perspektiven, zumal es in diesem Fall um eine Verlagspublikation ging.

Unseld beharrte auf seinem Glauben an die demokratische Grundordnung. Ein Buch, dass inhaltlich so sehr von den Haltungen und Einstellungen des Verlags abwich, konnte, obwohl der Autor seit mehr als dreißig Jahren dazu gehörte, nicht in diesen Zusammenhang integriert werden. „[M]an muß nicht alles, was man einmal formulierte, dann auch für den Druck aufbewahren",[717] riet Unseld seinem Autor Braun, was nicht nur als bissige Begründung seiner ablehnenden Haltung zu verstehen ist. Der Ratschlag ist auch das Ergebnis einer Konfliktsituation, in der sich Praktiken „nicht in einen sinnvollen Zusammenhang mit den anderen Praktiken einer Lebensform und dem von diesen konstituierten Interpretationsrahmen" bringen lassen, und zeugt von den unterschiedlichen Passungsverhältnissen der Werke eines Autors.[718] Damit ist gemeint, dass sich bei diesem Werk zu diesem Zeitpunkt und unter den historisch-politischen Bedingungen die vertretenen Positionen nicht miteinander vereinen ließen. Die verlegerische Kritik ist ein Beleg dafür, wie das Werk eines Autors mit dem vom Verlag geführten politischen Diskurs in Konflikt geraten konnte. Sie verdeutlicht außerdem, dass Borchers und Unseld Literatur der DDR als realistisch und wirklichkeitsnah wahrnahmen, die somit auch nach dem Ende der DDR als Informationsquelle über psychosoziale Entwicklungen dienen können sollte.[719] Weil Brauns Kritik nicht mit dem Verlagsprogramm übereinstimmte, ließ Unseld seinen Autor wissen: „Und dann fallen Sätze, die ich nicht verstehe und die ich als Verleger auch nicht veröffentlichen möchte."[720]

---

715 Borchers: Volker Braun: „Die Zickzackbrücke". Gemeint ist das Gedicht *O Chicago! O Widerspruch!* Vgl. Volker Braun: Die Zickzackbrücke. Ein Abrißkalender. Halle Verlag 1992, S. 81.
716 Vgl. Kapitel 2.3.
717 Unseld an Braun, Brief vom 31.10.1991. Siehe Anhang, Dokumente, Nr. 11.
718 Jaeggi: Kritik von Lebensformen, S. 114.
719 Vgl. zu den Wertungskriterien von Literatur der DDR ausführlich Teil III.
720 Unseld an Braun, Brief vom 31.10.1991. Siehe Anhang, Dokumente, Nr. 11.

Einige Beispiele für Brauns Kritik und Unselds Wahrnehmung lassen sich anführen: In dem Gespräch mit der ungarischen Tageszeitung *Népszabadság* und deren Kulturredakteur Karoly Vörös unter dem Titel *Lösungen für alle* kritisiert Braun mit der Metapher des Wiener Schnitzels die westliche Konsumorientierung und Kapitalisierung des Lebens, die für ihn unmittelbar mit einem „Zirkus der Parteien"[721] einhergehen:

> Das Wiener Schnitzel ist zu wenig für unsere Appetite, ein kleiner ungarischer Raubkapitalismus produzierte womöglich eine Eindrittelgesellschaft, und die neue soziale Not wird die Volksrepublik ganz in den Westen driften lassen oder in eine neue sozialistische Unruhe; und die Frage ist, ob es nicht etwas Moderneres gibt als den Zirkus der Parteien, eine Demokratie der Basis, eine Demokratie, die L ö s u n g e n f ü r a l l e [Herv. im Original, A.J.] will.[722]

In dem Text drückt sich Brauns damalige Überzeugung von einem dritten, basisdemokratischen Weg für Deutschland aus: weder die „Kapitalisierung der ganzen Welt" in einem Parteiensystem, das mehr mit sich selbst beschäftigt ist und nur noch zur Belustigung des Publikums dient, noch der Sozialismus der DDR erschienen ihm als gangbare Lösung, sondern eine „Demokratie der Basis" galt ihm als Alternative.[723] Unseld stellte Brauns politisches Szenario jedoch grundlegend in Frage: „Soll das eine Lösung sein: ‚Volkseigentum plus Demokratie made in GDR'?"[724] Zwei Standpunkte des Einigungsdiskurses stießen aufeinander: Brauns, der an die Idee des Sozialismus glaubte und sie nach wie vor auch in Staat und Gesellschaft verankert sehen wollte, und Unselds, der im Untergang der DDR eine Bestätigung der parteiendemokratischen und kapitalistischen Verfasstheit der Bundesrepublik sehen konnte.

Das bereits erwähnte Gedicht *O Chicago! O Widerspruch!* formuliert eine Antwort auf Brechts Gedicht *Vom armen B.B.*, der in der ersten Zeile angesprochen und als Referenz einer sozialistischen Kritik aufgerufen wird:

> Brecht, ist Ihnen die Zigarre ausgegangen?
> Bei den Erdbeben, die wir hervorriefen
> In den auf Sand gebauten Staaten.
> Der Sozialismus geht, und Johnny Walker kommt.
> Ich kann ihn nicht an den Gedanken festhalten
> Die ohnehin ausfallen. Die warmen Straßen
> Des Oktober sind die kalten Wege

---

721 Volker Braun: Lösungen für alle. In: V.B.: Die Zickzackbrücke, S. 43–47, hier S. 46.
722 Ebd.
723 Ebd.
724 Unseld an Braun, Brief vom 31.10.1991. Siehe Anhang, Dokumente, Nr. 11.

Der Wirtschaft, Horatio. Ich schiebe den Gum in die Backe
Es ist gekommen, das nicht Nennenswerte.[725]

Den Untergang von DDR und Sowjetunion erlebt das lyrische Ich als schwindenden Sozialismus und Ankunft Johnny Walkers, ohne seinen eigenen Standort zu verändern. Was nun kommt, „das nicht Nennenswerte", sind kapitalistischer Fortschritt, (Alkohol-)Konsum und ein rein ökonomisches Denken, verdichtet in der Metapher des schottischen Whiskeys dargestellt, der mit dem Marken-Image des *striding man* auf die anglophone westliche Welt verweist. Die Staaten – und nicht wie bei Brecht die „Gehäuse" und „Asphaltstädte" der urbanen Zentren[726] – sind bereits zerstört, und das Ich schafft es nicht an den sozialistischen Ideen festzuhalten, die ihm wie Haare ausfallen, weil sich ihr Zusammenhalt gelöst hat. Unseld aber verstand Brauns Kritik an einem Wirtschaftssystem, das sich an den Gesetzen des Markts orientiert und nur bedingt vom Staat ethisch kontrolliert wird, als allzu verkürzt und daher unausgewogen: „Ich kann viele Deiner Gedanken und Deiner psychohistorischen Gefühle verstehen – auch Enttäuschungen, aber es kann und darf nicht sein, daß Ismen gehen und der einzige, der kommt, ist Johnny Walker."[727]

Bedeutung und Tragweite des Gedichts (und des gesamten Bands) erschließen sich erst in der intertextuellen und diskursanalytischen Interpretation, die ein Verlag bei der Begutachtung eines Manuskripts natürlich nicht durchführt. Unselds Problem lag auch weniger im individuellen Standpunkt Brauns, sondern in der Gefahr, dass dessen Meinung mit der Haltung des Verlags bzw. seines Verlegers assoziiert werden könnte.[728] Inwieweit auch die Anrufung Brechts als Vertreter des Sozialismus der Marketingstrategie des Verlags gerade zum Ende des Kalten Kriegs in die Quere kam, lässt sich nur mutmaßen. Selbst noch im sub-

---

725 Volker Braun: O Chicago! O Widerspruch! In: V.B.: Die Zickzackbrücke, S. 81.
726 Bertolt Brecht: Werke. Große kommentierte Berliner und Frankfurter Ausgabe. Hg. Werner Hecht u. a. Berlin/Weimar/Frankfurt a. M. 1988–2000. Bd. 11, S. 119 f.
727 Unseld an Braun, Brief vom 31.10.1991. Siehe Anhang, Dokumente, Nr. 11.
728 Wie eng Suhrkamp als Verlag seine Beziehungen zu den Autor:innen noch immer sieht, zeigte sich zuletzt 2018, als der Verlag sich auf Twitter von den rechtspopulistischen Aussagen Tellkamps distanzierte, die der Autor in einem Gespräch mit Karin Großmann und Durs Grünbein geäußert hatte. In diesem Fall ging es nicht um eine Diversität von Meinungen, die im Verlagsprogramm explizit oder implizit zum Ausdruck kommen, sondern um die Assoziationsmöglichkeit von Autor und Verlag auch außerhalb des Verlagszusammenhangs (vgl. Gerrit Bartels: Suhrkamp distanziert sich von Tellkamp? Das ist erstaunlich. In: Der Tagesspiegel vom 10.03.2018: https://www.tagesspiegel.de/kultur/die-verlage-und-die-rechten-suhrkamp-distanziert-sich-von-tellkamp-das-ist-erstaunlich/21055100.html (zuletzt eingesehen am 5.05. 2022)).

jektiven Ausdruck Brauns verlangte Unseld eine ausgeglichene Darstellung des Einigungsprozesses und keine Melancholie im „Nicht-los-lassen-können".[729] Hier steht also eine grundlegende Ablehnung der DDR auf Seiten Unselds im Gegensatz zu Brauns Kritik, die nicht einen auf sozialistischen Ideen gründenden Staat als solchen, sondern nur dessen praktische Gestaltung betrifft.

Bezeichnend für den Umgang des Verlags mit literarischen Genres ist auch der Vorschlag der Lektorin Borchers, nur die Gedichte aufnehmen zu wollen, nicht aber die Prosa.[730] Die Kritik Brauns – in Unselds Worten seiner „Gedanken" und „psychohistorischen Gefühlen" – war für sie in Form von Gedichten als subjektiv ästhetisierter Ausdruck noch tragbar, nicht aber in Form von Gesprächen, Tagebucheinträgen und anderen kleinen Formen, die einen faktualen Anspruch auf die Darstellung von Wirklichkeit erheben.

Borchers und Unseld zogen eine Revision des Manuskripts in Betracht. In dem Gespräch *Jetzt wird der Schwächere plattgewalzt* sollte Braun den Satz streichen, in dem er den ehemaligen DDR-Fernsehkommentator Karl-Eduard Schnitzler mit dem westdeutschen CDU-Politiker Volker Rühe vergleicht. Im Gespräch mit dem Theaterkritiker Christoph Funke äußert sich Braun in dem Text retrospektiv zur im Vergleich zur Auflösung des DDR-Systems mangelnden Revision des westdeutschen Systems: „Ich sage nicht, daß es [die DDR, A.J.] nicht mit Recht zugrundegeht: aber das Elend ist, daß das Bleibende so ganz ins Recht gesetzt ist. Schnitzler geht und Rühe kommt. Das Armutszeugnis des historischen Herbstsemesters."[731] Schnitzler war Chefkommentator des DDR-Fernsehens und bekannt für seine polemische Kritik des Westfernsehens in der wöchentlichen Sendung *Schwarzer Kanal*, die von 1960 bis 1989 ausgestrahlt wurde. Der ostdeutschen Protestbewegung Ende der achtziger Jahre galt er als Feindbild und typischer Vertreter des Systems, dessen unkritisches Verhältnis zum eigenen Staat in immer krasserem Widerspruch zur Lebensrealität der Bevölkerung stand.[732] Statt Schnitzler und den *Schwarzen Kanal* mit westdeutschen Pendants der ideologischen Gegenpropaganda zu vergleichen, stellte Braun nun den damaligen CDU-Generalsekretär Volker Rühe auf eine Ebene mit dem Fernsehkommentator. Unseld und Borchers waren sich einig: „Schnitzler und Rühe in einem Atemzug zu

---

[729] Unseld an Braun, Brief vom 31.10.1991. Siehe Anhang, Dokumente, Nr. 11.
[730] Vgl. Borchers: Volker Braun: „Die Zickzackbrücke".
[731] Volker Braun: Jetzt wird der Schwächere plattgewalzt. In: V.B.: Die Zickzackbrücke, S. 50–54, hier S. 52.
[732] Vgl. Marc Levasier: „Der schwarze Kanal". Entstehung und Entwicklung einer journalistischen Kontersendung des DDR-Fernsehens. In: Jürgen Wilke (Hg.): Journalisten und Journalismus in der DDR. Berufsorganisation – Westkorrespondenten – „Der schwarze Kanal". Köln u. a. 2007, S. 217–313, hier S. 235.

nennen, das überschreitet die Grenze des Zulässigen."[733] Denn als neu gewählter Generalsekretär spielte Rühe unter Helmut Kohl im Einigungsprozess eine zentrale Rolle bei der Integration der Ost-CDU sowie bei den ersten Wahlen im März 1990.

Durch den Vergleich erscheint im Text die CDU-Politik als Fortsetzung eines polemischen Diskurses über die ideologischen Unterschiede der beiden Teile Deutschlands und damit auch als Fortführung einer die Bevölkerung unterdrückenden Politik. Darin äußert sich Brauns Kritik an der rigiden Haltung der CDU im Einigungsprozess, die jegliche Form des Sozialismus ablehnte und eine schnelle Assimilation der ostdeutschen Gesellschaft anstrebte. Borchers sah vor allem die Implikationen eines solchen Vergleichs für einen westdeutschen Verlag: Einen Vergleich, der Schnitzler und Rühe als Vertreter von Unrechtsstaaten gleichsetzte, zu autorisieren, hätte in ihrer Sicht auch auf Verlagsebene eine Äußerung massiver Kritik an der BRD und dem Einigungsprozess bedeutet. Unseld wiederum wollte dies gegebenenfalls selbst als subjektive Meinung seines Autors nicht öffentlich vertreten. Mit dieser Haltung stellte er sich in die Reihe derer, die im Prozess der Auflösung der DDR den gesamten sozialistischen Staat mit all seinen Formen und Elementen negierten. Statt im Verlagsprogramm verschiedene Standpunkte des Einigungsdiskurses und der vom Verlag vertretenen Autor:innen darzustellen, positionierte Unseld sich und den Verlag eindeutig als Befürworter der bundesrepublikanischen Ordnung und als Propagator einer von der deutschen Teilung nicht unterbrochenen nationalen Einheit.

Die Suhrkamp-Braun-Auseinandersetzung verdeutlicht diametrale Haltungen im Einigungsdiskurs, die nicht nur im Umfeld des Verlags vertreten wurden: auf der einen Seite Braun, der sich nach wie vor für eine demokratische Form des Sozialismus einsetzte und deshalb den westdeutschen Kapitalismus kritisierte, damit aber auch in der DDR eine Sonderstellung einnahm, und auf der anderen Seite Unseld als Befürworter eines raschen Assimilationsprozesses, der zwar einen kritischen Diskurs im Verlagsprogramm abbilden wollte, ohne aber den politischen Prozess grundsätzlich in Frage zu stellen. Im Unterschied zum Einwand gegen Luhmanns Deutschlandkritik, stand Brauns Manuskript entgegen, dass dessen Veröffentlichung Brauns Kritik als gültigen Diskursbeitrag legitimiert hätte, auch wenn der Verlag sich inhaltlich hätte distanzieren können. Unseld hatte zwar in den Jahrzehnten zuvor zwischen Ost und West vermittelt, in der Auseinandersetzung um die staatliche Einigung gab es aber – das belegt die Bewertung des Braun-Manuskripts – keinen Kompromiss. Für ihn überwogen die Vorteile der westdeutschen Gesellschafts- und Staatsordnung. Mehr noch: In

---

[733] Unseld an Braun, Brief vom 31.10.1991. Siehe Anhang, Dokumente, Nr. 11.

seiner Haltung zur DDR äußert sich eine Schlussstrich-Mentalität: keine Diskussion über einen dritten Weg, sondern absolutes Ende des DDR-Staats und Assimilation in die BRD, ebenso keine Diskussion über Fehler und mögliche Änderungen des westdeutschen Systems. Der Fall verdeutlicht darüber hinaus, wie der Verlag Textsorten – ob Gedicht oder Prosaformen – sowie die Ko- und Kontextualität von Texten bei seiner Entscheidungsfindung gewichtete. Da Braun ebenso nicht bereit war, das Konvolut der Texte zu teilen oder zu ändern, erschien *Die Zickzackbrücke* statt bei Suhrkamp in einem kleinen Band mit englischer Broschur im Mitteldeutschen Verlag. Einzelne Texte sind jedoch auch in vorausgehenden und nachfolgenden Suhrkamp-Publikationen enthalten.

4 Suhrkamp und die Leipziger Buchmesse

Von 1965 bis 1976 nahm der Suhrkamp Verlag jedes Jahr mit einem eigenen Stand an der Leipziger Buchmesse teil, die zunächst zwei Mal pro Jahr und ab 1973 nur noch im Frühjahr stattfand. Sowohl die Leipziger als auch die Frankfurter Buchmessen galten als „kulturpolitisches Barometer",[734] d. h. die westdeutsche (und die ostdeutsche) Öffentlichkeit nahm die Praktiken von Verlagen, Börsenvereinen und Messeämtern rund um die Veranstaltung – wessen und welche Bücher ausgestellt, wer eingeladen, worüber in Gesprächen geredet wurde – als Indiz für die Lage der innerdeutschen Beziehungen wahr. In diesen Diskurs war der Suhrkamp Verlag mit seinen Messepraktiken und seinen Haltungen zum Literaturaustausch eingebunden.[735] In den folgenden Kapiteln geht es darum, wie sich der Begründungszusammenhang von Praktiken, Einstellungen und Orientierungen des Verlags zur Teilnahme an der Leipziger Buchmesse entwickelte und zum Diskurs im geteilten Deutschland verhielt. Daran lassen sich die Funktion und der Stellenwert erkennen, die die Messe zum einen für die Verlagspraxis und zum anderen für die Selbstdarstellung des Verlags im Literaturaustausch hatte. Außerdem geht es im Folgenden darum, einen weiteren literaturhistorischen Hintergrund für die Analyse der Verlagspraktiken in Bezug auf Autor:innen und ihre Werke im nachfolgenden Untersuchungsteil aufzuspannen. Ziel ist deshalb nicht die systematische Analyse der Verlagsbeziehungen zur Leipziger Messe, die auch den Lizenzhandel der DDR-Verlage mit Suhrkamp-Publikationen mitbetrachten müsste, sondern den Wandel der Einstellungen und Haltungen des

---

[734] Zeckert: Die Internationale Leipziger Buchmesse, S. 42.
[735] Vgl. Berthold Petzinna: Walter Boehlich und die DDR-Verlage. In: Peitsch/Thein (Hg.): Walter Boehlich, S. 211–227, hier S. 216.

Verlags aufzuzeigen. Die erweiterte Perspektive auf das Verhältnis des Suhrkamp Verlags zur Leipziger Buchmesse ergibt zusätzlich eine alternative Periodisierung der Verlagsgeschichte im geteilten Deutschland, mit der ich auch das Archivmaterial strukturiere. Die Herangehensweise ergänzt die in Teil I aufgezeigte Periodisierung anhand der Verlagslabels. Umso bedeutsamer ist es, dass der dort mit der Neukonstituierung des Lektorats sowie der Etablierung eines Programmschwerpunkts unter dem Label ‚DDR-Literatur' festgestellte Umbruch des Jahres 1969 auch mit einer Veränderung der Messepraxis zusammenfällt.[736]

Während ab 1964 Unseld und Cheflektor Boehlich die Teilnahme an der Leipziger Messe als Demonstration für den Erhalt und Ausbau deutsch-deutscher Kooperationen darstellten, die – in Ermangelung anderer kooperativer Strukturen – auch (kultur-)politisch gefördert werden sollten, trat dieses Motiv ab 1969 in den Hintergrund. Erst Ende der sechziger Jahre entspannte sich das Verhältnis des westdeutschen Börsenvereins und der Bundesregierung zur DDR, so dass der Verlag die Ausstellung auf der Leipziger Buchmesse fortan als „Stellvertreterhandeln"[737] positionieren konnte. Nach Beratungen des Lektorats im Jahr 1969 rechtfertigte sich die Präsenz des Verlags in Leipzig von nun an, weniger politisch als literarisch-ökonomisch, vor allem durch den systematischen Aufbau eines deutsch-deutschen Verlagsprogramms. Ab 1973 rückte in der Darstellung des Verlags die Unterstützung der in der DDR bedrängten Autor:innen in den Vordergrund. Suhrkamp betonte seine Rolle als alternativer Publikationsort für Literatur der DDR. Schon 1976 dominierten in der Verlagskommunikation jedoch wieder pragmatische Beweggründe. Mit der erfolgreichen Etablierung des Verlags im Lizenzaustausch vor allem durch Beziehungen zu DDR-Verlagen rentierte sich der Aufwand des Messebesuchs nicht mehr, so dass Suhrkamp ab 1977 keinen eigenen Stand mehr in Leipzig unterhielt. In der Folge entsandte Suhrkamp nur noch eine Delegation aus Lektorat und Herstellung nach Leipzig.

Um die Verlagspraxis historisch und argumentativ einordnen zu können, erläutere ich zunächst die kulturpolitischen Rahmenbedingungen des Literaturaustauschs auf den deutschen Buchmessen, ehe Suhrkamp sich daran beteiligte. Denn die eigenständige Präsentation der Verlagsproduktion sowie der gegenseitige Austausch über das Forum der Messen in Ost und West waren noch Mitte der sechziger Jahre alles andere als eine Selbstverständlichkeit. Die DDR-Verlage konnten nach der Aufhebung des Frankfurter Messeverbots zwar seit 1955 an der

---

736 Vgl. Teil I, Kapitel 1969.
737 Vgl. Petzinna: Walter Boehlich und die DDR-Verlage, S. 221.

westdeutschen Buchmesse teilnehmen, wofür Peter Suhrkamp sich maßgeblich eingesetzt hatte, um vor allem dem Aufbau Verlag als wichtigstem Kooperationspartner den Zugang zu ermöglichen.[738] Ein großer Streitpunkt der deutschen Börsenvereine und Grund dafür, dass Verlage dennoch nicht an der Messe des jeweils anderen Deutschlands teilnahmen, blieben aber die Parallelverlage.[739] Kurz nach Kriegsende eröffneten mehrere Verleger nicht ihre traditionellen Verlagshäuser in der Buchstadt Leipzig, sondern ließen sich auf Betreiben der amerikanischen Besatzungsmacht in Wiesbaden nieder. Auf diese Weise blieb jeweils nur ein Teil des Verlags in den ostdeutschen Gebieten, der Verlagssitz befand sich aber im westdeutschen Raum, so dass die Verlage der Kontrolle durch die Sowjetische Militäradministration (SMAD) entzogen waren.[740] Im Zug der gesellschaftlichen Umstrukturierung in der Sowjetischen Besatzungszone (SBZ) und der DDR wurden dann mehrere dieser ehemals privaten Parallelverlage enteignet, und die Verlagshäuser in der DDR gerieten dennoch unter staatliche Kontrolle. So existierten zum Beispiel die Verlage Kiepenheuer, Insel, Reclam oder Brockhaus als geteilte West- und Ostverlage mit identischem Namen.

Während die Zusammenarbeit der gleichnamigen Häuser oft aufrechterhalten wurde,[741] kam es zwischen den deutschen Börsenvereinen zu Konflikten, die sich unter anderem auf den gegenseitigen Austausch auf den Buchmessen auswirkten. Aus Sicht einiger westdeutscher Verleger und des westdeutschen Börsenvereins waren bei der Enteignung Urheber- und Verlagsrechte verletzt worden.[742] Was die Ausstellung der DDR-Verlage in Frankfurt betraf, waren sich dessen Mitglieder jedoch uneins: Die westdeutschen Verleger, deren Verlage in der SBZ und in der DDR enteignet worden waren und die in der BRD ein neues gleichnamiges Verlagshaus eröffnet hatten, befürworteten ein Verbot der gleichnamigen DDR-Verlage in Frankfurt. Sie besaßen ein Veto-Recht gegen deren Ausstellungsanfragen und konnten somit die Teilnahme vieler Verlage, die für den Literaturaustausch von Interesse waren, an der Frankfurter Buchmesse verhindern.[743] Außerdem gab es eine Anzeigensperre für die Buchproduktion der Parallelverlage sowie ein Verbot der Bezeichnung ‚DDR' im westdeutschen Börsenblatt. Die Verleger jedoch, die Autor:innen der DDR veröffentlichten und Geschäftskontakte dorthin

---

738 Peter Suhrkamp und Ernst Rowohlt hatten beim Frankfurter Börsenverein bewirkt, dass im Herbst 1955 zum ersten Mal nach der deutschen Teilung DDR-Verlage an der westdeutschen Buchmesse teilnehmen konnten (vgl. Frohn: Literaturaustausch, S. 263).
739 Vgl. zur Geschichte der Parallelverlage mit Fallbeispielen den Exkurs ebd., S. 235–260.
740 Vgl. ebd., S. 315.
741 Vgl. ebd., S. 312.
742 Vgl. Petzinna: Walter Boehlich und die DDR-Verlage, S. 216.
743 Vgl. Kröger: „Establishment und Avantgarde zugleich"?, S. 318.

unterhielten, sahen in den Buchmessen eine Möglichkeit zur gegenseitigen Begegnung und Information sowie zum lukrativen Lizenzhandel.[744] Dieser Situation entsprechend waren westdeutsche Verlage in Leipzig bis in die sechziger Jahre nur durch Interzonenhandelsfirmen an Gemeinschaftsständen vertreten; erst in den siebziger Jahren nahmen regelmäßig 30 bis 40 Einzelaussteller an der Messe teil.[745]

Die Konfliktlage im Börsenverein und unter den westdeutschen Verlagen verdeutlicht, dass Unseld der Realität der deutschen Teilung und den existierenden Parallelverlagen – zu denen auch Insel gehörte – entsprechend eine pragmatische Haltung einnahm, die zumindest Mitte der sechziger Jahre und im Vergleich zu den offiziellen Positionen des Börsenvereins und der bundesdeutschen Kulturpolitik auch als progressiv angesehen werden kann. Neben seinem Kollegen Ernst Rowohlt trat er zu dieser Zeit als Vertreter und Sprecher der Verlage auf, die den Austausch fördern wollten.

Die Politik des westdeutschen Börsenvereins entsprach in den sechziger Jahren zudem der offiziellen Kulturpolitik.[746] Zwar hatte Egon Bahr, damals Sprecher des Berliner Senats, bereits 1963, nur zwei Jahre nach dem Mauerbau, einen Wandel der innerdeutschen Beziehungen „durch Annäherung" propagiert,[747] nach wie vor galt aber die Hallstein-Doktrin und damit der Alleinvertretungsanspruch der Bundesrepublik, die einen bilateralen Austausch der beiden Staaten verhinderte. Erst Willy Brandt förderte zunächst als Bürgermeister von Berlin, später als Bundesaußenminister eine Politik der schrittweisen Kontaktaufnahme,[748] in deren Kontext auch die Verlagsteilnahme an der Leipziger Messe gesehen werden kann. Die Regierung unter Brandt verfolgte dann ab 1969 eine ‚Neue Ostpolitik', die die Aufhebung der Hallstein-Doktrin nach sich zog. Mit den Ostverträgen der Bundesrepublik mit der Sowjetunion und der Volksrepublik

---

744 Vgl. ebd., S. 317 f.
745 Vgl. Zeckert: Die Internationale Leipziger Buchmesse, S. 39 und 44 f. Zu den deutsch-deutschen Handelsbeziehungen auf der Leipziger Messe vgl. auch Patricia F. Zeckert: Die Leipziger Buchmesse, die Börsenvereine und der Mauerbau. In: Deutschland Archiv online 8/9 (2012), Themenheft Deutsch-deutscher Literaturaustausch, 20.09.2012: https://www.bpb.de/geschichte/zeitgeschichte/deutschlandarchiv/139889/die-leipziger-buchmesse-die-boersenvereine-und-der-mauerbau?p=all (zuletzt eingesehen am 5.05.2022).
746 Vgl. Seyer: Die Frankfurter Buchmesse in den Jahren 1967 bis 1969, S. 168.
747 Egon Bahr: Wandel durch Annäherung. Vortrag gehalten am 15. Juli 1963: https://www.1000dokumente.de/pdf/dok_0091_bah_de.pdf (zuletzt eingesehen am 5.05.2022).
748 Vgl. Wilhelm Bleek: Deutschlandpolitik der BRD: http://www.bpb.de/geschichte/deutsche-einheit/deutsche-teilung-deutsche-einheit/43646/deutschlandpolitik-der-brd (zuletzt eingesehen am 5.05.2022).

Polen⁷⁴⁹ sowie dem Regierungswechsel in der DDR mit Erich Honecker als neuem Generalsekretär⁷⁵⁰ begann zumindest offiziell und teilweise auch im kulturellen Bereich eine Entspannungsphase.⁷⁵¹ Beide deutschen Staaten erklärten im Grundlagenvertrag von 1972 ihre gegenseitige völkerrechtliche Anerkennung und den Willen zum Ausbau ihrer Beziehungen, u. a. in Form eines Kulturabkommens, das nach langen Verhandlungen im Jahr 1986 zustande kam.⁷⁵²

1965: Demonstration für den Literaturaustausch

Im Juni 1964 bat Unseld Klaus Gysi, den Leiter des Aufbau Verlags, um Rat bezüglich der Präsenz des Verlags auf der Leipziger Buchmesse: „Ich überlege mir sehr, ob der Suhrkamp Verlag nicht doch einmal mit einem Stand dort vertreten sein müsste. Wie denken Sie darüber?"⁷⁵³ Gysi leitete seit der Inhaftierung des ehemaligen Aufbau-Leiters Walter Janka⁷⁵⁴ im Jahr 1957 den Verlag und bestärkte

---

749 Der Moskauer Vertrag wurde am 12. August 1970, der Warschauer Vertrag am 7. Dezember 1970 unterzeichnet.
750 Erich Honecker wurde am 3. Mai 1971 Nachfolger Walter Ulbrichts als Erster Sekretär (ab 1976 Generalsekretär) des Zentralkomitees der SED.
751 Honeckers Erklärung auf der 4. Tagung des Zentralkomitees der SED am 17. Dezember 1971 wurde als Zeichen der Liberalisierung auf dem Feld der kulturellen Produktion wahrgenommen: „Wenn man von der festen Position des Sozialismus ausgeht, kann es meines Erachtens auf dem Gebiet von Kunst und Literatur keine Tabus geben." (Manfred Jäger: Kultur und Politik in der DDR 1945–1990. Köln 1995, S. 140).
752 Das Abkommen über kulturelle Zusammenarbeit wurde am 6.05.1986 zwischen der Regierung der Deutschen Demokratischen Republik und der Regierung der Bundesrepublik Deutschland unterzeichnet. Sebastian Lindner sieht die Bedeutung des Abkommens vor allem im erfolgreichen Abschluss des Verhandlungsprozesses, in dem das Verhältnis von Nation und Kultur (einheitliche Kulturnation oder eigenständige sozialistische Kultur) oder auch die Frage nach der Rückführung kriegsbedingt verlagerter Kulturgüter geklärt werden musste. In den Verhandlungen wurden außerdem Zweijahrespläne mit Einzelprojekten vereinbart, die zum Beispiel zu gegenseitigen Ausstellungen des Buchhandels in verschiedenen Städten in den Jahren 1988 und 1989 führten (vgl. Sebastian Lindner: Mauerblümchen Kulturabkommen. In: Deutschland Archiv online 5 (2011), Themenheft Kultur, 18.05.2011: http://www.bpb.de/geschichte/zeitgeschichte/deutschlandarchiv/53911/kulturabkommen?p=all (zuletzt eingesehen am 5.05.2022)); S.L.: Zwischen Öffnung und Abgrenzung.
753 Siegfried Unseld an Klaus Gysi, Brief vom 16.06.1964. In: DLA, SUA: Suhrkamp.
754 Walter Janka leitete von 1950 bis 1957 den Aufbau Verlag und arbeitete in dieser Position mit dem Suhrkamp Verlag zusammen. Im Sommer 1957 wurde er zu fünf Jahren Haft verurteilt, weil er den ebenfalls zu zehn Jahren verurteilten Wolfgang Harich, Cheflektor im Aufbau Verlag, bei seiner Kritik gegen die Politik der SED unterstützt und damit gegen Art. 6 der Verfassung der DDR („Boykotthetze") verstoßen hatte. Mit ihnen wurden auch die Redakteure der Zeitschrift *Sonntag*

Unseld in seinem Vorhaben.[755] Dass Unseld den Aufbau-Verleger um Rat fragte, ist bezeichnend: Die Verlagskontakte in die DDR liefen zu dieser Zeit vorrangig über die an der Verbreitung der Werke Brechts beteiligten Akteure.[756] Mitte der sechziger Jahre hatte Suhrkamp außerdem Kontakt zum Chefredakteur von *Sinn und Form*, Peter Huchel, den Unseld und Enzensberger auch als Lyriker anzuwerben versuchten.[757] Suhrkamp gab die Stücke von Peter Hacks heraus, hatte Gedichte von Erich Arendt und Günter Kunert sowie ein Stück von Helmut Baierl abgelehnt[758] und interessierte sich für die Theaterstücke von Lange und Müller.[759] In den Verhandlungen um einen Gedichtband von Huchel stand er in Konkurrenz mit vielen westdeutschen Verlagen, die ebenfalls Interesse an einer Veröffentlichung hatten. Bei den Gedichten von Johannes Bobrowski kam Suhrkamp mit seiner Anfrage zu spät, auch dessen Roman erschien nicht bei Suhrkamp.[760] Bereits 1960 hatte Enzensberger festgestellt, dass die Verlagsbeziehungen zum literarischen Feld der DDR einer Systematisierung bedürften.[761] Die Teilnahme an der Messe diente damals also dem weiteren Kontaktaufbau mit Verlagen und Autor:innen, damit Suhrkamp zu einem früheren Zeitpunkt im Publikationsprozess involviert sein und somit seine Position im Lizenzhandel mit der DDR verbessern konnte. Auch Unselds Formulierung signalisiert, dass im Verlag schon länger über eine Teilnahme an der Messe nachgedacht und dies als logische Schlussfolgerung aus den Verlagsbeziehungen angesehen wurde. In den vorangehenden Jahren hatten allerdings der Bau der Mauer und die darauffolgenden Boykottmaßnahmen der bundesdeutschen Regierung eine Teilnahme erheblich

---

verhaftet, die im Aufbau Verlag erschien. Die Prozesse sind umfangreich dokumentiert und wissenschaftlich erforscht (vgl. exempl. Brigitte Hoeft (Hg.): Der Prozeß gegen Walter Janka und andere. Eine Dokumentation. Reinbek bei Hamburg 1990; Judith Marschall: Aufrechter Gang im DDR-Sozialismus. Walter Janka und der Aufbau Verlag. Münster 1994; Guntolf Herzberg: Anpassung und Aufbegehren. Die Intelligenz der DDR in den Krisenjahren 1956/58. Berlin 2006).

755 Vgl. Klaus Gysi an Siegfried Unseld, Brief vom 20.06.1964. In: DLA, SUA: Suhrkamp.
756 Vgl. Teil I, Kapitel 1949.
757 Vgl. Hans Magnus Enzensberger an Peter Huchel, Brief vom 20.04.1960 und Siegfried Unseld an Peter Huchel, Brief vom 16.06.1961. In: DLA, SUA: Suhrkamp.
758 Vgl. Siegfried Unseld: Reiseberichte Berlin, 19.–22.06.1961 und 24.10.–2.11.1962. In: DLA, SUA: Suhrkamp. Vgl. zur Ablehnung von Günter Kunert auch Teil III, Kapitel 1.3.1.
759 Vgl. Siegfried Unseld: Reisebericht Berlin, 22.–30.04.1964. In: DLA, SUA: Suhrkamp.
760 Vgl. Siegfried Unseld: Reisebericht Saulgau, Tagung der Gruppe 47, 24.–28.09.1963. In: DLA, SUA: Suhrkamp. Die ersten beiden Gedichtbände *Sarmatische Zeit* (1961) und *Schattenland Ströme* (1962) erschienen in der BRD bei der Deutschen Verlags-Anstalt, den Roman *Levins Mühle* (1964) verlegte der S. Fischer Verlag. Vgl. zu Bobrowski im deutsch-deutschen Literaturaustausch auch Frohn: Literaturaustausch, S. 346–369.
761 Vgl. Hans Magnus Enzensberger: Reisebericht Leipzig, 26.–31.03.1960. In: DLA, SUA: Suhrkamp. Vgl. Kapitel 5.3.

erschwert. Zeckert bewertet die Attraktivität des neuen Messehauses am Markt als Grund für die Wiederaufnahme der innerdeutschen Handelsbeziehungen auf der Messe ab 1963.[762]

1964 stellte der Verlag nicht aus, da die Vorbereitungszeit zu knapp gewesen wäre und Unseld außerdem gleichzeitig beim Treffen der Gruppe 47 in Schweden anwesend sein wollte.[763] Beide Veranstaltungen, die Messe und die erste Auslandstagung der Gruppe 47 waren wichtige Veranstaltungen, um den Verlag zu repräsentieren und dessen Netzwerk auszubauen. Statt Unseld besuchte Cheflektor Boehlich die Messe, damit der Verlag offiziell vertreten war.[764] Im darauffolgenden Jahr hatte der Suhrkamp Verlag dann einen eigenen Stand auf der Leipziger Buchmesse.

In seiner Korrespondenz mit Klaus Gysi stellte Unseld die Präsenz seines Verlags auf der Messe in einen kulturpolitischen Kontext: „[I]ch folge Ihrer Einladung nach Leipzig auch weil ich weiß, daß ich damit Ihnen und unserer gesamtdeutschen Sache diene."[765] Aufgrund der offiziellen Formulierung, Suhrkamp reagiere auf eine Einladung und diene damit den Interessen des DDR-Verlags, nehme ich an, dass sich der Brief implizit auch an die zuständigen Behörden der DDR richtet, um dem westdeutschen Verlag die Teilnahme in Leipzig zu ermöglichen oder die Einreise zu erleichtern. In der DDR hatte die Hauptverwaltung Verlage und Buchhandel 1964 die Kontrolle der gesamten Branche übernommen, und es herrschte in diesem „kurze[n] Sommer der DDR" eine Zeit der Liberalisierung, die das 11. Plenum des Zentralkomitees der SED im Dezember 1965 beendete.[766] Worauf konkret Unseld mit der „gesamtdeutschen Sache" anspielte, lässt sich aus dem Archivmaterial nicht rekonstruieren. Vermutlich deutet er aber sein Einvernehmen mit Gysis Engagement an, der sich als Vorsitzender des Börsenvereins in Leipzig – und als Geheimer Informant der Staatssicherheit unter dem Decknamen ‚Kurt' – nach dem Mauerbau für die wechselseitige Teilnahme aller Verlage an den Buchmessen in Ost und West einsetzte.[767] Nicht nur Suhr-

---

762 Vgl. Zeckert: Die Leipziger Buchmesse.
763 Vgl. Siegfried Unseld an Klaus Gysi, Brief vom 7.12.1964. In: DLA, SUA: Suhrkamp. Beim Treffen der Gruppe 47 in Sigtuna trug Günter Grass die ersten beiden Akte seines Stücks *Die Plebejer proben den Aufstand* vor, in dem er die Rolle Brechts im Arbeiteraufstand des 17. Juni 1953 verarbeitete. Es ist anzunehmen, dass Unseld Wert darauf legte an der Diskussion teilzunehmen, um die Identität der Marke ‚Brecht' zu schützen (vgl. Marmulla: Enzensbergers Kursbuch, S. 79). Vgl. Kapitel 5.3.
764 Vgl. Siegfried Unseld an Klaus Gysi, Brief vom 29.06.1964. In: DLA, SUA: Suhrkamp.
765 Siegfried Unseld an Klaus Gysi, Brief vom 4.06.1965. In: DLA, SUA: Suhrkamp.
766 Gunnar Decker: 1965. Der kurze Sommer der DDR. München 2015.
767 Vgl. Zeckert: Die Leipziger Buchmesse.

kamp, auch der Aufbau Verlag öffnete sich in dieser Zeit für die neuere deutsche Literatur, die außerhalb der DDR entstand.[768] Vermutlich stimmte Unseld also zu, dass sich durch die öffentlichkeitswirksame Teilnahme Suhrkamps (und anderer westdeutscher Verlage) an der Leipziger Buchmesse auch die Teilnahme der DDR-Verlage in Frankfurt normalisieren und letztlich den Literaturaustausch erleichtern und ausbauen ließe. Vor dem Hintergrund der bundesdeutschen Kulturpolitik könnte die potentielle Messeteilnahme auch als subversives Eintreten Unselds für den Erhalt einer kulturell verstandenen nationalen Einheit wirken, die sich wenigstens in den Verlagsprogrammen von Suhrkamp und Aufbau erreichen ließ, wie bereits die Verwendung des Labels ‚gesamtdeutsch' im Autorenmarketing zu dieser Zeit gezeigt hat.[769] Auch der Börsenverein in Frankfurt hatte im Herbst 1964 allerdings von seinen Einwänden gegen eine Teilnahme der Verlage in Leipzig Abstand genommen.[770]

Im Jahresbericht von 1965 bilanzierte Cheflektor Boehlich die Teilnahme an den Buchmessen in Leipzig und Warschau:

> Nützlich und sinnvoll für den Verlag werden sich der Besuch sowohl der Warschauer als auch der Leipziger Buchmesse auswirken – soweit das Lectorat daran beteiligt war und betroffen wurde. Der Verlag hat damit etwas unternommen, was er sich und der Lage der Dinge schon seit längerer Zeit schuldig war. Da der Besuch der beiden Messen weniger von merkantilen als vielmehr von politischen Gesichtspunkten bestimmt war, werden sich seine Folgen zunächst mehr auf sein Prestige als auf seine Wirtschaftlichkeit auswirken, aber politisches Handeln gehört zu den notwendigen Aufgaben eines Verlages, der weder sein Programm noch seine Autoren zufällig gefunden hat.[771]

Boehlich zufolge entsprach der Verlag mit der Teilnahme an den Buchmessen in Leipzig und Warschau erstens einer Entwicklung, die im eigenen Verlag durch die Aufnahme von Autoren der DDR und aus den osteuropäischen Staaten stattgefunden hatte. Zweitens reagierte er auf aktuelle Entwicklungen im literarischen Feld. Im Herbst 1964 hatten bereits 35 DDR-Verlage in Frankfurt ausgestellt,[772] woraufhin Unseld seinen Gegenbesuch in Leipzig plante. Verlage wie Luchterhand, Rowohlt und Suhrkamp veröffentlichten ein deutsch-deutsches Programm und hatten deshalb Interesse an einem Lizenzhandel mit der DDR, der traditionell

---

[768] Vgl. Carsten Wurm: Jeden Tag ein Buch. 50 Jahre Aufbau-Verlag 1945–1995. Berlin 1995, S. 66f.
[769] Vgl. Teil I, Kapitel 1959.
[770] Vgl. Zeckert: Die Leipziger Buchmesse.
[771] Walter Boehlich: Jahresbericht Lektorat 1965. In: DLA, SUA: Suhrkamp.
[772] Vgl. Elke Scherstjanoi: Zwei Staaten, zwei Literaturen? Das internationale Kolloquium des Schriftstellerverbandes der DDR, Dezember 1964. Eine Dokumentation. München 2008, S. 19.

auf den Messen stattfand. Dennoch wagten nur wenige westdeutsche Literaturverlage bereits Mitte der sechziger Jahre den Schritt nach Leipzig. Boehlich kritisierte noch 1967 in einem Bericht von der Leipziger Buchmesse die Abwesenheit literarischer Verlage der Bundesrepublik.[773] Im Vergleich zu Suhrkamp entschied sich der S. Fischer Verlag zum Beispiel erst 1972 in Leipzig auszustellen. Drittens positionierte sich der Verlag laut Boehlich mit der Teilnahme als Befürworter des Literaturaustauschs, für eine Verständigung mit der DDR und den sozialistischen Staaten. Da der Handel mit Lizenzen von der Politik und den Gesetzen der DDR abhing, implizierte der Literaturaustausch indirekt auch die Anerkennung der DDR als Staat. Zu Zeiten der Hallstein-Doktrin in den sechziger Jahren konnte dies als politische Demonstration gewertet werden.

Mit der „Lage der Dinge" war also vermutlich zum einen die Praxis von Akteuren des literarischen Felds gemeint, die eine Politik der Alleinvertretung nicht mehr unterstützten und vor allem nach der baulich manifestierten Trennung durch die Berliner Mauer und den Konflikten der vergangenen Buchmessen wieder vermehrt den Kontakt zur DDR suchten. Zu denen gehörten neben den Verlagen auch die Gruppe 47, an deren Treffen Schriftsteller:innen der DDR teilnahmen, aber auch der Austausch zwischen Bibliotheken, Lesegruppen sowie Intellektuellen und Studierenden. Zum anderen entstand mit der Aufrechterhaltung des innerdeutschen Austauschs eine immer größere Kluft zur offiziellen Politik der BRD. Im Fall der zwei deutschen Buchmessen war der Verlag also zu einer Stellungnahme gezwungen. Nahm er nicht an der Leipziger Messe teil, entsprach er damit der offiziellen Kulturpolitik Mitte der sechziger Jahre, die ein zweites Deutschland nicht anerkannte. Boehlich argumentierte jedoch, dass das Verlegen von bestimmten Autoren und Texten auch ethische Konsequenzen habe: Wenn der Verlag Autoren der DDR und Osteuropas verlegte, wenn das Programm Texte aufwies, die gegen Krieg und Militarisierung gerichtet waren, aber kritisches Denken und Handeln propagierten, dann musste auch der Verlag öffentlich zu einer Politik Stellung beziehen, die der Entspannung des Ost-West-Konflikts und einer möglichen Vereinigung der deutschen Staaten abträglich war. Damit entsprach Boehlich auch der Haltung Unselds, aus der eigenen Position – hier als Verleger oder Cheflektor – verantwortliches Handeln abzuleiten.

Mit dem Hinweis auf die Lektoratsaktivitäten und das Verlagsprogramm machte Boehlich deutlich, dass die Messeteilnahme vor allem die Funktion hatte, das eigene Netzwerk zu erweitern und Autorenakquise zu betreiben. Die Messepräsenz diente dem „Prestige" des Verlags, so Boehlich, also der Akkumulation von symbolischem Kapital, das in ökonomisches Kapital umgewandelt werden

---

773 Vgl. Walter Boehlich: Neun Tage in Leipzig. In: SZ vom 23./24.09.1967.

konnte. Vor dem Hintergrund der konfliktgeladenen Politik der sechziger Jahre konnten sowohl Unseld als auch Boehlich die Messepräsenz wie gesagt aber auch als politische Demonstration propagieren.

Tatsächlich hatte die Verlagspräsentation im Frühjahr 1965 nicht nur prestige- und verkaufsfördernde Effekte, sondern wirkte positiv auf den Literaturaustausch. Im darauffolgenden Herbst stellten die DDR-Verlage erneut in Frankfurt aus. Der Börsenverein entschied jedoch, die Verlage der DDR wie ausländische Verlage zu behandeln und in der Halle mit den Sachbuchverlagen anstatt neben den anderen belletristischen Verlagen ausstellen zu lassen.[774] Unseld setzte sich daraufhin für die Gleichbehandlung der DDR-Verlage als innerdeutsche Verlage ein und geriet darüber in eine grundlegende Auseinandersetzung mit dem Börsenverein. Gegenüber der *FAZ* äußerte er:

> Ich finde, man sollte den Verlagen der DDR dieselben Möglichkeiten einräumen, die wir, wenn wir sie wahrnehmen wollen, in Leipzig haben, die wir in Prag haben, die wir in Warschau haben. Ich halte die Lösung in Frankfurt für falsch. Aus dieser Haltung heraus gebe ich für die Verlagsleute aus der DDR bei mir einen Empfang.[775]

Dass Unseld die Messen in Leipzig, Prag und Warschau in Verbindung brachte, entsprach nicht nur den politischen Verhältnissen, sondern auch der Verlagspraxis: Denn im Frühjahr 1965 war Suhrkamp nicht nur an der Leipziger Messe beteiligt gewesen, sondern Unseld war Teil einer bundesdeutschen Delegation zum Kennenlernen des literarischen Felds der ČSSR gewesen[776] und Boehlich hatte erneut an der Warschauer Messe teilgenommen (siehe oben). Mit seiner Kompensationsveranstaltung für die diskriminierende Politik des Börsenvereins positionierte Unseld damit sich und den Verlag als Akteure einer progressiven Verlagspolitik.[777] Die Beteiligung an den Messen in der DDR, in Polen und der Tschechoslowakei sowie der Empfang für Verlage und Autor:innen der DDR de-

---

774 Wie politisch Buchmessen sind, hat kürzlich wieder die Diskussion um die Teilnahme rechter Verlage und den offenen Brief der Charta 2017 gezeigt (vgl. Matthias Meisner: Wie Leipzig von Frankfurt lernen will. Rechte Verlage auf der Buchmesse. In: Tagesspiegel online vom 16.11. 2017: https://www.tagesspiegel.de/politik/rechte-verlage-auf-der-buchmesse-wie-leipzig-von-frankfurt-lernen-will/20592762.html (zuletzt eingesehen am 5.05.2022)).
775 Ich bin für mehr Kontakte. Siegfried Unseld und die Zonen-Verlage. In: FAZ vom 19.10.1965.
776 Vgl. Siegfried Unseld: Reisebericht ČSSR, 15.–22.02.1966. In: DLA, SUA: Suhrkamp.
777 Vgl. Christian Ferber: Die Messe und die Messe hinter der Messe. Ein Bummel durch Hallen, Stände, Empfänge. In: Die Welt vom 15.10.1965; Jürgen Serke: Asyl für Gesamtdeutschland bei Suhrkamp. Verlagschef Unseld machte die ersten Schritte – Frankfurter Börsenverein im Zwielicht. In: Heidenheimer Zeitung vom 19.10.1965; Gäste aus der DDR. Veranstaltung in Unselds Haus. In: Die Zeit vom 22.10.1965.

monstrierten seine in Opposition zur offiziellen Politik im Ost-West-Konflikt stehende Haltung: Gleichbehandlung und damit Anerkennung eines literarischen Felds der DDR, Austausch auch mit der Sowjetunion. Seine Abweichung von der öffentlichen, die Existenz eines zweiten deutschen Staats negierenden Haltung des Börsenvereins und der bundesdeutschen Politik, äußerte sich auch darin, dass er die staatsrechtliche Bezeichnung „DDR" verwendete und nicht wie der Autor der *FAZ* von „Zonen-Verlage[n]"[778] sprach.

Gegenüber den westdeutschen Medien begründete Unseld, warum der Austausch über die Buchmessen auch die Deutschlandpolitik unterstütze und kontextualisierte seine Unternehmensinteressen innerhalb der Ost-West-Politik:

> Die Teilnahme an der Leipziger Buchmesse ist viel, viel mehr als ein Schaufenster. Wir alle wollen ja versuchen, die Liberalisierung in der DDR voranzutreiben, und das kann man nur machen, indem wir bei den Leserschichten drüben den Wunsch wecken, unsere Bücher zu lesen, daß wir diesen Wunsch verstärken. Durch die Teilnahme wird zudem das Interesse der DDR-Verlage an Lizenzausgaben geweckt.[779]

Ersichtlich wird hier Unselds Ansatz, den ökonomischen Gewinn mit einer aufklärerischen Reformpolitik zu verbinden: Allein durch Kenntnis und Lektüre westdeutscher Bücher könne in der ostdeutschen Leserschaft, die er in soziale Schichten trennte, der Wunsch nach Veränderung geweckt werden. Vielleicht dachte er an die ersten Hefte des *Kursbuchs*, an Peter Weiss' *Die Ermittlung* und Alexander Mitscherlichs *Die Unwirtlichkeit unserer Städte* oder Johnsons *Zwei Ansichten*, die 1965 von sich Reden machten. Sein Glaube an die Agitationskraft von Literatur spiegelte sich in der sozialistischen Literaturpolitik, entsprach aber einer westlichen, von kolonialen Gedanken und dem Glauben an den Fortschritt der demokratisch-kapitalistischen Länder geprägten Überzeugung, die Bevölkerung vermeintlich vormoderner Gesellschaften an den Errungenschaften des Westens teilhaben zu lassen und die bewusstseinsverändernde Wirkung von Büchern in der ausländischen Kulturpolitik für deren Entwicklung zu nutzen.[780] Seine Rechtfertigung ließ somit die ostdeutsche Leserschaft als ein Publikum für westdeutsche Verlage erscheinen und entspricht dem Ziel der Verlagspraxis, eine deutsch-deutsche Leserschaft und einen deutsch-deutschen Absatzmarkt zu schaffen.

---

[778] Ich bin für mehr Kontakte. Siegfried Unseld und die Zonen-Verlage. In: FAZ vom 19.10.1965.
[779] Ebd.
[780] Vgl. Christina Lembrecht: Bücher für alle. Die UNESCO und die weltweite Förderung des Buches. Berlin/Boston 2013.

Neben Unseld äußerte sich auch Boehlich öffentlich zur Messe. Er fuhr zu dieser Zeit jedes Jahr auf die Leipziger Herbstmesse und berichtete in der *Süddeutschen Zeitung* ausführlich von seinen Erfahrungen.[781] In seinem Artikel zur Leipziger Messe von 1967 verglich er den Umgang der beiden Börsenvereine mit den Verlagen und die Bezeichnungen des jeweils anderen Deutschlands. Die Praxis in Frankfurt prangerte er an:

> Man hat Verlage aus der DDR zugelassen, ihnen aber untersagt, ihre Staatsbezeichnung zu führen. Andere Verlage hat man nicht zugelassen, teils aus rechtlichen, teils aus rein politischen Gründen. Niemals ist der Gesichtspunkt des freien Handels, dem eine Messe doch wohl dienen soll, dem der Politik übergeordnet worden.[782]

Im Vergleich der öffentlichen Stellungnahmen wird deutlich, dass der Suhrkamp Verlag je nach den Regeln des Diskurses mit ökonomischen oder politischen Gründen argumentierte, immer standen jedoch die Freiheit des Handelns und Denkens – nicht zuletzt im Gegensatz zu den sozialistischen Staaten – im Vordergrund. Die Sprachregelung des westdeutschen Börsenvereins in Bezug auf die DDR kritisierte auch Unseld bei einer Umfrage der *Zeit*.[783]

Die Frankfurter Buchmesse von 1967 war schon lange im Vornherein von der Auseinandersetzung um das *Braunbuch* geprägt.[784] Der DDR-Staatsverlag stellte diese Liste von Personen mit nationalsozialistischer Vergangenheit in öffentlichen Positionen der BRD an seinem Stand in Frankfurt aus. Aufgrund der darin enthaltenen Vorwürfe gegen Bundespräsident Heinrich Lübke verhandelten der Messedirektor Sigfred Taubert, das Bundespräsidialamt und der Vorsteher des Börsenvereins, Friedrich Georgi, über ein angemessenes Verfahren. Schließlich beschlagnahmte das Frankfurter Amtsgericht das *Braunbuch*. Daraufhin entschieden die Verlage der DDR, und in einer solidarischen Aktion auch die der Sowjetunion, die Messe zu verlassen.[785] Unseld äußerte damals öffentlich sein

---

781 Vgl. Walter Boehlich: Auch Leipzig ist eine Messe wert. In: SZ vom 25./26.09.1965; Walter Boehlich: Wiedersehen mit der Leipziger Buchmesse. In: SZ vom 24./25.09.1966 und Walter Boehlich: Neun Tage auf der Leipziger Buchmesse. In: SZ vom 23./24.09.1967.
782 Boehlich: Neun Tage auf der Leipziger Buchmesse.
783 Vgl. Kröger: „Establishment und Avantgarde zugleich", S. 325. Zur Debatte stand zu dieser Zeit außerdem die Organisationsstruktur und das Selbstverständnis des Börsenvereins (vgl. Seyer: Die Frankfurter Buchmesse in den Jahren 1967 bis 1969, S. 166 f.).
784 Vgl. Braunbuch. Kriegs- und Naziverbrecher in der Bundesrepublik. Staat, Wirtschaft, Armee, Verwaltung, Justiz, Wissenschaft. Hg. vom Nationalrat der Nationalen Front des demokratischen Deutschland. Berlin DDR 1965.
785 Vgl. Kröger: „Establishment und Avantgarde zugleich", S. 327.

Bedauern über den Rückzug der DDR-Verlage und geriet in eine mehrere Monate dauernde Debatte über die DDR-Frage mit dem Börsenverein.[786]

Die entstandenen innerdeutschen Spannungen führten dazu, dass westdeutsche Verlage, wie bereits erwähnt, nicht in Leipzig ausstellten. Nach seinem Besuch der ostdeutschen Buchmesse kritisierte Boehlich diese Entscheidung. Er führte sie auf politische Beweggründe zurück, die ihm aber aus strategischer Sicht, nämlich aus Vertriebs- und Verkaufsperspektive, nicht vernünftig erschienen:

> Die literarischen Verlage der Bundesrepublik glänzten, leider, wie immer durch Abwesenheit. Sie scheuen die Mühe und die Kosten und scheinen nichts davon zu halten, ein Publikum zu informieren, das erstaunlich wissbegierig ist, oder auf einem Markt präsent zu sein, der vorläufig, jedenfalls direkt, nicht erschlossen werden kann.[787]

Er weitete seine Kritik an der Praxis der Literaturbeziehungen auch auf die Ausstellungs- und Lizenzpolitik der Leipziger Messe aus, da Bücher, in denen Kritik an der DDR oder dem Kommunismus geübt wurde, nicht ausgestellt werden durften. Boehlich verglich und kritisierte als Vertreter des Suhrkamp Verlags das politische Handeln der Börsenvereine und forderte von den Verlagen und Akteuren im literarischen Feld eine ausgleichende Politik.[788] Er beanstandete das Ausstellungsverbot auf beiden Buchmessen, den generellen Umgang mit (kritischer) Literatur, verteidigte aber den interessengeleiteten Lizenzaustausch, der zwar von einem unterschiedlichen Literaturverständnis geprägt sei, aber dennoch zugelassen werden müsse.[789] Die Auseinandersetzungen um das *Braunbuch* sowie die Stellungnahmen Boehlichs verdeutlichen in diesem Zusammenhang, wie politisch und ideologisch der Diskurs um die Buchmessen im geteilten Deutschland geführt wurde.

Die Ausstellung auf der Leipziger Buchmesse war auch im Verlag ein ständiger Diskussionspunkt. Dies hatte unterschiedliche Gründe. Im Herbst 1968 diskutierte der Verlag die Präsenz auf der Messe aufgrund des Einmarschs der Warschauer-Pakt-Truppen in die Tschechoslowakei und der Mitverantwortung seitens der DDR.[790] Die Nichtteilnahme westdeutscher Verlage war ein deutliches Signal gegenüber der DDR und eine Strategie, die der Frankfurter Börsenverein,

---

[786] Vgl. ebd., S. 328 f.
[787] Boehlich: Neun Tage auf der Leipziger Buchmesse.
[788] Vgl. ebd.
[789] Vgl. ebd. Zu Boehlichs Engagement im Literaturaustausch der sechziger Jahre vgl. Petzinna: Walter Boehlich und die DDR-Verlage.
[790] Vgl. Petzinna: Walter Boehlich und die DDR-Verlage, S. 225.

wie schon als Reaktion auf den Mauerbau im Herbst 1961, seinen Mitgliedern per Rundschreiben empfahl.[791] Innerhalb des Verlags plädierte Unseld als Reaktion auf das politische Ereignis für einen Boykott der Leipziger Buchmesse. Boehlich hingegen befürwortete gerade entgegen der allgemeinen Politik auch des Frankfurter Börsenvereins die Teilnahme an der Messe zur Entspannung der Lage.[792] Am 23. August veröffentlichte der Verlag eine Pressemitteilung, mit der er seine Ausstellung in Leipzig aus Protest absagte:

> verleger dr. siegfried unseld hat diese entscheidung nach ruecksprache mit autoren des verlages getroffen, die wie er den einmarsch der truppen des warschauer paktes in die cssr verurteilen. die entscheidung, sich nicht an der jetzigen leipziger messe zu beteiligen, wurde insbesondere davon beeinflusst, dass nun zum zweiten mal angehoerige eines deutschen staates die voelkerrechtswidrige besetzung der cssr mitverantworten.[793]

Der Hinweis auf das zweite Mal bezog sich auf die Besetzung der Tschechoslowakischen Republik durch die deutsche Wehrmacht am 15. März 1939. Unseld konnte mit dieser Erklärung gerade die DDR attackieren, weil diese sich als antifaschistischer Staat legitimierte. Er handelte mit dieser Maßnahme im Einklang zwar nicht mit seinem Cheflektor, aber mit anderen westdeutschen Verlagen und einigen Schriftstellern, mit denen gemeinsam er eine Woche später seine ablehnend-kritische Haltung in einer von Günter Grass, Max Frisch und Peter Bichsel verfassten Stellungnahme in der *Zeit* kundtat.[794]

Im Nachhinein interpretierten die Lektoren, die 1968 und 1969 den Suhrkamp Verlag verließen, den Dissens um die Messeteilnahme zwischen Unseld und Boehlich als einen unter vielen Anlässen für den Aufstand der Lektoren.[795] Die Beziehungen zur DDR waren dadurch gestört und mussten 1969 neu belebt werden.[796] Der Wandel der Verlagsstruktur nach der Lektoratskrise bewirkte auch eine Neujustierung der Verlagspolitik bezogen auf die Leipziger Messe. Aufgrund der Neuen Ostpolitik ließ sich die Verlagsteilnahme nicht länger als Demonstration für den Literaturaustausch propagieren.

---

791 Zeckert: Die Internationale Leipziger Buchmesse, S. 40.
792 Vgl. Petzinna: Walter Boehlich und die DDR-Verlage, S. 225.
793 Pressemitteilung des Suhrkamp Verlags vom 23.08.1968. In: DLA, SUA: Suhrkamp.
794 Vgl. Aufruf. In: Die Zeit vom 30.08.1968.
795 Vgl. Kröger: Walter Boehlich vs. Siegfried Unseld, S. 249.
796 Vgl. Teil III, Kapitel 2.2.

1969: Ein deutsch-deutsches Programm

Im September 1969 diskutierte die Lektoratsversammlung über den grundsätzlichen Nutzen eines Leipziger Messebesuchs. Lektor Karl Markus Michel protokollierte:

> Es wurde über die Funktion der Messebesuche in Leipzig gesprochen und festgestellt, daß diese Form von Präsenz des Suhrkamp Verlages, wenn auch nicht im Hinblick auf die Wiedervereinigung, so gewiß unter den gegenwärtig schwierigen Bedingungen in unserer Beziehung zu DDR-Autoren, -Verlagen und -Behörden geboten ist und sich auszahlen dürfte. Wir brauchen Kontakte, wir brauchen DDR-Autoren in unserem Programm, deshalb [führten wir ein] [...] ausführliches Gespräch über erwünschte Aktivitäten des Suhrkamp-Programms in dieser Richtung. Ausgangspunkt war der Fall Kant, Perspektive war die Programmgestaltung der nächsten fünf bis zehn Jahre.[797]

Das scheinbare Paradox, mit den Verlagspraktiken zum Vereinigungsprozess beitragen zu wollen und dennoch mit der DDR Handel zu treiben, was faktisch die Akzeptanz eines zweiten deutschen Staats bedeutete, entsprach der kultur- und deutschlandpolitischen Entwicklung Ende der sechziger Jahre: Anerkennung der DDR und damit auch Anerkennung einer abweichenden Entwicklung im literarischen Feld der DDR sowie Förderung von Austauschbeziehungen. Was in dem Protokoll des Lektors Michel festgehalten ist, stellt vor diesem politischen Hintergrund die Umdeutung der eigenen Verlagspraxis dar. Nicht länger konnte der Messebesuch als Pionierleistung interpretiert werden. Ganz im Gegenteil: Die Absage Suhrkamps für die Herbstmesse von 1968 hatte dem Verlag die „gegenwärtig schwierigen Bedingungen", also vor allem eine schlechtere Position im Literaturaustausch eingebracht.

Frohns Studie zum Literaturaustausch vor 1972, dem Jahr des Grundlagenvertrags, hat gezeigt, dass westdeutsche Verlage für den Austausch auf persönliche Kontakte angewiesen waren.[798] Auch die Lektoratsversammlung beschloss, erst einmal auf kontroverse politische Stellungnahmen zu verzichten und von nun an mit programmpolitischen Erwägungen zu argumentieren: Ein deutschsprachiges Programm der Gegenwartsliteratur konnte nur unter Berücksichtigung der Literatur der DDR aufrecht erhalten werden und dafür benötigte Suhrkamp konstruktive und produktive Beziehungen zu Verlagen, Autor:innen und Behörden der DDR. Um den Literaturaustausch erfolgreich weiterzuführen, auch das hält das Zitat fest, musste der Verlag Kompromisse eingehen und seine Verlagsprak-

---

[797] Michel: Protokoll der Lektoratsversammlung am 9.09.1969. Siehe Anhang, Dokumente, Nr. 13.
[798] Vgl. Frohn: Literaturaustausch, S. 376.

tiken adaptieren, auch wenn diese nicht direkt zu einem finanziellen Gewinn führten. Die Messe war für den durch die staatliche Regulierung des Post- und Reiseverkehrs erschwerten Informationsaustausch vor allem ein Forum, auf dem man durch einen eigenen Stand Interesse und Anerkennung vermitteln und gleichzeitig persönliche Kontakte knüpfen und intensivieren konnte. Das soziale Kapital, das sich durch den Messebesuch erwirtschaften ließ, konnte später durch den Lizenzhandel in ökonomisches Kapital konvertiert werden, so die bleibende Hoffnung der Lektoratsversammlung.

Es ist nicht ganz eindeutig, worauf Michel mit dem „Fall Kant" anspielte, allein wird deutlich, dass sich der Verlag in Sachen Literatur der DDR auf dem Laufenden hielt. Der Roman des Autors Hermann Kant *Die Aula* erschien 1966 bei Bertelsmann, der zu dieser Zeit noch mit Kants Ostberliner Verlag Rütten & Loening verbunden war,[799] und als Taschenbuch im S. Fischer Verlag (1968). Eventuell bezog sich Michel also auf ein Potential in der Verlagspraxis, sich schneller und stärker um Autor:innen der DDR zu bemühen, damit diese nicht bei der Konkurrenz veröffentlichen. Möglicherweise verwies Michel aber auch auf die Verwicklungen Kants mit den Behörden der DDR wegen seines zweiten Romans *Impressum*, der im Aufbau Verlag und bei Luchterhand erscheinen sollte.[800] Ein geplanter Vorabdruck in der Zeitschrift *Forum* der Freien Deutschen Jugend (FDJ), dem kommunistischen Jugendverband der DDR, war abgebrochen worden, weil der Inhalt des Texts nach Einschätzung des Ministeriums für Staatssicherheit (MfS) nicht mit der offiziellen Literaturpolitik übereinstimmte. Beanstandet wurde die negative Aussage des Protagonisten David Groth zu Beginn des Romans: „Ich will aber nicht Minister werden!"[801] Der Roman stellt sich als eine Revision dieses ersten Satzes dar, die Handlung verfolgt die Karriere Groths vom Boten zum Chefredakteur.[802] Es ist nicht klar, ob und wie die Lektoren über den Fall informiert waren, eventuell aus persönlichen Gesprächen, denn die Medienberichterstattung in der BRD setzte erst nach der diskutierten Lektoratsversammlung ein.[803] Davon unabhängig vermittelt der „Fall Kant", wie der Prozess und Erfolg einer Lizenzübernahme im geteilten Deutschland auch von den Produktionsprozessen in der DDR abhängig waren. Der Einfluss westdeutscher Verlage konnte in diesem Sinne einen positiven Effekt auf die Erteilung einer

---

799 Vgl. ebd., S. 341.
800 Vgl. ebd., S. 346.
801 Hermann Kant: Das Impressum. Berlin 1972, S. 7, zitiert nach Karl Corino: Die Akte Kant. IM „Martin", die Stasi und die Literatur in Ost und West. Reinbek bei Hamburg: 1995, S. 43.
802 Vgl. Corino: Die Akte Kant, S. 41–44.
803 Vgl. Legende nach Mitternacht. In: Der Spiegel 16 (1970) vom 23.04.1970.

Druckgenehmigung haben und Autor:innen in der DDR unterstützen,[804] die Wahrnehmung in der BRD konnte im Gegenteil aber auch zu Publikationsschwierigkeiten in der DDR führen, wie ein Jahr zuvor der Fall von Wolfs *Nachdenken über Christa T.* gezeigt hatte.[805] Eine dritte Interpretationsmöglichkeit besteht darin, dass der Suhrkamp Verlag Manuskripte von Kant abgelehnt hatte, weil sie nicht mit dem Literaturverständnis des Verlags vereinbar gewesen waren. Dies lässt sich zwar bislang nicht nachweisen, kam im Umgang mit angebotenen Manuskripten – nicht nur aus der DDR – aber öfter vor.

So oder so beschloss die Versammlung, zukünftig „derartige Literatur" unter anderen Maßstäben als die westliche Literatur zu bewerten, sie nicht länger in „einen rigorosen (westlichen) Literaturbegriff einzuordnen".[806] In seiner Wertungspraxis war der Verlag zwar von der westdeutschen Diskussion über Literatur geprägt, er verfolgte aber auch das Ziel eines deutsch-deutschen Programms. So führte die Konfrontation mit dieser anderen (deutschen) Literatur intern zu einer „allgemeinen Diskussion über moderne Literatur".[807] Hatte der Verlag zuvor einzelne Texte abgelehnt, entschied man sich nun dafür, das eigene Literaturverständnis und damit die Kriterien für eine Veröffentlichung zu erweitern. Vermutlich beschloss man deshalb auch Borchers als Lektorin anzuwerben, die mit Wolf, Kant, Seghers, Becker, Fühmann und anderen bei Luchterhand ihr literarisches Gespür für (erfolgreiche) ostdeutsche Literatur bewiesen hatte.

Alle drei Interpretationen belegen Dasselbe: Gute Kontakte zu Verlagen, Autor:innen und Behörden waren notwendig, um im Kontext eines ideologisch und politisch aufgeladenen Literaturaustauschs in Konkurrenz zu anderen westdeutschen Verlagen erfolgreich zu sein. Nicht anders ist die Formulierung „[w]ir *brauchen* Kontakte, wir *brauchen* DDR-Autoren in unserem Programm" [Herv. d. Verf.] im Zitat zu verstehen, als dass Suhrkamp seine Position im literarischen Feld der BRD nur mit einem deutsch-deutschen Programm halten und stärken konnte, das immer wieder Neuerscheinungen anbot und junge ostdeutsche Autor:innen einführte. Der Beschluss der Lektoratsversammlung von nun an systematisch Literatur der DDR zu verlegen, stellt damit eine Wende in der Verlagspraxis dar. Das gilt auch bezogen auf ihre kulturpolitische Legitimation, die

---

804 Vgl. Teil III, Kapitel 4.
805 Vgl. Angela Drescher (Hg.): Dokumentation zu Christa Wolf „Nachdenken über Christa T.". Hamburg/Zürich 1992.
806 Michel: Protokoll der Lektoratsversammlung am 9.09.1969. Inwiefern es im Verlag tatsächlich ein westdeutsches Literaturverständnis gab, das als Maßstab zur Bewertung von Manuskripten und in Abweichung von einem ostdeutschen Literaturbegriff herangezogen wurde, erörtere ich in Teil III.
807 Ebd.

sich, wie bereits gezeigt, in der Verwendung des Labels ‚DDR-Literatur' ab 1969 ausdrückte.

Nachdem eine grundsätzliche Entscheidung für die Ausstellung in Leipzig gefallen war, schlugen die Lektoren Hildebrandt und Beckermann aufgrund ihrer Erfahrungen ein Jahr später sogar vor, zwei Mal im Jahr auf der Messe auszustellen.[808] Die Lektoratsversammlung beschloss generelle Praktiken für Leipzig, zum Beispiel sich in Bezug auf Verlagskooperationen, Manuskripte und eigene Lizenzvergaben besser vorzubereiten, da die DDR-Verlage bereits auf der Messe und nicht erst im Anschluss daran ihre Entscheidung über Lizenzkäufe und -verkäufe trafen.[809] Nicht an einer Messe teilzunehmen, konnte deshalb bereits den Verlust einer möglichen Option bedeuten. Der Verlag entschied dennoch, nur bei der Frühjahrsmesse einen Stand zu unterhalten und im Herbst nur eine Beobachterin zu schicken. Vermutlich spielten dabei vor allem pragmatische Gründe eine Rolle, hätte es im Herbst doch einigen Aufwand bedeutet, zwei Messeteilnahmen gleichzeitig organisieren zu müssen. Von 1974 an fand die Buchmesse dann ohnehin nur noch im Frühjahr statt. In der oben entfalteten Perspektive gegenseitiger Abhängigkeit gesehen, kann die Abschaffung der Leipziger Herbstmesse als Zeichen des Fortschritts im innerdeutschen Austausch gedeutet werden. Die gegenseitige Wahrnehmung und der Literaturaustausch waren 1973 offenbar soweit ausgebildet, dass die Konkurrenzsituation der Leipziger Herbstmesse mit der Frankfurter Messe unterdessen kontraproduktiv wirkte und jene aufgelöst werden konnte.

1973: Mühen der Leipziger Buchmesse

Nach der Aufnahme diplomatischer Beziehungen zwischen beiden Teilen Deutschlands und der Etablierung einer Programm- und Lektoratssparte für Literatur der DDR begründete Suhrkamp die Teilnahme an der Messe ab 1973 mit dem Ausbau seiner Position im literarischen Feld der DDR. Erklärtes Ziel war nicht mehr die Aufrechterhaltung der nationalen Einheit, auch nicht der Aufbau eines deutsch-deutschen Programms im Angesicht der westdeutschen Konkurrenz, sondern die Schaffung von Publikationsmöglichkeiten für die ostdeutschen Autor:innen des Verlags. Dass der Verlag nun vornehmlich zu diesem Zweck nach einem reibungslosen Verhältnis zur DDR strebte, belegen die Auseinandersetzung

---

808 Vgl. Werner Berthel: Protokoll der Lektoratsversammlung vom 10.03.1970. In: DLA, SUA: Suhrkamp.
809 Vgl. Siegfried Unseld: Notiz zur Lektoratsversammlung vom 30.03.1971. In: DLA, SUA: Suhrkamp.

über Ausstellungsverbote und den Bücherdiebstahl auf der Leipziger Messe in dieser Zeit.

1973 ergab sich aufgrund der Veröffentlichung von Brechts *Arbeitsjournalen* erneut ein Konflikt im Verhältnis zur Leipziger Messe. Der neu erschienene Titel, den der Aufbau Verlag nicht veröffentlichte, weil Brecht darin Kritik an der Sowjetunion und den Verhältnissen in der DDR der fünfziger Jahre übte, sollte in Leipzig präsentiert werden.[810] Die DDR-Behörden erwogen zunächst, die Ausstellung der Bände am Messestand zu verbieten, nahmen schließlich aber davon Abstand. Dennoch hatte es bei Suhrkamp zwischenzeitlich Überlegungen gegeben, die Teilnahme an der Messe erneut abzusagen, sollte die DDR das Verbot durchsetzen. Im Gegensatz zur Messe von 1968 entschied sich der Verlag – auch aufgrund der damals gemachten Erfahrungen – aber gegen eine Absage, um seine Position in der DDR nicht zu gefährden und diese in Kooperation mit den Autor:innen positiv in Publikationsverhandlungen zu nutzen. Unseld bilanzierte:

> Fazit dieses Leipziger Besuchs: Leipzig war wirklich eine Reise wert. Ich würde nach den jetzigen Erfahrungen nicht mehr diskutieren, ob wir im Falle des Falles (Verbot des Ausstellungs [!] der Brechtschen „Arbeitsjournale") uns hätten zurückziehen sollen. Das durften wir schlechthin nicht. Der Suhrkamp Verlag spielt eine exzeptionelle Rolle, die uns verpflichtet, die uns natürlich auch sehr große Chancen gibt. Unsere Autoren – sowohl die „westlichen" wie die der DDR erwarten von uns keine Demonstrationen, sondern eine Ausdehnung unseres Einflusses, eine Multiplikation unserer Möglichkeiten, Information und publizistische Verbreitung. Der Suhrkamp Verlag ist in der DDR eine unübersehbare Größe, darauf müssen wir jetzt Rücksicht nehmen, um für unsere Autoren in der DDR und für die Autoren der DDR bei uns ein Optimum zu erzielen.[811]

Die Einschätzung des selbstsicheren Verlegers zur exzeptionellen Rolle seines Verlags ist bemerkenswert und lässt spekulieren, ob nicht andere Verlage ebenso relevant für den Literaturaustausch dieser Zeit waren. Immerhin hatten auch Luchterhand, S. Fischer, Rowohlt, Wagenbach oder der Verlag der Autoren ein deutsch-deutsches Programm vorzuweisen. Dennoch machte Anfang der siebziger Jahre tatsächlich Suhrkamp das Rennen um die Literatur der DDR und feierte mit Plenzdorf, Becker, Fühmann, Huchel und anderen sowie einer Schriftstellerin als ‚DDR-Lektorin' große Erfolge, wie der literaturhistorische Überblick in Teil I

---

810 In einem Brief an Gustav Heinemann bat Unseld den Bundespräsidenten um Unterstützung für die Feiern zum 75. Geburtstag von Brecht, aus deren Anlass auch das *Arbeitsjournal* erschien. Unseld erklärte: „Diese Arbeitsjournale erscheinen nur bei uns, sie können in der DDR gegenwärtig noch nicht herausgegeben werden, weil sie Kritik an der Sowjetunion und auch eine gewisse Kritik an den damaligen Verhältnissen der DDR bieten." (Siegfried Unseld an Gustav Heinemann, Brief vom 23.01.1973. In: DLA, SUA: Suhrkamp).
811 Unseld: Reisebericht Leipzig, 14. März 1973. In: S.U.: Reiseberichte, S. 151f.

gezeigt hat. Nach den Erfahrungen der Leipziger Messe 1973 sah Unseld die Aufgabe der Verlagspraxis nun nicht mehr darin, politische Positionen zu vertreten, wie er dies noch Ende der sechziger Jahre praktiziert hatte, sondern in der Stärkung seiner Position in der DDR, auch wenn dies bedeutete, die politischen Bedingungen des literarischen Felds in Kauf zu nehmen. Hierin sah er sogar eine parallele Entwicklung zur BRD. Im Ringen um Autor:innen und ihre Werke kam es darauf an, attraktive Publikationsmöglichkeiten zu schaffen. Dafür war Unseld auf ein produktives Verhältnis zur DDR und verlässliche Informationsstrukturen angewiesen. In der Einschätzung der Position des Verlags in der DDR als Chance und Verpflichtung zeigt sich, wie Unseld ökonomische Interessen des Vertriebs, nämlich den ostdeutschen Markt zu nutzen, mit ethischen Erwägungen gegenüber den Autor:innen verband.[812] Sein Prinzip, die Begründung der Verlagspraxis im Umgang mit Autor:innen zu finden und für dessen Belange Verantwortung zu übernehmen, übertrug er in dieser Phase auch auf „unsere", d. h. die Verlagsautor:innen in der DDR. Der Verlag, nun tatsächlich als ein deutsch-deutscher gedacht, musste sich also auf die Bedingungen des literarischen Felds der DDR einstellen und im Umgang mit den ostdeutschen Autor:innen, ebenso wie mit den westdeutschen, eine Vielfalt an Rollen übernehmen. Der Wandel in der Interpretation der Messepraxis korrespondierte mit der allgemeinen Entspannungspolitik in den innerdeutschen Kulturbeziehungen. Brandts Ostpolitik und in deren Folge der deutsch-deutsche Grundlagenvertrag förderten den Austausch mit der DDR und bereiteten langfristig gesehen den Weg zu einer staatlichen Vereinigung. Unselds veränderte, die ostdeutschen Lizenz- als eigene Verlagsautor:innen betrachtende Begründung der Verlagspraxis war in der Logik des Verlags deshalb ein folgerichtiger Entwicklungsschritt.

In Unselds weiteren Ausführungen wird deutlich, dass vor allem Borchers' persönliche Kontakte für die Stärkung der Ost-West-Beziehungen relevant waren.[813] Seine Einschätzung basierte auf der positiven Bewertung von vier Publikationen aus dem Hinstorff Verlag, die Suhrkamp im selben Jahr in Lizenz publizierte.[814] Der neuen Sichtweise entsprechend, zog er außerdem in Betracht, in Frankfurt etablierte Formen der Verlagsrepräsentation auch in Leipzig einzuführen:

---

812 Vgl. Kapitel 1.3.
813 Vgl. Unseld: Reiseberichte, S. 152.
814 Es handelte sich um Jurek Becker: *Irreführung der Behörden*, Ulrich Plenzdorf: *Die neuen Leiden des jungen W.*, Franz Fühmann: *22 Tage oder Die Hälfte des Lebens* und Manfred Jendryschik: *Frost und Feuer, ein Protokoll*, die alle im Jahr 1973 bei Suhrkamp erschienen. Vgl. Teil III, Kapitel 1.1.

Für die nächste Buchmesse in Leipzig sollten wir vielleicht einen Suhrkamp-Empfang erwägen, Anwesenheit der Autoren – vielleicht Walser und Johnson –, von Günther Busch und der Darstellung unseres wissenschaftlichen Programms und, von Frau Borchers präsentiert, der Suhrkamp Verlag und Autoren und Literatur der DDR.[815]

Borchers war ab Herbst 1971, drei Jahre nachdem Boehlich den Verlag verlassen hatte, die Suhrkamp-Lektorin, die auf den Buchmessen in Leipzig anwesend war und auch in Frankfurt den Kontakt zu DDR-Verlagen pflegte. Sie traf sich mit Autor:innen, erfuhr von Neuerscheinungen der Verlage und verhandelte Optionen und Lizenzen. Die Verlagsziele – Autor:innenbindung, Kontakt mit Verlagen und Lizenzhandel – sollten durch die Präsenz der westdeutschen Verlagsautoren Walser und Johnson, Informationsveranstaltungen zum Programm des Verlags mit Blick auf die DDR sowie einen Verlagsempfang in Leipzig verstärkt werden. Von Johnson erschien 1973 der dritte Teil der *Jahrestage*, der von einer Taschenbuch-Ausgabe des Romans *Das dritte Buch über Achim* begleitet wurde. Außerdem lag ein erster Materialienband zur Rezeption Johnsons vor, der dessen Image als ‚Dichter der beiden Deutschland' sichern und in gewisser Weise im Hinblick auf die bevorstehende Publikation der in New York angesiedelten *Jahrestage* historisieren sollte.[816] Dominant blieb aber auch weiterhin das Image Johnsons als Kulturvermittler aufgrund eigener Erfahrungen. Unselds Vorschlag zählt zu den Maßnahmen, die der Verlag – größtenteils erfolglos – entwickelte, um Johnsons Werke auch in der DDR bekannt zu machen und dort für deren Publikation zu werben.[817] Ging es zuvor stärker um die Lizenzübernahme *aus* der DDR, konnte eine breitere Verlagspräsentation ähnlich wie in Frankfurt den Lizenzhandel *in* die DDR befördern.

Im Frühjahr 1973 beschwerte Borchers sich beim Leipziger Messeamt über die beengten Verhältnisse am Suhrkamp-Stand, die es dem Verlag nicht ermöglichten, Kontrolle über den Buchbestand zu behalten, so dass nach kurzer Zeit „mehr als 50 % der Bücher" fehlten.[818] Der Bücherdiebstahl auf der Leipziger Buchmesse war eine Form der Aneignung von Literatur aus dem Westen.[819] Zu den Aneignungspraktiken gehörten auch das Abschreiben von Textpassagen oder die Lektüre vor Ort. Zeckert bewertet das Phänomen als „Symptom der diktaturimma-

---

815 Unseld: Reiseberichte, S. 152.
816 Vgl. Reinhard Baumgart: Statt eines Nachworts: Johnsons Voraussetzungen. In: R.B. (Hg.): Über Uwe Johnson. Frankfurt a. M. 1970, S. 165–174.
817 Vgl. Frohn: Deutsches Mosaik, S. 140 f. und Greg Bond: Uwe Johnson und der Aufbau-Verlag. In: Johnson-Jahrbuch 17 (2010), S. 159–174, hier S. 167.
818 Elisabeth Borchers an Frau Rothe (Leipziger Messeamt), Brief vom 5.05.1973. In: DLA, SUA: Suhrkamp.
819 Vgl. Zeckert: DDR-Leser im Schlaraffenland, S. 97.

nenten Unterversorgung mit Information im Allgemeinen und mit Lektüre im Speziellen".[820] Für den Verlag bedeutete der Bücherdiebstahl jedoch nicht nur finanzielle Einbußen, sondern auch Konflikte mit dem Leipziger Messeamt, das den Verlag für den Kontrollverlust verantwortlich machte. Angesichts der leeren Regale forderte das Messeamt im Frühjahr 1974 den Verlag dazu auf, gegen den Diebstahl stärker vorzugehen.[821] Borchers nahm die Beschwerde als Unterstellung wahr, der Verlag verfolge damit eine „Provokation gegen die Buchmesse, gar gegen die DDR".[822] Sie wandte sich an die Zollbehörde und an die Kriminalpolizei, die den Stand zwar beaufsichtigte, die Diebstähle damit aber nicht verhinderte. Schließlich stellte Suhrkamp nur noch wenige Exemplare auf, um den Bücherverlust zu beschränken. Noch an ihrem Abreisetag bemerkte Borchers dazu im Reisebericht:

> In Zukunft werden wir nur noch Remittenden-Exemplare mitnehmen. Eine bestimmte Menge wird nicht ausgestellt und ist von vornherein für den Verbleib, also für den Verkauf, vorgesehen. [...]
>
> Der andere, zur Ausstellung bestimmte Teil wird auch aus Remittenden-Exemplaren zusammengestellt, die ohnedies das Lager füllen. [...] Die Konsequenz kann nicht sein, sich als Aussteller zurückzuziehen. Aller Mühsal im Kleinen und Großen zum Trotz ist die Zusammenarbeit letztlich in unserem Interesse.[823]

Im Gegensatz zu den Reiseberichten zuvor, in denen die Präsenz auf der Messe als Engagement für die Liberalisierung der DDR (1964), für die Aufrechterhaltung eines deutsch-deutschen Programms (1969) oder für die Belange der ostdeutschen Autor:innen (1973) dargestellt wurde, macht die Stellungnahme deutlich, dass Borchers inzwischen ganz klar mit einer Kosten-Nutzen-Rechnung argumentierte. Borchers' Vorschlag, Remittenden auszustellen, sollte demnach Kosten reduzieren. Die Verlagspraxis entsprach damit nur in Teilen der von Zeckert festgestellten „westliche[n] Toleranz gegenüber Bücherdiebstählen", nur insofern nämlich, als sie gegenüber der Alternative, nicht an der Messe teilzunehmen, als geringeres Übel wahrgenommen wurde.[824] Entgegen der Darstellung Unselds sowie ähnlicher Annahmen des Messeamts, lag die Motivation der Verlagspraxis auch nicht primär in der ideologischen Agitation des Verlags. Eine viel wesent-

---

820 Ebd., S. 100.
821 Vgl. Elisabeth Borchers an Hans-Joachim Haack (Leipziger Messeamt), Brief vom 15.04.1974. In: DLA, SUA: Suhrkamp.
822 Ebd.
823 Elisabeth Borchers: Reisebericht Leipzig, 9.–13.03.1974. In: DLA, SUA: Suhrkamp.
824 Zeckert: Die Internationale Leipziger Buchmesse, S. 45.

lichere Rolle spielten jetzt also die Kalkulation des Materialverlusts und des Konflikts mit der DDR auf der einen Seite und des Gewinns von sozialem und symbolischem Kapital durch die auf der Messe erweiterten und verstärkten Netzwerke auf der anderen Seite.

Borchers schrieb zudem einen Beschwerdebrief über die Vorfälle an das Leipziger Messeamt. Der Verantwortliche Hans-Joachim Haack wies ihr gegenüber alle Anschuldigungen von sich und verdeutlichte, dass die Beaufsichtigung der Stände und damit auch die Verantwortung für den Bücherdiebstahl Sache des Verlags sei:

> Bei allem Verständnis für Ihre Probleme, die durch den Publikumsbesuch an Ihrem Messestand auftreten, müssen wir Sie bitten, daß bei einer Teilnahme Ihres Verlages an den künftigen Leipziger Messen das äußere Bild Ihres Standes dem der anderen Verlage gleichkommt.[825]

Die handschriftlichen Annotationen Unselds auf dem Brief geben Aufschluss über dessen Haltung zur Ausstellungspraxis. Über der Formulierung, es handele sich um Probleme des Verlags („Ihre Probleme") und nicht des Messeamts, notierte Unseld das Wort „tenor" und verwies damit auf den abweisenden Ton des Briefs. Unterstrichen hat er außerdem den Konsekutivsatz, der es zur Bedingung der Teilnahme machte, dass der Verlag für seine Bücherschau selbst verantwortlich sei. Unselds handschriftlicher Kommentar, „die wollen uns gar nicht!",[826] fiel dementsprechend resignativ aus. Weder Borchers noch Unseld, so belegt dieser konkrete Fall, sahen in den Diebstählen das Potential einer subversiven Praxis, das ostdeutsche Lesepublikum mit Literatur zu versorgen, obwohl das angesichts der von Verlag und Verleger programmatisch vertretenen Ideale nicht überraschend gewesen wäre.

Unseld, der den Archivdokumenten zufolge nach 1973 die Messe nicht mehr besucht hat, wog auch im darauffolgenden Jahr noch den finanziellen und praktischen Aufwand mit den langfristigen ökonomisch-strategischen Vorteilen der Leipziger Messe ab: „Die Kosten an der Buchmesse Leipzig liegen bei rund DM 6500,– und dies als Durchschnitt der letzten 3 Jahre. Die Überlegung ist jetzt einfach, ob das dafür steht, ich meine jetzt nicht nur den Betrag von DM 6500,–, sondern die Mühen, die wir aufwenden."[827] Im SUA finden sich eine ganze Reihe von Berichten über die „Mühen", die die Verlagspräsenz auf der Messe und andere

---

825 Hans-Joachim Haack an Elisabeth Borchers, Brief vom 10.05.1974. In: DLA, SUA: Suhrkamp.
826 Handschriftlicher Kommentar von Siegfried Unseld in: ebd.
827 Siegfried Unseld an Elisabeth Borchers und Rolf Staudt, Notiz vom 27.05.1975. In: DLA, SUA: Suhrkamp.

Reisen in die DDR mit sich brachten. Borchers notierte, sie hätten ihr „gelegentlich die Laune verdorben", und sprach von „Ermüdungserscheinungen" nach der Auseinandersetzung mit dem Messeamt.[828] Eigentlich begann die Mühe aber schon an der innerdeutschen Grenze. Borchers bezeichnete den Übergang als „deprimierend. Ich brauchte (jeweils) 1 1/2 Stunden."[829] Nach Verhandlungen mit dem Henschel Verlag über einen Subvertrieb von Theaterstücken im Sommer 1970 fasste sie die Verständigungsschwierigkeiten mit der DDR zusammen: „Telefonverbindung gleich Null. Unmöglich langer Postweg. Erschwert durch Zensur. Sendungen kommen einfach nicht an. Unzulängliche Information oder besser keine."[830] Dennoch war sie der Meinung: „Fest steht, daß wir umsichtig arbeiten müssen, wenn wir konkurrenzfähig im Sinne der DDR bleiben wollen."[831] Die Präsenz in Leipzig war demnach vor allem für die Kommunikation und Aufrechterhaltung konstruktiver Geschäftskontakte und damit für die Unterhaltung eines deutsch-deutschen Verlagsprogramms von Bedeutung. Nachdem sich die politische Diskussion um den Literaturaustausch beruhigt hatte und dieser nun in offiziellen Strukturen verlief, war es nicht länger nötig noch möglich, die Messepraktiken als politische Demonstration oder Agitation zu vermarkten.

1976: Rückzug von der Messe

Unselds Abwägungen über die Teilnahme an der Messe waren möglich, weil der Verlag Mitte der siebziger Jahre regelmäßigen Briefkontakt mit Autor:innen sowie Verlagen unterhielt. Vorrangig Borchers erfuhr auf diese Weise von geplanten Werken und Neuerscheinungen. Sie hatte bereits 1974 darauf hingewiesen, dass der Erfolg im Lizenzhandel oft auf jahrelangen Beziehungen basiere und weniger von der Anwesenheit in Leipzig abhängig sei.[832] Dennoch dienten gerade die persönlichen Gespräche nicht nur der Bindung an den Verlag, sondern aufgrund der erwähnten Kommunikationshindernisse vor allem inoffiziellen Absprachen und dem Austausch, vorbei an der staatlichen Post- und Telefonüberwachung.[833] Darüber hinaus nutzte Suhrkamp die Messe auch für den Lizenzhandel mit der eigenen Produktion.

---

828 Elisabeth Borchers: Reisebericht Leipzig, 9.–13.03.1974. In: DLA, SUA: Suhrkamp.
829 Elisabeth Borchers: Reisebericht Ost-Berlin, 29.05.–1.06.1970. In: DLA, SUA: Suhrkamp.
830 Ebd.
831 Ebd.
832 Vgl. Elisabeth Borchers: Reisebericht Leipzig, 9.–13.03.1974. In: DLA, SUA: Suhrkamp.
833 Vgl. Teil III, Kapitel 4.

Borchers diskutierte auf der Leipziger Messe 1976 mit dem Verlag Volk und Welt und dem Büro für Urheberrechte über die Lizenzvergabe für *Ulysses* von James Joyce, denn Suhrkamp hatte ein Jahr zuvor eine neue Übersetzung des Werks von Hans Wollenschläger veröffentlicht. Aufgrund der hohen Produktionskosten verlangte Suhrkamp 60.000 Mark für die Ulysses-Lizenz. In der DDR aber auch in der bundesdeutschen Presse nahm man allerdings an, die Verhandlungen seien eine Verhinderungstaktik Suhrkamps, die den Konkurrenzdruck einer günstigeren DDR-Ausgabe kompensieren solle.[834] Jürgen Gruner, Verlagsleiter von Volk und Welt, bezeichnete das Vorgehen Suhrkamps gar als „politischen Akt".[835] Zu den Missstimmungen mit Volk und Welt und dem öffentlich ausgetragenen Streit um die *Ulysses*-Lizenz hinzu kamen erneut die „absurde Situation am Stand, die Zumutungen beim Grenzübertritt, die dürftigen Quartierlösungen", so dass schließlich auch Borchers den Aufwand für die Messe einschränken wollte.[836]

Nach den Erfahrungen des Jahres 1976 entschied der Verlag, nicht mehr mit einem eigenen Stand auszustellen.[837] Stattdessen reisten Borchers und Rolf Staudt, Leiter der Herstellungsabteilung, als Suhrkamp-Delegation nach Leipzig, um sich dort mit Verlagen und Autor:innen zu treffen und über die aktuelle Literaturproduktion auf dem Laufenden zu bleiben. Die Präsenz des Herstellungsleiters war von Bedeutung, weil dieser vor Ort mit den DDR-Verlagen Koproduktionen und Tauschverträge verhandeln konnte. So einigten sich die Verlagspartner über Einbandgestaltung, Typographie oder Papierwahl und über die Aufgabenteilung bei der Buchproduktion. Staudts Messeberichte belegen gerade aus der technisch-materiellen Perspektive die Verflechtung der Publikationsprozesse zwischen Ost und West.[838] Im Fall von Ingeborg Weber-Kellermanns Kulturgeschichte der Kindheit sollte Suhrkamp zum Beispiel den fertigen Satz und die Lithographien liefern und die Edition Leipzig für den

---

834 Vgl. Heidi Dürr: Kein Ulysses für die DDR. Schroffe Töne und eine gelassenere Wirklichkeit. In: Die Zeit vom 26.03.1976: http://www.zeit.de/1976/14/kein-ulysses-fuer-die-ddr/komplettansicht (zuletzt eingesehen am 5.05.2022).
835 Elisabeth Borchers: Reisebericht Leipzig, 22.03.1976. In: DLA, SUA: Suhrkamp.
836 Borchers: Reisebericht Leipzig, 22.03.1976. Vgl. auch Siegfried Lokatis: Ulysses als Devisenfrage. In: Barck/S.L. (Hg.): Fenster zur Welt, S. 193–196, hier S. 193f.
837 Vgl. Borchers: Reisebericht Leipzig, 22.03.1976.
838 Vgl. Rolf Staudt: Addenda zum Leipziger Buchmesse-Bericht von Frau Borchers, 21.03.1974; R.S.: Bericht Messe Leipzig, 18.03.1977; R.S.: Bericht Messe Leipzig, 16.03.1978; R.S.: Reisenotizen Leipzig, 28.–30.03.1984. In: DLA, SUA: Suhrkamp.

Druck und die Bindung verantwortlich sein.[839] Die Buchobjekte, die daraus entstanden sind, liefern den materiellen Beleg für die vielfältigen Austauschbeziehungen der Literatur im geteilten Deutschland.

Ohne eigenen Stand war der Suhrkamp Verlag von den Ausstellungskosten befreit und nicht länger von der Ausstellungszensur durch die Zollverwaltung betroffen.[840] Das neue Arrangement gab Borchers außerdem die Möglichkeit, sich frei auf der Messe zu bewegen. Ihre Ausführungen in den Reiseberichten belegen nicht nur, dass die Teilnahme des Verlags an der Leipziger Messe immer wieder verhandelt wurde. Sie zeugen Anfang der achtziger Jahre ebenso von einer generellen Wandlung der Messe. In den sechziger und siebziger Jahren hatte das Treffen in Leipzig noch als Möglichkeit für ostdeutsche Autor:innen gegolten, sich mit ihren westdeutschen Verlagen auszutauschen und mit den neuesten Veröffentlichungen zu versorgen. In Folge der Biermann-Ausbürgerung im Herbst 1976 waren jedoch viele arrivierte Autor:innen des literarischen Felds in die innere oder tatsächliche Emigration gegangen und blieben den Messen fern. Zudem etablierte sich ab Ende der siebziger Jahre eine inoffizielle Literaturszene, die ihre ganz eigenen Publikations- und Kommunikationspraktiken entwickelte. 1981 stellte Borchers entsprechend fest: „Eine Messe ohne Autoren, es sei denn, die nun nachkommenden erkennt man nicht mehr, von den zukünftigen ganz zu schweigen."[841]

Darüber hinaus äußert sich in dieser Bemerkung, dass Suhrkamp keine außerordentlichen Maßnahmen traf, um sich über literarische Entwicklungen zu informieren. Zumindest lassen sich auch im Archiv keine Spuren davon finden, dass der Verlag darüber, was in inoffiziellen Zeitschriften publiziert wurde, als Typoskripte und im Privatdruck kursierte, Notiz genommen hätte. Vielmehr stellt es sich so dar, dass Borchers zwar ein Gespür dafür hatte, dass der Verlag mehr tun müsste, um auf dem literarischen Feld der DDR informiert zu sein. Man verließ sich aber, aus pragmatischen Gründen, wie der Hinweis auf den Zeitfaktor vermuten lässt, auf die bestehenden Kontakte und deren Auskünfte: „Man müßte sehr viel Zeit haben, um zu sondieren, auf allen Ebenen. Dazu kommt es nicht. Und es wird sich in Zukunft wohl auch nicht ändern lassen."[842] Die Entwicklungen im literarischen Feld der DDR verfolgte Borchers nur anhand der Verlagsproduktionen. So hielt sie 1982 nach einem Gespräch mit Eberhard Günther vom

---

839 Vgl. Staudt: Reisebericht Leipzig, 16.03.1978. Es handelt sich um den Titel *Die Kindheit. Eine Kulturgeschichte*, der 1979 im Frankfurter Insel Verlag erschien. Eine Parallelausgabe in der DDR wurde nicht realisiert.
840 Vgl. Zeckert: Die Internationale Leipziger Buchmesse, S. 41.
841 Elisabeth Borchers: Reisebericht Leipzig, 24.03.1981. In: DLA, SUA: Suhrkamp.
842 Ebd.

Mitteldeutschen Verlag fest: „Der Verlag gibt sich große Mühe mit jungen Autoren, doch wo nichts ist..."[843] Um ihre Haltung bezüglich der Leipziger Messe zu unterstützen, notierte sie, dass auch der Luchterhand Verlag in jenem Jahr zum ersten Mal keinen eigenen Stand mehr hatte – dessen ‚DDR-Lektorin' allerdings in Westberlin lebte und aus der DDR damit erreichbarer war als ihre Konkurrentin in Frankfurt a. M. – und die Autoren der DDR der Messe nach wie vor fernblieben.[844] Dennoch nahm Borchers weiter jährlich an der Messe teil und hoffte auf eine Verbesserung der Lage,[845] denn fest stand nach wie vor, dass Gegenwartsliteratur der DDR Bestandteil des Verlagsprogramms bleiben sollte. 1988 verstärkte dann Lektor Döring die Delegation für die Leipziger Buchmesse wieder.[846]

Aufgrund der lückenhaften Überlieferung im SUA lässt sich die Bedeutung der Leipziger Messe in den achtziger Jahren nicht umfassend beurteilen. Die sinkende Frequenz der Messeberichte kann allerdings als Indiz für die geringere Bedeutung der Verlagspräsenz auf der Leipziger Buchmesse gelten.[847] Dem überlieferten Archivmaterial nach zu schließen, nahm Unseld seine Reisetätigkeit in die DDR erst wieder auf, als er Mitte der achtziger Jahre in Ostberlin über die Planung und Vermarktung der *Großen Berliner und Frankfurter Ausgabe* verhandelte. Während der Umbruchszeit für Buchhandel und Verlagswesen nach dem Mauerfall und der deutschen Vereinigung setzte er sich dann dafür ein, dass die Leipziger Messe ein anderes Profil entwickelte als die Buchmesse in Frankfurt.[848]

Was methodisch aus der Analyse des Materials hervorgeht, ist, dass der Ansatz meiner Untersuchung sich in Bezug auf das Verhältnis zur Leipziger Buchmesse als besonders ergiebig erweist. Deren Bedeutung für den Suhrkamp Verlag und damit für die Geschichte der deutsch-deutschen Literatur lässt sich, wie ge-

---

843 Borchers: Reisebericht Leipziger Messe, 13.–16.03.1982.
844 Vgl. ebd.
845 Vgl. ebd.
846 Döring wurde die Einreise am Leipziger Flughafen jedoch verwehrt. Vgl. Christian Döring: Protokoll meines ca. 45-minütigen DDR-Aufenthaltes im Abfertigungs-Warteraum des Flughafens Leipzig am 13.03.1988, Reisebericht vom 14.03.1988. In: DLA, SUA: Suhrkamp.
847 Ab 1984 gibt es keine Berichte mehr von Elisabeth Borchers, erst 1988 berichtete wieder Christian Döring von seiner Abweisung am Leipziger Flughafen. Die Messeberichte von Rolf Staudt enden ebenfalls im Jahr 1984. Unseld dokumentierte 1973 zum letzten Mal seinen Besuch auf der Leipziger Messe. Inwiefern der Archivbestand repräsentativ für die tatsächliche Präsenz der Verlagsakteure ist, kann zu diesem Zeitpunkt nicht abschließend beantwortet werden (Stand der Erschließung im Herbst 2020). Weitere Hinweise auf Suhrkamps Rolle auf der Leipziger Buchmesse ließen sich vielleicht den Akten des Börsenvereins der DDR sowie der Staatssicherheit entnehmen.
848 Vgl. Siegfried Unseld: Reiseberichte Berlin und Leipzig, 1984–1992. In: DLA, SUA: Suhrkamp.

sehen, anhand des vorliegenden Materials aus dem Verlagsarchiv überzeugend chronologisieren und diskutieren. Die Perspektive auf die Rolle des Verlags auf der Buchmesse Leipzig verengt allerdings den Blick, weil Suhrkamp nicht immer schon an den Buchmessen bzw. an der Diskussion um die Messen im geteilten Deutschland und auch nicht an allen Aspekten des innerdeutschen Handels beteiligt war. Herausarbeiten lässt sich allerdings, wie der Verlag – hier vor allem der Verleger und die reisenden Mitarbeiter:innen – sich in diesen Diskurs einfügten, welche Argumente sie aufnahmen und wie sie sich und den Verlag positionierten. Buchmessen erweisen sich aus dieser Sicht als Laboratorien der Literatur im geteilten Deutschland, in denen das deutsch-deutsche literarische Feld mit Akteuren aller Bereiche – Leserschaft, Autor:innen, produzierender und vertreibender Buchhandel, zuständige Behörden und politische Entscheidungsträger, Geheimdienste – zusammentraf. Patricia F. Blume spricht auch von einem „Motor des Buchsystems".[849] Auf engem Raum und innerhalb weniger Tage verdichteten sich dort die Konflikte und Kooperationen, die den Literaturaustausch der jeweiligen Zeit prägten.[850]

5 Literatur der DDR verlegen. Lektionen

Im Vergleich mit den zögerlichen, teils verspäteten Annäherungen an die Literatur der DDR in den späten fünfziger und beginnenden sechziger Jahren stellen die Lobreden aus späterer Zeit (siehe oben) Unseld als einen nicht nur für den Literaturaustausch, sondern allgemein für die Belange der ostdeutschen Autor:innen engagierten, flexibel agierenden Verleger dar. Zwar wurden Praktiken, Einstellungen und Wertmaßstäbe immer wieder verändert und den Bedingungen im geteilten Deutschland angepasst, spätestens ab Ende der sechziger Jahre galt es aber als Selbstverständlichkeit, ein deutsch-deutsches Verlagsprogramm und

---

[849] Patricia F. Blume: Von Überzeichnungen, Schwerpunkttiteln und Blindbänden. Die Rolle der Leipziger Buchmessen für den Buchhandel der DDR. In: P.F.B./Thomas Keiderling/Klaus G. Saur (Hg.): Buch Macht Geschichte. Beiträge zur Verlags- und Medienforschung. Festschrift für Siegfried Lokatis zum 60. Geburtstag. Berlin/Boston 2016, S. 113–128, hier S. 113.
[850] Eine geteilte Geschichte der Buchmessen in Frankfurt und Leipzig, ihrer Interdependenzen sowie der Bedeutung einzelner Akteure ist noch nicht geschrieben. Allerdings steht die Herausgabe des DDR-Bands der *Geschichte des deutschen Buchhandels im 19. und 20. Jahrhunderts* kurz bevor, den Siegfried Lokatis, Christoph Links und Karl G. Saur vorbereiten, der die umfangreichen Arbeiten vor allem Blumes, geb. Zeckert zur Leipziger Buchmesse ergänzen wird. Die Dokumentation und Analyse der Suhrkamp'schen Messepraxis mag somit die allgemeine Geschichte der Leipziger Buchmesse und des innerdeutschen Buchhandels um die Fokussierung auf einen westdeutschen Kollektivakteur bereichern.

steten Umgang mit den Autor:innen der DDR zu pflegen. Der Suhrkamp Verlag vollzog im Laufe der Zeit also Lernprozesse, sowohl in seinem Verhältnis zur DDR als auch in seiner Verlagspraxis, die es im Folgenden beispielhaft und in ihrer Dynamik nachzuzeichnen gilt. Die wichtigsten Ratgeber:innen im Verlag, das hat die Untersuchung bereits gezeigt, waren neben den Mitarbeiter:innen, die sich auf den Gebieten der literarischen Entwicklungen, der Herstellung oder des Marketings auskannten, vor allem die Verlagsautor:innen und deren Kontakte. 2002 rühmte Volker Braun auf der Totenfeier für Unseld dessen Lern- und Innovationsfähigkeit, stellvertretend für den Verlag, gerade auch in Bezug auf die DDR: „was göschen oder cotta für das beginnende 18. jahrhundert, war unseld für das ausgehende 20. er ließ sich von autoren maßstäbe setzen: und verschaffte diesen wirkung. das war, in der stickigen bundesrepublik, ein zivilisatorischer akt."[851]

Den Lernprozess im Umgang mit Autor:innen der DDR veranschauliche ich an Fallbeispielen aus den ersten Jahren des Literaturaustauschs. Im Fokus steht zunächst die Bewertung von literarischen Texten anhand der Auswahlkriterien für die ersten Romanmanuskripte von Johnson *Ingrid Babendererde* und *Mutmassungen über Jakob* Ende der fünfziger Jahre. Daran anschließend zeige ich zwei der relevanten Praktiken im Umgang mit Literatur der DDR: zum einen die Assoziation[852] von Texten und Autorennamen an den Marketingplänen für Bloch und Johnson im Sommer 1959 sowie zum anderen die Konspiration zwischen dem Verlag und seinen Autor:innen am Beispiel der Verhandlungen über die erste Veröffentlichung von Fries' *Der Weg nach Oobliadooh* (1966).

Diese Szenen der Verlagsgeschichte sind im Sinne Jaeggis Störmomente der Verlagspraxis, in denen das implizite und praktische Wissen des Verlags artikuliert, relativiert und neu formuliert wurde.[853] Sie belegen gleichzeitig die Anfänge der Verlagspraxis im geteilten Deutschland. Hatte der Verlag in den fünfziger Jahren vor allem mit Brecht und seinem Umfeld in der DDR in Kontakt gestanden, musste er, um Gegenwartsliteratur der DDR zu verlegen, auf die Lebens- und Arbeitsumstände der Autor:innen und deren jeweilige Positionierung achten, also mit anderen Praxiszusammenhängen in der DDR kalkulieren. Insofern stellen die Szenen aus den Verlagsbeziehungen zu Johnson, Bloch und Fries Schlüsselmomente der Verlagspraxis im geteilten Deutschland dar, in denen der Verlag Praktiken, Einstellungen und Wertmaßstäbe in einem Lernprozess entwickelte, die den Literaturaustausch in den folgenden Jahren prägen sollten.

---

851 Volker Braun: Werktage 2. Arbeitsbuch 1990–2008. Berlin: 2014, S. 658.
852 Unter dem Begriff ‚assoziieren' fasse ich die Verbindung von Autorennamen (im Sinne von Marken) bzw. Werken auf der Grundlage von Gemeinsamkeiten für die Zwecke der Verlagspraxis. Vgl. ausführlich Teil III, Kapitel 1.
853 Vgl. Jaeggi: Kritik der Lebensformen, S. 128.

Die Verlagspraxis erweist sich damit als ein flexibles Geflecht von Praktiken und Einstellungen oder anders gesagt: Der Umgang mit Autor:innen der DDR bewirkte eine Transformation der Lebensform des Verlags.[854] Zum ersten Mal setzte sich Unseld und damit der Verlag mit einer Literatur auseinander, die im literarischen Feld der DDR entstanden war. Johnsons Texte konfrontierten den Verlag zum Beispiel mit einer Ästhetik und Inhalten, die nicht nur von der Literatur der BRD abwichen, sondern im westdeutschen Literaturverständnis der Zeit als unzeitgemäß und sogar reaktionär wahrgenommen wurden.[855] Am Umgang mit dieser Differenz, auch in Ermangelung eines strukturierten Literaturaustauschs, offenbart sich die Herausbildung DDR-spezifischer Verlagspraktiken. Das gilt vor allem im ersten Jahrzehnt der Verlegerzeit Unselds. So zeigt sich, dass der Beginn eines lebendigen, gegenseitigen Literaturaustauschs nicht nur programmatisch, sondern konstitutiv mit Unselds Beginn als Suhrkamp-Verleger zusammenhängt. Die Grundbedingung für einen stetigen Lern- und Erfahrungsprozess im Verlag war eine generelle Flexibilität in den Prozessen der Literaturproduktion und -verbreitung: bei der Kommunikation, bei der Auswahl von Texten, in der Gestaltung des Werbematerials, bei Vertragsabschlüssen und Erscheinungsterminen – ohne dass dabei das traditionelle Image des Verlags sowohl ideell als auch materiell auf dem Spiel standen. Entscheidend für den Lernprozess waren die Informationen aus dem Verlagsnetzwerk und vor allem auch der direkte Kontakt zu den Autor:innen. Immer wieder hielt Unseld dieses Moment fest: „Ich sprach mit Müller ausführlich über die ziemlich verheerende Situation der Schreiber in der DDR."[856]

Um den Wandel in der Lebensform des Verlags im geteilten Deutschland nachvollziehen zu können, gehe ich vorab auf ein Dokument im SUA ein, in dem die Haltung Unselds zur Literatur der DDR und dem Literaturaustausch in den fünfziger Jahren zum Ausdruck kommt, noch bevor Suhrkamp im Frühjahr 1959 mit Johnson und Bloch die ersten in der DDR entstandenen Werke veröffentlichte.

5.1 *Kunst im Dienst*

Im SUA hat sich ein 23-seitiges Typoskript unter dem Titel *Kunst im Dienst. Die kulturelle und intellektuelle Situation in der Deutschen Demokratischen Bundesrepublik* erhalten, das Unseld, damals zuständig für die deutschsprachige Literatur

---

854 Vgl. ebd., S. 132.
855 Vgl. Kapitel 5.2.
856 Siegfried Unseld: Reisebericht Berlin, 15. – 18.05.1969. In: DLA, SUA: Suhrkamp.

sowie die Werbung und den Verkauf, laut Datumsangabe 1956 in Bonn oder für einen Anlass in Bonn geschrieben hat.[857] Es weist handschriftliche und typographische Korrekturen auf, vermutlich aus eigener Hand. Ob es sich um einen Bericht an eine Organisation, eine Fassung eines zu publizierenden Essays oder trotz des Umfangs von knapp 8.000 Wörtern um ein Vortragsmanuskript handelt, lässt sich derzeit nicht überprüfen. Die ausführliche Darstellung deutscher Verhältnisse im historisierenden Präteritum sowie einige englische Übersetzungen deutschsprachiger Zitate verweisen aber darauf, dass das Zielpublikum ein internationales gewesen sein könnte.[858] In dem überlieferten Text geht es um eine Bilanz der ersten zehn Jahre der DDR-Kulturpolitik sowie um die zeitgenössische Situation im literarischen Feld der DDR. Unselds Quellen scheinen vorrangig veröffentlichte Schriften,[859] Medienberichte und -bilder[860] sowie Gesetze gewesen zu sein; nichts verweist darauf, dass er die DDR-Verhältnisse aus eigener Anschauung oder aus Gesprächen kannte.[861] Der Text gibt umfassend Einblick in den Wissenshorizont des Verlegers, liefert Hinweise auf Lektüren und Diskurse, die Unseld zu dieser Zeit beschäftigten, und ist aus diesem Grund im Anhang abgedruckt.[862] Für meine Analyse ist hier jedoch nicht der gesamte Inhalt von Rele-

---

857 Da Unseld von Brecht noch im Präsens schreibt und der Autor am 14. August 1956 starb, muss es sich um einen Text aus dem Frühjahr 1956 handeln.
858 Eventuell handelt es sich um einen Text für das *Kuratorium Unteilbares Deutschland*, in dem Unseld sich auch in späteren Jahren noch engagierte. Vgl. Kapitel 1.2. Das Kuratorium *Unteilbares Deutschland* war ein am 14. Juni 1954 unter der Präsidentschaft von Paul Löbe gegründeter Zusammenschluss von führenden Vertretern der Politik, Wirtschaft und Gesellschaft. Diese überparteiliche „Volksbewegung für die Wiedervereinigung" hatte sich zum Ziel gesetzt, Kontakte zwischen den getrennten Gebieten zu pflegen, den Willen zur Wiedervereinigung aufrecht zu erhalten und die Jugend in diesem Sinne zu erziehen (Christoph Meyer: Deutschland zusammenhalten. Wilhelm Wolfgang Schütz und sein „Unteilbares Deutschland". In: Deutschland Archiv online, 25.07.2014: www.bpb.de/188966 (zuletzt eingesehen am 5.05.2022)).
859 Unseld zitiert verschiedene Autoren und Intellektuelle, um seine Argumente zu belegen, darunter Günter Eich, Johannes R. Becher, Wladimir Majakowski, Lenin, Karl Marx und andere.
860 Unseld beschreibt zu Beginn seines Texts ein großformatiges Plakat, das auf dem 4. Schriftstellerkongress der DDR hinter dem Präsidium des Schriftstellerverbands auf dem Podium hing. Es gab damals eine Meldung des *Allgemeinen Deutschen Nachrichtendienstes* (*ADN*) mit einem Foto des Kongresses vom 10.01.1956, das diese Szene zeigt. Vgl. Unseld: Kunst im Dienst. Siehe Anhang, Dokumente, Nr. 1.
861 Dem Briefwechsel mit Uwe Johnson zufolge reiste Unseld erst 1959 zum ersten Mal in die DDR (vgl. Johnson/Unseld: Der Briefwechsel, S. 17).
862 Eine historisch-kritische Kommentierung des gesamten Textes, die gerade für Unselds Haltung im Literaturaustausch aufschlussreich wäre, ist erst dann sinnvoll, wenn Unselds Privatarchiv samt seiner Privatbibliothek der Forschung zur Verfügung steht.

vanz, sondern vor allem die Argumentationsstruktur des Textes, seine Quellen und Thesen, die ich im Folgenden wiedergebe.

Die Problematik, sich überhaupt zur Situation in der DDR zu äußern, stellte Unseld an den Beginn seiner Überlegungen:

> Wer es unternimmt, über die geistige Situation einer Hälfte seines eigenen Landes zu berichten, begegnet einer doppelten Schwierigkeit. Die erste liegt im Versuche selbst. Abgesehen davon, daß ein solcher Bericht weder Momentaufnahme noch historischer Rückblick sein sollte (was ist Gegenwart, was Vergangenheit? Was ist schon überholt und was wird geschehen?) der Gegenstand [!] über den ausgesagt werden soll [!] ist nichts Fixierbares, nichts Feststehendes [!] sondern Fluktuierendes. Wird es möglich sein, ihm objektiv zu begegnen, wenn eine zu große Distanz ohne Interesse ist, Identifizierung aber unmöglich ist? Die zweite Schwierigkeit aber liegt darin, daß ein Deutscher, der über die gespaltene Hälfte seines Vaterlandes Wesentliches aussagen soll, allzuleicht in die politische Gefahr einer Anerkennung dieser Gespaltenheit gerät.[863]

Zunächst wird deutlich, dass Unseld Deutschland als ein Ganzes und die Halbierung „seines eigenen Landes", also die Teilung Deutschlands als Verlust darstellte. Der geschichtsphilosophische Einwand, worüber und wie zu berichten sei, bewirkt eine doppelte Distanzierung. Zum einen wies Unseld daraufhin, dass kulturelle Phänomene einem stetigen Wandel unterliegen und sich darüber weder rück- noch vorausblickend eindeutige Aussagen machen lassen. Dadurch mussten aber auch Unselds eigene Auskünfte und Standpunkte zur Lage der Literatur und der Intellektuellen in der DDR als vorläufig bzw. revidierbar gelten. Er machte sich und was er schrieb also unangreifbar, indem er die Möglichkeit von Irrtum und Veränderung offenhielt. Zum anderen problematisierte Unseld die Frage, welche Haltung sich gegenüber dem Gegenstand einnehmen lasse – weder distanzierend noch identifizierend – und positionierte sich damit in einem ideologischen Diskurs, der die Auseinandersetzung mit der DDR als Anerkennung des Staats und damit der deutschen Teilung thematisierte. In einer Zeit, in der die Einheit Deutschlands in beiden Teilen noch zur Staatsdoktrin gehörte, beugte er somit dem Eindruck vor, Befürworter des sozialistischen Staats und damit eines geteilten Deutschlands zu sein. Allein das Reden über und das Wissen von den Verhältnissen der DDR, so suggerierte der Text, hätte ihm von seinem westlichen Publikum als Zustimmung ausgelegt werden können.

Seine Ausführungen formulieren eine Herausforderung westdeutscher Verlagspraxis, die der Suhrkamp Verlag generell, aber auch bei jedem neuen Text und jeder Autorin, jedem Autor wieder annahm: Wie sollte man sich zur Literatur und den Autor:innen der DDR stellen, die potentiell Teil eines deutsch(sprachig)en

---

863 Unseld: Kunst im Dienst. Siehe Anhang, Dokumente, Nr. 1.

Programms sein konnten, und dabei sowohl die Bedingungen des literarischen Felds der DDR als auch der BRD kalkulieren? Wie war eine Auseinandersetzung mit der DDR, geschäftliche und persönliche Kontakte zu Intellektuellen, die die Idee eines sozialistischen Gesellschaftssystems unterstützten, möglich, ohne gleichzeitig die deutsche Teilung als unwiderrufliches Faktum zu bestärken bzw. in den Verdacht zu geraten diese Ideen zu teilen?

Indem Unseld die Erkenntnis- und Darstellungsmöglichkeiten erwähnte, setzte er sich selbst in größtmögliche Distanz zum literarisch-intellektuellen Feld der DDR, stellte es als fremd, einer anderen Welt oder Zeit zugehörend dar. Seine Überlegungen verweisen hier bereits in den fünfziger Jahren auf Verständnisschwierigkeiten im Literaturaustausch, die im Umgang mit Literatur der DDR immer wieder verhandelt wurden, wie noch zu zeigen sein wird. Der Verlag begegnete dieser Wahrnehmung später mit der Auswahl von für den Literaturaustausch geeigneten Texten, mit (re)kontextualisierenden Nachworten, erläuternden Anmerkungen, etc. Er griff damit zu Praktiken, die auch im kulturellen Transfer und der Transformation von fremdsprachiger Literatur zum Tragen kamen und kommen.[864] Damit einher ging die Vorstellung, Autor:innen der DDR hätten eine grundsätzlich verschiedene Denk- und Schreibweise zumal unter anderen Bedingungen der Text- und Buchproduktion, die auch ein Faktor bei der Bewertung von Manuskripten war.

Die Unsicherheit, über den anderen Teil Deutschlands zu sprechen, äußert sich auch in der tastenden mehrfachen Benennung des Staats, über den Unseld referierte: „im östlichen Teil Deutschlands, in der Deutschen Demokratischen Republik!"[865] Zunächst nur als geographisch im Osten liegenden Teil eines ganzen Deutschlands bezeichnet, fügte er danach den vollständigen offiziellen Namen hinzu, um die reale Existenz des Staates auch noch mit einem Ausrufezeichen zu bestätigen. Am Rand des Dokuments zitiert jedoch ein handschriftliches „Mitteld."[866] die Bezeichnung ‚Mitteldeutschland', die zur Vermeidung der offiziellen

---

864 Vgl. Einert: Die Übersetzung eines Kontinents, S. 168–170; Kemper: Kulturtransfer und Verlagsarbeit, S. 8–14. Vgl. zum Transformationsbegriff, verstanden als (zeitliche und räumliche) Wandlungsprozesse zwischen einer Referenz- und einer Aufnahmekultur, die dabei – unter dem Begriff der Allelopoiese – wechselwirkend sowohl konstituiert, konstruiert und modelliert werden, auch Lutz Bergemann u. a.: Transformationen. Ein Konzept zur Erforschung kulturellen Wandels. In: Hartmut Böhme (Hg.): Transformationen. Ein Konzept zur Erforschung kulturellen Wandels. München 2011, S. 39–56, S. 39 f.
865 Unseld: Kunst im Dienst. Siehe Anhang, Dokumente, Nr. 1.
866 Handschriftlicher Kommentar in: ebd.

Staatsbezeichnung bis in die sechziger Jahre gewählt wurde, um den Status des geteilten Deutschlands als vorübergehend und die Grenzfrage, auch in Bezug auf die Oder-Neiße-Grenze, als ungeklärt zu deklarieren. Ein Rechenschaftsbericht des *Kuratoriums Unteilbares Deutschland*[867] klärt, was genau gemeint war: Die DDR wurde als Mitteldeutschland bezeichnet, mit Ostdeutschland waren die ehemals deutschen Ostgebiete gemeint, die seit dem Potsdamer Abkommen zu Polen und der Sowjetunion gehörten.[868] Im Gegensatz dazu glich die Verwendung der offiziellen Staatsbezeichnung ‚DDR' einer Anerkennung der Existenz des Staats, aber auch der deutsch-polnischen Grenzziehung durch die Alliierten, welche die BRD offiziell erst 1970 anerkannte. In Unselds Sprachwahl äußert sich sein Bewusstsein von den deutschlandpolitischen Verhältnissen: Mit dem „östlichen Teil" als Bezeichnung für die DDR erkannte er implizit die Oder-Neiße-Grenze an, mit der offiziellen Staatsbezeichnung auch die Existenz der DDR. Ob es sich bei dem handschriftlichen Zusatz um eine Korrektur handelt, die in einer späteren Fassung eingearbeitet wurde, lässt sich nicht mit Sicherheit sagen. Die Annotation verweist aber zum einen auf die zeitgenössische politische Diskussion und zum anderen auf Unselds pragmatische und damit im Kontext bundesdeutscher Ostpolitik fortschrittliche Haltung zur DDR in den fünfziger Jahren, für die er sich dann in den sechziger Jahren auch öffentlich engagierte.

Bereits im Titel *Kunst im Dienst* klingt ein Unterschied zwischen den literarischen Feldern in Ost und West an: Unseld erwähnte Äußerungen von (Kultur-)Politikern wie Johannes R. Becher und Otto Grotewohl zur Ideologie eines sozialistischen Kunstschaffens, zum engen Zusammenhang von Kunst und Politik und deren gegenseitiger Beeinflussung, und kam aufgrund dessen schon zu Beginn des Textes zu dem Schluss, dass der Kunstschaffende in der DDR seine künstlerische Freiheit aufgebe: „Seine Kunst ist die Magd des politischen Gedankens."[869] Während sich die Kunst in der Bundesrepublik in einem „freien Spiel der Kräfte" bewege und die Künstler dabei „freilich [...] das harte Brot dieser Freiheit essen und die oft herbe und kühle Luft atmen müssen", so Unseld, habe der ostdeutsche Autor „seine finanzielle Besserstellung und materielle Sicherung mit einer Einschränkung seiner künstlerischen Freiheit" erkauft.[870] Aus seiner Sicht brachte die DDR also keine autonome Kunst hervor, sondern es entstanden

---

[867] Der Rechenschaftsbericht enthält Vorworte der Bundespräsidenten Heinrich Lübke und Theodor Heuss (vgl. Unteilbares Deutschland. Ein Rechenschaftsbericht 1954 bis 1960. Zusammengestellt von Herbert Hupka. Köln: 1960, S. 4).
[868] Vgl. ebd., S. 7.
[869] Unseld: Kunst im Dienst. Siehe Anhang, Dokumente, Nr. 1.
[870] Ebd.

dort nur Werke, die sich dem kulturpolitischen Auftrag stellten, den Aufbau der sozialistischen Gesellschaft zu fördern.

Am Ende der Einleitung beschrieb Unseld ein großformatiges Plakat, das auf dem 4. Schriftstellerkongress der DDR hinter dem Präsidium des Schriftstellerverbands auf dem Podium hing:

> Über den Häuptern der vielköpfigen Versammlung an der Stirnwand des Präsidiums reckte sich in kühner Fotomontage das Emblem des Kongresses auf: ein hochgereckter muskulöser Arm, der Arm eines von den Werken der Anwesenden oft besungenen Traktoristen oder Hochofenarbeiters, wuchs über den Strom des Demonstrationszuges, über den Wall der Fahnen und Spruchbänder hinaus und seine kräftig geäderte [!] Finger hielten ein riesiges Buch, in dessen aufgeschlagenen Seiten die Losung der ostdeutschen Literatur geschrieben war: „Die Bücher von heute sind die Taten von morgen".[871]

In der darauffolgenden Interpretation und Kontextualisierung des Spruchs schwingen Sympathie für sozialistische Ideen – er zitierte aus einer Rede Brechts – und ein Wunschdenken mit, bedenkt man Unselds Erinnerungen an seine eigene Lesebiographie und die Bedeutung von Literatur für seine Entwicklung nach dem Krieg: „[Der Spruch] verweist auf die enge Verbindung des Lesens mit dem Handeln, der Kunst mit dem Leben."[872] Obwohl es um das Literaturverständnis in der DDR ging, lassen sich Unselds Ausführungen als Appell eines westdeutschen Literaturproduzenten an sein (westliches) Publikum lesen, zumindest in Bezug auf die Überzeugung, dass von Literatur eine Wirkung ausgeht:

> Die Literatur, die in Westdeutschland eine gemäßigte Rolle in der Öffentlichkeit spielt, hier, im Osten ist sie eine bedeutende, umworbene und in den Vordergrund gerückte öffentliche Angelegenheit. Bücher sollen ja nicht nur, wie andernorts auch, Leben widerspiegeln, sondern sie sollen unmittelbar zu Taten und zu einer spezifischen Gesinnung anregen.[873]

Er wies aber darauf hin, dass diese Wirkung in der DDR eben nicht nur als ein Effekt, sondern als eigentlicher Daseinszweck von Kunst gesehen werde. Kunst, so Unseld, sei dort ein staatliches Erziehungsmittel und stehe allein im Dienst der Politik.

Zur Darstellung der Entwicklung in der DDR verwendete Unseld Vokabular und Formulierungen, die an die Zeit des Nationalsozialismus erinnern. Durch den Vergleich zwischen DDR und BRD, der die politische und gesellschaftliche Differenz aufzeigen sollte, erscheint die DDR somit nicht als antifaschistischer Staat,

---

871 Ebd.
872 Ebd.
873 Ebd.

sondern als Staat mit totalitären Zügen, in denen sich die Strukturen des Deutschen Reichs fortsetzen. So sprach Unseld von einem „Gleichschaltungsprozeß", der „dem einzelnen Menschen seine eigene, persönliche Entscheidungsfreiheit immer mehr" entzogen habe.[874] Alle Lebensbereiche, so führte Unseld aus, seien dem gesellschaftlichen Fortschritt unterstellt. Er erwähnte die Macht der Partei, „Aufmärsche und Kundgebungen", „Plakate und Spruchbänder", die dem „einsamen Grübler" nicht genug Zeit ließen, „sich eine eigene Welt zu schaffen".[875] Daran wird deutlich, dass Unseld hier ein Verständnis von Literatur vertrat, die aus der Schöpfungskraft eines autonom gedachten Autors entstand und nicht aus dessem Wirken in gesellschaftlichen Kontexten.

Obwohl er dem Rationalismus und Kollektivismus sowie dem einheitlichen Menschenbild der sozialistischen Lehre in ihrem Totalitarismus widersprach, richtete sich seine Kritik nicht gegen sozialistische Ideen *per se*, sondern gegen deren realpolitische Umsetzung und Praxis in der DDR. Das wird daran deutlich, dass er einen Unterschied zwischen den Kunstschaffenden in der DDR und den vom Nationalsozialismus verfolgten linken Intellektuellen machte, die mit ihrer kosmopolitischen Haltung die Avantgarden der zwanziger Jahre bereichert hätten. Die in der DDR geforderte „Staatsbejahung" und die Ablehnung des Formalismus verhindere jedoch eine Orientierung an und eine Fortsetzung des künstlerischen Schaffens der literarischen Moderne.[876] So hielt er die von Brecht, Seghers, Arnold Zweig, Ludwig Renn, Johannes R. Becher im Exil verfassten, aber in der DDR publizierten Texte für bedeutende Werke. Dass diese Autor:innen in der DDR kein weiteres Werk geschaffen hätten, sei Ausdruck für „die Unmöglichkeit, in einem unfreien System schöpferisch frei arbeiten zu können".[877]

Ein weiteres Problem sah Unseld in einem fundamentalen Unterschied zwischen dem ost- und dem westdeutschen Literaturverständnis: „Es ist sehr schwer, die dem neuen, sozialistischen Realismus huldigenden Veröffentlichungen ostdeutscher Schriftsteller gerecht zu beurteilen. Der Graben, der die beiden Teile Deutschlands trennt, spiegelt sich am deutlichsten in dieser Literatur wieder, zu der ein westdeutscher Leser keinen Zugang finden kann."[878] Das Zitat suggeriert die Homogenität einer westdeutschen Leserschaft und verweist auf Unselds Literatur- und Lektüreverständnis.[879] Ihm schwebte ein „Leser" vor, der mit dem Text in Interaktion tritt und einen direkten Bezug zwischen Kontextwissen und

---

874 Ebd.
875 Ebd.
876 Ebd.
877 Ebd.
878 Ebd.
879 Vgl. hierzu auch Michalzik: Unseld, S. 123.

Primärtext herstellt. Seiner Meinung nach bestand allerdings nicht nur ein ideologischer, sondern auch ein literarischer Unterschied zwischen beiden Teilen Deutschlands, der ein Textverständnis unmöglich machte.

Außerdem konstatierte Unseld eine Krise der Literatur der DDR, die daher rühre, dass die Kulturpolitik „ihr Idee und Richtung auf ein einheitliches Menschenbild [gebe], in dem Individuelles wenig Raum hat" und damit auch der individuelle künstlerische Ausdruck, der für ihn Bedingung literarischer Innovation war.[880] Ausnahmen sah er im Bereich der Lyrik bei Fühmann, Kunert und Huchel, deren Werke er als Verleger später veröffentlichte oder zumindest dafür in Erwägung zog. Vor allem Huchel sei sich in „seiner eigenen lyrischen Art treu geblieben".[881] In Kunert erkannte er auf Grundlage des 1950 im Aufbau Verlag erschienenen Gedichtbands *Wegschilder und Mauerinschriften* die „größte lyrische Hoffnung der ostdeutschen Literatur".[882] Bei der Einschätzung der Werke in Prosa (Seghers, Ludwig Renn und Arnold Zweig) und Drama (Brecht, Friedrich Wolf und Erwin Strittmatter) entspricht sein Urteil der Verlagspraxis der fünfziger Jahre. Unseld war der Meinung, die erwähnten Autor:innen hätten ihre bedeutenden Werke in der Zeit des Exils geschrieben, neuere Texte hätten kaum Erfolg. Auf welches literarische Feld und welche Art des Erfolgs sich seine Einschätzung bezog, erklärte er nicht.

Der Text belegt die These, der Suhrkamp Verlag sei zu Beginn, d. h. in den hier besprochenen fünfziger Jahren, ein Verlag der Remigrant:innen gewesen und zwar nicht nur als Wiedergutmachungsgestus in der Folgezeit des Nationalsozialismus, sondern auch als Abgrenzungs- und im selben Moment Vereinnahmungspraxis der Literatur der DDR.[883] Die von Unseld erwähnten Namen und Titel erscheinen als autonome Akteure im literarischen Feld der DDR und gehörten somit, so suggeriert der Text, eigentlich in eine westlich demokratische Tradition. Abschließend ging er auf die Bedeutung Brechts als Lyriker und Dramatiker ein und erläuterte dessen kontroverse Position als österreichischer Staatsbürger, Marxist und Kritiker des SED-Staats, die sich auf die Aufführung und Verbreitung seiner Stücke auswirke: „Verbot und Begeisterung betrifft in unseren Tagen sein Werk."[884]

Gerade in der Erwähnung von Theateraufführungen Brechts und den Bedingungen der Buchproduktion lässt sich Unselds Ausführungen die Verlagsperspektive ablesen. Ein Vergleich der Verlagspraxis in den fünfziger und sech-

---

880 Unseld: Kunst im Dienst. Siehe Anhang, Dokumente, Nr. 1.
881 Ebd.
882 Ebd.
883 Vgl. Teil I, Kapitel 1949; Michalzik: Unseld, S. 90.
884 Unseld: Kunst im Dienst. Siehe Anhang, Dokumente, Nr. 1.

ziger Jahren lässt annehmen, dass die Politisierung des literarischen Felds in den sechziger Jahren auch Auswirkungen auf die Haltungen und Einstellungen hatte, die die Verlagspraxis im geteilten Deutschland prägten, und vor deren Hintergrund Werke von Autor:innen der DDR nicht nur als Ausdruck einer Ideologie, sondern auch als Literatur anders beurteilt wurden. Wie sich vor diesem Hintergrund die Bewertung von Johnsons ersten Manuskripten innerhalb des Verlags unterschiedlich darstellte und mit der Zeit wandelte, werde ich im folgenden Kapitel behandeln.

5.2 Erste Lektion: Auswahlkriterien (*Johnson*)

Im Frühjahr 1957, ein knappes Jahr nachdem Unseld den Text über die kulturelle Situation der DDR geschrieben hatte, erhielt der Suhrkamp Verlag das Manuskript zu Johnsons *Ingrid Babendererde* von Hans Mayer, Dozent in Leipzig und Förderer des jungen Autors, nachdem drei Verlage der DDR eine frühere Fassung abgelehnt hatten.[885] Im Verlag begutachteten die Lektoren Guggenheimer und Unseld den Text, bevor Suhrkamp ihn schließlich ablehnte. Von Guggenheimer sind im Verlagsarchiv Gutachten zu Johnsons Manuskripten erhalten, neben *Ingrid Babendererde* auch zu *Mutmassungen über Jakob*. An ihnen wird deutlich, dass er derjenige war, der sich im Verlag für die Veröffentlichung der Texte einsetzte. Guggenheimer wirkte neben seiner Tätigkeit als Lektor auch als Übersetzer und Literatur- und Theaterkritiker.[886] Von Unseld sind keine Gutachten erhalten; er äußerte sich allerdings mehrfach in anderen Kontexten zu den Gründen seiner Ablehnung des ersten Manuskripts. An *Ingrid Babendererde* störte Unseld der provinzielle Handlungsort, der Optimismus der jugendlichen Protagonisten und die Verwendung des Dialektalen, die ihn an die volkstumsverherrlichende Literatur des Nationalsozialismus erinnerte. Dass der Verlag den kritischen Bezug des Texts zum ‚Kirchenkampf' der SED gegen die Junge Gemeinde im Jahr 1953 nicht in Betracht zog, lässt sich aufgrund der erhaltenen Gutachten und Briefe vermuten: Er kommt darin nicht vor.[887] Erst als Unseld selbst Verleger war und Johnson ein zweites Manuskript vorlegte, lernte er diesen als Autor zu schätzen,

---

[885] Johnson schickte die dritte Fassung des Textes an den Aufbau Verlag, den Hinstorff Verlag und den List Verlag (vgl. Carsten Gansel: „es sei EINFACH NICHT GUT SO". Uwe Johnsons „Ingrid Babendererde. Reifeprüfung 1953". In: Text + Kritik 65/66 (2001), S. 50–68, hier S. 56).
[886] Vgl. Walter Maria Guggenheimer: Alles Theater. Frankfurt a. M. 1966.
[887] Vgl. Fabrizio Cambi: Uwe Johnson: Ingrid Babendererde. Reifeprüfung 1953. In: Elena Agazzi/Erhard Schütz (Hg.): Handbuch Nachkriegskultur, Berlin u. a. 2016, S. 377–380.

der sich in seinen Texten mit zeitgenössischen Problemen im geteilten Deutschland auseinandersetzte, und entsprechend vermarktete er ihn dann auch.

Verschiedene Aspekte der Lektoratspraxis werden an der Bewertung der Manuskripte Johnsons deutlich, die auch in der weiteren Entwicklung der Beurteilung, ob ein Text, der in der DDR entstanden war, im Verlag erscheinen sollte oder nicht, entscheidend waren. Sie treten in diesem Fall zum ersten Mal auf. Insofern stellt die Verlagsbeziehung zu Johnson, so die These, für die Verlagspraxis im geteilten Deutschland ein Schlüsselmoment dar. Zu den Entscheidungskriterien über Annahme oder Ablehnung gehörte die Kalkulation der politischen Implikationen einer Publikation für den Autor, wie sich vor allem an den Überlegungen zum Wohnort Johnsons zeigt, und der sonstigen Auswirkungen auf das Verlagsnetzwerk, hier vor allem in der Beziehung zur Brecht-Erbin Weigel. Des Weiteren rechnete der Verlag mit der westdeutschen Leserschaft. Es war entscheidend, ob der Text nach Einschätzung des Verlags dem zeitgenössischen Buchmarkt entsprach und genügend Bezugspunkte für das westdeutsche Publikum bot. Besonders deutlich wird dies an der Bewertung der Textstellen im mecklenburgischen Platt. Darüber hinaus verdeutlichen die Überlegungen des Verlags ganz generell die unterschiedliche Entwicklung in den beiden literarischen Feldern. Was in der DDR mit Bezug auf bestimmte Ereignisse, Ideen und Diskussionen geschrieben wurde und dort erfolgsversprechend war, musste im westdeutschen Buchmarkt nicht unbedingt und auch nicht zeitgleich Anerkennung bringen.[888]

Im Verlag also las zunächst Guggenheimer das Manuskript von *Ingrid Babendererde* und fällte ein kritisches, aber positives Urteil. In seinem Gutachten erwähnte er die konspirativen Umstände, durch die das Manuskript des Autors über eine Westberliner Adresse[889] an den Verlag gelangt sei, und das im Verlag nun vertraulich behandelt wurde. Weil Johnson den politischen Bezug und seine Kritik nur am persönlichen Erleben der Figuren, ihren Gedanken und Handlungen gestaltet, ohne den Erzähler explizit das politische System oder die gesellschaftlichen Verhältnisse kommentieren zu lassen, sprach sich Guggenheimer trotz politischer Erwägungen für eine Publikation aus:

> Ich möchte sagen, ich scheue an sich Unternehmen, die so aussehen, als tue man Feindliches gegen die DDR, und den Oberflächlichen auf beiden Seiten wird es scheinen, als geschähe das mit diesem Buch. Aber das ist nun nicht zu ändern. Daran sind die Leute drüben

---

[888] Vgl. Teil III, Kapitel 2.1.
[889] Über Eberhard Seel in Berlin-Wilmersdorf.

selbst schuld. In diesem Buch ist alles vordergründig Politische auf das unausweichlich Persönliche reduziert. Und eben dieses darf nun wirklich nicht verschwiegen werden.[890]

In einem Manuskript aus dem Archiv, das von 1965 stammt und die Ablehnung von Johnsons erstem Roman bespricht, argumentierte Unseld ähnlich, jedoch zu Ungunsten des Texts: „[I]ch wollte auch kein Buch gegen die DDR [...] in unserem Verlag haben."[891] Guggenheimer kritisierte weiterhin die Dominanz des Norddeutschen, nicht nur die plattdeutschen Textstellen, sondern auch „ein gewisses Kokettieren mit Verschlossenheit, indirekter Aussage, Versonnenheit, Verschmitztheit, Herbheit und derlei."[892] Während die Westberliner Mitarbeiterin Margarete Franck und Unseld, wie noch zu zeigen sein wird, vor allem die häufige Verwendung des Plattdeutschen sowie den Handlungsort in der mecklenburgischen Provinz als Begründungen für ihre Einschätzung angaben, dass der Text in Westdeutschland auf wenig Verständnis stoßen werde, kam Guggenheimer zu anderem Urteil: „Wenn mich eine so geschilderte Welt und Atmosphäre verzaubert, statt mich zu befremden oder zu irritieren, dann muß [Herv. im Original, A. J.] es normale Leser gewinnen."[893]

Als positive Aspekte nannte Guggenheimer Aufbau und Darstellung – damit meinte er zum Beispiel die verschiedenen Zeitebenen der Erzählung, die sprachliche Technik und Charakterisierung der Figuren – sowie die „Anständigkeit" des Textes.[894] Zum einen stünden die positiven Figuren im Vordergrund, während moralisch zweifelhafte Figuren erzählerisch und sprachlich marginalisiert würden und zum anderen sei das Buch von einer optimistischen Grundhaltung geprägt, obwohl es für die Hauptfiguren, die in den Westen flüchten, kaum Hoffnung gebe. Guggenheimer spekulierte deshalb mit einer Fortsetzung der in *Ingrid Babendererde* angelegten Figurenkonstellation und nahm somit die weitere Werkentwicklung Johnsons vorweg: „Wenn man daran denkt, was aus dem ‚Dreieck' dieser jungen Menschen gemacht werden könnte!"[895]

Neben der literarischen Qualität war für den Lektor auch die gesellschaftliche Funktion des Textes entscheidend, der seiner Meinung nach eine positive Wirkung auf die deutsch-deutsche Verständigung haben würde, weil „jeglicher

---

890 Walter Maria Guggenheimer: Uwe Johnson: Ingrid Babendererde, Gutachten vom 24.04.1957. In: DLA, SUA: Suhrkamp. Siehe Anhang, Dokumente, Nr. 4.
891 Siegfried Unseld: Missverständnisse um Ingrid. In: DLA, SUA: Suhrkamp.
892 Guggenheimer: Uwe Johnson: Ingrid Babendererde, Gutachten vom 24.04.1957. Siehe Anhang, Dokumente, Nr. 4.
893 Ebd.
894 Ebd.
895 Ebd.

Nonsens politischer Geschäftigkeit" und „die landläufigen westlichen Vorurteile" gar nicht erwähnt würden:

> [D]as wäre endlich ein Buch, das wirklich für das Verständnis arbeiten würde, nicht durch Werbung (es wirbt für gar nichts), sondern durch Eliminierung alles Nebensächlichen, aller falschen und nur phrasenhaften Gegensätze. Man möchte sagen, wenn das gelesen ist, kann man beiderseits anfangen über das Entscheidende miteinander zu reden.[896]

An Guggenheimers Meinung wird die Funktion deutlich, die Johnsons erste Texte im Verlag hatten: Sie wurden zunächst als Schilderung der Verhältnisse in der DDR, als Meinungsäußerung des Autors zur deutschen Teilung wahrgenommen und sollten ost-westdeutsche Gespräche abseits vom politischen Diskurs anstoßen. Umso wichtiger war als Bewertungskriterium die Frage, ob die westdeutsche Leserschaft einen Zugang zum Text finden würde.

Nachdem auch Suhrkamp das Manuskript begeistert gelesen hatte – „[e]s juckt mich danach, ein Buch daraus zu machen",[897] schrieb er am 11. Juni 1957 an den Autor – schickte er es zur Lektüre an seine Westberliner Büroleiterin Franck. Anscheinend hatte Suhrkamp der Schluss der Erzählung besonders gut gefallen; er wie auch Guggenheimer und Franck kritisierten allerdings die sich gegen Ende häufenden und langen, plattdeutschen Stellen, die in ihrer Einschätzung Lektüre und Verständnis des Texts erschwerten.[898] Franck wog in ihrer Beurteilung die Authentizität der plattdeutschen Sprache in Bezug auf den ländlichen Handlungsort mit den Rezeptionsbedingungen einer urbanen, westdeutschen Leserschaft ab. Aufgrund der deutschen Teilung ging Franck davon aus, dass sich getrennte Erfahrungswelten und damit unterschiedliche Lektüreinteressen entwickelt hätten. Sie hielt es daher für schwierig, für den thematisch und sprachlich regionalen Text in der BRD eine Leserschaft zu finden. Außer Acht blieb dabei, dass sich der plattdeutsche Sprachraum auf den Norden und nicht den Osten Deutschlands ausbreitete und auch in Westdeutschland weite Bevölkerungsteile der plattdeutschen Sprache mächtig waren.

Der Suhrkamp Verlag war zu dieser Zeit ein elitärer, kleiner Verlag, der sich an ein ausgewähltes, gebildetes Publikum richtete.[899] Erst mit Unselds Verlagsübernahme wendete sich das Programm einer breiteren Leserschaft zu. Francks Überlegungen zu einem möglichen Zielpublikum und der Verkäuflichkeit des Textes verdeutlichen, dass der Verlag mit einer Literatur konfrontiert war, die ihn

---

896 Ebd.
897 Peter Suhrkamp an Uwe Johnson, Brief vom 11.06.1957. In: DLA, SUA: Suhrkamp.
898 Vgl. Margarete Franck an Peter Suhrkamp, Brief vom 18.07.1957. In: DLA, SUA: Suhrkamp.
899 Vgl. Gerlach: Die Bedeutung des Suhrkamp Verlags für das Werk von Peter Weiss, S. 60.

nicht nur inhaltlich und sprachlich, sondern auch in seiner Produktions- und Vertriebspraxis vor eine Herausforderung stellte: „Es wäre schön, wenn das Buch gedruckt würde, doch wer kauft es. Der durchschnittliche Westdeutsche will das alles garnicht wissen. der [!] Ostdeutsche würde es mit brennendem Interesse lesen, darf es aber nicht besitzen, :bleiben [!] die aus Ost nach West gewechselten Studenten, die alle kein Geld haben."[900] Franck kalkulierte zwischen der künstlerischen Originalität des Textes und den Verkaufs- und Verbreitungsmöglichkeiten einer Buchpublikation. Schließlich befürwortete sie die Publikation vor allem aus literarischen Gründen und nicht, weil sie davon ausging, aus diesem Text könne ein auflagenstarkes Buch werden.

Nachdem die Reaktionen von Guggenheimer und Franck auf das Manuskript trotz einiger Bedenken positiv ausgefallen waren, traf sich Suhrkamp Mitte Juli mit Johnson in Westberlin. Johnson resümierte das Gespräch in einem Brief an den Verleger und hielt dessen Kritikpunkte am Text fest, die sich unter dem Schlagwort „Mangel an Welt" zusammenfassen ließen.[901] Darunter verstand Johnson drei Aspekte seines Textes: der nordisch-sagahafte Gestus, der Fokus auf das Private, in dem das Politische aufgeht, womit er – so bemerkte er selbstkritisch – der pädagogischen Aufgabe sozialistischer Heimat-Literatur entspräche, und der Titel, der ebenfalls auf das Regionalsprachliche und Naturverbundene verweist, auf den Johnson allerdings nicht verzichten wollte. Im Nachwort zur schließlich erst postum veröffentlichten Erstausgabe des Romans 1985 fügte Unseld dem Katalog einen weiteren Punkt hinzu: Johnson sei nicht imstande gewesen, die westdeutsche Wirklichkeit zu vermitteln. Der Grund sei „das extrem stilisierte [...] Wissen von kapitalistischen Lebensformen" gewesen, das Johnson sich nicht durch eigene Anschauung, sondern Lektüre angeeignet hätte.[902]

Im Verlag war vor allem der Regional- und Naturbezug ein viel diskutierter Aspekt. Für die Dominanz des Norddeutschen hatte Guggenheimer Kürzungen und Veränderungen vorgeschlagen. Im Epilog des Gutachtens setzte er sich aber für die Notwendigkeit des Naturbezugs ein: „Sommerhitze, Wasserkühle, Wolken und Hügel gehören einfach unlösbar mit zu diesen Menschen und ihren untergründig sich vorbereitenden Entschlüssen und Handlungen."[903] Selbst noch im Gutachten zu den *Mutmassungen über Jakob*, das Guggenheimer zwei Jahre später,

---

900 Franck an Suhrkamp, Brief vom 18.07.1957.
901 Uwe Johnson an Peter Suhrkamp, Brief vom 21.08.1957. In: DLA, SUA: Suhrkamp.
902 Siegfried Unseld: Nachwort. In: Uwe Johnson: Ingrid Babendererde. Reifeprüfung 1953. Mit einem Nachwort von Siegfried Unseld. Frankfurt a. M. 1985, S. 249–264, hier S. 259.
903 Guggenheimer: Uwe Johnson: Ingrid Babendererde, Gutachten vom 24.04.1957. Siehe Anhang, Dokumente, Nr. 4.

am 18. März 1959 verfasste, rechtfertigte er das Setting der Johnson'schen Texte gegen eine Kritik am Natürlichen:

> was hier passiert, die art, die leute, die sprache, die sympathien – das alles fällt unter das, was manche leute Blut und Boden nennen. ich halte das für ein leeres schreckgespenst, für eine literarische jargon-atrappe. mir sind leute (schreiber), von denen man spürt, dass sie wissen, was wald und nebel ist (diesmal nicht see und sonne) sehr lieb.[904]

Mit „Wald und Nebel" ist der *Jakob*-Roman gemeint, mit „See und Sonne" verwies Guggenheimer auf Szenen wie die Segelpartie aus *Ingrid Babendererde*. Der Begriff „Blut und Boden" ging auf Diskussionen mit Unseld zurück, den Guggenheimer mit „manche leute" vermutlich mitmeinte und der den Text abgelehnt hatte. In dem schon erwähnten Archiv-Manuskript von 1965 zur Rechtfertigung seiner Ablehnung erklärte Unseld:

> Meine Einwände [...] bezogen sich auf den mir schal erscheinenden Optimismus dieser Jugend; mir, der ich ein anderes „Deutsches Jungvolk" hinter mir hatte, wurde hier einfach zu viel von der „Freien Deutschen Jugend" geredet. [...] In der Hitze des Disputs muß dann auch das Wort von Blut und Boden gefallen sein.[905]

Im Nachwort von 1985 schilderte Unseld, welche Gründe sein Votum gegen den Text hatte:

> Sicher waren es außerliterarische Kriterien, die mir damals den Zugang zum Text versperrten. Das Fremde des Milieus, die vertrackte Provinzialität dieser Kleinstadt, die vielen Textpassagen im Mecklenburger Platt [...] Ich konnte damit nichts anfangen [...] die ganze, so kompliziert geschilderte Geschichte transportierte für mich [...] mit einem Wort zu wenig Welt. [...] [K]urz, ich wehrte mich gegen eine parteiliche Atmosphäre, der ich hoffte, für immer entronnen zu sein, und irrtümlicherweise wurde mir diese Darstellung nicht als Kritik des Autors deutlich.[906]

Unseld erklärte seine Wahrnehmung des Textes mit der historischen Rezeptionssituation und plausibilisierte seine Ablehnung mit dem literarischen Zeitgeist, der sich von der das Volkstum verherrlichenden Literatur des Nationalsozialismus abgrenzen wollte. Vor diesem Hintergrund und dem Verständnis Unselds von der totalitären Literaturproduktion in der DDR erschien Johnsons Text, suggeriert das Nachwort, nicht nur als Übernahme der bekannten Literaturvorgaben des SED-

---

904 Walter Maria Guggenheimer: bericht guggenheimer. über uwe johnsons neuen roman. Gutachten vom 18.03.1959. In: DLA, SUA: Suhrkamp. Siehe Anhang, Dokumente, Nr. 5.
905 Unseld: Missverständnisse um Ingrid.
906 Unseld: Nachwort, S. 258.

Regimes einer im sozialistischen Sinne engagierten Literatur, sondern paradoxerweise auch als reaktionärer Rückzug ins Private und Naturhafte. Bereits die Äußerung Unselds aus dem Jahr 1965 belegt allerdings, dass er sein Urteil über den ersten Text revidierte.

Als entscheidendes Kriterium für oder gegen eine Veröffentlichung kam 1957 die Situation des Autors in der DDR hinzu. Johnson war inzwischen aus Leipzig in die Hauptstadt Ostberlin gezogen, und sein Manuskript hatte mehreren Verlagen vorgelegen, der Text und sein Autor waren also bekannt.[907] Suhrkamp erklärte dem Autor, „dass ich die Veröffentlichung in meinem Verlag für letztes Frühjahr übernommen hätte, wenn Sie an Ihrem Ort geblieben wären und das Erscheinen unter einem Pseudonym möglich war."[908] Allein eine Inkognito-Produktion des Buchs hätte den noch unpublizierten Autor in Ostberlin vor Repressionen schützen können. Eine weitere Überlegung war schließlich, inwieweit ein Text mit Bezug zu einem historischen Ereignis Bestand haben könnte. Bereits im Dezember 1957 war Suhrkamp der Meinung, dass „der Roman so rasch durch die allgemeine Entwicklung entwertet" worden sei.[909]

Im Vergleich des Nachworts der Buchausgabe von 1985 mit seinen im Archiv liegenden Vorfassungen wird deutlich, wie Unseld sein initiales Unverständnis konstruktiv so umformulierte, dass es zum einen als Ausdruck der Wirkung und zum anderen als Anerkennung der Poetik Johnsons wirkt. Unseld verglich den unverstandenen Autor mit den „großen Erzählmeister[n] des Jahrhunderts", Marcel Proust und James Joyce, deren unkonventionelle Darstellungsweise ebenfalls nicht dem allgemeinen Geschmack der Zeitgenossen entsprochen habe.[910] Unseld nutzte somit die Publikationsgeschichte, um in direkter Ansprache der Leserschaft das Werk nun als „erste literarische Chronik" zu vermarkten, „die den unübersehbaren Prozeß des Auseinanderlebens der Menschen in den beiden geteilten deutschen Staaten schildert. War deshalb dieser Text damals seiner, unserer Zeit voraus?"[911] Die Ablehnung des Manuskripts lastete er damit den historischen Verhältnissen an, unter deren Resultat die Verlagspraxis und damit die Fehlbewertung eines literarisch avancierten Texts erscheint. Die Widmung des

---

[907] Zur Rezeptionsgeschichte von Ingrid Babendererde in den fünfziger Jahren vgl. High Ridley: „Nach einem Lenz, der sich nur halb entfaltet". Aspects of the Reception of Uwe Johnson's *Ingrid Babendererde*. In: Deidre Byrnes/John E. Conacher/Gisela Holfter (Hg.): German Reunification and the Legacy of GDR Literature and Culture. Leiden/Boston 2018, S. 107–123.
[908] Peter Suhrkamp an Uwe Johnson, Brief vom 4.12.1957. In: DLA, SUA: Suhrkamp.
[909] Ebd.
[910] Unseld: Nachwort, S. 260.
[911] Ebd., S. 262.

Nachworts „Für Corinne Müller. Abiturientin des Jahres 1985"[912] ist gleichzeitig der Versuch, den historischen Text zu aktualisieren. Durch die Verbindung der Abiturientinnen Ingrid Babendererde von 1953 und Corinne Müller von 1985 verweist die Widmung auf den sich stets wiederholenden Konflikt zwischen Heranwachsenden und den sie umgebenden Autoritäten. Der Zeitbezug des Texts, den der Verlag Ende der fünfziger Jahre noch problematisierte, wird damit zu einer beispielhaften Geschichte ausgeweitet.

Die Verlagsverbindung zwischen Suhrkamp und Johnson blieb trotz der Ablehnung bestehen, der Autor informierte den Verleger über den Fortschritt seiner Arbeiten[913] und schickte Anfang 1959 das Manuskript zu *Mutmassungen über Jakob* an den Verlag. Wiederum begutachtete zuerst Guggenheimer den Text. Er hielt nicht nur an seinem Urteil über den Autor und sein Schaffen fest, sondern attestierte darüber hinaus: „der autor hat, sich selbst erstaunlich treu bleibend, erstaunliche fortschritte gemacht."[914] Erneut erwähnte er wertschätzend den komplexen Aufbau der Erzählung und Johnsons sprachlichen Stil, war aber der Meinung, dass die „handlung einiger klärung bedarf".[915] Er schlug hierfür „helfende titel oder untertitel" vor.[916] Im Gutachten und weiteren internen Notizen drängte Guggenheimer auf Veröffentlichung des Textes, denn er hielt das Erscheinungsdatum für den Erfolg des Buchs für relevant: „diese ganzen DDR-probleme bleiben interessant, wenn sie einmal so menschlich gestellt sind. nachträglich aber, wenn sie de facto überholt sind, äusserlich, zumindest, kommt auch die menschlich-überdauernde fassung nicht mehr an."[917] Sein Votum orientierte sich also am politisch-gesellschaftlichen Zeitgeschehen, auf das der Text Bezug nahm.

Im Vergleich der beiden Gutachten Guggenheimers wird deutlich, dass sich die Überlegungen und Entscheidungskriterien 1957 und 1959 entsprechen. Was sich mit dem zweiten Manuskript allerdings änderte, waren die Lebenssituation des Autors, der nach Westberlin zog, und der Verleger. Kurze Zeit nach dem Tod Suhrkamps im März 1959 warnte Franck den neuen Verleger Unseld vor möglichen

---

912 Corinne Müller schrieb wenige Jahre später ihre Dissertation über die Trennung Suhrkamps vom S. Fischer Verlag (vgl. Müller: Ein bedeutendes Stück Verlagsgeschichte).
913 Vgl. Uwe Johnson an Peter Suhrkamp, Briefe vom 1.01. und 15.08.1958. In: DLA, SUA: Suhrkamp.
914 Guggenheimer: bericht guggenheimer. über uwe johnsons neuen roman. Gutachten vom 18.03.1959. Siehe Anhang, Dokumente, Nr. 5.
915 Ebd.
916 Ebd.
917 Ebd.

Auswirkungen einer Johnson-Publikation für den gesamten Verlag, dessen Kontakte zu Brecht ein Garant für die Beziehungen zur DDR gewesen waren:

> [W]enn der Verlag jetzt ein Buch herausbringt, das so gegen den Osten geschrieben ist, wie wird der Osten das schlucken. Wenn ein so amerikanisch orientierter Verlag wie z.Bsp. Fischer das machte, wäre es etwas anderes als bei uns, die wir doch über Brecht-Weigel, Aufbau-Verlag und Akademie Beziehungen zu freundschaftlicher Arbeitsgemeinschaft pflegen.[918]

Zwei Bedingungen der Verlagsentscheidung sprach Franck an: den Zeitpunkt der Veröffentlichung (ob damit der Verlegerwechsel oder eine bestimmte historische Konstellation gemeint war, bleibt unklar) und die Beziehungen des Verlags in die DDR – zwei Faktoren, die die Verlagspraxis im Umgang mit der DDR immer wieder prägten. Im Antwortschreiben stimmte Unseld Franck in ihren Bedenken zur Reaktion der DDR auf Johnsons Roman zu. Auch er kalkulierte die Position, die der Suhrkamp Verlag durch dessen Autor Brecht im deutsch-deutschen Literaturaustausch hatte:

> Es ist ja nicht so sehr Kritik der dortigen Verhältnisse in erster Linie, sondern eben ihre Darstellung [!] und mein Argument Frau Weigel gegenüber (ich habe mir das sehr genau überlegt!) wird sein, daß eben nur wir den Roman bringen könnten. Würde ein anderer Verlag ihn bringen, so würde der Roman zweifellos politisch-propagandistisch ausgelegt. Dies ist aber bei einer Publikation durch uns nicht der Fall.[919]

Unselds Argument bezieht sich zum einen auf die Form und zum anderen auf die Wahrnehmung von Kritik in der Literatur. Dahinter steht auch die Frage, ob die ungeschönte Darstellung von Verhältnissen auch eine Kritik derselben beinhaltet, ein Aspekt, den Ost und West Unselds Einschätzung zufolge unterschiedlich beurteilten. Bemerkenswert an Unselds Überlegungen ist nicht nur, dass das Verlagsprogramm und in diesem Zusammenhang auch Unselds Entscheidung über die Veröffentlichung von Johnsons Roman *Mutmassungen über Jakob* Ende der fünfziger Jahre ein Diskussionspunkt im Verhältnis zu Weigel war, wie das Zitat belegt. Als Erbin Brechts hatte sie nicht nur einen entscheidenden Einfluss auf die Edition und Verbreitung der Werke Brechts, die ein wichtiges finanzielles Standbein des Verlags darstellten. Unseld machte Verlagsentscheidungen von ihrer Zustimmung und Unterstützung abhängig,[920] wie in diesem Fall die Publi-

---

918 Margarete Franck an Siegfried Unseld, Brief vom 27.04.1959. In: DLA, SUA: Suhrkamp.
919 Siegfried Unseld an Margarete Franck, Brief vom 29.04.1959. In: DLA, SUA: Suhrkamp.
920 Unseld erhob gegenüber Enzensberger Einspruch gegen den Abdruck von Günter Grass' Theaterstück *Die Plebejer proben den Aufstand* im *Kursbuch 1*, in dem Grass die Rolle Brechts im Arbeiteraufstand des 17. Juni 1953 verarbeitete. Er verhandelte während der Vorbereitungen zum

kation eines DDR-kritischen Textes. Aufschlussreich ist auch, dass Unseld der Ansicht war, die Publikation von Johnsons Werk in West wie Ost ließe sich mit der ‚richtigen' Nachbarschaft Brechts bei Suhrkamp begründen, dessen Wirkung abmildern oder zumindest steuern.

Unseld kalkulierte die Interessen des Verlags: ein konstruktives Verhältnis zu den relevanten Akteuren der DDR, um die Herausgabe der Brecht-Werke nicht zu behindern, und die Chance mit einer literarischen Neuheit aus der DDR symbolisches und ökonomisches Kapital zu akkumulieren. Von einem literarischen Entdeckerimpetus in Bezug auf die Literatur der DDR ist hier allerdings nur wenig zu spüren. Seine Abwägungen sind nur ein Beispiel von vielen dafür, dass der Suhrkamp Verlag seine Entscheidungen, nicht nur in dieser frühen Phase und nicht nur in Bezug auf die Werkpolitik im Fall Brechts, von den (potentiellen) Entwicklungen in der DDR abhängig machte. In der Rekonstruktion der Publikationsgeschichten zu Johnsons Texten wird außerdem deutlich, dass Unseld sich als Verleger letztendlich nicht nur von seinem persönlichen Umgang mit einem Autor aus der DDR, sondern auch von der Einstellung seiner Lektoren Guggenheimer und Boehlich überzeugen ließ, den Autor und seinen zweiten Roman in den Verlag aufzunehmen.[921]

Die politischen Implikationen der Publikation steuerte der Verlag durch sein Marketing: In der Ankündigung der *Mutmassungen über Jakob* betonte der Verlag die literarische Gattung des Romans, um diesen vor der Wahrnehmung als literarische Reportage, getarnt als fiktionaler Text zu schützen: „‚Mutmassungen über Jakob' ist der erste Roman, der das Leben in der Zone von innen her schildert, kein politisches Buch, auch keine Anklage, sondern ein Roman[...]."[922] In veränderter Konstellation – als Verleger und mit Johnsons Umsiedlung nach Westberlin – konnte Unseld 1959 nun den zweiten Text Johnsons publizieren und zwar gerade unter dem Label ‚gesamtdeutscher Autor',[923] also unter Verzicht auf eine einseitige staatlich-ideologische Festlegung und Vereinnahmung, und damit auch den Beginn eines deutsch-deutschen Verlagsprogramms markieren.[924] Im Klap-

---

Kursbuch auch über die Verlängerung der Verträge mit den Brecht-Erben und musste zwischen seiner Beziehung zu Weigel und dem Eingreifen in die Gestaltung des ersten *Kursbuchs* abwägen, das durch den Konflikt beinahe nicht zustande gekommen wäre. Grass zog das Stück schließlich zurück, um es auf Anraten der Dramaturgie des Schiller-Theaters zu überarbeiten (vgl. Marmulla: Enzensbergers Kursbuch, S. 77–84).

921 Vgl. Kapp: Uwe Johnson und Walter Boehlich, S. 62.
922 Neue Bücher im Herbst 1959. Zitiert nach Fellinger/Reiner (Hg.): Siegfried Unseld. Berlin 2014, S. 91.
923 Zum Label ‚gesamtdeutsch' vgl. Teil I, Kapitel 1959.
924 Die Vermarktung Johnsons korrespondierte mit der Rezeption des Autors durch die Literaturkritik. Enzensberger schrieb in den *Frankfurter Heften:* „Es ist hier das Erscheinen des ersten

pentext der ersten Auflage der *Mutmassungen über Jakob* heißt es: „Das Buch, in dem zum ersten Male die politischen Umstände der beiden Deutschland ohne Absage an sie als literarische Wirklichkeit aufgefasst werden, hinterlässt Unruhe."[925] Eine Neuigkeit war der Roman nicht nur als Debüt eines aus der DDR emigrierten Autors und als erstes Beispiel eines ‚gesamtdeutschen' Romans „ohne Absage" an einen der beiden Teile Deutschlands, sondern auch als eine der ersten Publikationen des neuen Verlegers. Der Klappentext spiegelt dabei die politische Haltung des Verlags: Johnsons Text setzt sich mit den realen Verhältnissen im geteilten Deutschland auseinander, ohne sie aber als unveränderlich zu konstituieren, während der Verlag mit diesem Buch am deutsch-deutschen Literaturaustausch teilzunehmen begann, aber dennoch an der kulturellen Einheit festzuhalten proklamierte. Johnsons *Mutmassungen* können im Kontext der Verlagspraxis folglich als „Wendepunkt" im Literaturverständnis gelten, wie bereits Christoph Kapp am Verhältnis Boehlichs zu Johnson verdeutlicht hat.[926]

5.3 Zweite Lektion: Assoziationen (*Bloch, Johnson, Brasch, Braun*)

Neben Johnsons Roman veröffentlichte Suhrkamp im Herbst 1959 auch zum ersten Mal Werke von Bloch. Seit 1952 erschien im Verlag die Zeitschrift *Morgenblatt für Freunde der Literatur*,[927] die sich in ihrer letzten Sonderausgabe am 2. November 1959 anlässlich der Veröffentlichung von *Spuren* und *Prinzip Hoffnung* dem Leipziger Philosophen widmete. Neben Theodor W. Adorno hatte auch Bloch

---

deutschen Romans nach dem Kriege anzuzeigen, das heißt des ersten Romans, der weder der west- noch der ostdeutschen Literatur angehört, für die unsere Verwaltungssprache die groteske Bezeichnung ‚gesamtdeutsch' bereithält." (Enzensberger: Die große Ausnahme, S. 910). Günter Blöcker bezeichnete *Mutmassungen über Jakob* in der FAZ als „Roman der beiden Deutschland". (Blöcker: Roman der beiden Deutschland). Vgl. Gillet/Köhler: Ansichten über Ansichten, S. 289; Nicolai Riedel (Hg.): Uwe Johnsons Frühwerk. Im Spiegel der deutschsprachigen Literaturkritik. Dokumente zur publizistischen Rezeption der Romane „Mutmaßungen über Jakob", „Das dritte Buch über Achim" und „Ingrid Babendererde". Bonn 1987.
925 Johnson/Unseld: Der Briefwechsel, S. 29.
926 Kapp: Uwe Johnson und Walter Boehlich, S. 59.
927 Das *Morgenblatt für Freunde der Literatur* war eine achtseitige Verlagszeitung, die von 1952 bis 1959 zuerst monatlich, später ein- bis zweimal pro Jahr erschien und sowohl essayistische Beiträge der Verlagsmitarbeiter:innen oder -autor:innen als auch Textauszüge aus der aktuellen Verlagsproduktion enthielt. Mit dem Titel knüpfte Suhrkamp eine Traditionslinie zur Kulturzeitung *Morgenblatt für gebildete Stände*, ab 1837 *Leser*, die zwischen 1807 und 1865 in der Cotta'schen Verlagsbuchhandlung erschien (vgl. Sabine Peek: Cottas Morgenblatt für gebildete Stände. Seine Entwicklung und Bedeutung unter der Redaktion der Brüder Hauff (1827–1865). In: Börsenblatt für den Deutschen Buchhandel Frankfurt a. M. 42 (1965), S. 947–1064).

selbst seine Mitarbeit an der Publikation zugesagt. Nachdem Adorno jedoch bei einer internationalen Feier zu Ehren Hegels die Delegation der Hegelgesellschaft der DDR beleidigt hatte, musste Bloch seinen eigenen Beitrag im Mai 1959 zurückziehen, um nicht im selben Heft wie Adorno zu publizieren. „Wenn er jetzt sozusagen mit Adorno Hand und Hand aufträte, würde das für ihn sehr bedenkliche Folgen haben können",[928] erklärte Franck dem Verleger die Situation Blochs. Ihre Einsicht in die Regeln des literarisch-wissenschaftlichen Felds der DDR hatte mit der geographischen Nähe zu Ostberlin und der damit gegebenen Möglichkeit des direkten und regelmäßigen Austauschs mit relevanten Akteuren zu tun. Sie gab dem Verleger wichtige Hinweise für den Umgang mit den Erstpublikationen von Johnson und Bloch und spielte folglich als Beraterin gerade in den Anfängen des Literaturaustauschs eine entscheidende Rolle. Unseld reagierte zunächst verärgert und drohte mit Konsequenzen für die weitere Zusammenarbeit:

> Bloch hat mir seine Mitarbeit am „Morgenblatt" schriftlich zugesagt. Ich werde davon nicht abgehen und gerade nach Ihren Ausführungen darauf bestehen, daß er diesen Beitrag für das „Morgenblatt" schreibt. Wenn nicht, lasse ich das ganze Projekt „Prinzip Hoffnung" daran scheitern.[929]

Unseld ging es darum, das Werk Blochs mit einem originalen Kommentar des Autors und gewichtet mit dem intellektuellen und kulturellen Kapital Adornos in Westdeutschland einführen zu können. Blochs persönliche Situation in der DDR stand dem jedoch im Wege. Unselds Plan veranschaulicht die Praxis des Verlags, etablierte Verlagsautor:innen als Beiträger:innen zu nutzen – in Zeitschriftenheften, für Vor- und Nachworte –, um neue oder weniger bekannte Autor:innen einzuführen und durch Assoziation der Autor:innen und Werke sowohl für diese als auch für den Verlag und seine literarisch-wissenschaftlichen Milieus zu werben. Der Fall Bloch verdeutlicht nicht nur eine Kontinuität der Verlagspraktiken in Bezug auf Lizenzautor:innen der DDR, sondern vor allem, dass der Verlag seine assoziierenden Publikations- und Werbepraktiken an die Bedingungen im geteilten Deutschland anpassen musste. Dass Unseld „gerade" auf der Einhaltung schriftlicher Vereinbarungen bestand, hängt vermutlich mit seiner kritischen Haltung zu den Verhältnissen in der DDR zusammen, die ich an seiner Rede *Kunst im Dienst* dargelegt habe. Seine Formulierung zeigt den Unwillen, sich aufgrund von politischen Unterdrückungsmaßnahmen der DDR in der eigenen Praxis beeinflussen zu lassen.[930] Seiner eigenen Werteordnung entsprechend, musste er für

---

[928] Margarete Franck an Siegfried Unseld, Brief vom 18.05.1959. In: DLA, SUA: Suhrkamp.
[929] Siegfried Unseld an Margarete Franck, Brief vom 21.05.1959. In: DLA, SUA: Suhrkamp.
[930] Vgl. Teil III, Kapitel 4.

die Meinungsfreiheit Adornos und Blochs eintreten. Gleichzeitig verdeutlicht das Fallbeispiel, welche Konsequenzen sich aus dem Literaturaustausch für einzelne Akteure und Publikationen ergeben konnten und wie weit die Interdependenz von Publikationen, Haltungen und politischen Konsequenzen im geteilten Deutschland reichte. Ein Blick in die entsprechende Ausgabe des *Morgenblatts* belegt, dass Unseld sich umstimmen ließ: Sie enthält keinen Text von Adorno, dafür aber einen Beitrag von Bloch. Anscheinend kam der Verleger zur Einsicht, dass die Assoziation Blochs mit Adorno zu dieser Zeit nicht nur dem Autor, um dessen Werk es ja ging, sondern auch dem symbolischen Kapital des Verlags in den deutsch-deutschen Beziehungen schaden würde.

Noch hatten Verlag und Verleger aber kein Bewusstsein und keine Sensibilität für Publikationsstrategien im Literaturaustausch entwickelt. Denn nur wenige Monate nach der Bloch-Adorno-Kontroverse kam es wegen der Assoziation von Autoren wiederum zum Konflikt. Diesmal ging es um die gemeinsame Präsentation von Johnson und Bloch am Suhrkamp-Stand auf der Frankfurter Buchmesse im Herbst 1959. Unseld plante am Stand durch die gerade erschienenen Bücher, verschiedene Werbemittel und Namenszüge auf die beiden neuen Verlagsautoren aufmerksam zu machen: „Bekanntlich leben wir ja im Zeitalter des Indiskreten, und da auch wir, um unsere Bücher anzubringen, gelegentlich mit den Wölfen heulen müssen, sündigen wir mit."[931] Wie bereits erwähnt, etablierte Unseld in den ersten Jahren seiner Verlegerzeit eine eigene Werbeabteilung, deren Praktiken sich mit der Zeit ausdifferenzierten. Zu Beginn aber scheint es noch Rechtfertigungsbedarf gegeben zu haben. So argumentierte er seinem Autor gegenüber, dass Werbung für den Erfolg überhaupt notwendig war und dass der elitäre, für sein zurückhaltendes Marketing bekannte Suhrkamp Verlag sich fortan und teilweise dem ‚Rudel' der Verlagsbranche anschließen müsste. Werbewirksam war das politische Interesse für die DDR, das sich in der Assoziation von Bloch und Johnson auf die Autoren und ihre Texte übertragen sollte. Was Unseld dabei nicht bedachte: In der ideologischen Diskussion um deutsch-deutsche Legitimationsansprüche konnte Johnsons Text, zudem von einem ‚Republikflüchtling'[932] verfasst, der DDR als Bestätigung dienen, Johnson als Urheber einer gegen die DDR gerichteten westdeutschen Propaganda darzustellen. Im damaligen Zeitgeist implizierte die Verbindung mit dem Buch des Leipziger Professors zudem ein Einvernehmen der beiden Autoren in Bezug auf eine solche Systemkritik. Das *Prinzip Hoffnung* konnte so unter den gleichen Vorzeichen gelesen werden wie die *Mut-*

---

931 Johnson/Unseld: Der Briefwechsel, S. 22.
932 Im damaligen Sprachgebrauch bezeichnete ‚Republikflüchtling' eine Person, die ohne Erlaubnis die innerdeutsche Grenze übertreten hatte.

massungen. Johnson wies den Verleger auf die mögliche Verwicklung hin, die Bloch in der DDR in berufliche und private Schwierigkeiten bringen würde, denn „ein solches Nebeneinander wird von seinen Behörden gewiss politisch ausgedeutet werden, es mag nun auch in den Augen des Westens politisch aussehen. [...] Jedenfalls bitte ich Sie: hängen Sie mich weit weg und recht einzeln, wenn es denn sein soll."[933] Wie schon bei der Adorno-Bloch-Assoziation verzichtete der Verlag aufgrund des Hinweises seines Autors auf die Maßnahme.

Die Praxis des Assoziierens nahm unterschiedliche Formen und Funktionen an, wie noch zu zeigen sein wird, und kann als eine dominante, d. h. omnipräsente Verlagspraktik gelten. Die weiteren Beispiele werden zeigen, dass die Art und Weise der Koexistenz von Autorennamen und Texten in Verlagspublikationen oder in der Werbung von der jeweiligen Konstellation und dem jeweiligen medialen und historischen Kontext abhängig war. Der Verlag konnte mit seinen vielfältigen Möglichkeiten der Kombination und (Re-)Kontextualisierung von Texten und Autoren also je nach den jeweiligen politischen Bedingungen der DDR, der biographischen Entwicklung der Autor:innen oder ihrer Position im literarischen Feld flexibel agieren.[934]

5.4 Dritte Lektion: Kommunikations- und Informationspraktiken (*Fries*)

Das Wissen der Verlagsakteure von den realen Bedingungen des deutsch-deutschen Literaturaustauschs war, wie schon die vorhergehenden Fallbeispiele zur Wertung und Bewerbung gezeigt haben, zu Beginn der Verlegerzeit Unselds noch gering. Das änderte sich nachdrücklich mit Johnsons Verlagsautorschaft. An der Publikationsgeschichte von *Mutmassungen über Jakob* werde ich zeigen, wie die althergebrachten Kommunikationspraktiken den Verlag in Konflikte brachten, auf der Grundlage dieser Störung ein Reflexionsprozess stattfand und der Verlag im Umgang mit Autor:innen der DDR neue Praktiken der Kommunikation und Information entwickelte. An der Publikationsgeschichte von Fries' erstem Roman *Der Weg nach Oobliadooh*, der 1966 im Suhrkamp Verlag erschien und erst 23 Jahre später auch in der DDR veröffentlicht werden sollte, verdeutliche ich anschließend, dass eine Besonderheit der adaptierten Kommunikations- und Informationspraktiken im geteilten Deutschland war, dass sie teilweise konspirativen Charakter annahmen.[935]

---

933 Johnson/Unseld: Der Briefwechsel, S. 23.
934 Vgl. Teil III, Kapitel 1.
935 Vgl. Teil III, Kapitel 5.

In den Anfängen der Beziehung des Verlags zu Johnson im Frühjahr 1959 wird deutlich, wie sich der Verlag in seiner Praxis an den Umgang mit Autor:innen und Texten der DDR anpasste. Klaus Baumgärtner, ein Freund Johnsons, überbrachte am 17. Februar 1959 das zweite Manuskript des Autors der Leiterin des Berliner Verlagsbüros, Margarete Franck, die es noch am selben Tag weiter nach Frankfurt leitete. Im Begleitbrief sprach sie über Johnson als „eine Art junger Yacine der Ostzone".[936] ‚Ostzone' war eine im Jahr 1959 gängige, aber dennoch abwertende Bezeichnung für die DDR, weil sie die Existenz eines zweiten deutschen Staats negierte und diesen historisch und legitimatorisch in den Status der sowjetischen Besatzungszone zurückwarf. Sie zeugt von einem Sprachbewusstsein, das von einem westdeutschen, ideologisch geführten Diskurs geprägt war. Mit dem Vergleich meinte Franck den algerischen Autor Kateb Yacine, dessen Roman *Nedschma* in der Übersetzung von Guggenheimer 1958 im Suhrkamp Verlag erschienen war.[937] Der Roman wurde Ende der fünfziger Jahre als literarische Sensation gefeiert, weil er aus algerischer Sicht von den politischen Ereignissen zum Ende des Zweiten Weltkriegs erzählte, und weil Yacine mit den Konventionen des französischen Romans experimentierte.[938] Der Vergleich lässt vermuten, dass Johnsons Text Franck aus ähnlichen Gründen, wegen der Referenz zur deutsch-deutschen Wirklichkeit und der ästhetisch-formalen Qualität, interessierte. Zudem beruhte auch Yacines Roman auf autobiographischen Erlebnissen, beide waren bereits als Schüler in Proteste involviert gewesen und auch Johnson überlegte, wie Yacine, der 1957 Frankreich verlassen musste, aus der DDR auszureisen.

In ihrem Brief an Suhrkamp erwähnte Franck, das zweite Manuskript sei besser als das erste, das der Verlag abgelehnt hatte, und mahnte um größte Vorsicht in Bezug auf den Namen des Verfassers, weil sie negative Konsequenzen für Johnson befürchtete, sollte durch die Kontrolle des Geheimdiensts bekannt

---

936 Margarete Franck an Peter Suhrkamp, Brief vom 17.02.1959. In: DLA, SUA: Suhrkamp.
937 Vgl. Kateb Yacine: Nedschma. Frankfurt a. M. 1958. Auch Guggenheimer verglich das Manuskript des Algeriers mit Johnsons Text: „yacine ist dagegen, stellenweise, ein kinderspiel." Guggenheimer: bericht guggenheimer. über uwe johnsons neuen roman. Gutachten vom 18.03.1959. Siehe Anhang, Dokumente, Nr. 5.
938 Dieter E. Zimmer urteilte anlässlich der deutschen Übersetzung in der *Zeit*: „Es ist ein Roman voller Rätsel, und selbst für einen an Faulkner geschulten Leser nicht leicht zu bewältigen. Lohn aber für die Mühen ist nicht nur, Algerien gleichsam von innen kennenzulernen. Das geschieht beiläufig. Doch weniger aus politischem oder einfach exotischem Interesse liest man einen Roman weiter, der es seinem Leser gewiß nicht leicht macht, sondern weil man bald spürt, daß man es mit einem Werk von nicht alltäglichem Rang zu tun hat." (Dieter E. Zimmer: Algerien im Roman. Die Sprache des Unbewußten – Schweigen oder das Unsagbare sagen. In: Die Zeit vom 15.05.1959: http://pdf.zeit.de/1959/20/algerien-im-roman.pdf (zuletzt eingesehen am 5.05.2022)).

werden, dass dieser mit einem westdeutschen Verlag verhandelte. Sie nannte deshalb eine Westberliner Adresse, an die das Manuskript und eine Antwort des Verlags zurückgesendet werden könne.[939] Unseld schickte seine Antwort jedoch nicht an die angegebene Adresse, sondern an Benno Slupianek, den damaligen Leiter des Brecht-Zentrums in Ostberlin.[940] Da Unseld generell über das bestehende Verlagsnetzwerk kommunizierte, gehe ich davon aus, dass er zur Übermittlung der Post gewohnheitsmäßig die Kontakte aus dem Umfeld Brechts nutzte, ohne über weitere Konsequenzen informiert zu sein. Franck berichtete wenige Wochen später in einem Brief an Unseld, dass Baumgärtner von dessen Verhaltensweise „völlig bestürzt und verstört" gewesen sei.[941] Nicht nur habe Unseld Slupianek involviert, den Baumgärtner „für solche Dienste auf das schärfste ablehnt", sondern auch „unbekümmert laut bei den Brechtleuten mit mir [Baumgärtner, A.J.] über Johnson" gesprochen.[942] Baumgärtner erkläre sich Unselds Verhalten, schrieb Franck, mit den mangelnden Informationen über den anderen Teil Deutschlands. Zustimmend fügte sie hinzu: „Aber in Westdeutschland ahnt man ja nicht, was hier los ist."[943] Der Fall verdeutlicht auf der einen Seite das Misstrauen und die konspirative Praxis im literarischen Feld der DDR, bei der die Beteiligten Namen, neue Manuskripte und westdeutsche Kontakte aus Angst vor politischen Konsequenzen geheim zu halten versuchten. Auf der anderen Seite zeigt Unselds Vorgehen, wie wenig er diese Praktiken kannte bzw. ein Bewusstsein für die Auswirkungen seines Handelns auf seine Verlagskontakte hatte.

Entweder hatte Unseld die Anweisung Baumgärtners nicht gelesen oder er hatte sie übergangen. So oder so verließ sich Unseld auf seine gängigen Ansprechpartner und Vertrauenspersonen im Umfeld Brechts, zu dem die Erben, das Berliner Ensemble sowie die Mitarbeiter des Brecht-Zentrums gehörten, mit denen der Verlag seit Jahren eng zusammenarbeitete. Franck, die allein durch ihren Standort in Westberlin und den direkten Kontakt besser über die Bedingungen in der DDR Bescheid wusste, erklärte Unseld „den Grad des Ernstes und der Angst",[944] die mit dem Kontakt zu Suhrkamp verbunden waren: Johnson würde keine Reiseerlaubnis erhalten, um sich mit dem Verleger in Frankfurt zu treffen,

---

939 Franck an Suhrkamp, Brief vom 17.02.1959.
940 Klaus Baumgärtner hinterließ die Adresse von Annemarie Baumann in Steglitz, die vermutlich wie Klaus und Sabine Baumgärtner auch zum Freundeskreis Uwe Johnsons in den fünfziger Jahren gehörte (vgl. ebd.).
941 Margarete Franck an Siegfried Unseld, Brief vom 24.04.1959. In: DLA, SUA: Suhrkamp.
942 Ebd.
943 Ebd.
944 Ebd.

heimlich fliegen sei zu gewagt und wenn es eine Veröffentlichung geben sollte, dann nur unter Pseudonym und getarnt als Übersetzung. Auf keinen Fall wollte Johnson die DDR verlassen, ließ Franck den Verleger wissen, sondern erst ein drittes Manuskript fertig stellen, bevor er sich entschied.[945] Franck erläuterte, dass Baumgärtner und Johnson von Slupianek mit Misstrauen beobachtet würden, bei mangelnder Vorsicht wären der Autor und dessen Verbindung sofort erkannt.[946]

Der ausführliche Bericht Francks war notwendig, wie sich herausstellte, weil Unseld die gesetzlichen Bestimmungen nicht kannte und sich der möglichen Konsequenzen einer westdeutschen Publikation, von westdeutschen Kontakten und Reisen eines unveröffentlichten Autors der DDR nicht bewusst war. Er bat Franck um Vermittlung eines Treffens in Westberlin, obwohl er nach wie vor eine Reise Johnsons nach Frankfurt für unbedenklich hielt: „Ich kann mir kaum denken, daß der Weg mit dem Flugzeug Gefahren für ihn bringt."[947] Die wenigen Briefe, die zu den Verhandlungen über die Aufnahme von Johnsons Roman zwischen Berlin und Frankfurt wechselten, zeigen das Erfolgsprinzip des Verlegers Unseld: Er lernte vor allem von seinen Verlagskontakten, hier in Bezug auf die Besonderheiten in der Kommunikation mit Autor:innen der DDR.

In der Auseinandersetzung mit dem zeitgenössischen literarischen Leben in der DDR entwickelte der Verlag auch neue Informationspraktiken, die einerseits über den institutionellen Kontakt zu DDR-Verlagen, andererseits über persönliche Kontakte zu Personen in wichtigen Positionen liefen. Als Enzensberger 1960 für das von ihm herausgegebene *Museum für moderne Poesie* international nach Autor:innen suchte, stellte er fest,

> daß unser Kontakt mit den Verlagen in der DDR äußerst mangelhaft ist; am Beispiel einiger Neuerscheinungen, die für mein ‚Museum' von Bedeutung sind, wurde mir der völlige Mangel an Informationen über die dortige Buchproduktion klar. Wenigstens mit den drei wichtigsten Verlagen, Rüttgen und Loening, Volk und Welt, Aufbau, sollte, wenn die dortige Schlamperei es erlaubt, ein regelmäßiger Katalogaustausch angestrebt werden.
>
> Peter Huchel versprach mir von sich aus, mich auf Neuerscheinungen hinzuweisen, von denen er glaubt, daß sie von Interesse für uns sein könnten.[948]

Enzensberger, der zu dieser Zeit als Lektor bei Suhrkamp angestellt war, erwähnte die beiden Arten, durch die der Verlag den Literaturaustausch steuern sollte:

---

945 Ebd.
946 Vgl. ebd.
947 Siegfried Unseld an Margarete Franck, Brief vom 28.04.1959. In: DLA, SUA: Suhrkamp.
948 Hans Magnus Enzensberger: Reisebericht Leipzig vom 26.–31.03.1960. In: DLA, SUA: Suhrkamp.

durch Beziehungen zu DDR-Verlagen und über die Buchproduktion der DDR sowie über Empfehlungen und Hinweise der Autor:innen, mit denen Suhrkamp Kontakte pflegte. In diesem Fall war mit Huchel zudem ein Akteur des literarischen Felds der DDR angesprochen, der als Chefredakteur der Zeitschrift *Sinn und Form* ein Forum für junge Literatur leitete und dementsprechend Informationen über neue Autor:innen bzw. die laufende Literaturproduktion verwaltete. Der Verlag verließ sich somit bei der Erweiterung des literarischen Programms auf sein Netzwerk. Klaus Wagenbach erinnerte sich in einem Gespräch mit Roland Berbig und Florian Petsch an Unselds Art den Verlag aufzubauen: „[D]ie Autoren zusammenzuhalten und zugleich als Lektoren zu beschäftigen und zugleich auch dazu zu veranlassen, andere Autoren anzuwerben. Das war schon eindrucksvoll."[949]

Zwischen beiden literarischen Feldern gab es zu Beginn der sechziger Jahre noch keinen regelmäßigen, geschweige denn offiziellen Austausch von Informationen und Lizenzen oder regelmäßige Reisen und gegenseitige Besuche. Der Frankfurter Börsenverein des Deutschen Buchhandels hielt sich an die offizielle Kulturpolitik, die von der Hallstein-Doktrin beeinflusst war, und viele Verlage waren noch nicht in den Literaturaustausch involviert.[950] Zwar gab es deutsch-deutsche Kontakte, die Verlage im geteilten Deutschland verfolgten, aber noch keinen gezielten und systematischen Austausch über Neuerscheinungen, Optionen und Lizenzen. In Ermangelung einheitlicher Strukturen und Regelungen entwickelte Suhrkamp eigene Praktiken im Literaturaustausch. Obwohl der Verlag seit den fünfziger Jahren in Verbindung mit der DDR stand, hielt Unseld erst im Februar 1965 die gesetzlichen Vorgaben seitens der DDR für den Lizenzhandel mit der BRD in einem Reisebericht fest.[951] Noch im Mai 1969 suchte Unseld nach erfolgreichen Methoden für die Autorenakquise, wenige Jahre vor der Etablierung eines Lektorats für Literatur der DDR und vor dem Grundlagenvertrag, der den Grundstein für deutsch-deutsche Literaturbeziehungen legte: „[W]ir müssen vielleicht durch Vermittlung des Henschel-Verlages oder einzelner Leute dort [...] an Autoren herankommen."[952]

---

[949] „Johnson, ziemlich deutsch." Klaus Wagenbach im Gespräch über Uwe Johnson, geführt von Roland Berbig und Florian Petsch. In: R.B. u.a. (Hg.): Uwe Johnson, S. 133–156, S. 142.
[950] Vgl. Kapitel 4.
[951] Unseld erfuhr bei einem Gespräch in Leipzig bei der Deutschen Buch-Export- und Import-GmbH (DBG, auch DBE), dass die Lizenzen für Autorenrechte über das Büro für Urheberrechte und die Liefergeschäfte mit der Bundesrepublik über die DBG abgewickelt wurden (vgl. Siegfried Unseld: Reisebericht Leipzig, 7.–9.02.1965. In: DLA, SUA: Suhrkamp).
[952] Siegfried Unseld: Reisebericht Berlin, 15.–18.05.1969. In: DLA, SUA: Suhrkamp.

Nach Johnsons Übersiedlung nach Westberlin im Sommer 1959 hielt der Autor Kontakt zu seinen Leipziger Freund:innen, zu Autor:innen und Kolleg:innen in Ostberlin und setzte sich weiterhin mit Themen der deutschen Teilung auseinander. Seine Romane wie *Das dritte Buch über Achim* oder *Jahrestage* sprechen von Biographien, die von der DDR geprägt sind. Er reagierte öffentlich auf Ereignisse in der DDR wie den Mauerbau und setzte sich durch die Vermittlung des Autors Fries an den Suhrkamp Verlag oder durch das Anthologie-Projekt *Das ostdeutsche Jahr*[953], das Diskussionen der ostdeutschen Medien einem westdeutschen Publikum zugänglich machen sollte, für den literarischen Austausch ein. In der engen Zusammenarbeit und Freundschaft von Autor und Verleger lernte Unseld die Verhältnisse der DDR besser kennen: Durch die Lektüre seiner Texte, die Unseld in Bezug auf die *Mutmassungen über Jakob* als „meine erste Reise in das Innere der DDR"[954] bezeichnete, durch Gespräche, Besuche bei Johnsons Freunden in Ostberlin und durch Konflikte seines Autors, in die Unseld als Verleger involviert war, wie die Kesten-Affäre.[955]

Vor allem im Umgang mit Autor:innen, die in der DDR leben und arbeiten wollten und in beiden Teilen Deutschlands publizierten, stellte sich der Verlag in seiner Praxis auf die Bedingungen des literarischen Felds der DDR ein, um sich am Literaturaustausch zu beteiligen. Dies zeigt sich besonders eindrücklich an den Verhandlungen mit Fries Mitte der sechziger Jahre. Im September 1964 hatte Johnson, der das Manuskript mit der Bitte um Beurteilung erhalten hatte, zwei Kapitel an Boehlich geschickt, um es von diesem und Walser prüfen zu lassen.[956] Von vornherein wiesen Verlag und Gutachter auf die politisch-juristischen Auswirkungen einer Veröffentlichung hin. Walser gab in seinem Gutachten die „Reaktion der DDR" zu bedenken: „Man muß kein Polizist sein, um diesen Autor in Leipzig [...] ausfindig zu machen. Ich hoffe zwar, die DDR hat nichts gegen dieses Bild [gemeint ist der Roman, A.J.] einzuwenden, aber ich weiß das natürlich

---

953 Uwe Johnson plante 1965 eine Chronik *Das ostdeutsche Jahr 1966* über Politik und Gesellschaft der DDR, zusammengestellt aus Zeitungs- und Zeitschriftentexten, die in der *edition suhrkamp* erscheinen sollte. Das Projekt wurde nicht verwirklicht (vgl. Johnson/Unseld: Der Briefwechsel, S. 416–425).
954 Ebd., S. 17.
955 Im November 1961 stellten der italienische Verleger Giangiacomo Feltrinelli und Uwe Johnson die italienische Übersetzung der *Mutmassungen über Jakob* in Mailand vor. Hermann Kesten, der den Autor am Abend präsentiert hatte, warf ihm später in der *Welt* vor, in der Diskussion den Bau der Berliner Mauer gerechtfertigt zu haben. Johnson, Feltrinelli und Unseld konnten die Vorwürfe durch Tonbandaufnahmen der Diskussion jedoch entkräften (vgl. ebd., S. 167–169).
956 Vgl. Uwe Johnson an Walter Boehlich, Brief vom 3.09.1964. In: DLA, SUA: Suhrkamp.

nicht."⁹⁵⁷ Im Verlag war man von den Erfahrungen mit Johnson und Bloch geprägt, die aus der Befürchtung heraus, die Publikation ihrer Texte könnte zu erschwerten Arbeits- und Lebensbedingungen in der DDR führen, in die BRD umgesiedelt waren. Johnson erwähnte deshalb nicht den Namen des Autors und bat um eine „vertrauliche Handhabung".⁹⁵⁸

Im November 1965 traf sich Unseld in der Wohnung von Manfred Bierwisch in Ostberlin zu Verhandlungen mit Fries über dessen Roman *Der Weg nach Oobliadooh*. Auch Johnson war anwesend, dessen Schritte in der DDR vom Ministerium für Staatssicherheit (MfS) überwacht und auch in diesem Fall abgehört wurden.⁹⁵⁹ Das SUA enthält in der Autorenablage zu Johnson den Bericht des Geheimen Informanten.⁹⁶⁰ Der Verlag hatte anscheinend kurz nach der Wiedervereinigung in den Unterlagen des MfS nach Spuren der Überwachung recherchiert. Darauf verweist der Adressstempel des Bundesbeauftragten für die Unterlagen des Staatssicherheitsdienstes der ehemaligen Deutschen Demokratischen Republik (Archiv des BStU), der noch eine vierstellige Postleitzahl zeigt, die am 1. Juli 1993 in eine fünfstellige Zahl umgewandelt wurde. Trotz der stark interpretativen Darstellungsweise und der denunziatorischen Funktion des Berichts, die auf dem Abhörsystem der DDR beruhte, können einzelne Aspekte als Indiz zu Inhalt und Ablauf des Treffens herangezogen werden. Der wahre Inhalt des Gesprächs lässt sich nicht überprüfen, da die zu Grunde liegenden Tonbänder der Öffentlichkeit nicht zugänglich sind. Unseld hat das Gespräch aber in einem Reisebericht festgehalten.⁹⁶¹

Generell ging es um die Publikationsmodalitäten des Romans von Fries und die möglichen Konsequenzen einer Veröffentlichung bei Suhrkamp, ohne dass das Buch in der DDR erscheinen sollte. Nach der Verhaftung von Wolfgang Harich⁹⁶² und dem Ausschluss Heiner Müllers aus dem Schriftstellerverband,⁹⁶³

---

957 Walser: Zu Der Weg nach Oobliadooh, Gutachten o.D. Siehe Anhang, Dokumente, Nr. 7.
958 Johnson an Boehlich, Brief vom 3.09.1964.
959 Vgl. zur Überwachung des Suhrkamp Verlags durch die Staatssicherheit Teil III, Kapitel 4.1.
960 Vgl. Informationsbericht vom 16.12.1965. Auszug aus einem GI-Bericht vom 22.11.1965. In: DLA, SUA: Suhrkamp.
961 Vgl. Siegfried Unseld: Reisebericht Berlin, 19.–25.11.1965. In: DLA, SUA: Suhrkamp.
962 Wolfgang Harich wurde aufgrund seiner systemkritischen Aktivitäten im Umfeld des Aufbau Verlags im November 1956 verhaftet und zu einer mehrjährigen Gefängnisstrafe verurteilt (vgl. Frohn: Literaturaustausch, S. 142 f.).
963 Müllers Stück *Die Umsiedlerin oder Das Leben auf dem Lande* geriet in die Kritik, weil es ein zu negatives Bild vom Leben auf dem Land darstellte. Nach der Uraufführung an der Hochschule für Ökonomie in Berlin-Karlshorst wurde es abgesetzt und durfte nicht in *Sinn und Form* abgedruckt werden. Müller wurde aus dem Schriftstellerverband ausgeschlossen, was einem Berufsverbot gleichkam (vgl. Matthias Braun: Drama um eine Komödie. Das Ensemble von SED und

beide zu dieser Zeit Autoren bei Suhrkamp, war im Verlag bekannt, welchen Gefahren ein non-konformer Schriftsteller in der DDR ausgesetzt war. Fries stand kurz vor Abschluss seiner Promotion an der Akademie der Wissenschaften und war ein unveröffentlichter Autor. Die Gesprächspartner diskutierten deshalb, welche Konsequenzen eine nicht genehmigte, westdeutsche Publikation haben konnte. Unseld war laut Informationsbericht der Meinung, dass die Gefahr im Vergleich zur Situation Johnsons 1959 inzwischen geringer sei. Man überschätze das Interesse für die Publikation im Westen, für das Auffinden des Autors und die Gefahrenlage an sich. Bierwisch soll daraufhin Unseld mit einer eigenen Anekdote von der Kontrolle und Überwachung der Behörden überzeugt haben.[964]

In seinem Reisebericht hielt Unseld die Unsicherheiten in der Rechtslage bei grenzüberschreitenden Verhandlungen fest:

> Wir diskutierten zwei Stunden lang die besondere Verfahrensweise, also die Frage, ob das Manuskript einfach mir gegeben werden kann, oder ob es an einen mitteldeutschen Verlag einzuschicken sei, oder ob diese Frage mit Gysi oder Abusch oder sonst mit jemandem besprochen werden soll.[965]

Die Teilnehmer der Diskussion einigten sich zur problemlosen Abwicklung des Publikationsprozesses auf eine gemeinsame Darstellung der Vorgänge. Da Fries das Manuskript dem Mitteldeutschen Verlag bereits zur Begutachtung geschickt hatte, einigte man sich darauf, zu behaupten, der Autor hätte bereits auf der Leipziger Buchmesse, also acht Monate zuvor, dem Suhrkamp Verlag das Manuskript überreicht. Kurz nachdem der Autor das Manuskript auch an den DDR-Verlag geschickt habe, sei aber Unseld mit einem Vertragsangebot auf ihn zugekommen, der die DDR und die sozialistischen Länder ausklammern würde.[966] Zum ersten Mal vereinbarte die Produktionsgemeinschaft von Verlag und Autor nicht nur eine konspirative Praxis, sondern einigte sich auch auf eine vertragliche Sonderbehandlung, die dem Autor ermöglichte, sein Werk als Originalausgabe und nicht in Lizenz von Suhrkamp in der DDR publizieren zu können. Auch die Verlagsverträge für Lizenzautor:innen der DDR beinhalteten in der Folge diese Rechteteilung. Dabei vertrat Suhrkamp jeweils die Nutzungsrechte für die BRD

Staatssicherheit, FDJ und Ministerium für Kultur gegen Heiner Müllers „Die Umsiedlerin oder Das Leben auf dem Lande" im Oktober 1961. Berlin 1996).
964 Vgl. Informationsbericht vom 16.12.1965. Auszug aus einem GI-Bericht vom 22.11.1965.
965 Unseld: Reisebericht Berlin, 19.–25.11.1965.
966 Vgl. ebd.

und das westliche Ausland, den DDR-Verlagen blieben die Rechte für die DDR und die damals sozialistischen Länder.[967]

Zunächst plante der Verlag eine Veröffentlichung des Romans im Herbstprogramm 1966. Als jedoch bekannt wurde, dass die DDR den Literaturaustausch mit dem Ausland, d.h. auch mit der BRD, unter stärkere staatliche Kontrolle stellen wollte,[968] verschob Unseld den Publikationstermin auf den 1. März. Er unterrichtete seinen Buchgestalter Willy Fleckhaus über die Gründe seiner Entscheidung:

> Ich mußte mich während der Weihnachtstage entscheiden, den Roman eines in der DDR lebenden Autors, der für die zweite Hälfte 1966 als Bombe oder doch Knüller vorgesehen war, in das Programm des ersten Halbjahres einzustellen. Das hat politische und taktische Gründe. Ich möchte Sie bitten, zu diesem Manuskript einen Umschlag zu zeichnen. [...] Da die Vertreter schon unterwegs sind, eilt natürlich die Sache sehr.[969]

Damit der Roman von Fries ohne den Umweg über die Genehmigung der DDR-Behörden veröffentlicht werden konnte, zog Suhrkamp den Publikationstermin vor. Das Gesetz, das bestimmte, dass jede Nutzung von Urheberrechten außerhalb der DDR vom Büro für Urheberrechte genehmigt werden musste, stammt vom 7. Februar 1966, ausgegeben wurde es am 19. Februar.[970] Im Fall Fries konnte der Verlag also mit dem Termin vom 1. März 1966 argumentieren, dass alle Verlagsprozesse so weit vorangeschritten seien, dass Suhrkamp bei dieser Veröffentlichung die neuen Bedingungen nicht mehr einhalten konnte.

Die konspirativen Elemente der Verlagspraxis sind spezifisch für den deutsch-deutschen Literaturaustausch bzw. für die Beziehungen des Verlags zu totalitären Staaten. Stichproben im SUA belegen, dass Suhrkamp im Verhältnis zu rumänischen und russischen Autoren zur Zeit des Kalten Kriegs ebenso verfuhr.[971] Den Verhandlungspartnern im Gespräch um die Fries-Publikation war vermutlich nicht bewusst, dass sie abgehört wurden. Zumindest findet sich darüber keine Notiz in den Archiven und auch die Offenheit der Gespräche weist darauf hin. Im

---

967 Vgl. ebd.
968 Vgl. Hans Magnus Enzensberger an Volker Braun, Brief vom 7.02.1966. In: DLA, SUA: Suhrkamp.
969 Siegfried Unseld an Willy Fleckhaus, Brief vom 7.01.1966. In: DLA, SUA: Suhrkamp.
970 Vgl. Anordnung über die Wahrung der Urheberrechte durch das Büro für Urheberrechte vom 7. Januar 1966. GBl. DDR Nr. 21, Ausgabetag: 19. Februar 1966. In: Büro des Ministerrats (Hg.): Gesetzblatt der Deutschen Demokratischen Republik. Teil II, Jahrgang 1966. Berlin: 1966, S. 107 f.
971 Gemeint sind die Verlagsbeziehungen zu Mircea Dinescu und Konstantin Asadowski.

Laufe der Zeit lernten die Verlagsakteure jedoch, dass auch der Suhrkamp Verlag und seine Beziehungen in die DDR überwacht wurden.[972]

---

[972] Vgl. Teil III, Kapitel 5.

III Verlagspraktiken im geteilten Deutschland

Die Beziehungen in die DDR pflegte der Verlag mit dem erklärten Ziel, während der staatlichen Teilung an der Aufrechterhaltung der ‚Kulturnation' mitzuwirken, also aktives Mitglied einer auf Grundlage der gemeinsamen Sprache und Geschichte von geteilten kulturellen Traditionen und Erinnerungen geformten Gemeinschaft zu sein. Anteil an einer solchen Gemeinschaft hatte der Verlag als ein personelles, materielles und institutionelles Netzwerk von Autor:innen, ihren westdeutschen Ausgaben sowie den ostdeutschen Verlagen, und stand dabei immer auch in Wechselwirkung mit den west- und ostdeutschen politischen Entscheidungsträger:innen. Es ging dem Verlag aber nicht nur darum, eine kulturelle Einheit zu fördern. Vielmehr herrschte die Vorstellung, dass die westdeutsche Gesellschaftsordnung der ostdeutschen überlegen war und die DDR durch westdeutsche Bücher und im Hinblick auf eine nationalstaatliche Vereinigung liberalisiert werden könnte. Aufgrund dieser Vorgeschichte ließ sich der Literaturaustausch gerade nach dem Zusammenbruch der DDR als Beitrag zur Mobilisierung der Bevölkerung und damit zum Einigungsprozess deuten.

In der Selbstdarstellung des Verlags waren die Ideen der nationalen Einheit und der gesellschaftlich-kulturellen Konkurrenz schon während der deutschen Teilung, aber auch rückblickend nach der Wiedervereinigung unmittelbar mit den Praktiken und Prozessen der Literaturproduktion verbunden. Tatsächlich entwickelte sich mit den Literatur- und Kulturschaffenden der DDR – nicht nur rhetorisch – eine Produktionsgemeinschaft über Staatsgrenzen hinweg, die zwar programmatisch dem SED-Regime gegenüberstand, für die Realisierung ihrer Ziele aber auf die Kooperation mit den Behörden und der Regierung der DDR angewiesen war. Hierin liegt die Ambivalenz der Verlagspraxis im geteilten Deutschland: Um den Literaturaustausch langfristig zu ermöglichen, musste der Verlag mit den rechtlichen, politischen und institutionellen Bedingungen des literarischen Felds der DDR umgehen und so gesehen dieses anerkennen. Gleichzeitig stellte der Verlag den Literaturaustausch als Beitrag zur nationalen Einigung dar, der auf die Abschaffung der DDR (bis Ende der siebziger Jahre auch noch der BRD) zielte, vermarktete aber die Literatur der DDR unter eigenen Labels, die wiederum eine Differenz zu einer als solche nicht explizit benannten, aber implizierten Literatur der BRD markierten und somit die proklamierte kulturelle Einheit aufhoben. Die erklärten Ziele, Ideen und Haltungen des Verlags – Erhalt der ‚Kulturnation', Überlegenheit der westdeutschen Gesellschaftsordnung, Liberalisierung der DDR-Gesellschaft, Umgang vor allem mit Autor:innen – gehören zur Selbstdarstellung des Verlags und bilden zusammen mit ökonomischen Interessen den vom Verlag proklamierten Interpretationszusammenhang der Verlagspraktiken, mit denen sie in einem wechselvollen Verhältnis stehen.

Praktiken sind nach Jaeggi „gewohnheitsmäßige, regelgeleitete, sozial bedeutsame Komplexe ineinandergreifender Handlungen, die ermöglichenden Charakter haben und mit denen Zwecke verfolgt werden".[973] Sie bilden also einen Zusammenhang von mehreren Handlungen und werden wiederholt und gewohnheitsmäßig nach bestimmten Regeln ausgeführt. Die Verlagstätigkeiten lassen sich als Praktiken auffassen, weil sich in den Prozessen der Text- und Autor:innenauswahl, des Lektorats, der Herstellung, Vermarktung usw. Teilaktivitäten identifizieren lassen, deren Vollzug nicht oder nicht vollständig durch explizite Regeln angeleitet sind.[974] Diese Praktiken sind dann meist quer zu den Abteilungen des Verlags zu fassen. Eine Praktik wie die des Assoziierens kann zum Beispiel sowohl in der Begutachtung von Manuskripten, als auch in der Buchgestaltung, in der Werbung usw. betrachtet werden. Praktiken sind sozial verfasst, d.h. sie stehen „in einem Kontext sozial geprägter Bedeutungen" und werden im Fall des Verlags gemeinsam ausgeführt bzw. als Teil einer kollektiven Praxis aufgefasst, auch wenn sie von Individuen ausgeführt werden.[975]

Verlagspraxis ist auf interpersonelle, schriftlich verfasste Kommunikation angewiesen – gerade bei den räumlich entfernten Autor:innen der DDR, aber auch in Bezug auf den Vertrieb und Verkauf von Büchern –, anhand derer die verschiedenen Praktiken rekonstruiert werden können. Am Beispiel der Kollektivierung und Kohärenzbildung, der Wertungskriterien, der Informationsbeschaffung und der Kommunikation des Verlags habe ich im vorangehenden Untersuchungsteil veranschaulicht, dass Praktiken in einem stetigen Erfahrungs- und Lernprozess entwickelt und umgestaltet werden. Mir geht es in der hier anschließenden praxeologischen Analyse vor allem um die Funktion und das Zusammenwirken einzelner Praktiken innerhalb der Lebensform, die Jaeggi als variablen Zusammenhang von geteilten Praktiken und deren Interpretationsschemata definiert.[976] An Fallbeispielen werde ich die Funktion der Verlagspraktiken für den Praxiszusammenhang und in Bezug auf die Autor:innen sowie ihre Werke analysieren. Wir wirken sie zusammen? Inwiefern kooperieren Praktiken miteinander, geraten in Konflikte oder ermöglichen einander? Dabei interessiert mich auch die Wechselwirkung der Praktiken und ihrer Interpretation.

---

973 Jaeggi: Kritik von Lebensformen, S. 102f.
974 Vgl. Andrea Albrecht u.a.: Einleitung: Theorien, Methoden und Praktiken des Interpretierens. In: A.A. (Hg.): Theorien, Methoden und Praktiken des Interpretierens. Berlin u.a. 2015, S. 1–20, hier S. 2.
975 Jaeggi: Kritik von Lebensformen, S. 96f.
976 Vgl. ebd., S. 106.

Welche Rolle spielen also Einstellungen und Orientierungen, die mit der Verlagspraxis im geteilten Deutschland verbunden waren?

Ziel der Untersuchung ist die Entwicklung eines vorläufigen Katalogs von Verlagspraktiken, die ich in ihrer Form und Funktion verdeutlichen will, und die gleichermaßen spezifisch für die Verlagspraxis im geteilten Deutschland als auch transferierbar auf andere Praxiszusammenhänge sein können. Meine Studie ist der erste Versuch einer Beschreibung von Verlagspraktiken im 20. Jahrhundert und versteht sich als Grundlagenforschung mit der Absicht, den Praktiken „einen Teil ihrer Selbstverständlichkeit" zu nehmen.[977] Sie liefert ein differenziertes Bild davon, was Verlage tun, wenn sie Texte auswählen, bewerten, lektorieren, herstellen, vertreiben, bewerben und mit Autor:innen umgehen.

Da die Publikationsgeschichten der jeweiligen Werke bzw. die Beziehungsgeschichten der jeweiligen Autor:innen zum Suhrkamp Verlag noch gar nicht oder nur ansatzweise beschrieben worden sind, werde ich diese rekonstruieren und als Kontext der Verlagspraxis in die Analyse einbeziehen. Welche Bedeutung hatte einerseits die Publikation im Suhrkamp Verlag für Autor:innen der DDR und ihre Werke? Welche Rolle spielten Text- und Ausgabenvarianten, die ästhetisch-politische Gesellschaft des Suhrkamp-Programms, der finanzielle Gewinn, die westdeutsche Leserschaft, die Möglichkeit in den Westen zu reisen usw.? Inwiefern wirkte sich andererseits die Position der Autor:innen in der DDR auf die Verlagspraktiken aus? Der Verlag operierte mit Labels, unter denen er die Literatur bzw. die Autor:innen der DDR zusammenfasste. Inwiefern lässt sich vor diesem Hintergrund von einem Suhrkamp-Netzwerk sprechen, das sich institutionell, ideell und finanziell förderte? Welche Rolle spielten dabei die ‚älteren' Suhrkamp-Autoren wie Johnson oder Brecht? Welche Vorstellungen verbanden sich mit der Literatur der DDR und welchen Stellenwert hatten die Autor:innen im Suhrkamp Verlag?

Ein weiteres Ziel der Untersuchung ist also die Materialerschließung – vorrangig aus dem SUA – für den Forschungsbereich der Literatur im geteilten Deutschland und die Literaturbetriebsforschung, die Verlage nicht als feindliches Gegenüber, sondern als Teil des literarischen Produktionsprozesses in Kooperation mit den Autor:innen versteht.[978] Die vielfältigen Prozesse und Praktiken des Verlags, die hier zum Ausdruck kommen, belegen dabei immer wieder das im vorhergehenden Teil konstatierte Spannungsverhältnis von literarischen, ökonomischen, sozialen, ethischen, politischen und gesellschaftlichen Faktoren, zwischen denen der Verlag vermitteln muss(te).

---

977 Albrecht u. a.: Einleitung, S. 5.
978 Vgl. exempl. Porombka: Literaturbetriebskunde; Theisohn/Weber: Literatur als/statt Betrieb.

Die Praktiken beziehen sich wie gezeigt auf alle Bereiche der Verlagsarbeit, sie wirken in einem Ensemble von Praktiken,[979] die sich gegenseitig bedingen, ermöglichen oder auch behindern. Indem sie also eine Funktion innerhalb des Praxiszusammenhangs des Verlags erfüllen, wirken sie sich auch auf die Biographie der Autor:innen, auf die Text- und Ausgabengestalt der literarischen Werke und ihre Rezeption aus. Die praxeologische Perspektive auf Prozesse und Praktiken der Rezeption, Produktion und Vermittlung von Literatur tangiert somit zentrale Fragestellungen der Literaturwissenschaft, zum Beispiel zur Materialität von Literatur, zur Theorie und Praxis des literarischen Werks und zu Werkeditionen, zu literarischer Wertung und Kanonisierung, zur Theorie und Praxis des Interpretierens, zur Produktions- und Rezeptionsästhetik. Ich werde deshalb stellenweise aufzeigen, wie die mit diesen Forschungsbereichen verbundenen Fragen und Konzepte mit Blick auf verlegerische Praktiken und Prozesse neu bewertet werden können. Besonders hervorheben will ich hierbei zum einen die Assoziation von Autor:innen und Werken, die den Verlag als kooperierendes Netzwerk und das Programm als transtextuelles Textgeflecht erscheinen lassen. Im Praxis- und Interpretationszusammenhang des Verlags entstehen aus scheinbar kontingenten Koexistenzen – Autor:innen, Texte, Bücher – literarische Beziehungsverhältnisse und Zusammenhänge, deren epistemologisches Potential für die Transtextualitäts- bzw. Intermedialitätsforschung zu überprüfen wäre.[980] Welche interpretatorischen Konsequenzen ergeben sich zum Beispiel aus den paratextuellen Zusammenhängen von Ausgaben, die im selben zeitlichen oder produktionsästhetischen Kontext entstanden sind? Hieran anschließend liegt zum anderen ein weiterer Schwerpunkt auf dem Erkenntniswert von Ausgaben für die Materialästhetik von Autor:innen, die Deutungsmodelle von Texten sowie die Werkpolitik der Produktionsgemeinschaft von Verlag und Autor:in.

Michael Cahn hat darauf aufmerksam gemacht, dass die Geschichte des Buchs in eine Geschichte der Bücher umgewandelt werden muss, um deren Komplexität zu begreifen.[981] Im Anschluss an diese Kollektivierung und Plurali-

---

979 Vgl. Jaeggi: Kritik von Lebensformen, S. 65.
980 Auf den Zusammenhang von Verlagspraxis und transtextuellen Beziehungen hat bereits Malik hingewiesen (vgl. Malik: Horizons of the Publishable, S. 725). Aufschlussreich für diese Perspektive sind außerdem die Überlegungen von Madleen Podewski u. a. zum Verhältnis von Koexistenz und Kohärenz medialer Formen in Kulturzeitschriften (vgl. exempl. Gustav Frank/ Madleen Podlewski/Stefan Scherer: Kultur – Zeit – Schrift. Literatur- und Kulturzeitschriften als ‚kleine Archive'. In: IASL 34 (2010), 2, S. 1–45, hier S. 13).
981 Vgl. Michael Cahn: Vom Buch zu Büchern. Wissenschaftliche Verlagsserien im 19. Jahrhundert. In: Christof Windgätter (Hg.): Wissen im Druck. Zur Epistemologie der modernen Buchgestaltung. Wiesbaden 2010, S. 140–164.

sierung des Gegenstands lässt sich aus der hier eingenommenen Perspektive auf die Verlagspraxis im geteilten Deutschland konstatieren: Produkt der Verlagspraxis ist die Ausgabe eines Werks in einer bestimmten Auflage, in den meisten Fällen in Lizenz einer ‚Originalausgabe' – ein begriffliches Konzept, das ich vor dem Hintergrund der komplexen Produktionsprozesse im Literaturaustausch kritisch betrachten werde.[982] Texte sind keine Produkte eines autonom schaffenden Individuums. Vielmehr beeinflussen andere Personen, Texte, Orte den Entstehungsprozess eines Texts mit Hinweisen, Korrekturen, Wortmaterial, Bildern, Eindrücken etc. Ebenso lässt sich die verlegerische Produktion von Ausgaben nicht getrennt vom Entstehungsprozess des Texts verstehen. Autor:innen schreiben zwar Texte (und keine Bücher),[983] in die Produktion von deren Ausgaben sind sie aber auf unterschiedliche Art und Weise involviert. Mehr noch: Praktiken und Prozesse der Literaturproduktion wirken zurück auf den Entstehungsprozess eines Texts.[984] Von diesen Beobachtungen im Verlagsarchiv ausgehend hat Amslinger das Konzept der Verlagsautorschaft entwickelt.[985] Weiterhin lässt sich aus praxeologisch-editorischer Sicht die Kategorie der ‚Ausgabe' zur Differenzierung des Werkbegriffs, der in den letzten Jahren vermehrt zur Diskussion stand,[986] konturieren und etablieren.[987]

Auch wenn die Forderung danach auf eine lange Tradition blicken kann,[988] hat sich das literaturwissenschaftliche Interesse für Praktiken erst im Kontext des *practice* und *material turn* der Literaturwissenschaft entwickelt.[989] Die Praxeologie der Literatur – als Abgrenzung zu einer Praxeologie der Literaturwissenschaft – interessiert sich für die Prozesse und Praktiken der Rezeption, Produktion und Vermittlung von Literatur und verortet Literatur somit in sozialen Zusammen-

---

[982] Vgl. Kapitel 1 und 3.
[983] Vgl. Roger Chartier: Lesewelten. Buch und Lektüre in der frühen Neuzeit. Aus dem Franz. von Brita Schleinitz und Ruthard Stäblein. Frankfurt a. M. 1990, S. 12.
[984] Vgl. hierzu auch Teil IV.
[985] Vgl. Amslinger: Verlagsautorschaft, S. 14.
[986] Vgl. Steffen Martus: Werkpolitik. Zur Literaturgeschichte kritischer Kommunikation vom 17. bis 20. Jahrhundert. Mit Studien zu Klopstock, Tieck, Goethe und George. Berlin/New York 2007; Spoerhase: Was ist ein Werk?; Danneberg/Gilbert/Spoerhase: Das Werk. Siehe auch die Diskussion auf dem Symposium zur Gegenwart des literarischen Werkbegriffs unter dem Titel *Wiederkehr des Werks?* im Oktober 2015 in Hannover: https://wiederkehrdeswerks.wordpress.com/ (zuletzt eingesehen am 5.05.2022).
[987] Vgl. mit einem ähnlichen Ansatz bereits Kurbjuhn/Martus/Spoerhase: Editoriale Aneignung.
[988] Vgl. exempl. Benjamin: Kritik der Verlagsanstalten.
[989] Zur Diskussion über einen *practice turn* in der Literaturwissenschaft vgl. Albrecht u.a.: Einleitung, S. 3–9. Zum *material turn* in den Philologien vgl. Christine Heibach/Carsten Rohde: Material turn? In: C.H./C.R. (Hg.): Ästhetik der Materialität. Paderborn 2015, S. 9–30.

hängen. Damit erweitert sich auch die Aufmerksamkeit vom literarischen Text auf seine materiellen und paratextuellen Bedingungen, also den Prozessen und Praktiken, die die Rezeption, Produktion und Vermittlung von Literatur überhaupt erst ermöglichen.[990] Die literarischen Texte sind also zunächst „eher Analyseanlass als Analysegegenstand".[991] Die Produktionsgemeinschaft von literarischem Verlag und Autor:in, die über Deutungen, Inhalte und Formen von Literatur verhandelt, erweist sich diesbezüglich als ergiebiger Forschungsgegenstand. Ich werde darüber hinaus aber zeigen, wie sich der praxeologische Ansatz sinnvoll mit hermeneutisch-transtextuellen Interpretationsverfahren literarischer Texte verbinden lässt.

Wegweisend für meine praxeologischen Analysen sind die Arbeiten von Steffen Martus und Carlos Spoerhase,[992] die durch die Erstellung eines Begriffsrepertoires, durch Materialerschließung und exemplarische Analysen auf die Etablierung einer Praxeologie der Literaturwissenschaft bzw. Philologie im Spannungsfeld von Schule und Literaturbetrieb abzielen.[993] Im Hinblick auf den Transfer und die Transformation von Praktiken verstehen sich die folgenden Ausführungen auch als Beitrag zu diesem Forschungsbereich. Denn die hier angeführten und analysierten Praktiken stellen keinen abschließenden Katalog dar; sie sind aus praxeologischer Perspektive auch nicht zwingend Suhrkamp- oder verlagsspezifisch bzw. historisch spezifisch. An den Beispielen der Marke ‚DDR-Literatur' und der Ausgabengestaltung bei Krauß lässt sich zeigen, dass sich die Assoziation von Werken oder Autornamen in der Verlagswerbung in Literaturkritik und Literaturwissenschaft fortsetzt.[994] Ebenso lässt sich behaupten, dass die Selektion von einzelnen Werken aus einem Gesamtwerk (im Gegensatz zur verbindlichen Übernahme aller Werke) zu einer grundlegenden Praxis von Verlagen nicht nur im geteilten Deutschland gehört. Die hier ausgewählten Praktiken sind in ihrer Funktion und Wirkung für den spezifischen Untersuchungszusammenhang aber insofern von herausragender Bedeutung, als sie die Rezeption von Literatur, die Produktion von Ausgaben sowie das Autor:in-Verlags-Verhältnis im geteilten Deutschland besonders geprägt haben. Sie haben sich mehrfach und

---

990 Vgl. ähnlich Porombka: Literaturbetriebskunde, S. 80.
991 Ulmer: VEB Luchterhand, S. 26.
992 Vgl. Martus/Spoerhase: Praxeologie der Literaturwissenschaft; Martus: Wandernde Praktiken; Steffen Martus: Literaturwissenschaftliche Kooperativität aus praxeologischer Perspektive – am Beispiel der ‚Brüder Grimm'. In: Vincent Hoppe/Marcel Lepper/Stefanie Stockhorst (Hg.): Symphilologie. Formen der Kooperation in den Geisteswissenschaften. Göttingen 2016, S. 47–72.
993 Vgl. Praxeologie der Philologie: https://fheh.org/?page_id=58 (zuletzt eingesehen am 5.05. 2022).
994 Vgl. Kapitel 1.1 und 1.4.

teilweise explizit ausformuliert im Verlagsarchiv niedergeschlagen. Die Spezifik der Verlagspraxis im geteilten Deutschland ergibt sich allerdings erst aus dem Interpretationszusammenhang der Praktiken, der auf ein Arsenal von Einstellungen und Orientierungen zurückgreift, die ich im vorhergehenden Untersuchungsteil beschrieben habe. Von einer Verlagspraxis im geteilten Deutschland lässt sich nur insofern sprechen, als Praktiken miteinander und mit Diskursen verbunden sind, die für diese Phase der Verlags- und Literaturgeschichte spezifisch sind. Im Folgenden werde ich an den jeweiligen Fallanalysen außerdem verdeutlichen, inwiefern die Praktiken spezifisch für den Suhrkamp Verlag sind, so zum Beispiel die Traditionsbildung der Marke ‚Brecht'.

Die Verlagspraktiken sind folglich das strukturgebende Element meiner Untersuchung. Der Fokus der einzelnen Kapitel liegt also nicht auf den behandelten Autor:innen oder Texten, die als Beispiele der Veranschaulichung dienen, sondern auf einer bestimmten Praktik und ihren verschiedenen Facetten und Funktionen. Dadurch ergeben sich Wiederholungen der Autornamen, Werktitel, Text- und Materialsorten im Text, denen ich durch die historische Einbettung der Praktiken in individuelle Publikationsgeschichten und mit einem Verweissystem begegne. Als Leitbegriffe verwende ich Verben – assoziieren, selektieren, variieren, konspirieren, investieren – um den Fokus auf Handlungen zu unterstreichen. Die Begriffe habe ich aus der Analyse der Fallbeispiele entwickelt. Sie sind deshalb in der literaturwissenschaftlichen Forschung noch nicht etabliert und werden hier erstmals zur Diskussion gestellt.

Der Untersuchungszeitraum umfasst die Zeit von 1957 bis Mitte der neunziger Jahre. Auf Vermittlung von Hans Mayer hatte der Verlag 1957 zum ersten Mal mit Johnson Kontakt, d. h. mit einem ‚DDR-Autor', der damals in seinen schriftstellerischen Arbeiten vorrangig von den Erfahrungen in und mit der DDR und weder von der Weimarer Republik oder dem Zweiten Weltkrieg noch von Erfahrungen in der BRD geprägt war. Der Endpunkt liegt Mitte der neunziger Jahre, weil zu diesem Zeitpunkt das Thema DDR in der Verlagspraxis in den Hintergrund tritt. Indiz dafür, dass der Verlag kurze Zeit nach der staatlichen Vereinigung nicht seine Praktiken, aber deren Interpretation und Darstellung veränderte, ist die Tatsache, dass die Herkunft der Autor:innen sowie die ehemalige Teilung Deutschlands in den Paratexten der Ausgaben ostdeutscher Autor:innen, wozu auch die Materialien im SUA zu zählen sind, nicht mehr thematisiert werden. Deshalb lässt sich nicht nur aus historischer, sondern auch aus praxeologischer Perspektive nicht mehr von einer ‚Verlagspraxis im geteilten Deutschland' sprechen. Unterstützt wird diese These von neueren Untersuchungen, die aus literaturwissenschaftlicher Sicht dafür argumentieren, statt 1989/90 das Jahr 1995 als Wende zu verstehen, weil in dieser Zeit auffällig viele Transformationen im literarischen Feld festzustellen sind.[995] Die Autor:innen der DDR geraten dann aus dem Fokus der Untersuchung, wenn die Person wie im Fall von Johnson oder Brasch noch im geteilten Deutschland aus der DDR in die BRD emigrierte, sich damit ihre Lebens- und Arbeitsumstände wie auch das Verhältnis zum Verlag änderte und die DDR-Thematik zumindest in den Verlagspraktiken in den Hintergrund trat.

1 Assoziieren

Die Kollektivierung von Werken und Autor:innen unter der Verwendung von Labels sowie die Verbindung von zwei Autoren, Bloch und Johnson, in der Verlagswerbung sind Formen der Praktik des Assoziierens. Darunter fasse ich im Folgenden die paratextuelle Verbindung von Autornamen bzw. von Werken auf der Grundlage von Gemeinsamkeiten (Herkunft der Autor:innen, Erscheinungszeitraum des Werks, Textgattung, Thematik usw.). In der medialen Form ist diese Praktik sehr variabel. Namen oder Titel, Autor:innenporträts, Bucheinband, Klappentexte oder die Personen selbst werden in Verbindung gebracht. Der Begriff ‚assoziieren' eignet sich, weil er zum einen neben dem verbindenden auch den Aspekt des Sozialen in sich trägt und somit nicht nur die paratextuelle, sondern auch die reale Kopräsenz der Personen, zum Beispiel bei Lesungen oder anderen (Verlags-)Veranstaltungen, fassen kann. Zum anderen bringt der Begriff zum Ausdruck, dass sich mit dieser Assoziation Vorstellungen verbinden, die es zu erkunden gilt.

Das erste Kapitel widmet sich der Verwendung und Funktion des Labels ‚DDR-Literatur', ausgehend von dessen Etablierung auf der Lektoratsversammlung 1969. Die Archivrecherche hat gezeigt, dass der Verlag das Label vorrangig und verstärkt dann nutzte, wenn politische Ereignisse im geteilten Deutschland – der Grundlagenvertrag 1972, die Ausbürgerung Wolf Biermanns 1976, der Mauerfall 1989 – auch eine Aufmerksamkeit für Literatur der DDR erwarten ließen. Darauf aufbauend zeige ich am Beispiel von Becker im zweiten Kapitel, in welcher Wechselwirkung das Labeling mit der Biographie und dem Werk des Autors stand. In der Werbung zu Becker lässt sich parallel zu dessen biographischer Entwicklung und der Thematik seiner Werke ein Prozess des Re-Labelings als ‚DDR-Autor', ‚deutscher Autor' und ‚jüdisch-deutscher Autor' beobachten. Ich will daran zum einen die flexible Verwendung von Labels und zum anderen deren Fähigkeit

---

995 Vgl. Heribert Tommek: Wendejahr 1995 – Einleitung. In: Tommek/Galli/Geisenhanslüke (Hg.): Wendejahr 1995, S. 1–7.

verdeutlichen, gleichzeitig identitätsstiftend wie -einschränkend zu wirken. Am Beispiel Becker lässt sich außerdem das Konfliktpotential dieser Praktik sowie deren Auswirkung auf die Rezeption von Autor und Werk veranschaulichen. Um die Assoziation bei der Begutachtung von Manuskripten geht es im dritten Kapitel. Hervorheben werde ich ihre Funktion für die Profilierung des Programms und der Kanonisierung von Autormarken, die auf generischen bzw. architextuellen und hypertextuellen Bezügen beruhte.[996] Die in den Gutachten nur angedeuteten inter- und hypertextuellen Beziehungen der Werke junger Lyriker der DDR zu Beginn der sechziger Jahre, untersuche ich an Karl Mickels Gedicht *Friedensfeier*. Die Gedichtanalyse belegt, dass die Praktik der Assoziation nicht allein Textbeziehungen konstruierte, die auf außerliterarischen Kriterien basierten, sondern die bestehenden transtextuellen Zusammenhänge vermittelte und verstärkte bzw. bestimmte Aspekte daran hervorhob. Wer mit wem und welcher Text mit welchem Text in Verbindung gebracht wurde, war somit gleichzeitig kontingent und nichtkontingent. So konnte der Anlass für Assoziationen zwar eine zeitgleiche Begutachtung oder ein geteiltes Erscheinungsdatum sein; die Realisierung der Praktik basierte darüber hinaus aber auf realen Gemeinsamkeiten wie biographischen Kriterien, unter die die DDR-Herkunft zu rechnen ist. Das vierte Kapitel handelt schließlich von der Form und Funktion des Assoziierens in der Buchgestaltung, die ich als Deutungsmodell des Verlags verstehe. Am Beispiel der frühen Texte von Krauß zeige ich, wie der Verlag eine Werkeinheit herstellte und verdeutliche deren interpretatorische Konsequenzen an einem motivischen Vergleich von Text und Peritext der Taschenbuchausgabe von *Das Vergnügen*.

Die Häufigkeit der Praktik des Assoziierens, die sich zudem im gesamten Untersuchungszeitraum beobachten lässt, verweist darauf, dass es sich um eine Praktik handelt, die über den hier behandelten Praxiszusammenhang hinaus wirksam ist. Sie begründet auch die Untersuchung von Buchreihen, die auf der Grundlage eines dynamischen Reihenkonzepts einen Zusammenhang von Texten, Paratexten, Autor:innen und Materialitäten schaffen.[997] Mit dem Blick auf die peritextuellen Gestaltungsmöglichkeiten erscheint der Suhrkamp Verlag, dessen Design jahrzehntelang von Fleckhaus und seinen Schüler:innen geprägt wurde, als vielversprechender Forschungskontext. Dort, wo in meinen Analysen eine

---

996 Hypertextualität ist nach einem Modell von Gérard Genette eine Form des transtextuellen Bezugs von Texten. Gemeint sind alle Beziehungen zwischen einem früheren Text (Hypotext) und einem vorliegenden Text (Hypertext) sowie die Verfahren der Ableitung voneinander, die Transformation und die Nachahmung des Hypotextes. Architextualität bezeichnet die taxonomische Zugehörigkeit eines Textes, die ggf. im Paratext zum Ausdruck kommt (vgl. Genette: Palimpseste, S. 13–16).
997 Vgl. Michalski: Die edition suhrkamp, S. 3f.

Wechselwirkung der Verlagspraktiken mit anderen Praxiszusammenhängen zu vermuten ist, zum Beispiel mit der Literaturkritik oder der literaturwissenschaftlichen Diskussion, werde ich diese anmerken.

1.1 Das Label ‚DDR-Literatur'

Der Suhrkamp Verlag operierte ab 1969 mit dem Label ‚DDR-Literatur' zur Bezeichnung von Text- und Autor:innenensembles. An einem Protokoll der Lektoratsversammlung aus diesem Jahr wird sichtbar, welche Vorstellungen sich damit verbanden und wie sich das Label daran anschließend produktiv auf die Unternehmensstruktur und in der Verlagswerbung auswirkte. Die Lektoratsversammlung war nach dem ‚Aufstand der Lektoren' eine neu etablierte Form der kooperativen Programmarbeit im Suhrkamp Verlag. Verleger und Lektor:innen evaluierten vorausgegangene Aktivitäten und besprachen zukünftige Projekte und Verfahren. Anlass der Besprechung im September 1969 war die Teilnahme an der Leipziger Buchmesse, die Unseld im Sommer 1968 abgesagt hatte. Es ging darum, wie der Verlag in den darauffolgenden Jahren mit der Literatur der DDR umgehen sollte:

> Es bestand Konsensus darüber, daß wir nicht mehr, wie bisher, gewisse DDR-Autoren, weil sie nicht unter einen rigorosen (westlichen) Literaturbegriff einzuordnen sind, ignorieren können und dürfen. Noch keine Übereinstimmung wurde erzielt über die Art und Weise, wie derartige Literatur in unserem Programm zu präsentieren sei; jedenfalls nicht innerhalb eines Gettos, auch nicht einfach als „Dokumente aus einem fernen Land". Auch die Möglichkeit eines Jahrbuchs, das wichtige literarische und andere Texte vorlegt, scheint nicht glücklich [handschriftlich am Rand: nicht realisierbar, A.J.] zu sein (Lizenzschwierigkeiten; vor allem aber wäre eine solche Anthologie in gewissem Sinn „unfair" in der jetzigen Situation).[998]

Aus dem Protokoll Michels geht die Abgrenzung der Literatur der DDR eindeutig hervor. Auffallend ist, dass er eine Binnendifferenzierung der „DDR-Autoren" vornahm und den Autor-Begriff metonymisch verwendete. Er verweist hier auf das Werk, das nicht länger an einem feststehenden Literaturbegriff gemessen, also normativ nach Form, Funktion und Qualität eines literarischen Textes bewertet werden sollte. Ob Texte und damit auch ihre Autor:innen ins Verlagsprogramm passten, lag demnach bis zu diesem Zeitpunkt an der Vorstellung des Verlags und dem wahrgenommenen Transformationspotential der Texte und Autor:innen,

---

[998] Michel: Protokoll der Lektoratsversammlung am 9.09.1969. Siehe Anhang, Dokumente, Nr. 13.

nicht an deren eigener Ästhetik. Es gab also Texte und Autor:innen, die sich für den Literaturaustausch eigneten, und andere, die zumindest nicht in den Suhrkamp-Kontext passten. Um diese Auswahl zu erweitern, schloss Michel, musste der Verlag seinen Literaturbegriff, der die Begutachtung von Manuskripten und die Entscheidung über deren Annahme oder Ablehnung beeinflusste, erweitern. Seine drängende Formulierung, manche Teile der Literatur der DDR nicht länger ignorieren zu können und zu dürfen, verweist meines Erachtens zum einen auf deren ebenso produktive wie politisch gefährdete Entwicklung in den sechziger Jahren mit den Werken von Wolf Biermann, Stephan Hermlin, Peter Huchel, Hermann Kant, Sarah Kirsch, Günter Kunert, Reiner Kunze, Helga M. Novak, Christa Wolf und anderen, die alle nicht bei Suhrkamp publizierten, und zum anderen auf die Nachfrage nach diesen Texten in der Bundesrepublik.

Aus den Formulierungen Michels spricht, dass mit der Literatur der DDR Vorstellungen des Andersartigen und Fremden verbunden waren. Die Metapher des „Gettos" warnte nicht nur vor einer abgrenzenden, quasi benachteiligenden Behandlung der Texte innerhalb des Verlagsprogramms, sondern ließ auch den politischen Hintergrund des deutsch-deutschen Literaturaustauschs durchblicken. Sie veranschaulicht, dass die Lektoratsversammlung mit der Möglichkeit kalkulierte, dass die Verlagspraxis potentiell immer politisch bzw. ideologisch interpretiert werden könnte. Hier verdeutlicht sie vor allem die Schwierigkeit des Lektorats eine angemessene Praxis im Umgang mit Literatur der DDR zu finden. Die Bezeichnung „Dokumente aus einem fernen Land" drückte nicht nur die Vorstellung räumlicher Distanz aus. Sondern gleichzeitig verweist die Textsorte des Dokuments auf die als dominant wahrgenommene Funktion der darunter subsumierten Literatur, nämlich im Sinne einer literarischen Reportage verlässliche Informationen über die DDR, einer Erfahrungswelt, die weit entfernt von derjenigen der BRD zu sein schien, zu vermitteln. Lektor Michel betonte damit das hybride Verhältnis des Verlags zur DDR, das sich dadurch auszeichnete, dass die DDR, obwohl formal-rechtlich zum Ausland gehörend, einerseits als Teil einer deutschen ‚Kulturnation' angesehen wurde, mit der die Westdeutschen Geschichte, Sprache und Traditionen teilte. Andererseits hatten sich 20 Jahre nach der deutschen Teilung zwei verschiedene Gesellschaften entwickelt, die einander wenig kannten und fremd gegenüberstanden. Diese Wahrnehmung spiegelte sich auch in den Verlagspraktiken wieder: Literatur der DDR wurde zwar gestalterisch in den Verlagskontext integriert, durch das Marketing aber von einer impliziten ‚BRD-Literatur' abgegrenzt.

Schließlich zeigen die Publikationsformen eines Jahrbuchs oder einer Anthologie, dass es dem Verlag darum ging, der Leserschaft anhand einer Auswahl von Texten und deren Autor:innen einen Überblick über die literarische Produktion in der DDR zu bieten, wie es gängige Praxis bei der Erschließung fremdsprachiger Literaturen war und ist. Auch andere westdeutsche Verlage verfuhren so, zum Beispiel mit den Sammlungen *Deutsche Lyrik auf der anderen Seite. Gedicht aus Ost- und Mitteldeutschland* (hg. von Ad den Besten, Hanser 1960) oder *Nachrichten aus Deutschland, Lyrik, Prosa, Dramatik. Eine Anthologie der neueren DDR-Literatur* (hg. von Hildegard Brenner, Rowohlt 1967). Das Interesse schien hier auch im Fall Suhrkamp weniger auf der Herausgabe bestimmter Werke oder dem literarischen Schaffen einer bestimmten Autor:in zu basieren, ganz entgegen dem ethischen Selbstverständnis des Verlags, der die Realisierung von Gesamtwerken in Kooperation mit Autor:innen zu seinem Ziel erklärt hatte.[999] Auch hierin drückt sich eine Wahrnehmung der Literatur der DDR als kollektiv aus.

Der Verweis auf die Lizenzschwierigkeiten verdeutlicht, dass die Entscheidungen über Programminhalte und Publikationsformen auch von den rechtlichen Bedingungen im Literaturaustausch abhängig war. Wollte der Verlag Texte nach eigenen Vorstellungen zusammenstellen, benötigte er für jeden Text von unterschiedlichen Autor:innen und Verlagen eine Lizenz – zumal auch die jeweilige Zusammenstellung ein Diskussionspunkt mit der HV Verlage war, im Gegensatz zur Übernahme von Einzeltexten oder bereits in der DDR bestehenden Anthologien, die in einer Lizenz zusammengefasst wurden. Bei der Erstellung eines Jahrbuchs, das außerdem noch regelmäßig hätte erscheinen müssen, oder einer Anthologie musste der Verlag also mit langwierigen und intransparenten Verhandlungsprozessen zwischen Autor:in, Verlag und Behörden der DDR rechnen, um Beiträge in einer westdeutschen Textsammlung veröffentlichen zu können.[1000] Mit dem Aspekt der mangelnden Fairness verwies Michel vermutlich auf das Ungleichgewicht in der ost- und westdeutschen Publikationspolitik und -praxis, die erst mit dem Grundlagenvertrag von 1972 zumindest als politische Willenserklärung eine gemeinsame Grundlage erhielt.

Zwar etablierte der Verlag in der Folge keine eigene Publikationsform wie ein Jahrbuch oder eine Anthologie, aber mit einer eigenen Programmsparte und einem korrespondierenden Lektorat Verlagsstrukturen, die die Vorstellung eines Text- und Autor:innenensembles widerspiegeln. Aufgrund von Borchers' teils

---

999 Das Spannungsverhältnis aus einer proklamierten Zugehörigkeit ostdeutscher Literatur und ihrer Autor:innen zu einer deutschen Nationalliteratur und der Praxis, Texte aus dem Gesamtwerk von Autor:innen auszuwählen, hat mehrfach zu Konflikten mit den Autor:innen der DDR geführt. Vgl. Teil III, Kapitel 3 und 5.1 sowie hier Kapitel 2.1.

1000 Zum Lizenzhandel im geteilten Deutschland in den sechziger Jahren vgl. Frohn: Literaturaustausch, S. 108–138.

freundschaftlichen Beziehungen zu den Autor:innen des „VEB Luchterhand"[1001] musste der Verleger Otto F. Walter Sorge haben, dass diese ihre Lektorin beim Verlagswechsel begleiten würden.[1002] Zu Suhrkamp wechselten allerdings nur Becker und Fühmann.

Der Verlag nutzte fortan das Label ‚DDR-Literatur' auch in der Werbung, so dass sich die einstige Bezeichnung zu einer Marke entwickelte, mit der sich Namen und Texte sowie gewisse Attribute und Vorstellungen über deren Beschaffenheit verbanden und bis heute verbinden.[1003] Anders gesagt: Mit der Verlagspraktik des Labelings entstand das Image der Marke ‚DDR-Literatur'.[1004] Drei Formen dieses Brandings im Kontext von Grundlagenvertrag, Biermann-Ausbürgerung und Mauerfall will ich zur Veranschaulichung beschreiben und auf ihre Form, Funktion und Wirkung hin analysieren.

Die Hinstorff-Autoren

Nach dem Regierungswechsel in der DDR, seit Mai 1971 war Erich Honecker Erster Sekretär des ZK der SED, und im Zuge der Verhandlungen über den Grundlagenvertrag zwischen beiden deutschen Staaten verstetigte sich ab den siebziger Jahren der innerdeutsche Literaturaustausch. Borchers erhielt nun regelmäßig Lizenzangebote, zum Beispiel aus dem Rostocker Hinstorff Verlag. Im Mai 1972 informierte sie Unseld über neue Texte von Ulrich Plenzdorf und Manfred Jendryschik sowie Beckers zweiten Roman *Irreführung der Behörden*. Borchers hatte Beckers ersten Roman *Jakob der Lügner*, der zum internationalen Erfolg wurde, im Luchterhand Verlag betreut. Da beide ihre Zusammenarbeit mit dem Wechsel der Lektorin zu Suhrkamp nicht aufgeben wollten, veröffentlichte auch Becker fortan bei Suhrkamp. Über das neue Manuskript des Autors urteilte die Lektorin: „Obwohl das Buch den Vergleich mit ‚Jakob der Lügner' nicht standhält und in sich sehr unterschiedlich ist, plädiere ich für die Aufnahme bei uns [...]."[1005] Aus-

---

[1001] So bezeichnete man den Luchterhand Verlag umgangssprachlich aufgrund seines Programmschwerpunkts mit Titeln aus der DDR (vgl. Frohn: Literaturaustausch, S. 333; Ulmer: VEB Luchterhand, S. 10).
[1002] Vgl. Ulmer: VEB Luchterhand, S. 169. Zu den unterschiedlichen Funktionen der Autor:in-Lektor:in-Beziehung im Fall Borchers vgl. Sprengel: Der Lektor und sein Autor, S. 23–103.
[1003] Zum Begriff ‚DDR-Literatur' vgl. zuletzt Roland Berbig: DDR-Literatur – archiviert. Neues zu einem alten Thema? und R. B.: Ein Rundbrief und 32 Antworten. In: Berbig (Hg.): Auslaufmodell, S. 17–44 und S. 415–501.
[1004] Vgl. Lemma „Marke". In: Erhard Schütz u. a. (Hg.): Das BuchMarktBuch. Der Literaturbetrieb in Grundbegriffen. Reinbek bei Hamburg 2010, S. 257.
[1005] Elisabeth Borchers an Siegfried Unseld, Notiz vom 29.05.1972. In: DLA, SUA: Suhrkamp.

schlaggebende Faktoren bei der Entscheidung über Aufnahme oder Ablehnung waren demnach nicht nur die Qualität des einzelnen Textes, sondern auch dessen Vergleichbarkeit mit und Anschlussfähigkeit an vorhergegangene Werke des Autors. Die Aufnahme von *Irreführung der Behörden*, so argumentierte Borchers, würde außerdem demonstrieren, dass Becker nun und auch mit zukünftigen Texten zu Suhrkamp gehöre, ein strategischer Zug, der im Kampf um langfristige Beziehungen zu Autor:innen, die regelmäßig neue Werke für die Veröffentlichung lieferten und somit als Verlags- und Autormarken aufgebaut werden konnten, von Bedeutung war. So hielt sie im Arbeitsbericht des Jahres 1972 fest: „Wichtig zu wissen, dass Becker und Plenzdorf an Neuem schreiben."[1006] Außerdem sei die Publikation „im Zusammenhang zu sehen mit den anderen Publikationen aus der DDR",[1007] schrieb sie an den Verleger. Sie war der Meinung, der Roman sollte im Frühjahr 1973 gemeinsam mit den Texten von Plenzdorf und Jendryschik erscheinen, die zum ersten Mal in der BRD veröffentlichten. Es ging um Plenzdorfs Erzählung *Die neuen Leiden des jungen W.* und einen Band mit Erzählungen von Jendryschik unter dem Titel *Frost und Feuer ein Protokoll*. Borchers erklärte:

> Becker ohne Plenzdorf, das wäre zu riskant gewesen.
> Becker und Jendryschik allein, das wäre ein braver, aber nicht überwältigend neuer Akzent für DDR-Literatur geworden.
> Alle drei Titel – von verschiedenen Standorten ausgehend – ergeben ‚Panorama', das stellt Literatur zur Diskussion.[1008]

Die Assoziation basierte zunächst auf der Herkunft der Autoren, ihrem DDR-Verlag und dem Erscheinungstermin der Werke. Borchers argumentierte darüber hinaus, dass eine Kombination der Texte im Verlag einen Beitrag zur (westdeutschen) Diskussion über „DDR-Literatur" leisten würde. Sie antizipierte also, dass die paratextuelle Assoziation dazu führen könnte, über transtextuelle Zusammenhänge der Texte nachzudenken und somit das Bild („Panorama") des westdeutschen Publikums von Literatur der DDR zu erweitern und zu differenzieren.

Borchers' Metapher des Panoramas zeigt, wie unterschiedlich die hier assoziierten Texte wahrgenommen wurden und welche Intention die Lektorin verfolgte: Neben der Beziehung zu Becker argumentierte sie auch damit, einzelne Texte als aktuelle Entwicklung in der ‚DDR-Literatur' präsentieren und literarische Einblicke ermöglichen zu wollen. Der Begriff ‚Panorama' vermittelt außerdem die Vorstellung einer repräsentativen und breiten Auswahl durch den Verlag

---

1006 Elisabeth Borchers: Arbeitsbericht. In: Jahresbericht 1972. In: DLA, SUA: Suhrkamp.
1007 Borchers an Unseld, Notiz vom 29.05.1972.
1008 Ebd.

und stellt den Versuch dar, die Texte und Autoren im Kontext einer Literatur der DDR zu kanonisieren. Ein Risiko sah sie darin, *Irreführung der Behörden* als Einzelpublikation zu bringen, vermutlich, weil die darin behandelte kritische Auseinandersetzung mit dem Schriftstellerleben in der DDR zwischen Opportunismus und Widerstand auf wenig Erfolg beim westdeutschen Publikum hoffen ließ. Auch war Borchers von der literarischen Qualität von Beckers zweitem Roman nicht überzeugt. Ebenso versprachen die Erzählungen von Jendryschik, dessen Texte zum ersten Mal in der BRD erschienen, wegen des geringen Erfolgs in der DDR keine hohen Verkaufszahlen. Erst in der Kombination mit dem bereits in der DDR Aufsehen erregenden Erstling von Plenzdorf, argumentierte Borchers, würden die Texte sowohl Erwartungen bedienen als auch neue Tendenzen darstellen, die sie vor allem in der Werther-Adaption und der sich schon seit Wolfs *Nachdenken über Christa T.* entwickelnden neuen Innerlichkeit der Literatur der DDR verwirklicht sah, und somit Anlass für eine Diskussion über Literatur der DDR geben und die erhofften Verkaufszahlen erreichen.[1009]

Becker erhielt für seinen Roman 1974 den Bremer Literaturpreis, Plenzdorfs *Die neuen Leiden des jungen W.* entwickelte sich den Erwartungen entsprechend zum Bestseller, der sich positiv auf die Aufmerksamkeit für Literatur der DDR auswirkte. Bereits im Januar 1974, ein knappes Jahr nach Erscheinen, konnte die Erzählung (in der Buchform ohne Gattungsbezeichnung erschienen) in der sechsten Auflage beworben werden (Abb. 2). Die Werbeabteilung erstellte Einzelanzeigen, die den Autor mit einem Zitat aus einer *Spiegel*-Rezension innerhalb der ‚DDR-Literatur' verortete. So habe sich Plenzdorf „...mit einem Schlag an die Spitze der deutschdemokratischen Literatur geschrieben". Die Anzeige erwähnte außerdem die Auszeichnung mit dem Heinrich-Mann-Preis der Akademie der Künste in Ostberlin.

Abb. 2: Streifenanzeige für Ulrich Plenzdorfs *Die neuen Leiden des jungen W.* in der *FAZ* von April 1973.

1009 Vgl. ebd.

Auf der einen Seite konstruierte der Verlag zwei deutsche Literaturen, die in der Darstellung des Verlags in beinahe diametral zueinanderstehenden literarischen Feldern hervortraten. Dementsprechend müssten auch die Kriterien für die Konsekration des Autors nicht auf westdeutsche Verhältnisse übertragbar gewesen sein. Erstaunlich ist aber auf der anderen Seite, dass der Verlag die ostdeutsche Konsekration mit einem Literaturpreis als werbendes Mittel einsetzte, der man anscheinend eine positive Wirkung auch in der BRD zusprach. Gerade dieses Beispiel bricht also die Trennung zwischen ost- und westdeutscher Literatur auf. Plenzdorfs Werk war sowohl in der DDR als auch in der BRD bei der Literaturkritik und der Leserschaft erfolgreich.[1010] Der ursprünglich als Film geplante, von der DEFA aber abgelehnte und in einer Bühnenfassung 1972 in Halle uraufgeführte Text wurde nach dem internationalen Erfolg der Buchfassung in einer westdeutschen Produktion auch verfilmt und 1976 in der ARD ausgestrahlt.

Ein halbes Jahr nach dem Dreiergespann, im Herbst 1973, veröffentlichte Suhrkamp auch Fühmanns *22 Tage oder die Hälfte des Lebens*, ebenfalls eine Hinstorff-Übernahme. Das Budapester Tagebuch war die erste Suhrkamp-Veröffentlichung des Autors, der ebenfalls mit Borchers vom Luchterhand Verlag gewechselt hatte. Mit einer Streifenanzeige bewarb Suhrkamp 1974 drei der vier neuen Titel – und zwar die Einzeltexte – gemeinsam unter der Überschrift „Literatur aus der DDR": Beckers *Irreführung der Behörden*, Fühmanns Budapester Tagebuch *22 Tage* sowie Plenzdorfs *Die neuen Leiden des jungen W.* (Abb. 3). Die Rezensionszitate einflussreicher Kritiker wie Rolf Michaelis („einer der besten Erzähler deutscher Sprache") und Raddatz („Hier liegt ein Band meisterhafter Prosa vor") loben die Erzählkunst von Becker und Fühmann, das Zitat von Reich-Ranicki („Dokumente ihrer Zeit") verweist aber auch auf den dokumentarischen Charakter der Texte und deren Informationswert über das Zeitgeschehen in der DDR.

Aus der Korrespondenz der Lektorin lässt sich schließen, dass auch der Hinstorff Verlag den gemeinsamen Publikationstermin der vier Bücher und die Aufmerksamkeit für ‚DDR-Literatur' zu nutzen wusste. So informierte Becker seine Frankfurter Lektorin bereits im Dezember 1972 über die Pläne des Hinstorff-Verlegers Reich „mit einer Hinstorff-Equipe durch die BRD zu reisen, Plenzdorf, Fühmann, Fries, ich, er."[1011] Das Beispiel der Hinstorff-Autoren bei Suhrkamp zeigt aber auch, dass die Möglichkeit der Assoziation, also der Bildung von En-

---

1010 Bis heute erwähnt der Verlag auf den Internetseiten seiner ostdeutschen Autor:innen sowohl die Preise der BRD als auch der DDR (vgl. exempl. https://www.suhrkamp.de/autoren/ulrich_plenzdorf_3752.html?d_view=preise#preise (zuletzt eingesehen am 5.05.2022)).
1011 Jurek Becker an Elisabeth Borchers, Brief vom 13.12.1972. In: J.B.: „Ihr Unvergleichlichen", S. 22f., hier S. 23.

Abb. 3: Becker, Fühmann, Plenzdorf. Streifenanzeige in der *FAZ* von Januar 1974.

sembles unter dem Label ‚DDR-Literatur' in der Werbung, die Entscheidung des Lektorats beeinflusste und als Argument dafür verwendet wurde, einzelne Publikationen in das Programm aufzunehmen, um einen Schwerpunkt aufzubauen. Die Marke ‚DDR-Literatur' hatte somit nicht nur eine werbende Außenwirkung, sondern funktionierte auch bei der Durchsetzung von Programmentscheidungen der Lektorin und bei der Profilierung des Verlagsprogramms. Bemerkenswert ist, dass der Verlag – vermutlich in Abgrenzung zur Sprache in der DDR – den Begriff ‚DDR-Literatur' hier nicht verwendete, sondern die sich von ideologisch-politischer Konnotation distanzierende und den Entstehungs- und Herkunftsort betonende Wendung „Literatur aus der DDR" oder Zitate nutzte.

Brasch und Braun

Die zweite Variante der Assoziationspraktik zeugt sowohl vom Zusammenhang mit politischen Entwicklungen als auch vom Wandel der multi-faktoriellen Bedingungen, die die Verlagspraxis prägten. Auf der Frankfurter Buchmesse von 1977 entschied sich der Verlag, erneut wie 1959 bei Bloch und Johnson, zwei individuelle Publikationen unter dem Label ‚DDR-Literatur' zu präsentieren: *Die Unvollendete Geschichte* von Braun und der Collageband *Kargo. 32. Versuch auf einem untergehenden Schiff aus der eigenen Haut zu kommen* von Brasch. Die Plakate am Verlagsstand zeigten Braun neben Brasch, der ein Jahr zuvor, nur wenige Tage nach der Ausbürgerung Biermanns, die DDR verlassen hatte. Beide Autoren waren außerdem persönlich auf der Messe in Frankfurt anwesend. Borchers hielt bezüglich der Messewerbung in ihren Verlagsnotizen fest: „Nie war die DDR-Literatur so en vogue wie zur Zeit."[1012] – Die Verlagsplakate waren zum Zeitpunkt der Untersuchung nicht im Verlagsarchiv auffindbar. Es lässt sich also nicht mit Sicherheit sagen, ob sie nur Namen und Bild der Autoren zeigten, wie es

---

[1012] Elisabeth Borchers an Siegfried Unseld, Notiz vom 22.09.1977. In: DLA, SUA: Suhrkamp. Siehe Abb. 4.

die Archivdokumente nahelegen, oder ob der Verlag auch auf die Herkunft der Texte bzw. deren Autoren hinwies.

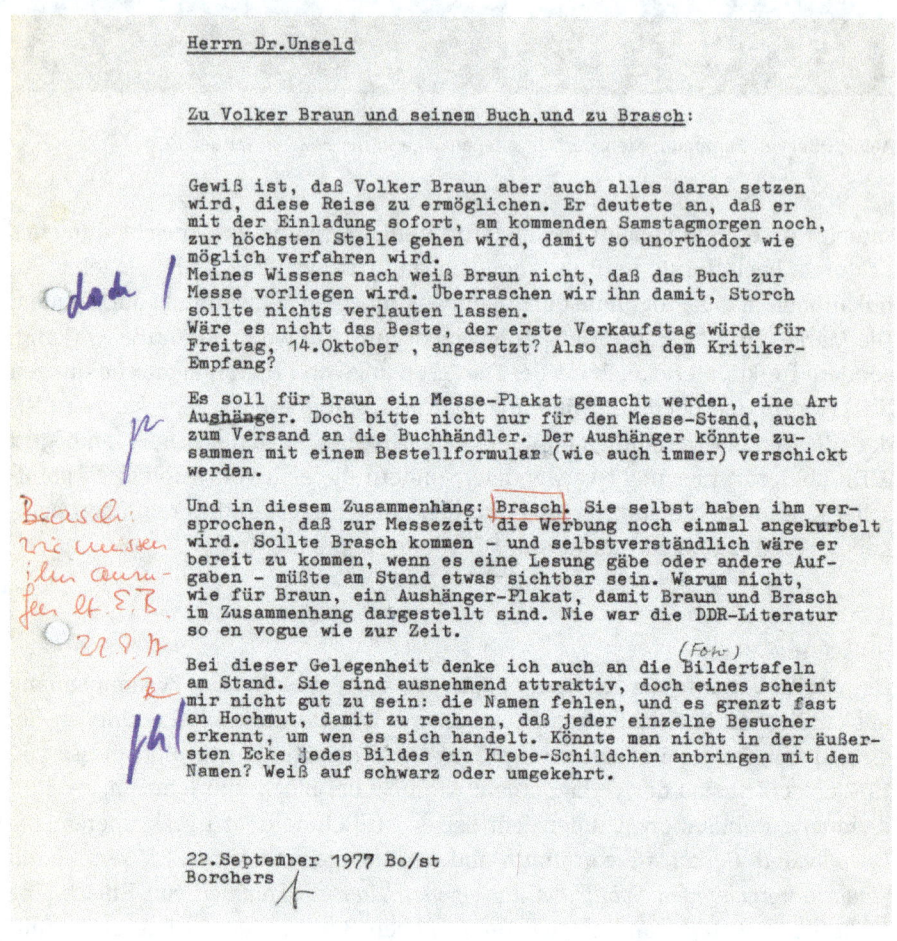

Abb. 4: Randgespräche über die Verlagswerbung zu Braun und Brasch.

Die Assoziation beruhte in diesem Fall neben der westdeutschen Verlagszugehörigkeit der Autoren auf dem Entstehungszusammenhang der Werke und deren Erscheinungstermin. Sie manifestierte sich in der Plakatgestaltung, die sich, davon ist auszugehen, am gängigen Format, einheitlicher Typographie, Farbgebung etc. orientierte, und nahm die Aufmerksamkeit für die Ereignisse in der DDR und für die Emigration Braschs zum Anlass, um Werbung für die Bücher zu machen. Ebenso aufsehenerregend zu dieser Zeit war, dass Brauns Erzählung in der DDR nicht in Buchform, sondern nur in einer Ausgabe der Zeitschrift *Sinn und Form* hatte erscheinen können, die innerhalb kürzester Zeit ausverkauft gewesen war. Der Verlag rechnete deshalb nicht nur mit der Aufmerksamkeit der informierten Leserschaft, sondern konnte auf ebensolche Verkaufserfolge hoffen. Beide Werke wurden als relevanter Teil einer ‚DDR-Literatur' präsentiert, für die ein starkes Interesse bestand. Literatur der DDR war in Mode, wie Borchers dem Verleger mitgeteilt hatte. Durch die Assoziation des in Ostberlin lebenden Braun mit dem nach Westberlin emigrierten Brasch ließ sich die Vorstellung davon, was der Begriff ‚DDR-Literatur' bezeichnete, außerdem erweitern: ob es sich um ‚DDR-Literatur' handelte, war, ähnlich wie bei Johnson, nicht vom Lebensmittelpunkt des Autors abhängig, sondern konnte sich auf den Erfahrungs- und Entstehungskontext des Textes bzw. auch auf dessen Thematik beziehen – eine Bedeutungsvielfalt, die der Begriff bis heute hat.[1013]

Im Vergleich zu der Assoziation von Bloch und Johnson im Jahr 1959 zeigt sich, dass ein Wandel in den Bedingungen dieser Praktik stattgefunden hatte, der zum einen mit den veränderten politischen Verhältnissen und zum anderen mit der Positionierung der beteiligten Autoren im literarischen Feld zusammenhing. Während Johnson die DDR unter den damaligen rechtlichen Bedingungen noch illegal verlassen hatte, reiste Brasch mit einer Genehmigung aus der DDR aus. Der Literaturaustausch verlief außerdem Ende der siebziger Jahre in mehr oder weniger geregelten Bahnen, während die Publikation eines jungen Autors der DDR im Jahr 1959 noch als Sensation erschien, die sich in der Begeisterung über den „Dichter der beiden Deutschland" ausdrückte.[1014] 1976 aber stellte die Assoziation des in der DDR lebenden Autors Braun mit dem emigrierten Brasch, im Gegensatz zu der Verbindung von Bloch und Johnson, keine existentielle Bedrohung für Braun dar. Zudem stand die DDR nach der Biermann-Affäre und der massiven Abwanderung der Kulturschaffenden unter starker Beobachtung und Kritik des Westens. Brauns Bekanntheitsgrad sowie seine internationalen Kontakte schützten ihn also zusätzlich.[1015] Aus dieser Situation ergab sich für Suhrkamp und Braun, im Gegensatz zum Johnson-Bloch-Fall, ein gewisser Handlungsspielraum, ohne dass sie von politischer Seite außergewöhnlich negative Konsequenzen durch die Assoziation mit dem ausgereisten Brasch fürchten mussten. Während die beiden ‚DDR-Autoren' 1959 noch möglichst unabhängig voneinander präsentiert und beworben werden mussten, konnte ein ähnliches Paar 1976 miteinander in Verbindung gebracht werden. Der historische Vergleich belegt auch,

---

1013 Vgl. Roland Berbigs anregende und zukunftsweisende 17 Thesen zu einer kritischen Auseinandersetzung mit dem Begriff ‚DDR-Literatur' in Berbig: DDR-Literatur – archiviert, S. 22–43.
1014 Vgl. Teil I, Kapitel 1959.
1015 Zur Emigration von Schriftsteller:innen nach der Biermann-Ausbürgerung vgl. Jäger: Schriftsteller aus der DDR, S. 65–136.

dass die Verlagspraxis im geteilten Deutschland auf der Grundlage einer Mischkalkulation beruhte, die, um im Sinne des Verlags erfolgreich zu sein, die Lebensumstände der Autor:innen, die publizistische Karriere und die politisch-gesellschaftliche Situation mitberücksichtigen musste.

Für die Autoren und ihre Werke hatte die Praktik des Assoziierens eine weitere Auswirkung. Der transmediale Zusammenhang der Autorenbilder verweist auch auf die Werke: „Das Fotoporträt des Autors erlangt eine symbolische Bedeutung, da es Authentizität verspricht und dazu tendiert, als prägnante Marke metonymisch für den Autor und sein Werk zu stehen und in dieser Funktion ein gewisses Eigenleben zu entfalten."[1016] Die Assoziation ermöglicht(e) also auch einen Vergleich der literarischen Texte. Durch die Kombination der Autoren Brasch und Braun und den metonymischen Verweis ihrer Porträts auf das jeweilige Werk entstand eine architextuelle Beziehung zum hier vermutlich nur implizierten Label ‚DDR-Literatur', das vermittelt darüber den Anschein eines literarischen Genres erhielt. In diesem Assoziationsdreieck werden nun – analytisch gesehen – Fragen nach literarischen Gemeinsamkeiten möglich: Was verbindet die beiden Texte miteinander und wie lassen sie sich literaturgeschichtlich, thematisch, formal, stilistisch usw. zuordnen? So unterschiedlich die Texte jedoch sind, so unterschiedlich war auch die Buchgestaltung im Hauptprogramm. Brauns Werk erhielt einen roten Einband, der neben Autorname und Titel die ersten Sätze der Erzählung zitiert, der blaue Einband der Erstausgabe von *Kargo* trägt neben Autor- und Verlagsname nur den langen Werktitel. Außerdem sind die typographischen Elemente auf dem Einband unterschiedlich angeordnet. Die Unterschiede in der Gestaltung sind im Vergleich zu einem weiteren Fallbeispiel bedeutend, bei dem nicht nur die politischen Ereignisse und der gemeinsame Erscheinungstermin, sondern die Reihe *edition suhrkamp* und deren Dispositiv den gemeinsamen Kontext stifteten.

edition suhrkamp

Bei meinem Beispiel für die dritte Variante der Assoziationspraktik handelt es sich erneut um eine Werbeanzeige, die unterschiedliche Bücher unter dem Titel „Neue Literatur aus der DDR" versammelte (Abb. 5). Hinzu kam im Jahr 1990 aber der Reihenzusammenhang der *edition suhrkamp*.

1016 Reto Sorg: Pose und Phantom. Robert Walser und seine Autorenporträts. In: Lucas Marco Gisi u. a. (Hg.): Medien der Autorschaft. Formen literarischer (Selbst-)Inszenierung von Brief und Tagebuch bis Fotografie und Interview. München 2013, S. 107–130, hier S. 127 f.

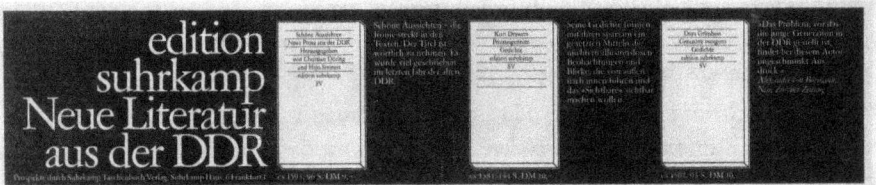

Abb. 5: Streifenanzeige für die *edition suhrkamp* in der *Zeit* vom 26.01.1990.

Im Gegensatz zu den vorangehenden Beispielen verstärkte sich die Assoziation also durch das Image der Reihe. Unter den Publikationen war ein Sammelband von Texten aus der DDR, herausgegeben u. a. von Suhrkamp-Lektor Döring unter dem Titel *Schöne Aussichten. Prosa aus der DDR*, der so unterschiedliche Autor:innen wie Wolfgang Hilbig, Angela Krauß oder Lutz Rathenow präsentierte. Außerdem bewarb die Anzeige zwei Gedichtbände der *edition suhrkamp*, die bereits in den Jahren zuvor erschienen waren: *Privateigentum* von Drawert aus dem Jahr 1989 und *Grauzone morgens* von Grünbein, bereits 1988 veröffentlicht. Unter dem Eindruck der politischen Ereignisse des Mauerfalls und des Einigungsprozesses assoziierte der Verlag die Bücher miteinander unter dem gemeinsamen Aspekt, dass die Autor:innen einen Teil ihres Lebens in der DDR gelebt hatten und die Texte vor diesem Hintergrund entstanden waren. Das Label wird hier wiederum in der Variante ‚Literatur aus der DDR' angeführt. Ich gehe davon aus, dass die Marke sich inzwischen durchgesetzt hatte, dass sich also mit der Veröffentlichung von Texten aus der DDR oder mit bestimmten Namen Vorstellungen und Attribute verbanden. Durch die Präposition ‚aus' wird deutlich, dass es um die Herkunft der Texte ging, die in der *edition suhrkamp* veröffentlicht wurden. Die Assoziation erweckt den Eindruck von Gemeinsamkeiten, ob bezogen auf die Inhalte, die Poetik oder die Biographie der Autor:innen bleibt dabei ungewiss. Gleichzeitig verstärkt die Anzeige auch das Image der Reihe, Texte junger Autor:innen zum politisch-gesellschaftlichen Zeitgeschehen zu versammeln, das wiederum in Wechselwirkung mit der Wahrnehmung der beworbenen Werke und Autor:innen steht.[1017]

Die Leistungen des Labels ‚DDR-Literatur' liegen, so lässt sich aus den Beispielen schlussfolgern, in der Abgrenzung und Bezeichnung eines Gegenstands, der damit greifbar und beschreibbar wird, sowie in der Zuschreibung von Attributen wie anders, fremd, informativ, die sich auf unterschiedliche Aspekte der Autorschaft oder des Werks beziehen können. In diesem Sinne entfaltet es eine rezeptions-

---

[1017] Vgl. Michalski: Die edition suhrkamp, S. 348 f.

leitende Wirkung. Es ermöglicht darüber hinaus auch, Eigenheiten und Grenzphänomene zu erkennen, die sich vom Bedeutungskern des Labels unterscheiden. In der Verwendung durch den Verlag bezieht es sich vor allem auf die Herkunft der Autor:innen sowie den Entstehungsort des Textes, aber auch die formalinhaltlichen Merkmale eines Textes. Die Virulenz des Labels im Verlag, in der Literaturkritik und in der Literaturwissenschaft lässt die Vermutung zu, dass das Labeling der ‚DDR-Literatur' durch den Verlag zur Etablierung einer Kategorie beigetragen hat, deren literarischer Gehalt bis heute diskutiert wird. Ganz ähnlich verweist auch Pabst auf die Bedeutungsvielfalt des Begriffs ‚DDR-Literatur' und problematisiert damit dessen Verwendung als literaturwissenschaftliche Kategorie zur Klassifizierung von literarischen Texten oder von Autor:innen. Er merkt außerdem an, dass in diesem pragmatischen Sinne der Begriff einer autonomen ‚DDR-Literatur' bereits in der Zeit vor 1989 problematisch war, „weil eben nicht alle Texte von Autoren aus der DDR in der DDR geschrieben werden, nicht alle, die in der DDR geschrieben werden, in der DDR erscheinen und sich nicht alle, die erscheinen, ausschließlich an Leser in der DDR richten."[1018] Auch in der Verlagspraxis lässt sich beobachten, dass Labels im Hinblick auf Entstehungs- und Publikationsort sowie primäre Leserschaft angepasst werden mussten. Wie Autormarken durch das Re-Labeling ins literarische Feld der BRD integriert werden konnten und das Markenimage sich dabei ausdifferenzierte, zeigt das nächste Kapitel.

1.2 Autormarken im geteilten Deutschland (*Becker*)

Am Beispiel der Assoziation von Autoren unter dem Label ‚DDR-Literatur' Anfang der siebziger Jahre ist deutlich geworden, dass Becker, der 1971 mit seiner Lektorin zu Suhrkamp gewechselt war, als ‚DDR-Autor' angesehen und vermarktet wurde. Nach *Irreführung der Behörden* im Jahr 1973 veröffentlichte der Verlag 1976 den Roman *Der Boxer*. Becker war seit 1973 Mitglied im Berliner Vorstand des Schriftstellerverbands. Hineingewählt wurde er, damit der Verband durch die „Integrationskraft der Institution" auf seine kritischen Kommentare in der Öffentlichkeit einwirken konnte.[1019] Folglich kam es zwischen dem Verband und Becker zu Differenzen wegen der Annahme des Bremer Literaturpreises 1974, der geplanten inoffiziellen Veröffentlichung der *Berliner Anthologie* 1976, die das

---

1018 Pabst: Post-Ost-Moderne, S. 16.
1019 Holger Jens Karlson: Jurek Becker. Bausteine zu einer Schriftstellerbiographie. In: Berliner Hefte zur Geschichte des literarischen Lebens 3 (2000), S. 7–80, hier S. 53.

Ministerium für Staatssicherheit verhinderte,[1020] und schließlich aufgrund des Protests gegen die Restriktionen im Fall Reiner Kunze[1021] und die Biermann-Ausbürgerung.[1022] Für Becker resultierte daraus der Ausschluss aus der SED sowie dem Vorstand des Schriftstellerverbands, den er daraufhin ganz verließ. Außerdem geriet er ins Visier der Staatssicherheit, die ihn ab November 1976 unter dem Decknamen ‚Lügner' überwachte.[1023] Unter diesen Umständen waren seine Publikationsmöglichkeiten so sehr eingeschränkt, dass er ein Jahr später mit den DDR-Behörden zunächst ein zweijähriges Visum aushandelte und fortan in Westberlin leben, aber weiterhin regelmäßig seine Familie in Ostberlin besuchen konnte. Von diesem Zeitpunkt an erschienen alle seine Werke bei Suhrkamp. Becker war von einem Lizenzautor zum Verlagsautor geworden, dessen Texte nun in Erstausgabe beim westdeutschen Verlag erschienen. Sprengel hat dargelegt, wie akribisch Borchers bereits zuvor mit dem Autor an seinen Manuskripten arbeitete,[1024] teils, weil sie mit den schriftstellerischen Arbeiten nicht zufrieden war. Für „untauglich"[1025] erklärte sie den *Boxer* in ihren autobiographischen Aufzeichnungen, *Amanda herzlos* (1992) und *Wir sind auch nur ein Volk* (1994) bezeichnete sie als „Fehltritt[e]"[1026]. In den Jahren nach seiner Emigration entwickelte Becker sich dennoch vor allem auf der Grundlage von *Jakob der Lügner* („dieses Wunderbuch, von dem ich befürchte, er hat es nicht geschrieben"[1027]) zum Bestseller-Autor.

Beckers erste Publikation nach der Ausreise war der Roman *Schlaflose Tage*, der 1978 nur bei Suhrkamp erschien und die Geschichte des Lehrers Karl Simrock erzählt, der sein Leben ändert, Ehe, Beruf, Wohnung, und am Ende dennoch ein Suchender bleibt. Sprengel vermutet, dass Hinstorff, Beckers ostdeutscher Verlag, den Roman aufgrund seines system- und gesellschaftskritischen Inhalts nicht in Lizenz übernahm.[1028] Mit dem Landes- und Statuswechsel des Autors wandelte sich auch die Praktik des Suhrkamp Verlags. Dieser kombinierte Becker und sein Werk zwar weiterhin mit anderen Autoren, aber nicht mehr unter dem Label

---

1020 Vgl. Ulrich Plenzdorf/Klaus Schlesinger/Martin Stade (Hg.): Berliner Geschichten. „Operativer Schwerpunkt Selbstverlag". Frankfurt a. M. 1995.
1021 Reiner Kunze hatte seine Prosa-Sammlung *Die Wunderbaren Jahre* 1976 ohne Druckgenehmigung im S. Fischer Verlag veröffentlicht.
1022 Vgl. Karlson: Jurek Becker, S. 53–70.
1023 Vgl. Zeittafel. In: Jurek Becker: Bronsteins Kinder. Text und Kommentar. (Suhrkamp BasisBibliothek 96) Frankfurt a. M. 2009, S. 305.
1024 Vgl. Sprengel: Der Lektor und sein Autor, S. 66 f.
1025 Borchers: Nicht zur Veröffentlichung bestimmt, S. 41.
1026 Ebd., S. 43.
1027 Ebd.
1028 Vgl. Sprengel: Der Lektor und sein Autor, S. 67.

‚DDR', sondern zielte nun darauf ab, nicht nur den Autor selbst, sondern auch dessen Marke in das literarische Feld der BRD zu integrieren. Ich werde zeigen, dass Becker vor dem Hintergrund seiner schriftstellerischen und biographischen Entwicklung drei Phasen des Labelings durchlief: Becker als ‚DDR-Autor', Becker als deutsch-deutscher Autor und Becker als Erzähler deutscher Sprache oder jüdisch-deutscher Autor. Die Verlagspraxis war also daran beteiligt, multiple Identitäten des Autors zu erzeugen, die sich aus der Biographie des Autors, dessen Arbeits- und Wohnort sowie Form und Inhalt seiner Werke generierten. Verwendet wurden sie vor allem im Marketing. Damit lassen sich die Forschungsergebnisse Birgit Dahlkes ergänzen, die gezeigt hat, dass Becker nach der Emigration im westdeutschen Diskurs auf Grundlage der so genannten ‚Holocaust-Trilogie' mit den Werken *Jakob der Lügner*, *Der Boxer* und *Bronsteins Kinder* vor allem als deutsch-jüdischer Autor kanonisiert wurde.[1029] Das Beispiel Becker verdeutlicht damit die flexible Verwendung von Labels, die der Verlag im Sinne des Brandings der Autormarke für einen Imagetransfer bzw. eine Imageerweiterung nutzte und belegt die Multifunktionalität der Assoziationspraktik.

Becker erhielt nach seinem Wechsel zu Suhrkamp herausragende Konditionen für den Roman *Schlaflose Tage:* Er bekam 20.000 DM Honorar und ab dem 1. Januar 1978 eine monatliche finanzielle Unterstützung, die den Wechsel nach Westberlin erleichtern sollte. Unseld versprach ihm außerdem, sich in der Werbung besonders für das Buch einzusetzen.[1030] Aus einem Brief Unselds geht hervor, wie der Verlag den Autor bzw. seine Texte für den westdeutschen Markt positionieren wollte: durch Assoziation mit Walser, einem dem westdeutschen Publikum bekannten Suhrkamp-Erzähler. Unseld pries die geschalteten Anzeigen Becker gegenüber als Sonderaktion der Werbung an, die ein besonderes Maß an verlegerischem Einsatz und finanziellem Aufwand für die Durchsetzung seiner Werke in der BRD vermitteln:

> [H]ier im Verlag wird alles getan, die „Schlaflosen Tage" zu einem Erfolg zu machen. Sie haben ja auch das ihre für die Vorwerbung getan, das möchte ich festhalten.
>
> Wir haben heute einen Werbe-Sonderplan vorgelegt, Sie werden dann sehen, daß wir in SPIEGEL, ZEIT, FAZ immer wieder in Anzeigen auf Becker und Walser, Walser und Becker hinweisen. Insofern sollen Sie also das Gefühl haben, daß Ihr Pferdchen hier für Sie läuft [...].[1031]

1029 Vgl. Birgit Dahlke: DDR-Autor, deutscher Autor oder deutsch-jüdischer Autor? Zur widersprüchlichen Kanonisierung Jurek Beckers in Ost und West. In: Matthias Aumüller/Erika Becker (Hg.): Zwischen literarischer Ästhetik und sozialistischer Ideologie. Zur internationalen Rezeption und Evaluation der DDR-Literatur. Berlin 2015, S. 109–122, hier S. 113.
1030 Vgl. Sprengel: Der Lektor und sein Autor, S. 69.
1031 Siegfried Unseld an Jurek Becker, Brief vom 17.02.1977. In: DLA, SUA: Suhrkamp.

Die Streifenanzeige, die 1978 verwendet wurde, zeigt auf der linken Seite einen entspannt-lässig sitzenden Walser, der die Arme und Hände, mit den Handinnenflächen nach oben, fragend in die Höhe hält. Der Text der Anzeige lautet: „ein bißchen mehr Wirklichkeit und eine Hoffnung" und wird als Zitat des Suhrkamp Verlags ausgegeben (Abb. 6). Es bezieht sich auf die beiden beworbenen Titel *Ein fliehendes Pferd* von Walser und *Schlaflose Tage* von Becker, der, mit versunkenem Blick und den Händen in den Hosentaschen vergraben, am rechten Bildrand gezeigt wird. Kein Element der Anzeige, weder Bild noch Text, lässt den Entstehungshintergrund des Romans bzw. die Herkunft Beckers erahnen. Mehrere Elemente lassen jedoch schließen, dass die Prominenz des arrivierten Autors einem jungen Autor zu Popularität verhelfen sollte.

Abb. 6: Walser und Becker in der *Zeit* vom 10.03.1978.

Zunächst symbolisiert die Körperhaltung der Autoren ihre Stellung im literarischen Feld: Walser wirkt entspannt, mit seiner Geste reagiert er anscheinend auf einen Gesprächspartner. Die Darstellung vermittelt den Habitus eines erfahrenen Autors, dessen Werke von Erfolg gekrönt sind und der sich durch seine Erfahrung im literarischen Feld als kompetentes Gegenüber gibt. Unterstützt durch die Anordnung der Bilder in Leserichtung und das biologische Alter der Autoren vermittelt Walser den Eindruck eines Autors mit inkorporiertem kulturellen Kapital, das sich auf Becker überträgt. Becker hingegen wirkt durch den ernsten Gesichtsausdruck und die ablehnende Geste der versteckten Hände wie ein junger Rebell, der sich den Kämpfen im literarischen Feld vermeintlich entgegenstellt. Den Eindruck des jungen Autors verstärkt die Überschrift. Sie zielt zwar auf den Wert der Texte, die als Literatur mit Realitätsbezug und als zukunftsweisend dargestellt werden. Der Satzteil „und eine Hoffnung" kann sich jedoch im Kontext der Anzeige auch auf Becker beziehen, der als neue Hoffnung für die (west-)deutsche Literatur vermarktet wird.

Schließlich etablieren auch die kurzen Werbetexte zu den Büchern die Hierarchie der Autoren. Für Walsers Novelle verwendete der Verlag ein Zitat von Reich-Ranicki, der als Leiter der Literaturredaktion der *FAZ* großen Einfluss hatte: „…sein reifstes, sein schönstes und bestes Buch…ein Glanzstück deutscher Prosa unserer Jahre" (Abb. 6). Die Superlative des Zitats eignen sich als Werbetext. Sie verorten den Autor auf dem Höhepunkt seines Schaffens, markieren durch den impliziten Vergleich mit vorhergegangenen Werken die intensive Auseinandersetzung des Kritikers mit dem Gesamtwerk des Autors und unterstützen somit die Glaubwürdigkeit der Beurteilung. Mit der positiven Kritik des ‚Literaturpapsts' positionierte der Verlag Walser im Kanon der deutschen Gegenwartsliteratur. Prestige, Glaubwürdigkeit und Prominenz des Literaturkritikers übertrugen sich auf den Autor, der diese wiederum reflektierte. Die Kombination der Marken ‚Walser' und ‚Reich-Ranicki' verstärkte also die Werbewirkung.

Der Werbetext für Beckers Buch gibt hingegen eine Aussage des Suhrkamp Verlags wieder: „Der neue Roman des vielfach ausgezeichneten Erzählers und Autors des weltberühmten Buches ‚Jakob der Lügner'" (Abb. 6). Der Verlag wies selbst auf die Erfolge des Autors hin und berief sich nicht auf eine externe Quelle. Zu den Erfolgen zählte er Auszeichnungen, die allerdings unspezifisch blieben, sowie den Erstroman des Autors, der sich zum Bestseller entwickelt hatte, bereits in viele Sprachen übersetzt war und deshalb als „weltberühmt" bezeichnet werden konnte. Becker erschien als erfolgreicher, kontinuierlich arbeitender Autor („der neue Roman"), auf dessen Bekanntheit sich der Verlag aber noch nicht verlassen konnte. Noch musste er Preise angeben, um die Leser von der Qualität des Buchs bzw. des Autors zu überzeugen, und auf einen früheren Erfolg verweisen, damit die Leser eine Verbindung zwischen jenem und diesem Roman herstellen und zum Kauf des neuen Buchs motiviert werden konnten.

Die Assoziation Beckers mit dem prominenten Walser war der Versuch der Werbeabteilung, den emigrierten Autor losgelöst von seiner DDR-Herkunft darzustellen und eine andere Rezeption seiner Texte vorzuschlagen: Beckers Erzählung vom Aufbegehren des Lehrers Simrock in der DDR und Walsers Novelle über zwei konkurrierende (westdeutsche) Lebensentwürfe gerieten in der Kombination zu repräsentativen Texten einer zeitgenössischen (deutsch-)deutschen Literatur. Mit der Werbeanzeige in ihrer Funktion als Paratext für die literarischen Texte suggerierte der Verlag in diesem Fall vor allem einen architextuellen Zusammenhang zwischen *Ein fliehendes Pferd* und *Schlaflose Tage*.

Becker selbst missfiel die Assoziation mit Walser, allerdings nicht wegen des Labelings als DDR- oder deutsch-deutscher Autor. Seine Kritikpunkte werden aus einer Notiz Unselds zur Reaktion des Autors an den Leiter der Suhrkamp-Werbeabteilung Claus Carlé deutlich:

> Er war sauer, beleidigt und verletzt wegen der dreifach wiederholten Spiegel-Anzeigen, in denen als prominente Autoren Frisch, Handke und Walser den unbekannten gegenübergestellt werden (hatte nich [!] auch Erica Pedretti protestiert?)[.] Wir haben aber auch einen Fehler gemacht, denn wir hätten dreimal die unbekannten Autoren erwähnen können, aber unter den Prominenten wechseln müssen.[1032]

Becker, der seit den sechziger Jahren ein publizierter und zumindest in der DDR prominenter Autor war, störte die wiederholte Darstellung als unbekannter Autor neben Walser. An seiner Reaktion auf die Marketingpraxis wird zunächst der Unterschied zwischen der Eigenwahrnehmung des Autors und der Wahrnehmung durch den Verlag deutlich. Darin drückt sich auch die Autorenhierarchie bei Suhrkamp aus. Becker galt im Verlag als noch unbekannter Autor im Gegensatz zu Walser, der seit den fünfziger Jahren nicht nur Autor und Berater des Verlags, sondern auch als Intellektueller im literarischen Feld der BRD agierte. Unseld schien aber den Kritikpunkt Beckers nicht korrigieren zu wollen. Ihm leuchtete eher ein, dass die starke Bindung an Walser insofern ein Fehler gewesen sein könnte, als Becker stattdessen mit einer Reihe von bekannten Suhrkamp-Autoren in Verbindung hätte gebracht werden können. Dennoch sollte Beckers Roman *Der Boxer* als Wiedergutmachung, versicherte Unseld seinem Autor, aus Anlass der Literaturverfilmung im westdeutschen Fernsehen Einzelanzeigen erhalten.[1033] Beckers Reaktion verdeutlicht aber, wie unterschiedlich die Position der Autor:innen in beiden Teilen Deutschlands sein konnte, die nicht zuletzt vom Marketing der Verlage abhängig war, und wie dabei die Selbst- und Fremdwahrnehmung in Konflikt geraten konnte. Prägnanter und komplexer als bei Übersetzungen eines Autors ermöglicht die Perspektive auf Literatur im geteilten Deutschland doppelte, asymmetrisch verflochtene Werk- und Autor:innenbiographien zu rekonstruieren und analysieren, gerade im Fall Beckers, der wie Müller und andere mit „je einem Bein auf zwei Seiten der Mauer" stand.[1034]

Beckers Werke wurden Ende der siebziger Jahre in mehreren Einzelanzeigen beworben, ein Indiz auch dafür, dass sich sein Image unterdessen stabilisiert hatte. Eine weitere Differenzierung der Automarke ‚Becker' lässt sich ab Mitte der achtziger Jahre beobachten. Eine Werbeanzeige des Suhrkamp Verlags brachte *Bronsteins Kinder* unter dem Titel „4 neue Romane deutschsprachiger Autoren" erneut mit anderen Autoren des Verlags in Verbindung; es handelte sich um Thomas Bernhard (*Auslöschung*), Silvio Blatter (*Wassermann*) und Peter Handke

---

1032 Siegfried Unseld an Claus Carlé, Notiz vom 26.06.1979. In: DLA, SUA: Suhrkamp.
1033 Vgl. ebd.
1034 Jan-Christoph Hauschild: Heiner Müller oder Das Prinzip Zweifel. Berlin 2001, S. 369.

(*Die Wiederholung*).[1035] Die Assoziation der Autoren basierte auf dem gemeinsamen Erscheinungstermin der Werke, der Gattungszuschreibung ‚Roman' und der deutschen Sprache, nicht der unterschiedlichen Herkunft der Autoren oder der Thematik ihrer Texte. Becker wurde also nicht mehr nur in einem nationalliterarischen Kontext, sondern als deutschsprachiger Vertreter einer bestimmten Gattung positioniert. Seine Marke hatte sich um das Image des deutschsprachigen Erzählers bzw. eines jüdisch-deutschen Autors erweitert, wie Dahlke anhand der literaturwissenschaftlichen Diskussion der achtziger Jahre darlegt.[1036] Die literaturwissenschaftliche Forschung setzte sich ab Mitte der achtziger Jahre mit den deutsch-jüdischen Elementen in Beckers Werken und seiner Biographie auseinander.[1037] In einer Abhandlung über den Roman *Der Boxer* stellte Caim Shoham 1986 fest: „Die Problematik des jüdischen Schicksals und jüdischer Identität ist in zwei seiner Werke – ‚Jakob der Lügner' und ‚Der Boxer' zentral[...]."[1038] Außerdem wandelte sich die Wahrnehmung vom Romanautor der siebziger und achtziger Jahre zum Drehbuchautor der neunziger Jahre durch den Erfolg der Fernsehserie *Liebling Kreuzberg*, die sich anscheinend im Bewusstsein des Publikums stärker verankerte als die Romane, obwohl sowohl *Jakob der Lügner* als auch *Bronsteins Kinder* zur Schulbuchlektüre gehörten.[1039]

Auch wenn die Zuschreibungen unabhängig von der Selbstwahrnehmung des Autors waren,[1040] ging Becker doch offensiv damit um. In seiner Selbstauskunft *Mein Judentum* wies er im Jahr 1977 auf die variablen Identitäten seiner Person hin: „Ich gebe diesem Problem deswegen so viel Raum und werde aufgeregt und polemisch und am Ende gar ausfallend, weil schon so lästig oft über meinen Kopf hinweg entschieden wurde, was und wie ich bin: unter anderem eben Jude."[1041]

1035 Börsenblatt für den deutschen Buchhandel 42 (1986), 56, Titelblatt.
1036 Vgl. Dahlke: DDR-Autor, deutscher Autor oder deutsch-jüdischer Autor.
1037 Vgl. Waltraud Wende: Die verschmähte „Gnade der späten Geburt". Versuche literarischer Vergangenheitsbewältigung bei Jurek Becker, Gert Heidenreich und Peter Schneider. In: Das Argument 29 (1987), 1, S. 44–49; Carolin Vestre: Geschichten und Geschichte bei Jurek Becker. Der Holocaust in den Romanen „Jakob der Lügner", „Der Boxer" und „Bronsteins Kinder". Universität Hamburg, unveröffentlichte Magisterarbeit 1990.
1038 Chaim Shoham: Jurek Becker ringt mit seinem Judentum. „Der Boxer" und Assimilation nach Auschwitz. In: Walter Röll/Hans-Peter Bayerdörfer (Hg.): Jüdische Komponenten in der deutschen Literatur – die Assimilationskontroverse. Tübingen 1986, S. 225–236, hier S. 225.
1039 Vgl. Dahlke: DDR-Autor, deutscher Autor oder deutsch-jüdischer Autor, S. 117f.
1040 Vgl. ebd., S. 113f.
1041 Jurek Becker: Mein Judentum. In: J.B.: Mein Vater, die Deutschen und ich. Aufsätze, Vorträge, Interviews. Hg. von Christine Becker. Frankfurt a.M. 2007, S. 13–23, hier S. 18.

Den Suhrkamp Verlag bat er zu Beginn der achtziger Jahre darum, in seinen biographischen Daten Kindheit und Ghetto nicht mehr zu erwähnen.[1042]

Die Titel der Texte und Bücher, die sich nach Beckers Tod mit seinem Werk und seiner Autorschaft auseinandersetzen, zeugen im Vergleich dazu abschließend von der multiplen Identität des Autors und den vielfältigen Zuschreibungsmöglichkeiten seines Werks zwischen Ost und West, Deutschland und Judentum, an deren Erzeugung und Durchsetzung die Verlagspraxis erheblichen Anteil hatte. Sander L. Gilmans Biographie des Autors *Jurek Becker. A Life in Five Worlds* ist zum Beispiel anhand der Lebensabschnitte Beckers in Polen, im Ghetto, in der Sowjetischen Besatzungszone, in der DDR, in den USA, in Westberlin und im geeinten Deutschland strukturiert und vermittelt bereits im Titel den Eindruck eines Lebens, das diese Orte, Erfahrungen und Identitäten in sich vereint.[1043]

1.3 Wertung und Kanon in der Gutachtenpraxis

Die folgenden Kapitel untersuchen die Praxis des Assoziierens bei der Begutachtung von Texten oder Textkonvoluten. Lektoratsgutachten im SUA belegen, dass der Verlag Autoren der DDR meist im Gattungszusammenhang oder bezogen auf eine literarische Tradition assoziierte. Die Gutachter identifizierten implizite und explizite Transtexte, in besonderem Maße lässt sich eine Assoziation mit dem Werk Brechts nachvollziehen. Die Herstellung von transtextuellen Bezügen gilt als „Methode der Traditionsbildung"[1044] und ist *per se* eine Form der Assoziation von Texten und Autor:innen miteinander. Sie bleibt in der Begutachtung durch den Verlag meist auf einer abstrakten Vorstellungsebene, lässt sich aber an den literarischen Texten ausdifferenzieren. Im Folgenden geht es deshalb darum, die spezifische Wahrnehmung und Bewertung des Verlags herauszuarbeiten und die Funktion der transtextuellen Assoziation im Verlag zu untersuchen. An der Gutachtenpraxis Enzensbergers zeige ich, dass dieser die transtextuellen Bezüge zu einer älteren literarischen Tradition, die vom 13. bis ins 19. Jahrhundert reichte, mit der Auseinandersetzung der Autoren der DDR mit dem Werk Brechts begründete. Eine Erklärung dafür fand er in den gesellschaftlichen Bedingungen der Textentstehung, genauer gesagt der restriktiven Literaturpolitik der DDR.

1042 Vgl. Claus Carlè: Notiz vom 15.01.1980. In: DLA, SUA: Suhrkamp.
1043 Vgl. Sander L. Gilman: Jurek Becker. A Life in Five Worlds. Chicago 2003.
1044 Frauke Berndt/Lily Tonger-Erk: Intertextualität. Eine Einführung. Berlin 2013, S. 64.

Zur Veranschaulichung habe ich ein ablehnendes Gutachten von Enzensberger zu Karl Mickels erstem Gedichtband *vita nova mea* aus dem Jahr 1965 gewählt. Es eignet sich, weil der Gutachter seine Ablehnung ausführlich begründete. Außerdem ist ein zweites Gutachten zur Gedichtsammlung aus dem Rowohlt Verlag überliefert, der den Band schließlich veröffentlichte, das ich zum Vergleich heranziehen werde. Die Analyse der Gutachten liefert weniger Wissen über die begutachteten Texte als über die poetologischen Ansichten des Lyrikers Enzensberger sowie die literarischen Diskurse der Zeit. Ich gehe deshalb im Folgenden auch auf Enzensbergers Maßstäbe der Beurteilung ein. Sie illustrieren seine Rolle als Gutachter und Lektor, der seine eigenen poetologischen Vorstellungen, die Ansprüche des Verlags und das Zielpublikum als Faktoren bei der Bewertung miteinander abwog.[1045] Zum Vergleich ziehe ich ein weiteres seiner Gutachten zu Günter Kunerts Gedichtkonvolut *Aufforderung zum Zuhören* von 1960 heran.

Enzensberger war neben Walser, Johnson und anderen einer derjenigen Verlagsautoren, der dem Suhrkamp-Verleger als Partner mit unterschiedlichen Funktionen – als Autor, Lektor, Herausgeber, Literaturkritiker, Buchgestalter, Übersetzer, Scout, Rechteverwalter – zur Seite stand, und seine Autorschaft in enger Kooperation mit dem Verlag entwickelte. Amslinger vertritt die These, dass diese Art der Autor:in-Verlags-Beziehung paradigmatisch für Autorschaft im 20. Jahrhundert ist; sie ist außerdem Zweck und Ziel der Lebensform des Verlags.[1046] An diese Verlagsautoren konnte Unseld Aufgaben im Produktionsprozess verteilen, von ihnen erhielt er Informationen aus dem Literaturbetrieb, und sie waren „Anlaufstation"[1047] für jüngere Autor:innen, die nach Vermittlung suchten und die Begutachtung ihrer Texte von älteren Kolleg:innen wertschätzten. Zunächst diente die Assoziation der Orientierung für die verlegerische Entscheidung über Annahme oder Ablehnung eines Manuskripts. Darauf deutet auch die Tatsache, dass die Gutachter Autoren aus dem Verlagsnetzwerk miteinander assoziierten. Darüber hinaus konnte Enzensberger sich durch sein Votum im Verlag als Lyriker, Gutachter und Herausgeber von Gedichtsammlungen profilieren.

Das erste der folgenden Unterkapitel widmet sich anhand von Enzensbergers Gutachten zu Mickels und Kunerts Gedichtbänden den Assoziationspraktiken der Kollektivierung von Autoren. Sie verbinden sich in Kombination mit Enzensbergers poetologischen Maßstäben zum Bild einer DDR-Poetik der sechziger Jahre. Außerdem geht es um die Assoziation der Texte mit einer älteren, über das Werk Brechts vermittelten literarischen Tradition, der an einem Vergleich von Enzens-

---

[1045] Zu den Praktiken Enzensbergers als Gutachter vgl. Amslinger: Verlagsautorschaft, S. 153–189.
[1046] Vgl. ebd., S. 14.
[1047] Unseld: Goethe und seine Verleger, S. 258.

bergers Werturteilen mit der Bewertung des Rowohlt-Lektors Bernt Richter besonders deutlich wird (1.3.1). Anschließend analysiere ich ausgehend von einem Hölderlin-Zitat aus Mickels Gedicht *Die Friedensfeier*, auf welchen transtextuellen Bezügen Enzensbergers Urteil gründete und erläutere daran Enzensbergers poetologische und politische Vorstellungen, zum Beispiel zur Rolle von Lyriker:innen und Lyrik in der Gesellschaft (1.3.2). Seine Gutachtenpraxis stellt somit ein paradigmatisches Beispiel für die Wahrnehmung von Literatur der DDR dar, die in Bezug zu den politischen Umständen der deutschen Teilung gesetzt wurde. Hierzu gehörte zum Beispiel die Vorstellung, dass zwischen den kulturpolitischen Vorgaben und dem literarischen Schaffen in der DDR ein direktes Bedingungsverhältnis bestand.

Die Assoziation mit Brecht erweist sich im Verlagskontext als Kanonisierungspraxis. Der Verlag baute durch die Akkumulation von literarischen (und theoretischen) Texten, die transtextuelle Bezüge zum Werk Brechts aufweisen, neben der Herausgabe der Primärwerke Brechts eine literarische Tradition bzw. ein Netzwerk von Texten und Autor:innen im Verlag auf, deren Funktion in der Kanonisierung der Marke ‚Brecht' zum Klassiker und der betroffenen (männlichen) Autoren als dessen Nachfolger bestand. In dieser Praxis, so die These, begründet sich auch die Wahrnehmung Suhrkamps als ‚Brecht-Verlag' (1.3.3).

1.3.1 Assoziative Bewertung. Lyrik der frühen sechziger Jahre bei Suhrkamp (*Mickel, Kunert*)

Unseld und Enzensberger hatten 1964 schon einzelne Gedichte des Ostberliner Dichters Mickel gelesen,[1048] Walser machte den Verleger außerdem auf dessen Erzählungen in der Zeitschrift *kürbiskern* aufmerksam.[1049] Mickel selbst wies Unseld zudem darauf hin, dass er noch an einer Oper arbeitete.[1050] Ein Grund der Kontaktaufnahme war also noch vor der Begutachtung des Manuskripts die Produktivität des jungen Autors in unterschiedlichen literarischen Gattungen, so dass der Verlag mit einer fruchtbaren Kooperation rechnen konnte. Aus Sicht des Verlags, der nicht nur das einzelne Werk, sondern auch den Autor und die Aussicht auf ein Gesamtwerk evaluierte, versprachen beide Aspekte – ein produktiver

---

1048 Vgl. Siegfried Unseld an Karl Mickel, Brief vom 19.07.1965. In: DLA, SUA: Suhrkamp. Vgl. auch Karl Mickel: Lobverse & Beschimpfungen. Halle 1963; K.M.: Eine unbetonte Silbe. In: Weimarer Beiträge 10 (1964), 4, S. 542–544 und verschiedene Gedichte Karl Mickels in: ndl 13 (1965), S. 7 und 12.
1049 Vgl. Siegfried Unseld an Hans Magnus Enzensberger, Brief vom 20.12.1965. In: DLA, SUA: Suhrkamp.
1050 Vgl. Karl Mickel an Siegfried Unseld, Brief vom 6.12.1965. In: DLA, SUA: Suhrkamp.

Autor, der seine Themen zudem in unterschiedlichen Formen ausdrückte – vielfältige Publikations- und Verbreitungsmöglichkeiten. Über Hartmut Lange, mit dem der Verlag zur selben Zeit über dessen Suhrkamp-Debüt *Marski* in der *edition suhrkamp* verhandelte, kam schließlich der persönliche Kontakt zustande.[1051] Sowohl in der DDR als auch in der BRD verfügte Mickel also bereits über ein Netzwerk von Autor:innen, Redakteur:innen, Verlagen und Theatern. So behauptete der damalige Rowohlt-Lektor Raddatz auf dem Treffen der Gruppe 47 im Jahr 1965 gegenüber Unseld, Mickel habe bereits mit seinem Verlag vertraglich abgeschlossen, obwohl dies nicht den Tatsachen entsprach.[1052] Eine Pointe dieser Anekdote, die Unseld ein wenig empört Enzensberger erzählte,[1053] ist, dass Mickels Gedichtband nach dem Konkurrenzkampf der westdeutschen Verlage doch von Rowohlt veröffentlicht wurde.

Das Manuskript, bestehend aus Gedichten und drei poetologischen Essays unter dem Titel *vita nova mea*, erhielt Unseld schließlich über den Aufbau Verlag, dem Mickel die Rechte an den Texten übertragen hatte. Nach der Lektüre schrieb er an Enzensberger:

> Einige Texte sind wirklich sehr schön, bei anderen zweifle ich, die Aufsätze halte ich für unergiebig. Bitte prüfe auch du diese Texte. wahrscheinlich ist es doch richtig, sie zu machen. Volker Braun im Frühjahr, Mickel im Herbst, ich glaube, dann hätten wir wohl die beiden produktivsten lyrischen Kräfte der DDR.[1054]

Unseld kombinierte zwei Autoren der DDR, deren erste Gedichtbände dem Verlag zur gleichen Zeit vorlagen. Vorrangiges Kriterium war deren Produktivität, womit der Verleger auf eine längerfristige, ertragreiche Beziehung zu den Autoren spekulierte. Auch in den Verhandlungen mit Braun über seinen ersten Gedichtband spielte vor allem dessen Tätigkeit als Dramaturg am Berliner Ensemble eine entscheidende Rolle, weil Braun dadurch ständig an der Erarbeitung von Theaterstücken und deren Inszenierung mitwirkte.[1055] Anhand der Assoziation der Autoren und der Verteilung der Gedichtbände auf das Frühjahrs- und Herbstprogramm wird deutlich, dass sich die Verlagspraxis nicht nur an der Qualität der Texte oder dem Interesse an einem Autor orientierte. Es ging auch darum, re-

---

1051 Vgl. Hartmut Lange an Siegfried Unseld, Telegramm vom 16.07.1964. In: DLA, SUA: Suhrkamp.
1052 Vgl. Siegfried Unseld an Hans Magnus Enzensberger, Brief vom 20.12.1965. In: DLA, SUA: Suhrkamp.
1053 Vgl. ebd.
1054 Ebd.
1055 Vgl. Briefwechsel zwischen Volker Braun und Siegfried Unseld im November 1964. In: DLA, SUA: Suhrkamp.

gelmäßig repräsentative Werke der Gegenwartsliteratur der DDR zu veröffentlichen, zumal es sich hierbei um zwei Dichter handelte, die sich vielfältig auf Traditionen und Diskurse der deutschen Literatur bezogen.

Um dieses Ziel umzusetzen, war der Verlag auf Information und Beratung aus dem Verlagsnetzwerk in der DDR angewiesen. Fünf Jahre zuvor hatte Mayer Unseld den jungen Lyriker Kunert empfohlen. Als der Verleger im Februar 1960 dessen Manuskript *Aufforderung zum Zuhören* vom Aufbau-Lektor Benno Slupianek erhielt, notierte Unseld im Reisebericht Mayers Einschätzung: „Kunert und Huchel seien die beiden bedeutendsten lyrischen Vertreter der DDR."[1056] Kunert war zu dieser Zeit in der Bundesrepublik noch unveröffentlicht. Suhrkamp ließ die Gedichte prüfen, noch bevor Kunerts langjährige Verlagsbindung zum Carl Hanser Verlag in München begann.[1057] Anhand des Gutachtens lassen sich nur einige der Gedichte ermitteln, die das Konvolut enthielt.[1058] Da es sich beim Titelgedicht *Aufforderung zum Zuhören* jedoch um einen bereits Ende der vierziger Jahre erstmals veröffentlichten Text handelt,[1059] gehe ich davon aus, dass Suhrkamp eine Zusammenstellung von Gedichten aus mehreren Jahren vorlag, zumal Kunert auch bei seiner Manuskripteinreichung für Hanser so vorging.[1060]

Die Gutachten zu Mickel und Kunerts Gedichtkonvoluten lassen sich vergleichen, weil Unseld beide Male als Gutachter für Lyrik den Verlagsautor Enzensberger wählte, und sich die Assoziationspraktiken und Werturteile wiederholen und ergänzen. Enzensberger selbst brachte Autoren der DDR in Verbindung zueinander. Er gab 1960 das *Museum der deutschen Poesie*[1061] heraus, in dem er Texte internationaler Lyriker vorstellte, befand sich also im Prozess der Begutachtung von Gedichten. Amslinger bewertet die Herausgabe der Anthologie als Teil von Enzensbergers Werk- und Kanonpolitik, die eigenen in den Kontext fremder Texte zu stellen. Das Ziel war, internationale, innovative Lyrik im Suhrkamp Verlag als Grundstock eines internationalen Verlagsprogramms zu etablieren, die auf den Traditionen der Moderne aufbaute und diese weiterentwickelte.[1062] Ich gehe also davon aus, dass Enzensberger in den frühen sechziger

---

1056 Siegfried Unseld: Reisebericht Berlin, 7.–11.02.1960. In: DLA, SUA: Suhrkamp.
1057 Vgl. Roland Berbig: Günter Kunert – ein DDR-Schriftsteller? Recherchepfade im Deutschen Literaturarchiv Marbach. In: Ulrich von Bülow/Sabine Wolf (Hg.): DDR-Literatur. Eine Archiv-Expedition. Berlin 2014, S. 233–253, hier S. 241.
1058 Das Titelgedicht *Aufforderung zum Zuhören, Die uns Behausende* und ein weiteres Gedicht.
1059 Vgl. Günter Kunert: Aufforderung zum Zuhören. In: Neue Berliner Illustrierte 4 (1948), 49, S. 9.
1060 Vgl. Berbig: Günter Kunert, S. 242.
1061 Vgl. Hans Magnus Enzensberger (Hg.): Museum der deutschen Poesie. Frankfurt a. M. 1960.
1062 Vgl. Amslinger: Verlagsautorschaft, S. 197–199.

Jahren nicht nur umfassend über die internationale Gegenwartslyrik informiert war, sondern auch einen mal normativen, mal regulativen Standpunkt zu Form und Funktion des Dichtens, auch in seiner Rolle als Berater, Gutachter und Lektor im Suhrkamp Verlag entwickelt hatte.

Das Gutachten zu Mickels Gedichtband *vita nova mea* verfasste Enzensberger im Frühjahr 1966. Darin bezeichnete er das Konvolut zunächst als „Quodlibet", ein polyphones Musikstück, das unabhängig voneinander entstandene Melodien miteinander verbindet: „es gibt keinen innern zusammenhang, auch nicht den des widerspruchs."[1063] Er verweilte in der Metaphorik der Musik und verwies auf die fehlende Stimmigkeit der Zusammenstellung: „die komposition hat nicht hand noch fuß."[1064] Einerseits hielt er die Gedichte für qualitativ heterogen. In diesem Eindruck stimmte er mit dem Verleger überein, auch Unseld hatte die Texte des Konvoluts unterschiedlich bewertet. Gleichzeitig äußert sich in Enzensbergers Kritik aber auch ein normatives Verständnis von der inneren Einheit einer Gedichtsammlung: Als mögliches Buch musste es mehr sein als die Summe seiner Gedichte. So, wie ein Gedicht einem Gestaltungsprinzip folgt, sollte auch die Zusammenstellung von Gedichten ein in sich bezugreiches Ganzes ergeben.

Nicht nur in der Zusammenstellung des Konvoluts, auch in Stil und Syntax erkannte Enzensberger, der die kritische Auseinandersetzung mit der literarischen Moderne, deren gleichzeitige Aktualisierung und Historisierung forderte, einen Bezug zur Lyrik und den Veröffentlichungspraktiken des 18. Jahrhunderts, die ihm missfallen musste:

> mickel teilt mit vielen schriftstellern der ddr (von hacks bis braun) den klassizistischen sprachgestus. er orientiert sich stilistisch an der deutschen tradition von klopstock bis hölderlin. (dem entspricht auch die fiktive gliederung, wie man sie in klassiker-ausgaben findet.) bis ins einzelne läßt sich das an der syntax nachweisen. ich vermute, daß die orientierung am 18. jahrhundert, statt an der modernen poesie, einerseits mit den kulturpolitischen verhältnissen in der ddr, andererseits mit einer (vermutlich mißverstandenen) brecht-nachfolge zusammenhängt.[1065]

Die Gruppenbildung der Autoren der DDR mit der Formel „von hacks bis braun" ist kein Zufall. Brauns erster Gedichtband erschien zur gleichen Zeit und Hacks

---

1063 Enzensberger: notiz zu karl mickel, vita nova mea, Gutachten von April 1966. Siehe Anhang, Dokumente, Nr. 8.
1064 Ebd.
1065 Ebd.

veröffentlichte seit einigen Jahren seine Theaterstücke im Suhrkamp Verlag.[1066] Bereits im Gutachten zu Kunerts *Aufforderung zum Zuhören* hatte Hacks Enzensberger als Vergleichsgröße gedient: „Kunert ist ein Brechtschüler in jenem ausgezeichneten Sinn wie das nur in Ost-Berlin anzutreffen ist. Man könnte ihn den lyrischen Peter Hacks nennen."[1067] Enzensbergers Urteil zufolge trat Kunert in die lyrische Nachfolge Brechts, während Hacks das Brecht'sche Theater weiterentwickelte. Der Radius der Assoziation bezog sich also auf die mit dem Verlag verbundenen Autoren, bei denen Enzensberger hypertextuelle Bezüge zum Werk Brechts feststellte.

Zur Erklärung der Orientierung an literarischen Traditionen griff Enzensberger auf die politischen Umstände bzw. die ihm in Westdeutschland aus Medien und Politik bekannten Erklärungsmuster zurück: „auch mickel ist vermutlich, auf eine komplizierte art, ein opfer der zustände, von denen wir jede woche in der zeitung lesen."[1068] Seine Wahrnehmung war korrekt in dem Sinne, dass Mickel wie auch Kunert unter den Bedingungen der DDR-Literaturpolitik schrieben. Er bewertete dies jedoch als passives Ausweichmanöver und nicht als eigensinnige Poetik und Kritik. Gerade weil er in die Beurteilung von Mickels Gedichten die Produktionsbedingungen literarischen Schreibens – von der offiziellen Kulturpolitik als Maßstab bis zur durch die staatliche Zensur bewirkten Selbstzensur – miteinbezog, verglich Enzensberger Autoren der DDR miteinander. In einem Brief an Unseld brachte er sein Urteil über die Mitte der sechziger Jahre schreibenden Lyriker zum Ausdruck:

> schließlich habe ich nun noch ein paar Gedichte von biermann gelesen, und ich möchte nicht versäumen, vor einer buchpublikation zu warnen. das ist eine erscheinung zwischen politik und show-business, ähnlich wie neuß; dazu kommt ein starkes modisches moment; was das in unserm programm soll, kann ich nicht einsehen. da wäre v.braun bei weitem vorzuziehen![1069]

Enzensberger verband den noch unbekannten Biermann mit dem westdeutschen Kabarettisten Wolfgang Neuss, noch bevor ein Auftritt der beiden zu einem po-

---

1066 Es handelt sich um den Band *Vorläufiges* (1966) von Braun und mehrere Bände mit Stücken von Hacks: *Zwei Bearbeitungen* (1963), *Stücke nach Stücken* (1965), *Bearbeitungen 2* (1965) *und Fünf Stücke* (1965).
1067 Hans Magnus Enzensberger: Notiz zu dem Gedichtmanuskript „Aufforderung zum Zuhören" von Kunert, Gutachten o.D. In: DLA, SUA: Suhrkamp. Siehe Anhang, Dokumente, Nr. 6.
1068 Enzensberger: notiz zu karl mickel, vita nova mea, Gutachten von April 1966. Siehe Anhang, Dokumente, Nr. 8.
1069 Hans Magnus Enzensberger an Siegfried Unseld, Brief vom 11.02.1965. In: DLA, SUA: Suhrkamp.

litischen Skandal führte: Biermann und Neuss gaben am 19. April 1965 ein gemeinsames Konzertgespräch im Gesellschaftshaus am Zoo in Frankfurt a. M., das im selben Jahr als Schallplatte *Wolf Biermann, Ost, zu Gast bei Wolfgang Neuss, West* erschien und in Kombination mit Biermanns in der DDR verbotenem und dann im Westberliner Verlag Klaus Wagenbach veröffentlichtem ersten Gedichtband *Die Drahtharfe* dazu führte, dass Biermann auf dem 11. Plenum des Zentralkomitees der SED ein Publikations- und Auftrittsverbot für die DDR und Neuss ein Einreiseverbot in die DDR erhielt.[1070] Zu Beginn des Jahres 1965 hatte noch keiner der von Enzensberger genannten Autoren der DDR einen Vertrag mit einem westdeutschen Verlag unterschrieben, aber alle waren auf der Suche nach einem möglichen Publikationsort. Braun ging im Westen zu Suhrkamp, Mickel veröffentlichte seinen ersten Band im Rowohlt Verlag und Biermann wurde Autor des Wagenbach Verlags.

Als Beispiel für den Brecht-Bezug nannte Enzensberger im Gutachten zu *vita nova mea* die erotischen Gedichte Mickels, die „wie imitationen der augsburger sonette wirken".[1071] Enzensberger interpretierte die transtextuellen Bezüge zu Friedrich Gottfried Klopstock, Friedrich Hölderlin oder auch Dante Alighieri,[1072] die er im Titel sowie in der Gliederung, der Syntax und dem Versmaß erkannte, als Zeichen der Auseinandersetzung mit dem Werk Brechts. Eine Neuheit des Schreibens sah Enzensberger darin, dass „Wörter wie scheißen oder vögeln in klassizistischen Versmaßen vorgebracht werden",[1073] wodurch für ihn allerdings ein formal-stilistischer Widerspruch entstand, den er negativ wertete. Brecht hatte in den Augsburger Gedichten durch die formale Imitation des Sonetts den hohen Stil Dantes ironisch dadurch gebrochen, dass er ihn mit einer Kritik an Dantes platonischer Liebe und dem sexuellen Verlangen nach einer fernen Geliebten in einem umgangssprachlich-vulgärem Duktus verbunden hatte.[1074] Jochen Vogt stellt zum Dante-Bezug bei Brecht fest: „[H]e reasons about the right poetic language that suits the true, and in his opinion very carnal, nature of love, and

---

1070 Vgl. hierzu das Gespräch mit Wolf Biermann über sein Verhältnis zu Wolfgang Neuss in: Berbig (Hg.): Stille Post, S. 290–309.
1071 Enzensberger: notiz zu karl mickel, vita nova mea, Gutachten von April 1966. Siehe Anhang, Dokumente, Nr. 8.
1072 Der Titel *vita nova mea* von Mickels Gedichtsammlung zitiert den Titel des Buchs *Vita nova* (oder: *La vita nuova*) von Dante Alighieri, auf das sich auch das Gedicht *Das zwölfte Sonett* von Brecht bezieht (vgl. Brecht: Werke. Bd. 11, S. 190).
1073 Enzensberger: notiz zu karl mickel, vita nova mea, Gutachten von April 1966. Siehe Anhang, Dokumente, Nr. 8.
1074 Zum Dante-Bezug bei Brecht vgl. Ulrich Kittstein: Das lyrische Werk Bertolt Brechts. Stuttgart 2012, S. 94–97.

criticizes the high idealistic tone of *Vita nuova* [...]."[1075] Ebenso versteht Gerrit-Jan Berendse den Dante-Bezug bei Mickel als subversive, aber vor dem Hintergrund der totalitären Literaturästhetik auch avantgardistische Praxis: „Mickels Bezug auf Dante ist bemerkenswert, da der endlosen Kette des Sublimierungsaktes im so genannten ‚neuen süßen Stil' von Dante aggressive Entsublimierungsversuche entgegengesetzt sind."[1076] Karen Leeder sieht in dieser Poetik der so genannten Sächsischen Dichterschule sogar den Grundstein für die Entwicklung der Prenzlauer Berg-Literatur in den achtziger Jahren.[1077]

Genette hat in seinem Modell transtextueller Beziehungen zwischen zwei Formen der Hypertextualität, als Bezug eines Textes (Hypertext) auf einen zeitlich vorhergehenden (Hypotext) unterschieden.[1078] Bei der Nachahmung handelt es sich um eine Form der indirekten Transformation, die komplexer ist als eine einfache oder direkte Transformation, weil sie auf einer modellhaften Abstraktion des Hypotextes basiert.[1079] Enzensberger, der Mickels Stil am Paradigma der Innovation maß und mit dem Hypotext Brechts, nicht Dantes verglich, fehlte die kritische Distanz in den Gedichten, poetische Weiterentwicklung und Anwendung auf zeitgenössische Ereignisse oder Entwicklungen mit gesellschaftlicher Relevanz und wertete den transtextuellen Bezug deshalb als „stilistische[...] nachahmung" ab.[1080] Neben der Gegenwärtigkeit ist Ironie als Distanznahme ein wichtiges Merkmal des Lyrikers Enzensberger und seiner Gutachterpraxis.[1081] Enzensberger kritisierte jenes Verfahren der stilistischen Kombination bei Mickel insgesamt, weil es kein stimmiges Gedicht ergebe: „das pathos dient nicht dazu, neue verhältnisse, große verhältnisse zur rede zu bringen und zur rede zu stellen. es setzt nur persönliche umstände in ein allzu großes, allzu bedeutsames licht, wobei es die ironie kaum bis zur selbstironie bringt."[1082]

1075 Jochen Vogt: Unlikely Company: Brecht and Dante. In: Helen Fehervary/Bernd Fischer (Hg.): Kulturpolitik und Politik der Kultur/Cultural Politics and the Politics of Culture. Oxford u. a. 2007, S. 457–472, hier S. 461.
1076 Gerrit-Jan Berendse: Spiele der Revolte: Karl Mickel und die konspirative Poetik der Sächsischen Dichterschule. In: Neophilologus 91 (2007), 2, S. 281–298, hier S. 288.
1077 Vgl. Karen Leeder: Breaking Boundaries: a new generation of poets in the GDR. Oxford 1996.
1078 Vgl. Genette: Palimpseste, S. 14.
1079 Vgl. ebd., S. 15 f.
1080 Enzensberger: notiz zu karl mickel, vita nova mea, Gutachten von April 1966. Siehe Anhang, Dokumente, Nr. 8.
1081 Vgl. Amslinger: Verlagsautorschaft, S. 171.
1082 Enzensberger: notiz zu karl mickel, vita nova mea, Gutachten von April 1966. Siehe Anhang, Dokumente, Nr. 8.

Die unterschiedliche Beurteilung der Textbeziehungen lässt auch auf einen Unterschied im normativen Umgang mit literarischen Traditionen zwischen Enzensberger und den von ihm begutachteten Lyrikern der DDR schließen. Berendse hat dargelegt, dass die Auseinandersetzung mit älteren Texten in den fünfziger und sechziger Jahren in der Lyrik der DDR einem Lernprozess von Schreibweisen, der Rehabilitierung von klassischen Autoren und nicht zuletzt als Tarnung gegenüber der literarischen Zensur diente.[1083] Er stuft die formalen, thematischen und stilistischen Ähnlichkeiten zur klassischen Lyrik als eine durch die ältere Generation der Lyriker – neben Brecht auch Fühmann, Johannes R. Becher und Erich Arendt – vermittelte Poetik ein. Die Reduktion auf den Brecht-Bezug bei Enzensberger lässt sich aus dem Praxiszusammenhang des Verlags erklären, der auf die Etablierung der Marke ‚Brecht' abzielte. Mickel selbst benannte ungefähr ein Jahrzehnt nach Enzensbergers Gutachten den Stil Brechts, der die universale Bedeutung alltäglicher, persönlicher Verhältnisse behauptet, als maßgebliche Beeinflussung seines frühen Werks. Auch inhaltlich fand er Anknüpfungspunkte bei Brecht:

> Es mag auch damit zusammenhängen, daß mir besonders auffiel, daß Brecht über Leute schrieb oder Leute beschrieb, die nichts zu essen hatten: wir hatten damals nichts zu essen. Das ging mich unmittelbar an und war also nichts Höheres aus einer anderen Welt, sondern wirklich der Alltag. Aber mit Größe, so daß es als Weltereignis erschien, daß ich Hunger hatte.[1084]

Enzensberger hielt die Verbindung von klassischem Stil, zum Beispiel die Inversion des Verbs, und klassischen Gedichtformen wie das Sonett mit privaten Themen hingegen nicht nur für unangemessen für die zeitgenössische Lyrik. Er selbst hatte in seiner frühen Lyrik die eigene Sprecherposition in Frage gestellt und sich somit von einer Lyrik abgegrenzt, die das persönliche Ich des Lyrikers, Erlebnis und Sentiment in den Fokus rückt. Im Gutachten kritisierte er außerdem, dass sich die Behauptung, Privates habe eine elementare und gesellschaftliche Bedeutung, gerade bei einem jungen Autor wie Mickel nicht plausibilisieren lasse. In diesem Fall bezog sich das „jung" auf Mickels Eintritt ins literarische Feld, also dessen künstlerisches Alter. So schrieb Enzensberger: „mickel redet von sich und seinen freund- und liebschaften wie von etwas schon berühmten; es ist aber nicht einzusehen, was diesen ruhm rechtfertigen soll."[1085] Enzensbergers gefühlsbe-

---

1083 Berendse: Spiele der Revolte, S. 289.
1084 Karl Mickel: Die Jubeljahre des toten B.B. In: K.M.: Gelehrtenrepublik. Beiträge zur deutschen Dichtungsgeschichte. Halle 2000, S. 415–424, hier S. 415.
1085 Enzensberger: notiz zu karl mickel, vita nova mea, Gutachten von April 1966. Siehe Anhang, Dokumente, Nr. 8.

tonte Reaktion – er bezeichnete Mickels Stil als „peinlich"[1086] – liegt wohl auch daran, dass er die Gedichte mit der Person des Autors in Verbindung brachte und sich poetischer Stil und Position im literarischen Feld seiner Meinung nach nicht vermitteln ließen. Damit verbunden ist die normative Vorstellung von einer parallelen Entfaltung des Gesamtwerks, wie sie in den Begriffen Früh- und Spätwerk zum Ausdruck kommt, und der biographischen Entwicklung bzw. Reife der Person. Ein künstlerisch junger Autor, so die Vorstellung, schreibt und verhält sich anders als ein arrivierter Autor. Stil und künstlerisches Alter sollten in der Vorstellung Enzensbergers demnach übereinstimmen.

Bei Kunerts Gedichten erkannte Enzensberger den Brecht-Bezug in der „Anwendung poetischer Methoden", einer „eigentümlichen Dialektik" und der Beschäftigung mit den USA:

> Während hierzulande ein Autor wie Benn nur Epigonen hat und Einflüsse übt, bildet Brecht offenbar Schule im wirklichsten Sinn. Ich vermute, daß das politische Gründe hat: Brecht ist das Einzige, woran sich formal ebenso wie theoretisch Leute halten können, die von der Linie Kuba, also vom doktrinärsten und unbegabtesten SED-Kleinbürgertum, abweichen wollen.[1087]

Mit dem Vergleich zu Brecht und Hacks, aber auch zu Benn, sowie der Erwähnung einer Brecht-Schule konstruierte er Text- und (männliche) Autorenensembles, die sich jeweils auf ihr west- oder ostdeutsches Vorbild bezogen. Brecht und Benn stellte er dabei ebenso als Staatsdichter unterschiedlicher Gesellschaftsentwürfe dar wie Kunert als politischen Autor, der sich mit Hilfe der formalen Vorgaben Brechts kritisch zu den DDR-Verhältnissen äußert. Enzensberger vermittelte damit eine parallele Entwicklung in beiden deutschen Literaturen, die sich jeweils an ihren literarischen Klassikern orientierten. Geradezu paradigmatisch für die Auseinandersetzung mit Literatur in der Zeit des Nationalsozialismus verglich er den politisch umstrittenen Benn mit Brecht, dem Remigranten *par excellence*. Wie bei der Traditionslinie von Dichtern des 18. Jahrhunderts in Mickels Gutachten kanonisierte er Brecht, den Verlagsautor, dessen Werk einer Gruppe von jungen Autoren als Vorbild diente. Mickel, Kunert, Braun, Hacks und andere gehörten in den sechziger Jahren zu einer Gruppe von Schriftsteller:innen, die sich mit den Werken Brechts und anderer auseinandersetzten, sich regelmäßig trafen und gegenseitig förderten.[1088] Benn und seine „Epigonen" waren zu dieser Zeit – mit

---

[1086] Ebd.
[1087] Enzensberger: Notiz zu dem Gedichtmanuskript „Aufforderung zum Zuhören" von Kunert, Gutachten o.D. Mit ‚Kuba' ist der ostdeutsche Schriftsteller Kurt Bartsch gemeint.
[1088] Vgl. Dennis Püllmann: Von Brecht zu Braun. Versuch über die Schwierigkeiten poetischer Schülerschaft. Mainz 2011, S. 12f.

Ausnahme von Benn in Enzensbergers *Museum* – nicht im Verlagsprogramm vertreten.[1089]

Zwar bezeichnete Enzensberger Kunert als „begabte[n] Schüler", aber es fehlte den Gedichten seiner Meinung nach an Wirklichkeitsnähe und Sozialkritik. Seine Ablehnung wird besonders deutlich, wenn es um Kunerts Bilder von den USA und von Berlin geht:

> Hier hat Kunert mit seiner Brecht-Nachfolge wenig Glück. Brechts mythologisches Amerika ist nicht übertragbar und schon gar nicht auf einen jungen Mann, der das für bare Münze nimmt. Noch schlimmer wird es, wenn von Berlin die Rede ist. [...] Hier geht Kunert von der Kritik zur Affirmation über, um nicht zu sagen zur Akklamation und im selben Augenblick wird seine Rede verlogen.[1090]

Kunert hat sich in seinen Gedichten immer wieder mit der Stadt Berlin und auch mit den USA – zunächst aus der Ferne, später auch in eigener Anschauung – auseinandergesetzt. In seinem ersten westdeutschen Gedichtband *Erinnerung an einen Planeten*, der nach der Ablehnung Enzensbergers 1963 bei Hanser erschien, sind mehrere Berlin-Gedichte erhalten. Die Texte, die sich laut Gutachten mit „dem Elend, das in Pennsylvanien, New York und Detroit herrscht",[1091] beschäftigen, fehlen jedoch in dieser veröffentlichten Zusammenstellung.[1092] Auch Jay Julian Rosellini hat die Beziehung Kunerts zu Brecht in den fünfziger Jahren als „Schüler-Meister-Verhältnis" bezeichnet.[1093] Er setzt sich allerdings gegen die zeitgenössische Beurteilung ab, an Kunert offenbare sich eine „falsch gehandhabte oder falsch verstandene Brecht-Rezeption", sondern zeigt, wie der Autor Gedichte Brechts bearbeitete, „damit die Aussage deutlicher wird".[1094] Erst ab den sechziger Jahren begann Kunert sich von der Denk- und Schreibweise Brechts zu lösen, in den Gedichten der fünfziger Jahre, die Enzensberger zur Begutachtung vorlagen, erkennt auch Rosellini eine „kritiklose Hingabe" an die Ideologeme und

---

1089 Vgl. Amslinger: Verlagsautorschaft, S. 196, 199.
1090 Enzensberger: Notiz zu dem Gedichtmanuskript „Aufforderung zum Zuhören" von Kunert, Gutachten o.D. Siehe Anhang, Dokumente, Nr. 6.
1091 Ebd.
1092 Im Rahmen meiner Untersuchung konnte ich nicht nachvollziehen, ob Kunert die Gedichte noch einmal überarbeitet hat oder welche Gründe hinter der Gedichtauswahl im Hanser Verlag stehen. Kunerts Nachlass im DLA Marbach ist noch weitgehend ungeordnet und unerforscht, und das Archiv des Carl Hanser Verlags ist noch nicht der Öffentlichkeit zugänglich.
1093 Jay Julian Rosellini: Kunerts langer Abschied von Brecht – Biermanns Annäherung an Kunert. In: Manfred Durzak/Hartmut Steinecke (Hg.): Günter Kunert. Beiträge zu seinem Werk. München 1992, S. 267–294, hier S. 269.
1094 Ebd.

Idole des Sozialismus.[1095] So weist er „Partei-Hymnen", die „übliche Lenin-Apotheose", die Verherrlichung der Roten Armee, eine wohlwollende Betrachtung der sowjetischen Besatzungsmacht und unmarkierte Stalin-Zitate nach.[1096]

Enzensberger führte als Beleg für Kunerts affirmatives Verhältnis die folgenden Gedichtverse an: „auf die neuen Schlachtfelder. Fabriken. Nicht hinter dem Maschinengewehr, hinter der Maschine zeigt nun der Held sich."[1097] Weil Enzensberger zuvor die Doktrinen der SED-Politik erwähnte, lässt sich seine Wahrnehmung Kunerts so deuten, dass Enzensberger in diesen Sätzen nicht nur die politische Maxime verwirklicht sah, Arbeiter:innen literarisch als Helden darzustellen. Eine Interpretation des denotativen Textsinns lässt die Verse als Engagement des Lyrikers für die SED-Politik wirken. Obwohl Enzensberger die politische Zustimmung als „Tarnung"[1098] verstand, stellte sich somit Kunert als „Jasager"[1099] dar, statt als Schriftsteller, der das Zeitgeschehen kritisch hinterfragt. Dieses kritische Verhältnis zu Geschichte und Gegenwart forderte Enzensberger in den Verlagsgutachten immer wieder ein.[1100]

Eine alternative Interpretation der Verse wäre in diesem Fall, dass Kunert mit dem Vergleich von Krieg und Arbeit, der sich vor allem in dem Wortfeld der Maschine ausdrückt, gleichermaßen die Kriegspropaganda wie die Stilisierung der Arbeit und damit eine Instrumentalisierung der Bevölkerung für die Machtinteressen des Staats ironisch kritisierte. Es ist anzunehmen, dass Enzensberger diese Doppeldeutigkeit erkannte, deren Einsatz als Stilmittel er vor dem Hintergrund der kulturpolitischen Doktrinen aber dennoch kritisierte und nicht zuletzt im Hinblick auf die Rezeption der westdeutschen Leserschaft als „überflüssig" problematisierte:

> In der DDR würde seine Kritik ohne Zweifel Aufsehen erregen, auch und gerade dort, wo sie sich gegen seine eigene Welthälfte richtet. Diese Kritik an der eigenen Hemisphäre ist aber so fein gesponnen, daß ein westlicher Leser sie überhaupt nicht wahrnehmen wird; sie erschöpft sich in Andeutungen und Nuancen und taktiert sehr geschickt mit Hilfe der eigentümlichen Dialektik, die Brecht ausgebildet hat. Es mag richtig sein, daß Zensur den Stil verfeinert. Hier geht die Verfeinerung indessen so weit, daß Leute, die dieser Zensur nicht

---

1095 Ebd., S. 278.
1096 Ebd., S. 277 f.
1097 Enzensberger: Notiz zu dem Gedichtmanuskript „Aufforderung zum Zuhören" von Kunert, Gutachten o.D. Siehe Anhang, Dokumente, Nr. 6.
1098 Ebd.
1099 Ebd.
1100 Vgl. Amslinger: Verlagsautorschaft, S. 124.

ausgeliefert sind, die kritischen Widerhaken eben dieser Freiheit wegen nicht werden zu würdigen wissen.[1101]

Ohne Hintergrundwissen, ohne dass also die politischen Bedingungen und Kunerts Verhältnis zur Politik erklärt würden, könnten westdeutsche Leser:innen weder die Wirklichkeitsreferenz noch die Kritik der Gedichte verstehen: „So wie er ist, kann dieser Band nur in Ost-Berlin erscheinen, und nur so kann er bei denen Gehör finden, für die er geschrieben ist."[1102] Es ist bemerkenswert, dass Enzensberger hier von zwei deutschen Literaturen ausgeht, die sich nicht etwa in lexikalischen oder semantischen Unterschieden äußern, sondern in den unterschiedlichen Produktions- und Rezeptionsbedingungen von Literatur begründet sind.

Enzensberger ließ bei der Bewertung von Texten nicht nur seine poetologischen Maßstäbe gelten, sondern prägte auch mit seinen politischen Standpunkten das Programm.[1103] Durch seine politisch geprägte Wahrnehmung des literarischen Schreibens in der DDR begründete Enzensberger wie bei Mickel den Brecht-Bezug aus dem politischen Entstehungskontext der Gedichte heraus als einzig mögliche, formal-inhaltliche Orientierung für Autor:innen, die sich nicht an literaturpolitische Vorgaben halten wollten. Er stellte klar, dass seine Kritik aber nicht die politische Haltung Kunerts betraf. Er hielt die Gedichte für „unverantwortlich", wie er schrieb, „nicht weil sie mir politisch unangenehm wären, sondern weil sich ihre Verlogenheit auch ästhetisch sofort verrät."[1104] Seiner Meinung nach führte die literarische Zensur bzw. die Produktions- und Rezeptionsbedingungen der Gedichte dazu, dass Autor:innen sich nicht an ästhetischen Kriterien, sondern im negativen Sinne an einer politischen Ideologie orientierten. Die Maßstäbe, die hinter Enzensbergers Urteil stecken, basieren einerseits auf einem normativ-ethischen Verständnis des künstlerischen Schaffens und der Position des Lyrikers in der Gesellschaft und beziehen sich andererseits auf die Wirkung der Gedichte. Hieran zeigt sich Enzensbergers Überzeugung von einer *poesie engagée*, mit der Dichter:innen am gesellschaftlichen Gestaltungsprozess beteiligt sind.

1101 Enzensberger: Notiz zu dem Gedichtmanuskript „Aufforderung zum Zuhören" von Kunert, Gutachten o.D. Siehe Anhang, Dokumente, Nr. 6.
1102 Ebd.
1103 Prominentes Beispiel hierfür ist die politische Ausrichtung der Zeitschrift *Kursbuch* (vgl. Amslinger: Verlagsautorschaft, S. 242f.).
1104 Enzensberger: Notiz zu dem Gedichtmanuskript „Aufforderung zum Zuhören" von Kunert, Gutachten o.D. Siehe Anhang, Dokumente, Nr. 6.

Gustav Seibt hat erklärt, inwiefern die stilistischen Mittel zum einen mit den politischen Bedingungen in der DDR verbunden waren und zum anderen warum gerade die Nachahmung als Form der Auseinandersetzung mit literarischen Vorbildern so prominent war:

> Der Staatssozialismus schuf einen Raum gedämpfter, verstetigter Wirklichkeit, ein Universum reduzierter Reize und verknappter Freiheiten, ein System von Einschränkungen und Grenzen. Kleine Übertretungen machten hier einen gewaltigen Effekt; etwa so, als würde man in einer Kirche plötzlich laut über Alltagsgegenstände losreden. Ganz ähnlich funktionieren traditionsverhaftete, auf vorgängige Klassiker orientierte Formensysteme. Musterhafte Werke können immer nur variiert werden, ohne daß sich aber das Grundmuster verleugnen ließe. Je strenger die Regeln, desto effektvoller die Abweichungen. Auch eine in diesem Sinn normative, klassizistische Ästhetik schafft eine Sphäre reduzierter Reize, kleiner Amplituden; geringe Proben Empirie vermögen hier enorme Wirkungen zu erzielen.[1105]

Aufgrund der Andersartigkeit der Literatur der DDR kam Rowohlt-Lektorin Hildegard Brenner in einer ersten Anthologie von Gegenwartsliteratur der DDR von 1967 zu dem Schluss, dass die „geläufigen Maßstäbe" der westdeutschen Literaturkritik – die auch in der Gutachtertätigkeit in Verlagen zum Ausdruck kamen – ihr „unangemessen" seien.[1106] Autor:innen schreiben ausgehend von ihren sozialen Verhältnissen für ihre Leserschaft, so suggerierte auch Enzensberger im Gutachten, mit der sie eine Lebensform teilen, in der Praktiken und deren Interpretationsschemata geteilt werden.[1107] Der Literaturtransfer von Ost nach West war deshalb nicht nur eine Übernahme von Texten, sondern ein Transformationsprozess, dem der Verlag, so wird mehrfach deutlich werden, mit vielfältigen, vor allem paratextuellen Praktiken begegnete.[1108]

Dementsprechend kalkulierte Enzensberger in seiner Beurteilung schließlich auch die mögliche Publikationsform mit ein. Für Mickels Essays schlug er einen Abdruck in einer Wochenzeitung statt innerhalb eines Gedichtbands vor und für Kunert eine Auswahl der vorliegenden Gedichte in der Zeitschrift *Akzente* im

---

1105 Gustav Seibt: Das Prinzip Abstand. In: SuF (1999), 2, S. 205–218, hier S. 212.
1106 Hildegard Brenner: Von verschiedenen Möglichkeiten in dieser Anthologie zu lesen. In: H.B. (Hg.): Nachrichten aus Deutschland. Lyrik, Prosa, Dramatik. Eine Anthologie der neueren DDR-Literatur. Reinbek bei Hamburg 1967, S. 6–14, hier S. 14.
1107 Vgl. Jaeggi: Lebensformen, S. 106.
1108 Dazu gehörten zum Beispiel die Einordnung in den Zusammenhang einer ‚DDR-Literatur' (vgl. Kapitel 1.1), Nachworte (vgl. Kapitel 1.3), Anmerkungen (vgl. Teil III, Kapitel 2.1 und Teil IV), eigene Zusammenstellungen von Gedicht- und Erzählbänden (vgl. Kapitel 1.4) usw.

Hanser Verlag,[1109] in der auch Enzensberger einige Jahre zuvor mit seinen Gedichten debütiert hatte.[1110] Enzensbergers Zeitschrift *Kursbuch*, die ein möglicher Publikationsort hätte sein können, existierte zu dieser Zeit noch nicht im Suhrkamp Verlag. Die Überlegungen, einzelne, kürzere Werke aber als Vorstufe eines eigenen Buchs in periodischen Publikationen zu veröffentlichen, führte Enzensberger später als einen Grund dafür an, dass der Verlag eine eigene Zeitschrift brauche.

Unseld lehnte beide Gedichtbände schließlich ab. Kunert veröffentlichte 1963 seinen ersten westdeutschen Gedichtband unter dem Titel *Erinnerung an einen Planeten* bei Hanser. Mickels Gedichte erschienen 1967 im Rowohlt Verlag. Der Vergleich mit dem Gutachten des Rowohlt-Lektors Bernt Richter zeigt, dass dieser ebenfalls die transtextuellen Bezüge zu Brecht hervorhob und als Kontrast andere Autoren der DDR und ihre lyrischen Werke heranzog: „Hier ist keine Jung-DDR-Strampelhosen-Lyrik à la Biermann; hier sind auch keine forschen Trutz-Protzereien kernig kritischer Jungsozialisten à la Volker Braun."[1111] Die Assoziation der Autoren unterstützte die Nachvollziehbarkeit und Glaubhaftigkeit des eigenen Urteils. Eine weitere Gemeinsamkeit besteht darin, dass auch Richter in seiner Bewertung mit den politischen Bedingungen des literarischen Schaffens in der DDR kalkulierte.

Das Gutachten Richters ist wesentlich detaillierter und ausführlicher als dasjenige Enzensbergers. Auf elf Seiten analysierte Richter einzelne Gedichte, zitierte und verglich mehr, als dass er explizit bewertete. Während Enzensberger in seinem zweiseitigen Gutachten eher kursorisch vorging, grobe Linien beschrieb und relativ abstrakt blieb, formulierte Richter zusammenfassende, inhaltliche und formale Gedichtanalysen.

Der formale und inhaltliche Unterschied der Gutachten liegt nicht zuletzt an der unterschiedlichen Position der beiden in ihren Verlagen sowie dem jeweiligen Adressaten des Gutachtens. Enzensberger war selbst Autor im Verlag, geschätzter Berater des Verlegers und richtete sein Gutachten direkt an Unseld. Auch durch seine Herausgebertätigkeit galt er im Verlag als Experte. Seine Position im Verlag und im literarischen Feld verlieh seinem Urteil deshalb Glaubhaftigkeit, auch wenn Grundlage und Bezugspunkte mehr im Bereich der Vorstellung blieben, als dass sie an konkreten Textstellen nachvollziehbar gewesen wären. Richter hin-

---

1109 Vgl. Enzensberger: notiz zu karl mickel, vita nova mea, Gutachten von April 1966 und Enzensberger: Notiz zu dem Gedichtmanuskript „Aufforderung zum Zuhören" von Kunert, Gutachten o.D. Siehe Anhang, Dokumente, Nr. 8 und 6.
1110 Vgl. Amslinger: Verlagsautorschaft, S. 82.
1111 Bernt Richter: Karl Mickel: „Vita nova mea", Gutachten vom 23.11.1965. In: DLA, Rowohlt Archiv.

gegen adressierte sein Gutachten an Raddatz, den er überzeugen und dem er eine argumentative Grundlage für einen Vorschlag an den Verleger geben musste. Dementsprechend fiel das Gutachten länger und detaillierter aus. Der Erfolg einer Publikation in Übereinstimmung mit dem Votum eines Gutachtens brachte zwar keine finanziellen Gewinne im Sinne einer Provision, stärkte aber die Position im Verlag bzw. im literarischen Feld, im Fall von Enzensberger als Herausgeber und als Lyriker.

Wie Enzensberger erwähnte auch Richter die thematischen und formalen Bezüge zu literarischen Vorbildern der Antike, darüber hinaus auch zu Friedrich Gottlieb Klopstock, Heinrich von Kleist und Theodor Fontane.[1112] Während Enzensberger dies politisch und mit einer „(vermutlich mißverstandenen) brechtnachfolge"[1113] begründete und als formal-inhaltlichen Widerspruch bewertete, erkannte Richter darin Mickels ganz eigene Poetik: „Und in der Tat benutzt er ja mit Umsicht überlieferte Formen, selbst antiken Mustern sich nähernd, um die zu entfremden und dem Ausdrucksvorhaben Karl Mickels anzuverwandeln: Viel Daktylen, gelegentliche Trochäen, Hexameter, selbst Alexandriner, graduell gelockerte Odenstrophen."[1114] Auch die programmatischen Essays bewertete Richter anders. Erschienen sie Enzensberger „als mißratene pointe"[1115] und Unseld als „unergiebig"[1116], verstand Richter vor allem den Text *Was die Hymne leistet*, der sich mit Klopstocks Ode *Für den König* auseinandersetzt, als Allegorie auf das Werk Mickels, um „hinter dem Oberflächen-Anschein hymnischen Fürsten-Lobs geschliffene Kritik der Obrigkeit"[1117] zu entdecken. Richters Meinung nach dienten also gerade die programmatischen Essays als Dekodierungstexte für die von Enzensberger als für ein westdeutsches Publikum zu fein geschliffen empfundenen Kritik. Inwieweit hiermit auch unterschiedliche Bewertungen des Verhältnisses von Konzept und Text im Sinne einer Auseinandersetzung mit Konzeptlyrik *avant la lettre* verbunden sind, lässt sich nur vermuten.

1112 Mickels Gedicht *Eine unbetonte Silbe* erinnerte Richter an den Schlachtruf der Offiziere „In Staub mit allen Feinden Brandenburgs!" aus Kleists *Prinz Friedrich von Homburg*. Den Bezug zu Fontanes *Effi Briest* erkannte Richter in der „der Landschaft adaptierte[n] Eisenbahn" in Mickels Gedicht *Reisen* (vgl. ebd.).
1113 Enzensberger: notiz zu karl mickel, vita nova mea, Gutachten von April 1966. Siehe Anhang, Dokumente, Nr. 8.
1114 Richter: Karl Mickel: „Vita nova mea", Gutachten vom 23.11.1965.
1115 Enzensberger: notiz zu karl mickel, vita nova mea, Gutachten von April 1966. Siehe Anhang, Dokumente, Nr. 8.
1116 Siegfried Unseld an Hans Magnus Enzensberger, Brief vom 25.11.1965. In: DLA, SUA: Suhrkamp.
1117 Richter: Karl Mickel: „Vita nova mea", Gutachten vom 23.11.1965.

Die Bezüge zu Brecht sah Richter vor allem in den Gedichten *Die Friedensfeier*, *Der See*, *S' ist Tee* und *Eine unbetonte Silbe*. In der Orientierung an literarischen Vorbildern, insofern Mickel sie als Form nutzte, um Eigenes zum Ausdruck zu bringen, lag für ihn die Innovationskraft der Gedichte. So beurteilte er das Gedicht *Die Friedensfeier* als „ein[en] noch zu Teilen epigonale[n] und doch [...] schon über Brecht hinausgehende[n] Auftakt".[1118] Zum Gedicht *S' ist Tee* meinte er: „stark Brecht-tonig, doch erheblich Brecht-abgewandt."[1119] Insgesamt kam Richter zu einem positiven Schluss: „Der Brecht-Einfluss wird deutlich zurückgedrängt; wo er vorhanden ist, erscheint er mir zumeist kontrolliert, oft als Façon benutzt. Ich finde: Mickel ist der artifiziellste und diagnostisch schärfste, genaueste von den jungen Lyrikern der DDR."[1120]

Der Unterschied der Gutachten liegt in der Bewertung der transtextuellen Bezüge. Während Richter sie als formale und stoffliche Innovation einordnete und aus dem Entstehungskontext der Gedichte heraus verstand, kategorisierte Enzensberger die Gedichte Mickels und auch Kunerts als reaktionäre Nachahmungen mit geringem Originalitätswert und setzte sie in Bezug zu den Rezeptions- und Produktionsbedingungen im westdeutschen Verlag und den Interpretationsschemata der Leserschaft.

1.3.2 Transtextuelle Bezüge in Karl Mickels Gedicht *Die Friedensfeier*

Im Anschluss an Enzensbergers Kritikpunkte werde ich im Folgenden die transtextuellen Bezüge in Mickels Gedicht *Die Friedensfeier* nachvollziehen, um beispielhaft zu verdeutlichen, auf welchen poetischen Merkmalen und Vorstellungen Enzensbergers Urteil basierte. Die transtextuellen Bezüge in Mickels Gedichten bewertete Enzensberger als Zeichen von Selbstzensur und literaturpolitischer Beeinflussung, die zumal ihren literarischen Vorbildern nicht gerecht würden. Tatsächlich aber erweist sich die Transtextualität des Gedichts nicht nur als Mittel der Bedeutungskonstitution, sondern der Gesellschaftskritik.

Generell übte Enzensberger Kritik an Stil, Syntax und Gliederung der Gedichte sowie an der Stimmigkeit von Metaphorik und Lexik in Mickels Gedichten. Als Beispiel führte er die Metapher des Geschützrohrs als Vogelhaus in dem Gedicht *Die Friedensfeier* an:

> („in geschützrohre bohren wir kleine löcher hinein / dort ziehn dann spechte und stare ein" –
> bildlich ein ganz löchriger vers, weil das geschützrohr von anfang an offen ist, weil das

---

[1118] Ebd.
[1119] Ebd.
[1120] Ebd.

anbohren also ziemlich töricht ist und den vögeln nicht viel neues bietet, weil schließlich vögel nicht gern im eisen wohnen: und so mit allem, mit den zauberflöten-raketen, mit dem haifischfang, mit den frauen auf den generalstabstischen (– gemeint sind wohl kartentische –: eine schiefe zeile hinter der andern.)"[1121]

Statt die Lexik und Metaphorik Mickels in ihrer Widersprüchlichkeit zur Realität bzw. ihrem transtextuellen Bezug zu interpretieren, maß er die Verse an den realen Verhältnissen und beurteilte ihre „poetische schwäche".[1122] Ein Vergleich mit Enzensbergers poetologischen Äußerungen in dem Vortrag „Wie entsteht ein Gedicht?", den er am 15. Mai 1961 im Rahmen einer Vorlesungsreihe der Bayerischen Akademie der Schönen Künste an der Universität München hielt, verdeutlicht den Maßstab der Wirklichkeitsnähe in Bezug auf die Metaphorik. Er analysierte darin den Entstehungsprozess seines Gedichts *an alle fernsprechteilnehmer* aus dem Band *landessprache*. Über eine frühe Fassung berichtete er: „An einer Stelle ist von Sanatorien die Rede, die sich ‚wie segel aufblähn' – ein durchaus unbrauchbares Bild. Ein Sanatorium kann sich nicht aufblähn, und schon gar nicht wie ein Segel."[1123] In einer späteren Fassung des Gedichts lautet die Passage dann: „die blutigen segel der hospitäler".[1124] Das Bild des Segels ruft die Assoziation mit den weißen Bettlaken eines Krankenhauses auf, es bleibt aber in einer realen Vorstellungswelt. Enzensberger bewertete Mickels Lyrik nach den Maßstäben seiner eigenen, wodurch ihm die Poetik und Bedeutung des Gedichts, so die These, versperrt blieb. Ich vermute, dass Enzensberger deshalb auch Mickels poetologische Essays als „aufgesetzt"[1125] beurteilte, weil er ihre Authentizität und damit auch ihren Wahrheitsgehalt bezweifelte: „sie sind als glossen für eine wochenzeitung nicht übel; sie aber einem gedichtband mitgeben, heißt einen programmatischen anspruch stellen, dem die paar seiten nicht gewachsen sind."[1126]

Mickels Gedicht *Die Friedensfeier* ist 1962 entstanden und gehört in der Rowohlt-Ausgabe zu den *Vermischten Gedichten*.

[1121] Enzensberger: notiz zu karl mickel, vita nova mea, Gutachten von April 1966. Siehe Anhang, Dokumente, Nr. 8.
[1122] Ebd.
[1123] Hans Magnus Enzensberger: Wie entsteht ein Gedicht? In: Poetik. Siebente Folge des Jahrbuchs Gestalt und Gedanke. Hg. von der Bayerischen Akademie der Schönen Künste. München 1962, S. 63–91, hier S. 77.
[1124] Ebd., S. 87.
[1125] Ebd.
[1126] Ebd.

Zuerst werden wir uns blütenweiße Hemden kaufen
Dann lassen wir uns drei Tage lang vollaufen

Wenn wir wieder nüchtern und kalt abgeduscht sind
Machen wir unseren Frauen jeder ein Kind

Dann starrn wir rauchend den sternvollen Himmel an.
Morgens dann, viertel nach vier, geht der run

Auf Schneidbrenner los, die begehrten Artikel
Einen davon nimmt Mickel.

Dann verteilen wir uns über Luft, Land und Meer
Und machen uns über das Kriegsgerät her

Und alles hackt und schneidet, zerrt, reißt und schweißt
Spuckt an, pißt dran, sitzt oben drauf und scheißt

Und schmeißt mit Steinen, sprengt mit Sprengstoff weg:
Das ist des Sprengstoffs *höchsterrungener* Zweck!

In Geschützrohre bohren wir kleine Löcher hinein
Dort ziehen dann Spechte und Stare ein

Wers kann, kann auf ausgeblasenen Raketen
Wie auf Taminos Zauberflöte flöten

Mit U-Booten fangen wir Haie und andere Fische
Die Frauen decken die Generalstabstische

An Schlagbäumen werden Ochsen und Hammel gebraten
Von nackten Männern, die waren Soldaten

Und besser als die Uniformen können
Wärmt sie das Feuer, drin die Uniformen brennen.

Rot glühn die Martinöfen auf, in ihren Bäuchen
Vergehn, entstehen Welten! Wie wir keuchen

Vor Wollust, wenn wir sehen: hart wird weich
Und wenn sichs wieder härtet, wird zugleich

Das Krumme grad. Wir waren krumm und dumm!
Wir schleppen Schrott, wir schmieden, pflügen um:

Wenn wir dann die müd-müden Rücken recken
Durchstoßen die Köpfe die Zimmerdecken

Nur in den Nächten jahrein, jahraus
Wir träumen uns ins Mauseloch als Maus.[1127]

1127 Karl Mickel: Die Friedensfeier. In: K.M.: Vita nova mea. Reinbek bei Hamburg 1966, S. 40 f.

Ursula und Rudolf Heukenkamps Untersuchung der frühen Lyrik Mickels von 1985 weist darauf hin, dass dessen poetische Verfahren auf eine Veränderung der Stil- und Sprachmittel zielten, weil eine Ästhetik des Schönen zum Ausdruck des Wahren und Guten in der Welt durch die Erfahrung des Kriegs fundamental in Frage gestellt war.[1128]

> Mit seinem Spürsinn für Komik, seiner Vorliebe für theoretische Aspekte einer Erfahrung und der Abneigung gegen das Rhetorische und das Pathos entwickelte er Verfahrensweisen, die dem Leser den Nachvollzug der Welterfahrung eines anderen, des lyrischen Subjekts, nicht gerade leicht machen. Bei ihm gelangen Dinge, Vorgänge, gelangt die Sprache auf eine Weise ins Gedicht, daß alles weniger eindeutig, weniger klar und übersichtlich erscheint als zuvor.[1129]

Diese Verfahren fordern eine Leserschaft, die sich forschend mit dem Konzept des Gedichts auseinandersetzt und sich nicht mit der ästhetischen Lektüreerfahrung begnügt. Das von Enzensberger kritisierte Gedicht *Die Friedensfeier* erweist sich dabei als Kombination verschiedener hypertextueller Bezüge, die den Bedeutungshorizont des Gedichts bilden. Im Klappentext seines zweiten Gedichtbands *Eisenzeit* aus dem Jahr 1975 stellt Mickel diese Bezüge zudem als Aufforderung dar, sich mit den jeweiligen Hypotexten selbst auseinanderzusetzen: „Ich wünschte, der Leser nähme die Anmerkungen oder Verweise im Vers als Anregungen, bei Dante oder Goethe oder Hölderlin nachzuschlagen und sich dort festzulesen."[1130]

Das Gedicht *Die Friedensfeier* bezieht sich bereits mit seinem Titel auf Hölderlins Hymne *Friedensfeier*, die dieser zum Friedensschluss von Lunéville im Jahr 1801 verfasst hatte, der den Zweiten Koalitionskrieg beendete und den Abtritt der linksrheinischen Gebiete an Frankreich beschloss, wodurch viele rheinische Städte geteilt wurden. Es ist zu vermuten, dass der Aspekt der Teilung als historischer Kontext auch bei Mickel eine Rolle spielt. Das in der Stuttgarter Ausgabe von 1954 aus dem Nachlass zum ersten Mal vollständig veröffentlichte Gedicht Hölderlins löste Ende der fünfziger Jahre eine literaturwissenschaftliche Diskussion aus, in der es unter anderem darum ging, wer mit dem angesprochenen Fürsten gemeint sei, und die auch Mickel wahrgenommen haben könnte.[1131]

1128 Vgl. Ursula und Rudolf Heukenkamp: Karl Mickel. Berlin 1985, S. 13.
1129 Ebd., S. 15 f.
1130 Fünf Fragen durch die Tür. In: Karl Mickel: Eisenzeit. Halle Verlag 1975, Klappentext.
1131 Vgl. u. a. Friedrich Beißner: Der Streit um Hölderlins Friedensfeier. In: SuF (1955), 7, S. 621–653; Diskussion über die „Friedensfeier" bei der Jahresversammlung der Hölderlin-Gesellschaft am 9. Juni 1956 in Tübingen. In: Hölderlin-Jahrbuch 9 (1957), S. 99–104; Paul W. Maloney: Hölderlins *Friedensfeier*. Rezeption und Deutung. Frankfurt a. M. 1985; Jost Schillemeit: „...dich zum

Ein Fürst, sei es Christus oder ein Landesfürst, kommt derweil in Mickels Gedicht nicht vor. Allerdings geht es auch bei Mickel um die Erfahrung des Kriegsendes sowie die immer wieder drohenden Gefahren kriegerischer Auseinandersetzung. Das Fest bei Mickel beginnt mit einer dreitägigen Orgie, bevor die Feiernden mit Schneidbrennern wie im Wahn die Kriegsmaschinerie zerstören: „Und alles hackt und schneidet, zerrt, reißt, schweißt / Spuckt an, pißt dran, sitzt oben drauf und scheißt." Enzensberger hatte den vulgären, umgangssprachlichen Sprachstil bei Mickel kritisiert, der seiner Meinung nach in einem Widerspruch mit der klassischen Lyriktradition steht. Bei Mickel verdeutlicht das Vulgär-Rohe der Sprache aber zum einen die Gegenwärtigkeit des Gedichts und zum anderen das Imaginative der Szenerie. Im bereits erwähnten Interview des zweiten Gedichtbands erklärte er:

> Ich verwende kein Wort, das nicht jeder gelegentlich in den Mund nimmt oder doch denkt. Was in den Köpfen ist, muß ins Gedicht. Manchmal ist das treffende Wort nicht schicklich. Die Homerischen Helden gingen nicht artiger miteinander um als die Bewohner des Hinterhofs; ich hoffe, die eine Sphäre kommentiert die andre[...].[1132]

Das Gedicht hat 17 Strophen in paargereimten Zweizeilern, und nimmt damit die Strophenform des Distichons auf, die vor allem antike Elegien geprägt hat, ohne jedoch die Kombination aus Hexameter und Pentameter zu übernehmen.[1133] Die für Klagegedichte typische Form steht damit in einem produktiven Spannungsverhältnis zur Thematik einer Friedensfeier, deren Anlass die hier utopische Möglichkeit des Friedens ebenso wie die Klage der Toten sein kann. In der nur angedeuteten, nicht vollständig realisierten Übernahme der Form äußert sich der literarische Bezug: „Tatsächlich nimmt ein Rezipient des Textes das Aufeinanderprallen der verschiedenen Systeme [...] überhaupt nur deshalb wahr, weil in der realisierten Mikroform das nicht aktualisierte System aufgerufen wird, das als konventionell dieser Mikroform zugehöriges aufscheint[...]."[1134] In der orgiastischen Feier zeigt sich die Zerstörungswut, die mit Waffen über das Kriegsgerät herfällt und unweigerlich wieder in den Krieg führen wird: „Und schmeißt mit Steinen, sprengt mit Sprengstoff weg: / Das ist des Sprengstoffs *höchsterrungener* Zweck!"

Fürsten des Festes". Zum Problem der Auslegung von Friedrich Hölderlins „Friedensfeier". In: J.S.: Studien zur Goethezeit. Hg. von Rosemarie Schillemeit. Göttingen 2006, S. 90–114.
1132 Mickel: Fünf Fragen durch die Tür.
1133 Auch Bertolt Brecht hatte mit den *Buckower Elegien* der fünfziger Jahre auf die lyrische Tradition hingewiesen, ohne deren Formmerkmale zu übernehmen.
1134 Irina O. Rajewsky: Intermedialität. Tübingen/Basel 2002, S. 68.

Das von Enzensberger als „Dummheit"[1135] bezeichnete Wort ‚höchsterrungen' verweist mit seiner Kursivierung auf die Funktion als Zitat – diese Form von Hervorhebung und Verweis verwendete auch Mickels Dichterfreund Volker Braun.[1136] Es ist das einzige kursiv gedruckte Wort in dem Gedicht, seine Bedeutung ist deshalb zentral für die Interpretation des Gedichts. Es stellt einen hypertextuellen Bezug zu Goethes *Faust II* her. Dort beginnt Faust im fünften Akt seinen letzten Monolog mit den Worten:

> Ein Sumpf zieht am Gebirge hin,
> Verpestet alles schon Errungene;
> Den faulen Pfuhl auch abzuziehn,
> Das Letzte wär' das Höchsterrungene.[1137]

Günter Mieth versteht die Naturbeschreibung als geschichtliche Vision:

> Poetisch erfaßt wird zunächst ein elementares Mensch-Natur-Verhältnis: die Bedrohung menschlicher Existenz durch Naturgewalten[...]. [...] Indessen: Es liegt nahe, anzunehmen, daß Goethe auch in diesen Versen über das Verhältnis Mensch-Natur hinausgeht und gesellschaftliche Erfahrungen bewußt mit einschließt.[1138]

Das tatsächlich Errungene, so Mieth, wird durch einen „visionär geschauten" Sumpf bedroht.[1139] Durch Trockenlegung kann die Bedrohung abgewendet werden, doch auch das Ergebnis ist erneuter Bedrohung ausgesetzt: „Faust antizipiert in diesen Versen in der Zukunft ablaufende gesellschaftliche Prozesse."[1140] Mieth erkennt in den Versen deshalb die selbstzerstörerische Kraft der Menschheit, eine Funktion revolutionärer Bewegungen. Was im *Faust* als Widerstand gegen die menschliche Natur dargestellt wird, ist bei Mickel eine Kritik an der selbstzerstörerischen Natur des Menschen, der Waffen zu seiner eigenen Vernichtung herstellt. Als Wunsch nach Freiheit klingt bei Faust an, was Mickel in eine (alp-)traumhafte Friedensutopie umdichtet: „Das ist der Weisheit letzter Schluß: / Nur

---

1135 Enzensberger: notiz zu karl mickel, vita nova mea, Gutachten von April 1966. Siehe Anhang, Dokumente, Nr. 8.
1136 Vgl. Teil IV.
1137 Johann Wolfgang Goethe: Faust, hg. von Albrecht Schöne. Bd. 1: Texte. Frankfurt a. M./Leipzig 2003, S. 445.
1138 Günter Mieth: Fausts letzter Monolog. Poetische Struktur einer geschichtlichen Vision. In: Werner Keller (Hg.): Aufsätze zu Goethes ‚Faust II'. Darmstadt 1991 (ursprünglich Goethe-Jahrbuch 97, 1980, S. 90–102), S. 357–374, hier S. 363.
1139 Ebd.
1140 Ebd., S. 364.

der verdient sich Freiheit wie das Leben, / Der täglich sie erobern muß."[1141] Mieths Deutung der letzten Worte Fausts könnte demnach auch für Mickels *Friedensfeier* gelten: „Freiheit erscheint hier nicht als politischer Zustand, sondern wird in elementarer Weise als moralisches Verdienst an das menschliche Leben gebunden."[1142] Durch die Evokation der letzten Worte Fausts mit dem Wort ‚höchsterrungen', so zeigt die vergleichende Interpretation, erweitert sich der Bedeutungshorizont, den Mickel hier in Form der Parodie integriert, als sei Sprengstoff die höchste Stufe technischen (und menschlichen) Fortschritts.[1143] Dass Mickel damit auf die zeitgenössische Bedrohung eines Atomangriffs im Kalten Krieg reagierte, erscheint plausibel, zumal sich Wortwahl und Motivik auch in einer Rede Ulbrichts von März 1962 wiederfinden lassen, die sich an die gesamte deutsche Bevölkerung richtete und gegen die Kriegspolitik der Regierung der Bundesrepublik propagierte.[1144]

Ulbrichts Rede *An die ganze deutsche Nation!* weist eine interessante Parallele der Sumpf-Metaphorik zu Fausts Schlusswort und damit auch zu Mickels Gedicht auf, das im selben Jahr wie Ulbrichts Rede entstand:

> Die antinationalen und reaktionären Kräfte in der westdeutschen Bundesrepublik und in Westberlin haben aus dem von ihnen beherrschten Teil Deutschlands einen Sumpf kapitalistischer Ausbeutung, einen Herd der Kriegs- und Revanchepolitik und einen Sumpf einer schamlosen Korruption gemacht. Dieser Sumpf, der an die Grenzen unseres sozialistischen Deutschland heranreicht, die Sicherung des Friedens hindert und die Atmosphäre verpestet, muß trockengelegt werden. Erst wenn die Ursache des Sumpfes, die Herrschaft der Imperialisten und Militaristen in Westdeutschland, beseitigt ist, wird das deutsche Volk in Frieden leben, arbeiten und sich der Früchte seiner friedlichen Arbeit erfreuen können.[1145]

Die Bundesrepublik bezeichnet Ulbricht als „Sumpf" des Kapitalismus und der Korruption, der die Atmosphäre „verpestet" – nämlich den Frieden und die Hoffnung auf die nationale Einigung – und direkt an die Grenze der DDR reicht. Der entwässernde Graben, auch wenn dadurch ein schiefes Bild entsteht, scheint in diesem Sinne die Mauer zu sein, die Ulbricht nur wenige Monate zuvor hatte errichten lassen. Ulbrichts Redenschreiber verwendeten das Bild und die Wortwahl aus Fausts letztem Monolog. Faust fürchtet die Zerstörung des Erreichten durch die Natur, die bildlich für die Natur des Menschen steht. Ulbricht begrün-

---

1141 Goethe: Faust, S. 446.
1142 Mieth: Fausts letzter Monolog, S. 365.
1143 Vgl. Heukenkamp: Karl Mickel, S. 42.
1144 Vgl. Johann Wolfgang Goethe: Faust, hg. von Albrecht Schöne. Bd. 2: Kommentare. Frankfurt a. M./Leipzig 2003, S. 760 f.
1145 Walter Ulbricht: An die ganze deutsche Nation! In: ND Nr. 87, 28.03.1962. Zitiert nach ebd.

dete die zerstörerische Gewalt von Krieg, Ausbeutung und Korruption mit dem kapitalistischen Gesellschaftssystem, das er als imperialistische und militaristische Herrschaft verurteilte. Mickel reagierte vermutlich auf den im Zuge von Wiederbewaffnung und Mauerbau verschärften Ost-West-Konflikt und die mit der Kubakrise verbundene Angst vor einem erneuten Ausbruch des Kriegs. Inwieweit Mickel ideologisch Stellung bezog bzw. das Gedicht gegen den Westen gerichtet war, lässt sich am Text nicht belegen. Im Gedicht klingt jedoch mit dem Siemens-Martin-Ofen, der vor allem zur Herstellung von Stahl für die Waffenindustrie verwendet wurde, der menschliche Wahnsinn des Kriegs an, der alles von Mensch und Natur Geschaffene zerstört: „Rot glühn die Martinöfen auf, in ihren Bäuchen / Vergehn, entstehen Welten! Wie wir keuchen / Vor Wollust".

Auf die Zerstörung folgt in Mickels Gedicht die Utopie einer friedvollen Gesellschaft, die das Kriegsgerät für ein gemeinschaftliches Fest umfunktioniert. Dabei entstehen teilweise komische Assoziationen, eine Komik, „die Auflösung des Mißverhältnisses und daraus folgend befreiendes Lachen von der Komödie erwartet."[1146] Bildlich steht dafür Taminos Zauberflöte, die vor Gefahren schützt und wilde Tiere zähmt, also die explizite Referenz auf Mozarts gleichnamige Oper. Stärker als bei Hölderlins *Friedensfeier* ist der Krieg bei Mickel noch präsent und zwar sowohl in seinen Gegenständen als auch in der Erinnerung, dass die Männer im Krieg gedient haben. Gleich im ersten Vers („Zuerst werden wir uns blütenweiße Hemden kaufen") kombiniert Mickel in der Symbolik des blütenweißen Hemds das Bild der weißen Flagge, die das Ende kriegerischer Handlung markiert und eine Werbesprache, die mit alltäglichem Konsumverhalten verbunden ist. Enzensberger konnte diese Bilder als schiefe, löchrige Verse bezeichnen, weil er sie an den realen Verhältnissen maß. Heukenkamps erkennen darin jedoch ein weiteres Moment der Komik: „Die Heiterkeit des Gedichts lebt vom phantastischen Spiel. In die Was-wäre-wenn-Fiktion gehören die Einfälle, wofür die überflüssig gewordenen Waffen verwendet werden könnten, ebenso wie die Details des großen Festes."[1147] Gerade in der Irrealität der Bilder manifestiert sich also die Utopie des Friedens, die aber ein Wunschtraum bleibt. Erst durch die Abweichung von einem zweckrationalen Handeln lassen sich die Strophen als Traumhandlungen verstehen. Zur Bedeutung des Traums in seinen frühen Gedichten erklärte Mickel: „Die Träume sind das Spiel der Möglichkeiten."[1148] Sie verschieben das Reale, bringen Verdrängtes hervor und verstärken den Eindruck von Vergänglichkeit.

[1146] Heukenkamp: Karl Mickel, S. 41f.
[1147] Ebd., S. 42.
[1148] Mickel: Fünf Fragen durch die Tür.

Die Gedichtinterpretation hat gezeigt, dass hypertextuelle Bezüge zur Poetik Mickels gehören.[1149] Der Vergleich mit Enzensbergers poetologischen Äußerungen belegt, dass Enzensberger als Gutachter eine größere Nähe zur eigenen Poetik verlangte und die Lyrik der DDR nach den Maßgaben eines literarischen Realismus beurteilte. Während Enzensberger eine agitatorische Wirkung von Gedichten vorschwebte, ging es Mickel um den intellektuellen Nachvollzug seines poetischen Konzepts, das weniger auf erkenntnisgeleitete Aktion als auf Erkenntnis der Verhältnisse abzielte. Poetische Traditionen und literarische Bezüge nutzte er dabei zur Bedeutungsproduktion, die durch Reibung mit Mickels sprachlichen Mitteln wie Lexik und Stilistik entstand.

1.3.3 Brecht – Müller – Grünbein. Literarische Tradition im Verlag

Im Anschluss an die assoziative Bewertung von Autoren der DDR in den Gutachten Enzensbergers mit Bezug zum Werk Brechts werde ich im Folgenden argumentieren, dass durch die Verlagspraxis eine (männliche) Genealogie entstand, deren Ursprung Brecht ist und die sich über transtextuelle Bezüge generierte. Die Fallbeispiele von Verlagspraktiken im Umgang mit den Autoren Müller, Braun, Brasch und Grünbein sowie ihren jeweiligen Werken können als Belege für meine These gelten. Eine systematische Untersuchung der Marke ‚Brecht' im Verlagskontext bleibt allerdings ein Desiderat. Ziel der Brecht-Assoziationen, so die These weiterhin, war zum einen die Kanonisierung Brechts als literarisch einflussreicher Klassiker, dessen literarische Meisterschaft, dies wird vor allem an den ablehnenden Urteilen Enzensbergers deutlich, nicht ohne Weiteres erreichbar und erweiterbar erscheint, und zum anderen die Integration in den Verlag und die Etablierung jüngerer Autoren im literarischen Feld.

Die hier beschriebene Praxis und ihre Funktion im Verlag lässt sich mit Sicherheit auch bei anderen Autoren in einem Verlag nachweisen, der so wie Suhrkamp mit Autorenhierarchien operiert, d. h. einige wenige Autor:innen besonders förderte und immer wieder nach neuen Namen suchte, um vorhandene Automarken zu stärken und mit deren symbolischem Kapital assoziierte Autoren aufzubauen. Amslinger hat am Beispiel Enzensberger verdeutlicht, wie das Autor:innennetzwerk neben einer gezielten Planung an der Gestaltung von Programm und Verlagspraxis teilhatte.[1150] Das Spezifische an den Autor:innen der DDR ist die politische Kontextualisierung der Texte sowie die Kollektivierung der

---

1149 Vgl. Holger Helbig: Mickel, der Lehrer. „Die Gelehrtenrepublik": Dichtung und Geschichte in den Schriften Karl Mickels. In: ndl 48 (2000), 534, S. 119–129.
1150 Vgl. Amslinger: Verlagsautorschaft.

Autor:innen in einer ambivalenten Abgrenzung von westdeutschen Autor:innen. Die Brecht-Nachfolge basierte zudem, das hat der Vergleich von Kunert und Hacks gezeigt, auf Gattungszusammenhängen. Mit Müller, Braun, Brasch und Grünbein lassen sich somit Netzwerke, lässt sich aber vor allem eine Generationenfolge aufstellen, die auf einen gemeinsamen Ursprung, nämlich die Poetik Brechts und das literarische Feld der DDR zurückzuführen wären. Aus der assoziativen Wahrnehmung resultierte eine assoziative Präsentation der Autoren und ihrer Texte, die den transtextuellen Zusammenhang der Texte besonders betont.

Der Bezug des Suhrkamp Verlags zu Brecht gehört, wie bereits erwähnt, zum Gründungsmythos des Verlags. Als Unseld zehn Jahre nach Brechts Tod die Fortführung der Verträge verhandelte, formulierte er das Selbstverständnis des Verlags in einem Brief an Weigel:

> Daß der Suhrkamp Verlag für das Werk Brechts viel leistet – mit Sicherheit mehr als andere Verlage zu leisten in der Lage sind – gereicht ebensosehr[!] wieder dem Suhrkamp Verlag zu Ruhm und Ehre. Daß der Suhrkamp Verlag sich in der Gesamtheit seiner Autoren und Bücher so verhält, daß er für das Brechtsche Werk eine angemessene literarische, politische und moralische (um nicht zu sagen einzig richtige) Basis bildet, ist eben selbstverständlich von dem her, was das Werk Brechts mich selber lehrte, wie es micht [!] prägte und prägt.[1151]

Zunächst handelt es sich hier zwar um einen werbenden Brief, mit dem Unseld vor allem eine Vertragsverlängerung erreichen wollte. Doch belegt auch die interne Verlagskommunikation im Folgenden die These, dass das Werk Brechts das literarische Programm strukturierte und Brecht damit als einflussübender Klassiker kanonisiert wurde. Brecht war der erste Autor, den Suhrkamp mit Generalvertrag verlegte. Zwar gab es von Beginn an eine Reihe prominenter Autoren, mit denen der Verleger bereits im S. Fischer Verlag zusammengearbeitet hatte,[1152] Brecht war jedoch das Zugpferd, seine Werke für Suhrkamp eine Möglichkeit sich als Verleger zu etablieren und profilieren. Dementsprechend stellen auch die Publikationen zur Geschichte des Verlags die besondere Beziehung zu Brecht dar und weisen darauf hin, dass der Verlag maßgeblich an der Verbreitung der Werke sowie der Profilierung der Marke ‚Brecht' beteiligt war.[1153]

Die Zuschreibung als ‚Brecht-Verlag' bedeutet zunächst, dass Suhrkamp die Weltrechte am Werk besitzt und für dessen Herausgabe und Verbreitung verant-

---

1151 Siegfried Unseld an Helene Weigel, Brief vom 10.08.1966. In: DLA, SUA: Suhrkamp.
1152 Vgl. Unseld: Peter Suhrkamp, S. 137–139.
1153 Vgl. zum Beispiel die Aktivitäten zum 100. Geburtstag Brechts in: Die Geschichte des Suhrkamp Verlages, S. 294–296. Selbst die derzeit neueste Publikation der Reiseberichte Unselds beginnt mit einem Besuch im Brecht-Archiv und bei den Brecht-Erben (vgl. Unseld: Reiseberichte, S. 7).

wortlich ist, zumindest bis zum Ablauf des gesetzlichen Urheberrechts im Jahr 2026. Darüber hinaus verweist sie auf ein Werk, dessen Pflege sich der Verlag in besonderer Weise, d.h. mit hohem finanziellen und personellen Aufwand sowie verlegerischer Kreativität und Ausdauer, widmet. Sie impliziert ein enges, identifikatorisches Verhältnis von Verlag und Autor. Wie bei allen Autor:innen besteht zwischen der Identität der Autormarke und der Identität des Verlags eine Wechselwirkung. Das symbolische Kapital der Marke ‚Brecht' überträgt sich auf den Verlag und umgekehrt. Dieses Verhältnis manifestiert sich in den Paratexten der publizierten Bücher: Sie verbinden den Autornamen mit dem Verlagssignum, ob auf dem Buchtitel, in der Programmvorschau oder auf Plakaten. Im Fall Brecht geht die Verbindung aber noch weiter: Brecht bildet einen programmatischen Schwerpunkt des Verlags, d.h. er hat eine identitätsstiftende und ökonomische Funktion für den Verlag und wirkt programmkonstituierend. Sein gesamtes Werk prägt den Verlag in der Programmgestaltung (so beginnt die *edition suhrkamp* 1963 zum Beispiel mit Brechts *Leben des Galilei*), aber auch in der Akquise neuer Autor:innen, in der Werbung und in der Historiographie des Verlags, so dass „Brecht und das Suhrkamp-Image nahezu identisch waren".[1154]

Der Verlag kontrolliert außerdem die Edition und Verbreitung des Werks. Als Verlag des Autors ist er besonders interessiert an Texten, die sich mit dem Werk Brechts auseinandersetzen, aber auch attraktiv für Autor:innen, die sich bewusst in einen Verlags- bzw. Praxiszusammenhang mit der Marke ihres literarischen Vorbilds begeben.[1155] Dies gilt sowohl für literarische wie wissenschaftliche Hypertexte. So verlegt Suhrkamp nicht nur die Primärwerke sowie Literatur, die in deren Tradition steht, sondern auch Sekundärtexte wie Materialienbände, Biographien, Briefwechsel etc.[1156] Im gleichen Verlag wie der Bezugsautor zu erscheinen, ist mit der Hoffnung auf Assoziation verbunden, die der Publikation durch den Deutungszusammenhang des Verlags den Nimbus der Kennerschaft sowie Relevanz und Autorität verleiht, aber auf Seite der Rezipient:innen auch Skepsis gegenüber der Unabhängigkeit der Publikation hervorrufen kann. Durch die Akkumulation von Primär- und Sekundärliteratur, die vom Verlag verantwortet wird, aber auch durch die Vergabe von Nutzungsrechten entwickelt sich damit ein Deutungs- und Editionsmonopol des Verlags. Aus einer Anfrage Enzensbergers zur Veröffentlichung eines Essays des italienischen Autors Franco Fortini zu Brechts Gedicht *Oh Falladah, die Du hangest!* geht hervor, dass die

---

1154 Gerlach: Die Bedeutung des Suhrkamp-Verlags, S. 311.
1155 Dies galt neben den hier erwähnten Autoren Johnson, Hacks, Müller, Braun, Mickel und anderen zum Beispiel auch für Peter Weiss (vgl. ebd., S. 58).
1156 Vgl. Brecht, Bertolt. In: Jeske (Hg.): Die Bibliographie des Suhrkamp Verlages, S. 84–102.

Auswahl von Texten für das Verlagsprogramm, die sich auf Brecht bezogen, zumindest in den sechziger Jahren Sache des Verlegers war: „ich lege dir einen kleinen aufsatz von fortini bei, den ich übersetzt habe, im hinblick auf die deutschland-nummer des kursbuchs; mit der bitte, den text zu lesen: er handelt von brecht, bedarf daher deiner ausdrücklichen einwilligung."[1157] Die Monopolstellung äußerte sich im geteilten Deutschland außerdem daran, dass Suhrkamp bei der Rechtevergabe an DDR-Verlage identische Ausgaben mit den eigenen verlangte.[1158] Die Bezeichnung ‚Brecht-Verlag' hat aus dieser Perspektive nicht mehr nur eine juristische und merkantile Bedeutung. Solange der Suhrkamp Verlag die Rechte Brechts vertritt, ist er an der Valorisierung und Interpretation des Gesamtwerks sowie der einzelnen Werke beteiligt.

Im Verlag entstanden dominante, vielfältige Wertungsraster, die sich von Brecht ableiten. Ein literarischer Text, der in welcher Form auch immer in der Tradition Brechts stand, führte im Verlag zum Vergleich mit der Vorstellung, die mit dem Werk Brechts verbunden war, oder konkreten Hypotexten, wie im Fall von Mickel den *Augsburger Sonetten*. So behandelte Enzensberger die von ihm begutachteten Gedichte als Sekundärprodukte des Werks Brechts. Brecht erscheint im Gutachten als handelndes Subjekt („Brecht bildet Schule"), der als Meister seine Schüler zu poetischer Produktion veranlasst. In der Wahrnehmung als Klassiker setzte sein Werk Maßstäbe für die Begutachtung anderer Texte.

Gefragt nach dem Grund, warum sie Suhrkamp als westdeutschen Verlag wählten, gaben viele Schriftsteller:innen der DDR die Marke ‚Brecht' an. Noch heute äußert Braun nach mehr als 50-jähriger Verlagszugehörigkeit, für ihn habe es damals im Westen keine Alternative zu Suhrkamp gegeben, weil der Verlag neben Enzensberger, Frisch und anderen vor allem das Werk Brechts verlegte.[1159] Historisch gesehen, fällt Enzensbergers Begutachtung der Lyrik-Manuskripte von Autoren der DDR in eine Zeit, in der Brechts Theorieschriften und eine erste, doppelte Gesamtausgabe seiner Werke im Suhrkamp Verlag erschienen:

> Brechts endgültige Kanonisierung als „Klassiker der Vernunft" begann ab 1965, als nach und nach seine theoretischen Schriften aus dem Nachlass veröffentlicht wurden. Da seine Formulierungen griffiger und weniger orthodox als die der kommunistischen Klassiker und die Schriften selbst kurz und einprägsam waren, meinte man, mit ihnen ganze Lektionen marxistischer Philosophie mühelos nachholen zu können.[1160]

[1157] Hans Magnus Enzensberger an Siegfried Unseld, Brief vom 27.07.1965. In: DLA, SUA: Suhrkamp.
[1158] Vgl. hierzu die Korrespondenz zwischen dem Suhrkamp Verlag und dem Aufbau Verlag. In: DLA, SUA: Suhrkamp.
[1159] Gespräch mit Volker Braun am 9.06.2016.
[1160] Jan Knopf: Bertolt Brecht. Leben – Werk – Wirkung. Frankfurt a. M. 2006, S. 120.

Zuvor hatte Brecht immer wieder als Projektionsfigur im Ost-West-Konflikt gedient. Von der DDR-Kulturpolitik wurde er als „sozialistischer Nationaldichter" eingenommen,[1161] und so führte seine bekannte Befürwortung des sozialistischen Gesellschaftskonzepts wiederholt zu Kritik und zum Boykott vor allem seiner Theaterstücke in der BRD. Meist geschah dies im Umfeld von politischen Ereignissen, die im Westen kritisiert wurden, wie die Niederschlagung des Aufstands am 17. Juni 1953 und des Ungarnaufstands von 1956 sowie der Mauerbau im August 1961.[1162] Für den Suhrkamp Theaterverlag bedeutete jeder Boykott einen hohen, finanziellen Verlust. Nicht nur Jan Knopf, Mitherausgeber der Großen Berliner und Frankfurter Ausgabe, geht davon aus, dass vor allem die 1967 erschienene 20-bändige Gesamtausgabe in der *edition suhrkamp* mit 140.000 verkauften Exemplaren Brecht im Westen über seine Theaterstücke hinaus bekannt machte.[1163] Auch eine Studie zur Rezeption in der BRD zeigt, dass Brecht in den sechziger Jahren zunächst in einen bürgerlichen Literaturkanon und erst durch die Veröffentlichung der Schriften auch von linken Strömungen aufgenommen wurde.[1164]

Enzensberger hatte die Autoren „von hacks bis braun" in die literarische Nachfolge Brechts gestellt. Unterteilt nach Gattungen – Kunert in der lyrischen, Hacks in der Tradition des Theaters – galten sie im Verlag als erste Generation nach Brecht. Später zählte dazu auch Brasch, der wiederum von Müller empfohlen, nach seiner Emigration 1976 zu Suhrkamp gehörte. Ein Brief von Borchers an Brasch belegt, dass sich die Assoziation mit Brecht nicht nur auf die Autoren der sechziger Jahre beschränkte:

> Habe ich Ihnen je gesagt, daß Brecht für mich der Gipfel der Sprache ist? Als die Kritik vor Jahren einmal einen Autor zu seinem Nachfolger erklären wollte, habe ich mich nicht schlecht mokiert, im stillen [!]. Und ich habe auch nicht daran geglaubt, daß es je jemanden geben kann. Jetzt werde ich eines Besseren belehrt. Bei niemandem seit Brecht habe ich diese selbstverständliche Sprache erlebt. Wie Ihnen das gelingt, ohne auch nur den Hauch einer Anstrengung. Und dennoch ist das ein anderes Leben, ich will sagen, nicht Kopie von Sprach-, Denkungs-, Reaktionsart; unmissverständlich Eigenes verbunden mit dem Besten der Mittel.[1165]

1161 Ebd., S. 122.
1162 Vgl. Autorenkollektiv: Brecht in der Öffentlichkeit der BRD: Bühne, Presse, Parlamente. In: Alternative 93 (1973). Brecht-Materialien II. Zur Rezeption in der BRD. Hg. von Hildegard Brenner, S. 275–287.
1163 Vgl. Knopf: Bertolt Brecht, S. 122.
1164 Vgl. Hamburger Autorenkollektiv: Literaturwissenschaftliche Strategien der Brecht-Rezeption in der BRD. In: Alternative 93 (1973), S. 290–317, hier S. 313f.
1165 Elisabeth Borchers an Thomas Brasch, Brief vom 11.04.1977. In: DLA, SUA: Suhrkamp.

Borchers positionierte Brasch damit in einer Generationenfolge, die sie hier zunächst nicht an transtextuellen Bezügen festmachte, sondern an der Originalität seiner sprachlichen Mittel, gerade ohne sich zu sehr an anderen Autor:innen oder Texten zu orientieren. Aus diesem Grund ernannte sie ihn nicht wie Enzensberger im Fall von Kunert und Mickel zum Schüler, sondern zum „Nachfolger" Brechts.

In der Verlagspraktik der Assoziation von Autoren bzw. Texten mit einer Autormarke des Verlags übernahm jedoch Müller – als Brecht-Schüler, Dramaturg am Berliner Ensemble, Berater von jungen Autor:innen sowie Grenzgänger zwischen Ost und West – in der DDR-Generationenfolge die Position des traditions- und netzwerkbildenden Autors, spätestens mit der Edition der Gesamtausgabe. Als er in den sechziger Jahren seine ersten Dramen im Suhrkamp Verlag veröffentlichte, zählte er noch zur selben Generation wie seine Kollegen Braun, Hacks, Kunert, Mickel usw. Bereits in den siebziger Jahren übernahm Müller aber die Funktion im Verlag, die Brecht einmal gehabt hatte, zum Beispiel indem Müller seine Schüler wie Brasch und später Grünbein an den Verlag vermittelte, ohne zu dieser Zeit selbst bei Suhrkamp zu veröffentlichen. Brasch begründete seine Entscheidung für Suhrkamp sogar damit, gerade nicht in dem Verlag seines Förderers und Lehrers veröffentlichen zu wollen, von dem er sich „emanzipieren"[1166] müsse.

Am eindrücklichsten zeigt sich Müllers Position im Vergleich zu Braun. So bemerkte Suhrkamp-Lektor Rainer Weiss bei der Begutachtung von Brauns Theaterstück *Iphigenie in Freiheit*, das 1992 uraufgeführt wurde, hypertextuelle Bezüge zum Werk Müllers, die er als literarische Beeinflussung des mittlerweile kanonisierten Autors interpretierte:

> [...] nicht zu übersehen aber ist die Sprachkraft Brauns, die Wucht, mit der er Sätze schleudert, auch wenn sie sich einer tief melancholischen Grundhaltung verdanken. Nicht zu übersehen aber ist auch, daß dieser Text nur in der Situation der Untergangs-DDR von einem ehemaligen DDR-Autor, der auch seinen Heiner Müller gut studiert hat, hat geschrieben werden können.[1167]

Braun hatte im Gegensatz zu Müller kontinuierlich bei Suhrkamp veröffentlicht, aber dennoch übernahm der Verlag Ende der achtziger Jahre nicht seine zehnbändige Gesamtausgabe aus dem Mitteldeutschen Verlag. Mit Müller vereinbarte der Verlag hingegen zur selben Zeit eine Gesamtausgabe. Mag es für diese Verlagsentscheidung auch noch weitere Gründe gegeben haben, so zeigen sich an ihr

---

1166 Delius: „Für meinen ersten Verleger", S. 99.
1167 Rainer Weiss an Siegfried Unseld, Notiz vom 6.09.1991, Volker Braun: Iphigenie in Freiheit. In: DLA, SUA: Suhrkamp.

aber vor allem die unterschiedlichen Positionen Müllers und Brauns im literarischen Feld und im Verlag. In der Logik der Verlagspraktik, die einen Autor als Bezugspunkt auswählte, um an ihm andere literarische Texte zu messen und damit gleichzeitig den Bezugsautor zu kanonisieren, nahm Müller hier die Position Brechts ein. Weiss erkannte Parallelen zu Müller und ging davon aus, dass dessen Werk Braun in seinem Schreiben beeinflusst hatte. Die Wahrnehmung Müllers als einflussreichster Dramatiker seit Brecht ist auch ein Grund dafür, dass Suhrkamp die Gesamtausgabe realisierte, obwohl Müller streng genommen nicht zu den Verlagsautoren gehörte.[1168] An dem Zitat wird außerdem erneut die Kontextualisierung von Literatur der DDR im politischen Zeitgeschehen offensichtlich, hier am Ende der DDR und den damit verbundenen gesellschaftlichen Umbrüchen. Es zeigt außerdem, dass die Assoziation von Autoren der DDR noch praktiziert wurde, als der Staat schon nicht mehr existierte.

Als Schüler Müllers positionierte der Verlag schließlich Grünbein, den Müller als Verlagsautor empfohlen hatte.[1169] So hielt Müller zum Beispiel die Laudatio auf Grünbein, als dieser 1995 den Georg Büchner-Preis erhielt. Außerdem beauftragte Unseld Grünbein mit Auswahl und Nachwort von Müllers Gedichten für die *Bibliothek Suhrkamp*.[1170] Der Verlag baute also eine genealogische Folge lyrischer Produktion von Brecht über Müller bis Grünbein auf. Die historische Perspektive zeigt somit, wie durch verschiedene Assoziationspraktiken im Suhrkamp Verlag ein Netzwerk von (männlichen) Autoren und Texten im Suhrkamp Verlag entstand, die auf das Werk Brechts als deren Ursprung bezogen sind.

1.4 Buchgestaltung und Werkeinheit bei Angela Krauß

Widmeten sich die vorhergehenden Kapitel dem Marketing sowie der Programmpolitik des Verlags, geht es im Folgenden darum, die Praktik des Assoziierens und ihre Funktion bei der Buchgestaltung zu untersuchen. Viele Elemente von Ausgaben – Verlagssignum, Autorname, Gattungsbezeichnung, Schrifttype, Farbgebung, Design, Reihenzugehörigkeit, Impressum etc. – lassen sich als Verlagspraktiken verstehen, die transtextuelle bzw. transmediale Bezüge herstellen und Assoziationen ermöglichen. Buchgestaltung steuert die Rezeption des Textes und trägt zu dessen Bedeutungskonstitution von Rezeptionsseite bei. Sie lässt

---

[1168] Vgl. Siegfried Unseld: Reisebericht Berlin, 1.10.1993. In: DLA, SUA: Suhrkamp.
[1169] Vgl. Briefwechsel Suhrkamp Verlag und Durs Grünbein. In: DLA, SUA: Suhrkamp.
[1170] Vgl. Heiner Müller: Ende einer Handschrift. Gedichte. Frankfurt a. M. 2000.

ebenso Rückschlüsse auf die produktionsseitige Wahrnehmung und Positionierung des Werks zu.[1171] An der Gestaltung der Peritexte zu den ersten beiden Prosawerken der Autorin Krauß in jeweils gebundener und Taschenbuchausgabe werde ich veranschaulichen, dass der Suhrkamp Verlag durch Assoziation der Werke mit den Gemälden von Wolfgang Mattheuer auf dem Einband einen Zusammenhang des Ausgabenensembles herstellte und die Werke unter dem erweiterten Label einer vom Realsozialismus geprägten, kritischen ‚DDR-Literatur' bzw. -kunst vermarktete. Die Buchgestaltung betonte den konstellativen Charakter der Werke und diente in diesem Sinne der Herstellung einer Werkeinheit. Sie integrierte die Texte in das Verlagsprogramm und differenzierte die Ausgaben innerhalb der Taschenbuchreihe (1.4.1).

Die Einbandgestaltung – der Einband gehört nach Genette zum *verlegerischen Peritext* – stellt ein Deutungsmodell des literarischen Texts dar, das aus der Produktionsgemeinschaft von Verlag und Autor:innen hervorgeht, legitimiert durch Autor- und Verlagsnamen. Vergleichbar mit einer Gattungsbezeichnung wie ‚Autobiographie' konstituiert der paratextuelle Bezug einen impliziten Vertrag mit der Leserschaft und beeinflusst die Rezeption des Textes.[1172] Die Ausgabengestaltung geht somit außerdem aus der Praxis des Verlags hervor, Werke durch die peritextuelle Gestaltung mit einem Deutungsangebot für die Leserschaft im Buchmarkt zu positionieren. Dies kann als Einschränkung der Bedeutungsvielfalt von Texten oder als Orientierungshilfe beim Kauf und bei der Lektüre gesehen werden. Anhand einer Analyse der Taschenbuchausgabe der Erzählung *Das Vergnügen* zeige ich darüber hinaus die interpretatorischen Implikationen der assoziativen Gestaltungspraktik (1.4.2).

Kurbjuhn, Martus und Spoerhase haben auf die Bedeutung von Ausgaben für die literarische Kommunikation hingewiesen. Ein Werk entsteht und existiert meist in einer Vielzahl und Vielfalt von Ausgabentypen, vom Debüt in einer potentiell unendlichen Reihe, vom Taschenbuch bis zur Werkausgabe. Mit den folgenden Ausführungen will ich einen weiteren Beitrag dazu leisten, die Ausgabe eines Werks als epistemisches Ding der Literaturwissenschaft zu etablieren.[1173]

1171 Vgl. Franziska Mayer: Zur Konstitution von ‚Bedeutung' bei der Buchgestaltung. Aspekte einer Semiotik des Buchs. In: Lukas/Nutt-Kofoth/Podewski (Hg.): Text – Material – Medium, S. 197–215.
1172 Vgl. Philippe Lejeune: Der autobiographische Pakt. Frankfurt a. M. 2010.
1173 Steffen Martus hat das von Hans-Jörg Rheinberger stammende Konzept des ‚epistemischen Dings' für die Literaturwissenschaft adaptiert. Ziel der Beschäftigung mit diesen Dingen ist, sie „erforschenswert und interpretierenswert zu halten" (Steffen Martus: Epistemische Dinge der Literaturwissenschaft? In: Andrea Albrecht u. a. (Hg.): Theorien, Methoden und Praktiken des Interpretierens, S. 23–51, hier S. 26). Da epistemische Dinge ihre Gebrauchsgeschichte inkorpo-

Folgt man der Prämisse, dass die paratextuelle Präsentation und materielle Einrichtung der Ausgaben eines Druckwerks sowohl für den zeitgenössischen Umgang als auch für die philologische Interpretation dieses Werks relevant sein können, so scheint es geboten, nicht nur verschiedene Ausgabenformen zu berücksichtigen, in denen literarische Werke gemeinhin erscheinen, sondern auch die jeweilige Präsentationsform historisch zu situieren, bisweilen zu lokalisieren.[1174]

Vergleichende Ausgabenanalysen bieten also die Möglichkeit, die Wahrnehmung und Positionierung eines Werks, aber auch seiner Autor:in in unterschiedlichen editorischen Zusammenhängen zu beobachten.[1175] Inwiefern eine Autor:in sich außerdem in den Gestaltungsprozess von Ausgaben involviert, ist eine Form der Werk- bzw. genauer: der Ausgabenpolitik von Autor:innen und somit ein Aspekt von Selbstinszenierung und Autorschaft.[1176] Die Kategorie ‚Ausgabe' ermöglicht es, den Werkbegriff im Sinne von *opus* zu differenzieren, das sich als Kollektivsingular und als komplexes Konstrukt erweist und aus produktionsästhetischer Sicht den materialisierten Text in unterschiedlichen Ausgaben bezeichnet.[1177]

1.4.1 Die Bilder Wolfgang Mattheuers in der Einbandgestaltung

Um die assoziierende Gestaltungspraktik und ihre Funktionalität untersuchen zu können, rekonstruiere ich zunächst die Publikationsgeschichten der Werke im Literaturaustausch. Anschließend analysiere ich die Bilder Wolfgang Mattheuers in Bezug auf die Einbandgestaltung, um die Vorstellungen, die mit der Assoziation von Krauß und Mattheuer und ihren Werken verbunden waren, herausarbeiten zu können.

Die 1950 geborene Leipziger Schriftstellerin Angela Krauß veröffentlichte 1984 ihr erstes Buch *Das Vergnügen* beim Ostberliner Aufbau Verlag. Es erschien in der Reihe *Edition Neue Texte*, die der Verlag von 1972 bis 1991 veröffentlichte

---

rieren, lassen sich ausgehend von der Ausgabengestaltung also gewisse Rezeptions- und Produktionsprozesse rekonstruieren (vgl. ebd., S. 31).
1174 Kurbjuhn/Martus/Spoerhase: Editoriale Aneignung, S. 10.
1175 Ein Projekt wie das Lucile Project, das die Publikationsgeschichte des Versromans *Lucile* von Robert Bulwer-Lytton alias Owen Meredith in mehr als 2000 Ausgaben über einen Zeitraum von 78 Jahren von 1860 bis 1938 nachzeichnet und abbildet, bietet die wenn auch in diesem Fall nur digitale Grundlage für solche Analysen, die aufgrund der Verfügbarkeit der verschiedenen Ausgaben (im Handel und in öffentlichen Bibliotheken) nicht bei jedem Werk ohne Weiteres gegeben ist (vgl. The LUCILE Project: http://sdrc.lib.uiowa.edu/lucile/index.html (zuletzt eingesehen am 5.05.2022)).
1176 Vgl. Jaspers: Ausgabenpolitik.
1177 Zu Ausgaben als Gegenstand philologischen Interesses vgl. weiterführend Kapitel 3 und Teil IV.

und die sich durch Debüts und Erstveröffentlichungen auszeichnete.[1178] Reihen unterstützen die Verbreitung von literarischen Werken, indem sich das Image der Reihe und damit auch die Aufmerksamkeit auf die einzelnen Titel überträgt. Der Buchhandel kann Reihen abonnieren, so dass der einzelne Titel nicht allein überzeugen muss, sondern die Reihentitel automatisch in die Regale der Buchhandlungen gelangen. Reihen, zumal im Taschenbuch als Popularisierungsmedium, eignen sich deshalb zur Veröffentlichung von Debüts noch unbekannter Autor:innen.[1179]

Die Umschläge der Reihe *Edition Neue Texte* trugen eine individuell gewählte Druckgraphik. Bei Krauß verwendete der Verlag das Miniatur-Gemälde *Aufforderung zum Tanz* des Hallenser Malers Albert Ebert, das in der Bild-Text-Kombination motivisch auf die Szenerie eines Betriebsfests, einer Schlüsselszene der Erzählung von Krauß verweist (Abb. 7).[1180] Es ist unabhängig von und zeitlich vor dem Text entstanden. Zusätzlich enthält der Band ein Nachwort des damaligen Vizepräsidenten des Schriftstellerverbands Joachim Nowotny. Ein Nachwort, so Genette, gewährleistet eine „logischere und tiefergehende Lektüre".[1181] Während das Vorwort der Leserschaft vermittelt, warum und wie sie den Text lesen sollen, hat die Rezeption des literarischen Textes bei der Lektüre des Nachworts, folgt die Rezipient:in dem linearen Aufbau des Buchs, bereits stattgefunden. Als erster Kommentar nach der Lektüre kann es somit laut Genette nur eine korrigierende Funktion haben.[1182]

Im Gegensatz zur westdeutschen Nachwortpraxis hatten Nachworte in der DDR nicht nur kommentierende, orientierende und erklärende Funktionen, sie dienten vor allem der Beschleunigung des Druckgenehmigungsverfahrens und der Legitimierung einer Buchausgabe.[1183] Nowotnys Nachwort antizipierte demgemäß vorrangig eine Diskussion über die Wirklichkeitsbezogenheit der Figurendarstellung. Die Hauptpersonen der Geschichte – Lucie, Felizitas und Bernstein – sind nicht als sozialistische Held:innen dargestellt, sondern verkörpern die Widersprüchlichkeit

---

1178 Vgl. Carsten Wurm: Edition Neue Texte. In: Michael Opitz/Michael Hofmann (Hg.): Metzler-Lexikon DDR-Literatur. Autoren – Institutionen – Debatten. Stuttgart/Weimar 2009, S. 84 f; Von der antiken Literatur bis zur Gegenwart: Buchreihen im Aufbau-Verlag, o.D. [ca. 1985]. In: Archiv des Aufbau Verlags, Dep. 38, Mappe E0083.
1179 Vgl. Kampmann: Kanon und Verlag, S. 74 ff.
1180 Vgl. Astrid Köhler: Brückenschläge. DDR-Autoren vor und nach der Wiedervereinigung. Göttingen 2007, S. 159–161.
1181 Genette: Paratexte, S. 229.
1182 Vgl. ebd., S. 229 f.
1183 Vgl. Christine Erfurth: Erzählverfahren des Phantastischen in Werken von Fritz Rudolf Fries. Heidelberg 2016, S. 41.

menschlichen Handelns. „Mit grämlichem Einwand muß man rechnen",[1184] nahm Nowotny deshalb mögliche Einwände gegen den Text vorweg, und attestierte Krauß im Hinblick auf mögliche Kritik wahre Realitätsnähe: „Die heroischen Augenblicke sind selten. Sie werden viel öfter in den landläufigen Reden behauptet, als sie sich ereignen."[1185] Sein Nachwort richtete sich nicht nur an die allgemeine Leserschaft, sondern vor allem an staatlich beauftragte Rezipient:innen, die im Sinne offizieller Literaturpolitik die Existenzberechtigung des Buchs und seine adäquate Positionierung nach der genehmigten Veröffentlichung überprüften. Der Titel des Nachworts *Zwischen Reden und Schweigen* lässt sich somit einerseits auf den literarischen Text beziehen, in dem die Dynamik von Sprachlosigkeit und öffentlicher Rede ein zentrales gesellschaftskritisches Erzählmoment darstellt,[1186] andererseits spiegelt sich hierin auch die prekäre Situation von Literatur unter Zensurbedingungen, nämlich die Frage nach Erscheinen und Nicht-Erscheinen bzw. Wieder-Verschwinden von Büchern.

Krauß' zweites Buch, ein Band mit Erzählungen, erschien 1988 unter dem Titel *Glashaus* im Hauptprogramm bei Aufbau. Ihr Werk trat somit nun aus dem Kontext der Reihe heraus und musste im Verlagsprogramm allein wirken. Es enthielt auch kein Nachwort. Diese Ausgabe ist auf Umschlag und Einband mit teils figürlichen, teils abstrakten Tusche- und Kreide-Zeichnungen in Schwarz-Weiß des Ostberliner Zeichners Hanns Schimansky gestaltet, die auch den Text durchziehen (Abb. 8). Die Zeichnungen Schimanskys sind mehr als Zierde oder Illustration. Sie verweisen auf ein poetisches Prinzip der Autorin, das sich zum Ziel setzt, Worte aus ihrem alltäglichen Gebrauch herauszulösen und mit neuer Bedeutung zu versehen, um den Worten „etwas von ihrer ursprünglichen Kraft" zurück zu geben.[1187] Synästhesie ist dabei konstitutiv für das literarische Schaffen der Autorin.[1188]

Mitte der achtziger Jahre lernte Krauß das Werk Schimanskys in einer Berliner Galerie kennen. In ihrer Erinnerung entdeckte sie eine Ästhetik in den Zeichnungen, die ihrer eigenen Arbeit entsprach: „*Alles* übersteigt unser Fassungsvermögen. *Alles*

1184 Joachim Nowotny: Zwischen Reden und Schweigen. In: Angela Krauß: Das Vergnügen. Berlin/Weimar 1984, S. 149–153, hier S. 151.
1185 Ebd., S. 152.
1186 Vgl. Ian F. Roe: The ‚Wende' and the overcoming of ‚Sprachlosigkeit'. In: Graham Jackman/ I.F.R. (Hg.): Finding a Voice. Problems of Language in East German Society and Culture. Amsterdam/Atlanta 2000, S. 55–74, hier S. 56 f. und Michael Ostheimer: „Denn die Wirklichkeit ist in unserem Kopf, wo denn sonst. Und im Herzen." Zur Poetik des Schweigens im Werk von Angela Krauß. In: Marion Gees u. a. (Hg.): Poetik des Zwischenraums. Zum Werk von Angela Krauß. Würzburg 2014, S. 45–62, hier S. 53.
1187 Angela Krauß: Formen der inneren und äußeren Welt. Paderborn 2000, S. 17.
1188 Vgl. Astrid Köhler: Form und Figur bei Angela Krauß. In: Gees u. a. (Hg.): Poetik des Zwischenraums, S. 31–44, hier S. 32.

ist deshalb abstrakt."[1189] Der Zeichner stand am Ende seiner figürlichen Phase, wie Krauß schreibt, und hatte seinen heute typischen Ausdruck gefunden: „schöne, freie, ungedeutete Linien!"[1190] Nur wenige Jahre nach der ersten Begegnung mit dem Werk Schimanskys nutzte Krauß acht seiner Zeichnungen aus den Jahren 1986 und 1987 für die Aufbau-Ausgabe: „Der Wortkünstler verbraucht sich schon in der Zertrümmerung der Gestelle, in denen die Worte gewöhnlich herumtransportiert werden. Der Bildkünstler muss nur stillhalten in Betrachtung, und die Flimmerhärchen des Lebens bewegen sich."[1191] Die Zeichnungen im Buch sind Leseanweisungen, ein von der Produktionsgemeinschaft autorisiertes Deutungsmodell. Als ergänzender ästhetisch-poetischer Ausdruck zum Wort eröffnen sie einen größtmöglichen Assoziationsraum. Ein weiterer Bezug zwischen den Werken der Autorin und des Zeichners steckt im Titel der Aufbau-Ausgabe: In dem kurzen Text, in dem Krauß ihre erste Begegnung mit Werk und Zeichner verarbeitet, beschreibt sie die Galerie, in der sie zum ersten Mal Zeichnungen von Schimansky entdeckte, als „Glashaus".[1192]

Der Suhrkamp Verlag übernahm Krauß' erstes Buch 1988 ins Hauptprogramm und erstellte aus ihrem zweiten Buch eine eigene Auswahl aus Erzählungen, die 1989 unter dem Titel *Kleine Landschaft* erschien. Lagen Texte bei ostdeutschen Verlagen bereits fertig lektoriert, gesetzt oder gedruckt vor, konnte der westdeutsche Verlag nur noch über die Zusammenstellung von Texten in einem Band verhandeln und musste sich ansonsten an die Satzvorlage des DDR-Verlags halten. Gerade Erzähl- und Gedichtbände eigneten sich deshalb für die variierende Integration von ostdeutscher Literatur in das Verlagsprogramm.[1193] Denn allein durch Auswahl der Einzeltexte und Komposition der Bände konnte der Verlag eine Differenz schaffen und eigene Vorstellungen umsetzen, während modifizierende Eingriffe des westdeutschen Lektorats, die die Integrität eines einzelnen Textes betrafen, auch zu Konflikten mit dem ostdeutschen Verlag oder der Autor:in führen konnten.[1194]

In der Rekonstruktion der konkreten Verlagspraktiken aus dem Archiv heraus wird ersichtlich, dass die spezifische Kombination von Gedichten und Prosatexten

---

[1189] Angela Krauß: Schimansky, der Großonkel und ich. In: A.K.: Ich muss mein Herz üben. Frankfurt a. M. 2009, S. 79–83, hier S. 82. Zuerst erschienen in: Hanns Schimansky: Nulla dies sine Linea II. Sprengel Museum Hannover 1998.
[1190] Ebd., S. 81.
[1191] Ebd.
[1192] Ebd., S. 79.
[1193] Vgl. Kapitel 3.
[1194] Vgl. Kapitel 2.

Abb. 7: Angela Krauß: *Das Vergnügen* in der Edition Neue Texte 1984 im Aufbau Verlag.

Abb. 8: Angela Krauß: *Glashaus* im Hauptprogramm 1988 im Aufbau Verlag.

(oder auch theoretischen Texten) in Ausgaben ein Gemeinschaftsprodukt ist.[1195] Ihre Urheberschaft lässt sich auf die Produktionsgemeinschaft von Autor:in und Verlag zurückführen, die sich in Autor- und Verlagsnamen auf Bucheinband und -rücken materialisiert. Der Blick auf Rezeptions- und Produktionsprozesse des Verlags ermöglicht somit eine Differenzierung der Urheberschaft von Gedicht- und Erzählbänden. Die variierenden Textzusammenstellungen des Suhrkamp Verlags im Fall Krauß zeugen zum einen von der Deutung und Wertung durch Verlag und Autorin. Auch wenn die Kriterien unbekannt bleiben, verdeutlicht die Auswahl, dass einige Erzählungen der Originalausgabe nicht den veränderten Rezeptions- und Produktionsbedingungen des Verlags entsprachen. Zum anderen belegen sie

---

[1195] Den motivischen Zusammenhang in Gedichtbänden hat Steffen Martus mit Blick auf den Gedichtzyklus *Nach der Lese* von Stefan George, der als Teil der durchkomponierten Gedichtsammlung *Jahr der Seele* erschien, als „Poetik der Zusammenstellung" bezeichnet (Martus: Werkpolitik, S. 610). Damit verbunden ist die Vorstellung einer inhaltlichen Bezüglichkeit der spezifischen Kombination von Gedichten in Ausgaben – bereits der Begriff ‚Zyklus' verweist darauf. Diese Vorstellung lässt sich auch auf die Zusammenstellung von Prosatexten übertragen.

eine Verlagspraxis, die durch die (Re-)Kombination von Texten Deutungsmodelle herstellt.

Der veränderte Rezeptions- und Produktionskontext der Texte in der Bundesrepublik bedingte auch eine variierende Paratextualität. Der erste Band der Autorin erhielt einen roten Umschlag ohne bildliche Elemente. Da Krauß im Erscheinungsjahr 1988 den Klagenfurter Ingeborg-Bachmann-Preis für ihre Erzählung *Der Dienst* erhielt, konnte Suhrkamp mit der Medienaufmerksamkeit für die ostdeutsche Autorin rechnen und ihr westdeutsches Debüt direkt im Hauptprogramm veröffentlichen. Mit einer Bauchbinde wies der Verlag werbewirksam und verkaufsfördernd auf den Preis hin (Abb. 9). Bei der Herstellung des zweiten Buchs bemühte sich Suhrkamp-Lektor Döring, durch die verlegerischen Peritexte einen Zusammenhang zwischen beiden Werken herzustellen. Er schrieb an Krauß:

> Ich hatte dem Grafiker vorgeschlagen, daß Ihr neues Buch grafisch wie das erste gestaltet wird, natürlich mit einer anderen Farbe. Das ergäbe dann auch einen gewissen Wiedererkennungseffekt. Ein Einwand des Grafikers lautete natürlich gleich: Der neue Titel müßte etwa die gleiche Länge haben wie „Das Vergnügen", andernfalls könne das natürlich nicht gelingen.[1196]

Mit dem Titel *Kleine Landschaft* war diese Forderung eingelöst, die verlegerische Praxis wirkte sich also auf die Wahl des Titels aus, den Krauß passend zur graphischen Gestaltung des Bucheinbands wählte. Auch die Schrifttype ist dieselbe. Allerdings hatte Krauß die Vorstellung, auf dem Umschlag ihres zweiten Buchs bei Suhrkamp ein Bild des surrealistischen Malers René Magritte abzubilden. Döring wies sie jedoch darauf hin, dass dessen sämtliche Bilder bereits in der Buchgestaltung im Insel Verlag verwendet worden seien und schlug stattdessen ein Bild des Leipziger Künstlers Mattheuer vor.[1197] Sein Argument verdeutlicht, wie eng die Buchproduktion der beiden Verlage miteinander verknüpft war. Krauß antwortete ihrem Lektor:

> Mit Mattheuer verhält es sich hier vielleicht so wie mit Magritte dort – aber das Buch erscheint ja dort. Und sollten Sie am Ende doch für eine Schriftlösung plädieren, so bin ich auch damit einverstanden. Denn das Buch steht ja in einem Formenkontext, den ich am wenigsten kenne.[1198]

[1196] Christian Döring an Angela Krauß, Brief vom 26.10.1988. In: DLA, SUA: Suhrkamp.
[1197] Vgl. Christian Döring an Angela Krauß, Brief vom 11.11.1988. In: DLA, SUA: Suhrkamp.
[1198] Angela Krauß an Christian Döring, Brief vom 20.11.1988. In: DLA, SUA: Suhrkamp.

Aus dem kurzen Briefwechsel zwischen Lektor und Autorin spricht ein beiden Parteien gemeinsames Verständnis von einer kollektiven Literaturproduktion, wie sie sich in der Autorenkorrespondenz im SUA abzeichnet. Unabhängig von den rechtlichen Bedingungen im Literaturaustausch, die dem Lizenzverlag zwar die sprachliche Textidentität vorschrieb, die Paratexte aber der eigenen Gestaltung überließ, verhandelte Döring mit Krauß über die Gestaltung des Umschlags. Sein Einbeziehen der Autorin zeigt, dass dem Verlag gerade bei den Lizenzautor:innen, die aus rechtlichen und politischen Gründen nur eingeschränkt mit dem Verlag zusammenarbeiteten, an einem konstruktiven Vertrauensverhältnis gelegen war. Durch den persönlichen Kontakt konnte der Verlag eine längerfristige Verbindung sicherstellen und damit weitere Lizenzübernahmen ermöglichen.

Das Zitat belegt auch die poetologische Bedeutung des Peritextes für die Autorin. Wie bei den Zeichnungen Schimanskys äußert sich auch hier ihr Wunsch nach Kontextualisierung ihres Werks mit Bildern, die den Bedeutungsrahmen ihrer Texte gleichermaßen abstecken und erweitern. Wenn die Autorin auf die massenhafte Verwendung der Bilder Mattheuers in der Buchproduktion der DDR und auf eine mögliche Schriftlösung für die Ausgabe hinwies, analog zu ihrem ersten Werk bei Suhrkamp, dann steckte dahinter vielleicht auch eine Ablehnung der Bilder Mattheuers, zumindest für die Verwendung als autorisierter Paratext ihres eigenen Werks.[1199]

Krauß, noch relativ neu im Literaturbetrieb, überließ letztendlich dem Verlag die Entscheidung. Das Werk erschien in Ausgaben, die von der Gestaltungspraxis und dem *corporate design* des Verlags geprägt waren, hier von der Autorin als „Formenkontext" bezeichnet. Ein Verlag ist also außer von personellen und textuellen Netzwerken auch von einer formalen Gestaltung geprägt, im Fall Suhrkamps aus der Hand des Designers Fleckhaus, der das Erscheinungsbild der Suhrkamp-Ausgaben entscheidend (mit)gestaltet hat.[1200] In diesem Sinne steht das Werk der Verlagsautorin nicht nur in der literarischen Nachbarschaft von Autoren und ihren Texten, sondern muss sich auch in eine Formgebung integrieren, die sich in der Materialität und Paratextualität der Ausgaben ausdrückt.

1199 Ein Indiz dafür ist auch, dass die Autorin auf ihrer eigenen Internetpräsenz unter der Rubrik ‚Werk' sämtliche Suhrkamp-Ausgaben aufführt. Allein *Kleine Landschaft* fehlt, dafür hat sie die Aufbau-Ausgabe *Glashaus* in die Ausgabenreihe integriert (vgl. http://angelakrauss.de/werk/ (zuletzt eingesehen am 5.05.2022)).

1200 Fleckhaus gestaltete zum Beispiel die ikonischen Reihen *Bibliothek Suhrkamp, edition suhrkamp* und das *suhrkamp taschenbuch* (vgl. Siegfried Unseld: Der Marienbader Korb. Über die Buchgestaltung im Suhrkamp Verlag. Willy Fleckhaus zu ehren. Hamburg 1976; Michael Koetzle/Carsten M. Wolff: Fleckhaus. Deutschlands erster Art-Director. München/Berlin 1997; Hans-Michael Koetzle u. a. (Hg.): Design, Revolte, Regenbogen. Stuttgart 2017).

Lektor Döring und Gestalter Hermann Michels entschieden sich schließlich für Mattheuers Gemälde *Ein weites Feld* von 1973, das ein bewirtschaftetes Feld zeigt.[1201] Für den Zweck der Umschlaggestaltung verkleinert, entstand mit dem Landschaftsbild eine explizite formal-inhaltliche Referenz zum Titel. Die graphische Gestaltung des Umschlags unterscheidet sich durch die Integration des Bilds vom ersten Suhrkamp-Buch: Während Autorname, Titel und Verlagsname beim ersten Buch am Kopfsteg angeordnet sind, wodurch sich eine große, rote Fläche ergibt, formen die Schrift- und Bildelemente auf dem blauen Umschlag eine geometrische Form in der Mitte, indem die einzelnen Worte und das Bild untereinander und mittig angeordnet sind (Abb. 11).

Wolfgang Mattheuer war in der BRD spätestens seit seiner Teilnahme an der documenta 6 im Jahr 1977 bekannt.[1202] Damals stellten mit Mattheuer, Bernhard Heisig und Werner Tübke, die gemeinsam die Leipziger Schule der Malerei gegründet hatten, sowie Willi Sitte, Jo Jastram und Fritz Cremer zum ersten Mal Künstler aus der DDR ihre Werke in einer gesonderten Ausstellungssektion in Kassel vor. Als Begründung für die Teilnahme hob Lothar Lang im Katalog hervor, dass die Malerei in der DDR eine neue Qualität erreicht habe und „als Gegenentwurf zu den Realismen der zeitgenössischen (westlichen) Kunst" eine Bereicherung sei.[1203] Er betonte damit vor allem den Aspekt des künstlerischen Austauschs zwischen Ost und West. Dennoch nahmen Künstler und Öffentlichkeit, damals wie heute, die Teilnahme als politisches Ereignis wahr. Die Teilnahme einer offiziellen Delegation der DDR an der documenta führte zu Protesten, so dass Georg Baselitz und andere ihre Werke zurückzogen. Rückblickend wertet Gisela Schirmer die Teilnahme der Künstler aus der DDR jedoch als Durchbruch in den innerdeutschen Beziehungen: Durch die documenta 6 „wurden Fakten geschaffen und Beziehungen geknüpft, die dem kulturellen Austausch zwischen den bisher hermetisch abgeriegelten Bereichen der bildenden Kunst erleichterten".[1204]

Mattheuer wurde dem westdeutschen Publikum auf der documenta, ein Jahr nach der Biermann-Ausbürgerung, also in einem politischen Kontext vorgestellt und gleichzeitig innerhalb der Ausstellung als Repräsentant einer realistischen Malerei positioniert: „Aber gedanklich wie optisch ist diese Kunst

---

1201 Vgl. Wolfgang Mattheuer: Ein weites Feld 1973, Öl auf Hartfaserplatte, 105 x 128,5 cm, Staatliche Museen zu Berlin Preußischer Kulturbesitz, Nationalgalerie, Inventar-Nr. A IV 309.
1202 Vgl. documenta 6 (Ausstellungskatalog). Red.: Joachim Diederichs. Kassel 1977.
1203 Lothar Lang: Zur DDR-Malerei der 70er Jahre. In: ebd. Band 1: Einführung, Malerei, Plastik/Environment, Performance. Kassel 1977, S. 47 f., hier S. 48.
1204 Gisela Schirmer: DDR und documenta. Kunst im deutsch-deutschen Widerspruch. Bonn 2005, S. 7.

aus der Gegenwart der DDR erwachsen, zu der sie sich in einem unaufhörlichen Dialog entwickelt."[1205] Dem Verlag war der Name Mattheuer mit großer Wahrscheinlichkeit nicht nur durch die documenta ein Begriff, sondern auch durch verschiedene Ausstellungen zu Kunst aus der DDR in den achtziger Jahren in Westdeutschland. So beteiligte Mattheuer sich beispielsweise 1984 an der Ausstellung „DDR heute – Malerei, Graphik, Plastik" in Worpswede und Bremen sowie an der Ausstellung „Menschenbilder – Kunst aus der DDR", die in den Jahren 1986 und 1987 in Bonn, Münster und Saarbrücken gezeigt wurde.[1206]

Das vom Verlag gewählte Bild *Ein weites Feld* zeigt in der unteren Bildhälfte von Furchen durchzogene, öde braune Felder, die vorn in der Mitte von einem Ensemble toter, knorriger Bäume geteilt sind. Im warmen, gelben Licht der Sonne liegt im linken Bildhintergrund ein Landwirtschaftsbetrieb mit drei prägnanten Türmen einer Großsiloanlage. Rechts drängt eine massive, weiße Wolkenfront in das Bild. Der Blick verliert sich auf den öden Feldern. Die furchige Landschaft zeigt die Spuren des Menschen, der im Bild nicht mehr anwesend ist. In Verbindung mit den toten Birken vorn entsteht der Eindruck von Einsamkeit und Vergänglichkeit. Erst bei genauer Betrachtung des Originals erkennt man in der Bauminsel spielende Kinder, die Lang, der als Kunsthistoriker die Beiträge der Künstler aus der DDR auf der documenta 6 betreute, als „Insel des Glücks und unbeschwerten Spiels inmitten industrialisierter Landwirtschaft" bezeichnete.[1207] Er interpretierte die Verbindung, „[d]ie Kleinheit des Spielraums der Kinder im Gegensatz zur Weite des durch ökonomische Effektivität tabuierten Ackers", als kritische Anregung zur Reflexion auf gesellschaftliche Verhältnisse.[1208]

Das Bild wirkt ort- und zeitlos, da nur wenige Anhaltspunkte für einen zeitlichen oder räumlichen Kontext gegeben werden. Zwar hat Anja Hertel herausgefunden, dass sich die Darstellung an einem Landwirtschaftsbetrieb in Theuma bei Reichenbach, dem Geburtsort des Malers orientiert,[1209] werkimmanent gibt es jedoch keine Anzeichen, die das Bild regional verankern. Das Licht im Hintergrund ist warm und südlich, während die Wolkenfront an nordische Himmel erinnert. Das öde Feld könnte in jeder Landschaft liegen, allein die toten Birken

---

1205 Lothar Lang: Wolfgang Mattheuer. In: documenta 6 (Ausstellungskatalog), S. 102f., hier S. 102.
1206 Vgl. Einzelausstellungen und Ausstellungsbeteiligungen. In: Wolfgang Mattheuer: Abend, Hügel, Wälder, Liebe. Der andere Mattheuer. Hg. von Ursula Mattheuer-Neustädt und der Wolfgang Mattheuer-Stiftung. Bielefeld 2007.
1207 Lothar Lang: Wolfgang Mattheuer. Berlin 1978, S. 40.
1208 Ebd., S. 46.
1209 Anja Hertel: Wolfgang Mattheuer. Die politische Landschaft. Marburg 2014, S. 130.

1 Assoziieren — 289

Abb. 9: Angela Krauß: *Das Vergnügen* im Hauptprogramm 1988.

Abb. 10: Angela Krauß: *Das Vergnügen* im *suhrkamp taschenbuch* 1990.

Abb. 11: Angela Krauß: *Kleine Landschaft* im Hauptprogramm 1989.

Abb. 12: Angela Krauß: *Kleine Landschaft* im *suhrkamp taschenbuch* 1991.

geben einen Hinweis darauf, dass es sich um einen nördlich gelegenen Ort handeln könnte. Auch die Tages- und Jahreszeit bleiben unbestimmt. Die Furchen im Feld, die unbelaubten Bäume und das Licht verweisen zwar auf Frühjahr oder Herbst bzw. eine Morgen- oder Abendstimmung, also eine Zeit des Übergangs, genauere Verankerungen gibt es aber nicht.

Durch diese Ort- und Zeitlosigkeit in Verbindung mit anderen Bildelementen wirkt das Bild surreal, denn eigentlich passt das Sonnenlicht nicht zu der bedrohlichen Wolkenfront und das Baumensemble nicht in ein landwirtschaftlich bearbeitetes Feld. Beide Elemente eröffnen eine weitere Bedeutungsebene und regen somit zu einer kontextualisierenden Interpretation an. Die eigenwillige Bildkomposition – vorne dunkel, hinten hell, öde Felder im Vordergrund und einen auf dem Einband kaum erkennbaren Betrieb im Hintergrund – deute ich als Strategie der Distanzierung von den Rezipient:innen. Die Ferne des Betriebs und das karge Feld wirken eher abweisend als einladend. Aus dieser Distanz und den widersprüchlichen, assoziativen Bildelementen entsteht eine Offenheit für unterschiedliche Interpretationen, die das Bild für die Einbandgestaltung eines davon unabhängig entstandenen Textes geeignet erscheinen lässt.

Unterschieden sich die Umschläge im Hauptprogramm also noch, so entwickelte der Verlag durch die Gestaltung der Taschenbuchausgaben mit Mattheuers Gemälden einen engeren Werkzusammenhang. Der Einband der 1991 folgenden Taschenbuchausgabe von *Kleine Landschaft* trägt das selbe Gemälde (Abb. 12). Bei genauerer Betrachtung zeigt sich, dass der Ausschnitt des Bilds zwar gleichblieb, aber farblich an den orangegelben Einband angepasst wurde. Das Blau des Himmels und das Braun der Felder sind aufgehellt, als hätten sie einen leichten Gelbstich. Dadurch ergibt sich ein Bezug zur gebundenen Ausgabe, der einen Wiedererkennungseffekt erzeugt, wie ihn Döring vorgesehen hatte, und zugleich ein harmonisches Erscheinungsbild der Taschenbuchausgabe.

Ein Jahr zuvor war bereits Krauß' erstes Buch *Das Vergnügen* als *suhrkamp taschenbuch* erschienen (Abb. 10). Der rückseitige Text ordnet die Erzählung mit einem Rezensionszitat aus der *Süddeutschen Zeitung* der ‚DDR-Literatur' zu, die Vorderseite schmückt wiederum ein Bild Mattheuers, in diesem Fall *Das vogtländische Liebespaar* aus dem Jahr 1989.[1210] Das Taschenbuch weicht damit von der Umschlaggestaltung des gebundenen Buchs ab, für die der Verlag eine reine Schriftlösung mit Bauchbinde gewählt hatte.

Bei beiden Taschenbüchern verwendete der Verlag die Bilder als Marketinginstrument. Als verbindendes Element neben den Namen von Autorin und Ver-

---

1210 Vgl. Wolfgang Mattheuer: Das vogtländische Liebespaar 1972, Öl auf Hartfaserplatte, 105,3 x 129,5 cm, Staatliche Kunstsammlungen Dresden, Galerie Neue Meister, Inventar-Nr. Gal.-Nr. 3849.

lag verstärkten sie den Wiedererkennungseffekt und erhöhten das Aufmerksamkeitspotential, indem die bebilderten Ausgaben einen individualisierenden Kontrast zur standardisierten Reihengestaltung boten. Die Bilder Mattheuers sind für die Einbandgestaltung stark verkleinert und beschnitten, so dass sich einzelne Bildelemente nicht mehr erkennen lassen. Dieser zweckorientierte Umgang mit den Gemälden bei den *suhrkamp taschenbüchern* in den achtziger Jahren vermag die These Jost Philip Klenners, wonach sich ein Ikonoklasmus Suhrkamp'scher Provenienz „nicht in Abbildungslosigkeit, sondern in der sorglosen Indifferenz bildlichen Zeugnissen gegenüber"[1211] offenbart, zu differenzieren. Denn es handelt sich in den angeführten Beispielen wohl weniger um eine „sorglose Indifferenz" als um das Bewusstsein für die Wirkung intermedialer Bezüge auf die Wahrnehmung des Buchs und die Rezeption des Textes. Zwar zerstören Zuschnitt und Verkleinerung die Werkeinheit des Gemäldes, und mit der Reproduktion auf das Einbandpapier gehen nicht nur dessen Originalität, sondern auch dessen Bildqualität verloren. Der kleinformatige Abdruck des Bilds, der die originale Materialität des Gemäldes verschwinden lässt und einzelne Bildelemente schwer erkennbar macht, verweist in seinem applizierenden und reduzierenden Gestus allerdings gerade auf seine materielle Gestalt. Der Gebrauch eines Kunstwerks für die Buchgestaltung lässt zunächst den paratextuellen Bezug zum literarischen Text und darüber aber auch dessen Bedeutungsgehalt in den Fokus treten.

Neben ihrer Funktion als Image bildendes und Aufmerksamkeit generierendes Element der Buchgestaltung wurde bei den Erstausgaben über die Bilder Mattheuers auch ein Zusammenhang zwischen den ersten beiden Werken der Autorin in ihren Ausgaben hergestellt. Nur bei Krauß und nur für ihre beiden ersten Werke wählte der Verlag Bilder von Wolfgang Mattheuer, sie bleiben in der Gestaltungsgeschichte des Verlags ein Einzelfall. Die Bebilderung des Bucheinbands mit Landschaftsaufnahmen, Porträtfotografien oder Gemälden stellte jedoch eine gängige Praxis dar, wie auch Dörings Erwähnung der Bilder Magrittes in der Insel-Produktion belegt. Ebenso bewirkt die komplementäre Farbgestaltung der Taschenbücher mit Gelb und Rotorange für Schrift und Einband eine Einheitlichkeit der Ausgaben. Im *Marienbader Korb* benennt Unseld die „optisch zueinander gehörige[n] Farb-Paare" der *suhrkamp taschenbücher*: „Orange mit chinesischgelber Schrift / Chinesischgelb mit orangeroter Schrift".[1212] Umso mehr stellt sich die Frage nach Art und Funktion der Verbindung von Autorin, Text und Peritext.

1211 Jost Philipp Klenner: Suhrkamps Ikonoklasmus. In: ZIG VI (2012), 4, S. 82–91, hier S. 88.
1212 Unseld: Der Marienbader Korb, S. 51.

Über Autorname und Bild auf dem Einband entsteht zunächst ein Bezug zwischen den Werken – Gemälde und Text –, der ästhetische Gemeinsamkeiten vermuten lässt. Krauß und Mattheuer waren beide zeitgenössische Künstler:innen der DDR, wenn auch durch eine Generation getrennt, und ihr gemeinsamer Wirkungsort war Leipzig. Eine kontextualisierende Interpretation von Bild und Text und damit das Wissen über die biographischen Parallelen ermöglicht somit eine Klassifizierung der Werke als Teil zeitgenössischer, sächsischer Kunst. „Ausgaben funktionieren in vielen Fällen wie Labels", so Martus, „wenn sie ein Werk einem bestimmten Preissegment, einer bestimmten Sparte oder einer literarischen Richtung zuordnen und dabei kulturelle und ökonomische Ordnungen übereinander blenden."[1213] Hier assoziierte der Verlag Autorin und Werk mit der zeitgenössischen Kunst der DDR und betonte damit den politisch-gesellschaftlichen Kontext und die Biographie der Autorin, was die Integration und Distinktion der Werke im Verlagsprogramm ermöglichte. Neben dem Autornamen, der die Einheit des Werkensembles konstituiert, erhalten somit auch die Bilder auf dem Einband eine klassifikatorische Funktion.

Für die Interpretation des Textes ergeben sich weitere Konsequenzen, denn die biographischen, motivischen und stilistischen Merkmale von Bild und Text ermöglichen eine Interpretation, die einerseits politisch-gesellschaftliche, andererseits intermediale Bezüge zulässt. In Verbindung mit den Parallelausgaben im Aufbau Verlag lässt sich daher von einer variierenden Ausgabenpoetik sprechen, die Deutungsmodelle von Texten in unterschiedlichen Zusammenhängen zum Ausdruck bringt. Singularisierung und Kollektivierung im Reihenkontext sind Funktionen der assoziativen Verlagspraktik, die gleichermaßen mit der Vorstellung von der Einzigartigkeit eines ‚Kunstwerks' – die im Spannungsverhältnis zu dessen Reproduzierbarkeit steht – wie mit dessen Kontextualisierung innerhalb eines Gesamtwerks bzw. im literarischen Feld operieren.

Aus der Perspektive der Produktionsgemeinschaft von Verlag und Autor:in ist ein Werk das Produkt eines kollektiven Prozesses, der sich in einer potentiell unendlichen Anzahl und Vielfalt von Ausgaben materialisiert. Das Gesamtwerk der Autor:in ist demnach nicht nur eine Sammlung ihrer Werke in Textgestalt, wie sie die Fiktion eines ‚reinen' Textes in Werkausgaben suggeriert.[1214] Zum Gesamtwerk, das erst durch verlegerische Prozesse und Praktiken als solches entsteht, gehört auch die Paratextualität und Materialität der Ausgaben, an deren

---

1213 Steffen Martus: Ausgabe. In: Schütz (Hg.): Das BuchMarktBuch, S. 19–25, hier S. 24f.
1214 Eine Kritik an der autorzentrierten, dekontextualisierenden Praxis von Werkausgaben auch mit Blick auf Literatur in Zeitschriften bietet Carsten Zelle: Probleme der Werkeinheit – Wielands „Bonifaz Schleicher" im *Teutschen Merkur* (1776). In: Nicola Kaminski/Nora Ramtke/Carsten Zelle (Hg.): Zeitschriftenliteratur/Fortsetzungsliteratur. Hannover 2014, S. 79–96.

Form und Inhalt der Verlag maßgeblich Anteil hat. Jede Autor:innenbibliothek spiegelt dies wider, wenn sich im Regal die Belegexemplare eines Werks in unterschiedlichen Ausgaben aneinanderreihen.

Seit einigen Jahren ist der Werkbegriff in die literaturwissenschaftliche Diskussion mit der Feststellung zurückgekehrt, dass er unter anderem in editorischen Zusammenhängen – sei es in Theorie oder Praxis – nie eine vergleichbare Krise wie in der Literaturtheorie durchlaufen hat.[1215] Der Prämisse folgend, dass es sich beim Werk um eine imaginierte Kategorie handelt,[1216] wird aktuell die Frage nach Form und Funktion des Werkbegriffs in unterschiedlichen Zusammenhängen gestellt.[1217] Aus Verlagsperspektive lässt sich der Werkbegriff, indem Produktions- und Vermittlungsprozesse in den Blick geraten, dynamisieren und in Ausgabenformen pluralisieren.[1218] Sie ermöglichen mit ihrer variablen Paratextualität und Materialität Zugänge zu einem literarischen (oder wissenschaftlichen) Text in unterschiedlichen Publikations- und Rezeptionskontexten. Mit dem Fokus auf Ausgaben wird der Werkbegriff aber nicht obsolet. Er lässt vielfältige Bündelungen zum Beispiel der Ausgaben eines Werks (auch in verschiedenen Verlagen) oder auch aller Werke eines Gesamtwerks zu. Er stellt in der verlegerischen Praxis eine relevante Kategorie dar, um die vielfältigen und in einem ständigen Entwicklungsprozess befindlichen literarischen Formen eines Werks durch paratextuelle Assoziationen in kommensurabler Weise zu vermarkten. So wie der Verlag die Entstehung von Ausgaben eines Werks verantwortet, hat er umgekehrt auch Anteil daran, die Fiktion vom ‚Werk' herzustellen.

[1215] Vgl. Thomas Kater: Keine Wiederkehr des Dagewesenen. Zu Gegenwart und Potential des literarischen Werkbegriffs. In: JLT online: http://www.jltonline.de/index.php/conferences/article/view/782/1838#Note2 (zuletzt eingesehen am 5.05.2022).

[1216] Vgl. Michel Foucault: Der Wahnsinn, Abwesenheit eines Werkes. In: M.F.: Schriften in vier Bänden. Dits et Ecrits. Hg. von Daniel Defert und François Ewald. Bd. 1. 1954–1969. Frankfurt a.M. 2001, S. 539–550.

[1217] Vgl. Martus: Werkpolitik; Spoerhase: Was ist ein Werk?; Annette Gilbert: Unter ‚L' oder ‚F'? Überlegungen zur Werkidentität bei literarischen Werken. In: A.G. (Hg.): Wiederaufgelegt. Zur Appropriation von Texten und Büchern in Büchern. Bielefeld 2012, S. 67–85; Danneberg/Gilbert/Spoerhase: Das Werk.

[1218] Der Blick auf Ausgaben reagiert somit auch auf die Anregung Michael Cahns, die Geschichte des Buchs als eine Geschichte von Büchern aufzufassen (vgl. Cahn: Vom Buch zu Büchern). Im verlegerischen Kontext liegen Bücher als Auflage und Werke in Ausgaben immer in der Mehrzahl vor. Erst in der Rezeption reduziert sich die Massenware Buch auf ein einzelnes Exemplar.

1.4.2 *Das Vergnügen* im *suhrkamp taschenbuch*. Eine Ausgabeninterpretation

Der Einband einer Ausgabe gibt Hinweise auf die Positionierung von Autor:in und Werk: „The cover plays a vital part in positioning a book or author in the market."[1219] Vor allem das Bild gilt im Kontext der Einbandgestaltung als ein Deutungsangebot der Produktionsgemeinschaft: „The cover image[...], juxtaposed with the book's title, tends to provide the reader with even more of an understanding of the book's content[...]."[1220] Anhand einer paratextuellen Ausgabenanalyse der Erzählung *Das Vergnügen* im *suhrkamp taschenbuch* werde ich abschließend veranschaulichen, welche interpretatorischen Möglichkeiten sich aus der assoziierenden Gestaltungspraxis für das literarische Werk ergeben. Dafür analysiere ich zunächst das Bild *Das vogtländische Liebespaar* von Mattheuer, das der Verlag für die Einbandgestaltung verwendete, und setze es in Bezug zu Textelementen, auf die das Bild verweist. Auf Grundlage der Bildbeschreibung interpretiere ich daran anschließend die Text-Bild-Relation, aus der sich eine Interpretation des Textes von Krauß ergibt.

Das Bild *Das vogtländische Liebespaar* zeigt ein sich umarmendes Paar in einer Landschaft im Vogtland. Im Hintergrund sind eine Stadt mit rauchenden Schornsteinen, eine Wohnsiedlung rechts und ein Viadukt links zu sehen. Die Motive orientieren sich wahrscheinlich an der Göltzschtalbrücke von Mylau aus gesehen, einem Stadtteil von Reichenbach im sächsischen Vogtland.[1221] Auf die ehemalige Industriestadt Mylau deuten die Burg und die schmalen, hohen Schornsteine, die als Symbol für die traditionsreichen Webereien dienen könnten. Die Landschaft erstreckt sich nur bis zur Bildmitte und stellt mit dem schräg verlaufenden Horizont und einer diagonal verlaufenden Straße (von links oben nach rechts unten) eine strenge Bildkomposition her, die durch Wolkenschwaden am rechten Horizont ein wenig aufgelockert wird. Im unteren, linken Bilddreieck steht ein umschlungenes Paar exponiert auf grünem Grund. Als Form sind sie eins: Der Mann hat den Mantel um die Frau geschlagen, sein Gesicht ist zu erkennen, sie steht mit dem Rücken zur Betrachterin. Dominiert wird das Bild von der gleißenden Sonne, die den gesamten oberen Bildteil mit gelbem Licht erfüllt.

[1219] Angus Phillips: How Books Are Positioned in the Market: Reading the Cover. In: Nicole Matthews/Nickianne Moody (Hg.): Judging a book by its cover. Fans, Publishers, Designers, and the Marketing of Fiction. Aldershot u. a.: 2007, S. 19–30, hier S. 29.

[1220] Pamela Pears: Images, Messages and the Paratext in Algerian Women's Writing. In: Matthews/Moody (Hg.): Judging a book by its cover, S. 161–170, hier S. 163.

[1221] Die Göltzschtalbrücke gilt als Wahrzeichen des Vogtlands. Sie verbindet die Orte Netzschkau und Reichenbach, wo Mattheuer 1942 geboren wurde. Bei der dargestellten Landschaft handelt es sich also um Imaginationen seiner Heimatregion.

Wie bei *Ein weites Feld* verwendete Mattheuer simple Elemente: Sonne, Wolken, hell und dunkel, Mann und Frau.

Bei genauer Betrachtung ergeben sich aber Widersprüche im Bild, die auf eine weitere Bedeutung der Motive über die Darstellung eines Liebespaars im Vogtland hinausweisen. Der Mann hüllt die Frau in seinen Mantel, als müsse er sie wärmen, gleichzeitig strahlt aber die Sonne, und sie trägt ein kurzes Kleid mit Sandalen. Wovor schützt er sie also, wenn nicht vor der Kälte? Das Paar steht auf einem Hügel über der Stadt. Weder Natur noch Gebäude bieten Schutz vor der Sonne. Der Blick ist frei auf eine Straße, die direkt unter ihnen verläuft. Ich gehe davon aus, dass Mattheuer mit der Tradition des *locus amoenus* spielt, dem Treffpunkt der Liebenden, der in der Tradition immer ein heimlicher, der Welt abgewandter Ort ist. Hier stellt sich aber das genaue Gegenteil dar: Die Begegnung der Liebenden wird wie auf einer Bühne präsentiert, die beobachtet werden kann, ohne zu zeigen von wem. Aus der Intimität der Umarmung und der Offenheit in der Natur und vor der Stadt ergibt sich ein Spannungsverhältnis. Einzige Beobachterinnen sind die Bildbetrachterin und die Sonne, dargestellt als weißer Kreis. Als Symbol in Verbindung mit dem exponierten Liebespaar kann die auf unnatürliche Weise klar umrandete Sonne als Lichtkegel einer Taschenlampe oder als Loch interpretiert werden, hinter dem jemand die Szene beobachtet. Somit erlangt auch der das Paar umschließende Mantel eine Bedeutung als Schutz der Privat- und Intimsphäre der Paarbeziehung vor unbekannter, ungewollter Beobachtung.

Mit Mattheuer bzw. Magritte haben sowohl das Lektorat als auch die Autorin Gemälde für die Buchgestaltung vorgesehen, die auf dem Einband des Buchs den Text als Kunst markieren und hier in einen zeitgenössischen Kontext künstlerischer Produktion stellen. Da das Bild auf dem Einband abgedruckt ist, lässt der paratextuelle Bezug vermuten, dass sich die Bedeutung des Bilds auf die Bedeutung des Gesamttextes bezieht. Text und Bild verbinden sich im Buch zu einer Einheit.[1222] Die Übereinstimmung von gelbem Sonnenlicht auf dem Bild und der gelben Farbgestaltung des Einbands bewirkt einen harmonischen Eindruck.

Die Rahmenhandlung der Erzählung *Das Vergnügen* stellt einen Tag im Leben der alleinerziehenden Felizitas Händschel dar. An diesem Tag feiert sie ihren 18. Geburtstag, und die Brikettfabrik, in der sie tätig ist, ihr 70-jähriges Jubiläum. Vor drei Jahren kam ihr Sohn zur Welt, für dessen Erziehung nun die Mutter von Felizitas zuständig ist, die dafür etwas unwillig ihre Arbeit in der Fabrik aufgegeben hat. Reinhart, der Vater des Kindes, saß wegen einer Prügelei im Gefängnis

---

1222 Im Vergleich dazu kann es sich bei dem Band *Kleine Landschaft* auf eine oder alle Erzählungen bzw. auf die Poetik der Zusammenstellung beziehen. Da der Titel des Bands aber auch der Titel einer Erzählung ist, erscheint der Bezug zur Titelgeschichte plausibel.

und hat nur wenig Kontakt zu Mutter und Kind. Weil Felizitas lispelt, scheut sie sich vor anderen zu sprechen und hat die Schule bereits nach sieben Jahren verlassen. Im Text wird sie mehrfach damit konfrontiert: „*Mädel, hast du die Sprache verloren!* [Herv. im Original, A. J.]"[1223] In der Fabrik fühlt sie sich aufgehoben: „Felizitas tut zum ersten Mal etwas, was sie selbst will."[1224] Bei der Arbeit muss sie nicht viel reden, der dröhnende Lärm der Maschinen komplementiert ihre Sprachlosigkeit, und als Schichtarbeiterin erlangt ihr Leben eine Bedeutung über das Mutterdasein hinaus.

Die Erzählung begleitet die Protagonistin im ersten Teil *Die Arbeit* vom Aufstehen im Elternhaus, über den Weg in die Fabrik, die Umkleideräume, die Arbeitsstationen im Pressenhaus, wo die Briketts gepresst werden, und auf den Kohleboden, wo die Kohle ankommt, bis zum Festakt am Abend im dritten Teil *Der Feierabend*. Währenddessen werden ihre Familie, Freundschaften und Kolleg:innen vorgestellt, deren persönliche Verhältnisse immer auch mit dem Fabrikleben in Verbindung gebracht werden. So schläft die Mutter vom „Gekling der Kohlezüge" ein,[1225] der Vater träumt von Eimerketten[1226] und Lucie, eine ältere Kollegin von Felizitas, erzählt dem Kind als Gutenachtgeschichte „von der Fabrik und von dem glühenden Mädchen an den Trocknern".[1227] Als Mittelteil eingefügt ist die Geschichte von Lucies Kreuzfahrt, die Krauß als Gegenpart zu Felizitas darstellt: Lucie ist alt, Felizitas jung; die Ältere hält Reden, der Jüngeren fehlt meistens die Sprache; Lucie hat immer Wünsche, Felizitas ist „wunschlos glücklich".[1228]

Ute Wölfel hat darauf hingewiesen, dass Krauß typische Motive, Figuren und Handlungsabläufe aus der literarischen Darstellung einer industrialisierten Arbeitswelt verwendet: die Schilderung von Arbeitsabläufen und technologischen Prozessen, die Figur der gesellschaftlich engagierten Arbeiterin, die Figur der benachteiligten, einfachen, alleinerziehenden Arbeiterin, eine veraltete Fabrik aus der Energie- und Brennstoffindustrie, die Beschreibung der Industrielandschaft.[1229] Das traditionelle Sujet erinnert zwar an die Forderungen der Bitterfelder Konferenz, die ‚Heldin der Arbeit' – hier verkörpert durch Lucie, die

---

[1223] Angela Krauß: Das Vergnügen. Frankfurt a. M. 1990, S. 23.
[1224] Ebd., S. 22.
[1225] Ebd., S. 11.
[1226] Vgl. ebd., S. 13.
[1227] Ebd., S. 146.
[1228] Ebd., S. 29 f.
[1229] Vgl. Ute Wölfel: Die autonome Produktion: Arbeitswelt in der DDR-Prosa am Beispiel von Angela Krauß' *Das Vergnügen*. In: U.W. (Hg.): Literarisches Feld DDR, S. 31–51, hier S. 34.

eine solche Auszeichnung erhält – in den Fokus literarischer Beschäftigung zu stellen, wird aber von Krauß ironisierend gebrochen.[1230] So geht zum Beispiel der plakativen Behauptung, „[d]er Braunkohlestaub ist für die menschliche Gesundheit nicht schädlich", eine Beschreibung der harten Arbeitsbedingungen in der Fabrik voraus: „In einer Schicht fallen neunhundert Tonnen Rohkohle vom Band in die Bunker. Auf dem Kohleboden herrschen im Sommer fünfzig Grad Hitze. Unten an den Trocknern herrschen im Sommer achtzig Grad Hitze. Das gibt Lohnzuschläge."[1231] Der Propagandaspruch einer menschenwürdigen Arbeit wird dadurch konterkariert. Aus einer zynischen Haltung heraus wird die körperliche Beanspruchung nur noch mit Geld aufgewogen. An diesem Beispiel zeigt sich nicht nur die Auflösung der geschichtsphilosophischen und politischen Ideologie der Arbeit,[1232] sondern ihre Entlarvung als Ausbeutung des Individuums unter dem Vorwand des sozialistischen Fortschritts.

Die Bezüge zwischen Text und Bild ergeben sich zunächst aus der Darstellung einer industrialisierten Landschaft. So beginnt der Text mit einer Beschreibung der Gegend um Rosdorf, in der die Handlung spielt:

> EIN TAG, ein durchsichtiger Tag im September. / In der südlichen Tieflandbucht leuchten die Stoppeläcker wie Gold, aus Stroh gesponnen. An solchen Tagen durchdringt das Auge selbst einen ländlichen Mittelwert des Schwefeldioxidgehalts der tieferen Luftschichten und trifft auf Grund.[1233]

Das Schwefeldioxid ist ein Produkt der Kohleindustrie und Teil der Luftverschmutzung durch Abgase. Weiter heißt es:

> [B]esonnt ist dieses Land bis an den Horizont, wo eine Schornsteingruppe scharf und spielzeugklein aus dem blauen Himmel herausgeschnitten ist, kaum ernst zu nehmendes, freundlich aus der Ferne grüßendes Ebenbild dessen, was da in der taligen Mitte des Landes, in einer sicheren Senke steht und dauert. / Das ist die Fabrik.[1234]

Im Vergleich mit Mattheuers Bild wirkt dieser Textanfang tatsächlich wie eine Beschreibung des Bildhintergrunds bzw. das Bild als Illustration des Textes: Der tiefe Horizont, der ganz von der Sonne beschienene Himmel, die spielzeugkleinen

---

1230 Vgl. Katrin Löffler: Mensch, Arbeit, Glück. Zu Angela Krauß' Erzählung *Das Vergnügen*. In: Torsten Erdbrügger/Inga Probst (Hg.): Verbindungen. Frauen – DDR – Literatur. Festschrift für Ilse Nagelschmidt. Berlin 2018, S. 197–214.
1231 Krauß: Das Vergnügen 1990, S. 57.
1232 Vgl. Wölfel: Die autonome Produktion, S. 35.
1233 Krauß: Das Vergnügen 1990, S. 7.
1234 Ebd.

Schornsteine und die Fabrik in der Talsenke sind Elemente, die sich in Text und Bild finden. Durch den Text erhält das Bild auch einen zeitlichen und räumlichen Bezug, der das Dargestellte schon mit dem Verweis auf das Märchen *Rumpelstilzchen* gleichzeitig fiktionalisiert. Auch die Stadt mit dem sprechenden Namen Rosdorf gab es in der DDR nicht. Die Schornsteine, die sowohl die gemalte als auch die reale Landschaft präg(t)en, ziehen sich leitmotivisch durch die Erzählung und vermitteln eine Kritik an der Umweltzerstörung, sei es durch Luftverschmutzung (zu Beginn der Erzählung) oder Flächenverbrauch (im Bild). Zwischen der Verortung durch das Motiv des im Bild eindeutig identifizierbaren Viadukts und der Verortung in der fiktiven Stadt der Erzählung ergibt sich eine Diskrepanz, die offenlegt, dass es sich trotz Parallelen in Bild und Text um zwei eigenständig entstandene Werke handelt. Ob, nun in Abhängigkeit voneinander gesehen, das Bild die Morgen- oder Abendsonne zeigt, lässt der Text offen, weil die oben zitierte Textstelle in Variation auch den dritten Teil der Erzählung am Abend eröffnet. Jedoch, so erfährt man im Text, handelt es sich um einen Tag im September des Jahres 1982.

Eine weitere Gemeinsamkeit besteht in der Gegenüberstellung von persönlicher Entwicklung in Wechselwirkung mit der Gesellschaft. Die Erzählung illustriert „die Sprachlosigkeit der Funktionäre und exemplarisch anhand von Felizitas die sprachliche Bewusstwerdung einer einfachen Arbeiterin".[1235] Mattheuers Bild auf dem Einband nimmt eine Interpretation des Textes voraus, bei der auch die privat-intime Beziehung von Felizitas und Reinhart eine Rolle bei der Emanzipation der Hauptfigur spielt. Michael Ostheimer deutet die Erzählung als „Weg der Selbstbewusstwerdung" anhand einer „Hermeneutik des Schweigens", d. h. anhand der Kontexte, in die das Schweigen von Felizitas in der Erzählung eingebettet ist.[1236] Ihre Artikulationsschwierigkeiten sind einerseits anatomisch bedingt („Ihre Zunge war einfach zu lang"[1237]) und andererseits fehlt ihr das nötige Selbstvertrauen. An zwei Stellen in der Erzählung gelingt es Felizitas jedoch selbstbestimmt zu handeln und sich selbstbewusst zu äußern. Beide Male handelt es sich bei den Anlässen dazu um Kartenspiele der Kollegen im dritten Teil. Mit dem Ziel, 24,90 D-Mark zu gewinnen, um sich eine Schallplatte des Songs „*Eimfrie*"[1238] kaufen zu können, spielt Felizitas mit und nimmt währenddessen die Sprech- und Handlungsmacht an sich, die sich sonst aus dem Mund anderer gegen sie gerichtet hat: „Habt ihr die Sprache verloren? fragt Felizitas. [...] Dieser

---

[1235] Ostheimer: Poetik des Schweigens, S. 53.
[1236] Ebd.
[1237] Krauß: Das Vergnügen 1990, S. 10.
[1238] Ebd., S. 36.

Satz behält ja sogar in ihrem Munde seine alte Kraft, die kennt Felizitas, seit sie hören kann: er macht sprachlos. / Dieser Satz stärkt den, der ihn spricht."[1239] Felizitas, die sich zuvor den Macht- und Denkstrukturen ihrer Welt gefügt hat, gelangt „über die formierende Arbeit zu sich selbst" und zu sprachlichem Bewusstsein.[1240] Kontrastiert wird die Entwicklung von Felizitas durch die Kommunikationsschwierigkeiten des Fabrikdirektors Bernstein. Auf der Feier weicht er vom offiziellen Redemanuskript ab und richtet persönliche Worte an die Belegschaft. Er erzählt, wie er aufgrund seines Redetalents zu immer neuen beruflichen Funktionen gelangt ist und darüber seine Sprache verloren hat.[1241] Nun treffen seine eigenen Worte jedoch auf Unverständnis: „[...] endlich wagst du, deine eigene Sprache zu sprechen, stellst du fest, du hast noch eine, und da versteht dich keiner von den eigenen Leuten".[1242]

Eine zweite Bewusstwerdung der Hauptfigur ergibt sich im Lauf der Erzählung durch die Beziehung zu Reinhart. Zunächst ist es Lucie, die „leise Anstöße zur Wiederannäherung des jungen Paares" gibt und Reinhart eine Geburtstagsüberraschung für Felizitas während des Festakts vorschlägt, „zum Gelingen des Betriebsvergnügens".[1243] Privates Glück und betrieblicher Erfolg bedingen einander. Seine Geburtstagsrede bringt Felizitas auf existentielle Gedanken: „Aus jedem Teil muß ein Ganzes werden. Ist das Gesetz?",[1244] während die Erzählinstanz mit den gesellschaftlichen Erwartungen bereits den Fortgang der Geschichte vorausdeutet: „Also kommt die Sache mit den beiden doch noch zu einem guten Ende. Man, das Publikum, hat eigentlich auch nichts anderes erwartet."[1245] Ausdruck des ambivalenten Befreiungsprozesses von Felizitas ist der Song, zu dem sie am Ende der Feier und anlässlich ihres Geburtstags mit einem um ihren Knöchel gebundenen „himmelblaue[n]" Luftballon, einer Fessel ähnlich, tanzt, bis jemand ihn ihr abnimmt: „*Eimfrie*, das muß er doch hören, das bin doch ich."[1246] So hofft Felizitas vergeblich darauf, dass Reinhart sie von ihrem Ballontanz erlöst. Stattdessen verstrickt dieser sich derweil in einen Flirt mit der Sängerin und in ein Kartenspiel mit den Kollegen, die ihn nicht nur sprichwörtlich bis auf das Hemd ausziehen. Die letztendliche Entscheidung für Reinhart fällt Felizitas als sie ihn beim Kartenspiel entdeckt: „Aber dieser hier ist ihr Mann.

1239 Ebd., S. 106.
1240 Ostheimer: Poetik des Schweigens, S. 53.
1241 Vgl. Krauß: Das Vergnügen 1990, S. 90–95.
1242 Ebd., S. 116.
1243 Ebd., S. 73.
1244 Ebd., S. 99.
1245 Ebd.
1246 Ebd., S. 123.

Diesen will sie. Und da kann sie es. Das letztemal, bittet sie im stillen, dieses eine Mal nur noch den Eigenen aus der falschen Gesellschaft wegholen, das letztemal. Da glaubt sie das erstemal an sich selbst."[1247]

Obwohl im Lauf der Erzählung keine gesellschaftliche Veränderung stattfindet,[1248] kann der Text als Kritik an der gesellschaftlich-politischen Regulierung aller Lebensbereiche aufgefasst werden, die zur Sprachlosigkeit führt. Felizitas verkörpert „ein Dasein der wenigen Worte im grundsätzlichen Einverständnis mit den Bedingungen".[1249] Deutlich wird diese Kritik auch an der Figur Lucie, die sich über eine Kreuzfahrt, die sie als Auszeichnung für ihre Leistungen erhalten hat, nicht mehr freuen kann: „Sie kann das Glück nicht finden."[1250] Ihre „menschliche Entfremdung erscheint als Ergebnis und damit Anklage der funktionalisierenden Verhältnisse."[1251] Die Erzählung von Felizitas führt einen Denkprozess vor, der zunächst zu Änderungen in ihrem persönlichen Leben führt, aber in dem Wunsch des Kindes, das statt Lucies Geschichten aus der realen Arbeitswelt „lieber ein Märchen" vor dem Einschlafen hören will,[1252] in den Bedürfnissen und Wünschen einer nachfolgenden Generation also, auch eine gesellschaftliche Relevanz erhält. Der von Krauß dargestellte Konflikt drückt sich am prägnantesten in der Beschreibung eines Zwiespalts bei Reinhart aus: „Gleichseinwollen und Eigensinn".[1253] Der Wunsch nach etwas Anderem, für das die Arbeit weder Inspiration noch Erfüllung bereithält, ohne aus dem gesellschaftlichen Kontext zu fallen, verbindet die Figuren miteinander.

In Mattheuers Bild stehen im gewissen Sinne die individuellen Bedürfnisse einer imaginären Gemeinschaft gegenüber, auch wenn sie allein in der Erfüllung der Paarbeziehung gezeigt werden. Es besteht also ein weiterer paratextueller Zusammenhang zwischen Bild und Text. Auch ästhetisch ergeben sich hierbei Parallelen zwischen der Darstellung bei Krauß und Mattheuer: Während dieser durch die Bildkomposition tradierte Motive und Formen bricht, nutzt Krauß dafür das Mittel der Ironie.[1254] Auf den zweiten Blick handelt es sich bei beiden Werken, und dies verstärkt durch den paratextuellen Bezug, um eine Kritik an einem gesellschaftlichen Zustand, der nicht genügend Raum und Schutz für die individuelle Entwicklung des Menschen lässt. Das Bild illustriert einzelne Elemente des

---

1247 Ebd., S. 144.
1248 Vgl. Wölfel: Die autonome Produktion, S. 34.
1249 Ostheimer: Poetik des Schweigens, S. 54.
1250 Krauß: Das Vergnügen 1990, S. 84.
1251 Wölfel: Die autonome Produktion, S. 39.
1252 Krauß: Das Vergnügen 1990, S. 146.
1253 Ebd., S. 26.
1254 Vgl. Wölfel: Die autonome Produktion, S. 35.

Textes und setzt einen deutlichen Interpretationsschwerpunkt auf die Paarbeziehung in Abgrenzung zu den gesellschaftlichen Bedingungen. Außerdem bietet es auf dem Einband eine Vorschau auf die sich im Text entwickelnde Vereinigung von Felizitas und Reinhart und verdeutlicht im Fehlen einer Abgrenzung zwischen privater und gesellschaftlicher Sphäre auch die Ambivalenz der teils durch die gesellschaftlichen Erwartungen teils durch die selbstbestimmt gefällte Entscheidung der Figur Felizitas, ihre Beziehung mit Reinhart wiederaufzunehmen.

Eine weitere Text-Bild-Relation ergibt sich aus der Metapher des Lichtkegels, die bereits in der Einbandgestaltung der Erstausgabe in der DDR eine Rolle spielte. Astrid Köhler hat gezeigt, dass die Verwendung des Bilds *Aufforderung zum Tanz* von Albert Ebert im Aufbau Verlag dazu geführt hat, dass die Literaturkritik mit „Anleihen aus der Terminologie der bilden Kunst" auf den Text von Krauß reagierte.[1255] Sie verweist auf die bildlichen Mittel der Erzählung, die auch einen Bezug zum Mattheuer-Bild haben. So stellt Krauß die Hauptfigur Felizitas wie mit einem Scheinwerferlicht vor:

> Unter dem Dach der Fabrik glimmt eine vergitterte Birne über acht Bunkeröffnungen. Über jeden dieser kleinen Abgründe lassen sich sechs Erwachsenenschritte setzen auf einer schmalen Gitterbrücke. Da steht eine zierliche Person im Licht der Birne. Das ist Felizitas Händschel.[1256]

Alle Figuren werden so eingeführt, als stünden sie sichtbar auf einer Bühne: „Das ist Mutter"[1257] und „[n]icht zu vergessen: das Kind."[1258] Köhler kommt deshalb zu dem Schluss, dass der Lichtkegel der Lampe das strukturierende Element des Geschehens ist: „Einer nach dem anderen kommt so über seine räumliche Umgebung und typischen Handlungen in den Blick des erzählenden Beobachters."[1259] Die Symbolik der Sonne als Lichtkegel der Beobachtung im Bild Mattheuers wird im letzten Teil der Erzählung in der motivischen Überlagerung von Lampe und Mond erweitert, wenn Felizitas den Mond am Nachthimmel mit der Lampe vertauscht: „Wenn sie höher blickt, sieht sie den Schornstein, der blasse Wölkchen in den tiefdunklen Himmel setzt, ein paar Sterne sind zu sehen, am

---

1255 Köhler: Brückenschläge, S. 159. Auch Katrin Löffler stellt bemerkenswerterweise eine motivische Analogie zwischen Lucie, die sich nach ihrer Auszeichnung allein auf der Toilette versteckt, und Mattheuers Gemälde *Die Ausgezeichnete* her, das die Einsamkeit einer älteren Frau zeigt, die an einem Tisch sitzend Blumen vor sich abgelegt hat und „einer Sterbenden gleicht" (Löffler: Mensch, Arbeit, Glück, S. 211).
1256 Krauß: Das Vergnügen 1990, S. 8.
1257 Ebd., S. 10.
1258 Ebd., S. 15.
1259 Köhler: Brückenschläge, S. 161.

hellsten leuchtet die zweihunderter Birne. Mit ein bißchen Phantasie könnte man sie für den Mond halten."[1260] Direkt anschließend an diese Szene folgt das Kartenspiel, bei dem Felizitas ihre Sprache wiederfindet. Der Blick nach oben kann demnach als Moment der Bewusstwerdung interpretiert werden: „Sie sieht die Dinge jetzt klarer denn je."[1261] Im zentralen Entwicklungsmoment der Erzählung führt Krauß also die einleitende Naturbeschreibung mit dem Leitmotiv des Lichtkegels zusammen. Der Lichtkegel, ob von der Sonne, der Lampe oder dem Mond ist einerseits künstlerisches Mittel der Fokussierung auf bestimmte bedeutungstragende Elemente, andererseits vereint er sowohl die Assoziation des Scheinwerferlichts auf einer Theaterbühne, als auch die Aufmerksamkeit eines imaginierten Publikums oder einer Beobachterin. Während „Gold und Glitzer",[1262] wie Katrin Löffler gezeigt hat, für die Sehnsüchte der Figuren sowie den Schein und das flüchtige Sein des Glücks stehen, kann das verwandte Leitmotiv des Lichtkegels in Bild und Text über die Assoziation von Autorin und Künstler als Kunstschaffende der DDR auch als Kritik am Überwachungsstaat gesehen werden, der zur Unterdrückung von Individualität und Meinungs- bzw. künstlerischer Freiheit beiträgt.

1.4.3 Zwischenfazit: Die Ausgabeninterpretation als methodisches Konzept oder: Rezeptions- und Produktionsästhetik nach dem *material turn*

Durch die Interpretation einer Ausgabe lässt sich ein literarisches Werk nicht besser oder vollständiger verstehen als in der textimmanenten Interpretation. Eine Ausgabeninterpretation ermöglicht aber zu erschließen, wie die Produktionsgemeinschaft das Werk unter bestimmten sozialen, kulturellen und historischen Bedingungen gesehen und verstanden haben könnte. Daran anschließend ist es eine Möglichkeit, die hermeneutische Differenz zwischen dem einstigen und dem heutigen Verständnis eines Werks auszuloten.[1263] Weiter lässt sie rekonstruieren, mit welchem Textverständnis das Werk im Buchmarkt positioniert, d. h. vor allem in welchen Aspekten des Werks die zentrale Bedeutung und größte Verkäuflichkeit oder allgemeiner gedacht: Resonanz beim Publikum gesehen wurde. Der intermediale Vergleich von Titelbild und Text der Erzählung *Das Vergnügen* legt den Fokus, wie gesehen, auf die Paarbeziehung im Verhältnis zu ihrer sozialen Umgebung (Familie, Arbeit, Gesellschaft/Staat). Es handelt sich

---

1260 Krauß: Das Vergnügen 1990, S. 105 f.
1261 Ebd., S. 106.
1262 Löffler: Mensch, Arbeit, Glück, S. 212.
1263 Vgl. Hans-Robert Jauß: Literaturgeschichte als Provokation der Literaturwissenschaft. In: H.-R.J.: Literaturgeschichte als Provokation. Frankfurt a. M. 1970, S. 144–207, hier S. 170.

beim Bild weder um eine Illustration des Texts, noch hat der Text Elemente einer Bildbeschreibung. Dennoch entsteht durch die Ausgabe eine peritextuelle Verbindung der beiden Werke, die deren Bedeutungsgehalt wechselseitig sowohl ausschnitthaft darstellt als auch darüber hinausgeht. Textimmanent gibt es zum Beispiel keine Hinweise auf eine staatliche Überwachung der Figuren, allein Felizitas kontrolliert seit drei Jahren die personifizierte Maschine im Pressenhaus. Erst die Assoziation mit Mattheuers Bild bringt den autor- und werkbiographischen Hintergrund hervor, zum einen, weil der Text im Kontext der DDR-Kunst zusätzlich verankert wird und zum anderen, weil die motivische Spannung im Bild – der Mantelschutz trotz oder eben gerade wegen der gleißenden Sonne – einer Auslegung bedarf, die nur implizit vom Text und vielmehr vom historischen Kontextwissen gestützt wird. Die Ausgabe besitzt in ihrer Verbindung von Text und Peritext eine „semiotische Potentialität", insofern als sie „bestimmte immanente oder relationale Eigenschaften aufweist, die vor dem Hintergrund semiotischen Wissens zur Basis interpretativer Inferenzen werden können".[1264] Der Peritext erweist sich einmal mehr als Schwelle, die hier die Auslegung des Texts sowohl eingrenzt als auch erweitert.[1265]

Dieses Erkenntnispotential gilt natürlich auch für Ausgaben, an deren Gestaltung die Autor:innen nachweislich nicht beteiligt waren, entweder weil sie in die entsprechenden Entscheidungen schon zu Lebzeiten nicht involviert waren oder weil die Ausgabe postum erschien. In diesem Sinne offenbart die Rekonstruktion der Ausgabengestaltung auch, dass literarische Texte in ihrer materialisierten und damit erst kommensurablen Form einer kollektiven Praxis entspringen und zwar nicht nur, was ihre technische Produktion anbelangt, sondern auch ihre materielle Ästhetik, die sich aus der Lektüre und Interpretation des Textes (bzw. aus Autor:innenperspektive auch aus dessen Verfertigung) speist und als Deutungsmodell in der Ausgabengestaltung manifestiert. Im Fall von Krauß bestand die Produktionsgemeinschaft aus Verlag und Autorin, d. h. die Rekonstruktion der Ausgabengestaltung lässt Schlüsse zu, mit welcher Intention die Autorin in Kooperation mit dem Verlag ihr Werk in einem bestimmten Kontext – als Taschenbuch, in einem westdeutschen Verlag, kurz nach dem Mauerfall – veröffentlichte. Ob sich Intentionen rekonstruieren lassen oder ob sich einzelne Elemente und Strukturen einer Ausgabe auf ihre Urheber:innen zurückführen

---

[1264] Annika Rockenberger/Per Röcken: Wie ‚bedeutet' ein ‚material text'? In: Lukas/Nutt-Kofoth/Podewski (Hg.): Text – Material – Medium, S. 25–51, hier S. 29.
[1265] Vgl. Genette: Paratexte, S. 10.

lassen, hängt vom Stand der Überlieferung ab. Selbst unabhängig von diesen Intentionen und Urheberschaften im einzelnen Fall lassen sich Ausgaben aber als Repräsentationen kollektiver Intentionalität verstehen, insofern, als das gemeinsame Handeln der Produktionsgemeinschaft von einer geteilten Absicht geleitet ist.[1266] Es richtet sich nach dem, was Jauß den Erwartungshorizont des adressierten Publikums genannt hat,[1267] auf den die Ausgabe als Produkt dieses gemeinsamen Handelns wiederum Einfluss nimmt. Im Fall von Krauß konnten sich Verlag und Autorin an den Erfahrungen zum einen mit dem Bachmann-Preis und den vorherigen gebundenen Ausgaben im Hauptprogramm und zum anderen mit Literatur der DDR im Verlagsprogramm orientieren.

In Erweiterung des (ehemals) deutsch-deutschen Diskurses von Rezeptionsästhetik und Rezeptionstheorie setzt die Ausgabeninterpretation nicht bei der Rezeption des veröffentlichten Werks an, sondern bezieht zum einen bereits die Rezeption während des Produktionsprozesses eines Textes mit ein, der zum anderen in seiner Materialität ernst genommen wird.[1268] Der Produktionsgemeinschaft haftet damit die doppelte Funktion als erste Leserin *und* als Literaturproduzentin an. Methodisch gesehen bindet die Ausgabeninterpretation also rezeptionsästhetische Fragen an produktionsästhetische Prozesse. Bereits Jauß hat gefordert, „Aufnahme und Wirkung eines Werks [...] im historischen Augenblick seines Erscheinens" zu analysieren, und damit implizit den Werkbegriff an die Ausgabe gebunden, ohne diesen tatsächlich wie hier als imaginierten Kollektivsingular zu begreifen. Die spezifische Ausgabe eines Werks sollte in der rezeptionsleitenden Funktion ihrer Peritexte als wichtiger Faktor gelten, wenn es Jauß darum geht, die historischen und ästhetischen Implikationen des dialogischen und prozesshaften Verhältnisses von „Werk, Publikum und neuem Werk" zu bestimmen.[1269] Auch wenn seiner Forderung, den „geschichtliche[n] Zusammenhang der Werke untereinander in den Interrelationen von Produktion und Rezeption" zu sehen,[1270] zuzustimmen ist, so denkt er dabei allein an ein produzierendes *Subjekt*, geht also nicht davon aus, dass der Text in seiner materia-

---

1266 Hans Bernhard Schmid/David P. Schweikard: Einleitung: Kollektive Intentionalität. Begriff, Geschichte, Probleme. In: H.B.S./D.P.S. (Hg.): Kollektive Intentionalität. Eine Debatte über die Grundlagen des Sozialen. Frankfurt a. M. 2009, S. 11–68, hier S. 13.
1267 Vgl. Jauß: Literaturgeschichte, S. 173.
1268 Zur Verflechtung von Rezeptionstheorie und Rezeptionsästhetik im geteilten Deutschland vgl. Mandy Funke: Rezeptionstheorie – Rezeptionsästhetik. Betrachtungen eines deutsch-deutschen Diskurses. Bielefeld 2004.
1269 Jauß: Literaturgeschichte, S. 169 f. Die nachfolgenden Ausführungen in Teil IV der Untersuchung werden veranschaulichen, dass eine solche Werkbiographie wesentlich komplexer, nämlich unter Betrachtung anderer Werke und deren Ausgaben zu konzipieren ist.
1270 Ebd., S. 173.

lisierten Form auf eine Produktionsgemeinschaft zurückgeht.[1271] Die Ausgabe wäre in diesem Sinne in den Ereigniszusammenhang der Literatur zu integrieren, sie lässt sich in Ergänzung der rezeptionsästhetischen Perspektive als Ereignis der literarischen (und werkbiographischen) Reihe begreifen,[1272] in dem die Interaktion von Verlag, Autor:in und Publikum sich materialisiert.[1273]

Im Austausch mit Jauß und als Reaktion auf die rezeptionsästhetische Wende der westdeutschen Literaturwissenschaft haben Manfred Naumann et. al. in *Gesellschaft – Literatur – Lesen* die „Gegenstandsbestimmtheit der rezeptiven Tätigkeit" betont und damit den Blick auf die Materialität des Textes am Beispiel der Druck- und Lautgestalt des 1953 erschienen Brecht-Gedichts *Der Rauch* erweitert.[1274] Dieter Schlenstedt versteht das Werk als „Rezeptionsvorgabe", womit „Elemente und Strukturen" gemeint sind, die „im Zusammenhang mit dem Leserbewußtsein" das Potential haben, „die Aktivität der Aufnehmenden anzuregen".[1275] Zieht man in Betracht, dass Werke „grundsätzlich im Modus der ‚Ausgabe'" erscheinen,[1276] dann ist mit ‚Werk' auch hier wieder implizit die materialisierte Form als Ausgabe gemeint, auch wenn Schlenstedt in der Beispielanalyse allein auf die Gestalt des Texts eingeht. Aus produktionsästhetischer

---

1271 Vgl. ebd.
1272 Vgl. ebd., S. 167.
1273 Vgl. Carlos Spoerhase: Perspektiven der Buchwissenschaft. Ansatzpunkte einer buchhistorisch informierten Literaturwissenschaft. In: ZfGerm Neue Folge XXI (2011), S. 145–152, hier S. 149: „Wenn die Spezifika typographischer Kommunikation, die materielle Gestaltung und paratextuelle Einrichtung schriftlicher Artefakte sowohl den laienhaften wie den professionellen Umgang mit diesen Artefakten in einer semantisch relevanten Weise prägen, kann die Interpretation literarischer Texte nicht ohne eine präzise Verhältnisbestimmung von Eigenschaften des literarischen Buchs und Bedeutung des literarischen Textes auskommen: Buch- und Literaturwissenschaft sind hier aufeinander angewiesen."
1274 Dieter Schlenstedt: Das Werk als Rezeptionsvorgabe und Probleme seiner Aneignung. In: Manfred Naumann u. a.: Gesellschaft – Literatur – Lesen. Literaturrezeption in theoretischer Sicht. Berlin/Weimar 1975, S. 301–438, hier S. 354.
1275 Ebd. Peter Wruck spricht in Bezug auf Stil und Struktur der Texte und Bände von Theodor Fontanes *Wanderungen durch die Mark Brandenburg* in der Gesamtausgabe von 1892, die eine Werkeinheit suggerieren, es aber gleichzeitig erlauben, die Texte selektiv *oder* linear durchzulesen, auch von „Rezeptionsangeboten" (Peter Wruck: Fontane als Erfolgsautor. Zur Schlüsselstellung der Makrostruktur in der ungewöhnlichen Produktions- und Rezeptionsgeschichte der *Wanderungen durch die Mark Brandenburg*. In: Hanna Delf von Wolzogen (Hg.): „Geschichte und Geschichten aus Mark Brandenburg". Fontanes *Wanderungen durch die Mark Brandenburg* im Kontext der europäischen Reiseliteratur. Internationales Symposium des Theodor-Fontane-Archivs in Zusammenarbeit mit der Theodor Fontane Gesellschaft 18.–22. September 2002 in Potsdam. Würzburg 2003, S. 373–393, hier S. 392).
1276 Spoerhase: Was ist ein Werk?, S. 287.

Perspektive auf denselben Gegenstand, aber unter Berücksichtigung des – zumindest theoretisch – gesamten Peritextes spreche ich deshalb von einem Deutungsmodell. Mit diesem wird nicht die Vollständigkeit einer Interpretation angestrebt, vielmehr geht es darum, ähnlich wie bei der Rezeptionsvorgabe, Richtungen aufzuzeigen, in die sich Lektüre und Deutung vollziehen kann. Ein Werk, hier verstanden nicht als immaterieller Text, sondern in seiner jeweiligen Materialität, prädisponiert sein Publikum für eine bestimmte Weise der Rezeption.[1277] Die äußere Form des Textes vermittelt dabei Informationen, die nicht mit seiner Wort- oder Satzbedeutung identisch sind – wie der intermediale Vergleich von Titelbild und Text bei Krauß gezeigt hat –, sondern kann als Indiz kommunikativer Intentionen und Funktionen gelten. Am Beispiel Brechts zeigt bereits Schlenstedt, dass der Peritext einer Ausgabe (Typographie, Satz, Anordnung von Texten, Einbandgestaltung usw.) „einen Bereich eigener ästhetischer Bedeutung, der Äußerung und Anregung von Geschmack, einen Bereich auch der Vermittlung von Akzenten des Gehalts" darstellt.[1278] Ausgabengestaltung erweist sich nicht nur als werk*politische*, sondern als werk*ästhetische* Praxis.

2 Selektieren

Im vorangehenden Untersuchungsteil habe ich erklärt, inwiefern der Verlag als Lebensform verstanden werden kann, zu deren immer wieder formulierten Vorstellungen eine lebenslange Kooperation zwischen Verlag und Autor:in gehört, deren Zweck die Produktion und Verbreitung aller Werke im Hinblick auf eine Werkausgabe ist, auch über den Tod hinaus. Demgemäß schrieb Unseld auch an Fühmann im Juni 1978: „Sie wissen, es ist das Prinzip des Hauses Suhrkamp, keine Einzelbücher zu bringen, sondern sich für den Autor zu entscheiden."[1279] Diesem Ideal entsprachen in der Praxis des Suhrkamp Verlags viele Autoren wie Bernhard, Braun, Enzensberger, Frisch, Handke, Johnson und andere. Ebenso häufig kam es aber zu Verlagswechseln und einer Auswahl von Publikationen aus dem Gesamtwerk der Autor:innen wie im Fall von Fühmann und Fries. Friedrich Voit hat diese Differenz zwischen Verlagsautoren mit einer kontinuierlichen Produktionsbeziehung und anderen Autoren des Verlags mit der „einmal bei-

---

1277 Vgl. Jauß: Literaturgeschichte, S. 175.
1278 Schlenstedt: Das Werk als Rezeptionsvorgabe, S. 356.
1279 Siegfried Unseld an Franz Fühmann, Brief vom 30.06.1978. In: DLA, SUA: Suhrkamp. Siehe Anhang, Dokumente, Nr. 26.

derseitig bestehende[n] Absicht zu einer längerfristigen Zusammenarbeit" begründet.[1280] Ob diese Absicht seitens des Verlags bestand, hing davon ab, so werde ich im Folgenden argumentierten, ob Text und Autor:in zu der Lebensform, verstanden als dynamisch sich entwickelndes Gebilde, passten. Auf der anderen Seite brauchte es auch die Absicht der Autor:in, Teil dieser Lebensform mit samt ihren Einstellungen und Orientierungen zu sein bzw. sich in diese einzupassen. Eine Lebensform zu teilen, „bedeutet nämlich, an den für sie bestimmenden Praktiken zu partizipieren, sich den Mustern und Regeln gegenüber, die diese ausmachen und konstituieren, angemessen zu verhalten und ihnen in seinen eigenen Handlungen – natürlich innerhalb einer Bandbreite möglicher Verhaltensweisen – zu entsprechen".[1281] Übertragen auf den Verlag bedeutete dies, dass Autor:innen sich durch aktive Teilnahme in den Praxiszusammenhang einbinden, also den Praktiken, Einstellungen und Orientierungen anpassen mussten, und ein Text sich für das Verlagsprogramm eignen musste, das an ein bestimmtes Literaturverständnis gekoppelt war.[1282] Das Gelingen dieses doppelten und über die Zusammenarbeit von Verlag und Autor:in anhaltenden Integrationsprozesses hatte Auswirkungen auf die Dauer, Art und Weise der Autor:in-Verlags-Beziehung. Die oben genannten Autoren zeichnen sich durch eine besonders erfolgreiche Inkorporation der Lebensform und Integration in die Lebensform des Suhrkamp Verlags aus. Das zeigt sich auch daran, dass der Verlag für Briefeditionen die Briefwechsel zwischen Unseld und vielen dieser langjährigen Verlagsautoren auswählte, weil sie das Ideal der Produktionsgemeinschaft repräsentieren.[1283] Die Könnerschaft[1284] der Lebensform des Verlags äußert sich bis heute in der Auszeichnung, „der kann Suhrkamp" im Verlag.[1285]

1280 Friedrich Voit: Der Verleger Peter Suhrkamp und seine Autoren. Seine Zusammenarbeit mit Hermann Hesse, Rudolf Alexander Schröder, Ernst Penzoldt und Bertolt Brecht. Kronberg im Taunus 1975, S. 104.
1281 Jaeggi: Kritik von Lebensformen, S. 149.
1282 Vgl. ebd., 132.
1283 Vgl. die Brief-Editionen des Suhrkamp Verlags: Johnson/Unseld: Der Briefwechsel; Wolfgang Koeppen/Siegfried Unseld: „Ich bitte um ein Wort". Der Briefwechsel. Hg. von Alfred Estermann und Wolfgang Schopf. Frankfurt a. M. 2006; Siegfried Unseld/Peter Weiss: Der Briefwechsel. Hg. von Rainer Gerlach. Frankfurt a. M. 2007; Thomas Bernhard/Siegfried Unseld: Der Briefwechsel. Hg. von Raimund Fellinger, Martin Huber und Julia Ketterer. Berlin 2010; Peter Handke/Siegfried Unseld: Der Briefwechsel. Hg. von Raimund Fellinger und Katharina Pektor. Berlin 2012.
1284 Mit ‚Könnerschaft' ist die erfolgreiche Integration in die Lebensform und damit das erfolgreiche Ausüben der Praktiken gemäß den Zielen der Lebensform gemeint (vgl. Martus/Spoerhase: Praxeologie, S. 90; Martus: Wandernde Praktiken, S. 184).
1285 Gespräch mit Petra Hardt am 30.10.2013 in Berlin.

In den vorausgegangenen Kapiteln ist deutlich geworden, dass bei der Bewertung von Texten im geteilten Deutschland die Idee einer ‚anderen' Literatur eine Rolle spielte, die Vorstellung also, dass Autor:innen der DDR unter anderen Produktions- und Rezeptionsbedingungen schrieben, auf andere literarische Vorbilder zurückgriffen bzw. mit diesen anders umgingen und mit einem von dem der BRD abweichenden Literaturverständnis operierten. Anders gesagt: In der DDR handelten die Autor:innen in einem anderen Praxiszusammenhang als in der Beziehung zu Suhrkamp. Die Transformation von Literatur im Austausch zwischen Ost und West bezog sich also nicht nur auf die Texte und ihre Paratextualität, sondern auch auf die Praktiken, Einstellungen und Orientierungen des Verlags. Nicht jede Autor:in, nicht jedes Werk passte zu jeder Zeit in diesen Kontext. Was und wen der Verlag in welcher Form übernahm, hing mit der Entwicklung von Programm und Profil des Verlags und darüber hinaus mit den sich parallel, in Abhängigkeit zueinander aber dennoch unterschiedlich entwickelnden literarischen Feldern der beiden Teile Deutschlands zusammen.

Die folgenden Kapitel widmen sich der Selektionspraxis, deren Funktion in der Integration einzelner Texte in das Verlagsprogramm bestand, beispielhaft an den Verlagsbeziehungen zu Fühmann und Fries veranschaulicht. Beide Autoren pflegten langjährige Beziehungen zum Verlag bzw. zu ihrer Lektorin Borchers – Fühmann mehr als zehn, Fries mehr als zwanzig Jahre – die am Ende daran zerbrachen, dass sich die Vorstellungen von Literatur und die Praktiken von Verlag und Autoren nicht miteinander vereinen ließen. Beide waren außerdem in der BRD nicht besonders bekannt oder erfolgreich, d.h. brachten dem Verlag nur wenig Kapital ein. Grund für die selektive Praxis waren zunächst ökonomische Überlegungen zur Verkäuflichkeit der Werke und zur Steigerung der Popularität der Autoren. Ich werde zeigen, dass das Lektorat nicht nur Anmerkungen zum Text machte, sondern auch mit den Autoren darüber verhandelte, welche Texte in welchem Genre und in welcher Reihenfolge erscheinen sollten. An beiden Beispielen zeigt sich, dass die Selektionspraxis auf Vorstellungen einer inneren Hierarchie und einem prozessualen Charakter eines Gesamtwerks basierte. Heinz Friedrich, Leiter des Deutschen Taschenbuch Verlags nannte dies in einem Brief an Heinrich Böll die „verlegerische[...] Dramaturgie".[1286] Darüber hinaus lassen sich in den Verlagsbeziehungen Konfliktsituationen identifizieren, die über die Praktiken und Vorstellungen der Bewertung und Selektion des Verlags Auskunft geben. Im Fall von Fühmann führte dessen Hinwendung zu mythologischen Stoffen zu einer Störung, weil diese Entwicklung nicht zum Literaturverständnis

---

1286 Heinz Friedrich an Heinrich Böll, Brief vom 13.04.1981. In: BSB, Ana 655. Zitiert nach Kampmann: Kanon und Verlag, S. 340.

des Verlags und zur Positionierung des Autors in der BRD passte. Da Fühmann zu Textänderungen nicht bereit war und an seiner Vorstellung einer langfristigen Kooperation festhielt, trennte er sich von Suhrkamp. Bei Fries kam es zum Bruch, weil der Verlag sich nur für Fries als Erzähler und Übersetzer interessierte, nicht aber für dessen essayistische und lyrische Arbeiten. Außerdem störte den Verlag, dass Fries immer wieder Arbeiten an andere Verlage gab, um seinen Unterhalt in der DDR zu bestreiten. Für beide Autoren bedeutete der Bruch einen Verlagswechsel in der BRD. Geht man davon aus, dass das Marketing und die langjährige Bindung an einen Verlag, der zumal wie Suhrkamp eine starke Position im literarischen Feld besaß, eine positive Auswirkung auf die Verbreitung und Wahrnehmung von Autor:innen und ihrer Werke hat, also Grundlage für eine erfolgreiche Werkpolitik ist,[1287] dann handelt es sich um Kanonisierungsprozesse, von denen Fries und Fühmann ausgeschlossen waren.

In der Differenz vom Ideal einer lebenslangen Partnerschaft und der Selektionspraxis wird außerdem deutlich, dass zur langfristigen Integration einer Autor:in in die Lebensform des Verlags mehr gehört, als gute Literatur zu schreiben. Mit der Teilnahme an einer Lebensform ist die Erwartung verbunden, „an den sie konstituierenden Praktiken auf angemessene Weise teilzuhaben und den mit ihr gesetzten Interpretationsrahmen zu teilen".[1288] Dies kann sich auf ein Verständnis von zeitgenössischer Literatur, die Übernahme von anderen Rollen im Verlag oder auf die stillschweigende Vereinbarung beziehen, neue Manuskripte immer erst dem Suhrkamp Verlag anzubieten. Aus der Perspektive der Autor:innen kann dies aber auch das in seinem Image implizite Versprechen des Verlags betreffen, langfristig mit ihnen zusammenzuarbeiten. Der Bruch zwischen Verlag und Autor:in lässt sich demnach als Abweichung vom normativen Zusammenhang der Lebensform verstehen, indem beide „den mit einer bestimmten Praxis verbundenen sozialen Erwartungen nicht entsprochen" haben.[1289]

1287 Vgl. zur Funktion von Werkausgaben u. a. zur Organisation von Aufmerksamkeit sowie zur Sammlung und Integration bereits vorliegender Werke Steffen Martus: Die Praxis des Werks. In: Danneberg/Gilbert/Spoerhase (Hg.): Das Werk, S. 93–130, hier S. 121 f.; Martus: Werkpolitik, S. 478 f.
1288 Jaeggi: Kritik von Lebensformen, S. 149.
1289 Ebd., S. 159.

2.1 „[A]lles oder nichts". Franz Fühmann im Suhrkamp-Lektorat

Fühmann gehörte neben Becker zu den Autoren, die 1971 mit ihrer Lektorin Borchers, wenn auch ein wenig wider Willen,[1290] zu Suhrkamp wechselten. Im deutschsprachigen Raum außerhalb der DDR waren Fühmanns Werke bei verschiedenen Verlagen erschienen: *Das hölzerne Pferd* im Paulus-Verlag Recklinghausen, *Das Judenauto* und *Die Elite* bei Diogenes in Zürich, *König Ödipus* in der Fischer-Bücherei. Im Luchterhand Verlag hatte er 1971 gemeinsam mit Borchers den Band *Der Jongleur im Kino oder Die Insel der Träume* realisiert.[1291] Ab 1972 erschienen seine Arbeiten dann zunächst im Suhrkamp Verlag.[1292] Nach einem Jahrzehnt geriet die Zusammenarbeit mit dem Suhrkamp-Lektorat allerdings in eine Krise, weil es mehrere Manuskripte abgelehnt hatte, die sich mit dem Mythos auseinandersetzen und die der Autor nicht bereit war, nach den Kriterien des Verlags umzuarbeiten. Fühmann, der diese Texte als zentrale Entwicklung in seinem Schaffen betrachtete, wechselte daraufhin zum Verlag Hoffmann und Campe.[1293] Sein „Hausverlag" war seit 1961 mit der Veröffentlichung der literarischen Reportage *Kabelkran und Blauer Peter* und bleibt bis heute der Rostocker Hinstorff Verlag.[1294] Anhand der Bewertung der von Fühmann in den siebziger

---

1290 Vgl. Frohn: Literaturaustausch, S. 284. Fühmann schrieb am 6. Juni 1971 an den Literaturwissenschaftler Konrad Franke: „Der Weggang von Frau B. [Elisabeth Borchers, A.J.] ist für mich mehr als blödsinnig. Was soll ich unter den Fittichen Herrn Heißenbüttels? Da hätte ich bei Diogenes bleiben können. Und noch mal wechseln? Es scheint in der BRD so üblich; mich kotzt es an." (Franz Fühmann: Briefe 1950–1984. Eine Auswahl. Hg. von Hans-Jürgen Schmitt. Rostock 1994, S. 99). Siegfried Unseld hielt in seinem *Chronik*-Eintrag vom 20. April 1979 Fühmanns Haltung bei den Verhandlungen über die Verbindung zu Suhrkamp fest: „Dann aber möchte er bald seine Entscheidung, wer sein Verlag sei; alles oder nichts, das ist die Frage." (Unseld: Chronik, Eintrag vom 20.04.1979. In: DLA, SUA: Suhrkamp).
1291 Zu Fühmann im Luchterhand Verlag vgl. Ulmer: VEB Luchterhand, S. 171–180. Vgl. auch Hans Richter: Ein deutsches Dichterleben. Biographie. Berlin 2001, S. 324.
1292 Als Einzelpublikationen erschienen von Franz Fühmann beim Suhrkamp Verlag 1973 das Tagebuch *22 Tage oder die Hälfte des Lebens*, 1976 der Essayband *Erfahrungen und Widersprüche* und 1978 die Erzählungen *Bagatelle, rundum positiv*. Die weitere Zusammenarbeit zwischen Verlag und Autor bestand vor allem in Empfehlungen von Autoren für den Verlag. Postum erschienen die Märchengedichte *Der Müller aus dem Märchen*, *Die Richtung der Märchen*, *In Frau Trudes Haus* und *Märchenhäuser* in einem Band mit Märchen aus der DDR (vgl. Hanne Castein (Hg.): Es wird einmal. Märchen für morgen. Frankfurt a.M. 1988).
1293 Vgl. Franz Fühmann an Elisabeth Borchers, Brief vom 29.07.1972. In: DLA, SUA: Suhrkamp.
1294 Roland Berbig: War das Haus Suhrkamp bereit und gewillt? Franz Fühmanns Brief an Siegfried Unseld vom 25. Mai 1978 mit den Schreiben Unselds an Fühmann, 30. Juni 1978, und Fühmanns an Elisabeth Borchers, 22. Januar 1979. In: R.B. (Hg.): Auslaufmodell, S. 209–222, hier S. 209.

Jahren zur Publikation angebotenen Werke werde ich zeigen, dass das Störmoment der Verlagsbeziehung im unterschiedlichen Literatur- und Modernitätsverständnis von Verlag und Autor lag. Es kristallisierte sich am Sprachstil des *Prometheus*, an der regionalen Lexik in *Die dampfenden Hälse der Pferde im Turm zu Babel* und an der Transformation mythologischer Stoffe in den Erzählungen, die später unter dem Titel *Der Geliebte der Morgenröte* erschienen. Um die Praktiken der Integration und Selektion nachvollziehen zu können, gehe ich jeweils kurz auf den Inhalt und die Bedeutung der Werke innerhalb des Gesamtwerks ein und verdeutliche an den Werken, die Suhrkamp veröffentlichte – *22 Tage oder die Hälfte des Lebens*, der Essayband *Erfahrungen und Widersprüche* und die Erzählungen *Bagatelle, rundum positiv* – nach welchen Kriterien das Lektorat auswählte.

Der Verlagswechsel zu Suhrkamp fiel bei Fühmann auch mit einer literarischen Entwicklung zusammen. So schrieb der Autor seiner Lektorin zum Budapester Tagebuch *22 Tage oder die Hälfte des Lebens*, das 1973 bei Suhrkamp erschien: „Das Manuskript ist nun fertig, ich glaube, es ist gut geworden, und ich glaube auch, daß damit für mich etwas Neues anfängt."[1295] Später bezeichnete Fühmann es sogar als Beginn seines literarischen Werks überhaupt, eines „Werk[s] im Prozeß und Progreß, dessen eigentliche Existenz ich von den ‚22 Tagen' ab datiere und dessen Zukunft für die nächsten Jahre und, so Gott will, Jahrzehnte ich deutlich sehe".[1296] Mit dieser Einordnung seiner Schriften trat er auch an die Öffentlichkeit. In einem Werkstattgespräch mit Winfried Schoeller, das ein Jahr vor seinem Tod erschien, bewertete Fühmann sein Budapester Tagebuch als „eigentlichen Eintritt in die Literatur".[1297] *22 Tage* steht am Beginn eines geplanten Werkkomplexes, für dessen Entstehung Fühmann einen verlegerischen Kontext suchte, der ihm sowohl Planungssicherheit als auch Flexibilität bot, das Projekt in seinem Wandel durchzuführen und zu veröffentlichen. Fabian Lampart hat die Konzeption der *22 Tage* in „einer existentiellen Erkundung der eigenen Biographie" gesehen,[1298] die sich im unvollendeten *Bergwerk*-Projekt fortsetzt.

1295 Fühmann an Borchers, Brief vom 29.07.1972.
1296 Franz Fühmann an Siegfried Unseld, Brief vom 25.05.1978. In: DLA, SUA: Suhrkamp. Siehe Anhang, Dokumente, Nr. 25. Zuerst abgedruckt in Berbig: War das Haus Suhrkamp bereit und gewillt?, S. 215–219.
1297 Franz Fühmann: Werkstattgespräch mit Wilfried F. Schoeller. In: Den Katzenartigen wollten wir verbrennen. Ein Lesebuch. Hg. mit einem Nachwort von Hans-Jürgen Schmitt. Hamburg 1983, S. 273–301, hier S. 283.
1298 Fabian Lampart: Fühmanns Hebel? Franz Fühmanns Fragment *Im Berg* und Johann Peter Hebels *Unverhofftes Wiedersehen*. In: Achim Aurnhammer/Hanna Klessinger (Hg.): Johann Peter Hebel und die Moderne. Freiburg im Breisgau 2011, S. 123–143, hier S. 133.

Günter Rüther urteilt aus der Retrospektive, dass Fühmann bereits mit dem *König Ödipus* von 1966 anlegte, was sich mit dem Tagebuch als literarischer Neuanfang erwies:

> Er löst sich *politisch* aus der Umklammerung der Ideologie des Marxismus-Leninismus als einer deterministischen Interpretationsfolie für die Wirklichkeit. [...] Im *ästhetisch-literarischen* Sinn entdeckt Fühmann im mythischen Element jenes Ingrediens, welches im intellektuellen Begreifen allein nicht aufgehen will [...] [Herv. im Original, A.J.].[1299]

Robinson ordnet das Werk in einen systemischen Zusammenhang ein: „Fühmann's project [...] distinguishes itself as an experiential search for the qualitative difference represented in the socialist sovereignty of the GDR."[1300] Fühmanns Hinwendung zum Mythos resultierte demnach aus der Befragung seiner eigenen Haltungen und poetischen Verfahren.[1301] Er nutzte mythologische Stoffe, um den fortschreitenden Wandel des einzelnen Menschen in der Gesellschaft und ganz konkret seine eigene Position im Realsozialismus zu erkunden.

Im Frühjahr 1973 erhielt Borchers das Manuskript zum Budapester Tagebuch vom Hinstorff-Verleger Reich. Unseld schlug sie eine Publikation in Broschur im Hauptprogramm vor:

> Es liest sich sehr lebendig, literarisch gearbeitet, ohne kunstvoll überspannt zu sein wie „Der Jongleur im Kino". Sensible Beobachtungen eines gebildeten Menschen, aber nicht auf der Ebene vom [!] Impressionen und ‚Bildungen' sondern wohltuend ist Konkretes, Zeitgenössisches eingebracht. Witzige Momente.[1302]

Übereinstimmend mit Borchers' Stilkritik an dem ein Jahr zuvor erschienenen Luchterhand-Band *Jongleur im Kino* hatte auch die westdeutsche Literaturkritik diese Erzählungen als „angestrengt poetische Prosaetüden" mit „allzu kunstbeflissener Beredsamkeit" bezeichnet.[1303] Wichtigstes Wertungskriterium war für Borchers die inhaltliche und sprachlich-stilistische Wirklichkeitsnähe der *22 Ta-*

1299 Günther Rüther: Franz Fühmann. Ein deutsches Dichterleben in zwei Diktaturen. In: APuZ 13 (2000): http://www.bpb.de/apuz/25671/franz-fuehmann?p=all (zuletzt eingesehen am 5.05.2022).
1300 Benjamin Robinson: The Skin of the System. On Germany's Socialist Modernity. Stanford 2009, S. 117.
1301 Vgl. Horst Lohr: Vom Märchen zum Mythos. Zum Werk Franz Fühmanns. In: Weimarer Beiträge 28 (1982), 1, S. 62–82, hier S. 74–76.
1302 Elisabeth Borchers: Zum Manuskript von Franz Fühmann, Notiz vom 21.03.1972. In: DLA, SUA: Suhrkamp.
1303 Bürgerlicher Klang. In: Der Spiegel 14 (1971): http://www.spiegel.de/spiegel/print/d-43279341.html (zuletzt eingesehen am 5.05.2022).

ge, die noch im gleichen Jahr in einer Leinenausgabe im Suhrkamp Hauptprogramm erschienen. An Fühmanns Werk interessierte sie die autobiographische Realität und Aktualität. Der Verlag, das hat das vorhergehende Kapitel gezeigt, assoziierte das Werk im Lektorat und im Marketing mit anderen Lizenzübernahmen aus dem Hinstorff Verlag, um einen Programmschwerpunkt der ‚DDR-Literatur' herzustellen.[1304] Die hochwertigere Bindung des Buchs kann als Indiz gelesen werden, dass der Verlag mit Fühmanns Suhrkamp-Debüt Aufmerksamkeit generieren wollte, eventuell im Hinblick auf eine längere Verlagsbeziehung. Dennoch deutet sich in Borchers' Betonung des Konkreten und Zeitgenössischen im Gegensatz zum Artistischen des *Jongleur im Kino* bereits deren Ablehnung einer Adaptation mythologischer Stoffe als Ausdrucksmittel an.

Ein Blick zurück auf den Beginn der Zusammenarbeit von Borchers und Fühmann im Luchterhand Verlag zeigt, dass Borchers' Verhältnis zu Fühmann nicht darauf basierte, dass sie einen literarischen Erfolg vorhersagte, sondern dass es von Prestigegründen geprägt war.[1305] So urteilte Borchers über den Band *Der Jongleur im Kino*: „Nicht unser Genre. Die Erzählungen werden weder die Kritiker noch das Publikum in Hochstimmung versetzen."[1306] Dennoch sprach sie sich damals für eine Aufnahme bei Luchterhand aus, weil Fühmann in der DDR von Bedeutung war. Außerdem diente die Übernahme des Manuskripts auch der Beziehungspflege zum Hinstorff Verlag. Sie wies jedoch schon bei Luchterhand darauf hin, „daß die DDR-Literatur mit anderen Maßstäben angegangen werden muß".[1307] An dem impliziten Vergleich mit der westdeutschen Literatur wird das Paradox der literarischen Wertung deutlich: Zum einen galt ihr die Literatur der BRD als Maßstab, zum anderen nahm sie einen Unterschied zur Literatur der DDR wahr, der einen normativen Vergleich zwischen beiden Literaturen problematisch erscheinen lässt.

Die Differenz der beiden literarischen Felder wird an der Verlagsbeziehung zu Fühmann besonders deutlich. Kurze Zeit nach der Aufnahme des Budapester Tagebuchs ins Suhrkamp-Programm schickte Fühmann ein unkorrigiertes Manuskript des Kinderromans *Prometheus*, das nach seinen Wünschen im Insel Verlag erscheinen sollte. Borchers antwortete irritiert zum Status des Texts, fragte, ob es sich um die Endfassung handle. Sie sprach den Autor auf „stilistische Widersprüchlichkeiten" an und meinte damit die stilistische Vielfalt zwischen ho-

---

[1304] Vgl. Kapitel 1.1.
[1305] Vgl. Ulmer: VEB Luchterhand, S. 175.
[1306] Elisabeth Borchers an Otto F. Walter, Brief vom 1.04.1970. In: DLA, A: Luchterhand. Zitiert nach Ulmer: VEB Luchterhand, S. 174.
[1307] Ebd.

hem literarischem Ton und Umgangssprache im Manuskript.[1308] Ihre Kritik zielte nicht nur auf die Einheit der Diktion. Sie wies Fühmann vor allem darauf hin, dass gewisse Formulierungen nicht dem Ziel des Textes entsprächen, den Prometheus-Mythos in einem Kinderbuch aufzubereiten. Eine kindgerechte Sprache war nach ihrem Verständnis alltagsnah, der Sprache von Kindern entsprechend, und ohne Vieldeutigkeit. Sie bemängelte deshalb metaphorische Passagen wie: „„...die in Fahlnis zerrissene Wölbung des niedrigen Himmels" oder verschachtelte Sätze wie: „Die Sonnenscheibe, am Meer nicht mehr haftend, stieg glanzverströmend in den Himmel, der, um die Fülle des Lichts zu fassen, nach allen Seiten auseinander wuchs."[1309] Die Verwendung von ‚allein' statt ‚doch' bewertete sie als „prätentiös" und kritisierte den auffallenden Gebrauch der ihrer Meinung nach veralteten Konjunktion ‚indes'.[1310]

In ihrer Sprachkritik verwendete Borchers zwei grundlegende Wertmaßstäbe: Sie wertete erstens die Stimmigkeit des Textes bezogen auf seine sprachliche Gestaltung. Der Stil wechselte zwischen komplexen und einfachen Sprachelementen und störte ihrer Meinung nach die sprachliche Einheit des Textes. Da sie den *Prometheus* als Kinder- und Jugendliteratur wahrnahm, kritisierte sie zweitens die starke Abweichung vom Stil der Alltagskommunikation. Fühmanns Kinder- und Jugendliteratur zeichnet sich hingegen durch eine Doppeladressierung auch an Erwachsene aus, die sich inhaltlich, stilistisch, lexikalisch äußert und die sich als explizite Leseanweisung Fühmanns verstehen lässt.[1311]

Wie Enzensberger bei der Begutachtung von Gedichten zu Beginn der sechziger Jahre legte auch Borchers die Maßstäbe ihres eigenen Schreibens an das zu begutachtende Manuskript an, zumindest bezogen auf den pädagogischen Aspekt. Wie Sprengel darlegt, hatte Borchers selbst versucht, mit ihren Büchern Kinder und Jugendliche an literarische Texte heranzuführen. Ihre literarischen Bearbeitungen, wie Sprengel anhand des Kinderbuchs *Als Zaddelpaddel kam* aufweist, entsprachen damit der zeitgenössischen Pädagogik, die Kinderrechte stärken und die persönliche Entfaltung von Kindern durch die Förderung von

---

1308 Elisabeth Borchers an Franz Fühmann, Brief vom 16.06.1973. In: DLA, SUA: Suhrkamp. Siehe Anhang, Dokumente, Nr. 21.
1309 Ebd.
1310 Ebd.
1311 Vgl. Ursula Elsner: „Fertig wird nichts, nur das Nichts ist fertig...". Franz Fühmanns politisch-philosophisches Sprachspielbuch *Die dampfenden Hälse der Pferde im Turm von Babel*. In: Paul Alfred Kleinert/Irina Mohr/Franziska Richter (Hg.): „Auf's Ganze aus sein". Franz Fühmann in seiner Zeit. Berlin 2016, S. 40–50, hier S. 40–42.

eigenverantwortlichem Handeln voranbringen wollte.[1312] Der Vergleich von Enzensbergers und Borchers' Wertungskriterien verdeutlicht, dass die Praxis, Schriftsteller:innen für die Begutachtung von Manuskripten einzusetzen, einerseits die Akquise von Autor:innen unterstützte, die das Urteil ihrer Kolleg:innen wertschätzten. Andererseits prägten diese das Programm gemäß ihren eigenen poetologischen Vorstellungen, was dazu führen konnte, dass vollkommen andere oder konkurrierende Poetiken nicht nur kritisiert, sondern abgelehnt wurden. Bei der Bewertung von Texten durch Schriftsteller:innen handelte es sich also um eine verlegerische Praxis mit Kooperations- ebenso wie Konfliktpotential.

Fühmann nahm die Lektoratskritik zum *Prometheus* nicht an, zog das Manuskript als „Mißverständnis" zurück.[1313] Auf Borchers' Nachfrage hin, äußerte er seinen Eindruck, die Kritik der Lektorin orientiere sich nicht am konkreten Text und ziele auf dessen Verbesserung, sondern auf dessen Anpassung an fremde Vorstellungen – der Lektorin, des Verlags, des Markts – von Literatur. Er fühlte sich daher in seiner eigenen Textintention übergangen:

> Es sollte sich um Kritik handeln, die einen weiter in der Richtung bringt, auf der man zu seinem Ziel unterwegs ist: sicherlich mühsam, sicherlich stolpernd, sicherlich vieler guter Ratschläge bedürftig, aber eben auf einem bestimmten Weg mit einem bestimmten Willen zu einem bestimmten Ziel – unabhängig von der Saisonmode und auch ungeachtet der Tatsache, daß viele andere in anderen, auch in direkt entgegengesetzter Richtung suchen und gehen.[1314]

Bereits hier zu Beginn der Verlagsbeziehung zu Suhrkamp gerieten also Fühmanns poetische Entwicklung und Borchers' Lektorat in einen grundsätzlichen Konflikt: „Wollen wir eigentlich dasselbe, stimmen wir im Prinzip überein, funken wir auf der selben Welle? [...] Es muß ein Mißverständnis sein zu glauben, wir seinen [!] über das Was, das Wohin und das Wie unsres Schreibens im Einverständnis."[1315] Während Borchers mit den literarischen und ökonomischen Konsequenzen einer Publikation kalkulieren musste, zeigt sich an Fühmanns Haltung der Unwille, sich den Gesetzen des Marktes und Borchers' poetologischem Programm anzupassen. „Einer ist der Meinung, daß es auch heute möglich sein müßte, mit allen Regenbogenfarben zu malen, und nicht nur mit den grad als

---

1312 Vgl. Marja-Christine Sprengel: Drei Bücher, drei Anfänge. Rainer Malkowski, Jurek Becker und Elisabeth Borchers im Suhrkamp Verlag. Unveröffentlichtes Manuskript 2015. Vgl. zum Lektorat von Elisabeth Borchers auch M.-C.S.: Der Lektor und sein Autor, S. 23–130.
1313 Franz Fühmann an Elisabeth Borchers, Brief vom 20.07.1973. In: DLA, SUA: Suhrkamp.
1314 Franz Fühmann an Elisabeth Borchers, Brief vom 2.09.1973. In: DLA, SUA: Suhrkamp.
1315 Ebd.

einzig möglich sanktionierten Farben mausgrau und anthrazit [...]."[1316] In einem Brief an Unseld mutmaßte Fühmann, dass Borchers' Kritik an seinen Landschaftsschilderungen auch eine abwertende Haltung gegenüber der als vormodern eingestuften ostdeutschen Literatur prägte, diese „gingen doch prinzipiell nicht mehr, das mache man doch schon lange nicht (da klingt immer so ein bißchen Bedauern mit der Provinzialität eines Ostmenschen mit, der solche Dinge noch nicht weiß) und ähnlich Gelagertes".[1317] Vordergründig führte Fühmann Borchers' Urteil auf die unterschiedlichen Poetiken der Lektorin, die auch Lyrikerin war, und seiner selbst zurück. In einem um Klärung der Krise bemühten Brief an Unseld mehrere Jahre später, d. h. nach weiteren Begutachtungen durch Borchers, erklärte Fühmann die kritischen, ablehnenden Urteile seiner Lektorin damit, dass diese selbst schriftstellerisch tätig sei:

> Ich erfahre Vorzüge wie Nachteile des Umstands, daß meine Lektorin selbst eine der bedeutendsten heute wirkenden Autorinnen deutscher Sprache ist; die Vorzüge liegen auf der Hand, aber ebenso auch die Nachteile. Jeder, der selbst schreibt, und gar einer, der es so exzellent tut wie Elisabeth, hat seine eigenen Vorstellungen von Stoff und Form, hat seinen Sprachrhythmus, seine Bilder, seine Rhetorik, seine Gestik, und die Gefahr ist kaum abzuwehren, daß er diese seine Vorstellung auf das Werk anderer überträgt.[1318]

Fühmann problematisierte, inwiefern die Poetik des Autors und die literarischen Vorstellungen der Lektorin in ein Verhältnis zu bringen seien, die bei Borchers bewusst ausgeprägt waren, weil sie selbst Autorin war, d. h. durch das eigene Schreiben ihr poetisches Prinzip bereits praktisch umgesetzt hatte. Was zunächst als eine poetologische Differenz zwischen einem Autor und einer Autorin und also eigentlich als eine kollegiale Meinungsverschiedenheit funktioniert, nimmt im Hierarchiegefälle zwischen Lektorin und Autor eine andere Qualität an. Gutachterin und Autor begegneten sich nicht auf Augenhöhe. Im Gegenteil, von Borchers' Urteil war abhängig, ob das Buch bei Suhrkamp realisiert werden würde oder nicht, denn Unseld vertraute auf die Kompetenz seiner Lektorin und räumte ihr großen Entscheidungsspielraum ein.[1319] Sprengel hat in ihrer Studie über Autor-Lektor-Verhältnisse für die Funktion des Lektorats den Begriff des ‚zweigeteilten Lesens'[1320] geprägt und zitiert Borchers zur Lektürehaltung:

1316 Ebd.
1317 Fühmann an Unseld, Brief vom 25.05.1978. Siehe Anhang, Dokumente, Nr. 25.
1318 Ebd.
1319 Vgl. Borchers: Es hatte keinen Sinn sich gegen Suhrkamp zu wehren, S. 162.
1320 Vgl. Sprengel: Der Lektor und sein Autor, S. 29.

Der Lektor ist als Leser zumindest zweigeteilt. Er liest im Bewusstsein eigener Lese- und Lebenserfahrungen – von eigenen Lesebedürfnissen soll hier nicht die Rede sein. Und er liest im Auftrag einer Institution. Der Verlag gibt ihm Kriterien an die Hand, ohne deren Berücksichtigung sein Lesen für ihn unbrauchbar wäre.[1321]

Im Fall von Borchers muss man allerdings von einem dreigeteilten Lesen sprechen: als Lektorin im Interesse der literarischen Entwicklung Fühmanns, als Lektorin im Hinblick auf die Ansprüche des Verlags und der Leserschaft, aber auch als Autorin mit Blick auf die eigene Poetik, die Borchers hier im Zitat mit den „eigenen Lesebedürfnissen" ausdrückte. Der Wunsch Fühmanns nach einem Einverständnis mit dem Lektorat erwies sich jedoch zumindest bei Suhrkamp als eine unerfüllbare Idealvorstellung. Nachdem Borchers bereits seine Bearbeitung des Nibelungenlieds sowie Nachdichtungen von Milan Füst abgelehnt hatte, begannen mit der Absage an den *Prometheus*, den Fühmann zu seinem Hauptwerk zählte,[1322] die krisenhaften Jahre, die schließlich zum Bruch führten.

1976 veröffentlichte der Suhrkamp Verlag Fühmanns Essayband *Erfahrungen und Widersprüche* als *suhrkamp taschenbuch*, für den der Autor sich Ende 1975 in Frankfurt mit seiner Lektorin traf. Fühmann war verwundert, dass Suhrkamp sich für diesen zuerst bei Hinstorff erschienenen Band interessierte, weil es darin vor allem um die Bedingungen der Literaturproduktion in der DDR ging: „[I]ch war überrascht, denn ich hatte damit tatsächlich nicht gerechnet. Diese Dinger sind ja in der Hauptsache kulturpolitischer Natur, und werden eben hier ebenso verstanden; ich dachte wirklich nicht, daß das s o [Herv. im Original, A.J.] bei euch von Interesse sein könnte."[1323] Weniger überraschend ist dies allerdings vor dem Hintergrund der bereits dargelegten Positionierung des Werks von Fühmann im Verlag.

Nach dem Treffen Ende des Jahres 1975 wechselten Borchers und Fühmann zum Du, der Briefwechsel der beiden hatte einen freundschaftlichen und kollegialen Ton, die Verbindung der beiden scheint zu dieser Zeit wohlwollend und frei von Spannungen gewesen zu sein. Sie tauschten Glückwunsche zu privaten Er-

---

1321 Elisabeth Borchers: Lectori salutem. (Abhandlungen der Klasse der Literatur 2) Wiesbaden 1978, S. 9. Zitiert nach Sprengel: Der Lektor und sein Autor, S. 29.
1322 Vgl. Fühmann an Unseld, Brief vom 25.05.1978. Siehe Anhang, Dokumente, Nr. 25. Fühmann entwickelte im *Prometheus* „sein mythologisches Personal" und „sein poetologisches Verständnis" von Mythologemen, die für die weiteren Werke von Bedeutung waren (Jürgen Krätzer: „...das Stocken des Widerspruchs treibt Monstren heraus". In: J.K. (Hg.): Franz Fühmann. Text + Kritik 202/203 (2014), S. 14–35, hier S. 21).
1323 Franz Fühmann an Elisabeth Borchers, Brief vom 25.11.1975. In: DLA, SUA: Suhrkamp.

eignissen aus,[1324] er bestellte Bücher vom Verlag[1325] und erkundigte sich nach dem Stand ihrer literarischen Arbeiten,[1326] sie setzte ihn als Vermittler für Verlagsprojekte ein,[1327] und er hielt sie mit literarischen Neuigkeiten aus der DDR auf dem Laufenden.[1328] Wie bei anderen Autor:innen der DDR unterhielt vor allem der Kontakt zum Lektorat das Verhältnis zum Verlag, besonders seit mit Borchers ein Lektorat für ‚DDR-Literatur' bestand. Das belegt allein schon die Quantität der Briefe zwischen Fühmann und dem Lektorat bzw. der Verlagsleitung. Von Unseld bzw. über sein Sekretariat erhielten die Autor:innen zum Teil konkrete Anfragen für Beiträge zu Sammelbänden oder Einladungen zu Jubiläen und Veranstaltungen, denen diese wegen der langwierigen und nur bedingten Genehmigung von Auslandsreisen allerdings nur selten nachkommen konnten. Gerade bei den Lizenzautor:innen entstand so nur selten ein persönlicher Kontakt zum Verleger.

Nach der Auseinandersetzung um *Prometheus* hoffte Fühmann auf eine produktive Zusammenarbeit mit dem westdeutschen Verlag und schrieb seiner Lektorin symbolträchtig am Silvesterabend des Jahres 1975:

> Ich bin sehr froh, daß das schlaue Leben eine solche Form gefunden hat, eine Spannung, die doch da gewesen ist, in etwas aufzulösen, was einfach ermutigend war, eine ganz einfache, unkomplizierte, so überaus seltene und nie zu arrangierende menschliche Konstellation guten Zusammenseins und Zusammenarbeitens. Also laß uns wünschen, daß es i m W e s e n t-

---

1324 Fühmann gratulierte Borchers zu ihrem fünfzigsten Geburtstag am 27.02.1976 (vgl. Franz Fühmann an Elisabeth Borchers, Brief vom 27.02.1976. In: DLA, SUA: Suhrkamp).

1325 Im Silvesterbrief von 1975 bestellte er zum Beispiel Johann Jakob Bachofen: *Das Mutterrecht* mit dem Materialienband, Werner Fuchs: *Todesbilder in der modernen Gesellschaft*, einen Band von Peter Gorsen zur Alltagsästhetik, der bei Suhrkamp allerdings nicht erschienen ist (wahrscheinlich meinte er die zweibändige Abhandlung *Proletkult* von 1975 im Verlag Frommann-Holzboog) sowie verschiedene Schriften von Herbert Marcuse (vgl. Franz Fühmann an Elisabeth Borchers, Brief vom 31.12.1975. In: DLA, SUA: Suhrkamp).

1326 Fühmann schrieb: „Und nun freue ich mich auf die Katzenbücher, und die Stadt im Klo, und den Apfeldieb, der von der Mauer gleitet, wenn des Königs Wächter vorüberreitet, und die Geburtstagsbücher." (Fühmann an Borchers, Brief vom 31.12.1975). Wahrscheinlich spielte er damit auf ihre Nacherzählungen von russischen Märchen und Erzählungen an, die im Insel Verlag erschienen waren, sowie den Band ausgewählter Gedichte in der *Bibliothek Suhrkamp* anlässlich ihres 50. Geburtstags.

1327 Im Februar 1976 schrieb Fühmann an Borchers: „Erledigt habe ich alles, was ich so von dir aufgetragen bekommen." (Franz Fühmann an Elisabeth Borchers, Brief vom 27.02.1976. In: DLA, SUA: Suhrkamp).

1328 So berichtete er, dass Stephan Hermlin über das Ausbleiben einer Einladung zum 25-jährigen Jubiläum Unselds enttäuscht gewesen sei, und riet Borchers die Gründe dafür bei Gelegenheit zu erklären. Angeblich hatte Suhrkamp Hermlin nicht eingeladen, um ihm politische Probleme zu ersparen, weil er auf der Feier mit dem 1971 aus der DDR ausgereisten Huchel zusammengetroffen wäre (vgl. Fühmann an Borchers, Brief vom 31.12.1975).

l i c h e n [Herv. im Original, A.J.] so bleibt, im Einzelnen wird es sicher nicht immer so harmonisch sein können, aber im Wesentlichen. Ich würde mich freuen und täte es brauchen.[1329]

Der Silvesterbrief vermittelt Fühmanns Wunsch nach einer langfristigen Kooperation, dies vor allem im Hinblick auf seine entstehenden Werke. Borchers bekam in der Folge drei seiner Manuskripte zur Begutachtung, die nach Ansicht des Autors für Suhrkamp oder den Insel Verlag in Frage kämen: Die Erzählungen *Bagatelle, rundum positiv, Die Ohnmacht, Drei nackte Männer* und *Strelch* sowie mit dem Manuskript zu *Die dampfenden Hälse der Pferde im Turm von Babel* erneut ein Kinderbuch und Nachdichtungen des ungarischen Autors Attila József.

Das Konvolut der Erzählungen bezeichnete die Lektorin als „hervorragend"[1330] und „ausgezeichnet".[1331] In einer Notiz an den Verleger anlässlich Fühmanns Besuch 1977 in Frankfurt versuchte sie mit einem Vergleich zu Volker Braun den Verleger zur Annahme der Texte zu bewegen. Brauns Erzählung *Die unvollendete Geschichte* war mit einem Abdruck in der Zeitschrift *Sinn und Form* im Jahr zuvor und der darauffolgenden Unterdrückung des Hefts auf große Resonanz gestoßen, so dass sie nun im Suhrkamp Verlag erscheinen sollte.[1332] Borchers zeigte sich vor allem von der späteren Titelgeschichte *Bagatelle, rundum positiv* begeistert:

> Wie schon so oft, ich verstehe nicht, wie man dieser Geschichte, in dieser Zeit, ein Plazet geben konnte. Sie zeigt eine Borniertheit, eine Unmenschlichkeit, wie sie präziser, schärfer nicht vorgebracht werden könnte. Ein Vorabdruck dieser Geschichte würde Fühmann eine Popularität verleihen, die ihm bisher fehlte.[1333]

Borchers versuchte Unseld mit der Aussicht auf Verbreitung und Verkauf der Texte zu überzeugen. Für den Verlag spielte das symbolische Kapital von Erzählungen, die Tabus der DDR-Literaturpolitik erörterten bzw. System und Gesellschaft der DDR kritisierten, bei der Auswahl eine Rolle, weil sich die Aufmerksamkeit für die politischen Umstände unmittelbar in ökonomisches Kapital in Form von hohen Verkäufen umsetzte. Um die Bekanntheit Fühmanns zu erhöhen und damit den Erfolg des Buchs zu befördern, zog Borchers einen Vorabdruck in der *FAZ* in

---

1329 Ebd.
1330 Elisabeth Borchers an Franz Fühmann, Brief vom 3.03.1976. In: DLA, SUA: Suhrkamp. Siehe Anhang, Dokumente, Nr. 23.
1331 Elisabeth Borchers: Einige Informationen zu Franz Fühmann, der kommen wird, Notiz vom 5.01.1977. In: DLA, SUA: Suhrkamp.
1332 Vgl. ebd.
1333 Ebd.

Betracht, zu deren Feuilletonchef Reich-Ranicki der Verlag eine produktive Verbindung als Autor, Herausgeber und Kritiker hielt.[1334]

Es gehörte zur gängigen Praxis des Verlags Rezensionsexemplare an Literaturzeitschriften und Feuilletons zu senden, um auf eine (positive) Besprechung der eigenen Buchproduktion hinzuwirken. Das Verhältnis zwischen Suhrkamp und dem *FAZ*-Feuilleton war jedoch ebenso intensiv wie konfliktgeladen. Aufgrund der Gespräche und Absprachen zwischen Verleger und Kritiker Reich-Ranicki kam es im September 1979 zu einem Disput, der in der Korrespondenz im SUA überliefert ist. Unseld hatte vorgeschlagen, dass Peter Handkes *Langsame Heimkehr* auf der Titelseite der *FAZ*-Beilage zur Frankfurter Buchmesse rezensiert werden sollte. Reich-Ranicki reagierte: „Seit ich bei der F.A.Z. arbeite, hat kein Verleger versucht, auf diese Weise zu intervenieren."[1335] Obwohl oder gerade weil Unseld darauf hinwies, dass seine Vorschläge nur Teil gängiger Marketingpraktiken sei,[1336] kam Reich-Ranicki noch ein Jahr später zu dem Schluss: „Es ist mir längst bewusst, daß Sie nicht aufhören zu hoffen, Sie könnten aus mir und dem ganzen Literaturteil der F.A.Z. einen verlängerten Arm Ihrer Werbeabteilung machen."[1337] Suhrkamp, so wird klar, rechnete also mit der Möglichkeit und Wirksamkeit von Rezensionen in der *FAZ* in seiner Werbepraxis. Dies verdeutlicht, wie weit der Einfluss Reich-Ranickis als Rezensent für die Prozesse der Rezeption und Produktion im Literaturbetrieb reichte. Am Fall Fühmann werde ich zeigen, dass Borchers im umgekehrten Fall auch die Ablehnung einer Besprechung durch Reich-Ranicki als Argument gegen eine Veröffentlichung im Verlag heranzog.

In der Erzählung *Bagatelle, rundum positiv* geht es um einen Schriftsteller, der auf der Suche nach einer neuen Geschichte auf einen Zeitungsbericht stößt. Darin wird ein Brigadearbeiter gelobt, der seine Arbeit aufgegeben hat, um in einer

---

1334 Am 11.12.1974 hielt Unseld in der *Chronik* fest, Borchers habe einen direkten Kontakt zu Reich-Ranicki. Am 1.01.1978 notierte er ein Abendessen mit dem Ehepaar Reich-Ranicki und Borchers. Am 1.12.1978 kam es laut *Chronik* zu einem Gespräch im Verlag zwischen dem Feuilleton der *FAZ* und dem Verlag über das literarische Lektorat in deutschen Verlagen (vgl. Unseld: Chronik. Einträge vom 11.12.1974, 1.01.1978 und 1.12.1978. In: DLA, SUA: Suhrkamp). Auch über die Konflikte mit der Verlegerin Ulla Unseld-Berkéwicz, die 2008 zu Reich-Ranickis Weggang von Suhrkamp führten, sowie die Auseinandersetzung um Walsers *Tod eines Kritikers* von 2002 hinaus, verspricht eine Untersuchung des spannungsreichen Verhältnisses zwischen dem Literaturkritiker und dem Suhrkamp Verlag folgenreiche Erkenntnisse über die Literatur im geteilten Deutschland.
1335 Marcel Reich-Ranicki an Siegfried Unseld, Brief vom 20.09.1979. In: DLA, SUA: Suhrkamp.
1336 Vgl. Siegfried Unseld an Marcel Reich-Ranicki, Brief vom 25.09.1979. In: DLA, SUA: Suhrkamp.
1337 Marcel Reich-Ranicki an Siegfried Unseld, Brief vom 26.08.1980. In: DLA, SUA: Suhrkamp.

geringer bezahlten Stellung die Brigade Roter Oktober politisch wiederaufzubauen. Er wird als Held der sozialistischen Arbeit präsentiert. Der Schriftsteller fährt eine Woche später in das Werk, um den Brigadier kennen zu lernen, trifft dort jedoch auf den alten Brigadier, weil sich der Neue noch auf einer Schulung befindet. Dieser berichtet ihm, dass er zwar das von ihm politisch Verlangte nicht habe leisten können und deshalb seine Stelle verlor, dass er sich aber entgegen der öffentlichen Darstellung im Sinne der sozialistischen Wirtschaft korrekt verhalten habe. Als die Betriebsleitung den Austausch bemerkt, wird der Schriftsteller von dem Brigadier weggeführt, damit er von einer anderen Brigade über den Sinn und Nutzen sozialistischer Heldengeschichten berichte.

Borchers beeindruckte an der Geschichte vor allem die Gesellschaftskritik Führmanns, wie aus ihrer Erwähnung des borniertem, unmenschlichen Verhaltens der Betriebsleitung hervorgeht, das vom sozialistischen System hervorgebracht und unterstützt werde. Mit dem Wahrheitsgehalt und der Moralität der Erzählung stimmten nicht nur sie und der Verlag überein. Hinzu kam, dass sie davon ausging, dass auch das westdeutsche Publikum, sowohl die Literaturkritik als auch die Leserschaft, die Erzählung gut aufnehmen würden. So war zu hoffen, dass der Erzählband den literarischen Durchbruch für Führmann im Westen bringen könnte.[1338] Wiederum galten als wichtigste Wertungskriterien die Wirklichkeitsnähe sowie der Bezug zu westdeutschen Wahrnehmungs- und Bewertungsmaßstäben. Auch dem Verlag würde der Band demnach Prestige und kommerziellen Gewinn bringen. Borchers schlug aufgrund von vergleichbaren Erfahrungen mit Texten von Autoren der DDR vor, die Erzählungen im Hauptprogramm zu veröffentlichen: „Wenn je ein Buch die Chance hatte, Aufsehen zu erregen, dann dieses hier. (Siehe auch der Erfolg der Erzählungen von Brasch.)"[1339] Trotz ihrer Fürsprache erschien der Erzählband *Bagatelle, rundum positiv* 1978 im *suhrkamp taschenbuch*.[1340] Im selben Jahr legte der Verlag auch eine Taschenbuch-Ausgabe des Budapester Tagebuchs vor.[1341] Es war das letzte Buch von Führmann, das bei Suhrkamp aufgenommen wurde. Obwohl der Insel Verlag Leipzig 1978 den *König Ödipus* in die Insel-Bücherei integrierte, entschied sich der Frankfurter Verlagsteil gegen eine Übernahme, obwohl diese kostengünstig zu bewerkstelligen gewesen wäre.

1338 Vgl. Borchers: Einige Informationen zu Franz Führmann.
1339 Elisabeth Borchers: Reisebericht Berlin, 12.–15.02.1977. In: DLA, SUA: Suhrkamp.
1340 Der Band enthält die Erzählungen *Drei nackte Männer*, *Bagatelle, rundum positiv*, *Spiegelgeschichte*, *Die Ohnmacht* und *Schieferbrechen und Schreiben* (vgl. Franz Führmann: Bagatelle, rundum positiv. Frankfurt a. M. 1978).
1341 Vgl. Franz Führmann: 22 Tage oder die Hälfte des Lebens. Frankfurt a. M. 1978.

Bei Fühmanns zweitem Manuskript, dem Sprachspielbuch *Die dampfenden Hälse der Pferde im Turm von Babel* schlug Borchers konkrete Eingriffe in den Text vor, um diesen im Verlagsprogramm realisieren zu können. Die Geschichte handelt von einer Gruppe Kinder, die von dem Geist Küslübürtün dazu angeleitet werden, sich spielerisch mit Sprachgeschichte und linguistischen Phänomenen auseinanderzusetzen. Die Erzählung ist mit interaktiven Sprachrätseln durchzogen, die am Ende des Buchs aufgelöst werden. „[M]ein Vergnügen ist außerordentlich", schrieb Borchers nach der Lektüre an Fühmann, bemerkte aber auch „einige ‚Formulierungen', die nicht ohne weiteres verständlich sind hierzulande."[1342] Um mit dem Verleger in Frankfurt über die neuen Projekte – die Erzählungen, das Sprachbuch und die Nachdichtungen – sprechen zu können, nahm Fühmann die Einladung zum 25-jährigen Suhrkamp-Jubiläum des Verlegers an.[1343] Borchers erstellte einen vierseitigen Bericht mit Informationen zu Autor und Werk, der sowohl bezeugt, dass Unseld wenig Kontakt zum Autor hatte, als auch, dass er die Manuskripte Fühmanns (noch) nicht kannte.[1344] Im Vergleich mit der anderweitigen Überlieferung, Unseld habe die Manuskripte seiner Autor:innen teilweise über Nacht gelesen und bereits am nächsten Tag eine Rückmeldung gegeben,[1345] wird hieran der unterschiedliche Umgang mit Autor:innen deutlich. Da Unseld autonome Entscheidungsmacht hatte, konnte der direkte Kontakt zum Verleger darüber entscheiden, ob ein Text zur Publikation angenommen wurde oder nicht.

Berbig mutmaßt, ob Fühmann, der sich bereits als Suhrkamp-Autor verstand, die Einladung als „intendierte Wiedergutmachung" für einen Eklat empfand, der sich noch im Sommer 1976 ereignet hatte.[1346] Lektor Günther Busch hatte Fühmann um den Abdruck des Aufsatzes *Freiheit im Treibhaus* für den Materialienband *Über Koeppen* in der edition suhrkamp gebeten, den der Autor selbst in seine stalinistisch-dogmatische Phase einordnete. Fühmann reagierte „verstört" auf die Anfrage aus dem Suhrkamp Verlag, der Text sei „unsäglich".[1347] Busch konnte das Missverständnis jedoch aufklären: Er hatte zum Zeitpunkt der Anfrage den Text nicht gekannt, nach der Lektüre dessen Aufnahme in den Band aber bereits

---

[1342] Borchers an Fühmann, Brief vom 3.03.1976.
[1343] Vgl. Franz Fühmann an Elisabeth Borchers, Brief vom 3.12.1976. In: DLA, SUA: Suhrkamp.
[1344] Vgl. Borchers: Einige Informationen zu Franz Fühmann.
[1345] Zum Beispiel notierte Volker Braun am 18.11.1983 zu Unseld: „der autor legte sacht ein ms. auf den tisch, und am nächsten morgen hörte er sagen: *das bringe ich.* sagenhafter klang." (Volker Braun: Werktage 1. Arbeitsbuch 1977–1989. Frankfurt a. M. 2009, S. 567).
[1346] Berbig: War das Haus Suhrkamp bereit und gewillt?, S. 212.
[1347] Franz Fühmann an Günther Busch, Brief vom 20.05.1976. In: DLA, SUA: Suhrkamp.

verworfen.¹³⁴⁸ Obwohl Fühmanns Teilnahme bei der Verlagsfeier, die auch ein persönliches Gespräch mit dem Verleger ermöglichte, eine Annäherung bedeutete,¹³⁴⁹ verliefen die Verhandlungen über *Die dampfenden Hälse* jedoch zäh und schwierig. Im Vordergrund standen hierbei nicht wie bei der Vorbereitung des Buchs bei Hinstorff¹³⁵⁰ oder wie beim *Prometheus* der hybride Stil oder die heterogenen Inhalte, die für Kinder teils zu schwierig, für Erwachsene teils zu simpel waren, sondern die lexikalischen Bezüge auf eine ostdeutsche Erfahrungswelt. Noch zwei Jahre später erinnerte sich Fühmann daran, dass Borchers zum Beispiel das Wort ‚Pionier' in ‚Pfadfinder' ändern wollte.¹³⁵¹ Diese Änderungen, die Fühmann ablehnte, hätten nicht nur eine Anpassung an das alltägliche Vokabular des westdeutschen Zielpublikums bedeutet, sondern auch die Kontextualisierung der Geschichte verändert: Aus den sozialistischen Pionieren sollten die bürgerlichen Pfadfinder werden.

Zur Einordnung der Änderungsvorschläge sei auf einen Brief verwiesen, den Christa Wolf 1979 an Fühmann schrieb. Sie stellte darin anlässlich von Fühmanns Buch *Fräulein Veronika Paulmann aus der Pirnaer Vorstadt oder Etwas über das Schauerliche bei E.T.A. Hoffmann*, das 1976 im Hinstorff Verlag erschienen war, die Möglichkeit in Frage, die Essays überhaupt außerhalb ihres Entstehungskontextes zu verstehen:

> Glaubst du eigentlich, daß man Deine Essays anderswo genauso verstehen, daß man ihnen in ihre Voraussetzungen, Assoziationen, ihre Betroffenheiten, Grimmigkeiten, ihre Polemik, ihre Inständigkeit, ihre beinah flehentlichen Beschwörungen und ihre schmerzlichen, sehr schmerzlichen Schlüsse genau so folgen kann? [...] [E]s ist ja Deine Teil-Identifikation mit einem Mann, einem Autor, der im Grenzbereich zwischen zwei Wert-Systemen leben muß, die einander beeinflussen, aber nicht aufheben, geschweige durchdringen können [...].¹³⁵²

Übertragen auf die literarischen Arbeiten Fühmanns, äußerte sich Wolfs Problematisierung auch in der Kritik der Lektorin Borchers. Ihr Wunsch, das Vokabular an die Rezeptionssituation bzw. an den Erfahrungshorizont der westdeutschen

---

1348 Vgl. Briefwechsel Günther Busch und Franz Fühmann, Briefe von April bis Juni 1976. In: DLA, SUA: Suhrkamp.
1349 Vgl. Berbig: War das Haus Suhrkamp bereit und gewillt?, S. 212.
1350 Vgl. Lukas Betzler: Vom kritischen Geist der Literatur. Sprachwissen und Sprachkritik in Franz Fühmanns *Die dampfenden Hälse der Pferde im Turm von Babel*. In: Angela Gencarelli (Hg.): DDR-Literatur und die Wissenschaften. Berlin/Boston 2022, S. 105–140.
1351 Franz Fühmann an Elisabeth Borchers, Brief vom 22.01.1979. In: DLA, SUA: Suhrkamp. Siehe Anhang, Dokumente, Nr. 27. Zuerst abgedruckt in Berbig: War das Haus Suhrkamp bereit und gewillt?, S. 220–222.
1352 Christa Wolf an Franz Fühmann, Brief vom 27.06.1979. In: C.F./F.F.: Monsieur – wir finden uns wieder. Briefe 1968–1984. Berlin 1998, S. 96 f.

Leserschaft anzupassen, stand Fühmanns Insistieren auf der Integrität seines Werks gegenüber. Einzelne Worte aus dem regionalen Wortschatz der DDR wirkten wie Stolpersteine bei der Lektüre, weil sich für eine westdeutsche Rezipient:in damit keine Vorstellungswelt verband. Borchers' Vorschläge suggerieren allerdings auch, dass dem Textverständnis allein die lexikalische Ebene im Wege stand. Fühmann sträubte sich gegen die vorgeschlagenen Veränderungen, und das Sprachbuch erschien nach der ostdeutschen Erstveröffentlichung 1978 im Ostberliner Kinderbuchverlag im selben Jahr beim Wiesbadener VMA-Verlag.[1353]

Hatte Borchers zum Zweck der Integration des Textes auf lexikalische Anpassung gedrängt, versah der Hinstorff Verlag seine Neuauflage des Buchs 2005 wegen der vielen Ausdrücke aus dem Alltag in der DDR aus Gründen allgemeiner Lesbarkeit mit einem erklärenden Nachwort und einem Glossar.[1354] Was damals im Kontext von ideologischen Kämpfen der beiden Teile Deutschlands stand und vom Autor als Eingriff in seine poetische Autonomie abgelehnt wurde, löste der Verlag 15 Jahre nach dem Ende der DDR aus historischer Distanz ohne die Integrität des Textes zu verletzen.[1355]

Zum endgültigen Bruch zwischen Suhrkamp und Fühmann kam es ein knappes Jahr später aufgrund der Ablehnung der mythologischen Novellen, die 1978 unter dem Titel *Der Geliebte der Morgenröte* bei Hinstorff und ein Jahr später bei Hoffmann und Campe erschienen. Dabei handelt es sich um Erzählungen, die an Episoden der griechischen Mythologie aber in Bezug auf eine aktuelle Situation gleichnishafte Modelle existentieller und elementarer Menschheitserfahrung entwickeln. Nach Prüfung des Manuskripts schrieb Suhrkamp-Lektorin Maria Dessauer im Dezember 1977 an den Autor:

> So sehr ich den Wunsch, die Sehnsucht, das immer noch schwelende Bedürfnis verstehe, diese schönen Mythen nachzudichten, so wenig liebe ich doch Ihre Nachdichtung. Die eigenen Texte des Autors und in diesem Fall ganz unironisch: Dichters Franz Fühmann liebe ich; die Nachdichtungen gar nicht. Ihre poetische Qualität erscheint mir manchmal pseudopoetisch, und die Originale sind so überwältigend besser, daß eine Nachdichtung sich ohnehin von vornherein verbietet.[1356]

1353 Vgl. Betzler: Vom kritischen Geist der Literatur, S. 127.
1354 Darin wird unter anderem auch die Verwendung der Bezeichnung ‚Neger' problematisiert (vgl. ebd., S. 113, FN 29).
1355 Die Verständnisprobleme werden in einem noch größeren Rahmen – nämlich der Übertragung eines böhmischen Kontextes auf die junge Leserschaft in den USA – auch an einem Briefwechsel zwischen Fühmann und Johnson deutlich, der die Erzählung *Das Judenauto* in einem Band des New Yorker Verlags Harcourt im Jahr 1967 herausgab (vgl. Uwe Johnson – Franz Fühmann. Briefwechsel 1966–67. In: UJA).
1356 Maria Dessauer an Franz Fühmann, Brief vom 2.12.1977. In: DLA, SUA: Suhrkamp. Siehe Anhang, Dokumente, Nr. 24.

Aus Dessauers Kritik spricht, dass der Verlag vor allem an originaler Literatur, also an „eigenen" Texten des Autors interessiert war, die sich nicht an formalen oder inhaltlichen Traditionen orientierten. Nachdichtungen, also die Übersetzung fremdsprachiger Literatur durch Interlinearversionen, waren in der Literatur der DDR eine verbreitete Praxis der literarischen Übertragung fremdsprachiger Literatur für ein deutschsprachiges Publikum, sowie der Form- und Traditionsaneignung.[1357] Berendse interpretiert Nachdichtungen als Gespräch zwischen zwei Autoren und damit als Ausdruck eines Verständnisses von kollektiver Literaturproduktion, das sich auch in zahlreichen Widmungs- und Porträttexten ausdrückt.[1358] Sie standen im Gegensatz zum hier formulierten Originalitäts- und Innovationsparadigma. Erkannte Dessauer in Fühmanns Erzählungen nicht die Verwendung eines mythologischen, sozusagen metatextuellen Stoffs, sondern die Transformation eines kanonischen Textes, dessen Narrativ, Figuren und Motive Teil des kulturellen Gedächtnisses waren, musste ihr eine Nachdichtung Fühmanns als überflüssig erscheinen. Dass hinter ihrer Beurteilung auch ein westdeutscher Anspruch auf die literarische Transformation und Deutung der Antike stand, erscheint vor dem politischen Hintergrund plausibel, lässt sich aber nicht belegen.

Dessauers Urteil verweist damit auf zwei hier divergierende Bezugsprobleme: Einerseits geht es um unterschiedliche Konzepte von Autorschaft. Aus ihrem Urteil spricht die Vorstellung vom Autor als originalem Urheber von Texten, während Fühmann sich als Teil eines historischen Kollektivs verstand, das mit vorhandenen Formen arbeitet, um eigenes auszudrücken. Andererseits stellten Lektorin und Autor unterschiedliche transtextuelle Bezüge her. Dessauer sah das Vorbild der Geschichten in klassischen mythologischen Texten, während Fühmann seine Texte auf einen literarischen Stoff, unabhängig von konkreten literarischen Vorbildern, bezog. Fühmann sah einen Grund für die unterschiedlichen Perspektiven in der Unkenntnis der westdeutschen Lektorin von der Lebensrealität Fühmanns, die er mit dem mythologischen Stoff zu verarbeiten suchte:

> Man versteht hier [Herv. im Original, A.J.] vieles, was euch entgehn muß, aber ich habe sie nun auch noch einmal mit Abstand gelesen und glaube, daß sie auch ohne solche Bezüge gut sind. Natürlich missversteht man sie völlig, wenn man sie als Nacherzählungen von Homer nimmt, dann ists einfach zu sagen, das konnte der besser.[1359]

1357 Vgl. Angela Sanmann: Poetische Interaktion. Französisch-deutsche Lyrikübersetzung bei Friedhelm Kemp, Paul Celan, Ludwig Harig, Volker Braun. Berlin u. a. 2013, S. 297.
1358 Vgl. Gerrit-Jan Berendse: Die „Sächsische Dichterschule". Lyrik in der DDR der sechziger und siebziger Jahre. Frankfurt a. M. 1990, S. 125–128.
1359 Franz Fühmann an Elisabeth Borchers, Brief vom 6.01.1978. In: DLA, SUA: Suhrkamp.

Die Einschätzung Dessauers musste ihn besonders verärgern, war doch ein Jahr zuvor bei Suhrkamp sein poetologischer Essay *Das mythische Element in der Literatur* erschienen, der sein Verständnis vom Mythos und dessen literarischer Verarbeitung darlegt. Darin erklärt er, dass er bei der Arbeit an *Prometheus* und der Suche nach einer Urfassung eben zu der Erkenntnis gelangt sei, dem Mythos könne man nur mit seiner Neugestaltung gerecht werden.[1360] Im Essay formuliert Fühmann, „dass der Mythos eben nicht nur auf natürliche und vorgesellschaftliche Erfahrungen verweise", sondern „analog zur romantischen Literatur auch zur Beschreibung bestimmter gesellschaftlicher Zustände und Entwicklungen" genutzt werden könne.[1361] In der Möglichkeit, „die individuelle Erfahrung [...] an Modellen von Menschheitserfahrung zu messen", sah Fühmann das Wesen des Poetischen überhaupt.[1362] Diese Form der geschichtlichen Kontinuität konnte mit einem Verständnis von Moderne als Fortschrittsentwicklung – ob in Ost oder West – nicht konform gehen. Statt einer „linearen Sicht auf die Geschehnisse", stellte Fühmann in den Geschichten die „innere Widersprüchlichkeit" heraus.[1363] Hierin nahm Fühmann eine Kritik an der Vorstellung vom Ende der Geschichte, also an einem teleologischen Geschichtsverständnis vorweg.[1364] Vielleicht begründet sich in seinem in seiner Widersprüchlichkeit und Kontinuität post-modernen Menschheits- und Geschichtsbild auch die aktuelle Wiederentdeckung des Autors.

Volker Riedel hat dargelegt, dass Fühmanns Beschäftigung mit der griechischen Mythologie bis in die Zeit vor dem Zweiten Weltkrieg zurückreicht und auch auf seine Erfahrungen während des Kriegs zurückzuführen sind, als er in Griechenland, „der Landschaft der Mythen" stationiert war.[1365] Nach Fühmanns Phase der Nacherzählung homerischer Epen Ende der sechziger Jahre[1366] sieht Riedel aber gerade im *Prometheus* „den Weg von der *Nach-* zur *Neu*erzählung eines antiken Mythos, von der *Bearbeitung* eines überlieferten zur Schaffung eines *eigenen*

[1360] Vgl. Franz Fühmann: Das mythische Element in der Literatur. In: F.F.: Erfahrungen und Widersprüche. Versuche über Literatur. Frankfurt a. M. 1976, S. 147–219, hier S. 172.
[1361] Lampart: Fühmanns Hebel, S. 135.
[1362] Fühmann: Das mythische Element, S. 164 und 208.
[1363] Volker Riedel: Antikerezeption in der deutschen Literatur vom Renaissance-Humanismus bis zur Gegenwart. Eine Einführung. Stuttgart/Weimar 2000, S. 384.
[1364] Vgl. Teil II, Kapitel 1.1.
[1365] Volker Riedel: Antiker Mythos und zeitgenössisches Griechenland im Werk Franz Fühmanns. In: V.R.: Verklärung mit Vorbehalt. Aufsätze und Vorträge zur literarischen Antikerezeption IV. Hg. von Günter Schmidt. Jena u. a. 2015, S. 177–186, hier S. 177 f.
[1366] Riedel bezieht sich auf *Das hölzerne Pferd. Die Sage vom Untergang Trojas und von den Irrfahrten des Odysseus*, 1968 im Verlag Neues Leben erschienen. (vgl. Riedel: Antikerezeption, S. 382).

Werkes [Herv. im Original, A.J.]".¹³⁶⁷ Er vollzog damit, so Riedel, „den Schritt von einer grundsätzlichen Übereinstimmung mit dem ‚realen Sozialismus' zu dessen kritischer Analyse".¹³⁶⁸ Fühmann seinerseits erklärte der Suhrkamp-Lektorin als Antwort auf deren Beurteilung:

> Ich habe die Mythen, die mich beschäftigen, meinethalben quälen, so gebraucht, wie man Mythen zu gebrauchen hat: Ich habe sie als die meinen genommen, um meine Probleme darin auszudrücken, meine Fragen, meine Nöte, Ängste, Obsessionen. Das ist ganz legitim, das ist das Wesen des Mythos, daß er so gebraucht wird. Es ist außerordentlich charakteristisch, daß der Thomas Brasch ganz unabhängig von mir (und ganz anders als ich) auch auf den Marsyas-Mythos gestoßen ist und ihn neu gestaltet hat.¹³⁶⁹

Gert Theile hat rekonstruiert, dass Fühmann Motive des Marsyas-Mythos bereits im Budapester Tagebuch verwendete.¹³⁷⁰ Die Auseinandersetzung mit dem Mythos ist wichtiger Bestandteil seines Werks. Fühmanns Verweis auf den Suhrkamp-Autor Brasch musste Dessauers Urteil zwar entkräften, verdeutlicht aber, dass es sich um eine Poetik handelte, die vor allem die Literatur der DDR auszeichnete. Hans-Jürgen Schmitt, Lektor im Verlag Hoffmann und Campe, der die Erzählungen nach der Suhrkamp-Ablehnung las, urteilte: „Vor allem steckt in ‚Marsyas' eine Komplexität, die nur der nachzuvollziehen vermag, der die Antinomie von Macht und Kunst immer deutlich vor Augen hat."¹³⁷¹ Schmitt erklärte Fühmann auch, dass die ablehnende Haltung der Suhrkamp-Lektorinnen, die Fühmann als „Rosinen aus meinem Kuchen picken" bezeichnet hatte,¹³⁷² in einem anderen Umgang mit dem Mythos begründet war: „Unsere Erzähler hier haben ja kein sonderlich ausgeprägtes Gespür für Sage, Legende, Mythos und deren Anverwandlung."¹³⁷³ Dementsprechend habe auch er zunächst „bänglich"¹³⁷⁴ auf die

---

1367 Ebd., S. 383.
1368 Ebd.
1369 Franz Fühmann an Maria Dessauer, Brief vom 6.01.1978. In: DLA, SUA: Suhrkamp. Thomas Brasch verarbeitete den Marsyas-Mythos sowohl in *Kargo. 32. Versuch auf einem untergehenden Schiff aus der eigenen Haut zu kommen* (1977), vor allem in *Lovely Rita*, und im Kapitel *Der Zweikampf* in *Vor den Vätern sterben die Söhne* (1977).
1370 Vgl. Gert Theile: Kanon Grenzen Wandlung. Die Marsyas-Bearbeitungen von Franz Fühmann und Thomas Brasch. In: Ursula Renner/Manfred Schneider (Hg.): Häutung. Lesarten des Marsyas-Mythos. München 2006, S. 197–216, hier S. 201f.
1371 Hans-Jürgen Schmitt an Franz Fühmann, Brief vom 16.04.1978. In: Verlagsarchiv Hoffmann und Campe.
1372 Franz Fühmann an Hans-Jürgen Schmitt, Brief vom 27.03.1978. In: Verlagsarchiv Hoffmann und Campe.
1373 Schmitt an Fühmann, Brief vom 16.04.1978.
1374 Ebd.

Lektüre reagiert. Auch Fühmanns Biograph Hans Richter erklärt die Ablehnung der Geschichten mit der Annahme, ein solches Buch hätte sich in der BRD, wo Fühmann im Gegensatz zur DDR weder besonders bekannt noch beliebt war,[1375] nicht verkauft: „[M]an fürchtet wohl allzu geringes Leserinteresse[...]."[1376]

Mit der Aussicht auf mangelhafte Verbreitung und mäßigen Erfolg ist der Bruch mit dem Suhrkamp Verlag aber nicht allein erklärbar. Bevor Fühmann zu Hoffmann und Campe wechselte, bezog auch Borchers nach der Leipziger Buchmesse in einem internen Bericht noch einmal Stellung zu den Erzählungen: „Für uns lassen sich diese mythologischen Nacherzählungen schlecht vertreten. Ich habe auch Frau Dessauer lesen lassen; und Reich-Ranicki hat eine der Geschichten, die Fühmann ihm geschickt hat, für einen Vorabdruck abgelehnt. Wenn sich Fühmann ins Mythologische versteigt, hört, zumindest bei uns, das Verständnis auf."[1377] Jürgen Krätzer hat gezeigt, dass Reich-Ranicki seine Wahrnehmung Fühmanns als opportunistischen Schriftsteller im Faschismus wie im Stalinismus nie revidiert und damit die Rezeption des Autors in der BRD geprägt hat.[1378] Sowohl den Entscheidungsprozess als auch den Grund für den Abbruch der Verlagsbeziehung bringt die zitierte Stellungnahme abschließend auf den Punkt: Borchers deckte ihr Urteil einerseits mit der Begutachtung einer zweiten Lektorin, andererseits mit einem ersten Test im literarischen Feld, nämlich der Einschätzung des Literaturkritikers der *FAZ*, der den Erzählungen durch einen Vorabdruck zu mehr Aufmerksamkeit hätte verhelfen können. Ihre Bewertung der mythologischen Arbeiten als falschen Weg im Schaffensprozess Fühmanns, der sich „versteigt", verdeutlicht jedoch das grundsätzliche Problem im Autor-Verlag-Verhältnis: ein unterschiedliches, nur partielles Verständnis von der Autorschaft Fühmanns und damit verbunden auch dem projektierten und prognostizierten Werk. Fühmann schrieb an den Verleger Unseld:

> Ich hatte mir nach mancher Irrfahrt unser Verhältnis so vorgestellt, daß ich bei Suhrkamp ein Haus gefunden hätte, das mich will, mich ganz, und nicht nur einige meiner Arbeiten, die ein Lektorat als die für mich wesentlich zu seienden bestimmt. Ich kann mich nicht teilen und bin wie ich bin, und die Beschäftigung mit der Mythe ist für mich etwas Unabdingbares und

---

1375 Seine unterschiedliche Positionierung im geteilten Deutschland benannte Fühmann Anfang der achtziger Jahre exemplarisch in einem Brief an Elisabeth Borchers: „[D]er Prometheus wird – bei euch – verramscht, da unverkäuflich; bei uns das 70. Tausend, ich schreib nur so." (Franz Fühmann an Elisabeth Borchers, Brief vom 16.02.1982. In: DLA, SUA: Suhrkamp).
1376 Richter: Ein deutsches Dichterleben, S. 349 f.
1377 Elisabeth Borchers: Reisebericht Leipziger Buchmesse 1978. In: DLA, SUA: Suhrkamp.
1378 Vgl. Krätzer: „,...das Stocken des Widerspruchs", S. 16.

wird auch weiterhin ein wesentlicher Bestandteil meines Schaffens bleiben. Ich kann nun schlecht ein Haus als das meine betrachten, das mich zur guten Hälfte strikt ablehnt[...].[1379]

Nach den Erfahrungen mit dem Suhrkamp-Lektorat stellte er die entscheidende Loyalitätsfrage: „Ist also das Haus Suhrkamp bereit und gewillt, diesem meinem Werk als Ganzem eine Heimat zu sein und ihm als Ganzem eine Chance zu geben, sich der Öffentlichkeit mitzuteilen, oder möchte das Haus nach wir vor das auswählen, was es für das Beste daraus hält."[1380] Unseld ließ sich jedoch auch weiterhin nicht auf eine Zusage zum Gesamtwerk des Autors ein, unabhängig davon, wie es sich entwickeln würde: „Es muß Manuskripte geben, über die wir diskutieren, und es darf nicht als Schicksal empfunden werden, wenn wir sagen, dieses oder jenes Manuskript passt nicht aus erklärbaren Gründen in den Suhrkamp Verlag."[1381] Er verbalisierte in seiner Stellungnahme, dass die Praxis der Selektion und Integration von Texten sich am Verlagsprogramm und -profil und nicht an einer unabhängig davon beurteilten literarischen Qualität eines Werks, geschweige denn seiner Bedeutung im Entstehungskontext orientierte. Obwohl Unseld dem Autor versicherte, er werde sich noch einmal mit den Erzählungen auseinandersetzen,[1382] ist weder ein erneuter Brief des Verlegers an Fühmann überliefert, noch erschien der Band schließlich bei Suhrkamp. Dass weder die Lektorinnen noch Unseld sich für eine Veröffentlichung entscheiden konnten, ist angesichts der Publikation von Hans Blumenbergs *Arbeit am Mythos* bei Suhrkamp schon im folgenden Jahr freilich verwunderlich. Darin entwickelt Blumenberg nämlich eine Mythostheorie, die derjenigen Fühmanns ganz ähnlich ist, wie Krätzer gezeigt hat.[1383] Dass Suhrkamp im Fall Fühmann die mythologischen Novellen ablehnte, Blumenbergs theoretische Abhandlung aber veröffentlichte, *wirkt* nur kontingent. Tatsächlich aber zeigt sich an dem Vergleich noch einmal die Multifaktorialität des Gefüges verlegerischer Prozesse, bei denen Herkunft und Position des Autors, Textgattung und Werkkontext sowie die Einstellungen der begutachtenden und entscheidenden Verlagsakteure eine Rolle spielten. Die Entscheidung gegen Fühmanns Texte kann in diesem Sinne auch als Symptom für die Wahrnehmung der Literatur der DDR gesehen werden.[1384]

1379 Fühmann an Unseld, Brief vom 25.05.1978. Siehe Anhang, Dokumente, Nr. 25.
1380 Ebd.
1381 Unseld an Fühmann, Brief vom 30.06.1978. Siehe Anhang, Dokumente, Nr. 26.
1382 Vgl. ebd.
1383 Vgl. Krätzer: „....das Stocken des Widerspruchs", S. 22.
1384 Die Frage, ob die divergierenden Entscheidungen zum Mythos im Verlagsprogramm mit den geteilten Arbeitsprozessen des Verlags, der Textgattung oder der Reputation der Autoren zusammenhing, ließe sich ggf. durch eine synchrone Analyse der jeweiligen Programmsparten

Fühmanns Wunsch nach einem „Haus meines Gesamtwerks" erfüllte sich in der BRD allerdings auch bei Hoffmann und Campe nicht.[1385] „Keiner der Verlage", resümiert Berbig, „unternahm Anstrengungen, die vielgestaltigen Texte Fühmanns zu sammeln und aus ihnen das zu formen, was herzens- und Lebenswunsch und -not war: ein sichtbares, reales Werk deutscher Literatur in Gestalt einer geschlossenen Ausgabe."[1386] Nach wie vor veröffentlicht aber der Hinstorff Verlag Werke von und über Fühmann, mit dem der Autor seit Anfang der sechziger Jahre zusammenarbeitete. Wie wichtig die Kooperation vor allem mit dem Lektorat für ihn war, spiegelt sich im Editionsplan seiner Briefe. Als erster und zweiter Band der siebenbändigen Briefedition erschien 2016 der Briefwechsel mit seinem langjährigen Lektor und Freund Kurt Batt[1387] und 2018 der Briefwechsel mit dessen Nachfolgerin bei Hinstorff Ingrid Prignitz.[1388] Die Edition ist nicht nur ein Zeichen eines Kanonisierungsprozesses, der sich in der Planung einer kritischen Studienausgabe der Werke Fühmanns fortsetzt.[1389] In ihr drückt sich auch das Bedürfnis Fühmanns nach einer einverständlichen, kooperativ-kollektiven Produktionsgemeinschaft mit Verlagen aus, die er Unseld gegenüber als Sehnsucht nach einer „Heimat" bezeichnete.

In der Auseinandersetzung zwischen Fühmann und Suhrkamp ging es um ein unterschiedliches Verständnis von zeitgenössischer Literatur und vom Umgang mit literarischen Vorbildern sowie um die Erwartungen an das Kooperationsverhältnis zwischen Verlag und Autor. Borchers als entscheidende Akteurin für den Verlag rezipierte und positionierte Fühmann vor allem als autobiographischen Autor unter dem Label ‚DDR-Literatur'.[1390] Im Vordergrund stand also die Realitätsnähe und Aktualität seiner Werke im Erfahrungskontext der DDR. So, wie Fühmann jedoch mit mythologischen Stoffen umgegangen war, erschienen sie dem Suhrkamp-Lektorat epigonal und vormodern zu sein und entsprachen weder

---

klären. Daran ließe sich auch die generelle Frage nach dem Umgang mit dem Mythos im Verlag und im geteilten Deutschland anschließen.
1385 Dort erschienen zu Lebzeiten Fühmanns *Der Geliebte der Morgenröte* (1978), die Arbeiten zu E.T.A. Hoffmann (*Fräulein Veronika Paulmann aus der Pirnaer Vorstadt oder Etwas über das Schauerliche bei E.T.A. Hoffmann*, 1980) und Georg Trakl (*Der Sturz des Engels. Erfahrungen mit Dichtung*, 1982) und ein Lesebuch unter dem Titel *Den Katzenartigen wollten wir verbrennen* (1983).
1386 Berbig: War das Haus Suhrkamp bereit und gewillt?, S. 214.
1387 Vgl. Franz Fühmann: Briefwechsel mit Kurt Batt. „Träumen und nicht verzweifeln". Die Briefe. Band 1. Hg. von Barbara Heinze und Jörg Pretzel. Rostock 2016.
1388 Vgl. Franz Fühmann: Briefwechsel mit Ingrid Prignitz. „‚...hab ich Dich wie den Fänger am Trapez". Die Briefe. Band 2. Hg. von Kirsten Thietz. Rostock 2017.
1389 Vgl. Veranstaltungen. Arbeitsvorhaben des Franz Fühmann Freundeskreis: http://www.franz-fuehmann.de/ (zuletzt eingesehen am 5.05.2022).
1390 Vgl. Kapitel 1.1.

dem Originalitäts- noch dem Innovationsparadigma des Verlags. Während Suhrkamp nur einzelne Werke für die Publikation auswählte, suchte Fühmann nach einem Verlag, der sein Gesamtwerk mit allen Wandlungsprozessen publizierte. Sein Wechsel mit der Lektorin Borchers von Luchterhand zu Suhrkamp, aber auch seine Zusammenarbeit mit der Hinstorff-Lektorin Prignitz zeigen, dass ihm an einer vertrauensvollen Zusammenarbeit mit dem Lektorat lag, die sich in der Kennerschaft einzelner Werke und der Konzeption bzw. Entwicklung des Gesamtwerks auszeichnete.[1391] Es liegt nahe zu vermuten, dass Fühmann die Sammlung seiner Werke an einem Ort (genauer: in zwei Verlagen im geteilten Deutschland) im Hinblick auf eine Werkausgabe anstrebte, die im Hinstorff Verlag dann auch realisiert wurde.[1392] Gerade aufgrund seiner wechselvollen Biographie und den unterschiedlichen Phasen seines literarischen Schaffens stellte die kontinuierliche Zusammenarbeit ein stabilisierendes Moment dar, die den Eindruck von Einheit und Kontinuität vermittelte. „Fühmann is concerned with the problem of securing subjective discontinuities, of preserving the conscious possibility of transformation", konstatiert Robinson.[1393]

Im positiven Fall unterstützt eine langfristige Verlagsautorschaft Aufbau und Gestaltung einer Autormarke, begleitet den biographischen und literarischen Wandel und verortet den Autor und seine Werke in der literarischen Tradition und in der zeitgenössischen Literatur. Die immer wieder unterbrochene Bindung Fühmanns zu seinen Verlagen in der BRD hatte deshalb einen negativen Einfluss auf die Kanonisierungsprozesse seiner Werke und kann als ein Grund dafür angesehen werden – im Vergleich zu anderen Autoren der DDR wie Wolf (Luchterhand), Kunert (Hanser) oder Braun (Suhrkamp) –, dass sein Werk im deutschsprachigen Raum und international weniger bekannt war und noch immer ist.[1394] Im Fall von Fühmann kommt hinzu, dass er keinen Roman als Hauptwerk vorgelegt hat, der auch den ökonomischen Erfolg für den Verlag hätte sichern kön-

---

1391 Vgl. Franz Fühmann an Wolfgang Hilbig, Brief von Ostern 1981. In: Archiv AdK/Franz Fühmann 1104.
1392 Vgl. Franz Fühmann: Werkausgabe in 8 Bänden. Rostock 1993. Nach Angaben des Verlags hat Fühmann die Anlage der Werkausgabe vor seinem Tod noch autorisiert.
1393 Robinson: The Skin of the System, S. 7.
1394 Erst seit einigen Jahren gibt es wieder vermehrte verlegerische und wissenschaftliche Aktivitäten zum Werk Fühmanns. So gibt die Fühmann-Archivarin der Akademie der Künste, Barbara Heinze mit dem Germanisten Jörg Petzel nun die gesammelten Briefe des Autors in einer kommentierten Ausgabe im Hinstorff Verlag heraus. Dort erschien auch die einzige noch von ihm autorisierte Werkausgabe in acht Bänden. Die Zeitschrift *Text + Kritik* widmete Fühmann 2014 ein Heft. Der Wallstein Verlag veröffentlichte 2016 außerdem einen Sammelband zu Fühmanns Werk (vgl. Peter Braun/Martin Straub (Hg.): Ins Innere. Annäherungen an Franz Fühmann. Göttingen 2016).

nen. Sein Hauptwerk lag in der essayistischen Form,[1395] die ihn, und darin liegt das Paradox seiner Beziehung zum Suhrkamp Verlag, jedoch gerade als modernen Autor charakterisieren, wie Robinson gezeigt hat:

> He is, however, an author whose intense combination of mythology, logical conundrums, and philosophical aphorisms with dreamscapes, nightmares, and the sharply etched details of war and bureaucracy qualifies him as a cosmopolitan modernist with the talent and intensity to merit an international reputation.[1396]

Dass Fühmann ein internationales Prestige verwehrt blieb, lag daran, so Robinson, dass die sozialistische Gesellschaftsform und damit auch eine sich damit identifizierende Literatur als anti-modern eingestuft und abgelehnt wurde, während Robinson sie als „alternate form of modernity" bezeichnet.[1397] Er plädiert dafür, den deutschen Sozialismus aus sich selbst heraus zu verstehen und nicht als Irrweg einer teleologisch auf das demokratische, kapitalistische System der BRD hin verstandenen Geschichte. Im Zuge der aktuellen Auseinandersetzung mit dem Moderneverständnis im geteilten Deutschland[1398] und auf Grundlage der Werkpolitik des Hinstorff Verlags ist deshalb auch auf eine (Wieder-)Entdeckung der Texte Fühmanns zu hoffen.

2.2 Lost in translation. Der Bruch mit Fritz Rudolf Fries

Fries veröffentlichte 1966 seinen ersten Roman bei Suhrkamp.[1399] *Der Weg nach Oobliadooh* hatte in der DDR keine Druckgenehmigung erhalten und konnte dort erst 1989, nachdem das ostdeutsche Genehmigungsverfahren gelockert worden war, beim Aufbau Verlag erscheinen.[1400] Obwohl Walser in der „Unverbundenheit" der „angedeuteten Lebenslinien" die „größte Schwäche" des Romans sah, sprach er sich im Gutachten eindeutig für dessen Aufnahme aus: „Also: dieses

---

1395 Vgl. Peter Braun: Die Selbstbehauptung der Intellektuellen in der DDR. Annemarie Auer, Franz Fühmann und Christa Wolf in ihren Essays. In: Carsten Gansel/Werner Nell (Hg.): Vom kritischen Denker zur Medienprominenz? Zur Rolle von Intellektuellen in Literatur und Gesellschaft vor und nach 1989. Berlin 2016, S. 231–251, hier S. 245.
1396 Robinson: The Skin of the System, S. 7.
1397 Ebd., S. 4.
1398 Vgl. exempl. Pabst: Post-Ost-Moderne; Sandhöfer-Klesen: Christa Wolf im Kontext der Moderne.
1399 Im Entstehungszusammenhang des Gesamtwerks handelt es sich um den zweiten Roman: Fries' Erstling *Septembersong* aus dem Jahr 1957 erschien erst 1997 im Hamburger Rospo Verlag.
1400 Vgl. Teil I, Kapitel 1989.

Buch muß man veröffentlichen, weil zum ersten Mal einer, der jetzt erst aufgewachsen ist, die DDR anschaut mit Augen, die gleichermaßen von gestern und von heute sind (vielleicht ein bißchen mehr, ein bißchen zu sehr von gestern als von heute)."[1401] Fries publizierte nach seinem Erstling weitere Romane, Erzählungen und einen Teil seiner Übersetzungen bei Suhrkamp.[1402] Zwischen ihm und dem Lektorat bestand ein wertschätzendes, im Fall von Borchers geradezu freundschaftliches Verhältnis. Dennoch kam es Ende der achtziger Jahre zum Bruch. Die Konflikte im Fall Fries sind einerseits in der Autorenhierarchie des Verlags begründet. Gemeint sind – zur Erinnerung – Aufmerksamkeitsökonomien der Verlagsakteure, die sich in der Verlagspraxis äußerten. Wie sehr sich ein Verlag für einen Autor engagierte, mit ihm in Kontakt stand und ihn förderte, lag an seiner Stellung innerhalb des Verlagsnetzwerks. Andererseits führte im Fall Fries auch ein divergierendes Autorschaftsverständnis zum Bruch mit dem Verlag. Da Fries als Autor im literarischen Feld der DDR marginalisiert war, wie ich im Folgenden zeigen werde, platzierte er seine Werke im literarischen Feld der BRD nach Kriterien des bestmöglichen, kurzfristigen Kapitalgewinns. Anders gesagt: da die Publikation seiner Werke, anders als die von Fühmann zumindest in der DDR, weder in Ost noch in West gesichert war, war Fries mehr an Publikationsmöglichkeiten als an der Versammlung seines Gesamtwerks in einem Verlag gelegen. Sein Agieren geriet in Konflikt mit der Verlagspraxis, die alle Aktivitäten von Autor:innen im Sinne einer Verlagsautorschaft bei Suhrkamp konzentrieren wollte. Der Fall Fries veranschaulicht außerdem den prozessualen Charakter eines Gesamtwerks, das sich als komplexes Ensemble von Akteuren, Orten und Praktiken erweist. Ich werde zeigen, dass nicht nur Reihenfolge und Hierarchie von Werken ein Ergebnis, sondern selbst die Wahl der literarischen Gattung Gegenstand des Verhandlungsprozesses zwischen Autor und Verlag war.

Ich fokussiere in der Darstellung der Beziehungsgeschichte auf Störungen im Autor-Verlag-Verhältnis, an denen Auffassungen, die mit der Beziehung zu Fries verbunden waren, artikuliert wurden:[1403] die verpasste Möglichkeit, eine Parallelausgabe nach den Vorstellungen der Produktionsgemeinschaft von Verlag und Autor zu realisieren, die Vergabe von Subvertriebsrechten einer Übersetzung an

---

1401 Walser: Zu Der Weg nach Oobliadooh, Gutachten o.D. Siehe Anhang, Dokumente, Nr. 7.
1402 Nach *Der Weg nach Oobliadooh* von 1966 folgten im Suhrkamp Verlag 1970 der Erzählband *Der Fernsehkrieg*, 1973 *See-Stücke*, 1974 *Das Luft-Schiff*, 1978 die Erzählungen *Das nackte Mädchen auf der Straße*, 1982 *Schumann, China und der Zwickauer See*, 1983 *Alexanders neue Welten*, 1984 *Verlegung eines mittleren Reiches* sowie mehrere Übersetzungen aus dem Spanischen und Französischen. Die weitere Zusammenarbeit bestand vor allem in Beiträgen zu Sammelbänden.
1403 Zum Konzept der Störung vgl. Teil II, Einleitung und Jaeggi: Kritik von Lebensformen, S. 128.

den Verlag der Autoren, die konfliktbegleitete Übersetzung von Julio Cortázars Roman *Rayuela* und die Ablehnung von Essays und Gedichten durch den Verlag.

Als *Der Weg nach Oobliadooh* erschien, bemühte sich der Verlag mit besonderen Marketingmaßnahmen um den Erfolg des Buchs in der BRD. Enzensberger druckte im *Kursbuch* ein Kapitel vorab, und Fries konnte im Verlagsheft *Dichten und Trachten* ein fingiertes Interview veröffentlichen: „[W]ir machen dies jeweils bei unserem wichtigsten Buch", ließ Unseld den Autor wissen. „Sie hätten dabei Gelegenheit, auch auf politische Motive einzugehen und die Interpretationsmöglichkeit Ihres Buches in eine Sicht zu rücken, die Ihnen richtig oder zumindest wünschenswert erscheint."[1404] Damit involvierte Unseld den Autor in die Verlagspraxis, nämlich den Autor und sein Werk durch verlegerische Epitexte,[1405] in diesem Fall die Jahresschau und einen Vorabdruck in einer vom Verlag herausgegebenen Zeitschrift, im literarischen Feld zu positionieren. Bei den Buchhändlern war der Roman erfolgreich, allein durch Vorbestellungen war die erste Auflage von 5.300 Exemplaren fast vergriffen.[1406] Bald darauf interessierten sich ausländische Verlage für den Autor, der Roman erschien nur wenige Jahre später auf Englisch, Französisch und Niederländisch.[1407] Der Band erhielt sehr gute und zahlreiche Rezensionen, der entsprechende Verkaufserfolg blieb im Nachgang jedoch aus.[1408] Die Diskrepanz zwischen der Wertschätzung im Literaturbetrieb und dem Ausbleiben des Verkaufserfolgs änderte sich auch mit den nachfolgenden Büchern kaum. Noch im November 1988 verteidigte Borchers ihr Festhalten an dem Autor, obwohl dieser nach wie vor nicht genügend Kapital für den Verlag einbrachte: „Wir werden uns doch einer solchen Literatur gegenüber nicht gleichgültig zeigen, nur weil der glückseligmachende Erfolg ausbleibt."[1409]

Ein erster Konflikt ergab sich aus der Position Fries' im Autorennetzwerk des Verlags und seinem Verhältnis zu Unseld, der nach dem Abschied Boehlichs aus dem Suhrkamp Verlag und dem verlagsinternen Umbruch durch den Weggang der Lektoren an die Oberfläche drängte. Fries beschwerte sich über mangelndes Interesse an einer kontinuierlichen Beziehung, besonders seitens des Verlegers. Ihm fehlte dessen Engagement, gerade auch wegen der Möglichkeit, ihn bei der Ver-

---

1404 Siegfried Unseld an Fritz Rudolf Fries, Brief vom 10.01.1966. In: DLA, SUA: Suhrkamp.
1405 Vgl. Genette: Paratexte, S. 331.
1406 Vgl. Siegfried Unseld an Fritz Rudolf Fries, Brief vom 24.03.1966. In: DLA, SUA: Suhrkamp.
1407 Die Übersetzungen erschienen bei McGraw-Hill in New York (1968), bei Denoel in Paris (1970) und bei Meulenhoff in Amsterdam (1968).
1408 Vgl. Fritz Rudolf Fries an Walter Boehlich, Brief vom 10.06.1966 und Unseld an Fries, Brief vom 10.10.1966. In: DLA, SUA: Suhrkamp.
1409 Elisabeth Borchers an Siegfried und Joachim Unseld, Notiz vom 4.11.1988. In: DLA, SUA: Suhrkamp.

handlung mit Verlagen in der DDR bzw. bei der Publikation von Ausgabenfassungen, die in der DDR nicht möglich waren, konspirativ zu unterstützen. Die Beteiligung des westdeutschen Verlags an den Verhandlungsprozessen von Autor:innen mit Verlagen der DDR konnte, wie bereits bei Fries' erstem Roman gesehen, über Inhalt und Form der Parallelausgaben entscheiden.[1410]

Fries hatte dem Mitteldeutschen Verlag in Halle zu Beginn des Jahres 1968 vier Erzählungen vorgelegt, die 1969 unter dem Titel *Der Fernsehkrieg* erschienen. Nachdem der DDR-Verlag diese und weitere Erzählungen zur Veröffentlichung angenommen hatte, bot Fries das Manuskript aufgrund der Vertragsoption des ersten Romans[1411] im April auch Suhrkamp zur Veröffentlichung an.[1412] Erst zwei Monate später erhielt der Autor von Suhrkamp-Lektor Urs Widmer die Erklärung, der Verlag wolle sich bald mit dem Manuskript beschäftigen.[1413] Parallel zur Korrespondenz zwischen Fries und Widmer informierte auch Cheflektor Heinz Sachs vom Mitteldeutschen Verlag Walter Boehlich über die Veröffentlichung. Neben den Erzählungen von Fries empfahl er seinem Kollegen auch Christa Wolfs *Nachdenken über Christa T.*, Werner Heiduczeks *Abschied von den Engeln*, Volker Brauns zweiten Gedichtband *Wir und nicht sie* und Günter de Bruyns *Buridans Esel*. Sachs schrieb: „Soweit ich Ihr Verlagsprogramm kenne, könnte ich mir vorstellen, daß Sie für diese Titel Interesse hätten."[1414] Bis auf das Manuskript von Heiduczek ließ Boehlich sich alle Vorschläge zur Prüfung zusenden. Die Bemerkung des Halleschen Lektors Sachs ist im Kontext einer Verlagspraxis im geteilten Deutschland aufschlussreich, bei der Werke aus der laufenden Produktion speziell für den Literaturaustausch und entsprechend des Programms und Profils des Kooperationsverlags ausgewählt wurden. Die Auswahl der Vorschläge liefert Hinweise auf ein Image des Suhrkamp Verlags in Bezug auf Literatur der DDR. Voraussetzung für Sachs' Empfehlung war, dass das Suhrkamp-Programm durch die Buchproduktion, Buchmessen oder Verlagskataloge bekannt war, und, dass es ein besonderes Profil aufwies bzw. gewisse Schwerpunkte setzte. Fries und Braun hatten vorher bereits bei Suhrkamp publiziert, Wolfs erster Roman *Der geteilte Himmel* war im Westberliner Weiss Verlag erschienen, und de Bruyn hatte bis zur Veröffentlichung von *Buridans Esel* im S. Fischer Verlag im Jahr 1977 noch keine eigenständige Buchpublikation in der BRD. Es herrschte also die Vorstellung, dass Suhrkamp sich für eine fortgesetzte Herausgabe von Literatur der DDR und für Neuerscheinungen von in der DDR bereits erfolgreichen Autor:innen interessierte.

1410 Vgl. Teil II, Kapitel 5.3. Zur Praktik der Konspiration vgl. Kapitel 4.
1411 Vgl. Fritz Rudolf Fries an Siegfried Unseld, Brief vom 18.03.1968. In: DLA, SUA: Suhrkamp.
1412 Vgl. Fritz Rudolf Fries an Siegfried Unseld, Brief vom 10.04.1968. In: DLA, SUA: Suhrkamp.
1413 Vgl. Fritz Rudolf Fries an Urs Widmer, Brief vom 9.06.1968. In: DLA, SUA: Suhrkamp.
1414 Heinz Sachs an Walter Boehlich, Brief vom 7.08.1968, In: DLA, SUA: Suhrkamp.

Der Verlag entschied sich für Braun und Fries, lehnte aber die Manuskripte sowohl von Wolf als auch von de Bruyn ab.[1415]

Inzwischen hatte Unseld nach dem Einmarsch der Warschauer Pakt-Staaten in die Tschechoslowakei die Teilnahme an der Leipziger Buchmesse abgesagt, so dass Fries weder ihn noch Boehlich treffen konnte. Den Verlag beschäftigten außerdem seit der Frankfurter Buchmesse die Forderungen der Lektoren nach mehr Mitbestimmung.[1416] Erst als Boehlich, mit dem Fries ein freundschaftliches Verhältnis verband, den Verlag bereits verlassen hatte, schrieb Unseld nicht ohne Neid auf das gegenseitige Einverständnis von Autor und Lektor an Fries. Er wollte sich dessen zukünftiger Zusammenarbeit auch in Bezug auf die Erzählungen vergewissern: „[I]ch habe mir jetzt Ihre reizvolle Korrespondenz mit Boehlich geben lassen. Wie meisterlich verstanden Sie beide, in ein paar Zeilen Dinge auszudrücken; man müßte eben spanisch können!"[1417] Fries äußerte sich erstaunt über die Interessensbekundung des Verlegers:

> Weder traue ich dem angebotenen MS über den Weg, noch schien meine Korrespondenz mit SV, die mit dem lieben Walter Boehlich ausgenommen, so angelegt zu sein, als daß da große Lust zu destillieren war, sich einen halben Autor halten zu wollen. Und es soll ja Verlage geben, die ihre Autoren aus dem Geschling gewisser Bestimmungen herauszuziehen verstehen.[1418]

Mit dem „halben Autor" spielte Fries in diesem Fall nicht auf die wie bei Fühmann selektive Publikationsauswahl durch den Verlag an, sondern die Tatsache, dass der Suhrkamp Verlag im Regelfall die Autor:innen der DDR nur in Lizenz vom DDR-Verlag übernehmen konnte, also weder über Originalrechte verfügte, noch ohne Weiteres in die Textarbeit bzw. -auswahl involviert war. Seine Stellungnahme verdeutlicht unabhängig von den juristischen Gegebenheiten, dass der Autor sich mit beiden literarischen Feldern gleichermaßen identifizierte. ‚Gesamtdeutsch' zu publizieren war Fries aus literarischen, ökonomischen und po-

---

1415 Mit der damaligen Luchterhand-Lektorin Borchers gelang Wolf mit *Nachdenken über Christa T.* der westdeutsche Durchbruch (vgl. Ulmer: VEB Luchterhand, S. 133–145). Trotz kontinuierlichen Interesses wechselte Wolf erst aufgrund der anhaltenden Verlagskrise und dem Verkauf des Luchterhand Verlags durch Dietrich von Boetticher an Random House zum Suhrkamp Verlag (vgl. ebd., S. 433). Ihre erste Veröffentlichung bei Suhrkamp waren die Erzählungen *Mit anderem Blick*.
1416 Vgl. Teil II, Kapitel 4.
1417 Siegfried Unseld an Fritz Rudolf Fries, Brief vom 13.12.1968. In: DLA, SUA: Suhrkamp.
1418 Fritz Rudolf Fries an Siegfried Unseld, Brief vom 31.12.1968. In: DLA, SUA: Suhrkamp.

litischen Gründen ein Anliegen.[1419] Für den Suhrkamp Verlag bedeutete dies aber immer eine Abhängigkeit von den verlegerischen Prozessen der DDR-Verlage.

Per Brief klärten Fries und Johnson, der eine Zeit lang die Vermittlerrolle zwischen Autor und Verlag übernahm, wie es zum Versäumnis von Absprachen, zur Verzögerung der Verlagsprozesse und zu Missverständnissen in der Kommunikation gekommen war. Fries berichtete:

> Soviel nur [!] daß da immer platonische Zusagen von SV kamen, als der Band noch ganz und primär zu haben war. Inzwischen hat der Mitteldeutsche Verlag sich ausgesucht [!] was gängig ist [!] und die Druckgenehmigung für dieses Jahr liegt vor. Eine Lizenzvergabe an SV war, zumindest vor dem 21. August, vorgesehen. Im November erfuhr ich in Halle, SV habe das angebotene MS zurückgeschickt und sei in keiner Weise an einer Drucklegung interessiert. Im Dezember, wie Sie selbst gelesen haben, behauptet Herr Unseld das Gegenteil, und ich glaube ihm.[1420]

Johnson erwiderte:

> Suhrkamps Lektoren haben sich im letzten Jahr konzentriert auf eine Demokratisierung der Entscheidungsprozesse und des Informationsflusses in der Arbeit des Verlages und über ihren Diskussionen die Produzenten vernachlässigt. Davon waren nicht Sie allein betroffen, auch Leute wie Frisch und Eich haben über Mangel an Kontakt mit dem Lektorat geklagt. [...] Boehlich, wiewohl Berater des Hauses bei vollen Bezügen, arbeitet nunmehr zu Hause; eben hat der Leiter des Theaterverlages Braun gekündigt; der Beauftragte für slawische Literatur wird gehen; der Beauftragte für deutsche Literatur hat um seine Papiere gebeten, weil Martin Walser ihn, seiner Arbeitsweise wegen, in grosser Versammlung, ein Arschloch nannte. Seit ich die Behandlung Ihres Manuskripts erfahren habe, stimme ich Walser zu. Die praktische Folge meiner Intervention ist der Auftrag an mich, Ihre Arbeiten zu lektorieren und Vorschläge für eine Veröffentlichung zu machen. [...]
>
> Beim Verfahren der Situation ist geholfen worden von Angestellten des Mitteldeutschen Verlages, denen offenbar die Kompetenz abgeht. Denn Herr Boehlich hat im August vorigen Jahres an die Herren die Frage gerichtet, ob Suhrkamps sich aus ihrem Angebot auch etwas aussuchen dürften oder ob man auf einer unveränderten Übernahme bestehe. Diese Anfrage ist bisher ohne Antwort geblieben. Die Auskunft des Mitteldeutschen Verlages, das Manuskript sei zurückgegeben worden, ist insofern überraschend, als es neben mir auf dem Tisch liegt, vorausgesetzt es ist auf weisslichem Durchschlagpapier geschrieben und eingeheftet in einen Schnellhefter für den Schulgebrauch, Artikel Nummer 1 376 lol, EVP 0,14 MDN.[1421]

1419 Vgl. zu Begriff und Idee des „Gesamtdeutschen" Teil I, Kapitel 1959.
1420 Fritz Rudolf Fries an Uwe Johnson, Brief vom 14.01.1969. In: Uwe Johnson-Archiv Rostock (Depositum der Johannes und Annitta Fries Stiftung, UJA/H/100578, Bl. 14.
1421 Uwe Johnson an Fritz Rudolf Fries, Brief vom 20.01.1969. In: UJA Rostock, UJA/H/100581, Bl. 19-20.

Johnsons Brief vermittelt einen Eindruck davon, wie tief der Aufstand der Lektoren die Verlagsprozesse in eine Krise stürzte, gerade weil das Lektorat die Schnittstelle des Verlags zu den Autor:innen war. Er verdeutlicht auch das Dilemma der Verhandlungen: Nachdem Suhrkamp die Annahme der Erzählungen verpasst hatte, war in der internen Verlagskommunikation untergangen, dass der Mitteldeutsche Verlag die Anfrage Boehlichs nach einer eigenen Auswahl im Dezember abgelehnt hatte: „Sie wissen selbst, wie problematisch solche Ausgaben von Ihrer Presse interpretiert werden."[1422] Aufgrund des Ost-West-Konflikts war die Möglichkeit gegeben, den Unterschied von Parallelausgaben politisch-ideologisch zu interpretieren, weshalb sich die Verlage meist auf Textidentität der Ausgaben verständigten. Nur kurze Zeit später schied Boehlich aus dem Verlagsgeschehen aus.

Da der Mitteldeutsche Verlag eine alternative Auswahl der Erzählungen ausschloss,[1423] blieb nur die Möglichkeit, den Band in dessen Gestaltung zu übernehmen. Die widersprüchlichen Auskünfte des Mitteldeutschen Verlags zum Interesse des Suhrkamp Verlags am Manuskript erklärte Fries sich damit, dass nach der Absage der Messe-Teilnahme „die freundlichen Gesten hierzulande SV gegenüber alle eingefroren zu sein" schienen.[1424]

Fries' Verärgerung, das „Murren der Kinder von Oobliadooh" wie Unseld es bezeichnete, bezog sich nicht nur auf die mangelnde Aufmerksamkeit des Verlegers, wodurch eine auktorial zusammengestellte Parallelausgabe im Suhrkamp Verlag verhindert war. Der Autor beschwerte sich auch darüber, dass der Verlag den als Geschenk deklarierten Büchersendungen wiederholt die entsprechende Rechnung beilegte und somit diese konspirative Praktik zwischen ostdeutschem Autor und westdeutschem Verlag konterkarierte.[1425] Fries kam darüber in der DDR immer mehr in Bedrängnis. Aus einem Brief Johnsons an den Verleger wird die prekäre Lage des Autors Ende der sechziger Jahre deutlich: Seit 1966 war er ungedruckt im eigenen Land, ohne feste Anstellung und vom Schriftstellerverband weder als Autor noch als Übersetzer aufgenommen.[1426] Fries erklärte später, dass seine gesellschaftliche Isolation und die beschränkten Möglichkeiten in der DDR

1422 Heinz Sachs an Walter Boehlich, Brief vom 2.12.1968. In: DLA, SUA: Suhrkamp.
1423 Vgl. Fritz Rudolf Fries an Uwe Johnson, Brief vom 22.01.1969. In: UJA Rostock, UJA/H/100582, Bl. 21.
1424 Ebd.
1425 Vgl. Kapitel 4.
1426 Vgl. Leuchtenberger: Spiel. Zwang. Flucht, S. 56, Anm. 50.

Gründe dafür waren, mit dem Ministerium für Staatssicherheit zusammen zu arbeiten.[1427]

Nachdem Johnson Anfang 1969 die Erzählungen begutachtet und einige abgelehnt hatte,[1428] hielt Unseld zunächst an einer veränderten Zusammenstellung der Erzählungen fest, um, wie Unseld dem Autor versicherte, „nach dem kritischen Erfolg von ‚Oobliadooh' Ihr Ansehen als Schriftsteller weiter [zu] fördern".[1429] Auf Bitten von Fries verhandelte Unseld daraufhin mit dem Büro für Urheberrechte, um weitere Erzählungen in den Lizenzband aufnehmen und somit eine parallele Ausgabe unter dem Titel *Viva América* veröffentlichen zu können. Fries wies den Verleger darauf hin, dass Suhrkamp einerseits über das Optionsrecht verfüge:

> Zum andern haben die fraglichen Arbeiten dem Mitteldeutschen Verlag und der Redaktion von Sinn u. Form vorgelegen, sind von beiden Stellen für eine Publikation innerhalb der DDR nicht angenommen worden und könnten so nach den Bestimmungen des Büros außerhalb veröffentlicht werden, zumal sie nichts gegen die DDR vorbringen.[1430]

Doch die Chance der Einflussnahme Unselds auf die Gestalt der Publikation war vertan,[1431] wie Katja Leuchtenberger festgestellt hat: „Die hierfür notwendigen Verhandlungen zwischen Suhrkamp und dem Mitteldeutschen Verlag wurden von beiden Seiten verschlampt [...]."[1432] Ein Jahr nach der Erstveröffentlichung im Mitteldeutschen Verlag erschien *Der Fernsehkrieg* schließlich mit den gleichen

---

1427 Vgl. Cornelia Geißler. Der hohe Preis der Reisefreiheit. In: Berliner Zeitung vom 27.11.1996: http://www.berliner-zeitung.de/fritz-rudolf-fries-diskutierte-ueber-seine-stasi-kontakte-der-hohe-preis-der-reisefreiheit-16784186 (zuletzt eingesehen am 5.05.2022).
1428 Johnson hielt die Erzählung *Die Entbindung* für nicht durchgearbeitet; *Der Park von Varna*, *Das Haus gegenüber* und *Der Schlaf des Diktators* entsprachen nicht „der charakteristischen Dramaturgie des Autors" (Johnson/Unseld: Der Briefwechsel, S. 540); *Die Bücher* erschien ihm zu optimistisch und *Pan Tadeusz* zu feuilletonistisch (vgl. ebd., S. 539–551).
1429 Siegfried Unseld an Fritz Rudolf Fries, Brief vom 24.02.1969. In: DLA, SUA: Suhrkamp. Bei den Erzählungen, die nicht in der DDR aber bei Suhrkamp erscheinen sollten, handelte es sich um *Ringling in Amerika I* und *II*, *Gestern*, *Leben meines Großvaters in Utopia*, *Das Haus gegenüber*, *Joshua fit the battle* und *Gander on Season* (vgl. ebd.).
1430 Fritz Rudolf Fries an Siegfried Unseld, Brief vom 5.03.1969. In: DLA, SUA: Suhrkamp.
1431 Nach dem Konflikt Ende des Jahres 1968 und der Vermittlung durch Johnson ist im Verlagsarchiv ein reger Briefwechsel zwischen Unseld und Fries in der ersten Hälfte des Jahres 1969 überliefert. Unseld kümmerte sich nun persönlich um den Autor und die Publikation der Erzählungen, schrieb an das Büro für Urheberrechte und an den Mitteldeutschen Verlag, um eine veränderte Parallelausgabe zu ermöglichen (vgl. Briefwechsel zwischen Siegfried Unseld und Fritz Rudolf Fries, Januar bis Juli 1969. In: DLA, SUA: Suhrkamp).
1432 Leuchtenberger: Spiel. Zwang. Flucht, S. 56.

Erzählungen, allerdings ohne die Illustrationen von Nuria Quevedo und in unterschiedlicher Reihenfolge, bei Suhrkamp.[1433]

Die Publikationsgeschichte der Erzählungen *Der Fernsehkrieg* zeigt, dass nur die intensive Begleitung des Produktionsprozesses in der DDR Ausgabenvarianten nach den Wünschen der Produktionsgemeinschaft von Verlag und Autor ermöglichte. Diese Einsicht mag auch der Verlag Ende der sechziger Jahre gehabt haben. Die Lektoratspraxis von Borchers in den siebziger Jahren sowie Strategiepapiere des Verlags von 1969 über die Intensivierung des Literaturaustauschs belegen,[1434] dass der Verlag fortan den ständigen Kontakt zu den Autor:innen per Brief, Telefon oder persönlich suchte.[1435]

Das Verhältnis zwischen Fries und Unseld blieb trotz mehrfacher Interessenbekundung Unselds angespannt. Noch 1988, als Fries zum Piper Verlag wechselte, hielt seine Lektorin Borchers als Begründung fest: „Er fühle sich stiefmütterlich behandelt. Das letzte Mal habe er den Verleger 1966 zu Gesicht bekommen."[1436] Die Missstimmung Ende der sechziger Jahre zwischen Verlag und Autor verschärfte sich, als Fries die Subvertriebsrechte seiner Neuübersetzung der Komödie *Dame Kobold* von Pedro Calderón de la Barca dem Verlag der Autoren statt Suhrkamp anbot. Neben Boehlich wirkte mit dem ehemaligen Suhrkamp-Lektor Braun einer der renommiertesten und am besten vernetzten Theaterlektoren der sechziger Jahre im Verlag der Autoren, der mit seiner alternativen Unternehmensstruktur eine starke Konkurrenz für den Suhrkamp Theaterverlag darstellte.[1437] Seit Fries wegen der Veröffentlichung seines ersten Romans in der BRD aus seiner Assistentenstelle an der Universität entlassen worden war und deshalb seine Promotion nicht hatte beenden können, war er finanziell auf Übersetzungsarbeiten angewiesen.[1438] Auch für Suhrkamp sollte er *Pan y Toros* des spanischen Dichters Gaspar Melchor de Jovellanos edieren;[1439] Fries bot dem

---

1433 Vgl. Fritz Rudolf Fries: Der Fernsehkrieg. Erzählungen. Mit Ill. von Nuria Quevedo. Halle 1969 und F.R.F.: Der Fernsehkrieg und andere Erzählungen. Frankfurt a. M. 1970. Uwe Johnson hatte überlegt für den Band ein Nachwort beizusteuern. In Absprache mit Unseld wurde daraus aber nichts, ein Zeichen dafür, dass der Verlag davon ausging, der Band würde auch ohne die symbolische Unterstützung von Johnson Erfolg bringen (vgl. Johnson/Unseld: Der Briefwechsel, S. 572 f.).
1434 Vgl. Teil II, Kapitel 4.
1435 Vgl. Teil I, Kapitel 1969.
1436 Elisabeth Borchers an Siegfried und Joachim Unseld, Notiz vom 14.10.1988. In: DLA, SUA: Suhrkamp.
1437 Vgl. Gespräch mit Karlheinz Braun am 3.03.2015 in Frankfurt a.M.. Siehe Anhang, Gespräche, Nr. 2.
1438 Vgl. Siegfried Unseld: Reisebericht Zürich/Berlin, 5.–8.09.1966. In: DLA, SUA: Suhrkamp.
1439 Vgl. Fries an Unseld, Brief vom 5.03.1969.

Verleger außerdem seine darauffolgende Übersetzung, *Die fromme Marta* des spanischen Dramatikers Tirso de Molina an. Beides ist als Buch nicht erschienen.[1440] Auf Nachfragen Unselds wegen der Lizenzvergabe beim zuständigen Henschel Verlag antwortete Fries ihm:

> Ich möchte deshalb erklären, daß ich Schreiben und Übersetzen als zwei Dinge betrachte, die für mich nichts miteinander zu tun haben, es sei denn, das Übersetzen schafft die finanzielle Grundlage fürs Schreiben. So sehr ich mich im Rahmen des Möglichen als Autor des Suhrkamp Verlages betrachte, so wenig bin ich als Übersetzer nur einem Verlag verbunden, verpflichtet. Daß Herr Dr. Braun meine Übersetzung der Dame Kobold bekommen soll, liegt vor allem auch daran, daß er mir ein Theater nennen konnte im Bereich der Bundesrepublik, als ich mit der Übersetzung begann. Eine Haltung zu Verlagsreformen etc. liegt darin nicht.[1441]

Während Fries seine Rollen im Literaturbetrieb mit verschiedenen Partnern realisierte, gehörte es zum Erfolgsrezept des Suhrkamp Verlags, diese im Sinne einer Verlagsautorschaft in einem Verlag zu vereinen und zu fördern: Fries als Erzähler, als Dramatiker, als Berater, als Übersetzer usw. Der Verlag konnte somit alle Facetten von Autorschaft optimal nutzen – und von ihnen profitieren. Außerdem, das wird an dieser Konfliktsituation besonders deutlich, konnte der Verlag durch die enge Bindung von Autor:innen an den Verlag den Abwerbungsversuchen der Konkurrenz vorbeugen. Der Konflikt um die Bindung des Autors an einen Verlag führte später auch zum Bruch zwischen Suhrkamp und Fries.

Fries' Priorisierung einer (raschen) Veröffentlichung seiner Texte, auch auf Kosten einer langfristigen Verlagsbeziehung, lässt sich einerseits aus seiner finanziellen Situation heraus erklären: Er war auf die Publikation schlicht angewiesen. Andererseits begründete er sein Vorgehen aber auch mit einem Werkverständnis, das dem Selbstverständnis und den Praktiken des Verlags zuwiderlief: Übersetzungen, die er für Verlage in West und Ost anfertigte, sah er lediglich als „finanzielle Grundlage fürs Schreiben" und nicht als Teil seines schriftstellerischen Schaffens an.

Bereits seit Anfang der sechziger Jahre verlegte Suhrkamp durch die Scout- und Übersetzertätigkeit Enzensbergers spanische und lateinamerikanische Literatur. Einert hat gezeigt, dass die Vermittlung gerade der lateinamerikanischen Literatur aber immer wieder am Unwissen und einer mangelnden Aufnahmebereitschaft der Leserschaft scheiterte.[1442] Dennoch bemühten sich bundesdeutsche

---

1440 Vgl. Fritz Rudolf Fries an Siegfried Unseld, Brief vom 15.06.1969. In: DLA, SUA: Suhrkamp.
1441 Ebd.
1442 Vgl. Einert: „17 Autoren schreiben am Roman des lateinamerikanischen Kontinents", S. 132–135.

Verlage um Autoren wie Miguel Ángel Asturias oder Julio Cortázar, der sich später tatsächlich zum Suhrkamp-Bestseller entwickelte. Einert sieht den Grund für die Vermittlungsschwierigkeiten unter anderem darin, dass es zu wenige spanischsprachige Lektorate und Übersetzer:innen gab.[1443] Die Zusammenarbeit mit Fries als Übersetzer erhielt deshalb im Lauf der siebziger Jahre eine noch größere Bedeutung, auch im Zusammenhang mit dem Schwerpunkt Lateinamerika auf der Frankfurter Buchmesse 1976.

Fries hatte bereits Miguel de Cervantes Saavedra für den Insel Verlag (1967) und Julio Cortázars Erzählungen *Das Feuer aller Feuer* (1976) für Suhrkamp übersetzt und war in den siebziger Jahren ein renommierter Übersetzer aus dem Spanischen.[1444] So bot Unseld Fries auch die Übersetzung des Romans *Rayuela* von Julio Cortázar an, weil sich durch einen Übersetzer der DDR die Möglichkeit ergab, so hofften Suhrkamp und Cortázar, den Roman in der DDR zu publizieren.[1445] *Rayuela* stand bei Suhrkamp im Kontext von Bemühungen um einen Programmschwerpunkt lateinamerikanischer Literatur, die 1976 im Schwerpunkt der Frankfurter Buchmesse kulminierten. Bereits im Februar 1974 berichtete Borchers der Lateinamerika-Lektorin und Cortázar-Agentin Michi Strausfeld, Fries hätte eingewilligt, sich ab 1975 mit *Rayuela* zu beschäftigen.[1446] Im Frühjahr 1977 bat Fries seinen Frankfurter Verlag jedoch darum, ihn aus dem Vertrag über die Übersetzung zu entlassen. Borchers notierte in einem Reisebericht aus Berlin: „Die Nachricht ist hart, doch heute hätten wir die Möglichkeit, Wittkopf einzusetzen, der uns damals noch nicht zur Verfügung stand. Der Grund für die Aufgabe der Übersetzung ist das intensive Arbeiten an eigenen Dingen."[1447] Ihre Stellungnahme verdeutlicht den Mangel an spanischsprachigen Übersetzer:innen im deutschsprachigen Raum. Rudolf Wittkopf wurde ab 1978 zum deutschen Hauptübersetzer von Cortázar und übersetzte für Suhrkamp auch Octavio Paz, Federico García Lorca, Carlos Fuentes u. a. Der Grund, warum der Verlag trotz der

---

1443 Vgl. ebd.
1444 Zu den von ihm allein bis Anfang der siebziger Jahre übersetzten Autoren gehören Fernando de Rojas, Benito Pérez Galdós, Esteban González, Tirso de Molina, Jesús Izcaray, Nicolás Guillén, César Vallejo und Elvío Romero (vgl. das Kapitel zu Fries als Übersetzer lateinamerikanischer Literatur in Erfurth: Erzählverfahren des Phantastischen, S. 38 – 43).
1445 Vgl. Siegfried Unseld an Fritz Rudolf Fries, Brief vom 15.11.1978. In: DLA, SUA: Suhrkamp. Fries erinnerte sich später, dass in der DDR lange Zeit die Veröffentlichung moderner lateinamerikanischer Literatur mit der Begründung abgelehnt wurde, diese sei für die Leserschaft nicht verständlich (vgl. Erfurth: Erzählverfahren des Phantastischen, S. 221 f.).
1446 Vgl. Elisabeth Borchers an Michi Strausfeld, Brief vom 25.02.1974. In: DLA, SUA: Suhrkamp.
1447 Elisabeth Borchers: Reisebericht Berlin, 12. – 15.02.1977. In: DLA, SUA: Suhrkamp. Eine Anfrage von Fries ist nicht dokumentiert, sie lässt sich aber mit dem Antwortbrief von Unseld belegen (vgl. Siegfried Unseld an Fritz Rudolf Fries, Brief vom 7.04.1977. In: DLA, SUA: Suhrkamp).

langen Verzögerungen an Fries festhielt, lag laut Lektorin Dessauer darin, „daß möglicherweise der an Rayuela interessierte Aufbau Verlag weghüpft. Und das weiß Fries natürlich."[1448] Unseld versuchte den Autor mit dessen Bedürfnis nach internationaler Anerkennung zu überzeugen:

> Beide wussten wir, daß „Rayuela" schwer zu übertragen ist und daß die Übertragung nur jemand gelingen kann, der selber schöpferisch mit der Sprache umgeht. Und ich muß Ihnen sagen, daß ich mich meinerseits auch nur verpflichtet habe, weil Sie diese Sache machen. [...] Also, lieber Herr Fries, bitte arbeiten Sie an dieser Übertragung weiter. Vorerst wird Sie Ihnen Arbeit, nachher aber sicherlich Ruhm einbringen.[1449]

Mehrfach mussten Unseld und die Lektorinnen Fries zur Beendigung der Übersetzung motivieren und anmahnen.[1450] Fries notierte in seinem Tagebuch im Februar 1979, dass ihn die tägliche Übersetzungsarbeit vom eigenen Schreiben abhalte: „Übersetze noch immer *Rayuela*. Worunter der roman leidet, den ich mit notizen füttere."[1451] Wahrscheinlich ist der Roman *Alexanders neue Welten* gemeint, der 1982 bei Aufbau und 1983 bei Suhrkamp erschien. In Fries' Erinnerungen brachten aber gerade die kleineren und größeren Auftragsarbeiten das nötige finanzielle Auskommen: „Gut, meine Bücher erreichten selten eine dritte, gar vierte Auflage. Ohne meine in Ost und West gesendeten Hörspiele, ohne eine gelegentliche Übersetzung, wäre es unmöglich gewesen, einen Haushalt zu führen, der von Jahr zu Jahr expandierte."[1452] Noch bevor er die Übersetzung beendete, veröffentlichte Suhrkamp einen erweiterten Band mit Erzählungen unter dem Titel *Das nackte Mädchen auf der Straße*, der die Ende der sechziger Jahre von Johnson favorisierten und weitere Erzählungen enthielt.[1453]

1448 Maria Dessauer an Michi Strausfeld, Brief vom 8.12.1978. In: DLA, SUA: Suhrkamp.
1449 Unseld an Fries, Brief vom 7.04.1977.
1450 Vgl. Siegfried Unseld an Fritz Rudolf Fries, Brief vom 15.11.1978; Borchers: Reisebericht Leipziger Buchmesse, 11.–14.03.1979 und Siegfried Unseld an Fritz Rudolf Fries, Brief vom 11.06.1979. In: DLA, SUA: Suhrkamp.
1451 Fritz Rudolf Fries: Im Jahr des Hahns. Tagebücher. Leipzig 1996, S. 11.
1452 Laut seinen Memoiren hatte Fries drei Kinder von seiner ersten und seiner zweiten Ehefrau, besaß zwei Autos sowie einige Tiere in Petershagen, für die er laut seinen Aufzeichnungen allein finanziell aufkam (vgl. Fritz Rudolf Fries: Diogenes auf der Parkbank. Erinnerungen. Berlin 2006, S. 223).
1453 Ein erweiterter Band mit Erzählungen war zunächst 1978 unter dem Titel *Der Seeweg nach Indien* im Reclam Verlag Leipzig erschienen.

Nach einer intensiven Arbeitsphase, für die er sich in die Wohnung seiner Schriftstellerkollegin Renate Apitz zurückzog,[1454] lieferte Fries im Herbst 1979 ein abgeschlossenes Manuskript ab. Strausfeld schien mit dem Text zunächst zufrieden zu sein, im Juli 1980 begutachtete jedoch auch Wolfgang Eitel, seit einigen Monaten Lektor im lateinamerikanischen Lektorat,[1455] die Übersetzung: „Leider keine Meisterleistung!", schrieb er an den Verleger:

> Um eine große Enttäuschung zu vermeiden, habe ich nun damit begonnen, die Übersetzung noch einmal Satz für Satz durchzuarbeiten, mit dem Ziel, zunächst einmal die eindeutigen Fehler zu beseitigen, den grammatikalischen und orthographischen Kleinkram, die fehlerhaften Zitate und Eigennamen[...], die ausgesprochenen Schnitzer[...], vor allem aber müssen die zahlreichen Unebenheiten und Ungeschicklichkeiten korrigiert werden.[1456]

Von den umfassenden Lektoratsarbeiten wurde Fries zunächst nicht unterrichtet, „damit er nicht noch im letzten Moment Schwierigkeiten macht[...]. Er wird vor vollendete Tatsachen gestellt, –soll er doch froh sein, daß seine Übersetzung noch einmal gründlich durchgesehen wird (hoffentlich ist er's!)."[1457] Laut eines Briefs an Cortázar konnte Fries immerhin die Korrekturfahnen durchsehen, ebenso wie Strausfeld und die Lektorinnen Anneliese Botond, Borchers und Dessauer.[1458] Eine Reaktion des Autors auf die Überarbeitung der Übersetzung ist nicht überliefert. Nach den umfangreichen Revisionsarbeiten konnte die deutsche Übersetzung schließlich 1981 erscheinen, das Vertrauensverhältnis zu Fries war jedoch zerstört.

Der Zweifel an der Qualität seiner Übersetzung und die damit verbundene Mehrarbeit für den Verlag sowie die Kenntnis darüber, dass Fries sich auch durch andere Übersetzungstätigkeiten vom Auftrag Suhrkamps abhalten ließ,[1459] führten zu einer nachhaltigen Störung im Verlagsverhältnis. Noch Jahre später hielt Borchers fest: „Fries' Seitensprungbedürfnis kennen wir. Das ist nicht neu. Er leidet darunter, nicht ein erfolgreicher Schriftsteller zu sein wie andere."[1460] An ihrer Formulierung wird deutlich, dass das Verhältnis eines Autors zum Verlag

---

1454 In seinem Tagebuch hielt er fest: „So entgehe ich den malerarbeiten zuhause und kann an der Rayuela-übersetzung arbeiten. Sechs stunden täglich an der maschine." (Fries: Im Jahr des Hahns, S. 17).
1455 Vgl. Unseld: Chronik, Eintrag vom 6.03.1980. In: DLA, SUA: Suhrkamp.
1456 Wolfgang Eitel: Zur Rayuela-Übersetzung von Fritz Rudolf Fries vom 14.07.1980. In: DLA, SUA: Suhrkamp.
1457 Wolfgang Eitel an Michi Strausfeld, Brief vom 16.07.1980. In: DLA, SUA: Suhrkamp.
1458 Vgl. Siegfried Unseld an Ugné Karvelis, Brief vom 26.08.1980. In: DLA, SUA: Suhrkamp.
1459 Vgl. Unseld an Fries, Brief vom 15.11.1978.
1460 Borchers an Siegfried und Joachim Unseld, Notiz vom 14.10.1988.

zwar faktisch gesehen ein rechtliches und ökonomisches ist. In der Metaphorik des Seitensprungs klingen jedoch die moralischen und ethischen Vorstellungen einer ehelichen Verbindung mit, in diesem Fall die Ideale von Treue und Anerkennung. Da weder Verlag noch Autor dazu gezwungen waren, den jeweils nächsten Text anzubieten bzw. anzunehmen, das hat bereits das Beispiel Fühmanns gezeigt, argumentierten beide mit gegenseitiger Treue, um ein Gefühl von Verbindlichkeit und Verantwortung gegenüber dem (Geschäfts-)Partner zu vermitteln. In der Verlagskommunikation hatte diese ethische Komponente vor allem die Funktion, die Bindung zum Autor zu stärken.[1461] Darüber hinaus verdeutlichen die Konfliktsituationen in der Verlagsbeziehung zu Fries aber auch das Ethos der Verlagspraktiken,[1462] und die damit verbundene (moralische) Verpflichtung des Autors. Diese bestand darin, den Verlag über Arbeiten auf dem Laufenden zu halten, neue Arbeiten zunächst Suhrkamp anzubieten, Rollen von Verlagsautorschaft zu übernehmen und diese gewissenhaft auszuführen usw. Außerdem artikulierte vor allem Borchers auch umgekehrt die Erwartungshaltung des Autors an den Verlag, der ebenfalls auf den normativen Zusammenhang der Verlagspraxis verweist: Gefordert waren der persönliche Kontakt zum Verleger, ein Interesse ebenso an den Werken wie an der allgemeinen Situation des Autors und die Bereitschaft, einem Autor und seinem Gesamtwerk zum Erfolg zu verhelfen.

Zum Bruch mit dem Suhrkamp Verlag kam es nach dieser Reihe von Beziehungskrisen schließlich über die Ablehnung der *Texte zur Literatur*, die Fries 1985 im Aufbau Verlag veröffentlichte und die auch dem Frankfurter Verlag vorlagen. Borchers' Ablehnung hatte vor allem ökonomische Gründe: „Wir schaffen es nicht einmal, aus: Die Verlegung des mittleren Reiches ein gefragtes, also besser verkäufliches Buch zu machen; wie dann erst mit solchen Texten kiloweise[...]."[1463] Ihre Bedenken gründeten darin, dass Fries sich vor allem zu Arbeiten seiner Kollegen in der DDR geäußert hatte – Paul Gratzik, Heinz Kamnitzer, Paul Wiens und andere –, was Borchers als „Provinzialismus"[1464] verurteilte. Weder die von ihm erwähnten Autoren noch die kommentierten Texte waren bekannt, so dass die Bezüge zu Fries' Anmerkungen fehlten. Über Nuria Quevedo, die auch in dem Band vorkommt und die den *Fernsehkrieg* im Mitteldeutschen Verlag illustriert hatte, schrieb sie: „eine mir unerträgliche Malerin/Illustratorin, deretwegen ich

---

1461 Vgl. Kapitel 5.1.
1462 Zum Ethos einer Lebensform vgl. Jaeggi: Kritik von Lebensformen, S. 158.
1463 Elisabeth Borchers: Fritz Rudolf Fries: Bemerkungen anhand eines Fundes oder Das Mädchen aus der Flasche, Notiz vom 13.05.1985. In: DLA, SUA: Suhrkamp. Siehe Anhang, Dokumente Nr. 14.
1464 Ebd.

schon mit Fühmann in Streit geriet".[1465] Nicht nur Fries und Fühmann schätzten die Künstlerin, sie war für viele Schriftsteller in der DDR ein bedeutender Einfluss. Gemeinschaftsarbeiten entstanden mit Christa Wolf, Volker Braun oder Anna Seghers.[1466] Für Borchers war bei der Begutachtung aber nicht entscheidend, ob Quevedo oder die besprochenen Schriftsteller im literarischen Feld der DDR erfolgreich waren, sondern inwiefern ein essayistischer Band über Literatur zum Verlagsprogramm passte und in der BRD Erfolg haben könnte. Keiner der erwähnten Autoren war präsent genug in der BRD, geschweige denn ein Suhrkamp-Autor.[1467] Hinzu kam, dass der Verlag Fries nicht nur als Übersetzer, sondern als Erzähler positionierte, der sich an internationaler Literatur orientierte. Bereits seit seinem Debüt galt er nach Johnson als der erste Romanautor der DDR.[1468] In den französischen und spanischen Anreden, die Borchers im Briefwechsel verwendete – „Mon cher Federico"[1469], „Lieber Frédéric"[1470] – kommt die Wahrnehmung des Autors zum Ausdruck, die sich vor allem aus dessen spanischer Herkunft und Übersetzertätigkeit sowie den vielfältigen Bezügen zur fremdsprachigen Literatur in seinen Werken speiste. Als es Ende der achtziger Jahre um die Entscheidung ging, sich weiterhin um Fries als Verlagsautor zu bemühen, nannte Borchers ihn den letzten „europäisch orientierte[n] Schriftsteller",[1471] also einen Autor der DDR, der sich (auch) mit der west- und südeuropäischen bzw. transatlantischen Literatur auseinandersetzte.

Aufgrund der „objektiven Qualität" der Texte und weil Borchers von einem zukünftigen Erfolg des Autors überzeugt war, schlug sie jedoch einen verlegerischen Kompromiss vor: „Für eine Koproduktion ist es zu spät. Sollten wir eine Nachauflage abwarten? Oder gleich ins Taschenbuch gehen (bei fotomechani-

---

1465 Ebd.
1466 Vgl. hierzu die von Quevedo illustrierten Ausgaben und Graphikmappen mit den genannten Autor:innen: Fries: Der Fernsehkrieg. Halle 1969; Anna Seghers: Aufstand der Fischer von St. Barbara. Leipzig 1981; Christa Wolf: Kassandra. Leipzig 1984; Franz Fühmann: Dreizehn Träume. Leipzig 1985; Volker Braun/Nuria Quevedo: Grafische Mappe zu Volker Braun, Der Eisenwagen. Halle 1988.
1467 Die Theaterstücke sowie Prosa von Paul Gratzik erschienen im Verlag der Autoren und im Rotbuch Verlag, Heinz Kamnitzer publizierte nur in der DDR, und von Paul Wiens erschienen 1977 einige übersetzte Gedichte von Alain Lance im Münchner Damnitz Verlag. Alle drei arbeiteten über längere Zeit als Informanten für das Ministerium für Staatssicherheit (vgl. Walther: Sicherungsbereich Literatur, S. 499, 821 und 604).
1468 Vgl. Uwe Johnson an Fritz Rudolf Fries, Brief vom 9.01.1969. In: UJA – mit einer Rezension aus der *Time*.
1469 Elisabeth Borchers an Fritz Rudolf Fries, Brief vom 18.10.1972. In: DLA, SUA: Suhrkamp.
1470 Elisabeth Borchers an Fritz Rudolf Fries, Brief vom 23.10.1973. In: DLA, SUA: Suhrkamp.
1471 Borchers: Fritz Rudolf Fries: Bemerkungen anhand eines Fundes. Siehe Anhang, Dokumente Nr. 14.

scher Verkleinerung des Satzes)?"[1472] Erneut wird hier die Verspätung des Verlags im Literaturaustausch deutlich. Bereits die vorhergegangenen Romane hatte Suhrkamp als Mitdruck vom Aufbau Verlag übernommen,[1473] womit auch ein doppeltes Lektorat der Texte verbunden war.[1474] Die Überlegungen einer möglichst kostengünstigen Herstellung des Buchs in Erwartung eines finanziellen Misserfolgs deuten darauf hin, dass dieser Band nur veröffentlicht werden sollte, weil er im Kontext eines Gesamtwerks im Suhrkamp Verlag gestanden hätte. Die Entscheidung über das Manuskript, das zeigt auch der Vergleich, den Borchers mit Fries' ein Jahr zuvor erschienenem Roman *Die Verlegung des mittleren Reiches* aufstellte, hing nicht nur von den Verkaufszahlen ab, sondern auch von der literarischen Bedeutung eines sich im Entstehen befindenden Gesamtwerks, hier vor allem vor dem Hintergrund der Literatur im geteilten Deutschland, die sich auch in ihren literarischen Bezügen in Ost und West aufteilte. Fries, der vor allem die spanische und lateinamerikanische Literatur rezipierte, galt als europäisch orientierter Autor, der das Blockdenken des Kalten Kriegs literarisch auflöste. In diesem Sinne war Fries als Autor auch für die Positionierung des Suhrkamp Verlags als Bewahrer einer kulturellen Einheit im geteilten Deutschland von Interesse. Im Gegensatz dazu hatte Borchers im Verlag verkündet: „Wenn es um DDR-Autoren geht, so sind wir an kein Vollständigkeitsprinzip gebunden."[1475] Ihre Stellungnahme impliziert die normative Vorstellung, dass zu einer Verlagsautorschaft die Veröffentlichung aller Werke eines Autors gehörte. In der Praxis, und dies nicht nur bei der Literatur der DDR, übernahm der Verlag aber nur Werke, die zu den technischen Produktionsbedingungen (davon waren zum Beispiel kurze Texte und viele Text-Bild-Arbeiten ausgeschlossen), zum jeweiligen Verlagsprogramm und -profil passten. Der Unterschied zu den Autor:innen der DDR, das wird an dem Zitat deutlich, bestand darin, dass der Suhrkamp Verlag meist nicht die Originalrechte vertrat. Unseld entschied schließlich, die Essays nicht zu veröffentlichen. Stattdessen erschienen sie unter dem Titel *Bemerkungen anhand eines Fundes oder Das Mädchen aus der Flasche. Texte zur Literatur* 1988 im Piper Verlag.[1476]

1472 Ebd.
1473 Vgl. die Korrespondenz von Elisabeth Borchers mit dem Aufbau Verlag in den Jahren 1982–84. In: DLA, SUA: Suhrkamp.
1474 Vgl. Kapitel 3.1.
1475 Borchers: Fritz Rudolf Fries: Bemerkungen anhand eines Fundes. Siehe Anhang, Dokumente Nr. 14.
1476 Im Piper Verlagsarchiv im DLA Marbach befand sich zum Zeitpunkt der Untersuchung kein Autorenkonvolut zu Fritz Rudolf Fries, welches erlaubt hätte, diesen Verlagswechsel aus einer weiteren Perspektive zu beleuchten. Von seinen Werken erschienen im Piper Verlag neben dem

In Folge der erneuten Ablehnung gab Fries auch seinen ersten Gedichtband *Herbsttage im Niederbarnim* an Piper, ohne ihn zuvor dem Suhrkamp Verlag anzubieten. Borchers bemühte sich dennoch um eine Beziehung zum Autor, auch innerhalb des Verlags. Als Fries im Sommer 1988 den Marie Luise Kaschnitz-Preis erhielt, schien der lang ersehnte westdeutsche Durchbruch geschafft. Sie schlug vor, den Autor mit einer Ausgabe in der *Bibliothek Suhrkamp* zu würdigen: „Hinzu kommt, daß wir uns um ihn bemühen müssen: Ich berichtete Ihnen bereits, daß die fürs Hauptprogramm und für die st [*suhrkamp taschenbücher*, A.J.] abgelehnten Essays etc. bei Piper erscheinen, zum Dank dafür auch die Gedichte. Und nun steht ein neuer Roman ins Haus, aber in welches."[1477] Ihre Überzeugungsstrategien blieben erfolglos. Mehrfach verhandelte sie noch mit dem Aufbau Verlag,[1478] der die Rechte des neuen Romans vertrat, doch schließlich entschied Unseld, nicht mehr am Autor Fries festzuhalten. In der Emotionalität eines abschließenden Kommentars des Verlegers zu den Bemühungen um Fries drückt sich aus, dass es nicht nur aus ökonomischen, rechtlichen oder anderen Vernunftsgründen zum Bruch kam, sondern auch aufgrund der (gegenseitigen) Enttäuschung von Erwartungshaltungen, die mit Kooperation und dem Verlagsethos, aber auch mit moralisch-menschlichen Werten wie Treue, Vertrauen, Verbindlichkeit und Anerkennung zu tun hatten. An Elmar Faber, den Leiter des Aufbau Verlags, schrieb Unseld am 2. November 1988 über die Verhandlungen mit Fries:

> Er will zu Piper. wenn er das will, dann soll er es machen, Reisende darf man nicht aufhalten. Aber er soll sich das doch überlegen. Wir haben sein bisheriges Werk betreut, sind auch bereit, sein weiteres Werk zu betreuen. wenn er nicht mehr will, dann sollte er sich das zehn Mal überlegen. Wie gesagt, Reisende soll man nicht aufhalten.[1479]

Die Ablehnung der Essays verweist abschließend auf eine weitere Norm der Verlagspraxis: das Prinzip der Gattungsreihenfolge. Zu dessen Veranschaulichung kann der Vergleich mit den Überlegungen zu einem Essayband von Erich Köhler dienen, den Borchers ebenfalls 1985 begutachtete. An Harry Fauth, Leiter des Hinstorff Verlags, schrieb sie:

---

erwähnten Essayband von 1985 der Gedichtband *Herbsttage im Niederbarnim* im Jahr 1989, ein Jahr später der Roman *Die Väter im Kino* und 1991 eine Neuauflage von Erzählungen unter dem Titel *Der Seeweg nach Indien*.
1477 Elisabeth Borchers an Siegfried Unseld, Notiz vom 16.06.1988. In: DLA, SUA: Suhrkamp.
1478 Vgl. Elisabeth Borchers an Elmar Faber, Brief vom 13.06.1988; Kristian Schlosser an Elisabeth Borchers, Brief vom 14.10.1988; Elisabeth Borchers an Elmar Faber, Brief vom 16.12.1988. In: DLA, SUA: Suhrkamp.
1479 Siegfried Unseld an Elmar Faber, Brief vom 2.11.1988. In: DLA, SUA: Suhrkamp.

> Doch ein solches Aufsammeln von Verschiedenem und Unterschiedlichem kann so recht für uns nicht geeignet sein. Wäre Köhler schon eine Instanz, könnte man davon ausgehen, daß er als Erzähler präsent ist, dann wäre der Ausgangspunkt ein anderer. (Doch selbst dann wäre es nicht einfach; der kürzliche Fall Fritz Rudolf Fries hat es gezeigt.)[1480]

Bei der Ablehnung von Köhlers Essays ging es demnach auch um die „verlegerische[...] Dramaturgie" eines Gesamtwerks,[1481] also die Vorstellung, in welcher Gattungsabfolge Werke bestmöglich publiziert werden sollten. Im Idealfall veröffentlichte der Verlag zunächst Prosa, die im Regelfall höhere Auflagen erwarten ließ als Lyrik und somit den Erfolg einer Autor:in begründen konnte. Danach folgten Werke in Prosa, Lyrik oder Drama, dann Sekundärarbeiten wie Übersetzungen oder Herausgeberschaften auf der Grundlage des literarischen Images der Autormarke. War diese im literarischen Feld durchgesetzt, ließen sich essayistische Schriften, zum Beispiel über Literatur, anschließen. Weder bei Fries noch bei Köhler war dies Mitte der achtziger Jahre allerdings gegeben. Nach den Debatten über Fries' Karriere als Informant der Staatssicherheit Anfang der neunziger Jahre erfreuen sich dessen Werke erst postum einer neuen Aufmerksamkeit, nicht unerheblich durch die Neuauflagen im Wallstein Verlag und die Bemühungen des Henschel Verlags unterstützt.

Das Prinzip des Aufbaus eines Gesamtwerks nach Textgattungen und -genres unabhängig von deren chronologischer Entstehung variierte in der Praxis, wirkte sich aber immer wieder auf die Lektoratspraxis aus. In einem Fall handelte es sich um Vorüberlegungen von Brasch zu seinem späteren Drehbuch und Film *Engel aus Eisen*, in dem die Kriminalgeschichte des Bandenführers Werner Gladow verarbeitet ist. Borchers notierte: „Ich bat ihn zu überlegen, ob er diesen Stoff nicht als Erzählung verwenden will, um später ein Stück daraus zu machen."[1482] Ein Jahr später schrieb sie nach einem Treffen mit Volker Braun: „Ich habe ihm dringend angeraten: statt Stück (diese ehrgeizigen, immer nur halb erfolgreichen Unternehmungen!) ein Roman."[1483] Die Ratschläge belegen, dass Borchers teilweise die aus Verlagsperspektive passende literarische Gattung für einen Stoff vorschlug, mit Blick auf den dynamischen Prozess eines entstehenden Gesamtwerks. Sie verweisen auch auf den Sonderstatus des Theaters bei Suhrkamp. Durch die Abfolge erst Prosa, dann Dramatisierung konnte die Produktionsge-

---

1480 Elisabeth Borchers an Harry Fauth, Brief vom 5.09.1985. In: DLA, SUA: Suhrkamp.
1481 Heinz Friedrich an Heinrich Böll, Brief vom 13.04.1981. In: BSB, Ana 655. Zitiert nach Kampmann: Kanon und Verlag, S. 340.
1482 Elisabeth Borchers: Reisebericht Berlin, 29.06.1977. In: DLA, SUA: Suhrkamp.
1483 Elisabeth Borchers: Reisebericht Berlin, 23.05.1978. In: DLA, SUA: Suhrkamp.

meinschaft zweimal von einem Werk profitieren, zunächst in Buchform und anschließend mit den Aufführungsrechten.[1484]

Resümierend lässt sich festhalten, dass sowohl Fries' als auch Fühmanns gestörte Verlagsbeziehungen von Differenzen geprägt waren, die das Autor-Verlag-Verhältnis und den Charakter des Gesamtwerks betrafen. Die Vorstellungen davon waren auf beiden Seiten nicht zuletzt von der Position der Autoren und ihrer Werke im geteilten Deutschland und zwar sowohl in West als auch in Ost abhängig. Im Vergleich der beiden Verlagsbeziehungen wird deutlich, dass Fries stärker an der finanziell lukrativen Verbreitung seiner Werke interessiert war, während Fühmann nach der für den Entstehungsprozess seiner Werke optimalen Kooperation mit einem (westdeutschen) Verlag suchte. So lassen sich anhand der Beispiele auch Typen von Verlagsbeziehungen identifizieren, die Sprengel für das Suhrkamp-Lektorat anhand von Mentoringfunktionen nachgewiesen hat.[1485] Nachdem das Beispiel von Krauß im vorherigen Kapitel verdeutlicht hat, wie Verlag und Autorin die Vorstellung einer Einheit des Gesamtwerks mitproduzierten, ermöglicht es die Verlagspraktik der Selektion im Fall von Fries und Fühmann, den Begriff des Gesamtwerks zu dynamisieren: zunächst hinsichtlich seiner Abfolge in Erstausgaben, die sich ebenso an Inhalten orientierte, wie an Gattungen und Genres im Hinblick auf die Produktion und Rezeption eines Werks, des Weiteren bezüglich der Entstehung von Parallelausgaben im geteilten Deutschland und schließlich in Bezug auf eine innere Hierarchie, die sich in diesem Fall nach dem jeweiligen Autorschafts- und Werkkonzept nicht des ostdeutschen Autors sondern des Verlags richtete.

3 Variieren

Im ersten und zweiten Kapitel habe ich argumentiert, dass assoziierende und selektierende Verlagspraktiken unter anderem die Integration von Autor:innen und ihren (ausgewählten) Werken in den Praxiszusammenhang des Verlags zum Ziel hatten. Eine weitere Praktik zur Integration war die Variation von Werken durch den verlegerischen Peritext bzw. die variierende Zusammenstellung von Erzählungen oder Gedichten[1486] sowie die Variation von Praktiken der Autor:innen als aktiver Prozess der Integration in eine Lebensform. Die Praktiken der Assoziation, Selektion und Variation hängen insofern im Prozess der Literatur-

---

[1484] Vgl. Weyrauch: Der Suhrkamp Theaterverlag.
[1485] Vgl. Sprengel: Der Lektor und sein Autor.
[1486] Vgl. Kapitel 1.4.

produktion eng miteinander zusammen. So konnte die Möglichkeit der Assoziation oder Variation von Werken ein Grund für deren Selektion sein. Variierende Parallelausgaben schlossen außerdem Praktiken der Selektion ein und konnten auch mit Assoziationspraktiken verbunden sein. Außerdem veranschaulichen die Beispiele, dass es generell um Anpassungsprozesse von Autor:innen und ihren Werken an die Lebensform des Verlags ging. Handelte es sich im Fall von Fries und Fühmann allerdings um die Selektion von Werken sowie die Variation von Texten, werde ich im Folgenden die Variation von Zusammenstellungen von Gedichten sowie deren Paratextualität betrachten. Dazu fokussiere ich auf die Poetik der Zusammenstellung und Peritextualität von kürzeren Texten, die sich mit Blick auf verlegerische Praktiken als Produkt eines Kollektivs erweisen.

Ich habe den Begriff der Integration gewählt, weil der Verlag zum einen neben der Einbindung von Texten in das Verlagsprogramm auch die Anpassung von Autor:innen als Akteure an den Praxiszusammenhang forderte. Die aus diesem Integrationsprozess entstandenen Parallelausgaben und die unterschiedlichen Images der Autormarken lassen sich als Variationen (des Werks, des Images) verstehen. Zum anderen handelt es sich, wie Jaeggi erklärt hat, bei der Übernahme von Praktiken und Teilnahme an einer Lebensform um einen reziproken Prozess, der sich nicht nur als Reproduktion von Praktiken gestaltet, sondern die „Transformation des Reproduzierten einschließt".[1487] Der Verlag als Lebensform veränderte sich in diesem Zusammenhang also mit jeder neuen Autor:in und mit jedem neuen Werk. Der Begriff der Integration, im Gegensatz zur Assimilation oder Anpassung, drückt diesen gegenseitigen dynamischen Prozess aus.

Im Folgenden untersuche ich zunächst die Ausgabenvarianz und Formen der variierten Peritextualität der Gedichtbände von Uwe Kolbe und Kurt Drawert im geteilten Deutschland der achtziger Jahre, wie sie sich bereits am Beispiel von Krauß zeigten.[1488] In beiden Fällen intendierte die zuständige Lektorin Borchers Auswahlbände. Die Auswahl war wie im Fall von Krauß, Fries und Fühmann auch hier ein Mittel der Distinktion und Wertung und beinhaltet ein interpretatives Moment: Die Reihenfolge der Texte, die Wahl des Titels bzw. der Titelgeschichte oder des Titelgedichts bedingen eine „Poetik der Zusammenstellung".[1489] In der vergleichenden Ausgabenanalyse im Kontext der Publikationsprozesse zeigt sich die integrative Funktion von Reihen, Labels, der Textauswahl, von Autorenbildern, Klappentexten und Nachworten, die als Paratexte Bedeutung fixieren. Ich werde außerdem argumentieren, dass es bei der Variationspraktik Rückkopp-

---

1487 Jaeggi: Kritik von Lebensformen, S. 132.
1488 Vgl. Kapitel 1.2 und 1.4.
1489 Martus: Werkpolitik, S. 610.

lungseffekte im Zusammenhang von Werk und Autor in der DDR gab. So beeinflussten sich nicht selten die variierenden Praktiken zum Beispiel bei der typographischen Gestaltung oder beim Lektorat im geteilten Deutschland.

Anschließend an die These, dass ein Werk sich in Ausgaben materialisiert, demonstriert die folgende Untersuchung somit die Relevanz von Ausgaben als Gegenstand von Forschung und Edition in ihrer Prozessualität und Variabilität. Die Untersuchung der Prozesse und Praktiken zur Entstehung, Form und Funktion von Ausgaben rückt Peritexte in den Fokus, in denen sich die Vermittlungskonzepte der jeweiligen Produktionsgemeinschaft niederschlagen: „[...] what is significant about the adoption of alien objects – as of alien ideas – is not the fact that they are adopted, but the way they are culturally redefined and put to use."[1490] Ausgabenvarianz, so die These, ermöglicht es, die variable Deutung von Texten (und Textsammlungen) in unterschiedlichen kulturellen und historischen Kontexten zu analysieren. Anders: Ein Vergleich von Parallelausgaben verdeutlicht die vielfältigen Möglichkeiten der peritextuellen Kontextualisierung von Gedichten – mit und ohne Graphiken, in unterschiedlichem Satz und Type usw. – und verweist damit auch auf deren Rezeptions- und Bedeutungsoffenheit.

Für die Analyse von Ausgaben fehlen allerdings oft die materiellen Gegebenheiten. Bibliotheken entfernen Schutzumschläge und führen meist nur eine Ausgabe bzw. eine Auflage eines Werks. Auch Gesamtwerkausgaben ignorieren in der Regel die Peritexte eines Werks. Dennoch: Anhand allein der Peritextualität von Ausgaben ließe sich eine Geschichte der deutsch-deutschen Wahrnehmung schreiben, die ich im Folgenden beispielhaft anhand der Rekonstruktion der Publikationsprozesse und -praktiken bei Kolbe und Drawert darstellen werde. Da Grünbein, im Gegensatz zu Kolbe und Drawert, nicht nur in den Produktionsprozess seiner Suhrkamp-Ausgabe des Gedichtbands *Grauzone morgens* involviert war, sondern die Praktiken der Variation und Integration kritisch kommentierte, analysiere ich anschließend die Funktion und Wirkung der variierten Paratextualität im Verhältnis zum Autor und seinem Gedicht *Alles von vorn*.

Abschließend verdeutliche ich an unterschiedlichen Beispielen, vom ersten Autor der DDR bei Suhrkamp, Johnson, bis zum letzten Autor der DDR bei Suhrkamp, Grünbein, wie der Verlag mit unterschiedlichen Maßnahmen nicht nur Text und Paratextualität variierte und somit an die Produktions- und Rezeptionsbedingungen anpasste, sondern auch die Praktiken und Haltungen der Autoren instruierte und somit variierte. Ein Verlag produziert demzufolge nicht nur Bücher bzw. Schriftmedien, sondern auch Autoren(marken). Wie beim Fokus auf die Interferenzen bei der Konstruktion eines Gesamtwerks im Fall von Fries und Füh-

---

1490 Kopytoff: The Cultural Biography of Things, S. 67.

mann, erhält auch hier das Motto des Suhrkamp Verlags eine neue Bedeutung: Wenn der Suhrkamp Verlag Autoren und keine Bücher verlegt, dann bedeutet dies eben auch, dass der Verlag am Aufbau und der Entwicklung von Autorschaft im literarischen Feld beteiligt ist.

3.1 Gedichte der ‚Hineingeborenen'. Ein Ausgabenvergleich (*Kolbe, Drawert, Brasch, Becker*)

Gerade Gedicht- und Erzählbände eigneten sich für die variierende Integration von Literatur der DDR in den Verlag.[1491] Während modifizierende Eingriffe des Lektorats, die die Integrität des Textes betrafen, zu Konflikten führen konnten, wie das Fühmann-Beispiel gezeigt hat, konnte der Verlag allein durch Auswahl der Texte und Komposition der Bände eine Differenz schaffen und eigene Vorstellungen umsetzen. Begründet wurde die Varianz mit den Produktions- und Rezeptionsbedingungen von Verlag und Feld. Ich rekonstruiere deshalb zunächst die Verlagsbeziehungen zu Kolbe und Drawert, bevor ich die Ausgaben bei Suhrkamp und Aufbau bzw. innerhalb der Verlagsreihen vergleiche. Praxeologische Seitenblicke auf Verlagspraktiken im Umgang mit Grünbein, Brasch, Becker und Erich Köhler ergänzen die Analyse. Ich habe die Autoren ausgewählt, weil sich aus dem Vergleich aussagekräftige Gemeinsamkeiten und Unterschiede ergeben: Beide Autoren, Kolbe und Drawert, veröffentlichten in den achtziger Jahren ihre ersten Gedichtbände. Sie erschienen in der DDR mit illustriertem Schutzumschlag und teilweise mit Graphiken innerhalb des Drucktextes zunächst in der Reihe *Edition Neue Texte* (Kolbe: *Hineingeboren* 1980, Drawert: *Zweite Inventur* 1987), Kolbe später auch im Hauptprogramm (*Abschiede und andere Liebesgedichte* 1981, *Bornholm II* 1986). Suhrkamp veröffentlichte die Lizenzausgaben ohne Illustrationen in der *edition suhrkamp*, jeweils zeitlich etwas nach der Aufbau-Ausgabe (Kolbe: *Hineingeboren* 1982, *Abschiede und andere Liebesgedichte* 1983, *Bornholm II* 1987; Drawert: *Privateigentum* 1988). In den Ausgaben in Ost und West sind die Einzeltexte textlich identisch. Die Ausgaben unterscheiden sich allerdings bei Drawert in der Auswahl der Gedichte und bei beiden Autoren in ihren Peritexten. So enthält die *edition suhrkamp* eine Porträtfotografie mit Text zum Autor, der Kolbe und Drawert unter dem Label der ‚Hineingeborenen' einer Generation von Autoren in der DDR zuordnete.[1492] An den Produktions- und Re-

---

[1491] Vgl. die Fallbeispiele von Krauß, Kapitel 1.4, und Fries, Kapitel 2.2.
[1492] Zum Label der ‚Hineingeborenen' vgl. Teil I, Kapitel 1979.

zeptionsgeschichten der Gedichtbände lassen sich die komplexe Verstrickung der beiden deutschen Literaturfelder nachvollziehen.

Kolbes erste Publikationen sind eng mit der Fürsprache seines Förderers und späteren Freunds Fühmann verbunden. Kolbe lernte Fühmann 1975 im Haus von Frank-Wolf Matthies kennen und überzeugte den 35 Jahre älteren Kollegen mit der Qualität seiner Gedichte.[1493] Fühmann hatte in der DDR und in der BRD Kontakt zu mehreren Verlagen und Publikationsorganen und förderte regelmäßig junge Schriftsteller:innen durch Empfehlungen.[1494] Er selbst zählte in den siebziger Jahren zu den etablierten Autoren, der in beiden Teilen Deutschlands bereits seit den sechziger Jahren publizierte. Auf Vermittlung und mit einem einleitenden Essay Fühmanns über junge Lyrik erschien ein Jahr nach ihrer Begegnung eine Auswahl von Kolbes und Matthies' Gedichten in *Sinn und Form*.[1495] In seinem Beitrag lenkt Fühmann die Aufmerksamkeit auf die Gedichte der noch unbekannten Lyriker, indem er hervorhebt, dass die Zeitschrift eigentlich keine Debüts veröffentliche, in diesem Fall aufgrund der literarischen Qualität aber eine Ausnahme mache.[1496] Darüber hinaus zeichnet Fühmann Kolbe mit dem Ausspruch „ecce poeta!" aus,[1497] der den jungen Autor bereits mit der ersten Veröffentlichung etablieren und weitere (Buch-)Publikationen vorbereiten sollte. Fühmanns Urteil ordnet Kolbe und Matthies außerdem einer nachfolgenden Generation von Autoren zu – eine Wahrnehmung, die sich in Bezug auf Kolbe, Drawert und Grünbein[1498] in der westdeutschen Verlagspraxis als Assoziation unter dem Label der ‚Hineingeborenen' fortsetzte: „Seit diesen Gedichten weiß ich mehr von einer Generation, die auch die meiner Tochter ist."[1499]

[1493] So die eigene Auskunft des Autors bei einer Podiumsdiskussion am 8.10.2015. „Aufs Ganze aus sein". Der Dichter Franz Fühmann in seiner Zeit. Veranstaltung des Forum Berlin der Friedrich-Ebert-Stiftung und des Internationalen Franz-Fühmann-Freundeskreises in Berlin am 8.10.2015. Die Beiträge der Tagung erschienen in: Kleinert/Mohr/Richter (Hg.): „Auf's Ganze aus sein".
[1494] Vgl. Krätzer: „….das Stocken des Widerspruchs", S. 31. Berühmt geworden ist Fühmanns ideelle und finanzielle Unterstützung für eine Anthologie ungedruckter Autor:innen, die, von der Staatssicherheit unterdrückt, 1985 unter dem Titel *Berührung ist nur eine Randerscheinung*, hg. von Elke Erb und Sascha Anderson, bei Kiepenheuer und Witsch erscheinen konnte (vgl. ebd. Bibliographie zum Fall der Anthologie ebd., S. 33, Fußnote 62).
[1495] Von Kolbe sind darin folgende Gedichte enthalten: *Schwärze, Allmorgendliche Begrüßung, Polstelle (für T. und M.), Melanie* und *Was für ein „dichter"* (Uwe Kolbe: Gedichte. In: SuF (1976), 6, S. 1265–1268).
[1496] Vgl. Franz Fühmann: Schneewittchen. Ein paar Gedanken zu zwei jungen Dichtern. In: SuF 6 (1976), S. 1259–1264, hier S. 1262.
[1497] Ebd.
[1498] Zur Positionierung Grünbeins vgl. Kapitel 3.2.
[1499] Fühmann: Schneewittchen, S. 1263.

Weiterhin spricht er von der Dynamik der Generationen. Um beiden Dichtern, die „[a]ndres fragen und anders fragen",[1500] ihren Eintritt ins literarische Feld zu erleichtern, fordert er dazu auf, der neuen Autorengeneration den Zugang zu Publikation, Verbreitung und Förderung zu ermöglichen: „Wir sollten sie willkommen heißen."[1501] Adressaten dieser Einleitung waren demnach die Entscheidungsträger:innen in den Verlagen und in der Hauptverwaltung Verlage und Buchwesen. Den Ausruf „ecce poeta!", der als Auszeichnung nur für Kolbe bekannt geworden ist, bezog Fühmann in diesem Text noch auf beide Lyriker.[1502] Ein Jahr zuvor hatte Brauns tabubrechende *Unvollendete Geschichte* in *Sinn und Form* zu Aufruhr geführt; 1976 war außerdem das Jahr, in dem Brasch die DDR verließ und Biermann ausgebürgert wurde. Das Heft 6 und damit die Gedichte der jungen Lyriker fielen in diese Zeit der poetisch-politischen Diskussionen über Grenzen und Möglichkeiten des künstlerischen Ausdrucks. Den Text prägte dementsprechend ein Gestus der Rechtfertigung für die Publikation der Gedichte. Fühmanns Einleitung konstituiert den Ausgangspunkt einer neuen Dichtergeneration, die später mit Kolbes Titelgedicht ein Label erhielt.[1503] Wie prekär die Lage der noch unveröffentlichten Autoren und wie schwierig der Weg zu einer Publikation einzelner Gedichte geschweige denn einer eigenen Buchpublikation war, zeigt die Publikationsgeschichte der so genannten Fühmann-Anthologie mit weiteren Gedichten dieser Generation, die von der Staatssicherheit verhindert wurde.[1504] Sie ist auch ein Zeugnis der Bedeutung von Mentorschaft nicht allein, aber vor allem in der Literatur der DDR.

Nachdem 1979 weitere Gedichte Kolbes, diesmal mit ihm als alleinigem Autor und ohne Kommentar, in *Sinn und Form*[1505] und in der Zeitschrift des Schriftstellerverbands der DDR *neue deutsche literatur*[1506] erschienen waren, publizierte der Aufbau Verlag ein Jahr später Kolbes ersten Gedichtband *Hineingeboren*,

---

1500 Ebd., S. 1261.
1501 Ebd., S. 1264.
1502 Ebd., S. 1262.
1503 Auch Janine Ludwig und Miriam Meuser verwenden das Label zur Bezeichnung der dritten Generation engagierter Literaten in der DDR, die, ab 1949 geboren, meist in den achtziger Jahren reüssierte (vgl. Ludwig/Meuser: In diesem besseren Land, S. 68).
1504 Vgl. exemplarisch Matthias Braun: „Die Anthologie von den jungen Leuten lässt mich nicht mehr schlafen". Der Mentor Franz Fühmann. In: Text + Kritik 202/203 (2014), S. 121–136.
1505 Es handelt sich um die Gedichte *Wir leben mit Rissen, ungleichheit der chancen, Besinnung, Abend nach der Liebe, von der ödnis dieses reden* (vgl. Uwe Kolbe: [Gedichte]. In: SuF (1979), 3, S. 570–572).
1506 Die Zeitschrift *ndl* veröffentlichte 1979 *Gedicht eines Fremden, Die Steine* und *Sacco & Vanzetti*, die bis auf das mittlere Gedicht in leicht veränderter Form auch im ersten Gedichtband erschienen (vgl. Uwe Kolbe: Verlangen. In: ndl 27 (1979), 12, S. 71f.).

wiederum mit einem Nachwort Fühmanns und mit einer Ankündigung für den zweiten Gedichtband. Zur damaligen Zeit war der eigene Gedichtband bei den DDR-Verlagen eine besondere Auszeichnung. Den meisten Autoren blieb trotz der Fürsprache arrivierter Autor:innen eine Publikation verwehrt.[1507] Fühmann, der dem Suhrkamp Verlag nach seinem Verlagswechsel zu Hoffmann und Campe noch als literarischer Berater für Literatur der DDR verbunden war, informierte Borchers über den ersten Gedichtband Kolbes, der in der BRD noch unbekannt war. Symptomatisch hierfür verwechselte die Lektorin ihn mit dem gleichnamigen ehemaligen Lektor der *Reihe Hanser* und Münchner Kulturreferenten und erwähnte den jungen Autor als „Jürgen Kolbe" in ihren Reiseberichten und Notizen.[1508]

Nachdem sie im März 1980 den Umbruch des Gedichtbands von Kolbe erhalten hatte,[1509] erkundigte sie sich beim Aufbau-Lektor Günther Caspar, ob Suhrkamp nur eine Auswahl bringen könne: „Es ist wichtig, daß wir aus preislichen Gründen bei den uns geläufigen Umfängen bleiben."[1510] Wie an den Beispielen von Krauß und Fries deutlich geworden ist, war die Auswahl von Texten zu einer variierten Ausgabe gängige Praxis im geteilten Deutschland. Im Gegensatz zu Enzensberger, der bei der Begutachtung der Gedichtbände von Kunert und Mickel deren mangelnde Einheit kritisiert hatte,[1511] argumentierte Borchers mit dem dispositiven Gestaltungssystem der Reihe.[1512] Format, Typographie, Ausstattung und Design waren vorgegeben, dadurch ließen sich die Herstellungskosten und damit auch die Buchpreise geringhalten. Jeder zusätzliche Bogen erhöhte den Verkaufspreis. Unseld betonte mit Blick auf die *edition suhrkamp* im Jahresbericht von 1980 das „Anziehungs- und Ausstrahlungspotential für neue Literatur" der Reihe: Mit hoher Auflage und niedrigem Preis sollte die *edition suhrkamp* im Gegensatz zu den „auf Verwertung und Verbreitung angelegten" anderen Reihen im Verlag „attraktiv für eine jüngere Generation von literarischen

---

1507 Vgl. Jürgen Krätzer: „Rübezahl in der Garage" und „Hans im Glück". Franz Fühmann und Uwe Kolbe. In: Stefan Eilt (Hg.): „...notwendig und schön zu wissen, auf welchem Boden man geht". Arbeitsbuch Uwe Kolbe. Frankfurt a. M. 2012, S. 41–53, hier S. 47.
1508 Elisabeth Borchers: Reisebericht Leipzig, 9.–12.03.1980. In: DLA, SUA: Suhrkamp. Jürgen Kolbe war von 1976 bis 1988 prominenter Kulturreferent der Stadt München. Zuvor hatte er als Verlagslektor an der Seite von Michael Krüger die *Reihe Hanser* ins Leben gerufen und war im literarischen Feld ein geläufiger Name.
1509 Vgl. Fritz-Georg Voigt an Elisabeth Borchers, Brief vom 18.03.1980. In: DLA, SUA: Suhrkamp.
1510 Elisabeth Borchers an Günther Caspar, Brief vom 5.08.1980. In: DLA, SUA: Suhrkamp.
1511 Vgl. Kapitel 1.3.
1512 Vgl. Susanne Wehde: Typographische Kultur. Eine zeichentheoretische und kulturgeschichtliche Studie zur Typographie und ihrer Entwicklung. Tübingen 2000, S. 122f.

und wissenschaftlichen Autoren" sein, „die der Verlag im Wettbewerb mit anderen Verlagen an sich ziehen möchte".[1513] Die *edition suhrkamp* diente also als Mittel der Integration von Texten in den Verlagszusammenhang und der Vermarktung von neuen Autoren, kurzum: sie war mitunter eine Debütreihe.[1514]

Neben diesen ökonomischen Faktoren der Verlagspraxis stellt sich im Vergleich der Beurteilung von Enzensberger und Borchers die Frage nach dem Werkcharakter von Gedichtbänden. Die (Re-)Kombination von Gedichten im Gedichtband, einer Zeitschrift oder einer Anthologie ist typisches Merkmal publizierter Lyrik. Unabhängig von der Intention des Autors erhalten Gedichte in ihrer Kombination unter Umständen variierende Deutungsaspekte.[1515] Chronologische Reihenfolgen, Kombinationen unter bestimmten motivischen oder intertextuellen Aspekten usw. ermöglichen verschiedene Rezeptionsweisen eines Gedichts, verweisen aber auch darauf, welchen Texten in einem bestimmten Praxiszusammenhang eine besondere Bedeutung zugewiesen wird.[1516]

Die Korrespondenz zwischen Ost-Lektor und West-Lektorin wechselte nach Borchers' Anfrage in einen ironischen Ton. Caspar mokierte sich über die Ansprüche des Lizenznehmers Suhrkamp, dessen Lektorat bei allen Titeln eigene Vorstellungen passend zu den Praktiken des Verlags durchsetzen wollte: von Kolbe und Hans Löffler[1517] wollte Borchers nur eine Auswahl bringen, bei Fries' neuem Roman gefiel ihr der Titel nicht.[1518] Nachdem jedoch mit der Vorbereitung des zweiten Gedichtbands deutlich wurde, dass es sich bei Kolbe um einen produktiven Autor handelte, entschied Borchers schließlich, die beiden ersten Bände

---

1513 Siegfried Unseld: Jahresbericht 1980. In: DLA, SUA: Suhrkamp.
1514 Vgl. Michalski: Die edition suhrkamp, S. 204, kritisch hierzu auch S. 259. Die *edition suhrkamp* konnte außerdem vom Buchhandel abonniert werden, was die Verbreitung der Reihentitel unterstützte.
1515 Vgl. Martus: Werkpolitik, S. 610.
1516 Vgl. Kapitel 1.4 und Teil IV.
1517 Elisabeth Borchers hatte bei der Übernahme von Löfflers Manuskript *Wege. Gedichte und Geschichten* Bedenken. Sie notierte nach einem Messe-Gespräch mit der Aufbau-Lektorin Ruth Glatzer: „[E]inerseits geht es um die offensichtliche Qualität des Erstlings, andererseits geht es um unabdingbare Korreturen [!] aus unserer Sicht. Frau Glatzer bittet mich nun, einige Texte exemplarisch zu korrigieren, damit sie unsere Vorstellungen mit Löffler besprechen kann. Davon wird es dann abhängen, ob wir das Buch übernehmen können oder ob wir Aufbau schon jetzt bitten müssen, die Erstoption auf das zweite Buch zu notieren." (Elisabeth Borchers: Reisebericht Frankfurter Buchmesse 1979. In: DLA, SUA: Suhrkamp). Das Zitat belegt, wie es durch die Lizenzübernahme auch zu einer Zusammenarbeit der Lektorate in Ost und West kam. Viele Texte erhielten durch die Praxis der Parallelausgaben auch ein doppeltes bzw. geteiltes Lektorat, wie ich weiter unten am Beispiel Beckers ausführe. Der Titel erschien nicht bei Suhrkamp.
1518 Vgl. Elisabeth Borchers an Günther Caspar, Brief vom 12.09.1980. In: DLA, SUA: Suhrkamp.

von Kolbe komplett in Lizenz zu übernehmen.[1519] In der BRD erschien kein Abdruck von einzelnen Gedichten, der Band *Hineingeboren* in der *edition suhrkamp* war Kolbes westdeutsches Debüt.

Auch wenn Suhrkamp schließlich den gesamten Gedichtband samt Nachwort in Lizenz übernahm, unterscheidet sich die West-Ausgabe durch Form und Kontext von der Aufbau-Ausgabe. Die Lizenzübernahme ließ rechtlich nur eine textidentische Ausgabe zu. Der Textbegriff dieser Regelung betraf jedoch nur den von der Autor:in selbst verfassten sprachlichen Inhalt; die Paratextualität des Textes blieb mit dieser Vereinbarung dem Verlag überlassen. Diesen Gestaltungsspielraum nutzten nicht nur der Verlag, sondern auch die Autor:innen, um für ihre westdeutsche Ausgabe Wünsche bezüglich Satz und Typographie, Einbandgestaltung, Autorenbild, Klappen- und Vorschautext zu äußern, nicht selten betraf dies auch die Textauswahl von Gedichten und Erzählungen, die in Ost und West in unterschiedlichen Kontexten publiziert wurden.[1520] Im Bewusstsein, dass es sich dabei um direkte Aushandlungsprozesse mit dem Verlag und nicht um indirekte über den Verlag mit einer Zensurbehörde handelte, konnten Autor:innen der DDR somit Varianten zur DDR-Ausgabe realisieren.

Im Gespräch erinnerte Kolbe sich aber, dass er bei der Gestaltung und Positionierung der Bände bei Suhrkamp keine Mitsprache hatte.[1521] Am Beispiel seiner drei *edition suhrkamp*-Bände wird demnach deutlich, dass der Autorname hier allein die rechtliche Autorisation und Urheberschaft markiert. Der Anteil des Autors am kreativen Prozess zur Erstellung der Ausgabe, wie sie durch den Verlag der Öffentlichkeit präsentiert wird bzw. wer in der Produktionsgemeinschaft welchen Beitrag dazu leistete, kommt in der Gestaltung einer Ausgabe nicht zum Ausdruck. Ob und woran Autor:innen (und die verschiedenen Verlagsakteure) Anteil an der Ausgabengestaltung hatten, lässt sich also wenn überhaupt nur aus den Archivdokumenten rekonstruieren. Die Analyse des Archivmaterials bestätigt: Allein der Verlag entschied über die Einordnung und Präsentation von Kolbes Text.[1522]

Nachdem 1981 in der DDR der zweite Band *Abschiede und andere Liebesgedichte* erschienen war, erhielt Kolbe ein einmaliges Visum, um in Begleitung seines Mentors Fühmann zu einer Lesung am 20. April 1982 in der Westberliner

---

1519 Vgl. Elisabeth Borchers an Ruth Glatzer, Brief vom 31.03.1981. In: DLA, SUA: Suhrkamp.
1520 Vgl. u. a. die Fallbeispiele Manfred Jendryschik, Angela Krauß, Volker Braun, Franz Fühmann, Kurt Drawert in meiner Studie.
1521 Vgl. Gespräch mit Uwe Kolbe am 8.10.2015 in Berlin. Siehe Anhang, Gespräche, Nr. 3.
1522 Vgl. Uwe Kolbe an Elisabeth Borchers, Brief vom 24.08.1983. In: DLA, SUA: Suhrkamp.

Autorenbuchhandlung zu reisen.[1523] Im gleichen Jahr hatte er in einer Anthologie des Mitteldeutschen Verlags das Gedicht *Kern des Romans* veröffentlicht, das er dort las und dessen Großbuchstaben die folgenden Verse ergeben: „Eure Maße sind elend / Euren Forderungen genügen Schleimer / Eure ehemals blutige Fahne bläht sich träge zum Bauch / Eurem Heldentum widme ich einen Orgasmus / Euch mächtige Greise zerfetze die tägliche Revolution."[1524] Bereits seit seiner ersten Lesung als Schüler interessierte sich die Staatssicherheit für den jungen Schriftsteller; im September 1981 hatte die „operative Personenkontrolle" begonnen. Den Angriff auf die DDR-Elite erkannte die Staatssicherheit erst nach der Lesung in Westberlin, im Mai 1982 berichtete im Westen die *FAZ* über die Entlarvung der Botschaft des Gedichts.[1525] Im Januar 1983 wurde in der DDR dann der „operative Vorgang" unter dem Decknamen „Poet" eingeleitet.[1526] Fortan galt ein Publikationsverbot für Kolbe. Erst im Frühjahr 1985 erschien daraufhin eine zweite Auflage von *Abschiede*, ein Jahr später folgte der dritte Gedichtband.[1527] Die Lizenzausgaben in der Bundesrepublik konnten zu dieser Zeit dennoch erscheinen.

Ebenso wie Kolbe hatte auch Drawert mit dem Lektor und Schriftsteller Heinz Czechowski in der DDR einen Förderer, der ein Nachwort für die DDR-Ausgabe von Drawerts erstem Gedichtband *Zweite Inventur* beisteuerte. Die Verbindung zwischen Drawert und dem Suhrkamp Verlag entstand auf der Leipziger Buchmesse im Frühjahr 1988. Weil Drawert zu dieser Zeit eine Auswahl der Werke Karl Krolows für den Reclam Verlag zusammenstellte, enthält die Korrespondenz zunächst die Bitte Drawerts an das Lektorat, für ihn und sein Projekt beim Suhrkamp-Autor Krolow zu vermitteln.[1528] Für die Editionsarbeiten hielt er sich im Mai 1988 in der BRD auf. Einige Monate später verhandelte wiederum Krolow für Drawert beim Verlag, so dass der junge Autor veranlasst war, ein Manuskript an den Suhrkamp-Lektor Döring zu schicken. Krolow blieb nicht der einzige Fürsprecher Drawerts

---

1523 Vgl. Katharina Deloglu: Uwe Kolbe – Stationen der frühen Rezeption in der Bundesrepublik. Überlegungen zu Deutungszuweisungen im literarischen Feld bis 1985. In: Eilt (Hg.): „…notwendig und schön zu wissen, auf welchem Boden man geht", S. 97–127, hier S. 99.
1524 Uwe Kolbe: Kern des Romans. Zitiert nach Deloglu: Uwe Kolbe, S. 105.
1525 Vgl. Peter Jochen Winters: Der Kern des Gedichts. Eine ‚Panne' im Literaturbetrieb der DDR. In: FAZ vom 24.05.1982, S. 23.
1526 Krätzer: „Rübezahl in der Garage", S. 41.
1527 Vgl. Deloglu: Uwe Kolbe, S. 111. In dieser Zeit erschienen von Uwe Kolbe außerdem vier übersetzte Stücke von Federico García Lorca im Henschel Verlag (1985–1987) und das Künstlerbuch *Am Ende der Zeit* mit Helge Leiberg.
1528 Vgl. Kurt Drawert an Christian Döring, Postkarte vom 21.04.1988 und Kurt Drawert an Elisabeth Borchers, Brief vom 14.02.1989. In: DLA, SUA: Suhrkamp. Der Band erschien 1990 unter dem Titel *Wenn die Schwermut Fortschritte macht. Gedichte, Prosa, Essays* hg. und mit einem Nachwort von Kurt Drawert im Reclam Verlag.

im Westen, auch Jürgen Becker setzte sich für die Veröffentlichung seiner Gedichte ein, wie Döring im Lektoratsgutachten festhielt.[1529]

Bei dem Manuskript handelte es sich um den ersten Fahnenabzug eines geplanten zweiten Gedichtbands beim Aufbau Verlag, der jedoch vermutlich wegen der Veränderungen durch den Einheitsvertrag nie fertig gestellt wurde. Im Suhrkamp Verlag war für Drawerts westdeutschen Debütband eine Auswahl aus dem ersten Gedichtband *Zweite Inventur* und dem Manuskript des geplanten zweiten Bands vorgesehen.[1530] Für den ersten Gedichtband hatte das Suhrkamp-Lektorat die Übernahme abgelehnt: „Wir konnten uns nur eine Auswahl vorstellen, wollten warten".[1531] Döring informierte Joachim und Siegfried Unseld erst zwei Jahre später darüber. Das zeigt, wie eigenständig das Lektorat in dieser Zeit über eingesandte Manuskripte entschied und Informationen vor allem zu jungen Autor:innen für die Verlagsleitung zurück- aber bereithielt. Zudem treten die unterschiedlichen Vorstellungen der Verlage zutage. Das Suhrkamp-Lektorat war nicht von allen Gedichten des ersten Bands überzeugt und ging davon aus, dass der Autor mit der Zeit weitere Gedichte schreiben würde. Erst zwei Jahre später und als Drawert den Leonce-und-Lena-Preis in Darmstadt erhielt, schlug Döring eine Publikation für Suhrkamp vor, „weil sich die Qualität seiner Gedichte mit Hilfe dieses Preises besser transportieren läßt".[1532] Er argumentierte mit der Aufmerksamkeit für den Preisträger, um die Gedichte des Autors in der BRD zu verbreiten.

Döring verhandelte zunächst mit der Aufbau-Lektorin Sigrid Töpelmann über die Rechteverteilung der Gedichte Drawerts, die der DDR-Verlag komplett bei sich versammeln wollte. „Das Verfahren des Aufbau Verlages, dies unter uns", erklärte Döring dem Autor, „liefe wohl darauf hinaus, einen rechtlichen Alleinvertreteranspruch zu konstruieren, das Übliche also."[1533] Dörings Formulierung ist in doppelter Hinsicht bemerkenswert. Mit dem Begriff „Alleinvertreteranspruch" drückte er nicht nur den Umstand aus, dass nur *ein* Verlag im geteilten

---

1529 Vgl. Christian Döring an Joachim und Siegfried Unseld: Zu Kurt Drawert. Notiz vom 31.03. 1989. In: DLA, SUA: Suhrkamp.
1530 Kurt Drawert bezeichnete den Band *Privateigentum* deshalb in der Retrospektive als „zwei Bände in einem" (E-Mail von Kurt Drawert, 27.03.2017. In: Privatarchiv). Sein Kommentar belegt einerseits den Einfluss verlegerischer Praktiken auf Gestalt und Inhalt der Suhrkamp-Ausgabe und andererseits die poetische Konzeption seiner Gedichtbände, so wie sie im Aufbau Verlag erschienen und erscheinen sollten.
1531 Christian Döring an Joachim und Siegfried Unseld: Zu Kurt Drawert. Notiz vom 31.03.1989. In: DLA, SUA: Suhrkamp.
1532 Döring an Joachim und Siegfried Unseld: Zu Kurt Drawert. Notiz vom 31.03.1989.
1533 Christian Döring an Kurt Drawert, Brief vom 4.09.1989. In: DLA, SUA: Suhrkamp.

Deutschland die Originalrechte am Werk eines Autors vertreten konnte. Er aktualisierte damit auch den ideologisch-politischen Hintergrund des Literaturaustauschs der sechziger Jahre, in dem es darum ging, welcher der beiden deutschen Staaten die rechtmäßige Regierung über das deutsch-deutsche Staatsgebiet und damit die deutsche Nation vertrete. Noch bevor im Dezember 1989 das Druckgenehmigungsverfahren abgeschafft wurde, konnte Döring mit der Lektorin vereinbaren, dass Suhrkamp die bereits erschienenen Gedichte in Lizenz übernahm, die neuen Gedichte aber direkt veröffentlichte.[1534] Da sich die Auswahl der Gedichte in Ost und West unterschied, konnte der Suhrkamp Verlag die Differenz der Ausgaben auch mit einem anderen Titel markieren. Drawerts erster Gedichtband in der BRD erschien unter dem Titel *Privateigentum*.

Nachdem bereits der Blick auf die Verlagsbeziehungen und Publikationsprozesse der beiden Autoren Gemeinsamkeiten in der Gattung, in der Förderung durch einen Mentor, in den Publikationsreihen, aber auch Unterschiede in der peritextuellen Gestaltung aufzeigt, werde ich im Folgenden diese Ausgabenvarianz untersuchen. Dabei geht es um den Reihenkontext, die Nachworte, die Textauswahl und das Labeling als Praktiken der Variation zum Zweck der Integration und Positionierung der Autoren.

Der Aufbau Verlag veröffentlichte Kolbes und Drawerts ersten Band in der *Edition Neue Texte*, einer literarischen Reihe mit gebundenen Büchern, die Literatur der DDR und dem Ausland zum größten Teil in Erstveröffentlichung präsentierte.[1535] Die Umschläge trugen „ein dem Werk geistesverwandtes Kunstwerk",[1536] also eine individuell gewählte Druckgraphik von modernen Bildern und Fotografien in unterschiedlichem Format und Farbkonzept. Der weiß-graue Einband war hingegen puristisch gestaltet. Autorname, Titel und Untertitel wurden durch einen Strich getrennt am oberen Rand abgedruckt. Die Bände bekamen zwar teilweise Nachworte, enthielten aber keine Hinweise auf weitere Reihentitel. Innerhalb des Reihenkontexts war der Grad der Singularisierung einzelner Bände deshalb zumindest gestalterisch höher als bei der *edition suhrkamp*.[1537] Kolbes Band *Hineingeboren* erschien illustriert mit Graphiken von Trak Wendisch, einem

---

[1534] Vgl. ebd. Für den zweiten Aufbauband hätte der DDR-Verlag dann die Rechte von Suhrkamp übernehmen müssen.
[1535] Vgl. Von der antiken Literatur bis zur Gegenwart: Buchreihen im Aufbau-Verlag, o.D. [ca. 1985]. In: Archiv des Aufbau Verlags, Dep. 38, Mappe E0083.
[1536] Carsten Wurm: Gestern. Heute. Aufbau. 70 Jahre Aufbau Verlag 1945–2015. Berlin: 2014, S. 104.
[1537] Vgl. Michalski: Die edition suhrkamp, S. 204. Eine systematische Studie zur *Edition Neue Texte* wie Michalski sie für die *edition suhrkamp* vorgelegt hat, steht noch aus.

Graphiker, den er aus der Studienzeit in Leipzig kannte.[1538] Drawerts Debüt enthielt zwar wie auch Kolbes ein Nachwort, aber keine Graphiken. Allein der Umschlag zeigte ein Bild von Dietrich Gnüchtel, einem Leipziger Maler, mit dem Drawert mehrfach kooperierte.[1539]

Während die *Edition Neue Texte* allein Prosa und Lyrik veröffentlichte, stehen erzählerische, lyrische und dramatische Texte bei der *edition suhrkamp* im Kontext von Theorie und Essayistik. Literatur gerät somit in einen gesellschaftskritischen Deutungshorizont. Die Reihe hat ein internationales, politisch-kritisches Image und repräsentiert das Verlagsimage einer ‚Suhrkamp-Kultur'. Sie ist für Autoren wie Adorno, Bloch, Walser und Weiss bekannt, aber vor allem durch das Werk Brechts geprägt.[1540] Bei Suhrkamp erschienen die Gedichtbände von Kolbe und Drawert in der *edition suhrkamp Neue Folge* ohne Graphiken, aber mit Autorenbild und Klappentext. Die Ausgaben enthalten am Ende zudem alphabetische oder numerische Listen über bereits erschienene Reihentitel. Bei Drawert sind weitere Lyriktitel angegeben, bei Kolbe führt die Liste andere Titel nach Nummerierung, unabhängig von ihrem Genre auf. Der Band *Hineingeboren* steht bei Suhrkamp neben einer sozialmedizinischen Studie des Briten Thomas McKeown und einem Band mit Kurzgeschichten des Kenianers Ngugi wa Thiong'o.[1541] Aus dieser Zusammenstellung wird die Willkürlichkeit der transtextuellen Bezüge durch den Reihenkontext besonders deutlich. Erst die Abfolge der Titel bringt diese drei Texte und ihre Autoren in einen Zusammenhang.[1542]

Aus dem Reihendispositiv sowie den Konventionen des Verlags ergab sich die unterschiedliche Materialisierung von Texten im Aufbau und im Suhrkamp Verlag. So nutzte der unbekannte Hersteller die Suhrkamp-Type Garamond-Antiqua und setzte im Textteil die Titel und Widmungen kursiv, was durch die Hervorhebung deren Funktion als Überschriften verstärkt. Zudem sind die Gedichtwidmungen bei Suhrkamp eingerückt. Beide Elemente heben sich dadurch stärker vom Text ab als in der Aufbau-Ausgabe. Auch die Hervorhebungen in den Gedichten sind nicht gesperrt wie in der Reihe *Edition Neue Texte*, sondern kursiviert. Die Störung des Leseflusses bleibt bei beiden Versionen bestehen, allein die Form der Störung ist eine andere. Die Entscheidung für die eine oder andere ty-

---

1538 Vgl. Gespräch mit Uwe Kolbe am 8.10.2015 in Berlin. Siehe Anhang, Gespräche, Nr. 3.
1539 Vgl. Kurt Drawert: Tauben in ortloser Landschaft. Geständnis. Zwei Gedichte mit Holzschnitten von Dieter Gnüchtel. Meran 1996.
1540 Vgl. Michalski: Die edition suhrkamp, S. 347.
1541 Vgl. Thomas McKeown: Die Bedeutung der Medizin. Traum, Wahn oder Nemesis? (edition suhrkamp Neue Folge 109); Ngugi wa Thiong'o: Verborgene Schicksale. (edition suhrkamp Neue Folge 111) Beide Bände Frankfurt a. M. 1982.
1542 Vgl. Michalski: Die edition suhrkamp, S. 209f.

pographische Hervorhebung ist allein ästhetischen Gründen geschuldet.[1543] Die Gestaltung ist damit einerseits ein Differenzierungsmerkmal zwischen beiden Verlagen und garantiert andererseits ein einheitliches Äußeres der Titel innerhalb der jeweiligen Reihe.

Zu den typographischen Prinzipien der *edition suhrkamp* gehört außerdem, dass ein Gedicht möglichst auf einer Seite steht. Dies hat pragmatische, ästhetische und technisch-ökonomische Gründe. Es ist somit möglich, das Gedicht ohne Umblättern zu lesen, und es gibt keinen zu großen Weißraum auf der zweiten Seite durch die letzten Zeilen des Gedichts. Um die Bögen bei einer gewissen Anzahl und somit den Preis niedrig zu halten, wählte Suhrkamp eine kleinere Schriftgröße – zumal bei kleinerem Format – als der Aufbau Verlag.[1544] Auch beim Auslassen der illustrierenden Graphiken mag die Überlegung zum Umfang des Buchblocks eine Rolle gespielt haben.[1545]

Kolbe hatte in der DDR bereits vor dem Debüt mit einem eigenen Gedichtband Texte in verschiedenen Periodika veröffentlichen können. Seine Position als junger Autor der *Edition Neue Texte* änderte sich nach dem Debüt, die nächsten beiden Gedichtbände erschienen im Hauptprogramm. Für Drawert war der Aufbau-Band im Jahr 1987 die erste Publikation in der DDR. Außer einem von ihm herausgegebenen Auswahlband mit Liebesgedichten sowie der Krolow-Auswahl bei Reclam publizierte Drawert weiterhin im vereinten Deutschland.[1546] Bei Suhrkamp blieben beide zunächst ‚junge' Autoren der *edition suhrkamp*.

Ein Wandel in Kolbes Position im Verhältnis zu seinen Verlagen lässt sich an der weiteren Ausstattung der Gedichtbände ablesen: Bei der Aufbau-Ausgabe *Hineingeboren*, so erinnert sich Kolbe, hatte er selbst um die graphische Gestaltung seines Bandes durch Trak Wendisch gebeten.[1547] Beim zweiten Band *Abschiede*, der dann statt in einer Reihe im Hauptprogramm erschien, nehmen die Graphiken einen noch höheren Stellenwert ein. Dienten sie im ersten Gedichtband der Illustration der Gedichte und waren nur im Text enthalten, gestaltete

---

1543 Vgl. Wehde: Typographische Kultur, S. 138.
1544 Vgl. zum Beispiel das Gedicht *Liebeslied*. In: Uwe Kolbe: Hineingeboren. Gedichte 1975– 1979. Berlin/Weimar 1980, S. 104 f. und Uwe Kolbe: Hineingeboren. Gedichte 1975–1979. Frankfurt a. M. 1982, S. 93.
1545 Inwieweit diese gestalterischen Unterschiede – Illustration, Satz, Papier, Format etc. – auch mit den Unterschieden zwischen einer geplanten Buchproduktion und dem kapitalistischen Buchmarkt zusammenhingen, müsste in einem größeren Kontext überprüft werden.
1546 Es handelt sich um Die Wärme, die Kälte des Körpers des Andern. Liebesgedichte. Hg. von Kurt Drawert. Berlin/Weimar 1988 und Karl Krolow: Wenn die Schwermut Fortschritte macht. Gedichte, Prosa, Essays. Hg. von Kurt Drawert. Leipzig 1990.
1547 Vgl. Gespräch mit Uwe Kolbe am 8.10.2015 in Berlin. Siehe Anhang, Gespräche, Nr. 3.

Wendisch beim zweiten Band Schutzumschlag, Buchdeckel sowie den Textteil. Die Graphiken, so Kolbe, seien in diesem Band nicht in direkter Auseinandersetzung mit einzelnen Gedichten entstanden, sondern stellten Assoziationen des Graphikers zum Thema des Gedichtbands Liebe bzw. Paarbeziehung dar.[1548] Die Graphiken haben im zweiten Band also einen eigenständigen Werkcharakter. Für den dritten Gedichtband *Bornholm II* trennte sich Kolbe von Wendisch. Laut Kolbe hatte sich dessen Schaffen durch seine institutionelle Ausbildung in Leipzig ästhetisch so verändert, dass er nicht mehr mit ihm zusammenarbeiten wollte.[1549] Sabine Grzimek war die Gestalterin des dritten Bandes. Sie war in Ostberlin durch Skulpturen auf öffentlichen Plätzen bekannt, im Gegensatz zu Wendisch war sie in der DDR eine etablierte Künstlerin, so dass ihre Gestaltung von Kolbes Band eine Auszeichnung für Werk und Autor darstellte. In der BRD war Grzimek unbekannt; es gab aus Verlagsperspektive deshalb wenig Veranlassung ihr Werk mit den Gedichten zu veröffentlichen. Kolbes ästhetische Vorstellung des Gedichtbands war für die Verlagspraxis also nicht ausschlaggebend, auch zumal die Gedichte und Graphiken sonst im Hauptprogramm hätten erscheinen müssen, das eine derart individuelle Gestaltung erst zugelassen hätte.

Bis zum Verlagswechsel nach der Vereinigung blieb Kolbe Autor der *edition suhrkamp*. Seine Bände erschienen in Lizenz, und er hatte keine Mitsprache bei deren Gestaltung, deren Spielraum wegen der Reihenvorgaben ohnehin eingeschränkt war. Zwar war er auch im Westen über die Empfehlung Fühmanns zum Verlag gekommen, Fühmann war aber in der BRD nicht so bekannt, dass seine Fürsprache dem jungen Kolbe zu einem Durchbruch verholfen hätte. Aus der Minimaldifferenz des dritten Gedichtbands bei Suhrkamp zu den vorangegangenen Titeln in der *edition suhrkamp* lässt sich jedoch erkennen, dass sich Kolbe inzwischen als literarischer Autor durchsetzte.

Als Kolbe im Oktober 1990 zu Suhrkamp wechselte und dabei auch die Rechte für die ersten drei Gedichtbände an den Frankfurter Verlag fielen, bat er die Verleger Siegfried und Joachim Unseld darum, *Bornholm II* in der Ausstattung des Aufbau Verlags zu übernehmen. „Umschlag, Einband und Vorsatz sind von Sabine Grzimek gestaltet, worauf ich regelrecht stolz bin, denn sie ist Bildhauerin und hat diesen Ausflug eigens für das Bändchen unternommen."[1550] Es kam nicht dazu, Suhrkamp blieb bei der eigenen, textfokussierten Ausgabe. Nach dem Wechsel zu Suhrkamp erschien Kolbes nächster Band jedoch im Hauptprogramm. Ein Blick auf das spätere Werk des Autors bei Suhrkamp zeigt, dass Kolbe immer

---

1548 Vgl. ebd.
1549 Vgl. ebd.
1550 Uwe Kolbe an Siegfried und Joachim Unseld, Brief vom 28.10.1990. In: DLA, SUA: Suhrkamp.

wieder mit bildenden Künstlern zusammenarbeitete und sich in die graphische Gestaltung seiner Ausgaben involvierte. Als Suhrkamp-Autor, der im vereinten Deutschland Erfolge feierte, konnte er demnach endlich eigene Vorstellungen zur Ausstattung seiner Bände wieder durchsetzen. Drawert veröffentlichte nach der Vereinigung weiterhin Prosa, Essays sowie ein szenisches Stück in der *edition suhrkamp*,[1551] bevor 1996 nach einem Aufenthalt in der Villa Massimo sowie mehreren Preisen und Stipendien der Gedichtband *Wie es war* im Hauptprogramm erschien.[1552]

Für Kolbes ersten Suhrkamp-Band im Jahr 1982 übernahm der Verlag, wie gesagt, das Nachwort Fühmanns aus der Aufbau-Ausgabe, Drawerts Suhrkamp-Erstling erschien ohne das Nachwort der Aufbau-Ausgabe von Heinz Czechowski. Dass der Verlag diesen Unterschied in seiner Praxis machte, lässt sich damit erklären, dass Fühmann zu den Verlagsautoren gehörte, Czechowski nicht. Das Nachwort diente damit nicht nur der Kontextualisierung der Gedichte und Förderung Kolbes durch die Befürwortung eines älteren Schriftstellerkollegen, der auch in der BRD bekannt war, sondern verwies gleichzeitig auf das Werk Fühmanns im selben Verlag. Durch den transtextuellen Zusammenhang verstärkten sich die Positionen der so assoziierten Autoren und des Verlags, der sich als konstitutiv für ein literarisches Netzwerk bzw. eine literarische Generationenfolge präsentierte.[1553]

Nicht zuletzt aufgrund des begleitenden Textes Fühmanns wurde Kolbe in der BRD zunächst als Repräsentant einer Generation wahrgenommen, der sich in seinen Gedichten zu den politisch-gesellschaftlichen Verhältnissen seines Landes äußert.[1554] Erst mit dem dritten Gedichtband *Bornholm II* setzte in der Bundesrepublik eine Rezeption ein, die sich nicht nur mit dem Aussagegehalt und der Wirkung der Gedichte Kolbes und dessen Verhältnis zur DDR auseinandersetzte, sondern auch die poetischen Bezüge und Eigenheiten thematisierte: Zuvor bildeten „die bundesrepublikanische Literaturkritik und die Medien Uwe Kolbe gegenüber Wahrnehmungs- und Bewertungsmuster aus, die vorrangig politischen und moralischen Kriterien verpflichtet" waren.[1555] Die Veränderung der

---

[1551] Es handelt sich um die Titel *Spiegelland* (1992), *Haus ohne Menschen* (1993) und *Alles ist einfach* (1995).
[1552] Nach dem Leonce-und-Lena-Preis aus dem Jahr 1989 erhielt Drawert u. a. den Ingeborg-Bachmann-Preis (1993) sowie den Uwe-Johnson-Preis (1994) sowie Stipendien u. a. für die Akademie Schloss Solitude (1994) und in der Villa Massimo (1995/96).
[1553] Vgl. zur Konstruktion einer literarischen Tradition innerhalb des Verlagsprogramms auch Kapitel 1.3.3.
[1554] Vgl. Deloglu: Uwe Kolbe, S. 97.
[1555] Ebd.

Position Kolbes im literarischen Feld der BRD, zeigt sich, wie ich ausgeführt habe, auch an der Ausstattung des dritten Suhrkamp-Bands. Denn zwar wurden die Illustrationen in *Bornholm II* nicht übernommen, doch enthielt der Band anders als die Vorgänger kein Autorenbild und nur den Text der Gedichte sowie ein Inhaltsverzeichnis; eine Einordnung in die Reihe bzw. Werbung für die Reihe fand nicht mehr statt.

Wie Kolbes erster Gedichtband *Hineingeboren* enthält auch Drawerts erster Suhrkamp-Band ein ganzseitiges Bild des Autors in der Titelei und daneben einen einführenden Klappentext mit Gedichtzitaten, Angaben zur Poetik und Biographie des Autors. Neben Verlag, Reihe und Gattung ergibt sich durch den Text ein weiterer Bezug zwischen beiden Autoren. So präsentierte der Verlag den Autor als Teil der „Uwe Kolbe-Generation", deren Selbst- und Gesellschaftsverständnis sich im Gedicht *Hineingeboren* ausgedrückt habe: „In diesen Gedichten versichert sich ein 1956 in die DDR Hineingeborener seines privaten Lebens im staatlich-öffentlichen Alltag [...]."[1556] Das Titelgedicht aus Kolbes Debütband war Ende der achtziger Jahre zum Ausdruck einer Erlebnisgemeinschaft geworden, „für jene, die qua Geburt und ohne Entscheidungsmöglichkeit DDR-Bürger zu sein hatten."[1557] Auch Grünbein ordnete Suhrkamp der Generation der ‚Hineingeborenen' zu.[1558]

Aus dem Lektoratsgutachten wird deutlich, dass der Verlag diesen Bezug nicht nur in den Paratexten zur Bewerbung des Gedichtbands nutzte, sondern dass der Lektor selbst die Texte so wahrnahm und im Verlag propagierte.

> Kurt Drawert, geboren 1956 in der DDR, ein ‚Hineingeborener' der Uwe Kolbe-Generation, lebt in Leipzig, hat hinter sich die typische DDR-Karriere[...] In seinen Gedichten, sehr typisch für das Schreiben in der DDR, findet die Versicherung der eigenen Existenz im Alltag statt[...].[1559]

Statt auf eine autonome Poetik setzte Döring auf transtextuelle Bezüge. Mit seiner Wahrnehmung und Kategorisierung von Autorenbiographien und Poetiken ordnete er Drawert dem Label ‚DDR-Literatur' zu. Dementsprechend bewarb der Suhrkamp Verlag Drawerts Gedichtband, wie bereits erwähnt, in einer Anzeige der *Zeit* unter dem Titel „Neue Literatur aus der DDR" (Abb. 5). Da kurz zuvor die Mauer in Berlin gefallen war und die politisch-gesellschaftlichen Veränderungen das Interesse auf die DDR lenkten, nutzte der Verlag diese Aufmerksamkeit für die

---

1556 Klappentext. In: Kurt Drawert: Privateigentum. Frankfurt a. M. 1989, S. 2.
1557 Krätzer: „Rübezahl in der Garage", S. 45.
1558 Vgl. Kapitel 3.2.
1559 Döring an Joachim und Siegfried Unseld: Zu Kurt Drawert. Notiz vom 31.03.1989.

Bewerbung seines Verlagsprogramms. Seinem Autor gegenüber begründete Döring die Verlagspraxis ebenso: „[D]ie DDR steht hoch im Kurs."[1560] Wie Kolbe wurde auch Drawert zunächst als Auskunftgeber über politisch-gesellschaftliche Verhältnisse wahrgenommen und präsentiert.

Ein mit der verlagsinternen Wahrnehmung vergleichender Blick in die Rezensionen des Bands *Privateigentum* verdeutlicht die unterschiedlichen transtextuellen Bezüge im literarischen Feld. Wulf Segebrecht (*FAZ*), Hans-Jürgen Schmitt (*SZ*) und Elsbeth Pulver (*NZZ*) verwiesen einhellig auf das an Czechowski adressierte Gedicht *Im Klartext* und verankerten den Gedichtband im Kontext der politisch-gesellschaftlichen Veränderungen der Zeit. Zudem erläuterten die Literaturkritiker:innen ausführlich die hypertextuellen Bezüge zwischen Drawerts Gedicht *Zweite Inventur*, das auf Günter Eichs Gedicht *Inventur* von 1945 reagiert.[1561] Im Verlag dagegen zählte vielmehr der Vergleich zu Verlagsautoren wie Kolbe oder Fühmann im Fall von Kolbe, weil transtextuelle Bezüge im eigenen Verlagsprogramm Aufmerksamkeitspotential für die Verbreitung der eigenen Buchproduktion haben. Im Archiv wird zudem ersichtlich, dass der Verlag außerdem einen Zusammenhang zu den Suhrkamp-Autoren Krolow und Becker herstellte. Sie fungierten als Garanten für den Erfolg, auf ihr inoffizielles Urteil gründete der Verlag seine Entscheidung. Aus dem Vergleich wird deutlich: Die Literaturkritik ordnete Drawert in eine deutsche Literaturtradition ein, der Verlag entschied auf Grundlage des eigenen Verlagsnetzwerks.

Beim Suhrkamp-Band *Privateigentum* handelte es sich um eine Auswahl aus dem ersten Gedichtband im Aufbau Verlag, erweitert um neuere Gedichte des Autors. Beide Zusammenstellungen sind in drei größere Abteilungen aufgeteilt, die im Suhrkamp-Band eigene Titel erhalten und als Motti zu verstehen sind. Im Aufbau-Band sind den Abteilungen außerdem jeweils ein Gedicht vor- und nachgestellt,[1562] die bei Suhrkamp die erste Abteilung eröffnen und die zweite

---

1560 Christian Döring an Kurt Drawert, Brief vom 12.01.1990. In: DLA, SUA: Suhrkamp.
1561 Vgl. Wulf Segebrecht: Die privateigene Empfindung. Der DDR-Lyriker Kurt Drawert im Kampf mit Günter Eich. In: FAZ vom 10.04.1990, S. 85; Hans-Jürgen Schmitt: Die neuen Ich-Gefühle. Neunzig Gedichte von Kurt Drawert. In: SZ vom 4.04.1990, S. V; Elsbeth Pulver: Rückblende. Gedichte von Kurt Drawert. In: NZZ vom 9.03.1990, S. 45.
1562 Die Ausgabengestaltung imitiert laut Aufbau-Lektorin Helga Thron die Strophenform des Meistersangs, ursprünglich der italienischen Kanzone, und bringt den Formwillen Drawerts zum Ausdruck (vgl. Helga Thron an Heinz Czechowski, Brief vom 1.07.1986. In: Archiv des Aufbau Verlags, Dep. 38, Mappe 2583). Dieselbe Gestaltungsform verwendete Drawert auch für die von ihm herausgegebene Anthologie von Liebeslyrik, die wiederum auch Motti enthält (vgl. Die Wärme, die Kälte des Körpers des Andern).

Abteilung abschließen.[1563] Die Gedichte, die Döring aus der bereits vom Aufbau Verlag gewählten Zusammenstellung übernahm, machten mit dem Band *Privateigentum* einen ersten Kanonisierungsschritt. Die Ausgaben sind deshalb auch Ausdruck der geteilten – gemeinsamen und unterschiedlichen – Rezeptions- und Produktionsbedingungen.

Die Begründungen für Auswahl der Gedichte und Zusammenstellung der Bände sind nicht überliefert.[1564] Allerdings tritt deren transtextuelle Qualität als Hinweis auf eine Poetik der Zusammenstellung im Vergleich offen hervor. So korrespondiert das Titelgebende Gedicht *Im Klartext*, das nur in der Suhrkamp-Ausgabe enthalten ist, mit dem Nachwort Czechowskis in der Aufbau-Ausgabe. Im Gedicht spricht das lyrische Ich den Förderer und Kommentator des Autors in der sechsten bis achten Strophe direkt an: „Mich beispielsweise, lieber Czechowski, // interessiert tatsächlich nur noch / das Privateigentum an Empfindung, / der Zustand des Herzens, wenn die schwarze Stunde / am Horizont steht, die Würde der Scham // und das Ende des Hochmuts."[1565] Im Vergleich der Ausgaben ist dies nicht nur eine direkte Ansprache an den Freund, sondern auch ein transtextueller Bezug zur Aufbau-Ausgabe, in der Czechowski – vergleichbar dem Duktus von Fühmanns Nachwort in Kolbes Band – die gesellschaftliche Relevanz von Drawerts Poetik mit Blick auf die Resonanz in der DDR plausibilisere: „Auch wenn sich Drawert extrem auf sein Ich zurückzuziehen scheint, lese ich seine Texte als Beiträge zu einer kollektiven Verantwortung, die unter der Kruste von dem, was Leben auch ist, mit Genauigkeit und der dem Wort gegenüber gebotenen Verantwortung."[1566] Somit wirkt die Ansprache Drawerts aus der Distanz der west-

---

[1563] Die Ausgaben weisen weitere sich unterscheidende Gestaltungsmomente auf: So führt die Aufbau-Ausgabe im Inhaltsverzeichnis die Jahreszahlen der Gedichte auf, während Suhrkamp lediglich im Klappentext auf den Entstehungszeitraum 1983–1989 verweist. Außerdem gibt es Unterschiede im Satz: So stehen Titel und Gedicht in der Suhrkamp-Ausgabe enger beieinander und die Widmungen der Gedichte sind eingerückt. Die Bedeutung dieser Gestaltungselemente spielt hier bei der Argumentation allerdings eine untergeordnete Rolle.
[1564] Im Archiv des Aufbau Verlags befindet sich jedoch ein Brief der Lektorin Helga Thron an Czechowski, der die Konzeption des Gedichtbands *Zweite Inventur* festhält: „Zum Manuskript übrigens noch folgendes. Es hat drei Kapitel (mit Auf- und Abgesang). Kap 1 beinhaltet vor allem Texte, die stark vom Bild ausgehen, bemüht ums Sichtbarmachen von Vorgängen, Kap 2 sammelt Gedichte zur Befindlichkeit des Ichs, solche, die zu Allgemeinerem hinführen und auch welche zur Poetik, Kap 3 umfaßt Probiertexte. Mir scheint die Zusammenstellung insofern glücklich, als sie recht unterschiedliche Seiten Drawerts zeigt, ich hoffe jedenfalls, monotone Strecken ergeben sich nicht." (Thron an Czechowski, Brief vom 1.07.1986).
[1565] Kurt Drawert: Im Klartext. In: K.D.: Privateigentum, S. 47 f.
[1566] Heinz Czechowski: Lektüre. In: Kurt Dawert: Zweite Inventur. Berlin/Weimar 1987, S. 133–138, hier S. 137.

deutschen Ausgabe als offen ausgesprochene Absage, eben *Im Klartext*, an die politische Vereinnahmung seiner Werke, indem er sie als Privateigentum positioniert. Das Gedicht beschreibt vor dem Hintergrund der sich wiederholenden, patriarchalisch geprägten Geschichte die Abkehr des lyrischen Ichs „ins eigene innere Land".[1567] In der Bewegung ins Private korrespondiert es auch mit dem Titelgebenden Gedicht *Zweite Inventur* der Aufbau-Ausgabe, in dem Drawert mit Bezug auf Günther Eichs Gedicht *Inventur* das Privateigentum in seinem Zimmer beschreibt. In beiden Gedichten – und hierin schließt sich der Kreis zur Wahrnehmung und Positionierung der Gedichte als künstlerischer Ausdruck einer neuen Generation – hebt Drawert sich von den Erfahrungen und Ansprüchen einer Vätergeneration ab. Der Gedichtvergleich belegt somit eine poetische Linie, die beide Ausgaben durchzieht und aufeinander bezieht. Auch die Widmungen ergeben einen Bezug zwischen den Ausgaben. So ist *Zweite Inventur* dem Sohn Lars gewidmet und *Privateigentum* Drawerts Lebenspartnerin Ute Döring, wobei der zweite Widmungstext mit einem „und" beginnt und somit die beiden Bände verbindet.

Ein Vergleich mit der Publikationsgeschichte der ersten Bände von Brasch im Suhrkamp Verlag soll ergänzend veranschaulichen, dass es sich bei der Variation von Textzusammenstellungen und Paratexten im Literaturtransfer um eine Praxis der Produktionsgemeinschaft von Verlag und Autor handelte. Zwar hatten Kolbe keinen und Drawert nur eingeschränkten Einfluss auf die Zusammenstellung ihrer Gedichtbände, der Fall Brasch zeigt aber, dass Autor:innen viel stärker in den Publikationsprozess involviert sein konnten. Brasch nämlich bearbeitete in Kooperation mit seiner Lektorin Borchers Texte und Paratexte, um sie von expliziten DDR-Bezügen zu befreien.

Nach seiner Emigration im Oktober 1976 wandte sich Brasch auf Empfehlung von Heiner Müller mit seinen Manuskripten an den Suhrkamp Verlag. Er hatte bereits einige Gedichte in der Zeitschrift *Poesiealbum* von Bernd Jentzsch und in der Grazer Literaturzeitschrift *manuskripte* veröffentlicht.[1568] Seine Erzählung *Vor den Vätern sterben die Söhne* erschien Anfang 1977 im westdeutschen Rotbuch Verlag, der Hinstorff Verlag veröffentlichte das Buch erst 1990. Als Borchers und Brasch die Publikationen der Textcollage *Kargo* (1977) und des Gedichtbands *Der schöne 27. September* (1980) vorbereiteten, veränderten sie die Paratexte und die Gedichtzusammenstellung, so dass die Texte nicht an ihren Entstehungskontext oder die Biographie ihres Autors gebunden waren und offene Bezugspunkte für eine westdeutsche Leserschaft boten. Für den Vorschautext wählten sie eine

---

1567 Drawert: Im Klartext, S. 48.
1568 Vgl. Elisabeth Borchers an Konrad Reich, Brief vom 7.10.1976. In: DLA, SUA: Suhrkamp.

Passage aus einem Interview mit Christoph Müller, aus einer Zeit, als Brasch sich noch in der DDR aufgehalten hatte. Müllers Beitrag erschien im Februar 1977 in der Westberliner Zeitschrift *Theater heute:*[1569]

> Auf Müllers Frage, wie sich der ausgeprägte Hang zur Brutalität auf der Bühne erklären ließe – er verweist auf den Mord in Lovely Rita, auf die Häutung in Papiertiger –, antwortet Brasch: „Es ist einfach zu still hier. Ich kann das nicht genau erklären, aber wahrscheinlich hat das damit zu tun, daß es in der Realität dieses Landes kaum Situationen gibt, in denen einander bekämpfende Parteien ihren Gegensatz körperlich austragen [...]."[1570]

In der Vorlage für den Vorschautext, über die sich Borchers und Brasch verständigten, sind die Lokalisierungen „hier" und „dieses Landes", die einen expliziten Bezug zur DDR herstellen, gestrichen (Abb. 13).

Auf diese Weise entstanden durch die Verlagspraxis zwei Textvarianten des Interviews. Ein Vergleich mit der Assoziationspraktik zeigt, dass Verlagspraktiken in ihrer Wirkung einander auch zuwiderlaufen konnten. So befreite das Interview im Vorschautext das Werk von der Assoziation mit der DDR, während die Werbung zur Buchmesse diese durch die Assoziation mit Volker Braun wiederherstellte.[1571] Inwiefern hierbei der zeitliche oder mediale Kontext, die Adressierung oder weitere Praktiken und Prozesse des Verlags eine Rolle spielten, kann anhand des Archivmaterials nicht beantwortet werden. Womöglich war es durchaus üblich, dass eine Autor:in in die Gestaltung der enger mit dem Erscheinen des Buchs verbundenen Paratexte involviert war, nicht aber in die Herstellung des Werbematerials für die Buchmesse. Insa Wilke hat zum einen dargelegt, dass Brasch darauf bedacht war, in der BRD nicht als Dissident wahrgenommen zu werden und stattdessen die Aufmerksamkeit auf seine schriftstellerische Arbeit zu lenken; zum anderen zeigt sie, dass die Verlagspraktiken und auch Braschs eigene Forderungen an die Präsentation seines Werks – Foto und biographische Angaben auf dem Buchdeckel von *Vor den Vätern sterben die Söhne* im Rotbuch Verlag – dazu beitrugen, weniger das Werk als Braschs Verhältnis zum DDR-Staat zu befragen.[1572] Ein Jahr später verhandelten Lektorin und Autor über das Konvolut an Gedichten für den späteren Gedichtband *Der schöne 27. September*. Brasch drängte darauf, mit der Publikation zu warten: „[H]ier die Gedichte. Ich bin bei einem großen Teil sehr unsicher. Vielleicht sollten wir bis zum Herbst 79 warten und

---

1569 Vgl. Christoph Müller: „Eine geschichtslose Generation." Thomas Brasch im Gespräch über sich und sein Schreiben. In: Theater heute 18 (1977), 2, S. 45 f.
1570 Vorschautext für Kargo. In: Thomas Brasch an Elisabeth Borchers, Brief vom 25.03.1977. In: DLA, SUA: Suhrkamp.
1571 Vgl. Kapitel 1.1.
1572 Vgl. Insa Wilke: Ist das ein Leben. Der Dichter Thomas Brasch. Berlin 2010, S. 21.

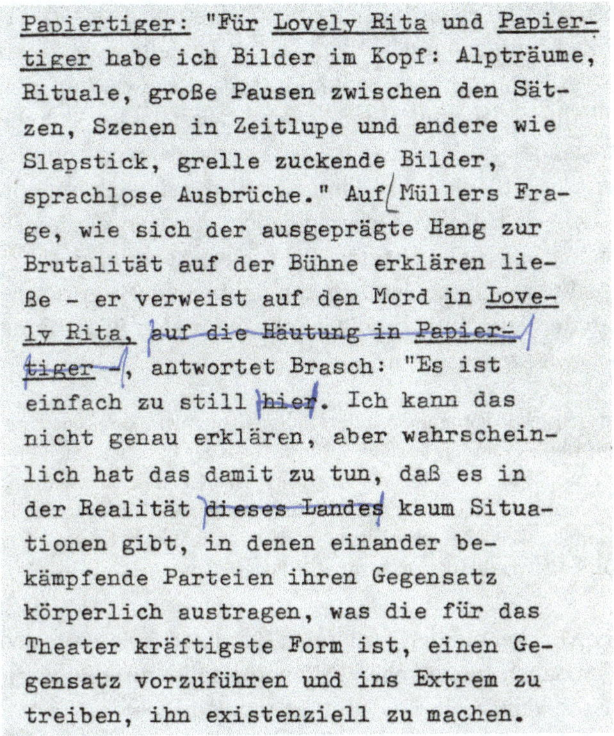

> Papiertiger: "Für Lovely Rita und Papiertiger habe ich Bilder im Kopf: Alpträume, Rituale, große Pausen zwischen den Sätzen, Szenen in Zeitlupe und andere wie Slapstick, grelle zuckende Bilder, sprachlose Ausbrüche." Auf Müllers Frage, wie sich der ausgeprägte Hang zur Brutalität auf der Bühne erklären ließe – er verweist auf den Mord in Lovely Rita, ~~auf die Häutung in Papiertiger –~~, antwortet Brasch: "Es ist einfach zu still ~~hier~~. Ich kann das nicht genau erklären, aber wahrscheinlich hat das damit zu tun, daß es in der Realität ~~dieses Landes~~ kaum Situationen gibt, in denen einander bekämpfende Parteien ihren Gegensatz körperlich austragen, was die für das Theater kräftigste Form ist, einen Gegensatz vorzuführen und ins Extrem zu treiben, ihn existenziell zu machen.

Abb. 13: Vorschautext zu Thomas Brasch: Kargo von 1977.

neue dazunehmen, die ich schreiben werde. Alle DDR-Polemiken müßten ohnehin heraus."[1573] Vermutlich als Reaktion auf die Rezeption seiner Publikationen variierte Brasch in der Kooperation mit Borchers nicht nur den Epitext, sondern auch die Zusammenstellung für den Gedichtband, um sich und seine Texte vom DDR-Bezug zu befreien. Wilke sieht den nach der Bearbeitung erst 1980 erschienenen Gedichtband dementsprechend als Ausdruck einer deutsch-deutschen Erfahrung der Teilung.[1574] Einzelne Gedichte wie *Die freundlichen Gastgeber*, das noch in der DDR entstanden ist, könnten, so Wilke, deshalb auch vor dem Hintergrund von Braschs kritischer Haltung dem westdeutschen Literaturbetrieb gegenüber gelesen werden.[1575]

[1573] Thomas Brasch an Elisabeth Borchers, Brief vom 14.10.1978. In: DLA, SUA: Suhrkamp.
[1574] Vgl. Wilke: Ist das ein Leben, S. 22f.
[1575] Vgl. ebd., S. 24.

Die Ausgabenvarianten, das belegen die Daten bei Kolbe und Drawert, erschienen meist in kurzer Zeit hintereinander. Nicht selten handelte es sich um Mitdrucke.[1576] Durch die Verflechtung der Produktionsprozesse zwischen den Verlagen beeinflussten sich die Verlagspraktiken in Ost und West, zu der sich die Praxis der Variation als Gegenbewegung darstellt. Lektorate im Westen konnten bei den Lizenzautor:innen der DDR teilweise Einfluss auf die Entstehung von Texten nehmen, wenn es, wie im Fall von Becker, möglich war, sich in die ostdeutsche Produktionsgemeinschaft zu involvieren. Bei seinem Roman *Der Boxer* ging es Becker zum Beispiel darum, eine vermeintlich unabhängige Bewertung seiner Frankfurter Lektorin der vermeintlich politisch beeinflussten Beurteilung durch den Hinstorff Verlag entgegenzusetzen:

> Sie wollen Änderungen, die ich gewiß vornehmen könnte, ich weiß nur nicht, ob es gut wäre. Und solange ich das nicht weiß, kann ich ja schlecht ändern. Daher habe ich mich entschlossen, nichts daran zu tun, bevor ich Deine Meinung kenne. Erstens weil Du ein kluges Mädchen bist, zweitens – wozu ist ein Lektor schließlich da?, drittens weil Du mir ebenso gehörst wie Unseld, und viertens, weil ich es bis heute nicht für ausgeschlossen halte, daß es so etwas Ähnliches wie DDR-Augen gibt, die Du gewiß nicht hast.[1577]

Mit den „DDR-Augen" spielte Becker auf den erwähnten Handlungsspielraum des Hinstorff Verlags an, der zwischen literarischen Kriterien und kulturpolitischen Vorgaben navigieren musste, damit ein Buch überhaupt erscheinen konnte. Sprengel hat die „schonungslose Zusammenarbeit" von Lektorin und Autor untersucht.[1578] Sie zeigt einen Schreibprozess des Autors, der immer wieder von den teilweise umfassenden Anmerkungen der Lektorin motiviert wurde. Borchers war nicht nur eine kritische Leserin, die das Werk Beckers seit dessen Debütroman *Jakob der Lügner* im Luchterhand Verlag betreut hatte.[1579] Als Lyrikerin genoss sie bei ihren Autor:innen eine besondere Achtung, weil sie selbst schrieb. Fries teilte seiner Lektorin als Reaktion auf ihre positive Resonanz zu seinem Roman *Das*

[1576] Seit den fünfziger Jahren gab es Überlegungen zu Koproduktionen und Mitdrucken von einzelnen literarischen Werken bis hin zur gemeinsamen Herausgabe ganzer Reihen oder auch der deutsch-deutschen Herausgeberschaft der *Großen Berliner und Frankfurter Ausgabe* der Werke Brechts durch die Verlage Aufbau und Suhrkamp (vgl. Frohn: Literaturaustausch, S. 197; Antonia Ritter: Eine deutsch-deutsche Koproduktion: die „orientalische Bibliothek": http://www.bpb.de/geschichte/zeitgeschichte/deutschlandarchiv/141633/eine-deutsch-deutsche-koproduktion-die-ob?p=all (zuletzt eingesehen am 5.05.2022)).
[1577] Jurek Becker an Elisabeth Borchers, Brief vom 25.07.1974. In: Becker: „Ihr Unvergleichlichen", S. 38–40, hier S. 39.
[1578] Sprengel: Der Lektor und sein Autor, S. 61–70.
[1579] Vgl. Ulmer: VEB Luchterhand, S. 160–170.

Luft-Schiff von 1974 mit: „Ich bin sehr froh, daß Du Spaß an der Sache hast, denn es ergeht mir durchaus nicht anders wie manchen Leuten höheren Ortes, die erst eine westliche Anerkennung emanzipiert."[1580] Das doppelte Lektorat ermöglichte also eine weitere ‚offizielle' Meinung zum Text, die außerhalb des literarischen Lebens der DDR stand, als Gegengewicht zu den unter den Bedingungen literarischer Zensur entstandenen Gutachten des DDR-Verlags. Kalkulierten ostdeutsche Gutachten vor allem mit dem Druckgenehmigungsverfahren, vermittelten westdeutsche Gutachten zwischen Text und Literaturbetrieb. Das doppelte Lektorat beinhaltete somit Chancen für die literarische Werkentwicklung, barg aber auch Konfliktpotential, wie an Fühmanns Bearbeitungen des Mythos deutlich geworden ist.[1581] In vielen Fällen war das Suhrkamp-Lektorat jedoch mit bereits lektorierten Texten konfrontiert, so dass die Lektor:innen, wie gezeigt, nur noch Einfluss auf die Paratextualität nehmen konnten. Verhandlungen über Titel,[1582] typographische Gestaltung[1583] sowie der Austausch von Lektoratsgutachten[1584] zwischen den Lektoraten in Ost und West belegen, dass durch den Literaturaustausch auch ‚geteilte' Publikationspraktiken entstanden. So lassen sich nicht nur literarische Beziehungen oder persönliche Kontakte zwischen Autor:innen und Verlagen nachweisen, auch die Kooperation von Verlagen prägte die Literatur im geteilten Deutschland. Ein Beispiel soll dies abschließend veranschaulichen.

Als Borchers im Frühjahr 1979 das Manuskript zu *Hartmut und Joana* von Erich Köhler aus dem Hinstorff Verlag angeboten bekam, hielt sie im Reisebericht fest: „Fauth wäre sehr an einem Mitdruck interessiert. Ich kündigte ihm aber an, daß wir aus einem 100seitigen Manuskript ein Buch à la Plenzdorf, Braun etc.

1580 Fritz Rudolf Fries an Elisabeth Borchers, Brief vom 22.05.1974. In: DLA, SUA: Suhrkamp.
1581 Vgl. Kapitel 2.1.
1582 Nachdem Borchers das von Reich übersandte Manuskript *Das Papierschiff* von Fries gelesen hatte, schlug sie ihrem Kollegen vom Hinstorff Verlag den Titel *Das Luftschiff* vor, der in der Variante mit Bindestrich schließlich für beide Ausgaben in Ost und West übernommen wurde (vgl. Elisabeth Borchers an Konrad Reich, Brief vom 23.04.1974. In: DLA, SUA: Suhrkamp).
1583 Im Dezember 1972 setzten Borchers und Reich sich über die typographische Gestaltung der *Neuen Leiden des jungen W.* von Plenzdorf auseinander. Reich schickte die typographische Konzeption des Hinstorff Verlags, woraufhin Borchers eigene Wünsche des Suhrkamp Verlags übermittelte, um text- und satzidentische Parallelausgaben zu erstellen (vgl. Konrad Reich an Elisabeth Borchers, Brief vom 1.12.1972 und Elisabeth Borchers an Konrad Reich, Brief vom 18.12.1972. In: DLA, SUA: Suhrkamp).
1584 Zur Beurteilung des Romans *Alexanders neue Welten* von Fries lies Borchers sich von ihrer ostdeutschen Kollegin Glatzer das vom Aufbau Verlag in Auftrag gegebene externe Gutachten des Literaturwissenschaftlers Prof. Dr. Friedrich Albert zusenden (vgl. Ruth Glatzer an Elisabeth Borchers, Brief vom 28.06.1982 und Friedrich Albrecht: Gutachten zu Fritz Rudolf Fries: Alexanders neue Welten. Ein akademischer Kolportageroman. In: DLA, SUA: Suhrkamp).

machen (englische Broschur). Und nun bittet Fauth um Exemplare solcher Bücher, damit er sich überlegen kann, ob er unserem Beispiel folgt."[1585] Durch die gängige Praxis des Mitdrucks, die beiden Verlagen finanzielle Vorteile brachte, eine Übereinstimmung des Textes garantierte und das gleichzeitige Erscheinen ermöglichte, waren Herstellungspraktiken also miteinander verflochten. Die Variation der paratextuellen Gestaltung – hier die englische Broschur kürzerer Texte – konnte einen rückwirkenden Effekt auf die Praxis des DDR-Verlags haben. Die Ausgabenvarianten, die dabei entstanden, erhalten somit eine weitere Bedeutung als Forschungsobjekte, an denen sich nicht nur die Praktiken editorialer Aneignung kristallisieren,[1586] sondern die zum Symptom der verflochtenen Literaturgeschichte und verlegerischen Praxis im geteilten Deutschland werden.

3.2 Variation als Konflikt. Ausgabenpolitik bei Durs Grünbeins *Grauzone morgens*

Im Gegensatz zu Kolbe und Drawert war Grünbein in die Verhandlungen um Zusammenstellung, Gestaltung und Vermarktung seines ersten Gedichtbands *Grauzone morgens* involviert. Die Verlagskorrespondenz belegt seine Poetik des Paratextes, die in Konflikt mit der Variationspraxis des Verlags geriet, und ermöglicht Einblicke in die Wahrnehmung und Positionierung von Literatur der DDR in den achtziger Jahren. Grünbein hatte konkrete Vorstellungen zu Klappentext, biographischen Angaben (siehe unten), Gliederung, Titeln („nicht mehr in Klammern und [...] keinerlei Numerierung"), Typographie („Anfangszeilen der Gedichte [...] wie vereinbart kursiv"), Autorenfoto („[d]as Lederjackenfoto" von Volker Lewandowsky) und Satz,[1587] die der Verlag soweit es das Reihendispositiv der *edition suhrkamp* zuließ, umsetzte. Somit räumte Suhrkamp dem jungen Autor einen großen Gestaltungsspielraum bei den Peritexten ein. Allein beim Text für die Programmvorschau, der eine werbende und orientierende Funktion hat und die Positionierung von Autor und Werk durch den Verlag zum Ausdruck bringt, gerieten die Verlagspraktiken und Grünbeins Vorstellungen in Konflikt miteinander.

[1585] Borchers: Reisebericht Leipziger Buchmesse, 11.–14.03.1979.
[1586] Vgl. Kurbjuhn/Martus/Spoerhase: Editoriale Aneignung.
[1587] „Ich rechne z. B. fest mit einer typoskriptgetreuen Übertragung der Gedichtproportionen auf die Taschenbuchseite mit allen Leerzeilen, Einrückungen, Parenthesen und Seitenbegrenzungen." (Durs Grünbein an Christian Döring, Brief vom 17.04.1988. In: DLA, SUA: Suhrkamp).

Die Beziehung Grünbeins zu Suhrkamp geht auf ein Treffen zwischen Unseld und Heiner Müller in Frankfurt a. M. am 3. September 1987 zurück.[1588] Müller hatte dem Verleger einige Gedichte des jungen Lyrikers gegeben, die Borchers positiv begutachtete.[1589] Der Name des Autors war dem Verlag jedoch gänzlich unbekannt, mehrere Monate wurde er in den Verlagsunterlagen mit dem Vornamen „Urs" geführt.[1590] Auf Nachfrage Unselds vereinbarte der Verlag, dass der Kontakt zunächst über Müller vermittelt werden sollte, da Grünbein als unveröffentlichter Autor sonst in Konflikt mit den DDR-Behörden geraten konnte.[1591] Dementsprechend beantragte Grünbein die Genehmigung für den Druck eines Gedichtbands im Suhrkamp Verlag erst mit der Annahme einiger Gedichte für die Zeitschrift *Sinn und Form*, die in Heft 4 im August des Jahres 1988 erschienen.[1592] Einen Monat später folgte der Gedichtband *Grauzone morgens* in der *edition suhrkamp*.[1593] Der offizielle Vertrag enthielt eine Vorauszahlung von 1.500,– DM, tatsächlich bekam Grünbein jedoch das Doppelte von Suhrkamp und ließ eine Hälfte der Summe auf dem Verlagskonto stehen, um die Devisenrechnung der DDR zu unterlaufen.[1594]

Aufgrund der „deutsch-deutschen Malaise", wie Grünbeins Lektor Döring schrieb, habe er den Text für die Programmvorschau nicht mit dem Autor abgesprochen.[1595] Zu vermuten ist, dass Döring auf die Kommunikationsschwierigkeiten zwischen Ost und West anspielte, die eine dem Herstellungsprozess entsprechende Absprache zwischen Verlag und Autor behinderte. Bereits bei der Übermittlung der Gedichte hatte Grünbein geschrieben, sie seien nur knapp einer Beschlagnahmung entgangen.[1596] Auch telefonisch konnte sich Grünbein nicht bei seinem Lektor melden: „Anzurufen ist von Dresden aus fast unmöglich."[1597] Döring erstellte den Vorschautext also auf der Grundlage biographischer Angaben des Autors und der Lektüre der Gedichte. Die Programmvorschau hat sich in der Korrespondenz mit Lektorat und Verlagsleitung nicht erhalten. Bemerkenswert im

---

1588 Vgl. Unseld: Chronik, Eintrag vom 3.09.1987. In: DLA, SUA: Suhrkamp.
1589 Vgl. Elisabeth Borchers an Siegfried Unseld, Notiz vom 2.09.1987. In: DLA, SUA: Suhrkamp.
1590 Burgel Zeeh an Siegfried Unseld und Christian Döring, Notiz vom 5.01.1988. In: DLA, SUA: Suhrkamp.
1591 Vgl. ebd. Zur Bedeutung einer Publikation in der BRD für einen Autor der DDR vgl. Kapitel 5.1.
1592 Vgl. Durs Grünbein: Gedichte. In: SuF (1988), 4, S. 818–824.
1593 Vgl. Durs Grünbein: Grauzone morgens. Frankfurt a. M. 1988. Vgl. auch Christian Döring an Joachim und Siegfried Unseld, Notiz vom 12.09.1988. In: DLA, SUA: Suhrkamp.
1594 Vgl. Burgel Zeeh an Joachim Unseld, Christian Döring und Helene Ritzerfeld, Notiz vom 11.02.1988. In: DLA, SUA: Suhrkamp. Vgl. zu den Praktiken der Konspiration Kapitel 4.
1595 Christian Döring an Durs Grünbein, Brief vom 29.06.1988. In: DLA, SUA: Suhrkamp.
1596 Vgl. Grünbein an Döring, Brief vom 17.04.1988.
1597 Grünbein an Döring, Brief vom 17.04.1988.

Sinne eines Nachlassbewusstseins des Verlags ist allerdings, dass Döring nicht nur den zur Debatte stehenden Vorschautext in Kopie ablegte,[1598] sondern den Verleger auf Grünbeins Korrespondenz dazu im Sinne zukünftiger Verwertbarkeit aufmerksam machte: „Durs Grünbein schreibt auch Briefe, die bemerkenswert sind – auch wenn er mich kritisiert[...]."[1599]

Der Vorschautext zu *Grauzone morgens* eröffnet mit biographischen Angaben,[1600] die sich auf Grünbeins Wunsch auf die Angabe seines Alters und seines Geburts- und Wohnorts beschränken.[1601] Im nächsten Schritt verortet der Text die Gedichte in einer literarischen Tradition: „Der ‚stille Aufruhr' eines elegischen Expressionismus treibt die Gedichte von Durs Grünbein voran, der sein Wirklichkeitserleben in krassen und direkten Bildern notiert."[1602] Der Text ruft typische Topoi auf: der junge, aufrührerische Autor, der die Realität schonungslos darstellt und die Verhältnisse anklagt, denen er ausgesetzt ist. Ohne die DDR zunächst zu erwähnen, vermittelt der Text somit das Image eines dissidenten Lyrikers. Mehrfach betont die Vorschau den Realitätsbezug der Lyrik Grünbeins, die Darstellung bleibt dabei vage, so dass der Leserschaft selbst überlassen bleibt, herauszufinden, was gemeint ist: „In diesen Gedichten, einem Protest gegen eine immer ungreifbarer werdende Realität, ‚passiert alles auf Augenhöhe'."[1603]

Weiterhin interpretiert der Text die „kaputten Visagen" aus dem Gedicht *Also von vorn* als Charakterisierung von „Arbeitshelden" und verbindet damit Grünbeins Sozialkritik mit einer Kritik am gescheiterten Gesellschafts- und Menschenbild des Sozialismus ostdeutscher Prägung.[1604] Schließlich ernennt die Vorschau Grünbein zum Stellvertreter „für eine junge in die DDR hineingeborene Generation",[1605] deren Stimme sich in den Gedichten äußere. Das Label der ‚Hineingeborenen' verweist auf den ersten Gedichtband Kolbes, aber auch auf Drawerts Debüt, und stellt somit einen transtextuellen Bezug zwischen den drei Gedichtbänden her. Der Text endet mit einem Zitat aus dem Gedicht *Kursiv*, das die „wachsende[] Rolle des Staates" in der Regelung des Alltags in Bezug auf den Freiraum des Individuums kritisiert.[1606] Durch die Zitatverbindungen und Interpretationen positionierte Döring Grünbein als politischen Lyriker, der in seinen

---

[1598] Vgl. Amslinger/Grüne/Jaspers: Mythos und Magazin, S. 186 ff.
[1599] Christian Döring an Siegfried Unseld, Notiz vom 12.09.1988. In: DLA, SUA: Suhrkamp.
[1600] Vgl. Vorschautext zu Durs Grünbein: Grauzone morgens. In: DLA, SUA: Suhrkamp.
[1601] Vgl. Durs Grünbein an Burgel Zeeh, Brief vom 7.05.1988. In: DLA, SUA: Suhrkamp.
[1602] Vorschautext zu Durs Grünbein: Grauzone morgens.
[1603] Ebd.
[1604] Ebd.
[1605] Ebd.
[1606] Ebd.

Texten explizite Kritik am Staat und den gesellschaftlichen Bedingungen der DDR übte. Der Vorschautext konstruierte eine Form des Wirklichkeitsbezugs, der den Bedeutungsgehalt der Gedichte einschränkte. Die Darstellung Grünbeins als kritische Stimme gegen die Alltagsrealität in der DDR sollte indes nicht nur orientierend, sondern vor allem verkaufsfördernd wirken.

Wie üblich, sandte Döring die Programmvorschau zur Kenntnisnahme an den Autor. Grünbein reagierte „bestürzt" und setzte sich in einer dreiseitigen brieflichen Reaktion mit der Positionierung der Gedichte durch den Verlag auseinander.[1607] Ungewöhnlich ist die plakative Darstellung in der Vorschau nicht, handelt es sich doch um einen werbenden Text. Grünbein aber, geschult an den Vereinnahmungspraktiken in der DDR und sensibilisiert für die gegenseitige Abgrenzung in Ost und West, versuchte dementgegen die Herrschaft über die Präsentation seiner Gedichte im Paratext – vom Vorschautext bis zu den biographischen Angaben im Gedichtband – zu bewahren oder hier zumindest im Nachhinein deren Deutung richtigzustellen. Aus Grünbeins Argumenten gegen seine Positionierung durch den Verlag lässt sich der Umgang mit Literatur der DDR bei Suhrkamp beispielhaft rekonstruieren, weswegen ihnen im Folgenden ein genauerer Blick gilt. Zunächst beschwerte sich Grünbein über „die Geradlinigkeit des Portraits",[1608] die den Prozess des Schreibens und den Stellenwert seiner Gedichte simplifizierte. Außerdem fokussiere der Text auf Positionen zur Deutschlandfrage und nicht auf die poetische Entwicklung eines jungen Autors:

> [V]or die Wahl gestellt: deutsch-deutsche Zerreißprobe oder neutrale Würdigung aufbrechender Poesie, hätte ich mich gewiß für das letzte entschieden. Jeder westeuropäische Autor wird, auch in dieser Programmvorschau ersichtlich, zuerst nach den Absichten und Einflüssen, nach seiner offenen oder verdeckten Poetologie beurteilt, im Fall der Deutschen aus West wird es schon etwas heikler, im Fall der Deutschen aus Ost scheint es unmöglich. Und dabei wäre gerade hier jede Behutsamkeit nötig.[1609]

Sein Urteil basierte auf der Lektüre der Programmvorschau für 1988, die, so ist zu vermuten, auch Anzeigen für Drawerts ersten Gedichtband sowie für die Zusammenstellung von Erzählungen der DDR enthielt.[1610] Im Vergleich der Vorstellungen Grünbeins mit den Gestaltungswünschen anderer Lyriker der DDR lässt sich feststellen, dass die meisten eine möglichst puristische Präsentation ihrer Texte mit minimalen biographischen Angaben wünschten. Bereits Volker

---

1607 Durs Grünbein an Christian Döring, Brief vom 17.06.1988. In: DLA, SUA: Suhrkamp. Siehe Anhang, Dokumente, Nr. 29.
1608 Ebd.
1609 Ebd.
1610 Vgl. Kapitel 1.1.

Braun legte bei seinem ersten Gedichtband und damit zugleich dem ersten Gedichtband der DDR bei Suhrkamp darauf wert.[1611] Dies lag nicht nur an der Antizipation der westdeutschen Rezeption, sondern war auch eine Reaktion auf die politische Vereinnahmung von Literatur in der DDR. Die Publikation bei Suhrkamp galt hingegen als Möglichkeit, den Text als solchen wirken zu lassen. „Nur, Voraussetzung wäre halt, in jederlei Ausschnitt, eine Stimme, die für sich selbst spricht, ein subjektives Patchwork, objektiviert von selbst in dem Augenblick, da es, auf sich gestellt, an die Öffentlichkeit tritt", erklärte Grünbein.[1612] Da die Gedichte bei Suhrkamp aber im Kontext anderer Texte und Autor:innen bzw. auch im Hinblick auf eine westdeutsche Leserschaft positioniert wurden, orientierte sich der Verlag an der im Westen gängigen Wahrnehmung von Literatur der DDR.

Grünbeins Wunsch nach einer textorientierten Präsentation betraf auch die biographischen Angaben, die der Ausgabe beigegeben werden sollten:

> Bisher war mir ein gewisses Incognito Voraussetzung der äußeren Unscheinbarkeit, aus der heraus ich mit meiner Stimme agieren konnte und was ich fürchtete, war immer der Verlust von Unvoreingenommenheit und Spiel durch die Fixation und Identitätszwänge.[1613]

Aus der internen Verlagskorrespondenz lässt sich schließen, dass Grünbein ohne Veröffentlichung seiner Texte und damit ohne den indirekten Schutz seiner Bekanntheit mit politischen Konsequenzen rechnen musste.[1614] „Genügt denn nicht im Gedichtband der kurze Hinweis ‚Geboren 1962 in Dresden'? Sie sehen selbst, in welche Kürzel ich mich aus Notwehr geflüchtet habe."[1615] So übertrug er die in der DDR erlernten Praktiken auf den Praxiszusammenhang in der BRD. Das „Incognito" als Bedingungsmöglichkeit literarischer Produktion in der DDR stand der Suhrkamp'schen Verlagspraxis gerade bei einem jungen Autor allerdings diametral entgegen. Die Kenntnis des Autornamens bis hin zur Entwicklung einer Autormarke galt im Verlag als wichtiger Faktor für die Verbreitung und den Verkauf von Büchern, als Garant für die Einheit eines Werkensembles und damit als Voraussetzung für den Erfolg im literarischen Feld. Döring wies Joachim und Siegfried Unseld auf die davon abweichende Praxis bei Grünbeins Gedichten in *Sinn und Form* hin: „Unter den Anmerkungen steht nur Durs Grünbein, 1962 geboren, lebt in Dresden."[1616] Da Grünbein noch unveröffentlicht und sein Name

---

1611 Vgl. Teil IV, Kapitel 2.
1612 Grünbein an Döring, Brief vom 17.06.1988. Siehe Anhang, Dokumente, Nr. 29.
1613 Grünbein an Zeeh, Brief vom 7.05.1988.
1614 Vgl. Zeeh an Unseld und Döring, Notiz vom 5.01.1988.
1615 Grünbein an Döring, Brief vom 17.04.1988.
1616 Döring an Joachim und Siegfried Unseld, Notiz vom 12.09.1988.

selbst im Verlag unbekannt war, wäre es auf Verlagsseite naheliegend gewesen, biographische Angaben zur Orientierung der Leserschaft zu bieten. Dass der Verlag, wie Vorschau- und Klappentext belegen, sich stattdessen auf die Wünsche des Autors einließ, zeigt, dass Grünbein durch die Fürsprache Müllers eine Sonderstellung zukam und der Verlag daher bereit war, von seiner üblichen Praxis eine Ausnahme zu machen. Statt auf den Autor fokussierte die Darstellung innerhalb der Ausgabe auf seine Texte.

Am Vorschautext kritisierte Grünbein außerdem die interpretatorische Vereinfachung seiner Gedichte, zum Beispiel, dass in seinen Texten Realität „ungreifbar" sei. Sie handelten nicht nur von der Realität seiner Lebensumstände in der DDR, erklärte er:

> ‚Alles passiert jetzt in Augenhöhe' heißt aber auch: der Blick wird nur selten himmelwärts, selten erdwärts gerichtet, ein Streit wie der zwischen Orest und Pylades, Antigone und Ismene liegt weit zurück, seit es die Götter der Tiefe und die Götter der Höhe nurmehr im Mythenlexikon gibt. Eine Beurteilung, die sich zu sehr, selbst polemisch, an DDR-Realität [...] fesselt, übersieht doch, daß ich zumindest auch Europäer bin und darüberhinaus ‚Hirntier' und Lebewesen im 20. Jahrhundert nach Christus, dem Tiger.[1617]

Mit dem unmarkierten Zitat „Christus, der Tiger" aus einer Passage in Heiner Müllers Stück *Zement*, in der ein ungehorsamer Tschekist liquidiert wird, stellte Grünbein einen Bezug zum Werk seines Förderers her und erinnerte damit auch an den von Müller bearbeiteten Antigone-Mythos.[1618] Mit diesen Bezügen zu literarischen Texten der europäischen Kulturgeschichte argumentierte Grünbein, dass er eben nicht nur aus einer DDR-Tradition komme, sondern, so wie jeder andere Dichter auch, sich potentiell am Wissen der Zeit und verschiedenen (literarischen) Traditionen orientierte, und demaskierte damit das auf den Bezug zur DDR-Realität eingeschränkte Deutungsmodell des Verlags. Der explizite Hinweis auf eine europäische Tradition der Literatur der DDR, das haben bereits die Fallbeispiele Fries und Fühmann gezeigt, ist ein typisches Argument von Autor:innen der DDR in Verhandlungen mit dem Verlag, das darauf abzielte, den Referenzrahmen für Literatur der DDR auf gesamteuropäische Bezüge zu erweitern. In der Beschränkung auf das Verhältnis des Autors zur DDR verkannte der Vorschautext, an welchen literarischen Vorbildern Grünbein sich orientierte und welche Rolle die intellektuelle und poetische Leistung des Autors (Grünbein als

---

1617 Grünbein an Döring, Brief vom 17.06.1988. Siehe Anhang, Dokumente, Nr. 29.
1618 Vgl. Horst Domdey: Verfolgung über den Tod hinaus? Kreon/Antigone-Motivik in Texten Heiner Müllers. In: Ian Wallace u. a. (Hg.): Heiner Müller. Probleme und Perspektiven. Bath-Symposion 1998. Amsterdam 2000, S. 259–276, hier S. 273.

„Hirntier") dabei spielte. Auf seine Unabhängigkeit von ostdeutscher Literaturpolitik spielte Grünbein an, wenn er sich selbst alternativ als „‚Autopoet in den Dämonologien des Ostens'" bezeichnete.[1619] Die aus den Werbepraktiken im Buchmarkt und ideologisch motivierte Einseitigkeit der Deutung seiner Gedichte veranschaulichte Grünbein an der Interpretation der „kaputten Visagen" aus dem Gedicht *Also nach vorn* als „Arbeitshelden":

> Diese Kombination, so willkürlich sie ist, hat mich am meisten getroffen. Sie ist sinnlos, wie ein Schlag in die Magengrube, weil sie eine Distanz konstruiert, die nur blinder Parasitismus leben könnte und weil sie von vornherein jeden genaueren Zugang verdeckt.[1620]

Ein Blick auf das Gedicht *Also nach vorn* soll die Differenz zwischen der Deutung durch den Verlag und der eigenen Interpretation Grünbeins verdeutlichen.

> ALSO VON VORN: manche tage beginnen wie
> alte Schellackplatten total zerkratzt mit
> einem Knistern (‚Was man so Arien nennt...').
>
> Eine der ersten Arien, umsonst: es gibt
> Blicke kaum auszuhalten auf nüchternen
> Magen. Sagt jemand ‚Zieh Leine!', du denkst,
>
> du hörst nicht recht, aber du siehst die
> erloschenen Männer allein oder gruppen-
> weise palavernd, die Schemen verbrauchter
>
> Frauen vorm Bahnhofsklo (unterhalb der
> Statistik). Mann, was für kaputte Visagen!
> befreit vor erblindeten Abteilfenstern zu
>
> Comicfratzen zerhackt. Eine wahre Caruso-
> arie von ergrauten Blicken. Alte, die
> früh am Morgen den Hund ausführen und
>
> Flaschensammler im Selbstgespräch entlang
> einer Häuserzeile, die von Erinnerung trieft:
> Vorkriegs-Akkordeonseeligkeit, heimliche
>
> Liebe in Luftschutzkellern, der Aufruhr der
> Fliegen im letzten Akt... Und wie gut
>
> tut dieser irre Blick eines Ferkels, von
> innen erleuchtet im Schaufenster der
> Metzgerei. (Du bist endlich erwacht).

1619 Grünbein an Döring, Brief vom 17.06.1988. Siehe Anhang, Dokumente, Nr. 29.
1620 Ebd.

Langsame Einfahrt in die zerstörte Stadt.[1621]

Das Gedicht beschreibt den synästhetischen Eindruck eines müden Pendlers am Morgen. Gestalten und Gesichter erblickt das lyrische Ich, die es nur noch als Schemen und Fratzen wahrnimmt, während es im Bahnabteil an ihnen vorbeifährt. Wie im Traum erscheinen die Alltagsszenen als fragmentierte Sinneseindrücke: Worte, Geräusche und Menschentypen, die das Stadtbild prägen. Die Motivik bewegt sich zwischen einer nostalgisch erinnerten Vergangenheit und der urbanen Gegenwart, in die das Ich aus seinem Dämmerzustand durch den Anblick eines geschlachteten Schweinskopfs zurückgeholt wird. Allein der determinierte Artikel in der letzten Zeile verweist auf die Stadt Dresden, die zum Symbol der Zerstörung nach dem Zweiten Weltkrieg geworden ist, und erinnert somit an die Dresden-Gedichte der fünfziger Jahre, u. a. von Kunert und Braun.[1622] Der DDR-Bezug des Gedichts wird allerdings erst vor dem biographischen Hintergrund des Autors bzw. durch den Entstehungskontext möglich.

„Sinnlos" nannte Grünbein dementsprechend Dörings Wahrnehmung, denn sie limitierte nicht nur den Bedeutungshorizont, sondern legte das Gedicht auf eine Interpretationsweise fest, die dessen Wortgehalt kaum hergibt. Gleichzeitig, so erläuterte Grünbein, stelle sie eine Distanz zwischen Text und Leserschaft her, weil das Gedicht seine Allgemeingültigkeit verliere. Grünbeins Einschätzung lässt sich mit dem Urteil Andreas Degens über das Gedicht *Anderswo* vergleichen, das die Wahrnehmung einer festgefrorenen Wodka-Flasche im Eis des Dresdner Zwingerteichs beschreibt.[1623] Degen interpretiert das Gedicht als Visualisierung einer abgeschlossenen Begebenheit, die plötzlich wieder Bedeutung erhält. Er verweist darauf, dass die Interpretation des Gedichts als Allegorie auf die unter dem Einfluss des Wodka-Lands Sowjetunion erstarrte Gesellschaft der DDR sich erst aus der Kontextualisierung des Textes ergebe und unterstützt damit die eigene Deutung des Autors: „[D]as Gedicht selbst gibt keinen Hinweis darauf".[1624]

Um den Lektor von seinem Standpunkt zu überzeugen, argumentierte Grünbein auch mit einer längerfristigen Verlagsbeziehung, die durch die einseitige Darstellung politisch in Gefahr geraten könnte. Er spielte damit auch auf den Aufbau eines Gesamtwerks an:

1621 Durs Grünbein: Also von vorn. In: D.G.: Grauzone morgens, S. 20.
1622 Vgl. Renatus Deckert: Ruine und Gedicht. Das zerstörte Dresden im Werk von Volker Braun, Heinz Czechowski und Durs Grünbein. Dresden 2010; vgl. Teil IV.
1623 Vgl. Andreas Degen: Bildpoetik und Faszinationspoetik im Frühwerk Durs Grünbeins. In: Christoph auf der Horst/Miriam Seidler (Hg.): Bildlichkeit im Werk Durs Grünbeins. Berlin u. a. 2015, S. 31–52.
1624 Ebd., S. 40, Fn. 24.

> Leicht kann aus Unbedachtsamkeit großer Schaden erwachsen, die Zeichen stehen auf Argwohn, trotz Kulturabkommen und allerhand freundlicher Verlags-Agreements. Ist es da weitblickend, was eben erst anfängt, frühzeitig schon so einseitig (schlimmer noch: tendenziös) zu stilisieren?[1625]

In versöhnlicher Absicht ließ Grünbein seinen Lektor jedoch wissen, dass die Wahrnehmung der ostdeutschen Redaktion von *Sinn und Form* sich in der Tendenz kaum von der des westdeutschen Verlags unterschied: „[D]as Hauptinteresse der Herausgeber lag ganz offensichtlich bei einigen Zeilen zum Ost-West-Clinch, und erst in zweiter Linie bei den Eigenheiten der Poesie..."[1626] Um bei seinem Autor Verständnis für die Präsentation des Textes zu wecken, stellte Döring als Antwort auf Grünbeins Kritik die Interessen des Marketings in Bezug auf die rezeptionsleitende Funktion des verlegerischen Epitextes in den Vordergrund:

> Die Taschenbuchvorschau ist für Buchhändler und Vertreter gedacht, der Text ist weder Klappentext noch eine in die weitere Öffentlichkeit gelangende ‚Rezension' und auch keine Leseprobe u. ä. für Leser. Diese eindeutige Funktion macht das vielleicht zu Plakative, Orientierende, historische Anklänge Suchende verständlich. Dieser Text will werben.[1627]

Programmvorschauen erreichen als informierende und leitende Verlagspublikationen jedoch nicht nur die „Buchhändler und Vertreter", sondern werden auch von interessierten Kritiker:innen, Verlagen und der Leserschaft konsultiert. Der verlegerische Epitext, zu dem die Programmvorschau gehört, stellt somit die Interpretation der Gedichte durch den Verlag dar. Die Behauptung Dörings, der Vorschautext werde von der Öffentlichkeit nicht wahrgenommen, griff also zu kurz. Zudem lag Grünbein offensichtlich auch an einer angemessenen Wahrnehmung durch den Verlag. In einer widersprüchlichen Denkfigur erklärte Döring zur Verteidigung die unterschiedlichen Wahrnehmungen von Autor und Lektor als West- und Ostperspektive, um gleichzeitig zu behaupten, die Wahrnehmung von Literatur der DDR habe sich diversifiziert:

> Und, dies ist ein einfacher hermeneutischer Vorgang, muß nicht der „Westleser" seine Leseperspektive haben, ist das nicht vielleicht sogar ein interessanter Vorgang? Mit einer „deutsch-deutschen Zerreißprobe", dem „Ost-West-Clinch" hat das meiner Ansicht nach wenig zu tun, und DDR-Literatur wird schon seit geraumer Zeit in der BRD nicht mehr so einseitig funktionalisiert.[1628]

1625 Grünbein an Döring, Brief vom 17.06.1988. Siehe Anhang, Dokumente, Nr. 29.
1626 Ebd.
1627 Christian Döring an Durs Grünbein, Brief vom 29.06.1988. In: DLA, SUA: Suhrkamp.
1628 Döring an Grünbein, Brief vom 29.06.1988.

Dörings Haltung ist bemerkenswert, weil er einerseits die verschiedenen textimmanenten und textkontextualisierenden Lektüreweisen als Bereicherung darstellt, andererseits aber in einer binären West-Ost-Opposition verhaftet bleibt. Das Deutungspotential der einzelnen Gedichte ändert sich mit der jeweiligen Perspektive. Allerdings ging es Grünbein zunächst darum, gerade vor dem Hintergrund der ost- wie westdeutschen Vereinnahmung lyrischer Texte die Möglichkeit einer textimmanenten Lektüre durch die Reduktion der paratextuellen Information offen zu halten und diese einzufordern. Er beharrte also darauf, den Klappentext so kurz wie möglich zu halten.[1629] Mit dem Erscheinungstermin Ende 1988 geriet der Band jedoch in den Kontext einer historischen Entwicklung. Suhrkamp nutzte die Situation erneut für die Vermarktung des Gedichtbands und assoziierte Grünbein mit anderen Autor:innen der DDR. Somit verstärkte die Verlagspraxis den Eindruck, Grünbein dokumentiere das Ende der DDR in seinen Gedichten.[1630]

Die Debatte um die Präsentation der Gedichte innerhalb der Publikationsgeschichte des Gedichtbands *Grauzone morgens* veranschaulicht den kooperativ-kommunikativen Prozess der Integration eines jungen Autors der DDR in den Praxiszusammenhang des Suhrkamp Verlags Ende der achtziger Jahre.[1631] Der Streit um die Eigen- und Fremddeutung der Gedichte ergibt sich dabei aus der Möglichkeit, die Paratextualität eines Textes variabel zu gestalten, sowie der engen Kooperation von Verlag und Autor, in der zwischen ästhetischen Vorstellungen und marktwirtschaftlichen Aspekten abgewogen wird. Vor dem Hintergrund der deutschen Teilung stellen sich die Verhandlungen um Grünbeins westdeutsches Debüt auch als ein Kampf um Positionen im politisch aufgeladenen Literaturaustausch dar.

3.3 „Mangel an Welt". Habituelle Variation (*Johnson, Grünbein*)

Im Zug der integrierenden Variation von Texten wirkte sich der Zusammenhang von Praktiken, Einstellungen und Orientierungen auch auf das Handeln der Autor:innen aus. Deren persönlicher Kontakt mit dem Suhrkamp Verlag, die Verhandlungen über Publikationen, aber auch Westreisen bedingten Prozesse der Teilnahme an und aktiven Übernahme von westdeutschen Lebensformen. Diese als habituelle Variation beschriebenen Prozesse verdeutliche ich im Folgenden an Fallbeispielen von Autor:innen. Die Auswahl orientiert sich an den verschiedenen

---

1629 Vgl. Grünbein an Döring, Brief vom 17.06.1988.
1630 Vgl. zum Marketing des Gedichtbands im Kontext des Mauerfalls Kapitel 1.1.
1631 Vgl. Jaeggi: Kritik der Lebensformen, S. 131 f.

Variationspraktiken. Reisen, westdeutsche Stipendien und Büchersendungen lassen sich als vom Verlag geförderte Praktiken interpretieren, die eine potentiell konfliktreiche Veränderung und Anpassung der jeweiligen Autorschaft (und des Werks) an das literarische Feld bewirkten. Aus dieser Perspektive erhält auch das Label des ‚gesamtdeutschen Autors' eine weitere Bedeutung, indem es nicht nur die Präsenz des Autors (und implizit seiner literarischen Produktion) in Ost und West benennt, sondern auch die Übernahme und Teilhabe an Praktiken des Literaturaustauschs im geteilten Deutschland zum Ausdruck bringt.

Eine grundsätzliche Differenz der literarischen Felder zeigt sich bereits an der Verwendung der literarischen Labels und an der genealogischen Klassifizierung von Autor:innen, die aus dieser Differenzierung wiederum hervorgegangen sind.[1632] An einem frühen Konflikt zwischen Unseld und Volker Braun werden darüber hinaus habituelle Unterschiede im geteilten Deutschland deutlich. Bei den Verhandlungen um Brauns ersten Gedichtband forderte der Autor eine Vorauszahlung in Höhe von 4.000 DM und ein Honorar von 12 Prozent:[1633] „Einen Vertrag, der darunter bleibt, zu schicken, ist ganz sinnlos."[1634] Nach diesem Brief Brauns suchte Unseld Rat bei Enzensberger, der zwischen beiden brieflich vermittelte: „Siegfried Unseld war am Wochenende hier. Er war erbittert über Ihren letzten Brief, wie er sagte, nicht der Sache, sondern des Tones wegen. Der ist allerdings einigermaßen unüblich, wenigstens in den hiesigen Gegenden. Diese Dialektunterschiede machen einem manchmal zu schaffen."[1635] Die Metapher der gemeinsamen Sprache und der Dialekte von Verlag und Autor sowie die Kritik am „Ton" sind ein Indiz dafür, dass Autor:innen der DDR aufgrund des komplexen und strategisch sensibel zu führenden Druckgenehmigungsverfahrens eine Hartnäckigkeit bei Publikationsverhandlungen gewohnt waren, die der westdeutsche Verleger als ungebotene Schärfe wahrnehmen musste. Im Aushandlungsprozess mit dem Suhrkamp Verlag ging es nicht wie bei den Verlagen der DDR (und der HV Verlage) um die Frage, ob ein Text überhaupt erscheinen konnte – diese Entscheidung war mit den Gutachten bereits getroffen –, sondern unter welchen finanziellen und materiellen Bedingungen. Im Gegensatz dazu war die Publizität in der DDR zu keinem Zeitpunkt der verlegerischen Prozesse gesichert. Hatten Lektoren und Verlage ihre Zustimmung zu einer Publikation erteilt, war es

---

1632 Vgl. Teil I und Kapitel 3.1.
1633 Volker Braun hatte den Kauf eines PKWs in Aussicht (vgl. Volker Braun an Siegfried Unseld, Brief vom 11.02.1966. In: DLA, SUA: Suhrkamp).
1634 Volker Braun an Siegfried Unseld, Brief vom 17.01.1966. In: DLA, SUA: Suhrkamp.
1635 Hans Magnus Enzensberger an Volker Braun, Brief vom 7.02.1966. In: DLA, SUA: Suhrkamp.

dennoch möglich, dass die Druckgenehmigung von der Hauptverwaltung nicht erteilt wurde. Selbst wenn ein Werk erschienen war, konnten die Behörden eine Verbreitung der Bücher verhindern.[1636] Die Unterschiede der literarischen Felder bewirkten demzufolge auch unterschiedliche Praktiken – und wurden durch diese wiederum erzeugt. Sie zeigen sich hier in der Härte Brauns in den Verhandlungen, der offenbar zudem glaubte, im Westen ein angemessenes Honorar fordern zu müssen. Nachdem Enzensberger Braun unterrichtet hatte, entschuldigte sich dieser für das gestellte „Ultimatum"[1637] und ließ sich auf weitere Verhandlungen ein.

Der Suhrkamp Verlag reagierte auf den wahrgenommenen Unterschied, indem er die Übernahme von Praktiken und Einstellungen des westdeutschen Zusammenhangs aktiv förderte. Er finanzierte Westreisen von Autor:innen und bot Unterstützung bei der Bewerbung für Stipendien als Stadtschreiber,[1638] in der Villa Massimo[1639] oder am Literarischen Colloquium.[1640] Zu den Förderungsmaßnahmen des Verlags gehörten auch die regelmäßigen Büchersendungen, von denen durch Verleih und Tausch nicht nur die Suhrkamp-Autor:innen in der DDR profitierten. Wer sein Honorar auf dem Verlagskonto stehen ließ, konnte Bücher bestellen – bei den meisten Fällen handelte es sich um Bücher aus der Suhrkamp'schen Verlagsproduktion –, die in der DDR nicht verfügbar waren – dazu gehörte zum Beispiel Herbert Marcuses *Versuch über der Befreiung* und Theodor W. Adornos *Stichworte* (edition suhrkamp 329 und 347 aus dem Jahr 1969).[1641]

1636 So geschah es zum Beispiel mit Volker Brauns Roman *Hinze und Kunze* (vgl. York-Gotthart Mix (Hg.): Ein „Oberkunze darf nicht vorkommen". Materialien zur Publikationsgeschichte und Zensur des Hinze-Kunze-Romans von Volker Braun. Wiesbaden 1993).
1637 Braun an Unseld, Brief vom 11.02.1966.
1638 Braun kam als Stadtschreiber von Bergen-Enkheim 1978 mit Enzensberger als Laudator in die engere Auswahl, die Entscheidung fiel letztendlich für Nicolas Born mit Martin Walser als Fürsprecher (vgl. Burgel Zeeh, Notiz vom 1.03.1978. In: DLA, SUA: Suhrkamp).
1639 Auffällig viele Autor:innen der DDR verbrachten vor allem nach ihrer Emigration in den Westen einige Zeit in der Villa Massimo. Dazu gehörten unter anderem Uwe Johnson (1962), Christa Reinig (1965/66), Sarah Kirsch (1978/79) und Uwe Kolbe (1992). Eine Auswertung des Archivs der Villa Massimo bzw. eine Literaturgeschichte der Villa Massimo ist noch ein Desiderat der Forschung.
1640 Grünbein verbrachte von Januar bis März 1989 drei Monate im Literarischen Colloquium am Berliner Wannsee. Die Peter-Suhrkamp-Stiftung unterstützte den Aufenthalt mit einem Stipendium von 1.000 DM pro Monat (vgl. Siegfried Unseld an Joachim Unseld und Heribert Marré, Notiz vom 14.11.1988. In: DLA, SUA: Suhrkamp).
1641 Vgl. Volker Braun an Burgel Geisler, Brief o.D. [zwischen 14.01. und 27.10.1970]. In: DLA, SUA: Suhrkamp. Volker Braun erhielt zumindest in den ersten Jahren ein kostenloses Abonnement der Zeitschrift *Kursbuch* (vgl. Volker Braun an Siegfried Unseld, Brief o.D. [ca. 14.09.1967]. In: DLA,

Bei der Begutachtung von Johnsons *Ingrid Babendererde* hatte Unseld 1957, wie bereits erwähnt, dem jungen Autor einen „Mangel an Welt" vorgeworfen und damit seine Ablehnung des Manuskripts begründet.[1642] Als Johnson mit der Veröffentlichung seines Romans *Mutmassungen über Jakob* bei Suhrkamp 1959 nach Westberlin emigrierte, unterstützte sein Verleger ihn bei der Kandidatur für ein Stipendium in der Villa Massimo in Rom. Er legte ihm allerdings nahe, zugunsten „tieferer westlicher Durchdringung" nicht bereits im Frühjahr 1960 nach Rom zu gehen, sondern erst Erfahrungen in Westdeutschland zu machen.[1643] Johnson schob daraufhin seinen Aufenthalt in Rom um zwei Jahre auf und begleitete stattdessen Unseld und Boehlich auf eine Reise nach Paris, für die der Verlag zahlte.[1644] Der Suhrkamp Verlag – und allen voran Unseld als Entscheidungsinstanz – arrangierte somit Erlebnisse und Begegnungen, die es Autor:innen der DDR ermöglichten, meist direkt nach ihrer Emigration westdeutsche und westeuropäische Erfahrungen zu machen und die aus verlegerischer Perspektive relevant für das literarische Feld der BRD waren.

Vierzig Jahre später arrangierte der Verlag für Grünbein eine ebensolche West-Erfahrung. Wenn Grünbein im Konflikt um die paratextuelle Positionierung durch den Suhrkamp Verlag seine Praxis des „Incognito" anführt, die ihm das Schreiben in der DDR ermöglichte, dann wird daran bereits die praktische Differenz in Ost und West deutlich.[1645] Gleichzeitig veranschaulicht das Beispiel Grünbein auch die Wechselwirkung von Praktiken des Verlags und der Autor:innen im geteilten Deutschland. Seine erste Reise in die BRD führte Grünbein zur Frankfurter Buchmesse, wo er auf dem Kritikerempfang des Verlags in der Klettenbergstraße gemeinsam mit Krauß, die ebenfalls ihr erstes Suhrkamp-Buch veröffentlichte, aus seinen Texten vorlas.[1646] Die Erlebnisse auf der Messe beschrieb Grünbein, zurück in Dresden, seinem Lektor Döring als „merkwürdige Kulturerscheinung": „Fast alles ist inkommensurabel[!] und zu vergleichen, hieße die Zeitdifferenz einzuebnen, hieße den Schock und das totale sinnliche Ausgerenktsein zu verleugnen."[1647] Seine Wahrnehmung vermittelt den Eindruck eines jungen Autors, der das literarische Feld betritt und der zudem auch die (kulturelle) Differenz zwischen Ost und West, von Grünbein als Unterschied in der zeitlichen und

---

SUA: Suhrkamp). Die Korrespondenz mit Autor:innen der DDR im SUA enthält regelmäßig lange Bücherlisten (vgl. Kapitel 4).
[1642] Vgl. Teil II, Kapitel 5.2.
[1643] Johnson/Unseld: Der Briefwechsel, S. 57.
[1644] Ebd., S. 81.
[1645] Vgl. Kapitel 3.2.
[1646] Vgl. Döring an Unseld, Notiz vom 12.09.1988.
[1647] Durs Grünbein an Christian Döring, Brief vom 13.10.1988. In: DLA, SUA: Suhrkamp.

sinnlichen Wahrnehmung beschrieben, erlebte.[1648] Als Grünbein sich Anfang 1989 erneut in Westberlin im Literarischen Colloquium aufhielt, unterstützte der Verlag diese Westerfahrung finanziell. Suhrkamp übernahm die Mietkosten für ein Auto,[1649] mit dem sein Autor knapp zwei Wochen Westdeutschland und die Niederlande bereiste. Dieser berichtete dem Verleger von der „abenteuerlichen Reise":

> Knapp 14 Tage Erkundungen in einem Teil Europas, der von Frankfurt aus nah, von Dresden aus unendlich weit entfernt liegt... – Stellen Sie sich vor, was das heißt! Ich übertreibe nicht, wenn ich sage, daß dies meine spannendste Reise war, mit keiner anderen vergleichbar bis jetzt. Mein Westberlin-Aufenthalt ist nun beendet, ich laufe wieder durch Dresden (oder wie neulich durch Leipzig), da erscheint das Gewesene schon ein wenig phantastisch. Hoffen wir, daß es mit Ablauf des Visums nicht nur Erinnerung war, denn Reisen ist so notwendig wie Denken und Schreiben, wichtiger jedenfalls als bloß dahinzuleben, nicht wahr?[1650]

Die Postkarte, die Grünbein aus Dresden an Unseld schickte, zeigt eine Graphik von Franz Lanzendörfer, der in der DDR an den inoffiziellen Publikationen vom Prenzlauer Berg mitwirkte. Ob vom Autor intendiert oder nicht, verweist sie auf das subversive Potential der Westreisen und -aufenthalte, die nicht nur Westerfahrung bedeutete, sondern auch das Denken und Handeln („Schreiben") beeinflusste, wie Grünbein es hier als Hoffnung formulierte. Inwiefern Kontakte, Lektüren sowie die eigene Erfahrung vor allem Westdeutschlands sich tatsächlich auf das Schreiben der Autor:innen der DDR, auch nach der Emigration und dem Ende der DDR, auswirkten, ist Gegenstand zahlreicher Stellungnahmen und Untersuchungen.[1651] Raddatz sprach zum Beispiel, nachdem er in seiner Habilitationsschrift noch die These von zwei deutschen Literaturen vertreten hatte,[1652] in den achtziger Jahren in Bezug auf die Literatur der aus der DDR emigrierten Autor:innen von einer dritten deutschen Literatur.[1653] Walter Schmitz hat dargestellt, dass diese sich sowohl aus spezifischen Erfahrungen im geteilten

---

1648 Vgl. zur unterschiedlichen Zeiterfahrung in beiden Teilen Deutschlands das Gespräch mit Uwe Kolbe am 8.10.2015 in Berlin.
1649 Vgl. Siegfried Unseld an Siegfried Ebert (Rechnungswesen), Notiz vom 11.04.1989. In: DLA, SUA: Suhrkamp.
1650 Durs Grünbein an Siegfried Unseld, Postkarte vom 9.06.1989. In: DLA, SUA: Suhrkamp.
1651 Vgl. exempl. Holger Helbig (Hg.): Weiterschreiben. Zur DDR-Literatur nach dem Ende der DDR. Berlin 2007; Walter Schmitz/Jörg Bernig (Hg.): Deutsch-deutsches Literaturexil. Schriftstellerinnen und Schriftsteller aus der DDR in der Bundesrepublik. Dresden 2009; Pabst: Post-Ost-Moderne.
1652 Vgl. Einleitung, Kapitel 1.
1653 Vgl. Fritz J. Raddatz: Zur deutschen Literatur der Zeit 3. Eine dritte deutsche Literatur. Stichworte zu Texten der Gegenwart. Reinbek bei Hamburg 1987.

Deutschland speiste, als auch von den Schaffenskrisen und einer Orientierungslosigkeit der Autor:innen geprägt war.[1654] Ob das Weiterschreiben und der Erfolg im literarischen Feld der BRD glückten, hing nicht zuletzt von der Anpassungsfähigkeit und der gelungen Integration der Autor:innen ab. Anknüpfungsmöglichkeit im Westen bot bei Grünbein, Kolbe, Becker, Brasch und anderen vor allem der Verlag, der die Anpassung an den eigenen Praxiszusammenhang erklärte und Irritationen entgegenwirkte.

4 Konspirieren

Der Literaturaustausch im geteilten Deutschland stand im Kontext des Teilungsdiskurses um staatliche Legitimation, konkurrierende Gesellschaftssysteme und alternative Praktiken im literarischen Feld. Für Autor:innen der DDR bedeutete das Verhältnis zu westdeutschen Verlagen die Möglichkeit, sich mit alternativen Publikationen im literarischen Feld der BRD zu positionieren.[1655] Aufgrund der staatlichen Kontrolle des Literaturaustauschs – sei es bei westdeutschen Lizenzausgaben, bei persönlichen Ost-West-Begegnungen oder bei Postsendungen – etablierten Autor:innen sowie der Verlag in ihrer Zusammenarbeit konspirative Praktiken, um die Veröffentlichung von Parallel- und teilweise Erstausgaben zu ermöglichen. Sie kamen bereits in den Publikationsgeschichten zu Fries und Johnson zur Sprache.[1656] Leitende Frage ist im Folgenden, inwiefern das Wissen um die Überwachung und Regulierung des literarischen Felds der DDR und den westdeutschen Akteuren die Praxis des Suhrkamp Verlags beeinflusst hat.

Mit ‚konspirieren' sind im Rahmen meiner Untersuchung Praktiken der Autor:in-Verlag-Beziehung gemeint, die von der Geheimhaltung vor den Verlagen und staatlichen Institutionen der DDR geprägt waren. Davon abzugrenzen sind Praktiken der schriftlichen oder mündlichen Berichterstattung des Verlags. So lassen sich in den Reiseberichten und Notizen des Verlags immer wieder Hinweise finden, dass einzelne Aspekte des verlegerischen Prozesses nicht schriftlich fixiert, sondern mündlich berichtet wurden. Diese Praxis kann zum einen ein Indiz dafür sein, dass es sich um komplexe Sachverhalte handelte, die im Sinn einer Arbeitsökonomie besser mündlich kommuniziert wurden, und zum anderen, dass die betreffenden Informationen nur für einen kleinen Kreis von Personen im Verlag intendiert waren. Beide Fälle bedeuten spezifische Praktiken des Wissens-

---

1654 Vgl. Walter Schmitz: Literatur ‚zwischen den Staaten'. Deutsch-deutsche Exilerfahrung nach 1945. In: Schmitz/Bernig (Hg.): Deutsch-deutsches Literaturexil, S. 15–106, hier S. 34.
1655 Vgl. weiterführend zur Bedeutung westdeutscher Publikationen Kapitel 5.3.
1656 Vgl. Teil II, Kapitel 5.

und Informationsmanagements im Verlag. Da es sich dabei allerdings nicht um eine konspirative Praxis im Hinblick auf Geheimhaltung vor einem politischen Akteur handelt, finden sie im Folgenden nur am Rand Beachtung. Die konspirativen Praktiken haben insofern einen Sonderstatus in meiner Untersuchung, als sie spezifisch für den Umgang mit Autor:innen der DDR bzw. für Verlagskontakte in die Sowjetunion sind,[1657] während sich andere Praktiken prinzipiell auch in anderen Praxiszusammenhängen beobachten lassen.

Ich gebe zunächst einen kurzen Einblick in die Überwachung des Suhrkamp Verlags durch das Ministerium für Staatssicherheit der DDR (MfS), um zu zeigen, wie der Verlag von den Behörden der DDR im deutsch-deutschen Literaturaustausch der sechziger Jahre wahrgenommen wurde. In erster Ordnung lassen sich die Überwachung der Verlagspraxis, in zweiter auch die überwachten konspirativen Praktiken aufgrund des hohen Grads an Verschriftlichung durch die Staatssicherheit und den Suhrkamp Verlag und mit der gebotenen Umsicht bei der Interpretation von Geheimdienstakten aus den Archiven vergleichen, rekonstruieren und analysieren. Berthold Petzinna hat die Materialfülle im Archiv des BStU zum Verlag, aber auch zu einzelnen Akteuren in dessen Umfeld – hierzu gehören aus dem Lektorat Boehlich, Braun und Borchers, aber auch Autoren wie Enzensberger – analysiert und im politischen Geschehen sowie der Entwicklung des Buchhandels kontextualisiert.[1658] Auf seine Forschungsergebnisse greife ich im Folgenden zurück. Hier ist jedoch vor allem die Tatsache relevant, *dass* die Verlagspraxis im geteilten Deutschland sowie einzelne Verlagsakteure überwacht und bespitzelt wurden. Anschließend erläutere ich an Fallbeispielen die Verlagspraktiken, die sich als konspirativ interpretieren lassen: geheime Treffen in Ostberlin, fingierte Briefwechsel, Manuskript- und Brief-Schmuggel, sprachliche Codes und verklausulierte Formulierungen im Briefwechsel sowie Büchersendungen und geheime Honorarkonten beim Verlag. Es handelt sich um Praktiken, die teilweise Literaturpublikationen in Ost und West überhaupt erst ermöglichten.

[1657] Es handelt sich hier zwar um konspirative Verlagspraktiken im Kontext des deutsch-deutschen Literaturaustauschs, sie ließen sich aber mit historischen Beispielen vergleichen, wie die Studien Robert Darntons verdeutlichen (vgl. Robert Darnton: Die Zensoren. Wie staatliche Kontrolle die Literatur beeinflusst hat. Vom vorrevolutionären Frankreich bis zur DDR. München 2016).

[1658] Vgl. Petzinna: Die Beobachtung des westdeutschen Verlagswesens.

4.1 Der Suhrkamp Verlag im Visier der Staatssicherheit

Die Akten des MfS, die sich auf den Suhrkamp Verlag und seine Mitarbeiter:innen beziehen, befinden sich in der Hauptabteilung XX. Die Überwachung des Verlags begann im Sommer 1965 mit Unselds Engagement für den Literaturaustausch. Der Suhrkamp Verlag geriet demnach in dem Moment ins Visier der Staatssicherheit, als er seine persönlichen Kontakte ins literarische Feld der DDR intensivierte.[1659] Soweit die Aktenlage des Archivs des BStU aussagekräftig ist, hatten die Beziehungen zu Brecht, dessen Erben, dem Berliner Ensemble und dem Brecht-Zentrum sowie die Verlagsverbindung zu Johnson und Bloch zwar noch nicht dazu geführt, dass ein eigener operativer Vorgang gegen den Verlag eingeleitet wurde. Unseld und der Suhrkamp Verlag standen aber durch den Kontakt zu Bloch und dessen Assistenten Jürgen Teller, die beide überwacht und abgehört wurden, schon 1960 unter Beobachtung.[1660]

Die Dokumente aus dem Archiv des BStU haben als Dokumente eines Geheimdiensts einen besonderen Status: Sie waren nie für eine Veröffentlichung bestimmt. Aus den Abhörmethoden in privaten Wohnungen, die vor allem auf private und intime Informationen zielten, auf deren Grundlage das MfS Zersetzungsmaßnahmen entwickelte oder potentielle Mitarbeiter:innen identifizierte, ergibt sich außerdem, dass die Akten, vor allem die Berichte der Informant:innen und die Zusammenfassungen der Führungsoffiziere, das Persönlichkeitsrecht der Betroffenen verletzen. Die Verwendung der Akten in der Forschung bedingt deshalb nicht nur eine moralische Verantwortung gegenüber den Betroffenen, sondern auch gegenüber anderen Beteiligten, persönliche und intime Inhalte diskret zu behandeln, zumal wenn laut §32 des so genannten Stasi-Unterlagen-Gesetzes die Einsicht in personenbezogene Informationen von Personen, die zeitweise für die Staatssicherheit tätig waren, wie dies bei Fries der Fall ist, nach wie vor ohne Einwilligung und unanonymisiert möglich ist.[1661]

Die Aktivitäten der Staatssicherheit waren von der SED gelenkt und dienten der Umsetzung und Sicherstellung der Ziele der kommunistischen Partei. Das literarische Feld stand unter Generalverdacht, durch Inhalt und Form der Texte, eigene Netzwerke, den Austausch mit Intellektuellen vor allem Westdeutschlands oder durch Publikationen in der BRD zur Destabilisierung des Systems beizutra-

---

1659 Vgl. Teil I, Kapitel 1959.
1660 Vgl. Petzinna: Die Beobachtung des westdeutschen Verlagswesens.
1661 Vgl. §32 Verwendung von Unterlagen für die politische und historische Aufarbeitung, Gesetz über die Unterlagen des Staatssicherheitsdienstes der ehemaligen Deutschen Demokratischen Republik (Stasi-Unterlagen-Gesetz – StUG): https://www.gesetze-im-internet.de/stug/__32.html (zuletzt eingesehen am 5.05.2022).

gen. Die Erstellung der Akten war also von ideologischen Motiven geleitet. Bei der Lektüre und Einschätzung der Informationsberichte sind deshalb verschiedene Faktoren zu bedenken. Sie bilden die subjektive Wahrnehmung und Interpretation der Überwachenden mit ab und zeigen die Realität nur durch ihren Filter. Zudem sind sie insbesondere in der Schwerpunktsetzung oder Verkürzung von Gesprächsprotokollen selektiv, und halten die Geschehnisse also nur ausschnittweise fest. Sie können zudem Fehler, intentional fälschliche Darstellungen oder Fehlinterpretationen aufweisen. Die Zusammenfassungen der Offiziere, die auf den Berichten der Informant:innen basieren, übernehmen oder verstärken gar solche Verzerrungen. Hinzu kommt, dass die Mitarbeiter:innen des MfS in dessen hierarchisches System eingegliedert waren und gemäß den Machtstrukturen agierten. Man kann deshalb davon ausgehen, dass Berichte bei der Erstellung und Weitergabe verändert wurden, um den individuellen, arbeitsökonomischen und ideologischen Zielen zu dienen. Wie andere historische Quellen auch, kreieren die Dokumente also eine eigene Realität und sind mit der entsprechenden Sensibilität auszuwerten.[1662]

Dessen bewusst haben die Akten für meine Fragestellung historischen Quellenwert, den ich im Folgenden darlege. Inwiefern können die Unterlagen der Staatssicherheit also Erkenntnisse über das Verhältnis der Autor:innen der DDR zum Suhrkamp Verlag liefern? Zunächst ermöglichen sie einen Perspektivenwechsel. Gerade aus praxeologischer Perspektive liefern sie Hinweise auf die Mikrogeschichte der Interaktionen zwischen Verlag und literarischem Feld der DDR, d. h. ob Treffen stattgefunden haben, wann, wo und mit wem der Verlag Kontakt hatte, auch wenn diese zu überprüfen und kritisch zu deuten sind. Im Abgleich mit Dokumenten aus dem Verlagsarchiv können so Gesprächsinhalte und Diskussionspunkte rekonstruiert werden. Außerdem lässt sich aus den Unterlagen ermitteln, welche Verlagspraktiken aus staatlicher Perspektive der DDR als besonders systemstörend klassifiziert wurden, und welche Ereignisse in den Verlagsbeziehungen zur DDR auf Maßnahmen des MfS zurück zu führen sind.[1663]

Noch vor der gezielten Überprüfung des Verlags geriet Unseld im November 1965 durch die Überwachung Johnsons in den Blick der Staatssicherheit, der, wie bereits erwähnt, ein Treffen mit dem Autor Fries in der Wohnung des gemeinsamen Freundes Manfred Bierwisch in Ostberlin vermittelt hatte.[1664] Es ging um die Veröffentlichung des Romans *Der Weg nach Oobliadooh*, der von mehreren Ver-

---

1662 Vgl. Katherine Verdery: Secrets and Truths. Ethnography in the Archive of Romania's Secret Police. Budapest 2014, S. 99.
1663 Die Wertung der Verlagspraxis durch das MfS ist weniger relevant, da sie Aufschluss über innersystemische Zusammenhänge bietet, die hier nicht weiter interessieren.
1664 Vgl. Teil II, Kapitel 5.3.

lagen der DDR abgelehnt worden war. Der Geheime Informant hielt in einem achtseitigen Informationsbericht die relevanten Aspekte des Gesprächs fest: Strategien der Veröffentlichung (mildernde Änderung des Manuskripts, Publikation nach Abschluss der Promotion des Autors), mögliche Konsequenzen einer westdeutschen Publikation für den Autor (Verbot des Buchs, Entlassung des Autors), auch im Vergleich zu anderen Autoren (Heiner Müller, Hartmut Lange), Handlungsspielraum des Verlags (Vermittlung des Manuskripts an einen DDR-Verlag, vermittelnde Gespräche mit Klaus Gysi, Minister für Kultur, und Alexander Abusch, stellvertretender Vorsitzender des Ministerrats für Kultur, verzögerte Auszahlung des Honorars, um dem Autor in der DDR einen größtmöglichen Verdienst zu sichern).[1665] Der direkten Überwachung war sich keiner der betroffenen Akteure bewusst. Das lässt sich daraus schließen, dass auf dem Treffen ein fingierter Briefwechsel zwischen Verlag und Autor über den Publikationsprozess verabredet wurde, der – trotz Überwachung – schließlich das Erscheinen des Romans ohne Druckgenehmigung bei Suhrkamp, d. h. in direkter Rechtevergabe vom Autor sicherstellte.[1666] Nach Einschätzung der Teilnehmer musste allein in Gesprächen mit den Verlagen und Behörden der DDR bzw. in der brieflichen Kommunikation auf Diskretion geachtet werden. Das Treffen sowie seine Überlieferung im Archiv des BStU und im Verlagsarchiv[1667] haben eine doppelte Bedeutung für die vorliegende Untersuchung: Zum einen gab der Fall dem MfS Anlass für die systematische Überwachung des Suhrkamp Verlags durch die Hauptabteilung XX für Kultur,[1668] und zum anderen ging daraus ein Dokument hervor, das die konspirative Praxis der Verlagsakteure belegt.

Einige Monate nach dem Treffen erfolgte der Auftrag der Hauptabteilung XVIII des MfS, zuständig für die Sicherung der Volkswirtschaft, Auskunft zum Suhrkamp Verlag einzuholen, um der zentralen Ermittlungsabteilung für Fälle mit politischer Bedeutung (Hauptabteilung IX) eine strafrechtliche Einschätzung vorlegen zu können. Erste Dokumente im operativen Vorgang der Überwachung der Verlagsverbindungen in die DDR sind ein Zeitungsausschnitt des *Neuen Deutschland* über Unselds Engagement für seinen in der BRD inhaftierten Kolle-

---

[1665] Vgl. Informationsbericht vom 16.12.1965. Auszug aus einem GI-Bericht vom 22.11.1965. In: DLA, SUA: Suhrkamp.
[1666] Vgl. Teil II, Kapitel 5.3.
[1667] Neben dem Briefwechsel hat Unseld das Treffen auch ausführlich in einem Reisebericht festgehalten (vgl. Siegfried Unseld: Reisebericht Berlin, 19. – 25.11.1965. In: DLA, SUA: Suhrkamp).
[1668] Vgl. Hildebrandt: Mitteilung im Hause vom 1.03.1966. In: BStU, MfS, HA XX, Nr. 11989, Bl. 23.

gen Günter Hofé vom Oktober 1962,[1669] ein Brief an Heiner Müller mit den Vertragsunterlagen zu *Philoktet* von August 1965,[1670] eine Zeitungsnotiz aus der *Zeit* über den Erwerb der Rechte am Gesamtwerk von James Joyce[1671] sowie die Vorankündigung von Handkes *Die Hornissen* und Fries' Roman *Der Weg nach Oobliadooh*.[1672] Der Fragenkatalog des MfS spiegelt die Verlagspraktiken im geteilten Deutschland und weist bemerkenswerte Parallelen zu den leitenden Fragen der vorliegenden Untersuchung auf:

> Sind im Bereich der Akademie der Künste bzw. im Bereich des Verlagswesens geeignete Personen vorhanden, die ein Buchmanuskript auf seine politische Bedeutung einschätzen bzw. ein Gutachten hierüber abgeben können?
> Was ist über die Stellung und Bedeutung des Suhrkamp-Verlages in Frankfurt (Main) bekannt? Welchen Charakter hat der Inhalt der vom Verlag herausgegebenen Bücher?
> Welche Schriftsteller werden dort im Wesentlichen verlegt? Gibt es Hinweise, daß von seiten des Suhrkamp-Verlages besonders Interesse an Schriftstellern aus der DDR besteht [!] und um welche Schriftsteller handelt es sich hierbei?
> Welche Beziehungen unterhält der Suhrkamp-Verlag zur DDR und inwieweit übt er einen Einfluss auf unser Verlagswesen aus?
> Welche Hinweise wurden bisher über Dr. U n s e l d vom Suhrkamp-Verlag bekannt? Welche Verbindungen unterhält er zur DDR und wie ist deren Charakter?
> Welche Hinweise sind bekannt, daß Dr. U n s e l d Verbindung zum stellv. Ministerpräsidenten Genossen A b u s c h sowie zum Minister für Kultur G y s i unterhält? [Herv. im Original][1673]

Die erste Frage bezieht sich auf die Kompetenz bei der Bewertung eines literarischen Texts, mit der sich auch das Suhrkamp-Lektorat unter anderen Voraussetzungen und mit anderen Wertungskriterien auseinandersetzte. Die Gutachten von Enzensberger belegen aber, dass dieser formal-inhaltliche Aspekte von Gedichten ebenso unter politischen Gesichtspunkten interpretierte und deren Qualität an den politischen Bedingungen maß.[1674] Beim zweiten Punkt geht es um die Positionierung des Verlags im literarischen Feld der BRD, wozu der Verfasser

---

1669 Vgl. Westdeutsche und Westberliner Verleger stellen sich vor Hofé. In: ND vom 15.10.1962. In: BStU, MfS, HA XX, Nr. 11989, Bl. 13. Vgl. Frohn: Literaturaustausch, S. 226 ff.
1670 Vgl. Helene Ritzerfeld an Heiner Müller, Brief vom 2.08.1965. In: BStU, MfS, HA XX, Nr. 11989, Bl. 15.
1671 Vgl. Suhrkamps Imperium wächst. In: Die Zeit o.D. In: BStU, MfS, HA XX, Nr. 11989, Bl. 19.
1672 Vgl. Neue Namen. Vorankündigung des Suhrkamp Verlags. In: BStU, MfS, HA XX, Nr. 11989, Bl. 22.
1673 Hildebrandt: Mitteilung im Hause vom 1.03.1966.
1674 Vgl. Kapitel 1.3.

Oberleutnant Hildebrandt[1675] auch das Programmprofil zählte. Bemerkenswert ist, dass das MfS eine Untersuchung des Verlags auf verschiedenen Ebenen anstrebte: Von Interesse waren die Wahrnehmung des Verlags (hier nicht weiter spezifiziert aus welcher Perspektive) ebenso wie die von ihm verantwortete Literatur, womit die Vorstellung einer Art Suhrkamp-Ästhetik verbunden ist, sein Netzwerk und seine Beziehungen zu Autor:innen, v. a. zu denen der DDR. Hinter der Frage nach dem Interesse des Verlags steht die Vorstellung, dass Suhrkamp Literatur der DDR mit einer gewissen Intention und innerhalb eines gezielt ausgesuchten literarisch-intellektuellen Programms veröffentlichte. Auch wenn sich aus praxeologischer Perspektive weder eine Ästhetik noch Politik des Verlags im geteilten Deutschland, auch wenn sie kollektiv, komplex und dynamisch gedacht werden, eindeutig feststellen lassen, eine Annäherung vielmehr nur fallweise und anhand von Szenen möglich ist, so weisen die Fragen des MfS darauf hin, dass das Handeln Suhrkamps solche vermuten ließen. Hildebrandt ahnte außerdem, dass sich die auf die DDR bezogenen Verlagspraktiken auch auf die Verlage der DDR auswirkten. Den Verleger Unseld verstand er dabei als Hauptakteur, dessen Beziehungen vor allem zu den politischen Entscheidungsträgern, die im Abhörprotokoll als Kontakte genannt worden waren, gesondert überprüft werden sollten. Obwohl Unseld noch als unbekannt galt, ging das MfS also bereits Mitte der sechziger Jahre davon aus, dass das Handeln der ost- und westdeutschen Akteure nicht in zwei getrennten Feldern vonstattenging, sondern sich Interessen, Kontakte und Beziehungen über die innerdeutsche Grenze hinweg in einem geteilten Feld abspielten. Die Wahrnehmung des MfS korrespondierte mit den Praktiken und der Selbstdarstellung des Verlags, der in den sechziger Jahren bestrebt war, zum einen über das Netzwerk des Verlags Autor:innen der DDR in das Verlagsprogramm zu integrieren und zum anderen den Literaturaustausch mit dem Erhalt der nationalen Einheit und der Unterstützung von Schriftsteller:innen zu begründen. Der Fragenkatalog der Staatssicherheit reagierte also, so lässt sich vermuten, auf die offizielle Zielsetzung des Verlags. Auch Petzinna hat gezeigt, dass Suhrkamp in den Augen der Staatssicherheit zu dieser Zeit eine enge Bindung von Autor:innen der DDR an den Verlag anstrebte. Unseld, so war die Meinung, trat als Akteur westdeutscher Kulturpolitik im Sinne der SPD-Ostpolitik auf und verwirklichte damit die Vorstellung einer deutschen ‚Kulturnation'.[1676]

Besonders die letzte Frage nach dem Kontakt zu Abusch und Gysi weist auf den Bericht des Informanten vom geheimen Treffen im November 1965 hin. Dem zufolge wollte Unseld im Fall Fries bei Gysi und Abusch um Vermittlung bitten,

---

1675 Der Vorname des Oberleutnant Hildebrandt ließ sich nicht eindeutig feststellen.
1676 Vgl. Petzinna: Die Beobachtung des westdeutschen Verlagswesens.

worauf die Hauptabteilung mit der Überprüfung reagierte.[1677] Dem Fragenkatalog zufolge war nicht nur Unseld, sondern der gesamte Verlag dem MfS noch nicht als relevanter Akteur im Literaturaustausch bekannt. Zunächst suchte man deshalb nach einem geeigneten Informanten, den das MfS im Leiter des AufbauVerlags, Fritz-Georg Voigt fand. In den Akten folgt daraufhin ein achtseitiger Bericht vom 20. Februar 1967über den Suhrkamp Verlag und Unseld. Unklar ist, ob dies die von der HA XVIII geforderte Auskunft ist, denn in diesem Fall hätte die Informationsbeschaffung und -prüfung beinahe ein Jahr benötigt. Der Bericht basiert auf Angaben des Verlegers Voigt vom 23. März 1966 und fasst die Inhalte eines Gesprächs mit Unseld zusammen: die Publikation von Fries, die Praktiken von Autor:innen der DDR, die Publikationspläne zu Brecht und Unselds Besuch in der damaligen Tschechoslowakei (ČSSR).[1678]

Oberleutnant Peter Gütling verfasste auf Grundlage dieser Unterlagen eine Einschätzung des Verlags und seines Verlegers.[1679] Fazit war, dass Unseld „eine idealistische politik [!] mit angeblich ‚gesamtdeutschen' Absichten betreibt, gleichzeitig aber starken äußeren Einflüssen unterliegt."[1680] So wurden zum Beispiel die Redaktion des *Kursbuchs* durch Enzensberger sowie die Assoziation mit der Gruppe 47 als Gründe dafür angegeben, dass Unseld nicht nur von seiner Umgebung beeinflusst, sondern kaum noch eigene verlegerische Entscheidungen treffen könne.[1681] In Bezug auf Unselds DDR-freundliches Handeln hielt Gütling fest, „daß [dies]er der DDR mit seiner Verlagspolitik und seinem Auftreten ständig ideologischen Schaden zufügt."[1682] Auch in diesem Fall entsprach die Wahrnehmung der Praxis des Verlags, der sich in den sechziger Jahren durch ein Lektorat und Netzwerk von politisch engagierten Intellektuellen auszeichnete, die außerdem in engem Kontakt mit der Gruppe 47 standen.[1683] Neben Enzensberger zählten dazu auch Walser und Boehlich.

Ein weiterer Bericht über Unseld und den Suhrkamp Verlag schätzte den Kontakt zu Autor:innen ein, deren Überwachung ein zentrales Anliegen der Staatssicherheit darstellte. Als Quelle gab Oberleutnant Arnold Klemer die Kontaktperson „Verlag" an, bei der es sich nach Recherchen von Joachim Walther um

---

1677 Vgl. Informationsbericht vom 16.12.1965. Auszug aus einem GI-Bericht vom 22.11.1965.
1678 Vgl. Fritz-Georg Voigt: Treffbericht vom 23.03.1966. In: BStU, MfS, HA XX, Nr. 11989, Bl. 24.
1679 Vgl. zu Peter Gütling Walther: Sicherungsbereich Literatur, S. 265–271.
1680 Peter Gütling: Bericht vom 20.02.1967. In: BStU, MfS, HA XX, Nr. 11989, Bl. 42.
1681 Vgl. ebd.
1682 Ebd.
1683 Vgl. Marmulla: Enzensbergers Kursbuch, S. 29.

den damaligen Cheflektor im Henschel Verlag handeln soll.[1684] Gezielt nutzte das MfS Kontakte, mit denen der Suhrkamp Verlag regelmäßig in Kontakt stand: den Verleger des Aufbau Verlags und den Lektor des Henschel Verlags, die beide die Werke Brechts verbreiteten. Bei Suhrkamp, so die Einschätzung, versammelten sich vor allem Autor:innen, „die sich in WD [Westdeutschland, A.J.] besonders ‚non-konformistisch' gebärden und den Eindruck gerade gegenüber der DDR zu erwecken suchen, als ständen sie ‚Links von der SP' [Sozialdemokratischen Partei, A.J.]. Damit scheinen gleichzeitig auch günstige Voraussetzungen vorhanden zu sein, in die DDR gezielt hineinwirken zu können."[1685] In Ostberlin träfe Unseld sich regelmäßig mit Müller, um Projekte zu besprechen und bringe diesem und anderen Kontakten Verlagspublikationen und Geschenke mit. Klemer hielt fest, dass ein Personenkreis bestehe, den Unseld „regelmäßig durch Hausbesuche ‚betreut'."[1686] Das ab Mitte der sechziger Jahre steigende Interesse Suhrkamps und anderer westdeutscher Verlage am Literaturaustausch interpretierten die Kontaktperson „Verlag" sowie Klemer als politische Strategie der Einflussnahme durch die Bonner Regierung, und den Suhrkamp Verlag sahen sie als verlängerten Arm einer Zersetzungspolitik gegen die DDR.[1687]

Die Einschätzungen verdeutlichen, dass Unselds Haltungen und Einstellungen der sechziger Jahre ambivalente Konsequenzen im geteilten Deutschland hatten. Das Ziel, die ‚Kulturnation' durch den Literaturaustausch zu erhalten, konnte zwar im bundesdeutschen Kontext und im Verlagsnetzwerk als Argument für den Literaturaustausch genutzt werden, im Rahmen der ideologischen Deutung der Staatssicherheit galten deutsch-deutsche Kontakte vor dem Hintergrund der bundesdeutschen Politik aber als strategischer Schritt zur Auflösung der DDR. Dass Unseld mit den Ranghöchsten der Politik in Kontakt stand, war auch dem MfS bekannt. Wie gezeigt, nutzte der Verleger seine politischen Kontakte in Ost und West auch für verlegerische Zwecke in der DDR. Laut eines Berichts Gütlings führte Unseld beim Büro für Urheberrechte seinen Einsatz für die Anerkennung der DDR und damit für den Literaturaustausch in Gesprächen mit den Bundes-

---

1684 Vgl. Walther: Sicherungsbereich Literatur, S. 804. Eventuell handelt es sich um Horst Wandrey, der von Ende der fünfziger Jahre bis zum Ende der DDR Lektor im Henschel Verlag war.
1685 Arnold Klemer: Operative Information Nr. 96/67 vom 17.03.1967. In: BStU, MfS, HA XX, Nr. 11989, Bl. 52.
1686 Ebd.
1687 Vgl. Arnold Klemer: Operative Information Nr. 748/67 vom 20.11.1967. In: BStU, MfS, BV Berlin, 2949/88, Bd. I, Bl. 80f.

kanzlern Ludwig Erhard und Kurt Georg Kiesinger als Argument für einen Ausbau der Verlagsbeziehungen mit dem Aufbau Verlag an.[1688]

Die Staatssicherheit überwachte nicht nur die Kontakte von Autoren der DDR, wie Müller, Hacks oder Braun zum Suhrkamp Verlag, sondern verfolgte auf der Grundlage der Berichterstattung des Cheflektors im Henschel Verlag auch die personellen und strukturellen Veränderungen im Verlag Ende der sechziger Jahre.[1689] Der Cheflektor von Henschel führte ab 1967 Gespräche mit dem Suhrkamp Verlag über die Entwicklungen auf der Frankfurter Buchmesse und im westdeutschen Börsenverein, aber auch über den Lektor:innenaufstand bei Suhrkamp und die Gründung des Verlags der Autoren.[1690] Da die Staatssicherheit die Lektor:innen als maßgebliche Akteure im Literaturaustausch identifizierten, enthalten die Archivmappen des BStU auch Vermerke zu Braun, Boehlich und Borchers. So berichtete Hauptmann Wolfgang Reuter, Leiter des Referats für Pressewesen und Film, auf Grundlage von Informationen einer inoffiziellen Quelle ausführlich über Boehlichs politische Haltung.[1691] Borchers wurde bereits während ihrer Tätigkeit für den Luchterhand Verlag kontrolliert. Eine Aktennotiz hält fest, dass Borchers mit einem anderen Mitarbeiter des Verlags im März 1971 am Grenzübergang Drewitz kontrolliert worden sei.[1692] Der Zoll beschlagnahmte vier Manuskripte,[1693] zudem Notizen, Adressen und persönliche Korrespondenz der Lektorin sowie sechs antiquarische Stiche, die sie laut Bericht von Fühmann bekommen haben soll.[1694] Noch Anfang der achtziger Jahre, nun in ihrer Funktion als Suhrkamp-Lektorin, beurteilte Gütling Borchers „als aktive Verfechterin der Ostpolitik der SPD[, die] ihr Wirken gegen Verlage und Schriftsteller der DDR auf

---

[1688] Der Bericht gibt nur eine namenlose, inoffizielle Quelle an, eventuell ist hiermit Jenö Klein, Abteilungsleiter im Büro für Urheberrechte gemeint, der unter dem Decknamen „Jenö" für die Staatssicherheit tätig war (vgl. Peter Gütling: Information vom 6.10.1967. In: BStU, MfS, HA XX, Nr. 11989, Bl. 132).
[1689] Vgl. exempl. Arnold Klemer: Operative Information Nr. 157/69 vom 6.03.1969. In: BStU, MfS, BV Berlin, 2949/88, Bd. 1, Bl. 128–132; Klemer: Operative Information Nr. 469/70 vom 20.05.1970. In: BStU, MfS, BV Berlin, 2949/88, Bd. II, Bl. 25 ff.
[1690] Vgl. Teil I, Kapitel 1959 und 1969.
[1691] Vgl. Wolfgang Reuter: Information vom 6.09.1967. In: BStU, MfS, HA XX, Nr. 11989, Bl. 75.
[1692] Vgl. Gerhard Herfurth: Aktennotiz vom 22.03.1971. In: BStU, MfS, HA XX, Nr. 10939, Bl. 73.
[1693] Es handelte sich um *Michael* von Klaus Schlesinger, ein Manuskript vom Hinstorff Verlag mit Option für den Luchterhand Verlag, ein Umbruch von *Eine Pyramide für mich* von Karl-Heinz Jakobs vom Verlag Neues Leben, *Der Besucher* von György Konrád in der Übersetzung von Erika Bollweg und *Die imaginäre Gesellschaft* von Owadig Sawitzsch in der Übersetzung von Heddy Pross (vgl. ebd. Bl. 73 f.).
[1694] Vgl. Protokoll o.D. In: BStU, MFS, HA XX, Nr. 10939, Bl. 32.

die Verwirklichung der Politik des Alleinvertretungsanspruchs und der angeblichen Einheit der deutschen Kulturnation ausrichtete".[1695] Im Vergleich mit den sich entwickelnden Haltungen des Verlags zur DDR wird deutlich, wie konstant der Literaturaustausch von Seiten des MfS als feindliche Strategie gegen die DDR gewertet wurde.

Außerdem sammelte die Staatssicherheit Informationen auf Grundlage der Berichte von Informant:innen aus dem literarischen Feld, die regelmäßig auf den Buchmessen oder bei Westreisen persönlichen Kontakt zum Verlag herstellen konnten. Überliefert sind zudem Briefe des Verlags an Autor:innen sowie Verlage der DDR und Pressematerial zu den Aktivitäten des Suhrkamp Verlags im Hinblick auf den Literaturaustausch. Zudem kooperierte die Staatssicherheit mit weiteren Kontrollbehörden der DDR wie dem Leipziger Messeamt zur Kontrolle der Kontakte und ausgestellten Bücher auf der Buchmesse oder der Grenzkontrolle zur Beschlagnahmung von Druckwaren, Manuskripten, Notizen etc. Eine Untersuchung der Überwachung des Suhrkamp Verlags durch das MfS soll hier aber nicht stattfinden. Sie würde mehr über die Praktiken der staatlichen Kontrolle des Literaturaustauschs informieren als über die Praxis des Suhrkamp Verlags. Im Zusammenhang mit meiner praxeologischen Analyse ist allein relevant, dass der Verlag bzw. das Agieren seiner Akteure als kollektives Handeln durch Informant:innen aus dem Verlagsnetzwerk in beiden Teilen Deutschlands, durch die Postkontrolle und laufende Informationsbeschaffung aus den Medien überwacht wurde. Der Verlag wusste seit Anfang der sechziger Jahre von der Überwachung der Autor:innen im Literaturaustausch. Den konspirativen Praktiken, die daraus resultierten, gilt das anschließende Kapitel.

4.2 Schweigen, schmuggeln, simulieren. Praktiken der Konspiration

Im Frühjahr 1987 stand Borchers in Verhandlungen mit dem Mitteldeutschen Verlag und Volker Braun wegen der Veröffentlichung von dessen Gedichtband *Langsamer knirschender Morgen*. Seit Monaten hatte der DDR-Verlag nicht auf Anfragen der Lektorin zu einem Veröffentlichungstermin geantwortet. Braun hatte seine westdeutsche Lektorin im Januar über den Stand der Verhandlungen in der DDR aufgeklärt und darüber informiert, welche Schritte er gehen würde, sollte der Band nicht veröffentlicht werden: „Für die hiesige, hallenser Ausgabe

---

1695 Peter Gütling: Abschlußbericht zur Operative Personenkontrolle Nr. 2229 gegen Borchers, Elisabeth vom 28.12.1981. In: BStU, MfS, HA XX 20244, Bl. 65. Zitiert nach Petzinna: Die Beobachtung des westdeutschen Verlagswesens, o.S.

gibt es zwar noch immer keine Druckgenehmigung, aber ich kann den Ämtern nicht länger helfen... und lasse Eure Rechte aus dem lange verzogenen Vertrag ausgrenzen."[1696] Seit einer Gesetzesänderung von 1979 musste Literatur zuerst bei einem Verlag der DDR veröffentlicht werden und durfte erst dann über die Genehmigung des Büros für Urheberrechte bei einem ausländischen Verlag erscheinen. Brauns Pläne für eine Rechteteilung waren zwar nicht ungewöhnlich, aber Grund für längere Verhandlungen und Konflikte mit dem Büro und seinem Verlag. Im März rief Borchers bei Braun an, um ihn vom Stand der Produktion bei Suhrkamp in Kenntnis zu setzen: die Fahnen lägen vor, der Vertrag sei ausgestellt, Borchers schicke die Korrekturfahnen zu Becker nach Westberlin.[1697] Am gleichen Tag rief der Mitteldeutsche Verlag Braun mit einem Erscheinungstermin im Herbst an, notierte Borchers: „Noch gar nie ist mir dieses Abhörsystem so deutlich geworden. Derjenige, der die Nachricht ‚mitgeschnitten' hat, jagte dem Verlag den größten Schrecken ein. Hier soll ein Werk vertraglich geteilt werden."[1698] Nachdem Braun vier Jahre mit dem DDR-Verlag über die Publikation des Gedichtbands verhandelt hatte, konnten Lektorin und Autor allein mit dem geplanten Erscheinen der westdeutschen Parallelausgabe Druck ausüben.[1699] Einen „Schrecken" bekam der Mitteldeutsche Verlag, weil ohne Druckgenehmigung der DDR Suhrkamp die Originalrechte für die BRD und vermutlich das westliche Ausland erhalten hätte und damit, bezogen auf das Gesamtwerk, die Rechte geteilt gewesen wären. Die DDR hätte somit die lukrativen Devisen in Form von Lizenzgebühren des westdeutschen Verlags verloren. Die Lektorin schlussfolgerte: „Jetzt, da man weiß, die Gespräche werden ohnedies abgehört, bedarf es auch keiner Verklausulierungen mehr."[1700] Ihre Einschätzung belegt, dass der Verlag sich in der Kommunikation mit den Autor:innen auf die Situation der staatlichen Überwachung eingestellt hatte. Bereits im November 1965 wies Unseld verlagsintern daraufhin: „Bei jeglicher Korrespondenz mit Wolfgang Harich und Gisela May ist zu beachten, daß die Briefe von der Staatssicherheits-Behörde geöffnet und kontrolliert werden."[1701] In Absprache mit den Autor:innen entwickelte der Verlag deshalb sprachliche Vereinbarungen für Telefonate und Schriftverkehr.[1702]

1696 Volker Braun an Elisabeth Borchers, Brief-Eingang am 13.01.1987. In: DLA, SUA: Suhrkamp.
1697 Vgl. Elisabeth Borchers an Siegfried Unseld, Notiz vom 27.03.1987. In: DLA, SUA: Suhrkamp
1698 Ebd.
1699 Vgl. Elisabeth Borchers an Helene Ritzerfeld, Notiz vom 24.02.1987. In: DLA, SUA: Suhrkamp.
1700 Borchers an Unseld, Notiz vom 27.03.1987.
1701 Siegfried Unseld: Reisebericht Ost-Berlin, 19.–25.11.1965. In: DLA, SUA: Suhrkamp. Wolfgang Harich war ein Jahr zuvor aus seiner siebenjährigen Haft entlassen worden, Er und seine

An Fallbeispielen werde ich im Folgenden verschiedene Formen der verschlüsselten Kommunikation und weitere Praktiken der Konspiration und ihre Funktion im Produktionsprozess darstellen. Es gab unterschiedliche Ausprägungen der Codierung bzw. Geheimhaltung, von der Verklausulierung, also der sprachlichen Umschreibung zum erschwerten Verständnis, über sprachliche Codes in Briefen sowie Decknamen für Autor:innen bis zum persönlichen Gespräch oder der mündlichen Berichterstattung, die nur intern und verkürzt schriftlich fixiert wurden. Die so entstandenen Briefwechsel hatten neben den beiden offiziellen Adressat:innen noch eine imaginierte dritte Leserschaft: die Postkontrolle und die Behörden der DDR. Die Dokumente aus dem Verlagsarchiv verschweigen die Bedeutung der Anspielungen, Abkürzungen und Auslassungen, die sich in den meisten Fällen aber aus dem Kontext des SUA erschließen lassen. Die verschlüsselte Kommunikation funktionierte, weil es ein geteiltes Wissen von den Bedingungen im Literaturaustausch und den Vereinbarungen in persönlichen Gesprächen gab, denen für die grenzüberschreitende Kooperation zwischen Verlag und Autor:in eine große Bedeutung zukam. Auch in diesem Sinn ist zum Beispiel die Frustration des Autors Fries zu verstehen, wenn der Verlagskontakt vor allem schriftlich bestand, weil ihm so ein gewisser Kommunikations- und Handlungsspielraum fehlte.[1703] Welche Rolle der Unterschied zwischen Stadt und Land, bzw. die Anwesenheit beider Parteien in Ostberlin oder Leipzig als zentralen Orten des Literaturaustauschs bei den Kommunikationsmodi und der Pflege der persönlichen innerdeutschen Beziehungen spielten, wäre eine lohnenswerte Forschungsfrage, die Erkenntnisse über die regionalen Bedingungen der Literaturproduktion im geteilten Deutschland ermöglichen würden.

Die Korrespondenz von Fries mit dem Suhrkamp Verlag begann nach dem von der Staatssicherheit abgehörten Treffen in Ostberlin mit einem fingierten Briefwechsel zum Publikationsprozess von *Der Weg nach Oobliadooh*.[1704] Fries und sein Lektor Boehlich entwickelten aufgrund der bedrohten Situation des Autors in der DDR eine verschlüsselte Kommunikation aus Umschreibungen, Abkürzungen und Anspielungen, die mit einer weiteren Leserschaft kalkulierte und dabei eine spielerische Form fand. Ihr gemeinsames Interesse für spanische Literatur äußerte sich dabei in spanischen Einwürfen, die Unseld, nachdem Boehlich den Verlag verlassen hatte, das gegenseitige Verständnis der beiden anerkennend, wie

---

Lebensgefährtin standen unter Beobachtung der Staatssicherheit (vgl. Sven Sieber: Walter Janka und Wolfgang Harich. Zwei DDR-Intellektuelle im Konflikt mit der Macht. Berlin 2008).
1702 Vgl. Burgel Zeeh an Siegfried Unseld, Notizen Ost-Berlin-Besuch o.D. In: DLA, SUA: Suhrkamp. Siehe Anhang, Dokumente, Nr. 12.
1703 Vgl. Kapitel 2.2.
1704 Vgl. Kapitel 4.1.

bereits erwähnt, kommentierte.[1705] Im Zusammenhang der codierten Briefe sind sie aber auch Teil eines Verwirrspiels.

Ende April 1966 schickte Boehlich eine Liste mit Druckfehlern in *Der Weg nach Oobliadooh* an den Autor, die dieser für eine zweite Auflage kontrollieren sollte. Der Brief erreichte Fries erst einige Monate später und war also höchstwahrscheinlich von staatlicher Seite kontrolliert worden. Eine postalische Nachfrage Boehlichs sowie Fries' Antwort überkreuzten sich terminlich, so dass beide auf diesen Umstand anspielten. Boehlich schrieb: „Da scheint es jemanden zu geben, der uns als Königskinder betrachtet."[1706] Mit der Anspielung auf die Geschichte der Königskinder, die durch das Einwirken der bösen Nonne nicht zueinanderkommen können, verwies er nicht nur auf die Postzensur, sondern auch auf die Verbindung von Lektor und Autor, die schicksalhaft durch die innerdeutsche Grenze voneinander getrennt waren, obwohl sie, das impliziert der intertextuelle Verweis, zusammen gehörten. Fries hingegen zielte auf die Bekanntheit Boehlichs als Akteur im Literaturaustausch ab: „Offenbar haben Sie auch hierzulande einen Namen, den man beachtet. Oder lag es daran, daß die Dechiffrierung der mitgeteilten Druckfehler so lange Zeit braucht, quién sabe; es klingt ja, hintereinander gelesen, wie eine geheime Botschaft."[1707] Mit ironischem Witz deutete er daraufhin, dass die Briefkommunikation zwischen Autor und Verlag, dies lässt sich im SUA nachvollziehen, nicht unbedingt ohne den Kontext des Briefwechsels oder sogar persönlicher Gespräche verständlich war (und teilweise ist). Dies nutzten die Briefpartner auch spielerisch, scheinbar direkt an die Postkontrolle gerichtet. Als Fries Boehlich sein Einverständnis über eine Taschenbuchausgabe im Rowohlt Verlag mitteilte, die Raddatz als Lektor angefragt hatte, antwortete Boehlich: „Wenn R. bei R. will, was zu wollen er für gewillt gehalten wird, wollen wir ihm nichts in den Weg legen."[1708] Die Abkürzungen verdecken zwar die Namen, lassen sich aber aus dem Kontext des Briefwechsels herleiten und stellten somit die Geheimhaltung nur aus, aber nicht her.

Teilweise ging es in der Korrespondenz allerdings um tatsächliche Geheimhaltung, von der das Spiel zwischen Lektor und Autor ablenkte. Fries hatte das Honorar für seinen Roman anteilig auf einem Konto beim Verlag liegen lassen.[1709] Um über sein westdeutsches Honorar frei verfügen zu können, vereinbarte er mit

---

1705 Vgl. Kapitel 2.2.
1706 Walter Boehlich an Fritz Rudolf Fries, Brief vom 2.08.1966. In: DLA, SUA: Suhrkamp.
1707 Fritz Rudolf Fries an Walter Boehlich, Brief vom 10.06.1966. In: DLA, SUA: Suhrkamp.
1708 Walter Boehlich an Fritz Rudolf Fries, Brief vom 2.02.1967. In: DLA, SUA: Suhrkamp.
1709 Weiterhin zählt auch das Zurückhalten von Honoraren auf dem westdeutschen Verlagskonto zu den konspirativen Praktiken, wie am Beispiel von Grünbein deutlich geworden ist. Vgl. Kapitel 3.2.

dem Verlag sprachliche Codes, die über den Status des Briefs informieren würden. Die Chefsekretärin Burgel Zeeh ließ Unseld wissen: „Wir haben folgendes vereinbart: wenn er ‚Sehr geehrter...' schreibt, so handelt es sich um offiziellen Klartext, der wörtlich zu verstehen ist, wenn er uns mit ‚Lieber...' anredet, so sind etwa geäußerte Konten-Fragen nicht ernstlich gemeint."[1710] Durch die Unterscheidung in offizielle und inoffizielle Kommunikation, jeweils markiert durch eine offizielle bzw. eine inoffizielle Ansprache, war es Fries möglich, die Devisenabgaben an die DDR zu umgehen und über sein westdeutsches Honorar nach eigenen Vorstellungen zu verfügen.

Mit der westdeutschen Währung konnten die Suhrkamp-Autor:innen Waren bestellen, die in der DDR nicht erhältlich waren. Hierzu gehörten zum Beispiel Bücher aus der westdeutschen Verlagsproduktion, vom Wörterbuch über die neueste Literatur bis hin zu Werkausgaben – ein für die schriftstellerische Arbeit wichtiges Privileg im Literaturaustausch.[1711] Da Postsendungen, zumal wenn es sich um schwere Pakete handelte, kontrolliert wurden, musste der Verlag Büchersendungen oft doppelt verschicken, weil die Pakete ihren Zielort nicht erreichten. Auch hierbei entwickelte der Verlag in Absprache mit den Autor:innen eine Praxis. So informierte Zeeh den Verleger über einen Hinweis von Bierwisch, „daß bei Verrechnungen auf keinen Fall [Herv. im Original, A.J.] mehr stehen dürfe [!] ein Betrag als Belastung für geschickte Bücher. Das sei, in den Augen der offiziellen Stellen, wie illegale Verwendung von Devisen."[1712] Der Verlag schickte danach Buchbestellungen als „Geschenk" statt als „Handelsware" und zog den entsprechenden Betrag vom Autor:innenkonto ab, ohne dass die Kontoinhaber:innen darüber eine Rechnung erhielten.[1713] Über diese Versandpraxis musste auch die Honorarabteilung informiert werden, die den Autor:innen regelmäßig eine Abrechnung ihrer Suhrkamp-Konten zukommen ließ. Eine Mitteilung Fühmanns an Borchers aus der Zeit, als beide noch zum Luchterhand Verlag gehörten, expliziert die Regelungen des Postverkehrs:

> Es gibt bestimmte Vorschriften: Nur für den persönlichen Gebrauch des Empfängers (also zum Bsp. keine Büstenhalter für Herrenadresse); keine luftdicht verschlossenen Konserven; keine Mitteilungen außer einem Inhaltsverzeichnis mit genauer Angabe von Warenart, Gewicht und Stückzahl; keine Prospekte, Kalender, Listen, Verzeichnisse, Pornographie,

---

1710 Zeeh an Unseld, Notizen Ost-Berlin-Besuch o.D. Siehe Anhang, Dokumente, Nr. 12.
1711 Vgl. Kapitel 5.
1712 Zeeh an Unseld, Notizen Ost-Berlin-Besuch o.D. Siehe Anhang, Dokumente, Nr. 12.
1713 Fries musste den Verlag mehrfach darauf hinweisen, Buchsendungen ohne Rechnung zu schicken, weil diese die konspirative Praxis enttarnten (vgl. Fritz Rudolf Fries an Irmgard Prüße, Brief vom 3.11.1969. In: DLA, SUA: Suhrkamp).

Kriegshetze oder andere die DDR gefährdende Druckerzeugnisse; deutlicher Vermerk außen: Geschenksendung – Keine Handelsware; keine Gewichtsüberschreitung na und so.[1714]

Sobald Honorare oder Waren die innerdeutsche Grenze überschritten, zählte dies zum Devisenhandel der DDR, an dem der Staat beteiligt werden musste. Mit der Auszeichnung der Buchsendungen als Geschenke und der damit verbundenen Teilung der Honorare befanden sich die konspirativen Praktiken der Produktionsgemeinschaft des Verlags vermutlich in einer juristischen Grauzone im geteilten Deutschland, die in diesem Zusammenhang aber nicht untersucht wird. Den Unterlagen des MfS ist nicht zu entnehmen, ob die Behörden der DDR über diese Verlagspraktiken im Bilde waren. Feststellen lässt sich aber, dass der Verlag dadurch nicht in rechtliche Schwierigkeiten geriet. Suhrkamp ging in seiner konspirativen Praxis offenbar immer nur so weit, wie es sich im Zweifelsfall rechtlich und den Geschäftspartner:innen in der DDR gegenüber hätte plausibilisieren lassen können. Die Aufrechterhaltung einer größtmöglich konstruktiven und kooperativen Verbindung zu den Verlagen und Behörden der DDR war schließlich für die Teilnahme am Literaturaustausch unerlässlich.

Damit die verschlüsselte Kommunikation funktionierte, waren, wie einleitend angesprochen, Autor:in und Verlag auf persönliche Gespräche angewiesen. Diese wurden meist von den Lektor:innen auf der Messe oder in Ostberlin geführt. Fehlten den Briefempfänger:innen Informationen über die Verschlüsselung der Korrespondenz konnte diese Praxis auch zu Missverständnissen führen. So fragte Fries seinen Freund und Vermittler Johnson im April 1969, ob Unseld sich bei ihm „fördernd erinnert"[1715] habe und meinte damit sein Honorar für die amerikanische Übersetzung von *Der Weg nach Oobliadooh*.[1716] Johnson verstand die Formulierung zunächst nicht in einem finanziellen Sinn und ärgerte sich daraufhin nicht nur über die falsche Auslegung, sondern dass der Einsatz von verschlüsselter Kommunikation dort, wo sie seiner Meinung nach nicht notwendig war, zu unnötigen Konflikten führe:

> Überhaupt kann ich mich nicht befreunden mit Ihrer Insistenz auf Andeutung und Umschreibung, da der Kontext unserer Bekanntschaft nicht in entsprechendem Masse lieferfreudig ist und ich überdies nicht an eine notwendige Veranlassung dazu glaube. Im Gegenteil sind die Verhältnisse doch gerade so [!] dass das Abweichen vom Klartext im Briefwechsel den Beteiligten nicht als Verwirklichung ästhetischer oder spielerischer Be-

---

[1714] Franz Fühmann an Elisabeth Borchers, Brief vom 30.01.1971. In: DLA, Luchterhand Verlag/ Franz Fühmann: Der Jongleur im Kino.
[1715] Fritz Rudolf Fries an Uwe Johnson, Brief vom 13.04.1969. In: DLA, SUA: Suhrkamp.
[1716] Vgl. Fritz Rudolf Fries an Uwe Johnson, Brief vom 24.04.1969. In: DLA, SUA: Suhrkamp.

dürfnisse ausgelegt wird sondern als Ausdruck eines unbehaglichen Gewissens, zu dem wir weder Grund noch Anlass haben.[1717]

Die konspirative Praxis hatte somit ein hohes Konfliktpotential nicht nur in Bezug auf die Behörden und Verlage der DDR, sondern auch für die Kommunikation zwischen Verlag und Autor:in. Der Konfliktfall zeigt zudem, wie die verschlüsselten Formulierungen sich zu einer generellen Sprachpraxis entwickelten und diese situativ unterschiedlich bewertet werden konnten.[1718]

Eine andere Möglichkeit der Absprache war, dass Vertrauenspersonen den Brief über die innerdeutsche Grenze transportierten. Für den Suhrkamp Verlag übernahm diese Aufgabe zeitweise Klaus Völker, später Klaus Roehler.[1719] Der inhaltliche und sprachliche Unterschied zwischen der offiziellen Post und den persönlich oder innerhalb der Bundesrepublik übermittelten Briefen zeigt sich zum Beispiel daran, dass Borchers und ihr Kollege Reich vom Hinstorff Verlag sich im Ost-West-Briefwechsel siezten, Reich in einem Brief aus Hamburg die befreundete Lektorin aber duzte.[1720] Ein anderes Beispiel verdeutlicht, dass Autor:innen die unkontrollierten Briefsendungen im Westen nutzten, um Vereinbarungen entgegen den Bestimmungen in der DDR zu treffen. So schrieb Volker Braun von einer Reise an seine Lektorin Borchers:

> [D]a ich nur einmal nach Karlsruhe komme [...], will ich Dir intern etwas zu den „Berichten von Hinze und Kunze" sagen. Der Mitteldt. Verlag bringt sie, aber 15 etwa fallen raus, und einige sind leicht verändert. Zugleich schlagen sie einen Mitdruck für Suhrkamp vor – aber ich bin strikt dagegen! Und ich weiß gar nicht, ob ich an der verstümmelten Ausgabe interessiert bin; zumindest würde ich 2, 3 Sachen noch hineinnehmen und die kleinen Korrekturen aufheben (selbstverständlich, nicht wahr, und ohne Aufhebens).
> Also ich wollt [!] Dich nur von hier aus unterrichten, weil das nicht ins Telefon muß – und damit Du einen Mitdruck aus verlagstechnischen Gründen ablehnst.[1721]

1717 Uwe Johnson an Fritz Rudolf Fries, Brief vom 7.05.1969. In: UJA Rostock, UJA/H/100605, Bl. 10-11.
1718 Vgl. Leuchtenberger: Spiel. Zwang. Flucht, S. 52ff.
1719 Vgl. Siegfried Unseld: Reisebericht Berlin, 11.–12.12.1968. In: DLA, SUA: Suhrkamp. Klaus Völker studierte in den sechziger Jahren in Frankfurt a.M. und Westberlin und war vermutlich über seine Arbeit als Dramaturg, Regisseur und Theaterkritiker im Umfeld des Studententheaters mit dem Verlag verbunden (vgl. Frohn: Literaturaustausch, S. 354). Klaus Roehler war als Lektor für den Luchterhand Verlag tätig und veröffentlichte auch eigene Schriften im Suhrkamp Verlag (vgl. Ulmer: VEB Luchterhand, S. 192).
1720 Vgl. Konrad Reich an Elisabeth Borchers, Brief vom 22.04.1976. In: DLA, SUA: Suhrkamp.
1721 Volker Braun an Elisabeth Borchers, Brief vom 23.11.1982. In: DLA, SUA: Suhrkamp.

Im Gegensatz zu den verklausulierten Formulierungen in den vorangegangenen Beispielen beinhalten die Briefe, die persönlich oder über andere Postwege den Verlag erreichten, klare Aussagen über die Produktionsprozesse und Pläne der Autor:innen. Diese vereinzelten Beispiele schärfen den Blick auf die grenzüberschreitende Verlagskorrespondenz mit der DDR, die immer mit der Kontrolle und mit verzögerter Zustellung rechnete. Briefe, die an der Postkontrolle vorbei geschickt werden konnten, sowie persönliche Gespräche sind auch mit Gründe dafür, dass und in welcher Art und Weise Parallelausgaben entstehen konnten. Allerdings war der Suhrkamp Verlag durch die rechtlichen Bestimmungen im Literaturaustausch bei der Ausgabengestaltung eingeschränkt. Suhrkamp-Lektor Beckermann notierte nach dem Besuch der Leipziger Frühjahrsmesse 1970 und einem persönlichen Gespräch mit Volker Braun: „B. wünscht energisch und kompromißlos, daß der Gedichtband ‚Wir und nicht sie' nach seinen Korrekturen in den Fahnen gesetzt wird. Wir werden uns jedoch wohl an die Ausgabe des Mitteldeutschen Verlages halten müssen."[1722] Durch die Lizenzbestimmungen der Manuskriptübernahme zwischen beiden Verlagen war Suhrkamp, wie bereits erwähnt, rechtlich an die Textidentität mit der Ausgabe des Mitteldeutschen Verlags gebunden und konnte in diesem Fall nicht auf die Wünsche des Autors eingehen, der die Westausgabe nutzen wollte, um seine eigenen Textvorstellungen umzusetzen. So war der Suhrkamp Verlag mehr oder weniger zum Export der Zensur gezwungen, nicht in dem Sinn, dass der Verlag Publikationen aufgrund von möglichen Komplikationen mit den Geschäftskontakten in der DDR ablehnte, sondern indem er über seine offiziellen Verlagskontakte zensurierte Texte in Lizenz übernahm.[1723]

Eine weitere Form der Konspiration im geteilten Deutschland war der Manuskriptschmuggel, an dem auch der Suhrkamp Verlag beteiligt war. Ein Reisebericht von 1970 erzählt in Kombination mit einer Notiz der Lektorin Borchers von 1987 die Geschichte einer Komplizenschaft zwischen Verleger und Autor. Volker Braun hatte Unseld die Manuskripte zu den Stücken *Trotzki* und *Lenins Tod* im November 1970 am Bahnhof Friedrichstraße zur sicheren Aufbewahrung im Manuskriptschrank des Verlags übergeben. Unseld bot dem Autor an, die Stücke unter Pseudonym zu veröffentlichen, Braun lehnte dies jedoch ab. Er wollte auf einen geeigneten Zeitpunkt für die Veröffentlichung warten.[1724] Unseld schmug-

---

1722 Thomas Beckermann: Reisebericht Leipziger Buchmesse, 5.–11.03.1970. In: DLA, SUA: Suhrkamp.
1723 Vgl. Hans Joachim Schädlich: Export der Zensur. In: H.J.S.: Über Dreck, Politik und Literatur. Aufsätze, Reden, Gespräche, Kurzprosa. Berlin 1992, S. 99–102.
1724 Vgl. Siegfried Unseld: Reisebericht Berlin, 2.–3.11.1970. In: DLA, SUA: Suhrkamp.

gelte beide Texte daraufhin über den Grenzübergang.[1725] In einer Notiz vom Sommer 1987 informierte Borchers den Verleger, dass Brauns Stück *Lenins Tod* nach langer Zeit die Genehmigung des stellvertretenden Kulturministers Klaus Höpcke erhalten habe. Höpcke habe das Stück zusammen mit „Moskau" besprochen und keine Einwände gehört, so dass der Henschel Verlag die Veröffentlichung in der DDR erwäge.[1726] Bei Suhrkamp konnte daraufhin die Herausgabe des Stücks geplant werden, auf die Autor und Verlag 17 Jahre hatten warten müssen.

In der internen Verlagskorrespondenz über Autor:innen der DDR sind Hinweise auf eine mündliche Berichterstattung auffällig, meist wenn es um Verwicklungen in behördliche Vorgänge geht. So notierte Borchers nach der Frühjahrsmesse 1976: „Reich bittet, den Materialienband Plenzdorf zu verschieben, damit man im Herbst noch einmal darüber spricht. Immer wieder und neu eckt Plenzdorf an. Darüber mündlich."[1727] Einige Monate später berichtete Borchers aus Ostberlin: „Später hatte ich noch ein Gespräch unter vier Augen mit Fühmann zur allgemeinen Situation von Reich. Doch darüber mündlich."[1728] An anderer Stelle informierte Borchers über Unterredungen mit dem Büro für Urheberrechte: „2. Biermann: hierzu mündlicher Bericht. Das erste Gespräch mit Klein: 4 Stunden; das zweite (nach einem dreistündigen Gespräch mit Biermann): 2 Stunden!"[1729] In allen drei Fällen ging es um die Situation der Betroffenen in der DDR, bei Plenzdorf und Biermann verhandelte Borchers außerdem über die Bedingungen einer westdeutschen Publikation. Die Inhalte der Gespräche sind in allen Fällen nicht überliefert.

Die Verweise auf eine mündliche Berichterstattung mögen bei dem hohen Grad an Verschriftlichung bei Suhrkamp verwundern, zumal es sich in vielen Fällen um historisch relevante Prozesse handelte. Für deren Dokumentationswürdigkeit wiederum herrschte im Verlag ein ausgeprägtes Bewusstsein.[1730] Unseld ließ sich von Reisen und Gesprächen schriftlich Bericht erstatten, Briefe und Protokolle hielten mündlich Besprochenes fest, und Unseld dokumentierte die laufenden Verlagsereignisse in der *Chronik*.[1731] Als Information und Arbeitsan-

---

1725 Vgl. Gespräch mit Volker Braun am 4.11.2013 in Berlin.
1726 Elisabeth Borchers: Notiz vom 21.07.1987. In: DLA, SUA: Suhrkamp.
1727 Elisabeth Borchers: Reisebericht Leipzig, 22.03.1976. In: DLA, SUA: Suhrkamp.
1728 Elisabeth Borchers: Reisebericht Ost-Berlin, 13.09.1976. In: DLA, SUA: Suhrkamp.
1729 Elisabeth Borchers an Siegfried Unseld: Reisebericht Berlin, 18.09.1973. In: DLA, SUA: Suhrkamp.
1730 Zum Schrift- und Nachlassbewusstsein des Verlags vgl. Amslinger/Grüne/Jaspers: Mythos und Magazin, S. 186 ff.
1731 Vgl. ebd., S. 207 ff.

weisung zirkulierten Ausschnitte der Schriftdokumente durch den Verlag. Die Verweise auf mündliche Berichte in der nicht-grenzüberschreitenden Kommunikation lassen sich allerdings mit zwei Gründen plausibilisieren: Zum einen verlangten die Konflikte in der DDR ausführliche Erklärungen, die sich aus pragmatischer Sicht einfacher im Gespräch klären ließen. Zum anderen wandte der Verlag die konspirativen Praktiken des literarischen Felds der DDR – von der Geheimhaltung von Manuskripten, über rhetorische Strategien in Lektoratsgutachten und der Verlagskorrespondenz bis hin zu geheimen Treffen und Gesprächen – auch in seinen internen Prozessen an. Schließlich konnten sensible Informationen aus einem der wichtigsten westdeutschen Verlage auch an Presse und Öffentlichkeit geraten. Deswegen finden sich mehrere Belege dafür, dass der Verlag auch intern auf ein hohes Maß an Geheimhaltung Wert legte. Dazu gehören zum Beispiel die Pseudonyme, die Suhrkamp im Herstellungsprozess für einige Autoren verwendete. Bereits Johnsons erster Roman kursierte 1959 im Verlag unter dem Namen Joachim Catt.[1732] Und nachdem Brauns Roman *Unvollendete Geschichte* in der Zeitschrift *Sinn und Form* breite Diskussionen ausgelöst hatte, entschied sich der Suhrkamp Verlag dazu, die Herstellung des Buchs unter dem Pseudonym Viktor Brahm laufen zu lassen,[1733] außerdem das Buch weder bei den Vertretern anzukündigen noch dessen Erscheinen zu bewerben.[1734] Denn durch die hohe Aufmerksamkeit, die der Text bereits durch den Zeitschriftenabdruck erhalten hatte, war der Verlag nicht mehr auf die aktivierende Wirkung des eigenen Marketings angewiesen.

5 Investieren

Die Konspirationspraxis ist nicht nur spezifisch für den Literaturaustausch, sie verdeutlicht auch ein hohes Maß an Engagement und Flexibilität seitens des Verlags und seiner einzelnen Akteure, wenn diese Manuskripte schmuggelten, konspirative Treffen abhielten und generell ihre Praxis an die Lebens- und Arbeitsumstände der Autor:innen anpassten. Im Folgenden geht es daran an-

---

[1732] Vgl. Dirk Oschmann: Die „Berichtigungen" des Dr. Hinterhand. Über die poetologische Dimension der *Skizze eines Verunglückten*. In: Johnson-Jahrbuch 9 (2002), S. 317–345, hier S. 337.
[1733] Vgl. Gespräch mit Volker Braun am 4.11.2013 in Berlin. In seinem Arbeitsjournal notierte Braun für den 11. Oktober 1977: „im zimmer von unseld, die ausgedruckte UNVOLLENDETE GESCHICHTE in händen, ein anruf von jenö klein (büro für urheberrechte): die druckerlaubnis für suhrkamp. das buch durchlief die herstellung unter dem namen victor brahm." (Braun: Werktage, S. 97).
[1734] Vgl. Unseld: Chronik, Eintrag vom 12.10.1977. In: DLA, SUA: Suhrkamp.

schließend um Verlagspraktiken der Förderung und ihre Bedeutung für Autor:innen der DDR, ebenfalls anhand von Fallbeispielen. Unter den Begriff ‚investieren' fallen die Praktiken, die nicht unmittelbar auf die Produktion eines Buchs bezogen sind, sondern Autor:innen in unterschiedlicher Weise unterstützten. In ihnen werden auch die unterschiedlichen Rollen sichtbar, die ein Verlag für die Autor:innen einnehmen kann, als Sekretariat, Poststelle, Buchhandlung, Pressedienst, Anwalt, PR-Agentur, Bank usw. Ihr Ziel konnte die Unterstützung der literarischen Arbeit, die Bekanntmachung des Autorennamens oder die Verbreitung der Werke sein, sie stärkten aber auch die Bindung der Autor:innen an den Verlag, förderten deren Integration in den Praxiszusammenhang des Verlags und lassen sich somit als Investition verstehen. Die Praktiken der Investition in die Lebens- und Arbeitsumstände der Autor:innen unterstützten das kooperative Verhältnis zum Verlag, das dieser wiederum nutzte, um Autor:innen produktiv im Sinne einer Verlagsautorschaft in die Prozesse und Praktiken des Verlags einzubinden. Dieses wechselseitige Verhältnis bezeichne ich als Dynamik des Investierens, in der die gegenseitige Prägung von Autor- und Verlagsmarke praktisch umgesetzt ist. Die Investition war also mit einer Erwartungshaltung an die Autor:innen verbunden, die ich ebenfalls beispielhaft illustrieren werde. Zur Aufrechterhaltung dieser Kooperation argumentierten sowohl der Verlag als auch die Autor:innen mit der Loyalität zwischen beiden Parteien sowie der Solidargemeinschaft der Verlagsautor:innen. Die Prinzipien der Solidarität und Loyalität, die mit der Investitionspraxis verbunden sind, werde ich abschließend an einem Konflikt mit Kolbe und den langjährigen Anwerbungsbemühungen um Christa Wolf verdeutlichen.

Amslinger hat an den Rollen von Enzensberger „als Lektor, Herausgeber, Literaturkritiker, Buchgestalter, Übersetzer, Scout, Rechteverwalter" im Suhrkamp Verlag deutlich gemacht, dass die Übernahme von Verlagspraktiken nicht nur konstitutiver Bestandteil moderner Autorschaft ist.[1735] Erfolg ist demnach nicht allein von der literarischen Qualität des Werks abhängig, sondern auch an die wechselseitige Austauschbeziehung mit dem Verlag, also an die erfolgreiche Teilhabe an der Lebensform bzw. der Teilnahme an der Investitionspraxis des Verlags gebunden. Nicht allen stand die Entscheidung zu einer solch engen, wechselseitigen Kooperation überhaupt frei, weil eine räumliche Trennung und rechtliche Hindernisse wie im Literaturaustausch bestanden oder das Verhältnis zum Verlag nicht auf Dauer angelegt war. Nicht alle Autor:innen ließen sich außerdem auf diese verpflichtende Bindung des Gebens und Nehmens ein. So lehnte Hartmut Lange nach eigener Aussage eine monatliche Unterstützung des Verlags

---

[1735] Amslinger: Verlagsautorschaft, S. 11.

nach seiner Emigration ab, weil er sich nicht in ein Abhängigkeitsverhältnis begeben wollte.[1736] Aus der mehr oder weniger aktiven Teilnahme an der Investitionspraxis entwickelte sich auch eine Autorenhierarchie im Verlag.[1737] Gerade in dieser Dynamik zeigt sich das besondere Bündnis, das Verlag und Autor:in miteinander eingingen.

Bourdieu geht davon aus, dass jedem Autor und jedem Produkt ein natürlicher Ort im Feld der Produktion entspricht. Im Umkehrschluss attestiert er damit jedem Autor oder jedem Produkt, die diesen Platz nicht gefunden haben, gescheitert zu sein.[1738] An der Dynamik des Investierens wird allerdings deutlich, dass Autor:innen diesen Ort durch die erfolgreiche Teilhabe an einem Zusammenhang von Praktiken, Einstellungen und Orientierungen aktiv und kooperativ schaffen können. Die Zugehörigkeit zum Verlag, die sich in der Bezeichnung ‚Suhrkamp-Autor' ausdrückt, erscheint vor diesem Hintergrund als Prozess, dessen Beständigkeit und Erfolg nicht zuletzt mit dem Willen und der Willenserklärung der Kooperationspartner:innen verbunden war. Die gegenseitigen Loyalitäts- und Solidaritätsbekundungen sind insofern Ausdruck eines geteilten Interesses, das darin bestand, mit dem andauernden Verhältnis und wechselseitigen Investitionen das beiderseitige Kapital zu steigern. Wo Loyalität und Solidarität zwischen Verlag und Autor:in nicht mehr gegeben waren, kam es zu Konflikten, im Extremfall auch zum Verlagswechsel.

5.1 Investitionen des Verlags oder: Waschmittel für die DDR

Der Blick auf die Prozesse und Praktiken der Entstehung von Parallelausgaben gibt Aufschluss über die historische Bedeutung von westdeutschen Ausgaben für ostdeutsche Autor:innen. Parallelausgaben ermöglichten Autor:innen der DDR, die „Potentiale eines Werks" im literarischen Feld der BRD mit Textvarianten und kontextbedingten Paratexten zu nutzen."[1739] Außerdem erweiterten westdeutsche Ausgaben, wie bereits gezeigt, den Handlungsspielraum im literarischen Feld der DDR. Dabei spielten der historische Zeitpunkt, Publikationsort und -form sowie der Stellenwert der Ausgabe im Gesamtwerk eine wichtige Rolle. Sie ermöglichten den Autor:innen außerdem an unterschiedlichen Investitionen des Verlags teil zu haben, die ebenfalls dargestellt werden.

1736 Vgl. Gespräch mit Hartmut Lange im Januar 2013 in Berlin, In: Privatarchiv.
1737 Vgl. Teil II, Kapitel 1.3.
1738 Vgl. Bourdieu: Die Regeln der Kunst, S. 267.
1739 Kurbjuhn/Martus/Spoerhase: Editoriale Aneignung, S. 14. Vgl. Teil IV, Kapitel 2.

An der Zusammenarbeit des Suhrkamp Verlags mit Becker und Fries ist bereits deutlich geworden, dass eine westdeutsche Ausgabe bzw. die Beziehung zu einem westdeutschen Verlag auch ein doppeltes Verlagslektorat ermöglichten, das sehr unterschiedliche Anforderungen an die Texte erzeugte, die signifikant für den Literaturaustausch sind.[1740] Parallelausgaben weisen darüber hinaus eine variable Peritextualität auf, die alternative Positionierungen der Autor:innen und ihrer Werke im geteilten Deutschland bewirkten. Diesen Gestaltungsspielraum nutzte genauso der Verlag, wie am Beispiel von Krauß gezeigt,[1741] wie ihn auch die Autor:innen ausreizten, um ihre Wünsche bezüglich Satz und Typographie, Einbandgestaltung, Autorenbild, Klappen- und Vorschautext in der westdeutschen Ausgabe zu verwirklichen. Nicht selten war auch die Textauswahl von Gedichten und Erzählungen betroffen, die in Ost und West in unterschiedlichen Kontexten publiziert wurden. So wollte Braun seinen zweiten Gedichtband *Wir und nicht sie* gezielt in der *edition suhrkamp* veröffentlichen, weil der niedrige Preis eine größere Verbreitung versprach.[1742] Das Farbspektrum der Reihe ermöglichte außerdem, die Ausgabe mit dem gewünschten roten Einband auszustatten.[1743] Zwar mussten die einzelnen Gedichte der Ausgaben in Ost und West textidentisch sein, aber Braun instruierte seinen Frankfurter Verleger, eine leicht abweichende Auswahl und Reihenfolge sowie veränderte Anmerkungen umzusetzen:[1744]

> Sie nehmen die Lizenz entgegen und weichen trotz gegenteiliger Maßgabe bitte einwenig [!] vom Text der hiesigen Ausgabe ab: d. h. Sie halten sich bei Anordnung und Inhalt an m e i n Ihnen im letzten Brief mitgeteiltes Inhaltsverzeichnis, damit der Band in seiner bestmöglichen Zusammenstellung kommt [Herv. im Original, A.J.].[1745]

1740 Vgl. Kapitel 3.1.
1741 Vgl. Kapitel 1.4.
1742 Vgl. Volker Braun an Siegfried Unseld, Brief o.D. [zwischen 19.08. und 13.09.1968]. In: DLA, SUA: Suhrkamp.
1743 Vgl. Teil IV, Kapitel 2.
1744 In der westdeutschen Ausgabe fehlen die Gedichte *Gegenwart* und *Naturkatastrofe (Bayern)*, dafür enthält die Auswahl zusätzlich das Gedicht *Doppelter Befund*. Außerdem hat die letzte Abteilung der Gedichte eine abweichende Reihenfolge. Die Anmerkungen zum Gedicht *Die Übersiedlung der Deutschen nach Dänemark* ist nicht enthalten. Sie besagt, der schleswig-holsteinische Ministerpräsident Helmut Lemke habe im Juni 1965 mit dem dänischen Ministerpräsidenten Jens Otto Krag geheim über die Aussiedlung der norddeutschen Bevölkerung im Kriegsfall verhandelt. Ein Brief von Unseld an Braun lässt darauf schließen, dass der Verleger Bedenken zum Wahrheitsgehalt dieser Anmerkung hatte und keine Möglichkeit sah, sie zu prüfen (vgl. Siegfried Unseld an Volker Braun, Brief vom 14.01.1969. In: DLA, SUA: Suhrkamp).
1745 Volker Braun an Siegfried Unseld, Brief vom 26.01.1969. In: DLA, SUA: Suhrkamp.

Braun konnte in diesem Fall mit seinen variierenden Angaben zu „Anordnung und Inhalt" eine in seinem Sinne „bestmögliche[] Zusammenstellung" bewirken. Inhalt und Gestaltung der Suhrkamp-Ausgaben konnten also teilweise auf die Vorstellungen des Verlags und teilweise der Autor:innen zurückgehen, was sich nur von Fall zu Fall und aus der Rekonstruktion der kooperativen Publikationsprozesse bestimmen lässt.[1746] Gestalt und Inhalt einer Ausgabe sind urheberrechtlich auf Verlag und Autor:in zurückzuführen, während Gestalt und Inhalt des Textes konventionell allein mit der Intention der Autor:in begründet werden. Tatsächlich handelt es sich aber, wie gezeigt, bei Ausgaben samt ihren Texten um Produkte kollektiver Intentionalität, auch wenn Autor:innen als empirische Personen an deren Konstituierung nicht beteiligt sind.

Durch die westdeutschen Ausgaben erhielten ostdeutsche Autor:innen auch Zugang zu westdeutscher Literaturförderung. So bekam Kolbe 1986 den Förderpreis des Nicolas-Born-Preises der Stadt Bad Homburg zugesprochen, der ihm 15.000 DM sowie einen mehrmonatigen Aufenthalt in der BRD einbrachte.[1747] Auch der Bremer Literaturpreis oder das Stipendium der Villa Massimo gingen immer wieder an ostdeutsche Autor:innen, auch auf Vorschlag und durch die Unterstützung des Verlags.[1748] Unseld unterstützte Kolbe zum Beispiel mit einem Empfehlungsschreiben für das *Writer in residence*-Programm vom German Department der University of Texas in Austin, an dem Unseld selbst 1976 teilgenommen hatte.[1749] Im SUA lässt sich außerdem nachvollziehen, dass vor allem das Stipendium der Villa Massimo die Funktion hatte, emigrierte Autor:innen in das literarische Feld der BRD zu integrieren und ihnen gleichzeitig den Übergang finanziell zu erleichtern. Dass diese Förderungspraktik jedoch nicht immer zu

---

1746 Vgl. hierzu auch Carlos Spoerhase/Erika Thomalla: Werke in Netzwerken. Kollaborative Autorschaft und literarische Kooperation im 18. Jahrhundert. In: ZfdPh 139 (2020), 2, S. 145–163.
1747 Vgl. Gespräch mit Uwe Kolbe am 8.10.2015 in Berlin. Siehe Anhang, Gespräche, Nr. 3.
1748 Aus dem Suhrkamp Verlag erhielten den Bremer Literaturpreis 1974 Becker für *Irreführung der Behörden* und 1986 Braun für den *Hinze-Kunze-Roman*. Johnson und Huchel verbrachten nach ihrer Emigration in den Westen einige Zeit in der Villa Massimo in Rom. Eine systematische Untersuchung der Vergabe von Literaturpreisen im geteilten Deutschland steht noch aus.
1749 Vgl. Siegfried Unseld an Uwe Kolbe, Brief vom 7.06.1989. In: DLA, SUA: Suhrkamp. Neben dem Residenzprogramm von Leslie A. Willson an der University of Texas waren auch das German Department an der University von St. Louis (Michael Lützeler) und das Oberlin College in Ohio Anlaufpunkte für Schriftsteller:innen der DDR (vgl. exempl. Dorothea Kaufmann/Heidi Thomann Tewarson (Hg.): Willkommen und Abschied. Thirty-five years of German writers in residence at Oberlin College. Rochester, NY 2005).

einer harmonischen Lebenssituation und literarischer Produktivität führte,[1750] belegt ein Brief von Frank-Wolf Matthies, der nach seinem Wechsel in die BRD ein knappes Jahr in Rom verbrachte:

> [D]a habe ich mich wohl n bißchen früh gefreut, denn: nun erkenne ich, daß ich HIER (in Italien; und der Scheiß-Villa, in der ja angeblich die „Creme" des westdeutschen Schöngeistigen versammelt sein soll – armes Deutschland! –, und in der eine Atmosphäre herrscht wie in einem aufgepopten Tankstellen-Motel) NICHTS schreiben kann, NICHTS hoffen kann, NICHTS träumen, KEINE Gedanken konzentrieren kann [...].[1751]

Autor:innen, die sich entschlossen bzw. gezwungen waren, in die BRD überzusiedeln, fanden, wie bereits erwähnt, im Verlag einen ersten finanziellen Förderer für die Übergangszeit. So erhielt zum Beispiel Kolbe 1988 ein Arbeitsstipendium für ein halbes Jahr mit einer monatlichen Förderung von 2.000 DM, die ihm den Umzug mit seiner Familie nach Hamburg ermöglichte.[1752] Nicht immer wird aus den Archivunterlagen deutlich, ob es sich um einen Vorschuss auf zu erwartende Honorare und Tantiemen handelte oder um unabhängige Zahlungen; der Briefwechsel zwischen Johnson und Unseld dokumentiert zum Beispiel sowohl Darlehen als auch Vorschüsse.[1753]

Preisgelder, aber auch das zusätzliche Honorar in Westwährung ermöglichten es Kolbe, über den Suhrkamp Verlag eine westdeutsche Schreibmaschine zu erstehen, die ihn allerdings aus unbekannten Gründen nie erreichte.[1754] Andere wie Grünbein nutzten das Westhonorar für Reisen in den Westen oder bestellten Bücher wie Braun und viele andere. Brauns Bestelllisten im SUA sowie die Lesespuren in den Bänden der *edition suhrkamp* oder den Suhrkamp-Werkausgaben in seiner privaten Arbeitsbibliothek zeugen von der Bedeutung der Verlagsbeziehung in den Westen für den eigenen Schreibprozess.[1755]

1750 Zu ostdeutschen Autor:innen als Störung im westdeutschen Literaturbetrieb vgl. auch Axel Vieregg: Exil als Metapher in Peter Huchels später Lyrik. In: Schmitz/Bernig (Hg.): Deutschdeutsches Literaturexil, S. 227–248.
1751 Frank-Wolf Matthies an Hans-Ulrich Müller-Schwefe, Brief vom 23.06.1984. In: DLA, SUA: Suhrkamp.
1752 Vgl. Siegfried Unseld an Siegfried Ebert (Rechnungswesen) und Reinhilde Binz (Honorarbuchhaltung), Notiz vom 9.06.1988. In: DLA, SUA: Suhrkamp.
1753 Johnson/Unseld: Der Briefwechsel, S. 520. Das Kredit- und Mäzenatenprinzip des Verlags übertrug sich auch auf die Autorengemeinschaft bei Suhrkamp. So unterstützte zum Beispiel Marianne Frisch, Ehefrau von Max Frisch, Uwe Johnson bei seinem Hauskauf in Sheerness-on-the-Sea (vgl. ebd., S. 1030).
1754 Vgl. Gespräch mit Uwe Kolbe am 8.10.2015 in Berlin. Siehe Anhang, Gespräche, Nr. 3.
1755 Vgl. exempl. Anlage zu Volker Braun an Helene Ritzerfeld, Brief vom 5.06.1969. In: DLA, SUA: Suhrkamp. Braun bestellte Bertolt Brecht: *Texte für Filme* in zwei Bänden von 1969, *Spe-*

Der Kontakt zum westdeutschen Verlag war somit mehr als ein „Loch in der Mauer",[1756] er brachte Autor:innen in eine privilegierte Position in der DDR, denn eine westdeutsche Veröffentlichung bedeutete auch Schutz vor Restriktionen im literarischen Feld. Durch öffentliche Kenntnis des Autorennamens und durch den damit verbundenen ökonomischen und politischen Druck, den westdeutsche Verlage sowie staatliche Institutionen auf die ostdeutschen Behörden ausüben konnten, erweiterte eine westdeutsche Ausgabe den Handlungsspielraum in der DDR. Im Gespräch erinnerte sich Kolbe, dass er nur deshalb mit seinen Kollegen Bernd Wagner und Lothar Trolle die literarische Samisdat-Zeitschrift *Mikado* (1984–87) in Ostberlin gründen und verbreiten konnte, weil sie aus verschiedenen Gründen alle ein Gefühl von Sicherheit verspürten.[1757] Wagner war seit 1980 Mitglied im Schriftstellerverband der DDR, Trolles Vater gehörte zur Organisation der Verfolgten des Naziregimes (VdN) und Kolbe konnte seit 1982 eine Westpublikation im Suhrkamp Verlag vorweisen. Sein Name war bekannt, es hatte Vorabdrucke und Rezensionen gegeben, der Suhrkamp Verlag, aber auch die westdeutsche Öffentlichkeit, verfolgte die Entwicklung des jungen Schriftstellers. „Wir sollten, als Gegengewicht, aufmerksam mit ihm umgehen", notierte Borchers im Reisebericht von der Leipziger Buchmesse 1982.[1758] Borchers wollte zum einen auf die prekäre Situation Kolbes Rücksicht nehmen, der durch seine Kritik an den Verhältnissen von 1982 bis 1986 ein faktisches Publikationsverbot in der DDR hatte,[1759] zum anderen wies Borchers darauf hin, dass es sich für den Verlag aufgrund der hohen Produktivität des Autors rentieren würde, an ihm festzuhalten.[1760] Sollte ihm etwas passieren – Publikationsverbot, Haft, Abschiebung –, konnte er mit der solidarischen Unterstützung zumindest seines Verlags rechnen. Ines Geipel hat auf die Biographien unterdrückter Autorinnen der DDR aufmerksam und gemeinsam mit Joachim Walther und den Editionen in *Die verschwiegene Bibliothek* in der Büchergilde Gutenberg ihre Werke wieder zugänglich gemacht.[1761] In der Differenz von den Biographien von Autor:innen der DDR, die in beiden Teilen Deutschlands veröffentlichten, zu den unpublizierten, unter-

---

ctaculum 12 (mit Stücken von Max Frisch, Martin Walser, Peter Handke, Heiner Müller und Václav Havel), Robert Lowell: *Für die Toten der Union. Gedichte*, mehrere Bände der *Bibliothek Suhrkamp* und der *edition suhrkamp* sowie die 20-bändige Hegel-Werkausgabe in Subskription.

1756 Lehmstedt/Lokatis (Hg.): Das Loch in der Mauer.
1757 Vgl. Gespräch mit Uwe Kolbe am 8.10.2015 in Berlin. Siehe Anhang, Gespräche, Nr. 3.
1758 Borchers: Reisebericht Leipziger Messe, 13.–16.03.1982.
1759 Vgl. Kapitel 3.1.
1760 Vgl. Borchers: Reisebericht Leipziger Messe, 13.–16.03.1982.
1761 Vgl. Ines Geipel: Zensiert, verschwiegen, vergessen. Autorinnen in Ostdeutschland 1945–1989. Düsseldorf 2009; I.G. (Hg.): Die Verschwiegene Bibliothek in der Edition Büchergilde. 10 Bände. Frankfurt a.M. 2005–2008.

drückten Autorinnen wird eine alternative Literaturgeschichte möglich.[1762] Der Vergleich verdeutlicht auch, wie existentiell soziale Netzwerke und Publizität – über die Grenzen der DDR hinweg – nicht nur für die Tätigkeit als Schriftsteller:in, sondern für die gesellschaftliche Teilhabe in der Diktatur waren. In seinem Berliner Journal aus dem Jahr 1973 schrieb Max Frisch über die Situation einiger Schriftsteller in der DDR:

> Biermann braucht einen westlichen Verlag. Welchen? Er braucht ihn, um hier seine Funktion erfüllen zu können: hier zu leben im Protest. Verhaftung nicht wahrscheinlich, aber unter veränderten Umständen nicht ausgeschlossen. Auch der junge Rennert, der nicht gedruckt wird oder nur rudimentär, denkt nicht an Auswanderung; sie wissen mehr als wir, wo sie hingehören.[1763]

Als Schutz und Druckmittel ermöglichte die westdeutsche Publikation Biermann, der seit 1963 Auftrittsverbot hatte und dem die Aufnahme seiner Lieder und die Publikation seiner Gedichte in der DDR verwehrt blieben, seine kritischen Texte inoffiziell zirkulieren zu lassen. Frisch hielt in seinen Aufzeichnungen die Beobachtung fest, dass viele Schriftsteller:innen trotz oder gerade wegen unterdrückender Maßnahmen in der DDR arbeiten und publizieren wollten, und inszenierte damit seine eigene Zerrissenheit. Die Frage nach dem richtigen Verlag für Biermann im Westen verweist darüber hinaus auf die unterschiedliche Positionierung von westdeutschen Verlagen im Literaturaustausch.

Der Suhrkamp Verlag hatte durch das Werk Brechts, aufgrund seiner Dominanz im westdeutschen Literaturbetrieb sowie persönlicher Beziehungen zu Verlagen[1764] und Politikern[1765] in der DDR eine starke Position, wenn es um Pu-

---

1762 Vgl. Ines Geipel/Joachim Walther: Gesperrte Ablage. Unterdrückte Literaturgeschichte in Ostdeutschland 1945–1989. Düsseldorf 2015.
1763 Max Frisch: Aus dem Berliner Journal. Frankfurt a. M. 2014, S. 133. Biermann konnte seit 1963 nur in der BRD auftreten und publizieren. Nach einem Konzert in Köln auf Einladung der IG Metall wurde er im November 1976 ausgebürgert und durfte nicht mehr in die DDR einreisen (vgl. Gerrit-Jan Berendse: Wolf Biermann. In: Opitz/Hofmann (Hg.): Metzler-Lexikon DDR-Literatur. Stuttgart/Weimar 2009, S. 40 f.). Jürgen Rennert veröffentlichte 1973 seine ersten Gedichte in der Reihe *Poesiealbum*, herausgegeben von Bernd Jentzsch (vgl. Jürgen Rennert. Poesiealbum 75. Berlin 1973).
1764 So hielt Borchers zum Beispiel über mehrere Jahrzehnte engen Kontakt zu Reich, der als Leiter des Hinstorff Verlags seit 1959 eine entscheidende Vermittlerrolle hatte (vgl. Korrespondenz Elisabeth Borchers und Konrad Reich 1964–1991. In: DLA, SUA: Suhrkamp).
1765 Höpcke, stellvertretender Minister für Kultur der DDR und Leiter der Hauptverwaltung Verlage und Buchhandel, erinnerte sich im Gespräch daran, dass er seit den sechziger Jahren, zunächst als Redakteur des *Neuen Deutschland*, später als so genannter ‚Buchminister' an den Empfängen des Suhrkamp Verlags während der Frankfurter Buchmesse im Verlagshaus in der Klettenbergstraße teilgenommen hatte. Seine Beziehung zu Unseld bezeichnete er als „freund-

blikationsverhandlungen ging. So beschleunigte sich das Druckgenehmigungsverfahren in der DDR von Brauns Gedichtband *Langsamer knirschender Morgen*, wie gezeigt, weil Borchers strategisch mit dem westdeutschen Erscheinungstermin agierte und der DDR-Verlag und Braun Wert darauflegten, dass das Buch zuerst in der DDR, aber eben auch in der BRD und bei Suhrkamp erschien.[1766]

Die westdeutsche Ausgabe konnte von der Hauptverwaltung aber auch als Repressalie genutzt werden, indem Auflagen für die Druckgenehmigung gemacht wurden, ohne die eine Publikation in der DDR nicht möglich gewesen wäre. Ein abgelehntes Manuskript konnten Autor:innen zwar in der BRD veröffentlichen. Im Fall von Fries oder Wolfgang Hilbig machte erst die westdeutsche Ausgabe, vorbei an den Zensurinstanzen der DDR, den Schriftsteller zum publizierten Autor.[1767] „Obwohl er weiter in der DDR lebt, ist seine Existenz als Schriftsteller nicht mehr abhängig von Willkürakten politischer Funktionäre", beurteilt Dahlke die Situation Hilbigs 1979 nach der Veröffentlichung seines ersten Gedichtbands *abwesenheit* in der von Beckermann herausgegebenen Reihe *Collection S. Fischer*. „Seine ‚Abwesenheit' innerhalb der Literaturgesellschaft DDR wird von nun an zum in Ost und West aufgegriffenen Schlagwort."[1768]

Viele Autor:innen legten aber trotz oder gerade wegen der literarischen Zensur Wert darauf, ihre Texte in der DDR zu publizieren, wo sie die Erfahrung gesammelt hatten, auf der das literarische Werk basierte, wo sie leben und arbeiten wollten und wo sich ihr primäres Zielpublikum befand. Um im Sinne Hilbigs also mit einer Buchausgabe ‚anwesend' im literarischen Feld der DDR zu sein, ließen sich Autor:innen auf Textänderungen und Streichungen der Zensurbehörde ein.[1769] So konnte Kolbes dritter Gedichtband *Bornholm II* 1986 auf Druck der Hauptverwaltung erst erscheinen, als er auf zwölf der vorgelegten Gedichte verzichtete und die neue Zusammenstellung auch in die Westausgabe bei Suhrkamp übernommen wurde. Eine Veröffentlichung bei Suhrkamp in der BRD reichte ihm nicht aus. Ihm war wichtig, so begründete Kolbe im Nachhinein seine Entscheidung, dass sein Werk auch in der DDR verfügbar war, auch wenn er dafür

---

schaftlich" (Gespräch mit Klaus Höpcke am 17.11.2014 in Berlin. Siehe Anhang, Gespräche, Nr. 4). Seine Angaben konnten ohne Einsichtsgenehmigung Höpckes noch nicht im SUA überprüft werden. Der Frankfurter Verleger stand aber wegen verschiedener Publikationsverhandlungen, unter anderem zur Brecht-Gesamtausgabe, die ein deutsch-deutsches Herausgeberteam erarbeitete, in Kontakt mit Höpcke und dem Ministerium für Kultur.
1766 Vgl. Kapitel 4.
1767 Vgl. Birgit Dahlke: Wolfgang Hilbig. Hannover 2011, S. 66 f.
1768 Ebd., S. 67.
1769 Vgl. Teil IV, Kapitel 2.

auf einige Gedichte verzichten musste.[1770] Kolbe fand dafür schnell einen Ausgleich in seiner inoffiziellen Publikationspraxis im Umfeld der Literaturszene am Prenzlauer Berg: Die ausgeschiedenen Gedichte erschienen in einer limitierten Auflage unter dem Titel *Das Kabarett*. Das kostenlose Bändchen, 1986 gedruckt, enthielt 19 Gedichte, mit deren Verbreitung Kolbe demonstrieren wollte, „welche Themen oder Anstöße den Autor auch bewegten, welche Techniken er auch anzuwenden bereit war".[1771] Die Ausgabenpraxis von Kolbe verdeutlicht, wie die Vielfalt von Publikationsformen und -orten Schriftsteller:innen unter den Bedingungen einer staatlich gelenkten Literaturproduktion ermöglichten, die Herrschaft über ihr publiziertes Werk zu behalten.

Durch die langjährigen Kontakte und Erfahrungen entwickelte sich im Verlag ein ausgeprägtes Bewusstsein für die Lebens- und Schaffensbedingungen in der DDR. Die Schutzfunktion, die Parallelausgaben, die finanzielle Unterstützung nach der Emigration, das westdeutsche Honorar, Büchersendungen, Stipendien und Preise hatten im geteilten Deutschland eine besondere Qualität, weil der Verlag diese Investitionen nicht nur im gemeinsamen Interesse des Wettbewerbs leistete, sondern als Schutz von Person und Werk vor Gefährdungen und Restriktionen in einem totalitären Staat. Die Kooperation mit dem westdeutschen Verlag erweiterte darüber hinaus auch den Radius der Verbreitung im deutschsprachigen Raum und ermöglichte durch das internationale (westliche) Netzwerk des Suhrkamp Verlags in vielen Fällen auch die Vergabe von Übersetzungslizenzen.[1772]

Eine Anekdote aus der Verlagsbeziehung zu Bloch soll abschließend veranschaulichen, welche tragikomischen Formen die Förderung von Autor:innen der DDR annehmen konnte. Seit dem Spätsommer 1958 stand der Suhrkamp Verlag, zunächst in der Person Suhrkamps, später Unselds, mit Bloch und seiner Frau Karola in Kontakt.[1773] Neben den Verhandlungen um die Publikation der *Spuren* und einer dreibändigen Ausgabe von *Prinzip Hoffnung* tauschten sich die Briefpartner auch immer wieder über die Lebens- und vor allem Arbeitsbedingungen des Leipziger Philosophieprofessors aus. Mehrfach war Bloch zu Besuch in der BRD, mit der Einwirkung von Unseld kam auch die Einladung zu einer Gastpro-

---

[1770] Vgl. Gespräch mit Uwe Kolbe am 8.10.2015 in Berlin. Siehe Anhang, Gespräche, Nr. 3. Während der Verhandlungen ließ Kolbe seine Frankfurter Lektorin Borchers wissen: „Noch klopfe ich auf Holz in üblicher Weise, übe mich in Geduld und wünsche, anwesend (in Wolfgang Hilbig's Sinne) zu sein im hiesigen literarischen Kontext." (Uwe Kolbe an Elisabeth Borchers, Brief vom 21.09.1985. In: DLA, SUA: Suhrkamp).
[1771] Uwe Kolbe: Vorbemerkung. In: U.K.: Das Kabarett. Berlin/Amsterdam im Selbstverlag 1986.
[1772] Vgl. Kapitel 2.2.
[1773] Vgl. Peter Suhrkamp an Ernst Bloch, Brief vom 23.09.1958. In: DLA, SUA: Suhrkamp.

fessur in Tübingen im Herbst 1960 zustande.[1774] Wissenschaftlicher Assistent Blochs in Leipzig war Jürgen Teller, der später auch als Gutachter u. a. für Volker Braun wirkte.[1775] Im Frühjahr 1961 hatte Karola Bloch anscheinend von einer Krankheit der Ehefrau Tellers berichtet, eventuell bei einer Reise in die BRD im Mai. Unseld reagierte per Brief: „Was kann man Frau Teller antun? Bitte sagen Sie mir doch, womit ich ihr von hier aus eine Freude machen kann. Soll ich Ihr irgendwelche Lebensmittel schicken? Bitte denken Sie an mich, wenn sie Medikamente braucht."[1776] Zwar war die Ehefrau Tellers inzwischen wieder genesen, Karola Bloch nutzte das Angebot des Verlegers jedoch, um eine andere Bitte zu äußern:

> Da Sie mich nach einer eventuellen Aufmerksamkeit für Frau Teller fragen, so werde ich Ihnen einen sehr prosaischen Vorschlag machen, der aber äusserst willkommen sein wird: Frau T. schwärmt immer von dem selbsttätigen Waschmittel Super-Sunil, den sie manchmal von drüben bekommt! Peinlich sauber, wie sie ist, mit zwei Kindern, wird sie sicher über eine grössere Sendung dieses menschenfreundlichen Artikels strahlen.[1777]

Vierzehn Tage später hatte Unseld die Besorgung im Verlag bereits angewiesen und schrieb an Karola Bloch, selbst ein wenig von dieser Aktion amüsiert: „Supersunil, so merkwürdig es ist, wird besorgt."[1778] Die außergewöhnliche Sendung des Waschmittels erinnert an die Care-Pakete an die Deutschen in der unmittelbaren Nachkriegszeit, die auf die Bedürfnisse einer Mangelgesellschaft reagierten. Dieses vielleicht singuläre Ereignis der deutsch-deutschen Literaturgeschichte veranschaulicht die Bandbreite der Investitionspraxis, die bei fast allen Autor:in-Verlags-Beziehungen zu beobachten sind. Durch das Ausmaß der Investition entstand allerdings auch eine Autor:innenhierarchie, die mit meist unausgesprochenen Forderungen nach Kooperation, Verlässlichkeit und Mitarbeit im Verlag verbunden waren. Diesen Forderungen ist das nachfolgende Kapitel gewidmet.

1774 Vgl. Korrespondenz des Suhrkamp Verlags mit Ernst und Karola Bloch 1958–1961. In: DLA, SUA: Suhrkamp.
1775 Im SUA befindet sich ein briefliches Gutachten Jürgen Tellers zu *Langsamer knirschender Morgen* und *Berliner Epigramme* von Volker Braun (vgl. Jürgen Teller an Volker Braun, Brief vom 29.11.1983. In: DLA, SUA: Suhrkamp).
1776 Siegfried Unseld an Karola Bloch, Brief vom 5.06.1961. In: DLA, SUA: Suhrkamp.
1777 Karola Bloch an Siegfried Unseld, Brief vom 13.06.1961. In: DLA, SUA: Suhrkamp.
1778 Siegfried Unseld an Karola Bloch, Brief vom 28.06.1961. In: DLA, SUA: Suhrkamp.

5.2 Loyalität und Solidarität (*Wolf, Kolbe*)

Im Kapitel über die Beziehung von Fries zum Suhrkamp Verlag ist bereits angeklungen, von welchen ethisch-moralischen Vorstellungen und Erwartungen das Autor:in-Verlags-Verhältnis geprägt sein konnte.[1779] Zum Konflikt führte unter anderem, dass Fries seine Übersetzungstätigkeit für Suhrkamp nicht verlässlich durchführte und den Verlag nicht über Publikationen in anderen Kontexten informierte. Ich habe gezeigt, dass neben dem mangelnden Erfolg von Fries' Werken auch die vermeintliche Unzuverlässigkeit des Autors, die der Verlag als „Seitensprungbedürfnis"[1780] bezeichnete, Grund für den Bruch der Verlagsbeziehung war. Die literarische Qualität und der Markterfolg von Autor und Werk machen das Gelingen einer Verlagsbeziehung ebenso aus, wie die aktive und verlässliche Teilnahme an sonstigen Aktivitäten des Verlags. Das Versprechen einer langfristigen Zusammenarbeit äußert sich im Suhrkamp-Motto, ein Verlag der Autor:innen zu sein, und in der Selbstdarstellung verlegerischer Praktiken. Nicht umsonst trägt Unselds Buch über sein verlegerisches Selbstverständnis den Titel *Ins Gelingen verliebt sein*.[1781] Inwieweit das Prinzip der Investition in Autor:innen in seinem Ausmaß ein Alleinstellungsmerkmal des Suhrkamp Verlags darstellt, lässt sich ohne vergleichende Studien nicht beantworten.

Loyalitätsbekundungen und -forderungen prägen die gesamte Verlagskommunikation. Schon seinen ‚ersten' Autor Johnson versicherte Unseld, auf Dauer mit ihm zusammen arbeiten zu wollen: „Der Geburtsakt dieses Buches soll ja auch gleichzeitig eine Brücke, ein Sprungbrett für Kommendes sein, und daß ich mir davon Vieles erhoffe, das wissen Sie ja."[1782] Das Verhältnis zwischen ihm und Johnson funktionierte besonders gut, auch weil der Autor ihm dies immer wieder in seinen unterschiedlichen Rollen im Verlag zurück spiegelte. Wenige Zeit später bekundete er dem Verleger: „[I]ch bin ein loyaler Vertreter der Hausinteressen."[1783] Das Loyalitätsverhältnis bestand jedoch nicht nur zwischen Autor:in und Verleger, sondern konnte sich auch auf das Verhältnis zum Lektorat beziehen. So folgten, wie bereits erwähnt, Becker und Fühmann ihrer Lektorin Borchers zum Suhrkamp Verlag, die Lektorin blieb aber trotz ihrer neuen Anstellung auch als Ansprechpartnerin für Seghers im Luchterhand Verlag tätig.[1784] Loyalität kann vor

---

1779 Vgl. Kapitel 2.2.
1780 Borchers an Siegfried und Joachim Unseld, Notiz vom 14.10.1988. Vgl. Kapitel 2.2.
1781 Vgl. Unseld: „Ins Gelingen verliebt sein und in die Mittel des Gelingens".
1782 Johnson/Unseld: Der Briefwechsel, S. 38.
1783 Johnson/Unseld: Der Briefwechsel, S. 168.
1784 Vgl. Ulmer: VEB Luchterhand, S. 96.

dem Hintergrund gesellschaftlichen Wandels zu einer maßgeblichen Voraussetzung für den individuellen Erfolg werden.[1785] Im Fall der Autor:innen der DDR, die nur per Lizenz an ihren westdeutschen Verlag gebunden und deren Publikationsgeschichten auch in der DDR von steter Veränderung geprägt waren, aber auch auf dem kompetitiven Feld der Verlage funktionierte der Austausch von Loyalitätsbekundungen also als bindende Praxis zwischen Verlag und Autor:in. Elisabeth Kampmann hat herausgefunden, dass Solidaritätsbekundungen im Deutschen Taschenbuch Verlag vor allem die Konsolidierung von Machtverhältnissen im Verlag,[1786] aber auch das Marketing unterstützten.[1787] Am Beispiel Heinrich Böll zeigt sie, wie dessen Autormarke in den sechziger Jahren zum einen auf die „Solidarität einer Generation" und zum anderen auf die Programmprofilierung, d. h. die Autorenakquise wirkte.[1788]

Loyalitätsverhältnisse sind Austauschbeziehungen,

> die auf Gegenseitigkeit beruhen und darüber soziale Systembildung ermöglichen. [...] Das wiederholte Gelingen dieses reziproken Austausches befestigt das wechselseitige Vertrauen und konsolidiert allmählich auf beiden Seiten jene kooperationsoffenen Zuverlässigkeits- und Beständigkeitserwartungen, die Treueverhältnisse auszeichnen.[1789]

Auch das Gelingen einer Lebensform basiert auf der stetigen Reproduktion und innovativen Transformation des Praxiszusammenhangs, deren Beständigkeit durch Loyalitäts- und Solidaritätsbekundungen gestärkt wird.[1790] Im wechselseitigen Verhältnis von Förderung und Loyalität vermischt sich die Geschäftsbeziehung zwischen Verlag und Autor:in mit Praktiken und Prozessen der Vergesellschaftung. Loyalität definiert Rainer E. Wiedenmann im Vergleich zur Treue, die eher den affektiven, persönlichen Bezug zum Anderen zum Ausdruck bringt, als „ein in sozialen Beziehungen informell vorausgesetztes, gesinnungsmäßig verankertes Vertrauen in die [...] fortdauernde Zuverlässigkeit und Richtigkeit jener formellen Normen (Pflichten, Rechte), über die sich eine Sozialeinheit integriert bzw. ihre Mitglieder/Partizipanten an sich bindet."[1791] Die Praxis der gegenseitigen Investition begünstigt also den normativen Zusammenhang einer Lebens-

---

1785 Vgl. Rainer E. Wiedenmann: Treue und Loyalität im Prozess gesellschaftlichen Wandels. In: Nikolaus Buschmann/Karl Borromäus Murr (Hg.): Treue. Politische Loyalität und militärische Gefolgschaft in der Moderne. Göttingen 2008, S. 36–71, hier S. 49.
1786 Vgl. Kampmann: Kanon und Verlag, S. 120.
1787 Vgl. ebd., S. 338.
1788 Ebd., S. 175.
1789 Wiedenmann: Treue und Loyalität, S. 51.
1790 Vgl. Jaeggi: Kritik der Lebensformen, S. 132.
1791 Wiedenmann: Treue und Loyalität, S. 40.

form. In der Produktions- und Solidargemeinschaft von Verlag und Autor:in liegt auch die metaphorische Bezeichnung des Verlags als ‚Heimat' oder ‚Haus' begründet, die den Aspekt einer familiären Vereinigung und damit die Vorstellung von Zugehörigkeit und Verlässlichkeit aufrufen soll. So hatte Fühmann gehofft, in Suhrkamp ein „Haus" zu finden, und Unseld bot Christa Wolf bei der Krise des Luchterhand Verlags Anfang der neunziger Jahre für ihr Werk eine neue „verlegerische Heimat" an.[1792] Passend zur Metapher der Familie für den Verlag beschwerte sich Borchers über die „Seitensprünge" Fries', der sich wiederum „stiefmütterlich" behandelt fühlte.

Zu den Praktiken, die der Verlag von seinen Autor:innen als Gegenleistung verlangte, gehörte neben der verlässlichen Information über eigene Produktionen und Publikationen die aktive Teilnahme am Verlagsmarketing bei Lesungen und anderen Verlagsveranstaltungen, das Anfertigen von Paratexten für fremde Verlagswerke (Nachworte, Übersetzungen, Rezensionen etc.), gehörten ebenso Herausgeberschaften, Empfehlungen und Vorschläge junger Autor:innen und damit die Förderung und Solidarität der Autor:innengemeinschaft des Verlags. An der Aufzählung wird deutlich, dass Verlag *und* Autor:in von dieser Praxis profitierten. An Beispielen aus den Verlagsbeziehungen vorrangig zu Kolbe und Wolf lege ich dar, dass sowohl der Verlag als auch die Autor:innen zur Aufrechterhaltung des wechselseitigen Investitionsverhältnisses mit der Loyalität zum Verlag und der Solidarität mit der Autor:innengemeinschaft des Verlags argumentierten.[1793]

Wolf war seit ihrem zweiten Buch *Nachdenken über Christa T.* eine erfolgreiche Autorin im westdeutschen Luchterhand Verlag. Suhrkamp hatte den Text Ende der sechziger Jahre abgelehnt und obwohl Borchers bei *Nachdenken über Christa T.* die betreuende Lektorin war, folgte Wolf ihr nicht beim Verlagswechsel zu Suhrkamp, sondern blieb bis in die neunziger Jahre Luchterhand-Autorin.[1794] Dennoch bestand ein Verlagsinteresse, das Unseld dazu bewegte, Wolf immer wieder einen möglichen Wechsel zu Suhrkamp anzubieten. Erste Kontakte zwischen Unseld und Wolf gab es ab 1974 mit Anfragen des Verlegers für Beiträge zu Sammelbänden. Wolf lieferte u. a. einen Text über ihre ersten Leseeindrücke und die Interpretation eines Brecht-Gedichts zum 25-jährigen Verlagsbestehen, wodurch Wolf wie selbstverständlich neben anderen Verlagsautor:innen in die re-

---

[1792] Siegfried Unseld an Christa Wolf, Brief vom 30.12.1993. In: DLA, SUA: Suhrkamp.
[1793] Im Aufsatz *Die Aufgaben des literarischen Verlegers* wies Unseld daraufhin, das Profil eines Verlags ergebe sich durch die „Treue des Verlegers zu seinen Autoren". (Unseld: Die Aufgaben des literarischen Verlegers, S. 36).
[1794] Vgl Ulmer: VEB Luchterhand, S. 112 ff. und 342 ff.

präsentativen Jubiläumsausgaben Suhrkamps integriert wurde.[1795] Die Rezension in der *Zeit* betonte, dass außer drei Namen, darunter Wolf, nur Suhrkamp-Autor:innen in dem Band vorkämen.[1796] Es folgte ein Beitrag im Jubiläumsband zum 70. Geburtstag von Max Frisch, mit dem Wolf eine langjährige Freundschaft verband.[1797] Auch Borchers verhandelte mit Wolf über Kommentare und Nachworte sowie über die Koproduktion einer Neuauflage von Bettina von Arnims Buch über Karoline von Günderrode, für das Wolf einen Essay verfasst hatte und das Anfang der achtziger Jahre im Leipziger und Frankfurter Insel Verlag erschien.[1798]

Unseld hat mehrfach in der Chronik festgehalten, dass er von den Werken Wolfs nicht überzeugt sei. Nach der Lektüre von *Kindheitsmuster* im März 1977 schrieb er:

> Christa Wolf denkt hier ihrer eigenen Kindheit nach, Nach-Denken ist ihr Hauptwort. Ganz gelingt ihr das nicht. So reizte mich letztlich die Lektüre nicht, aber ich habe doch ein Bild von diesem Alltag, der ja im Grunde genommen auch meine Kindheit deckte. Irgendwie wirkt für mich der Entwurf unaufrichtig, irgendwie eine zu perfekte Selbstkontrolle. Es ist nicht mehr ihre Wahrheit, sondern die nur mögliche Wahrheit.[1799]

Auch die Lektüre von Wolfs *Kassandra* fand er im Frühjahr 1983 „nicht sehr beeindruckend".[1800] Dennoch bot Unseld der Autorin mehrfach an, ihr gesamtes Werk in der BRD vom Suhrkamp Verlag vertreten zu lassen, weil sie nicht nur in der DDR, sondern auch im bundesdeutschen Buchmarkt Erfolg hatte. Jedes Mal, wenn Luchterhand in Schwierigkeiten geriet, umwarb er sie per Brief: als im Sommer 1987 Programmteile von Luchterhand an den niederländischen Verlagskonzern Kluwer verkauft werden sollten,[1801] als nach der Vereinigung der beiden deutschen Staaten die Zukunft ihrer beiden Verlage, Luchterhand und Aufbau, unsicher war[1802] und als Luchterhand 1993 die Rechte an ihrem Werk

---

1795 Vgl. Christa Wolf: Moskauer Tagebücher. Wer wir sind und wer wir waren. Berlin 2014; Siegfried Unseld (Hg.): Erste Lese-Erlebnisse. Frankfurt a. M. 1975; Bertolt Brecht: Gedichte. Ausgewählt von Autoren. Mit einem Geleitwort von Ernst Bloch. Frankfurt a. M. 1975.
1796 Vgl. Hans Daiber: Erstes Lesen, erstes Schreiben. Zwei Anthologien aus Deutschland – Ost und West. In: Die Zeit vom 28.11.1975: http://www.zeit.de/1975/49/erstes-lesen-erstes-schreiben/komplettansicht (zuletzt eingesehen am 5.05.2022).
1797 Vgl. Begegnungen. Eine Festschrift für Max Frisch zum siebzigsten Geburtstag. Frankfurt a. M. 1981.
1798 Vgl. Korrespondenz Elisabeth Borchers und Christa Wolf. In: DLA, SUA: Suhrkamp.
1799 Unseld: Chronik, Eintrag vom 22.03.1977. In: DLA, SUA: Suhrkamp.
1800 Unseld: Chronik, Eintrag vom 3.04.1983. In: DLA, SUA: Suhrkamp.
1801 Vgl. Siegfried Unseld an Christa Wolf, Brief vom 31.07.1987. In: DLA, SUA: Suhrkamp; Siegfried Unseld an Christa Wolf, Brief vom 21.08.1987. In: DLA, SUA: Suhrkamp.
1802 Vgl. Siegfried Unseld an Christa Wolf, Brief vom 10.12.1991. In: DLA, SUA: Suhrkamp.

verkaufen wollte.[1803] Seine Werbung umfasste außerdem die Vermittlung bei der Frankfurter Poetik-Vorlesung 1981, das dauerhafte Angebot, die Verlagsvilla in Frankfurt als Unterkunft zu nutzen,[1804] und umfassende Büchersendungen, u. a. 1987 die gesamten Werke von Brasch als Vorbereitung auf ihre Laudatio zur Verleihung des Kleist-Preises[1805] – Förderungen also, die sonst nur Verlagsautor:innen erhielten und vom großen Interesse des Verlags an der Zusammenarbeit mit Wolf zeugen. Jahrzehntelang lehnte Wolf aus Loyalität zu Luchterhand und aus Solidarität der Gemeinschaft der Autor:innen gegenüber alle Avancen ab. Sie erklärte Unseld im Sommer 1987:

> Da ich mich bis jetzt in diesem Verlag wohlgefühlt habe, sein Programm bejahe, einige der Autoren, die dort veröffentlichen, zu Freunden habe, möchte ich diesem Verlag und vor allem der Autorengemeinschaft so lange meine Solidarität bewahren, wie es geht – das heißt, solange beides besteht und Zukunft hat. Ich denke mir, daß die Haltung der etwas bekannteren Autoren vielleicht diesen Bestand mit sichern helfen könnte, das beeinflußt meine Entscheidung.[1806]

In einem weiteren Antwortbrief wies sie auf die besondere Verbindung zwischen ihr als Autorin der DDR und dem westdeutschen Verlag hin: „Ich bin kein Mensch schneller Entschlüsse, und ich hänge an Luchterhand – schon wegen des Rückhalts, den ich bei diesem Verlag immer hatte, wenn mein Dasein in der DDR brenzlig wurde."[1807] Weil die Verbindung zum Verlag also eine politische Dimension hatte, in der sich die Unterstützung der Autorin im literarischen Feld der DDR über die innerdeutsche Grenze hinweg ausprägte, fühlte Wolf sich dem Verlag gegenüber verpflichtet. Mitte der neunziger Jahre, als sich der Praxiszusammenhang Luchterhands durch die Verlagsübernahme durch Kluwer geändert hatte,[1808] ging Wolf zunächst zum Verlag Kiepenheuer und Witsch,[1809] bevor sie schließlich zum Suhrkamp Verlag wechselte. Ihr erstes dort veröffentlichtes Buch war im Jahr 2005 der Band *Mit anderem Blick*, darauf folgten Neuausgaben ihrer Werke.

1803 Vgl. Siegfried Unseld an Christa Wolf, Brief vom 22.12.1993. In: DLA, SUA: Suhrkamp.
1804 Vgl. Siegfried Unseld an Christa Wolf, Brief vom 5.05.1981. In: DLA, SUA: Suhrkamp.
1805 Vgl. Quittungen zur Gesamtproduktion von Thomas Brasch, Stücke von Anton Tschechow und ein Majakowski-Band von April 1987. In: DLA, SUA: Suhrkamp.
1806 Christa Wolf an Siegfried Unseld, Brief vom 17.08.1987. In: DLA, SUA: Suhrkamp.
1807 Christa Wolf an Siegfried Unseld, Brief vom 20.12.1991. In: DLA, SUA: Suhrkamp.
1808 Vgl. Ulmer: VEB Luchterhand, S. 420 ff.
1809 Sie veröffentlichte dort nur ein Buch: Christa Wolf: Auf dem Weg nach Tabou. Texte 1990 – 1994. Köln 1994.

Auch der Verlag argumentierte im Umgang mit Autor:innen mit der Dynamik aus Förderung und Loyalität bzw. Solidarität. Im Sommer 1969 begründete Unseld seine Entscheidung, den neuen Gedichtband von Braun in der *edition suhrkamp* erscheinen zu lassen, damit, dass dieser nicht wie andere Dramatiker in den neu gegründeten, genossenschaftlichen Verlag der Autoren gewechselt war:

> [W]ir wollen „Wir und nicht sie" im Rahmen der edition herausbringen. Damit erfüllen wir Ihnen ja einen großen Wunsch und ich tue das gern, auch wegen Ihrer Bereitschaft und Loyalität im Hinblick auf den Theaterverlag Suhrkamp.[1810]

Seine Argumentation suggeriert, dass Autor:innen, die langfristig und verlässlich mit Suhrkamp zusammenarbeiteten, eine bevorzugte Behandlung erhielten. Dadurch konnte Unseld den Autor in der Krisensituation nach dem Aufstand der Lektoren an den Verlag binden. Welche Bedeutung die Praktiken der Förderung als Belohnung von Loyalität und Solidarität vor allem bei einer Krise der Lebensform haben, zeigt eine Auseinandersetzung mit Kolbe. Ende der neunziger Jahre verlangte Unseld von Kolbe, einen Essay über Braun aus seinem Band *Renegatentermine* zu streichen. Braun hatte den zur Disposition stehenden Text gelesen und war, laut interner Notiz, „ziemlich empört".[1811] Die Bitte des Verlags interpretierte Kolbe als Eingriff in sein Werk.

> In diesem Beitrag geht es um die konkrete Erfahrung – gestatten Sie diesen immer unscharfen und auch pathetischen Ausdruck: – meiner Generation mit den Gedichten und, eben, dem „größten Anspruch" Volker Brauns. Es wird, wenn auch viel zu kurz, wenn auch auf vorläufige (aber notwendige) Weise, der berüchtigte Grat zwischen Leben eines Autors und seiner Literatur diskutiert. Ein für die Auseinandersetzung mit dem Werk Stephan Hermlins, Christa Wolfs, Franz Fühmanns, Volker Brauns usw. usf., d. h. zum Verständnis der DDR-Variante der deutschen Nachkriegsliteratur unerhört wichtiger Ansatz! Das alles bei mir ganz politisch und ganz persönlich.[1812]

Im Brief an den Verleger verglich Kolbe die Verlagspraxis mit Praktiken der Zensur in der DDR. Unseld schrieb daraufhin an seinen Autor, um seine Sicht auf das Autor-Verlags-Verhältnis zu verdeutlichen:

> Nein – das hat doch mit Zensur nichts zu tun! Das sollten Sie wissen. Zensur gibt es aus Staats- oder Parteiräson, hier ist etwas ganz anderes. Glauben Sie, ich hätte den Verlag mit diesen Autoren über die schwierigen Jahre, z. B. 1967 bis 1969, z. B. mit 1971 („Literatur ist tot") halten können, wenn es nicht eine innere Solidarität der Autoren mit den Autoren

---

1810 Siegfried Unseld an Volker Braun, Brief vom 25.09.1969. In: DLA, SUA: Suhrkamp.
1811 O.V. an Thorsten Ahrend, Notiz vom 10.12.1997. In: DLA, SUA: Suhrkamp.
1812 Uwe Kolbe an Siegfried Unseld, Fax vom 19.12.1997. In: DLA, SUA: Suhrkamp.

dieses Verlages gäbe? Diese Solidarität ist nicht nur ein Markenzeichen – Suhrkamp Autor –, sondern sie ist schlechterdings die Existenz des Verlages. Für mich ist das der „größte Anspruch". Sie wollen bitte den Hinweis auf das Hohelied nicht als zynisch finden: „Wer den Acker pflegt, den pflegt der Acker." Und diese Pflege des Ackers hielt in schwirigen Zeiten Hesse und Brecht, Adorno und Bloch, Walser und Enzensberger, Habermas und Luhmann, Paul Nizon und Peter Handke zusammen. Ich könnte diesen Verlag nicht anders leiten als unter Beachtung dieser Solidarität.[1813]

Der besagte Text *Der größte Anspruch* war durch einen Abdruck in der *Neuen Rundschau* im Jahr 1990 bereits bekannt.[1814] Es ging bei dieser Auseinandersetzung also nicht darum, seinen Inhalt zu unterdrücken, sondern um das Verlagsverhältnis zu Braun und die Assoziation Suhrkamps mit einem Text, der die literarische Bedeutung eines Verlagsautors und seines Werks, das seit den sechziger Jahren bei Suhrkamp erschien, in Frage stellte. Kolbes Werkkonzeption lief der Loyalität zum Verlagsautor und der Förderung der Verlags- und Autormarken zuwider.[1815] Nicht nur verzichtete Kolbe darauf, den Text im Kontext der Suhrkamp-Ausgabe erneut zu publizieren, *Renegatentermine* und der gleichzeitig geplante Gedichtband *Vineta* waren damit auch die letzten Bücher, die Kolbe bei Suhrkamp publizierte. Unselds Loyalität zu Braun auf Kosten der Werkeinheit von Kolbes Buchausgabe war mit ein Grund dafür, dass der Autor zum S. Fischer Verlag wechselte.[1816] Das Loyalitäts- und Solidaritätspinzip war insofern im gleichen Maße netzwerkbildend, integrationsfördernd und bindend, wie es Autor:innen, die dieser Verlagspraxis nicht entsprachen, ausgrenzte.

Als sich der Praxiszusammenhang und die Gemeinschaft bei Luchterhand durch die Verlagsübernahme Mitte der neunziger Jahre änderte, wechselte Wolf zu Suhrkamp, Kolbe veröffentlicht seit seiner Suhrkamp-Zeit im S. Fischer Verlag. Die Verlagswechsel können ein Indiz dafür sein, dass Suhrkamp, Luchterhand und S. Fischer sich in ihren Praktiken zumindest ähnelten und auch in diesem

---

1813 Siegfried Unseld an Uwe Kolbe, Brief vom 22.12.1997. In: DLA, SUA: Suhrkamp.
1814 Vgl. Uwe Kolbe: Der größte Anspruch. Über ein paar Zeilen von Volker Braun. In: Neue Rundschau 4 (1990), S. 46–52.
1815 Vgl. Jaeggi: Kritik von Lebensformen, S. 115. Jaeggi definiert: „Etwas als eine bestimmte Lebensform zu identifizieren bedeutet demnach, Zusammenhänge von Praktiken und Einstellungen als einen Zusammenhang zu identifizieren, der zu etwas gut ist. Innerhalb eines solchen Zusammenhangs gibt es dann Praktiken, die der Realisierung der damit gesetzten Zwecke dienen, und solche, die dieser zuwiderlaufen. Und es gibt auch Praktiken, die diesbezüglich indifferent sind."
1816 Der Wechsel Kolbes hing unter anderem auch mit Differenzen im Lektorat von Borchers zusammen (vgl. Uwe Kolbe an Siegfried Unseld, Brief vom 19.04.1993. In: DLA, SUA: Suhrkamp und Gespräch mit Uwe Kolbe am 8.10.2015 in Berlin. Siehe Anhang, Gespräche, Nr. 3).

Sinne homologe Positionen im Literaturaustausch bzw. im literarischen Feld besetz(t)en.

6 Fazit: Praktiken im Literaturaustausch

Zum Schluss will ich auf einige Probleme der praxeologischen Analyse hinweisen, die ich teilweise angeschnitten habe, die aber über den bearbeiteten Bereich hinausgehen. Damit unterstreiche ich den teilweise explorativen Charakter meiner Untersuchung, deren Ziel es ist, alte Sichtweisen auf das Verhältnis von Verlag und Literatur, Verlag und Autor:in zu hinterfragen, neue zu entwerfen und Anregungen für weitere Untersuchungen zu geben. Durch die Rekonstruktion von Verlagsprozessen war es möglich, Praktiken zu identifizieren, die den Literaturaustausch geprägt haben. Die Funktionen, Wirkungskreise und das Verhältnis zu anderen Praktiken ist sehr unterschiedlich einzuschätzen.

Die Assoziationspraktik war für den Verlag ein ausschlaggebender Faktor für die Selektion von Autor:innen und literarischen Werken. Der Verlag nutzte die Möglichkeit der Assoziation in der Werbung und im Marketing. Es handelte sich dabei um Praktiken der Orientierung, sowohl im Verlag als auch für die Öffentlichkeit. Sie lassen sich gleichzeitig als eine Deutungsvariante literarischer Texte aus Verlagsperspektive auffassen, die Einfluss auf die Rezeption der publizierten Werke hat. Gehen transtextuelle Studien meist vom Text oder von der Privatbibliothek der Autor:innen aus, hat meine Untersuchung gezeigt, dass auch die Assoziation im Verlagskontext, wie sie sich im Verlagsarchiv abzeichnet, Ausgangspunkt für transtextuelle Studien sein können. Welche Funktionen haben zum Beispiel Gattungen im Verlag? In den Fallspielen ist bereits angeklungen, dass sie das Gesamtwerk strukturieren und der Verlag mit der Vorstellung von einer Gattungsreihenfolge agiert. Im Anschluss an meine Untersuchung wäre auch zu fragen, inwiefern sich Verlagspraktiken von Genre zu Genre unterscheiden, zum Beispiel mit Blick auf die phantastische Literatur, die im Insel und im Suhrkamp Verlag in internationalen Reihen publiziert wurde.

Die inhaltlich-formale Gestaltung von Texten, deren Zusammenstellung in einem Band, die peritextuelle Rahmung sind grundlegende Verlagspraktiken. Im geteilten Deutschland lassen sie sich allerdings als Praktiken der Variation von Werk und Autormarke verstehen. Die westdeutschen Parallelausgaben erschienen zudem meist zeitlich versetzt nach der DDR-Ausgabe. So entstanden unterschiedliche Werkbiographien im geteilten Deutschland, die ich im abschließenden Untersuchungsteil am Beispiel des ersten Gedichtbands von Volker Braun darstellen will. Ermöglicht wurde die Variationspraktik durch kooperative und konspirative Praktiken der Produktionsgemeinschaft, die auch mit den institutionellen Beziehungen des Verlags in die DDR in Konflikt geraten konnten.

Der Verlag kalkulierte in seiner Praxis mit dem literarischen Feld der DDR. Die Konsekration mit Literaturpreisen der DDR verwendete Suhrkamp in der Werbung: Weil zum Beispiel Brauns *Unvollendete Geschichte* in der DDR eine hohe Aufmerksamkeit erhalten hatte, konnte Suhrkamp auf sein routinemäßiges Marketing verzichten. Als Veröffentlichungskriterium für Suhrkamp zählte, ob ein Buch in der DDR Erfolg gehabt hatte bzw. von einem Verlag als erfolgversprechend eingestuft wurde. Bemerkenswert ist daran nicht nur die gegenseitige Wahrnehmung der literarischen Felder im geteilten Deutschland und die Verflechtung von Publikationsprozessen, sondern der Transfer von Praktiken und ihre Transformation. Ulmer hat deshalb davon gesprochen, dass im Literaturaustausch „eine Art deutsch-deutsches literarisches Feld zweiter Ordnung" entstand.[1817] In diesem Zusammenhang meine ich damit nicht eine dritte Literatur im Sinne von Raddatz mit anderen Inhalten literarischer Werke oder Biographien der Autor:innen,[1818] sondern die Praktiken von Verlagen sowie Autor:innen im geteilten Deutschland. Aus praxeologischer Perspektive lässt sich somit auch die Abgrenzung von Lektorat und Zensur als Ensemble von Praktiken aufbrechen. Es zeigt sich, dass Zensur Verhandlungssache war, auch unter Beteiligung westdeutscher Verlage. Wer was wie und wo im geteilten Deutschland publizierte, hing vom Handlungsspielraum der Akteure ab, der sich durch den Wirkungsraum im literarischen Feld der BRD erweiterte.

In den einzelnen Kapiteln habe ich teilweise weitere Praktiken erwähnt, die einer gesonderten Untersuchung wert wären, die ich aufgrund der Materialbasis und Perspektivenwahl hier aber nicht durchgeführt habe. Zum einen wären allgemeine Kommunikationspraktiken zu nennen, die persönlichen Treffen in den Privatwohnungen der Autor:innen, in öffentlichen Räumen oder auf den Buchmessen, sowie Telefonate. Sie unterscheiden sich sowohl in ihrer Funktion und ihrem Inhalt als auch in ihren rhetorischen Mitteln. Festzuhalten ist, dass in beiden Teilen Deutschlands persönliche Beziehungen und informelle Gespräche bei den Publikationsverhandlungen eine große Rolle spielten. Zum anderen würde sich ein Blick auf die Marketingpraktiken lohnen, nicht nur in der eigenen Werbung, sondern auch im Kontakt zu Rundfunk, Feuilleton, Theatern etc. Das besondere Verhältnis zu Reich-Ranicki ist bereits deutlich geworden, im Rundfunk spielte vermutlich der Kontakt zu Gisela Lindemann eine große Rolle. Daran

---

1817 Konstantin Ulmer: Suhrkamp vs. Luchterhand. Zur Positionierung der Verlage im deutschen Literaturbetrieb und zum Lizenzgeschäft mit der DDR. Vortrag gehalten am 8. April 2016 auf der Tagung „Kulturtransfer und Verlagsarbeit: Suhrkamp und Osteuropa" im DLA Marbach.
1818 Vgl. Kapitel 3.3.

ließen sich Fragen nach Transfer und Transformation von Praktiken (des Bücher-Machens) in anderen institutionellen Zusammenhängen wie Literaturhäusern, Buchmessen, der Literaturkritik etc. anschließen. Inwiefern übertragen sich Kategorien und Begriffe des Verlags auf andere Bereiche wie die Literaturkritik und die Literaturwissenschaft? Auch das Veranstaltungsmanagement und die Beziehungen des Verlags zu unterschiedlichen Preisjurys versprechen weitere Erkenntnisse über die Marketingpraktiken des Verlags.

Ein weiteres Desiderat ist die Rekonstruktion von Herstellungsprozessen. Aufgrund des Archivbestands ließen sich Herstellungspraktiken größtenteils nur am fertigen Produkt rekonstruieren. Grundlage hierfür war die Produktionsbibliothek des Suhrkamp Verlags mit vollständig erhaltenen Erstausgaben. Nur der Blick in die Prozesse und Praktiken der Herstellung könnte aber Erkenntnisse über die Entscheidungsfindung im Verlag, über Varianten der Gestaltung usw. liefern.

An die Ergebnisse meiner Forschung lassen sich außerdem Fragen einer Praxeologie des Verlags anschließen: In welchem Verhältnis stehen die Praktiken als Ensemble zu anderen Tätigkeiten des Verlags, die sich nicht als Routinen auffassen lassen? Wenn die Praktiken verbunden mit Einstellungen und Orientierungen den Zusammenhang einer Lebensform ausmachen, dem Individuen durch erfolgreiche Teilnahme bzw. „Könnerschaft" zugehören, welchen Stellenwert haben dann diejenigen, die laut Definition nicht dazugehören? Wie wurden bzw. werden neue Verlagsmitarbeiter:innen bzw. Verlagsautor:innen in das Repertoire etablierter Praktiken eingeführt? Dieser Aspekt ist bei der Integration von Autor:innen der DDR deutlich geworden, könnte aber auf den gesamten Verlag ausgeweitet werden. Welche Konzepte von Autorschaft würden sich ergeben, wenn man nach dem Grad der Involviertheit in verlegerische Praktiken fragt? Welche Prozesse der Institutionalisierung von Praktiken lassen sich beim Suhrkamp Verlag beobachten und welche Rolle spielt dabei die von Unseld seit 1968 verfasste Chronik? Welchen Einfluss haben (Interaktions-)Räume und Orte? Lässt sich außerdem die hier entwickelte Lebensform auf andere Verlage übertragen? Inwiefern findet dabei eine Modifikation der Praktiken statt? Ist es eventuell sogar möglich anhand der Praktiken von Verlagen Modelle zu erarbeiten, die auf eine neue Typologie von Verlagen abzielen? Inwiefern gibt es im literarischen Feld nicht nur einen Wettbewerb um Autor:innen sowie um literarische Werke, sondern um Praktiken?

Bei meiner Untersuchung handelt es sich um einen Blick auf historische Praktiken und Prozesse des Suhrkamp Verlags in einer spezifischen Phase der deutschen Geschichte. Die Ergebnisse lassen sich sowohl mit weiteren Verlagen, auch in anderen Sprach- und Kulturräumen, als auch mit früheren Epochen und anderen politischen Konstellationen vergleichen. Ein differenziertes Bild von der alltäglichen Verlagstätigkeit, ihren Spezifika und Kontinuitäten, ist ebenso eine notwendige Voraussetzung für den Versuch, die Veränderungen, die heute mit dem *digital age* für die Produktion, Rezeption und Vermittlung von Literatur verbunden sind, zu verstehen.

IV Ein Werk in Ausgaben. Editoriale Biographie eines Gedichtbands von Volker Braun

Literarische Werke liegen prinzipiell in verschiedenen Ausgaben vor. Das haben die Vergleiche von Parallelausgaben, deren textueller und peritextueller Gestaltung, von Einordnungen und Wertungen, die mit ihrer Entstehung, Verbreitung und Vermarktung verbunden sind, aufgrund der Verflochtenheit editorialer Prozesse im geteilten Deutschland besonders prägnant gezeigt. Es ist deutlich geworden, dass die Produktionsgemeinschaft von Verlag und Autor:in im geteilten Deutschland bewusst Änderungen an Inhalt und Form vornahm, um das Werk an seinen jeweiligen historisch-kulturellen Kontext anzupassen. Im Folgenden interessiert mich daran anknüpfend, wie sich Entstehungsprozesse von Ausgaben eines literarischen Werks auf dessen textuelle und peritextuelle Entwicklung auswirken. Es geht also um eine Neuperspektivierung der Editionsgeschichte literarischer Werke, in der Verlage als zentrale Akteure mit im Fokus stehen und die ich unter dem Konzept einer editorialen Biographie eines literarischen Werks fasse.[1819]

Das Konzept einer sich als Biographie verstehenden Objektgeschichte geht auf die anthropologischen Studien von Igor Kopytoff zurück, der die Grundlagen einer kulturellen Biographie von Objekten und ihrer Warenwerdung (*commodization*) in komplexen Gesellschaften untersucht hat.[1820] Es meint den zirkulären Prozess der Kollektivierung und Singularisierung von Objekten und lenkt den Blick auf ihre Verwendungsweisen. Bei Büchern als Objekten der Literatur wäre hier zum Beispiel an die Produktion von Ausgaben als Kollektivobjekte im Verlag oder an Aneignungsprozesse von einzelnen Buchexemplaren durch Bibliotheksstempel oder Marginalien zu denken.[1821] Nach Kopytoff ist die Pluralität von Biographien ein wichtiges Merkmal kultureller Objekte: „[…] an eventful biography of a thing becomes the story of the various singularizations of it, of classifications and reclassifications in an uncertain world of categories whose importance shifts with every minor change in context."[1822] Ansätze zur Dynamisierung des Werks als parallel zur Biographie des Autors verlaufenden Entwicklung sind derweil auch der Literaturwissenschaft nicht fremd.[1823]

1819 Vgl. Kurbjuhn/Martus/Spoerhase: Editoriale Aneignung, S. 14.
1820 Vgl. Kopytoff: The Cultural Biography of Things, S. 64–91.
1821 Vgl. Ulrike Gleixner u. a. (Hg.): Biographien des Buches. Göttingen 2017.
1822 Kopytoff: The Cultural Biography of Things, S. 90.
1823 Vgl. exempl. Fotis Jannidis u. a.: Rede über den Autor an die Gebildeten unter seinen Verächtern. Historische Modelle und systematische Perspektiven. In: F.J. u. a. (Hg.): Rückkehr des Autors. Zur Erneuerung eines umstrittenen Begriffs. Tübingen 1999, S. 3–35, hier S. 6.

OpenAccess. © 2022 Anke Jaspers, publiziert von De Gruyter. [CC BY-NC-ND] Dieses Werk ist lizenziert unter einer Creative Commons Namensnennung – Nicht kommerziell – Keine Bearbeitung 4.0 International Lizenz.
https://doi.org/10.1515/9783110742756-009

Im Folgenden übernehme ich das Biographiekonzept für das ‚Leben' eines literarischen Werks im Modus der Ausgabe, das sich als Wechselspiel zwischen zum einen der Entstehung und Entwicklung eines Werks als Text in Manuskriptform und zum anderen der Produktion des Werks in Ausgaben verstehen lässt.[1824] Durch diese doppelte Perspektive lassen sich zum einen Entstehungsprozesse in ihrem jeweiligen editorialen Praxiszusammenhang nachvollziehen und diese zum anderen mit der zyklischen Geschichte eines literarischen Werks in seinen unterschiedlichen Materialisierungen in Verbindung bringen. Inhaltliche, formale und materielle Veränderungen, die Ergebnis der editorialen Praktiken und Prozesse sind, geraten dabei in ihrer Bezüglichkeit aufeinander in den Blick. Eine solche editoriale Biographie eines Werks ist folglich als gemeinsame Geschichte seiner Ausgaben, der darin enthaltenen Texte und der mit ihnen interagierenden Personen zu verstehen. Sie ermöglicht, die „von materiellen, kommunikativen und praxeologischen Wechselfällen gekennzeichnete Karriere" eines literarischen Werks zu beobachten.[1825] Phasen der Entstehung, der Entwicklung und Kanonisierung,[1826] der Zuordnungen und Bewertungen, der Zerstörung oder des Verschwindens eines Werks können identifiziert werden, wobei diese nicht als linearer Prozess, sondern als in sich greifende und sich überlagernde Zyklen zu verstehen sind. So ist mit jeder weiteren Ausgabenproduktion ein erneuter Entstehungsprozess verbunden, wenn auch praxeologisch gesehen in reduzierter Weise im Vergleich zur Entstehung einer Erstausgabe.

In diesem Sinne werde ich im Folgenden die Entstehung und Entwicklung des ersten Gedichtbands von Volker Braun in seinen verschiedenen Ausgaben im geteilten Deutschland untersuchen und dabei die Möglichkeiten und Herausforderungen des ‚biographischen' Ansatzes für die Geschichte eines Werks aus Perspektive der materiellen Literaturforschung ausloten. Es geht mir nicht um eine umfassende und abschließende Analyse der Biographie eines literarischen Werks. Ziel ist vielmehr nachzuvollziehen, wie variantenreich Werke in divergierender textueller Gestalt in unterschiedlichen Ausgaben publiziert werden und welche interpretatorische Relevanz die unterschiedlichen Erscheinungsformen haben.

1824 In der Biographie eines literarischen Werks ließe sich zwischen dem ‚Leben', das auch außerhalb von Geschäftsbeziehungen, sozusagen im Privaten stattfindet und hier nicht betrachtet werden soll, und der ‚Karriere' des Werks in Formen der Transformation und Aneignung in editorialen Zusammenhängen unterscheiden.
1825 Ulrike Gleixner u. a.: Einleitung. In: U.G. u. a. (Hg.): Biographien des Buches, S. 11–22, hier S. 11.
1826 Zu Kanonisierungspraktiken durch Ausgaben vgl. Kampmann: Kanon und Verlag, S. 49 ff.

Brauns erster Gedichtband erweist sich als geeignetes Beispiel hierfür. Braun ist der älteste der Autor:innen der DDR im Suhrkamp Verlag, die Beziehung zum Verlag begann 1964, und noch heute gehört Braun zu den Verlagsautoren. Die Erstausgabe erschien 1965 unter dem Titel *Provokation für mich* im Mitteldeutschen Verlag, ein Jahr später veröffentlichte der Suhrkamp Verlag eine eigene Auswahl aus Brauns Gedichten unter dem neuen Titel *Vorläufiges*. Anhand eines Ausgabenvergleichs werde ich diskutieren, inwiefern es sich bei diesen Parallelausgaben um eigenständige Werke oder um zwei Ausgaben eines Werks handelt. Der Gedichtband liegt in vier verschiedenen Ausgaben vor: in den ost- und westdeutschen Einzelbänden, der ostdeutschen Werkausgabe *Texte in zeitlicher Folge* sowie in einer von Gert Wunderlich gestalteten Ausgabe in der Reihe *Die graphischen Bücher. Erstlingswerke des 20. Jahrhunderts* mit Abdrucken von Holzschnitten Rolf Kuhrts, die im Jahr 2005 im Verlag Faber&Faber erschien.[1827] Die ostdeutsche Erstausgabe liegt außerdem in fünf Auflagen vor (zwei Auflagen 1965, jeweils eine 1967, 1973 und 1975),[1828] während der westdeutsche Band nicht noch einmal aufgelegt wurde.[1829]

Anhand dieser Vielfalt von Formen lassen sich verschiedene Aspekte einer biographischen Entwicklung in verschiedenen Praxiszusammenhängen sowie vor dem Hintergrund der deutschen Teilung aufzeigen. Bemerkenswert ist die konstante Minimalistik in der Buchgestaltung der ersten drei Auflagen. Sie kontrastiert Brauns andauernden Gestaltungsprozess, den ich hier nicht nur als Ausdruck einer Innovationspoetik sehe,[1830] sondern auch als Ergebnis von Publikationsprozessen, die Anlass für die Überarbeitung der Gedichte darstellten. So hat Holger Brohm erklärt, „[n]icht alle Veränderungen entspringen eigenen Überlegungen nach öffentlicher Kritik, in einigen Fällen sind sie Ergebnis der Kontroversen mit der Zensurinstitution, wo um ein Komma, aber auch um ein ganzes Gedicht gestritten werden konnte."[1831] Meine Ausführungen erweitern diese These vor allem um die Perspektive der Produktionsgemeinschaft mit dem Suhrkamp Verlag.

1827 Vgl. Volker Braun: Provokation für mich. Leipzig 2005.
1828 Vgl. Volker Braun: Provokation für mich. Halle 1965; V.B.: Provokation für mich. Halle ²1965; V.B.: Provokation für mich. Halle ³1967; V.B.: Provokation für mich. Halle ⁴1973; V.B.: Provokation für mich. Halle ⁵1975.
1829 Vgl. Volker Braun: Vorläufiges. Frankfurt a. M. 1966.
1830 Vgl. Walfried Hartinger: Gesellschaftsentwurf und ästhetische Innovation – Zu einigen Aspekten im Werk Volker Brauns. In: Rolf Jucker (Hg.): Volker Braun in perspective. Cardiff 1995, S. 30–54, hier S. 37.
1831 Holger Brohm: Die Koordinaten im Kopf. Gutachterwesen und Literaturkritik in der DDR in den 1960er Jahren. Fallbeispiel Lyrik. Berlin 2001, S. 136.

Die Geschichte von Brauns Debütwerk erweist sich auch deshalb als geeignetes Beispiel, weil der Autor sich aktiv in die Gestaltungs- und Herstellungsprozesse involvierte. Im Kapitel zu den konspirativen Praktiken des Verlags habe ich bereits erwähnt, dass Braun die Entstehung und Existenz von Parallelausgaben in den Verhandlungen mit seinen Verlagen strategisch nutzte.[1832] Braun war insofern ein deutsch-deutscher Autor mit einem ausgeprägten Bewusstsein für die Ausgabenpolitik im geteilten Deutschland. Entsprechend maß er seine 50-jährige Verlagszugehörigkeit in einem Interview mit dem damaligen Cheflektor des Suhrkamp Verlags Fellinger aus dem Jahr 2016 nicht an der Anzahl seiner Werke, sondern an den fast 50 Ausgaben, die in dieser Zeit entstanden.[1833]

Ich entwickle zunächst das Modell einer – im *digital age* historisch gewordenen – editorialen Biographie eines Gedichtbands, das als heuristisches Mittel für die folgenden Ausführungen dient. Daran anschließend gilt es das Verhältnis von Werk, Ausgabe und Text aus der Perspektive der literarischen Produktion zu klären. Auf der Grundlage von Forschungsergebnissen aus der Buchwissenschaft, der *history of books* und der materiellen Kulturforschung ist es möglich, den Werkbegriff reichhaltiger und komplexer zu definieren und die ‚Ausgabe' als Analysekategorie zu etablieren. Schließlich folgt die Analyse der biographischen Ereignisse des ersten Gedichtbands von Braun.

1 Modell einer editorialen Biographie eines Gedichtbands

Eine typische Biographie eines literarischen Werks lässt sich kaum als linearer Prozess modellieren. So ist zum einen ihr Beginn davon abhängig, ob es sich um das Verlagsdebüt handelt oder ob der oder die Autor:in bereits zuvor im Verlag veröffentlicht hat. In der Praxis des Suhrkamp Verlags zeigt sich, dass das erste Werk meist als fertiges Manuskript für den Druck bereits vorlag, bevor es zum Verlag kam, während Verlagsautor:innen bei darauffolgenden Werken auch bereits einzelne Kapitel oder Vorstufen eines Werks zur Lektorierung oder für einen Vorabdruck an den Verlag gaben. Zum anderen unterscheiden sich die biographischen Entwicklungsschritte der verschiedenen Gattungen.[1834] Im Untersu-

---

1832 Vgl. Teil III, Kapitel 4.
1833 Vgl. Redaktion Logbuch: Die Kraft der Poesie – kein harmloses Handwerk. In: Logbuch Suhrkamp: http://www.logbuch-suhrkamp.de/redaktion-logbuch/die-kraft-der-poesie/ (zuletzt eingesehen am 5.05.2022).
1834 Amie L. Thomasson hat dazu aufgerufen, den ontologischen Status literarischer Gattungen zu untersuchen (vgl. Amie L. Thomasson: Die Ontologie literarischer Werke. In: Danneberg/Gilbert/Spoerhase: Das Werk, S. 29–46, hier S. 44). Die in Verlagsarchiven überlieferten Gattungs-

chungszeitraum lagen Theaterstücke zum Beispiel zunächst in Form von Textbüchern vor, die den beteiligten Personen als Grundlage für die Inszenierung des Stücks dienten. Als Buch für ein breiteres Publikum wurde ein dramatischer Text – wenn überhaupt – im Regelfall erst nach der Aufführung veröffentlicht.[1835] Erzählungen und Gedichte erschienen hingegen oftmals zuerst in anderen publizistischen Kontexten, wie Zeitschriften oder dem Feuilleton, bevor sie gemeinsam mit anderen Texten im Rahmen einer Buchausgabe veröffentlicht wurden.

Besonders komplex stellt sich die editoriale Biographie eines Gedichtbands dar. Erste Veröffentlichungen von Gedichten stehen meist im Kontext von Literatur- und Kulturzeitschriften, Anthologien usw. Diese können, müssen aber nicht auf mehr oder weniger öffentliche Lesungen zurückgehen, die als Vorstufen einer editorialen Biographie gesehen werden können. Auf einzelne Veröffentlichungen von Gedichten folgt die Zusammenstellung eines Gedichtkonvoluts und dessen Aufnahme in einen Verlag. Ein solches Typoskript ist Textgrundlage für den weiteren Herstellungsprozess im Verlag mit dem Ziel der Buchpublikation. Vorabdrucke einzelner Gedichte grenzen sich von den ersten Veröffentlichungen insofern ab, als sie bereits im Hinblick auf den Gedichtband publiziert werden und zur Werbepraxis von Verlagen gehören. Für den Druck stellt der Verlag Fahnen her, meist in mehreren Korrekturdurchgängen. Während das Typoskript im Regelfall zurück an die Autor:innen geht, bleiben Fahnen im Verlag. Anschließend druckt der Verlag das literarische Werk als Ausgabe in einer bestimmten Auflagenhöhe. Die Arbeitsschritte vom Manuskript zum Buch sind unendlich oft wiederholbar, dabei in Satz und Bindung variierbar. So entstehen weitere Auflagen[1836] und Ausgaben eines Werks. Das Erscheinen der Buchpublikation ist aus der Perspektive des Verlags die ‚Geburt' des Werks in seiner technisch reproduzierten Form und gleichzeitig der Beginn der editorialen Biographie. Bei Gedichtbänden ergibt sich somit eine Überlagerung von einzelnen Gedichten als selbstständige Werke mit dem Band selbst, dem ebenfalls Werkstatus zukommt. Meist folgen danach weitere Abdrucke einzelner Gedichte – begleitet von

---

diskussionen und ihre Auswirkungen auf die Ontologie (und Chronologie) der Werke würden sich nach meiner Ansicht als Ausgangspunkt dafür eignen.
1835 Vgl. Gespräch mit Karlheinz Braun am 3.03.2015 in Frankfurt a.M. Siehe Anhang, Gespräche, Nr. 2. Dies mag sich unter den Bedingungen digitalen Publizierens und in der heutigen Theater- und Verlagspraxis geändert haben.
1836 Der Begriff ‚Auflage' bezeichnet im Folgenden die Nummer der Auflage, nicht die Anzahl der in einem Druckvorgang produzierten Exemplare. Ich unterscheide in den folgenden Ausführungen nach Werken, Ausgaben und Auflagen, werde diese Klassifizierung aus der Perspektive der Verlagspraxis aber auch problematisieren.

weiteren Lesungen – sowie mögliche Übersetzungen einzelner Gedichte oder des gesamten Gedichtbands. Zur ersten Ausgabe eines Gedichtbands können verschiedene Auflagen gehören, die sich in Form und Inhalt durchaus unterscheiden können. Im Buch werden diese Veränderungen durch Attribute wie ‚erweitert', ‚neu', ‚völlig verändert' im Impressum gekennzeichnet. Innerhalb eines Verlags führen textuelle Veränderungen in der Regel zu einer weiteren Auflage – ebenso wie eine neue Auflage Gelegenheit für Textänderungen bietet –, während peritextuelle Veränderungen die Buchveröffentlichung als neue Ausgabe ausweisen. Inwiefern beides Hand in Hand geht, wird anhand des Beispiels zu erkunden sein.

Weitere Ausgaben eines Gedichtbands können entweder im selben Verlag erscheinen (bei Suhrkamp zum Beispiel als Taschenbuch oder in Reihen wie der *Bibliothek Suhrkamp*) oder in anderen Verlagen. Ein Sonderfall ist die Gesamtausgabe, die sowohl eine weitere Ausgabe des Gedichtbands beinhaltet als auch als Ausgabe mit eigenem Werkcharakter gefasst werden kann, nicht nur weil sie mehrere Werke in sich vereint, sondern auch weil Verlage wiederum verschiedene Ausgaben von gesammelten Werken mit unterschiedlichen Funktionen produzieren können.[1837] Während der Beginn der editorialen Biographie eines Gedichtbands klar definierbar ist, lässt sich deren Ende kaum bestimmen. Es könnte allerdings den Fall einer Null-Biographie geben: Nicht rekonstruierbar wäre die Biographie eines Gedichtbands, wenn weder die Gedichtzusammenstellung noch einzelne Gedichte in materialisierter Form vorlägen, die Existenz des literarischen Werks also nur noch als Titel bekannt wäre.

Die Teilung Deutschlands ergab eine Sondersituation für die Entstehung und Entwicklung literarischer Werke in Ausgaben: Werke im Literaturaustausch erlebten eine geteilte Biographie. Die Parallelausgaben in Ost und West, das haben die vorhergehenden Analysen gezeigt, blieben allerdings in ihrer Entstehung (z. B. durch ein doppeltes Lektorat oder den Mitdruck bei Lizenzübernahmen) und in ihrer Rezeption aufeinander bezogen. Autor:innen, deren Werke Teil des Literaturaustauschs waren, haben also ein geteiltes Gesamtwerk in deutschsprachigen Ausgaben.[1838] Zwar zählen Viele die DDR-Ausgabe von Autor:innen der DDR aufgrund ihres Entstehungszusammenhangs als Originalausgabe.[1839] Autor:innen konnten aber gerade bei den westdeutschen Ausgaben ästhetische Vorstellungen umsetzen, die sich in der DDR nicht verwirklichen ließen, so dass unter dem

---

1837 Vgl. zu den Funktionen einer Gesamtausgabe Martus: Werkpolitik, S. 685 ff.
1838 Ein ähnlicher Fall liegt bei Schweizer oder österreichischen Autor:innen vor, deren Werke in der DDR erschienen (vgl. Gespräch mit Uwe Kolbe am 8.10.2015 in Berlin. Siehe Anhang, Gespräche, Nr. 3).
1839 Vgl. ebd.

Aspekt der Werkherrschaft von Autor:innen in Frage steht, welche Ausgabe unter welchen Prämissen überhaupt als ‚Original' zu bezeichnen wäre.[1840]

Hinzu kommt, dass das Gesamtwerk der Autor:innen auch rechtlich auf verschiedene Verlage aufgeteilt war (und ist), nicht nur aufgrund der westdeutschen Lizenzübernahmen und Rechteteilungen, sondern da die DDR-Verlage verschiedene Profile hatten. Brauns Gedichte erschienen im Mitteldeutschen Verlag, die Theaterstücke bei Henschel und die Essays bei Reclam. Im vereinten Deutschland gehören viele der Autor:innen heute ihrem ehemals westdeutschen Verlag an, der die Rechte an den jeweiligen Werktiteln vertritt.[1841] Ihre ostdeutschen (Original-)Ausgaben mit divergierenden Inhalten wie Nachworten oder Illustrationen zirkulieren nicht mehr.[1842] Werkausgaben, die aufgrund der heutigen Rechtesituation allein die westdeutsche Biographie eines Werks berücksichtigten, würden nicht nur einen relevanten ‚Lebensabschnitt' und damit implizit auch die Potentiale eines Werks missachten, sie würden dieses zumindest in manchen Fällen vermutlich auch gegen die Intentionen der Autor:innen zur Geltung bringen. Wenn in der Literatur- und Editionswissenschaft seit einiger Zeit die materielle und peritextuelle Verfasstheit literarischer Werke in den Fokus der Aufmerksamkeit rückt,[1843] dann lohnt es sich darüber nachzudenken, inwiefern eine historisch-kritische Gesamtausgabe eine solche geteilte Werkbiographie, eventuell mit den Möglichkeiten digitaler Editionen, nachzeichnen könnte.

2 Die ‚Ausgabe' in der Theorie des literarischen Werks

Mit der Kategorie der ‚Ausgabe' operierten bislang vor allem die Editions- sowie die Buch- und Bibliothekswissenschaften. Während es ersteren um die Erstellung wissenschaftlicher Editionen geht, die mit Begriffen wie der ‚Ausgabe letzter Hand' auch ein Auge für Verlagsausgaben hat, beschäftigen sich letztere meist mit

---

1840 Welche Ausgabe im Sinne ihrer Gestaltung das ‚Original' darstellt, lässt sich, wenn überhaupt, nur aus dem Archiv rekonstruieren, wenn man denn an der Vorstellung von Originalität und Autor:inautonomie festhalten will. Mir geht es im Folgenden allerdings nicht um die Identifizierung eines ‚Originals', sondern um das Aufzeigen einer materiellen und semantischen Vielfalt und Flexibilität des Werks.
1841 In Einzelfällen werden die Theaterrechte von einem anderen Verlag vertreten. Dies ist zum Beispiel bei Fries der Fall, dessen Theaterstücke bei Henschel Schauspiel erscheinen.
1842 Vgl. zum Beispiel die Ausgaben von Krauß, Drawert oder Kolbe in Teil III, Kapitel 1 und 3.
1843 Vgl. exempl. Martin Schubert: Materialität in der Editionswissenschaft. Berlin 2010; Lukas/Nutt-Kofoth/Podewski (Hg.): Text – Material – Medium.

Einzelexemplaren, die Teil einer Auflage sind. Meine Untersuchung zeigt nun, dass sich die ‚Ausgabe' als Subkategorie sinnvoll und gewinnbringend auch in die literaturwissenschaftliche Theorie des literarischen Werks integrieren lässt. Das *Reallexikon der deutschen Literaturwissenschaft* definiert ein Werk als „das fertige und abgeschlossene Ergebnis der literarischen Produktion, das einem Autor zugehört und in fixierter, die Zeit überdauernder Form vorliegt, so daß es dem Zugriff des Produzenten ebenso enthoben ist wie dem Verbrauch durch den Rezipienten."[1844] Mit Blick auf verlegerische Prozesse und Praktiken sind mehrere Aspekte daran bemerkenswert:

Dem Zugriff und Verbrauch ist ein Werk erstens nur dann enthoben, wenn es räumlich und materiell den Produzent:innen und Rezipient:innen entzogen ist, was die Verbreitung des Werks in relativ stabiler Form verhindert. Im hier untersuchten Zeitraum der deutschen Teilung handelt es sich dabei um Bücher. Die Definition schließt also unpublizierte Texte – wie Manuskripte, Fragmente, Tagebücher oder Briefe –, zunächst aufgrund von impliziten Kriterien wie Öffentlichkeit, Abgeschlossenheit oder Einheit aus. Sie erhalten erst ggf. durch Editionen von Texten aus dem Nachlass, die nach der Intention der Autor:innen oder der Abwägung der Editor:innen „für die Öffentlichkeit bestimmt sind",[1845] Werkstatus. Was ein ‚Werk' ist, wird also durch „eine spezifische, wenn auch historisch variable Form des Produzierens und Gebrauchens von Texten" bestimmt.[1846]

Wenn nun also vom Werk als Text in seiner publizierten Form die Rede ist, dann erweist sich zweitens die Kategorie des Werks in der literarischen Produktion als Oberbegriff für eine bestimmte Anzahl von Ausgaben bzw. Auflagen, so dass sich der Werkbegriff hierarchisieren lässt. Zunächst ist zwischen dem Gesamtwerk (*œuvre*) und dem Einzelwerk (*opus*) zu unterscheiden.[1847] Das Gesamtwerk setzt sich aus mehreren Einzelwerken zusammen. Das Einzelwerk wiederum besteht nicht nur aus verschiedenen veröffentlichten und unveröffentlichten Fassungen und Versionen des Textes, um deren Vergleich, Chronologisierung und Hierarchisierung die Editionswissenschaft bei der Herausgabe von Werkausgaben bemüht ist. Wenn man die Materialität des Werks miteinbezieht, ergibt sich zwischen Gesamt- und Einzelwerk eine weitere Ebene: Ein Werk in seiner publizierten Form ist in verschiedenen Ausgaben und Auflagen veröffentlicht, die sich auch textuell, aber vor allem materiell unterscheiden kön-

---

1844 Horst Thomé: ‚Werk'. In: Klaus Weimar u. a. (Hg.): Reallexikon der deutschen Literaturwissenschaft. Neubearbeitung des Reallexikons der deutschen Literaturgeschichte. Berlin/New York 2007, S. 832–834, hier S. 832.
1845 Ebd.
1846 Ebd.
1847 Vgl. Spoerhase: Was ist ein Werk?, S. 286.

nen.¹⁸⁴⁸ Hierzu zählen aus praxeologischer und materialitätsästhetischer Perspektive neben der Erstausgabe und allen weiteren Ausgaben des Originalverlags (gebunden, broschiert, illustriert, in Reihen, als Werkausgabe), auch Lizenzausgaben bei anderen Verlagen, seien sie in Originalsprache oder Übersetzung. In diesem Sinne gehört auch die Werkausgabe zur Reihe der Ausgaben eines Einzelwerks und ist nicht als dessen Abschluss zu sehen. Von Interesse sind in der editorialen Werkbiographie also nicht nur die Textgestalt und deren Varianten, sondern auch die verschiedenen Fassungen der Ausgabe, die wiederum in mehreren Auflagen vorliegen kann. Eine weitere Ebene stellt dann das jeweilige Exemplar eines Einzelwerks (bzw. einer Werkausgabe) dar, das sich ggf. durch seine Gebrauchsspuren auszeichnet.

Die materielle und peritextuelle Gestaltung gehört aus dieser Perspektive zum Werk. Inwiefern sich Ausgaben nicht nur peritextuell und materiell, sondern auch textuell (durch Satzfehler oder editorische Eingriffe), und Auflagen sich textuell, peritextuell (im Impressum sowieso, aber auch im Klappentext oder der Typographie) und materiell (durch andere Papierarten) unterscheiden, muss an Fallstudien überprüft werden. Prinzipiell ist davon auszugehen, dass Ausgabenvarianten und Textvarianten in einem komplexen Verhältnis zueinanderstehen. Das hier immateriell gedachte *opus*, auf das sich die Ausgaben beziehen, bleibt das Gleiche. Die Kategorie der Ausgabe quantifiziert also das Werk, während ihre Vielfalt es qualifiziert (Erstausgabe, Neuauflage, ungekürzte Fassung, Übersetzung).

Dass das Werk als Oberbegriff für seine Ausgaben zu verstehen ist, wird drittens daran deutlich, dass die Definition im *Reallexikon* davon ausgeht, der „Produzent[]" – im Zitat als Kollektivsingular formuliert – habe keinen Zugriff auf das Werk. Das folgende Kapitel wird aber zeigen, dass Autor:innen zwar *Ausgaben* nicht verändern können – dies ist allein auf Exemplarebene mit den Gebrauchsspuren am eigenen Werk möglich – wohl aber ein *Werk*, von dem es eben mehrere Fassungen geben kann: auf textueller Ebene, insofern damit sämtliche Textfassungen bezeichnet sind, die im Lauf des Entstehungsprozesses eines Werks hergestellt wurden, und auf peritextueller Ebene, wenn sämtliche Ausgabenfassungen gemeint sind, die im Lauf einer Werkbiographie entstanden sind. So gesehen erweisen sich Ausgaben als (stillgestellte) Phänotypen eines (potentiell unendlich veränderbaren) Werks.¹⁸⁴⁹ Ausgaben und nicht Werke sind „das

---

1848 Zum Verhältnis von Werk, Text und Ausgabe sowie den damit verbundenen (historischen) Werkpraktiken vgl. auch Martus: Die Praxis des Werks.
1849 Der Begriff ist aus der Genetik entlehnt und findet sich ähnlich bei Julia Kristeva wieder. Sie bezeichnet mit ‚Genotext' einen unendlichen Prozess der Sinngebung, der auf einer Struktur, dem ‚Phänotext', zum Stillstand gebracht und an diese gebunden wird (vgl. Julia Kristeva: Die Revo-

fertige und abgeschlossene Ergebnis der literarischen Produktion, das einem Autor zugehört und in fixierter, die Zeit überdauernder Form vorliegt". Als Folge dieser Überlegungen ließe sich die Kategorie ‚Ausgabe' zwischen bzw. in einem Dreiecksverhältnis zu den Kategorien ‚Werk' und ‚Text' anordnen: Aus werkgenetischer Perspektive wird ein Text erst mit seiner Veröffentlichung zum Werk, das dann materiell gesehen und rückblickend auf seine Biographie sowohl in Ausgaben- als auch in Textfassungen vorliegt. Ausgaben wiederum enthalten Textfassungen, können aber je nach Gestaltung auch Werkfassungen repräsentieren, wie zu zeigen sein wird.

Die Frage nach der Autorisierung einer Ausgabe durch die Autor:in tritt aus dieser Perspektive auf die Materialität und Biographie des Werks in den Hintergrund. Vielmehr geht es zum einen um die Produktionsgemeinschaft einer Ausgabe, an der Autor:innen als Personen oder als Funktion beteiligt sein können. Welche Akteure wirken an der Konzeption einer Ausgabe mit und welche Ziele werden dabei verfolgt? Zum anderen geht es um Ausgaben als Mittel zur Inszenierung von Autorschaft und als Deutungsmodelle eines Werks in einem bestimmten historisch-kulturellen Kontext. Welche Vorstellungen von Autorschaft und Werk sind mit der jeweiligen Auswahl, Bearbeitung und Anordnung des Textes verbunden? Welche Veränderungen sind von Ausgabe zu Ausgabe festzustellen? Welchen Umwertungen ist das Werk unterworfen und welche Rolle spielen Paratexte, publizistische Kontexte wie der Verlag oder eine Reihe sowie Merkmale der Buchausstattung, etwa Format und Illustrationen?

3 Vorstufen zum Werk. Wie eine Gedichtsammlung entsteht

Die Gedichte, die in den ersten Gedichtband Brauns aufgenommen wurden, sind in den Jahren 1959 bis 1964 entstanden. Spätestens seit dem Lyrikabend der Akademie der Künste am 11. Dezember 1962, als Stephan Hermlin fünf dieser Gedichte der Öffentlichkeit präsentierte, verlief der Entstehungsprozess nicht mehr des Texts am Schreibtisch des Dichters, sondern der ersten Ausgabe eines Debütautors in einer Dynamik aus Brauns inhaltlich-formalen Änderungen und der Fixierung einer Textfassung für Lesungen und erste Abdrucke von Gedichten. Durch die unterschiedlichen Publikationskontexte ergaben sich unterschiedliche

---

lution der poetischen Sprache. Frankfurt a. M. 1978, S. 96). Ähnlich wird mit dem aus der Peirce'schen Semiotik übernommenen Begriffspaar ‚Typ' und ‚Token' operiert (vgl. die Überlegungen in Gilbert: Unter ‚L' oder ‚F', S. 72; Reinold Schmücker: (Hg.): Identität und Existenz. Studien zur Ontologie der Kunst. Paderborn 2003; Richard Wollheim: Objekte der Kunst [1968]. Übersetzt von Max Looser. Frankfurt a. M. 1982, S. 77–81).

Zusammenstellungen der Gedichte, so dass deren Zusammenhang getestet werden konnte. Das Konvolut von Gedichten, dass Braun 1964 für einen Gedichtband mit dem Mitteldeutschen Verlag zusammenstellte, ist aus diesem Entwicklungsprozess hervorgegangen.

Ich rekonstruiere im Folgenden zunächst die Entstehung des ersten Gedichtbands anhand seiner Vorveröffentlichungen. Denn Lesungen, Abdrucke in Anthologien und Zeitschriften sind in der editorialen Biographie eines Gedichtbands als Vorstufen des Werks anzusehen. An dieser Definition zeigt sich ein besonderer Status von Gedichtbänden: Jedes publizierte Gedicht ist bereits ein eigenständiges Werk, dessen editoriale Biographie so gesehen mit dem ersten Abdruck beginnt und das eine mit einem Gedichtband verflochtene, aber ganz eigene editionsbiographische Entwicklung aufweist. Das Gleiche gilt für alle anderen Gedichte, die Teil des Gedichtbands sind. Durch die intentionale Kombination von Gedichten in einem Band und dessen peritextuelle Gestaltung entstehen transtextuelle Bezüge, die den Werkcharakter eines Gedichtbands begründen.[1850] So ist aus umgekehrter Sicht die editoriale Biographie eines Gedichtbands also durchkreuzt von weiteren Werkbiographien, die im Gedichtband zu einem gemeinsamen editionsbiographischen Ereignis zusammentreffen – eventuell zu sehr unterschiedlichen Zeitpunkten ihrer jeweiligen biographischen Entwicklung.

3.1 Lesungen. Die Lyrikabende der Jahre 1962 und 1963

Braun reagierte im Herbst 1962 auf die Aufforderung Hermlins, damals Sekretär der Sektion Sprache und Dichtung der ostdeutschen Akademie der Künste, Gedichte einzusenden, die unter dem Titel „Junge Lyrik: unbekannt und unveröffentlicht" in der Akademie präsentiert werden sollten.[1851] Braun schickte elf nummerierte Gedichte ein, die keine Titel trugen.[1852] Insgesamt erreichten

---

[1850] Vgl. Teil III, Kapitel 3.
[1851] Zur Vorbereitung des Lyrikabends vgl. Alan Ng: The Lyrikabend of 11 December 1962. GDR Poetry's „Geburtsstunde" as Historiographic Artifact. Madison 2002: http://www.alan-ng.net/lyrikabend/dissertation/e-book.pdf (zuletzt eingesehen am 5.05.2022), S. 144–146.
[1852] Es handelte sich größtenteils um Gedichte, die später auch in den Buchausgaben zu finden sind (*Unsere Gedichte/Vorwort, Kommt uns nicht mit Fertigem, Stampfe in die Mädchenträume/ Adonis, Schlacht bei Fehrbellin, Jugendobjekt, Jazz, Mitteilung an die reifere Jugend, Vorläufiges*), ein Gedicht hat Braun später in den Gedichten *Die Wolken* und *Nachts, fern vom AS1120* verarbeitet, eines ist nicht erhalten (vermutlich *Unser Glück ist total*) (vgl. Stellungnahme der Genossen wissenschaftlicher Mitarbeiter Ilse Siebert, Ulrich Dietmel, Werner Jehser und Eberhard Meißner

Hermlin 1.250 Gedichte von 144 meist unbekannten Lyriker:innen, von denen er 63 für den Vortrag auswählte.[1853] Hermlin begründete seine Auswahl mit subjektiven Kriterien: „einfach das, was mir an einem Gedicht als gelungen gewertet erscheint, und zwar in Inhalt und Form".[1854] Ein interner Bericht von wissenschaftlichen Mitarbeiter:innen der Akademie erkannte zwei weitere Leitideen:

> Die Auswahl Hermlins war offenbar nach den Gesichtspunkten erfolgt, einmal die Vielfalt der Themen (Liebesgedichte, aktuell politische Gedichte usw.) zu zeigen und weiterhin die Vielfalt der Formen und Schulen (Brecht, Neruda, Becher, Kästner) und den z.T. daraus wachsenden „eigenen Ton" der jungen Lyriker zu demonstrieren.[1855]

Der Lyrikabend stand im Kontext eines Jugendkommuniqués des SED-Politbüros, das dazu aufrief, die gesellschaftliche Aufmerksamkeit auf die Belange der Jugend zu richten.[1856] Gleichzeitig hatte sich nach dem Bitterfelder Weg eine neue Generation von Dichter:innen entwickelt, die in der DDR aufgewachsen war und mit neuen Inhalten und Schreibweisen in die Öffentlichkeit drängte.[1857] Ziel der Veranstaltung war die Förderung des lyrischen Nachwuchses zu einer Zeit, als Schriftsteller wie Hermlin oder Fühmann ihre lyrische Arbeit aufgaben und sich der Prosa zuwandten. Obwohl oder gerade weil viele der Gedichte sich an literarischen Traditionen orientierten und diese weiterentwickelten, führte der Generationsgegensatz jedoch zu Diskussionen über Publikationskriterien von Verlagen und Zeitschriften und anderen Konflikten.[1858] Die Erwähnung eines „eigenen Ton[s]" der Gedichte verweist in diesem Sinne auf die Schwierigkeit, junge Lyriker:innen im literarischen Feld zu etablieren. Der Lyrikabend ist zum einen berühmt geworden, weil Hermlin als Verantwortlicher des Abends aufgrund der kontroversen Diskussionen in der Folge aus seiner Position des Sekretärs entlassen wurde und zum anderen, weil der Abend den Beginn einer ‚Lyrik-Welle'

---

zur Veranstaltung „Junge Lyrik" am 11.12.1962, Notiz vom 27.12.1962. Manuskript Volker Braun. In: Archiv AdK-O 0312, Blatt 117–126).
1853 Vgl. Protokoll des Lyrikabends, Transkription des Tonbandmitschnitts. In: Archiv AdK-O S 022, S. 1.
1854 Ebd., S. 33.
1855 Stellungnahme der Genossen wissenschaftlicher Mitarbeiter, Notiz vom 27.12.1962.
1856 Vgl. Barck/Langermann/Lokatis: „Jedes Buch ein Abenteuer", S. 286.
1857 Vgl. Hans-Jürgen Schmitt (Hg.): Die Literatur der DDR. München 1983, S. 261.
1858 Die Auseinandersetzungen auf und nach dem Lyrikabend sind vielfach dokumentiert und besprochen worden (vgl. exempl. Matthias Braun: Kulturinsel und Machtinstrument. Die Akademie der Künste, die Partei und die Staatssicherheit. Göttingen 2007, S. 159–172).

in den sechziger Jahren markiert.[1859] Simone Barck, Martina Langermann und Siegfried Lokatis sprechen von einem Paradigmenwechsel in beiden Teilen Deutschlands, der in der Politisierung von Literatur und der Problematisierung dieser Politisierung lag und mit der Formel ‚Entdeckung der Wirklichkeit' beschrieben wurde.[1860]

Braun nahm an dem Abend nicht persönlich teil. Hermlin trug an seiner Stelle die eingesandten Texte vor. Von den elf eingereichten Gedichten Brauns wählte er sieben aus: *Unsere Gedichte, Stampfe in die Mädchenträume, Schlacht bei Fehrbellin, Jugendobjekt, Kommt uns nicht mit Fertigem, Unser Glück ist total* und *Vorläufiges*. Bis auf das Letzte sind alle auch im ersten Gedichtband im Mitteldeutschen Verlag enthalten. Im Archiv der Akademie der Künste sind sowohl die eingesandten Gedichte, als auch die Versionen überliefert, die auf der Veranstaltung vorgetragen wurden. Im Vergleich wird deutlich, dass Braun die Gedichte vor dem Schritt in die Öffentlichkeit noch bearbeitet hat. Inwieweit diese Änderungen auf Anregungen Hermlins zurückgehen, lässt sich aus den Archivdokumenten nicht rekonstruieren.[1861]

Zunächst erhielten die Gedichte einen Titel. Die Titelgebung erscheint hier als nachgelagerte Praxis im schriftstellerischen Schaffensprozess, die vor allem von der Öffentlichwerdung der Gedichte motiviert ist. Das Gedicht *Vorläufiges* spricht zudem in der ursprünglich eingereichten Fassung in dritter Person vom Autor Braun und rückt damit ein Dichtersubjekt in den Mittelpunkt, das sich einer Gemeinschaft als Individuum gegenübergestellt sieht: „Andere werden kommen und sagen: Volker Braun war ein ehrlicher Mensch".[1862] Für den Vortrag verallgemeinerte Braun die Aussage des Gedichts, indem er das lyrische ‚Er' durch ein ‚Wir' ersetzte und damit das lyrische Subjekt als Kollektiv darstellte.[1863] Die autofiktionale Funktion des Gedichts tritt dadurch in den Hintergrund.

Die Dialektik von Kollektivität und Individualität gilt als eines der zentralen Themen im Werk von Braun.[1864] Hans-Jürgen Schmitt hat Anfang der achtziger

---

1859 Vgl. Barck/Langermann/Lokatis: „Jedes Buch ein Abenteuer", S. 292 ff.; Schmitt (Hg.): Die Literatur der DDR, S. 262.
1860 Vgl. Barck/Langermann/Lokatis: „Jedes Buch ein Abenteuer", S. 289.
1861 Der Vorlass von Volker Braun im Archiv der Akademie der Künste war zum Zeitpunkt der Untersuchung noch nicht zugänglich.
1862 Stellungnahme der Genossen wissenschaftlicher Mitarbeiter, Notiz vom 27.12.1962. Manuskript Volker Braun, Blatt 126.
1863 Vgl. Protokoll des Lyrikabends, Transkription des Tonbandmitschnitts, S. 32.
1864 Vgl. Renate Ullrich: Zu einigen Dimensionen des Verhältnisses von Kollektivität und Individualität. Dargestellt an Texten von Volker Braun. In: Gabriele Jähnert/Karin Aleksander/Marianne Kriszio (Hg.): Kollektivität nach der Subjektkritik. Geschlechtertheoretische Positionierungen. Bielefeld 2013, S. 303–324.

Jahre festgestellt, dass die neue Dichtergeneration zwar von einem Wir sprach, aber auf eine „höchst subjektive Weise", und darin den Grund für die Wahl der lyrischen Form als subjektivste literarische Gattung gesehen.[1865] In einem Gespräch mit Silvia Schlenstedt nannte Braun die frühen Gedichte „ein sehr persönliches Mich-Aussprechen zu Vorgängen, in denen ich mich als Jugendlicher sah, was den Vorteil hatte, daß ich bei meinen Erlebnissen blieb".[1866] Brauns Änderung entsprach aber auch den kulturpolitischen Anforderungen der Zeit. In seinem Vortrag über Arthur Rimbaud blickte Braun später selbstkritisch zurück, ihm habe die soziale Erfahrung gefehlt, um dem Anspruch, für eine gesellschaftliche Gruppe zu sprechen, überhaupt genügen zu können.[1867] Der Schritt, aus der Vereinzelung des Lyrikers herauszutreten, „nicht mehr bloß als einzelner, sondern als Stimme des Kollektivs zu sprechen", doppelt sich in der Perspektivänderung zum ‚Wir':[1868] Sie verdeutlicht zum einen das Ziel, den Antagonismus von Individuum und Gesellschaft in der Lyrik aufzuheben und bedeutet zum anderen den Schritt des Lyrikers Braun ins literarische Feld.

Auch sprachlich passte Braun die Gedichte an. Während die spätere Version von *Schlacht bei Fehrbellin* von den „Liedern" und dem „Gesang" der Genossen spricht, klingen in der Fassung, die Braun an Hermlin schickte, noch mögliche Hölderlin-Lektüren an, die in einem Spannungsverhältnis zur Umgangssprache und Gegenwartsbezogenheit des Gedichts stehen:

> Noch den Hochgesang auf die Wildheit in der Kinnlade,
> [...]
> Wer soll singen mitm Loch im Kopf? Mit Blut im Mund? Heiser
> Vom Wutschrei singen das Hochlied auf die Jugend Fehrbellins,
> Die die bezechten Helden des Rhinluchs zusammendrischt im Hinterhalt?
> Singen das Lied auf die Jugend, die ihren Grips beim RIAS einkauft?
> Die den Arsch zusammennietet, um stark zu sein?[1869]

Für die Veröffentlichung glättete Braun den sprachlichen Ausdruck. Das „Hochlied auf die Jugend" blieb erhalten, aus dem „Hochgesang" wurden jedoch „Lieder", so dass die Sprache mehr der Aktualität des Gedichts entsprach. Das

---

1865 Schmitt (Hg.): Die Literatur der DDR, S. 264 f.
1866 Das Wir und das Ich. Interview mit Volker Braun. In: Auskünfte. Werkstattgespräche mit DDR-Autoren. Berlin/Weimar 1974. S. 319–334, hier S. 319.
1867 Vgl. Volker Braun: Rimbaud. Ein Psalm der Aktualität. In: V.B.: Texte in zeitlicher Folge. Bd. VIII. Halle 1992, S. 7–42, hier S. 14.
1868 Schmitt (Hg.): Die Literatur der DDR, S. 265.
1869 Stellungnahme der Genossen wissenschaftlicher Mitarbeiter, Notiz vom 27.12.1962, Manuskript Volker Braun, Blatt 121.

Wort „Arsch" ersetzte er mit dem Wort „Hintern", so dass sich ein Gleichklang mit den Worten ergibt, die mit dem Laut H beginnen, aber vor allem mit dem „Hinterhalt", in den die Jugend die Helden hineintreibt.[1870] Inwiefern Braun vor allem die Abmilderung des vulgärsprachlichen Ausdrucks auch auf Anregung bzw. im Hinblick auf die Rezeptionssituation vornahm, ließ sich (noch) nicht rekonstruieren.

Das publizistische Echo auf den Lyrikabend war groß. Das *Neue Deutschland* veröffentlichte einzelne Gedichte einiger Autor:innen, darunter *Jugendobjekt* von Braun unter der in Analogie zu den Gedichten kollektivierenden Überschrift „Unsere Zeit in unserem Gedicht".[1871] Braun wurde aus dieser Gruppe neben Biermann besonders hervorgehoben, so dass Schmitt in seiner Sozialgeschichte der Literatur der DDR von einer „Generation Volker Brauns" spricht.[1872] In der *Berliner Zeitung* hieß es:

> Den tiefsten Eindruck hinterließen die frischen Strophen Volker Brauns und die Lieder des Berliner Mathematik- und Philosophie-Studenten Wolf Biermann. Mit ihnen begegneten wir Talenten aus dem Volk, die gute Voraussetzungen haben, Dichter und Sänger der den Sozialismus aufbauenden Jugend unseres Landes zu werden.[1873]

Es folgten im Jahr 1963 vier von der Freien Deutschen Jugend (FDJ) und dem Schriftstellerverband der DDR organisierte Lyrikabende, an denen immer eine Gruppe von Autor:innen ihre Gedichte vortrug.[1874] Die Zusammensetzung der Gruppe änderte sich immer wieder, Braun nahm aber an allen Abenden teil, die teilweise auch im Kontext politischer Veranstaltungen standen. Der erste Lyrikabend am 8. Januar begleitete den sechsten Parteitag der SED, der zweite Abend leitete am 10. April das siebte Parlament der FDJ ein. Neben dem politischen Kontext waren die Lesungen auch von anderen künstlerischen Darbietungen, meist Gesang und Theater, eingerahmt. Junge Lyrik der DDR präsentierte sich damit als Teil einer sozialistischen Kultur, deren unterschiedliche Kunstformen sich aufeinander bezogen.

1870 Protokoll des Lyrikabends, Transkription des Tonbandmitschnitts, S. 29.
1871 Unsere Zeit im Gedicht. In: ND vom 24.12.1962, S. 5.
1872 Schmitt (Hg.): Die Literatur der DDR, S. 263.
1873 Talente aus dem Volk. In: Berliner Zeitung vom 15.12.1962, S. 6.
1874 Die Lyrikabende fanden am 8. Januar, 10. April, 12. Juni und 2. Dezember 1963 statt (vgl. Berichte und Anzeigen in: Neue Zeit vom 11.11.1963, S. 4; Neue Zeit vom 19.05.1963, S. 4; ND vom 6.06.1963, S. 8 und ND vom 24.11.1963, S. 4).

Bereits nach dem Lyrikabend im Januar 1963 wurde Braun in den Ankündigungen als herausragender junger Lyriker des Landes vorgestellt.[1875] Die rasche Bekanntwerdung des Dichters führte auch dazu, dass Braun als Repräsentant der DDR an Lesungen in der BRD und Westberlin teilnehmen konnte. So las er im Herbst 1964 mit Czechowski im Komma-Klub in München und nahm im Januar 1965 an der Lesereihe „Sozialistische Schriftsteller lesen" in der Westberliner Studentenstadt Siegmunds Hof teil.[1876] Zu dieser Zeit stand Braun auch bereits mit dem Suhrkamp Verlag in Kontakt.

Durch die Lesungen präsentierte sich Braun als politischer Lyriker und Vertreter einer jungen Generation von Schriftsteller:innen, die mit ihrem Schreiben an der künstlerisch-intellektuellen Entwicklung der sozialistischen Gesellschaft teilnahmen. In diesem Sinne sind die Veränderungen der Gedichte als Publikationspraktiken zu verstehen, die den Beginn einer editorialen Biographie von inhaltlich-formaler Veränderung und Fixierung in publizierten Formen markieren. Walfried Hartinger versteht die Änderungen als Programm der „beweglichen Einheit", in dem sich sowohl Brauns Verständnis einer stetigen gesellschaftlichen Entwicklung als auch seine auf Veränderung und Innovation bedachte Poetik zeigen.[1877]

3.2 Gedichte in Anthologien

Aus den verschiedenen Lesungen des Jahres 1962 und 1963 entstanden Publikationen, die sowohl den politischen Hintergrund der Gedichte als auch deren transtextuelle Bezüge aufrechterhielten.[1878] Für den Mitteldeutschen Verlag stellte Gerhard Wolf, der zu dieser Zeit als Verlagslektor tätig war, 1964 eine Anthologie unter dem Titel *Sonnenpferde und Astronauten* zusammen, die junge Lyriker:innen in ihrer poetischen Vielfalt präsentieren wollte, so das Vorwort.[1879] Noch im gleichen Jahr erschien im selben Verlag der Band *Sieben Rosen hat der Strauch*, eine Anthologie deutschsprachiger Liebeslyrik, die Texte vom Mittelalter bis in die

---

1875 Vgl. Anzeige Lyrikerabend in Leipzig, organisiert von der FDJ als „Junge Lyriker an der Seite der Partei". In: ND vom 12.01.1963, S. 5.
1876 Vgl. Rainer Kirsch (Hg.): Auswahl 64. Neue Lyrik – Neue Namen. Berlin 1964.
1877 Hartinger: Gesellschaftsentwurf und ästhetische Innovation, S. 37.
1878 Gedichte erschienen unter anderem in *Neue Deutsche Literatur*, *Forum* und *Sonntag* (vgl. Christine Cosentino/Wolfgang Ertl: Zur Lyrik Volker Brauns. Königstein im Taunus 1984, S. 155).
1879 Vgl. Sonnenpferde und Astronauten. Gedichte junger Menschen. Hg. von Gerhard Wolf. Halle 1964.

sechziger Jahre umfasst.[1880] Schließlich gaben Adolf Endler und Karl Mickel 1966, ein Jahr nach dem Gedichtband im Mitteldeutschen Verlag und im gleichen Jahr des westdeutschen Gedichtbands bei Suhrkamp, eine Anthologie heraus, die bereits aus dem Titel auf eine politische Ausrichtung schließen lässt.[1881] Der Band *In diesem besseren Land* enthält die Gedichte *Selbstverpflichtung* und *Flüche in Krummensee* in dem Teil *Morgenzug*. Der Komparativ ‚besser' mit der im Untertitel anschließenden Verortung der Gedichte in der DDR verweist eindeutig auf einen Vergleich mit dem ‚anderen' Deutschland, der BRD. Der Titel konstatiert also eine klare Abgrenzung und Überlegenheit, die den Band und seinen Inhalt in einen politischen Kontext stellten. Auch das Vorwort der Herausgeber verdeutlicht, dass die im Band enthaltenen Gedichte dem sozialistischen Gesellschaftsentwurf entsprechen sollten. Hinzu kam, dass die Herausgeber Gedichte unterschiedlicher Lyrikgenerationen der DDR gegenüberstellten und somit den kulturpolitischen Konflikt über Form und Funktion des Gedichts, der das Aufkommen der ‚Lyrik-Welle' begleitete, in der Anthologie ausstellte.[1882] War Braun in den vorangegangenen Anthologien als Dichter einer ersten Nachkriegsgeneration bzw. als deutschsprachiger Dichter in einer langen Tradition von Liebeslyrik inszeniert, standen sein Autorname und die Gedichte mit diesem Band auch in einem politisch-ideologischen Zusammenhang in Opposition zur Literatur der BRD.

Die Zusammenschau der Anthologien veranschaulicht deren Funktionen der Einführung von Autor:innen, der Proklamation einer neuen Dichtergeneration, der Bereitstellung von Texten und deren programmatischer Deutung, hier zum Beispiel im Hinblick auf ein öffentliches Engagement von Schriftsteller:innen und deren kritische Reflexion auf das Zeitgeschehen.[1883] Bevor im Frühjahr 1965 sein erster eigener Gedichtband im Mitteldeutschen Verlag erschien, war Braun also bereits mit Abdrucken in drei Anthologien im Programm des Mitteldeutschen Verlags präsent. Durch den Kontext der Zusammenstellungen, aber auch die Vorworte der Herausgeber war Braun mit gesellschaftskritischer sowie Liebes-

---

1880 Vgl. Sieben Rosen hat der Strauch. Deutsche Liebesgedichte und Volkslieder von Walther von der Vogelweide bis zur Gegenwart. Hg. von Heinz Czechowski. Halle 1964. Der Band enthält keine editorische Anmerkung, anhand der Auswahl der Autor:innen aus dem 20. Jahrhundert, die sich der politischen Linken zuordnen lassen, wird deutlich, dass Lyriker von Walther von der Vogelweide bis Heinrich Heine in eine Traditionslinie kritisch-politischer Lyrik gestellt werden. Lyriker:innen aus der BRD kommen in dem Band nicht vor.
1881 Vgl. In diesem besseren Land. Gedichte der Deutschen Demokratischen Republik seit 1945. Hg. von Adolf Endler und Karl Mickel. Halle 1966.
1882 Vgl. Barck/Langermann/Lokatis: „Jedes Buch ein Abenteuer", S. 301.
1883 Vgl. zur Bedeutung von Anthologien in der DDR den Sammelband Günter Häntzschel: Literatur in der DDR im Spiegel ihrer Anthologien. Wiesbaden 2005.

und Naturlyrik als junger, politischer Autor und Teil einer sozialistisch geprägten Generation positioniert.

An der inhaltlich-formalen Entwicklung des Gedichts *Provokation für mich* von der Anthologie *Auftakt 63*, die aus dem ersten Lyrikabend der FDJ entstand, zur Fassung im Gedichtband zeigt sich, wie der Publikationskontext die formale Normalisierung des Gedichts bewirkte. Im Vorwort der Anthologie rief der erste Sekretär des Zentralrats der FDJ, Horst Schumann, die Leserschaft dazu auf, in einen kritischen Dialog mit den Schriftsteller:innen über Form und Inhalt der Gedichte zu treten.

> Es wäre wünschenswert, daß der Leser dieses kleinen Bandes seine Meinung nicht für sich behält, sein Urteil abgibt über Inhalt und Qualität dessen, was in diesem Band Aufnahme fand. Soll doch dem jungen Künstler geholfen werden, noch besser unser Leben künstlerisch gestalten zu können, im Streben nach Meisterschaft vorwärts zu kommen.[1884]

Die Texte des Bands wurden hiermit als *works in progress* präsentiert, ganz im Sinne der Veränderungspoetik Brauns. Die Entstehung eines Werks und die Karriere eines (hier männlich gegenderten) Autors vom „jungen Künstler" zum Meister seiner Kunst stellen sich außerdem als kollektiver, dynamischer Prozess zwischen Rezeption und Produktion dar. Dementsprechend trägt der Band den Untertitel *Gedichte mit Publikum*. Die „Meisterschaft" von Künstler:innen und die „Qualität" von Texten waren nicht gegeben, sondern sollten kollektiv geschaffen werden. Sowohl den Autor:innen als auch den Texten wurde also ein Entwicklungspotential zugesprochen, das sich bei Braun in seiner Autorschaft und sowohl an seinen Texten als auch seinen Werken umsetzte.

Der Band *Auftakt 63* enthält Gedichte von 29 Autor:innen der jungen Lyrikgeneration. Braun ist mit den Gedichten *Auseinandergehn* und *Provokation für mich* vertreten. Der Beitrag ist mit einem Autorenporträt und einer Kurzbiographie eingeleitet. Im Vergleich zum Gedichtband beim Mitteldeutschen Verlag, in dem die darauffolgende Fassung der Gedichte abgedruckt ist, hat sich vor allem das Gedicht *Provokation für mich* stark verändert. Ohne die Anlässe für die Änderungen zu kennen,[1885] lässt sich im Vergleich feststellen, dass Braun vor allem das Bild der angesprochenen Dichter und der „Mädchen" angepasst hat. Außerdem ist der Satz im Gedichtband stark normalisiert.

1884 Horst Schumann: Vorwort. In: Auftakt 63. Gedichte mit Publikum. Hg. vom Zentralrat der FDJ. Berlin 1963, S. 6.
1885 Ein Desiderat bleibt zu diesem Zeitpunkt der Abgleich der Änderungen mit evtl. Leserbriefen und anderer Korrespondenz bezüglich der Gedichte im Vorlass des Dichters, der z. Zt. im Archiv der AdK erschlossen wird.

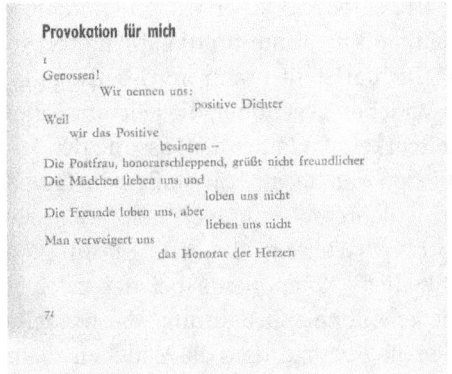

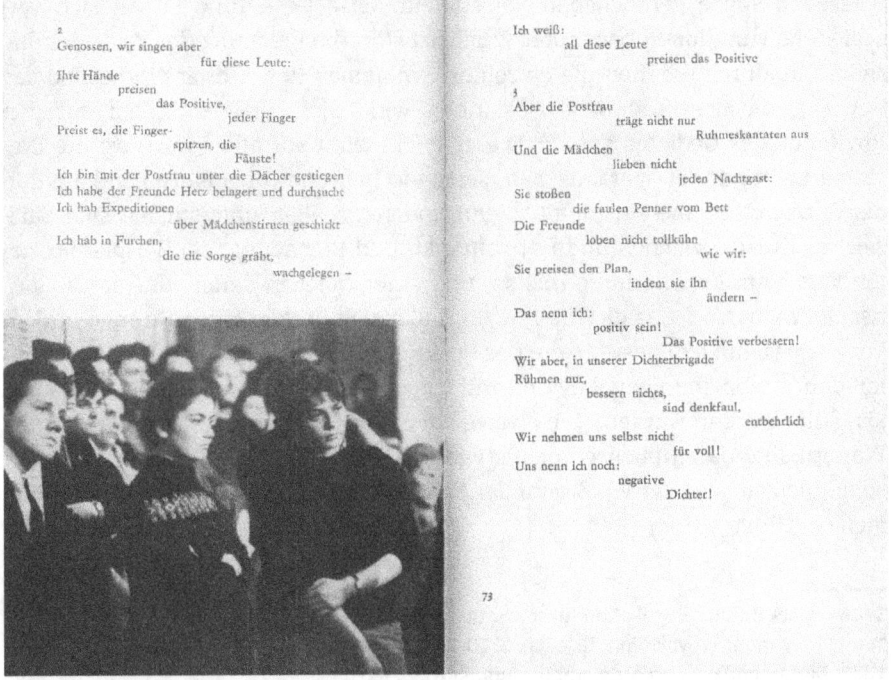

Abb. 14: Das Gedicht *Provokation für mich* in der FDJ-Zeitschrift *Auftakt 63. Gedichte mit Publikum* (1963).

Das Gedicht *Provokation für mich* ist ein Aufruf an Dichter und damit auch an Braun selbst, nicht nur über das Positive einer Gesellschaft zu schreiben, sondern mit ihren Gedichten an der positiven Gestaltung der Gesellschaft teilzuhaben, also das Positive nicht nur als gegebenen Zustand zu loben, sondern als Ergebnis einer ständigen Erneuerung und Verbesserung zu begreifen. Diesen Anspruch richtete Braun mit der zweiten Fassung im Gedichtband nicht nur an die „Dichterbrigade",[1886] sondern an alle Dichter.[1887] Dem Dichter stellt Braun im Gesellschaftsgefüge die Postfrau, die Freunde und die Mädchen gegenüber, die jede und jeder für sich tatkräftig an der Verbesserung mitwirken. So lautet die Fassung der Anthologie: „Und die Mädchen lieben nicht jeden Nachtgast: / Sie stoßen die faulen Penner vom Bett".[1888] Im ostdeutschen Gedichtband von 1965 heißt es: „Die Mädchen lieben nicht, der nichts begehrt."[1889] Während die erste Fassung die Mädchen als promiskuitiv darstellt, fehlt diese Komponente bei der zweiten Fassung. Das Lieben hat vorrangig eine emotionale Bedeutung, die sexuelle Konnotation tritt in den Hintergrund. Allein die Aussage, dass die Mädchen allein einen tatkräftigen Mann lieben, bleibt erhalten.

Auffällig an der ersten Fassung ist der Satz des Gedichts mit einigen linearen Verszeilen sowie gebrochenen Versen. Für diese Gestaltung lassen sich verschiedene Funktionen benennen. Zunächst stört die Brechung der Verse den Lesefluss, dadurch erhalten die einzelnen Syntagmen und Wörter ein besonderes Gewicht, die schriftbildliche Gestaltung wirkt sich also vor allem auf den Rhythmus des Gedichts aus.[1890] Dieser Effekt wirkt vor allem dort, wo die Brechung nicht mit der syntaktischen, semantischen und pneumatischen Funktion der Satzzeichen übereinstimmt.[1891] An anderen Stellen unterstützen sich Satzzeichen (Ausrufezeichen und Doppelpunkt) und Brechung, zum Beispiel im ersten Vers beim Appell an die Dichter, und unterstreichen damit „das deklamatorische Pathos".[1892] Das gleiche Prinzip findet sich in der dritten Strophe in dem Vers: „Das nenn ich: positiv sein! Das Positive verbessern!" (Abb. 14) Der Text wird mit den Versbrechungen aktiv und will vorgetragen werden, damit die Freiräume als Stille hörbar werden. Die Leerzeichen und Versumbrüche zwischen den Wörtern sind damit ebenso wichtig wie der Text selbst. Das Papier interveniert somit als Zeichen, der Weißraum der Seite wird zum bedeutungstragenden Element des Textes.

1886 Volker Braun: Provokation für mich. In: Auftakt 63, S. 71–73, hier S. 73.
1887 Vgl. Braun: Provokation für mich, S. 70.
1888 Braun: Provokation für mich. In: Auftakt 63, S. 73.
1889 Braun: Provokation für mich. In: V.B.: Provokation für mich, S. 70.
1890 Vgl. Andrea Polaschegg: Literatur auf einen Blick. Zur Schriftbildlichkeit der Lyrik. In: Sybille Krämer/Eva Cancik-Kirschbaum/Rainer Totzke (Hg.): Schriftbildlichkeit. Wahrnehmbarkeit, Materialität und Operativität von Notationen. Berlin 2012, S. 245–264, hier S. 250.
1891 Vgl. Alexander Nebrig/Carlos Spoerhase: Für eine Stilistik der Interpunktion. In: A.N./C.S. (Hg.): Die Poesie der Zeichensetzung. Studien zur Stilistik der Interpunktion. Bern u. a. 2012, S. 11–32, hier S. 12.
1892 Cosentino/Ertl: Zur Lyrik Volker Brauns, S. 43.

Eine weitere Funktion der Brechung besteht darin, auf die Wortgestaltung des Gedichts hinzuweisen. Dies ist der Fall bei den Versen „Die Mädchen lieben uns und loben uns nicht /Die Freunde loben uns, aber lieben uns nicht" (Abb. 14) Hier hebt das abgesetzte Versende die Satzvariation hervor und bekräftigt damit die Aussage, dass der Dichter erst durch das rechte Schaffen den Lohn seiner Arbeit erhalte, nämlich Lob und Liebe, das „Honorar der Herzen".[1893] Der Versuch Brauns, durch den Satz die Bedeutung der Verse und seinen Stil zu unterstreichen, zeigt sich auch in Brauns frühen Nachdichtungen russischer Dichter in einer vom Mitteldeutschen Verlag herausgegebenen Anthologie.[1894] Die Brechung der Verse lässt die syntaktische, stilistische und semantische Gestaltung der Texte besonders hervortreten. Sie verweist auf Brauns Auseinandersetzung mit Wladimir Majakowski, der ebenfalls die Zeilenstufung verwendete.[1895] Die neuere Forschung zur Materialität von Texten hat gezeigt, dass Schriftbild und typographische Details Textaussagen stützen, modifizieren, unterlaufen oder reflektieren können. Als Interpretamente können sie deshalb in einer „Hermeneutik der Typographie" berücksichtigt werden, auch unabhängig von der Intention der Produktionsgemeinschaft.[1896]

In Brauns eigenem Gedichtband sind die Versteile nicht abgesetzt. Als Mittel zur Akzentuierung bleiben die Satzzeichen, deren akklamatorischen Effekt Braun allerdings immer weiter zurücknimmt. Das Gedicht ist im Gegensatz zur Anthologie auf nur einer Buchseite abgedruckt. Es wird dadurch als „Literatur auf einen Blick" erkennbar und durch seine konventionalisierte Schriftgestalt gattungspoetisch als Lyrik kodiert, so dass das Text*erkennen* jenseits der Lektüre und des Textverständnisses in den Fokus gerät.[1897] Auch die Satzzeichen sind verändert. Anhand der verschiedenen konsekutiven Auflagen des Gedichtbands werde ich verdeutlichen, dass hiermit eine Veränderung der Poetik Brauns beginnt, die sich bis in die siebziger Jahre fortzieht. Zunächst nutzte Braun Satzzeichen wie Ausrufezeichen und Doppelpunkte zur Gestaltung und Hervorhebung einzelner Passagen, unterstützt durch die Versgestalt. Die Gedichte erhielten dadurch etwas Proklamatorisches, das sprachlich-lyrische Element trat hinter die Appellfunktion zurück. „Das Gedicht tendiert, vor allem in Zeiten begonnener gesellschaftlicher Ansprüche [...], zur Wortmeldung, zur Proklamation, zum Auf- und Zwischenruf",

---

[1893] Braun: Provokation für mich. In: Auftakt 63, S. 71.
[1894] Vgl. Edel Mirowa-Florin/Fritz Mierau (Hg.): Sternenpflug und Apfelblüte. Russische Lyrik von 1917 bis 1962. Berlin 1963.
[1895] Vgl. Brohm: Die Koordinaten im Kopf, S. 136.
[1896] Thomas Rahn: Gestörte Texte. Detailtypographische Interpretamente und Edition. In: Lukas/Nutt-Kofoth/Podewski (Hg.): Text – Material – Medium, S. 149–171, hier S. 155.
[1897] Polaschegg: Literatur auf einen Blick, S. 250–253.

urteilt Hartinger in Bezug auf die frühen Gedichte.[1898] Im Gedichtband ist dieser Ton wesentlich milder. Statt Ausrufezeichen stehen hier Komma oder Punkt, auch der Satz ist normalisiert.[1899] Im Vergleich mit den späteren Gedichtfassungen wird deutlich, dass sich Brauns Poetik vor allem in Form und Funktion seiner Gedichte änderte. In den sechziger Jahren dienten sie der Agitation, und dementsprechend wirken auch die formalen Aspekte. Die formale Gestaltung passte sich im Lauf der editorialen Biographie des Gedichtbands immer mehr den Konventionen schriftlicher Gestaltung von Gedichten an, wodurch der sprachlich-semantische Gehalt der Texte in den Vordergrund trat.

Der Anspruch des Bands *Auftakt 63*, Gedichte im Austausch mit der Leserschaft zu entwickeln, setzte die Idee der Lyriklesungen fort. Er steht aber in einem produktiven Widerspruch mit der Veröffentlichung der Gedichte im Band, die unter dem singulären Autornamen Braun standen: Einerseits stellen Veröffentlichungen literarische Texte überhaupt erst einer breiteren Leserschaft zur Verfügung und ermöglichen somit deren Rezeption, andererseits fixieren sie den Entwicklungsprozess eines Texts unter Publikationsbedingungen. Sie simplifizieren den kollektiven Entstehungsprozess, indem sie die Urheberschaft allein dem Autor zuschreiben. Zwar nennen die Ausgaben der DDR meist im Impressum, wer für Buchgestaltung, Satz und Druck verantwortlich war, auf dem Einband bleiben Anspruch und Praxis eines kollektiven Produktionsprozesses und damit der Einfluss von Leserschaft und Lektorat aber hinter dem Autornamen verborgen.

3.3 Gedichte in der Literaturzeitschrift *Sinn und Form*

Unter dem Titel *Junge Lyrik der Deutschen Demokratischen Republik* veröffentlichte Braun gemeinsam mit anderen Autoren seine ersten Gedichte in der Akademie-Zeitschrift *Sinn und Form* im ersten Heft des Jahres 1963, nur wenige Wochen nach dem Lyrikabend der Akademie der Künste am 11. Dezember 1962. Für Bodo Uhse, der nach der Entlassung Huchels die Chefredaktion übernommen hatte, war es die erste von ihm verantwortete Ausgabe der Zeitschrift. Von den 29 Autor:innen, deren Gedichte Hermlin vorgetragen hatte, konnten nur 22 ihre Gedichte veröffentlichen.[1900] Statt der 63 vorgetragenen Gedichte enthält der Band nur 39, von Braun allein fünf, während die meisten nur mit einem oder zwei Gedichten ver-

---

1898 Hartinger: Gesellschaftsentwurf und ästhetische Innovation, S. 45.
1899 Vgl. Braun: Provokation für mich. In: V.B.: Provokation für mich, S. 70.
1900 Es fehlen Helmut Baierl, Wolf Biermann, Dieter Frycia, Bernd Jentzsch, Sarah Kirsch, Hans Peter Leske und Karl Mickel. Die Gründe für die Auswahl gehen aus den Archivdokumenten nicht hervor.

treten sind. Er erscheint dadurch in dieser Auswahl als der wichtigste der jungen Autoren. Dies entsprach auch der Wahrnehmung der Medien, die Braun zum Vertreter der jungen Dichtergeneration erklärt hatte.[1901]

Folgende Gedichte sind enthalten: *Jugendobjekt*, das später unverändert im ersten Gedichtband erschien, *Schlacht bei Fehrbellin*, *Stampfe der Mädchenträume*, *Vorläufiges* und *Unsere Gedichte*, die Braun für das Debüt beim Mitteldeutschen Verlag noch einmal bearbeitete. Im vierten Heft des gleichen Jahres erschienen noch einmal elf Gedichte Brauns, diesmal in einem eigenen Beitrag, von denen allerdings nicht alle in den Band *Provokation für mich* aufgenommen wurden. *Nachts, fern vom AS1120*, *Begegnung mit dem alten Freund*, *Fastnachtsspaß*, *Provokatorische Liebesgedichte für Susanne M. in Flensburg*, *Provokation für A.P.*, *Selbstverpflichtung des Gartenzwergs*, *R.* und *Mitteilung an meine bedrückten Freunde* wurden mehr oder weniger stark verändert übernommen, *Der Wind soll die Wolken fressen*, *Blumenpflege* und *Gegen die Traurigkeit* sind im ersten Gedichtband nicht enthalten. Anhand der Gedichte *Nachts, fern vom AS1120/Abgekehrt* und *Provokation für A.P.* möchte ich im Folgenden zeigen, welche Änderungsprozesse die Gedichte im Vergleich zum Gedichtband und seinen Auflagen durchlaufen und wie sich deren Aussage und Bedeutungshorizont dadurch wandelte.

Das Gedicht *Nachts, fern vom AS1120* ist in drei publizierten Fassungen erhalten: Die Fassung aus dem vierten Heft von 1963 der Zeitschrift *Sinn und Form*, eine Fassung in *Provokation für mich* (erste bis dritte Auflage) im Teil *Auseinandergehn* und eine gekürzte und geänderte Fassung in der vierten Auflage in dem ausgebauten Teil von *Provokation für mich*, der nun *Absagen* heißt, unter dem neuen Titel *Abgekehrt*. Letztere Version wurde auch in die Gesamtausgabe aufgenommen. Das Gedicht ist im Suhrkamp-Band *Vorläufiges* nicht enthalten. Versteile und Motive des Gedichts finden sich jedoch bereits in einem der neun titellosen Gedichte, die Braun für den Lyrikabend Hermlins einreichte. Dort heißt es in der dritten Strophe des zweiten Gedichts:

> So, wenn die Nacht ihre warmen Arme ins Fenster hängt,
> und die Stadt brummt unter dir wie ein Kompressor oder der große Bagger:
> Im Leerlauf. Du hast Schweiß auf der Stirn.[1902]

Aus dieser Strophe entstand später das neue Gedicht, andere Teile verarbeitete Braun in *Die Wolken*. *Nachts, fern vom AS1120/Abgekehrt* beschreibt die dröh-

---

[1901] Vgl. Schmitt (Hg.): Die Literatur der DDR, S. 262.
[1902] Stellungnahme der Genossen wissenschaftlicher Mitarbeiter, Notiz vom 27.12.1962, Manuskript Volker Braun, Blatt 118.

nende Stille eines Tagebauarbeiters, der die Arbeit am Abend beendet hat. Zurück in der Stadt, weich gebettet, der Mond scheint durch das Fenster, erinnert er sich in der idyllenhaften Atmosphäre seines Zimmers an die Bild- und Geräuschkulisse des Tagebaus: das Quietschen der Eimerketten, das Brummen des Baggers im Leerlauf, der Lärm der Großblöcke.

> *Nachts, fern vom AS1120*
>
> Die Nacht hängt ihre schlaffen Arme ins Fenster
> Die Stadt brummt unter mir wie ein Kompressor
> Wie der große Bagger im Leerlauf
> Meine Haut bereitet dem Mond das Bad –
>
> Kumpel, macht eine Zigarettenpause!
> Ich liege auf altem Bürgerplüsch:
> Ihr habt mich hergeschickt. Und lerne
> Wie man mit langen vertüftelten Reden
> Die Planbremsen lockert. Wüßte ich nicht
> Daß Ihr gelernt habt, immer
> Recht zu haben: ich käme
> Sofort zurück
>
> Und nach der Nacht der tausendblättrigen Scharteken
> Möchte ich lauwarmes Schmieröl trinken gegen den Wortstaub:
> Ach, den Rauch der Betonschlote ließ ich hinter mir
> Und den tierischen Schrei der Eimerketten
> Dem Lärm der Großblöcke entkam ich:
>
> Seltsam –, auch die Vögel in den Wolken blieben zurück
> Und der Tau glimmend im Klee[1903]

Im Gedicht erscheinen die Maschinen wie mythische Wesen. Das Wort „Scharteken" wurde seit dem 19. Jahrhundert für alte, wertlose Geräte verwendet. Zuvor jedoch bezeichnete es Schriftstücke oder Bücher. In dieser doppelten Bedeutung entsteht das Bild einer ächzenden Maschine, die endlose Geschichten erzählt. Der Wortstaub, den das lyrische Ich mit Schmieröl herunterspülen möchte, vermischt wiederum die metaphorischen Worte, die durch die Maschine an das Ohr des Arbeiters dringen, und den realen Staub, der sich bei der Beförderung von Abraum verbreitet. Wenn dann die Betonschlote rauchen und die Eimerketten schreien, entsteht das Bild einer dämonischen Landschaft von speienden Drachen und anderen Fabelwesen.

Die Änderungen, die Braun an dem Gedicht vornahm, sind syntaktischer und semantischer Art. Zunächst schwächte Braun für den Gedichtband die Satzzei-

---

1903 Volker Braun: Gedichte. In: SuF 15 (1963), 4, S. 626–639, hier S. 626.

chen ab, vor allem in der zweiten Strophe (siehe unten). Aus dem trennenden und betonenden Doppelpunkt sowie dem beendenden Punkt wurde eine Paraphrase mit Bindestrichen, die zwar nach wie vor durch den Einschub eine Trennung vornehmen, aber die beiden Satzteile des liegenden und lernenden Ichs stärker miteinander verbindet. Diese Entwicklung der Satzzeichen setzt sich in den weiteren Fassungen fort. Zuerst fiel für den Gedichtband das Komma hinter dem Einschub „Seltsam –," weg, dann mit der vierten Auflage auch der Doppelpunkt am Ende der dritten Strophe. Die Satzzeichen sind Kommentare, Lese- und Rezeptionsvorstellungen des Autors. Indem Braun diese aufhob, ließ er den Rezipient:innen mehr Spielraum für eigene Bewertungen.

An zwei Stellen brach Braun das Syntagma auf, indem er es auf zwei Verszeilen verteilte, ein poetisches Prinzip, das er später öfter anwandte. Der Lesefluss wird dadurch gestört und einzelne Wörter betont, wie hier z. B. die Ansprache „ihr": „Ich liege auf altem Bürgerplüsch – ihr / Habt mich hergeschickt – und lerne".[1904] Außerdem entfernte er Wörter und Satzzeichen, die redundant sind. So wird die Bedeutung der Verse „Und lerne / Wie man mit langen vertüftelten Reden / Die Planbremsen lockert." verdichtet zu: „und lerne / mit langen vertüftelten Reden die / Planbremsen lockern."[1905]

Für die vierte Auflage seines Gedichtbands änderte Braun den Gedichttitel und entfernte die zweite Strophe mit der Ansprache an die „Kumpel". Das lyrische Ich wird zum einzigen Menschen im Gedicht, weitere Subjekte sind neben dem lyrischen Ich dessen Haut, die Nacht, die Stadt, der Bagger, die Vögel und der Tau. Mit der Auflösung des Wechsels zwischen Ich-Aussage und Ansprache, hier in der zweiten Person „ihr", die das Subjekt nicht mit einbezieht wie in dem Gedicht *Provokation für mich* (siehe oben), fällt die Haltung des Sprechgedichts weg.[1906] Während die erste Fassung die Möglichkeit der Rückkehr enthielt („ich käme / Sofort zurück") und sich das lyrische Ich nur „fern vom AS 1120", dem Absetzer aus dem Tagebau, befindet, hat es sich in der zweiten Fassung „abgekehrt".[1907] Die Anmerkungen des Bands erklären den Begriff: „*Abkehren* bedeutet im bergmännischen Jargon: aus der Arbeit treten oder entlassen."[1908] Durch die Streichung der zweiten Strophe wird das Gedicht individualisiert: Das lyrische Ich hat die Betonschlote hinter sich gelassen, es ist den Eimerketten entkommen, allein die Vögel und das Grün bleiben zurück. Es fehlt hier die Orientierung an der kollektiven Instanz, allein das subjektive Empfinden des lyrischen Ichs in seinem

---

[1904] Volker Braun: Nachts, fern vom AS 1120. In: V.B.: Provokation für mich, S. 30.
[1905] Ebd.
[1906] Vgl. Cosentino/Ertl: Zur Lyrik Volker Brauns, S. 29.
[1907] Braun: Provokation für mich, S. 30.
[1908] Volker Braun: Anmerkungen. In: V.B.: Provokation für mich. 4. Aufl., S. 76.

Verhältnis zu Natur und Technik, aber eben nicht mehr zur Gesellschaft kommt zum Ausdruck. Christine Cosentino und Wolfgang Ertl haben den Gestus der frühen Gedichte als Sprech- und Rollengedichte beschrieben, die „sichtlich auf die Kommunikation mit einem Publikum" hinzielten.[1909] Hatten Ansprachen und ‚Provokationen' beim Vortrag noch einen Effekt, der sich in unmittelbar daran anschließenden Diskussionen äußerte, verloren die Gedichte mit der Publikation in Buchform diese Funktion. Die Veränderung des Gedichts plausibilisiert sich also in Relation zu der auf Dauer angelegten Verlagsausgabe, auch im Gegensatz zu dem schnelllebigen Medium der Zeitschrift und der zeitlich gebundenen Anthologien, die den konkreten Anlässen der Lesungen entsprechend konzipiert waren.

In der letzten Strophe strich Braun das Wort „Seltsam". Den Rezipient:innen gab er dadurch den Freiraum, die Beobachtung, dass die Vögel in den Wolken und der Tau auf dem Klee in der Szenerie des Tagebaus zurückgeblieben sind, selbst zu bewerten. Schließlich wandelte Braun die „Nacht der tausendblättrigen Scharteken" in den „Tag".[1910] Ich deute diese Änderung als Korrektur, denn das Ich befindet sich in der lyrischen Zeit in der Nacht, hinter ihm liegt die Arbeit, die am Tage stattgefunden hat. Außerdem verstärkt sich durch das Komplementärpaar Nacht und Tag die Differenz, aber auch Interdependenz zwischen der subjektiven Idylle und dem lärmenden Tagebau.

Von dem Gedicht *Provokation für A.P.* gibt es wiederum drei publizierte Fassungen: Die erste ist in der Auswahl von *Sinn und Form* im vierten Heft des Jahres 1963 enthalten, die zweite hat Braun für den Gedichtband *Provokation für mich* angefertigt, dessen vierte Auflage die dritte enthält. Der Suhrkamp-Band *Vorläufiges* führt die zweite Fassung des Gedichts. Braun überarbeitete den Text zunächst als Reaktion auf eine Lesung. Dem Herausgeber von *Sinn und Form*, Bodo Uhse, schrieb er im Juni 1963:

> Ich werde Ihnen für heute ein paar Änderungen mitteilen, die Sie u.U. in die Gedichte reinmalen können – aber nur wenn Sie meine Meinung teilen (ich bin bei Änderungen meist sehr unglücklich, oberflächlich), sonst protestieren Sie bitte! [...]
>
> 3. Provokation für A.P.
>
> Das ist ein ganz mieses Gedicht; als es jetzt in Berlin gelesen wurde, bin ich fast in den Boden gesunken.[1911]

1909 Cosentino/Ertl: Zur Lyrik Volker Brauns, S. 30.
1910 Braun: Provokation für mich, S. 30.
1911 Volker Braun an Bodo Uhse, Brief vom 15.06.1963. In: Archiv AdK-O 0057.

Nicht ganz deutlich wird aus dem Archivmaterial in der AdK, ob Braun die Änderungen aufgrund der Reaktionen des Publikums vornehmen wollte oder, weil er durch den Vortrag des Gedichts durch eine andere Person Mängel daran erkannte. In beiden Fällen ist es die Resonanz der Veröffentlichung, die zu den Änderungen führte.

Der Titel blieb bei allen Fassungen gleich. Das Gedicht ist eine Ansprache an die Geliebte, von der das lyrische Ich gesellschaftliches Engagement einfordert. Das Thema erinnert an das mittelhochdeutsche Epos *Erec*, in dem vorgeführt wird, was mit Erec geschieht, wenn er sich mit seiner Frau Enite ‚verligt' anstatt seinen gesellschaftlichen Pflichten nachzukommen. Das lyrische Ich verlangt, privates Glück mit gesellschaftlichem Engagement zu verbinden: „Du sollst dich dem Tag geben vor unserer Nacht".[1912] Die Forderung ist nur in der zweiten Fassung erhalten, sie bringt aber den Anspruch des Gedichts auf den Punkt. Wiederum verwendet Braun den Tag und die Nacht, um zwei Dinge miteinander zu verbinden: Liebe in der Nacht und Gesellschaftskritik und Engagement am Tag. Ohne Kritik an den gesellschaftlichen Verhältnissen, die verändert werden müssen, entsagt das lyrische Ich jedoch auch den Freuden der Liebe: „Ich melde meinen Verzicht an auf den Abend und auf die Nacht."

Provokation für A.P.

1
Alle Sekunden der Freude
Die Stunden des Taus und der müden Sonne
Das Wandern die Lenden der Wiesenberge hinab
Das Liegen in den fetten Armen einer dahergelaufenen Nacht
Das Schweigen vor den Motoren und Fliederbäumen
All das Besinnen, Behalten, dableiben
Alles Besinnen will ich fortgeben, ausspeien, auslöschen
Fließt aus mir fort mit den Ergüssen des neuen Frühlings
Ich melde meinen Verzicht an auf den Abend und auf die Nacht

2
Noch aus den Gräbern steigen Flüche noch
Noch aus den Gräbern steigt Angstschweiß noch
Noch gibt es Thyssen und Mannesmann
Und solange es Kapitalismus gibt, gibt es
Kapitalismus jede Sekunde

3
Ich verzichte, leise zu schweigen und lärmend zu reden
Mein Schweigen soll dröhnen

[1912] Volker Braun: Provokation für A.P. In: V.B.: Provokation für mich, S. 41.

> Meine Sprache soll in dich fallen wie der unnachgiebige Regen
> Jede Sekunde will ich dröhnen und unnachgiebig sein
> Ich gebe dich nicht auf
> Daß du dich gegen Thyssen und Mannesmann
> Will ich jede Sekunde über dich herfallen
>
> 4
> Ich will nicht ausruhn bei dir, Freundin
> Ich habe keine Geduld für deine Lust
> Ich bin zu unbescheiden, nur dich zu lieben
> Dein Leib, Bett oder Sarg unserer Kinder
> Deine Schenkel, helle Stützen der Traumgewölbe
> Deine Brauen, Flügel der Augen
> Sind mir so fern und nah
> Wie der endliche Sieg meiner Ungeduld[1913]

In der zweiten Strophe des Gedichts, die nur in der ersten Fassung vorkommt, formuliert Braun seine Kapitalismus- und Gesellschaftskritik. Mit dem fünf Mal wiederholten „noch" und einem Wortfeld aus Gräbern, Flüchen und Angstschweiß und dem „endlichen Sieg" in der letzten Zeile rekurriert er auf die Verbrechen des Nationalsozialismus. Thyssen und Mannesmann, gegen die sich die Geliebte wehren soll, stehen als Stellvertreter für die deutsche Industrie. Beide Unternehmen beschäftigten in den vierziger Jahren Zwangsarbeiter:innen, um ihre Produktion in Kriegszeiten aufrecht zu erhalten, für deren Qualen und Tode sie zur Rechenschaft gezogen werden sollen. Gleichzeitig ist es eine Anklage gegen das bundesdeutsche System des Kapitalismus, das sich nach dem Ende des Hitler-Regimes nicht gewandelt hat und gegen die Wirtschaft, die aus den Erfahrungen des Nationalsozialismus keine Konsequenzen gezogen hat. Das lyrische Ich hat daraus den Anspruch an sich und andere entwickelt, sich nicht allein an seinem privaten Glück zu freuen. „Ich will nicht ausruhn bei dir, Freundin." Stattdessen fordert es von sich und von seiner Geliebten, ständig aktiv zu bleiben und kritisch mit der Gesellschaft umzugehen. „Jede Sekunde will ich dröhnen und unnachgiebig sein."

Der Wille zur Veränderung der Gesellschaft wird vor allem in der ersten Fassung des Gedichts deutlich. In den weiteren Fassungen treten die Anbindung des Gedichts an reale Bedingungen, die historischen Bezüge und damit auch der Entstehungskontext des Gedichts sowie die Forderung an die Geliebte immer mehr in den Hintergrund. In der zweiten Fassung weist nur noch der Vers „Du sollst dich dem Tag geben vor unserer Nacht" daraufhin, dass das lyrische Ich die Einbindung der Geliebten in die Gesellschaft fordert. Was bleibt, ist das Streben

---

[1913] Braun: Gedichte. In: SuF 15 (1963), 4, S. 635.

nach Veränderung, das sich hier noch in Bezug auf die Gesellschaft und das Individuum äußert: „Wenn du veränderlich bist mit deinem Land".[1914] In der dritten Fassung fällt diese Strophe ganz weg. Dadurch fehlt der Anspruch an die Geliebte, an die Gesellschaft, die kapitalistische Wirtschaft und das eigene Land, also die Wendung zum Gesellschaftlichen, die Cosentino und Ertl in diesem privat-intimen Gedicht als „künstlich aufgesetzt" bezeichnen.[1915] Allein das lyrische Ich proklamiert nun noch, dass Lust und Liebe der Paarbeziehung nicht ausreichen: „Ich bin zu unbescheiden, dich zu lieben."[1916] Die Erfahrung wird dadurch subjektiviert, der Anspruch bezieht sich auf das Subjekt, nicht allein in den Freuden des privaten Glücks aufgehen zu wollen.

Die Analysen verdeutlichen, dass Braun den politisch-gesellschaftlichen Anspruch der Gedichte zu Gunsten einer offeneren, stärker auf den ästhetischen Eindruck fokussierten Rezeption verminderte. Die Individualisierung des Inhalts geht mit einer Abmilderung im Ton einher. So spricht Brohm davon, dass Braun in der Entwicklung seiner frühen Arbeiten „die erregte Gestimmtheit in Rhythmus und auch in der Sprache" zurücknimmt.[1917] Die Veränderungen von den ersten Abdrucken über die literarische Zeitschrift *Sinn und Form* bis zum eigenen Gedichtband lassen sich als Prozesse der Normalisierung, Entpolitisierung und Literarisierung im Hinblick auf eine Wahrnehmung als Schriftsteller im Rahmen ihres editorialen Kontextes verstehen. So verloren sie ihren „unmittelbaren Sprech-Charakter" und näherten sich traditionellen Formen an.[1918] Die Veränderungen zielten auf sprachliche Verdichtung, auf einen harmonischen Klang und auf Abschwächung der sprachlichen und formalen Mittel. Das gesellschaftliche Moment trat in den Hintergrund, das lyrische Ich in den Vordergrund, dies hing nicht zuletzt, so die These, auch mit der editorialen Biographie des Werks zusammen, das nicht mehr im medialen Kontext von Zeitschriften und Anthologien, also in der Koexistenz anderer Autor:innen stand, sondern als Buchausgabe vorlag. Statt kurzfristiger Wirkung stand mit Fortschreiten der editorialen Biographie immer mehr die Dauer des Werks und die Profilierung der Autormarke in unterschiedlichen Kontexten im Vordergrund.

Der Blick auf die dem Gedichtband vorausgehenden Publikationen der Gedichte hat gezeigt, wie die Rezeptionserwartungen und die Kontexte der Publikationen, in denen die Gedichte erscheinen, nicht nur deren Wahrnehmung beeinflussen, sondern eine direkte Auswirkung auf ihren Gehalt und ihre Form

---

1914 Braun: Provokation für mich, S. 41.
1915 Cosentino/Ertl: Zur Lyrik Volker Brauns, S. 57.
1916 Volker Braun: Provokation für A.P. In: V.B.: Provokation für mich. 4. Aufl., S. 42.
1917 Brohm: Die Koordinaten im Kopf, S. 149.
1918 Ebd.

haben. Aus heutiger Perspektive erscheinen vor allem die *Sinn und Form*-Ausgaben als Vorabdrucke der Gedichte. Die historische Analyse hat jedoch gezeigt, dass dieser Abdruck seinerseits ein Resultat des Lyrikabends war. Auch die Anthologien im Mitteldeutschen Verlag waren nicht als Vorbereitung auf den Gedichtband gedacht. Nachdem Braun in den Jahren 1963 und 1964 in verschiedenen Zusammenhängen seine Gedichte vorgelesen hatte, die dann in Zeitschriften und Anthologien mit unterschiedlichen Schwerpunkten und in diversen Verlagen erschienen waren, entstand der eigene Gedichtband eher als eine Konsequenz aus der schnellen und vielfältigen Verbreitung seiner Texte. Ganz anders verlief der Weg in der BRD.

4 *Provokation für mich* und *Vorläufiges*. Parallelausgaben im geteilten Deutschland

Brauns Gedichtband *Provokation für mich* erschien 1965 im Mitteldeutschen Verlag mit einer Auswahl von 40 Gedichten in vier Abteilungen und einem Anhang sowie ein Jahr später in einer abgewandelten Auswahl von Gedichten unter dem Titel *Vorläufiges* beim Suhrkamp Verlag. Beide Publikationsprozesse und Ausgaben werde ich, insofern es die Archivlage zulässt, untersuchen.[1919] Der Vergleich verdeutlicht die Unterschiede zwischen den Praktiken des Verlags und des Autors im Publikationsprozess sowie Brauns ästhetische Vorstellungen für die Ausgaben in Ost und West.

Für den Mitteldeutschen Verlag begutachteten Gerhard Wolf und Heinz Czechowski Ende 1963 und Anfang 1964 das Konvolut der Gedichte. An der Diskussion mit dem Autor beteiligten sich neben dem Verlagsleiter Fritz Bressau und Lektor Joachim Hottas außerdem der Literaturwissenschaftler Walfried Hartinger sowie Eberhard Günther von der Hauptverwaltung Verlage und Buchhandel im Ministerium für Kultur. Dieser drängte auf Änderungen, unter anderem die Eliminierung des Gedichts *Deutsches Gespräch*. Den Archivdokumenten ist zu entnehmen, dass der Band die Druckgenehmigung erst erhielt, nachdem Braun sich nach monatelangen Verhandlungen zur Streichung des Gedichts bereit erklärt hatte.[1920] Neben den Zensurbedingungen wird deutlich, dass Braun sich in der

---

1919 Das Archiv des Mitteldeutschen Verlags weist nur wenige schriftliche Zeugnisse zur Publikation des ersten Gedichtbands auf, erwähnt allerdings mehrere mündliche Gespräche, die zwischen Verlag und Autor stattgefunden haben. Die Verhandlungen mit dem Suhrkamp Verlag lassen sich aufgrund der Kommunikation per Post deshalb umfassender rekonstruieren und analysieren.
1920 Vgl. Joachim Hottas: Notiz vom 1.03.1965. In: LASA, MD, I 129, Nr. 144.

Auswahl und Zusammenstellung der Gedichte vor allem mit Wolf und Hartinger abstimmte.[1921] Wolf war auch derjenige, der aufgrund der stetigen Änderungen auf eine Publikation des Bands drängte:

> Lieber Heinz Czechowski,
>
> ich hatte schon in einem Brief, der sich mit Deinem wohl gekreuzt hat, meine Zustimmung zu der neuen Anordnung gegeben, wenn ich auch – offen gesagt – da jetzt nicht mehr ganz durchschaue, da schon wieder geändert worden ist und sicher noch geändert wird, während dieser Brief abgeht.
>
> [...] Der Band muß endlich fertig werden.[1922]

Wie bei den Gedichten hatte Braun auch für die Gestaltung des Bands konkrete Vorstellungen, die in einer „Aussprache"[1923] mit dem Verlag vereinbart wurden. Zunächst verlangte er weißes Dünndruckpapier, ein schlankes Format von 11x21 cm mit 47 Zeilen pro Seite, sowie einen Einband aus dünnem Karton mit dunkelgrauem stumpfem Umschlag und einen Satz in der Schrifttype Grotesk. Der einstige Titel *Jugendobjekt* sollte ohne Gattungsbezeichnung „im oberen Viertel des Umschlags in rostroter Blockschrift über die ganze Breite" stehen.[1924] Die Grotesk ist eine serifenlose Type, die im Zuge der Industrialisierung Beliebtheit gewann und von den Nationalsozialisten gänzlich verbannt wurde. Sie wird vor allem mit proklamativen, werbenden Schriften assoziiert.[1925] Obwohl diese Industrie-Schrift also zum Programm des Bands gepasst hätte, setzte der Gestalter des Mitteldeutschen Verlags Brauns Band aber in einer Serifenschrift. Erst bei dem Gedichtband mit Illustrationen aus dem Jahr 2005 erfüllte sich die typographische Vorstellung des Autors – allerdings ohne sein Zutun.[1926] Als Begründung gab der Verlag an, dass Brauns Wünsche technisch nicht realisierbar seien.[1927] Auch die rostrote Farbe, die in ihrer Kombination aus Industrierost und dem symbolischen Rot des Sozialismus, gezielt von Braun ausgewählt wurde, verwendete der Gestalter nur für den Trennstrich zwischen Autornamen und Titel

---

1921 Vgl. Volker Braun an Heinz Czechowski, Brief vom 13.02.1964. In: LASA, MD, I 129, Nr. 144.
1922 Gerhard Wolf an Heinz Czechowski, Brief vom 23.01.1964. In: LASA, MD, I 129, Nr. 144.
1923 Aussprache mit Volker Braun am 20.04.1964, Aktennotiz vom 24.04.1964. In: LASA, MD, I 129, Nr. 144.
1924 Volker Braun: Vertrag vom 6.04.1964. In: LASA, MD, I 129, Nr. 144.
1925 Vgl. Die Grotesk. In: Wolfgang Beinert (Hg.): Das Lexikon der europäischen Typographie. Unter URL: http://www.typolexikon.de/grotesk/ (zuletzt eingesehen am 5.05.2022).
1926 Vgl. Kapitel 4. Einen stumpfgrauen Umschlag erhielten schließlich die *Texte in zeitlicher Folge*.
1927 Vgl. Aussprache mit Volker Braun am 20.04.1964, Aktennotiz vom 24.04.1964.

auf dem grauen Einband bzw. dem weißen Schutzumschlag.[1928] Allein der Titel, nun *Provokation für mich*, steht wie von Braun gewünscht im oberen Drittel von Umschlag und Frontdeckel ohne Untertitel, allerdings nicht in Blockschrift. Der Band erschien am 11. Januar 1965 in einer Auflage von 2.500 Exemplaren zu einem Preis von 4,50 MDN. Braun erhielt ein Pauschalhonorar von 2.000 MDN.[1929]

Der Band war in der DDR so erfolgreich, dass bereits im April die zweite Auflage erschien und drei weitere Auflagen folgten (1967, 1973, 1975), während der westdeutsche Gedichtband 1975 vom Verlag ins moderne Antiquariat gegeben wurde.[1930] Es gibt kaum Unterschiede in der äußeren Gestaltung der Auflagen. Die zweite Auflage enthält neu einen Klappentext, der einen Ausschnitt der Rezension von Silvia Schlenstedt aus dem *Neuen Deutschland* wiedergibt.[1931] Für die vierte Auflage hat Braun viele Gedichte wesentlich umgeschrieben, neue Texte hinzugefügt und die Abteilungen neugestaltet und benannt. Der Klappentext weist diese Änderungen aus und präsentiert die Gedichte in ihrer „endgültigen Gestalt".[1932] Ab der vierten Auflage sind außerdem Name und Titel auf dem Buchrücken in größerer Schrift abgedruckt. Braun hatte für die Nachauflage die gleiche typographische Gestaltung wie bei seinem zweiten Gedichtband *Wir und nicht sie* gefordert, zum Beispiel eine verringerte Zeilenzahl auf jeder Seite, wodurch sich die Schriftgröße erhöhen ließ.[1933] Um sich der Schriftgröße der Gedichte anzupassen, vergrößerte der Verlag auch die Schrift auf dem Einband.

Die Änderungen zeigen zum einen Brauns ästhetische Vorstellungen von der Materialität seiner Texte, zum anderen stehen sie für eine Ausgabenpolitik, die durch eine einheitliche Gestaltung in ein Spannungsverhältnis zu den inhaltlichen Veränderungen trat und als Ausdruck eines wachsenden Bewusstseins für die Dauer seines Werks gewertet werden kann.[1934] In einem Interview mit Schlenstedt bezeichnete Braun seine frühen Gedichte als „provokatorisches Daherreden, ein strenger Bau der Gedichte wurde nicht unbedingt angestrebt".[1935]

1928 Bei den Verhandlungen zum zweiten Gedichtband *Wir und nicht sie* bei Suhrkamp bat Braun wiederum um einen rostroten Umschlag. Da der Band 1970 allerdings nicht im Hauptprogramm, sondern in der *edition suhrkamp* erschien, die in ihrem Spektrum kein rostrot führt, bekam das Buch einen hellroten Einband (vgl. Volker Braun an Siegfried Unseld, Brief vom 28.06.1968. In: DLA, SUA: Suhrkamp).
1929 Vgl. Provokation für mich. Erste Auflage. In: LASA, MD, I 129, Nr. 144.
1930 Vgl. Heribert Marré an Mitteldeutschen Verlag, Brief vom 20.01.1975. In: LASA, MD, I 129 Nr. VHSt 125/3.
1931 Vgl. Braun: Provokation für mich. 2. Aufl., Klappentext.
1932 Braun: Provokation für mich. 4. Aufl., Klappentext.
1933 Vgl. Holger Schubert: Aktennotiz vom 4.07.1972. In: LASA, MD, I 129, Nr. 144.
1934 Zur Entwicklung der Gedichte in den ost- und westdeutschen Ausgaben vgl. Kapitel 4.
1935 Das Wir und das Ich. Interview mit Volker Braun, S. 319.

Hartinger sieht hierin die Ablehnung eines gesellschaftlichen Vollendungsdogmas der sechziger Jahre, an das sich ein stetiger Veränderungsprozess anschloss, der mit einer harschen Kritik der Anfänge verbunden war, wie Brauns Selbstaussagen belegen.[1936] Die Vollendung der Gedichte, so ließe sich mit Bezug auf die vierte Auflage des Gedichtbands schlussfolgern, fand erst im kollektiven Prozess der Publikation im geteilten Deutschland im Austausch mit Verlagen, der ostdeutschen Zensurbehörde, der Literaturkritik und der Leserschaft statt. Nachzeichnen lässt sie sich in der editorialen Biographie seiner Werke in Ausgaben.

Die erste Gesamtausgabe der Werke Brauns *Texte in zeitlicher Folge* erschien zwischen 1989 und 1993 im Mitteldeutschen Verlag. Der Suhrkamp Verlag hatte eine Lizenzübernahme oder den Mitdruck abgelehnt.[1937] Die Konzeption geht auf den Autor selbst zurück und orientiert sich an Brechts *Versuchen*.[1938] In chronologischer Folge ihrer Entstehung präsentieren die Bände das Schaffen Brauns in allen literarischen Genres: Prosa, Lyrik, Theaterstücke und Essays (*Notate*). Anders als in Editionen, bei denen die Texte nach Gattungen sortiert erscheinen, lassen sich in der chronologischen Darstellung thematische, motivische und poetische Parallelen von Texten aus dem gleichen Entstehungszeitraum in einem Band wahrnehmen. Aufgrund dieser Konzeption befindet sich zum Beispiel das 1970 entstandene Stück *Lenins Tod* im dritten Band, der Texte aus den siebziger Jahren versammelt, obwohl es in der DDR erst 1988, in der BRD ein Jahr später erschien.[1939]

Im Widerspruch zur werkchronologischen Programmatik der Werkausgabe enthält der Gedichtband darin größtenteils die Texte der vierten Auflage, die Braun zur endgültigen Fassung seiner Gedichte erklärt hatte, einzelne Texte gehen aber auch auf frühere Fassungen zurück oder fügen Texte in zeitliche Zusammenhänge, in denen sie ursprünglich nicht entstanden bzw. publiziert wurden. Das Prinzip der Auswahl ‚reiferer' Fassungen steht somit in einem Spannungsverhältnis zum chronologischen Prinzip und dem Titel der Werkausgabe und stellt auch in Ermangelung eines kritischen Apparats, wie Cosentino und Ertl bemerken, eine Herausforderung für die textkritische Auseinandersetzung mit den Gedichten dar.[1940] Im Archiv des Mitteldeutschen Verlags wird deutlich, dass die Wahl der jeweiligen und dementsprechend die Einordnung der Gedichte in den

---

1936 Vgl. Hartinger: Gesellschaftsentwurf und ästhetische Innovation, S. 36.
1937 Vgl. Elisabeth Borchers an Peter Bosnic (Vertriebsleitung), Notiz vom 17.05.1990. In: DLA, SUA: Suhrkamp.
1938 Vgl. Eberhard Günther: Zum Projekt: Volker Braun „Texte", Notiz vom 15.12.1987. In: LASA, MD, I 129 Nr. 175.
1939 Vgl. Teil III, Kapitel 4.
1940 Vgl. Cosentino/Ertl: Zur Lyrik Volker Brauns, S. 32.

Zusammenhang der Werkausgabe auf Diskussionen mit dem Verlagsleiter Eberhard Günther, dem Literaturwissenschaftler Dieter Schlenstedt und dem Lektor Hinnerk Einhorn zurückgehen.[1941]

Bei Suhrkamp erschien der Gedichtband 1966, ein Jahr nach der ostdeutschen Ausgabe in veränderter Auswahl und unter anderem Titel. Bereits im November 1964 schrieb Unseld zum ersten Mal an Braun, er habe einige Gedichte gelesen und erwäge deren Veröffentlichung.[1942] Zu dieser Zeit war Braun Philosophiestudent an der Karl-Marx-Universität in Leipzig und Dramaturg sowie Regieassistent am Berliner Ensemble und im Deutschen Theater. Durch die Theaterarbeit war er mit Helene Weigel und Elisabeth Hauptmann bekannt, die seine lyrischen und dramatischen Arbeiten dem Verleger empfohlen hatten.[1943] Braun versprach, Anfang 1965 ein Manuskript zu schicken. Damit blieb ihm genug Zeit, die Gedichte neu auszuwählen und umzuarbeiten: „Für Sie müßte der Band anders aussehen."[1944] Er bat auch deshalb um eine „kritische Meinung".[1945] Im Frühjahr 1965 erschien der Gedichtband *Provokation für mich* im Mitteldeutschen Verlag. Braun sandte im März eine Auswahl von Gedichten an Suhrkamp. Auf Nachfrage Unselds, ob er noch etwas in der Schublade habe,[1946] folgte eine zweite Sendung, die vermutlich die Abteilung *Annachronik* enthielt, die in der ostdeutschen Ausgabe nicht enthalten ist. Obwohl Vieles bereits veröffentlicht war, wies Braun darauf hin, dass es sich um „Rohmaterial" handle, und bat darum, „das Zeugs keinem zu geben".[1947]

An dem Vorschlag, den Status der Gedichte und ihre Zusammenstellung mit dem Verlag auszuhandeln, zeigen sich die von Braun in der DDR erlernten Praktiken. Einerseits bezog er Lektor und Verleger damit aktiv in den kreativen Prozess ein, andererseits schützte er sich vor ablehnender Kritik. Braun suggerierte damit ein Entwicklungspotential und machte Inhalt und Form seiner Gedichte vom Praxiszusammenhang abhängig. Die weitgreifenden Aushandlungsprozesse der westdeutschen Parallelausgabe standen damit auch in einem

---

1941 Vgl. Hinnerk Einhorn: Gespräch bei VB am 14.12.1987, Notiz vom 15.12.1987. In: LASA, MD, I 129 Nr. 175.
1942 Vgl. Siegfried Unseld an Volker Braun, Brief vom 6.11.1964. In: DLA, SUA: Suhrkamp. Vermutlich kannte der Verlag Brauns Gedichte aus der Zeitschrift *Sinn und Form*, die auch im Westen wahrgenommen wurde.
1943 Vgl. ebd.
1944 Volker Braun an Siegfried Unseld, Brief vom 21.11.1964. In: DLA, SUA: Suhrkamp.
1945 Ebd.
1946 Vgl. Siegfried Unseld an Volker Braun, Brief vom 16.03.1965. In: DLA, SUA: Suhrkamp.
1947 Volker Braun an Siegfried Unseld, Brief vom 26.04.1965. In: DLA, SUA: Suhrkamp.

Zusammenhang mit dem sich mehr und mehr regulierenden deutsch-deutschen Literaturaustausch der sechziger Jahre.[1948]

Unseld beauftragte den zu dieser Zeit in Norwegen lebenden Enzensberger mit der Begutachtung des Manuskripts. Im Archiv des Verlags hat sich ein Brief erhalten, der Braun das Ergebnis der Beurteilung mitteilte. Das Dokument gibt vorrangig die Meinung des Lyrikers Enzensberger über Brauns Gedichte wieder. Aus seiner Position als Berater und Gutachter für den Suhrkamp Verlag, der sowohl dessen Programm als auch den westdeutschen Literaturbetrieb sehr gut kannte, gab Enzensberger dem jungen ostdeutschen Autor Ratschläge zum Inhalt der Gedichte und deren Präsentation, die sich auf die Vermarktung und Rezeption des Bands beziehen und sich am Image von Autor und Verlag orientieren. Seine poetischen Vorstellungen sind mit ökonomischen Erwägungen verbunden, die er gegenüber Braun auch politisch begründete.

Im Brief betonte Enzensberger vor allem die Aktualität und das Wirkungspotential der Gedichte im westdeutschen Kontext.[1949] So drängte er den Autor bereits im Mai 1965, den Band bald zu publizieren, weil dessen Anwesenheit „literarisch und politisch nützlich, also nötig ist."[1950] Er wies darauf hin, dass Braun gerade im öffentlichen Gespräch sei und eine derzeitige Publikation auch finanziell lukrativ sein würde.[1951] Weitere Anmerkungen machte er zur Stimmigkeit und der unterschiedlichen Qualität der Gedichte, auf die Braun den Verleger bereits hingewiesen hatte. Als Beispiel erwähnte er das Gedicht *Tramp-Blues*. Es „hat sowas jugendbewegtes mit he! Und jawoll! Sowas schillerkragenhaftes, mit einem schuß beat generation. [...] das gedicht ist 18 und die davor und danach stehen sind 25, da stimmt was nicht."[1952] Die Zusammenstellung der Gedichte spiegelte somit die unterschiedlichen Schaffensphasen des Autors. Da es sich aber nicht um eine Ausgabe gesammelter Werke, sondern um einen eigenständigen Gedichtband bei Suhrkamp handeln sollte, legte Enzensberger Wert auf Einheitlichkeit. Weiter kritisierte er Brauns Vorstellung von der Malerei und der Rolle der Maler in dem Gedicht *Legende vom Malen*, die seiner Meinung nach nicht nützlich seien. Daran anschließend beanstandete Enzensberger auch die Vielzahl der Metaphern, die die Rede „undeutlich machen", und eine „meta-

---

1948 Vgl. Teil 1, Kapitel 1959.
1949 Vgl. Hans Magnus Enzensberger an Volker Braun, Brief vom 18.05.1965. In: DLA, SUA: Suhrkamp. Siehe Anhang, Dokumente, Nr. 9.
1950 Ebd.
1951 Vgl. ebd.
1952 Ebd.

physik" der Gedichte, deren Grund er in Brauns Auseinandersetzung mit Hölderlin vermutete.[1953]

An Enzensbergers Urteil wird zum einen deutlich, wie sich seine eigene und Brauns Poetik ähnelte, auf entsprechende „parallelstellen" wies er im Brief mit Bezug auf sein Lektorat hin: „die kreidestriche gelten in jedem fall unschärfen, wie ich sie auch bei mir finde, die mich gerade deshalb ärgern."[1954] Gerade der Anspruch „Gedichte als Gebrauchsgegenstände" zu veröffentlichen, wie der Text für die Verlagsvertreter erklärte,[1955] führte zu stärkerer Anpassung an den westdeutschen Praxiszusammenhang. So bemerkte Enzensberger zu dem Gedicht *Moritat der wolfsburger stempler*, es sei „unklug und politisch falsch": „diese art zu stempeln ist [...] einfach gesamtdeutsch. wer das nicht sagt, der sagt eine halbe wahrheit, mithin eine halbe unwahrheit."[1956] Weil Braun mit seinen Gedichten Kritik anhand von konkreten politischen oder gesellschaftlichen Anlässen übte, die sich aus der Situation im geteilten Deutschland ergaben, seine Texte darüber hinaus aber auch bei der westdeutschen Leserschaft „nachdenken" provozieren sollten, wie Enzensberger schrieb, bestand er auf eine Anpassung an die westdeutsche Deutung der Ereignisse.[1957] Braun setzte diese Kritik zwar nicht für die westdeutsche Ausgabe, aber für eine spätere Auflage der ostdeutschen Ausgabe um.[1958]

Im Hinblick auf die Anpassung an den westdeutschen Rezeptionskontext riet Enzensberger dem Autor außerdem, die Suhrkamp-Publikation mit Anmerkungen zu versehen. Zu Brauns Gedicht *Schlacht bei Fehrbellin* gab er zu bedenken,

> daß dieser text sehr umständliche erläuterungen braucht, für einen hamburger leser, die kontrahenten müßten erst vorgestellt werden, dazu bräuchte es ein eigenes gedicht. – dieser einwand geht nicht auf den kern des gedichts, der ist gut, denke ich.[1959]

Malik bezeichnet solche punktuellen Anmerkungen mit Blick auf historische Editionen von Klassikern als *recuperative notes*.[1960] Sie implizieren einerseits, dass der Text ohne Hintergrundinformationen nicht verständlich ist und andererseits, dass alle nicht annotierten Stellen der Rezipient:in verständlich sein müssten. Es verdeutlicht die Vorstellung von einer nationalen Normsprache, die, unabhängig

---

1953 Ebd.
1954 Ebd.
1955 Volker Braun. Vorläufiges (Vertretermappe). In: DLA, SUA: Suhrkamp.
1956 Enzensberger an Braun, Brief vom 18.05.1965. Siehe Anhang, Dokumente, Nr. 9.
1957 Ebd.
1958 Vgl. Kapitel 3.
1959 Enzensberger an Braun, Brief vom 18.05.1965. Siehe Anhang, Dokumente, Nr. 9.
1960 Vgl. Malik: Horizons of the Publishable, S. 718.

von ihren Sprachregistern, kulturell und sozial die Spezifik von Person und Kontext transzendiert.[1961] Der Begriff lässt sich auf die Anmerkungen in den Ausgaben ostdeutscher Autor:innen übertragen. Sie suggerieren, dass ein nicht nur immanentes, sondern kontextbezogenes Verständnis der Texte im anderen Teil Deutschlands möglich sei und durch die Anpassung der Texte selbst oder durch deren Para- bzw. Peritexte ermöglicht werde. Die Anmerkungen selbst verdeutlichen dabei aber die Notwendigkeit einer kulturellen Übersetzung im geteilten Deutschland. Enzensberger erklärte: „der begriff des auslands, der ansonsten überall abgeschafft wird, hat seine bedeutung zwischen deutschland und deutschland. Die anmerkungen müssen also mit einem ausländischen publikum rechnen."[1962] So erwähnte er zum Beispiel, das Wort „Schaumstrudel" sei in einem Gedicht „für einen süddeutschen störend, das hört sich wie apfelstrudel an, etwas aus der konditorei".[1963]

Braun passte die Anmerkungen auf Anregung Enzensbergers dem antizipierten westdeutschen Wissensstand an. Sie betrafen vor allem historische Hintergründe, die realen Anlässe der Gedichte, lösten Initialen auf und erklärten Begriffe wie Jugendobjekt,[1964] Biwa-Laden,[1965] Magistratsschirm[1966] und VEAB,[1967] die einer westdeutschen Leserschaft aufgrund der politischen Verhältnisse nicht bekannt sein konnten. Aber auch ein intertextueller Bezug zu Schillers *Kolumbus* und die Bedeutung der Villa Massimo werden erläutert. In *Provokation für mich* hatte Braun zunächst in einem Vorsatz Kontexterläuterungen gegeben, nach Erscheinen der westdeutschen Ausgabe übernahm er die Form der Anmerkungen auch in die ostdeutschen Ausgaben. Diese Praxis zeigt sich später erneut bei der englischen Gedichtauswahl. Dem Band sind umfangreiche Anmerkungen des Autors nachgestellt und, so der Kommentar, „a few further references of use for English-language readers".[1968]

Braun gab den Gedichten für die Westausgabe eine neue Reihenfolge, benannte das Gedicht *Kommt uns nicht mit Fertigem* in *Anspruch* sowie die erste Abteilung des Bands um, wie sein Lektor Enzensberger es ihm geraten hatte.

1961 Vgl. ebd., S. 719.
1962 Enzensberger an Braun, Brief vom 18.05.1965. Siehe Anhang, Dokumente, Nr. 9.
1963 Ebd.
1964 „Von Jugendlichen geleitete Baustelle oder Produktionsstätte" (Braun: Vorläufiges, S. 84).
1965 „Laden für billige Waren" (ebd.).
1966 „*Magistratsschirm* nennen die Berliner das vom U-Bahn-Gleiskörper gebildete Dach über der Schönhauser Allee." (ebd.).
1967 „Volkseigener Erfassungs-und-Ankauf-Betrieb". Braun: Vorläufiges (ebd., S. 85).
1968 Volker Braun: Rubble Flora. London u. a. 2014, S. 130.

Dieser war für den jungen Dichter besonders für die Arbeiten der sechziger Jahre ein Vorbild, wie er 1972 in einem Interview mit Silvia Schlenstedt bekannt gab: „Die Gedichte Mitte der sechziger Jahre waren bewusst öffentliche Gedichte – in ähnlichem Sinne, wie ihn Enzensberger versteht."[1969] Braun fügte dem Manuskript auch ganz neue Gedichte sowie die Abteilung *Annachronik* hinzu. Die von Enzensberger kritisierten Gedichte und die zweite Abteilung *Auseinandergehn* strich Braun aus der Gedichtsammlung und fügte die von Enzensberger positiv bewerteten Gedichte („epitaph seite 28, gargarin seite 37, vielleicht reibfahrt seite 27 und stralauer oden seite 34"[1970]) aus diesem Teil in andere Abteilungen ein.

Im Suhrkamp-Band *Vorläufiges* von 1965 steht das Gedicht *Anspruch* an erster Stelle. Es kann somit, auch in Kombination mit dem veränderten Buchtitel, als programmatisch für den Band und für die Poetik Brauns gelesen werden. Der Titel hat in diesem Sinne eine Doppelbedeutung als Ansprache an die Leserschaft und als Anspruch an das eigene lyrische Schaffen, das Braun eben als ‚vorläufig' verstanden wissen will. Aus der frühen Entwicklung des Gedichtkonvoluts ist bereits deutlich geworden, dass Braun die Gedichte erst nachträglich für die Veröffentlichung mit einem Titel versah.[1971] Bei diesem Gedicht hatte er sich für den ersten Satz des Gedichts entschieden: „Kommt uns nicht mit Fertigem!" Der westdeutsche Titel *Anspruch* ist in seinem Bedeutungsgehalt wesentlich komplexer und damit einer lyrischen Sprachverwendung näher.

Generell sind die Kommata am Versende entfernt, so dass ein harmonisches Druckbild entsteht, eine typische Entwicklung bei Brauns Gedichten, die sich bereits an den Veränderungen für *Provokation für mich* gezeigt hat. Auch der Wortlaut einiger Gedichte ist anders. So ist im neu titulierten Gedicht *Anspruch* im siebten Vers das Wort „Ufer" mit dem Wort „Küste" ersetzt und damit eine Wortwiederholung verhindert. Statt „An alle Ufer trommeln seine Finger die Brandung, / Über die Uferklinge läßt es die Wogen springen und aufschlagen," heißt es nun „An alle Küsten trommeln seine Finger die Brandung".[1972] Teilweise fehlt das Schwa im Suffix -en (z. B. „kehrn" statt „kehren" im Gedicht *Waldwohnung*), dies als Angleichung an die gesprochene Sprache und den umgangs-

---

1969 Silvia Schlenstedt: Interview mit Volker Braun. In: Weimarer Beiträge (1972), 10, S. 41–51, hier S. 46.
1970 Enzensberger an Braun, Brief vom 18.05.1965.
1971 Vgl. Kapitel 1.1.
1972 Volker Braun: Kommt uns nicht mit Fertigem. In: Braun: Provokation für mich, S. 10 und V.B.: Anspruch. In: Braun: Vorläufiges S. 7.

sprachlichen Stil anderer Gedichte, womit sich Silbenzahl und Rhythmus ändern.[1973]

Bemerkenswert ist, dass Braun die Änderungen an den einzelnen Gedichten in die weiteren Auflagen von *Provokation für mich* aufnahm. Ursprünglich hatte er sogar geplant, die gesamte westdeutsche Zusammenstellung als dritte Auflage der DDR-Ausgabe zu übernehmen.[1974] Die Praktiken des Suhrkamp Verlags, die poetischen Vorstellungen Enzensbergers, aber auch die Ökonomien des westdeutschen literarischen Felds – allgemein die westdeutschen Produktionsbedingungen führten dazu, dass Braun das Konvolut bearbeitete. Geht man davon aus, dass Satzzeichen, einzelne Worte, Titel, Anmerkungen und der dynamische Aufbau einer Gedichtsammlung interpretationsleitend sind, dann hatten diese vom geteilten Produktions- und Publikationsprozess motivierten Änderungen des Autors auch Einfluss auf die Wahrnehmung und Bewertung der Gedichte im geteilten Deutschland.

Wie beim Mitteldeutschen Verlag versuchte Braun auch in der Herstellung bei Suhrkamp mit eigenen Wünschen die Herrschaft über die Ausgabengestaltung zu bewahren: „auftragendes Papier, auf der Titelseite des Einbandes nur der Titel, nicht der Verfassername".[1975] Für eine bessere Lesbarkeit wünschte er sich eine größere Schrift,[1976] die aus herstellungstechnischen Gründen jedoch nicht realisiert werden konnte.[1977] Er bestand darauf, dass sein Mitspracherecht sogar vertraglich festgehalten werden sollte.[1978] Außerdem wehrte er sich gegen einen Untertitel mit der Gattungszuordnung ‚Gedichte' und gegen einen Klappentext.[1979] Unseld verwies ihn allerdings auf die Notwendigkeit von Hintergrundinformation für die Präsentation auf dem westdeutschen Buchmarkt: „Sie sind ja vielleicht drüben in der DDR bekannt, hier aber weiß niemand [!] wer Sie sind und wo Sie wohnen. Das Buch ohne jegliche Erläuterungen herauszubringen, hieße, es von

---

1973 Volker Braun: Waldwohnung. In: Braun: Provokation für mich, S. 13 und Braun: Vorläufiges, S. 8. Dies entspricht der Schreibweise Brauns in seinen Briefen, aber auch der Enzensbergers. Ob hier eine politische Entscheidung für eine abweichende Orthographie wie bei der in den sechziger Jahren beliebten Kleinschreibung als Demonstration gegen Hierarchien besteht, ist noch ein Desiderat der Forschung.
1974 Vgl. Volker Braun an Siegfried Unseld, Brief vom 11.12.1965. In: DLA, SUA: Suhrkamp.
1975 Volker Braun an Siegfried Unseld, Brief vom 17.11.1965. In: DLA, SUA: Suhrkamp.
1976 Vgl. Volker Braun an Siegfried Unseld, Brief vom 15.12.1965. In: DLA, SUA: Suhrkamp.
1977 Unseld erklärte dem Autor, dass sich die Typographie nach den Gedichten richten müsse und eine große Type bei langzeiligen Versen „preziös" wirke (Siegfried Unseld an Volker Braun, Brief vom 22.12.1965. In: DLA, SUA: Suhrkamp).
1978 Vgl. Braun an Unseld, Brief vom 17.11.1965.
1979 Vgl. Volker Braun an Siegfried Unseld, Brief vom 17.12.1965. In: DLA, SUA: Suhrkamp.

vorneherein schwer belasten."[1980] Verlag und Autor diskutierten weiterhin über den Titel der Gedichtsammlung. Zunächst schlug Braun vor, trotz der veränderten Zusammenstellung für die Westausgabe den selben Titel zu verwenden. Hierin zeigt sich erneut Brauns Prinzip, die peritextuellen Elemente in den Hintergrund treten zu lassen und durch deren gleichförmige Darstellung im Gegensatz zu den stark veränderten Inhalten eine Einheit des Werks zu suggerieren. Unseld hatte jedoch Einwände, die sich vor allem auf den westdeutschen Rezeptionskontext der Gedichte bezogen:

> Sie wissen, daß Ihr Gedichtband hier besprochen wurde, in der Frankfurter Allgemeinen Zeitung stand eine große Kritik. Es ist ganz klar, daß jeder annimmt, daß es sich hier um denselben Gedichtband handelt, und sofort werden Vermutungen angestellt, warum hier wohl Änderungen vorliegen und es ist ganz klar, daß diese Vermutungen in jedem Fall politisch angesetzt werden. Mir schiene aus vielen Erwägungen der Titel „Vorläufiges und andere Gedichte" doch besser und entsprechender.[1981]

Der neue Titel hatte also die Funktion eines Differenzmarkers. Zusätzlich war die Titeländerung aber auch eine rechtliche Notwendigkeit im deutsch-deutschen Literaturaustausch, wie der Autor herausfand: „Herr Bressau vom Mitteldt V[erlag] teilte mir eben mit, da er den Band in die BRD exportiere, müsse der dort, zumal die Hälfte anders sei, einen andern Titel haben [...]."[1982]

Braun legte Wert auf eine puristische Buchgestaltung ohne Farben, ohne Verweis auf den Autor und Erklärungen des Verlags, damit allein die Texte im Vordergrund standen. In Bezug auf *Provokation für mich* erklärte er: „In dem Band hatte vieles Persönliche, Intime keinen Platz; der Puritanismus der Form hängt damit zusammen."[1983] Seine dezidierten Vorstellungen gerieten allerdings mit den Verlagspraktiken in Konflikt. Schließlich stellte Braun zum Vertragsabschluss noch zwei Bedingungen finanzieller Art: „1. 12% Anteil [handschriftlich von Siegfried Unseld unterstrichen und darüber „10%" angemerkt, A.J.], 2. eine garantierte Summe von 4 000 DM. Einen Vertrag, der darunter bleibt, zu schicken, ist ganz sinnlos."[1984] Unseld erklärte erneut die Praktiken des Verlags bezüglich der Honorare:

1980 Siegfried Unseld an Volker Braun, Brief vom 25.01.1966. In: DLA, SUA: Suhrkamp.
1981 Siegfried Unseld an Volker Braun, Brief vom 26.11.1965. In: DLA, SUA: Suhrkamp.
1982 Braun an Unseld, Brief vom 11.12.1965.
1983 Das Wir und das Ich. Interview mit Volker Braun, S. 320.
1984 Volker Braun an Siegfried Unseld, Brief vom 17.01.1966. In: DLA, SUA: Suhrkamp. Unseld gegenüber erklärte Braun seine finanziellen Forderungen damit, dass er Aussicht auf den Erwerb eines Autos gehabt hätte. Diese Hoffnung, so Braun, hätte sich aber wieder zerschlagen (vgl. Volker Braun an Siegfried Unseld, Brief vom 11.02.1966. In: DLA, SUA: Suhrkamp).

Kein Autor des Suhrkamp-Verlages hat aber beim ersten Buch ein Honorar von 12%. Die Sache verhält sich vielmehr so, daß das Honorar bei 10% beginnt und beim 20. Tausend dann auf 12% springt. Vom dritten Buch an haben dann Sie, wie Johnson, Weiss und andere ein Honorar von 12%.[1985]

Die langwierigen Verhandlungen um Materialität und Publikationsbedingungen des Bands – allein zwischen dem 17. November 1965 und dem 15. Februar 1966, also innerhalb von zwei Monaten, wechselten zwölf Briefe zwischen Ostberlin und Frankfurt a. M. – zeigen, wie sehr die Vorstellungen von Autor und Verlag auseinandergingen und in Konflikt gerieten.

Wie bereits im Zusammenhang mit den habituellen Unterschieden zwischen Ost und West im vorherigen Untersuchungsteil erwähnt, griff Unseld schließlich auf die Vermittlung Enzensbergers zurück, um zu einer Einigung mit dem Autor zu kommen. Dieser berichtete Braun, dass Unseld ihn besucht habe und wegen der Forderungen verärgert gewesen sei, „nicht der Sache, sondern des Tones wegen".[1986] Er drängte Braun, die Vertragsbedingungen anzunehmen, nicht nur aus ökonomischen und moralischen, sondern vor allem aus politischen Gründen. Braun hatte Unseld bereits am 17. Januar davon berichtet, dass ein Gesetz in Vorbereitung sein solle, „wonach Texte immer erst bei uns, dann erst drüben publiziert werden dürfen".[1987] Enzensberger warnte deshalb Braun davor, nicht wie er, „ein ebenso einseitiger oder halbdeutscher Verfasser" zu werden.[1988] Auf die meisten Wünsche Brauns ließ sich Unseld daran anschließend allerdings ein. So verzichtete der Verlag auf die Gattungsbezeichnung und ließ statt eines Klappentexts ein Einlegeblatt mit den Informationen zum Autor drucken, und Braun erhielt zwölf Prozent Honorar.[1989] Außerdem konnte Braun ein schmaleres Format durchsetzen.[1990] Dafür überzeugte Enzensberger den Autor aber, seinen Namen auf dem Einband abdrucken zu lassen.

> Ein Einband für das Buch wird in Frankfurt entworfen; das Muster wird Ihnen vorgelegt, Sie können es genehmigen oder ablehnen. Mein Rat wäre: Dem Entwerfer, der auch nicht niemand ist, eine freie Hand zu lassen. Der Verfasser muß auf dem Einbanddeckel stehen. Von

---

[1985] Unseld an Braun, Brief vom 25.01.1966.
[1986] Hans Magnus Enzensberger an Volker Braun, Brief vom 7.02.1966. In: DLA, SUA: Suhrkamp.
[1987] Braun an Unseld, Brief vom 17.01.1966
[1988] Enzensberger an Braun, Brief vom 7.02.1966.
[1989] Vgl. ebd.
[1990] Vgl. Braun an Unseld, Brief vom 11.02.1966 und Siegfried Unseld an Volker Braun, Brief vom 15.02.1966. In: DLA, SUA: Suhrkamp.

dieser Regel ist nur in einem Fall abgewichen worden, ausgerechnet in meinem. Ich wünsche mir Nachbarschaft mit Ihnen, aber sie sollte sich nicht in Äußerlichkeiten ausdrücken.[1991]

Vermutlich dienten Enzensbergers Gedichtbände im Suhrkamp Verlag Braun als Vorbild für die eigene Publikation. Amslinger hat darauf hingewiesen, dass Enzensberger sich mit der Gestaltung seiner drei ersten Gedichtbände, die auf dem Einband allein den Titel in Schreibschrift tragen, als innovativer Autor präsentierte, der mit den Konventionen des Literaturbetriebs spielerisch umging.[1992] Möglich war das, weil Enzensberger durch seine Tätigkeiten als Rundfunkredakteur bereits bekannt war. Da dies bei Braun nicht der Fall war, konnte der Verlag Brauns Gestaltungswünsche nur teilweise verwirklichen.

Noch während der Verhandlungen über den ersten Lyrikband bei Suhrkamp erschienen von Braun bereits am 10. Februar 1966 als Vorabdruck im *Kursbuch 4* die Gedichte *Die Mauer, Die Übersiedlung der Deutschen nach Dänemark, Nach dem Treffen der Dichter gegen den Krieg, Wir und nicht sie* und *Landgang*.[1993] Die Gedichte stehen im Kontext des vorabgedruckten Kapitels *Die Werft* aus Fries' Roman *Der Weg nach Oobliadooh*, der ebenfalls im Frühjahr 1966 bei Suhrkamp erschien, und eines Briefs von Jochen Ziem aus Halle zu den Ereignissen des 17. Juni 1953. Vorangestellt sind den Gedichten der von Enzensberger und dem Verlagslektor Michel entworfene *Katechismus zur deutschen Frage* und ein Brief Enzensbergers an den Bundesminister für Verteidigung, Kai-Uwe von Hassel. Brauns Gedichte *Die Übersiedlung der Deutschen nach Dänemark, Nach dem Treffen der Dichter gegen den Krieg* und *Landgang* stehen im *Kursbuch* neben Stellungnahmen zur deutschen Teilung und Geschichte in einem politischen Zusammenhang und erschienen unverändert auch im Gedichtband *Vorläufiges* bei Suhrkamp. Im Rahmen der Zeitschrift waren sie als Vorabdruck geplant. Das *Kursbuch* diente als Erweiterung der Publikationsformen des Verlags für Texte, die gar nicht oder erst später als eigenständiger Band erscheinen konnten. Enzensberger bestand auf einer breiten Autor:innen-, Gattungs- und Themenvielfalt im *Kursbuch*, das er dem Verleger für den Vorabdruck der jungen Autoren der DDR angeboten hatte:

> erlaub mir noch ein wort zu deinem schlußsatz: „plötzlich sind da talente da und wir haben kein zeitschriftenforum, das wir ihnen anbieten können." das ist nicht richtig. das kursbuch

---

1991 Enzensberger an Braun, Brief vom 7. 02.1966.
1992 Vgl. Amslinger: Verlagsautorschaft, S. 117.
1993 Zur verflochtenen Publikationsgeschichte und den Veränderungen des Gedichts *Die Mauer* vgl. Gunnar Müller-Waldeck: „Der Baukunst langer Unbau". Zum Mauer-Gedicht von Volker Braun. Vaasa 1993.

bietet sich allen autoren an. was gedruckt wird, entscheidet sich nicht nach prästabilisierten herausgeber-ideen, sondern diese ideen konstituieren sich an dem [!] was da ist oder herbeigeschworen werden kann.[1994]

Braun, Fries und Ziem wurden durch die Vorabdrucke im *Kursbuch* als politische Autoren und als Kritiker der DDR-Politik präsentiert und profitierten gleichzeitig von der medialen Aufmerksamkeit um Enzensberger und seine Zeitschrift. Das Marketing des Verlags führte in der DDR jedoch zu politischen Konsequenzen, mit denen Braun allerdings gerechnet hatte, vor allem aufgrund des Gedichts *Die Mauer*, das er eigens für die Zeitschrift geschrieben hatte.[1995] Der Autor wies den Suhrkamp Verlag deshalb an, auf zu erwartende Anfragen hin keine Nachdruckrechte für das Gedicht zu vergeben, wenn es „zu einem Eklat kommen sollte".[1996] Brauns Verhandlungen weisen ihn als Autor aus, der aufgrund der Publikationsbedingungen in der DDR strategisch mit der formal-inhaltlichen Gestaltung seiner Gedichte in Abhängigkeit von den unterschiedlichen Publikationsformen und -praktiken im geteilten Deutschland umging. Dennoch erhielt er aufgrund der *Kursbuch*-Publikation ein zweijähriges Reiseverbot in den Westen und milderte den Aufforderungscharakter des Gedichts daraufhin ab, damit es eine Druckgenehmigung für die DDR erhielt.[1997]

Cosentino und Ertl haben sich darüber gewundert, dass die *Annachronik* nur in der westdeutschen Erstausgabe enthalten ist.[1998] In der Rekonstruktion der Verlagsprozesse bei Suhrkamp wird allerdings deutlich, dass die Praxiszusammenhänge, in denen die Ausgaben in Ost und West entstanden, nicht nur unterschiedliche finanzielle, rechtliche und distributive Bedingungen mit sich brachten, sondern sich auch auf Form, Inhalt und Zusammenstellung der Gedichte auswirkten. Bemerkenswert ist, dass Braun neben den Suhrkamp-Fassungen der Gedichte auch die für die westdeutsche Ausgabe angefertigten Anmerkungen in die weiteren Auflagen des Gedichtbands in der DDR übernahm.

1994 Hans Magnus Enzensberger an Siegfried Unseld, Brief vom 16.11.1965. In: DLA, SUA: Suhrkamp.
1995 Vgl. Volker Braun an Hans Magnus Enzensberger, Brief vom 15.11.1965. In: DLA, SUA: Suhrkamp.
1996 Hans Magnus Enzensberger an Siegfried Unseld, Brief vom 31.01.1966. In: DLA, SUA: Suhrkamp.
1997 Vgl. Müller-Waldeck: „Der Baukunst langer Unbau", S. 28.
1998 Vgl. Cosentino/Ertl: Zur Lyrik Volker Brauns, S. 31.

5 Poetik des Prozesses. Zu den Auflagen und der Werkausgabe *Texte in zeitlicher Folge*

An der Veränderung von drei Gedichten – *Moritat vom wolfsburger Stempler*, *Legende vom Malen* und *Anspruch* – in den ost- und westdeutschen Ausgaben bzw. den ostdeutschen Auflagen[1999] zeigt sich im Folgenden ein Prozess der Rekontextualisierung und Entzeitlichung der Gedichte. Jay Rosellini begründet die Umarbeitungen und Revisionen, die Braun Ende der achtziger Jahre für die Werkausgabe *Texte in zeitlicher Folge* vorgenommen hat, damit, dass die frühen Gedichte im Hinblick „auf den Nachruhm zurechtgestutzt" wurden.[2000] Die teils gravierenden Unterschiede aufgrund von Streichungen oder Änderungen sind vor allem in Wechselwirkung mit der nur minimalen peritextuellen Umgestaltung der ostdeutschen Auflagen bemerkenswert, die Cosentino und Ertl mit Bezug auf die vierte Auflage des Gedichtbands zu der Frage veranlassen, „ob hier nicht bereits ein eigenständiger Band vorliege".[2001] Ihnen zufolge begründen sie sich im dichterisch-politischen Standortwechsel Brauns und den veränderten Rezeptionsbedingungen in der DDR.[2002] Lokatis hat für die sechziger Jahre herausgefunden, dass Nachauflagen bereits genehmigter Werke nur ausnahmsweise von den Behörden noch einmal kontrolliert wurden.[2003] Insofern hatte Braun bei den Auflagen mehr Gestaltungsfreiheiten für die Überarbeitung seiner Gedichte. Zwar hatte Braun ursprünglich geplant, die westdeutsche Zusammenstellung als dritte Auflage im Mitteldeutschen Verlag zu veröffentlichen, die Produktionsbedingungen ließen aber nur die im Folgenden beispielhaft dargestellten Änderungen zu.

Laut Anmerkung Brauns verarbeitet das Gedicht *Moritat vom wolfsburger Stempler* einen Vorfall, der sich am 13. September 1963 in einem Zug von Leipzig nach Hannover ereignete. Dieter Strützel, damals Doktorand der Kulturwissenschaften an der Universität Leipzig, und Wolfgang Herger, Doktorand der Philosophie und erster Sekretär der Kreisleitung der SED in Jena, waren von einem Oberhausener Jugendverband zu einem Gesprächsforum für die deutsch-deutsche Verständigung eingeladen worden. Das *Neue Deutschland* berichtete einen Tag darauf, dass beide auf Anordnung des Bundesinnenministeriums, um ihre Wei-

---

[1999] Weitere Gedichte aus dem ersten Gedichtband erschienen in der DDR außerdem in einem chronologisch angeordneten Sammelband *Gedichte* im Reclam Verlag in drei Auflagen (1972, 1976, 1979) und in dem Auswahlband *Im Querschnitt* (1978) im Mitteldeutschen Verlag.
[2000] Jay Rosellini: Volker Braun. München 1983, S. 30.
[2001] Cosentino/Ertl: Zur Lyrik Volker Brauns, S. 32.
[2002] Vgl. ebd.
[2003] Barck/Langermann/Lokatis: „Jedes Buch ein Abenteuer", S. 28.

terreise in den Westen zu verhindern, in Wolfsburg aus dem Zug geholt worden seien.[2004]

Moritat vom wolfsburger Stempler

Mit blankem Schuh, gesteiftem Hemd, beinah
Zivil: der Arm aus Fleisch, die Finger sanft, die Dienst-
Mütze nur erhebt ihn aus dem Volk und
Was die Hand hält und in diesen fremden
Ausweis eindrückt: der Stempel. Da

Drückt ers in den Paß: *zurückgewiesen am* und
Hebt die Hand, höflich, die Finger sanft
Der Arm aus Fleisch, beinah zivil
Und winkt wen her, korrekt, das Hemd
Gesteift, der Schuh blank: schon

Andere schieben die Ausgewiesnen hinweg, nicht
Er, aus dem Abteil, daß sie Hannover nicht
Sehn, zurück nach Leipzig, daß sie nicht
Mit Oberhausens Jugend reden, nicht
Über *Verständigung*. Er steht noch rum

Wie eine Kerze grade, wie ein Wachs
Glatt und gefügig, das Verfassungsschutzamt
Bog ihm den Arm sanft in den Ausweis: es
Nicht er, schnitt aus dem Gummi Stempel, es
Gibt Befehle, nicht er, was solls. Er

Hat blanke Schuh, ein Hemd gesteift, steht
Fast zivil herum, der Arm aus Fleisch, wie
Wachs gefügig, wie ein Stempel sanft: er
Läßt sich drücken, seine Spur
Ist vorgeprägt, er ist korrekt.[2005]

Brauns Gedicht *Moritat vom wolfsburger Stempler* stellt an diesem Fall an der innerdeutschen Grenze dar, wie ein Mensch, hier der Grenzbeamte, zum Werkzeug des Staats wird. Braun äußert eine fundamentale Kritik am bürokratischen Staat, in dem dessen Funktionäre jegliche Verantwortung für ihr eigenes Handeln auf der Basis von Gesetzen und Konventionen auf die abstrakte Entität des Staats verlagern. Das verdeutlicht in der ersten Fassung des Gedichts das drei Mal wiederholte „nicht er". Braun stellt den Funktionär nur mit den Elementen dar, die dessen Funktion ausdrücken: Kleidung, Dienstmütze und Stempel. Indivi-

---

2004 Vgl. Höcherl fürchtet Jugendkontakte. In: ND vom 14.09.1963, S. 2.
2005 Braun: Provokation für mich, S. 46.

duelle Merkmale der Person werden nicht erwähnt. Allein sein Handeln und seine Person werden als höflich, sanft, gefügig und korrekt charakterisiert, gleich einer Wachskerze, die sich leicht formen lässt. In ironischer Wendung erinnert allein der fleischige Arm daran, dass der Funktionär ein Mensch wie alle anderen ist.

Das Gedicht erschien zum ersten Mal im Gedichtband *Provokation für mich*. Die erste Änderung wird deutlich im Vergleich mit der westdeutschen Fassung von 1966. In den ersten drei Auflagen von *Provokation für mich* steht unter dem Titel ein Absatz, der von dem historischen Ereignis erzählt und den Anlass für das Gedicht vorstellt. Im Band *Vorläufiges* steht dieser Absatz in den Anmerkungen, ab der vierten Auflage übernahm Braun dies auch für den ostdeutschen Band.

In der Struktur des Gedichts fällt außerdem auf, dass Hervorhebungen und Titel gestalterisch unterschiedlich umgesetzt sind. Beim Suhrkamp-Band ist der Titel des Gedichts allein durch Sperrung vom restlichen Text abgehoben.[2006] Hervorhebungen im Text sind kursiviert. Der Mitteldeutsche Verlag hat eine andere Variante gewählt: Die Titel sind kursiviert und größer im Schriftgrad als der Text. Die Hervorhebungen im Text stehen zunächst in Anführungszeichen, ab der dritten Auflage sind sie auch kursiviert. In der Buchgestaltung gilt die Kursivierung als integrierte Hervorhebung als weniger auffällig, während Anführungszeichen kaum verwendet werden, weil sie zu viel Weißraum lassen und damit den Lesefluss stören.[2007] Ab der vierten Auflage hat der Buchgestalter den Schriftgrad des Titels und die Abstände der Sperrung sowie den Zeilenabstand erhöht. Bereits beim Suhrkamp-Band hatte Braun darum gebeten, den Schriftgrad zu vergrößern, um die Lesbarkeit zu verbessern.[2008] Bestanden sowohl der Mitteldeutsche als auch der Suhrkamp Verlag bei den Erstausgaben jedoch auf bestimmte Schriftgrade, so konnte Braun seinen Wunsch bei der vierten Auflage schließlich durchsetzen. Die Entwicklung in der Gestaltung des Gedichts zeigt, dass Braun Einflüsse der westdeutschen Praktiken für seine ostdeutschen Veröffentlichungen übernahm. Erst mit einer stärkeren Positionierung im literarischen Feld konnte er allerdings auch seine ganz eigenen Vorstellungen von der Gestalt seiner Gedichte durchsetzen.

Brauns inhaltliche Änderungen bezogen sich vor allem auf den historischen Kontext des Gedichts und werden an der dritten Strophe deutlich.

Erste Fassung (*Provokation für mich*, 1.–3. Auflage und *Vorläufiges*):

Andere schieben die Ausgewiesnen hinweg, nicht
Er, aus dem Abteil, daß sie Hannover nicht

[2006] Der Satz folgt dem Wunsch Volker Brauns (vgl. Braun an Unseld, Brief vom 17.01.1966).
[2007] Vgl. Friedrich Forssman: Wie ich Bücher gestalte. Göttingen 2015, S. 63.
[2008] Vgl. Braun an Unseld, Brief vom 17.01.1966.

Sehn, zurück nach Leipzig, daß sie nicht
Mit Oberhausens Jugend reden, nicht
Über Verständigung. Er steht noch rum

Zweite Fassung (*Provokation für mich*, 4.–5. Auflage):

Andere schieben die Ausgewiesnen weg, nicht
Er, aus dem Abteil, daß sie dies Land nicht
Sehn, zurück in ihren Teil, daß sie nicht
Reden hier, wo man drauf wartet, nicht
Über *Verständigung*. Er steht noch rum

Dritte Fassung (*Texte in zeitlicher Folge*, Band 1):

Andere Finger weisen die Aus-
Gewiesnen weg, andere Hände
Ziehn sie aus dem Abteil, andere
Worte, wo er höflich schweigt
Machen sie stumm. Er steht noch rum

Die erste Änderung entstand für die vierte Auflage von *Provokation für mich*. Statt der Städte Hannover und Leipzig, die Start und Ziel der Bahnreise darstellen und symbolisch für die beiden Teile Deutschlands stehen, verwendete Braun das demonstrative „dies Land" für die BRD und die Verortung „in ihren Teil". Die Wortwahl verdeutlicht die deutsche Teilung, indem sie nicht nur auf einzelne Städte verweist, sondern von beiden Ländern spricht. Dadurch wird die Erfahrung der beiden Protagonisten zu einer allgemeinen Erfahrung. Außerdem ist das Wort „Verständigung" hervorgehoben, das die Leserschaft darauf stößt, worum es im Gedicht geht.

Die Tendenz zur Verallgemeinerung zieht sich auch bei der zweiten Änderung fort. Für die *Texte in zeitlicher Folge* ist das Gedicht mit der Streichung aller zeitlichen und räumlichen Verweise so angepasst, dass es dem historischen Kontext entzogen wird. So heißt es nun nicht mehr „zurückgewiesen am", das in den Varianten zuvor auf ein bestimmtes Datum hindeutet. Ohne die Temporalpräposition kommt die zeitliche Komponente nicht mehr zum Ausdruck. Aus dem „Verfassungsschutzamt" wurde das historische und unspezifische „Oberamt". Außerdem fiel das verortende „wolfsburger" im Titel weg, so dass es sich nun um einen Stempler jeden Orts und zu jeder Zeit handeln könnte. Allein die Anmerkungen im Band erläutern noch den historischen Hintergrund der Reiserestriktionen während der deutschen Teilung. In der dritten Strophe kommt nun nicht mehr die Teilung des Lands zum Ausdruck, die Orte und Erfahrungen, die den Reisenden verwehrt bleiben, sondern der Akt des Zurückweisens selbst. Mit dem Wortfeld aus Fingern, Händen und Worten stellte Braun bildlich die Gesten, den physischen Aspekt und die Sprache der Abweisung dar. Verstärkt wird dieses Bild noch durch das morphologische Enjambement, das in der Bezeichnung der Personen als „Aus- / Gewiesne[...]" den Akt auch formalästhetisch realisiert.[2009] Braun erweiterte damit ein Bildfeld des Gedichts, das mit dem Fokus auf einzelne Körperteile in den ersten beiden Strophen bereits angelegt ist. Diese objektivierende Version des Gedichts nahm Enzensberger bereits im Lektoratsgutachten vorweg, indem er Braun vorschlug, seine Kritik allgemeingültig zu verfassen.[2010] Schließlich harmonisieren die Änderungen das Gedicht in der Symbolik, aber auch im Versmaß durch den Wegfall von Silben. So strich Braun das „Dienst-", vor der „Mütze" in der ersten Strophe und ersetzte die Verbalverbindung „Gibt Befehle" durch das einfache Verb „Befiehlt". Braun erreichte dadurch ein gleichmäßiges Versmaß und eine harmonische Analogie zu den Verben in den Zeilen zuvor.

Der Vergleich der Gedichtfassungen zeigt, wie Braun die Auflagen nutzte, um sein Prinzip der ästhetischen Innovation umzusetzen. Die minimale peritextuelle Veränderung der Auflagen kaschierte die sprachlich-semantischen Veränderungen der Gedichte, die Braun im Laufe ihrer editorialen Biographie immer stärker ihrem historischen Kontext entzog und somit einer überzeitlichen und überregionalen Rezeption zuführte. Das Gedicht *Moritat vom Stempler* wird schließlich als allgemeine „Satire auf bedenkenlose Gefügigkeit, Kadavergehorsam und kritikloses Hinnehmen von Richtlinien" lesbar.[2011] Im Laufe seiner schriftstellerischen Karriere bildete er eine Vorstellung von der Gestaltung seiner Bücher aus, die er mit seiner erstarkenden Position im Verlag und im literarischen Feld, sicherlich auch durch politische Entwicklungen, immer mehr durchsetzen konnte. Der den historischen Bezug erklärende Text rückte in die Anmerkungen, die zeitlichen und räumlichen Verortungen der Gedichte wurden unspezifischer, so dass der Text Raum für Assoziationen gab. Die letzte Fassung enthob das Gedicht schließlich aller räumlichen und zeitlichen Zuschreibungen, es erhielt dadurch eine allgemeingültige Bedeutung.

Das zweite Gedicht *Legende vom Malen* erschien zuerst in der Anthologie *Sonnenpferde und Astronauten* aus dem Jahr 1964.[2012] Die erste Änderung nahm

---

2009 Die zweite Auflage enthält in dem Gedicht wahrscheinlich einen Fehler. Das Wort „Ausgewiesenen" ist in der dritten Strophe mit dem Schwa-e geschrieben, alle anderen Varianten führen das Wort als „Ausgewiesnen", mit dem sich eine einheitliche Silbenzahl der Verse ergibt. Da das Weglassen des Schwa-e außerdem ein typisches Merkmal der frühen Gedichte Brauns ist, um einen umgangssprachlichen Ton und Sprecher auszudrücken, wird es sich um einen Setzfehler handeln.
2010 Vgl. Kapitel 2.
2011 Cosentino/Ertl: Zur Lyrik Volker Brauns, S. 65.
2012 Vgl. Volker Braun: Legende vom Malen. In: Sonnenpferde und Astronauten, S. 17–19.

Braun bereits für *Provokation für mich* an der vierten Strophe vor.[2013] Er strich das Genitiv-s bei „des Februar" am Ende der Verszeile, vermutlich aus lautlichen Gründen. Außerdem korrigierte er eine Metapher: Aus „Skelette verendernder Häuser" wurden „Skelette verendeter Häuser", was den abgeschlossenen Prozess der Zerstörung verdeutlicht. Der ostdeutsche Gedichtband enthält die folgende Fassung:

Legende vom Malen

1
Als der Krieg aus war, sagten die Leute:
Bringt alle Bilder in diese Stadt!
Jeden Karton, den ihr bemalt
Jede bunte Leinwand bringt bitte
Legt leuchtende Leinwand über die Asche.

2
Als die Maler kamen, konnten sie
Keinen Schritt weiter. Denn die Stadt war
Ein Herz aus Glas: in jedem ihrer Schritte
Zerbrach es mehr. Sie standen still:
Unter den Füßen die Stadt kam auf sie zu.

3
So schlimm erging es ihnen in dieser Stadt:
Bei ihr, der Arglosen, die den Krieg nie gesehn hatte,
Bei ihr, der Schönen, die der Krieg nie begehrt hatte,
Bei ihr, der Verführerischen, ach so Arglosen, bei ihr
War er über Nacht geblieben.

4
Und die Maler hockten sich vor ihre Pappen,
Mischten Weiß und Schwarz zum elenden Grau des Februar,
Türmten graue Steine und wieder Steine und darüber andere Steine,
Schabten mit Fingern Skelette verendeter Häuser,
Wuschen mit Tränen Tupfen mutlosen Grüns weg.

5
Als die Maler die Bilder an die Ruinen schlugen,
Liefen die Leute herbei, das Elend zu besichtigen:
Denn, so fürchteten sie nun, was ihnen die Stadt zugefügt hatte
Mit grauen Steinen, Skeletten und mutlosem Grün,
Mußte auch noch etwas Schmerz hergeben für die Leinwände.

6
Das soll die Stadt sein? fragten die Leute:

2013 Das Gedicht ist im Suhrkamp-Band *Vorläufiges* nicht enthalten.

> Nackte Straßen – ja, Skelette – ja, Rauch sanft – ja,
> Ja, alles war geglückt, aber alles
> Hell und bunt und hellbunt! Frühling
> Unter zerschmetterten Häusern, über dem Chaos der Türme!
>
> 7
> Hellblau und gelb und warm vom Ocker, fast leben schon
> Sahn sie die Stadt auf den Bildern. Immer noch schön
> War sie, die mit Mühe elend gemalt war,
> Fröhlich die Steine, und fröhlich, sie fortzuschleppen,
> Schön und unbesiegbar, wie diese Stadt war.[2014]

Die zweite Änderung nahm Braun für die zweite Auflage des Bands an der letzten Strophe vor (siehe unten). Die Änderungen verdeutlichen noch einmal den Verfall der Stadt und weisen gleichzeitig in die Zukunft, in der die Stadt wieder in alter Schönheit aufblüht. Gleichzeitig verdichtet das dreimalige „fast" die Strophe. Das „könnte" im letzten Vers verdeutlicht, dass die Stadt trotz ihrer Zerstörung nicht untergangen ist, sondern die Möglichkeit besteht, dass sie wieder aufersteht. Ausgelöst durch die hellen, fröhlichen Bilder wird hier das Topos der hoffnungsspendenden Assoziationskraft von Kunst, hier der Malerei, aufgenommen.

Für die vierte Auflage des Gedichtbands schrieb Braun das Gedicht so stark um, dass es den neuen Titel *Die Maler in Dresden* erhielt. Braun hob also den historischen Bezug des Gedichts zur Zerstörung der Stadt Dresden im Jahr 1945 deutlich hervor. Was zuvor noch im kollektiven Gedächtnis seiner Leserschaft verankert war, musste nun explizit erwähnt werden. Die zeitliche Distanz wird in der neuen dritten Strophe deutlich. Dort heißt es: „Als die Maler die Bilder an die Ruinen schlugen / Liefen die Leute, sagt man, zögernd her".[2015] Durch das eingeschobene „sagt man" holte Braun das Legendenhafte des Gedichts aus dem vorherigen Titel *Legende vom Malen* in das Geschehen des Gedichts. Im Rückblick können sich das lyrische Ich und die Rezipient:innen nur noch auf Erinnerungen und Erzählungen stützen.

Die zweite und dritte Strophe fehlen in dieser Fassung ganz, aus der vierten Strophe ist die zweite Strophe geworden usw. Die Streichung ist besonders bei der dritten Strophe bemerkenswert. Mit der Personifizierung der Stadt als Arglose, Schöne und Verführerische, die den Krieg nie gesehen und gewollt hatte, entsteht das Bild von weiblicher Unschuld. Die Metaphorik deutet auf Frauen, die nicht am unmittelbaren Kriegsgeschehen teilgenommen haben. Das Weibliche wird in Opposition zum zerstörerischen Willen des männlichen Kriegs inszeniert. Damit

---

[2014] Braun: Provokation für mich, S. 55 f.
[2015] Volker Braun: Die Maler in Dresden. In: V.B.: Provokation für mich. 4. Aufl., S. 67.

wird einerseits das Bild eines vermeintlich unschuldigen Bevölkerungsteils aufgerufen, nämlich der Frauen im Krieg, und andererseits steht hinter dieser Klage die Vorstellung, dass die Stadt zu unrecht zerstört wurde. Mit den letzten Zeilen „bei ihr / war er über Nacht geblieben." wird das Bild auch noch sexuell konnotiert. Diese politisch stark aufgeladene Strophe nahm Braun heraus, dem Gedicht fehlen in der vierten Auflage dadurch die Gegenüberstellung von Schuld und Unschuld. Dafür verstärkte Braun das Element der Hoffnung auf eine Zukunft trotz Zerstörung im Angesicht der bunt gemalten Bilder. Zum Vergleich führe ich die letzte Strophe des Gedichts in der dritten und vierten Fassung an:

> Dritte Fassung (*Provokation für mich*, 2.–3. Auflage)
>
> Hellblau und gelb und warm vom Ocker, fast leben schon
> Sahn sie die Stadt auf den Bildern. Fast schon schön
> War sie, die mit Mühe elend gemalt war,
> Fröhlich die Steine, und fröhlich, sie fortzuschleppen,
> Schön, fast unbesiegbar, wie diese Stadt sein könnte.[2016]
>
> Vierte Fassung (*Provokation für mich*, 4.–5. Auflage)
>
> Hellblau und gelb und warm vom Ocker! Beinahe
> Ein Schimmer von Hoffnung. Fast wieder
> Leben sahn sie die Stadt auf den Bildern. Wenigstens
> Nicht aufzugeben. Möglicherweise bewohnbar zu machen.
> Elend die Steine, doch lohnend sie fortzuschaffen.[2017]

Die Botschaft der Strophe wird in der vierten Strophe durch den Eindruck der Leute bei der Betrachtung der Bilder vorbereitet: „auf allem / Etwas Helles, nur ahnbar, Frühling".[2018] Die hoffnungsvolle Ahnung wird in der letzten Strophe durch das „[e]in Schimmer von Hoffnung" wiederaufgenommen. Statt wie in der dritten Fassung auf die unbesiegbare Stadt zu pochen und damit wiederum Kriegsbilder aufzurufen, wendete Braun die Verse in einen in die Zukunft gerichteten Aufruf „[n]icht aufzugeben" und trotz Elend und Zerstörung an den gemeinsamen Aufbau der Stadt zu glauben.

Der Vergleich der Fassungen zeigt, wie Braun durch Weglassen und Ändern von Wörtern, Versen und Strophen das Gedicht an die jeweiligen Zeitdiskurse anpasste. Zunächst noch in den Dichotomien von Schuld und Unschuld, Tätern und Opfern, Sieg und Niederlage verhaftet, entwickelte sich das Gedicht zu einem Stimmungsbild von Vorstellungskraft und Hoffnung in einem Moment von Verlust

---

2016 Volker Braun: Legende vom Malen. In: V.B.: Provokation für mich. 2. Aufl., S. 56.
2017 Volker Braun: Die Maler in Dresden. In: V.B.: Provokation für mich. 4. Aufl., S. 67.
2018 Ebd.

und Zerstörung, das ohne ein Gegenüber auskommt. Die Positionierung in der Werkausgabe unter „Verstreute Gedichte" im dritten Band statt im ersten Band im Kontext des ersten Gedichtbands verdeutlicht, dass Braun dem Gedicht schließlich nicht mehr die Bedeutung zugemessen hat, die es einmal besessen hat.

An den Versionen des dritten Gedichts *Anspruch* bzw. *Kommt uns nicht mit Fertigem* lässt sich eine Entwicklung von demonstrativer, agierender Sprache zu einer zwar kritischen aber mehr poetischen Sprache nachvollziehen. Das Gedicht erschien nach der Lesung von Hermlin zum ersten Mal im Band *Provokation für mich*.

Kommt uns nicht mit Fertigem

Kommt uns nicht mit Fertigem! Wir brauchen Halbfabrikate!
Weg mit dem faden Braten – her mit dem Wald und dem Messer!
Hier herrscht das Experiment und keine steife Routine.
Hier schreit eure Wünsche aus: Empfang beim Leben.
Zwischen die Kontinente, zu allen Ufern
Spannt seine Muskeln das Meer unserer Erwartungen,
An alle Ufer trommeln seine Finger die Brandung,
Über die Uferklinge läßt es die Wogen springen und aufschlagen,
Immer erneut hält es die Flut hoch und gibt es sie auf:
Hier wird täglich das alte Leben abgeblasen.

Für uns sind die Rezepte nicht ausgeschrieben, mein Herr.
Das Leben ist kein Bilderbuch mehr, Mister, und keine peinliche
    Partitur, Fräulein,
Nix zum Herunterdudeln! Hier wird ab sofort Denken verlangt.
Raus aus den Sesseln, Jungs! Feldbett – meinetwegen.
Nicht so feierlich, Genossen, das Denken will heitre Stirnen!
Wer sehnt sich hier nach wilhelminischem Schulterputz?
Unsere Schultern tragen einen Himmel voll Sterne.

Alles Alte prüft: her, Kontrollposten Jugend!
Hier wird Neuland gegraben und Neuhimmel angeschnitten –
Hier ist der Staat für Anfänger, Halbfabrikat auf Lebenszeit.
Hier schreit eure Wünsche aus: an alle Ufer
Trommelt die Flut eurer Erwartungen!
Was da an deine Waden knallt, Mensch, die tosende Brandung:
Das sind unsere kleinen Finger, die schießen nur
Bißchen Zukunft vor, Spielerei.[2019]

Das Auffällige an den Änderungen des Gedichts sind vor allem die Satzzeichen. In der ersten Fassung stehen viele Ausrufezeichen, vor allem nach Imperativen, die

---

[2019] Volker Braun: Kommt uns nicht mit Fertigem. In: V.B.: Provokation für mich, S. 10.

den Appell des Gedichts betonen. Das ist in der Westausgabe bereits abgeschwächt, deren Version Braun auch für die folgenden Auflagen von *Provokation für mich* übernahm. Für die Werkausgabe verringerte er die Zahl der Ausrufezeichen erneut, indem er sie durch Punkte ersetzte bzw. den ersten Vers der letzten Strophe und den letzten Vers der ersten Strophe entfernte. Allein die Aufforderung zum Schreien in der letzten Strophe endet noch mit einem Ausrufezeichen, das die erhobene Stimme des Schreienden markiert. Durch die Streichung der Verse fielen nicht nur die Satzzeichen weg, auch die Abgrenzung vom Althergebrachten nahm Braun heraus. Der Fokus des Texts war mit dieser Änderung nunmehr allein in die Gegenwart und Zukunft gerichtet. Zudem wird der Jugend keine kontrollierende Funktion mehr zugesprochen. Der Kontrollaspekt geht ganz verloren. Der Appell richtet sich jetzt an alle und zwar ohne, dass jemand seine Wirkung überprüfen würde. Außerdem tilgte Braun für die Werkausgabe den Satz „Nix zum Herunterdudeln!" aus der zweiten Strophe, was eine Verdichtung bewirkte. Denn der vorangehende Vers konstatiert bereits, dass Bilderbücher und Partituren das Denken der Menschen beschränken.

Zur editorialen Biographie eines Gedichtbands gehören neben den zahlreichen Nachdrucken einzelner Gedichte, die ich hier nicht betrachte, prinzipiell auch fremdsprachige Übersetzungen, die ich zumindest erwähnen möchte. Brauns Gedichte aus dem ersten Band wurden in mehrere Sprachen übersetzt, darunter Polnisch, Arabisch, Englisch und Französisch. Die französische Ausgabe *Provocation pour moi et l'autres* des Übersetzers Alain Lance aus dem Jahr 1968 führt Gedichte aus Brauns ersten beiden Gedichtbänden *Provokation für mich* und *Wir und nicht sie* zusammen. Der Band ist zweisprachig aufgebaut und geht auf die Ausgaben des Mitteldeutschen Verlags zurück. Bei der ersten englischen Ausgabe seiner Gedichte *Rubble Flora* aus dem Jahr 2014, übersetzt von Karen Leeder, handelt es sich um eine Auswahl aus den Jahren 1955 bis 2013. Aus dem ersten Gedichtband ist darin das Gedicht *Demand* (deutsch: *Anspruch* bzw. *Kommt uns nicht mit Fertigem*) enthalten. Die Übersetzung geht auf die Fassung der *Texte in zeitlicher Folge* zurück.

6 *Provokation für mich* in graphischer Bearbeitung

2005 veröffentlichte der Verlag Faber&Faber eine Sonderausgabe des ersten Gedichtbands von Braun. In der Reihe *Die graphischen Bücher. Erstlingswerke deutscher Autoren des 20. Jahrhundert* erschien *Provokation für mich* mit Holzschnitten von Rolf Kuhrt und gestaltet von Gert Wunderlich in einer Auflage von 999 Exemplaren, die von Kuhrt handschriftlich signiert sind. Das *Labeling* der Reihe entsprach damit auch der Praxis des Suhrkamp Verlags, Autor:innen der

DDR im vereinten Deutschland als Teil einer Nationalliteratur zu präsentieren.[2020] Es handelt sich bei der Ausgabe um eine Bearbeitung der Gedichte durch Rolf Kuhrt in Absprache mit dem Typographen und Buchgestalter. Braun hatte weder Einfluss auf die Gestaltung noch hat er weitere Änderungen an den Gedichten vorgenommen.[2021]

Bemerkenswert ist zunächst, dass es sich beim Text um die Gedichte in der Fassung der vierten Auflage handelt. Sie unterscheiden sich materiell jedoch in ihrer Schriftart und -größe sowie im Satz. Die Faber-Ausgabe nimmt also die oben beschriebenen Entwicklungsschritte des Gedichtbands zurück und markiert den Text mit der Reihenzuordnung dennoch als Erstfassung. Von einer Erwähnung im Nachwort abgesehen, gibt es keinen Bezug zur Suhrkamp-Ausgabe. Braun, der heute repräsentativer Autor des Suhrkamp Verlags ist, wird im Verlag des ehemaligen Leiters des Aufbau Verlags, Elmar Faber, mit dem gesamten Band wieder in die Tradition einer „DDR-Literatur" eingeordnet, die sich auch mit lyrischen und gestalterischen Vorbildern des frühen 20. Jahrhunderts auseinandersetzte.

Die Gedichte haben im Kontext von Verlag und Reihe eine neue Materialität und Rahmung erhalten. Der Band aktualisiert die vierte Auflage also durch eine neue Formgebung und historisiert sie im gleichen Schritt als Debüt eines Autors des vorangegangenen Jahrhunderts. Wie die Rezensentin Irmtraud Gutschke festhält: „Elmar und Michael Faber haben ihn [den Band, A.J.] nun erneut aus der Versenkung geholt."[2022] *Provokation für mich* war nur noch antiquarisch erhältlich, bis Faber&Faber den Band im Rahmen einer Reihe als Teil einer deutschen Literatur präsentierte und damit kanonisierte. Ergänzend zu den Reihentiteln erschienen im Verlag Supplementbände von verschiedenen Künstler:innen mit Porträts der veröffentlichten Autor:innen. Der Band *Die dritten Zehn* enthält zehn Radierungen der Reihentitel elf bis 19 von Christian Mischke und damit neben Braun auch die Porträts der Autoren August Stramm, Wolfgang Borchert, Klaus Mann, Martin Walser, Franz Jung, Joseph Roth, Erich Mühsam, Bazon Brock und Kurt Tucholsky.[2023] Allein durch die Nummerierung der Titel gerät Braun somit in einen transmedialen Zusammenhang, den der Verlag durch die Auswahl und Vergabe der Reihentitel herstellte.

2020 Vgl. Teil I, Kapitel 1989.
2021 Vgl. Gespräch mit Volker Braun im Jahr 2015. Im Gedicht *Moritat vom wolfsburger Stempler* liegt allerdings ein Druckfehler vor, statt von einem „gesteiften Hemd" ist an zwei Stellen im Gedicht von einem „gestreiften Hemd" die Rede (vgl. Braun: Provokation für mich 2005, S. 57).
2022 Irmtraud Gutschke: Freiheit des Seiltänzers. In: ND vom 20.10.2005, S. 12.
2023 Christian Mischke: Die dritten Zehn. Supplementband zur Reihe „Die Graphischen Bücher". Leipzig 2010.

Durch die graphische Gestaltung der Texte ist aus den Gedichten, der Buchausstattung, zu der die typographische Gestaltung gehört, und den Holzschnitten eine Triade entstanden, die zudem Bezüge zur Erstausgabe des Gedichtbands aufweist. So verwendet Wunderlich für die Einbandgestaltung Leinen und die rostrote Farbe, die bereits bei der Linienführung auf Umschlag und Einband des ersten Gedichtbands zum Einsatz kam. Die Farbe findet sich auch auf dem Buchrücken und im Buchspiegel wieder. Da sich die Texte sprachlich nicht verändert haben, geht es im Folgenden um die Gestaltung des Bands und die Holzschnitte. Dabei interessiert mich das Verhältnis zwischen Text, Graphiken und Buchgestaltung. Inwiefern beziehen sich die graphischen Elemente auf den ersten Gedichtband bzw. auf die Texte und wie ändert sich die Wahrnehmung der Texte durch ihre neue Form? Das ist in meinem Zusammenhang relevant, weil es anhand einer vom Autor und dem Verlag autorisierten Publikation zeigt, wie sich Form und Inhalt aufeinander beziehen und wie die Form die Wahrnehmung des Inhalts beeinflusst, ohne dass der Autor an der Ausgabe mitgewirkt hätte.

Die Gestaltung des Bands nimmt in dezenter Weise Bezug auf die Holzschnitte und die Ausstattung des ‚originalen' Gedichtbands. Die Holzschnitte arbeiten mit Schraffierungen und Linien, die sowohl auf dem Einband als auch im Unterstrich der Gedichttitel wieder vorkommen. Zudem prägt der schwarz-weiße Kontrast der Graphiken und Textseiten auch den Einband. Eine weitere Verbindung von Typographie und Holzschnitten ergibt sich durch die Anordnung der Buchstaben auf dem Einband und den Begriffen, die wie Wasserzeichen die Gedichte untermalen. Sie sind nicht linear, sondern versetzt angeordnet und weisen eine unterschiedliche Strichstärke auf. Die Typographie verbindet somit den Text mit den Holzschnitten, die ebenfalls mit unterschiedlichen Strichstärken und versetzten Elementen arbeiten.

Rolf Kuhrt hat sich bei den Holzschnitten von der Lektüre und seiner Interpretation leiten lassen. Die Relation der Holzschnitte zu den einzelnen Texten aber auch zur gesamten Gedichtsammlung ist dementsprechend eng. Die Holzschnitte teilen sich in zwei verschiedene Arten auf: Es gibt sieben Originalholzschnitte, die abgesetzt auf Büttenpapier ganzseitig eingefügt sind und sich auf einzelne Gedichte beziehen.[2024] Auf den Bezug verweist eine Bildbeschriftung. Sie stehen zwar (fast) in der gleichen Abfolge wie die Gedichte, allerdings nicht in direkter Korrespondenz zu ihrem Bezugstext. Außerdem enthält der Band 14 Reproduktionen von Holzschnitten, die programmatisch die Abteilungen der Gedichte einleiten, einzelne Gedichte begleiten bzw. dem Textkorpus voran- und

---

2024 Die Holzschnitte beziehen sich auf die Gedichte *Waldwohnung, Schlacht bei Fehrbellin, Meine Damen und Herren, Selbstverpflichtung, Die Maler in Dresden, So muß es sein* und *Haltung*.

nachstehen. Sie sind wie der Text auf holzfreiem, 130 g/qm dicken Druckpapier abgebildet.

Letztere zeigen zum einen drei Koitusdarstellungen, wobei die Figuren jeweils in Missionarsstellung abgebildet sind (Abb. 15). Die Gesichter oder geschlechtsspezifische Merkmale der Figuren sind gar nicht oder nur in Details (Nasenlöcher, Mund, Brüste) zu erkennen. Die Schnitte richten den Fokus auf die einzelnen Körperteile: Hände, Füße, Schenkel und Arme, die ineinander verschränkt sind. Gelenke, Muskeln und Knochen sind durch kubistische Formen hervorgehoben, so dass der Eindruck entsteht, das Skelett scheine durch die Haut hindurch. Die Linienführung verbindet die Körper so eng miteinander, dass beide Figuren zu einer Einheit verschmelzen. Nur indem man die Formen und Linien bewusst nachverfolgt, lassen sich die einzelnen Körper(-teile) voneinander getrennt wahrnehmen und einer der beiden Figuren zuordnen. Die Abbildungen lenken so die Aufmerksamkeit auf die Machart des Kunstwerks und bereiten auf eine Lektüre vor, die sich nicht nur mit einem ästhetischen Eindruck, sondern mit der Gemachtheit und dem Konzept eines Gedichts beschäftigt.

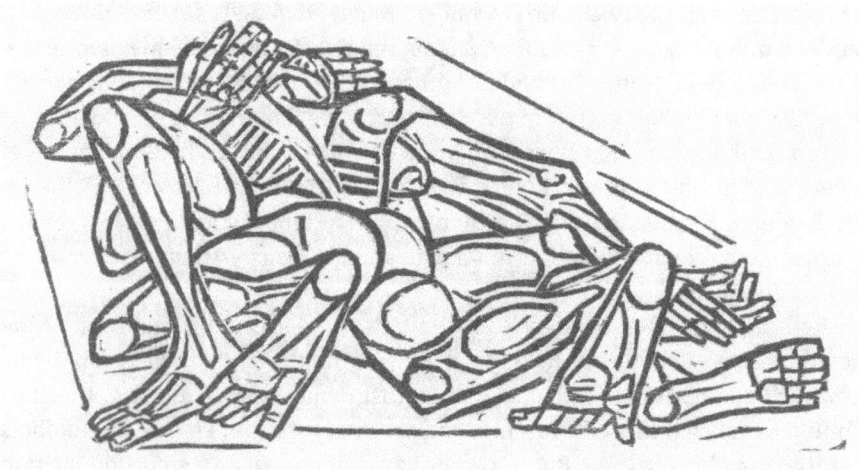

Abb. 15: Holzschnitt von Rolf Kuhrt in *Provokation für mich* aus dem Jahr 2005.

Zum anderen enthält der Band Porträts, oder Porträtdetails, mit jeweils ein oder zwei Köpfen in verschiedenen Abwandlungen. Einige davon erinnern an die drei Affen, die sich Mund, Ohren und Augen zuhalten und als Symbole für den Mangel an Zivilcourage gelten. Ganz hinten im Band ist ein gescheitelter Kopf abgebildet, dessen Augen mit der rechten Hand abgedeckt sind. In dem Schnitt, der die Abteilung *Provokationen* einleitet, hält die Hand das Ohr nicht zu, sondern stellt es in einer Geste auf, die besseres Hören ermöglichen soll. Ein weiteres Porträt zeigt eine Figur, deren Kopf liegt, der Hals ist gestreckt, die Augen weit geöffnet, eine Hand verdeckt den Mund. Der Gesichtsausdruck erweckt den Anschein eines aufgezwungenen Schweigens. Zwei der weiteren Schnitte setzen sich mit dem Topos der versteckten Identität hinter einer Maske auseinander. Damit lenken die Schnitte die Aufmerksamkeit auf Formen der Unterdrückung und scheinen dabei sowohl eine kritisierende, als auch appellierende Funktion zu haben.

Beide Arten, die Abbildungen gesichtslos körperlichen Geschlechtsverkehrs und die Porträtdarstellungen, verweisen auf den Aussagegehalt der Gedichte von Braun: die Balance aus geschlechtlicher Liebe und teilhabendem Verhältnis des Individuums an gesellschaftlichen Prozessen, zumal unter den Lebens- und Arbeitsbedingungen eines totalitären Regimes.

Die einzelnen Gedichten zugeordneten Bilder verdeutlichen vor allem den visuellen Eindruck, der bei der Lektüre entsteht. So zeigt der Holzschnitt zu *Die Maler in Dresden* eine überproportionale Figur, die gleich einem Monster durch ein Ruinenfeld kriecht. Im oberen Teil ist mit einem kippenden Kreuz die Ruine einer Kirche angedeutet. Die Gebäude mit verschiedenen Funktionen erwecken den Eindruck einer Stadt. Die Konturen der Figur sind kaum von denen der Gebäude zu unterscheiden, die Figur verschmilzt mit der Stadt. Das Bild führt die zerstörte Stadt und den Menschen vor Augen, der sich ihrer wieder bemächtigt.

Gert Wunderlich setzte als Buchgestalter für die neue Ausgabe des Gedichtbands wenn auch unwissentlich den ursprünglichen Wunsch Brauns um, seine Texte in einer serifenlosen Groteskschrift zu setzen. Er verwendete dafür die Type Maxima, die er in den sechziger Jahren angefertigt hat und die zu den am häufigsten verwendeten Schrifttypen der DDR zählt. Einerseits modernisierte er damit das Schriftbild, andererseits band er es an den Entstehungskontext der Gedichte an. Obwohl das Format des Bands wesentlich breiter ist als der ursprüngliche Gedichtband und damit eine Brechung von Langversen verhindert hätte werden können, behält Wunderlich diesen Satz bei und enthält sich somit einer Umdeutung des Gedichts durch die Verwendung von Langversen. Er spricht damit den Brechungen Bedeutung zu und erinnert an die ursprüngliche Textgestalt, die sich an den Produktionsbedingungen des Verlags bzw. dem konventionellen Buchformat für Gedichtbände orientierte.

Bei den Gedichten sind jeweils die ersten Strophenverse fettgedruckt, die dadurch im Gegensatz zu den anderen Versen einer Strophe ein besonderes Gewicht erhalten. Während die Gedichttitel eher zweitrangig wie lebende Kolumnentitel neben der Seitenzahl angebracht sind, verweisen die titelähnlichen, weil hier fettgedruckten Strophenverse auf die sprachliche Konstruktion eines Gedichts in Strophen. Sie heben nicht nur den Wortgehalt, sondern auch die Form der Textsorte Gedicht hervor.

Einige Gedichte sind wasserzeichenartig mit Worten aus dem jeweiligen Text unterlegt. Die visuelle Gestaltung der Buchseiten setzt damit ähnlich wie bei der Wahl der Schrifttype Akzente und gibt Denkanstöße für die Wahrnehmung und Interpretation des Gedichts. Auch diese Worte korrespondieren wiederum mit den Holzschnitten. So ist das Gedicht *Vom irgendwie Lebenden* mit dem Wort „Trüm mern" unterlegt, das, den Wortinhalt noch verstärkend, gestalterisch aus der Zeile abfallend in der Mitte gebrochen ist.[2025] Daneben ist der Holzschnitt zu dem Gedicht *Die Maler in Dresden* eingefügt, in dem das Wort „Trümmer" jedoch nicht vorkommt. Die Graphik zeigt aber, worum es in dem Gedicht geht, nämlich den Umgang des Menschen mit der vom Krieg zerstörten Stadt. Die interpretierenden Elemente des hervorgehobenen Worts und des Holzschnitts verknüpfen die Texte und Gestaltungselemente miteinander. An diesem Beispiel wird die sich semantisch und stilistisch bestärkende Triade aus Buchgestaltung, Holzschnitt und Texten besonders deutlich.

7 Fazit

Auf dem Einlegezettel, der dem Gedichtband *Vorläufiges* beigefügt war, bezeichnete der Suhrkamp Verlag die Parallelausgabe als zweiten Gedichtband des Autors, also als eigenständiges Werk. Die Begründung dafür lautete, dass „mehr als die Hälfte der in ihm enthaltenen Gedichte, nämlich 22" neu seien, „18 dagegen aus der ‚Provokation für mich' fehlen".[2026] Entsprechend erhielt, wie ausgeführt, die westdeutsche Zusammenstellung auch einen neuen Titel. Aus Perspektive Suhrkamps handelte es sich bei *Provokation für mich* und *Vorläufiges* aufgrund der angepassten Textauswahl, nicht der textuellen Überarbeitungen der einzelnen Gedichte also um zwei Werke. Die Untersuchung hat gezeigt, dass die Titeländerung auf rechtliche Bedingungen im Literaturaustausch und die Abgrenzung von der ostdeutschen Ausgabe vor dem Hintergrund ideologisch geführter Diskurse über Literatur zurückzuführen ist, nicht auf die Werkkonzeption von Verlag und Autor.

Die Identität von Text und Titel können zwar als Indizien für eine Werkeinheit gelten. Aus praxeologischer und editionsbiographischer Perspektive handelt es sich bei Parallelausgaben aber um Fassungen eines Werks, die sich in Inhalt, Form und Titel stark unterscheiden können. Die Ausgaben und Auflagen sind in diesem Sinne Ereignisse in der Biographie eines Werks und fixieren dessen Ent-

---

2025 Braun: Provokation für mich 2005, S. 56.
2026 Volker Braun: Einlegezettel für Vorläufiges. In: DLA, SUA: Suhrkamp.

wicklungsschritte. Auch die Vorstellung vom Status einer vermeintlichen ‚Originalausgabe' des Werks bricht mit dem Blick auf die Ausgabenvarianten auf. So gilt im Beispielfall als Fassung letzter Hand (eigentlich: letzter Hände) die vierte Auflage von Brauns Gedichtband bzw. die Fassung der Werkausgabe, die allerdings größtenteils auf die Veränderungen für die westdeutsche Ausgabe zurückgeht.

Am Beispiel von Brauns erstem Gedichtband ist außerdem deutlich geworden, wie die editoriale Biographie eines Werks, die den Autor nicht nur als Produzent von Texten, sondern von Ausgaben versteht, erweiterte Erkenntnisse über die Poetik eines Werks ermöglicht. Sie zeigt Braun als einen deutsch-deutschen Autor, nicht, weil er deutsch-deutsche Themen verarbeitete oder in Ost und West gelesen werden konnte, sondern weil er die Möglichkeiten, die der Literaturaustausch ihm gab, in seiner Publikationspraxis in beiden literarischen Feldern nutzte.

Zur Geschichte eines Werks gehört also mehr als die Entwicklung des Sprach- und Bedeutungsgehalts des Textes, bei der Genese von Autorschaft und Werk spielen die editorische Praxis und Poetik der Produktionsgemeinschaft eine konstitutive Rolle. Der Werkbegriff lässt sich demnach aus Verlagsperspektive durch die Kategorie der Ausgabe differenzieren und für die Erforschung der Entstehung und Entwicklung literarischer Werke fruchtbar machen.

Schlussbetrachtung

> Und nun zur crème caramelle:
> 3 Eier mit weniger als 1/2 l Milch und 3 Eßlöffel Zucker gründlich verquirlen.
> 3 Eßlöffel Zucker in einem Aluminiumtopf dunkel bräunen. Tropfenweise ca 10-12 Tropfen Wasser hineingeben und noch einmal auf die Flamme stellen. Achtung, daß es nicht zu dunkel wird, sonst wird es bitter.
> Diesen gebräunten Zucker in 6 Töpfchen oder Tassen verteilen (die Töpfchen oder Tassen ambesten auf einen nassen Lappen stellen damit sie nicht springen). Darüber die Eier-Milch-Zucker-Masse gießen.
> In eine große Kasserolle so viel kalten Wasser, daß die Töpfchen halb im Wasser stehen. Die Kasserolle in die vorgeheizte Röhre schieben (4-5 = 220 Grad) und so stocken lassen.
> Dann die Kasserolle herausnehmen und, wie sie ist, abkühlen lassen.
> Danach die Töpfchen herausnehmen und (ganz abgekühlt) in den Eisschrank stellen. Die crème caramelle muß ganz kalt gegessen werden.
> Vor dem Anrichten mit einem Messer innen in den Töpfchen entlang fahren und dann auf einen Teller stürzen. Das hört sich sehr umständlich an, ist es aber nicht.

Abb. 16: Rezeptaustausch zwischen Lektorin und Autorin.

Nach einer Reihe von Informationen zu Buchbestellungen in der Frankfurter Universitätsbibliothek,[2027] zu einer Honorarüberweisung an „Frau Wolf", zur Buchsendung *Abenteuer aus dem Englischen Garten* von Marieluise Fleißer sowie zu verschiedenen Briefen, die sie geschrieben hatte,[2028] ergänzte Elisabeth Borchers ihren Brief vom 13. Februar 1973 an Anna Seghers mit einem Rezept für Crème caramel, die Seghers vielleicht in Variation als Flan napolitano aus ihrer Zeit in Mexiko kannte. Borchers arbeitete zu dieser Zeit bereits bei Suhrkamp,

---

2027 Ich gehe davon aus, dass Seghers ihrer Lektorin Borchers mit „Bruckners Buch" (vermutlich ist Ferdinand Bruckner gemeint) und *Die Islandglocke* von Halldór Laxness Bücher zur Veröffentlichung bei Suhrkamp empfohlen hatte, denn letzteres erschien 1975 als Neuauflage im *suhrkamp taschenbuch*. Bruckners einzigen Roman *Mussia. Erzählung eines frühen Lebens* publizierte Suhrkamp 1981 in der *Bibliothek Suhrkamp* (vgl. Elisabeth Borchers an Anna Seghers, Brief vom 13.02.1973. In: DLA, SUA: Suhrkamp).
2028 Borchers erwähnt einen Brief an „Herrn Walter" (vermutlich Otto F. Walter, damals noch Leiter des Luchterhand Verlags) und an „Dr. Heist" (ebd.). Für Luchterhand hatte Borchers zwei Monate zuvor Seghers' Band *Sonderbare Begegnungen* begutachtet, den der Aufbau Verlag und Luchterhand 1973 veröffentlichten (vgl. Elisabeth Borchers an Anna Seghers, Brief vom 10.12.1972. In: Archiv AdK/Anna Seghers 1920). Walter Heist war Herausgeber der Reihe *Kleine Mainzer Bücherei*, in der als fünfter Band 1973 das Porträt *Anna Seghers aus Mainz* erschien.

∂ OpenAccess. © 2022 Anke Jaspers, publiziert von De Gruyter. Dieses Werk ist lizenziert unter einer Creative Commons Namensnennung – Nicht kommerziell – Keine Bearbeitung 4.0 International Lizenz.
https://doi.org/10.1515/9783110742756-010

Seghers Bücher erschienen im Westen allerdings bei Luchterhand. Der Brief geht auf „Berliner Tage" der Lektorin zurück, in denen die beiden „so angenehme, schöne ruhige Stunden" verbrachten und vermutlich über die Nachspeise sprachen.[2029] „Sie wissen, wie gern ich bei Ihnen bin", versicherte die Lektorin ihre Autorin.[2030] Als Anekdote aus der Geschäftskorrespondenz eines Verlags mag die kurze Episode zunächst verwundern. Was hat der Austausch eines Rezepts mit der Verlagspraxis im geteilten Deutschland zu tun?

Die sorgsam formulierte Kochanleitung ist charakteristisch für das Geflecht von formellen und informellen Beziehungen eines Verlags, die in den offiziellen und inoffiziellen Passagen der Korrespondenz mit Autor:innen besonders zum Ausdruck kommt. Sie sind materiell miteinander verbunden und ziehen sich durch das gesamte SUA. In den meisten Fällen lassen sich anhand dieser zunächst scheinbar irrelevanten Archivfunde Anekdoten und Szenen erzählen, die Erkenntnisse über interne Verlagsprozesse, Kommunikationsstrukturen, private Hintergründe und persönliche Motivationen ermöglichen. Meine Studie zeigt, dass sich das von Jaeggi entwickelte Konzept der Lebensform bei der Untersuchung von Prozessen kollektiver Kreativität dazu eignet, die informelle, gewohnheitsmäßige Ordnung innerhalb des Verlags sowie die informellen Beziehungen herauszuarbeiten. Welche Bandbreite diese annehmen konnten, veranschaulicht die empirische Fülle der Studie. Neben den gängigen Erzählungen von Publikationsgeschichten, strategischen Entscheidungen des Verlegers und großen Erfolgen vervollständigen sie unser Bild davon, was ein Verlag wie Suhrkamp eigentlich ist und wie er funktioniert (hat).

Seit mehr als einem Jahrzehnt standen Borchers und Seghers 1973 in brieflichem Kontakt. Sie hatten bei Luchterhand zusammengearbeitet, waren in gemeinsame Netzwerke eingebunden und kannten sich von den Besuchen der Lektorin in Ostberlin auch persönlich, so dass mit der Zeit ein freundschaftliches Verhältnis zwischen den beiden entstand. „Wir fanden einander sehr sympathisch", erinnerte sich Borchers im Gespräch mit Berbig und seinen Studierenden. „Ich weiß, dass sie auf meinen Besuch wartete, sobald ich in Berlin war. Ich habe es ihr vorher immer geschrieben und dann fragte sie immer noch einmal: ‚Wann kommen Sie, wann besuchen Sie mich?'"[2031] Während diese deutsch-deutsche Freundschaft noch einer genaueren Untersuchung harrt, kann sie bereits als ein Beispiel neben vielen anderen dafür gelten, dass sich in den Autor:in-Verlags-Beziehungen die Rollen der personellen Akteure als Geschäfts- und Privatper-

---

2029 Borchers an Seghers, Brief vom 13.02.1973.
2030 Ebd.
2031 Borchers: Es hatte keinen Sinn sich gegen Suhrkamp zu wehren, S. 151.

sonen kaum voneinander trennen lassen. Mir geht es vor allem auch darum, zu zeigen, dass ein Verlag wie Suhrkamp seinen Autor:innen in vielfältigen Berufs- und Lebenslagen als Partner zur Seite stand. „Suhrkamp ist mehr als ein Verlag", sagte Kolbe im Gespräch.[2032] Verlage wie Suhrkamp sind mehr als medienproduzierende Wirtschaftsunternehmen. Suhrkamps Verlagspolitik und -praxis zielte auf eine langfristige und umfassende Verbindung zu den Autor:innen ab, in der sowohl der Verlag als auch die Autor:innen die unterschiedlichsten Rollen einnahmen. Deren Funktion lässt sich nicht immer und nicht allein auf die Produktion von Büchern und den ökonomischen Gewinn, also die Vorstellung von einer reinen Geschäftsbeziehung reduzieren. Vielmehr zeigen Archivstudien, dass es im Autor:in-Verlags-Verhältnis à la Suhrkamp & Co um die Schaffung von alle Lebens- und Arbeitsbereiche umfassenden Bedingungen ging, die es Schriftsteller:innen ermöglichen zu schreiben und zu publizieren.[2033] In den Fallstudien ist deutlich geworden, was und wen es alles braucht, damit ein Werk (als *opus* und als *œuvre*) entsteht. Eine Nachspeise mag in diesem Zusammenhang nur eine vergleichsweise geringe Rolle spielen, vielleicht weckte aber ihr Geschmack bei der Schriftstellerin Erinnerungen an die Zeit im Exil und trug so zu ihrem Arbeitsprozess bei. Folglich wären Verlage in ihrer vielfältigen Bedeutung für das literarische Leben zu konzeptualisieren und nicht nur in der Literaturbetriebsforschung, sondern auch bei der Literaturgeschichtsschreibung, in der Autorenphilologie, der Schreibprozessforschung oder der neueren Forschung zur Materialität von Literatur mitzudenken.

Die Anekdote der Crème caramel bringt außerdem noch einmal zum Ausdruck, dass in der Literatur- als Verlagsgeschichte auch andere Akteure als der

---

[2032] Gespräch mit Uwe Kolbe am 8.10.2015 in Berlin. Dieser Teil des Gesprächs wurde nicht mitaufgezeichnet und ist deshalb nicht Teil des verschriftlichen Gesprächs im Anhang.

[2033] Auch neue verlegerische Strategien wie Self-Publishing und Books on demand oder auch ein Allroundunternehmen wie Amazon, dass Bücher verlegt, verkauft und vertreibt, stehen aufgrund dieser Rollenvielfalt nur in gewisser Hinsicht auf Herstellung, Distribution, Preisgestaltung und Marketing in Konkurrenz zu traditionellen Verlagen, können diese aber nicht in vollem Umfang ersetzen. Vielmehr war in den letzten Jahrzehnten zu beobachten, dass kleinere Verlage wie Wallstein, Matthes und Seitz oder Spector books den Markt erobern, die auf der Grundlage einer Autor:innenhierarchie ähnlich wie bei Suhrkamp diese unterschiedlichen Funktionen noch übernehmen können. Spector Books lässt entsprechend auf seiner Internetseite verlauten: „[O]ur publishing house explores the possibilities offered by an active exchange between all parties involved in the book production process: artists, authors, book designers, lithographers, printers and bookbinders." Mit dieser Philosophie geht auch eine Aufwertung des Mediums Buch einher, die im Kontext der Medienkonkurrenz im *digital age* zu verstehen ist: „The book as medium is turned into a stage, a site of encounter for productive exchange." (Spector Books. About: https://spectorbooks.com/about (zuletzt eingesehen am 5.05.2022)).

(männliche) Verleger und die großen Verlagsautoren relevant sind, mit denen der Suhrkamp Verlag sich vermarktet. Verlage sind Kollektivakteure. Aus diesem Grund müssten Verlagsgeschichten um weitere personelle Akteure neben der Verlagsleitung, den Lektoraten und Autor:innen ergänzt werden. Im Zuge dessen wäre auch an die Rolle von nicht-personellen Akteuren wie Orten, Räumen, Architekturen, technischen Geräten oder Materialien zu denken. Aus praxeologischer Perspektive sind außerdem literaturgeschichtlich nicht nur diejenigen Autor:innen bedeutsam, die Erfolg im literarischen Feld haben und deren Werke kanonisiert sind. Vielmehr geraten Autor:innen und Texte ins Blickfeld, die in der Verlags- und Literaturgeschichtsschreibung sowie in der literaturwissenschaftlichen Diskussion aus unterschiedlichen Gründen marginalisiert worden sind. Das hängt auch damit zusammen, dass der Ausgangspunkt meiner Untersuchung nicht das literarische Werk, sondern ein Verlagsarchiv ist. Denn dass Vorstellungen nicht umgesetzt werden und Projekte scheitern, kommt im Verlag wesentlich häufiger vor, als dass sie gelingen und zu einem großen Erfolg führen. Erst aus den vielen Beziehungen, die ein Verlag pflegt, aus der Vielfalt der mal erfolgreichen mal ergebnislosen Publikationsgeschichten, aus den internen Arbeitsprozessen der Herstellung, der Werbung und des Vertriebs setzt sich ein Bild des Verlags, seiner Geschichte und deren Anteil an der Literaturgeschichte zusammen. Hieran gerade bei einem männlich dominierten Verlag wie Suhrkamp auch Formen weiblicher Kooperation – von den Sekretariaten bis zur Cheflektorin – wie diejenige von Borchers und Seghers hervorzuheben, wäre ein lohnendes Unterfangen.[2034] Die Verlags(archiv)forschung ermöglicht es also, alternative und vom Diskurs marginalisierte Akteure des literarischen Felds sichtbar zu machen und in die literaturwissenschaftliche Diskussion zu bringen. Der blinde Fleck, den diese Perspektive mit sich bringt, ergibt sich dann nicht aus dem literarischen Kanon, sondern aus dem Programm des Verlags bzw. aus der Überlieferung im Verlagsarchiv.

Der freundschaftliche Kontakt zwischen der westdeutschen Lyrikerin und Lektorin, die im nationalsozialistischen Deutschland aufgewachsen war, und der 26 Jahre älteren ostdeutschen Autorin, die als jüdische Kommunistin seit 1933 verfolgt und fortan im Exil gewesen war, verdeutlicht schließlich, dass persönliche Beziehungen den Literaturaustausch ermöglichten und wie wenig selbstverständlich diese waren.

2034 Damit soll nicht impliziert sein, dass es sich beim Austausch von Kochrezepten generell um eine Form weiblichen Kooperierens handelt, auch wenn dies für die beginnenden siebziger Jahre den üblichen Rollenvorstellungen entsprochen haben mag. Vielmehr geht es hier um die Sichtbarmachung und Untersuchung einer ko-kreativen Arbeitsbeziehung zwischen zwei weiblichen Akteuren.

Das SUA eignet sich besonders, um solche Verflechtungsprozesse zu beobachten. Dies liegt zum einen an der prominenten Stellung Brechts im Suhrkamp Verlag und an der Vielzahl der dort verlegten Autor:innen der DDR, um die sich ab den siebziger Jahren mit Borchers eine Expertin für ‚DDR-Literatur' kümmerte. Zum anderen zeichnet sich Suhrkamp durch seinen Repräsentationsanspruch aus, den der Verlag unter Unselds Leitung als Stellvertreter einer national verstandenen deutschen Kultur entwickelte und in seinem Verlagsprogramm als Ort einer andauernden nationalen Einheit zu verwirklichen suchte. Die Verlagsgeschichte im geteilten Deutschland habe ich zunächst nach der Verwendung von Verlagslabels zwischen 1949 und 1989 strukturiert. Suhrkamp setzte sich mit der Gründung des Verlags zum Ziel, nicht vorhandene Texte wieder zu verbreiten und in Westdeutschland vergessene Autor:innen der Vorkriegszeit wieder bekannt zu machen. In der ersten Dekade kursierte in der Verlagskommunikation deshalb keine Bezeichnung für die Literatur, die in der DDR entstand, auch nicht für die Publikationen Brechts. Suhrkamp folgte dem Glauben an den pädagogischen Wert von Literatur und ihr Potential, das Denken und Handeln vor allem junger Menschen, die zur Zeit des Nationalsozialismus aufgewachsen waren, zu inspirieren und zu bilden. Zu dieser Generation gehörte auch Unseld. Als Verleger vergrößerte und professionalisierte er ab 1959 den Verlag, schuf neue Abteilungen und Reihen und nahm darin auch erstmalig die junge Literatur der DDR auf. In der Auseinandersetzung mit Johnsons ersten Werken sowie dem Umgang mit Autoren, die teils aus der DDR emigrierten, teils dort lebten, erkundete der Verlag ab Ende der fünfziger Jahre die Literatur der DDR und entwickelte auch durch die Festigung informeller Beziehungen ein Gespür dafür, wie der Literaturaustausch angemessen zu gestalten war. Anfangs bereitete es vor allem Unseld offenkundig Schwierigkeiten zu akzeptieren, dass die etablierten Praktiken seinen Autor:innen ebenso zum Nachteil gereichen konnten wie den Verlagsinteressen. Mit der Zeit agierte er sensibler, gewöhnte sich an konspirative Praktiken und akzeptierte vertragliche Sonderkonditionen. Welche Lernprozesse insbesondere der Verleger durchlaufen musste, um die Eigenlogik der Literatur im ‚anderen' Deutschland zu verstehen und zu akzeptieren, lässt sich anhand des kursorisch ausgewerteten und im Anhang edierten Berichts *Kunst im Dienst* aus dem Jahr 1956 nachvollziehen. Unseld entfaltete darin eine simplifizierende und kulturpolitisch geprägte Auffassung von der DDR-Kultur und stellte die angeblich freie und autonome Kunst des Westens der Vorstellung einer von Politik gegängelten Kunst des Ostens gegenüber. Unselds Bericht zählt deshalb zu den zentralen Dokumenten meiner Studie, die einer umfassenden Kommentierung wert wären. Ins Programm integrierte der Verlag die neuen Autoren allerdings noch unter dem Label einer ‚gesamtdeutschen' Literatur, was sich erst mit der deutsch-deutschen Entspannungspolitik und der politischen Anerkennung der DDR änderte.

Nach den Tumulten auf der Frankfurter Buchmesse, den Konflikten um die Niederschlagung des Prager Frühlings und den Folgen des Aufstands der Lektoren richtete der Verlag Ende der sechziger Jahre seine interne Organisations- und Personalstruktur sowie seine Beziehungen zur DDR neu aus. Unter der Annahme einer relativen Autonomie der Literatur der DDR, die nach anderen Maßstäben zu bewerten und zu behandeln sei, etablierte sich unter dem Label ‚DDR-Literatur' eine eigene Programmsparte unter der Leitung der Lektorin Borchers. Seinen ersten Bestseller aus diesem Segment erlebte der Verlag mit Plenzdorfs *Neuen Leiden des jungen W.* (1973). Trotz der Krise im Literaturbetrieb der DDR nach der Biermann-Ausbürgerung konnte Suhrkamp auch mit Braun, dem emigrierten Brasch und anderen Erfolge feiern. Ab Ende der siebziger Jahre verschob sich die Aufmerksamkeit auf eine neue Generation von Autor:innen, die der Verlag unter dem Label der ‚Hineingeborenen' führte. Damit einher ging die Kanonisierung der etablierten Autor:innen, die mit Sonder- und Werkausgaben bedacht wurden. Die Frankfurter und Berliner Gesamtausgabe der Werke Brechts gehört in dieser Dekade zu den herausragenden und bislang unerforschten deutsch-deutschen Projekten, in die der Verlag involviert war. Nach dem Mauerfall wurden Labels, die eine Differenz zum Ausdruck brachten, obsolet. Der Verlag integrierte die neuen ostdeutschen Verlagsautor:innen als Teil einer vereinten deutschen Literatur. Manche Verlagsbeziehung und manche geplante Publikation ging im Zuge der Vereinigung unter, obwohl oder gerade weil der Verlag mit neuen Subreihen (*edition suhrkamp Leipzig*), einem neuen Vertriebsgebiet und der Investition in neue Verlage stark expandierte. Mit der Konsekration ostdeutscher Autor:innen im vereinten literarischen Feld und der lang ersehnten Aufnahme von Wolf und Hein in den Verlag nahm diese Phase Ende der neunziger Jahre ihr Ende. Ostdeutsche Autor:innen bilden heute einen integralen Bestandteil der Suhrkamp Verlagsgruppe.

Die vielfältigen Verflechtungen der Literatur im geteilten Deutschland, die diese und vorausgehende Studien darlegen,[2035] machen ein Umdenken notwen-

---

2035 Vgl. Heukenkamp (Hg.): Unterm Notdach; Lehmstedt/Lokatis (Hg.): Das Loch in der Mauer; Berbig (Hg.): Stille Post; Estermann/Lersch (Hg.): Deutsch-deutscher Literaturaustausch; Frohn: Literaturaustausch; Ulmer: VEB Luchterhand; Adam: Der Traum vom Jahre Null; Anna-Maria Seemann: Parallelverlage im geteilten Deutschland. Entstehung, Beziehungen und Strategien am Beispiel ausgewählter Wissenschaftsverlage. Berlin 2017; Maria Reinhardt: Geteilte Kritiken. DDR-Literatur und bundesrepublikanische Literaturkritik. Fallstudien zum Werk von Brigitte Reimann, Jürgen Fuchs. Heidelberg 2018; Johanna M. Gelberg: Poetik und Politik der Grenze. Die Literatur der deutschen Teilung nach 1945. Bielefeld 2018; Sandhöfer-Klesen: Christa Wolf im Kontext der Moderne; Yahya Elsaghe: Thomas Mann auf Leinwand und Bildschirm. Zur deutschen Aneignung seines Erzählwerks in der langen Nachkriegszeit. Berlin 2019.

dig. Literaturgeschichte nach 1945 sollte ergänzend zu den bereits existierenden Abhandlungen über Literatur in Ost und West auf der Grundlage aktueller Forschung zum Literaturaustausch auch als eine geteilte Geschichte geschrieben werden.[2036] Es gab Autor:innen, die in beiden Feldern agierten, Werkbiographien waren geteilt, Verlage kooperierten, Börsenvereine, Schriftstellerverbände, Autor:innenkreise und die Buchmessen interagierten miteinander. Diese literarischen Beziehungen gilt es weiterhin zu erkunden und in ihrer Interdependenz und Entwicklung darzustellen. Neben weiteren Ausgabenvergleichen wäre es ausgehend von den Erkenntnissen zu Büchersendungen des Verlags, zum doppelten Lektorat der Texte und zu den verflochtenen Werkbiographien wünschenswert, auch den Schreibprozess von Autor:innen unter Berücksichtigung der Verlagsbeziehungen in Ost und West zu betrachten, was hier nur angedeutet werden konnte. Die Bücherlisten von Volker Braun im SUA zeugen davon, wie wichtig die Beziehung zum westdeutschen Verlag für die Rezeption internationaler Literatur war. An den Privatbibliotheken ostdeutscher Autor:innen lassen sich die Kooperationen und Kontakte im geteilten Deutschland und deren Auswirkungen auf den literarischen Schreibprozess nachzeichnen.[2037] Da der Verlag und auch die Autor:innen in einem internationalen, den Ost-West-Konflikt transzendierenden Netzwerk agierten, bietet die Verlagsarchivperspektive auf Austauschbeziehungen somit eine Möglichkeit, die deutsch-deutsche Literaturgeschichte in einen europäischen, wenn nicht sogar globalen Kontext einzubetten.

Die Frage nach dem Zugang zu internationaler Literatur und den Lektüren der Akteure im Umfeld des Verlags zielt auf eine Diskurs- und Wissensgeschichte der Literatur bzw. des literarischen Felds ab. Während selbst die Lektüren und intellektuellen wie literarischen Einflüsse der hier erwähnten Autor:innen meist noch weitgehend unerforscht sind, finden die Voraussetzungen des Denkens und Handelns von Verlagsakteuren wie Lektor:innen, Buchgestalter:innen oder Hersteller:innen mit wenigen Ausnahmen bislang kaum Beachtung.[2038] Die Studie zeigt, dass der Verlag mit einem Literaturverständnis, mit Wertungskriterien, mit Konzepten von Autorschaft, mit einer Vorstellung vom literarischen Werk und seiner materiellen Gestaltung agierte. Unselds Denken und Handeln waren zunächst von den Erfahrungen im Nationalsozialismus und des Kriegsendes geprägt. Wichtige literarische und intellektuelle Einflüsse erhielt er von seinen männlichen Lehrern und Professoren sowie aus der Literatur. In der Verlagsfüh-

---

2036 Vgl. Peitsch: Nachkriegsliteratur.
2037 Vgl. Anke Jaspers/Erdmut Wizisla: Was gehört wirklich zu dir. In der Bibliothek Volker Brauns. Bericht über ein Gespräch. In: Volker Braun. Text + Kritik 55 Neufassung (in Vorbereitung).
2038 Vgl. Peitsch/Thein-Peitsch: Walter Boehlich; Hans-Michael Koetzle u. a. (Hg.): Fleckhaus.

rung ließ er sich von den Meinungen und den Umständen von Autor:innen leiten, angetrieben von einem tief verankerten Glauben an die Wirkmacht der Literatur. Beides – der Einsatz für Autor:innen und sein Literaturverständnis – ließen ihn eine quasi neo-koloniale Haltung gegenüber der DDR entwickeln. Er war ein Meister des Self-, Autoren- und History Marketings, hatte ein gutes Gespür für Texte und Menschen, die er als gekonnter Netzwerker um den Verlag versammelte und miteinander in Berührung brachte. Er ist als Macher bekannt, weniger als feinsinniger Literaturkenner. Im Literaturaustausch kann er als interessierter und engagierter Förderer einer den westdeutschen Vorstellungen entsprechenden Literatur der DDR gelten, die dem Verlag für sein Programm, seine Politik und sein Prestige nutzten. Die Einblicke in das ideologische Grundgerüst des Suhrkamp Verlags anhand von ‚Störungen', die den Akteuren Anlass zur Reflexion ihrer Einstellungen boten (Mauerbau, Aufstand der Lektoren und Einigungsprozess) und die Ansätze zu einer intellektuellen Biographie Unselds mögen Anregung zu einer weiterführenden Beschäftigung mit den Haltungen und Orientierungen der Verlagsakteure geben. Über die Ergebnisse meiner Untersuchung hinaus wäre zum Beispiel von Interesse, wie und mit welchen Erfahrungen Unseld Texte las. Noch sind große Teile seines Privatnachlasses unbekannt, dessen Erforschung weitere Erkenntnisse zu seinen Lektüren, seinem Literaturverständnis und seinen politischen Einstellungen liefern dürfte.

Mit einem deutsch-deutschen Programm hielt der Verlag an einer kulturell verstandenen nationalen Einheit fest, die ebenso zur staatlichen Vereinigung wie zur Abschaffung des literarischen Felds der DDR und der Marginalisierung zuvor relevanter Akteure beigetragen hat. Unselds Haltung zur Vereinigung weist ihn in dieser Zeit nur scheinbar paradox als wenig kritikfähigen Anhänger der alten BRD aus. Die Debatte zwischen Unseld und Luhmann, der sich kritisch zum vermeintlichen Siegeszug der alten Bundesrepublik geäußert hatte, sowie die Ablehnung des Manuskripts von Brauns *Zickzackbrücke*, bringen dies anschaulich zum Vorschein. Eine daran anschließende Studie zu den veröffentlichten und verhinderten Publikationen sowie den Diskussionen in und um den Verlag in den Jahren 1989–92 würde sich lohnen, um zu erforschen, wie das Ende des etablierten Literaturaustauschs Anpassungen und Neuorientierungen in Ost *und* West erforderte. Aus Perspektive des Verlags als Knotenpunkt eines intellektuellen Netzwerks ließe sich somit ein neues Licht auf den Wendediskurs werfen.

Meine Studie unterbreitet in diesem Sinne einen Vorschlag, wie das Verhältnis des Verlags zur DDR analysiert und generell der Praxiszusammenhang eines Verlags literaturgeschichtlich einbezogen werden kann. Am Verhältnis zur DDR lässt sich beobachten, wie der Verlag Praktiken im Handel mit Literatur zwischen den beiden deutschen Staaten – hier unter den Begriffen assoziieren, selektieren, variieren, konspirieren und investieren gefasst – aufgrund von Recherchen, Gesprächen und Lektüren ausprobierte, übernahm oder verwarf, immer wieder modifizierte und an die Bedingungen des Literaturaustauschs anpasste. So machte der Verlag die Erfahrung, dass die Literatur der DDR mit ihren Themen, Motiven, Figuren und poetologischen Konzepten etwas anderes sei als diejenige, die in der BRD entstand, und dass diese Literatur dennoch oder gerade deshalb im Westen auf Interesse stieß. Inwieweit die westdeutsche Leserschaft diese Andersartigkeit nachvollziehen konnte, wurde sowohl von den Autor:innen als auch vom Verlag mehrfach in Frage gestellt und diskutiert. Eine Antwort des Verlags darauf war zum einen die textuelle und paratextuelle Transformation und Anpassung an die neuen Kontexte, die sich fast an jedem Buch nachweisen lassen. Von einer Autonomie des Textes wurde dabei selten ausgegangen. Dass ein Text ohne Änderungen übernommen wurde, lag meist allein an den rechtlichen Bedingungen oder der Tatsache, dass dieser bereits in der DDR veröffentlicht worden war. Zum anderen formierte der Verlag die Texte und Autor:innen der DDR synchron und diachron zu Ensembles und in Traditionslinien, mit denen sich im Verlag und beim westdeutschen Publikum Assoziationen verbanden. Die Fallstudien zu Becker, Brasch, Grünbein, Kolbe, Krauß und anderen sind Beispiele dafür, wie der Verlag Autorenmarken und deren multiple Identitäten im geteilten Deutschland verwaltete.

Von anhaltendem Interesse ist in diesem Zusammenhang die Wahrnehmung und literarische Wertung von Texten in verschiedenen Verlagen, wie sie der Vergleich der gutachterischen Kritik des ersten Gedichtbands von Mickel gezeigt hat. Auch die ostdeutschen Gutachten ließen sich für solche noch ausstehenden Vergleichsstudien hinzuziehen, auch wenn deren Entstehung und Funktion im Druckgenehmigungsverfahren ebenso kritisch zu betrachten sind, wie der Entstehungskontext der westdeutschen Gutachten. Die Zusammenschau der ost- und westdeutschen Gutachten eines Textes könnte dann zum einen Erkenntnisse zur Wahrnehmung eines Autors bzw. eines Textes im geteilten Deutschland bringen, und zum anderen würde sie ermöglichen, den Status von Verlagsgutachten in Ost und West zu ergründen und historisch zu vergleichen. Die an den Gutachtenvergleich in meiner Studie anschließende Interpretation von Mickels Gedicht *Die Friedensfeier* führt vor, wie mein Ansatz auch textanalytische Perspektiven zulässt und verfeinert. Aus entgegengesetzter Blickrichtung ermöglicht das am Beispiel von Krauß vorgeführte Genre der Ausgabeninterpretation wiederum, den Interpretationshorizont über Texte hinaus zu erweitern und auf die Ausgabe auszudehnen. Die Fallstudien zu Parallelausgaben tragen auf induktivem Weg auch dazu bei, das Verhältnis von Werkbedeutung und Intention im interpretatorischen Umgang reichhaltiger und komplexer zu verstehen. Sie leisten außerdem Beiträge zu einer Materialästhetik, bei der Autor:innen ihre konzeptuellen Erwägungen und poetologischen Ziele bis in die auf den ersten Blick unscheinbaren Details der

Ausgabengestaltung ausweiten. Als Teil der Werkpolitik zeigt sich in der Rekonstruktion der Gestaltung von Ausgaben, wie die Produktionsgemeinschaft(en) von Verlag und Autor:in die doppelten Publikationsmöglichkeiten nutzten, um Deutungsvarianten eines Werks mit verschiedenen ästhetischen Konzepten umzusetzen und andere Öffentlichkeiten zu schaffen.[2039] Was das Beispiel des ersten Gedichtbands von Volker Braun außerdem zeigen konnte, ist, dass Autor:innen Ausgaben, deren Gestaltung, Entstehungs- und Verbreitungskontext als Faktoren im Schreibprozess miteinkalkulieren. Die Literatur im geteilten Deutschland mit ihren Parallelausgaben und geteilten Werkbiographien ist hierfür ein besonders geeignetes Forschungsfeld. Allein der Hinweis auf Tetralogien, die als Trilogien geplant waren – zu denken wäre an Thomas Manns *Joseph*-Roman oder Johnsons *Jahrestage* –, mag andeuten, dass dies auch für andere Werke und Autor:innen in anderen politisch-historischen Kontexten gelten kann. Ausgabenvergleiche demonstrieren so, welche Fragestellungen allein Archivstudien generieren können bzw. sich allein aufgrund von Archivstudien beantworten lassen.

In der grundlegenden Frage, wie ein solches, umfangreiches und heterogenes Verlagsarchiv wie das SUA sinnvoll und gewinnbringend, d. h. ohne sich in seiner Nacherzählung zu verlieren, in ein Forschungsobjekt zu verwandeln und auszuwerten sei, lag der experimentelle Charakter des Suhrkamp-Forschungskollegs. Meine Studie präsentiert nun bisher unbekannte Dokumente des Literaturaustauschs, wertet diese aus und liefert ein grundlegendes Beschreibungsvokabular der verlegerischen Beziehungen zur Literatur und zu den Autor:innen der DDR. Die Detailkenntnis des Verlagsarchivs vermag der Forschung zu Autor:innen und Werken Neues beizufügen, Missdeutungen gerade zu rücken und personelle Akteure in ein Verhältnis zu bringen, die in anderen Studien unbeachtet blieben.

Dem Wunsch nach einem systematisch aufbereiteten Panorama der Literatur der DDR im Suhrkamp Verlag, einer Darstellung aller Verlagsbeziehungen und Publikationsgeschichten kann meine Studie schon allein aufgrund der auszuwertenden Materialfülle nicht entsprechen. Die Bibliographie der Literatur der DDR im Suhrkamp Verlag im Anhang gibt allerdings weitere Auskunft darüber. Umgekehrte Perspektiven auf den Literaturtransfer *in* die DDR[2040] oder die Lizenzübernahmen fremdsprachiger Literatur aus der DDR[2041] konnten der Anlage

---

2039 Vgl. Roland Reuß: Edition und Öffentlichkeit. In: Martin Schlemmer (Hg.): Digitales Edieren im 21. Jahrhundert. Essen 2017, S. 73–82.
2040 Eine beidseitige Perspektive nimmt die Arbeit von Julia Frohn ein (vgl. Frohn: Literaturaustausch).
2041 Vgl. Zajas: Verlagspraxis und Kulturpolitik; Kemper/Zajas/Bakshi (Hg.): Kulturtransfer und Verlagsarbeit.

meiner Studie entsprechend nur am Rand angemerkt werden. Ähnliches gilt für den Wissenschaftsaustausch aus Verlagsperspektive, der hochspannende Erkenntnisse verspricht, sowie für viele Publikationsgeschichten und Verlagsverhältnisse, die weniger aufschlussreich für meine Forschungsfragen waren, aber dennoch einer genaueren Betrachtung wert wären.[2042] Auch das Archiv des Insel Verlags, das weitere Aufschlüsse über die Diskussionen und Herausforderungen im Literaturaustausch verspricht, gerade weil Insel zur Zeit der Teilung ein Parallelverlag war, musste aufgrund der Materialfülle außen vorgelassen werden. Kurzum: Die Forschungen zum Literaturaustausch des Suhrkamp Verlags mit der DDR sind ebenso wenig abgeschlossen, wie die wissenschaftliche Erschließung und Erforschung des SUA. Es fehlen nach wie vor Informationen über Akteure, Entwicklungen und Zusammenhänge, die unser Verständnis davon, was ein Verlag tut und welche Bedeutung Verlagen für die Literatur und für die Literaturwissenschaft zukommt, erweitern werden. Die Verlags(archiv)forschung steht noch am Anfang. Neben vergleichenden praxeologischen Analysen wäre auch an Untersuchungen zur Materialität und Funktion von Dokumentsorten des SUA zu denken, die hier nur punktuell erwähnt werden konnten. Potential hat die Verlagsforschung auch für interdisziplinäre Fragestellungen, weil sie sich im Spannungsfeld philologischer, kulturwissenschaftlicher, soziologischer, ökonomischer und juristischer Forschung ansiedelt.

Meines Erachtens liegt das epistemische Potential der Verlagsarchivforschung in einer Dialektik von Theorie und Archivarbeit. Denn der Verlag arbeitet zugleich am Bedeutungsgehalt und der Materialität der Texte, so dass diese voneinander nicht getrennt zu denken sind. Gerade *indem* der Verlag die Materialität der Texte hervorbringt, arbeitet er auch an deren Bedeutungsgehalt, und umgekehrt. Verhandelt werden dabei notwendigerweise Konzepte, Begriffe und Normen, die in der literaturwissenschaftlichen Diskussion eine Rolle spielen. Was ist ein Autor? Was ist ein Werk? Wie entsteht ein Text? Welche Rolle spielen literarische Gattungen? So sollte der Umgang mit dem Archivmaterial einerseits theoriegeleitet sein, und die Fragen und Erkenntnisse aus dem Archiv andererseits wiederum zur Modifikation von theoretischen Konzepten genutzt werden.

Die empirische Arbeit mit der Fülle des Materials macht die Kategorie der Autorschaft reichhaltiger und komplexer, wie bereits Amslinger in seiner Studie zur Verlagsautorschaft dargelegt hat.[2043] Weiter liefert das Archiv wichtige Einblicke in das Tätigkeitsfeld von Lektor:innen bei der Formierung von Autor-

---

[2042] So konnten im Analyserahmen zum Beispiel die Verlagsbeziehungen von Johanna und Günter Braun, Wulf Kirsten, Gert Loschütz, Thomas Rosenlöcher oder Einar Schleef nicht näher untersucht werden.
[2043] Vgl. Amslinger: Verlagsautorschaft.

schaft,[2044] deren Grenzen sich zum Beispiel an den Selektionspraktiken des Verlags offenbaren. Wie verhält sich ein Verlag zu einem Autor, der sein Werk in verschiedenen Verlagen platziert, weil ihm weniger an der Versammlung seines Gesamtwerks an einem Ort als an Publikationsmöglichkeiten gelegen ist? Wie verhält sich ein Autor, wenn die lektorierende Anpassung an einen bestimmten Erwartungshorizont zu sehr an die Substanz des Textes geht? In welchem Verhältnis stehen dabei ästhetische und ökonomische Erwägungen?

Gleiches gilt für die Theorie des literarischen Werks. Eine wichtige Erkenntnis meines Forschungsprojekts ist, dass Verlage und Autor:innen auf vielfältige Art mit der Kategorie der Ausgabe operieren und dass diese Kategorie in der literaturwissenschaftlichen Theoriebildung bislang nicht die Bedeutung erhalten hat, die ihr im literarischen Leben zukommt. Als Einzelobjekte zeugen Ausgaben besonders eindrücklich und überzeugend davon, dass literarische Werke – ähnlich wie Texte im Verständnis der Intertextualitätstheorie – von mehreren Akteuren geschaffen werden. Neben Personen wäre dabei auch an Techniken, Materialien oder Räume zu denken. Deutlich wird dies auch an den rechtlichen Bedingungen des Verlagsvertrags, der das Urheberrecht zwischen Verlag und Autor:in aufteilt. Wer was wozu an einer Ausgabe historisch gesehen verantwortet hat, lässt sich vorrangig aus Verlagsarchiven, meist in Ergänzung aus Vor- und Nachlässen, rekonstruieren. Auch ohne das Wissen um die Entstehung einer Ausgabe muss diese als das Produkt einer Produktionsgemeinschaft, als kollektives Produkt gelten. Ausgaben sind deshalb ein lohnenswerter Untersuchungsgegenstand für Fragen nach kooperativem und kollaborativem Arbeiten, zumal wenn man an graphisch besonders aufwendig gestaltete Ausgaben oder Malerbücher[2045] denkt.

Wenn es zukünftig darum gehen soll, editoriale Biographien literarischer Werke zu erforschen[2046] oder auch nur zwei Ausgaben miteinander zu vergleichen, müsste die Theorie des literarischen Werks analog zur Texttheorie und im Anschluss an Genette erweitert werden. So ließen sich Bezüge zwischen Auflagen und Ausgaben (von verschiedenen Werken, Autor:innen, Verlagen, in Original-

---

2044 Vgl. hierzu auch die Arbeiten von Ines Barner und Catherine Marten, die ebenfalls aus der Arbeit mit dem SUA entstanden sind: Ines Barner: Von anderer Hand. Kollaborative Praktiken des Schreibens zwischen Autor und Lektor. Göttingen 2020; Marten: Bernhards Baukasten.
2045 Als Malerbücher werden Exemplare bezeichnet, bei denen Künstler ein Buchexemplar mit Illustrationen versehen haben, so dass aus der Verbindung von Text und Bild ein eigenes Kunstwerk entsteht.
2046 Die neuere Forschung zu Biographien eines Buchs, die auf Exemplarebene operiert, lässt sich gewinnbringend auf Ausgaben übertragen, wie Teil IV gezeigt hat. Vgl. auch die Forderung nach Biographien editorialer Aneignung in Kurbjuhn/Martus/Spoerhase: Editoriale Aneignung.

sprache und Übersetzung) auf den Begriff bringen, identifizieren und systematisch miteinander vergleichen.

Der Blick auf Ausgaben bringt außerdem Praktiken und Prozesse der Rezeption und Produktion miteinander in Verbindung, insofern als die Ausgabe Gegenstand einer auch an der Materialität von Literatur interessierten Rezeptions- und Produktionsästhetik ist. Schon im Verlag entstehen Interpretationen und Deutungsmodelle von literarischen Texten, teilweise auch von unveröffentlichten Fassungen. So lässt sich die historisch-situative Rezeption und Interpretation von Literatur aus dem Verlagsarchiv nachvollziehen und zwar aus rezeptions- *und* produktionsästhetischer Perspektive. Anders gesagt: Ein Verlag wie Suhrkamp ist ein Ort, an dem Prozesse und Praktiken der Rezeption und Produktion gleichzeitig und aufeinander bezogen, immer im Hinblick auf die Vermittlung von Literatur beobachtet werden können. Welche Funktion hat der Verlag als interpretativer Rahmen eines Textes? Müsste die Autorfunktion kollektiv gedacht werden bzw. ihr eine Verlagsfunktion an die Seite gestellt werden, die im Sinne Foucaults ebenso den Wert und die Einheit eines Werks garantiert? Die aktengestützte Rekonstruktion bricht insofern das vereinfachte Schema der Gegenüberstellung vom Verlag als Literaturproduzenten und der Leserschaft als den Rezipient:innen auf. Im Verlagsrahmen spielen sich kollektive Praktiken und Prozesse ab, deren Produkt das literarische Werk in Ausgabenform ist. Der Verlag wird damit zu einer literaturtheoretischen Kategorie in der Analyse literarischer Werke.

Dokumente aus dem Siegfried Unseld Archiv

Die hier wiedergegebenen Manuskripte, Berichte, Gutachten, Notizen und Briefe sind zentrale Dokumente meiner Untersuchung. Es handelt sich um Typoskripte, teilweise mit handschriftlichen Anmerkungen oder Korrekturen, und Handschriften, die als solche gekennzeichnet sind. Die vorliegende Edition orientiert sich am Prinzip größtmöglicher Lesbarkeit. Fehler habe ich, sofern sie nicht Stilmittel sind, behutsam korrigiert (z. B. fehlende Buchstaben), auffällige Formatierungen übernommen (z. B. Kursivierungen), alte Schreibweisen beibehalten (z. B. daß). Handschriftliche Anmerkungen ob im Text oder als Signatur sind in kursiver Schrift und eckigen Klammern angegeben.

Überblick der Dokumente

Manuskripte
1) Siegfried Unseld: Kunst im Dienst. Die kulturelle und intellektuelle Situation in der Deutschen Demokratischen Republik.

Reiseberichte
2) Dieter Hildebrandt: Reisebericht Leipzig, 10.03.1970.
3) Christian Döring: Reisebericht Leipzig, 14.03.1988.

Gutachten
4) Walter Maria Guggenheimer über Uwe Johnson: *Ingrid Babendererde*.
5) Walter Maria Guggenheimer über Uwe Johnson: *Mutmassungen über Jakob*.
6) Hans Magnus Enzensberger über Günter Kunert: *Aufforderung zum Zuhören*.
7) Martin Walser über Fritz Rudolf Fries: *Der Weg nach Oobliadooh*.
8) Hans Magnus Enzensberger über Karl Mickel: *Vita nova mea*.
9) Hans Magnus Enzensberger über Volker Braun: *Provokation für mich*, Brief vom 18.05.1965.
10) Hans Magnus Enzensberger über Volker Braun: *Wir und nicht sie*.
11) Siegfried Unseld über Volker Braun: *Die Zickzackbrücke*, Brief vom 31.10.1991.

Interne Notizen und Protokolle
12) Burgel Zeeh an Siegfried Unseld, Notizen Ost-Berlin-Besuch o.D.
13) Karl Markus Michel: Protokoll der Lektoratsversammlung am 9.09.1969, Protokoll vom 16.09.1969.
14) Elisabeth Borchers an Siegfried Unseld, Notiz vom 13.05.1985.

Briefe
15) Siegfried Unseld an Niklas Luhmann, Brief vom 24.08.1990.
16) Niklas Luhmann an Siegfried Unseld, Brief vom 8.10.1990.
17) Ernst Bloch an Siegfried Unseld, Brief vom 20.08.1961.
18) Siegfried Unseld an Helene Weigel, Brief vom 31.08.1961.
19) Siegfried Unseld an Helmut Schmidt, Brief vom 11.07.1975.
20) Helmut Schmidt an Siegfried Unseld, Brief vom 18.09.1975.
21) Elisabeth Borchers an Franz Fühmann, Brief vom 16.06.1973.
22) Franz Fühmann an Elisabeth Borchers, Brief vom 2.09.1973.
23) Elisabeth Borchers an Franz Fühmann, Brief vom 3.03.1976.
24) Maria Dessauer an Franz Fühmann, Brief vom 2.12.1977.
25) Franz Fühmann an Siegfried Unseld, Brief vom 25.05.1978.
26) Siegfried Unseld an Franz Fühmann, Brief vom 30.06.1978.
27) Franz Fühmann an Elisabeth Borchers, Brief vom 22.01.1979.
28) Elisabeth Borchers an Siegfried Unseld, Notiz vom 12.09.1979.
29) Durs Grünbein an Christian Döring, Brief vom 17.06.1988.

Manuskripte

1) Siegfried Unseld: Kunst im Dienst. Die kulturelle und intellektuelle Situation in der Deutschen Demokratischen Republik

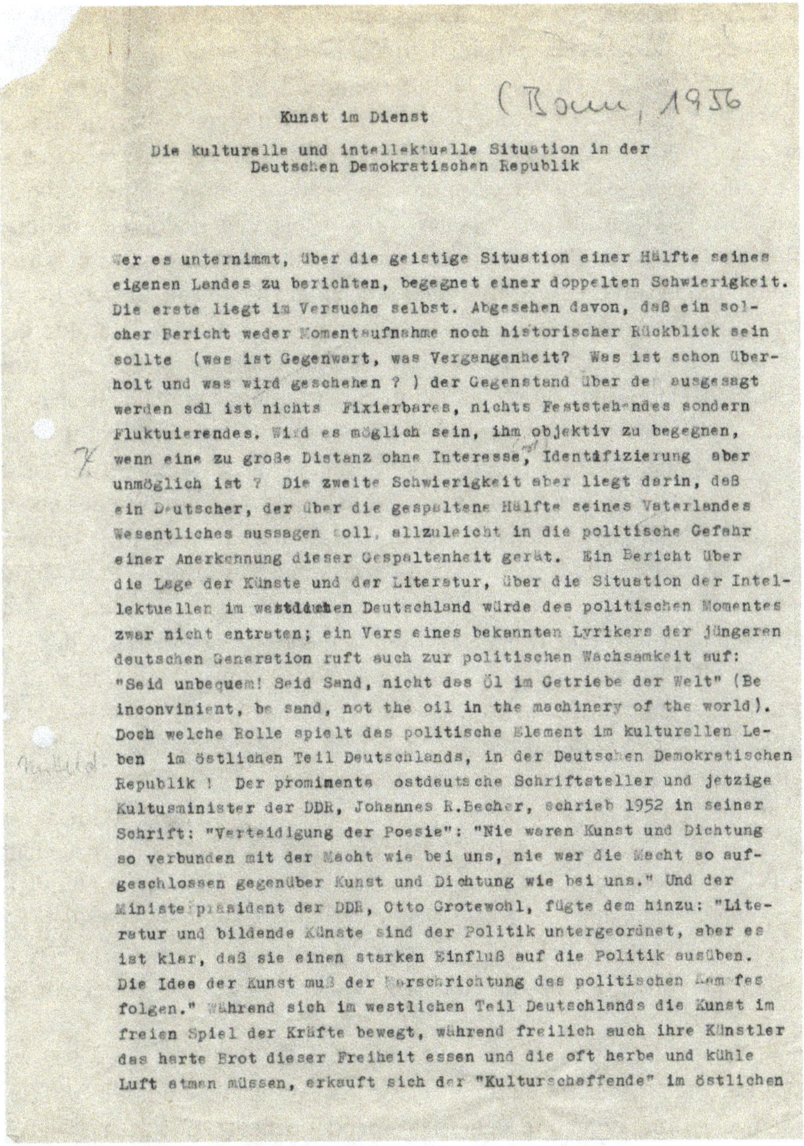

> Kunst im Dienst (Bonn, 1956)
> Die kulturelle und intellektuelle Situation in der
> Deutschen Demokratischen Republik
>
> Wer es unternimmt, über die geistige Situation einer Hälfte seines eigenen Landes zu berichten, begegnet einer doppelten Schwierigkeit. Die erste liegt im Versuche selbst. Abgesehen davon, daß ein solcher Bericht weder Momentaufnahme noch historischer Rückblick sein sollte (was ist Gegenwart, was Vergangenheit? Was ist schon überholt und was wird geschehen?) der Gegenstand über den ausgesagt werden soll ist nichts Fixierbares, nichts Feststehendes sondern Fluktuierendes. Wird es möglich sein, ihm objektiv zu begegnen, wenn eine zu große Distanz ohne Interesse, Identifizierung aber unmöglich ist? Die zweite Schwierigkeit aber liegt darin, daß ein Deutscher, der über die gespaltene Hälfte seines Vaterlandes Wesentliches aussagen soll, allzuleicht in die politische Gefahr einer Anerkennung dieser Gespaltenheit gerät. Ein Bericht über die Lage der Künste und der Literatur, über die Situation der Intellektuellen im westdeutschen Deutschland würde des politischen Momentes zwar nicht entraten; ein Vers eines bekannten Lyrikers der jüngeren deutschen Generation ruft auch zur politischen Wachsamkeit auf: "Seid unbequem! Seid Sand, nicht das Öl im Getriebe der Welt" (Be inconvinient, be sand, not the oil in the machinery of the world). Doch welche Rolle spielt das politische Element im kulturellen Leben im östlichen Teil Deutschlands, in der Deutschen Demokratischen Republik! Der prominente ostdeutsche Schriftsteller und jetzige Kultusminister der DDR, Johannes R.Becher, schrieb 1952 in seiner Schrift: "Verteidigung der Poesie": "Nie waren Kunst und Dichtung so verbunden mit der Macht wie bei uns, nie war die Macht so aufgeschlossen gegenüber Kunst und Dichtung wie bei uns." Und der Ministerpräsident der DDR, Otto Grotewohl, fügte dem hinzu: "Literatur und bildende Künste sind der Politik untergeordnet, aber es ist klar, daß sie einen starken Einfluß auf die Politik ausüben. Die Idee der Kunst muß der Vorschriftung des politischen Kampfes folgen." Während sich im westlichen Teil Deutschlands die Kunst im freien Spiel der Kräfte bewegt, während freilich auch ihre Künstler das harte Brot dieser Freiheit essen und die oft herbe und kühle Luft atmen müssen, erkauft sich der "Kulturschaffende" im östlichen

Abb. 17: Siegfried Unseld: *Kunst im Dienst* mit der Marginalie „Mitteld".

[...] Teil Deutschlands seine finanzielle Besserstellung und materielle Sicherung mit einer Einschränkung seiner künstlerischen Freiheit. Seine Kunst ist die Magd des politischen Gedankens. Sie ist eine Kunst im Dienst. – Der nachfolgende Bericht möchte sich freilich nicht in politische Polemik verlieren, so wenig sie auch auszuschalten sein wird. Er fragt nach den Bedingungen der Künste und der Künstler, er zeigt die äußeren Erscheinungsformen der Kunst auf und sucht so einen Aufriß des kulturellen Lebens im östlichen Teil Deutschlands zu geben.

In Ost-Berlin tagte in den ersten Januartagen des Jahres 1956 der 4. ostdeutsche Schriftsteller Kongreß. Über den Häuptern der vielköpfigen Versammlung an der Stirnwand des Präsidiums reckte sich in kühner Fotomontage das Emblem des Kongresses auf: ein eifrig hochgereckter muskulöser Arm, der Arm eines von den Werken der Anwesenden oft besungenen Traktoristen oder Hochofenarbeiters, wuchs über den Strom des Demonstrationszuges, über den Wall der Fahnen und Spruchbänder hinaus und seine kräftig geäderten Finger hielten ein riesiges Buch, in dessen aufgeschlagenen Seiten die Losung der ostdeutschen Literatur geschrieben war: „Die Bücher von heute sind die Taten von morgen". Man wird diesem Heinrich Mann-Zitat durchaus beipflichten können. Freilich, liest man diese Losung auf dem Hintergrund der Becher'schen und Grotewohlschen Kunstanschauung, dann verwandelt sich der Sinn des Spruches; er verweist auf die enge Verbindung des Lesens mit dem Handeln, der Kunst mit dem Leben. Literatur, Bildende Kunst, Laienspielkunst, Volkskunst, Bibliotheken, Filme, Musik, Architektur – sie alle werden in den Dienst eingebaut, sie alle sind Mittel zum Zweck. Evident weil expressis verbis äußert sich dies auf dem Gebiete der Literatur. Die Literatur, die in Westdeutschland eine gemäßigte Rolle in der Öffentlichkeit spielt, hier, im Osten ist sie eine bedeutende, umworbene und in den Vordergrund gerückte öffentliche Angelegenheit. Bücher sollen ja nicht nur, wie andernorts auch, Leben widerspiegeln, sondern sie sollen unmittelbar zu Taten und zu einer spezifischen Gesinnung anregen. Kunst soll wirken, sie soll vereinfachen und überzeugen. Ihre Wirkung ist nicht ein Nebenprodukt, sondern ihr eigentlicher Sinn und Daseinszweck. Wie sehr die Kunst im Verfolg dieser Absicht zum staatlichen Erziehungsmittel geworden ist und der Politisierung anheimfiel, wird die folgende Untersuchung zeigen. Um diese Entwicklung verständlich zu machen, soll zunächst ein Blick auf die allgemeine geistige und seelische Situation der Menschen unter den besonderen Bedingungen dieses Regimes geworfen werden.

In einer Rede bei der Verleihung des Internationalen Stalin-Friedens-Preises äußerte Bertolt Brecht, der prominenteste Dichter Ostdeutschlands, der größte lebende deutsche Dramatiker und sicherlich einer der bedeutenden dramatischen Schriftsteller unserer Zeit überhaupt: „Der Friede ist das A und O aller menschenfreundlichen Tätigkeiten, aller Produktion, aller Künste, einschließlich der

Kunst zu leben." Er, Brecht, habe aus den Klassikern des Sozialismus die Lehre entnommen, „daß eine Zukunft für die Menschheit nur ‚von unten her', vom Standpunkt der Unterdrückten und Ausgebeuteten aus sichtbar wurde. Nur mit ihnen kämpfend, kämpft man für die Menschheit." Folgten die Gründer der DDR diesen beiden Sätzen? Sie, die die einmalige Gelegenheit hatten, nicht auf eigenes Risiko, sondern unter dem Schutz sowjetischer Waffen einen sozialistischen Musterstaat zu schaffen – sie mißbrauchten diesen „Standpunkt ‚von unten her'", indem sie als Macht des Volkes die Macht der Partei proklamierten und ihr alles unterstellten. Nach außen hin dienten alle Einrichtungen der Erziehung, der Wissenschaft und Kunst dem Grundsatz, jedem das Gleiche zu gönnen und auf die sozial Schwachen besondere Rücksicht zu nehmen. In Wirklichkeit aber wurde in diesem Gleichschaltungsprozeß, in diesem Nivellierungsvorgang dem einzelnen Menschen seine eigene, persönliche Entscheidungsfreiheit immer mehr und mehr entzogen. Der Mensch in der DDR steht unter dem totalen Anspruch des Staates und vor allem unter dem Anspruch der Partei. Kennzeichnend ist aber für die dortige Situation, daß trotz der vielen Aufmärsche und Kundgebungen, trotz der vielen Plakate und Spruchbänder, die neue Denkformen dem Volke einhämmern wollen, daß trotz der im Betrieb und im häuslichen Bereich erzwungenen Gemeinschaft ein echtes gemeinschaftsgebundenes Leben sich nicht entwickelt hat. Der Mensch in der DDR ist allein und hat doch nicht die Möglichkeit für sich zu leben. Man organisiert die Freizeit, Betriebsferien und Erholungszeiten; der Staat wünscht sich nicht den einsamen Grübler, der etwa Zeit genug hätte, sich eine eigene Welt zu schaffen. Es ist auffallend, daß das, was in der DDR geschieht, nicht die Entwicklung eines totalen Staates nach eigenem Muster und im eigenen Land ist, wie die Entwicklung des Nationalsozialismus es war. Dieses Geschehen entwickelte sich im Raume des Weltbolschewismus. Sowenig es für die ostdeutschen Künstler möglich war, an die deutsche „linke" Kunst der Zwanziger Jahre anzuknüpfen – davon wird noch zu sprechen sein – ebensowenig konnten es die politischen Führer in ihrem Bereich tun. Die Ideale der Gesellschaft, des Rechts, der Wirtschaft, der Politik, der Kultur wurde nach sowjetischen Idealen ausgerichtet. Dabei begnügte man sich nicht mit äußeren Anpassungen. Die Partei versuchte, die Mehrheit der Menschen von der inneren Richtigkeit des kommunistischen Systems zu überzeugen. So wird der Mensch überall vom Wirken der Partei betroffen. Vor diesem Hintergrund eines energischen politischen Willens muß man die psychologische Situation der Menschen dort verstehen. Zehn Jahre politischer Beeinflussung haben manche Verwandlung bewirkt. Die Rechtslage ist mit keiner westlichen zu vergleichen. Hat bei uns im Westen das Recht eine Schutzfunktion des Einzelnen gegenüber dem Staat, schützt dort das Recht „die fortschrittliche Entwicklung zur klassenlosen Gesellschaft auch gegen die Freiheit des Einzelmenschen." Das neue Recht wird mit Transparenten propagiert: „Du bist nichts, dein Volk ist alles". Dieses verwandelte Recht wirkte tief in das Leben des Einzelnen ein. Die Ehe wurde zur gesellschaftlichen Funktion, sie wird geschieden, wenn ein Partner behauptet, der andere hindere ihn in seinem Dienste am Fortschritt. Das größte Verbrechen ist freilich das Andersdenken. Hier ist die Strafgewalt des Staates unerbittlich. Da zudem die Grenzen einer Staatsgefährdung fließend sind, ist die Angst, durch ein Spitzelsystem geschickt genährt, beständiger Begleiter des Menschen in der DDR. Aus dieser Angst heraus wird auch der kleine Mann zum Mitläufer engagiert und läßt sich tagsüber im Betrieb und nach Feierabend in Kundgebungen und Versammlungen von politischen Parolen überrieseln. Diese Grundparolen werden übrigens nicht rational, sondern emotional eingehämmert, man darf ihre Suggestionskraft nicht überschätzen. Eines haben sie zumindest erreicht: die Jugend in der DDR ist viel stärker als im Westen, wo das Leben sich in eingefahrenen Bahnen bewegt, am politischen Leben interessiert und von ihm engagiert. Sie zeigt eine Bereitschaft zu politischem Denken und Handeln, der Westdeutschland nichts Vergleichbares zur Seite stellen kann. Dies geschah nicht zufällig. Regierung und Partei machten größte Anstrengungen, die Jugend zu gewinnen. „Der Wille der Jugend ist das oberste Gesetz des Volkes" war auf einem Transparent eines Jugendtreffens zu lesen. Das hatte natürlich seine Gründe. Wer die Jugend auf seiner Seite hat, hat die Zukunft für sich. Zudem zeigte sich, daß die Weltanschauung des Leninismus und Stalinismus Älteren schwerer zugänglich war. Außerdem wies der „alte Kämpfer" von einst beachtenswerte Nachteile auf. Diese alten Kommunisten hatten noch den Ausspruch der Gründerin der kommunistischen Partei Deutschlands, Rosa Luxemburg, im Kopfe: „Freiheit ist immer die Freiheit des Andersdenkenden". Wer zudem Marx, Engels und Lenin studiert hatte, wer etwa längere Zeit in sowjetischer Gefangenschaft das Regime am eigenen Leibe verspürte, dem mußten ja die Veränderungen und Verkehrungen der ursprünglichen marxistischen Weltanschauung ganz evident werden und er mußte ja shokiert sein von der Wirklichkeit der stalinistischen Diktatur. Die Inspiratoren der DDR mußten dann auch wie die Führer der UdSSR für einen gravierenden Denkfehler im Marxschen System aufkommen. Marx hatte behauptet, daß in einer neuen Sozialordnung auch automatisch ein neuer Mensch entstehen würde. Solange die alte Klassengesellschaft, die auf Ausbeutung beruhe, bestünde, sei der eigentliche Mensch nicht möglich, sondern nur sein kontradiktorisches Gegenteil, der entmenschte Mensch. Die Revolution erst würde den echten Menschen befreiend erschaffen. Diese Wirklichkeit erwies den Irrtum von Marx: die Änderung der Eigentumsverhältnisse hatte keinen neuen Typ Mensch geschaffen. Deshalb galt es nun, durch ein neues „sozialistisches Bewußtsein" einen neuen Menschentyp zu prägen. Dieses neue Bewußtsein wurde gefördert von einer Pädagogik in Analogien. In Schulen und Betrieben begegnet man den Leitsätzen: Denken wie Lenin, handeln wie Stalin, arbeiten wie Stachanow. Wozu soll der neue Mensch erzogen werden? Das erste, was erreicht werden soll, ist eine neue Wissenschaftsgläubigkeit. Das Ideal hatte einst Maxim Gorki an Lenin festgestellt: er, Lenin, sei der einzige Mensch, der die künftige Erde wie gegenwärtig vor sich sähe, restlos durchorganisiert wie durchsichtiger Kristall. Das Ideal ist also ein rationalistisches Weltbild, darauf eingestellt, Natur und Geist zu beherrschen. Im Gegensatz zu Nietzsches Übermenschenlehre, der der Nationalsozialismus gefolgt war und die auf einer Übersteigerung der Triebkräfte ins Außergewöhnliche basierte, soll das neue sozialistische Menschenbild sichtlich glasklares, exakt-rationelles Denken und Handeln auszeichnen. Der Mensch soll zum Herrscher über Kultur, Wirtschaft und Natur ausgerufen werden. Es liegt ganz auf dieser Linie, daß Stalin selbst die Dichter als „Ingenieure der Seele" bezeichnet hatte, die die seelischen Kräfte beherrschen und regulieren sollen. Neben dieser Wissenschaftsgläubigkeit ist das zweite Ziel die Erziehung zum Kollektivismus. Nur in der gesellschaftlichen Verflochtenheit zählt der Mensch. Für sich gestellt ist er nichts. Während im westlichen Bereich in der Dichtung wie im Alltag die Leistung und Haltung, das Glück und die Verzweiflung des Einzelnen dargestellt und gewürdigt wird, wird dort das „Lied von der Partei" gesungen. Wladimir Majakowski hatte so gedichtet: „Was ist der Einzelne? Wen geht er an? ... Allein ist man töricht. Partei, die Unsterblichkeit unserer Sendung, Partei, die einzige Gewähr der Vollendung". Johannes R. Becher, in der „Kantate des Jahres 1950" stand ihm in nichts nach:

> Partei, Du bist Friede auf Erden!
> Du großes Wir, Du unser aller Willen:
> Dir, Dir verdanken wir, was wir geworden sind!
> Den Traum des Friedens kannst nur Du erfüllen.
> Dein Fahnenrot steigt im Jahrhundertwind.
> Das beste Denken gabst Du uns zur Lehre.
> Siehst gewandelt uns zum großen Wir.

Dieser Drang zum Kollektivismus des „Großen Wir" ist ein totalitärer Drang um jeden Preis. So entsteht ein „Aktivismus" größten Ausmaßes. Er beginnt in der Schule. In vielen Klassenzimmern der DDR findet man Lenins Spruch an der Wand: „Lernen, lernen, lernen". Nichts, selbst in der Natur darf von sich aus reifen, allem muß nachgeholfen werden, alles muß „erkämpft" werden. Selbst Gedichte und Dramen werden „im Wettbewerb" geschrieben. Die Bevölkerung wird in einen lückenlosen Prozeß der Arbeit, der Aktivität, der Schulungen und Aufmärsche eingespannt. Die Geschichte, die ist ja zu machen gilt, ist nicht zu gestalten, sondern nur „nachzuvollziehen". In der sozialistischen Wirklichkeit der DDR verändert sich die These des utopischen Sozialisten Proudhon vom „Eigentum ist Diebstahl" zur Anschauung: Eigensein ist Verbrechen. Die geistigen Folgen dieser Entwicklung sind noch nicht abzusehen. Ein Menschenbild, das ausschließlich das Rationale betont und das Irrationale leugnet, das nur die gesellschaftliche Verflochtenheit gelten läßt, aber nicht sehen will, daß der Mensch gerade in diesen Bindungen an die Gemeinschaft zur souveränen Persönlichkeit werden soll – ein solches Erziehungsideal enthält eine grobe und gefährliche Vereinfachung vom Wesen des Menschen; in den „ terribles simplificateurs" hatte, vom geschichtlichen Standpunkt aus, Jakob Burckhardt die wesentlichen Verursacher geschichtlicher Katastrophen gesehen. Der Westen ist heute längst über jenen primitiven Standpunkt hinaus, daß alle Erziehung in der Realisierung eines einzigen Bildungsideales zu münden habe. Jede Aufprägung eines starren Typus widerspricht einer echten Erziehung, die die Ganzheit des Menschen im Auge hat und ihn zur freien Persönlichkeit entwickeln möchte. Gerade das aber soll nicht erreicht werden. Ziel ist ja eben die Umschulung des Menschen zu einem einheitlichen sozialistischen Bewußtsein.

In diesem Umschulungsprozeß, das haben Regierung und Partei klar erkannt, spielen die Künste eine bedeutende Rolle. Es gehört zur Eigenart des ostdeutschen Staates, daß jede öffentliche, auch die kulturelle Tätigkeit nicht der privaten Initiative überlassen bleibt, sondern staatlich geregelt wird. Am 16. März 1950 (veröffentlicht im „Gesetzblatt der Deutschen Demokratischen Republik" vom 23. März 1950) erließ die Regierung die „Verordnung Nr. 1 zur Entwicklung einer fortschrittlichen demokratischen Kultur des deutschen Volkes und zur weiteren Verbesserung der Arbeits- und Lebensbedingungen der Intelligenz." Das Letztere wird besonders verwundern. Die Regierung war in den ersten Jahren ihrer Herrschaft alles andere als intelligenzfreundlich. Zunächst war jeder Intellektuelle verdächtig. Dann, als jener von Marx als automatisch auftretende neue Mensch nicht Wirklichkeit wurde, sah man doch, daß zur Bildung des neuen Bewußtseins die Intelligenz notwendig sei, solange wenigstens, bis eine neue „sozialistische Intelligenz" herangewachsen sei. Aber es gab noch einen weiteren gravierenden Grund für diese Haltung. In den Jahren 1948–50 zogen es viele Intellektuelle vor, sich in den Westen abzusetzen. Der Osten stand vor dem Dilemma, eines Tages ohne bedeutende kulturfördernde Kräfte zu sein. Hier mußte eingegriffen werden, und daraus entstand jene zitierte Verordnung Nr. 1. In Ausführung dieser Kulturpolitik erhielten Wissenschaftler, Künstler, Literaten, Techniker und Lehrer weitreichende materielle Hilfe. Die alte „Deutsche Akademie der Wissenschaften" konnte ihre Tätigkeit auf einer breiteren Basis entfalten. Durch Sonderstipendien an 450 junge Wissenschaftler wurde der Nachwuchs gefördert. Die Verleihung von Prämien an verdiente Ingenieure und Techniker und Meister volkseigener Betriebe verbesserte die Lage der technischen Intelligenz. Die Bildung der Arbeiter- und Bauernfakultäten, in die im Jahre 1949 3200 Arbeiter und Bauern aufgenommen wurden, wirkte entscheidend in die Entwicklung dieser Stände ein. Auch die Verleihung des hoch dotierten Nationalpreises wirkte anspornend. Für den Ausbau der Universitäten und Hochschulen standen im Jahre 1950 24.790.000 DM zur Verfügung, für die Technische Hochschule Dresden und die Verwaltungsakademie „Walter Ulbricht" 2 Millionen. Für wissenschaftliche Forschung an den Universitäten wurden 50 Millionen aufgewendet. Zur Ausbildung des Musikernachwuchses wurde in Berlin vom Ministerium für Volksbildung ein Konservatorium für 250 Studierende eingerichtet; allein für die Errichtung des Gebäudes standen 450.000 DM bereit. Das ehemalige Zeughaus in Berlin sollte mit 1,5 Millionen DM in ein „kulturhistorisches Museum" umgebaut werden. Für den Aufbau des Opernhauses in Leipzig und für den weiteren Ausbau der Deutschen Volksbühne Berlin standen je 2,5 Millionen bereit. Interessant ist auch ein Vergleich der Etatmittel der ost- und westdeutschen Akademien. Während es in Westdeutschland den Präsidenten der „Deutschen Akademie für Sprache und Dichtung" (Sitz Darmstadt) erst 1954 gelang, durch Stiftungen die Akademie funktionsfähig zu machen, wurde die „Deutsche Akademie der Künste" in Ostberlin von vornherein hoch dotiert. Für die sachlichen und personellen Aufwendungen der Deutschen Akademie der Künste und ihrer Institute stehen jährlich 1,9 Millionen zur Verfügung. Während bei der westdeutschen Akademie das einzelne Mitglied bei Tagungen der Akademie selbst Fahrt und Aufenthalt zu bestreiten hat, erhalten die Mitglieder der Ostakademie jährliche steuerfreie Zuwendungen in Höhe von 10.000 DM. Weiter wurden Maßnahmen getroffen, um die Intelligenz materiell besser zu stellen: Kredite für Eigenheime, Erholungsheime, Pensionen. Ehrenbezeichnungen wurden geschaffen: „Verdienter Arzt des Volkes", „Verdienter Lehrer des Volkes". Das Ministerium für Volksbildung mußte auch dafür sorgen, daß im Jahre 1950 mindestens 10 Bände einer vereinbarten „Bibliothek von Werken fortschrittlicher deutscher Schriftsteller" in einer Massenauflage erscheinen. Schließlich wurde beschlossen, zwischen der DDR und der Sowjetunion einen regen Kulturaustausch zu pflegen; zur Finanzierung dieser kulturellen Beziehung wurden nicht weniger als 3,2 Millionen DM bereitgestellt. Mögen diese projektierten Unternehmungen nicht in allen Fällen erreicht und die Etatmittel nicht in der vorgesehenen Höhe ausgegeben worden sein, eines ist deutlich: Kultur wurde als Politik systematisch gefördert und unterstützt.

In welchen äußeren Erscheinungsformen schlug sich nun diese Kulturpolitik nieder? In der Enzyklopädie der Sowjetunion (Bd. II, S. 1539) finden wir den Satz: „Die Kunst gehört dem Volk; sie muß mit ihren tiefsten Wurzeln mitten in die breiten werktätigen Massen hineinreichen... Sie muß Gefühl, Denken und Willen dieser Massen vereinen, muß sie emporreißen." Durch eine Förderung der „Volks- und Laienkunst" versuchte man, dies zu erreichen. Die vom Leipziger Zentralhaus für Laienkunst veröffentlichte Zeitschrift „Volkskunst" gab die Devise (Oktoberheft 1952): „Es muß gelingen, das künstlerische Laienschaffen mit dem Kampf um

Frieden, Einheit, Demokratie und Sozialismus zu vereinen, daß der Zusammenhang zwischen dem persönlichen Leben des einzelnen Menschen und den entscheidenden Problemen unserer Zeit und Gesellschaft sichtbar wird." Man ging rüstig ans Werk. Grotewohl sprach vom tief demokratischen und patriotischen Inhalt der Volkskunst und auch Walter Ulbricht betonte: „Wir legen besonderen Wert auf die Pflege der Volkskunsttraditionen." So gründete man, zunächst aus freier Initiative, Fachzirkel für Laienspielkunst, für Chorwesen, für Tanz und Instrumentalmusik. Später führte man diese Einzelgruppen in größere Verbände über, die dem (kommunistischen) Gewerkschaftsbund oder der SED direkt unterstanden. Damit war der erste Schritt getan, den Menschen auch in seiner Freizeit im Sinne Lenins zu „vergesellschaften". Dann folgte die nächste Phase. Man begann in aller Öffentlichkeit, Inhalte der Spielstücke zu diskutieren und zu kritisieren und sie nach ihrem Wert für die Gemeinschaft zu befragen. Hier eine jener typischen Kritiken („Schweriner Landeszeitung" 10.1.1952):

> An der gut zweijährigen Entwicklung der Laienspielgruppe werden Vorzug und Nachteil der Laienkunst in der Elbewerft besonders deutlich. Vor zwei Jahren spielte sie einen selbst verfaßten Tingel-Tangel-Kitsch mit dem Titel „Film in der Südsee". Heute wird bereits der sowjetische Einakter „Die verhängnisvolle Erbschaft" einstudiert. Diese Wendung hat einige Schwächen. Vor der Einstudierung werden zwar von der Gruppe die Rollen und ihre Besetzung diskutiert, aber die Erörterung und Klärung der gesellschaftlichen Fragen des Stückes bleiben unberücksichtigt. Solange aber die Gruppe an dieser Aufgabe vorbeigeht, wird sie weder die Rolle richtig erfassen noch den gesellschaftlichen Gehalt des Spieles ausschöpfen können.

Diese Kritik macht für jeden einsichtig, daß die Förderung, die das Laienspielwesen in der DDR genießt, nicht um der Volkskunst und ihrer Tradition willen geschieht, sondern auf ein klares politisches Ziel abgesteckt ist. Durch diese rein inhaltliche Kritik sucht man den Realismus, den „sozialistischen Realismus" zu fördern. Freilich, dieser Realismus, der sich um naturgetreue Wirklichkeitswiedergabe bemüht, ist doch nicht vorbehaltlos für Naturalismus. In einer Kritik eines Laienspiels („Der Volksbetrieb", Heft 16/1951) lesen wir über die Frage, ob Feinde auf der Bühne gutausssehen dürfen:

> Gibt es schöne amerikanische Soldaten? Natürlich gibt es auch in der amerikanischen Armee Menschen von schöner Gestalt. Was aber ist der Inhalt des Kampfes des amerikanischen Soldaten? Tötung und Zerstörung um des Profits der Auftraggeber willen. Der amerikanische Soldat, der im Auftrage der reaktionären Unterdrücker kämpft, ist nichts weiter als ein Toter auf Urlaub. Kann darum der amerikanische Soldat als schöner Mensch gezeichnet werden, wenn in ihm die Fratze des Todes grinst? Nein! Und deshalb, weil der Naturalismus nur auf Wiedergabe der äußeren Erscheinung bedacht ist, ist er verlogen und reaktionär.

Der Schwarz-Weiß Manier und Dummheit dieser Conclusion ist nichts hinzuzufügen; sie spricht für sich selbst und in jedem Fall gegen diese Auffassung des Laienspiels. Damit aber ist die Umwandlung noch nicht beendet. Es liegt nämlich in der Konsequenz solcher „wohlwollender" Kritiken, daß man sich am Schluß fragt, ob solche Stücke eigentlich Eifer und Einsatz lohnen und ob es doch nicht besser wäre, diese Mühen auf ein Parteistück oder auf ein Parteilied zu verwenden; was dann auch meist geschieht.

In der DDR ist die Volks- und Laienkunst im wesentlichen wirklich nichts anderes als ein Stück des politischen Gesamtprogrammes: die Umschulung des Menschen nach Erkenntnissen der modernen Massenpsychologie zum willfährigen Werkzeug des Staates und der Partei.

Nicht anders ist die Situation in der Bildenden Kunst selbst. In seiner Rede zum Fünfjahresplan am 31.10.1951 führte der stellvertretende Ministerpräsident Walter Ulbricht aus: „Die Bildende Kunst – Malerei, Grafik und Plastik – ist in der Deutschen Demokratischen Republik am weitesten zurückgeblieben. Es gibt kein einziges großes Werk, das für die weitere Entwicklung dieser Kunst als beispielhaft hervorgehoben werden kann." Auch auf diesem Gebiet begann zunächst die Arbeit mit großem Elan. 1945 wurde als scheinbar überparteiliche Organisation der „Kulturbund zur demokratischen Erneuerung Deutschlands" gegründet, dem viele Künstler angehörten. In diesen Kreisen setzte eine zunächst rein theoretische Diskussion über die einzuschlagenden Wege in der Bildenden Kunst ein.

Was im Dritten Reich unter das Schlagwort „Entartete Kunst" fiel, wurde nun einem neuen Schlagwort geopfert: „Formalismus" war nun die Anprangerung staatsfeindlicher Kunst. Nach der Rückkehr von seiner Rußlandreise definierte André Gide den Begriff des Formalismus, der „mehr Wert auf die Form anstatt auf den Inhalt lege", wobei Gide anmerkte, natürlich sei nur ein Inhalt richtig, der, der die Sowjetunion preise. Formalismus war die Äußerung kapitalistischer Kunst, nicht formalistisch war die sowjetische Malerei. Die deutschen Künstler wurden dadurch in eine schwierige Lage gebracht. Während der Zwanziger Jahre wurde die moderne Kunst, etwa der Bauhausstil, gerade von der linken Avantgarde betrieben. Auf diese konnte und durfte man nicht zurückgreifen. Abstrakte Kunst, Expressionismus und Surrealismus, als große Bewegungen von den Künstlern der Linken getragen, waren nun verfemt. Woran aber anknüpfen? An die russische Genremalerei, die in der deutschen Kunst schon Anfang des Jahrhunderts überwunden war? So trat auch hier die Forderung nach einem neuen Kunststil auf, nach einem Stil, der die Wirklichkeit imitieren sollte. Kennzeichnend hierfür ist das sowjetische Drama „Der Erfolg", in dem der Maler Netschajew seine künstlerischen Ziele so kommentiert: „Mein Bild soll mithelfen, Lokomotiven zu bauen, Sümpfe trocken zu legen und Obstgärten anzupflanzen." Wie sich diese Absicht in der Malerei der DDR realisierte, das allein verraten schon die Titel der neu entstandenen Bilder: Rudolf Bergander: „Sowjetische Traktoren für deutsche MAS". Prof. Arno Mohr: „Landaufteilung 1945". Erhard Meinke: „Bereit, für den Frieden sterben". Erwin Görlach: „Die Jugend der Welt kämpft für den Frieden". Kollektiv Gericke/Zank: „Am Schluß der Wettbewerbsbesprechung". H.A. Spieß „Internationaler Kindertag in Druxberge". Hellmuth Chemnitz: „Traktoristin im Gespräch mit einem Bauern". Georg Kretschmar: „Auf verantwortungsvollem Posten". Im selben Maß, wie nun dieser sozialistische Realismus an Boden gewann, wurden nun die früheren Kunststile und Künstler kritisiert. Der Kritiker Professor Magritz beurteilte die expressionistische Strömung in der Kunst, die während der Zwanziger Jahre vorwiegend von kommunistischen Künstlern ausgeübt wurde, als „eine im Sterben befindliche, sich steigernde Perversion der bürgerlichen Gesellschaft", als „Kunst des verwesenden, verfaulenden Kapitalismus". Schlimm war es um die Stellung eines Malers vom Range Carl Hofers bestellt. Anfänglich genoß er hohe Ehren, wurde ausgezeichnet und zur aktiven Beteiligung an Ausstellungen und Festveranstaltungen aufgefordert. Dann erfolgte die Wendung. Das Zentralorgan der DDR, die „Tägliche Rundschau" schrieb am 29.12.1950: „Carl Hofer orientierte sich durchaus nicht an den Lebensinteressen des deutschen Volkes, sondern am politischen Interesse der amerikanischen Besatzungsmacht. Er isolierte sich vom Leben seines Volkes, und in dieser Isolierung verstärkte er die maskenhaften, dekadenten Züge seines früheren Schaffens zur groben Karrikatur und verlieh ihnen den ihnen entsprechenden Inhalt des Grauens, der Todeswütigkeit einer weltfremden und menschenfeindlichen Philosophie." Nicht anders erging es einem ebenfalls berühmten Maler. Otto Dix wurde 1933 mit dem Urteil „entartet" als Professor in Dresden entlassen; nach 1945 war er maßgebend an der Strömung der „Neuen Sachlichkeit" beteiligt, erregte aber Aufsehen, als er in seinen letzten Lebensjahren Bilder nach der Art alter Meister schuf. Als er 1951 in Leipzig Bilder ausstellte, mußte er die „Tägliche Rundschau" über sich urteilen lassen: „Seine ausgestellten Werke mit fast ausschließlich religiösen Themen lassen ihn als einen in dem ausweglosen Morast der Formzertrümmerung angelangten Techniker erkennen." Anderen Malern wurde die bekannte „wohlwollende" Kritik zuteil. „Das Neue Deutschland" kommentierte am 11.11.1951 ein Bild von Wolfgang Frankenstein, „Die ersten Gäste", das die kommunistischen Weltfestspiele rühmt: „Der Künstler, der früher in der Galerie Rosen am Kurfürstendamm abstrakte Malerei ausstellte, hat jetzt begonnen, sich der Wirklichkeit und dem Realismus zuzuwenden und unterstützt den Friedenskampf des deutschen Volkes."

Solche Kritik spricht Bände. Auch die Bildende Kunst steht im Dienst. Was geschaffen wird, ist ohne künstlerischen Belang, es ist Photokopie vergesellschafteter Menschen. Für die Bildende Kunst in der DDR gilt genau das, was Gottfried Benn schon 1931 über die sowjetische Kunsttheorie äußerte: In ihr ist

„alles, was in uns, dem abendländischen Menschen, an Innenleben vorhanden ist, also unsere Krisen, Tragödien, unsre Spaltung, unsre Reize und unser Genuß, eine reine kapitalistische Verfallserscheinung, ein kapitalistischer Trick... In dem Augenblick aber, wo der Mensch zur russischen Revolution erwacht,... fällt das alles vom Menschen ab, verraucht wie Tau vor der Sonne, und es steht da das zwar ärmliche, aber saubere, das geglättete, heitere Kollektivwesen, der Normalmensch ohne Dämon und Trieb, beweglich vor Lust, endlich mitarbeiten zu dürfen am sozialen Aufbau, an der Fabrik, vor allem an der Festigung der roten Armee. Jubel in der Brust: in den Staub mit allen Feinden nicht mehr Brandenburgs, sondern Moskaus."

Nach all dem wundern wir uns nicht, wenn auch das Filmwesen im Dienst einer straffen Kulturpolitik steht. Von Lenin stammt das Wort: „Die Filmkunst ist für uns die wichtigste aller Künste", und es war auch eine seiner ersten Amtshandlungen nach der Revolution, die Filmindustrie zu verstaatlichen. Auch Stalin erkannte die politische Bedeutung des Films: „Der Film in den Händen der Sowjetmacht ist eine gewaltige, nicht abzuschätzende Kraft. Seine außerordentliche Fähigkeit, auf die Massen einzuwirken, hilft der Arbeiterklasse und ihrer Partei, die Werktätigen im Geiste des Sozialismus zu erziehen, die Massen im Kampf für den Sozialismus zu organisieren und ihre kulturelle und politische Kampfkraft zu heben."

Die DDR hat sich die Devise Stalins zu eigen gemacht. Schon am 17. Mai 1945 erhielt die staatliche Filmgesellschaft der DDR (die DEFA) die sowjetische Lizenz. Im Sommer 1947 wurde die DEFA in eine sowjetische Aktiengesellschaft umgewandelt, deren Aktienkapital zu 55% in den Händen des Ministeriums für Filmindustrie der UdSSR lag. Anfang 1951 gaben die Sowjets die DEFA als „volkseigenen Betrieb" in deutsche Hände zurück. Vom Beginn an übten die Sowjets eine starke Kontrolle aus. Die Direktion wurde von Moskau aus bestellt. Indes war der Start der ostdeutschen Filmindustrie ausgezeichnet. Am 15. Oktober 1946 wurde der erste DEFA-Film, der erste deutsche Nachkriegsfilm überhaupt in der Ostberliner Staatsoper uraufgeführt: „Die Mörder sind unter uns". Dieser von Wolfgang Stadte inszenierte Film und auch die ihm folgenden vier Filme („Ehe im Schatten", „Affaire Blum", „Rotation" und „Die Sonnebrucks") waren beachtenswerte künstlerische Leistungen. Man rechnete ab mit Nazigrößen und Kriegsverbrechern und stellte in den Mittelpunkt der Filme die echte Bereitschaft des Menschen zur Einsicht, Umkehr und Wandlung. Doch bald verlor der ostdeutsche Film diesen Charakter. Selbst die Zahl der reinen Unterhaltungsfilme ging zurück. Genehmigt wurden nur noch Filme einwandfrei politischen und agitatorischen Inhalts, die oft scharfe Angriffe auf den Westen enthielten. Bis zum Dezember 1953 hat die DEFA 57 Filme hergestellt; die geplante Zahl von 15 Filmen für 1954 und 20 Filmen für 1955 wurde nicht erreicht. Die finanzielle Situation der

DEFA verschlechterte sich zunehmend, da die Bevölkerung den neuen Filmen mit tendenziösem Inhalt und auch den synchronisierten russischen Filmen sehr skeptisch gegenüberstand. Eine Statistik weist aus, daß die beiden importierten westdeutschen Filme „Das doppelte Lottchen" und „Sie tanzte nur einen Sommer" in fünf Monaten über 9 Millionen Besucher erzielten, während in 18 Monaten nur 2 Millionen Besucher sich zwei sowjetischen Filme ansahen. Die Forderung der Bevölkerung und der immer lauter werdenden Kritik nach reinen Spielfilmen, konnte nicht erfüllt werden. Seit dem Jahre 1950 lief nur ein einziger Film ohne jede politische Tendenz, „Die Geschichte des kleinen Muck", nach einem Märchen von Wilhelm Hauff gedreht.

Das Filmwesen in der DDR ist seit 1951 in einer permanenten Krise. Es sind nicht nur Schwierigkeiten, etwa das Mißverhältnis zwischen den erwünschten Spielfilmen und den projektierten Tendenzfilmen. Es sind auch nicht Schwierigkeiten technischer oder filmkünstlerischer Art; die DEFA verfügt über ausgezeichnete Regisseure und über moderne Produktionsstätten. Es sind Schwierigkeiten moralisch-politischer Art: den Machthabern der DDR ist es nicht einmal geglückt, im theoretischen Vorbild des Films die Idee des neuen Menschentyps zu realisieren. Der Versuch, Filmhelden, die überzeugend auf die Mentalität der Menschen einwirken könnten, scheiterte an der geringen Resonanz bei der Bevölkerung, scheiterte aber auch schon in der Konzeption des Drehbuches. Die Partei weiß, daß sie gerade auf dem gefährlichen, weil weitreichenden Gebiet des Films nichts wagen kann. Nicht einmal der Name Brecht ist ihr Garantie: Im Sommer 1955 sollte Bertolt Brechts „Mutter Courage" verfilmt werden. Das Drehbuch lag vor und war genehmigt, die französischen Schauspieler engagiert und schon an Ort und Stelle. Da entstanden Differenzen zwischen Autor Brecht und Regisseur, der seine Auffassung der Rollen im Sinne des sozialistischen Realismus durchsetzen wollte, durchsetzen mußte. Der Regisseur konnte, Brecht – seines künstlerischen Gewissens wegen – wollte nicht nachgeben. So fand „Mutter Courage" als Film nicht statt, da sein Autor sich weigerte, sich der vorgeschriebenen Linie zu beugen.

Wie aber sieht die Literatur im östlichen Deutschlands selbst aus? „Die Literatur", so schrieb in seinem russischen Exil 1942 Johannes R. Becher; „wird die ganze Wahrheit an den Tag bringen, sie wird Ankläger, Zeuge und Richter sein in einem." Wenn man die ostdeutsche Literatur seit 1945 übersieht, erhält man den Eindruck, daß diese „ganze Wahrheit" kaum mehr als eine halbe wurde. Immerhin ist eines festzustellen: im Haushalt der öffentlichen Meinung der DDR spielt die Literatur und die Literaturdiskussion eine ungleich größere Rolle als etwa in Westdeutschland. Die Frage ist freilich, ob die Gegenstände und Rangqualitäten denselben Vergleich aushielten. Literatur und Literaturdiskussion werden deshalb gefördert, weil ihnen der wichtigste Anteil im Umschulungsprozeß des Menschen zufällt. In Band III der „Dokumente der Sozialistischen Einheitspartei Deutschlands" finden wir den kennzeichnenden Satz: „Es muß gelingen, die Literatur zu einer mächtigen Waffe des deutschen Volkes im Kampf um die Lösung seiner Lebensfragen zu gestalten."

Blicken wir einmal dahin, wo diese Waffen geschmiedet werden, in die Verlage der DDR. Obwohl dem Namen nach in Leipzig noch der traditionelle „Börsenverein der Deutschen Buchhändler" besteht, ist er in Wirklichkeit nur ein Funktionsorgan des „Amtes für Literatur und Verlagswesen" in Ostberlin, einer staatlichen Planungsstelle, die nach den Richtlinien der SED die Arbeit und die Arbeitsweise des Verlagswesens festlegt. Kennzeichnend und entscheidend für die auch heute noch dem Lizenzzwang unterliegende Verlagstätigkeit in der DDR ist ihre fast völlige Verstaatlichung und Konzentrierung in Monopolunternehmen. Die ehemals privaten Verlage vor allem in Leipzig, die in der Geschichte des deutschen Buchhandels und des deutschen Kulturlebens eine große Rolle spielten, wurden ausnahmslos gezwungen, ihre Arbeit einzustellen oder aber sie fielen der Enteignung anheim; viele Inhaber dieser Privatverlage flüchteten nach Westdeutschland und gründeten dort neue Unternehmen. In der DDR wurden 1954 insgesamt 142 Verlage gezählt und 5410 Titel verlegt (Bundesrepublik: 1785 Verlage mit 12.264 Titeln). Gegenüber 1953 hat sich damit die Zahl der Verlage um 17 erhöht. Die Zahl der Titel stieg um 25 %. Den größten Anteil an diesem Zuwachs verzeichnete die Gruppe der Großverlage, die jährlich mehr als 50 Titel veröffentlichen. Der Anteil dieser Großverlage, die ausschließlich volkseigen sind, an der Gesamtzahl der Verlage betrug 20,3 %, ihr titelmäßiger Produktionsanteil aber 75,1 %. Dies zeigt, wie sehr man in der DDR bemüht ist, die Verlagstätigkeit in Monopolunternehmen zu konzentrieren. Demgegenüber hatte die Gruppe der Kleinverlage, die jährlich 1–10 Titel verlegen und 48 % aller Verlage ausmachen, nur einen titelmäßigen Produktionsanteil von 3,4 %. Das Gewicht der Produktion liegt also eindeutig bei einigen wenigen großen Verlagen, die als staatliche Unternehmen Monopolstellungen inne haben. Die Besitzverhältnisse der Verlage in der DDR sind nur schwer zu überblicken. 10,5 % der an der Buchproduktion beteiligten Verlage waren mit Sicherheit noch in privatem Besitz, bei 28 % sind die Eigentumsverhältnisse fraglich. Der Anteil an der titelmäßigen Produktion der beiden Gruppen, die nur wenig Titel verlegen, ist freilich gering. Mit Sicherheit wurden 6,3 % der veröffentlichten Titel von Privatverlagen veröffentlicht, fraglich ist es bei weiteren 6,1 %. Das bedeutet, daß im günstigsten Fall nur 12,4 % der Gesamtproduktion Privatverlagen entstammte und daß 87,6 % aller Titel von Staatsverlagen veröffentlicht wurde; hierbei muß noch erwähnt werden, daß natürlich auch die privaten Verlage bzw. ihre Produktion der Lenkung und Aufsicht des „Amtes für Literatur und Verlagswesen" unterstehen; dabei ist das Verfahren der Kontrolle einfach: für Unerwünschte Bücher gibt es keine Papiergenehmigung, das heißt, sie können nicht gedruckt werden. Interessant ist auch ein Vergleich über die Veränderung innerhalb der Sachgebiete des Fachbuches im Zeitraum von 1927–1954. Fachbücher aus dem Gebiete der Hauswirtschaft nahmen um 81 % ab, Fachbücher der Rechtswissenschaft um 80 %, der Philosophie um 60 %, der Religion um 40 %. Dagegen nahmen im gleichen Zeitraum zu die Fachbücher der Technik und des Handwerks um 180 %, der Naturwissenschaften um 130 %, der Land- und Forstwirtschaft um 65 %. Von diesen staatlich gelenkten Umgruppierungen profitierten in erster Linie die naturwissenschaftlichen, technischen und ökonomischen Disziplinen. Diese Disziplinen also, die mithelfen, ein neues Weltbild zu schaffen und die dem Menschen helfen sollen, sich zum Herrscher über Erde und Natur aufzuwerfen. Aus welcher Richtung dieser neue, Veränderung erzwingende Wind bläst, wird deutlich, wenn man beachtet, daß 71,9 % aller übersetzten Bücher des Jahres 1954 aus dem Russischen stammen. Der Anteil der Übersetzungen aus fremden Sprachen an der Buchproduktion der DDR liegt mit 22,2 % aller Titel im Jahre 1954 besonders hoch (Bundesrepublik 1954 8 % aller Titel Übersetzungen). Zu den 71,9 % übersetzten Büchern aus dem Russischen kommen noch weitere 8,6 % auf Übersetzungen aus anderen Sprachen des Ostblocks. Der Anteil aus dem Englischen und Amerikanischen mit 8 % und aus dem Französischen mit 6,6 % ist demgegenüber gering.

 Wie ist es nun um die ostdeutsche Literatur bestellt, die 1954 auf dem belletristischen Sektor 991 Titel aufweist (Bundesrepublik auf dem gleichen Sektor 2135 Titel)? Es ist schlecht um sie bestellt. Im Dienst an ihrem „weltanschaulich bedingten Ziel" (G. Lukács) hat die Literatur Eigenständigkeit eingebüßt und nie einen Rang erreicht, der sie in Vergleich mit der jungen westdeutschen Literatur bringen könnte. Diese Umbildung der Literatur zu einem politisch verstandenen Dienst geschah in der DDR von oben und von unten her. Von oben durch Verordnungen des Staates, von unten her wacht der disziplinierte Teil der Leserschaft gewichtig darüber, ob ein Buch dem politischen oder gesellschaftlichen Zweck entspreche. Man ist sehr stolz auf diese „neuen" Leser, dessen literarische Kritik etwa so aussieht wie die Zuschrift von Arbeitern aus dem „Kali-Kombinat Ernst Thälmann": „Es gibt noch zu wenig Bücher über unsere Kali-Industrie". In einem Brief aus dem Reichsbahnausbesserungswerk Delitzsch heißt es: „Der sowjetische Eisenbahnroman ‚Die Dynastie der Kasanzews' wird besonders im Hinblick auf die Entwicklung der Eisenbahnluftdruckbremse gelesen." Es liegt auf der Hand, daß die Literatur von solchen Zustimmungen stimuliert nicht zum Kunstwerk werden kann. Der frühere Volksbildungsminister und jetzige Sekretär des Zentralkomitees der SED, Paul Wandel, bekannte dann auch am 26. Juli 1955 im „Neuen Deutschland": „Wenn wir eine Gesamtbilanz ziehen, dann muß man Worte voll Unzufriedenheit und einer revolutionären Ungeduld sprechen. Das, was wir auf dem Gebiet der Literatur an neuen Werken haben, entspricht in keiner

Weise den Forderungen des Tages, den Forderungen der Epoche. Wir haben einen Rückstand, den wir durch nichts rechtfertigen können."

Ein solches Urteil eines Parteifunktionärs sagt natürlich nichts über den Kunstwert der Literatur aus. Doch ist es tatsächlich so, daß sich die Literatur der DDR in einer tiefen Krise grundsätzlicher Art befindet. Nach der offiziellen Auffassung ist Literatur nichts anderes als eine der ideologischen Formen, in denen sich die Menschen der bestehenden gesellschaftlichen Konflikte bewußt werden und sie ausfechten. Die Krise rührt nun daher, daß zwar die Konflikte, die Vergesellschaftung des Menschen im Kommunismus, seit eh und je dieselben geblieben sind, daß aber die Mittel, wie sie darzustellen sich grundlegend geändert haben. Der Expressionismus, der 1910 auftrat und gegen die behagliche Sattheit des Bürgertums kämpfte, wurde in der Literatur vorwiegend von Vertretern der Linken geführt. Mit scharfem Geist wurde eine Umgestaltung der Wirklichkeit angestrebt. Das Suchen nach einem neuen, menschenwürdigerem Leben wurde mit stärkster sprachlicher Intensität ausgedrückt. Der Ausbruch des 1. Weltkrieges förderte diese Bewegung. Leonhard Franck und Johannes R. Becher forderten die Ächtung des Krieges. Später, in der Weimarer Zeit stand Bechers hymnisch-ekstatische Lyrik im Zeichen der Hoffnung auf den unmittelbar zu verwirklichenden Sozialismus. Das expressionistische Theater erreichte mit Bertolt Brecht seinen Höhepunkt. Die Haltung der linken Intellektuellen war international. Kosmopoliten wollten sie sein. Wir kennen kein Vaterland, schrieb Becher. Während die politische Rechte die Volksmusik gegenüber der „jüdischen" Jazzmusik betonte, hatte die Musik der expressionistischen Avantgarde ausgesprochenen internationalen Charakter. Eisler, dessen „Roter Wedding" wirklich populär wurde, war Schüler von Schönberg. Weill, der Komponist von Brechts „Dreigroschenoper" verwendete virtuos Schlagzeug und Saxophon in seiner Musik. Dies alles wurde anders, als die vaterlandslosen Rebellen von einst zum Träger der Macht wurden. Der frühere Oppositionsgeist vertrug sich schlecht mit der nun geforderten Staatsbejahung. Selbst die Prominenten mußten sich von rückwärts her eine Kritik gefallen lassen, eine Kritik, die eben das herabsetzte, das eine objektive literarische Wertung eben als die eigentliche bedeutende Leistung dieser Autoren festgestellt hat oder feststellen wird. Das Blatt der Freien Deutschen Jugend, „Junge Welt", schrieb am 1.9.1955: „Selbst so bedeutende und dem Proletariat innig verbundene Dichter wie Bertolt Brecht und Johannes R. Becher wurden in den Zwanziger Jahren mit genüßlichem Schauder von übersättigten Snobs gelesen, nicht aber von jenen, für die sie schrieben. Die große Mehrheit der einfachen Leute kam kaum an ihre Werke heran."

Was war für die ostdeutschen Literaturinitiatoren zu tun? Man konnte auf die Dichtung der „Kampfzeit" nicht zurückgreifen. Schon Engels hatte in einem Brief vom 15. Mai 1885 geschrieben: „Überhaupt ist die Poesie vergangener Revolution für spätere Zeiten selten von revolutionärem Effekt, weil sie, um auf Massen zu wirken, auch die Massenvorurteile der Zeit wiedergeben muß." Diese „Massenvorurteile" hatten sich allerdings gewaltig geändert. Da man nun auf vereinfachende und überzeugende Wirkung aus war, galt das Interesse nicht mehr dem Großstadtpublikum, das Freude an atonaler Musik, abstrakter Kunst und moderner Dichtung hatte, sondern der Masse. Diese Masse aber mußte engagiert werden, sie mußte als Kulturkonsument angesprochen und in den Prozeß verflochten werden. So rief denn die Partei die Arbeiterschaft als „Erbin der klassischen Kunst" auf. Hier ereignete sich genau das, was Autoren wie Brecht eben vermieden wissen wollten. Während Brecht der ganzen Konzeption seines Werkes und seiner Persönlichkeit nach für das Neue gegen das Alte eintrat („Erfreut euch des Neuen, schämt euch des Alten" heißt es in einem Gedicht über die Aufgaben des Schauspielers), während er sich bemühte, neue Inhalte anstelle der alten zu setzen, wurde von der offiziellen Kulturpolitik eben dieses Alte in neue Schläuche gegossen. Man appelierte an das Persönlichkeitsideal, an den schönen Menschen der klassischen Kunst, der nun mit den Mitteln des Realismus und der Typisierung dargestellt werden sollte. Diese beiden Begriffe, des Realismus und der Typisierung, die seitdem eine große Rolle in der Literaturdiskussion spielen, gehen auf eine, übrigens englisch geschriebene Briefstelle von Engels zurück, in der er „wirklichkeitsgetreue Darstellung typischer Charaktere unter typischen Umständen" forderte. Seitdem ist die Forderung nach Realismus und Typisierung nicht mehr zur Ruhe gekommen. In einer 1955 deutsch erschienenen Schrift des Russen W.S. Kemenow heißt es: „Das Problem des Typischen ist das zentrale Problem des sozialistischen Realismus; denn hier entscheidet sich die Frage der künstlerischen Verallgemeinerung und der Parteilichkeit der Kunst, ihrer Möglichkeit, in lebendigen Gestalten das Wesentliche in den Erscheinungen des Lebens widerzuspiegeln und die objektiven Prozesse der Entwicklung der Wirklichkeit somit in der Kunst zu enthüllen."

Von dieser ideologischen Sicht aus gingen die ostdeutschen Schriftsteller ans Werk. Freilich, was in den ersten Jahren publiziert wurde, waren Bücher, die im Exil, meist in Amerika geschrieben wurden: Brechts Dramen, Anna Seghers bedeutender Roman „Das siebente Kreuz", Arnold Zweigs Roman „Erziehung vor Verdun", Ludwig Renns Roman „Adel im Untergang", Bechers Gedichte „Die Hohe Warte". Es ist jedoch kennzeichnend für das intellektuelle Klima im östlichen Teil Deutschlands, daß die bedeutenderen Autoren mit keinem neu in der DDR geschriebenen größeren Werk hervortraten. Zeigt sich darin die Unmöglichkeit, in einem unfreien System schöpferisch frei arbeiten zu können?

Es ist sehr schwer, die dem neuen, sozialistischen Realismus huldigenden Veröffentlichungen ostdeutscher Schriftsteller gerecht zu beurteilen. Der Graben, der die beiden Teile Deutschlands trennt, spiegelt sich am deutlichsten in dieser

Literatur wieder, zu der ein westdeutscher Leser keinen Zugang finden kann. Es seien aber doch ein paar Namen genannt, die über den Raum der DDR hinaus Beachtung verdienen.

Auf dem Gebiete der Lyrik ist es vor allem Peter Huchel; dieser 1903 geborene Lyriker ist seiner eigenen lyrischen Art treu geblieben; die Sammlung „Gedichte" von 1948 zeigt seine Absicht, Landschaft und Heimat im lyrischen Wort gültig darzustellen. Franz Fühmann gehört der jüngeren Generation an; der 1922 Geborene bemüht sich um den Einbezug des deutschen Märchengutes in seine Dichtung. Günter Kunert, 1929 in Berlin geboren, ist die größte lyrische Hoffnung der ostdeutschen Literatur; in seinem Gedichtband „Wegschilder und Mauerinschriften" finden sich Gedichte, in denen der Lebensstrom unserer Zeit pulsiert.

Auf dem Gebiet des Romans herrscht „ausgesprochene Flaute" wie der durch seine Reportage über die Bundesrepublik 1953 „Paradies ohne Seligkeit" bekanntgewordene Schriftsteller Eduard Claudius äußerte. Die bekannten Romanciers der DDR, Anna Seghers, Ludwig Renn und Arnold Zweig gelang kein bedeutenderes Werk. Anna Seghers Roman „Die Toten bleiben jung" verarmt dort, wo sie das Gesamtbild einer Epoche sozialistisch zu deuten unternimmt. Von der Kritik wurde der Roman „Roheisen" von Hans Marchwitza herausgestellt; man braucht aber doch die östliche Brille, um dem Tendenzroman Interesse abgewinnen zu können.

Sieht man auf dem Gebiet des Theaters von Bertolt Brecht ab, dann bleiben nur zwei Namen übrig: Der jüngst verstorbene Friedrich Wolf und der junge Erwin Strittmatter. Bei Wolf ergibt sich dieselbe Situation wie bei der Seghers. Er hat seine besten Stücke („Zyankali" und „Professor Mamlock") in den Zwanziger Jahren und im Exil geschrieben. Mit seinen neueren Stücken und auch mit den neuen Gedichten war ihm kein Erfolg beschieden. – Strittmatter verkörpert auf dem Gebiet des Dramas die Hoffnung der DDR. Nach Erzählungen und zwei Romanen schrieb er 1951 als Laienspiel die Komödie „Katzgraben". Auf Anregung von Bertolt Brecht schrieb Strittmatter das Stück für das Theater um; es wurde vom Berliner Ensemble unter Leitung von Brecht mit Erfolg aufgeführt.

In unserem Bericht sind wir immer wieder Bertolt Brecht begegnet. Der Lyriker und Dramatiker Brecht ist zweifellos die hervorragendste Persönlichkeit im kulturellen Leben der DDR. Politisch ist seine Gestalt zwielichtig. Er, der die österreichische Staatsangehörigkeit inne hat, ist Marxist, gehört aber nicht der SED an. Seine Bedeutung als Dramatiker von Weltrang ist unumstritten. Nun schon 35 Jahre werden seine Stücke auf den internationalen Bühnen gespielt und seine Lyrik der „Hauspostille" ist in das Spruchgut des Volkes eingegangen. Das gegenwärtige deutsche Theater im Westen wie im Osten kann auf seinen größten Anreger nicht verzichten, wie unangenehm es für Theaterleiter auch sein mag, Brecht heute aufzuführen. Der Westen verübelt ihm seine marxistische Grundhaltung, der Osten wirft ihm vor, daß seine Konzeption des Menschen nicht in allen Einzelheiten dem gewünschten Typ entspricht ja ihm oft widerspricht. Verbot und Begeisterung betrifft in unseren Tagen sein Werk. Als im Osten die Musik seiner Oper „Die Verurteilung des Lukullus" als „formalistisch" abgelehnt wurde und das Stück mit der Begründung, es verwirre die Masse der Friedenskämpfer und ermutige imperialistische Kriegstreiber, nach der Premiere vom Spielplan der ostdeutschen Bühnen abgesetzt wurde, da waren auf westdeutschen Bühnen seine Stücke en vogue. Als nach Brechts Bekenntnis zur Regierung der DDR westdeutsche Aufführungen seiner Werke gestoppt wurden, da wurde im Osten der „Kaukasische Kreidekreis" aufgeführt. Sein neuestes, im amerikanischen Exil geschriebenes Stück „Der gute Mensch von Sezuan" durfte von vornherein nicht in der DDR aufgeführt werden; die These, die Brecht in diesem Stück vertritt, die Unvereinbarkeit von Gutsein und menschlichem Leben, passt nicht in die ostdeutsche Konzeption des zum Guten fortschrittlichen Sozialismus. Dafür aber wird dieses Stück im Westen mit anhaltendem Erfolg aufgeführt und diskutiert. Bertolt Brecht wird noch weiter von sich reden machen. Nicht umsonst heißt der Schlußsatz seines 1955 in Köln uraufgeführten Schauspiels „Leben des Galilei": „Wir wissen bei weitem nicht genug. Wir stehen wirklich erst am Beginn."

Diese im Ganzen betrübliche Situation der Literatur in der DDR ist dort nicht übersehen worden. Man entfachte öffentliche und groß angelegte und vorbereitete Diskussionen. Man entfesselte vor allem den Kampf gegen den „Formalismus", dem man die Schuld am Versagen der ostdeutschen Literatur gab. „Das Zurückbleiben unserer Literatur ergibt sich aus der Herrschaft des Formalismus" dekretierte das „Amt für Literatur". Formalismus bedeute „Zersetzung und Zerstörung des Nationalbewußtseins, fördere den Kosmopolitismus und bedeute <u>damit</u> eine direkte Unterstützung der Kriegspolitik des amerikanischen Imperialismus." (2. Mai 1951). Der Kampf gegen den Formalismus währte fünf Jahre. Dann wurde, nachdem immer noch keine bedeutende Literatur entstanden war, eine neue Kampflosung ausgegeben. Man entdeckte, daß die neue, im Sinne des Realismus bazillenfreie Literatur öde und langweilig zu lesen war und daß sie bei den einfachen Menschen, für die sie angeblich geschrieben war, keinen Anklang fand. Der Kampf gegen den Formalismus wurde aufgegeben und anstelle des Hydrakopfes Formalismus ein neuer eingesetzt: „Schematismus". Georg Lukács, der gelehrteste unter den marxistischen Kritikern, sagte dazu: „Der große Fehler des Schematismus in unserer Literatur ist eben, daß wir unsere Literatur aus dem richtigen Optimismus heraus sehr oft in einen banalen, verniedlichenden Happy-End-Optimismus hinüberführen." Es charakterisiert die hoffnungslose Lage der ostdeutschen Literatur, daß keine anderen Lösungen aus dem Dilemma des Schematismus gefunden wurden, als die, die Anna Seghers und Hans Marchwitza auf dem 4. Deutschen Schriftsteller Kongreß in Ostberlin im Januar 1956 von sich bekannten. Anna Seghers postulierte: „Der Künstler braucht die Hilfe der Partei. In einem Wirbel von einzelnen Erscheinungen, die alle auf mich einwirken würden, prägt mir die Partei immer das Typische ein: das, was Bestand hat und wächst, obwohl es noch klein scheint und von dem Grellen und Aufgeblähten überspielt wird. In den wirrsten und widerspruchsvollsten Zeiten hilft sie mir, nie die Richtung aus den Augen zu verlieren." Und Hans Marchwitza, Autor des Stalingradromans „Roheisen" bekannte von sich: „Meine einzige, beste und mütterliche Betreuerin war unsere kommunistische Partei."

Wir sahen: die Kunst in der Deutschen Demokratischen Republik steht im Dienst. Sie steht im Dienst der Partei, und die Partei gibt ihr Idee und Richtung auf ein einheitliches Menschenbild, in dem Individuelles wenig Raum hat. Während Marx die Banalität des traditionellen Materialismus durch seine Dialektik überwand, die eben die Besonderheit des Menschen – das Phänomen des Geistigen wie des Ich – nicht nur nicht ignorierte, sondern ihr Rechnung trug, wirft die Weltanschauung, die sich auf seinen Namen beruft, jede Besonderheit in den Mülleimer ihres Vorurteils. Die intellektuelle Situation in der DDR ist gekennzeichnet durch die Beschneidung der individuellen Haltung und durch die Unmöglichkeit einer im echten Sinne freien schöpferischen Existenz. Die Kunst im Dienst wird zum Lehrbuch der Politik. Oder, um es in einem Brechtschen Gleichnis auszudrücken: Ein Lorbeerbaum sollte aus festlichem Anlaß zur feierlichen Form der Kugel zurecht geschnitten werden. Man begann mit dem Abschneiden der wilden Triebe. Doch wie sehr man sich bemühte, es wollte lange nicht gelingen. Einmal war auf der einen, dann auf der anderen Seite zuviel weggestutzt. Als endlich die Kugel erreicht war, war die Kugel sehr klein. „Gut", sagte der Zuschauer, „das ist die Kugel, aber wo ist der Lorbeer?". Gut, das ist die Ideologie, aber wo ist die Kunst?

Reiseberichte

2) Dieter Hildebrandt: Reisebericht Leipzig, 10.03.1970

Reisebericht Leipzig.
(Diktiert, nicht geschrieben)

1. Klima. Im Messehaus am Markt (Buchhaus) überheizte Temperatur, unterkühlte Stimmung. Bei der berühmten Pressekonferenz des Börsenvereins (wie Bohrer in der FAZ geschrieben hat) war durchaus „frostige" Stimmung. Die Herbstmesse war dagegen ausgesprochen freundlich, leutselig, erquickend.

Denn: ein Gespenst geht um in der DDR: das Gespenst der Konvergenz, da man wieder Ideologie und Konflikt haben möchte, muß die Kultur, muß die Literatur den austragen. Wiederholter Hinweis auf die Streiterei und Militanz des Leninismus, der natürlich zum 100. Geburtstag seines Autors hoch im Kurs steht (wenn solche ökonomischen Ausdrucksweisen erlaubt sind).

2. Klima. Speziell auf Suhrkamp bezogen war die Stimmung diesmal deutlich unfreundlicher. Voigt (Aufbau) hielt den ersten vereinbarten Termin nicht ein; den zweiten Terminvorschlag, den er uns andienen wollte, reichte er nicht ein und einen Tag später, ging er mit einem verlegenen Nicken am Stand vorbei. (Er soll es auch gewesen sein, der auf einer Verlegertagung gedankt hat für die Solidarität beim Boykott der Einladung zum Suhrkamp-Empfang im Herbst letzten Jahres – dies aber streng vertraulich)

Auch die Offiziellen Hoffé, Dr. Köhler (Vorsteher des Börsenvereins) und der Stellvertretende Kultusminister Haid haben diesmal unseren Stand gemieden.

3. Klima. Aktueller Anlaß für diese Reserve ist offenbar „Trotzki im Exil", der neben dem BS-Band von Mitscherlich nicht ausgestellt werden durfte, nach dem mehrfach von irgendwelchen Leuten am Stand gefragt worden ist. Ich habe beim Buch-Export zwar nicht wegen der übrigen 12 Titel (die komplette Liste ist hier beigefügt) aber wegen Peter Weiss Einspruch erhoben mit dem Hinweis darauf, daß es sich bei diesem Autor doch um einen für beide Seiten bisher relevanten und hocherwünschten Schriftsteller handelt. Man sagte mir, daß man diese Beschwerde weiterleiten wolle.

4. Zum Stand. Wir haben diesmal den Stand 365/367 zwischen „Volk und Welt" und dem Buchverlag „Der Morgen", gegenüber dem „Union-Verlag" – also eine wesentlich bessere Plazierung als im vergangenen Herbst. An dieser Stelle der 3. Etage ist überdies eine Art Stirnwand, die zu unserem Stand gehört, und die wir mit Hilfe zweier Graphiker dekorieren ließen, und zwar mit einem großen, fast über den ganzen langen Gang hin sichtbaren SV, mit den Spektrum-Kreisen der edition und mit unserer Schrifttype „Suhrkamp-Verlag". Diese graphische Zubereitung hatte zur Folge, daß der Stand noch mehr als im Herbst besucht wurde und vor allem schneller auffindbar war.

5. Interesse: Das Interesse der Standbesucher war wieder die Hl. Dreifaltigkeit: Klauer, Dauerleser und Leute, die so hoch in der Hierarchie stehen, daß sie annehmen können, die Bücher bei Anforderung auch zu erhalten. Bemerkenswert diesmal war das Auftauchen junger Doktoranden, die über westliche Literatur arbeiten müssen, die aber offenbar die entsprechende Literatur nicht zur Verfügung haben. Z. B. kam eine junge Dame an den Stand, die als Mitglied eines Kollektivs eine Dissertation zu schreiben hat über den Einfluß von Horkheimer, Adorno und Marcuse auf die non-konformistischen Schriftsteller der BRD. Dieses

Thema ist entsprechend der letzten Hochschulreform in der DDR vom Zentralkomitee der SED ausgegeben worden.

Dieter Hildebrandt
Frankfurt, den 10. März 1970

3) Christian Döring: Reisebericht Leipzig, 14.03.1988

Herrn   Dr. S. Unseld
           Dr. J. Unseld
           Dr. G. Honnefelder
           Dr. H. Marré
           Dr. Ch. Groffy

<u>Protokoll meines ca. 45-minütigen DDR-Aufenthaltes im Abfertigungs-Warteraum des Flughafens Leipzig</u> am 13.3.

Eingereiht in die 4 Warteschlangen passierte ich die Vorkontrolle (Reisepass/ Überprüfung der Zählkarte/des Messeausweises).
    Am Schalter (es gibt dort ja keine Einsicht in das, was der Beamte hinter der Sichtblende tut) warte ich, dann klingelt das Telefon.
    Ich werde gebeten, wieder Platz in der Wartehalle zu nehmen. Ca. 10–15 minütiges Warten bis alle Passagiere abgefertigt sind. Den Bekannten, der mich vom Flughafen abholen wollte, durfte ich nicht benachrichtigen lassen. Dieser erhielt vielmehr (wie mir später am Telefon mitgeteilt wurde) zusammen mit einer wartenden Frau die Auskunft, daß alle „Gäste" abgefertigt seien.
- Frage des für mich zuständigen Beamten (höheren Ranges), der meine Papiere hat: Sie besuchen Verlage?
- Ich bin mit Vertretern von Verlagen der DDR auf der Messe verabredet.
- Nehmen Sie Platz. (wieder ca. 5 minütiges Warten)
- Geben Sie mir Ihren Flugschein. (Warten)
- Ihre Einreise in die DDR wird nicht gestattet.
- Mit welchen Gründen denn, warum?
- Darüber geben wir keine Auskunft, gemäß den internationalen Vereinbarungen.
- Kann ich telefonieren.
- Nein.

- Hören Sie, der Suhrkamp Verlag arbeitet mit DDR-Verlagen zusammen, die Verleger waren sogar kürzlich noch zum Brecht-Geburtstag beim Staatsakt Ihres Staatsratsvorsitzenden.
- Nehmen Sie Ihre Tasche. Sie nehmen jetzt die Maschine zurück.
- Hören Sie.
- Hier haben wir das Sagen.

Ein zusätzlicher Beamter in Zivil kommt hinzu. Der Beamte nimmt meine Tasche und gibt mir die Papiere.

Von 2 Beamten begleitet und dem in Zivil hinterher rasches Laufen zum Flugzeug, das aufgehalten wurde.
- Ich will aber nicht mit dieser Maschine zurückfliegen.
- Dann wenden wir die Gesetze der DDR an. (verstehe ich)

Der Beamte kommt bis in die Maschine mit und übergibt meinen Flugschein einem Besatzungsmitglied.
- Auf Wiedersehen.

14.3.88
[*Döring*]

Gutachten

4) Walter Maria Guggenheimer über Uwe Johnson: *Ingrid Babendererde*

Dr. Guggenheimer/E 24.4.57

Uwe Johnson „Ingrid Babendererde"
(über Eberhard Seel Roman 368 S.
Berlin-Wilmersdorf)

Hier handelt es sich um ein offenbar von Herrn Professor Mayer im Gespräch mit Herrn Suhrkamp gestreiftes Manuskript eines Autors aus der DDR, das nun über eine west-Berliner Adresse uns zugesandt wurde. Prof. Mayer wird wohl mitgeteilt haben, in welchem Maße er den Vorgang vertraulich behandelt zu sehen wünscht.

Ich kann nicht genug betonen, wie sehr ich hoffe, daß Herr Suhrkamp aus der Arbeit „ein Buch machen wolle", wie der Autor im Begleitbrief es ausdrückt. Die Sache hat mich so gefangen genommen, daß ich während der Feiertage für Anderes und für Gespräche ganz verloren war.

Dabei hatte das Manuskript bei mir zwei harte Hindernisse zu überwinden.

1. Es ist kurz gesagt der Bericht davon, wie zwei Schüler – ein Junge und ein Mädchen – aus einer mecklenburgischen Oberschule knapp vor dem Abitur zur Flucht nach der Bundesrepublik (die sie nicht lieben) geradezu gezwungen werden, sollen sie sich nicht völlig aufgeben. Ich möchte sagen, ich scheue an sich Unternehmen, die so aussehen, als tue man Feindliches gegen die DDR, und den Oberflächlichen auf beiden Seiten wird es scheinen, als geschähe das mit diesem Buch. Aber das ist nun nicht zu ändern. Daran sind die Leute drüben selbst schuld. In diesem Buch ist alles vordergründig Politische auf das unausweichlich Persönliche reduziert. Und eben dieses darf nun wirklich nicht verschwiegen werden.

Um es gleich anzudeuten: die Oberprima (dort 12 A) gerät ganz unversehens in den behördlich angekurbelten Kampf gegen die „Junge Gemeinde". Dabei ist diese der Mehrzahl der jungen Leute ziemlich gleichgültig. Sie finden sie eher ein bißchen komisch und sind nicht einmal ganz sicher, ob sie politisch wirklich so harmlos ist. Nicht die Härte der Methoden gegen die Organisation erbittert die jungen Leute, sondern ihre Verlogenheit und daß sie selbst dabei bewußt verlogen mitwirken sollen. Sie spüren genau, daß das nicht reines Ungeschick ist, sondern daß beabsichtigt ist, ihre persönliche Integrität zu brechen. Sie weichen einfach verstockt und verbittert und sehr verachtungsvoll aus, und so kommt es, daß das Mädchen Ingrid Babendererde statt des von ihr verlangten Diskussionsbeitrages über die „Junge Gemeinde und die Rechte der Kirche" vor versammelter Schulmannschaft über die unnötig verbotenen Westberliner Hosen einer Mitschülerin spricht, in überlegter und ironischer Art so provozierend, daß nun freilich der Absprung unabwendbar wird. Die beiden Jungen, die sie mit hineinzieht, beide wie sie Mitglieder der Freien Deutschen Jugend, (Jürgen sogar führend und sehr aktiv) haben mit allem Aufgebot an jugendlicher Diplomatie bis zu allerletzt Distanz zu halten versucht, bis zu dem Augenblick eben, da sie für immer verdorben wären, wenn sie sich nicht entschieden. Sie unterscheiden sich dabei sehr voneinander.

Klaus, Ingrids Freund, (bürgerliche Widerstandsfamilie, ironisch, wollte Regisseur werden) „geht in Haltung" aber ganz illusionslos mit dem Mädchen über die Grenze, um sich sofort „prüfungshalber" von ihr zu trennen – ein sehr melancholischer Schluß; Jürgen, der wegen seiner kommunistischen Aktivität den unbeherrschten Haß seiner Mutter auf sich geladen hat, der die Babendererde ohne jede Hoffnung liebt, hilft ihnen mit den Resten seiner politischen Autorität illegal über die Grenze, es wäre ihm aber wohl unmöglich, sich selbst „abzusetzen".

Das zweite Hindernis für mich: Das Buch ist wirklich arg norddeutsch. Ich meine damit nicht so sehr das eingestreute Platt (auf Seiten 339/40 muß übersetzt werden, da hört die Überbrückungsmöglichkeit auf); ich meine eher ein gewisses Kokettieren mit Verschlossenheit, indirekter Aussage, Versonnenheit,

Verschmitztheit, Herbheit und derlei. An ein paar Stellen wird man da auch tatsächlich beschneiden müssen. Wortwiederholungen wie „überlegsam" etwa. Und man wird Unklarheiten lichten müssen, die durch Übertreiben der Andeutungsmethode entstehen.

Im Ganzen aber wird es kaum einen wachsameren Kritiker für all das geben können als mich. Wenn mich eine so geschilderte Welt und Atmosphäre verzaubert, statt mich zu befremden oder zu irritieren, dann muß es normale Leser gewinnen.

Das wäre nun alles Abwehr von Negativem. Das überwältigend Positive ist: 1.) Das Raffinement von Aufbau und Darstellung. Ganz allmählich wird man in die Erregtheit dieser Schulklasse inmitten eines geruhsam, aber nicht teilnahmslos dahinlebenden Städtchens hineingezogen. (Daß alle Beteiligten, Schüler und Lehrer, je nach Situation einen Vornamen, einen Familiennamen und einen Spitznamen haben, macht die Übersicht anfangs etwas schwierig. Vielleicht könnte da ein wenig nachgeholfen werden). Die sprachliche Technik ist so, daß ich gelegentlich einfach in Bewunderungsrufe ausbrach; immer dem Verständnis um ein Weniges vorauseilend, immer genau in dem Augenblick auflösend, da einem die Sache denn doch zu schwierig werden könnte. Sprachlich sind die Spannung von direkter und viel indirekter Rede, von Schülerjargon, offizieller Partei- und Schulsprache und die immer etwas ironisch liebevolle Anteilnahme des Erzählers von sozusagen sorglichem Raffinement. (Man käme mit Beispielen, von denen ich gerne einige zusammenstelle, an kein Ende.)

In den Fluß der Erzählung, immer an erstaunlich gut gewählter Stelle, hineingestreut kleine virtuose Sonderstückchen: die schon erwähnte Rede des Mädchens Ingrid Babendererde; eine lässig hingeworfene Satire des jungen Klaus (die zur Bewährungsprobe für den beschlagnahmenden Professor wird); Rückblenden (manchmal etwas verwegen eingebaut, aber man müßte das [*so stehen*] lassen) zur Lebensgeschichte einzelner Personen – vier Zeilen genügen gelegentlich zur Charakterisierung von jungen Menschen, ihren Eltern, den Lehrern, Leuten in der Stadt, (der junge Polizist etwa, der eifrig die Babendererde vor einem Spitzel der SED in Schutz nimmt); all solche Figuren bleiben unverwechselbar haften.

Die sprachliche Charakterisierung der Menschen geht bis Interpunktion und Satzweise, so etwa die abgehackten Sätze des übereifrigen Direktors mit Punkten zwischen zusammengehörigen Worten und plötzlichem Zusammenschreiben nichtzusammen gehöriger.

Zwei Elemente durchziehen den ganzen Aufbau: kursiv je zu Beginn der vier Hauptteile eine Art „Vorblende" auf die bevorstehenden Flucht-Etappen der zwei jungen Menschen – sehr dunkel und traurig – und andrerseits immer wieder in die Handlung eingebaut Segelfahrten, geruhsam oder gefährlich, der drei jungen Menschen Ingrid, Klaus und Jürgen auf ihrem gemeinsamen Segelboot. Ich verstehe nichts vom Segeln, aber jede dieser Fahrten hat mich gefesselt bis ins Technische hinein: diese Technik auf dem immer sich wandelnden See führt die Drei, die einander immer auf so verschiedenen Wegen ihrer Reaktion auf die Außenwelt zu verlieren drohen, mit Zuverlässigkeit zusammen.

Damit zum zweiten Punkt meiner Begeisterung für das Buch: seine Anständigkeit. Es sind nicht alles Helden, und die paar, die es beinahe sind, wollen es nicht sein. Aber alles, diese zwischen Schülerangst und ironischer Überlegenheit schwankende 12 A zuvörderst, ist von einer klaren und warmen Erfreulichkeit. Es sind auch nicht alle Leute sauber, aber die Kategorie, nach der da gelebt und geschrieben wird, ist Sauberkeit. Und wer da nicht hineinpaßt, fällt ohne ausgesprochenes Urteil einfach immer irgendwie ab und raus; meist wie der junge SED Schuldirektor, mehr lächerlich als verächtlich; fällt damit übrigens, wenn man eben vom Direktor absieht, meist in irgendeine Art von Anonymität (Der Berufsspitzel, der Angeber in der Schule).

Das Buch läßt, rational gesehen, wenig Hoffnung für die beiden Flüchtenden, an deren Schicksal im Westen man nur mit Grausen zu denken wagt, wenig für die Verbleibenden in ihrem Starrkrampf; – und doch ist das Buch in einer Weise optimistisch, wie ich es schon lange nicht erlebte (wie Olschewski, der eine frappante westliche Parallele darstellt, es nur auf ganz verzweifelte Weise zu sein versuchen kann).

Die Lektüre dieses Manuskriptes unterbricht bei mir jene von Jugendschilderungen aus uns angebotenen niederländischen und französischen Büchern, von westdeutschen ganz zu schweigen. „Ich werde darüber noch im Einzelnen zu berichten haben). Da ist dieser Herr Uwe Johnson einfach ein frisches Bad dazwischen. Wenn man daran denkt, was aus dem „Dreieck" dieser jungen Menschen gemacht werden könnte! Es wäre falsch zu sagen, daß es hier diskret behandelt wird. Es wird so geachtet, daß schon Diskretion indiskret wirken würde; ebenso wie jeglicher Nonsens politischer Geschäftigkeit einfach weggewischt wird; die landläufigen westlichen Vorurteile gegen das Leben dort werden gleich mit weggewischt, ohne daß sie auch nur erwähnt würden. Mancher vorurteilslose Leser in Westdeutschland wird gerade durch die geführte Kritik darüber belehrt, was an sich an Positivem umgekehrt dort alles selbstverständlich vorauszusetzen ist.

Und dies ist ein weiteres wichtiges Moment: das wäre endlich ein Buch, das wirklich für das Verständnis arbeiten würde, nicht durch Werbung (es wirbt für gar nichts), sondern durch Eliminierung alles Nebensächlichen, aller falschen und nur phrasenhaften Gegensätze. Man möchte sagen: wenn das gelesen ist, kann man beiderseits anfangen über das Entscheidende miteinander zu reden.

Ich bin sehr bekümmert, so schwächlich über ein so wichtiges Objekt berichtet zu haben. Aber das Entscheidende ist, daß Herr Suhrkamp selbst auch nur einen Blick hineinwirft.

Ein Nachwort über die Naturnähe:
Sommerhitze, Wasserkühle, Wolken und Hügel gehören einfach unlösbar mit zu diesen Menschen und ihren untergründig sich vorbereitenden Entschlüssen und Handlungen.

5) Walter Maria Guggenheimer über Uwe Johnson: *Mutmassungen über Jakob*

bericht guggenheimer
über uwe johnsons neuen roman. [Umlauf, Ablage]

(die 4 umschläge mit den teilen I,II,III und IV/V gehen gleichzeitig eingeschrieben an verlag. (zugleich mit krleza, bankett). <u>der johnson aber muss, zur weiteren entscheidung, an wen [*weiterzugeben*], zu herrn dr. suhrkamp.</u>)

1 - in der tat, was ich eigentlich nicht erwartet hatte: der autor hat, sich selbst erstaunlich treu bleibend, erstaunliche fortschritte gemacht. (ich hatte gefürchtet, das stecken bleiben mit der babendererde würde ihn irgendwie deroutieren). das neue buch ist viel bedeutender als das frühere, aber: es ist auch ungleich problematischer.
2 - sprachlich hat der autor seine methode, mit umständlichkeit (ein bischen, ganz weit, nach thomas mann) und mit hintergründig-ironischen umschreibungen sonst durch jargon-fassungen ihrer bedeutung entleerter tatbestände (ein bischen, ganz weit, nach brecht) die wortkargheit norddeutscher menschen (landmenschen, obwohl in der stadt) eben doch „zur sprache zu bringen", aufs äusserste ausgebaut und raffiniert (ich verzeih ihm über diesem kunststück manche manieriertheit gern.) mitten in strikt diszipliniertes deutsch kommen da, wohlabgewogen, altertümelnde wortbildungen, wie tastend aneinandergereihte synonyma, adjektivhäufungen, anakoluthe kühnster art, aber alles in der gemessenen, unbeirrbaren satzmelodie.
3 - in der aufbereitung des geschehens freilich hat der autor einen ungeheuren schritt getan, sagen wir: nach vorwärts. immer wieder wechselt das erzählsubjekt, ohne dass es, zumeist, auch nur genannt würde, immer wieder wird neuangesatzt, vorgegriffen, zurückgeblendet, oft mitten in absätze hinein oder aus ihnen heraus. dabei ist die satzanordnung ungeheuer reizvoll. übrigens schreibt, im manuskript, der autor ganze eingesprengte teile rot, und er schlägt vor, dafür kursiv zu wählen. im manuskript sieht es gut aus, im satz, fürchte ich, wäre das ganz anders. die auswahl dieser *roten* stellen ist, psychologisch sozusagen, jeweils sehr schlau bedacht; einem nachvollziehbaren system aber entspricht es nicht. es hilft zum rationalen verständnis nicht.

4 - und dieses rationale verständnis wird diesmal, ohne zweifel, überfordert. der yacine ist dagegen, stellenweise, ein kinderspiel. ich betone: diese schwere verfolgbarkeit der handlung macht das ganze nicht weniger spannend, im gegenteil, die geschichte einfach brav heruntererzählt hätte mich wahrscheinlich kaum interessiert, während ich so, sehr zum schaden privater vorhaben, aus der spannung garnicht herauskam. prinzipiell also ist die methode durchaus richtig und geglückt. aber man kann sie, das wird auch der autor zugeben, da und dort überspannen. und das tut er.

ich fürchte nicht einmal, dass leser an solchen stellen das buch verärgert in die ecke schleudern. wahrscheinlich würden sie, wie ich, versuchen, wie aus zerrissenen, ungeordneten dokumenten doch den vorgang zu rekonstruieren, und so ist die methode ja wohl auch gedacht. aber an einigen stellen (besonders ab mitte teil II) werden sie achselzuckend weiterlesen, hoffend (mit recht) doch wieder einmal einen faden in die hand zu bekommen; literarisch sind aber solche stellen dann verloren.

das heisst: an manchen stellen muss der autor, selbstverständlich ohne zu entschlüsseln, doch hilfen geben. damit vergibt er sich nichts. eine methode wäre, das ganze mit ihm zu lesen, und da, wo es ganz aussichtslos wird, zu protestieren. er wird dann selber lachen. – wahrscheinlich würde man, ohne die jetzige faktur zu ändern, dazu kommen, durch (ebenfalls verschlüsselte, aber doch helfende) titel oder untertitel einzugreifen?

5 - dieser besondere umstand ist der grund, dass ich, zur allgemeinen empörung oder belustigung wahrscheinlich, jetzt erst die handlung skizziere; es gibt da nämlich lücken, die sonst nicht begreiflich wären.

personen: der alte <u>cresspahl</u>, intarsien-spezialist, der seines alten hauses wegen, trotz übler politischer laune, in jerichow irgendwo zu der DDR-küste sitzen blieb. seine tochter <u>gesine</u>, mädchen der still hochmütigen art, wie johnson (beinahe eine spur kindlich, schablonenhaft und kitschig) sie einzig man und immer mögen wird. sie ist, anglistin, nach dem westen gegangen und arbeitet (ausgerechnet) an einer nato-stelle (der punkt ist schwach, aber nötig). drittens: eine alte <u>flüchtlingsfrau</u> aus den polnisch besetzten gebieten, die bei cresspahl hängen blieb. sie ist die mutter <u>jakobs</u>, der eigentlichen hauptperson: in dresden an der bahn dispatcher, ein bei den dortigen (damaligen, 56) bahnzuständen furchtbar verantwortlicher und aufregender posten, in dem er sachkundig, treu, distant ganz aufgeht (die arbeitsschilderungen sind grossartig!) da gibts (wie auch in jericho, natürlich, ein paar nebenfiguren, kollegen, jeder eine studie, und eine ehemalige freundin jakobs, politisch und auch sonst ein wenig ehrgeizig, telefonistin an wichtiger stelle. des weiteren: <u>jonas</u>, ein unruhiger intellektueller, anglist, uni-assistent (schöne seminarstunde!), der auf etwas abenteuerliche weise gesines bekanntschaft schloss und sie liebt.

auch auf der uni ein paar nebenleute, nette sekretärin, sympathisch-hilfloser chef. endlich, einziger gegenspieler: rohlfs, hat noch ein paar namen, geheimdienst – (auch da ein paar typen dazu, besonders sein treuer fahrer hänschen). [die unterstrichenen Figurennamen sind am linken Textrand mit Ziffern von 1 bis 6 markiert, A.J.]

rohlfs nun verschmäht es, nach „hundefängerart" kleinen anzeigen gegen cresspahl nachzulaufen. er möchte – die russen setzen ihn auf die spur – gesine zur mitarbeit gewinnen, und setzt nun einen ungeheuer komplizierten, geduldigen, ganz auf psychologie gebauten apparat dafür in szene. (ganz durchschaubar ist mir sein spiel nicht in allen einzelheiten geworden, auch nachträglich nicht).

jakobs alte mutter rückt, entscheidende aber nicht ganz motivierte tatsache, nach dem westen aus. nun setzt rohlfs den unwandelbar lojalen jakob, der sie doch besuchen möchte, an: er soll gesine, mit der er entscheidende jugendjahre auf dem land verbrachte, gewinnen. überraschend aber taucht sie ohnehin in dresden (man vermutet dresden) auf. in abenteuerlicher flucht nach jerichow versucht jakob zunächst, sie vor rohlfs zu schützen, umsonst. es kommt zu recht aufregenden, äusserlich immer kühl höflichen begegnungen, diskussionen, – gesine will „es sich überlegen" (will es wirklich.) jakob, ihr nun durch die gefahr sehr nahe gekommen, fährt, offiziell, [*besuchsweise*] zu ihr nach dem westen – wird er wiederkommen? er kommt wieder. aber seine mission scheint gescheitert – [*er hat wohl nichts dazu getan*]. er lässt sich von einem seiner geliebten züge überfahren (damit beginnt das buch). quer lief, die ganze zeit, der ungarnaufstand, radio-nachrichten, klägliche versuche, sowjetische transporte zu verzögern (jakob, obwohl mit dem herzen auf der seite der aufgeregten, findet es lächerlich). natürlich aber gewinnen dadurch alle sonst harmlosen umstände eine akute gefährliche bedeutung, besonders eine etwas kindisch-konspirative aktion der intellektuellen, bei der jonas sich exponiert hat: auch er flieht zu vater cresspahl nach jerichow, verliert seine stelle, am ende ist er, der harmloseste, rohlfs' einziges verbliebenes opfer.

dass die handlung einiger klärung bedarf, ist sicher: das lasse ich gegen den autor nicht gelten. höchstens: dass sie der klärung nicht fähig wäre; ich wüsste aber nicht warum.

es gibt grossartige höhepunkte, die flucht [*im alten Auto und zu Fuß*] durch den wald, [*aber auch*] die katze in cresspahls haus, der bahnbetrieb, die meisten szenen mit dem überlegenen rohlfs: – ein verschmitztes raffinement, das sich, ohne ernsthaft täuschen zu können, simpel gibt. oft sehr amüsant. –

der autor hat die eigenart, nur anständige menschen zu schildern. es stellt sich dabei die erstaunliche tatsache heraus, dass anständige menschen interessanter sind als nicht anständige (oder sein können.)

7 - politisch: im grunde wie bei der babendererde: distantes verständnis für die ost-ideologie (solang sie reden, haben sie recht, heisst es einmal.) auch für mancherlei praxis. aber: <u>wie gehen sie mit dem menschen um?</u> – es ist politisch wohl nicht konsequent – da hat rohlfs immer noch eher recht – aber es ist literarisch höchst dankbar. – westen interessiert eigentlich nicht, schilderungen von dort sind auch blass.

8 - in summa: <u>auf diesen autor würde ich haushoch setzen</u>. ich kenne kein vergleichbares erzähl-und-sprachtalent bei uns, auch arno schmidt nicht, er ist viel solider und – „haltbarer". <u>aber: sein erfolg ist nicht unabhängig vom erscheinungsdatum</u>. diese ganzen DDR-probleme bleiben interessant, <u>wenn sie</u> einmal so menschlich gestellt sind. <u>nachträglich aber</u>, wenn sie de facto überholt sind, äusserlich, zumindest, kommt auch die menschlich-überdauernde fassung nicht mehr an. das ist ja eigentlich klar.

ich meine damit: wir dürfen diesen mann nicht auf eis legen. wenn wir gründe gegen ihn haben, dann muss er andere chancen frei kriegen (neske wohl am ehesten).

zu diesen möglichen gründen: die <u>blut-und-boden-frage</u>: obwohl fast alles städtisch ist, was hier passiert, die art, die leute, die sprache, die sympathien – das alles fällt unter das, was manche leute [*Blut und Boden nennen*]. ich halte das für ein leeres schreckgespenst, für eine literarische jargon-atrappe. mir sind leute (schreiber), von denen man spürt, dass sie wissen, was wald und nebel ist (diesmal nicht see und sonne) sehr lieb. aber darüber ist nicht zu diskutieren.

guggenheimer. 18.3.59.

6) Hans Magnus Enzensberger über Günter Kunert: *Aufforderung zum Zuhören*

<u>Notiz zu dem Gedichtmanuskript „Aufforderung zum Zuhören" von Günter Kunert</u>

Kunert ist ein Brechtschüler in jenem ausgezeichneten Sinn wie das nur in Ost-Berlin anzutreffen ist. Man könnte ihn den lyrischen Peter Hacks nennen. Während hierzulande ein Autor wie Benn nur Epigonen hat und Einflüsse übt, bildet Brecht offenbar Schule im wirklichsten Sinn. Ich vermute, daß das politische Gründe hat: Brecht ist das Einzige, woran sich formal ebenso wie theoretisch Leute halten können, die von der Linie Kuba, also vom doktrinärsten und unbegabtesten SED-Kleinbürgertum, abweichen wollen. Nimmt man dazu, daß Kunert ein begabter Schüler ist, so scheint alles dafür zu sprechen, daß dieser Autor in seinem eigenen Lande, also in der DDR, gedruckt wird.

Für uns sieht die Sache anders aus. Kunert ist ein kritischer Dichter und hier liegen seine Qualitäten. Die Anwendung poetischer Methoden, die von Brecht herkommen, führt hier zu guten und manchmal, besonders in den kürzeren Texten, verblüffend zugespitzten Ergebnissen. Kunert ist ein epigrammatisches Temperament. In der DDR würde seine Kritik ohne Zweifel Aufsehen erregen, auch und gerade dort, wo sie sich gegen seine eigene Welthälfte richtet. Diese Kritik an der eigenen Hemisphäre ist aber so fein gesponnen, daß ein westlicher Leser sie überhaupt nicht wahrnehmen wird; sie erschöpft sich in Andeutungen und Nuancen und taktiert sehr geschickt mit Hilfe der eigentümlichen Dialektik, die Brecht ausgebildet hat. Es mag richtig sein, daß Zensur den Stil verfeinert. Hier geht die Verfeinerung indessen so weit, daß Leute, die dieser Zensur nicht ausgeliefert sind, die kritischen Widerhaken eben dieser Feinheit wegen nicht werden zu würdigen wissen.

Übrigens hat die Verfeinerung dort ein Ende, wo die andere Welthälfte kritisch betrachtet wird, wo z. B. die Rede ist von dem Elend, das in Pennsylvanien, New York und Detroit herrscht. Hier hat Kunert mit seiner Brechtnachfolge wenig Glück. Brechts mythologisches Amerika ist nicht übertragbar und schon gar nicht auf einen jungen Mann, der das für bare Münze nimmt. Noch schlimmer wird es, wenn von Berlin die Rede ist. Da heißt es „Auf Anraten meines russischen Arztes nutzte ich, was mir geblieben: den Spaten, die Hacke, die Mauerkelle, den Rest von Vernunft. So auferstand ich aus meinen Trümmern und dabei so gründlich, daß, wer mich gestern beweinte, mich heute nicht wiedererkennt als eine Stadt, die noch immer trägt den Namen: Berlin." Hier geht Kunert von der Kritik zur Affirmation über, um nicht zu sagen zur Akklamation und im selben Augenblick wird seine Rede verlogen. Wo Kunert zum Jasager wird, hilft keine Begabung mehr. Da ziehen die Arbeiter „auf die neuen Schlachtfelder. Fabriken. Nicht hinter dem Maschinengewehr, hinter der Maschine zeigt nun der Held sich." Das mag in der DDR als Tarnung erforderlich, also zu rechtfertigen sein, bei uns wirkt es zumindest überflüssig.

Fazit: Als Herausgeber der „Akzente" würde ich mich anheischig machen, Kunert mit einem Dutzend Gedichte, ausgewählt aus dem Vorliegenden, als einen ernsthaften Autor vorzustellen. Es ließe sich sogar ein Band daraus redigieren, der als respektabler Erstling gelten könnte; freilich unter Ausscheidung der zitierten und anderer Texte, die ich für unverantwortlich halte, nicht weil sie mir politisch unangenehm wären, sondern weil sich ihre Verlogenheit auch ästhetisch sofort verrät. So wie er ist, kann dieser Band nur in Ost-Berlin erscheinen, und nur [*so kann er*] bei denen Gehör finden, für die er geschrieben ist.

[*enz*]

7) Martin Walser über Fritz Rudolf Fries: *Der Weg nach Oobliadooh*. [Handschrift]

<u>zu Der Weg nach Oobliadooh</u>
Aquarellroman aus verfließenden Tupfen
Giraudoux u. Eichendorff
DDR im Genre-Stil
Immer gut geschrieben
Manchmal sehr-sehr gut

Manchmal erstickt die ausschweifend lyrische Malerei an ihrem haltlosen Überfluß.

Man nimmt alles in Kauf, weil das romantische Männer-Duo (zwischen Chaillot und Taugenichts) Kredit hat beim Leser.

DDR unter dem Milchwald. Daß der Milchwald-Autor nicht genannt wird, wirkt, als werde etwas verheimlicht.

DDR so leichtschwer träumerisch und schweifend-traurig gesehen: ist ein großer Reiz.

Man muß in Kauf nehmen, daß die Kapitel-Bildchen fast frei schweben. Ohne einer Handlung zu dienen, befördern sie doch etwas Allgemeines: Das Bild aus Bildchen.

Trotzdem: die größte Schwäche sind die angedeuteten Lebenslinien, die sich berühren, die ein Geflecht erwarten lassen, das Geflecht kommt nicht zustande, nur ein loses Gebilde aus ungenauen Berührungen. Das wird am deutlichsten an der Linie Isabel, mit der das Buch groß anfängt, die es nicht verliert, aber als diese Isabel dann wieder auftritt, verschwindet sie gleich wieder so abrupt und klanglos, daß diese Klanglosigkeit wenigstens als Trauer wirken müßte; so sieht es aus wie schlampig, oder man denkt (und das ist noch schlimmer): da hat er was angefangen, was ihm jetzt nicht gelingt, er kapituliert mit Hilfe von Schnörkeln.

Mehrere Linien sind in Gefahr, ihre Unverbundenheit mit dem Ganzen zu deutlich werden zu lassen. Aber das liegt in der Erzeugungsart, die man nicht kritisieren kann.

Also:

dieses Buch muß man veröffentlichen, weil zum ersten mal einer, der jetzt erst aufgewachsen ist, die DDR anschaut mit Augen, die gleichermaßen von gestern und von heute sind (vielleicht ein bißchen mehr, ein bißchen zu sehr von gestern als von heute).

Zu bedenken ist natürlich die Reaktion der DDR. Man muß kein Polizist sein, um diesen Autor in Leipzig (oder ist er schon nach O-Berlin verzogen) ausfindig zu machen. Ich hoffe zwar, die DDR hat nichts gegen dieses Bild einzuwenden, aber ich weiß das natürlich nicht.

Ein Buch für G. Blöcker, Frauen, Jazzkenner, Spaziergänger, im Herbst noch Singende und unter allen Umständen Seufzende.

8) Hans Magnus Enzensberger über Karl Mickel: *Vita nova mea*

enzensberger   notiz zu karl mickel, vita nova mea   april 1966

die großen erwartungen die man auf grund einzelner abdrucke in mickels erstes gedichtbuch gesetzt hat löst das manuskript nicht ein. einzelne gedichte, es sind immer die schon bekannten, allen voran <u>der see</u>, ragen hervor aus einem ensemble, das weniger ein buch als ein quodlibet ist. das zeigt sich schon an seinem äußern. der titel nimmt bezug auf ein buch von dante, aber die anspielung bleibt bloß verbal, es gibt keinen innern zusammenhang, auch nicht den des widerspruchs. so wirkt der titel nur kokett. ähnlich die gliederung in zwei teile: vermischte gedichte, und: an personen. sieht man genauer hin, so ist die einteilung willkürlich, die gedichte an personen umfassen gedichte über personen und unpersönliche gedichte, kurzum, die komposition hat nicht hand noch fuß.

nicht viel anders sieht es aus, wenn man einzelne texte genauer prüft. mickel teilt mit vielen schriftstellern der ddr (von hacks bis braun) den klassizistischen sprachgestus. er orientiert sich stilistisch an der deutschen tradition von klopstock bis hölderlin. (dem entspricht auch die fiktive gliederung, wie man sie in klassiker-ausgaben findet.) bis ins einzelne läßt sich das an der syntax nachweisen. ich vermute, daß diese orientierung am 18. jahrhundert, statt an der modernen poesie, einerseits mit den kulturpolitischen verhältnissen in der ddr, andererseits mit einer (vermutlich mißverstandenen) brecht-nachfolge zusammenhängt. natürlich wird gegen die alten muster geschrieben, und zwar so, daß form und inhalt in widerspruch zueinander treten. bezeichnend die vorliebe, mit der wörter wie scheißen oder vögeln in klassizistischen versmaßen vorgebracht werden. dieses rezept erschöpft sich bei mickel besonders rasch, wie ich vermute, aus den folgenden gründen. erstens schadet die große nähe zu brecht. sie wird besonders deutlich in den erotischen gedichten, die wie imitationen der augsburger sonette wirken. zweitens (damit zusammenhängend) hat die lyrik mickels (im gegensatz etwa zu volker brauns strophen) etwas durchaus privates. das pathos dient nicht dazu, neue verhältnisse, große verhältnisse zur rede zu bringen und zur rede zu stellen. es setzt nur persönliche [umstände] in ein allzu großes, allzu bedeutsames licht, wobei [es] die ironie kaum [bis] zur selbstironie [bringt]. ein großer anspruch wird, wie im titel, [so] auch in der sprachlichen führung des textes angemeldet aber nicht eingelöst. diese diskrepanz ist peinlich. mickel redet von sich und seinen freund- und liebschaften wie von etwas schon berühmtem; es ist aber nicht einzusehen, was diesen ruhm rechtfertigen soll. so entsteht eine mischung von kunstgewerbe (stilistischer nachahmung) und kraftmeierei (die sich auf die sprache nicht beschränkt: mickel unterläßt es nicht, uns auf seine angeblich bedeutende potenz aufmerksam zu machen). weder das eine noch das andere kann die poetische schwäche verdecken. sie zeigt sich an einer brüchigkeit, die nicht von der oft fragmentarischen form der gedichte herkommt, auch nicht daher rührt, daß der autor gern offene schlüsse setzt – sie ist auch als (beabsichtigte) sprödigkeit nicht zu erklären. der schluß der friedensfeier etwa (das gedicht gehört zu den besseren) ist einfach blödsinnig, nicht bloß enttäuschend, sondern einfach leer, es ist so gut wie kein schluß. das fadenscheinige ende weist mit dem finger auf schwächen im innern des textes („das ist des sprengstoffs höchsterrungener zweck" – das wort höchsterrungen ist eben durch keinen ironischen vorbehalt zu retten, es ist eine dummheit). („in geschützrohre bohren wir kleine löcher hinein/dort ziehen dann spechte und stare ein" – bildlich ein ganz löchriger vers, weil das geschützrohr von anfang an offen ist, weil das anbohren also ziemlich töricht ist und den vögeln nicht viel neues bietet, weil schließlich vögel nicht gern im eisen wohnen: und so mit allem, mit den zauberflöten-raketen, mit dem haifischfang, mit den frauen auf den generalstabstischen (– gemeint sind wohl kartentische – : eine schiefe zeile hinter der andern.)

die kleinen prosaversuche am ende des bandes wirken, auch sie, aufgesetzt, als mißratene pointe. sie sind als glossen für eine wochenzeitung nicht übel; sie aber einem gedichtband mitgeben, heißt einen programmatischen anspruch stellen, dem die paar seiten nicht gewachsen sind.

so wie es ist, sollte das buch bei uns auf keinen fall publiziert werden. ich fürchte aber, daß mickel ein durchgreifend verändertes ms. so leicht nicht wird vorlegen können. den jahreszahlen nach zu schließen, enthält das konvolut die arbeit von acht jahren. unter diesen umständen ist dem autor auch für die zukunft eine günstige prognose kaum zu stellen. seine arbeit ist zugleich unfertig und festgelegt, kaum ein anfang und schon erstarrt. auch mickel ist vermutlich, auf eine komplizierte art, ein opfer der zustände, von denen wir jede woche in der zeitung lesen. Das erklärt die schwächen seiner poesie, aber es rechtfertigt sie nicht.

[hme]

9) Hans Magnus Enzensberger über Volker Braun: *Provokation für mich*, Brief vom 18. 05. 1965

[*Kopie, und schöne Grüße mang*]

enzensberger tjöme norwegen den 18'5'65

lieber herr braun, bitte erschrecken sie nicht, der brief wird lang. das schadet nicht, mir macht es sogar spaß, auch dort wo es schwierig wird. danke für brief und buch.

also erstens denke ich: ihr buch sollte in der bundesrepublik bald erscheinen, das heißt: im frühjahr 66. dies aus bessern gründen als weil sie, wie unsre verkaufsgenies sagen, „im gespräch" sind. sondern weil ihre anwesenheit literarisch und politisch nützlich, also nötig ist. also meinetwegen auswählen oder kappen oder zehn raus zehn rein – aber nicht das ganze aufschieben. wie dick ein buch ist, das wollen wir getrost eine typographische frage nennen, die uns vorderhand nicht kümmern soll.

ich rede erst ein bißchen über das gedruckte. zyklus für die jugend. der sinn dieser überschrift ist schwer zu transportieren, außerdem bezweifle ich, daß da ein zyklus stattfindet. ironie schlägt in deutschland selten durch. warum nicht die ganze abteilung nennen: vorläufiges?

das vorwort ist nicht besser als das was danach kommt, sondern simpler, ein whitman-zitat, und nicht so genau wie ein vorwort sein müßte. was auf seite zehn steht wäre ein guter anfang für das buch. sonst bis seite 20 möchte ich nichts vermissen, mit einer ausnahme: der tramp-blues hat sowas jugendbewegtes mit he! und jawoll! sowas schillerkragenhaftes, mit einem schuß beat generation. ich will sie verflixt nicht älter machen als sie sind, aber das gedicht ist 18 und die davor und danach stehen sind 25, da stimmt was nicht. zur schlacht bei fehrbellin gebe ich zu bedenken: daß dieser text sehr umständliche erläuterungen braucht, für einen hamburger leser, die kontrahenten müßten erst vorgestellt werden, dazu bräuchte es ein eigenes gedicht. – dieser einwand geht nicht auf den kern des gedichts, der ist gut, denke ich.

die zweite abteilung. bin dagegen, daß sie weggeschmissen wird. orgien beim publizieren sind nicht gut, aber auch zum wegschmeißen gehört augenmaß. behalten hätt ich gern epitaph seite 28, gagarin seite 37, vielleicht reibfahrt seite 27 und stralauer oden seite 34. da schenke ich mir gründe im detail, bitte nur nochmals zu prüfen, was hält. ich sehe da nämlich unterschiede.

die dritte abteilung, provokationen: gehört unbedingt in die suhrkamp-publikation. auf ein fragliches gedicht komme ich zurück, wenn ich mit allem andern fertig bin.

legenden. unentbehrlich scheinen mir die letzten drei, entbehrlich scheint mir die erste (vom malen). das liegt an mir und meiner vorstellung von der malerei, es liegt aber vielleicht auch an der malerei selber. nämlich ich glaube nicht, daß solche maler nützlich sind oder gut malen. das wort elend, in der drittletzten zeile, kriegt dadurch einen beigeschmack von fataler wahrheit. ich weiß nicht, ob das ein einwand oder eine meinung ist, bitte sie aber, darüber nachzudenken. dazu genügt es übrigens, braun zu lesen, seite 70 desselben buches.

der anhang ist unentbehrlich, da darf kein stück fehlen.

die anmerkungen müßten eigentlich für westdeutschland neu geschrieben werden. der begriff des auslands, der ansonsten überall abgeschafft wird, hat seine bedeutung zwischen deutschland und deutschland. die anmerkungen müssen also mit einem ausländischen publikum rechnen.

jetzt will ich etwas zu der annachronik sagen, das ist aber nicht leicht. da ist überhaupt jeder schritt gefährlich, sie arbeiten ohne netz. ein schritt daneben, und der vers bricht sich das genick. die schwierigkeiten sind an den metaphern abzulesen. die sind gut, wenn sie was sagen, auch wenn sie was verschweigen, sie sind fatal wenn sie, wovon die rede ist, undeutlich machen. dann stellt sich verlegenheit ein, mithin das einzige was sich liebesgedichte verbieten müssen. die verlegenheit ist gut zu sehen dort, wo zuviel metaphern gebraucht werden, da wird etwas eingewickelt. (zum beispiel: ich ließ sie wie ein blatt. da wimmelt es von wie. glutgriff, schlamm, blatt, heilige jungfrau, leviathan, see, hai, alptraum, ätzen, seen, eisenschuh. die bühne mit requisiten überfüllt.) details: das verbum „sich erschmiegen" ist mir ein wenig verdächtig, es ist ein bißchen jugendstil. schaumstrudel, für einen süddeutschen störend, das hört sich wie apfelstrudel an, etwas aus der konditorei. – in manchen gedichten spukt ein geist namens hölderlin, der bringt aber nicht nur einen brauchbaren rhythmus mit, sondern auch eine metaphysik, der ein mann wie braun längst valet gesagt hat. (nichts ewiges gibt diese erde her, aufschwung / des lebens: hoher todesschwung!: der nächste satz ist mir lieber, er ist von braun.) das wort bier, im dritten gedicht, ist eine ungeheure erleichterung, das könnte bei hugo v. hoffmannsthal nicht vorkommen. – mir gefällt der dritte teil der chronik am besten, er ist aber auch der leichteste, da hat man boden unter den füßen.

ich weiß nicht, ob solche bemerkungen ihnen von nutzen sein können. sie verschweigen auch, wieviel ihnen mit dieser chronik geglückt ist. soviel, daß ich unbedingt zur revision rate, auf gar keinen fall zu einer kapitulation. sie haben ganz gewiß die nötige trennschärfe, um den ton rauszuholen, der in diesen sachen steckt.

bis hierher ist alles, was ich sage, ohne taktik gesprochen und ohne rücksicht auf unsern politischen vordergrund. die kreidestriche gelten in jedem fall unschärfen, wie ich sie auch bei mir finde, die mich gerade deshalb ärgern. ich könnte parallelstellen zum bösen aus meinen büchern geben (metaphern, metaphysik, tramper-romantik), aber ich werde mich hüten, es ist außerdem überflüssig.

jetzt aber und zum schluß kommt eine rein politische bemerkung. sie betrifft die moritat vom wolfburger stempler. die leuchtet mir nicht ein, die halte ich für unklug und für politisch falsch. damit machen sie den stemplern das spiel zu leicht, die stürzen sich da mit wonne drauf, die reiben sich schon die hände, den spieß umzudrehen. diese art zu stempeln ist (und das blödsinnige wort kommt hier zu seinem recht) einfach gesamtdeutsch. und wer das nicht sagt, der sagt eine halbe wahrheit, mithin eine halbe unwahrheit. einen streit will ich nicht vom zaun brechen, das wäre ja das letzte, daß wir beide uns über so was streiten sollten. sicher aber, und keine bloße meinung ist, daß diese provokation hier, wo das buch gedruckt werden soll, nicht nachdenken provoziert, sondern nur die herrschende unvernunft bestätigen kann. sie schadet der ddr politisch, und folglich schadet sie nicht nur ihnen sondern auch mir. (wenn sie mir soviel solidarität erlauben wollen.)

da sind sie jetzt in einer nicht beneidenswerten lage. nehmen sie das gedicht weg, so korrigieren sie einen fehler, aber es wird nicht an leuten fehlen, die ihnen das übelnehmen. lassen sie es drin, so reagieren sie mit trotz, und nicht mit vernunft. das ist eine entscheidung, um die ich sie nicht beneide.

was den verlag betrifft, den kenn ich gut genug, der wird jede entscheidung respektieren, die sie treffen. der berühmte satz von peter suhrkamp: das letzte wort hat immer der autor, ist in diesem haus nie in frage gestellt worden. (das versteht sich in deutschland so wenig von selbst wie in deutschland.)

ich freu mich aber jetzt auf ihr buch. wenn es im frühjahr erscheint, dann haben sie zeit bis ungefähr anfang august, die satzvorlage herzustellen. noch was: ich ziehe ungefähr anfang november nach berlin, den winter über. da, denke ich, sollten wir uns manchmal sehen.

mit schönen grüßen

10) Hans Magnus Enzensberger über Volker Braun: *Wir und nicht sie*

zu volker brauns buch wir und nicht sie   enzensberger, juli 68

schon von ihrer thematik her stehen diese gedichte gegenwärtig ziemlich allein da. Sie handeln fast sämtlich von deutschland, und zwar vom ganzen deutschland. sie verdeutlichen die teilung, sind [zwar] nicht kurzatmig auf vereinigung aus, halten aber an der nation im ganzen und ihren fragen fest. das ist bemerkenswert zu einem zeitpunkt, da die regierungen kaum mehr ernsthaft von der einheit deutschlands sprechen (die konförderationspläne sind aufgegeben, die politik hat sich anderen themen zugewandt.) übrigens zeigen die gedichte auch eine starke formal-literarische auseinandersetzung mit beiden deutschen literaturen; eine auseinandersetzung und offenheit gegenüber einflüssen, die nicht ohne gefahr für den autor ist. der versuch, die beiden literaturen miteinander, wie polemisch auch immer, zu verklammern, führt da und dort zu diskrepanzen.

aus dieser grundhaltung ergeben sich die vorzüge, aber auch die kritischen einwände gegen den band. gerade der versuch das ganze zu sehen zeigt den unterschied umso deutlicher. Für mein gefühl die weitaus besten gedichte sprechen von der ddr, die schwächsten von der bundesrepublik. das ist keineswegs ein zufall. verglichen mit früheren publikationen hat braun sich am stärksten weiterentwickelt, wo er sich an seine eigenen erfahrungen hält. das gilt vor allem für den ersten teil des bandes, der <u>lagebericht</u> heißt. es ist heute überall schwer, ein moment von affirmation in die poesie zu bringen ohne zu lügen. das ist in diesem teil fast durchwegs gelungen. formal zeichnet dieser teil sich durch eine größere nüchternheit und durch eine sparsamere metaphorik aus. gelegentlich gibt es passagen, die auf einen westdeutschen kraftmeierisch wirken können. dieses gefühl der überforderung trügt wahrscheinlich. ich sehe darin eher ein indiz für ein wirkliches selbstbewußtsein, das sich in der ddr entfaltet. es fällt auch auf, daß „einheimische" ostdeutsche literaturtraditionen der letzten zeit in diesem teil am stärksten hervortreten, nämlich eine art von preußischem, nüchternen klassizismus, wie man ihn auch bei müller und mickel findet: sozusagen brandenburgisches achtzehntes jahrhundert, mit höchst aktuellen treibsätzen geladen.

dagegen wirken die „westlichen" formelemente merkwürdig fad, und fast antiquiert, vor allem in der behandlung der metapher. sie tauchen vor allem in den gedichten auf, die von westdeutschland sprechen. die überanstrengung der polemischen bilder erinnert an die lyrik der fünfziger jahre, gedichte wie <u>ansichtskarte</u>, <u>goldene höhe</u>, <u>große koalition</u>, <u>der notstand</u>, <u>verständigung</u> und <u>der ostermarsch</u> bleiben abstrakt und ungenau. nicht ihre schärfe ist ihnen anzukreiden, sondern der umstand, daß sie nicht richtig treffen, nicht hinreichend aufs detail zielen. (zum beispiel, in ansichtskarte, die passagen, die sich auf die industrielle verschmutzung beziehen. diese folgen der industrialisierung sind keineswegs für kapitalistische gesellschaften spezifisch. ich habe ähnliche dinge in sibirien gesehen. das schwächt den angriff auf das westdeutsche gesellschaftssystem. oder die sache mit dem ostermarsch. er stellt heute keinerlei politische avantgarde in westdeutschland mehr dar, sondern eher eine harmlose spielart der opposition, die von niemandem mehr recht ernst genommen wird.) zum teil merkt man es diesen gedichten an, daß sie auf zeitungslektüre basieren. an einzelnen texten zeigt sich auch ein gewisses veralten der politischen fragestellungen. dies gilt für <u>die straße</u> und <u>das deutsche gespräch</u>; die anlässe für diese gedichte sind inzwischen historisch geworden, und es bereitet mühe, sich an sie zu erinnern; sie waren nicht gewichtig genug, um erhebliche folgen auszulösen; dazu kommt, daß die gedichte sehr lang, wahrscheinlich zu lang sind; sie nehmen in dem band einen unverhältnismäßig breiten raum ein. ganz anders <u>die mauer</u>: sie ist kein fait divers.

immer wieder zeigt sich, daß braun am besten dort ist, wo er sich nicht überhebt, wo er den ausschnitt statt der totale, die genaue erfahrung statt der prächtigen metapher wählt. deshalb ist <u>das weite feld</u> ein besseres gedicht als <u>schauspiel</u>, <u>das vogtland</u> stärker als <u>an alle</u>.

vielleicht lassen sich einige der metaphern noch stutzen. („gleißende grachten voll schweiß", „ein floß, geschnitzt aus gedanken" „jeder des andern tür und des andern angel" – in allen drei fällen zeigt die analyse, daß mit dem bild etwas nicht stimmt; floße werden eigentlich nicht geschnitzt, tür und angel taugen als erotische symbole entweder gar nicht, oder aber sie müssen eindeutig verstanden werden im sinn von zagel und loch, dann ist die umkehrung nicht gut möglich; grachten sind eher stille, ruhige straßen von vornehmer zurückhaltung.) auch einige manierismen wären leicht zu beseitigen (typus: „als unsre sommer schneller brennt", s.8. in einem sonst sehr guten gedicht – warum nicht die normale wortfolge?).

ich plädiere unbedingt dafür, den band zu publizieren. einige der gedichte aus dem teil lokaltermin, auf jeden fall das über den ostermarsch, würde ich an brauns stelle streichen. vielleicht könnte er noch ein gedicht oder das andere über die westdeutschen machen, indem er von dem aus[geht] was er aus eigener anschauung kennt: von einem westdeutschen freund, vom westfernsehen, von einem genau abtastbaren ausschnitt. was ich schreibe hört sich kritisch an, aber ich schreibe es in der absicht, einem guten buch zu sich selbst zu verhelfen. dazu braucht es nicht viel.

[e]

11) Siegfried Unseld über Volker Braun: Die Zickzackbrücke, Brief vom 31.10.1991

Herrn
Volker Braun
Wolfshagener Str. 68
O 1100 Berlin

Frankfurt, 31. Oktober 1991

Lieber Volker,

zur „Zickzackbrücke", 111 Seiten mit Gedichten, Erzählungen, Interviews: Der Titel, genauer gesagt der Untertitel, „Ein vergänglicher Kalender", macht mir Kummer. Vom immerwährenden abgesehen, sind doch alle Kalender vergänglich, aber auch „Zickzackbrücke" ist nicht besonders elegant; „Die Geschichte, für einen Moment entschlossen" wäre doch entschieden besser. Alle Gedichte am Anfang sind von ganz hervorragender Qualität.

Von dieser sehr souveränen, poetischen Basis aus geht das Manuskript nun in medias res, und das ist das Politische, die Wende, der Zusammenbruch, der Widerstand – dagegen dieses Nicht-los-lassen-können. Dieses Manuskript ist ein Manuskript von Volker Braun – ein Autor, der auch mit sich selbst umzugehen versteht, ein Mann, der weiß, worum es geht. Da ist zunächst Behutsames „Die Lemminge": „.... lächelndes Glück, ehe sie in das helle Wasser gleiten und für immer, für immer darin verschwinden." Dann die Frage: „Was haben sie mit uns gemacht? Aber nun mal eine andere Frage: was machen wir?" Dann wird das Gespräch „Über die Wende im Land" eröffnet.

Und dann fallen Sätze, die ich nicht verstehe und die ich als Verleger auch nicht veröffentlichen möchte – z. B. „Das Wiener Schnitzel ist zu wenig für unsere Appetite ... ob es nicht etwas Moderneres gibt als den Zirkus der Parteien, eine Demokratie der Basis ...". Was könnte „die Kühnheit" der neuen Gesellschaft sein, die „ungeahnte Kräfte" freisetzen könnte? Wie soll sich die Partei verstehen? Soll das eine Lösung sein: „Volkseigentum plus Demokratie made in GDR"? Dann „Wir sind die politische Kette los; binden wir uns nicht wieder an's Gängelband eines falschen gesellschaftlichen Interesses, das im Kaufhaus des Westen zu haben ist ..."

Lieber Volker, den Satz „Schnitzler geht, und Rühe kommt. Das Armutszeugnis des historischen Herbstsemesters..." kann ich nicht in einem Buch des Suhrkamp Verlages veröffentlichen. Schnitzler und Rühe in einem Atemzug zu nennen, das überschreitet die Grenze des Zulässigen.

Dann zitierst Du einen Satz von Hans Mayer – dies auf eine Frage von Stéphane Moses: „Was kann die Bundesrepublik von der DDR lernen?" Und nun, was kann sie? „Ein wenig mehr Vernunft und die Menschlichkeit zu planen, für Frauen, für Kinder, alte Leute, für Arme und Unwissende." Hat uns das in der Tat dieser Unrechtsstaat gelehrt? Da kann man nur entschieden „nein" sagen. Und es stimmt auch nicht: „Der Sozialismus geht, und Johnny Walker kommt".

Ich möchte Dich doch bitten, das alles noch einmal zu bedenken. Gewiß, Du hast das einmal in Interviews so gesagt, aber man muß nicht alles, was man einmal formulierte, dann auch für den Druck aufbewahren. Ich kann viele Deiner Gedanken und Deiner psychohistorischen Gefühle verstehen – auch Enttäuschungen, aber es kann und darf nicht sein, daß Ismen gehen und der einzige, der kommt, ist Johnny Walker. Das stimmt einfach nicht, und wir sollten dem auch keinen Vorschub leisten, indem wir das als möglich bezeichnen.

Ich bitte um Verständnis für meine offenherzige Reaktion.

Freundliche Grüße

Interne Notizen und Protokolle

12) Burgel Zeeh an Siegfried Unseld, Notizen Ost-Berlin-Besuch o.D. [ca. 1966, Handschrift]

Herrn Dr. Unseld
Notizen Ost-Berlin-Besuch

---

1. Fries. Wir müssen wegen des neuen Buches rasch beim Mitteldeutschen Verlag reagieren; es kann sonst sein, daß das Büro für Copyright den <u>„Fernsehkrieg"</u> an einen anderen Verlag gibt. Vorschlag: ich schreibe den Brief, und zeige ihn Ihnen.
Fries hat sich über den Kontakt sehr gefreut. Bis auf weiteres keinerlei Finanz-Post schicken. Ich habe ihm die Kurzfassung seines Konto-Auszugs rübergebracht. Wir haben folgendes vereinbart: Wenn er „Sehr geehrter..." schreibt, so handelt es sich um offiziellen Klartext, der wörtlich zu verstehen ist, wenn er uns mit „Lieber..." anredet, so sind etwa geäußerte Konten-Fragen nicht ernstlich gemeint.
2. Harich. Bittet um vollständigen Abdruck seines Anarchismus-Aufsatzes im Kursbuch. Trotz der Länge. Dies solle sein politisches Come-back sein.

!! Macht darauf aufmerksam, daß bei Verrechnungen auf keinen Fall mehr stehen dürfe ein Betrag als Belastung für geschickte Bücher. Das sei, in den Augen der offiziellen Stellen, wie illegale Verwendung von Devisen.
Und beträfe alle unsere Ost-Berliner Autoren. N.B.: Es geht nicht um die Bücher, sondern um das Geld.

13) Karl Markus Michel: Protokoll der Lektoratsversammlung am 9.09.1969, vom 16.09.1969

PROTOKOLL DER LEKTORATSVERSAMMLUNG AM 9. SEPTEMBER 1969

Anwesend: Herr Beckermann, Herr Berthel, Frau Bodin, Frau Botond, Herr Busch, Herr Canaris, Herr Hildebrandt, Frau Kalow, Herr Michel, Herr Michels, Herr Teichmann, [Name vom DLA geschwärzt], Herr Unseld

Bericht über Leipzig, erstattet von Herrn Hildebrandt und Herrn Beckermann

1) „Leipzig Sachliches" ist in einer Liste von Herrn Hildebrandt aufgeführt (betreffend Verlage und Kontakte).
2) Es wurde über die Funktion der Messebesuche in Leipzig gesprochen und festgestellt, daß diese Form von Präsenz des Suhrkamp Verlages, wenn auch nicht im Hinblick auf die Wiedervereinigung, so gewiß unter den gegenwärtig schwierigen Bedingungen in unserer Beziehung zu DDR-Autoren, -Verlagen und -Behörden geboten ist und sich auszahlen dürfte. Wir brauchen Kontakte, wir brauchen DDR-Autoren in unserem Programm, deshalb
3) ausführliches Gespräch über erwünschte Aktivitäten des Suhrkamp-Programms in dieser Richtung. Ausgangspunkt war der Fall Kant, Perspektive war die Programmgestaltung der nächsten fünf bis zehn Jahre. Es bestand Konsensus darüber, daß wir nicht mehr, wie bisher, gewisse DDR-Autoren, weil sie nicht unter einen rigorosen (westlichen) Literaturbegriff einzuordnen sind, ignorieren können und dürfen. Noch keine Übereinstimmung wurde erzielt über die Art und Weise, wie derartige Literatur in unserem Programm zu präsentieren sei; jedenfalls nicht innerhalb eines Gettos, auch nicht einfach als „Dokumente aus einem fernen Land". Auch die Möglichkeit eines Jahrbuchs, das wichtige literarische und andere Texte vorlegt, scheint ~~nicht glücklich~~ [am Rand: *kaum realisabel*, A.J.] zu sein (Lizenzschwierigkeiten; vor allem aber wäre eine solche Anthologie in gewissem Sinn „unfair" in der jetzigen Situation). Das Gespräch tendierte zu einer allgemeinen Diskussion

über moderne Literatur, die unbedingt nach der Buchmesse weitergeführt werden muß.

K.M. Michel
16. September 1969

14) Elisabeth Borchers an Siegfried Unseld, Notiz vom 13.05.1985

Notiz
Herrn Dr. Unseld

Fritz Rudolf Fries: Bemerkungen anhand eines Fundes oder Das Mädchen aus der Flasche
Texte zur Literatur
Aufbau 1985 (vermutlich zum 50. Geburtstag am 19.5.85)
329 Seiten
(siehe das Inhaltsverzeichnis)

Als das Umbruchexemplar eintraf, war mir klar: kein Buch für uns. Wir schaffen es nicht einmal, aus: Die Verlegung eines mittleren Reiches ein gefragtes, also besser verkäufliches Buch zu machen; wie dann erst mit solchen Texten kiloweise, beginnend mit Erich Arendt, Kurt Batt (dem Lektor), Paul Wiens, Volker Braun und Paul Gratzik, Heinz Kamnitzer, Nuria Quevedo (eine mir unerträgliche Malerin/Illustratorin, deretwegen ich schon mit Fühmann in Streit geriet). Dann klärt sich der Himmel (des Provinzialismus) auf: Lorca, Jean Paul, Mann, Benn, Brecht, Seghers etc.; eine imposante Anzahl lateinamerikanischer/spanischer Autoren. Der Titel des Buches bezieht sich auf den Essay zu Cortazar.
   Ich habe hier und da (also nicht alles!) gelesen und lasse mich trotz sachlicher Überlegungen einnehmen von Fries, dem Stilisten, dem Gebildeten, Kenntnisreichen, Belesenen.
   Und ich fragte mich: warum eigentlich diese apriorische Abwehr. Ein ‚ausländischer' Autor, gewiß, doch immerhin läßt er sich (erst nach Fühmanns Tod?) als der nun letzte (aufgrund seiner Herkunft) europäisch orientierte Schriftsteller einschätzen. (Wenn ich die Wahl hätte zwischen Christa Wolf und Fritz Rudolf Fries, ich würde vermutlich auf letzteren setzen.)
   Wenn es um DDR-Autoren geht, so sind wir an kein Vollständigkeitsprinzip gebunden. Und doch frage ich mich hier, ob wir – in Anerkennung einer objektiven Qualität – nicht mitziehen sollten. Für eine Koproduktion ist es zu spät. Sollten wir eine Nachauflage abwarten? Oder gleich ins Taschenbuch gehen (bei

fotomechanischer Verkleinerung des Satzes)? Vielleicht wäre dies in der Tat eine gute, angemessene Lösung.

13. Mai 1985 mj
Borchers [handschriftliches Kürzel]

Briefe

15) Siegfried Unseld an Niklas Luhmann, Brief vom 24.08.1990

Lieber Herr Luhmann,

mit Interesse habe [ich, A.J.] Ihre Anregungen zu einem Nachruf auf die Bundesrepublik gelesen. Man kann natürlich geteilter Meinung sein, ob man Nachrufe schreiben müsse, wichtiger wären doch Projektionen und Perspektiven. Aber die beiden Beispiele, die Sie als „Nachwirkungen" der „bundesrepublikanischen Phase" aufzeigen, reichen doch nicht aus, ein Erbe zu beschreiben. Ist nicht das wichtigere Phänomen das der Demokratie – d.h. ein mündig gewordener Bürger, jedenfalls so mündig wie er in der deutschen Geschichte noch nie war – es gibt keinen Obrigkeitsstaat mehr, den wir über die Jahrhunderte hinweg zu registrieren hatten? Und ist es nicht wichtig, daß in dieser Phase der Geschichte keine kriegerische Verwicklung stattfand? Und ist nicht drittens wichtig, daß die Bundesrepublik, aus welchen Gründen auch immer, für die Bürger der DDR ein so erstrebenswertes Vorbild war, daß sie zur Erhebung motiviert wurden?

Mit besten Grüßen

16) Niklas Luhmann an Siegfried Unseld, Brief vom 8.10.1990

Lieber Herr Unseld,

Ihren Brief vom 24. August finde ich bei meiner Rückkehr von einer Vortragsreise nach Mexiko und Brasilien unter meiner Post. Die mannigfachen Reaktionen auf meinen Artikel machen mir die Perspektive klar, in der ich ihn geschrieben hatte, ohne das ausreichend zu reflektieren. Mein Vergleichspunkt war nicht die deutsche Geschichte, sondern, wenn ich so sagen darf, die moderne Weltgesellschaft.

Das führt natürlich zu einer Abwertung nationaler Spezifica, und in diesem Sinne habe ich offenbar manchen verletzt, der die gegenwärtige Entwicklung als einen Triumph der bundesrepublikanischen Ordnung sieht. Ich hätte sicher die funktionierende Verfassung und die formal gesicherte Demokratie nicht nur in einer Nebenbemerkung, sondern thematisch deutlicher hervorheben können; aber das gibt es ja schließlich auch in Frankreich, Großbritannien, den USA usw.

Keine kriegerischen Verwicklungen – das gilt für Gesamteuropa. Ein Vorbild für die Bürger der DDR – hier läßt sich das Politische vom Wirtschaftlichen schwer trennen. Insgesamt hatte ich genau das vor Augen, was Sie anmahnen: Projektionen und Perspektiven; und der Leitgedanke sollte eigentlich sein, daß wir diese aus der Geschichte der Bundesrepublik nicht gewinnen können. Das Drama der Weltgesellschaft in ökonomischer, ökologischer, politischer und nicht zuletzt auch technisch wissenschaftlicher Hinsicht braucht ganz andere Begriffe, Unterscheidungen und Beurteilungen, als wir sie aus der Geschichte der Bundesrepublik, wenn wir sie als Erfolgsstory erzählen, entnehmen können.

Ich danke Ihnen für Ihren Kommentar und darf die Gelegenheit benutzen, um Ihnen zu Ihrer Eheschließung aufrichtig Glück zu wünschen.

Mit besten Grüßen
[Ihr Luhmann]

17) Ernst Bloch an Siegfried Unseld, Brief vom 20.08.1961 [Handschrift]

20.VIII.61   *Marquartstein, OB.*
                                                                          Hotel Alpenrose

Mein lieber Freund,
diesen Brief reduziere ich, auch wegen der schlechten Beleuchtung, auf einige Hauptpunkte, gegliedert nach Pro und Contra, was mein Hierbleiben unter den vermutlich nicht nur gegenwärtigen Umständen angeht.

Fürs Pro des Hierbleibens spricht:
1. bin ich drüben, so komme ich nicht mehr heraus. Einladungen werden bei dem Kerl, der mit Stacheldraht auch auf die Meinung des Westens, nicht nur auf die seiner Untertanen pfeift, nicht helfen.
2. Nach Erscheinen des Naturrechts bin ich persönlich nicht ungefährdet. Dazu kommt, was Sie vermutlich noch nicht wissen, dass mein Sohn Jan nicht nur in England angekommen ist, gottlob, sondern dort zu bleiben gedenkt. Das bedeutet Republikflucht mit einer Art von Sippenhaftung zur Folge.
3. Eine Rückkehr in Ulbrichts sinnfälligst deklariertes Zuchthaus würde hier höchstwahrscheinlich wie ein Bekenntnis aussehen und so wirken. Ich hätte

mein Gesicht verloren, das Naturrecht. Auch, als Lehrgang von aufrechtem Gang und Würde, wäre – sehr höflich gesagt – menschlich unbegreiflich.

Es gibt sicher noch mehr Pro-Punkte, aber diese drei mögen vorerst genügen. – Fürs <u>Contra</u> zum Hierbleiben spricht:

1. (Hauptsache): meine Manuskripte sind noch drüben. Ausser den Literarischen und den Philosophischen Aufsätzen (haben Sie übrigens die <u>Politischen</u>?). Ein Plan besteht nun, dass ich Teller bitte, die Manuskripte bei sich zu deponieren, wo sie gelegentlich abgeholt werden könnten; aber das gefährdet den guten Menschen und seine zarte Frau. Ein anderer Plan, von der guten Freundin Gastl, die seit einigen Stunden hier ist, vorzutragen ist: Sie selber will zur Messe als Buchhändlerin nach Leipzig reisen und die Sachen – vermutlich unkontrolliert – mitbringen.

2. Karola und ich besitzen hier nichts als was in drei kleine Koffer hineingeht. Eine Gastprofessur für ein Semester ist keine Lebensbasis. Die Gastprofessur müsste via Storz, Eschenburg, Schadewaldt in ein persönliches Ordinariat verwandelt werden. Das sogar bald, damit ich vor möglichen persönlichen Intrigen gesichert bin. –

Was nun tun? Sehr würde ich mich über einen Telefonanruf freuen. Erreichbar bin ich hier am besten zwischen 1 h und 3 h oder abends nach 8 h in den nächsten Tagen. Wäre es nicht praktisch, wenn Sie betr. persönlichen Ordinariats den Rat von Eschenburg erlangen könnten? Und auch die Meinung Eschenburgs zu meinem eventuellen Hierbleiben überhaupt.

Das für heute. Ich freue mich auf Ihren Anruf. Grüsse an Frau Hildegard. Von Karola die schönsten Grüsse.

Herzlich stets Ihr Ernst Bloch
Herzlichste Grüsse für Sie beide Karola Bloch

P.S. Sind die letzten Korrekturbogen von Jürgen Jahn gekommen?

18) Siegfried Unseld an Helene Weigel, Brief vom 31.08.1961 [Handschrift]

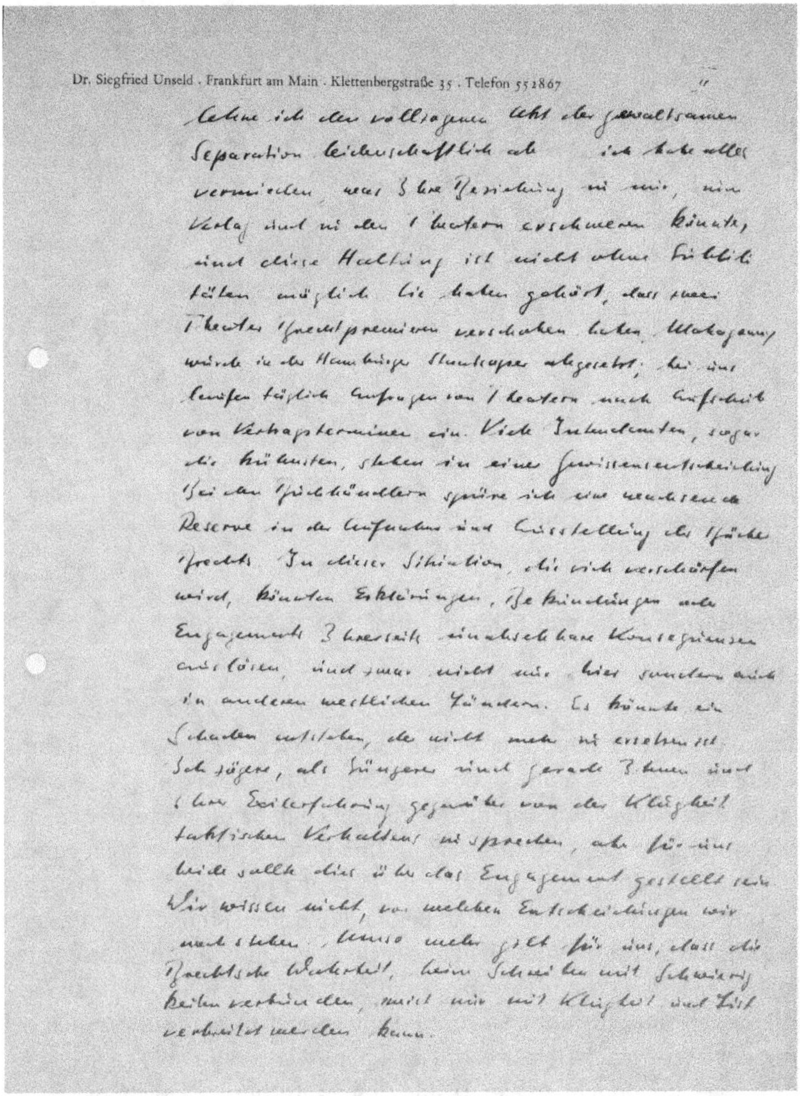

Dr. Siegfried Unseld . Frankfurt am Main . Klettenbergstraße 35 . Telefon 552867

lehne ich den vollzogenen Akt der gewaltsamen Separation leidenschaftlich ab. Ich habe alles vermieden, was Ihre Beziehung zu mir, zum Verlag und zu den Theatern erschweren könnte, und diese Haltung ist nicht ohne Schwierigkeiten möglich. Sie haben gehört, dass zwei Theater Brechtpremieren verschoben haben, Mahagonny wurde in der Hamburger Staatsoper abgesetzt; bei uns laufen täglich Anfragen von Theatern nach Aufschub von Vertragsterminen ein. Viele Intendanten, sogar die kühnsten, stehen in einer Gewissensentscheidung. Bei den Buchhändlern spüre ich eine wachsende Reserve in der Aufnahme und Ausstellung der Bücher Brechts. In dieser Situation, die sich verschärfen wird, könnten Erklärungen, Bekundungen oder Engagements Ihrerseits unabsehbare Konsequenzen auslösen, und zwar nicht nur hier sondern auch in anderen westlichen Ländern. Es könnte ein Schaden entstehen, der nicht mehr zu ersetzen ist. Ich zögere, als Jüngerer und gerade Ihnen und Ihrer Exilerfahrung gegenüber von der Klugheit taktischen Verhaltens zu sprechen, aber für uns beide sollte dies über das Engagement gestellt sein. Wir wissen nicht, vor welchen Entscheidungen wir noch stehen. Umso mehr gilt für uns, dass die Brechtsche Wahrheit, beim Schreiben mit Schwierigkeiten verbunden, meist nur mit Klugheit und List verbreitet werden kann.

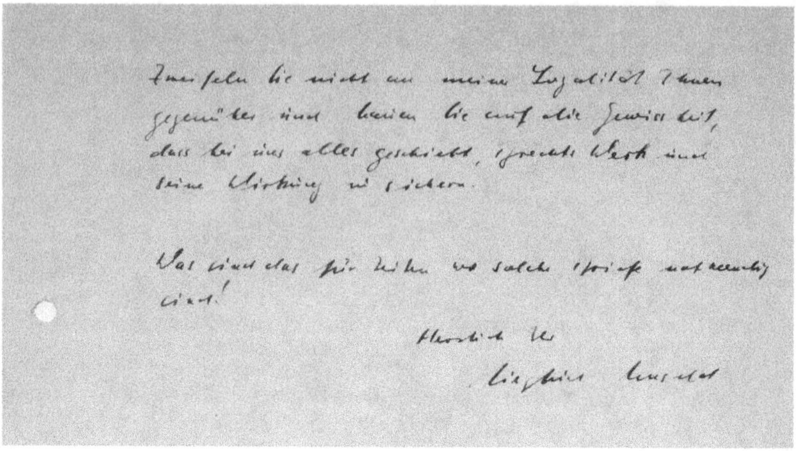

Zweifeln Sie nicht an meiner Loyalität Ihnen gegenüber und bauen Sie auf die Gewissheit, dass bei uns alles geschieht, um Brechts Werk und seine Wirkung zu sichern.

Was wird das für Zeiten, wo solche Sprache notwendig wird!

Herzlich Ihr

Siegfried Unseld

Abb. 18: Siegfried Unseld schrieb einen privaten Brief an Helene Weigel, nachdem diese den Mauerbau öffentlich befürwortet hatte.

19) Siegfried Unseld an Helmut Schmidt, Brief vom 11.07.1975

Sehr verehrter Herr Bundeskanzler,

Ihre Gattin ermutigte mich neulich zu diesem Brief. Doch zuvörderst meinen Dank für die liebenswürdige Übersendung des mit Ihrer Widmung versehenen Buches „Kritischer Rationalismus und Sozialdemokratie". Ich habe Ihr Vorwort – das ich schon aus einem Manuskript kannte, das mir Ihre Gattin schickte – noch einmal gelesen. Es hat mich überzeugt und auch sehr sympathisch berührt. Ihr Denkansatz wie Ihre daraus resultierende, intellektuelle Position sind klar und zeigen deutlich den Hintergrund, von dem heraus Sie denken und handeln. Eine einzige Einschränkung möchte ich mir erlauben, und sie drängt sich mir auch aus anderen Äußerungen von Ihnen auf, so zum Beispiel aus dem, was Sie kürzlich bei der Tagung der Max-Planck-Gesellschaften sagten: Wenn Sie von Theorie sprechen, so tun Sie dies immer in der Distanz eines Anführungszeichens. Es ist verständlich, daß Sie, wie jeder Handelnde (so auch ein Verleger), Kompromisse machen müssen, und daß Ihnen für Ihr Handeln, für Ihre abgeforderte Entscheidung, für die konkrete Forderung des Tages (die Forderung im Fall Lorenz, die Forderung im Fall der Stockholmer Geiselnahme, die Forderung bei der Drohung der Anhebung der Ölpreise, die Forderung unserer Beziehung zu Israel usw.) „Theorie" zu wenig zu nützen scheint. Das zu erörtern ist, wie Fontane sagen würde, ein weites Feld. Ich persönlich denke anders darüber. Wenn wir entscheiden, entscheiden wir, wie Sie in Ihrem Vorwort schreiben, im Grunde genommen aus sittlichen Gründen. Unser Gewissen spricht also bei diesen Entscheidungen mit, und das heißt, daß es doch so etwas wie ein Wissen von Gut und Böse gibt, das letztlich theoretisch ist. – Im übrigen sind die großen Theorien immer – leider – radikal, weil sie auf die radix, die Wurzel, verweisen.

Doch das ist nicht der Grund meines Schreibens. Ich habe einen ganz anderen Wunsch, den ich Ihnen schon lange vortragen möchte:

Im Zusammenhang mit dem 17. Juni (man sollte diesen unnützigen Feiertag wirklich abschaffen!) sprachen Sie, wie zahlreiche andere Politiker aus allen Parteien, von unserem Problem „Wiedervereinigung". Der Herr Bundespräsident erhob bei seinem letzten Besuch in den USA den – ich zitiere wörtlich – „Anspruch auf Wiedervereinigung". Bitte hören Sie doch einen Augenblick in dieses Wort „Wiedervereinigung" hinein: was heißt das, „Wiedervereinigung"? Ich will Sie nicht langweilen mit der Ethymologie des Adverbs ‚wider' oder ‚widar' oder ‚wibra' immer dasselbe: das Zurück zu einem Gleichen. Wenn wir diese ethymologische Spielerei lassen und uns auf das faktische Wort „Wiedervereinigung" beschränken, was kann das anderes heißen als: Wiederherstellung einer Verbindung wie sie einmal war. Doch wie soll das sein? Eine Rückführung zum Deutschen Reich oder gar zum Großdeutschen Reich, zu den Grenzen von 1933 oder 1938 oder 1940?

Das, verehrter Herr Bundeskanzler, will doch kein Vernünftiger mehr, und selbst nicht einmal ein Repräsentant der Vertriebenenverbände. Es ist übrigens interessant, daß in dieser Frage unser „Grundgesetz für die Bundesrepublik Deutschland" sich durch Weisheit auszeichnet; in keinem Satz spricht unser Grundgesetz von einer „Wiedervereinigung". In der Präambel heißt es: Das Grundgesetz will „dem staatlichen Leben für eine Übergangszeit eine neue Ordnung" geben. Und „das gesamte deutsche Volk bleibt aufgefordert, in freier Selbstbestimmung die Einheit und Freiheit Deutschlands zu vollenden." Und der Artikel 146, der das Grundgesetz beschließt, lautet: „Dieses Grundgesetz verliert seine Gültigkeit an dem Tage, an dem eine Verfassung in Kraft tritt, die von dem deutschen Volke in freier Entscheidung getroffen worden ist." Kein Wort von „Wiedervereinigung" also. Warum aber sprechen wir davon? Ich glaube, wir benützen hier eben eine Formulierung, die sich eingeprägt hat und die man jetzt nicht mehr auf ihren Sinngehalt prüft. Dabei steckt in jedem ‚Wieder' ein retardierendes Moment, fast ein re-aktionäres. In dieser für uns so wichtigen Frage müßte man doch voraus und neu und produktiv denken. Ich meine, es wäre eine bedeutende Sache, wenn Sie, verehrter Herr Bundeskanzler, sich hier um eine Änderung bemühten. Eine „Wiedervereinigung" der beiden deutschen Staaten wird es nie geben. Was wir realisieren können, ist eine Vereinigung der beiden deutschen Staaten zu einem dritten. Mir schiene es richtig, wenn man von einer „kommenden Vereinigung" spräche.

Ich hoffe, Sie haben Verständnis für diese Anregung. Nomen est omen. Wenn das Unerreichbare Sprache ist, wird auch das Faktische unerreichbar. Irgendwann in 20, 50 oder 100 Jahren wird diese Vereinigung der Staaten kommen, eine „Wieder"-Vereinigung wird es nicht geben.

In der Hoffnung, daß wir auch bei der Diskussion dieser Frage in der „Welt der Tatsachen" verbleiben und nicht „in die Welt der Gedanken" flüchten – so formulieren Sie es in Ihrem Vorwort –

bin ich mit besten Wünschen
Ihr
[*Siegfried Unseld*]

20) Helmut Schmidt an Siegfried Unseld, Brief vom 18.09.1975

Lieber Herr Unseld!

Für Ihren anregenden Brief vom Juli danke ich Ihnen herzlich. Ich bitte es mir nachzusehen, wenn ich erst jetzt nach der Sommerpause, die für mich wieder einmal keine war, darauf eingehen kann. Aber ich wollte gerne persönlich und etwas ausführlicher zu Ihren Gedanken etwas sagen.

Ich verstehe sehr gut, daß Sie als ein Mann des Wortes in das hineinhören, was wir allgemein als „Wiedervereinigung" bezeichnen. Von Ihrer – wie ich denke – semantisch durchaus überzeugenden Position weisen Sie mit Recht darauf hin, daß der Begriff der „Wiedervereinigung", den auch ich aus Anlaß des 17. Juni benutzt habe, angesichts der politischen Verhältnisse im Wortsinne mit einigen Bedenken zu versehen ist. Sie definieren „Wiedervereinigung" sprachlich als „Wiederherstellung einer Verbindung, wie sie einmal war". Aus dieser sprachlichen Prämisse ziehen Sie den politischen Schluß: weil ein „Zurück zu einem Gleichen" – etwa zum deutschen Reich oder gar Großdeutschen Reich – kein Vernünftiger mehr wollen kann, sollte dieser Begriff durch einen besseren ersetzt werden.

In der Sache, lieber Herr Unseld, finden Sie meine volle Zustimmung. Die Wiederherstellung eines staatlichen Zustandes auf deutschem Boden, wie er einmal bestand, scheidet aus. 30 Jahre nach Kriegsende sind auf deutschem Boden zwei Staaten mit völlig unterschiedlicher Gesellschaftsordnung eine politische Realität. Und niemand wird füglich erwarten, daß diese beiden Staaten zu einem staatlichen Gebilde früherer Identität „wiedervereinigt" werden könnten –

etwa in dem Sinne, daß etwas Verlorenes bloß wiedergefunden würde. Diese Art geschichtlicher Re-Aktion findet gewiß nicht statt. Übrigens nimmt wohl auch die Zahl derjenigen ab, die darüber Trauer empfinden.

Aus dieser gleichen Bewertung ziehe ich nun allerdings nicht den Schluß, daß auch der Begriff „Wiedervereinigung" ersetzt werden müßte. Ich habe den Eindruck, lieber Herr Unseld, daß Sie sich von Ihrer primär semantischen Position allzusehr verführen lassen, wenn Sie einen anderen Begriff – wie etwa „kommende Vereinigung" – vorschlagen. Dieser Begriff mag das, was wir politisch wollen, besser treffen. Aber abgesehen davon, daß dieser Begriff allzuviele in die nahe Zukunft projizierte, unerfüllbare Hoffnungen wecken und uns dadurch den Blick für das verstellen dürfte, was wir heute für die Menschen in beiden Teilen Deutschlands wirklich tun können – sehe ich auch keine praktische Notwendigkeit dazu. Wir würden einen neuen Begriff einführen, der sich in der öffentlichen Diskussion, in Presse und Fernsehen als Kurzform schwerlich durchsetzen könnte, wo doch ein eingeführter Begriff existiert, der auch dem Mann auf der Straße sinnfällig werden läßt, was das politische Ziel bleibt: nämlich die Wiederherstellung der Einheit der deutschen Nation.

Möglicherweise geht die Beschränkung auf das vorhandene Wort [ein] wenig auf Kosten der gedanklichen Präzision. Aber so wie Begriffe ganz allgemein immer wieder einen Bedeutungswandel erleben, sollte es auch nicht schwer fallen, die Wiedervereinigung nicht als ein Zurück zum Gleichen von Gestern zu verstehen, sondern als ein Vorwärts zum Neuen und Anderen von Morgen, zur Einheit der Nation in einem staatlichen Gebilde, über dessen Natur und Struktur heute keinerlei Aussagen gemacht werden können.

Ich habe darüber ausführlich in meiner Regierungserklärung zur „Lage der Nation" am 30. Januar dieses Jahres gesprochen. Aus damals aktuellem Anlaß habe ich ein Wort von Ernst Bloch zitiert, von dem ich zutiefst überzeugt bin: „Man kann nicht durch Volkskammerbeschluß die Zugehörigkeit zu einer zweitausendjährigen Geschichte aufheben und zu dem, was in einer Kulturnation aufgebaut ist." Das Bewußtsein der Deutschen, zu einer Nation zu gehören, hat eine mehr als ein Jahrtausend währende, wechselvolle Geschichte überdauert. Diese historische Erfahrung gibt mir Veranlassung zu glauben, daß das Bewußtsein von der einen Nation lebendig bleiben und auch die Weiterverwendung des Begriffes „Wiedervereinigung" überdauern wird. Dieses Bewußtsein liegt ja auch der – wie Sie sagen – „Weisheit" des Grundgesetzes zugrunde.

Nun ist dies fast ein kleines Streitgespräch geworden. Dennoch – oder gerade deswegen – herzlichen Dank.

Ihr
[Handschriftliches Kürzel]

21) Elisabeth Borchers an Franz Fühmann, Brief vom 16.06.1973

Lieber Franz,

seien Sie gegrüßt zu dieser ungewöhnlichen Stunde: sechs Uhr morgens! Ich habe das Krankenlager verlassen und mich in die Morgensonne gerückt. Wenn sie schon da ist und wenn's mir schon ein bißchen besser geht, warum auch nicht? (Nun hat mir wer schon zum zweiten Mal ein Bein gestellt. Infektionen mit gründlichem Fieber, und ich, die ich mir doch das Stolpern abgewöhnt hatte, bin geradewegs darauf reingefallen.) Ich habe bereits zwei Stunden Sinn-und-Form-Lektüre hinter mir – Die Exekution des Erzählers und Ihre Nezval-Übertragungen. Ich werde diesem Brief einen Brief an Reclam folgen lassen mit der Bitte um Option. Nezval ist eine Art Jugendliebe, verbunden mit einer ahnungslosen Jugendsünde. Ein Wiedersehen war's also, eine schöne Morgenmusik. Merci.

Ich habe auch, in den letzten Tagen, Teil I des ‚Prometheus' gelesen – eine spannende Geschichte, die mich – keineswegs nur zwangsläufig – an die Leine legte. Bevor ich auch Teil II lesen werde, was in jedem Fall geschehen wird, nehme ich diesen Brief wahr für eine Art Zwischenbericht, damit die Zeit nicht zu lang wird. Sehr gern wüsste ich wie eilig dieses Unternehmen ist, eine Frage, die an den Verlag zu richten ist, ich weiß. Und eine zweite Frage folgt, halb auch an den Verlag, halb an Sie gerichtet, ist dies die Endfassung oder werden Sie gewisse stilistische Widersprüchlichkeiten noch einmal bedenken? Der bisweilen hohe, bisweilen allzu hohe Ton widerspricht, so meine ich, dem Unternehmen in doppelter Hinsicht. Der Text will sich prinzipiell neu gefaßt sehen und darüber hinaus wendet er sich an Kinder. Wie aber soll man bestimmte bombastische Wendungen verstehen, wie zum Beispiel: „…die in Fahlnis zerrissene Wölbung des niedrigen Himmels", und ein paar Zeilen weiter das umgangssprachliche „er wollte sich hochrappeln". Oder das häufige prätentiöse „allein" statt „doch", und das weniger häufige, doch nicht minder auffallende „indes". Oder ein Satz wie dieser: „Die Sonnenscheibe, am Meer nicht mehr haftend, stieg glanzverströmend in den Himmel, der, um die Fülle des Lichts zu fassen, nach allen Seiten auseinander wuchs." Ich verstehe schon, daß der Koloß des Themas verführt, auch sprachlich kolossal zu werden. Doch dachte ich, daß genau das zu verhindern, Sinn der Sache sei. Oder täusche ich mich? Schreiben Sie mir bitte ein Wort dazu? Es läge mir sehr daran.

Im übrigen: die Exemplare der Programmvorschau, also auch mit dem Text zu Ihrem Buch, schickte ich an den Verlag. Und: als ich in Berlin war, waren Sie in Klausur. Was sind Sie doch für ein fleißiger Mensch. Und nicht nur das.

Herzlich Ihre

(Elisabeth Borchers)

22) Franz Fühmann an Elisabeth Borchers, Brief vom 2.09.1973

Liebe Elisabeth Borchers,

ich schreibe Ihnen in größter Eile – in ein paar Stunden fahre ich zum 80. Geburtstag meiner Mutter, und danach unmittelbar für 3 Wochen nach Böhmen. Diese Reise kann ich leider nicht aufschieben, der Kinderbuchverlag wartet wie auf Kohlen auf ein kleines Stückchen Arbeit, das ich wegen der Landschaft, die drin eine Hauptrolle spielt, nur dort und nur jetzt in diesen konkreten Frühherbstwochen schreiben kann. Wir werden uns also leider nicht in Berlin sehen, es sei denn, Sie kämen etwas später. Aber ich muß zu Ihren beiden Briefen nun doch etwas mehr sagen.

Schaun Sie, ich bin kein g a r so naiver Debüttant, daß ich wegen einer Detailkritik die Waffen streckte; nur –. Und ich bin, glaube ich, auch kein Autor, der sich gegen Kritik sträubte oder sich für unfehlbar hielte; nur –. Das Nur: Es sollte sich um Kritik handeln, die einen weiter in der Richtung bringt, auf der man zu seinem Ziel unterwegs ist: sicherlich mühsam, sicherlich stolpernd, sicherlich vieler guter Ratschläge bedürftig, aber eben auf einem bestimmten Weg mit einem bestimmten Willen zu einem bestimmten Ziel – unabhängig von der Saisonmode und auch ungeachtet der Tatsache, daß viele andere in anderen, auch in direkt entgegengesetzter Richtung suchen und gehen. Es fragt sich nur, wo ein Miteinandergehen sinnvoll ist. Wenn einer nach Norden will und der andre nach Süden, kommt nichts als ein Mißverständnis heraus – was nicht heißt, daß man sich auf einem bestimmten notwendigen Stück Weg, sagen wir in Richtung Ost (natürlich all dies politisch wertfrei gemeint) völlig einig sein kann, bloß dann gehts wieder auseinander.

Ein Beispiel, das nicht sehr gut ist, weil es nur im Prinzip, nicht im Modus stimmt, aber es soll deutlich machen, was ich meine: Wenn einer in drei Jahren angestrengter Arbeit ein abstraktes Bild fertig hat, dann nützt es ihm wenig, wenn der Kritiker fordert, er solle das alles gründlich überarbeiten, damit man sieht, wo ein Pilz und was ein Hase sei. (Das Beispiel ist nicht gut, weil ich eben nicht abstrakt male). Vielleicht dies: Einer ist der Meinung, daß es auch heute möglich sein müßte, mit allen Regenbogenfarben zu malen, und nicht nur mit den grad als einzig möglich sanktionierten Farben mausgrau und anthrazit – und wenn ihm dann einer sagt: Was ist das für ein Mischmasch, da ist was grau, das ist gut, aber da und da und da sind ja noch rote und blaue und grüne Flecken, die werden Sie doch hoffentlich noch überpinseln, damit's einheitlich wird – dann ist das sicherlich auch eine Detailkritik; nur –. Ja und wenn einem das dann zum dritten Mal widerfährt, dann sollte man doch fragen: Wollen wir eigentlich dasselbe, stimmen wir im Prinzip überein, funken wir auf derselben Welle? Ich habe mich das nach Ihrer Reaktion bei den Nibelungen, beim Füst, im Einzelnen fast nach jeder unserer Unterhaltungen gefragt, und nun habe ichs derart massiv beim Prometheus gemerkt, daß ich mir sage: Es muß ein Mißverständnis sein zu glauben, wir seien über das Was, das Wohin und das Wie unsres Schreibens im Einverständnis. Bloß dann sollten wir einander nicht enttäuschen, das haben wir beide nicht nötig.

Wenn ich eingangs sagte, daß ich kein gar so naiver Debüttant bin – in einer Hinsicht bin ich sicherlich naiv, das sind bestimmte altmodische Ansichten, die ich so habe. Ich dachte, wenn ein Autor eine bestimmte geistige Leistung vollbracht hat, die er für den Höhepunkt seines bisherigen Schaffens hält und an die er drei Jahre angestrengtester Arbeit gegeben hat – daß dann sein Lektor zu dieser Leistung – aber lassen wirs. Einigen wir uns auf das Mißverständnis, denn es ist eins, und wir sollten es nicht mit einer lässigen Geste wegscheuchen wie einen Schmetterling. Ich wenigstens nehme Sie zu ernst, um das zu tun. Ihr erster Brief hat mich verstört; ich bin drei Tage dumpf und unfähig zu einem Gedanken herumgelaufen, und Ihr zweiter Brief beginnt nun in eben dieser Richtung zu wirken. Ich möchte und muß aber arbeiten – und zwar genau in d e r Richtung weiter, aus der Sie mich heraushaben wollen. Also brechen wirs ab und begraben wirs.

Ich darf meine Bitte wiederholen, mir das Manuskript gelegentlich zurückzuschicken und bin mit allen guten Wünschen und einem herzlichen Gruß und der Hoffnung auf eine ruhige, freundschaftliche Aussprache

Ihr
[*Franz Fühmann*]

23) Elisabeth Borchers an Franz Fühmann, Brief vom 3.03.1976

Lieber Franz,

längst wollte ich Dir schreiben. Und weil mir ganz plötzlich die Zeit viel zu lang wurde, versuchte ich eines Abends, Dich anzurufen, doch niemand war da.

Zu drei Dingen ein Wort: Die Erzählung der nackten Männer ist hervorragend. Hat es das je in der Literatur gegeben, daß um einen blödsinnigen Spruch eine solche Geschichte entstand? – Dann habe ich mit der Lektüre des großen Kinderbuchs begonnen, und mein Vergnügen ist außerordentlich. Gewiß gibt es da einige ‚Formulierungen', die nicht ohne weiteres verständlich sind hierzulande. Wir sollten darüber sprechen, ob ich Dich in Leipzig sehe?

Du hast mir ein so liebes, liebenswürdiges Telegramm geschickt. Sei mir ganz für dies und das bedankt.

Deine

24) Maria Dessauer an Franz Fühmann, Brief vom 2.12.1977

Lieber Franz Fühmann,

Ihr „infames Weib", auf mich gemünzt, ist aktenkundig und hat mir sehr wohlgetan; es ist kürzer und schöner als das „gänzlich verworfene Geschöpf, das der violette Teufel in einem eigenen Kessel sieden möge".

Ich habe mittlerweile Ihre drei griechischen Stories gelesen. So sehr ich den Wunsch, die Sehnsucht, das immer noch schwelende Bedürfnis verstehe, diese schönen Mythen nachzudichten, so wenig liebe ich doch Ihre Nachdichtung. Die eigenen Texte des Autors und in diesem Fall ganz [un]ironisch: Dichters Franz Fühmann liebe ich; die Nachdichtungen gar nicht. Ihre poetische Qualität erscheint mir manchmal pseudopoetisch, und die Originale sind so überwältigend besser, daß eine Nachdichtung sich ohnehin von vornherein verbietet. Wahrscheinlich würde ich ähnlich empfinden angesichts sämtlicher Versuche, Franz Fühmann nachzudichten.

Mit herzlichen Grüßen des infamen Weibes.
Ihre

(Maria Dessauer)

25) Franz Fühmann an Siegfried Unseld, Brief vom 25.05.1978

Lieber, verehrter Siegfried Unseld,

von einer Lesereise durch den deutschen Süden und einer Arbeitsreise in Sachen Trakl durch Österreich zurückgekehrt, möchte ich Ihnen für Ihren freundlichen Brief mit den Glückwünschen zum Kritikerpreis danken, und da Sie mir auch schrieben, daß Haus Suhrkamp diese Würdigung in einer künftigen Werbung berücksichtigen will, kann ich gleich zu dem Brief übergehen, den ich Ihnen schon seit Wochen schreiben wollte, und den Sie vielleicht auch erwartet haben.

Dieses Jahr ist offensichtlich für mich das Jahr einiger grundsätzlicher existenzhafter Besinnungen und Konsequenzen, ich muß mir unter den verschiedensten Aspekten über meine Perspektive Klarheit verschaffen, und dazu gehört in hohem Maße auch die meines Verlags im außerdeutschen Sprachraum.– „Meiner" – ach, ich habe ihn ja nicht. Es ist mein besonderes Unglück (wenigstens halte ich es noch für eines), mit meinen Arbeiten maßlos verzettelt zu sein, schon hier in der DDR, und nicht weniger „drüben" – von den ausgesprochenen Kinderbüchern einmal ganz abgesehen sind dort 2 Titel bei Diogenes verlegt, einer bei Luchterhand, drei bei Suhrkamp, und drei für mich höchst wichtige Titel [waren] bis vor kurzem noch nirgendwo [untergebracht]; diese drei waren auch für Suhrkamp/Insel gedacht, sind aber dort vehement abgelehnt worden, und eben auf diese dreifache Ablehnung hin möchte und muß ich Ihnen schreiben. Es handelt sich um meine Adaption des Nibelungenlieds (für Insel), meinen Prometheus (ebenfalls) und meine mythologischen Geschichten. Mein „Sprachbuch" klammre ich aus diesen Überlegungen aus, da liegt der Fall anders, ebenso will ich auf meine Nachdichtungen nur jetzt, am Rande, zu sprechen kommen und einfach mitteilen, daß ich unter andrem auch meine Nachdichtungen Milan Füsts dem Haus vergeblich angeboten habe. Aber das ist jetzt nicht so wichtig. Entscheidend sind diese drei, oder meinetwegen auch nur zwei, die aber sind für mich essentials: Prometheus und jene mythologischen Novellen, indes bei Hinstorff unter dem Titel „Der Geliebte der Morgenröte" erschienen und um zwei weitere vermehrt.

Ich hatte mir nach mancher Irrfahrt unser Verhältnis so vorgestellt, daß ich bei Suhrkamp ein Haus gefunden hätte, das mich will, mich ganz, und nicht nur einige meiner Arbeiten, die ein Lektorat als die für mich wesentlich zu seienden bestimmt. Ich kann mich nicht teilen und bin wie ich bin, und die Beschäftigung mit der Mythe ist für mich etwas Unabdingbares und wird auch weiterhin ein wesentlicher Bestandteil meines Schaffens bleiben. Ich kann nun schlecht ein Haus als das meine betrachten, das mich zur guten Hälfte strikt ablehnt, und von dem ich bis zur Stunde auch nicht weiß, warum es diese Hälfte ablehnt, denn ich habe bislang weniger Gründe gehört als vielmehr Zeichen deutlicher Indigniertheit erfahren, man schiebt mir diese Sachen mit wortlosem Naserümpfen zurück und erklärt sein bedauerndes Befremden, daß ich, wenn ich schon so etwas mache, es dem Verlag überhaupt anbiete, und man ist nicht gewillt, mir das nachzusehen. Gründe, wie gesagt, kenne ich nicht, nur Ablehnung in Bausch und Bogen, einzig beim „Prometheus" mit unannehmbaren Änderungsvorschlägen, oder besser: Änderungsbedingungen verbunden, in denen Gründe ahnbar waren, etwa: Landschaftsschilderungen gingen doch prinzipiell nicht mehr, das mache man doch schon lange nicht (da klingt immer so ein bißchen Bedauern mit der Provinzialität eines Ostmenschen mit, der solche Dinge noch nicht weiß) und ähnlich Gelagertes.– Ich weiß nicht, wie es jetzt damit steht, vielleicht trägt man jetzt wieder Landschaft, aber ich kümmre mich nicht darum, auch das gehört nun einmal zu meinem Wesen.– Ich habe, lieber und verehrter Herr Dr. Unseld, bisher mein Verhältnis zum Haus Suhrkamp auch ohne einen entsprechenden Vertrag so angesehn, daß ich ihm stillschweigend eine vollkommene Option für meine sämtlichen Hervorbringungen eingeräumt habe, dergestalt, daß ich jegliches Angebot andrer Häuser, soweit eine Ablehnung in meiner Verfügungsgewalt lag, strikt unter Hinweis auf meine Bindung an Suhrkamp abgewehrt habe, doch ich sehe beim besten Willen nicht ein, warum ich so einseitig fortfahren soll.

Ich kenne Struktur und Arbeitsfluß des Verlags wenig und rede vielleicht mit dem, was ich jetzt sage, ein wenig an den Realitäten vorbei. Ich erfahre Vorzüge wie Nachteile des Umstands, daß meine Lektorin selbst eine der bedeutendsten heute wirkenden Autorinnen deutscher Sprache ist; die Vorzüge liegen auf der Hand, aber ebenso auch die Nachteile. Jeder, der selbst schreibt, und gar einer, der es so exzellent tut wie Elisabeth, hat seine eigenen Vorstellungen von Stoff und Form, hat seinen Sprachrhythmus, seine Bilder, seine Rhetorik, seine Gestik, und die Gefahr ist kaum abzuwehren, daß er diese seine Vorstellung auf das Werk andrer überträgt. Ich kenne das zur Genüge aus eigner Praxis, ich habe in der Vergangenheit darum alle Vorschläge, als Lektor zu wirken, auch in existenzieller Bedrängnis abgewiesen, aus Furcht, meine Schreibweise Andren aufzuzwingen, und vielleicht trifft von dieser Gegebenheit etwas auf meinen Stand im Lektorat Ihres Hauses zu. Sicherlich wird meine Lektorin für sich die besten Gründe haben, die Neufassung mythologischer Muster (die ja dem Wesen dieser Mythen entspricht, sie w o l l e n und m ü s s e n immer wieder neu gefaßt werden) mit einem bis zur Gereiztheit gehenden Widerwillen abzulehnen, aber eine Übertragung dieses Widerwillens auf mein Schaffen ist ebenso falsch und verderblich wie sie es gewiß für ihr eignes als rechtens, weil offenbar für sie als nutzbringend hält.

Ich habe ein Äußerstes getan. Ich habe ernsthaft versucht, mich mit dem Gedanken vertraut zu machen, meine Lektorin habe recht, und ich habe diesen Komplex dutzend- und dutzendfach überprüft, habe diese Geschichten höchst seriösen Leuten, auf deren Meinung ich größten Wert lege, zum Lesen gegeben (den Wert des Prometheus kenne ich seit nunmehr acht Jahren mit untrüglicher Sicherheit), ich habe diese Geschichten verschiedensten Kreisen vorgelesen, auch jetzt auf dieser Lesereise, und ich habe eine solche Zustimmung erfahren, eine solche Betroffenheit, eine solche Erschütterung, eine solche Ermutigung (und gleichzeitig als gutes Indiz eine solche Ablehnung dort, wo es mir darauf ankam, daß abgelehnt werde), daß eine ganz ursprüngliche Notwendigkeit des Schrei-

bens zu einer durchreflektierten Gewißheit nicht nur von der subjektiven Unumgänglichkeit sondern auch vom objektiven Wert dieser Arbeiten geworden ist.
Was tun?

Ich muß mir jetzt über vieles klar werden, und ich möchte Sie um eine klare Entscheidung und Antwort auf diese Frage bitten: Ist der Suhrkamp Verlag bereit und gewillt, meinem Werk als ganzen, einem Werk im Prozeß und Progreß, dessen eigentliche Existenz ich von den „22 Tagen" ab datiere und dessen Zukunft für die nächsten Jahre und, so Gott will, Jahrzehnte ich deutlich sehe –: Ist also das Haus Suhrkamp bereit und gewillt, diesem meinem Werk als Ganzem eine Heimat zu sein und ihm als Ganzem eine Chance zu geben, sich der Öffentlichkeit mitzuteilen, oder möchte das Haus nach wir vor das auswählen, was es für das Beste daraus hält. Ich weiß die Ehre wohl zu würdigen, zu der Suhrkamp-Gilde zu gehören, aber vielleicht ist diese Ehre auch zu groß und zu erdrückend für mich. Was ich sicher, ganz sicher, absolut sicher, weiß, ist, daß jene Arbeiten, die Ihr Haus bislang so vehement abgelehnt hat, weiterhin in meinem Schaffen einen wichtigen Platz einnehmen werden und daß es mir schwer erträglich vorkommt, für sie dann irgendwohin [anders] um Obdach bitten zu gehen.

Ich wäre Ihnen, lieber und verehrter Herr Dr. Unseld, dankbar, wenn Sie sich rasch entscheiden könnten, ja ich muß auf einer raschen Entscheidung bestehen. Natürlich heißt das jetzt nicht, daß ich eine Revision der drei erwähnten Fälle erwarte, da sind die Titel indes vergeben. Aber ich muß Klarheit für die Zukunft haben. Meine Sehnsucht gilt einer Heimat, einer, einer vollen, aber wenn das ein Wunschtraum sein wollte, würde ich mich dazu entschließen, jeweils meine Entscheidung nach dem jeweils günstigsten Angebot zu treffen.

Ich möchte dem Gesagten noch hinzufügen, daß ich einen Wunsch des Diogenes Verlags, meine Kriegsgeschichten als Taschenbuch herauszubringen (seine Rechte an diesem Titel insgesamt sind abgelaufen) dahin modifiziert habe, daß ich ihm ausschließlich die Rechte für eine Taschenbuchausgabe, nicht aber die erneute Übernahme der Gesamtrechte gewährt habe, eben aus der Hoffnung heraus, diese Rechte in einem Haus meines Gesamtwerks zu konzentrieren. Und schließlich noch dies: Ich habe es auch vermieden, auf meiner letzten Lesereise Suhrkamp irgendwie in Anspruch zu nehmen, eben weil ich neben den „Drei nackten Männern" aus der „Bagatelle" auch eine jener abgelehnten Geschichten vorgelesen habe, den „Marsyas", mit erschütterndem Erfolg übrigens. Ich wollte beiden Seiten eventuelle Peinlichkeiten ersparen.

Das ist nun ein langer Brief geworden, aber ich stehe jetzt in einer Periode offenbar langhin währender Entscheidungen und damit offenbar auch langer Briefe. Ich wäre Ihnen für eine rasche Erklärung dankbar, und bleibe bis dahin mit aufrichtiger Hochachtung, mit besten Wünschen und herzlichen Grüßen von Tür zu Tür

[*Ihr Franz Fühmann*]

26) Siegfried Unseld an Franz Fühmann, Brief vom 30.06.1978

Lieber Herr Fühmann,

haben Sie Dank für Ihren Brief vom 25. Mai. Es tut mir leid, daß ich ihn erst heute beantworten kann, daran sind meine Reisen und Berge von Verpflichtungen schuld.

Sie stellen eine klare Frage: Autor oder Nicht Autor. Sie wissen, es ist das Prinzip des Hauses Suhrkamp, keine Einzelbücher zu bringen, sondern sich für den Autor zu entscheiden. Aber, lieber Herr Fühmann, das muß doch klar sein: dieses Prinzip auszuführen heißt, nicht jedes Werk eines Autors bringen zu müssen. Es muß Manuskripte geben, über die wir diskutieren, und es darf nicht als Schicksal empfunden werden, wenn wir sagen, dieses oder jenes Manuskript passt nicht aus erklärbaren Gründen in den Suhrkamp Verlag.

Ich habe Ihre mythologischen Novellen nicht lesen können, ich weiß auch nicht, ob Sie darüber schon verfügt haben, wenn nicht, so schicken Sie mir dieses Manuskript noch einmal zu, damit ich mir nun auch persönlich ein Urteil bilden kann.

Ich verstehe nicht ganz Ihre Formulierung „Entscheidung nach dem jeweils günstigsten Angebot zu treffen". Immerhin hat der Suhrkamp Verlag ja doch ein Verdienst im Durchsetzen Ihrer Arbeiten, und ich sichere Ihnen zu, daß wir uns weiter für Sie als Autor und für Ihr Werk engagieren werden. Doch bitte, eine gewisse Freiheit müssen wir uns beiderseitig erhalten. Das heißt nicht, daß wir mit Ihnen nicht durch Dick und Dünn gingen, und schon gar nicht, daß der Suhrkamp Verlag für Sie die Heimat nicht sei. Aber eine Verbindung, die auf Zwängen beruht, ist keine, das wissen Sie, das wissen wir aus unserer langen Erfahrung. Meine Überlegung ist also, daß wir es deutlich machen: Sie sind Autor dieses Verlages, der Verlag hat die innere Verpflichtung, Ihr Werk zu veröffentlichen. Wenn wir dann im Einzelnen einmal anders entscheiden sollten, so ist das, wie gesagt, kein anderes Schicksal.

Ich hoffe, Sie verstehen das. Und vielleicht haben wir bald einmal Gelegenheit, uns mündlich über diese Frage zu unterhalten.

Mit gleicher Post schicke ich Ihnen das erste Exemplar der eben erschienenen Taschenbuch-Ausgabe „22 Tage oder die Hälfte des Lebens".

Herzliche Grüße
Ihr

[Handschriftliches Kürzel]

27) Franz Fühmann an Elisabeth Borchers, Brief vom 22.01.1979

Liebe Elisabeth,

Dank für Deinen Brief, der vor drei Tagen in Berlin eingetroffen ist: Weihnachtszeit, Neujahrszeit, Schnee ist gefallen, da kann die Post halt nicht so schnell.– Ja, das Schweigen nimmt zu, was soll es auch sonst tun? Es ist ein Jahr großer Bitterkeit gewesen, zerschlagner Hoffnung, schmerzlicher Einsicht, so ist es nun einmal.– Wollen wir schnell übers Sachliche reden.

„Morgenröte", das ist klar, das kommt nun bei Hoffmann & Campe, und in Zukunft verschon ich euch mit so was.– „Hälse" – das ist aber auch ganz klar gewesen: Ich weiß, daß Du dieses Buch magst, es war aber deine Bedingung, zu ändern („Pioniere" = „Pfadfinder" oder so), und es [war] meine Entscheidung, das nicht zu machen, und daraufhin haben wir uns getrennt. Das war eindeutig, und ich hab Rodrian so unterrichtet; das Manuskript hat sehr lange bei euch gelegen, und ich muß ja auch von was leben.– Die Vergabe Trakl ist reine Entscheidung Marquardts.– Und nun E.T.A.H.: Daß Dir & Frau Dessauer meine Arbeit gefällt, freut mich natürlich, aber wie mir Herr Fauth mitgeteilt hat, ist seine Absprache mit Dir gewesen: erscheinen i m Jahre 1980, dem habe ich schließlich zugestimmt, wiewohl zwei andre Angebote zur sehr viel schnelleren Veröffentlichung vorlagen und vorliegen – und nun schreibst Du mir: „frühestens 1980", das könnte also auch 1990 sein.– Ich muß da um Unmißverständlichkeit bitte: 1980, nun gut; einem späteren Erscheinen aber kann ich nicht zustimmen. Ich habe auch Herrn Fauth indes so unterrichtet.

Ich nehme an, Elisabeth, daß Du den Brief kennst, den ich im vorigen Sommer Siegfried Unseld geschrieben habe, ich habe darin etwa gesagt: Ich weiß die große Ehre zu schätzen, Autor im Suhrkamp Verlag zu sein, aber vielleicht ist diese Ehre z u groß für mich. Wahrscheinlich ist sie's wirklich.– Mein Werk ist schmal, ich arbeite sehr langsam und unter nicht ganz einfachen Umständen, und wenn euer Programm zum Bersten voll ist, was mich für euch und für mich als Leser (nicht so sehr als Käufer) freut, dann muß ich mich halt mit einem andern begnügen, in dem ich nicht am äußersten Rand stehe. Ich weiß, ich bin bei ST in der glänzendsten Gesellschaft, nirgendwo ist sie solchenrangs vertreten – aber so groß die Ehre auch ist, an der Königstafel Platz nehmen zu dürfen –: Wenn es dort so voll ist, daß man verhungert eh man dran kommt, gibts halt nur zwei Möglichkeiten: Entweder wird die Küche und die Tafel vergrößert, worüber die Gäste natürlich nicht entscheiden, oder einige der Gäste müssen sich entschließen, eine Etage tiefer zu gehn und unter einfacheren Bürgern Platz zu nehmen. Ich bin also dazu bereit.

Ich gebe Dir darin Recht, Elisabeth, man könnte einen zehn mal längren Brief schreiben; muß mans denn auch? Die Entwicklungen, wie sie so laufen, sind doch unabänderlich, ich mach mir keine Illusionen. Dort der Markt, da die Doktrin; „wir sind dazwischen" wie's bei Brecht heißt.– Ich weiß nicht, ob wir uns sehen werden, ich sitze hier draußen im Wald, im knietiefen Schnee, bin bei -20° rausgefahren, hacke Holz, hab anfangs Schnee geschmolzen, weil alles Wasser eingefroren, es ist gut, einmal so zu leben.– Zur Messe komme ich nicht, was soll ich dort? Bis Herbst werd ich mindestens am Trakl sitzen, dann fang ich das „Bergwerk" an, das wird Jahre dauern, bis man was sieht; dazwischen vielleicht noch ein Kinderbuch oder zwei oder vier Geschichten, alle diese für euch uninteressant.– Ich habe also nichts anzubieten, und das ist doch das Einzige, das zählt.– Du steckst in Deiner Mühle, ich in meiner, also halt Schrott draus werden.– Ich wünsche Dir und dem Haus und allen lieben Menschen dort, Chef natürlich eingeschlossen, alles Gute.

Leb wohl
[*Franz*]

28) Elisabeth Borchers an Siegfried Unseld, Notiz vom 12.09.1979

<u>Herrn Dr. Unseld</u>
Zum Besuch von Franz Fühmann am 11.9.1979:

Er bedauerte wirklich sehr, nicht mit Ihnen sprechen zu können: der Entschluß, mit allem Zukünftigen nun zu Hoffmann & Campe zu gehen, sei doch ein gravierender und gehe ihm eigentlich contre-coeur.

Es gehe am Ende weniger um den Freiraum, den sich der Verlag ausbedinge, über jedes Manuskript entscheiden zu können, vielmehr darum, daß diese seine – von uns strikt abgelehnte – Behandlung mythologischer Stoffe eine wesentliche Säule seiner Arbeit ausmache; daß das Buch „Der Geliebte der Morgenröte" nicht das Letzte seiner Art sein werde; ja, daß die Folge von „22 Tage oder die Hälfte des Lebens" in wesentlichen Teilen aus solchen Nacherzählungen bestehen werde. Das aber hieße: er müsse sich jedesmal dem Risiko einer Ablehnung aussetzen, um dann Hoffmann & Campe zu bitten, das von Suhrkamp Abgelehnte anzunehmen. Die Nachwelt werde uns vielleicht recht geben mit unserem Urteil – doch er sei nicht die Nachwelt und müsse existieren. (Diese Überlegungen leuchten ein. Auch für uns wäre ein solcher Verlauf mühsam.)

Darum auch meine Frage an ihn: ob es dann überhaupt ratsam sei, die E.T.A. Hoffmann-Essays noch bei uns herauszubringen? Nein. Und Sie sagten, zwischen Tür und Angel, zu, wir verzichten. Dementsprechend schreibe ich an Hinstorff.

Er bat aufrichtig um die Möglichkeit, dennoch in Beziehung bleiben zu können. – Einmal ganz abgesehen von der Tatsache, daß drei Fühmann-Titel im Programm sind. Und wir sollten in diesem Fall nicht von uns aus auf diese Bücher verzichten! Es sind ausgezeichnete Bücher, auf der Höhe geschrieben, und so auch von der Kritik bewertet.

Wenn Sie den Vorgang zur Kenntnis genommen haben, informiere ich das Haus (Carlé, Honnefelder, Ritzerfeld, Binz, Staudt).

Die Nachrichten von Drüben sind so trübe wie noch nie. Günter Kunert ist Jurek Beckers Vorbild gefolgt; für drei Jahre hat er die DDR verlassen und sich in Holland (an der Grenze zur BRD) niedergelassen. Jüngere Autoren haben den Antrag auf Ausreise gestellt. Hermann Kant sei _der_ Repräsentant der DDR-Literatur. Heym und Rolf Schneider wollten so lange bleiben, als irgend möglich. Hermlin sei Kant hörig. Fries in Petershagen vergraben. Braun habe sich möglicherweise arrangiert (?). Er selbst, der einmal eine nicht unwesentliche Rolle spielte, werde nur noch im Zusammenhang mit seinen antifaschistischen Bekenntnissen erwähnt; und dies höchstens zweimal im Jahr. Es sei durchaus möglich, daß auch für ihn einmal der Zeitpunkt kommen werde, obwohl er wisse, daß seine Frau nicht mitgehen würde. Vielleicht aber sei es dann auch endgültig zu spät.

12. September 1979 st
Borchers
[Handschriftliches Kürzel]

29) Durs Grünbein an Christian Döring, Brief vom 17.06.1988

Lieber Christian Döring,

die Programmvorschau ist nun eingetroffen und ich muß versuchen, ganz ruhig zu bleiben, tief durchzuatmen. Gespannt zuerst, dann aber einigermaßen bestürzt über die Geradlinigkeit des Portraits habe ich die Ankündigung meines Gedichtbandes mehrmals durchgelesen. Ich frage mich, was für den Anfang weitblickender ist: jene Gerade aus Hineingeborensein, Protest, Traum und Wirklichkeitsflucht oder ein mehrstimmiges Zickzack aus Imagination und Gedankengang, Formsuche und Tradition, Poesie und Politik usw.

Ich weiß natürlich, wie unsinnig hier Reklamierung ist, aber, vor die Wahl gestellt: deutsch-deutsche Zerreißprobe oder neutrale Würdigung aufbrechender Poesie, hätte ich mich gewiß für das letzte entschieden. Jeder westeuropäische Autor wird, auch in dieser Programmvorschau ersichtlich, zuerst nach den Absichten und Einflüssen, nach seiner offenen oder verdeckten Poetologie beurteilt, im Fall der Deutschen aus West wird es schon etwas heikler, im Fall der Deutschen aus Ost scheint es unmöglich. Und dabei wäre gerade hier jede Behutsamkeit nötig.

In diesem ideologisch total überfrachteten Raum mit einer Stickatmosphäre, in die 3 Generationen Deutsche ihre Wortabgase geleitet haben, ist es naiv zu glauben, man könne auch nur ein Streichholz anzünden, ohne daß es sofort kracht. Demgegenüber scheint mir der Grat, auf dem die Verse eines Unbekannten zunächst daherkommen... so groß die Zuversicht, so offen das Publikumsinteresse... weit weniger schmal, der Neuling weit weniger absturzgefährdet als viele Warnschilder inzwischen glauben machen. Nur, Voraussetzung wäre halt, in jederlei Ausschnitt, eine Stimme, die für sich selbst spricht, ein subjektives Patchwork, objektiviert von selbst in dem Augenblick, da es, auf sich gestellt, an die Öffentlichkeit tritt. ‚Grauzone morgens', so war's gedacht, sollte schon in der Formel die leise Spannung von Wirklichkeit und Möglichkeit, Inventur und Grenzüberschreitung tragen. Grauzone, allerdings... aber: morgens... d. h. zu Tagesanfang, kurz nach dem Aufstehen, Sichstrecken, Losgehen hinein in die tausenderlei Zufälle des Tages usw. Keineswegs also erscheint mir Realität (welche der vielen?) als ungreifbar, im Gegenteil, es ist zum einen die Lust an der Nüchternheit, daß ich mit krassen und direkten Bildern zurückschlage, zum anderen Neugier (grenzenlos!), daß ich mich, selbst Zufallswesen, immer hart an den Spuren der Geschichte vorbei, auf die Suche begebe, begleitet von Tyche, der Lady mit den unberechenbaren Launen (und ihrem fernöstlichen Wimpernschlag).

‚Alles passiert jetzt in Augenhöhe' heißt aber auch: der Blick wird nur selten himmelwärts, selten erdwärts gerichtet, ein Streit wie der zwischen Orest und Pylades, Antigone und Ismene liegt weit zurück, seit es die Götter der Tiefe und die Götter der Höhe nurmehr im Mythenlexikon gibt. Eine Beurteilung, die mich zu sehr, selbst polemisch, an DDR-Realität (sagen wir: das Realitätsstudio der Väter in diesem Land) fesselt, übersieht doch, daß ich zumindest auch Europäer bin und darüberhinaus ‚Hirntier' und Lebewesen im 20. Jahrhundert nach Christus, dem Tiger.

‚Autopoet in den Dämonologien des Ostens': das bin ich und derart von lauter O's angefüllt, mache ich meine Streifzüge durch Zeiten und Räume. Wohlgemerkt, diese O's sind keine O's der Verzweiflung, der Desillusion oder gar des Zynismus. Es sind ironische O's, voller Hoffnung und Staunen und manchmal, im Bedrängnisfall, Zorn... Und so frage ich also: Ist das etwa noch der gute alte Expressionismus vom Leierkastenmann an der kalten Straßenfront? Bin ich wirklich um kein Stück weitergekommen (in puncto Bildgenauigkeit, mot juste, Verfremdung, Montage und Selbstironie) als diese, zugegeben, sympathischen Gestomanen, Formensprenger und Superidealisten, die mir, mit Ausnahme Heyms und einiger Skeptiker und Wortsachbearbeiter à la Benn so unendlich fremd sind? Ganz zu schweigen von Brecht, der sich wohlweislich schon früh aus solcher Gesellschaft davongemacht hat.

Eines ist sicher, und wenn das expressionistisch ist, dann habe ich zurecht dieses Etikett verdient und trage es mit Stolz: Poesie ist entweder total oder sie ist nichts. Und viel lieber als mich in kommende Streitigkeiten um Gesinnung und Position verwickeln zu lassen, wäre es mir, endlich mit einem solchen Credo gehört zu werden. Denn alles wird gründlich umgewertet, sieht man die Welt von diesem Ende her. Nicht der Schwerkraft der Verhältnisse zu entkommen, tut not, sondern diese Schwerkraft, sprich Gravitationskraft als das zu erkennen, was sie dem wahrnehmenden Körper ist, nämlich Feldkraft... in die hinein gestellt vieles sich plötzlich anders erfährt, multipler, spannungsvoller, von intensiverer Bezüglichkeit, mit einem Wort (wenn man das Bildhafte mit Pound als den Werkstoff des Dichters ansieht): bildhafter.

Das scheint wenig, aber es ist einer von den sieben vermaledeiten Wegen, auf denen Wortarbeit sich weiterbewegen muß. Alles andere ist Ausflucht, ihr radikalstes Rezept, zugleich das heroischste, wäre der Selbstmord... als d i e Konsequenz, der Schwerkraft der Verhältnisse zu entkommen.

(Und wenn es so wäre; daß die Poesie ausläuft... dann stünde dagegen immerhin der gesammelte Aufruhr, das ganze Instrumentarium der List, des Schreckens und der Geheimoperationen in den Laboren des Worts.)

Bitte, lieber Christian Döring, seien Sie mir jetzt nicht böse wegen meiner Aufgebrachtheit, ich hoffe nur, die Gesetze der Höflichkeit nicht verletzt zu haben, erwarte mir außerdem Klärung und, vielleicht, engeren Zusammenhalt bei gemeinsamer Arbeit. Leicht kann aus Unbedachtsamkeit großer Schaden erwachsen, die Zeichen stehen auf Argwohn, trotz Kulturabkommen und allerhand freundlicher Verlags-Agreements. Ist es da weitblickend, was eben erst anfängt, frühzeitig schon so einseitig (schlimmer noch: tendenziös) zu stilisieren?

Glauben Sie wirklich, ich würde mich zu so plumper Kolportage hergeben, daß ich die Arbeitshelden meinte, wenn ich von den ‚kaputten Visagen' sprach? Diese Kombination, so willkürlich sie ist, hat mich am meisten getroffen. Sie ist sinnlos wie ein Schlag in die Magengrube, weil sie eine Distanz konstruiert, die nur blinder Parasitismus leben könnte, und weil sie von vornherein jeden genaueren Zugang verdeckt. In dem betreffenden Text geht es vielmehr um die Gestrandeten, die Bahnhofstrinker, um Leute, mit denen ich andernorts schon aneinandergeraten bin, und die mir doch näherstehen als alle strahlenden Kolonisatoren in Ost und West.

Weder befasse ich mich also mit Plakatmalerei, noch liegt es mir, vorhandene Plakate zu übertünchen, lieber schon würde ich das Plakat, das ein Dokument ist, unter die Elemente eines größeren Poems aufnehmen als Sperrgut einer politischen Kultur, Zeichen in einer Vielheit von Zeichen.

Wird es im Klappentext des Gedichtbandes ähnliche Reizwortbarrieren geben? Bitte beruhigen Sie mich bald. Und seien Sie, falls es nötig ist, mit dem Eingeständnis versöhnt, daß es mir hier im Kontakt mit SINN&FORM nicht viel besser erging: das Hauptinteresse der Herausgeber lag ganz offensichtlich bei einigen Zeilen zum Ost-West-Clinch, und erst in zweiter Linie bei den Eigenheiten der Poesie...

P.S.: <u>Zwei Änderungen</u> noch an den zum Druck anstehenden Texten. Erstens bitte ich die Schreibweise des Philosophennamen in AIDS von Konfutse in Kung-Fu-Tse zu verändern (der Einheitlichkeit wegen, siehe Tschuang-Tse).

Zweitens lege ich dem Brief eine geringfügig erweiterte Fassung des 16. Gedichts aus der Serie ‚Grauzone morgens' bei.

Noch ist die SINN&FORM-Auswahl nicht erschienen, die Korrekturbögen aber sind längst an die Redaktion zurückgegangen. Dieser Tage noch gehe ich zum Amt für Urheberrechte in Berlin und melde den Suhrkamp-Vertrag an.

[*Ihr Durs Grünbein*]

Gespräche

Bei den hier abgedruckten Texten handelt es sich um bearbeitete Transkriptionen von Gesprächen mit den ehemaligen Lektoren Rudolf Rach und Karlheinz Braun des Suhrkamp Theaterverlags, dem ehemaligen Suhrkamp-Autor Uwe Kolbe und mit Klaus Höpcke, der von 1973 bis 1989 als stellvertretender Kulturminister der DDR die Hauptverwaltung Verlage und Buchhandel leitete. Die Gespräche sind gekürzt, so dass Themen und Argumente aus dem Untersuchungsteil dieser Arbeit durch die Erinnerungen der damaligen Akteure ergänzt und kontrastiert werden. Die meisten Fragen sind dementsprechend aus der Arbeit mit den Archiven entwickelt. Die Bearbeitung erfolgte nach dem Prinzip größtmöglicher Lesbarkeit. Den Satzbau habe ich dem Schriftdeutschen angenähert, Doppelungen wurden getilgt, Fehler berichtigt.

Überblick der Gespräche

1) Gespräch mit Rudolf Rach am 28. März 2014 in Paris
2) Gespräch mit Karlheinz Braun am 3. März 2015 in Frankfurt a. M.
3) Gespräch mit Uwe Kolbe am 8. Oktober 2015 in Berlin
4) Gespräch mit Klaus Höpcke am 17. November 2014 in Berlin

1) Gespräch mit Rudolf Rach am 28. März 2014 in Paris

Rudolf Rach war von 1971 bis 1976 und von 1981 bis 1986 Leiter des Suhrkamp Theaterverlags. Von 1986 bis 2017 leitete er den Verlag L'Arche Editeur in Paris. 2010 veröffentlichte er seinen ersten Roman *Eine französische Geschichte* beim Frankfurter Verlag Weissbooks, angeregt durch den ehemaligen Suhrkamp-Lektor Rainer Weiss, der den Verlag damals leitete. Der Roman handelt von den Hintergründen des Literaturbetriebs und den persönlichen Verwicklungen eines französischen Verlegers. 2019 erschienen seine Erinnerungen *Alles war möglich '39 bis '86* und ein Jahr später die Fortsetzung *Gleich nebenan, Pariser Jahre '86 bis '20*.

Jaspers: In dem ersten Brief, den sie mir geschrieben haben, hatte ich das Gefühl, dass Sie sich freuen und dankbar sind, dass endlich die Geschichte des Suhrkamp Verlags bearbeitet wird, jemand mit diesem Archiv umgeht. Warum?

Rach: Aus dem einfachen Grund, dass die Geschichte des Suhrkamp Verlags sich augenblicklich so darstellt, als hätte es nur eine Person gegeben, die diese Geschichte geschrieben hat, nämlich Siegfried Unseld, und das ist falsch. Da haben sehr viele Leute an verschiedenen Positionen jahrelang mitgearbeitet, und es gab auch Leute, die neu dazu gestoßen sind. Diese Leute kommen in der offiziellen Geschichtsschreibung des Verlags überhaupt nicht vor. Dann steht da: ‚Briefwechsel mit Siegfried Unseld', aber wenn Sie als Beispiel den Fall Thomas Bernhard nehmen: Nicht nur, dass es einen Briefwechsel zwischen mir und Thomas Bernhard gegeben hat, zwischen Frau Zeeh und Thomas Bernhard, zwischen anderen Lektoren und Bernhard. Das ganze Verhältnis zwischen Verlag und Autor lag auf mehreren Schultern. Gut, Unseld hatte selbst seine Lieblingsautoren und die, die er am besten kannte, aber es gab viele andere Autoren, wo die Lektoren oder die Leiter der Abteilungen selbst einen ganz wesentlichen Teil mitgetragen haben. Bei einem Autor wie Bernhard, der kompliziert und unberechenbar war, ist das für einen allein gar nicht zu schaffen. Das ging immer rauf und runter, hin und her, war ein ununterbrochener *fight:* Ein Beispiel, weshalb ich finde, dass solch ein Briefwechsel vollkommen einseitig ist und eine Person in den Vordergrund stellt. Das finde ich einfach nicht gerecht.

Eventuell ist die Zeit der Verlegerpersönlichkeiten vorbei, man spricht heute eher von Konzernen und Verlagsleitern. Aber die Verlage des letzten Jahrhunderts sind ja geprägt von ihren langjährigen Verlegern. Ich brauche sie nicht aufzuzählen. Glauben sie dennoch, dass Siegfried Unseld oder dass der Suhrkamp Verlag mit dieser Form von Selbsthistorisierung etwas Besonderes macht, stärker als die anderen?
Mir ist kein Verlag bekannt, der über ein Buch zu Ehren des gestorbenen, ausgeschiedenen Verlegers hinaus etwas gemacht hat. Ich glaube, das ist schon sehr speziell, und die Situation bei Suhrkamp war auch sehr speziell, eben weil bedeutende Autoren dort verlegt wurden; aber diese permanente Herausgabe von Autorenkorrespondenzen – also Bernhard, Handke, Peter Weiß, Max Frisch auch – ich weiß nicht, was schon alles. Wie auch immer, ich finde das ist schon eine sehr starke Arbeit am Mythos.

Ich wollte gar nicht in diese Richtung fragen, aber jetzt interessiert es mich. Was meinen Sie, woran liegt das?
Das liegt einerseits an der starken Persönlichkeit von Unseld und an den Defiziten dieser Persönlichkeit. Man darf ja nicht vergessen, dass er von seinen Zeitgenossen und auch von seinen Angestellten, vor allem in den sechziger Jahren mit extremer Reserve gesehen wurde, was seine intellektuellen oder künstlerischen Entscheidungskriterien anbetraf. Er hat sich durchgesetzt, weil er ein sehr guter

Unternehmer war, ein beneidenswert guter Unternehmer, und das zählt natürlich. Er hat wahnsinnig viel gearbeitet und hatte einen sehr guten Instinkt, das müssen erfolgreiche Unternehmer haben, einen Instinkt für Mitarbeiter. Er hat immer wieder Leute gefunden, die sich engagiert haben. Das ist seine große Qualität gewesen. Ich will überhaupt nicht die Qualitäten von Siegfried Unseld heruntersetzen oder kritisieren, alles völlig unbestritten. Ich finde nur, es ist ein bisschen unausgewogen in der Zwischenzeit, weil man das Gefühl hat, die Literatur des 20. Jahrhunderts hätte sich in Frankfurt abgespielt, was so nicht richtig ist. Das stimmt nicht. Wenn, dann nur ein Teil der deutschen Literatur. Was das Theater betrifft, so ist nochmal eine Einschränkung zu machen, weil die Stücke, die wir verlegt haben, für das subventionierte Theater geschrieben und konzipiert waren. Jede Form von subventioniertem Theater ist eine spezielle Form von Theater. Es wird möglich außerhalb des Marktes, der ein absolut determinierendes gesellschaftliches Element ist. Und ich finde es gut, wenn man sich nicht zu sehr vom Markt entfernt, einfach damit man sich nicht von der Realität entfernt.

Auch das Kollektive der Verlagsarbeit bleibt dabei auf der Strecke. Es geht ja nicht nur darum, dass der Suhrkamp Verlag wichtige Autor:innen verlegt hat, sondern dass auch innerhalb des Verlags nicht nur Unseld derjenige war, der Literatur gemacht hat.
Das Lektorat in den sechziger Jahren, als ich noch nicht da war, war wahrscheinlich das beste Lektorat, das es im 20. Jahrhundert in Deutschland gegeben hat. Die Leute waren hochintelligent und sensibel, aber Unseld war derjenige, der den Laden führte und der die Leute auch hat arbeiten lassen. Das muss man sagen, das war eine andere Qualität von ihm. Ich habe wirklich über sehr viel Freiheit verfügt in meiner Arbeit. Gut, ich war Leiter des Theaterverlags und hatte insofern ständig mit Geld zu tun und Verträgen, dem Abwägen von Risiken. Er wusste schon genau, wo er sich auf Leute verlassen kann, wo er großzügiger sein, den Leuten den notwendigen Freiraum lassen konnte.

Ich würde gerne mehr über Ihre Rolle im Verlag erfahren. Wo waren Sie vorher und wie sind Sie 1971 zum Verlag gekommen?
Nach dem Abitur habe ich studiert, dann habe ich mein Examen gemacht und meine Doktorarbeit geschrieben, alles in neun Semestern. Damals waren einfach andere Zeiten. Es musste alles schnell gehen, und wir mussten auch Geld verdienen, aber es wurde trotzdem anständig gearbeitet. Man kann in neun Semestern viel mehr machen als man denkt, wie man überhaupt an einem Tag viel mehr machen kann, als man normalerweise denkt. Weil ich noch mal richtig studieren wollte, ohne gezwungen zu sein, Geld zu verdienen, habe ich dann eine Assistentenstelle an der Universität Köln angenommen, und habe dort an einer

Habilitationsschrift mit dem Titel *Aufgaben und Möglichkeiten der Theaterwissenschaft* gearbeitet. Das Resultat des Nachdenkens über diese Frage war, dass die Theaterwissenschaft eigentlich gar keinen Gegenstand hat. Die These ist völlig verständlich und begreifbar, denn damals gab es noch keine Aufzeichnungsmöglichkeiten. Es gab keine Aufzeichnungen und der Gegenstand der Theaterwissenschaft ist ja nicht der literarische Text, darum kümmern sich ja die Germanisten oder die Anglisten oder die Romanisten. Der Gegenstand ist die Art der Theateraufführung, und die existiert einfach nicht mehr, wenn der Vorhang fällt. Deshalb kann man die extrem komplexen Zusammenspiele zwischen den einzelnen Elementen, die eine Theateraufführung ausmachen, gar nicht mehr studieren. Das war jedenfalls der damalige Stand. Und ich habe dann hinzugefügt, das würde sich ändern, wenn man Aufzeichnungen hätte. Doch das gefiel zumindest drei der fünf Professoren nicht und so wurde die Habilitationsschrift abgelehnt, und ich musste mich also umschauen. Allerdings war ich auch nicht besonders traurig darüber, weil ich so viel Selbstbewusstsein hatte, dass ich mir sagte, „wenn man hier nicht die Wahrheit sagen kann, dann gehe ich eben woanders hin, dann interessiert mich das auch nicht". Ich habe einen Posten als Chefdramaturg in der herrlichen Stadt Münster bekommen und lernte parallel dazu den Kölner Suhrkamp-Autor Jürgen Becker kennen, der Unseld den Vorschlag machte, mich als Nachfolger von Karlheinz Braun zu engagieren.

Karlheinz Braun hat Anfang 1969 den Suhrkamp Verlag nach dem so genannten ‚Lektorenaufstand' verlassen, andere Lektor:innen sind bereits Ende 1968 gegangen. Zwischen Braun und Ihnen leiteten Martin Walser und Volker Canaris den Theaterverlag. Es gibt eine aufschlussreiche Äußerung im Archiv: Unseld sagt, dass er sich aufgrund der Tätigkeit und Persönlichkeit von Karlheinz Braun nie um den Theaterverlag gekümmert und nun keine Ahnung hat, wie er den leiten soll.
Walser übernahm die Leitung provisorisch. Er machte das vom Bodensee aus, und Canaris saß als Dramaturg im Hause. Als ich kam, war Canaris schon weg, er hat jedenfalls nicht mehr mit mir gearbeitet. Auf Unselds Bitten bin ich zu Walser gefahren, um mich vorzustellen. Es war ein denkwürdiges Gespräch, vergesse ich nie in meinem Leben. Ich kam mit dem Nachtzug in Überlingen an, setzte mich auf die Terrasse und wartete, bis die Familie Walser aufgestanden war. Dann haben wir zusammen gefrühstückt, natürlich über Kunst geredet, unter anderem kam die Rede auf Beuys. Walser fand ihn absolut unmöglich, die unsäglichen Fettecken und Filzpantoffeln usw. Ich dagegen war ganz begeistert von Beuys, damals und auch heute noch, und habe das ausgedrückt und plötzlich gemerkt, um Gottes Willen, wo bin ich denn hierhin geraten, das wird nichts mit meinem

Job, das ist einfach *incompatible*. Dann rief um elf Uhr Unseld an und ich dachte, die werden sich jetzt besprechen: „Der Mann ist völlig unmöglich, das geht nicht".

Wie alt waren Sie damals?
31 oder 32. Dann kam Walser zurück und sagte, „Machen Sie sich keine Sorgen, Sie sind engagiert". Das war nicht schlecht, obwohl in diesem Moment schon klar wurde, dass es zwischen meiner Auffassung von Kunst und Sicht der Dinge und der beiden Herren eine Riesenkluft gab. Dass diese Schwaben damals von der Moderne nicht viel mitbekommen hatten. Weder Unseld noch Walser. Walser ist in den achtziger Jahren darauf zurückgekommen – da war eine Ausstellung auf der Biennale mit Beuys-Objekten, ich glaube, es ging um die „Straßenbahnhaltestelle" – und hat sein Urteil revidiert. Was gut war und trotzdem nicht ausreichend ist, wenn man tagtäglich Entscheidungen über neue künstlerische Arbeiten treffen muss: Macht man das oder nicht? Unseld, das müssen Sie sich vorstellen, hat mich und den Theaterverlag gezwungen, ein Plakat von Beuys abzuhängen, das wir gewagt hatten, im Flur des Suhrkamp-Hauses aufzuhängen.

Mit welcher Begründung?
Ach, das Plakat war einfach wunderbar, *La rivoluzione siamo Noi*; in Neapel entstanden, wo Beuys in einer Galerie eine Ausstellung hatte – ein Riesending! Das entsprach meiner Philosophie, auch heute noch, wir sind die Revolution und nicht die anderen. Leider passte es nicht zu dem Bild, das Herr Unseld vom Suhrkamp Verlag hatte – dummerweise. Damit fing die Sache an, schon irgendwie auseinanderzugehen zwischen ihm und mir. Ich wollte deshalb bald wieder weg, aber es ist nicht einfach, für einen solchen Posten Ersatz zu finden. Das Haus war damals fantastisch, es gab hinreißende Lektoren, jeden Abend wurde in irgendeinem Büro eine Flasche aufgemacht, und es wurde diskutiert. Nicht um sich zu besaufen, sondern um sich auszutauschen. Das war einfach großartig, lebendig, spannend. Im Theater passierten ununterbrochen neue Sachen mit Autoren wie: Bernhard, Kroetz, Bond, Handke, Fassbinder. Die Handke-Revolution war eher schon vorbei, die Nachwehen von 68, die Häuserbesetzungen in Frankfurt, die beginnende RAF-Zeit usw. Es war eine spannende und interessante Erfahrung, und alles wurde im Verlag täglich diskutiert. Und die Texte, die eingingen, die publiziert wurden, reflektierten die politische Situation, dass trotz unterschiedlicher feinästhetischer Abstimmungen alles spannend war. Es war also schwierig, einen Posten zu finden, der interessanter gewesen wäre. Nach sechs Jahren habe ich mich trotzdem verabschiedet. Ein Sprung ins Wasser.

Noch einmal kurz zurück zu dem Moment, als Sie bei Walser saßen. Warum haben Sie sich damals für Suhrkamp entschieden? Sie hätten auch...

...im Theater bleiben können...

Nein, aber Sie hätten auch zum Verlag der Autoren oder zu einem der progressiveren, neuen Verlage, Theaterverlage gehen können.
In dem Moment, als ich das erste Mal mit Unseld gesprochen habe, ich kann mich daran sehr gut erinnern – Becker rief mich eines Abends spät an – in dem Moment, als ich mit ihm sprach und mir vorstellte, in einem Verlag zu arbeiten, wusste ich sofort, das ist der richtige Beruf für mich, weil es die Verbindung zwischen allem gibt. Einerseits die geistige Seite, andererseits auch die praktische merkantile Seite, dass man etwas macht, herstellt, verkauft. Mir war sofort klar, das ist es. Ich hatte auch kein anderes Angebot... im Verlag der Autoren hätte niemand auf mich gewartet. Ich hatte zwar einen Job in Münster, es ging nicht darum mehr Geld zu verdienen, es ging um die geistige Bewegung.

Hatten Sie, bevor Sie in den Verlag gingen, eine Vorstellung von Ihrer Tätigkeit?
Überhaupt nicht. Ich bin sofort auf den richtigen Platz gekommen, es hätte nicht besser sein können. Wenn jemand von Rowohlt oder Fischer angerufen hätte, ja, schon, vielleicht. Aber Suhrkamp war damals die Brennzelle im deutschen Geistesleben. Und die Stücke, die bei *Theater heute* publiziert wurden, kamen in der Hauptsache aus dem Suhrkamp Verlag. Da ging einfach die Post ab, wie man so schön sagt. Politisch und ästhetisch. Mir war völlig klar, das ist es.

Mit welchen Personen haben sie zusammengearbeitet?
Walser hat eine Zeitlang noch eine Rolle gespielt, hat sich jedoch immer mehr zurückgezogen, war auch so vorgesehen. In der Hauptsache habe ich mit Unseld zusammengearbeitet. Ich hatte meinen eigenen Laden, für den ich verantwortlich war. Nur wenn irgendwelche wichtigen Probleme auftraten, dann haben wir uns die berühmten zwei Minuten schnell gesehen. Unternehmerisch haben wir uns sehr gut verstanden. Ich bin ja am Schluss selbst Verleger geworden mit der ganzen Verantwortung für den Laden; das hat mich bei ihm fasziniert, und er hat wahrscheinlich gespürt, dass ich die Fähigkeit mitbrachte, es auch selbst zu machen. Natürlich wurde darüber gesprochen, dass ich irgendwann einmal die Nachfolge bei Suhrkamp übernehmen sollte. Das war das Dauergespräch, ein Kandidat nach dem anderen. Nur hatte ich einen eigenen Kopf und das stört die Leute, wenn man nicht ihrer Meinung ist.

Ich leite diesen Verlag hier in Paris seit fast dreißig Jahren und mit einigem Erfolg, in dem Sinne, dass wir immer noch da sind, richtig präsent, dass es sich nicht um eine aussterbende Spezies handelt. Der Verlag ist aktiv und hat ein interessantes Programm. Gute Programme machen können viele, aber mit einem guten Programm ökonomisch zu überleben, das ist das Geheimnis. Subventionen irgendwo erbetteln können auch viele. Aber die tägliche Balance zu finden, jeden Tag Investitionsentscheidungen zu treffen, „dieses Projekt oder jenes", diese Feinabstimmung setzt eine Arbeitsintensität und Konzentration auf die entscheidenden Punkte voraus – das macht den Verleger aus.

Noch einmal zu Ihren Arbeitsstrukturen bei Suhrkamp: Sie waren von 1971 bis 1977 im Verlag und wurden dann noch einmal zurückgeholt.
Nein, bis Ende 1976. Es war kompliziert. Ich war in Essen mehrere Jahre als stellvertretender Generalintendant, dann künstlerischer Betriebsdirektor. Wir haben lebendiges und erfolgreiches Theater gemacht. Die Essener SPD-Kulturbonzen waren jedoch so unerträglich, dass ich lange vor Ablauf meines Vertrags aufhörte und sagte: „In diese Stadt werde ich niemals mehr einen Fuß setzen." Sehr lange habe ich das auch durchgehalten, bis einer unserer französischen Autoren in Essen eine Erstaufführung hatte, da musste ich hin.

Ich habe Autoren publiziert, auch hier viele Jahre bevor sie den ersten Erfolg hatten. Wenn man solche Gewissheiten mit sich herumträgt, ist man ziemlich alleine und passt nicht überall hin. Auch hier passe ich nicht in die offizielle Kulturszene. Ich passe vielleicht in die Landschaft als Kontrapunkt zu dem, was üblich ist. Die finanzielle Unabhängigkeit ist mein tägliches Gebet: Nur nicht irgendwo um Geld bitten müssen, weil man dann abhängig wird und kein Programm mehr machen kann. Das ist das Eine. Das andere ist die Größe. Ich glaube, dass größere Verlage zu Produktionsmaschinen werden müssen, weil der Druck der Gehälter, der Zwang zu mehr Umsatz so groß ist, dass einfach produziert werden muss. Das Programm muss sich verkaufen, größere Häuser können sich nicht erlauben, dass von einem Buch nur 50 Exemplare verkauft werden... Wir haben hier ein Buch gemacht, einen Titel von einem amerikanischen Autor: *Against happiness*, also *Gegen das Glück*, französischer Titel *Contre le bonheur*, in einem Land, das nichts Anderes tut, als von morgens bis abends das Glück zu suchen. Wir haben davon nur 50 Exemplare verkauft – trotzdem war es wichtig, es musste gemacht werden. Selbst die Leute, die das Buch nicht gelesen haben, die das Buch ablehnen, wissen, dass es publiziert worden ist. Wenn Sie 200 Angestellte haben, dann müssen Sie Umsatz machen. Auch hier gibt es eine Diskussion über Geld, die Mitarbeiter wollen mehr verdienen, und ich muss ihnen erklären, dass der Verlag finanzielle Margen braucht. Wir müssen Gewinne machen, damit wir Polster haben und uns solche Sachen erlauben können. Ich dachte, in Frankreich fänden sich vielleicht doch 2000 Leute, die Sinn für so etwas haben. Pustekuchen.

Mich interessiert, was Sie bei Suhrkamp konkret entscheiden konnten, wenn neue Autor:innen in den Verlag aufgenommen, Manuskripte abgesegnet wurden. Was konnten Sie entscheiden, was musste an Unseld rückgekoppelt werden?
Ich konnte fast alles entscheiden – immer unter der Voraussetzung, dass neue Texte sich in das bestehende Programm einfügen mussten, dass die Hausautoren lieferten, manchmal war das nicht ganz einfach, da gab es Diskussionen. Die Probleme, über die ich mit Unseld immer wieder sprechen musste, betrafen Rechts- und Finanzfragen, Boykottgeschichten. Bernhard hat uns permanent in Atem gehalten, der Mensch wollte überhaupt keinen Vertrag unterschreiben. Schließlich musste ich zu ihm fahren, mit 30.000 Mark in der Tasche. Ich habe das Geld auf den Tisch gelegt und gesagt: „Bevor Sie das Geld kriegen, müssen sie die Verträge unterschreiben." Wie im Wilden Westen. Natürlich hat Bernhard mir das heimgezahlt. Er wusste, dass ich ihn völlig klar sah, weder in blinder Verehrung noch als Unterwürfiger. Mein Entscheidungsraum war sehr, sehr groß; das war gut für Unseld, so waren wir erfolgreich. Damals spielte der Theaterverlag noch eine wichtige Rolle für den Buchverlag als Einnahmequelle. Das ist dann immer geringer geworden, weil der Buchverlag explodierte und, Anfang der achtziger Jahre, die ersten Bestseller landete; Allendes „Geisterhaus", damit fing es an. Dadurch hat sich der Verlag verändert. Wenn Sie mich fragen, wo die beiden entscheidenden Punkte waren, wo der Verlag ein anderer wurde, dann erstens mit der Einrichtung einer Taschenbuchreihe. Wenn Sie jeden Monat zehn Titel herausbringen müssen, dann wird es maschinenhaft. Die Maschine verkauft unter dem Stichwort „Demokratisierung der Kultur", aber es geht vornehmlich darum, Geld zu machen. Und dann – das werden Sie bestimmt nicht gerne hören, aber ich sage es trotzdem – seit es einen Betriebsrat gab. Hierdurch haben sich die Strukturen geändert: Arbeitszeiten, Stechuhren, Gehälter, vorher war alles informell. Die Leute trafen sich nicht mehr im Büro, um einen zu trinken und zu reden, sondern gingen nach Hause. Alles wurde organisiert, administriert.

Ich kann das anhand des Archivs nachvollziehen. Man merkt, dass Anfang der siebziger Jahre im Verlag ein Prozess der Professionalisierung beginnt, der aber auch etwas von der Dynamik nimmt, die Sie beschrieben haben.
So ist es, ja, von der geistigen Dynamik. Jetzt gab es einen Geschäftsführer, der Aktennotizen schrieb und von Literatur kaum Ahnung hatte. Von der Leidenschaft, die dazu notwendig ist.

Mich interessiert die Struktur des daraus entstehenden Verlagsarchivs. In den Aktennotizen ordnet Unseld an: „Ihr müsst archivieren." Schon in den sechziger Jahren gab es das Bewusstsein: „Wir schreiben Geschichte, das,

was wir hier machen, ist wichtig, wird irgendwann mal für die Geschichtsschreibung wichtig, und deswegen wird es abgelegt." Wie sind Sie damit verfahren, gab es Anweisungen von der Verlagsleitung, „dies und jenes müsst ihr ablegen"?

Wir hatten keine Computer. Die gab es damals noch nicht. Es wurde alles auf der Maschine getippt. Denken Sie nicht, dass es ein Vorteil ist, dass wir Computer haben, im Gegenteil, sie vernichten das selbstständige Denken! – Wo habe ich das Buch? Gerade ist es mir noch über den Weg gekommen, ein Buch von Paul Valéry, gedruckt und herausgegeben im Jahre 1929. Paul Valéry: *Littérature*, hinreißende Aphorismen über Literatur. Ein Bekannter von mir hat es hier vergessen, das Buch war noch nicht aufgeschlitzt. Ich habe es dann mit seiner Erlaubnis geöffnet und gelesen. Seit seinem Druck sind jetzt fast hundert Jahre vergangen und das Buch ist in einem einwandfreien Zustand. Da ist kein Müll, weder von der Form noch vom Inhalt her, verstehen Sie, das ist ein sauberes, das ist ein herrliches Relikt wie eine griechische Skulptur, genauso. Heutzutage wird alles zu Müll... nach drei oder vier Jahren fallen die Dinger auseinander. Ich habe keine Lust, diese Bandwürmer von Mails auszudrucken, Papierverschwendung noch und nöcher. In einem Brief, der mit der Post losgeschickt wurde, konnte das früher konzentriert und mit Distanz geregelt werden. Ist natürlich völlig reaktionär, weiß ich, aber ich bleibe dabei.

Wie war es damals bei Suhrkamp? Was haben Sie abgelegt?

Es gab sicherlich auch dazu eine Anweisung. Wir legten eine Kopie ab unter dem Namen des Autors oder der Angelegenheit, und eine chronologische Kopie: Heute wurde das abgelegt, was heute geschrieben wurde, und morgen das, was morgen geschrieben wurde. Dann gab es noch Ordner für „Volker Braun" oder „Max Frisch", „Residenztheater". Also eine chronologische Ablage und eine systematische Ablage.

Haben sie neue Autor:innen in den Verlag gebracht?

Ja sicher, das war eins der Hauptziele.

Wie verlief das?

Es gingen wie bei allen Verlagen täglich Manuskripte ein. Leider war da wenig zu holen; es ist selten, dass Sie dort die Perle finden, die Sie suchen. Wenn uns ein Text gefallen hat, haben wir uns mit dem Autor getroffen. Erst dann haben wir uns entschieden. Dann gab es die ausländischen Verlage und Agenturen, die selbst bereits ausgewählt hatten. Die Auslandsbeziehungen waren, was das Theater anbetraf, eine Schwäche von Suhrkamp. Hier in Paris arbeiten wir mit skandinavischen, englischen, italienischen, amerikanischen, deutschen Agenturen zusammen und haben so einen Überblick über die wichtigsten Theaterszenen. Suhrkamp war viel provinzieller. Wir hatten Casarotto Ramsay, die Agentur von Bond in London, und in Stockholm hatten wir eine andere Agentur, weil sich das historisch so ergeben hatte. Hauptsächlich wurde in Frankfurt Wert darauf gelegt, zu exportieren, d. h. unsere deutschen Texte ins Ausland zu verkaufen. Die Importe, also das, was in der Welt passierte, war die Domäne von Fischer und Rowohlt und anderer Verlage. Trotzdem gab es ständig neue Autoren.

Wie lief das bei Ihnen? Sind Sie tagtäglich ins Theater gegangen, auf Empfehlung von anderen Theaterautor:innen?
Die Theaterbesuche gehörten zum täglichen Brot, dazu bedurfte es keiner Empfehlung. Wir hatten allein zwanzig bis fünfundzwanzig Ur- und Erstaufführungen in einer Spielzeit. Nochmals zu den Manuskripten: Von zehntausend eingeschickten Texten ist einer gut. Hört sich unglaublich an, doch es ist so. Ansonsten meldet sich ein Autor: „Hier, ich habe das gelesen, guckt euch das mal an, was haltet ihr davon?" Oder ein Theater, eine ausländische Agentur, das sind die Hauptquellen für neue Texte. Wenn es interessant war, dann haben wir es gemacht.

Nun interessieren mich besonders die Autor:innen der DDR. Welchen Stellenwert hatte Literatur der DDR damals für den Suhrkamp Verlag?
Einen bedeutenden Stellenwert, schon insofern, als Brecht in den fünfziger Jahren eigentlich ein DDR-Autor war. Und nach seinem Tod saßen die Brecht-Erben hinter der Mauer und hatten große Befugnisse. Es gab Heiner Müller, der versuchte, in die Fußstapfen von Brecht zu treten. Müller war das DDR-Flaggschiff, natürlich Volker Braun, ganz klar.

Anfang der siebziger Jahre kamen Ulrich Plenzdorf, Jurek Becker und – kurz bevor Sie gegangen sind – vor allem Thomas Brasch.
Ja, Brasch habe ich ganz gut gekannt. Das Verhältnis DDR und BRD, wie man damals sagte, spielte in unserem Bewusstsein eine große Rolle. Für uns war diese Beziehung zu den DDR-Autoren selbstverständlich, obwohl sie exotisch waren. Ich bin ziemlich oft in Ostberlin gewesen – diese Grenzübertritte, wo man eine Stunde lang gefilzt wurde, nur weil man vergessen hatte, die Zeitung aus der Manteltasche zu nehmen. Bis der Grenzer fragte: „Warum führen Sie unerlaubte Druckerzeugnisse ein?" Diese DDR-Welt und mein Temperament waren völlig unvereinbar. Dann hat mir Wolfgang Schuch, der frühere Leiter des Henschel Theaterverlags – der einzige, mit dem ich etwas offener reden konnte – gesagt: „Wenn man solch einen Mantel trägt wie Sie, dann braucht man sich nicht wundern, dass man an der Grenze gefilzt wird. Lassen Sie sich doch ein Tele-

gramm schicken, damit Sie als offizieller Staatsgast hierüber kommen können, dann haben Sie diese Probleme nicht." Ich sagte: „Ich will nicht als offizieller Staatsgast kommen, sondern möchte gerne als freier Bürger behandelt werden!"
Sind Sie aus der DDR?

Nein. Aber es ist interessant, dass diese Frage in jedem Gespräch kommt.
Und dann natürlich die Brecht-Erben. Da wurde gestritten, dass die Fetzen flogen.

Wenn sie nach Ostberlin gefahren sind, haben Sie sich mit den Mitarbeiter:innen des Henschel Verlags getroffen?
Ja, oder mit den Autoren. Es war alles immer verschlüsselt, verschleiert, nur kein offenes Wort. Sie wussten schon, was sie sagten. Die Leute waren Kreisel, die im politischen System bestens justiert waren und wie ein Navigationssystem reagierten: „Du musst jetzt die nächste Straße links abbiegen, dann wieder rechts abbiegen, damit du nicht auf ein Hindernis stößt."

Wie haben Sie miteinander kommuniziert? Gab es Regeln, die man mitbekommen hat, dass man zum Beispiel in einer Lokalität nicht über gewisse Dinge spricht, sondern erst auf der Straße? Gab es einen Unterschied zwischen mündlicher und schriftlicher Kommunikation?
Ja, ja, aber die Grenzübertritte waren schon so einschüchternd, von vornherein, dass man vorsichtig war, damit man nicht gleich einen auf den Deckel kriegte. Jeder Freiheitsansatz wurde im Keim erstickt. Es wurde über Übersetzungen gesprochen, aber niemals über das Regime, vollkommen tabu. Das war einfach so. Es wäre undenkbar gewesen, ich meine, die Leute wissen gar nicht, in welchen... Wir reden hier gerade über ein Stück von Michel Vinaver über die – sagt Ihnen der Name Bettencourt oder Oréal etwas? – über die Affäre Bettencourt. Das ist total politisch. Die Leute, die darin vorkommen, leben noch, von Herrn Sarkozy bis Frau Bettencourt. Darüber reden wir gerade, und es ist riskant, geht auch nur mit vorheriger Beratung mit Anwälten, aber es geht. Ein Schuss mitten in diesen Staatsapparat. Das ist so kostbar, dafür muss man kämpfen.

Sie hatten in der DDR also mehr persönliche Kontakte – haben Sie Administratives besprochen?
Ja, wie heißt das so schön: Autorenpflege. Die Autoren sollten wissen: Wir denken an sie, wir arbeiten für sie, da gibt es eine Möglichkeit, da hat sich eine Perspektive für eine Theaterproduktion eröffnet. Können wir das erlauben? Die Autoren mussten bei der Kulturbürokratie anfragen: Darf dieser Text im Westen gespielt werden? Das wurde alles furchtbar penibel und peinlich diskutiert.

Wir geben gerade das „Arbeitsjournal" von Brecht neu heraus, und es gibt eine Reihe von Notizen in der deutschen Originalausgabe, falls Sie das mal interessiert. Wenn Sie lesen, was da losgewesen ist, wie Brecht kritisiert wurde, was für Schwierigkeiten man ihm gemacht hat. Meiner Ansicht nach ist Brecht so früh gestorben, weil er verzweifelt war. Brecht hatte einen österreichischen Pass, in Ostberlin wurde er permanent als bürgerlicher Formalist angegriffen, die Bürokraten bestanden ja auf ihrer sozialistischen Arbeiter- und Bauernkultur. Alles musste verständlich und positiv sein, nur nichts zu Kompliziertes. Immer die sozialistische Entwicklung im Auge behalten. Kennen Sie alles. Trotzdem waren die Autoren und die DDR bei uns sehr präsent.

Wie verlief die Arbeit am Text? Das interessiert mich vor allem bei den Autor:innen der DDR. Die hatten ihr privates und offizielles Lektorat, aber dann kamen die Texte in den Westen.
Arbeitsmöglichkeiten tendierten gegen Null, weil jeder Satz, jeder Buchstabe genauestens überlegt waren, auch innerhalb der DDR waren die Lektorate abgesprochen.

Wussten Sie das oder haben Sie mit den Autor:innen diese Erfahrung gemacht?
Ich habe die Erfahrung gemacht und dann wussten wir es. Am Anfang war ich naiv und dachte, wir können über dieses oder jenes noch einmal reden. Aber dann merkte ich, dass das überhaupt keinen Sinn hatte. Völlig unmöglich.

Unter der Zensur sind die Wörter exakt ausgesucht, damit sie trotzdem noch ästhetisch wirken. Klar, das ist dann sehr hermetisch.
Absolut hermetisch wie das ganze System. Die Texte spiegelten die Hermetik des Systems wider.

Es ist ein Wunder, dass sie im Westen trotzdem funktioniert haben.
Hat das funktioniert? Höchst zweifelhaft. Die Masse der Aufführungen setzte sich doch nicht aus Autoren wie Müller oder Braun oder Brasch zusammen, sondern hauptsächlich aus Shakespeare, Molière, die deutschen Klassiker, weiß der Teufel. Aber Stücke aus der DDR zogen natürlich den Blick auf sich, die Presse hat das Phänomen stark vergrößert. Dieses Vergrößerungsglas, das auf allem lag, was der Suhrkamp Verlag tat, spielte bei der Rezeptionsgeschichte eine Rolle, und nun auch bei der Geschichtsschreibung des Verlags. Aber dass es dem Verlag gelungen ist, diese öffentliche Aufmerksamkeit auf sich zu ziehen, ist ein Zeichen für die Lebendigkeit des Programms und der geistigen Auseinandersetzungen.

Warum sind Sie dann noch einmal zu Suhrkamp zurückgekehrt?
Weil ich in Essen verzweifelt war und erneut nichts Besseres wusste, als zu Suhrkamp zu gehen. Es erschien mir wie eine Erlösung aus dieser Provinz, wieder nach Frankfurt zu kommen, wo immerhin ein anderer Ausblick möglich war. Aber meine Biographie zeigt, dass mir Frankfurt auch nicht genügte. Ich wollte unbedingt einen eigenen Verlag leiten, anderswo, in Paris zum Beispiel.

2) Gespräch mit Karlheinz Braun am 3. März 2015 in Frankfurt a. M.

Karlheinz Braun leitete von 1959 bis 1969 den Suhrkamp Theaterverlag. Mit seinen Lektoratskollegen und Autoren gründete er 1969 den Verlag der Autoren, dem er bis heute angehört. Seine Erfahrungen und Erinnerungen hat er in der autobiographischen Schrift *Herzstücke. Leben mit Autoren* (2019) verarbeitet.

Jaspers: Wie ist der Suhrkamp Theaterverlag entstanden, den Sie seit seiner Gründung geleitet haben?
Braun: Nach Peter Suhrkamps Tod wurde Siegfried Unseld Verlags-Chef. Er ist mit einem ungeheuren Elan eingestiegen und hat mit gutem Riecher gesagt, das Theater soll eine eigene Abteilung bei Suhrkamp werden. Vorher hatte das Peter Suhrkamp selbst gemacht mit Frau Ritzerfeld. Es gab ja nicht viele Theaterstücke von Dramatikern, deren Aufführungsrechte zu vertreten waren: Es gab die von Brecht, die von Max Frisch und T.S. Eliot. Es gab vor allem Bernard Shaw, dessen Komödien viel gespielt wurden. Samuel Beckett war bei S. Fischer. Die Publikationsrechte der Stücke von Beckett waren bei Suhrkamp, die Theaterrechte dagegen bei S. Fischer. Es gab nur fünf, sechs Theaterautoren. Peter Suhrkamp war in seiner Jugend in Darmstadt Dramaturg gewesen und hatte immer eine große Leidenschaft für's Theater gehabt. Unseld sah die Chance, dass das Geschäft mit den Aufführungsrechten lukrativ sein müsste, eine Milchkuh für den gesamten Verlag, und wollte deshalb eine richtige Theaterabteilung im Verlag einrichten.

War es damals innovativ, eine Theaterabteilung zu haben?
Nein, die gab es auch bei anderen Buch-Verlagen, bei Rowohlt, bei S. Fischer. Die meisten Theaterverlage, die sogenannten Bühnenvertriebe, hatten keinen Buchverlag. Drei Masken, Bloch, Gustav Kiepenheuer, Thomas Sessler etc. In der DDR gab es den Henschelverlag als zentrale Institution für Aufführungsrechte von dramatischen Werken.

Mich interessieren vor allem die Autor:innen der DDR. Haben Sie mit Hacks oder Kipphardt zusammengearbeitet?

Nein, Hacks und Kipphardt waren bei Drei Masken bzw. Henschel. Der Drei Masken Verlag war der offizielle Subvertriebsverlag von Henschel für den Westen. Heiner Müller war ebenfalls Autor des Henschelverlags, wurde aber später für den Westen im Subvertrieb des Suhrkamp bzw. Verlag der Autoren vertreten. Aber das ist eine besondere Geschichte. Volker Braun, dessen Lyrik und Prosa Suhrkamp verlegte, hat erst spät angefangen, Theaterstücke zu schreiben. Er wurde von Henschel vertreten, ich habe ihn als Theaterautor nicht erlebt.

Es gibt, glaube ich, zwei, drei Briefe zwischen Ihnen im Verlagsarchiv, die sind von Ende 1968, Anfang 1969, und betreffen das Stück *Hans Faust*, das dann später als *Die Kipper* publiziert wurde...
Daran erinnere ich mich nicht. Mit Braun hatte ich nichts zu tun.

Es gibt Korrespondenz mit Erich Arendt, der dann aber abgelehnt wurde. Es ging eigentlich um Gedichte. Es gibt aber Korrespondenz zwischen Ihnen und Arendt, und Sie haben ihn zwei oder drei Mal in Ostberlin getroffen.
Kann ich mich überhaupt nicht erinnern. Ich hatte mal Kontakt mit Thomas Brasch, auf ihn hatte mich der Heiner aufmerksam gemacht. Das war noch vor seinem Wechsel in die BRD. Ich erinnere mich an ein Stück *Lovely Rita*.

Brasch ist erst später, siebziger Jahre.
Als ich dann nicht mehr bei Suhrkamp war.

Sie haben aber auch mit Hartmut Lange gearbeitet.
Das stimmt, das war eine sehr intensive Zusammenarbeit. Über seine frühen Stücke. Die sich dann im Verlag der Autoren fortsetzte.

Dann gab es auch eine Diskussion über Helmut Baierl.
Den habe ich abgelehnt.

Warum?
Das waren gut geschriebene und in perfekter Dramaturgie gebaute Stücke, aber in der Brecht-Nachfolge zu epigonal.

Um welches Stück ging es?
Frau Flinz. Ich wollte sie nicht. Helene Weigel hat sie gespielt. Am BE [Berliner Ensemble, A.J.]. Und Baierl wollte unbedingt in den Verlag kommen, ich war ganz dagegen. Es hat ein bisschen Ärger gegeben mit dem BE und Weigel und Wekwerth, die natürlich gerne gesehen hätten, dass Baierl ins Suhrkamp-Programm kommt.

Das heißt, diese Kontakte in die DDR liefen erst einmal über das BE?
Nein, sie liefen über den Henschelverlag. Der hatte einen offiziellen Subvertrieb für die Bundesrepublik, nämlich den Drei Masken Verlag in München. Alle DDR-Autoren waren verpflichtet, sich für Aufführungen im Westen von Drei Masken vertreten zu lassen. Sie hatten keine Wahl. Ich habe es irgendwie geschafft, dass dieses strikte Diktum „alle DDR-Dramatiker werden im Westen vom Drei Masken Verlag vertreten" aufgehoben wurde. Der Drei Masken Verlag war zwar immer noch der offizielle Subvertrieb von Henschel, aber die Autoren durften wählen, ob sie auch von einem anderen westdeutschen Verlag im Subvertrieb von Henschel vertreten werden.

Wie haben Sie das geschafft?
Ich habe mit Engelszungen geredet, und Heiner Müller hat geholfen, weil er unbedingt zum Suhrkamp Verlag wollte. Auch Wolfgang Schuch war daran beteiligt, der bei Henschel zuständige Lektor für West-Dramatik, mit dem ich mich gut verstand. Müller wollte im Westen nicht von Drei Masken vertreten werden. Da hat wohl die Rivalität mit Hacks auch eine Rolle gespielt, der mit Hans-Joachim Pavel, dem Verlagsleiter von Drei Masken, befreundet war. Das war ein festzementiertes Gelände. Auch konnten wir als Buchverlag Heiner Müller eine Ausgabe von *Philoktet* in der *edition suhrkamp* anbieten. Heiner wollte zudem in einem Verlag sein, wo auch Beckett war und Joyce. Wir verstanden uns von Anfang an sehr gut, ich besuchte ihn öfters. Das war schnell ein vertrautes Verhältnis.

Woher kannten Sie seine Arbeit oder wie sind Sie auf ihn aufmerksam geworden? Wie kam die Zusammenarbeit zustande?
Man hat als Theatermann bei Suhrkamp natürlich verfolgt, was in der DDR passiert, welche Autoren es da gab, und auf irgendwelche Weise muss ich auf ihn aufmerksam geworden sein. Ich weiß nur, dass ich sehr bald rübergefahren bin. Er gab mir dann Manuskripte, die ich auf dem Leib versteckt über die Grenze gebracht habe. Was alles nicht so einfach war. Immer mit Schweißperlen. Es ging ganz gut, auch weil ich in der Regel mit einem Telegramm vom Henschelverlag eingeladen wurde: „Erwarten Sie zu Verlagsgesprächen Mittwoch 12 Uhr". Das Telegramm habe ich am Grenzübergang vorgezeigt und so haben die mich dann durchgewunken.

Sie sagen, es war selbstverständlich, dass man als Theatermann das DDR-Theater beobachtete. Mein Eindruck ist, dass das bei der Literatur nicht selbstverständlich war, vielleicht war das beim Theater anders. Woher stammte Ihr Interesse?

Ich war schon seit dem Studium ein Brechtianer, und Brecht und seine Theaterarbeit am BE waren für das gesamtdeutsche Theater in den sechziger und siebziger Jahren der ästhetische Maßstab. Nach dem Mauerbau gab es den ersten Brecht-Boykott in der Bundesrepublik, und das einzige Theater, das Brecht spielte, war das Frankfurter Theater. Harry Buckwitz machte in jeder Spielzeit ein Stück von Brecht. Das war ein richtiger Kampf, Brecht im Westen durchzusetzen, den Boykott aufzuheben. Den mussten wir bei Suhrkamp führen. Und das im ständigen Kontakt mit Helene Weigel und dem BE, wo ich oft war und die Theaterarbeit inhalierte und bewunderte. Aber auch Aufführungen des Deutschen Theaters mit Besson. Da muss ich auch Peter Hacks kennengelernt haben und vielleicht auch Heiner Müller. Ich weiß nur, dass ich dann oft, wenn ich in Berlin war, zum Kissingerplatz gefahren bin, in seine unglaublich verräucherte Wohnung, mit großen Mengen von vergilbten Papieren, eine dunkle Höhle mit dem Zigarre rauchenden Müller und einer Inge Müller, die immer nur vorbeihuschte, „Guten Tag" sagte, und schon war sie wieder weg. Eigentlich habe ich sie nicht richtig kennengelernt, und eines Tages war sie tot. Ein schlimmer Tod. Heiner war jetzt allein in der dunklen Wohnung am Kissingerplatz und doch stand er mitten im DDR-Theaterleben, umstritten, verboten, und doch irgendwie die Zentrale der DDR-Dramatik. Er hat mir dann auch die dramatischen Talente Thomas Brasch, Hartmut Lange und Stefan Schütz empfohlen.

Würden Sie sagen, dass Heiner Müller der Nachfolger von Bertolt Brecht geworden ist?
In gewisser Weise ja, weil er einfach zur dominanten ästhetischen und politischen Figur der DDR wurde. Als Autor und Theatermann. Müller hat Brecht in gewisser Weise fortgesetzt. Seine ersten Stücke waren ja regelrechte Lehrstücke, Fortsetzung der Lehrstücke von Brecht, *Die Korrektur, Mauser* oder *Lohndrücker*, und er hat immer wieder fast provokativ gesagt, die wichtigsten Stücke von Brecht seien nicht *Mutter Courage* oder *Galilei*, sondern *Die Ausnahme und die Regel* oder *Die Maßnahme*, die Lehrstücke. Da gab es ästhetisch wie politisch was Neues. Das hat er direkt fortgesetzt, natürlich mit den entsprechenden Verboten der oberen Kulturinstanzen. Er hat sich dann erstmal in die Antike geflüchtet und neue Stücke in der Maske von Antiken geschrieben: *Herakles, Philoktet* oder *Horatier*. Die wurden zwar auch nicht in der DDR aufgeführt, aber als er mir für Suhrkamp dann ohne jede Genehmigung des DDR-Büro für Urheberrechte die Rechte für *Philoktet* einräumte, kam es bald zu der berühmten Uraufführung am Münchner Residenztheater. Das war der große Durchbruch.

Es gibt eine Geschichte im Archiv über rechtliche Schwierigkeiten, die Müller in der DDR bekommen könnte, weil er einen Einakter im *Kursbuch 7*

bei Enzensberger veröffentlicht hatte. Eine Quelle sagt, dass Müller nicht mit Lange in Verbindung gebracht werden wollte, weil der in die BRD gegangen war. Da ging es um *Herakles*.
Ja, das kann sein, es müsste *Herakles* gewesen sein, denn das war das zweite Stück, das dann am Schiller-Theater in West-Berlin herauskam. Den Ärger, den es gegeben haben könnte mit dem *Kursbuch*, war, dass DDR-Autoren verpflichtet waren, für westliche Veröffentlichungen Genehmigungen einzuholen. Das hat Müller natürlich nicht gemacht.

Wieso „natürlich"?
Er wusste, dass es abgelehnt wird. Er dachte, „das ist keine separate Veröffentlichung, sondern eine Zeitschrift, ein paar Seiten" – es war ein ganz kurzes Stück –, „das riskier ich einfach". Er nahm solche Risiken auf sich, hat etwas einfach gemacht und gewartet, was dann passiert. Auch hatte er ein ziemliches Netzwerk nicht zuletzt zu den oberen Kulturbürokratien der DDR. Das war eine relativ kleine Insel, dieses Ostberlin, wo sich alles konzentrierte; unvermeidbar, dass man sich kannte.

Wie verlief ihre Zusammenarbeit mit Lange?
Lange war ein außerordentliches Talent und ein dialektisch geschulter Kopf. Auch ihn besuchte ich in Ostberlin. Das ging sehr gut, war produktiv am Anfang. Ich habe dann sein erstes Stück hier durchgesetzt, das wurde in Frankfurt uraufgeführt, der *Marski*. Lange war nicht nur als Autor von sich selbst überzeugt, er war äußerst selbstbewusst. Ließ sich bald mit der Schaubühne in Westberlin ein und hatte da ganz schöne Kämpfe mit der Dramaturgie. Das lief schon stark in die sechziger Jahre rein, in die Revolte der Studenten und die Politisierung der ganzen Gesellschaft. Die hat auch auf's Theater übergegriffen.

Wenn ich mich richtig an meine Archivlektüren erinnere, arbeitete er am *Hundsprozess* und hat ihn zurückgestellt, weil er meinte, dass dafür nicht die richtige Zeit sei, er müsse zuerst die *Gräfin von Rathenow* bearbeiten. Wo war die Aufführung?
Am Thalia Theater in Hamburg. Das war dann der große Erfolg mit einem eher konventionellen Historiendrama, wurde auch oft nachgespielt. Als am Ende der sechziger Jahre die Probleme der Lektoren des Suhrkamp Verlags mit ihrem Verleger zunahmen, es dann 1968 zum vieldiskutierten Aufstand der Lektoren kam, war das für die DDR-Autoren, die der Suhrkamp Verlag vertrat, völlig überraschend. Darauf waren sie nicht vorbereitet. Sie standen wie der Ochs vorm Berg, verstanden das alles gar nicht. Sie waren natürlich auch nicht gut informiert und erst einmal loyal zum Suhrkamp Verlag. War doch klar, diese Schwierigkeiten mit

dem autoritären Unseld, die konnten wir den Autoren nicht vermitteln, durften es wohl auch nicht. Es gab nur wenige, mit denen ich darüber gesprochen habe, zum Beispiel Peter Weiss und wahrscheinlich Heiner Müller, Handke, die vor dem Aufstand der Lektoren eingeweiht waren.

Es gibt diese große Initiationsgeschichte des Suhrkamp Verlags: Brecht hat Suhrkamp unterstützt, sowohl moralisch als auch mit den Rechten an seinem Werk. Suhrkamp gilt als *der* Brecht-Verlag. Ich versuche diesem Image auf den Grund zu gehen. Man merkt zum Beispiel im Lyrik-Lektorat, dass solche Leute wie Günter Kunert, Karl Mickel, Volker Braun an Brecht gemessen werden.
Ja, tatsächlich gibt es Autoren der ersten Generation nach Brecht, die sich alle mit Brecht auseinandergesetzt haben. Vor allem die Stückeschreiber. Alles mehr oder weniger Brechtianer. Ob Heiner Müller oder Peter Hacks oder Volker Braun. Aber auch westdeutsche wie Peter Weiss oder Martin Walser, dessen *Überlebensgroß Herr Krott* eine Auseinandersetzung mit Brechts *Puntila* ist. Alle, die gesamte Dramatik hat sich mit ihm und seiner Theater-Theorie auseinandergesetzt. Das war der Berg Brecht, vor dem bis in die sechziger Jahre jeder Dramatiker stand.

Hatte man die Vorstellung, dass das Theater aus der DDR oder in der DDR etwas anderes ist als im Westen?
Ich denke schon. In der DDR wurden schließlich die Originale des Brecht-Theaters erstellt – und dies in einer sozialistischen Gesellschaftsordnung, die auch das übrige Theater bestimmte. Andererseits würde ich heute sagen, dass die Bedeutung des Brecht'schen Theaters nicht vor allem in den Inhalten der Stücke liegt, gar den politischen, wie immer wieder gesagt wurde, sondern gleichermaßen in seiner Ästhetik. Nicht zuletzt hat Brecht so viel Wert auf Realisierung seiner Stücke auf der Bühne gelegt, was nicht nur die Modellbücher nach den Aufführungen bezeugen. Die Umsetzung seiner Theatertheorie in die Praxis, sozusagen. Diese Modellaufführungen wurden zum Maßstab der Theaterarbeit sowohl im Osten wie auch im Westen. Das Brecht-Theater hat sich nicht nur wegen seiner Inhalte durchgesetzt, sondern wegen seiner Form.

Ich meine jetzt nicht nur Brecht, sondern die neuen Autoren. Hatten Sie ein Bewusstsein dafür, dass Müller, Lange, Kipphardt, Braun irgendwie anders sind als Walser?
Sie reagierten auf eine andere gesellschaftliche Situation, die der DDR. Deshalb waren uns bestimmte Themen eher fremd, also solche Stücke wie *Lohndrücker* oder *Marski* oder die Baierl-Stücke.

Inwiefern? Sie haben in Ihren Lektoratsgutachten geschrieben, beim *Philoktet*, auch beim *Herakles*, dass bestimmte Stellen vom Publikum nicht verstanden werden würden.
Klar, da diese Stücke nur von DDR-Zuschauern zu durchschauende gesellschaftliche Realität behandelten. Denn eigentlich waren die Stücke für die DDR geschrieben und diese DDR-Realität fehlte beim westdeutschen Publikum total. Das Publikum hier wusste davon nichts, die haben gar nicht verstanden, was unter der Folie der Antike lag, z.B. beim *Philoktet*.

Haben Sie das verstanden?
Kaum. Aber ich habe gefragt. Ich habe mit den Autoren darüber diskutiert.

Das heißt, wenn Sie einen Text bekamen, konnten Sie auch nicht alles verstehen?
Natürlich habe ich vieles nicht verstanden. Andererseits – das war ja der Vorteil – gab es die Story und die Sprache selbst, von *Philoktet* meinetwegen. Das Stück lässt sich auch ohne den Bezug auf die DDR lesen. Und die Regisseure hier haben das unterstützt, was nicht zur DDR gehörte, was allgemeinere menschliche Konflikte darstellte. Sie haben zum Beispiel ein Clownsspiel aus *Philoktet* gemacht. In dieser Münchner Aufführung zum Beispiel, da hat keiner außer vielleicht ein paar Kritikern an die DDR gedacht. Das war ein Kampf um Macht und Verrat, also ein universeller Konflikt, der im Theater in einer außerordentlich verdichteten Verssprache fern der DDR dargebracht wurde. Und das konnten drei wunderbare Schauspieler einem bundesdeutschen Publikum vermitteln.

Wenn Sie als Lektor einen Text von Heiner Müller oder Hartmut Lange vor sich hatten, wie war bei Ihnen das Verhältnis von, „ich kenne die Texte dieses Autors, ich weiß, wie der schreibt, ich sehe, wie der Text funktionieren soll" und gleichzeitig ihrem eigenen Begriff vom Theater, wie Theater sein soll?
Da unterscheidet sich das Theater von den anderen Literaturgattungen, denn das Theater ist eine Sache von Mehreren und multipel sozusagen. Theater ist nicht nur Sprache, sondern eine komplexe Komposition von Körpern und Tönen, von Raum und Licht, das heißt von Schauspielern und Musikern und Bühnenbildern, vor allem auch von Regisseuren. Der Autor ist zwar in erster Linie der Urheber eines Theaterstücks, die Aufführung hat aber viele Urheber, die in der Praxis des Theaters ihren Anteil haben. Der Autor hat bei der Arbeit an einem Stück diese dramaturgische Komplexität zu beachten, und so ist diese Arbeit meist ein *work in progress*, das in verschiedenen Etappen entsteht. Von Brechts *Galilei* gibt es zum Beispiel mehrere Fassungen, ein halbes Dutzend von Peter Weiss' *Marat/Sade*. Ich

habe von Anfang an diese Entwicklungsarbeit von Stücken mit jungen Autoren ganz vordringlich betrieben. Das schien mir eine wichtige Aufgabe zu sein, und so haben wir viele junge Autoren entdeckt. Ich habe oft mehrere, bis zu einem Dutzend Fassungen in verschiedenen Entwicklungsstufen mit denen erarbeitet. Auch ältere Autoren kamen mit einer Idee, einem ersten Entwurf und dann wurde der entwickelt. Das war immer Entwicklungsarbeit, immer *work in progress*. Sogar nach einer Uraufführung gibt es neue Erkenntnisse und dann gibt es nochmals eine neue Fassung. Diese Arbeit war mit den DDR-Autoren – deshalb ist es eine gute Frage – weniger möglich. Vor allem durch die räumliche Trennung: Man kann diese Arbeit nur machen, wenn man miteinander an einem Tisch sitzt und redet. Schriftlich ist das schon schwierig, telefonieren ging damals auch nicht. Ich habe hier im Frankfurter Archiv des Verlag der Autoren die Müller-Korrespondenz durchgesehen und in jedem zweiten Brief beklage ich mich darüber, wie schwierig es ist, zu telefonieren. Da war wenig Kontakt. Die Stücke aus der DDR entstanden so ohne große Entwicklungsarbeit von uns, von mir aus, vom Verlag aus: Ich habe weder am *Philoktet* mitgearbeitet noch am *Herakles*, auch nicht an späteren Stücken, vielleicht mit Ausnahme von *Quartett*. Müllers Stücke hatten kaum Lektoratsarbeit nötig – sie waren in ihrer Art vollendet. Was könnte man auch an der *Hamletmaschine* verbessern? Man konnte mit Heiner Müller über die Stücke diskutieren, ihn befragen, aber ihn verbessern? Das macht einfach einen ganz großen Autor aus. Aber normalerweise hat solche Entwicklungsarbeit stattgefunden. Auch bei Hartmut Lange zum Beispiel. Da bin ich dann zu ihm nach Berlin gefahren oder er war hier, und wir haben an den Stücken gearbeitet. Das war dann die übliche Praxis.

In dem Zusammenhang interessiert mich das Verhältnis von Aufführung und Publikation. Bei Suhrkamp gab es diese Subreihe der *edition suhrkamp Im Dialog* als Theatersubreihe. Dann gab es das *Spectaculum*.
Beide habe ich betreut.

Genau. Trotzdem war es ja so, dass es eben nach einer Aufführung vielleicht noch Änderungen gab. Welches Verhältnis in Bezug auf die Publikationsform haben die Aufführungen, die Inszenierungen zu der irgendwie manifestierten Form zum Beispiel einer *edition suhrkamp*?
Um es festzuhalten. Theater ist eine ephemere Form, Theater existiert nur im Augenblick der Aufführung und deshalb hat jeder Stückeschreiber das innere Bedürfnis, das Flüchtige irgendwo festzuhalten. Und wo hält er es am besten fest? – in einem Buch. Heute gibt es natürlich Film und visuelle Medien. Dort kann man Theater aufzeichnen und archivieren, aber traditionellerweise, auch noch in den fünfziger und sechziger Jahren war Theater nur existent, wenn es aufgeführt

wurde. Deshalb waren alle Dramatiker wild darauf, eine Buchausgabe zu haben. Das war dann für mich im Suhrkamp Verlag ein großer Vorteil gegenüber anderen Bühnenvertrieben, den Autoren eine Buchausgabe in Aussicht stellen zu können. Allen Autoren war das sehr wichtig, und bei der Trennung, beim Aufstand der Lektoren hat Unseld allen Autoren, die weggehen wollten, gedroht: „Wenn ihr den Verlag der Autoren gründet, gibt es keine Buchausgaben mehr." Das war eine seiner schärfsten Waffen gegen mögliche Dissidenten.

Das war für Autoren aus der DDR auch nochmal eine Besonderheit, weil die noch mehr Angst haben mussten, dass ihre Stücke gar nicht aufgeführt werden. Wenigstens gab es dann das Buch. Gibt es einen bestimmten Zeitpunkt, wann das Buch dann erscheint?
In der Regel achtet man darauf, dass es irgendeine endgültige Fassung des Stücks gibt.

Also erst nach der Uraufführung.
Es ist verschieden. Es gibt Autoren wie Heiner Müller, auch Peter Handke oder Thomas Bernhard, die schreiben Stücke, die sind irgendwann fertig und dann ändern sie nichts mehr daran. Da kann das Theater noch so Forderungen stellen, das ist dann so. Es gibt solche Autoren. Oder was soll man an Beckett ändern? Das ist von Autor zu Autor völlig verschieden. Peter Weiss hat nach der Uraufführung und der gleichzeitigen Publikation des Buchs von *Marat/Sade* nochmals fast ein Dutzend Fassungen geschrieben, nach jeweils neuen Erfahrungen mit dem Stück oder besonderen Wünschen von Regisseuren. Der Verlag ist halb wahnsinnig geworden, weil bei jeder neuen Auflage Änderungen gemacht werden mussten. Das ist ganz individuell, da kann man keine Regel machen.

Wie verhalten sich diese Subreihe *Im Dialog* und das *Spectaculum* zueinander?
Man muss einmal betonen, dass Theaterpublikationen bei allen Verlagen höchst unbeliebt sind, weil Theaterstücke sich nicht gut verkaufen, weil das Publikum nicht gerne Theaterstücke liest. Das sind nur in ganz großen Ausnahmefällen gutgehende Bücher. Brecht ist eine solche Ausnahme. Der Suhrkamp Verlag war in den fünfziger Jahren ein kleiner Verlag, der bewusst mit hochrangiger Literatur eine eher elitäre Minderheit bediente und nie mit Bestsellern rechnen konnte. Aber Peter Suhrkamp musste dann doch Geld verdienen und hat dann etwas kreiert, das nannte er Suhrkamp Hausbuch: Einmal im Jahr erschien ein wichtiges Werk in hoher Auflage zu einem niedrigen Preis. Ich weiß nicht mehr, was so alles erschien, Hesses *Glasperlenspiel* oder Benjamins *Illuminationen*. Diese Hausbücher waren große Erfolge mit hohen Auflagen. Und so hat Suhrkamp auch dieses

Hausbuch mit dem Titel *Spectaculum* gemacht, was noch ohne Nummer war. Das war gedacht als einmalige Publikation von vier berühmten Theaterstücken von Suhrkamp-Autoren, Brecht, T.S. Eliot, Frisch und Bernard Shaw, und schlug ein wie eine Bombe, ein Riesenerfolg. Nach Suhrkamps Tod kam Unseld in die Verlagsleitung, und natürlich, etwas, das einmal Erfolg hat, ist weiter erfolgreich, und so gab es dann *Spectaculum 2*. Das habe ich schon gemacht. Ich habe zuerst versucht, den dann jährlich erscheinenden Bänden eine inhaltliche Linie zu geben, aber letztlich galt das Prinzip *best plays of the year*. Natürlich berücksichtigte ich in erster Linie die Stücke aus dem Suhrkamp-Programm. Ich habe sicherlich zehn Bände betreut, die Reihe erschien dann über viele Jahrzehnte, ich glaube, jetzt gibt es sie nicht mehr.

Doch es wurde wieder aufgelegt. Es gibt sie wieder.
Nicht mehr als Anthologie von Stücken. Das ist jetzt immer *ein* Autor mit seinen Stücken.

Dann haben Sie für Einzelpublikationen diese Reihe *Im Dialog* eingeführt.
Die Reihe *Im Dialog* war gedacht für *newcomer*, für Anfänger, für noch nicht Berühmte.

Gab es die von vornherein? Die *edition suhrkamp* wurde ja 1963 eingeführt.
Ich habe das irgendwie dazwischen mal reingebracht, denn im *Spectaculum* waren nur die berühmten durchgesetzten Autoren von Beckett bis Weiss. Und dann kamen ihre Nachfolger, und ich habe gesagt: „Hier kommt ein talentierter neuer Theater-Autor, den kennt kein Mensch, hat sein erstes Stück geschrieben", Hans Günter Michelsens *Stienz* zum Beispiel, „und da brauchen wir so etwas in niedriger Auflage und in Heftchenform..." – Das hat nicht lange gehalten. Es gibt nicht viele Titel, der Buchhandel hat die Heftchen verschmäht. Die Reihe wurde später in die *edition suhrkamp* integriert, natürlich vor allem, wenn ein Stück einen besonderen Erfolg oder Aufmerksamkeit hatte wie zum Beispiel Handkes *Publikumsbeschimpfung*.

Sie können sich vorstellen, dass ich mich bei meinem Thema ‚DDR-Literatur' auch für das Politische interessiere, vor allem das Politische am Verlag. Das ist aus der Retrospektive gar nicht so einfach, weil es heute schwierig ist, einen Verleger zu finden, der gleichzeitig den Anspruch oder das Selbstverständnis hat, in irgendwelcher Weise auch politisch tätig zu sein. Bei Suhrkamp hatte man das aber zu der Zeit. Natürlich nicht nur bei Suhrkamp, das ist klar, aber ich versuche herauszufinden, was das Politische am Verlag war. Wie haben Sie das damals empfunden in der Verlags-

tätigkeit? Wo war da das Politische? Ich meine nicht nur die reine Lektoratstätigkeit. Es gibt zum Beispiel von Boehlich Aussagen, dass er die Präsenz des Verlags auf der Leipziger Buchmesse und auf der Warschauer Buchmesse als eine politische Aktion des Verlags verbuchte.
Ja, das wollten wir alle. Das war ein Streitpunkt in der Auseinandersetzung mit Siegfried Unseld. Nach dem Einmarsch der Sowjets in Prag, nachdem die Buchmesse in Leipzig boykottiert werden sollte. Walter Boehlich, der Cheflektor, plädierte heftig dafür, trotz allem in Leipzig auszustellen und Präsenz zu zeigen. Das kam für Unseld nicht in Frage. Im Verlag kam es zu Auseinandersetzungen, weil das Lektorat sich auf die Seite von Boehlich stellte, mehr oder weniger. Das Lektorat war damals noch keine geschlossene Gruppe, die hat sich erst im Laufe der Jahre gebildet.

Natürlich war Politik im Verlag immer ein Thema, und vor allem engagierte sich der Verlag stark für alles, was mit dem Faschismus zu tun hatte. Das hat auch mit der Vergangenheit von Peter Suhrkamp zu tun, mit der vieler Autoren, die emigriert waren, Brecht und Weiss, Adorno und Scholem – das war sozusagen in der Literatur die bundesrepublikanische Bewältigung des Faschismus, der Nazis, die bis zum Auschwitz-Prozess stattfand. Das haben alle als selbstverständliches Bedürfnis gespürt, das war ein politischer Impetus für alle, ganz besonders auch der Autoren für die öffentlichste aller Künste, für das Theater. Zum Beispiel das Oratorium *Die Ermittlung* von Peter Weiss. Für die Arbeit daran war ich mit ihm auch beim Auschwitz-Prozess. Als das Stück abgeschlossen war, noch vor dem Ende des Prozesses, hatte ich den Plan entwickelt – schon eine politische Aktion –, dass das Stück an einem Tag von jedem dazu bereiten Theater uraufgeführt werden konnte. Es waren dann 16 Theater, die das Stück gemeinsam uraufführten, in Ost- und Westdeutschland. An einem Tag, am 19. November 1965, das muss man sich mal heute vorstellen, unglaublich. 16 Theater, die alle vom gleichen politischen Impetus beseelt waren, das aber aus durchaus verschiedenen Gründen machten, zum Beispiel, dass die Aufführung in der DDR nicht in einem Theater stattfand, sondern in der Volkskammer.

Das wusste ich nicht. Wie viele Aufführungen gab es in der DDR? Nur die eine?
Es waren neun Theater, die in der Volkskammer in Ostberlin war geradezu eine politische Demonstration und wurde von den prominentesten Schauspielern der DDR gespielt.

Wieso wurde nicht in einem Theater gespielt?
Die Volkskammer war natürlich so, wie wenn das Stück im Plenarsaal des Bonner Bundestags gespielt worden wäre. Das sollte eine Staatsaktion sein. In Westberlin

fand das dann am gleichen Tag in der Freien Volksbühne statt, von Erwin Piscator inszeniert, mit Luigi Nono als Komponist der Musik dazu. Das war schon eine gesamtdeutsche Unternehmung. Dass wir von den Theatern, die das machten, keine Tantiemen haben wollten, auch das war eine politische Aktion. Peter Weiss und der Verlag haben die Tantiemen für antifaschistische Zwecke gespendet.

Sie haben das Politische des Verlags mit der Vergangenheit des Verlags, mit Peter Suhrkamp begründet, aber auch mit den Autoren und den Texten. Sie haben es so dargestellt, als sei es selbstverständlich. Wenn man sich aber heute Verlage ansieht, gilt das nicht mehr. Dass ein Verlag Autor:innen mit einer bestimmten politischen Einstellung betreut, die sich auch in den Texten äußert, scheint nicht automatisch dazu zu führen, dass der Verlag dann auch dementsprechend handelt. Warum war der Anspruch damals so?
Es hat damit zu tun: Siegfried Unseld sagte immer, „wir verlegen keine einzelnen Werke, sondern wir verlegen Autoren", und zwar vom Anfang ihrer Arbeiten möglichst bis zum Ende. Wenn man die richtigen Autoren auswählt, gibt das ein bestimmtes Programm und eine bestimmte Tendenz des Verlags. Die verwischte sich im Laufe der Jahre und führte auch zu Differenzen, denn Unseld neigte auch zu Autoren, die die Lektoren nicht wollten. So auch internationale Bestsellerautoren. Jedes Jahr hieß es: „Diesen Herbst müssen wir einen Bestseller haben", und jedes Mal setzte Unseld auf einen voraussichtlichen Bestseller und jedes Mal ging das schief. Darum war er so unglaublich glücklich, als ein Roman dann wirklich durchschlug, der von Isabel Allende, die mit uns nichts zu tun hatte. Das war dann sehr viel später, und aus Suhrkamp wurde allmählich ein Verlag wie viele andere auch. Zwar weiterhin mit hohem Anspruch, aber ohne den Anspruch der Autoren, die die vielzitierte Suhrkamp-Kultur ausmachten.

Wie viele Lektor:innen waren es, sechs, sieben? Hatte nicht jede:r eine andere Vorstellung davon, was Qualität ist?
Ja und nein, aber das Spektrum war schon weit. Es wurde halt über die Texte, über die man sich nicht einig war, ob und welche Qualität sie hatten, innerhalb des Verlags diskutiert. Über Jandl zum Beispiel oder Oswald Wiener. Darüber gibt es auch einige Beiträge in unserer *Chronik der Lektoren*. Wir haben uns unter uns verständigt. Ich weiß noch, wie oft ich die anderen überzeugen musste von dem einen oder anderen *newcomer* von Dramatiker. Man macht natürlich auch manchmal einen Fehlgriff. Das war das Miteinander, es wurde unter den Lektoren ständig diskutiert. Und nicht kalkuliert, was das für einen Erfolg haben könnte.

Das heißt, das Programm ist eigentlich in der Diskussion entstanden, es war nicht so, dass es einen expliziten Konsens gab.

Ein Programm gab es nicht. Die Qualität, die ursprünglich da war, hat dann auch andere Qualitäten nach sich gezogen. So konnte Unseld Rechte von bedeutenden Autoren aus anderen Verlagen dazu kaufen, so die von James Joyce, Scholem, Robert Walser, Hermann Broch. Der Topf füllte sich mit allem, was gut und anerkannt war. Auch weil es Auszeichnung war, von Suhrkamp verlegt zu werden.

Wie sehen Sie im Rückblick Unseld als Verleger?
Unseld war sicherlich ein großer Verleger, und sein Einsatz für die Autoren, seine Arbeitskraft ist unvergleichlich. Er hat unermüdlich gearbeitet. Er hatte auch eine Nase für die richtigen Mitarbeiter. Aber das, was erreicht wurde, und das kann man ihm vorwerfen, hat er bei Weitem nicht allein erreicht, gerade in den sechziger und siebziger Jahren, wo das Fundament der Suhrkamp-Kultur gelegt wurde. Da war eben dieses Lektorat, das es mitgeschaffen hat, das muss man schon sagen. Die Rolle von Walter Boehlich wird unterschätzt, und der Verlag hat Boehlich mindestens, zumindest bis zu seinem Ausscheiden, genauso viel zu verdanken wie Unseld. Dass die beiden nicht mehr zusammen konnten, das wurde, so glaube ich, zur eigentlichen vieldiskutierten Tragödie des Verlags. Man könnte ein Psychodrama draus machen, weil Unseld sich immer unterlegen gefühlt hat, und Boehlich ihm zunehmend auch immer mehr gezeigt hat, wie er ihm geistig überlegen ist. So wurde Unseld auf der einen Seite immer machtbewusster, ließ sich immer weniger sagen und hatte Erfolg damit: „Ich bin der Verlag". Auf der anderen Seite hat Boehlich gegen die ständige Ausweitung des Verlagsprogramms angekämpft und hat Unseld dabei immer mehr wissen lassen, dass er zwar der beste Verkäufer sei, der beste Werbemanager, aber mit Literatur weniger zu tun habe. Dabei galt die ganze Sehnsucht von Unseld doch der literarischen Anerkennung... – Ist nicht seine demonstrative Beschäftigung mit Goethe auch darauf zurückzuführen? Das, was er wirklich gut konnte, wo er wirklich großartig war, war Ideen zu entwickeln für Bücher, für neue Reihen, für immer wieder neue Ausgaben bereits erschienener Texte, und immer wieder eine Gesamtausgabe. In diesem verlegerischen Management war er einfach unschlagbar, und das war sein Erfolg. Und führte dann auch zu dieser Überstilisierung nach seinem Tod. Dass er den Lektoren in den virulenten Auseinandersetzungen die Mitbestimmung im Verlag schließlich verweigerte, hatte – so vermute ich – weniger ökonomische Gründe als inhaltliche: hätte doch ein mitbestimmendes Lektorat seine allein bestimmende Herrschaft tangiert.

Was Sie damals gefordert haben, wäre eigentlich die natürliche Entwicklung gewesen, wenn Sie sagen, dass es ja eigentlich eine informelle Lektoratsversammlung gab. Sie haben ohnehin schon zusammengesessen und diskutiert.

Die ganze Entwicklung ging darauf hinaus, dass der Suhrkamp Verlag zu einem Verlag der Autoren hätte werden können. Aber was uns selbstverständlich erschien, und so wie wir zum großen Teil auch agierten, das fand immer mehr seinen Unwillen. Und die Tendenz, dass *er* der Verlag sein wollte, hat sich später noch verstärkt. Wir wollten ja *primär* keine Mitbestimmung im verlegerisch-wirtschaftlichen Bereich, wir wollten vor allem in künstlerisch-inhaltlichen Fragen mitbestimmen. Das war der entscheidende Punkt. Und wahrscheinlich recht naiv. Wenn man das liest im Protokoll der Auseinandersetzungen von 1968/69 ist es geradezu lächerlich, was wir gefordert haben. Denn gerade der ökonomische Bereich hätte uns interessieren müssen: Ich habe zum Beispiel in den zehn Jahren als Leiter des Theaterverlags wirklich Unsummen bewegt, der Theaterverlag war die Milchkuh des Buchverlags, aber meinen Sie, ich hätte in den zehn Jahren irgendwann einmal eine Bilanz gesehen, eine Abrechnung, was der Theaterverlag überhaupt eingenommen hat? Niemals. Und selbst, wenn ich drum gebeten habe: „nein". Ich habe mir selbst eine Kladde mit einer provisorischen Buchhaltung angelegt, um zu wissen, wie viele Millionen im Jahr ich umgesetzt habe. Das ist ein typisches Beispiel.

Sie haben auch in der *Chronik der Lektoren* geschrieben, dass Unseld sich lieber auf das Votum seiner Autoren verlassen hat, Walser, Johnson, Enzensberger und so weiter.
Es hatte sich im Laufe der Zeit ein Schattenlektorat gebildet. Unseld hat seine Lieblingsautoren zunehmend in seine Planungen einbezogen, zu beiderseitigem Nutzen. So mussten sie sich ihm verpflichtet fühlen. Darüber schreibe ich auch in der *Chronik der Lektoren*: Alle Verleger versuchen ihre Autoren, gerade die erfolgreichen, an den Verlag zu binden, damit sie nicht woanders hingehen, wo sie womöglich besser bedient werden. Viele Verleger machen das mit mehr oder weniger großen Vorschüssen. Unseld hat das nicht gemacht, als sparsamer Schwabe. Er hat das nicht mit Geld gemacht, sondern mit Freundschaft und Zuneigung, hat jeden Autor sozusagen umarmt, und der Autor fühlte sich präferiert, vorgezogen vor anderen. Das ist das Prinzip der Lieblingsautoren. Der Autor fühlte sich durch die Behandlung von Unseld als Lieblingsautor. Die es natürlich auch wirklich gab. Der innere Kreis der Lieblingsautoren war dann dieses graue Lektorat, von dem Sie gesprochen haben.

Noch mal zurück zu Heiner Müller. Jens Pohlmann hat im Dezember in Marbach einen Vortrag gehalten und Müllers Wege durch die Verlage aufgezeigt, im Westen vor allen Dingen. Man fragt sich so ein bisschen, warum er seine Gesamtausgabe doch wieder dem Suhrkamp Verlag gegeben hat. Wie bewerten Sie das?

Geld. Er hatte von Unseld keine besonders gute Meinung, wollte mit Suhrkamp nichts zu tun haben. Er ist ja einer der Ersten gewesen, die gesagt haben, „Verlag der Autoren, da mache ich mit". Das war bereits kurz nach der Gründung des Verlags 1969 – und das als DDR-Autor, der damit Gesellschafter einer kapitalistischen GmbH&CoKG hätte werden sollen. Was natürlich nicht ging. Aber er wurde auch ohne diesen Status als gleichberechtigtes Mitglied in den Verlag aufgenommen. Mit den Aufführungsrechten seiner Stücke, die der Verlag der Autoren im Subvertrieb des Henschelverlags für den Westen dann vertrat. Aber der Verlag der Autoren konnte in den ersten Jahren noch keine Bücher produzieren, auf die Heiner Müller großen Wert legte. Deshalb arrangierte ich mit dem Rotbuch Verlag in Berlin eine gemeinsame Heiner Müller-Ausgabe, die 1974 mit den *Geschichten aus der Produktion 1* begann.

Wie viele Bände wurden das?
Neun Bände mit Stücken und Prosa und Materialien. Was Müller sehr gut gefiel, weil er etwas fortführen konnte, was Brecht vor dem Krieg mit den *Versuchen* begonnen hatte. Er konnte da außer Stücken auch Texte unterbringen, die er vom DDR-Büro für Urheberrechte ungenehmigt als Konterbande in die Bände einschmuggelte. Im Grunde hat er die Komposition der Bände gestaltet. Es lief auch sehr gut, bis der Rotbuch Verlag in Schwierigkeiten geriet. Die weitere Geschichte der Buchpublikationen Heiner Müllers ist kompliziert und in einem Gespräch kaum zu dokumentieren. Jedenfalls haben wir jahrelang versucht, nach der fortlaufenden Rotbuch-Edition eine neue Publikationsmöglichkeit für eine Gesamtausgabe zu finden. Als es schließlich mit der DDR immer mehr abwärtsging, in den letzten Jahren vor dem Mauerfall, versuchten wir auf verschiedene Weise doch noch zu einer solchen Gesamtausgabe zu kommen. Da wir als Verlag der Autoren sowas von der Kapazität her noch nie gemacht hatten und Rotbuch ja schon seine neun Bände, auch Henschel verschiedene Bände herausgebracht hatten, setzten wir uns zusammen und wollten nun zu dritt eine endgültige Gesamtausgabe machen.

Wann waren die Verhandlungen?
Das muss 1987, 1988 gewesen sein, vor der Wende. Es gab bereits einen Vertragsentwurf, der von niemandem unterzeichnet wurde. 1990 dann der Rückzug der geplanten Ausgabe im Rotbuch Verlag, Henschel, Verlag der Autoren. Da gibt es einen Brief von Rechtsanwalt Raue, der das im Auftrag von Müller zurückzieht. In den Tagen, als dann die Mauer fiel, als der Henschelverlag von der Treuhand verkauft werden sollte, sagten wir uns hier im Verlag der Autoren, es könne doch nicht sein, dass jetzt die Rechte der Autoren von Henschel verkauft werden – und haben mit Wolfgang Schuch und Andreas Leusink vom Henschelverlag konspi-

riert, aus Henschel bzw. den Henschel-Autoren auch einen Verlag der Autoren zu machen. Das Kapitel kennen Sie wahrscheinlich, es ist verworren wie die Zeiten damals: Die Henschel-Lektoren übernahmen das Modell des Verlag der Autoren, im Prinzip auch die Verlagsverfassung, gründeten Henschel Schauspiel und die DDR-Autoren verfügten einfach über ihre Rechte aus dem alten Henschelverlag und räumten sie dem neuen Henschel Schauspiel ein. Da war Heiner Müller, auch durch die Erfahrungen mit uns hier in Frankfurt, eine treibende Kraft, und er hatte Gewicht, war eben ein großer Name. Als er sich hinstellte und sagte, er lasse sich mit seinen Rechten von der Treuhand nicht verkaufen und mache da mit bei Henschel Schauspiel als einem neuen Autorenverlag, haben die meisten anderen Autoren des alten Henschelverlags auch mitgezogen. Henschel Schauspiel hat Müller viel zu verdanken. Und für uns vom Verlag der Autoren war das leider nicht so gut, denn wir hatten mit Henschel eine vertragliche Vereinbarung, dass *wir* das Gesamtwerk von Müller in der Bundesrepublik, im gesamten westlichen Ausland vertreten, auch die Buchrechte. Wir haben viele Lizenzen vergeben ins Ausland. Das fiel nun alles an Henschel Schauspiel und an den zukünftigen Buchverlag.

Wenn man sich Heiner Müllers Verlagsverhältnisse anguckt, leuchtet mir das nicht so ganz ein, dass er am Ende sagt, „gut, aus finanziellen Gründen mache ich meine Gesamtausgabe bei Suhrkamp".
Nein, es geht erstmal woanders weiter. Es war alles wieder offen. Die Gesamtausgabe von Henschel/Rotbuch/Verlag der Autoren war nicht mehr möglich, weil der alte Henschelverlag nicht mehr existierte. Aber Müllers dringender Wunsch nach einer Gesamtausgabe bestand weiter.

Zumal er damals schon krank war.
Zumal er damals schon krank war. Vielleicht ahnte er das schon und vielleicht wusste er auch, dass er nicht mehr so Vieles schreiben würde. Und als dann nach der Wende quasi die Rechte frei waren, versuchten wir noch einmal eine neue Gesamtausgabe zu starten und zwar mit Henschel Schauspiel, dem Verlag der Autoren und dem Stroemfeld Verlag. Mit KD Wolff von Stroemfeld war Müller befreundet, die haben sich sehr gemocht. Müller mochte dieses unaufgeräumte Verlagshaus im Frankfurter Nordend, es war fast wie seine verschiedenen Wohnungen. Und KD Wolff wollte unbedingt eine Müller-Gesamtausgabe machen. Diese Dreier-Ausgabe hätten wir zusammen gemacht, und herausgeben sollte das Ganze die Literaturwissenschaftlerin Genia Schulz, nebenbei auch die Frau von Hans-Thies Lehmann. Es war schon alles besprochen, weitgehend geplant – es fehlte nur das Geld, das auch die drei Verlage zusammen nicht aufbringen konnten. KD Wolff, der ein begnadeter Schnorrer war und in allen möglichen Institutionen für seine verschiedenen großen Klassiker-Ausgaben, von Hölderlin

bis Kafka, Geld aufgetrieben hatte, versuchte es auch jetzt mit dem neuen Klassiker Heiner Müller. Aber das zog sich und zog sich, ging nicht voran. Inzwischen brach dann die Krankheit aus, es wurde dramatischer um Heiner. Ich kenne keinen anderen Autor, der uninteressierter am Geld war als Müller, es musste halt irgendwie da sein. Aber auf einmal wollte er Geld und zwar alles auf einmal, einen großen Batzen auf einen Schlag, halbe Million oder so. Wahrscheinlich wollte er auch die Tochter und seine Frau Brigitte absichern. Plötzlich wollte er Geld haben für alle Rechte. Da hat er mit Unseld verhandelt und Unseld, das vermute ich eher, als dass ich es weiß, darüber hat Müller kaum gesprochen, aber Unseld wollte keinen großen Vorschuss geben. Dann ist Müller gestorben und dem Suhrkamp Verlag sind die Publikationsrechte für das Gesamtwerk einfach so in den Schoß gefallen, weil Brigitte wohl kaum auf den großen Vorschuss bestanden hat und ihr Hauptinteresse die Gesamtausgabe war. Und dafür war Suhrkamp natürlich auch der richtige Verlag. Es waren auch einige aus der DDR interessiert, die Ausgabe zu machen, aber alles ging relativ schnell. Für uns war es schmerzlich, weil Brigitte dann entschied, die Theaterrechte bei Schauspiel Henschel zu konzentrieren. Das konnte sie, weil wir vertraglich die meisten Stücke im Subvertrieb vom alten Henschelverlag und nur ganz wenige Stücke mit Heiner Müller direkt unter Vertrag hatten. Und weil es natürlich wichtig war für Henschel Schauspiel, dem neuen genossenschaftlichen Theaterverlag, ihren bedeutendsten Autor weltweit zu vertreten. Denn nach der Wende konnte man auch diese Teilung nicht mehr aufrechterhalten. Henschel Schauspiel und der Verlag der Autoren haben sich deshalb geeinigt, dass das dramatische Werk Müllers allein von Henschel vertreten wird, so dass am Ende im Verlag der Autoren von Müller nichts mehr zurückblieb als eine große Geschichte und die drei Bände *Gesammelte Irrtümer*.

3) Gespräch mit Uwe Kolbe am 8. Oktober 2015 in Berlin

Uwe Kolbe debütierte 1980 mit dem Gedichtband *Hineingeboren* in der Reihe *Edition Neue Texte* im Aufbau Verlag. Der Suhrkamp Verlag übernahm diesen und die folgenden beiden Gedichtbände, *Abschiede* und *Bornholm II*, in die *edition suhrkamp*. Von 1984 bis 1987 gab Kolbe zusammen mit Bernd Wagner und Lothar Trolle die nichtoffizielle Literaturzeitschrift *Mikado* heraus. 1986 erhielt er ein Dauervisum und übersiedelte im darauffolgenden Jahr von Ostberlin nach Hamburg. Nach der Wende wechselte er zu Suhrkamp. Seit 2014 gehört er als Autor zum S. Fischer Verlag.

Jaspers: Ich würde gerne über die Wahrnehmung Ihrer ersten drei Gedichtbände in der BRD sprechen. Im *Arbeitsbuch Uwe Kolbe* spricht Katha-

rina Deloglu davon, dass ostdeutsche Literatur im Westen immer ein „moderates Mindestmaß an politischer Brisanz" mit sich bringen musste.[2047]
Kolbe: Die Rezensionen waren beim ersten Buch, wahrscheinlich durch das Fühmann-Nachwort sehr forciert. Es ist relativ frech und schlicht in dem Sinne besprochen worden, ich hab immer gesagt politisch besprochen worden, weil es nicht um die Gedichte ging, sondern darum, dass da überhaupt mal was von der nächsten Generation oder von einer Altersgruppe, die es bisher in der DDR-Literatur nicht gab, aufgenommen wurde. Das änderte sich zu meiner großen Freude mit *Bornholm*. *Bornholm II* war der erste Band, der im Westen literarisch wahrgenommen wurde. In der DDR waren Literaturkritiken wenn, dann rudimentär vorhanden, ich würde sagen, die gab es nicht. Wenn man das Buch aber im Nachhinein sieht, muss man davon, was historisch drin ist oder worum es da geht, das ganze DDR-Thema, davon muss man einfach abstrahieren können. Was übrig bleibt, ist Poesie. Warum lesen wir denn irgendwelche Texte? – Nicht um historische Sachen zu erfahren, sondern um gute Sachen zu lesen.

Oft wurden ostdeutsche Texte als Neuigkeit, als Information aus einem anderen Land wahrgenommen. Der Soziologe Heinz Bude hat 2009 dargestellt, dass es sich um eine Projektionsbeziehung handelte, „auf der die Faszinationskraft des Ostens beruhte, Kopfsteinpflaster und Alleen, längst vergessene Gerüche und das allgegenwärtige Grau, Langsamkeit und melancholisch verfallende Häuser, existenzieller Ernst, Nischenbürgerlichkeit und künstlerisches Traditionsbewusstsein. Die DDR wurde für bundesrepublikanische Bildungsbürger zur real existierenden Traum- und Trostlandschaft. Der Osten wird zum geheimen Wunschbild einer kulturellen Heimat, die der Nationalsozialismus zerstört hat."[2048] Das klingt für mich für die Sechziger plausibel. Glauben Sie das stimmte in den achtziger Jahren immer noch?
Ja. Das stimmte garantiert bis zum Schluss. Das waren genau die Begegnungen, wenn uns jemand sozusagen im Zoo besuchte. „Oh, dass es das noch gibt", das war die Sichtweise, ja, ja. Das Echte, der Geruch, das Marode auch, das nicht

---
[2047] Katharina Deloglu: Uwe Kolbe – Stationen der frühen Rezeption in der Bundesrepublik. Überlegungen zu Deutungszuweisungen im literarischen Feld bis 1985. In: Stefan Eilt (Hg.): „.... notwendig und schön zu wissen, auf welchem Boden man geht" Arbeitsbuch Uwe Kolbe. Frankfurt a.M. 2012, S. 97–127, hier S. 113.
[2048] Zitiert nach Alexander Cammann: Im Osten ging die Sonne auf. Lichtjahre voraus: Warum die Literatur, die aus der DDR kam, die Werke des Westens immer noch überragt. In: Die Zeit, 26.11.2009, Nr. 49. Unter URL: https://www.zeit.de/2009/49/DDR-Literatur/komplettansicht (zuletzt eingesehen am 5.05.2022).

Überlackierte, das nicht Neonstrahlende und so weiter. Das war die sinnliche Erfahrung der gelernten Westbürger in dieser anderen Welt, was viele, wenn sie woanders herkamen, aus den USA oder sonst woher, natürlich doppelt genossen haben, weil sie zwischen beiden Welten *switchen* konnten. Dadurch, dass ich von 1985/86 an selber gependelt bin, kann ich das absolut nachvollziehen. Ich habe ja 1986 am Savignyplatz [in Westberlin, A.J.] und am Kollwitzplatz [in Ostberlin, A.J.] gewohnt und die gleiche Erfahrung gemacht. Das enorme romantische Potenzial hatte nicht nur damit zu tun, dass das alles auf einem Stand war, der noch aussah wie in den fünfziger Jahren, also Nachkrieg im Grunde, sondern auch damit, dass es insgesamt eine langsamere, sich der Moderne, jeder Modernisierung eigentlich verweigernde Welt war. Es war im Grunde noch ein Stück 19. Jahrhundert, weil der Sozialismus ja vollkommen industrieorientiert war. Der war zwar irgendwie im Atomzeitalter angekommen, aber mit Ach und Krach und möglichst geheim, irgendwo tief in der Sowjetunion. Ansonsten war das noch Industriezeitalter, was im Westen dabei war ins Knie zu brechen im Zuge der Umweltkatastrophen und des technologischen Fortschritts. Der war ja im Osten sehr matt. Ich stelle mir das auch in der Sowjetunion so vor, wo ich nebenbei bemerkt nie war, ich war bis heute noch nie in Russland. Aber all das, was ich von da gelesen habe, mitbekommen habe, was ich bei Tarkowski gesehen habe oder sonst wo, hat mir natürlich immer gesagt, dass dort das Zeitgefühl dasselbe war wie bei uns. Eine unerhörte Langsamkeit, ein unerhörtes, mit einem Trauerflor umgebenes Vor-sich-hin-Sinnieren, weshalb ich auch immer sage, eigentlich gab es kein intellektuelles Leben. Es gab keine Intellektuellen, deswegen sage ich Intelligentia, das ist ein anderer Modus, das ist nicht die kritische, öffentliche, publizistische Begleitung der Vorgänge der Gesellschaft, sondern ein Vor-sich-hin-Sinnieren und Sich-manchmal-was-Trauen.

Aus dieser Sentimentalität lässt sich vermutlich auch die Ostalgie seit den späten Neunzigern erklären.
Es gibt auch eine Sehnsucht zurück, weil das menschliche Beharrungsvermögen einfach gewaltig ist. Natürlich ist eine langsamere Welt eine angenehmere Welt und auch eine, das hat mit dem Herrschaftssystem zu tun, in der für mich Verantwortung übernommen wird. Ich muss nur Kotau machen, dann ist alles gut. Das ist eine enorme Sehnsucht, eine Regression, die sehe ich sehr kritisch. Darin steckt eine Bereitschaft zur Diktatur, das ist das Fatale daran.

Elisabeth Borchers schreibt im Bericht von der Leipziger Messe 1982 zu Ihrem zweiten Gedichtband: „Wann bringen wir Kolbes zweiten Gedichtband, siehe FAZ-Messebericht, er wird erwähnt als einziger junger Autor, außerdem ist er in Ungnade gefallen, wir wissen es. Wir sollten als Gegen-

gewicht aufmerksam mit ihm umgehen, darüber hinaus schreibt und schreibt er."[2049] **Auch vom Verlag wurde die westdeutsche Publikation also als eine Unterstützung für den ostdeutschen Schriftsteller gesehen.**
Ja, das stimmt, das war zur gleichen Zeit, wie der zweite Band erschien und ich diese Lesung in Westberlin hatte. Ein enormes Ding war das, dass ich zwölf Stunden rüber durfte. Zur gleichen Zeit hatte ich mein Kryptogramm veröffentlicht, sozusagen selber meine DDR-Karriere konterkariert, unterminiert im selben Moment, ein bisschen schizophren im Grunde. Ich höre das jetzt das erste Mal, dass Suhrkamp da so reagiert hat und diese Funktion erkannte. Find ich schön, denn das entsprach ja meiner Wahrnehmung von der anderen Seite, ohne dass ich davon wusste.

Wie ordnen Sie diese Überlegungen in einem Bericht, der zumindest Unseld vorgelegen hat, aus der historischen Distanz ein?
Das Verrückte ist – ich hoffe das ist nicht ketzerisch – ich hatte immer das Gefühl, dass das Verhältnis zwischen Suhrkamp und mir schon zu dieser Zeit aus meiner Perspektive eher scheu war und fast nonverbal sozusagen. Ich wusste, die haben meine Gedichte gedruckt, als ich das erste Mal dort in der Tür stand, was etwa 1986 der Fall war, und ich wusste, das ist schön, es ist diese Regenbogenreihe. Dann steht man da und dann war da plötzlich die Suhrkamp-Aura, die Unseld-Aura, auch die Elisabeth Borchers-Aura, die haben sich alle überlagert für mich und das war ein gewaltiges Tor, durch das ich da trat, immer in einer Haltung, in gewisser Hinsicht devot, dankbar an dieser Art Gral teilhaben zu dürfen. So war das und so ist es ganz nebenbei von Elisabeth Borchers als Person auch kommuniziert worden. Sie selbst als Dichterin, was mir zu dem Zeitpunkt noch nicht so klar war – das habe ich dann sehr schnell mitbekommen, als ich ihre Gedichtbände las – hat sich selbst stilisiert, und Unseld war tabu, er war irgendwo eine große Macht. Ich habe Unseld 1988 kennengelernt, sehr viel später, im dritten Jahr meines Westaufenthaltes, obwohl ich mehrfach in Frankfurt und beim Verlag war. Unseld war die andere Liga, ein Gott, und Elisabeth Borchers war seine beste Stellvertreterin. Auch alle anderen Verlagsangestellten, die ich dann mal sah, Herr Fellinger, Herr Müller-Schwefe und wie sie alle hießen, die wurden mir auch vorgestellt, aber das war wie hinter Glas, hinter Watte, sehr raunend. Ich habe es damals schon als sehr raunend beschrieben, wenn ich anderen erzählt habe, wie das dort ist im Suhrkamp Verlag. Das war, als ob man auf Polstern geht. Im Aufbau Verlag, das war ein altes Bankgebäude, da waren die Türen zum Teil

---

2049 Elisabeth Borchers: Leipziger Messe 13.–16. März 1982, Reisebericht vom 19.03.1982. In: DLA, SUA: Suhrkamp.

wattiert, mit Leder gesteppt, ganz verrückt, dicke, alte, schwere Türen, dahinter saß dann der Verlagsleiter. Bei Suhrkamp war ja alles sachlich in dem Gebäude in der Lindenstraße, aber ich hatte das Gefühl, nicht wirklich in der Wirklichkeit zu sein, dort in diesen heiligen Hallen.

Haben Sie sich das damals damit begründet, dass Sie ein junger Autor waren und sozusagen nur in der *edition* erstmal erschienen oder weil sie die DDR-Erfahrung hatten?
Das rutscht, glaube ich, alles mächtig zusammen. Das waren meine Minderwertigkeitskomplexe oder so, was auch immer. Für mich waren das gar keine Arbeitsverhältnisse, sondern ich war ständig in einer Dankbarkeitshaltung, weil Suhrkamp die Bücher macht, meine Gedichte druckt. Das Geld war schlecht, ganz nebenbei, letztlich der Grund, warum ich weg bin am Schluss. Die Verträge waren immer voller Knebel, und ich hab' es nur nicht gewusst, weil ich ein Idiot war, weil ich keinen Rat hatte, niemanden gefragt habe. Meine Gedichte sind ja gut gewesen und gut gemacht worden, aber zu DDR-Zeiten jedenfalls war das der Stand und solange Elisabeth Borchers meine Lektorin war – also nicht die ganze Zeit, irgendwann war es Christian Döring. Bei ihr war immer mein großes Problem – es lag in erster Instanz an ihr, offenbar aber auch an den Suhrkamp-Usancen – ein internes ‚Teile und Herrsche': Jeder weiß nur so viel und hat nur so viel zu wissen, wie er eben weiß. Auch die Strukturen des Verlages, die Entscheidungsstrukturen, die Lektoratsstrukturen entsprachen einer bestimmten Strategie, letztlich nicht wirklich zu zeigen, wie was läuft in dem Haus, wer mit wem Schach spielt oder nicht. Im Grunde ist das ein Herrschaftsgebäude fast wie die DDR, also gar nicht so anders, wie ein kleiner Staat im Staat, und zwar ein diktatorischer Staat, nicht etwa ein demokratischer. So kam mir Suhrkamp vor, so hätte ich es damals nicht formuliert, aber für mich war es dieses Raunen, nicht wissen sollen, nicht wissen dürfen, nicht fragen sollen. Lektorat in dem Sinne fand nicht statt, musste ja auch nicht stattfinden bis zu dem Zeitpunkt, als aus dem Band *Bornholm I*, den ich eingereicht hatte, dann *Bornholm II* wurde. Da fielen dann zwölf Gedichte oder mehr raus und mir wurde von Elmar Faber, Verlagsleiter des Aufbau Verlags, wörtlich gesagt, mit einer vollständigen Ausgabe im Westen gäbe es keine Ausgabe in der DDR. Die haben mich einfach erpresst. Die sagten, die Ost- und Westausgaben müssten identisch sein, sonst gäbe es keine DDR-Ausgabe. Ich hab' mich darauf eingelassen.

Sie haben Streichungen machen müssen?
Natürlich, gewaltig. Wir haben richtig zusammengesessen und Gedichte rausgeschmissen. Das haben wir sehenden Auges gemacht, das geht nicht, das geht nicht, das geht nicht.

Es gab zu der Zeit nicht die Möglichkeit, nur den Suhrkamp-Band zu machen?
Doch, ich wollte aber in der DDR mein Buch, das war der Punkt. Die Erpressung von DDR-Autoren, die in der DDR saßen, war ja Volker Brauns Dauerproblem, das hat er so kultiviert. Darüber hat sich Sarah Kirsch lustig gemacht, er sei der Meister des ‚Einerseits und Andererseits'. Bei mir war das einmalig in dieser Situation und ich hab' gesagt „ok, ich will aber verdammt noch mal das Buch in der DDR." Mein Ethos zu der Zeit war, dass ich alles in der DDR machen wollte, dort waren meine Leute. Das war eigentlich schon ein Witz, weil ich ein Jahr später mit mehr als einem Bein weg war.

Bornholm II **war das letzte, was Sie in der DDR geschrieben haben. Was haben Sie mit den Gedichten gemacht, die rausgefallen sind?**
Damals war ich schon etwas kühn. Wir hatten diese illegale Zeitschrift *Mikado*, diesen Drucker, der alles für uns gemacht hat, wo ich der einzige Kontakt war – ein bisschen konspirativ mussten wir ja sein – und der hat eine kleine Offset-Auflage, 100-er Auflage gemacht von einem Heft, das *Kabarett*. Da sind die Gedichte alle drin. Immer wenn ich das Buch verschenkt habe, hab' ich das reingelegt: wieder vollständig.

Es hätte nicht die Möglichkeit gegeben – Sie sagen ja, dass Volker Braun da erfolgreich manövriert hat – Elisabeth Borchers die Gedichte irgendwie zu geben und...
...sie dann doch zu machen? Ja, zu sagen, wir haben die erste Fassung gedruckt oder so etwas? Ich weiß nicht, mir war das so wichtig, vielleicht war ich auch nicht so kalkulierend, nicht so cool, war diese Art nicht gewohnt. Ich wusste, was ich wollte: Ich wollte ein Buch in der DDR, für meine Leute, für mein Publikum – soweit ich wusste, was das ist. Interessanterweise ist das Buch ohne diese expliziten Texte besser gewesen, sag ich jetzt mal kurz und zusammengefasst.

Können Sie sagen, welchen Status, welche Bedeutung Literatur aus der DDR in den achtziger Jahren bei Suhrkamp hatte?
Das kann ich für Suhrkamp speziell gar nicht sagen. Luchterhand war ein Verlag, wo unendlich viele DDR-Autoren veröffentlichten, bei Christa Wolf angefangen. Bei Fischer gab es ab einer bestimmten Phase die *Collection Fischer*, in der alles erschien, was zum großen Teil in der DDR nicht ging, aber auch manches, das ging: nebeneinander Monika Marons Roman *Flugasche* und Klaus Schlesingers Bücher, die auch in der DDR erschienen, dann noch Hilbig, Neumann, Katja Lange-Müller und so weiter. Da kam ein ganzer Schwung, eine Zeit lang fand die wichtigste Literatur bei Fischer statt und bei Rowohlt und dann auch noch bei

Suhrkamp meines Wissens nach. Ich weiß nicht, Jurek Becker war natürlich bei Suhrkamp, oder?

Volker Braun war die ganze Zeit bei Suhrkamp, so wie auch Fühmann, Becker, Plenzdorf.
Fühmann ist in meiner Wahrnehmung bei Hoffmann und Campe gewesen.

Elisabeth Borchers hat ihn sozusagen mitgenommen von Luchterhand, *Zweiundzwanzig Tage* war die erste Suhrkamp-Publikation und dann kamen die Essays. Die mythologischen Novellen und Erzählungen wurden immer abgelehnt, bis er sagte: „Jetzt ist Schluss, jetzt gehe ich zu Hoffmann und Campe."
Das war mir alles nicht so klar. Braun wusste ich natürlich, klar.

Fries war auch bei Suhrkamp.
Ja, Fries sowieso seit dem legendären *Oobliadooh*.

Sie haben sowohl in Ost als auch in West Vorabdrucke gehabt, in *Sinn und Form*, in Anthologien, in der *Neuen Rundschau*, in der *FAZ*.
Das kann sein. Ja, Reich-Ranicki hat ein paar Mal Gedichte von mir gedruckt, das stimmt.

Inwiefern hatten die Vorabdrucke in der DDR und in der BRD unterschiedliche Funktionen?
Na ja, was soll ich da sagen? Wenn man es so nimmt, würde ich heute sagen, es ist nach der westlichen Marktlogik Werbung gewesen. In der DDR, das ist einfach so in einer Mangelgesellschaft, war jeder kleine Text, wenn er irgendwo nur gedruckt war, schon wirklich da, bevor er Buch war oder auch, wenn er nie Buch wurde. Volker Brauns *Unvollendete Geschichte* ist das berühmteste Beispiel für einen Text, der nirgendwo in einem Buch war, in *Sinn und Form* spielte der eine Riesenrolle. Aber ich habe nie so richtig darüber nachgedacht, ich mag Zeitschriftenabdrucke, ich mag sie bis heute.

Warum?
Vielleicht ist das was Ästhetisches. Ich meine, meistens sind es relativ frische Texte, so eine Anfrage kommt meistens vor einem Buch, die wollen keine Lizenzen, Zeitschriften wollen frische Sachen. Ich hoffe, das ist nicht nostalgisch, also n-ost-algisch. Meine letzten Veröffentlichungen sind übrigens in zwei Zeitschriften, in *Manuskripte*, die ich sehr mag, von Alfred Kolleritsch in Graz. Ganz am Rand in Ulm habe ich jetzt auch ein paar Sachen veröffentlicht. In *Park*, der

kleinen Berliner Zeitschrift, war ich immer sehr stolz sogar mit Christoph Meckel zugleich zu veröffentlichen. Es gibt Kontexte, die Zeitschriften herstellen, vielleicht ist es das. Wenn auch nicht in jedem Fall und nicht nach strengen Maßstäben, wie sie zum Beispiel Stefan George in die Welt gesetzt hätte oder hat. Für mich stimmten die meistens, das war auch so mit *Sinn und Form*. Ich hab' drei Mal in *Sinn und Form* Gedichte veröffentlicht, 1976, 1979, Mitte der achtziger Jahre.

Diese intertextuellen Zusammenhänge sind interessant, weil das ein Aspekt ist, der selten in der Literaturwissenschaft besprochen wird, der aber wichtig ist für Autor:innen...
Die dann wirklich auch entstehen, nicht?

...in einer Zeitschrift zu sein oder in dem Verlag, wo andere Autor:innen sind, und wodurch das eigene Werk in gewisse Zusammenhänge gerät.
Zum Beispiel *Akzente*-Veröffentlichungen, auf die war ich immer stolz, *Akzente* war der Gral der Zeitschriften. Ja, in meinem Fall würde ich immer sagen – dummerweise habe ich das lange Zeit nicht reflektiert –, es war was Geschmackliches, mit einer relativ vagen Vorstellung von dem wirklichen Kontext verbunden, aber mit einer Lust, es eben lieber dort zu machen als woanders. Ein Großteil war gar nicht so reflektiert, sondern hatte mehr damit zu tun, was ich selber in dieser Zeitschrift wahrgenommen hatte. Das ist, als trete man in eine Bibliothek ein, eine kleine, feine, durch viel Vorauswahl sehr bewusst hergestellte und zusammengestellte Bibliothek. Das ist ja eigentlich jede Zeitschrift, auch eine Zeitung, sogar eine Tageszeitung ist so, wenn sie gut funktioniert.

Ich habe Ihre Bände ein bisschen verglichen, die drei ersten, und ich glaube textliche Unterschiede gibt es nicht, bei *Bornholm* ist die Reihenfolge ein bisschen anders, aber nicht erheblich.
Ich würde sagen in *Bornholm* war irgendwo ein Fehler drin, zwei, drei Fehler, aber Satzfehler.

Es gibt keine textlichen Unterschiede, das ist bei anderen Autor:innen ganz anders.
Ich habe das nie selber verhandelt und das einzige Mal, wo ich es verhandelt hätte, ist mir gleich die Spitze abgebogen worden, ist mir sofort gesagt worden: „Nein, dann gibt es nichts."

Was natürlich auffällt, ist der gestalterische Unterschied.
Das sind verschiedene Welten, oder?

Ja, in den ersten beiden gibt es ja diese Graphiken und das andere ist gestaltet von, ich kann ihren Nachnamen nicht aussprechen, Sabine...
...Grzimek. Wenn Sie mit Bernhard Grzimek großgeworden wären, wie ich noch bin, hätten Sie gewusst, wie der Name ausgesprochen wird, vom Fernsehen.[2050]

Sie haben auch, jetzt im Gespräch wundert mich das, 1993 darüber verhandelt, dass Sie komplett zu Suhrkamp gehen und dass der Suhrkamp Verlag die Rechte für die Aufbau...
Nein, das lief gleich 1990. Es muss 1990 gewesen sein, weil ich sofort zum Aufbau Verlag bin, ich hatte ja ein neues Buch, *Vaterlandkanal*, und da hab' ich Faber gefragt, ob er es machen würde.

Stimmt, 1990.
Ja, *Vaterlandkanal* erschien dann 1990 bei Suhrkamp. Da ist ein Gutteil der Gedichte drin, die bei *Bornholm* rausgeflogen waren. Das war auch so ein interessanter Vorgang, ich dachte, aha, da hat Faber, der nun 1990 in einer ganz neuen Situation war, noch in der DDR schon ganz kommerziell gedacht. Ich hab' gedacht, mit Gedichten kann er jetzt kein Geld mehr verdienen und dann will er die auch nicht mehr. So banal kommerziell hab' ich das gedeutet, wir hatten ja auch kein weiteres Gespräch. Ich glaub', er hat mir wörtlich gesagt: „Das müssen Sie ja wissen." Naja, dann weiß ich, was ich tue.

Auf jeden Fall haben Sie dann an die beiden Unselds geschrieben – damals war Joachim noch mit im Verlag – und haben darum gebeten, dass diese Graphiken zumindest für *Bornholm* übernommen werden. Nun habe ich mich gewundert, wieso haben Sie nicht darauf bestanden, dass das schon vorher mit übernommen wird?
Ich war gar nicht in die Verhandlungen eingebunden.

Ich meine, Sie haben sich doch mit Elisabeth Borchers in Ostberlin getroffen?
Doch, es wird ja wohl so gewesen sein. Es ist interessant, dass ich nicht darauf gekommen bin. Ich wusste, wie die *edition* aussieht, und bin nie auf die Idee gekommen, dass es möglich wäre zu sagen, wenn, dann geht das nur im Hauptprogramm.

[2050] Bernhard Grzimek war Tierarzt, Verhaltensforscher und Zoo-Direktor in Frankfurt a. M. und wurde durch seine Fernsehmoderationen als Tierexperte im Hessischen Rundfunk bekannt. Sabine Grzimek ist Bildhauerin, Malerin und Graphikerin.

Anscheinend war Ihnen das nur bei *Bornholm II* wichtig, obwohl gerade beim ersten Band die Graphiken von Trak Wendisch Bestandteil des Werks sind. Vielleicht können Sie kurz sagen, wie die entstanden sind. Sind das Illustrationen?
Im ersten Band waren das echte Illustrationen, das ist echt zu bestimmten Gedichten entstanden. Wir waren ja Schulfreunde.

Sie haben auch ein Gedicht zu einem Bild geschrieben.
Klar, das war da noch ganz eng, aber schon zu *Abschiede* hat sich das dann verschoben Da fing er an – noch vor dem offiziellen Studium – bei Bernhard Heisig zu studieren. Auf diese Einflüsse stand ich nicht so. Trotzdem war die Zusammenarbeit schön. Sogar so, dass die Originaladresse darauf geriet. Der richtige Schutzumschlag war ein Telegramm mit meiner Originaladresse, einfach ein kopiertes Telegramm. Das war ein bisschen verrückt, daher kommt diese Schrifttype. Der Schutzumschlag ist natürlich nochmal anders und hier [bei *Hineingeboren* im Aufbau Verlag, A.J.] war der Schutzumschlag auch unerhört belebt. Das ist ja nur noch ein Umriss von einem Kopf, aber der Schutzumschlag [von *Abschiede* im Aufbau Verlag, A.J.] ist mit vielen Figuren.

Und bei *Abschiede* sind es nicht mehr Illustrationen, oder?
Thematische Bezüglichkeiten sind schon da. Er hat meditiert über das Paar-Thema in seinen Zeichnungen. Es war schon klar, dass es ein Band mit Liebesgedichten wird. Die Bezüge waren im ersten Buch noch ganz direkt, im zweiten nicht mehr. Beim dritten war ich einfach stolz, dass Sabine Grzimek das machen würde, weil ich die sehr verehrt hab' als Bildhauerin, die sie eigentlich ist. Von Suhrkamp war die Antwort einfach: „Nein, das machen wir nicht."

Weil?
Nicht weil. Das machen wir nicht. Wirklich. Das war einfach definitiv, illustrierte Bücher gar nicht. Leider überhaupt nicht. Das ist meine Erfahrung mit allen Westverlagen. Illustrierte Bücher?

Dabei kommt es so oft vor in der Literatur der DDR. Kam das durch den Ort Leipzig, oder gab es vielleicht stärkere Netzwerke...?
Gut, durch Leipzig, aber schon in der Tradition, natürlich, als Ort von Verlagsgründungen und die Hochschule für Grafik und Buchkunst. Trotzdem stammt diese Tradition natürlich noch aus Dix- und Grosz-Tagen und aus den Zeitschriften der zwanziger Jahre. Die Tradition der Illustration war auf dem Territorium nicht tot, die ist selbst über die Nazi-Zeit weggegangen. Sie besteht weiter: Das schöne Buch, der eigene Teil der Grafikmesse, Buchkunstmesse. Das ist auch eine Form

der Beharrlichkeit, des Sich-etwas-anderem-Verweigern: Ein Kunst- und anderes Zeitgefühl zusammenzuhalten, denn eine Radierung entsteht einfach anders als irgendein Larifari-Buchdruck.

Ich glaube, es ist auch ein anderer Literatur- und Kunstbegriff, man sieht es an dem puren Design der Suhrkamp-Bücher.
Es ist ein ganz sachliches Design.

Genau. Ich habe mich sogar gewundert, dass hier ein Foto von Ihnen ist.
Ja, ja. Das ist mir tatsächlich sehr aufgefallen. Ich glaube, Heinz Helmes hieß der Mann bei Aufbau, der dort für die Gestaltung zuständig war. Ich hab' ihn ein paar Mal getroffen, nicht oft, ich hatte nie wirklich mit dem zu tun. Aber ich wusste, es gibt den bei allen drei Büchern. Das erste war auch in einer Reihe, *Edition Neue Texte* hieß die, und trotzdem haben sie sich auf die Illustrationen verstanden. Dort hab' ich es mir nämlich gleich gewünscht, und das war kein Ding, haben sie sofort gemacht. Die hielten sich auch beim zweiten Buch an meine Vorgaben und waren unerhört engagiert dabei, diese Bücher schön zu machen in diesem doch ja auch großen Aufbau Verlag. Das hat mich sehr gefreut. So sind die Bücher ja auch geworden. Für heute hat das eine merkwürdige Buchpatina, ist schon klar, aber die darf es haben. Ich war stolz und froh, als ich die in der Hand hatte, aber das Verrückte war, dass diese Suhrkamp-Bändchen natürlich die andere Aura hatten, die des Sachlichen und der vielleicht bis zu Brecht hin greifenden, ganz anderen Tradition.

Die *edition suhrkamp* beginnt mit *Galilei*.
Wunderbar, dazu hätte ich damals auch dicke gestanden. Als nächstes erscheint ein Brecht-Essay von mir, bei S. Fischer natürlich.

Wir hatten schon den Begriff des Schizophrenen heute; ist das nicht eine schizophrene Situation mit den verschiedenen Ost- und West-Ausgaben? Eigentlich zählen immer noch die Werkeinheit und Gesamtausgabe, das Werk erscheint wie aus einem Guss.
Das ist doch heute nur noch ein Traum, wovon Sie da reden. Das ist freie Wirtschaft, da wird neu verhandelt, da ist man bei einem anderen Verlag, dann löst sich dies auf und das auf. Das geht doch unglaublich schnell, oder? Ich erleb' das gerade und find' es total schön. Das Gefühl hatte ich bei Suhrkamp durchaus auch, dass die gesagt haben: „Wir machen den Autor." Das war klar und solange das ging, hab' ich jede kleine Ausnahme, wenn ein Sudelblatt bei Wallstein erschien, hab' ich das auch bei Suhrkamp brav gesagt, das war Usus. Das ist jetzt bei Fischer auch so, dass die sagen, „wir machen das ganz", sozusagen mit Haut und

Haaren, das tut ja auch gut, weil es eine gewisse Sicherheit gibt. Ich muss mir keine Agenten nehmen und irgendwas wild verhandeln. Es ist für Leute, die Gedichte schreiben, nahezu lächerlich, aber das war für alle DDR-Autoren eine totale Luxussituation. Das war doch wunderbar, man hatte verschiedene Ausgaben in einem Sprachraum. Die Schweizer Autoren, so jemand wie Max Frisch zum Beispiel, haben es immer sehr genossen, auch DDR-Ausgaben zu haben.

Jetzt habe ich zwei Probleme. Nur noch *dieser* Band [*Abschiede* in der *edition suhrkamp*, A.J.] ist überhaupt erhältlich, fünf von sechs Bänden...
Für die anderen Bände von Suhrkamp, bis auf den Insel-Band, hab' ich die Rechte zurück, die sind bei mir. Das liegt daran, dass der Verlag sie nicht mehr nachdrucken würde, das ist ein technischer Vorgang, von dem hatten sie so eine Riesenauflage gemacht, dass das immer noch...

Gelten die nicht mehr, gelten die Graphiken nicht mehr, gelten die anderen Bände nicht mehr?
Die Aufbau-Bände? Die gibt es antiquarisch. Das muss man sich ja vorstellen, ich glaube *Hineingeboren* hatte eine DDR-Auflage von 10 oder 12.000. Das hier, *Abschiede*, hatte in der DDR drei Auflagen, etwa 14.000 Exemplare, *Bornholm* nur eine, also 5.000 Exemplare. Die *edition suhrkamp*-Büchlein hatten eine 5000er Startauflage, glaube ich, weil die durch Abonnements gut gedeckt sind. *Abschiede*, wahrscheinlich weil es Liebesgedichte sind und weil es draufsteht, dieses Jugendwerklein von mir, schwirrt immer noch rum, natürlich immer als Mängelexemplar, als verramscht, immer noch nicht makuliert. Sonst habe ich alle zurück.

Vielleicht haben die Westdeutschen anhand des zweiten Bands gelernt, dass man Sie auch anders lesen muss und haben *Bornholm II* anders aufgenommen.
Das könnte sein, obwohl da so ein aus heutiger Sicht niedliches Nachwort drinsteht, wo ich mich entschuldige, dass ich Liebesgedichte veröffentliche. Schon nachdem das Buch erschienen war, dachte ich, was für ein Blödsinn! Wenn man weiß, dass morgen die Welt untergeht, dann will man doch unbedingt heute noch ein Kind zeugen, was denn sonst? Es war wahnsinnig naiv und ist in der Hinsicht interessant, weil es absolut Zeitgeist der Jahre 1980 bis 1982 ist, nämlich Friedensbewegung, Nato-Doppelbeschluss. Das ist genau die Zeit, in die es geraten ist, und deswegen steht das da drin. Wir hatten definitiv Angst, dass die mit den

SS 20[2051] über unseren Köpfen niedergehen. Irgendwie hat man sich ein „Schwerter zu Pflugscharen" auf den Arm genäht,[2052] sich von der Volkspolizei wieder einsammeln lassen, weil man es sehr ernst genommen hat. Ist schon merkwürdig und trotzdem, was übrigbleibt, sind im besten Fall ein paar Liebesgedichte, die sozusagen überzeitlich sind, im besten Fall.

Aber verlassen Sie sich bei der Rezeption darauf, dass man antiquarisch beides findet? Ich glaube nicht, dass jeder diesen Doppelblick hat auf West und Ost. Wenn ich jetzt mit meinen Studierenden ein Lyrikseminar mache und einen Gedichtband von Ihnen analysieren möchte, ist die Frage: Welchen nehme ich denn?
Na ja, wenn man wirklich in die Zeit einsteigen und historisch rangehen will, dann würde ich sagen, bitte doch die schönen Bände [gemeint sind die Bände bei Aufbau, A.J.]. Denn dann hat man das Ganze, dann hat man noch das Haptische dazu, dann taucht man wirklich in eine andere Welt ein. Wenn man nur die Gedichte lesen möchte, kann man das doch nehmen [zeigt auf die *edition suhrkamp*-Bände, A.J.].

Das heißt, die Graphiken sind für Ihr Werk nicht wichtig?
Ich hab' immer mit bildenden Künstlern zusammengearbeitet, also die ganze Zeit bis heute. Es spielt also eine Rolle.

Das heißt, wenn ich die *edition suhrkamp* nehme, dann fehlt mir doch was von Uwe Kolbe, oder nicht?
Nö, ich würde sagen, die Gedichte müssen sich schon behaupten.

Natürlich funktionieren die alleine, sonst würde der Band so nicht funktionieren. Trotzdem fehlt doch was...
...von einer ästhetischen Anstrengung, die noch was Anderes meinte.

Auch die Netzwerke, in denen Sie sich damals befanden, und dass Sie schon beim ersten Band darauf bestanden, „ich möchte da Graphiken drin haben, ich möchte das Schöne da mit drin haben". Das ist ein völlig anderes Verständnis von Kontexten und Literatur und Lyrik. Sie haben selbst gesagt: „Es

---

2051 Es handelt sich um eine sowjetische Mittelstreckenrakete mit nuklearen Sprengköpfen, deren Einführung Ende der siebziger Jahre zum NATO-Doppelbeschluss führte.
2052 Die Redewendung „Schwerter zu Pflugscharen" ist ein Zitat aus der Bibel und wurde in den achtziger Jahren zum Symbol der Friedensbewegung in der DDR mit dem Ziel der weltweiten Abrüstung.

soll ein *schönes* Buch sein." Nicht nur ein praktisches Ding, das ich in die Hosentasche stecke.
Ja, so wie ich vielleicht heute sagen würde, dass es gelesen werden, man es auch hören muss. Das ist auch ein anderer Aspekt, als das zwischen den Buchdeckeln. Na ja, zum Beispiel bei den beiden Gedichtbänden, die ich jetzt bei Fischer gemacht habe, *Lietzenlieder* und *Gegenreden*, habe ich den Einband sehr mitbestimmt. Bei Suhrkamp machte ich das eigentlich kaum noch, es gibt aber eine Ausnahme, *Nicht wirklich platonisch*, 1994 erschienen. Hm, ich intervenierte bei Suhrkamp mehrfach, weil ich immer Hans Scheib-Illustrationen haben wollte. Das haben die aber nie gemacht. Da gab es eine Geschichte bei *Die Farben des Wassers*. Das ist ein grüner Umschlag mit einer weißen Schrift geworden, den ich auch sehr schön finde, aber da sollte ursprünglich eine Holzfigur, die einfach eine nackte Frau war mit dynamisch gespreizten Beinen und Armen, auf einem Wasserhintergrund appliziert werden, als Taucherin in die Tiefe. Und Unseld hat das so lange verkleinern lassen, dieses Bild, bis Hans Scheib gesagt hat: „Nein, dann brauchen wir es gar nicht." Das war 2001. 1994 war *Nicht wirklich platonisch* immerhin ein sehr abstraktes Ding. Das Titelbild mit der Schreibfeder von Reinhard Stangl, das war auch ein Umschlag, den ich mitbestimmte. Und 1998 *Vineta*, da ist eine Fotographie drauf, und wie die auf den Umschlag kam, ist eine sehr schöne Erfahrung. Ich hatte mir dieses Foto gewünscht, ein bestimmtes Foto von einem frisch treibenden Baum im Hinterhof zwischen Brandmauern stehend. Und dann habe ich im Gespräch mit dem Lektor damals, das muss Christian Döring gewesen sein, so vor mich hin meditiert. Bernstein, sagte ich, da gibt es manchmal Eidechsen drin, und erzählte irgendwas von *Vineta* und dem Ostseekosmos. Und dann bekam ich den Entwurf in die Hand: Da war erstens dieses Foto drauf, sehr schön eingefügt, die Schrift angepasst, und der Rücken des Schutzumschlages war Bernsteinimitat, also gelb mit Blasen, eindeutig Bernstein, mit einer kleinen Eidechse drauf, und ich war so gerührt. Ich dachte, das kann wohl nicht sein, die haben es wirklich gemacht?

Gibt es Eidechsen in Bernstein?
Gibt's, ja. Nicht nur Insekten, auch andere Tiere. Es war jedenfalls rührend, abgesehen davon, dass ich den Fotografen sehr schätze. Dem habe ich ein Vorwort in einem Bildband geschrieben, eigentlich so als Fußnote, dass ich das weitermachen will. Und dann erschien endlich, da musste ich aber 50 Jahre alt werden, in der Insel-Bücherei, die ja auch zu Suhrkamp gehört, ein Band mit Illustrationen. Immerhin. Eine Auswahl von Liebesgedichten, *Diese Frau* mit Holzschnitten von Hans Scheib. Ein wunderschönes Inselbändchen, mit dem sie sich sehr Mühe gegeben haben. Die Holzschnitte sind schwarz, weiß, rot und die Schrift wurde angepasst, rote Überschriften über den Gedichten, so dass die Druckseite auch

schwarz-weiß-rot ist. Die Gegenüberstellung ist sehr schön geworden, der Einband ist sehr klassisch, ein vervielfältigtes Motiv aus einem der Holzschnitte, ein sehr schönes Buch.

Hat es Döring gemacht?
Ne, der damalige Leiter des Insel Verlags hat das gemacht. Ich glaube, Hans-Jürgen Simm hieß er, sehr angenehmer Mann, der im Zuge des Hauptstadtumzugs dann den Verlag verließ [Hans-Joachim Simm war bis 2009 Leiter des Insel Verlags, A.J.]. Später waren solche Sachen immerhin möglich. Kurios, jetzt ist es selbstverständlich, dass ich auf die Einbände achte und ich muss sagen, das ist ein anderes Gespräch bei Fischer, ich kann da mehr… vielleicht bin ich auch selber in einer anderen Phase der Professionalität, dass ich die Dinge auch mehr selber in den Griff nehme. Hab' ich vielleicht früher nicht getan und Suhrkamp war… Die Anekdote, die ich Ihnen unbedingt noch erzählen muss, bevor wir auseinandergehen, ist, wie ich Siegfried Unseld kennenlernte, vielleicht hab' ich das mal aufgeschrieben. Kann das sein?

Gelesen hab' ich es nicht.
Das passierte, weil Elisabeth Borchers immer so geblockt hat. Ich hatte mich weder im Fernsehen noch in anderen Medien informiert, wo Herr Unseld jetzt wohnt. Und eines Tages, das ist wichtig dazu, ich hatte den Nicolas-Born-Preis dieser Petrarca-Preis-Stiftung bekommen, das heißt eine Jury – bestehend aus Handke, Michael Krüger, Alfred Kolleritsch, Peter Hamm, den letzten vergesse ich immer, ist ungerecht – hatte mich eines Preises würdig erkoren für *Bornholm*.[2053] Preisverleihung in Duino, alles ganz schick. Auf dem Rückweg kam ich über Frankfurt, und plötzlich ging es nicht mehr in ein Hotel, sondern ins Gästehaus des Verlags, von dem ich nur mal gehört hatte. Elisabeth Borchers und ihr Partner Claus Carlé, der mit der Werbung des Suhrkamp Verlages zu tun hatte, brachten meine Frau und mich zu diesem Haus, Klettenbergstraße, und sagten, „bei dieser Tür nicht reingehen und auch nicht klingeln, nur da". Warum war uns unbekannt, ich war vorher noch nie dort. Es war Abend, wir kamen gerade aus Italien, ein bisschen aufgewühlt, es war nett, es stand Wein da, alles lieb gemacht und plötzlich eine sonore Stimme im Flur: „Herr Kolbe?" Und ich denke: „Hm." Ich war wirklich ein bisschen erschöpft, Beine-hochleg-Situation, und ich dachte, jetzt ist da irgendein anderer Schriftsteller auch noch in dem Gästehaus, der ein Gespräch anzetteln will, und trotte so auf den Flur und da steht mir ein gewisser

---

2053 Der Nicolas Born Preis wurde zwischen 1988 und 1995 als Förderpreis für junge Autor:innen vergeben.

Berg von Mensch gegenüber und sagt: „Das ist aber schön, dass Sie da sind" oder so. Und da frag' ich ihn natürlich: „Wer sind Sie denn?" Man muss sich mal vorstellen, wie jemand im Hause eines Mannes wie Siegfried Unseld, den nach seinem Namen fragt! In diese peinliche Situation bin ich nur durch dieses Dauerraunen gekommen. Außerdem hatte ich Unseld bis zu dem Datum einfach nicht gesehen, obwohl ich mindestens fünf, sechs, sieben Mal im Verlag war. Diese Autorenhierarchie wurde bei Suhrkamp immer gepflegt, das haben Ihnen andere bestimmt auch schon gesagt, wer mit wem, wer wann welchen Zugang hatte, bis hin zu den hochvermögenden Gremien, die Unseld beraten haben: Walser, Enzensberger, Durs Grünbein. Aber der Witz war, dass ich plötzlich diesen Ritterschlag bekam, weil diese Jury mir diesen Preis gegeben hatte. Abends wurde es dann sehr lustig. Unseld kam mit so und so viel Weinflaschen aus dem Keller, Herr Fellinger war natürlich auch da, man saß bis nachts halb zwei, früh um neun ging es ins Schwimmbad. Joachim Unseld lernte ich im Wasser kennen, Schwimmerbrille an, mit seinem Vater schwimmend, mit den beiden Herren im Pool. Dann ging es in den Jaguar, zurück zum Verlag, und ich bekam auf die 10.000, die ich als Preisgeld in Duino bekommen hatte, gleich nochmal 10.000 Mark als Beihilfe vom Verlag geschenkt, war für einen kurzen Moment ein strahlender Suhrkamp-Autor.

Vor allem haben Sie ein Stipendium bekommen für ein halbes Jahr, im Sommer 1987, Anfang Juni, Sie sind dann am 1. Juli nach Hamburg gezogen. 2.000 Mark für sechs Monate.
Von Suhrkamp aus. Ich glaube, es gab zwei oder drei Mal solche Unterstützungen, ja. Das war natürlich toll und hat nicht dazu beigetragen, dass ich das Verhältnis als ein rein geschäftliches wahrnehmen konnte. Da hat sich der Verlag wieder verhalten wie eine andere Institution, nicht wie ein Verlag. Das ist schon komisch. Es gab ja keinen Beleg, warum ein Autor ein Stipendium bekommen sollte. Nein, ich musste einen Vertrag unterschreiben.

Obwohl das bei Suhrkamp ziemlich normal ist.
Ich weiß, ich weiß.

Natürlich mit dieser Autorenhierarchie.
Ich wusste immer von der Koeppen-Geschichte, wusste wie Uwe Johnson getriezt wurde, seine *Jahrestage* fertig zu kriegen. Gewisse historische Dinge waren mir dann schon geläufig, wie Autoren unterstützt wurden. Ich war der Sache nie teilhaftig geworden. Es war schon heiter mit Unseld in seinem Haus.

Er war ja, Sie haben vorhin Diktator gesagt, aber eigentlich wie ein Mäzen, der auch versuchte, politisch involviert zu sein. Ich verstehe das Verhältnis zum Verlag ähnlich wie ein Schutz- und Trutz-Bündnis, das entstand, weil er etwas anbot und sich kümmerte, aber auch Loyalität forderte.
Ja.

Er war unglaublich enttäuscht, wenn man ein Gedicht irgendwo hingegeben und dem Verlag nicht Bescheid gesagt hatte.
Genau, das ging gar nicht.

Aus heutiger Perspektive ist es ungewöhnlich für einen Verlag, diese Loyalität, Treue, heute fragt man sich, was hat das dort zu suchen?
Das entstammt einer Welt, die älter ist als Unseld und Peter Suhrkamp. Das hat im Grunde Peter Suhrkamp bei Fischer gelernt, und das ist eine richtige Tradition.

Und alle haben es bei Goethe gelernt.
Genau. Das Verhältnis von Cotta zu seinen Leuten, Schiller, Goethe, Hölderlin war auch so. Daher kommt das. Da saß man in einem Boot. Wenn man zurück in die Klassik geht, dann war das der ästhetische und der politische Auftrag, den man sich selbst erteilt hatte. Den hat Unseld sich auch erteilt…

…gerade im Umgang mit der DDR. Im Archiv liest es sich wie eine Mischung aus Aufklärung, Festhalten an der deutschen Kulturnation, gleichzeitig der Versuch, den Osten zu liberalisieren, westliches Gedankengut da irgendwie hinbringen.
Interessant, denn das ist auf einer ganz anderen Ebene, in einer anderen Welt auch nichts Anderes, als was Springer die ganze Zeit gemacht hat. Das war natürlich das andere Ufer, ist mir völlig klar, und sämtliche Suhrkamp-Autoren haben bestimmt bei Springer protestiert gegen die *Bild*-Zeitung. Aber den Osten involvieren und an etwas festzuhalten zu wollen bis zu dem komischen Begriff einer Kulturnation, den Grass benutzt hatte – das trifft sich mit solchen merkwürdigen Urgesteinen wie Axel „Cäsar" Springer, den man immer für einen Idioten erklärte, weil er dachte, eines Tages fällt die Mauer. Die auf der anderen Seite, Unseld, die Linke, hatten ein anderes Konzept, ist schon klar, aber letztlich… Das Merkwürdige ist, dass das in meiner Altersgruppe mehr oder minder weg war, aber nicht bei denen davor, bei Delius, Schneider, Hans Christoph Buch auf der einen Seite und auf der anderen Seite all diese Volker Brauns usw.[2054] So

---

[2054] Gemeint sind die westdeutschen Autoren Friedrich Christian Delius und Peter Schneider.

viele waren es letzten Endes gar nicht, viele sind ja auch weggegangen, aber Schlesinger, Schneider zum Beispiel, dieses Autorenpaar, die hatten unerhört miteinander zu tun, wenn Suhrkamp das bewusst gemacht hat, wie auch der Herr Altenhein von Luchterhand meinetwegen.[2055] Das war letztlich ein Festhalten an etwas, das größer war als dieses Zwei-Länder-Ding, dieser Nachkriegsstatus. Etwas, das man auch gar nicht gerne benannt haben will.

Unseld hat das gemacht, und es wurde auch in der DDR so wahrgenommen. Ich glaube, im Aufbau Verlag wurde gesagt, dass Unseld eine SPD-Ostpolitik betreibe mit seinem Verlag. Es stimmt auch. Er hat sich mit der Politik von Helmut Schmidt identifiziert, hat immer den Kontakt gesucht, ist zu den Einladungen von Bundeskanzler und Bundespräsident hingestiefelt mit Autoren im Schlepptau, verrückt irgendwie. Das kommt von so einer Mentalität und einem Sendungsbewusstsein.
Eine ziemlich untergegangene Welt.

Ach ja, wo wir bei dem Thema verschiedene Verlage und Loyalität sind. Es gab 1993 eine Auseinandersetzung mit Elisabeth Borchers. Sie haben einen Brief an Unseld geschrieben, um ihm das zu erklären, und dass Sie mit Christian Döring vereinbart haben, zu ihm zu wechseln. Ich habe das nicht richtig verstanden. Einmal geht es darum, dass Sie Bücher in der Autorenbuchhandlung haben wollten und dass sie anscheinend mit Borchers über Geldsorgen gesprochen haben, Vorschüsse, und dann erwähnen Sie den Altersunterschied und dass sie eine Dichterin ist. Man merkt, dass Borchers durch Döring abgelöst wird. Erinnern Sie sich daran?
Es gab etwas, das konnte ich nicht in den Brief schreiben. Das war eine ungute Form von Mutter-Sohn-Beziehung. Ich hab' Elisabeth Borchers nicht viel gesehen im Leben und war vielleicht zwei oder drei Mal bei ihr zuhause mit ihrem Claus Carlé, vielleicht nochmal einen Wein getrunken. Es gab da nie irgendwas nicht Koscheres, aber was mich von Anfang an behinderte im Umgang mit dem ganzen Verlag, war diese Diven-Aura, mit der sie mir gegenübersaß. Es war schwer, über diese Schwelle zu kommen, und ich fühlte mich zunehmend inadäquat behandelt, wie kleingehalten. Ich kann das gar nicht erklären, ist vielleicht auch sehr irrational. Dann kam es immer wieder vor, dass bestimmte Dinge nicht funktionierten. Das war meine Suhrkamp-Erfahrung bis zum Schluss. Wenn mal irgendwohin Bücher geliefert werden sollten: Die einzigen Bücher, die nicht da

---

[2055] Kolbe spricht von den ostdeutschen Autoren Klaus Schlesinger und Rolf Schneider, Hans Altenhein leitete von 1973 bis 1987 den Luchterhand Verlag.

waren, waren meine, weil sie von Suhrkamp waren. Die Suhrkamp-Auslieferung hat immer versagt, immer, wenn es darauf ankam, immer, wenn ich mal drei Bücher hätte verkaufen können. Es ging mir irgendwann über die Hutschnur, es war unpraktisch. Zu meinen Briefen an Unseld muss man sagen, dass sie immer hochgradig ironisch waren. Ich glaube, er hat es nie begriffen.

Das mag sein. Man merkt es.
Ich habe manchmal einen gestelzten Ton Richtung Suhrkamp abgeschickt, den ich im normalen Leben nicht benutze, und zwar absichtlich, weil ich immer sozusagen an den Hof geschrieben habe. Ich dachte, es kommt auch an, die verstehen das und können damit irgendwie umgehen, verstehen, dass ich das nur ironisieren kann, weil ich immer mit diesen auratischen Großen...

Das heißt, es war was Atmosphärisches.
Ja, vielmehr als etwas Konkretes. Ich meine, Lektorat in dem Sinne, wie gesagt, gab es nicht. Das war eher ein Abhaken. Mit Döring war es ein bisschen anders, da fing es mal an, dass man Gedichte genauer anguckte. Das hab' ich mit Elisabeth Borchers nie gemacht, das war eher vielleicht mal ein Nase-Rümpfen oder nicht, überhaupt nicht sachlich.

Es gibt noch eine Sache, die gar nicht in der Korrespondenz mit Ihnen vorkommt, sondern in der Korrespondenz mit Volker Braun. Sie haben 1998, das betrifft wahrscheinlich die *Renegatentermine*, eine Passage über Volker Braun gestrichen. Was war da los?
Eins meiner wenigen Gespräche mit Herrn Unseld. Herr Unseld sagte mir, das wäre die Verlagsusance, nicht im gleichen Haus. Der Text war aber erschienen und Volker Braun kannte ihn.

Das ist die Loyalität.
Unseld hat gesagt, Autoren unter dem Suhrkamp-Dach müssen sich nicht mögen, aber verhandelt wird das nicht in Suhrkamp-Büchern.

Ist das nicht verrückt?
Es ist schon komisch, man kann es auch Zensur nennen. Ich habe es in dem Fall übrigens auch so aufgefasst. So sehr schmerzte es mich nicht, denn der Text war schon in einer Zeitschrift erschienen. Das ist so ein Essay, wo ich Volker Braun zum ewigen ML-Studenten erkläre, der von seiner trivialen Sicht auf die politisch-ökonomischen Zusammenhänge der Welt nicht absehen kann. Ich komme jetzt kurioserweise nicht auf den Titel. Der erschien und danach flickten wir notdürftig unser Verhältnis, ich habe Volker Braun nur selten getroffen.

Das heißt, es ist ein Essay, der in irgendeiner Zeitschrift erschien und der danach ganz normal in die *Renegatentermine* sollte. Den Text gibt es, der existiert, und auf einmal entstehen zwei Fassungen. Aus der Differenz erkennt man genau, was da passiert ist. Das ist doch verrückt.

Das ist mir von Unseld selbst als Verlagsusance verkauft worden. Es kam ein andermal zu einer Situation, wie sie mir oft erzählt worden war. Plötzlich sitzt Unseld im Zimmer, so dass es Autoren schon die Sprache verschlagen habe. Man muss sich ja so kleine Gauben vorstellen, Verschläge, in denen die Lektoren saßen, alles voller Bücher, plötzlich kommt da ein Berg von Mensch rein, dann ist der Raum voll. Man sitzt auf seinem Stühlchen und wird noch kleiner. Eines Tages war das aber mal ganz schön, das war, als Elmar Faber in seinem Faber & Faber Verlag diese DDR-Bücherreihe machte. Unseld meinte: „Sagen Sie, Herr Kolbe, Sie sind doch gerade da und Sie kennen doch den Elmar Faber, die machen diese DDR-Reihe und die wollen die Lizenz, die Rechte von Hans Mayers Buch" – ich weiß nicht mehr, wo die Rechte bei Suhrkamp lagen – „finden Sie das gut, ich wollte mir mal Rat holen". Und ich sagte: „Hören Sie mal zu, der macht in seiner Reihe" – fand ich – „Geschichtsfälschung, zum Beispiel will er Thomas Brasch *Vor den Vätern sterben die Söhne* in seiner Reihe erscheinen lassen, dabei ist das Buch nie in der DDR erschienen. Oder er will Wolfgang Hilbigs *Abwesenheit* in seiner Reihe haben, das auch nie in der DDR herauskam". Es ging aber um Hans Mayer, irgendwelche Rechte für das große Goethe-Buch aus den fünfziger Jahren, oder Büchner. Unseld ging dann aus dem Raum und sagte, „ich weiß jetzt, was ich mache" und ich dachte, gut, gelungen. Und er hat ihm nicht die Lizenz gegeben. Kam auch mal vor. Ich war wahrscheinlich im Verhältnis zu Suhrkamp immer sehr schwach, sehr bescheiden. In meinen ironischen Briefen habe ich manchmal angedeutet, dass ich natürlich weiß, dass der Verlag nicht dazu da ist – so habe ich das formuliert – Autoren zu alimentieren, sondern, dass die sich selbst umgucken müssen. Die Bücher waren nur die Lizenz zum Geld verdienen.

4) Gespräch mit Klaus Höpcke am 17. November 2014 in Berlin

Klaus Höpcke war von 1973 bis 1989 stellvertretender Kulturminister der DDR und Leiter der Hauptverwaltung Verlage und Buchhandel. Zuvor leitete der gelernte Journalist die Kulturredaktion des *Neuen Deutschland*.

Jaspers: Sie waren ab 1973 stellvertretender Kulturminister und damit auch Leiter der Hauptverwaltung Verlage und Buchhandel. Wie sah ein typischer Arbeitstag des „Bücherministers" aus?

Höpcke: Erstmal musste ich mir klarmachen, dass so eine Aufgabe im Ministerium nicht ganz dasselbe ist, wie eine Redaktionsabteilung zu leiten. Denn bei einer Redaktionsabteilung geht es um Manuskripte für Artikel, die wir ins Blatt bringen, und darum, Diskussionen zu führen. Dort aber gehört dazu, sich ums Papier zu kümmern, die Drucklegung, den Buchhandel und die Bibliotheken, also ein ziemlich beträchtlicher Kreis von Aufgaben, darunter eben auch viele mit Wirtschaftsfragen. Und obwohl ich mich theoretisch auch dafür interessierte, hatte ich davon aber im Einzelnen keine Ahnung. Ich musste erstmal horchen, was es dafür für Personal gab, und es zeigte sich, dass ich mit denen sehr gut zurecht kam, so dass das also als Bedenken wegfiel. Ich sagte mir allerdings, „ich komme nur für ein halbes Jahr und dann mal sehen". Innerlich war ich bereit, nach einem Jahr „Adieu" zu sagen, wenn ich nicht zu Rande gekommen wäre. Aber es ging gut, nicht nur zehn, sondern 15 Jahre, sogar 16 Jahre.

Was haben Sie anders gemacht als Bruno Haid in der Hauptverwaltung Verlage?
Ich fange positiv an, um dann das Kritische zu bringen. Von den stellvertretenden Ministern, war er einer der wenigen, die man gelegentlich im Theater treffen konnte, so dass wir uns also schon kannten. Und anhand von Diskussionen über ein Stück merkten wir, dass wir in Vielem die Sachen ähnlich sahen. Dass unsere Oberen ihn loswerden wollten und guckten, ob ich das nicht machen könnte, das hatte eine Ursache, für die er kaum was kann. Er war vorher in der Juristerei und in der Zeit gab es diesen Prozess gegen Harich. Damals reagierte er auf die entsprechenden Fragen und Anregungen nicht so brav, wie manche es wollten und meinte: „Parteiauseinandersetzungen ja, wenn es sein muss auch Parteistrafe ja, aber einsperren, nein." Aber sie wollten ihn wohl loswerden und manche, die mir das auch so nahe gebracht haben, warteten nun darauf, dass ich irgendwelche Zeichen setze, anders und so. Ich habe gesagt, „ich bin hier nicht hergekommen, um den Vorgänger schlecht zu machen". Was ich anders gemacht habe, ist, dass ich mehr mit den Autoren diskutiert habe. Er hat sehr oft zwar gründlich aber über die Verlage mit denen gesprochen. Ich arbeitete natürlich auch mit den Verlagen, aber auch so viel mit den Autoren zusammen, dass die manchmal im Streitfall mit einem Verlag direkt zu mir kamen: „Pass ma uff, so und so", ich sag, „na gut, zeig mal her". Das hatte natürlich einen gewissen Einfluss darauf, wie dann die Verlage mit kritischen Autoren umgingen, wenn sie wussten, die scheuen sich nicht zu mir zu kommen.

Insofern waren Sie ganz anders aufgestellt, weil sie schon aus der Zeit Ihrer Leseveranstaltungen als Kulturredakteur den direkten Kontakt hatten.

Ja. Das konnte ich sehr gut nutzen und die Autoren auch, weil wir uns gegenseitig kannten, in den Vorzügen und auch in den Schwächen.

Sie hatten gesagt, Sie wollten erst die positiven Dinge nennen, dann die kritischen.
Zu Bruno Haid. Er hat zu sehr den gemeinsamen Arbeitsstandpunkt durchsetzen wollen, das hat zur gegenseitigen Entfremdung geführt und das habe ich wirklich anders gemacht.

Wie liefen denn in der Hauptverwaltung Verlage die Entscheidungsprozesse ab? Mich würde interessieren, wie viel Entscheidungsspielraum Sie selbst hatten, denn es gab ja Vorgaben von Kurt Hager und dem Zentralkomitee, Politbüro und so weiter. Gab es eine gewisse Linie? Inwiefern hatten Sie da selbst Entscheidungsspielraum, oder mussten sich absprechen?
Ich fang mal damit an, wie wir unsere Pläne gemacht haben. Zum Ende des Jahres hin wurden für das jeweilige Folgejahr die Pläne der Verlage zusammengesammelt und diskutiert, dann in einen Gesamtplan zusammengefasst. Da war immer im Umfang von fünf oder sieben Zeilen auf so einer Seite annotiert, was ein Buch enthalten soll und warum wir dafür sind. Dann stand da noch die vorgesehene Auflagenzahl. Das wurde zusammengestellt und mit einem Kommentar versehen, mit einer Einleitung, die schilderte, was an dem bevorstehenden Literaturjahresplan toll ist, was durchschnittlich, und auch die leeren Stellen, was fehlt und so. Das diskutierten wir in verschiedener Form, und das habe ich viel stärker als zum Beispiel Bruno gemacht, mit Beiräten, die besetzt waren mit Wissenschaftlern, Verlagsleuten, einzelne Journalisten auch, also ein Kreis, der ein bisschen Bescheid wusste und auch genügend unabhängig war, seine Meinung zu sagen. Und dann haben wir, was sich da aus Schlussfolgerungen und Vorschlägen ergab, in einer zweiten Runde durchgearbeitet und entsprechend verändert. Wir gaben diese Papiere auch an die Kulturabteilung des ZK, deren Beitrag zur Überarbeitung war nicht so erfreulich. Ich schildere das mal, indem ich nicht meine Emotionen dabei zum Ausdruck bringe. Ich habe einmal Jürgen Gruner zu einer solchen Beratung mitgenommen, Direktor des Verlags Volk und Welt, der war in der Zeit Vorsitzender des Verlegerausschusses des Börsenvereins. Ich wollte ihn einfach mal reingucken lassen, mit wem wir sonst noch so zu tun haben. Er kannte die Leute natürlich auch alle. Also es war so, dass er nachher sagte, „Klaus, nimm mich nicht wieder mit".

Gut, es war oft so, dass sie an irgendwelchen Formulierungen in diesen Annotationen rummäkelten, so dass man sie zuerst darüber aufklären musste, was damit gemeint war. Oder, dass man ein Buch verteidigen musste, weil sie es nicht erscheinen lassen wollten, sodass man sich eine Liste machte: Zu welchen der hier angegriffenen Werke muss ich noch eine Erläuterungsnotiz geben, damit das sich nicht festsetzt. Aber das gehörte in der Hierarchie der Abhängigkeiten dazu, die Sie angedeutet haben, diese Pläne so zu diskutieren. Im Ganzen aber war es aushaltbar, weil die Mehrzahl der Sachen, die wir festgelegt hatten, blieben. Bei denen, wo wir noch ackern mussten, haben wir Leute in Stellung gebracht, die eine besondere Würdigung dieses oder jenes Vorhabens gebracht haben, sodass man das weiter begleiten konnte.

Das heißt, der zuständige Sekretär im ZK hatte sozusagen ein Vetorecht bei den Plänen.
Vetorecht ist zu viel gesagt, sonst hätte er das öfter auch... Wir hatten mit Hager ein gewisses Glück. Wenn an seiner Stelle Mittag gewesen wäre, hätte ich es mit einem Machthaber zu tun gehabt.[2056] Dagegen gab Hager alles zu bedenken, hatte oft auch entschiedene Einsprüche, aber es war mehr diskursiv, sodass man damit umgehen konnte, und er selber war an diesen Beratungen, die ich erwähnt hatte, nicht beteiligt. Er ließ da die Kulturabteilung machen und sich von denen aufschreiben, wie das Ganze war.

Wer waren die Personen, mit denen Sie hauptsächlich zu tun hatten?
Längere Zeit war Frau Ursula Ragwitz da, die eigentlich für das Musikwesen und Veranstaltungsklimbim zuständig war.[2057] Bei dem Minister, der mein direkter Vorgesetzter war und mit dem ich ein gutes Verhältnis hatte, da wusste ich, wenn wir was verabredet haben, dann gilt das Wort. Aber bei dieser Frau konnte man erwarten, dass sie eben noch einen angelacht hat, und im Rücken war schon was ganz Anderes im Gange. Das hat man in allen Lebensbereichen, so eben auch hier.

Das heißt, Sie konnten gar nicht selbst entscheiden, ob ein Buch rausfliegt oder gemacht wird.
Doch, letzten Endes ja.

Nach welchen Kriterien haben Sie entschieden, ob es eine Druckgenehmigung gibt?
Die Druckgenehmigung kam dann ja später nach dem Manuskript, jetzt ging es erstmal darum, dass geplant wurde. Es war im Wesentlichen auf Verlagsarbeit gestützt, was die aus ästhetischen, politischen und sonstigen Gründen sinnvoll fanden.

2056 Günter Mittag war von 1966 bis 1989 Mitglied des Politbüros des Zentralkomitees der SED.
2057 Ursula Ragwitz war von 1976 bis 1989 Leiterin der Abteilung Kultur des ZK der SED.

Der nächste Schritt war dann, dass komplette Manuskripte eingereicht wurden, zusammen mit einem Verlagsgutachten. Was passierte dann?
Das haben erstmal die Mitarbeiterinnen und Mitarbeiter in den entsprechenden Abteilungen gelesen und in 80 oder 90 Prozent der Fälle unterschrieben.

War das Ihre Unterschrift oder konnten das die Mitarbeiter:innen in den Abteilungen selbst?
Selbstverständlich. Ich nur, wenn sie untereinander in Streit gerieten oder es nicht ganz auf ihre Kappe nehmen wollten, weil irgendein Politikum mit dabei war. Zunächst Mal nur Darstellung des Streitfalles und wenn es sinnvoll war, dann habe ich es gelesen. Ich unterschrieb auch nicht gleich, sondern gab denen Bescheid, wenn sie meiner Meinung nach mit dem Verleger oder, wo wir ein gutes Verhältnis zu manchen Autoren hatten, auch mit denen reden sollten, um möglichst in Übereinstimmung eine Entscheidung zu treffen. Und die wurde dann in Schriftform mitgeteilt.

Können Sie sich an Fälle erinnern, wo das Manuskript ein Politikum war?
Band 3 von *Der Wundertäter*.

Wie lief das ab? Können Sie sich erinnern?
Ja, das lief sehr kompliziert ab. Ich fand da sind komplizierte Sachen drin, aber das muss man machen, auch im Ansehen des Autors. Den darf man nicht aus seiner Sicht grundlos verärgern. In einem Fall habe ich richtig argumentiert und gesagt, „wenn ihr wollt, dass er künftig nicht mehr schreibt, dann verbietet das Ding, und wenn ihr doch hofft, dass da noch Werke kommen", es kamen noch allerhand Werke, „dann gebt euch einmal einen Stoß und lasst es rauskommen."

Sie haben sich öfter gegen den Willen des ZK durchgesetzt. Ich denke da an Volker Braun, den *Hinze Kunze Roman*, und bei Günter de Bruyn gab es auch mal einen Fall.
Neue Herrlichkeit war das.

Genau. Woran lag es, dass Sie sich teilweise für die Manuskripte so sehr einsetzten, dass Sie selber in Schwierigkeiten gerieten? Hatte das was mit der Literatur zu tun, oder waren das biographische Verhältnisse der Autor:innen?
Nein, es hatte mit der Literatur zu tun, wenn ich fand, etwas müsste erscheinen und dass man da noch ein wenig nachhelfen musste wie bei Volker Braun. Zu Braun habe ich dann ja in der *Weltbühne* eine Rezension geschrieben. Es gehörte zu den Manövern, das Erscheinen des Buches und meiner Rezension in den

Sommer zu legen, weil im Sommer viele in den Urlaub fahren und nicht jeden Tag lesen und überlegen, wie sie Hager deswegen einen Beschwerdebrief schreiben können. In dem Fall war es so, dass es nach dem Erscheinen noch versucht wurde. Der Zufall wollte es, dass ich in der Zeit gerade auf der Moskauer Buchmesse war. Ich kriegte also in Moskau einen Anruf aus Berlin, ich solle sofort nach Hause kommen wegen des *Hinze Kunze Romans*, und, und, und. Sie hatten die weitere Auslieferung gestoppt, aber ich lachte sie aus und sagte, „was ihr jetzt noch stoppt, das sind noch 327 Stückexemplare, das andere ist alles verkauft. Was ihr macht, ist eine nachträgliche Werbeaktion, was soll das? Wartet, bis ich von der Messe nach Hause komme, dann können wir darüber reden." Und es wurde darüber mit mir geredet, und auch Hager führte ein durchwachsenes Gespräch. Er wollte nur noch, das hatte man ihm so aufgeschrieben, unbedingt eine Buchvorstellung in der Brecht-Buchhandlung, die wir vorbereitet hatten, absetzen, was den Skandal vergrößert hätte. Zu seiner Ehre sei gesagt, dass er durch diskutieren und weiter zureden dann akzeptierte, dass ich das machen darf. Aber es kam auch vor, dass sie mir für irgendetwas dann noch eine Strafe anhängten, weiß aber nicht mehr... Václac Havel gab es auch...

Was war da?
Der wurde von den Tschechen-Oberen eingesperrt und dann hatten wir eine PEN-Versammlung. Ich gehörte inzwischen dem PEN an, mit einem guten Wahlergebnis. Die PEN-Wahl war die einzige geheime Wahl, die es in der DDR gab, und jetzt gab es da die Meinung, dass man dagegen protestieren solle, dass einer eingesperrt wird wegen Literatur. Ich fand das auch und schloss mich denen an, die jede Beschimpfung der tschechischen Regierung wegließen, sondern nur sagten, „der ist da eingelocht worden, und wir sind der Meinung für Literatur sind Diskussionen da". An sich sind PEN-Versammlungen vertrauliche, in einem gewissen Sinne geheime Veranstaltungen, aber der Schriftseller Rolf Schneider konnte das Wasser nicht halten und ging sofort zu den Westmedien und sagte, „da ist was gewesen und der Höpcke hat mitgestimmt". Wir hatten bloß abgestimmt, aber in seiner Version hieß es mitunterschrieben und so weiter.

Unterschrieben als Einsatz für Václav Havel?
Ja, klar. Das wurde auch gleich im ZK wahrgenommen und es war ein Kongress der Unterhaltungskunst, hier am Alex [Alexanderplatz in Berlin, A.J.] in dieser halbrunden Kongresshalle. Ich ging da hin nach unserer PEN-Versammlung, und Frau Ragwitz sagte: „Du musst Erich was aufschreiben und dich bei den Tschechen entschuldigen." Ich hörte mir das erst einmal an, dann nahm der Willi Stoph

das aber zum Anlass, mich zu beurlauben und mich zu einem entsprechenden Gespräch einzuladen. Ich sollte richtig abgesetzt werden.[2058]

In welchem Jahr war das?
Das war schon 1989, nicht im späteren, sondern im Frühjahr. Ich hab gesagt, „ihr könnt mir das glauben oder nicht, mir geht es nicht darum, an meinem Sessel zu kleben", nur müsste man bei einer solchen Entscheidung berücksichtigen, dass abgesehen davon, wie ich mit den DDR-Autoren zurechtkomme, ich auch ein hinreichendes Verhältnis zu den Verlegern in der benachbarten Bundesrepublik und in der Sowjetunion ganz gute Kontakte habe. Das lag daran, dass ich nach 1945 autodidaktisch Russisch gelernt hatte. Also ich konnte mich mit denen ohne fremde Hilfe unterhalten und hatte auch viele sowjetische Autoren als Freunde. Also gab ich zu bedenken, dass das nicht bloß hier, sondern auch dort beachtet werden würde. Stoph hat während des Gesprächs nicht eingelenkt, und ich bin dann nach Hause, durfte nicht mal schnell Klamotten aus dem Arbeitszimmer nehmen, es nicht betreten, na gut. Dann haben aber Autoren davon erfahren und sich beschwerdeführend ans ZK gewandt.

Wer war das?
Zum Beispiel Strittmatter, Hermann Kant, der Präsident. Das war schon... Dann haben sie als Ersatz sozusagen, wenn ich schon nicht abgesetzt werde, eine disziplinarische Strafe ausgesprochen. So ging das zuvor auch bei Volker Brauns *Hinze Kunze Roman*, eine strenge Rüge. Eigentlich wollten sie ein Parteiverfahren. Das Parteistatut sah vor, dass eine Mitgliederversammlung durchgeführt werden musste, wenn eine solche Strafe angestrebt wurde. Und ich sagte ganz süffisant aber ruhig: „Ja, darauf bereite ich mich vor, dass ich dann die ganzen Umstände den Genossinnen und Genossen mitteile." Sofort war von Parteiverfahren nicht mehr die Rede, sondern lieber der administrative Weg, eine strenge Rüge vom Minister. Da der Minister, wie ich schon geschildert habe, ein vernünftiges Verhältnis mit mir hatte, hat er mich in der entsprechenden Sitzung kurz vor Beginn beiseite genommen und gesagt: „Pass uff, ick sprech dir jetzt ne strenge Rüge aus, du hältst den Mund, andere lass ich auch nicht zu Wort kommen und dann ist es beendet." So war es dann. Es erzählt sich ganz lustig, in dem Augenblick war es nicht so lustig. Es gab aber mehr Sachen, wo ich mich durchgesetzt habe ohne solchen Heckmeck.

2058 Willi Stoph war von 1976 bis 1989 Vorsitzender des Ministerrats der DDR.

Können Sie ein paar Beispiele nennen?
Ich nenne zum Beispiel *Morisco* von Alfred Wellm. Das ist ein kompliziertes Buch über Vorgänge im Bauwesen und darüber, wie man damit umgeht, wenn man eigentlich eine andere Meinung als die meisten hat und sich dann aber anpasst. Es ging darum, dass in einem Neubaugebiet eine Skulptur ins Zentrum gerückt werden sollte, und der Held des Buches das gut findet. Dann merkt er aber, dass viele dagegen sind und einige Bauarbeiter sogar in der Öffentlichkeit dagegen protestieren, und dann kriecht er zu Kreuze und sagt, „ja, gut, ich bin auch dagegen". Das wollten manche schon nicht im Leben, erst recht nicht in der Literatur.

Aus welchem Grund?
Weil das nicht gehorchen ist.

Dass er von Anfang an eine andere Meinung hat?
Ja, dass er sie hatte und dass er dann gegen diese Widerstände, statt in sich zu gehen und zuzustimmen, sich widersetzt. Ich fand, genau deswegen muss das Buch kommen. Und es kam in dem Fall ohne größeren Krawall. Zwar gab es die Konflikte und Auseinandersetzungen, aber im Allgemeinen, in der Literaturlandschaft, Literaturentwicklung in diesen Jahren war das kein schlimmer Punkt, sondern das Buch war da und fein.

Können sie ein paar Sätze zu der Willkür dieser Entscheidungen sagen?
Willkür ist natürlich ein böses Wort. Aber das Willkürliche war, dass sowas von den Willensentscheidungen einzelner Personen mitbeeinflusst und manchmal ganz abhängig war. Das Gegenteil ist ein ganz strenges Regelwerk. Es gab mehrfach Versuche, mich dazu zu kriegen, dass ich sowohl eine Positiv- als auch Negativliste aufsetze. Zum Beispiel, welche Arten von Konflikten wollen wir nicht haben oder welche Eigenschaften müssen... da waren wir schon schwächer, ich selber auch. Welche Eigenschaften wollen wir gelobt und hervorgehoben sehen? Da ist es eben besser zu sagen, wir richten uns danach, wie die geistige und formale Qualität eines Kunstwerkes ist, wenn das auch die Frage nach der Objektivität aufwirft. Das ist das Risiko bei diesen Verfahren, wenn man sich darauf einlässt, zu sagen, dass das andere gar nicht geht. Und da bin ich nach wie vor fest der Meinung, das andere führt nur in die Sackgasse.

Sie haben allerdings in den achtziger Jahren die Meinung vertreten, Aufgabe der Literatur sei es, die sozialistische Gesellschaft oder die sozialistische Entwicklung zu befördern. Würden Sie das heute immer noch vertreten?

Würde ich immer noch, ja. Sozialistisch war die damalige Haltung, und wenn es heute Entsprechendes gäbe, eine antiimperialistische, Anti-Bankenmacht-Haltung, dann wäre ich dafür, sogar wenn im engeren Sinn ästhetische Hochkriterien nicht befriedigt würden. Ein richtiger Antibankenroman hätte in mir einen heftigen Befürworter.

Wäre das für Sie die einzige Form Literatur zu schreiben?
Nein, überhaupt nicht. Es geht ja darum, was man besonders hervorheben, fördern, unterstützen will. Also Wallraff hätte, wenn ich zu entscheiden gehabt hätte, mit jedem seiner Bücher Einfluss gehabt.

Sie haben auch geschrieben, dass Dichter und Politiker Kampfgefährten sind oder sein sollen. Hatten Sie einen Kampfgefährten?
Ja.

Wer war das?
Zum Beispiel Neutsch, zum Beispiel Braun. Ich bleibe mal bei den beiden, bei anderen ist das Verhältnis manchmal ein bisschen durchwachsener, aber es gibt eine ganze Reihe, die das auch von sich aus so sehen und sagen würden. Dieser Artikel über Kampfgefährten war in Wirklichkeit eine verkappte Antwort auf diejenigen, die so einen Gegensatz aufmachen wollten. Das eine sind die Politiker, die müssen natürlich kämpfen und alles Mögliche tun, während die Autoren eine andere gesellschaftliche Stellung haben. Da fand ich, es geht eigentlich um ein und dieselbe Sache mit verschiedenen Möglichkeiten, mit verschiedenen Begabungen, auch mit verschiedenen Arbeitsgebieten. Literatur bleibt etwas Anderes.

Aber es gibt ja bestimmt Autor:innen, die das eine oder andere Manuskript nicht veröffentlichen konnten, gar nicht veröffentlichen konnten, die Ihnen gegenüber nach 1990, vielleicht auch vorher nicht so wohlgesonnen waren. Spüren Sie davon etwas?
Spüren weniger, ich weiß es einfach. Ich machte vor allen Dingen 1989/1990 diejenigen, die dauernd gesagt hatten, was wir alles unterdrücken, darauf aufmerksam, wie leer die Schubkästen derjenigen waren, die sich dauernd beschwert hatten. Wenn sie darin viel gehabt hätten, hätten sie das rausgeholt und hergezeigt: „Höpcke hat das dann und dann verboten". Eine kleine dünne Schrift kam, teilweise auf zusätzlich voluminösem Papier gedruckt, damit das Büchlein noch ein bisschen dicker wurde, das hat sich als falsche Behauptung erwiesen. Es stimmt aber, dass einzelne Autoren leider auf Unverständnis gestoßen sind. Den Wolfgang Hilbig zum Beispiel, glaube ich, habe ich nicht richtig gesehen, behandelt und andere auch nicht, aber wir haben uns darüber bei Gelegenheit

unterhalten und das Verhältnis ist nicht ewig zerstört geblieben, aber sowas hat es schon gegeben, ja.

Sie kennen diese Theorien, dass die Literatur in der DDR das Hauptinformationsmedium war, weil die Presse nicht frei war oder dass die DDR deshalb auch ein Leseland war, unglaubliche Auflagen, sofort ausverkauft. Was würden Sie heute sagen, was war die Rolle der Literatur in der DDR?
Zuerst einmal, geistige Interessen zu befriedigen. Fragen erörtert zu sehen, die teilweise vernachlässigt wurden, wobei diese Ausrede, die Sie zitieren, natürlich eine Quatschidee ist. Denn das würde ja bedeuten, dass in einem Land mit einer unheimlich aufgeblähten Medienlandschaft die Literatur nichts zu suchen hat. Das ist, glaube ich, eine irrige Logik. Auch wenn wir eine ganz tolle Presse gehabt hätten, die ständig auf der Suche nach scharfem Widerspruchsmaterial ist, hätte meiner Meinung nach die Literatur ihre Funktion gehabt. Dann wäre ein Wettstreit der verschiedenen Medien und dort tätigen Leute entstanden. Diese Begründung dafür, dass Literatur mehr beachtet wurde, sehe ich so einfach nicht. Was die hohen Auflagen angeht, die kann man zugunsten der DDR auslegen, im Sinne, dass die Leute in diesem Interesse eben sehr gerne zu Büchern gegriffen haben. Ich hatte 1994, nicht 1989, eine Begegnung in Gera in der Bibliothek. Ich hatte gehört, wie da reine gemacht worden war und mich erkundigt, wie es jetzt mit den Neuerungen ginge – da sagte die eine Bibliothekarin, „ach, ach, ach, das ist jetzt alles hinüber, die Leserinnen und auch Leser kommen jetzt immer öfter und sagen, das bunte Zeug haben wir jetzt auch kennengelernt, wann habt ihr wieder mal was Anständiges zu lesen?"

In einem Satz, wie würden Sie Ihre Rolle in der Literaturgeschichte der DDR beschreiben?
Nicht gleich Literaturgeschichte, Literaturentwicklung.

Es ist ein abgeschlossener Zeitrahmen, Sie wissen schon, was ich meine.
Als ein Unterstützer und Förderer von interessanter, widerspruchsvoller, in vielen Fällen auch kämpferischer Literatur und gelegentlicher Kampfansagen an Tendenzen, die ich für verderblich, ist vielleicht zu hart gesagt, die ich für ungünstig hielt.

Was würden Sie heute anders machen?
Das haben wir schon zum Ende der DDR geändert, aber auf jeden Fall hätte ich das, was man Zensurpraktiken nennt, die hätte ich auf jeden Fall nicht so lange beibehalten, sondern zeitiger Schluss gemacht. Sie wissen, die entstanden nach der Besatzungszeit, und es gab dann schon bevor ich in diese Funktion kam

Versuche, diesen Genehmigungsprozess sein zu lassen. Und dann glaubte aber in einem Verlag, Transpressverlag, eine kleine leitende Truppe, nun sei die Zeit gekommen. Die brachten eine Schwarte raus über die kaiserliche Marine, eine Lobeshymne, und da wurden alle die, die gegen die Aufhebung der Zensur waren, munter und sagten, „dahin führt das", und alle waren verschreckt und sie haben die Zensur beibehalten.

Haben Sie es später noch mal versucht?
Wir sind gelegentlich darauf zurückgekommen, dass es kein ewiges Abschrecken war, aber richtig zu Potte gekommen sind wir erst 1987/1988. Auf dem Schriftstellerkongress machten das de Bruyn, der sich unter anderem auf Christa Wolf berief, und besonders der Christoph Hein in der Arbeitsgruppe Vier, zum Thema. Die brachten das auch schön diplomatisch und anständig vor, aber sie sprachen deutlich aus, dass das überaltert ist und weg muss. Und dann habe ich mich hingesetzt mit ein paar Verlagsleuten, und wir haben ausgearbeitet – der Kongress war 1987, nicht –, wir haben 1988 ausgearbeitet, wie man die Zensur wegkriegen kann. Da waren auch noch x Diskussionen zu führen, weil natürlich vom Regime vorgebracht wurde, was alles in Mitleidenschaft gezogen werden kann. Bücher, die für sich genommen aus rein wirtschaftlichen Gründen geringe Chance auf Veröffentlichung hatten, also Lyrikbände, Essaybände und so weiter, die hätten beeinträchtigt werden können, wenn jeder Verleger sein ökonomisches, finanzielles Ergebnis sieht. Deswegen war es schon gut, dass wir das alles mitbedachten und auch erörterten, wie man das abfangen und die Fördermittel so einsetzen kann, dass das nicht zu einem Rückgang auf diesen Gebieten führt. Im Laufe des Jahres hatten wir uns soweit durchgerungen, dass ich in einer öffentlichen Vorstandssitzung des Schriftstellerverbandes verkünden konnte, dass ab 1. Januar 1989 das Einreichen von Manuskripten von den Verlagen ins Ministerium wegfällt. Nur noch ein Antrag war zu schreiben, wenn jemand etwas rausbringen wollte, denn die zentrale Leitung auf *dem* Gebiet umzuwühlen, das hätten wir nicht geschafft. Wir wussten ja noch nicht, dass das zu Ende geht, aber auch bei Beibehaltung der DDR-Verhältnisse wäre das nicht so günstig gewesen. Und deswegen haben wir gesagt, „Antrag ja, Gutachten ja, aber Einreichen von Manuskripten fällt weg". Der Verfasser irgendeines dicken Buches gegen die DDR, o je, der war dann in der Gauck-Behörde?

Meinen Sie Joachim Walther?
Richtig. Der erwies sich als außerstande zu begreifen, wann das nun wirklich stattgefunden hatte. Ich sprach am 12. September 1988 öffentlich davon, gab als Termin den 1. Januar 1989 an, und er schreibt das Ganze so, als wenn uns das nach

dem Herbst 1989 eingefallen sei. Das fand ich bezeichnend. Ich meine, er kann ja sonst meckern was er will, aber Fakten sind Fakten.

Das ist interessant, vielleicht kommen wir nachher noch mal darauf zurück. Sie haben schon gesagt, dass Sie nicht nur zu den Verlagen in die Sowjetunion ein gutes Verhältnis hatten, sondern auch zu bundesdeutschen Verlegern. Ich würde gerne noch ein bisschen über den Suhrkamp Verlag und Siegfried Unseld sprechen. Unseld hat eine Chronik geschrieben, ich weiß nicht, ob sie das mitbekommen haben, der erste Band wurde, glaube ich, vor zwei Jahren veröffentlicht, darin hat er nicht jeden Tag, aber regelmäßig Eintragungen gemacht über Verlagsverhältnisse, auch über persönliche Dinge. Es gibt dort einen Eintrag vom Januar 1984, ich lese ihn mal vor: „Prof. Berthold meldete mich beim Genossen Minister an, der stellvertretende Kulturminister Klaus Höpcke, zuständig für Verlage und Schriftsteller, residiert in einem Haus, in dem bei uns kein unterer Beamter wohnen würde. Wie in den Verlagsbüros auch hier alles sehr lässig, ineffektive familiäre Zustände, die Sekretärinnen per du mit dem Chef und beim Fahrer des Ministers musste ich mich eine Zeitlang fragen, von welchem Klaus dieser Fahrer ständig sprach." Ich gehe davon aus, dass er das erste Treffen zwischen Ihnen und Herrn Unseld beschreibt. Hatten Sie eine ähnliche Fremdheitserfahrung mit Unseld oder dem westdeutschen Literaturbetrieb?
Wir waren am Ende befreundet, bis hin zu Indiskretionen über seine Abstimmung bei den Bundestagswahlen.

Klären Sie mich mal auf?
Damals bei den Bundestagswahlen war ich Repräsentant der PDS, sodass das für mich nicht uninteressant war, wer wen wählte. Es wurde mir bedeutet, dass diese Frankfurter Stimme auch eine für uns sein wird.

Ach.
Ja.

Das heißt, Herr Unseld hat für Sie...
Nicht für mich als Person, er hat mir angedeutet bei den Wahlen...

Welche Wahlen waren das?
Bundestagswahlen. Ich wollte nur sagen von wegen Fremdheit, möglicherweise war ich bei dieser ersten Begegnung noch steif oder so was. Es gab auch Gründe zur Steifheit: Bei der Wahrnehmung von Übersetzungsrechten, die er hatte, zum Beispiel bei James Joyce, hat er sich als kapitalistischer Unternehmer sehr ei-

gensüchtig verhalten. Es kann also sein, dass ich in der Zeit auch vielleicht so in dem Stil von „Klaus" und so weiter war, aber das hat sich später ganz anders entwickelt. Also er lud mich später regelmäßig zu den Empfängen in seiner Klettenbergstraße ein, dort fanden auch lustige Begegnungen statt. – Wir kennen uns aber länger, das geht irgendwie nicht ganz auf.

Das war nicht das erste Treffen?
Ja, denn beim ersten Treffen hat er mich bekannt gemacht mit, wie heißt der vom *Spiegel*, Augstein, Walser etc. Was ich sagen wollte, lustige Begegnung: Der Augstein schwatzte eine Zeitlang mit mir und allmählich kriegte er mit, wer ich bin. Damals war ich noch beim ND, und irgendwie war ihm das unheimlich, und er suchte dann schnell das Weite, obwohl er sonst ein Kämpfer vor dem Herrn ist. Walser dagegen hatte ein sehr vertrauliches Verhältnis zu mir in der ND-Zeit und auch später.

Das heißt, in der zweiten Hälfte der sechziger Jahre waren Sie zu Besuch bei Unseld in der Klettenbergvilla.
Und in der ganzen Ministerzeit natürlich auch, weil ich ständig zur Buchmesse hingefahren bin, und er jeweils an einem Abend diese Runde der Autoren versammelte. Da war ich immer mit zugegen.

Sie haben aber nicht auch da übernachtet? Er hat öfter Verleger, zum Beispiel Elmar Faber eingeladen.
Er hat mal so eine Andeutung gemacht, aber da fand ich, das sollte ich lassen.

Hatten Sie denn auch brieflichen Kontakt?
Kaum, nein. Amtliche Briefe kann es durchaus geben, die ich ordentlich unterschrieben habe, aber persönliche kaum. Ich erinnere mich an einen Brief, den er mir geschrieben hat in den Zeiten nach 1989, als in der *Süddeutschen Zeitung* eine Porträtskizze, nenn' ich es mal, über mich veröffentlicht wurde. Der Autor, sein Name ist mir inzwischen entfallen, hat Einiges sicher richtig geschrieben, manches auch ein bisschen gesponnen. Unseld war zu der Zeit gerade auf Kur – er machte doch jedes Jahr eine Kur, ich glaube auch zum Abmagern. Da hat ihn die Wut gepackt über diesen Artikel, und er schrieb mir, wie schlimm er das findet und dass er sich schon noch melden wird, um das richtigzustellen. Er erwähnte besonders, dass Autoren, wenn sie gerne reisen wollten, die entsprechende Befürwortung bei mir erwarten konnten, und wie ich mich um die gemeinsame Brecht-Ausgabe bemüht habe. Das waren beides gerechte Lobpreisungen.

Hat er sich noch öffentlich dazu geäußert?

Ob er sich öffentlich geäußert hat, weiß ich nicht, weil ich das gedruckt nicht gefunden habe, aber Sie werden verstehen, dass ich auch nicht angemahnt habe.

Das ist klar.
Man hätte ja indirekt anmahnen können, indem man sagt, „Unseld hat das so und so zum Ausdruck gebracht." Nein, da hätte ich mich geniert.

Das heißt, Ihr Verhältnis zu Siegfried Unseld war zunächst ein kollegiales natürlich.
Am Ende ein richtig freundschaftliches.

Und die Sympathie ging über das Interesse an der Literatur, an der Ermöglichung von Literatur?
Ja, das war der Ausgangspunkt, nachher war es auch mehr.

Was haben Sie denn aneinander geschätzt, Unseld und Sie?
Erstmal natürlich seine große verlegerische Leistung, wie geistvoll er seine Abende eingeleitet hat und so, dann kommt natürlich Gott und die Welt auch zur Sprache, da passten wir auch zusammen.

Sie sagten gerade schon, dass er und Sie sich auch für die Gemeinschaftsausgabe von Brecht einsetzten. Dass Sie immer wieder zusammengetroffen sind, spiegelt sich auch im Archiv wider. In diesem Januar 1984 ging es eben auch um die Brecht-Ausgabe. Worüber haben Sie verhandelt?
Es gab sehr viele Fragen. Es war erfreulich, wie oft wir übereinstimmten gegenüber anderen, die auch mitreden wollten. Es ging darum, wie wir die Ausgabe benennen, wie Berlin und Frankfurt in der Titelei vorkommen und in welcher Reihenfolge. Dann war ein schwieriger Punkt, welche Lektoren in welchen Einflussposten bemüht werden sollten.

Was waren da die Schwierigkeiten?
Jeder hat seine Vorlieben, ob er die Klientel um sich hat. Ich entsinne mich nur in dieser etwas amorphen Form daran, dass es solche Reibungspunkte gab, die die Entscheidung beeinflussten. Eine Rolle spielt ja oft auch, dass einer, der da so gebeten wird, nicht sein Ego bedient, sondern den Sinn dieser Ausgabe. So hart war es aber nicht, dass ich es mir richtig eingeprägt hätte.

Welchen Stellenwert hatte dieses Projekt in Ihrer Erinnerung?
Einen riesigen. In einer Zeit, wo hüben und drüben dauernd aufeinander rumgehackt wurde, und wir uns über jede kleine Edition freuten, die drüben und hier

herauskommen konnte. Dass die Zusammenarbeit an einem solchen Projekt überhaupt möglich war – jetzt rede ich mal aus Westsicht – mit diesen Kulturbetonköpfen, das hielt ich für sehr wichtig.

Etwas Anderes: Wovon hing es ab, dass es gewünscht war, dass Autor:innen aus der DDR auch in Westdeutschland publizieren? Inwiefern hat das mit der Kulturpolitik in der DDR übereingestimmt?
Die Kulturpolitik hatte verschiedene Fürsprecher, sowohl solche, die sich über diese Wechselwirkung freuten, als auch solche, die das mit Argwohn betrachteten. Wenn man bei den letzteren jetzt mal davon ausgeht, dass die kaum zu belehren waren, dann kann man diejenigen, die die anderen Erfahrungen gesammelt haben, umso mehr schätzen.

Das heißt, Sie würden sagen, die Mehrheit hat das befürwortet.
Ja, das eindeutig. Befürwortet die einen, beargwöhnt die anderen. Es kam immer wieder vor, dass dann beim Werk, das drüben erschien, nicht über den Wert dieses Werkes geurteilt wurde, sondern darüber, wie viel Pinunse er dafür gekriegt hat und pipapo. Da sprach der Neid. Das sind Begleiterscheinungen, die man leider mitberücksichtigen und bei manchen dieser ästhetischen Äußerungen auch mitlesen musste.

Könnte man andersherum sagen, dass eine *bestimmte* Literatur im westlichen Ausland veröffentlich werden sollte?
Müsste ich durchblättern. Es kann sein, dass es Zirkel, Arbeitskreise gab, die sich darum besonders bemühten, aber als gesamtgesellschaftliche oder staatliche... Westliche Autoren hier zu veröffentlichen, Max von der Grün und die schreibenden Arbeiter im Ruhrgebiet, daran war natürlich hohes Interesse. Aber die Publikationen im Verlagswesen hingen nicht bloß davon ab, sondern dass ein Verleger das geschäftlich in die Wege leitet. Und genauso von uns nach drüben, da gab es auch welche, die sich speziell bemüht haben, Befürworter gefunden haben, aber als Gesamterscheinung ist das schwieriger.

Das heißt, Sie würden die These unterstützen, dass der deutsch-deutsche Literaturaustausch ganz stark von dem Einsatz einzelner Personen abhängig war.
Ganz stark, das ist richtig, und fügen wir hinzu, auch einzelner Verlage, wo eine gewisse Gruppenbildung innerhalb eines Verlages da war. Das hat auch seinen Einfluss ausgeübt.

Sie erwähnten vorhin, dass Sie sich dafür einsetzten, dass Autor:innen Lesereisen machen konnten in die Bundesrepublik, vielleicht auch Frankreich. Wie haben Sie sich verhalten beim Weggang von Schriftsteller:innen? Es sind ja einige gegangen.
Bis zum Gehtnichtmehr habe ich auf sie eingeredet, „ihr könnt eure Probleme hier lösen, bleibt hier, sagt es mir genauer, damit ich weiß ohne dass ihr mir sagt, was euch hindert". In jedem Fall, wenn ich mit ihnen Gespräche geführt habe, habe ich versucht, sie hier zu halten, aber bei bestimmten Drangsalierungen, denen sie ausgesetzt waren, war es schwer, das Gegenteil zu behaupten. Ich hätte sogar Sarah Kirsch versucht zu überreden, aber die war dann schon nicht mehr redebereit, nachdem sie angedroht hatte, aus dem 15. Stock runterzuspringen, wenn sie nicht schnell rausgelassen wird. „Seid froh, dass wir die los sind", ist nicht über meine Lippen gekommen.

Bei wem haben Sie es denn geschafft ihn oder sie zu überzeugen?
Mir fällt jetzt keiner ein, wo es so auf Messers Schneide gestanden hätte. Also da waren mehr so vermittelnde Formen, Jurek Becker, der mit dem Gedanken an eine Aus-/Umsiedlung spielte und mit dem ich besprochen habe, wie man das regeln könnte, so dass er hier trotzdem Bürger bleibt und wann er es für richtig hält rüberkommen kann, also so was hat es gegeben. Da gibt es einen Lyriker in Halle und Leipzig, der drauf und dran war, abzuhauen, dann doch hiergeblieben ist, und wo ich sagen kann, wahrscheinlich hat der Einfluss unserer Gespräche dazu auch beigetragen. Es war immer eine individuelle Entscheidung, es ist auch der Verweis darauf wenigstens fragwürdig.

Wer war das? Welcher Lyriker?
Er fällt mir gleich ein, ich weiß auch, wo er jetzt wohnt in Leipzig. Ich hab' ihn da mal besucht, aber der Name ist im Moment weg, ich glaube Wilfried ist sein Vorname.[2059]

Gut, das eine ist die Verbindung mit Westdeutschland. Mich würde noch die andere Seite, die Kooperation mit der Sowjetunion interessieren. Es wurde ja angestrebt, zusammen zu arbeiten, auf einer Linie zu arbeiten. Wie sah das konkret aus? Wer gab da den Ton an?
Als ich ins Ministerium kam, kriegte ich mit, dass man bestimmte komplizierte Werke rauszuhalten versuchte. Ein dreibändiges Werk eines Leningrader Schriftstellers spielte dabei eine bestimmte Rolle, der über die Zeit des Krieges

---

[2059] Der gemeinte Autor konnte nicht ermittelt werden.

sehr harte Tatsachen zur Sprache gebracht hatte, und die Argumentation dafür, das bei uns nicht zu bringen, lief darauf hinaus: Wenn wir das publizieren, bedienen wir antisowjetische Vorbehalte, weil das schlimme Dasein da beschrieben ist. Und ich habe gesagt, das Gegenteil ist richtig. Wenn diese Härte gezeigt wird, der die Menschen da ausgesetzt waren, sagt das nur umso mehr über den Kampf gegen die Nazis, den Erfolg und so weiter. Und um solchen Sachen vorzubeugen, haben wir eine DDR-sowjetische Arbeitsgruppe zur gegenseitigen Herausgabe und Verbreitung von Literatur eingeführt. Diese setzte sich aus Leuten der Ministerien da und dort zusammen, einzelner Verlage, dann noch ein Slawist, ein Germanist. Wir haben jährlich getagt, und zwar sowohl in der DDR als auch in der Sowjetunion, immer an verschiedenen Orten, sodass man das Land genauer kennenlernte. Bei den Beratungen wurden sowohl die Herausgaben im vergangenen Jahr diskutiert als auch die Vorhaben für das nächste und übernächste Jahr. Das hat sich eigentlich gut ausgewirkt. Es wurde manchmal als eine zensurähnliche Maßnahme verdächtigt, weil man der Ansicht war, dass diejenigen, die wir herauszugeben vorhatten, dann bevorzugt rauszensuriert wurden. Aber unsere kritisch gemeinten Anmerkungen hatten eigentlich keine große Wirkung. Wir bemühten uns, zu den Tagungen Autoren selber einzuladen, entweder über ihr Werk zu reden oder eine Diskussion über Literatur in ihrem Land zu führen.

Ich habe noch ein Zitat aus dem Archiv, eine Notiz von Elisabeth Borchers. Vielleicht zuvor kurz gefragt, wie war Ihr Verhältnis zu Elisabeth Borchers?
Von meiner Seite als ein jüngerer Mann gegenüber einer großen Dame des Lektoratswesens sehr achtungsvoll und ein bisschen durch das Wissen darum eingefärbt, dass sie manche Sachen beförderte, wo ich zu einer solchen Dame gesagt hätte „na, na, na". Das bezieht sich darauf, wenn ich in Büchern Sachen gesehen habe, wo unsere Lektoren gefunden hatten, das sollte man ein bisschen anders machen. Und wenn sozusagen der zweite Lektor darauf geguckt hatte, war es doch wieder drin. Aber sonst als Lektorin war sie toll, auch im Vergleich mit unseren Lektoren.

Das heißt, Sie haben Ost-West-Ausgaben verglichen?
Kam vor.

Können Sie sich erinnern, bei wem das so war?
Ja doch, bei Jurek Becker war es ganz deutlich. Ich kannte die Streitfragen im Manuskript, und da sah ich, dass seine Oberlektorin da drüben es fertiggebracht hatte, dass es nun doch so kommt. Unsere Lektoren wollten das anders, aber ich weiß nicht mal, ob Becker darauf hinwirkte, es kann ja durchaus sein, dass sie ohne sein Zutun so befunden hat. So eine Rechthaberei.

Das kam öfter vor?
Öfter ist zu viel gesagt. Das ist ein Fall, an den ich mich konkret erinnere, weil ich mich darum gekümmert habe. Die ‚Oberlektorin in Frankfurt', das war zumindest bei einigen, die Bescheid wussten, ein geläufiger Ausdruck.

Jetzt zu der Notiz. Die ist aus dem Juli 1987, und zwar geht es um die Veröffentlichung von *Lenins Tod* von Volker Braun. Ich weiß nicht, ob Sie wissen, dass er das Manuskript 1970 am Bahnhof Friedrichstraße Siegfried Unseld heimlich übergeben hat mit dem Hinweis, es erst mal ruhen zu lassen, in den Safe zu legen und abzuwarten. Unseld muss das irgendwie rübergeschmuggelt haben. Borchers schreibt in der Notiz an Unseld: „Die Zeit ist gekommen diese Untat publizieren zu können. Höpcke habe diese Problemgeschichte eigens in Moskau besprochen mit dem Resultat keinerlei Bevormundung hieß es, Moskau sei nicht dazu da eine Führerrolle zu übernehmen." Das klingt so, als hätte Moskau ab und zu in die Buchproduktion eingegriffen. Stimmt das?
In die regelrechte Buchproduktion nicht, aber natürlich wurden einzelne Werke und auch Werkvorhaben diskutiert, und es kann durchaus sein, dass *Lenins Tod* zuerst abgelehnt wurde und dieser Entscheid nun revidiert worden war.

Das heißt, wenn Moskau etwas dagegen hatte, dann haben Sie es nicht gemacht.
Das ist etwas zu schnell gesagt. Wenn Moskau etwas dagegen hatte und sich nicht genierte, das anzusagen, dann wussten wir das erstmal und mussten dann selber überlegen, berücksichtigen wir das oder gehen wir darüber hinweg. Wir führten keine Festlegungsprotokolle, sondern es gab sogar Sachen, die nicht mal in der Runde besprochen wurden. Der Vorsitzende des sowjetischen Teils und ich haben bestimmte Sachen auch auf Waldspaziergängen erörtert. Was wir nun selber machen, das blieb unsere Sache. Einsprüche im schlimmeren Sinne, die hat es gelegentlich gegeben von Abrassimow, dem Botschafter, zum Beispiel bei Heiduczek.[2060] Heiduczek hat ein Buch mit autobiographischen Anflügen herausgebracht, wo Vergewaltigungen und auch der Umgang mit Gefangenen geschildert wurden. Da hat Abrassimow den Kurt Hager, ich war nicht dabei, aber was man so erzählt, angeschnauzt. Hager war ein bisschen empfindsamer, der hat das lange mit sich rumgetragen, was wir ihm angetan haben, indem wir etwas druckten, was so ein Scheißecho hervorruft. So was hat es gegeben auf der Ebene.

[2060] Die Rede ist von Pjotr Andrejewitsch Abrassimow, der in den sechziger und siebziger Jahren Botschafter der Sowjetunion in der DDR war, und dem Autor Werner Heiduczek.

Erinnern sie sich noch an die Verhandlungen zu *Lenins Tod*?
Nein.

Wussten Sie, dass das Manuskript schon längst in der BRD ist?
Auch nicht.

Wie war das Verhältnis der HV Verlage und der Stasi?
Welches Wort hatten wir vorhin an anderer Stelle?

Diskursiv?
Nein, das ist was Positives. Wo es darum ging, zu starre Regeln zu vermeiden: Willkür. Im Allgemeinen war es so, dass sie von uns irgendwas in Erfahrung brachten. Wir wussten trotz ihrer spezifischen Mittel und Methoden meistens über Literatur und Autoren etwas besser Bescheid als sie selber.

Das heißt, die wollten Berichte aus der HV Verlage?
Ja.

Wussten Sie, wer für die Stasi arbeitete, wer Berichte schickte?
Nein. Das blieb unter der Decke. Ich habe nach wie vor bestimmte Verdachtsanhaltspunkte, aber die Betreffenden nie darauf angesprochen. Dass da einige geliefert haben müssen, ist mir klar. Ich bringe eine äußerliche Beweisführung. Ich hatte im Treppenhaus der HV die Portraits wichtiger Autoren der DDR aufhängen lassen, und im Zusammenhang mit den Biermann-Geschichten fehlten dann plötzlich zwei. Darauf habe ich gesagt, die Betreffenden mögen die binnen 24 Stunden wieder anbringen und dann wird nicht nachgeforscht. Die Betreffenden hatten aber den Mumm nicht, und darum habe ich alle Portraits abhängen lassen. Das war schmerzhaft, aber ich fand, es geht nicht anders. In diesem Fall habe ich genauere Verdächtigungen, weil man sich das fast selber zurechtreimen konnte aufgrund der Diskussionen, die über den Biermann-Vorgang und die Autoren mit ihren Unterschriften geführt wurden. Aber dass zum Beispiel die MfS-Leute mir eine Liste gegeben hätten, wen sie... – nein.

Welche zwei Autoren waren das?
Das waren Hermlin und Fühmann.

Das heißt, der Kommunikationskanal führte von der HV zur Stasi.
Im Allgemeinen ja. Wir kannten einen, der anscheinend für uns zuständig war und gelegentlich in den Fluren rumtrabte.

Wer war das?
Ich weiß nicht mehr, wie der heißt.

Ganz oft kommt in den Verlagsunterlagen einer vor, vor allem bei Volker Braun, Oberstleutnant Gütling, glaube ich.
Ja, Gütling war der, der am ehesten da rumtrabte.

Was machte der in der Hauptverwaltung?
Er holte Erkundigungen ein.

Auch bei Ihnen?
Ja.

Worum ging es denn da?
Dass sie irgendwas gehört hatten, zum Beispiel waren sie sehr beunruhigt durch bestimmte Lyriklesungen in Wohnungen im Prenzlauer Berg. Dazu wusste ich aber auch nichts. Ich war auch nicht bereit, entsprechende Forschungen anzustellen, da mussten sie schon zusehen, wie sie darankommen.

Wurden sie auch abgehört, beobachtet?
Das kann ich technisch nicht ausschließen. Ob die meinen amtlichen Telefonapparat irgendwo angeschlossen hatten oder nicht, weiß ich nicht. Ein Freund hat gelegentlich seine privaten Anrufe bei mir zuhause begonnen, indem er erst mal den Mitabhörern einen sarkastischen Gruß entbot. Und ich habe immer gesagt, „Harald, ich bin erstens nicht so bedeutend, dass es sich lohnt mich abzuhören, und zweitens sag ich dir, bei dem technischen Zustand, den wir haben, ist es auch kaum denkbar, dass das hier stattfindet". Mir war das piepe, ich wusste ja von mir selber, dass sie keinen Widerspruch zwischen dem, was ich am Telefon sage und dem, was ich sonst sage, finden würden. Ich weiß inzwischen von einer Freundin meiner ältesten Tochter, dass deren Vater sie beeinflusst hatte, von uns zuhause was zu erzählen.

Sie haben nie geguckt, was es in der Behörde über Sie gibt?
Nein. Keinen Buchstaben. Auch aus praktischen Gründen, weil wenn ich da nachsuchen würde, hätten die einen Anlass, das Gelumpe, was sie gesammelt haben, jetzt rauszuholen. Und dann die ganzen Geier, die da Geld verdienen, hätten dann Grund alles Mögliche rum- und umzuwenden, die sollen es bei sich behalten, bis es verrottet, ich interessiere mich nicht.

Sie erwähnten vorhin das Buch von Joachim Walther, damit haben Sie sich sicher ausgiebig beschäftigt, was ist Ihre Meinung zu dem Buch?
Ein Hetzbuch.

In welchem Sinne?
Das ist alles aus seiner Sicht. Ich meine, er sagt nicht „Kommunistenschweine", aber zu seiner Denkstruktur würde das passen. Es ist schon deshalb verlogen, weil bei allen Biographien natürlich angeführt wird, wenn jemand in der Armee war. Er selber war auch in der Armee – da fehlt es. Er hat auch zusammen mit jemand anderes, entweder war es Weltfestspiele oder irgendwas FDJ-Interessantes, ein Buch gemacht. In seiner Bibliographie, unter Werke dieses Autors, fehlt das natürlich. Wenn er schon mit sich selber so umgeht, wie soll man glauben, was er über andere erzählt? Das ist ein bisschen zu viel verlangt.

Sie haben am Anfang gesagt, Sie glauben, die Öffentlichkeit oder die Forschung werden weiterhin ideologisch bleiben. Was müsste denn aus Ihrer Sicht passieren, um der Literaturgeschichte im geteilten Deutschland gerecht zu werden?
Mein Vorurteil führt mich dazu zu glauben, dass das allein aus diesem Teil des geistigen Überbaus gar nicht zu schaffen ist. Es ist nur zu schaffen, wenn der ideologische Zustand in allen Bundesländern sich unheimlich ändert, was natürlich auch mit wirtschaftlichen und anderen Faktoren des Lebens zusammenhängt. So viel langwährendes Vorurteil gegenüber Osten, Kommunisten oder Linken, wie da drüben in Baden-Württemberg und Bayern, Rheinland-Pfalz, selbst in Nordrhein-Westfalen versammelt ist und so fest, wie das da klebt – da könnt' ihr mir noch so viel Neugründungen von Suhrkamp in die Nähe setzen, das geht nur, wenn die ineinandergreifen, wenn da gesamtgesellschaftliche, ökonomische und andere Faktoren dazu beitragen, das Bedürfnis nach solchen abwegigen, wie sie finden würden, geistigen Experimenten überhaupt zu wecken.

Vielleicht eine letzte Frage: Wenn Sie heute zurückblicken, würden Sie sagen, dass es eine DDR-Literatur gibt, die sich unterscheidet von der Literatur in der BRD?
Ja. Das, was gewisse Züge des Lebens in der DDR ausgemacht hat, ist eben möglicherweise in der DDR-Literatur am bleibendsten aufgehoben, während das in vielen anderen Bereichen relativ schneller wieder verfliegt. Die DDR ist schon lange weg, aber die Figuren und Konflikte sind doch künstlerisch so stark und, glaube ich, bleibend gestaltet. Die Anna Seghers hat irgendwann mal gesagt, dass eine neue Literatur sich dadurch auszeichnet, dass sie einen neuen Gegenstand hat. Diese DDR-Literatur hatte diesen neuen Gegenstand und da bin ich ziemlich

sicher, dass Ihre und die nächste Generation sich wieder interessieren und meinetwegen auch Entdeckungen machen, auf die wir und andere noch gar nicht gekommen sind.

Literatur der DDR im Suhrkamp Verlag. Eine Bibliographie

Die Liste umfasst alle von literarischen Autor:innen der DDR veröffentlichten Werke im Suhrkamp Verlag bis zum Jahr 1990.[2061] Die Tabelle enthält auch Informationen über Reihen, in denen die Werke erschienen sind, sowie den Status der Ausgabe (EA = Erstausgabe, OA = Originalausgabe). Die letzte Spalte verweist auf den Verlag, der das Werk in der DDR veröffentlichte. Hauptsächliche Quelle für die Liste ist die Bibliographie des Suhrkamp Verlags.[2062]

1) Einzelpublikationen und Werkausgaben

Autor:in	Titel	Jahr	Reihe	DDR-Verlag
Becher, Johannes R.	Gedichte. Ausgewählt und mit einem Nachwort von Hans Mayer	1975	BS453	-
Becker, Jurek	Aller Welt Freund. Roman.	1982		Hinstorff Verlag 1983
Becker, Jurek	Der Boxer. Roman.	1976		Hinstorff Verlag 1976
Becker, Jurek	Bronsteins Kinder. Roman.	1986		Hinstorff Verlag 1987
Becker, Jurek	Irreführung der Behörden. Roman.	1973		Hinstorff Verlag 1973
Becker, Jurek	Jakob der Lügner. Roman.	(1969) 1976	BS510	Aufbau Verlag 1969
Becker, Jurek	Nach der ersten Zukunft. Erzählungen.	1980		-
Becker, Jurek	Schlaflose Tage. Roman.	1978		-
Becker, Jurek	Warnung vor dem Schriftsteller. Drei Vorlesungen in Frankfurt.	1990	es1601	-

---

2061 Ernst Bloch, Wolfgang Harich, Werner Hecht, Hans Mayer, Werner Mittenzwei und andere wissenschaftliche Autor:innen sowie wissenschaftliche Werke sind nicht in der Liste aufgeführt. Die Werke Bertolt Brechts, Uwe Johnsons, Thomas Braschs, Peter Huchels, Heinar Kipphardts und Einar Schleefs sind von der Aufstellung ebenfalls ausgenommen, einerseits aus pragmatischen Gründen, andererseits weil diese Autoren erst nach ihrer Übersiedelung in den Westen bei Suhrkamp veröffentlichten.
2062 Vgl. Die Bibliographie des Suhrkamp Verlages 1950–2000. Bearb. von Wolfgang Jeske. Frankfurt a. M.: Suhrkamp 2002.

Fortsetzung

Autor:in	Titel	Jahr	Reihe	DDR-Verlag
Braun, Johanna/ Braun, Günter	Conviva Ludibundus. Utopischer Roman.	1982	st748 PhB63	Verlag Das Neue Berlin 1978
Braun, Johanna/ Braun, Günter	Der Fehlfaktor. Utopisch-phantastische Erzählungen. Der große Kalos-Prozeß. Homo Pipogenus erectus. Cäsars Kuhglockengeläut. Das System R. Der Fehlfaktor. Raumfahrerauswahl. Kunstfehler in Harmonopolis. Jonatans Rückkehr.	1981	st687 PhB51	Verlag Das Neue Berlin 1975
Braun, Johanna/ Braun, Günter	Der Irrtum des großen Zauberers. Ein phantastischer Roman.	1982	st807 PhB74	Verlag Das Neue Berlin 1979
Braun, Johanna/ Braun, Günter	Das Kugeltranszendentale Vorhaben. Utopischer Roman.	1983	st948 PhB109	Verlag Das Neue Berlin 1990
Braun, Johanna/ Braun, Günter	Professor Mittelzwercks Geschöpfe. Erzählungen. Conviva Ludibundus. Stalins Geist. Unser lieber Versager. Die Abendbetrachtung: Großvater und Enkel über Fa und Cre. Die Wächter des Doms. Homo pipogenus erectus. Allein im Weltraum. Der Wunschsohn. Mein Boy. Zu dem berühmten Werk: Sich in Übereinstimmung bringen.	(1984) 1991	st1813 PhB269	-
Braun, Johanna/ Braun, Günter	Der unhandliche Philosoph. Berichte zur Biografie des Sokrates.	1983	st870	-
Braun, Johanna/ Braun, Günter	Unheimliche Erscheinungsformen auf Omega XI. Utopischer Roman. Illustrationen von Klaus Ensikat.	1981	st646 PhB45	Verlag Das Neue Berlin 1974
Braun, Johanna/ Braun, Günter	Die unhörbaren Töne. Phantastische Berichte an die Behörde.	1984	st983 PhB119	-
Braun, Johanna/ Braun, Günter	Der Utofant. In der Zukunft aufgefundenes Journal aus dem Jahrtausend III.	1983	st881 PhB92	Verlag Das Neue Berlin 1981
Braun, Johanna/ Braun, Günter	Der x-mal vervielfachte Held. Phantastische Erzählungen. Limbdisten. Der x-mal vervielfachte Held. Ein Herren-Traum. Raumloser Raum. Transparentia Okularia. Die Kinderinsel.	1985	st1137 PhB148	-
Braun, Volker	Berichte von Hinze und Kunze.	1983	es1169	Mitteldeutscher Verlag 1983

Fortsetzung

Autor:in	Titel	Jahr	Reihe	DDR-Verlag
Braun, Volker	Bodenloser Satz.	1990		Band 9 der Texte in zeitlicher Folge, Mitteldeutscher Verlag 1992
Braun, Volker	Es genügt nicht die einfache Wahrheit. Notate.	1976	es799	Reclam Verlag 1975
Braun, Volker	Gedichte.	1979	st499	-
Braun, Volker	Gegen die symmetrische Welt. Gedichte.	1974		Mitteldeutscher Verlag 1974
Braun, Volker	Gesammelte Stücke. Zwei Bände. Erster Band: Lenins Tod. Totleben. Schmitten. Guevara oder Der Sonnenstaat. Großer Frieden. Zweiter Band: Simplex Deutsch. Dmitri. Die Übergangsgesellschaft. Siegfried Frauenprotokolle – Deutscher Furor. Transit Europa – Der Ausflug der Toten.	1989	es1478	-
Braun, Volker	Hinze-Kunze-Roman.	1985		Mitteldeutscher Verlag 1985
Braun, Volker	Langsamer knirschender Morgen. Gedichte.	1987		Mitteldeutscher Verlag 1987
Braun, Volker	Der Stoff zum Leben 1–3. Gedichte. Mit einem Nachwort von Hans Mayer.	1990	BS1039	-
Braun, Volker	Stücke 1. Die Kipper. Hinze und Kunze. Tinka.	1975	st198	Henschelverlag 1975
Braun, Volker	Stücke 2. Schmitten. Guevara oder Der Sonnenstaat. Großer Frieden. Simplex Deutsch.	(1977, 1981) 1981	st680	-
Braun, Volker	Das ungezwungne Leben Kasts. Drei Berichte.	1972		Aufbau Verlag 1972
Braun, Volker	Unvollendete Geschichte.	1977		Mitteldeutscher Verlag 1988
Braun, Volker	Verheerende Folgen mangelnden Anscheins innerbetrieblicher Demokratie. Schriften.	1988	es1473	Reclam Verlag 1988
Braun, Volker	Vorläufiges. Gedichte.	1966		Mitteldeutscher Verlag 1965 unter dem Titel Provokation für mich
Braun, Volker	Wir und nicht sie. Gedichte.	1970	es397	Mitteldeutscher Verlag 1970

Fortsetzung

Autor:in	Titel	Jahr	Reihe	DDR-Verlag
Drawert, Kurt	Privateigentum. Gedichte.	1989	es1584	Mitteldeutscher Verlag 1965 unter dem Titel *Provokation für mich*
Fries, Fritz Rudolf	Alexanders neue Welten. Ein akademischer Kolportageroman aus Berlin.	1983		Aufbau Verlag 1982
Fries, Fritz Rudolf	Der Fernsehkrieg und andere Erzählungen. Viva América! Der Schlaf eines Diktators. Der Läufer auf dem Dach. Liebold. Der Bananenkönig. Die Bücher. Beschreibung meiner Freunde. Die Entbindung. Der Park von Warna. Der Fernsehkrieg.	1970		Mitteldeutscher Verlag 1969
Fries, Fritz Rudolf	Das Luft-Schiff. Biografische Nachlässe zu den Fantasien meines Großvaters. Roman.	1974		Hinstorff Verlag 1974
Fries, Fritz Rudolf	Das nackte Mädchen auf der Straße. Erzählungen. Der Seeweg nach Indien. Viva América! Der Bananenkönig. Liebold. Pan Tadeusz. Der Schlaf eines Diktators. Die Entbindung. Der Fernsehkrieg. Beschreibung meiner Freunde. Ringling in Amerika. Der Läufer auf dem Dach. Der doppelte Augenblick. Das nackte Mädchen auf der Straße. Joshua fit the battle. Überlegung zum Ritterroman. Der Nachlaß von Raúl. Vom Tod, vom Feuer, vom Leben. Das Haus gegenüber. Hotelzimmer. Gestern. Die zweite Beschreibung meiner Freunde. Zbigniew und wir. Ich wollte eine Stadt erobern.	1980	st577	Reclam Verlag 1978 unter dem Titel *Seeweg nach Indien*
Fries, Fritz Rudolf	Schumann, China und der Zwickauer See.	1982	st768	Aufbau Verlag 1980 unter dem Titel *Alle meine Hotel-Leben*
Fries, Fritz Rudolf	See-Stücke.	1973		Hinstorff Verlag 1973 unter dem Titel *Seestücke*

Fortsetzung

Autor:in	Titel	Jahr	Reihe	DDR-Verlag
Fries, Fritz Rudolf	Verlegung eines mittleren Reiches. Roman. Aufgefunden und Hrsg. von einem Nachfahr in späterer Zeit.	1984		Aufbau Verlag 1984
Fries, Fritz Rudolf	Der Weg nach Oobliadooh. Roman.	1966		Aufbau Verlag 1989
Fühmann, Franz	22 Tage oder Die Hälfte des Lebens.	1973		Hinstorff Verlag 1973
Fühmann, Franz	Bagatelle, rundum positiv. Erzählungen. Drei nackte Männer. Bagatelle, rundum positiv. Spiegelgeschichte. Die Ohnmacht. Schieferbrechen und Schreiben.	1978	st426	-
Fühmann, Franz	Erfahrungen und Widersprüche. Versuche über Literatur.	1976	st338	Hinstorff Verlag 1975
Grünbein, Durs	Grauzone morgens. Gedichte.	1988	es1507	-
Hacks, Peter	Fünf Stücke. Das Volksbuch vom Herzog Ernst. Eröffnung des indischen Zeitalters. Die Schlacht bei Lobositz. Der Müller von Sanssouci. Die Sorgen und die Macht.	1965		-
Hacks, Peter	Das Poetische. Ansätze zu einer postrevolutionären Dramaturgie.	1972	es544	-
Hacks, Peter	Stücke nach Stücken. Bearbeitungen 2. Polly oder Die Bataille am Bluewater Creek. Die schöne Helena.	1965	es122	Aufbau Verlag 1965
Hacks, Peter	Vier Komödien. Moritz Tassow. Margarete in Aix. Amphitryon. Omphale.	1971		Aufbau Verlag 1972 unter dem Titel *Ausgewählte Dramen*
Hacks, Peter	Zwei Bearbeitungen. ‚Der Frieden' nach Aristophanes. ‚Die Kindermörderin', ein Lust- und Trauerspiel nach Heinrich Leopold Wagner.	1963	es47	-
Hermann, Matthias	72 Buchstaben. Gedichte.	1989		-

Fortsetzung

Autor:in	Titel	Jahr	Reihe	DDR-Verlag
Hermlin, Stephan	Der Leutnant Yorck von Wartenburg. Erzählungen. Der Leutnant Yorck von Wartenburg. Die Zeit der Einsamkeit. Arkadien. Kassberg.	1974	BS381	Insel Verlag Leipzig 1954
Hermlin, Stephan	Lektüre. 1960–1971	1974	st215	Aufbau Verlag 1973
Jendryschik, Manfred	Die Ebene. Gedichte.	1980	es1037	Mitteldeutscher Verlag 1980
Jendryschik, Manfred	Der feurige Gaukler auf dem Eis. Miniaturen.	1981		Mitteldeutscher Verlag 1981
Jendryschik, Manfred	Frost und Feuer, ein Protokoll und andere Erzählungen. Ahorn. Radomer Epilog. Der Chirurg. Bestandsaufnahme. Das Glas. Nachmittag ohne Tee. Das eine das andere Mal. Alle ihre Söhne. Der Schatten. Dozentin Dr. K. Unruhe. Frost und Feuer, ein Protokoll. Villa Massimo, Roma. Mann hinter der Brücke. Facetten oder Aktivist der dritten Stunde. Wie Leona die Schwarze die Herrschaft an sich riß.	1973	es635	Hinstorff Verlag 1967 unter dem Titel *Glas und Ahorn*
Kirsten, Wulf	Die Erde bei Meißen. Gedichte.	1987		Reclam Verlag 1986
Köhler, Erich	Hartmut und Joana oder Geschenk für Kinder. Filmerzählung. Mit Illustrationen von Klaus Ensikat.	1981		Hinstorff Verlag 1980
Köhler, Erich	Hinter den Bergen. Roman.	1978	st456	Hinstorff Verlag 1976
Kolbe, Uwe	Abschiede und andere Liebesgedichte.	1983	es1178	Aufbau Verlag 1981
Kolbe, Uwe	Bornholm II. Gedichte.	1987	es1402	Aufbau Verlag 1986
Kolbe, Uwe	Hineingeboren. Gedichte 1975–1979. Mit einer Nachbemerkung von Franz Fühmann.	1982	es1110	Aufbau Verlag 1980
Kolbe, Uwe	Vaterlandkanal. Ein Fahrtenbuch.	1990		
Krauß, Angela	Der Dienst.	1990		

Fortsetzung

Autor:in	Titel	Jahr	Reihe	DDR-Verlag
Krauß, Angela	Kleine Landschaft. Erzählungen. Ströme. Die Tagträumerin. Schicksalhafte Fügung. Entdeckungen bei fahrendem Zug. Ein Morgen auf dem Land. Kleine Landschaft. Frau in Chamois. Stilleben mit Amphibie. Glashaus.	1989		Aufbau Verlag 1988 unter dem Titel *Glashaus*
Krauß, Angela	Das Vergnügen.	1988		Aufbau Verlag 1984
Lange, Hartmut	Die Gräfin von Rathenow. Komödie.	1969	es360 Im Dialog	-
Lange, Hartmut	Der Hundsprozeß. Herakles. Mit fünfzehn Zeichnungen von Arwed D. Gorella.	1968	es260 Im Dialog	-
Lange, Hartmut	Marski. Eine Komödie.	1965	es107 Im Dialog	-
Loschütz, Gert	Gegenstände. Gedichte und Prosa.	1971	es 470	
Loschütz, Gert	Sofern die Verhältnisse es zulassen. Drei Rollenspiele. Mit einer Nachbemerkung des Autors.	1972	es 583	
Matthies, Frank-Wolf	Tagebuch Fortunes.	1985	es1311	-
Müller, Heiner	Philoktet. Herakles 5.	1966	es163	Herakles 5: Henschelverlag 1969, Philoktet: Henschelverlag 1988
Plenzdorf, Ulrich	Filme. Karla. Die neuen Leiden des jungen W. Der alte Mann, das Pferd, die Straße. Die Legende von Paul und Paula. Es geht seinen Gang. Glück im Hinterhaus. Ein fliehendes Pferd. Der König und sein Narr. Insel der Schwäne. Bockshorn. „Fall Ö." Mit einem Nachwort von Horst Mocker.	1990	st1693	Hinstorff Verlag Teil 1: 1986, Teil 2: 1988
Plenzdorf, Ulrich	Freiheitsberaubung. Ein Stück. Nach der gleichnamigen Erzählung von Günther de Bruyn. Musik: Mathias Suschke.	1990	st1737	Henschelverlag 1988

Fortsetzung

Autor:in	Titel	Jahr	Reihe	DDR-Verlag
Plenzdorf, Ulrich	Gutenachtgeschichte. Illustriert von Rolf Köhler.	1983	st958	Hinstorff Verlag 1984
Plenzdorf, Ulrich	Karla. Der alte Mann, das Pferd, die Straße. Texte zu Filmen.	1980	st610	Henschelverlag 1978
Plenzdorf, Ulrich	kein runter kein fern.	1984	st1078	-
Plenzdorf, Ulrich	Legende vom Glück ohne Ende.	1979		Hinstorff Verlag 1979
Plenzdorf, Ulrich	Die Legende von Paul und Paula. Filmerzählung. Mit Filmfotos.	1974	st173	Henschelverlag 1974
Plenzdorf, Ulrich	Die neuen Leiden des jungen W.	1973		Hinstorff Verlag 1973
Rosenlöcher, Thomas	Die verkauften Pflastersteine. Dresdener Tagebuch.	1990	es1635	-
Schedlinski, Rainer	die rationen des ja und des nein. gedichte.	1990	es 1606	Aufbau Verlag 1988
Seghers, Anna	Aufstand der Fischer von St. Barbara.	1954	BS20	Aufbau Verlag 1951
Seghers, Anna	Die schönsten Sagen vom Räuber Woynok. Sagen und Legenden. Die schönsten Sagen vom Räuber Woynok. Sagen von Artemis. Das Argonautenschiff.	1975	BS458	Aufbau Verlag 1975 unter dem Titel *Der Räuber Woynok*
Seghers, Anna	Wiedereinführung der Sklaverei in Guadeloupe. Erzählung.	1966	BS186	Aufbau Verlag 1949, veröffentlicht in *Die Hochzeit von Haiti. Zwei Novellen*
Steinmüller, Angela/Steinmüller, Karlheinz	Pulaster. Roman eines Planeten.	1988	st1490 PhB204	Das Neue Berlin 1986
Steinmüller, Angela/Steinmüller, Karlheinz	Der Traum vom Großen Roten Fleck und andere Science-fiction-Geschichten. Manche mögen's heiß. Der Traum vom Großen Roten Fleck. Duell der Tiger. Zerdopplung. Das Wunderelixier. Windschiefe Geraden. Reservat. Der schwarze Kasten. Wolken, zarter als ein Hauch. Unter schwarzer Sonne. Das Auge, das niemals weint.	1985	st1131 PhB147	-

Fortsetzung

Autor:in	Titel	Jahr	Reihe	DDR-Verlag
Wekwerth, Manfred	Notate. Über die Arbeit des Berliner Ensembles 1956 bis 1966.	1967	es219	Aufbau Verlag 1967

2) Sammelbände, Zeitschriften und Anthologien

Autor:in/Hg.	Titel	Jahr	Reihe
Achmatowa, Anna	Gedichte. Nachdichtungen von Heinz Czechowski, Uwe Grüning, Sarah Kirsch, Rainer Kirsch. Hg. und mit einem Nachwort versehen von Ilma Rakusa.	1988	BS983
Rottensteiner, Franz (Hg.)	Die andere Zukunft. Phantastische Erzählungen aus der DDR. Mit Texten von Günter de Bruyn, Klaus Möckel, Karlheinz Steinmüller, Rolf Schneider, Günter Kunert, Alfred Leman/Hans Taubert, Erik Simon, Bernd Ulbrich, Günther Brandenburger, Gerhard Branstner, Carlos Rasch und Johanna Braun/Günter Braun.	1982	st757 PhB66
Steinweg, Reiner (Hg.)	Auf Anregung Bertolt Brechts: Lehrstücke mit Schülern, Arbeitern, Theaterleuten. Mit Beiträgen von Karl W. Bauer, Jörg Richard, Hans M. Ritter, Gruppe „leren, leren", Hansjörg Maier/Willy Praml/Mathias Schüler, Heiner Müller, Elke Tasche, Bernhard Laux und Hans-Thies Lehmann/Helmut Lethen.	1978	es929
	Begegnungen. Eine Festschrift für Max Frisch zum siebzigsten Geburtstag. Mit Beiträgen von Siegfried Unseld, Jürgen Becker, Jurek Becker, Peter Bichsel, Silvio Blatter, Elisabeth Borchers, Tankred Dorst, Peter Härtling, Wolfgang Hildesheimer, Walter Höllerer, Uwe Johnson, Wolfgang Koeppen, Karl Krolow, Jürg Laederach, Hermann Lenz, Siegfried Lenz, Hans Mayer, Friederike Mayröcker, E.Y. Meyer, Adolf Muschg, Paul Nizon, Erica Pedretti, Jörg Steiner, Karin Struck, Martin Walser, Otto F. Walter, Peter Weiss und Christa Wolf. Mit einer Bleistiftzeichnung von Günter Grass.	1981	
Häßel, Margarete/ Weber, Richard (Hg.)	Arbeitsbuch Thomas Brasch. Mit Interviews, bisher unveröffentlichten Texten von Thomas Brasch, zahlreichen Abbildungen, Vita und Bibliographie.	1987	st2076
Hildebrandt, Dieter/Unseld, Siegfried (Hg.)	Deutsches Mosaik. Ein Lesebuch für Zeitgenossen. Im Auftrag des Organisationskomitees für die Spiele der XX. Olympiade 1972. Vorwort von Gustav Heinemann.	1972	

Fortsetzung

Autor:in/Hg.	Titel	Jahr	Reihe
	Mit Beiträgen von Konrad Adenauer bis Carl Friedrich von Weizsäcker.		
Braun, Karlheinz (Hg.)	Deutsches Theater der Gegenwart 1. Nachwort von Henning Rischbieter. Mit Stücken von Friedrich Dürrenmatt, Peter Weiss, Peter Hacks, Max Frisch, Wolfgang Hildesheimer, Günter Grass, Heiner Müller, Heinar Kipphardt, Hans Günter Michelsen und Martin Walser.	1967	Bücher der Neunzehn
Braun, Karlheinz (Hg.)	Deutsches Theater der Gegenwart 2. Nachwort von Hellmuth Karasek. Mit Stücken von Volker Braun, Bazon Brock, Wolfgang Deichsel, Peter Handke, Hartmut Lange, Egon Menz, Gerlind Reinshagen, Martin Sperr und Jochen Ziem.	1967	Bücher der Neunzehn
Profitlich, Ulrich (Hg.)	Dramatik der DDR. Mit Beiträgen von Stephan Bock, Karl-Heinz Hartmann, Helmut Peitsch, David Bathrick, Knut Hickethier, Marlies Janz, Hans-Thies Lehmann, Manfred Jäger, Wolfgang Emmerich, Jost Hermand, Ulrich Profitlich, Theo Girshausen, Bernhard Greiner und Klaus Siebenhaar. Mit Abbildungen und einer Auswahlbibliographie zum DDR-Drama.	1987	st2072 stm
	Der Eingang ins Paradies und andere phantastische Erzählungen. Ausgewählt von Franz Rottensteiner. Mit Texten von Ko-bo Abe (Ü.: Michael Noetzel), Martin Auer, Ulrich Johannes Beil, Günter Braun/Johanna Braun, Ferdinand Bordewijk (Ü.: Harm Jansen/Wolfgang Biesterfeld), Jonathan Carroll (Ü.: Franz Rottensteiner), Vladimir Colin (Ü.: Veronika Riedel), Herbert W. Franke, Charlotte Perkins Gilman (Ü.: Ursula-Maria Mößner), Marianne Gruber, Werner Illing, Sheridan Le Fanu (Ü.: Friedrich Polakovics), Stanisław Lem (Ü.: Hanna Rottensteiner), Barbara Neuwirth, Heinz Riedler, Peter Schattschneider, Heinrich Seidel, Erik Simon und Heide Stockinger.	1988	st1566 PhB 219
Eisner, Kurt	Sozialismus als Aktion. Ausgewählte Aufsätze und Reden. Hrsg. von Freya Eisner.	1975	es773
Castein, Hanne (Hg.)	Es wird einmal. Märchen für morgen. Moderne Märchen aus der DDR. Mit Texten von Franz Fühmann, Günter Kunert, Klaus Rahn, Karl Herrmann Roehricht, Werner Schmoll, Joachim Walther, Lothar Kusche, Stefan Heym, Peter Hacks, Rudi Strahl, Rainer Kirsch,	1988	st1496

Fortsetzung

Autor:in/Hg.	Titel	Jahr	Reihe
	Armin Stolper, Horst von Tümpling, Helga Schubert, Irmtraud Morgner, Karl Mickel und Waltraud Jähnichen.		
Castellet, J.M./ Gimferrer, Pere (Hg.)	Generation von 27. Gedichte von Rafael Alberti, Vicente Aleixandre, Luis Cernuda, Gerardo Diego, Federico García Lorca, Jorge Guillén und Pedro Salinas. Spanisch und Deutsch. Aus dem Spanischen von Hildegard Baumgart, Enrique Beck, Fritz Rudolf Fries, Lothar Klünner, Fritz Vogelsang und Rudolf Wittkopf.	1984	BS796
Kursbuch 4	Mit Beiträgen von Hans Magnus Enzensberger, Volker Braun, Fritz Rudolf Fries, Jochen Ziem, Franco Fortini, Günter Herburger, Wolfram Flößner, Jochen Lobe, Martin Walser, Bernd Peschken und Karl Markus Michel.	1966	
Kursbuch 5	Mit Beiträgen von Edoardo Sanguineti, Helmut Heißenbüttel, Lars Gustafsson, Alexander Bryan Johnson, Ferdinand de Saussure, Rudolf Carnap, Jurij Tynjanow, Roman Jakobson, Manfred Bierwisch, Jerry A. Fodor, Jerrold J. Katz, Claude Lévi-Strauss und Roland Barthes.	1966	
Kursbuch 7	Mit Beiträgen von Reinhard Lettau, Günter Grass, Hans Frick, Heiner Müller, Max Frisch, Klaus Völker und Heinrich Böll.	1966	
Kursbuch 19	Kritik des Anarchismus. Mit Beiträgen von Michail Bakunin, Wolfgang Dreßen, Eric J. Hobsbawm, Iosif Vissarionovič Stalin, Wolfgang Harich, Pietro Cavallero, Hansmartin Kuhn, Konrad Böhmer/Ton Regtien, Joachim Schickel und Karl Markus Michel.	1969	
Rach, Rudolf (Hg.)	Theater heute. Stücke von Beckett, Bernhard, Bond, Brasch, Kroetz, Müller, Norén, Strauß. Mit einem Vorwort von Rudolf Rach. Mit Fotografien.	1985	st1190
Rottensteiner, Franz (Hg.)	Phantastische Aussichten. Ein Querschnitt durch die „Phantastische Bibliothek". Mit Texten von Mihály Babits (Ü.: Vera Thies), J.G. Ballard (Ü.: Joachim Körber), Elfriede Maria Bonnet, Johanna Braun/Günter Braun, Julio Cortázar (Ü.: Fritz Rudolf Fries), Herbert W. Franke, Marianne Gruber, Stanisław Lem (Ü.: Edda Werfel), H.P. Lovecraft (Ü.: Rudolf Hermstein), Gerd Maximovič, Barbara Neuwirth, Bernard Richter, Murilo Rubião (Ü.: Ray-Güde Mertin), Peter Schattschneider, Paul Scheerbart und Peter Daniel Wolfkind.	1985	st1188 PhB 160

Fortsetzung

Autor:in/Hg.	Titel	Jahr	Reihe
Rottensteiner, Franz (Hg.)	Phantastische Träume. Mit Texten von Stanisław Lem (Ü.: Edda Werfel), J.G. Ballard (Ü.: Maria Gridling), Johanna Braun/Günter Braun, Herbert W. Franke, Peter Schattschneider, Cordwainer Smith (Ü.: Rudolf Hermstein), Vladimir Colin (Ü.: Marie Thérèse Kerschbaumer), H.P. Lovecraft (Ü.: Rudolf Hermstein), Jean Ray (Ü.: Willy Thaler), Edgar Allan Poe (Ü.: Arno Schmidt), Ambrose Bierce (Ü.: Anneliese Strauß), Josef Nesvadba (Ü.: Erich Bertleff), Stefan Grabiński (Ü.: Klaus Staemmler), Fritz-James O'Brien (Ü.: Michael Walter), Algernon Blackwood (Ü.: Friedrich Polakovics), Lord Dunsany (Ü.: Friedrich Polakovics) und Bernd Ulbrich. Nachwort von Franz Rottensteiner.	1983	st954 PhB 100
Rottensteiner, Franz (Hg.)	Phantastische Welten. Erzählungen der Phantastischen Bibliothek. Mit Texten von Leo Szilard (Ü.: Horst Dölvers), Stanisław Lem (Ü.: Jens Reuter), Bernard Richter, Marianne Gruber, Johanna Braun, Gerd Maximovič, Cordwainer Smith (Ü.: Rudolf Hermstein), Adam Wiśniewski-Snerg (Ü.: Klaus Staemmler), Angela Steinmüller, Herbert W. Franke, Martin Roda Becher, J.G. Ballard (Ü.: Herbert Mühlbauer), Peter Schattschneider, Lygia Fagundes Telles (Ü.: Alfred Opitz), Mircea Eliade (Ü.: Edith Silbermann), Arthur Machen, Erckmann-Chatrian (Ü.: Rein A. Zondergeld), Joseph Sheridan Le Fanu (Ü.: Friedrich Polakovics), Wsewolod Iwanow (Ü.: Hermann Buchner), Julio Cortázar (Ü.: Rudolf Wittkopf), Alexander Grin (Ü.: Wolfgang Bräuer / Edda Werfel) und H.P. Lovecraft (Ü.: H.C. Artmann).	1984	st1068 PhB 137
Döring, Christian/ Steinert, Hajo (Hg.)	Schöne Aussichten. Neue Prosa aus der DDR. Mit Texten von Barbara Köhler, Brigitte Burmeister, Uwe Hübner, Uwe Kolbe, Irina Liebmann, Rainer Schedlinski, Thomas Günther, Steffen Mensching, Bert Papenfuß-Gorek, Detlev Opitz, Eberhard Häfner, Johannes Jansen, Jan Faktor, Durs Grünbein, Wolfgang Hilbig, Thomas Böhme, Jayne-Ann Igel, Lutz Rathenow, Angela Krauß, Kerstin Hensel, Gabriele Kachold, Uwe Saeger und Thomas Rosenlöcher.	1990	es1593
Spectaculum VIII	Sechs moderne Theaterstücke. Bertolt Brecht: Shakespeare's ‚Coriolan'. Bearbeitung. Jean Genet: Die Neger. Peter Hacks: Das Volksbuch vom Herzog Ernst. Ödön von Horváth: Kasimir und Karoline. Harold	1965	

Fortsetzung

Autor:in/Hg.	Titel	Jahr	Reihe
	Pinter: Der Hausmeister. Martin Walser: Der Schwarze Schwan.		
Spectaculum XI	Sechs moderne Theaterstücke. Philippe Adrien: Sonntags am Meer. Isaak Babel: Marija. Edward Bond: Gerettet. Tankred Dorst: Toller. Heiner Müller: Prometheus. Stanisław Ignacy Witkiewicz: Die da!	1968	
Spectaculum XII	Sechs moderne Theaterstücke. Max Frisch: Biografie. Ein Spiel. Martin Walser: Die Zimmerschlacht. Peter Handke: Kaspar. José Triana: Die Nacht der Mörder. Heiner Müller: Philoktet. Václav Havel: Das Gartenfest.	1969	
Spectaculum 13	Acht moderne Theaterstücke. Samuel Beckett: Atem. Samuel Beckett: Spiel ohne Worte 1. Spiel ohne Worte 2. Edward Bond: Trauer zu früh. Marieluise Fleißer: Pioniere in Ingolstadt. Peter Hacks: Amphitryon. Peter Handke: Quodlibet. Ödön von Horváth: Glaube Liebe Hoffnung. Hans Günter Michelsen: Planspiel.	1970	
Spectaculum 16	Fünf moderne Theaterstücke. Volker Braun: Die Kipper. Marieluise Fleißer: Fegefeuer in Ingolstadt. Ödön von Horváth: Geschichten aus dem Wiener Wald. Erwin Sylvanus: Jan Palach. Peter Weiss: Hölderlin.	1972	
Spectaculum 19	Fünf moderne Theaterstücke. Thomas Bernhard: Der Ignorant und der Wahnsinnige. Volker Braun: Hinze und Kunze. Elias Canetti: Hochzeit. Tankred Dorst: Eiszeit. Bernard Shaw: Pygmalion.	1973	
Spectaculum 20	Sechs moderne Theaterstücke. Samuel Beckett: Nicht ich. Thomas Bernhard: Die Jagdgesellschaft. Edward Bond: Die See. Peter Handke: Die Unvernünftigen sterben aus. Ödön von Horváth: Figaro läßt sich scheiden. Ulrich Plenzdorf: Die neuen Leiden des jungen W.	1974	
Spectaculum 25	Dritter Band: Peter Greiner: Kiez. Dieter Hirschberg: Fünfzehn, Sechzehn, Siebzehn. Volker Ludwig/Detlef Michel: Das hältste ja im Kopf nicht aus. Johannes Schenk: Transportarbeiter Jakob Kuhn. Stefan Schütz: Fabrik im Walde. Friedrich Karl Waechter: Schule mit Clowns.	1976	
Spectaculum 26	Acht moderne Theaterstücke. Thomas Brasch: Der Papiertiger. Per Olov Enquist: Die Nacht der Tribaden. Franz Jung: Heimweh. Else Lasker-Schüler: Die Wupper. Heiner Müller: Leben Gundlings Friedrich von Preußen Lessings Schlaf Traum Schrei. Gerhard Roth: Sehnsucht. Botho Strauß: Bekannte Gesichter, gemischte Gefühle. Erwin Sylvanus: Victor Jara.	1977	

Fortsetzung

Autor:in/Hg.	Titel	Jahr	Reihe
Spectaculum 27	Neun moderne Theaterstücke. Samuel Beckett: Bruchstücke I und II. Edward Bond: Die Schaukel. Volker Braun: Guevara oder Der Sonnenstaat. Elias Canetti: Die Befristeten. Harald Kuhlmann: Pfingstläuten. Dieter Kühn: Herbstmanöver. Heiner Müller: Mauser. Jean-Paul Wenzel: Weit weg von Hagedingen.	1977	
Spectaculum 28	Sieben moderne Theaterstücke. Samuel Beckett: Damals. Thomas Bernhard: Minetti. Thomas Brasch: Lovely Rita. Gerlind Reinshagen: Himmel und Erde. Stefan Schütz: Die Amazonen. Botho Strauß: Trilogie des Wiedersehens. Alexander Wampilow: Letzten Sommer in Tschulimsk.	1978	
Spectaculum 30	Sechs moderne Theaterstücke. Thomas Bernhard: Der Weltverbesserer. Edward Bond: Das Bündel. Thomas Brasch: Lieber Georg. Jürg Federspiel: Brüderlichkeit. Alfred Jarry: Ubu Rex. Franz Xaver Kroetz: Mensch Meier.	1979	
Spectaculum 31	Fünf moderne Theaterstücke. Herbert Achternbusch: Ella. Dario Fo: Zufälliger Tod eines Anarchisten. Barrie Keeffe: Gimme shelter. Bodo Kirchhoff: Das Kind oder Die Vernichtung von Neuseeland. Heiner Müller: Germania Tod in Berlin.	1979	
Spectaculum 33	Vier moderne Theaterstücke. Max Frisch: Triptychon. Heiner Müller: Die Hamletmaschine. Botho Strauß: Groß und klein. Peter Weiss: Die Ermittlung.	1980	
Spectaculum 37	Sechs moderne Theaterstücke. Samuel Beckett: Katastrophe. Edward Bond: Sommer. Thomas Brasch: Rotter. Sean O'Casey: Das Freudenfeuer für den Bischof. Cecil P. Taylor: So gut, so schlecht. Martin Walser: In Goethes Hand.	1983	
Spectaculum 38	Sechs moderne Theaterstücke. Thomas Brasch: Mercedes. Julio Cortázar: Nichts mehr nach Calingasta. Federico García Lorca: Das Publikum. Friederike Roth: Ritt auf die Wartburg. George Tabori: Jubiläum. Michel Vinaver: Flug in die Anden.	1984	
Spectaculum 39	Sechs moderne Theaterstücke. Samuel Beckett: Was Wo. Thomas Bernhard: Der Schein trügt. Franz Xaver Kroetz: Nicht Fisch nicht Fleisch. Harald Kuhlmann: Wünsche und Krankheiten der Nomaden. Heiner Müller: Verkommenes Ufer. Lukas B. Suter: Schrebers Garten.	1984	
Spectaculum 40	Acht moderne Theaterstücke. Samuel Beckett: Ein Stück Monolog. Hermann Broch: Entsühnung. Tankred Dorst: Heinrich oder die Schmerzen der Phantasie. Per	1985	

Fortsetzung

Autor:in/Hg.	Titel	Jahr	Reihe
	Olov Enquist: Aus dem Leben der Regenwürmer. Federico García Lorca: Komödie ohne Titel. Bodo Kirchhoff: Glücklich ist, wer vergißt. Harold Pinter: Einen für unterwegs. Einar Schleef: Berlin ein Meer des Friedens.		
Spectaculum 42	Sechs moderne Theaterstücke. Herbert Achternbusch: Gust. Volker Braun: Simplex Deutsch. Else Lasker-Schüler: IchundIch. Joyce Carol Oates: Shelley (Ontologischer Beweis meines Daseins). Botho Strauß: Der Park. Lukas B. Suter: Spelterini hebt ab.	1986	
Spectaculum 43	Fünf moderne Theaterstücke. Edward Bond: Rot, schwarz und ignorant. Elfriede Jelinek: Burgtheater. Harald Mueller: Totenfloß. Heiner Müller: Quartett. Lars Norén: Dämonen.	1986	
Spectaculum 45	Sechs moderne Theaterstücke. Herbert Achternbusch: Mein Herbert. Volker Braun: Transit Europa. Bertolt Brecht: Herr Puntila und sein Knecht Matti. Manuel Puig: Unter einem Sternenzelt. Lukas B. Suter: Erinnerungen an S. Tennessee Williams: Endstation Sehnsucht.	1987	
Spectaculum 50	Sechs moderne Theaterstücke. Samuel Beckett: Nacht und Träume. Thomas Bernhard: Der Theatermacher. Thomas Brasch: Frauen. Krieg. Lustspiel. Volker Braun: Die Übergangsgesellschaft. Hans Henny Jahnn: Medea. Botho Strauß: Besucher.	1990	
Suhrkamp Literatur Zeitung 1. Programm	Nr. 6. Ulrich Plenzdorf: Die neuen Leiden des jungen W. Vorwort von Gottfried Honnefelder. Johann Wolfgang Goethe: Die Leiden des jungen Werthers. Mit zahlreichen Abbildungen.	1975	
Suhrkamp Literatur Zeitung 2. Programm	Sonder-Nr. Bilder von Autoren. Der Suhrkamp Verlag stellt Autoren vor, die nach 1932 geboren sind: Thomas Bernhard, Karin Struck, Jürgen Becker, Beate Klöckner, Peter Handke, Adolf Muschg, Herbert Achternbusch, Gertrud Leutenegger, Gerhard Roth, Ulrich Plenzdorf, E. Y. Meyer und Dieter Kühn, fotografiert von Andrej Reiser.	1976	
Suhrkamp Literatur Zeitung 4. Programm	Nr. 3. Jurek Becker: Jakob der Lügner. Einleitung von Elisabeth Borchers. Text und Materialien, zusammengestellt von Patricia Herminghouse. Ambrose Bierce: Aus dem Wörterbuch des Teufels. Mit zahlreichen Abbildungen.	1977	

Archivmaterial

Korrespondenz

Arendt, Erich an Elisabeth Borchers, Brief vom 29.11.1972. In: DLA, SUA: Suhrkamp.
Aufbau Verlag und Elisabeth Borchers, Korrespondenz 1982–84. In: DLA, SUA: Suhrkamp.
Aufbau Verlag und Suhrkamp Verlag, Korrespondenz. In: DLA, SUA: Suhrkamp.
Becker, Jurek an Elisabeth Borchers, Brief vom 25.07.1974. In: DLA, SUA: Suhrkamp.
Berthel, Werner an Frank Rottensteiner, Brief vom 8.11.1979. In: DLA, SUA: Suhrkamp.
Bloch, Ernst an Peter Suhrkamp, Brief vom 27.09.1958. In: DLA, SUA: Suhrkamp.
Bloch, Ernst an Siegfried Unseld, Brief vom 20.08.1961. In: DLA, SUA: Suhrkamp.
Bloch, Ernst und Karola und Verlagsleitung, Korrespondenz 1958–1961. In: DLA, SUA: Suhrkamp.
Bloch, Karola an Siegfried Unseld, Brief vom 13.06.1961. In: DLA, SUA: Suhrkamp.
Boehlich, Walter an Fritz Rudolf Fries, Brief vom 2.08.1966. In: DLA, SUA: Suhrkamp. © Walter Boehlich / Autorenstiftung Frankfurt a. M.
Boehlich, Walter an Fritz Rudolf Fries, Brief vom 2.02.1967. In: DLA, SUA: Suhrkamp. © Walter Boehlich / Autorenstiftung Frankfurt a. M.
Borchers, Elisabeth an Erich Arendt, Brief vom 24.01.1973. In: DLA, SUA: Suhrkamp.
Borchers, Elisabeth an Thomas Brasch, Brief vom 11.04.1977. In: DLA, SUA: Suhrkamp.
Borchers, Elisabeth an Volker Braun, Brief vom 20.12.1971. In: DLA, SUA: Suhrkamp.
Borchers, Elisabeth an Günther Caspar, Brief vom 5.08.1980. In: DLA, SUA: Suhrkamp.
Borchers, Elisabeth an Günther Caspar, Brief vom 12.09.1980. In: DLA, SUA: Suhrkamp.
Borchers, Elisabeth an Elmar Faber, Brief vom 13.06.1988. In: DLA, SUA: Suhrkamp.
Borchers, Elisabeth an Elmar Faber, Brief vom 16.12.1988. In: DLA, SUA: Suhrkamp.
Borchers, Elisabeth an Harry Fauth, Brief vom 5.09.1985. In: DLA, SUA: Suhrkamp.
Borchers, Elisabeth an Fritz Rudolf Fries, Brief vom 18.10.1972. In: DLA, SUA: Suhrkamp.
Borchers, Elisabeth an Fritz Rudolf Fries, Brief vom 23.10.1973. In: DLA, SUA: Suhrkamp.
Borchers, Elisabeth an Franz Fühmann, Brief vom 16.06.1973. In: DLA, SUA: Suhrkamp.
Borchers, Elisabeth an Franz Fühmann, Brief vom 3.03.1976. In: DLA, SUA: Suhrkamp.
Borchers, Elisabeth an Ruth Glatzer, Brief vom 31.03.1981. In: DLA, SUA: Suhrkamp.
Borchers, Elisabeth an Eberhard Günther, Brief vom 15.12.1978. In: DLA, SUA: Suhrkamp.
Borchers, Elisabeth an Hans-Joachim Haack, Brief vom 15.04.1974. In: DLA, SUA: Suhrkamp.
Borchers, Elisabeth und Konrad Reich, Korrespondenz 1964–1991. In: DLA, SUA: Suhrkamp.
Borchers, Elisabeth an Konrad Reich, Brief vom 18.12.1972. In: DLA, SUA: Suhrkamp.
Borchers, Elisabeth an Konrad Reich, Brief vom 23.04.1974. In: DLA, SUA: Suhrkamp.
Borchers, Elisabeth an Konrad Reich, Brief vom 7.10.1976. In: DLA, SUA: Suhrkamp.
Borchers, Elisabeth an Frau Rothe, Brief vom 5.05.1973. In: DLA, SUA: Suhrkamp.
Borchers, Elisabeth an Herrn Schwarz, Brief vom 20.02.1976. In: DLA, SUA: Suhrkamp.
Borchers, Elisabeth an Michi Strausfeld, Brief vom 25.02.1974. In: DLA, SUA: Suhrkamp.
Borchers, Elisabeth und Christa Wolf, Korrespondenz. In: DLA, SUA: Suhrkamp.
Borchers, Elisabeth und Aufbau Verlag, Korrespondenz 1982–84. In: DLA, SUA: Suhrkamp.
Borchers, Elisabeth und DDR-Verlage, Korrespondenz. In: DLA, SUA: Suhrkamp.
Borchers, Elisabeth und Mitteldeutscher Verlag, Korrespondenz 1988/89. In: DLA, SUA: Suhrkamp.

Brasch, Thomas an Elisabeth Borchers, Brief vom 25.03.1977. In: DLA, SUA: Suhrkamp.
Brasch, Thomas an Elisabeth Borchers, Brief vom 14.10.1978. In: DLA, SUA: Suhrkamp.
Braun, Johanna und Günter an Frank Rottensteiner, Brief vom 19.05.1981. In: DLA, SUA: Suhrkamp.
Braun, Karlheinz an Hartmut Lange, Brief vom 26.03.1965. In: DLA, SUA: Suhrkamp.
Braun, Volker an Elisabeth Borchers, Brief vom 23.11.1982. In: DLA, SUA: Suhrkamp.
Braun, Volker an Elisabeth Borchers, Brief-Eingang am 13.01.1987. In: DLA, SUA: Suhrkamp.
Braun, Volker an Heinz Czechowski, Brief vom 13.02.1964. In: LASA, MD, I 129, Nr. 144.
Braun, Volker an Hans Magnus Enzensberger, Brief vom 15.11.1965. In: DLA, SUA: Suhrkamp.
Braun, Volker an Burgel Geisler, Brief o.D. [zwischen 14.01. und 27.10.1970]. In: DLA, SUA: Suhrkamp.
Braun, Volker an Helene Ritzerfeld, Brief vom 5.06.1969. In: DLA, SUA: Suhrkamp.
Braun, Volker an Bodo Uhse, Brief vom 15.06.1963. In: Archiv AdK-O 0057.
Braun, Volker und Siegfried Unseld, Korrespondenz im November 1964. In: DLA, SUA: Suhrkamp.
Braun, Volker an Siegfried Unseld, Brief vom 21.11.1964. In: DLA, SUA: Suhrkamp.
Braun, Volker an Siegfried Unseld, Brief vom 26.04.1965. In: DLA, SUA: Suhrkamp.
Braun, Volker an Siegfried Unseld, Brief vom 17.11.1965. In: DLA, SUA: Suhrkamp.
Braun, Volker an Siegfried Unseld, Brief vom 11.12.1965. In: DLA, SUA: Suhrkamp.
Braun, Volker an Siegfried Unseld, Brief vom 15.12.1965. In: DLA, SUA: Suhrkamp.
Braun, Volker an Siegfried Unseld, Brief vom 17.12.1965. In: DLA, SUA: Suhrkamp.
Braun, Volker an Siegfried Unseld, Brief vom 17.01.1966. In: DLA, SUA: Suhrkamp.
Braun, Volker an Siegfried Unseld, Brief vom 11.02.1966. In: DLA, SUA: Suhrkamp.
Braun, Volker an Siegfried Unseld, Brief o.D. [ca. 14.09.1967]. In: DLA, SUA: Suhrkamp.
Braun, Volker an Siegfried Unseld, Brief vom 28.06.1968. In: DLA, SUA: Suhrkamp.
Braun, Volker an Siegfried Unseld, Brief o.D. [zwischen 19.08. und 13.09.1968]. In: DLA, SUA: Suhrkamp.
Braun, Volker an Siegfried Unseld, Brief vom 26.01.1969. In: DLA, SUA: Suhrkamp.
Braun, Volker an Siegfried Unseld, Telegramm vom 5.12.1972. In: DLA, SUA: Suhrkamp.
Busch, Günther an Volker Braun, Brief vom 4.03.1965. In: DLA, SUA: Suhrkamp.
Busch, Günther und Franz Fühmann, Korrespondenz von April bis Juni 1976. In: DLA, SUA: Suhrkamp.
DDR-Verlage und Elisabeth Borchers, Korrespondenz. In: DLA, SUA: Suhrkamp.
Dessauer, Maria an Franz Fühmann, Brief vom 2.12.1977. In: DLA, SUA: Suhrkamp.
Dessauer, Maria an Michi Strausfeld, Brief vom 8.12.1978. In: DLA, SUA: Suhrkamp.
Döring, Christian an Kurt Drawert, Brief vom 4.09.1989. In: DLA, SUA: Suhrkamp.
Döring, Christian an Kurt Drawert, Brief vom 12.01.1990. In: DLA, SUA: Suhrkamp.
Döring, Christian an Kurt Drawert, Brief vom 25.01.1990. In: DLA, SUA: Suhrkamp.
Döring, Christian an Durs Grünbein, Brief vom 29.06.1988. In: DLA, SUA: Suhrkamp.
Döring, Christian an Angela Krauß, Brief vom 26.10.1988. In: DLA, SUA: Suhrkamp.
Döring, Christian an Angela Krauß, Brief vom 11.11.1988. In: DLA, SUA: Suhrkamp.
Drawert, Kurt an Elisabeth Borchers, Brief vom 14.02.1989. In: DLA, SUA: Suhrkamp.
Drawert, Kurt an Christian Döring, Postkarte vom 21.04.1988. In: DLA, SUA: Suhrkamp.
Drawert, Kurt an Anke Jaspers, E-Mail vom 27.03.2017. In: Privatarchiv.
Eitel, Wolfgang an Michi Strausfeld, Brief vom 16.07.1980. In: DLA, SUA: Suhrkamp.
Enzensberger, Hans Magnus an Volker Braun, Brief vom 18.05.1965. In: DLA, SUA: Suhrkamp.

Enzensberger, Hans Magnus an Volker Braun, Brief vom 7.02.1966. In: DLA, SUA: Suhrkamp.
Enzensberger, Hans Magnus an Elisabeth Conradi, Brief vom 15.05.1966. In: DLA, SUA: Suhrkamp.
Enzensberger, Hans Magnus an Peter Huchel, Brief vom 20.04.1960. In: DLA, SUA: Suhrkamp.
Enzensberger, Hans Magnus an Peter Huchel, Brief vom 25.01.1961. In: DLA, SUA: Suhrkamp.
Enzensberger, Hans Magnus an Siegfried Unseld, Brief vom 11.02.1965. In: DLA, SUA: Suhrkamp.
Enzensberger, Hans Magnus an Siegfried Unseld, Brief vom 27.07.1965. In: DLA, SUA: Suhrkamp.
Enzensberger, Hans Magnus an Siegfried Unseld, Brief vom 16.11.1965. In: DLA, SUA: Suhrkamp.
Enzensberger, Hans Magnus an Siegfried Unseld, Brief vom 17.01.1966. In: DLA, SUA: Suhrkamp.
Enzensberger, Hans Magnus an Siegfried Unseld, Brief vom 31.01.1966. In: DLA, SUA: Suhrkamp.
Fellinger, Raimund an Siegfried Unseld, Brief vom 15.07.1992. In: DLA, SUA: Suhrkamp.
Franck, Margarete an Peter Suhrkamp, Brief vom 18.07.1957. In: DLA, SUA: Suhrkamp.
Franck, Margarete an Peter Suhrkamp, Brief vom 17.02.1959. In: DLA, SUA: Suhrkamp.
Franck, Margarete an Siegfried Unseld, Brief vom 24.04.1959. In: DLA, SUA: Suhrkamp.
Franck, Margarete an Siegfried Unseld, Brief vom 27.04.1959. In: DLA, SUA: Suhrkamp.
Franck, Margarete an Siegfried Unseld, Brief vom 18.05.1959. In: DLA, SUA: Suhrkamp.
Franck, Margarete an Siegfried Unseld, Brief vom 13.06.1959. In: DLA, SUA: Suhrkamp.
Fries, Fritz Rudolf an Walter Boehlich, Brief vom 10.06.1966. In: DLA, SUA: Suhrkamp. © Walter Boehlich / Autorenstiftung Frankfurt a.M.
Fries, Fritz Rudolf an Elisabeth Borchers, Brief vom 22.05.1974. In: DLA, SUA: Suhrkamp.
Fries, Fritz Rudolf an Uwe Johnson, Brief vom 14.01.1969. In: UJA Rostock, UJA/H/100578, Bl. 14.
Fries, Fritz Rudolf an Uwe Johnson, Brief vom 22.01.1969. In: UJA Rostock, UJA/H/100582, Bl. 21.
Fries, Fritz Rudolf an Uwe Johnson, Brief vom 13.04.1969. In: DLA, SUA: Suhrkamp.
Fries, Fritz Rudolf an Uwe Johnson, Brief vom 24.04.1969. In: DLA, SUA: Suhrkamp.
Fries, Fritz Rudolf an Irmgard Prüße, Brief vom 3.11.1969. In: DLA, SUA: Suhrkamp.
Fries, Fritz Rudolf an Siegfried Unseld, Brief vom 18.03.1968. In: DLA, SUA: Suhrkamp.
Fries, Fritz Rudolf an Siegfried Unseld, Brief vom 10.04.1968. In: DLA, SUA: Suhrkamp.
Fries, Fritz Rudolf an Siegfried Unseld, Brief vom 31.12.1968. In: DLA, SUA: Suhrkamp.
Fries, Fritz Rudolf und Siegfried Unseld, Korrespondenz Januar bis Juli 1969. In: DLA, SUA: Suhrkamp.
Fries, Fritz Rudolf an Siegfried Unseld, Brief vom 5.03.1969. In: DLA, SUA: Suhrkamp.
Fries, Fritz Rudolf an Siegfried Unseld, Brief vom 15.06.1969. In: DLA, SUA: Suhrkamp.
Fries, Fritz Rudolf an Urs Widmer, Brief vom 9.06.1968. In: DLA, SUA: Suhrkamp.
Fühmann, Franz an Elisabeth Borchers, Brief vom 30.01.1971. In: DLA, Luchterhand Verlag/ Franz Fühmann: Der Jongleur im Kino.
Fühmann, Franz an Elisabeth Borchers, Brief vom 29.07.1972. In: DLA, SUA: Suhrkamp.
Fühmann, Franz an Elisabeth Borchers, Brief vom 2.09.1973. In: DLA, SUA: Suhrkamp.
Fühmann, Franz an Elisabeth Borchers, Brief vom 25.11.1975. In: DLA, SUA: Suhrkamp.
Fühmann, Franz an Elisabeth Borchers, Brief vom 31.12.1975. In: DLA, SUA: Suhrkamp.

Fühmann, Franz an Elisabeth Borchers, Brief vom 27.02.1976. In: DLA, SUA: Suhrkamp.
Fühmann, Franz an Elisabeth Borchers, Brief vom 3.12.1976. In: DLA, SUA: Suhrkamp.
Fühmann, Franz an Elisabeth Borchers, Brief vom 6.01.1978. In: DLA, SUA: Suhrkamp.
Fühmann, Franz an Elisabeth Borchers, Brief vom 22.01.1979. In: DLA, SUA: Suhrkamp.
Fühmann, Franz an Elisabeth Borchers, Brief vom 16.02.1982. In: DLA, SUA: Suhrkamp.
Fühmann, Franz und Günther Busch, Korrespondenz von April bis Juni 1976. In: DLA, SUA: Suhrkamp.
Fühmann, Franz an Maria Dessauer, Brief vom 6.01.1978. In: DLA, SUA: Suhrkamp.
Fühmann, Franz an Wolfgang Hilbig, Brief von Ostern 1981. In: Archiv AdK/Franz Fühmann 1104.
Fühmann, Franz und Uwe Johnson, Korrespondenz 1966–67. In: UJA.
Fühmann, Franz an Hans-Jürgen Schmitt, Brief vom 27.03.1978. In: Verlagsarchiv Hoffmann und Campe.
Fühmann, Franz an Siegfried Unseld, Brief vom 25.05.1978. In: DLA, SUA: Suhrkamp.
Glatzer, Ruth an Elisabeth Borchers, Brief vom 28.06.1982. In: DLA, SUA: Suhrkamp.
Grünbein, Durs und Suhrkamp Verlag, Korrespondenz. In: DLA, SUA: Suhrkamp.
Grünbein, Durs an Christian Döring, Brief vom 17.04.1988. In: DLA, SUA: Suhrkamp.
Grünbein, Durs an Christian Döring, Brief vom 17.06.1988. In: DLA, SUA: Suhrkamp.
Grünbein, Durs an Christian Döring, Brief vom 13.10.1988. In: DLA, SUA: Suhrkamp.
Grünbein, Durs an Siegfried Unseld, Postkarte vom 9.06.1989. In: DLA, SUA: Suhrkamp.
Grünbein, Durs an Burgel Zeeh, Brief vom 7.05.1988. In: DLA, SUA: Suhrkamp.
Günther, Eberhard an Elisabeth Borchers, Brief vom 5.11.1976. In: DLA, SUA: Suhrkamp.
Gysi, Klaus an Siegfried Unseld, Brief vom 20.06.1964. In: DLA, SUA: Suhrkamp.
Haack, Hans-Joachim an Elisabeth Borchers, Brief vom 10.05.1974. In: DLA, SUA: Suhrkamp.
Hacks, Peter an Elisabeth Borchers, Brief vom 22.11.1974. In: DLA, SUA: Suhrkamp.
Hardtmann, Walter an Helene Ritzerfeld, Brief vom 7.05.1963. In: DLA, SUA: Suhrkamp.
Hildebrandt, Dieter an Fritz J. Raddatz, Brief vom 28.07.1970. In: DLA, SUA: Suhrkamp.
Huchel, Monica an Siegfried Unseld, Brief vom 3.08.1971. In: DLA, SUA: Suhrkamp.
Johnson, Uwe an Walter Boehlich, Brief vom 3.09.1964. In: DLA, SUA: Suhrkamp. © Walter Boehlich / Autorenstiftung Frankfurt a. M.
Johnson, Uwe an Fritz Rudolf Fries, Brief vom 8.09.1966. In: DLA, A: Fries.
Johnson, Uwe an Fritz Rudolf Fries, Brief vom 5.05.1969. In: UJA Rostock, UJA/H/100605, Bl. 10-11.
Johnson, Uwe an Fritz Rudolf Fries, Brief vom 20.01.1969. In: UJA Rostock, UJA/H/100581, Bl. 19-20.
Johnson, Uwe an Fritz Rudolf Fries, Brief vom 7.05.1969. In: DLA, SUA; Suhrkamp.
Johnson, Uwe an Peter Suhrkamp, Brief vom 21.08.1957. In: DLA, SUA: Suhrkamp.
Johnson, Uwe und Franz Fühmann, Korrespondenz 1966–67. In: UJA.
Kirsch, Hannah an Anke Jaspers, E-Mail vom 20.11.2015. In: Privatarchiv.
Kolbe, Uwe an Elisabeth Borchers, Brief vom 24.08.1983. In: DLA, SUA: Suhrkamp.
Kolbe, Uwe an Elisabeth Borchers, Brief vom 21.09.1985. In: DLA, SUA: Suhrkamp.
Kolbe, Uwe an Siegfried Unseld, Brief vom 19.04.1993. In: DLA, SUA: Suhrkamp.
Kolbe, Uwe an Siegfried Unseld, Fax vom 19.12.1997. In: DLA, SUA: Suhrkamp.
Kolbe, Uwe an Siegfried und Joachim Unseld, Brief vom 28.10.1990. In: DLA, SUA: Suhrkamp.
Krauss, Werner und Peter Suhrkamp, Korrespondenz. In: DLA, SUA: Suhrkamp.
Krauß, Angela an Christian Döring, Brief vom 20.11.1988. In: DLA, SUA: Suhrkamp.

Lange, Hartmut an Siegfried Unseld, Telegramm vom 16.07.1964. In: DLA, SUA: Suhrkamp.
Lange, Hartmut an Siegfried Unseld, Brief vom 21.04.1965. In: DLA, SUA: Suhrkamp.
Lange, Hartmut an Siegfried Unseld, Brief vom 17.09.1965. In: DLA, SUA: Suhrkamp.
Lange, Hartmut an Siegfried Unseld, Brief vom 11.02.1969. In: DLA, SUA: Suhrkamp.
Lange, Hartmut an Suhrkamp Verlag, Telegramm o.D. In: DLA, SUA: Suhrkamp
Luhmann, Niklas an Siegfried Unseld, Brief vom 8.10.1990. In: DLA, SUA: Suhrkamp.
Marré, Heribert an Mitteldeutschen Verlag, Brief vom 20.01.1975. In: LASA, MD, I 129 Nr. VHSt 125/3.
Matthies, Frank-Wolf an Hans-Ulrich Müller-Schwefe, Brief vom 28.05.1983. In: DLA, SUA: Suhrkamp.
Matthies, Frank-Wolf an Hans-Ulrich Müller-Schwefe, Brief vom 23.06.1984. In: DLA, SUA: Suhrkamp.
Matthies, Frank-Wolf an Hans-Ulrich Müller-Schwefe, Brief vom 3.12.1984. In: DLA, SUA: Suhrkamp.
Mayer, Hans an Peter Suhrkamp, Brief vom 6.01.1954. In: DLA, SUA: Suhrkamp.
Mayer, Hans an Siegfried Unseld, Brief vom 9.06.1966. In: DLA, SUA: Suhrkamp.
Mebus, Christine an Christian Döring, Brief vom 29.02.1990. In: DLA, SUA: Suhrkamp.
Mickel, Karl an Siegfried Unseld, Brief vom 6.12.1965. In: DLA, SUA: Suhrkamp.
Mitteldeutscher Verlag und Elisabeth Borchers, Korrespondenz 1988/89. In: DLA, SUA: Suhrkamp.
Müller-Schwefe, Hans-Ulrich an Frank-Wolf Matthies, Brief vom 8.10.1984. In: DLA, SUA: Suhrkamp.
Plenzdorf, Ulrich an Frau Binz, Brief vom 14.11.1989. In: DLA, SUA: Suhrkamp.
Raddatz, Fritz J. an Siegfried Unseld, Brief vom 6.08.1970. In: DLA, SUA: Suhrkamp.
Reich-Ranicki, Marcel an Siegfried Unseld, Brief vom 20.09.1979. In: DLA, SUA: Suhrkamp.
Reich-Ranicki, Marcel an Siegfried Unseld, Brief vom 26.08.1980. In: DLA, SUA: Suhrkamp.
Reich, Konrad und Elisabeth Borchers, Korrespondenz 1964–1991. In: DLA, SUA: Suhrkamp.
Reich, Konrad an Elisabeth Borchers, Brief vom 1.12.1972. In: DLA, SUA: Suhrkamp.
Reich, Konrad an Elisabeth Borchers, Brief vom 22.04.1976. In: DLA, SUA: Suhrkamp.
Ritzerfeld, Helene an Heiner Müller, Brief vom 2.08.1965. In: BStU, MfS, HA XX, Nr. 11989, Bl. 15.
Sachs, Hans an Walter Boehlich, Brief vom 7.08.1968. In: DLA, SUA: Suhrkamp. © Walter Boehlich / Autorenstiftung Frankfurt a. M.
Sachs, Hans an Walter Boehlich, Brief vom 2.12.1968. In: DLA, SUA: Suhrkamp. © Walter Boehlich / Autorenstiftung Frankfurt a. M.
Sachs, Hans an Siegfried Unseld, Brief vom 7.08.1968. In: DLA, SUA: Suhrkamp.
Schlosser, Kristian an Elisabeth Borchers, Brief vom 14.10.1988. In: DLA, SUA: Suhrkamp.
Schmidt, Helmut an Siegfried Unseld, Brief vom 18.09.1975. In: DLA, SUA: Suhrkamp.
Schmitt, Hans-Jürgen an Franz Fühmann, Brief vom 16.04.1978. In: Verlagsarchiv Hoffmann und Campe.
Suhrkamp, Peter an Ernst Bloch, Brief vom 23.09.1958. In: DLA, SUA: Suhrkamp.
Suhrkamp, Peter an Bertolt Brecht, Brief von Ende 1945. In: DLA, SUA: Suhrkamp.
Suhrkamp, Peter an Bertolt Brecht, Brief vom 3.04.1946. In: DLA, SUA: Suhrkamp.
Suhrkamp, Peter an Uwe Johnson, Brief vom 4.12.1957. In: DLA, SUA: Suhrkamp.
Suhrkamp, Peter und Werner Krauss, Korrespondenz. In: DLA, SUA: Suhrkamp.
Suhrkamp Verlag und Aufbau Verlag, Korrespondenz. In: DLA, SUA: Suhrkamp.

Suhrkamp Verlag und Durs Grünbein, Korrespondenz. In: DLA, SUA: Suhrkamp.
Teller, Jürgen an Volker Braun, Brief vom 29.11.1983. In: DLA, SUA: Suhrkamp.
Unseld, Siegfried an Rudi Arndt, Brief vom 27.04.1971. In: DLA, SUA: Suhrkamp.
Unseld, Siegfried an Jurek Becker, Brief vom 17.02.1977. In: DLA, SUA: Suhrkamp.
Unseld, Siegfried an Karola Bloch, Brief vom 5.06.1961. In: DLA, SUA: Suhrkamp.
Unseld, Siegfried an Karola Bloch, Brief vom 28.06.1961. In: DLA, SUA: Suhrkamp.
Unseld, Siegfried an Karola Bloch, Brief vom 4.09.1961. In: DLA, SUA: Suhrkamp.
Unseld, Siegfried und Volker Braun, Korrespondenz im November 1964. In: DLA, SUA: Suhrkamp.
Unseld, Siegfried an Volker Braun, Brief vom 6.11.1964. In: DLA, SUA: Suhrkamp.
Unseld, Siegfried an Volker Braun, Brief vom 16.03.1965. In: DLA, SUA: Suhrkamp.
Unseld, Siegfried an Volker Braun, Brief vom 26.11.1965. In: DLA, SUA: Suhrkamp.
Unseld, Siegfried an Volker Braun, Brief vom 22.12.1965. In: DLA, SUA: Suhrkamp.
Unseld, Siegfried an Volker Braun, Brief vom 25.01.1966. In: DLA, SUA: Suhrkamp.
Unseld, Siegfried an Volker Braun, Brief vom 15.02.1966. In: DLA, SUA: Suhrkamp.
Unseld, Siegfried an Volker Braun, Brief vom 14.01.1969. In: DLA, SUA: Suhrkamp.
Unseld, Siegfried an Volker Braun, Brief vom 25.09.1969. In: DLA, SUA: Suhrkamp.
Unseld, Siegfried an Volker Braun, Brief vom 31.10.1991. In: DLA, SUA: Suhrkamp.
Unseld, Siegfried an Helmut Coing, Brief vom 17.08.1979. In: DLA, SUA: Suhrkamp.
Unseld, Siegfried an Hans Magnus Enzensberger, Brief vom 25.11.1965. In: DLA, SUA: Suhrkamp.
Unseld, Siegfried an Hans Magnus Enzensberger, Brief vom 20.12.1965. In: DLA, SUA: Suhrkamp.
Unseld, Siegfried an Margarete Franck, Brief vom 28.04.1959. In: DLA, SUA: Suhrkamp.
Unseld, Siegfried an Margarete Franck, Brief vom 29.04.1959. In: DLA, SUA: Suhrkamp.
Unseld, Siegfried an Margarete Franck, Brief vom 21.05.1959. In: DLA, SUA: Suhrkamp.
Unseld, Siegfried an Elmar Faber, Brief vom 2.11.1988. In: DLA, SUA: Suhrkamp.
Unseld, Siegfried an Elmar Faber, Brief vom 18.01.1991. In: DLA, SUA: Suhrkamp.
Unseld, Siegfried an Willy Fleckhaus, Brief vom 7.01.1966. In: DLA, SUA: Suhrkamp.
Unseld, Siegfried an Fritz Rudolf Fries, Brief vom 10.01.1966. In: DLA, SUA: Suhrkamp.
Unseld, Siegfried an Fritz Rudolf Fries, Brief vom 24.03.1966. In: DLA, SUA: Suhrkamp.
Unseld, Siegfried an Fritz Rudolf Fries, Brief vom 10.10.1966. In: DLA, SUA: Suhrkamp.
Unseld, Siegfried an Fritz Rudolf Fries, Brief vom 13.12.1968. In: DLA, SUA: Suhrkamp.
Unseld, Siegfried und Fritz Rudolf Fries, Korrespondenz Januar bis Juli 1969. In: DLA, SUA: Suhrkamp.
Unseld, Siegfried an Fritz Rudolf Fries, Brief vom 24.02.1969. In: DLA, SUA: Suhrkamp.
Unseld, Siegfried an Fritz Rudolf Fries, Brief vom 5.03.1969. In: DLA, SUA: Suhrkamp.
Unseld, Siegfried an Fritz Rudolf Fries, Brief vom 7.04.1977. In: DLA, SUA: Suhrkamp.
Unseld, Siegfried an Fritz Rudolf Fries, Brief vom 15.11.1978. In: DLA, SUA: Suhrkamp.
Unseld, Siegfried an Fritz Rudolf Fries, Brief vom 11.06.1979. In: DLA, SUA: Suhrkamp.
Unseld, Siegfried an Franz Fühmann, Brief vom 30.06.1978. In: DLA, SUA: Suhrkamp.
Unseld, Siegfried an Klaus Gysi, Brief vom 13.10.1959. In: DLA, SUA: Suhrkamp.
Unseld, Siegfried an Klaus Gysi, Brief vom 6.05.1964. In: DLA, SUA: Suhrkamp.
Unseld, Siegfried an Klaus Gysi, Brief vom 16.06.1964. In: DLA, SUA: Suhrkamp.
Unseld, Siegfried an Klaus Gysi, Brief vom 29.06.1964. In: DLA, SUA: Suhrkamp.
Unseld, Siegfried an Klaus Gysi, Brief vom 7.12.1964. In: DLA, SUA: Suhrkamp.

Unseld, Siegfried an Klaus Gysi, Brief vom 4.06.1965. In: DLA, SUA: Suhrkamp.
Unseld, Siegfried an Klaus Gysi, Brief vom 3.08.1965. In: DLA, SUA: Suhrkamp.
Unseld, Siegfried an Klaus Gysi, Brief vom 1.09.1965. In: DLA, SUA: Suhrkamp.
Unseld, Siegfried an Gustav Heinemann, Brief vom 13.03.1969. In: DLA, SUA: Suhrkamp.
Unseld, Siegfried an Gustav Heinemann, Brief vom 23.01.1973. In: DLA, SUA: Suhrkamp.
Unseld, Siegfried an Peter Huchel, Brief vom 16.06.1961. In: DLA, SUA: Suhrkamp.
Unseld, Siegfried an Peter Huchel, Brief vom 26.06.1961. In: DLA, SUA: Suhrkamp.
Unseld, Siegfried an Peter Huchel, Brief vom 21.08.1961. In: DLA, SUA: Suhrkamp.
Unseld, Siegfried an Peter Huchel, Brief vom 15.01.1962. In: DLA, SUA: Suhrkamp.
Unseld, Siegfried an Peter Huchel, Brief vom 26.04.1971. In: DLA, SUA: Suhrkamp.
Unseld, Siegfried an Ugné Karvelis, Brief vom 26.08.1980. In: DLA, SUA: Suhrkamp.
Unseld, Siegfried an Uwe Kolbe, Brief vom 7.06.1989. In: DLA, SUA: Suhrkamp.
Unseld, Siegfried an Uwe Kolbe, Brief vom 12.11.1990. In: DLA, SUA: Suhrkamp.
Unseld, Siegfried an Uwe Kolbe, Brief vom 21.01.1991. In: DLA, SUA: Suhrkamp.
Unseld, Siegfried an Uwe Kolbe, Brief vom 22.12.1997. In: DLA, SUA: Suhrkamp.
Unseld, Siegfried an Hartmut Lange, Brief vom 12.03.1965. In: DLA, SUA: Suhrkamp.
Unseld, Siegfried an Hartmut Lange, Brief vom 24.03.1965. In: DLA, SUA: Suhrkamp.
Unseld, Siegfried an Hartmut Lange, Brief vom 1.04.1965. In: DLA, SUA: Suhrkamp.
Unseld, Siegfried an Hartmut Lange, Brief vom 6.07.1965. In: DLA, SUA: Suhrkamp.
Unseld, Siegfried an Heinrich Lübke, Brief vom 28.09.1964. In: DLA, SUA: Suhrkamp.
Unseld, Siegfried an Niklas Luhmann, Brief vom 24.08.1990. In: DLA, SUA: Suhrkamp.
Unseld, Siegfried an Hans Mayer, Brief vom 6.09.1963. In: DLA, SUA: Suhrkamp.
Unseld, Siegfried an Hans Mayer, Brief vom 10.07.1973. In: DLA, SUA: Suhrkamp.
Unseld, Siegfried an Karl Mickel, Brief vom 19.07.1965. In: DLA, SUA: Suhrkamp.
Unseld, Siegfried an Heiner Müller, Brief vom 21.01.1993. In: DLA, SUA: Suhrkamp.
Unseld, Siegfried an Ulrich Plenzdorf, Brief vom 14.04.1982. In: DLA, SUA: Suhrkamp.
Unseld, Siegfried an Ulrich Plenzdorf, Brief vom 5.10.1983. In: DLA, SUA: Suhrkamp.
Unseld, Siegfried an Ulrich Plenzdorf, Brief vom 23.11.1989. In: DLA, SUA: Suhrkamp.
Unseld, Siegfried an Ulrich Plenzdorf, Brief vom 2.10.1990. In: DLA, SUA: Suhrkamp.
Unseld, Siegfried an Ulrich Plenzdorf, Brief vom 4.10.1990. In: DLA, SUA: Suhrkamp.
Unseld, Siegfried an Fritz J. Raddatz, Brief vom 29.07.1970. In: DLA, SUA: Suhrkamp.
Unseld, Siegfried an Marcel Reich-Ranicki, Brief vom 25.09.1979. In: DLA, SUA: Suhrkamp.
Unseld, Siegfried an Helmut Schmidt, Brief vom 11.07.1975. In: DLA, SUA: Suhrkamp.
Unseld, Siegfried an Helene Weigel, Brief vom 31.08.1961. In: DLA, SUA: Suhrkamp.
Unseld, Siegfried an Helene Weigel, Brief vom 10.08.1966. In: DLA, SUA: Suhrkamp.
Unseld, Siegfried an Christa Wolf, Brief vom 5.05.1981. In: DLA, SUA: Suhrkamp.
Unseld, Siegfried an Christa Wolf, Brief vom 31.07.1987. In: DLA, SUA: Suhrkamp.
Unseld, Siegfried an Christa Wolf, Brief vom 21.08.1987. In: DLA, SUA: Suhrkamp.
Unseld, Siegfried an Christa Wolf, Brief vom 10.12.1991. In: DLA, SUA: Suhrkamp.
Unseld, Siegfried an Christa Wolf, Brief vom 22.12.1993. In: DLA, SUA: Suhrkamp.
Unseld, Siegfried an Christa Wolf, Brief vom 30.12.1993. In: DLA, SUA: Suhrkamp.
Verlagsleitung und Ernst und Karola Bloch, Korrespondenz 1958–1961. In: DLA, SUA: Suhrkamp.
Voigt, Fritz-Georg an Elisabeth Borchers, Brief vom 18.03.1980. In: DLA, SUA: Suhrkamp.
Wolf, Christa und Elisabeth Borchers, Korrespondenz. In: DLA, SUA: Suhrkamp.
Wolf, Christa an Siegfried Unseld, Brief vom 17.08.1987. In: DLA, SUA: Suhrkamp.

Wolf, Christa an Siegfried Unseld, Brief vom 20.12.1991. In: DLA, SUA: Suhrkamp.
Wolf, Gerhard an Heinz Czechowski, Brief vom 23.01.1964. In: LASA, MD, I 129, Nr. 144.

Reiseberichte

Beckermann, Thomas: Reisebericht Leipziger Buchmesse, 5.–11.03.1970. In: DLA, SUA: Suhrkamp.
Borchers, Elisabeth: Reisebericht Ost-Berlin, 29.05.–1.06.1970. In: DLA, SUA: Suhrkamp.
Borchers, Elisabeth: Reisebericht Berlin, 18.09.1973. In: DLA, SUA: Suhrkamp.
Borchers, Elisabeth: Aufzeichnungen Buchmesse Frankfurt a. M. 1973. In: DLA, SUA: Suhrkamp.
Borchers, Elisabeth: Reisebericht Buchmesse Leipzig, 9.–13.03.1974. In: DLA, SUA: Suhrkamp.
Borchers, Elisabeth: Reisebericht Leipzig, 22.03.1976. In: DLA, SUA: Suhrkamp.
Borchers, Elisabeth: Reisebericht Ost-Berlin, 13.09.1976. In: DLA, SUA: Suhrkamp.
Borchers, Elisabeth: Reisebericht Berlin, 12.–15.02.1977. In: DLA, SUA: Suhrkamp.
Borchers, Elisabeth: Reisebericht Berlin, 29.06.1977. In: DLA, SUA: Suhrkamp.
Borchers, Elisabeth: Reisebericht Leipzig, 11.–14.10.1977. In: DLA, SUA: Suhrkamp.
Borchers, Elisabeth: Reisebericht Leipziger Buchmesse 1978. In: DLA, SUA: Suhrkamp.
Borchers, Elisabeth: Reisebericht Berlin, 23.05.1978. In: DLA, SUA: Suhrkamp.
Borchers, Elisabeth: Reisebericht Leipziger Buchmesse, 11.–14.03.1979. In: DLA, SUA: Suhrkamp.
Borchers, Elisabeth: Reisebericht Frankfurter Buchmesse 1979. In: DLA, SUA: Suhrkamp.
Borchers, Elisabeth: Reisebericht Leipzig, 9.–12.03.1980. In: DLA, SUA: Suhrkamp.
Borchers, Elisabeth: Reisebericht Leipzig, 24.03.1981. In: DLA, SUA: Suhrkamp.
Borchers, Elisabeth: Reisebericht Leipziger Messe, 13.–16.03.1982. In: DLA, SUA: Suhrkamp.
Borchers, Elisabeth: Reisebericht Buchmesse Frankfurt a. M. 1984. In: DLA, SUA: Suhrkamp.
Borchers, Elisabeth: Reiseberichte. In: DLA, SUA: Suhrkamp
Döring, Christian: Protokoll meines ca. 45-minütigen DDR-Aufenthaltes im Abfertigungs-Warteraum des Flughafens Leipzig am 13.03.1988, Reisebericht vom 14.03.1988. In: DLA, SUA: Suhrkamp.
Enzensberger, Hans Magnus: Reisebericht Leipzig, 26.–31.03.1960. In: DLA, SUA: Suhrkamp.
Hildebrandt, Dieter: Reisebericht Berlin, 6.04.1970. In: DLA, SUA: Suhrkamp.
Hildebrandt, Dieter: Reisebericht Leipzig, 7.09.1970. In: DLA, SUA: Suhrkamp.
Kässens, Wend/Neumann, Gabriele: Reisebericht Berlin, 25.–30.05.1978. In: DLA, SUA: Suhrkamp.
Staudt, Rolf: Addenda zum Leipziger Buchmesse-Bericht von Frau Borchers, 21.03.1974. In: DLA, SUA: Suhrkamp.
Staudt, Rolf: Bericht Messe Leipzig, 18.03.1977. In: DLA, SUA: Suhrkamp.
Staudt, Rolf: Bericht Messe Leipzig, 16.03.1978. In: DLA, SUA: Suhrkamp.
Staudt, Rolf: Reisenotizen Leipzig, 28.–30.03.1984. In: DLA, SUA: Suhrkamp.
Unseld, Siegfried: Reisebericht Berlin, 7.–11.02.1960. In: DLA, SUA: Suhrkamp.
Unseld, Siegfried: Reisebericht Berlin, 19.–22.06.1961. In: DLA, SUA: Suhrkamp.
Unseld, Siegfried: Reisebericht Berlin, 24.10.–2.11.1962. In: DLA, SUA: Suhrkamp.
Unseld, Siegfried: Reisebericht Saulgau, Tagung der Gruppe 47, 24.–28.09.1963. In: DLA, SUA: Suhrkamp.

Unseld, Siegfried: Reisebericht Berlin, 22.–30.04.1964. In: DLA, SUA: Suhrkamp.
Unseld, Siegfried: Reisebericht Leipzig, 7.–9.02.1965. In: DLA, SUA: Suhrkamp.
Unseld, Siegfried: Reisebericht Ost-Berlin, 19.–25.11.1965. In: DLA, SUA: Suhrkamp.
Unseld, Siegfried: Reisebericht ČSSR, 15.–22.02.1966. In: DLA, SUA: Suhrkamp.
Unseld, Siegfried: Reisebericht Zürich/Berlin, 5.–8.09.1966. In: DLA, SUA: Suhrkamp.
Unseld, Siegfried: Reisebericht Ost-Berlin, 10.–11.02.1967. In: DLA, SUA: Suhrkamp.
Unseld, Siegfried: Reisebericht Berlin, 11.–12.12.1968. In: DLA, SUA: Suhrkamp.
Unseld, Siegfried: Reisebericht Berlin, 15.–18.05.1969. In: DLA, SUA: Suhrkamp.
Unseld, Siegfried: Reisebericht Berlin, 5.–6.10.1969. In: DLA, SUA: Suhrkamp.
Unseld, Siegfried: Reisebericht Berlin, 2.–3.11.1970. In: DLA, SUA: Suhrkamp.
Unseld, Siegfried: Reisebericht München, 2.–4.05.1971. In: DLA, SUA: Suhrkamp.
Unseld, Siegfried: Reisebericht Leipzig, 14.03.1973. In: DLA, SUA: Suhrkamp.
Unseld, Siegfried: Reiseberichte Berlin und Leipzig, 1984–1992. In: DLA, SUA: Suhrkamp.
Unseld, Siegfried: Reisebericht Ost-Berlin, 18.07.1984. In: DLA, SUA: Suhrkamp.
Unseld, Siegfried: Reisebericht Berlin, 13.–15.09.1985. In: DLA, SUA: Suhrkamp.
Unseld, Siegfried: Reisebericht Berlin, 27.–28.06.1990. In: DLA, SUA: Suhrkamp.
Unseld, Siegfried: Reisebericht Berlin, 18.01.1992. In: DLA, SUA: Suhrkamp.
Unseld, Siegfried: Reisebericht Berlin, 1.10.1993. In: DLA, SUA: Suhrkamp.

Gutachten

Enzensberger, Hans Magnus: Notiz zu dem Gedichtmanuskript „Aufforderung zum Zuhören" von Kunert, Gutachten o.D. In: DLA, SUA: Suhrkamp.
Enzensberger, Hans Magnus: notiz zu karl mickel, vita nova mea, Gutachten von April 1966. In: DLA, SUA: Suhrkamp.
Walser, Martin: Zu Der Weg nach Oobliadooh, Gutachten o.D. In: DLA, SUA: Suhrkamp.
Michel, Karl Markus: Gutachten zu Jerzy Szaniawski: Professor Tutka von 1960. In: DLA, SUA: Suhrkamp.
Borchers, Elisabeth: Braun, Volker: „Die Zickzackbrücke". 111 Seiten. Gedichte, Erzählungen, Interviews. Gutachten vom 28.10.1991. In: DLA, SUA: Suhrkamp.
Guggenheimer, Walter Maria: Uwe Johnson: Ingrid Babendererde, Gutachten vom 24.04.1957. In: DLA, SUA: Suhrkamp.
Guggenheimer, Walter Maria: bericht guggenheimer. über uwe johnsons neuen roman. Gutachten vom 18.03.1959. In: DLA, SUA: Suhrkamp.
Richter, Bernt: Karl Mickel: „Vita nova mea", Gutachten vom 23.11.1965. In: DLA, Rowohlt Archiv.
Weiss, Rainer an Siegfried Unseld, Notiz vom 6.09.1991, Braun, Volker: Iphigenie in Freiheit. In: DLA, SUA: Suhrkamp.
Borchers, Elisabeth: Zum Manuskript von Franz Fühmann, Notiz vom 21.03.1972. In: DLA, SUA: Suhrkamp.
Albrecht, Friedrich: Gutachten zu Fritz Rudolf Fries: Alexanders neue Welten. Ein akademischer Kolportageroman. In: DLA, SUA: Suhrkamp.

Chronik

Unseld, Siegfried: Chronik. Eintrag vom 11.12.1974. In: DLA, SUA: Suhrkamp.
Unseld, Siegfried: Chronik, Eintrag vom 5.01.1977. In: DLA, SUA: Suhrkamp.
Unseld, Siegfried: Chronik, Eintrag vom 22.03.1977. In: DLA, SUA: Suhrkamp.
Unseld, Siegfried: Chronik, Eintrag vom 12.10.1977. In: DLA, SUA: Suhrkamp.
Unseld, Siegfried: Chronik. Eintrag vom 1.01.1978. In: DLA, SUA: Suhrkamp.
Unseld, Siegfried: Chronik. Eintrag vom 1.12.1978. In: DLA, SUA: Suhrkamp.
Unseld, Siegfried: Chronik, Eintrag vom 20.04.1979. In: DLA, SUA: Suhrkamp.
Unseld, Siegfried: Chronik, Eintrag vom 6.03.1980. In: DLA, SUA: Suhrkamp.
Unseld, Siegfried: Chronik, Eintrag vom 3.04.1983. In: DLA, SUA: Suhrkamp.
Unseld, Siegfried: Chronik, Eintrag vom 24.03.1984. In: DLA, SUA: Suhrkamp.
Unseld, Siegfried: Chronik, Eintrag vom 13.08.1986. In: DLA, SUA: Suhrkamp.
Unseld, Siegfried: Chronik, Eintrag vom 3.09.1987. In: DLA, SUA: Suhrkamp.
Unseld, Siegfried: Chronik, Das politische Jahr 1989. In: DLA, SUA: Suhrkamp.
Unseld, Siegfried: Chronik, Eintrag vom 5.12.1989. In: DLA, SUA: Suhrkamp.
Unseld, Siegfried: Chronik, Eintrag vom 5.02.1990. In: DLA, SUA: Suhrkamp.
Unseld, Siegfried: Chronik, Eintrag vom 19.02.1990. In: DLA, SUA: Suhrkamp.
Unseld, Siegfried: Chronik, Eintrag vom 22.08.1990. In: DLA, SUA: Suhrkamp.
Unseld, Siegfried: Chronik, Eintrag vom 5.09.1990. In: DLA, SUA: Suhrkamp.
Unseld, Siegfried: Chronik, Eintrag vom 14.10.1991. In: DLA, SUA: Suhrkamp.
Unseld, Siegfried: Chronik, Eintrag vom 12.05.1992. In: DLA, SUA: Suhrkamp.
Unseld, Siegfried: Chronik, Eintrag vom 22.01.1993. In: DLA, SUA: Suhrkamp.
Unseld, Siegfried: Chronik, Eintrag vom 31.08.1993. In: DLA, SUA: Suhrkamp.
Unseld, Siegfried: Chronik, Eintrag vom 21.12.1993. In: DLA, SUA: Suhrkamp.

Manuskripte

Unseld, Siegfried: Der Suhrkamp Verlag oder wie macht man literarische Bücher? In: DLA, SUA: Suhrkamp.
Unseld, Siegfried: Kunst im Dienst. Die kulturelle und intellektuelle Situation in der Deutschen Demokratischen Republik. In: DLA, SUA: Suhrkamp.
Unseld, Siegfried: Missverständnisse um Ingrid. In: DLA, SUA: Suhrkamp.

Berichte, Protokolle und Notizen

Ablage edition suhrkamp, Ordner es1805–1867. In: DLA, SUA: Suhrkamp.
Aussprache mit Volker Braun am 20.04.1964, Aktennotiz vom 24.04.1964. In: LASA, MD, I 129, Nr. 144.
Berthel, Werner: Protokoll der Lektoratsversammlung am 25.02.1970, Protokoll vom 2.03.1970. In: DLA, SUA: Suhrkamp.
Berthel, Werner: Protokoll der Lektoratsversammlung vom 10.03.1970. In: DLA, SUA: Suhrkamp.

Berthel, Werner: Protokoll der Lektoratsversammlung am 5.01.1971, Protokoll vom 12.01.1971. In: DLA, SUA: Suhrkamp.
Boehlich, Walter: Jahresbericht Lektorat 1965. In: DLA, SUA: Suhrkamp. © Walter Boehlich / Autorenstiftung Frankfurt a. M.
Borchers, Elisabeth an Peter Bosnic, Notiz vom 17.05.1990. In: DLA, SUA: Suhrkamp.
Borchers, Elisabeth an Helene Ritzerfeld, Notiz vom 24.02.1987. In: DLA, SUA: Suhrkamp.
Borchers, Elisabeth an Rolf Staudt und Siegfried Unseld, Notiz vom 7.12.1978. In: DLA, SUA: Suhrkamp.
Borchers, Elisabeth an Siegfried Unseld, Notiz vom 29.05.1972. In: DLA, SUA: Suhrkamp.
Borchers, Elisabeth an Siegfried Unseld, Notiz vom 8.05.1973. In: DLA, SUA: Suhrkamp.
Borchers, Elisabeth an Siegfried Unseld, Notiz vom 8.08.1977. In: DLA, SUA: Suhrkamp.
Borchers, Elisabeth an Siegfried Unseld, Notiz vom 22.09.1977. In: DLA, SUA: Suhrkamp.
Borchers, Elisabeth an Siegfried Unseld, Notiz vom 27.03.1987. In: DLA, SUA: Suhrkamp.
Borchers, Elisabeth an Siegfried Unseld, Notiz vom 2.09.1987. In: DLA, SUA: Suhrkamp.
Borchers, Elisabeth an Siegfried Unseld, Notiz vom 16.06.1988. In: DLA, SUA: Suhrkamp.
Borchers, Elisabeth an Siegfried Unseld, Notiz vom 9.12.1988. In: DLA, SUA: Suhrkamp.
Borchers, Elisabeth an Siegfried und Joachim Unseld, Notiz vom 14.10.1988. In: DLA, SUA: Suhrkamp.
Borchers, Elisabeth an Siegfried und Joachim Unseld, Notiz vom 4.11.1988. In: DLA, SUA: Suhrkamp.
Borchers, Elisabeth: Arbeitsbericht. In: Jahresbericht 1972. In: DLA, SUA: Suhrkamp.
Borchers, Elisabeth: Bericht vom 23.09.1972. In: DLA, SUA: Suhrkamp.
Borchers, Elisabeth: Einige Informationen zu Franz Fühmann, der kommen wird, Notiz vom 5.01.1977. In: DLA, SUA: Suhrkamp.
Borchers, Elisabeth: Fritz Rudolf Fries: Bemerkungen anhand eines Fundes oder Das Mädchen aus der Flasche, Notiz vom 13.05.1985. In: DLA, SUA: Suhrkamp.
Borchers, Elisabeth: Notiz vom 27.03.1987. In: DLA, SUA: Suhrkamp.
Borchers, Elisabeth: Notiz vom 21.07.1987. In: DLA, SUA: Suhrkamp.
Braun, Volker: Vorläufiges (Vertretermappe). In: DLA, SUA: Suhrkamp.
Braun, Volker: Vertrag vom 6.04.1964. In: LASA, MD, I 129, Nr. 144.
Carlé, Claus: Notiz vom 15.01.1980. In: DLA, SUA: Suhrkamp.
Die einzelnen Abteilungen, Jahresbericht 1978. In: DLA, SUA: Suhrkamp.
Die Ökonomie des Programms, Jahresbericht 1978. In: DLA, SUA: Suhrkamp.
Die Ökonomie des Programms, Jahresbericht 1979. In: DLA, SUA: Suhrkamp.
Döring, Christian an Siegfried Unseld, Notiz vom 12.09.1988. In: DLA, SUA: Suhrkamp.
Döring, Christian an Joachim und Siegfried Unseld, Notiz vom 12.09.1988. In: DLA, SUA: Suhrkamp.
Döring, Christian an Siegfried und Joachim Unseld, Notiz vom 24.10.1988. In: DLA, SUA: Suhrkamp.
Döring, Christian an Joachim Unseld, Notiz vom 31.03.1989. In: DLA, SUA: Suhrkamp.
Döring, Christian an Joachim und Siegfried Unseld: Zu Kurt Drawert. Notiz vom 31.03.1989. In: DLA, SUA: Suhrkamp.
Einhorn, Hinnerk: Gespräch bei VB am 14.12.1987, Notiz vom 15.12.1987. In: LASA, MD, I 129 Nr. 175.
Eitel, Wolfgang: Zur Rayuela-Übersetzung von Fritz Rudolf Fries vom 14.07.1980. In: DLA, SUA: Suhrkamp.

Erler, Gotthard: Vorüberlegungen zu einer neuen Ausgabe der Werke Brechts im Aufbau Verlag, 2.10.1979. In: DLA, SUA: Suhrkamp.
Geschäftsordnung der Lektoratsversammlung vom 1.11.1968. In: DLA, SUA: Suhrkamp.
Günther, Eberhard: Zum Projekt: Volker Braun „Texte", Notiz vom 15.12.1987. In: LASA, MD, I 129 Nr. 175.
Gütling, Peter: Bericht vom 20.02.1967. In: BStU, MfS, HA XX, Nr. 11989.
Gütling, Peter: Information vom 6.10.1967. In: BStU, MfS, HA XX, Nr. 11989.
Hecht, Werner: Bemerkungen zu einer Konzeption der Brecht-Studien-Ausgabe, 10.11.1983. In: DLA, SUA: Suhrkamp.
Hecht, Werner: Aufgaben der Berliner Repräsentanz, 20.10.1990. In: DLA, SUA: Suhrkamp.
Herfurth, Gerhard: Aktennotiz vom 22.03.1971. In: BStU, MFS, HA XX, Nr. 10939.
Hildebrandt: Mitteilung im Hause vom 1.03.1966. In: BStU, MfS, HA XX, Nr. 11989.
Hottas, Joachim: Notiz vom 1.03.1965. In: LASA, MD, I 129, Nr. 144.
Informationsbericht vom 16.12.1965. Auszug aus einem GI-Bericht vom 22.11.1965. In: DLA, SUA: Suhrkamp.
Klemer, Arnold: Operative Information Nr. 96/67 vom 17.03.1967. In: BStU, MfS, HA XX, Nr. 11989.
Klemer, Arnold: Operative Information Nr. 748/67 vom 20.11.1967. In: BStU, MfS, BV Berlin, 2949/88, Bd. I.
Klemer, Arnold: Operative Information Nr. 157/69 vom 6.03.1969. In: BStU, MfS, BV Berlin, 2949/88, Bd. 1.
Klemer, Arnold: Operative Information Nr. 469/70 vom 20.05.1970. In: BStU, MfS, BV Berlin, 2949/88, Bd. II.
Kulturbeziehungen Deutschlands zu den osteuropäischen Staaten, Ergebnisprotokoll o.D. In: DLA, SUA: Suhrkamp.
Michel, Karl Markus: Protokoll der Lektoratsversammlung am 9.09.1969, Protokoll vom 16.09.1969. In: DLA, SUA: Suhrkamp.
Neue Namen. Vorankündigung des Suhrkamp Verlags. In: BStU, MfS, HA XX, Nr. 11989.
O.V. an Thorsten Ahrend, Notiz vom 10.12.1997. In: DLA, SUA: Suhrkamp.
Pressemitteilung des Suhrkamp Verlags vom 23.08.1968. In: DLA, SUA: Suhrkamp.
Protokoll des Lyrikabends, Transkription des Tonbandmitschnitts. In: Archiv AdK-O S 022.
Protokoll o.D. In: BStU, MFS, HA XX, Nr. 10939.
Provokation für mich. Erste Auflage. In: LASA, MD, I 129, Nr. 144.
Quittungen zur Gesamtproduktion von Thomas Brasch, Stücke von Anton Tschechow und ein Majakowski-Band von April 1987. In: DLA, SUA: Suhrkamp.
Reuter, Wolfgang: Information vom 6.09.1967. In: BStU, MfS, HA XX, Nr. 11989.
Ritzerfeld, Helene an Siegfried Unseld, Notiz o.D. In: DLA, SUA: Suhrkamp.
Schubert, Holger: Aktennotiz vom 4.07.1972. In: LASA, MD, I 129, Nr. 144.
Stellungnahme der Genossen wissenschaftlicher Mitarbeiter Ilse Siebert, Ulrich Dietmel, Werner Jehser und Eberhard Meißner zur Veranstaltung „Junge Lyrik" am 11.12.1962, Notiz vom 27.12.1962. In: Archiv AdK-O 0312.
Storch, Wolfgang: Bericht Mitte März 1977. In: DLA, SUA: Suhrkamp.
Suhrkamps Imperium wächst. In: Die Zeit o.D. In: BStU, MfS, HA XX, Nr. 11989.
Teichmann, Hans-Dieter: Protokoll der Lektoratsversammlung vom 7.10.1971. In: DLA, SUA: Suhrkamp.

Unseld, Siegfried an Elisabeth Borchers und Rolf Staudt, Notiz vom 27.05.1975. In: DLA, SUA: Suhrkamp.
Unseld, Siegfried an Claus Carlé, Notiz vom 26.06.1979. In: DLA, SUA: Suhrkamp.
Unseld, Siegfried an Siegfried Ebert, Notiz vom 11.04.1989. In: DLA, SUA: Suhrkamp.
Unseld, Siegfried an Siegfried Ebert und Reinhilde Binz, Notiz vom 9.06.1988. In: DLA, SUA: Suhrkamp.
Unseld, Siegfried an Rolf Staudt, Notiz vom 26.09.1968. In: DLA, SUA: Suhrkamp.
Unseld, Siegfried an Joachim Unseld und Heribert Marré, Notiz vom 14.11.1988. In: DLA, SUA: Suhrkamp.
Unseld, Siegfried und Arnulf Conradi gründen Berliner Verlag, Presseerklärung o.D. In: DLA, SUA: Suhrkamp.
Unseld, Siegfried: Gespräch mit den Herren Blank und Wiemers am 7. Februar 1969, Notiz vom 10.02.1969. In: DLA, SUA: Suhrkamp.
Unseld, Siegfried: Notiz zur Lektoratsversammlung vom 30.03.1971. In: DLA, SUA: Suhrkamp.
Unseld, Siegfried: Bertolt Brecht und Suhrkamp. Aufzeichnungen nach meinem Gespräch mit Elisabeth Hauptmann am 16. September 1971 in Ost-Berlin. In: DLA, SUA: Suhrkamp.
Unseld, Siegfried: Jahresbericht 1974. In: DLA, SUA: Suhrkamp.
Unseld, Siegfried: Notiz vom 7.04.1976. In: DLA, SUA: Suhrkamp.
Unseld, Siegfried: Jahresbericht 1980. In: DLA, SUA: Suhrkamp.
Unseld, Siegfried: Stichworte zu der geplanten Gemeinschaftsausgabe Brecht im Suhrkamp Verlag Frankfurt und Aufbau Verlag Berlin, 20.07.1984. In: DLA, SUA: Suhrkamp.
Unseld, Siegfried: Gespräch mit Elmar Faber am Sonntag, dem 3.12.1989 in Frankfurt, Notiz vom 5.12.1989. In: DLA, SUA: Suhrkamp.
Unseld, Siegfried: Notiz vom 26.10.1999. In: DLA, SUA: Suhrkamp.
Urban, Peter: Zur Intensivierung des Kulturaustauschs, Notiz vom 9.11.1967. In: DLA, SUA: Suhrkamp.
Vereinbarung zwischen Siegfried Unseld und Ulrich Plenzdorf vom 24.01.1990. In: DLA, SUA: Suhrkamp.
Voigt, Fritz-Georg: Treffbericht vom 23.03.1966. In: BStU, MfS, HA XX, Nr. 11989.
Von der antiken Literatur bis zur Gegenwart: Buchreihen im Aufbau Verlag, o.D. [ca. 1985]. In: Archiv des Aufbau Verlags, Dep. 38, Mappe E0083.
Vorschautext zu Durs Grünbein: Grauzone morgens. In: DLA, SUA: Suhrkamp.
Vorüberlegungen zu einer Brecht-Ausgabe in 30 Bänden in Zusammenarbeit zwischen Aufbau Verlag und Akademie der Wissenschaften der DDR, 27.07.1981. In: DLA, SUA: Suhrkamp.
Zeeh, Burgel: Notiz vom 1.03.1978. In: DLA, SUA: Suhrkamp.
Zeeh, Burgel an Joachim Unseld, Christian Döring und Helene Ritzerfeld, Notiz vom 11.02.1988. In: DLA, SUA: Suhrkamp.
Zeeh, Burgel an Siegfried Unseld und Christian Döring, Notiz vom 5.01.1988. In: DLA, SUA: Suhrkamp.
Zeeh, Burgel an Siegfried Unseld, Notiz o.D. In: DLA, SUA: Suhrkamp.

Publizierte Quellen und Primärliteratur

„M". In: Der Spiegel 15 (1968) vom 8.04.1968, S. 74.
„Phantastische Bibliothek" soll sich über literarische Qualität profilieren. In: Buchreport, Nr. 46, 24.11.1978, S. 14.
1968: Ideenkonflikte in globalen Archiven: https://www.literaturarchiv1968.de/content/heinrich-boell-theodor-w-adorno-und-siegfried-unseld-protestversammlung-zur-notstandsgesetzgebung-am-29-mai-1968/ (zuletzt eingesehen am 5.05.2022).
Ahrend, Thorsten: Was ging uns die DDR-Kulturpolitik an? Biographische Notizen eines „Hineingeborenen". In: APuZ 10 (1994), S. 23–29.
Anordnung über die Wahrung der Urheberrechte durch das Büro für Urheberrechte vom 7. Januar 1966. GBl. DDR Nr. 21, Ausgabetag: 19. Februar 1966. In: Büro des Ministerrats (Hg.): Gesetzblatt der Deutschen Demokratischen Republik, Teil II, Jahrgang 1966. Berlin 1966, S. 107f.
Anzeige Lyrikabend. In: ND vom 24.11.1963, S. 4.
Anzeige Lyrikabend. In: ND vom 6.06.1963, S. 8.
Anzeige Lyrikabend. In: Neue Zeit vom 11.11.1963, S. 4.
Anzeige Lyrikabend. In: Neue Zeit vom 19.05.1963, S. 4.
Anzeige Lyrikerabend in Leipzig, organisiert von der FDJ als „Junge Lyriker an der Seite der Partei". In: ND vom 12.01.1963, S. 5.
Arnim, Bettina von: Die Günderrode. Mit einem Essay von Christa Wolf. Frankfurt a.M. 1994.
Art. 56 Satz 1 GG: https://www.gesetze-im-internet.de/gg/art_56.html (zuletzt eingesehen am 5.05.2022).
Aufruf *Für unser Land* vom 26.11.1989: https://www.chronik-der-mauer.de/material/178900/aufruf-fuer-unser-land-neues-deutschland-26-november-1989 (zuletzt eingesehen am 5.05.2022).
Aufruf. In: Die Zeit vom 30.08.1968.
Bartels, Gerrit: Suhrkamp distanziert sich von Tellkamp? Das ist erstaunlich. In: Der Tagesspiegel vom 10.03.2018: https://www.tagesspiegel.de/kultur/die-verlage-und-die-rechten-suhrkamp-distanziert-sich-von-tellkamp-das-ist-erstaunlich/21055100.html (zuletzt eingesehen am 5.05.2022).
Baumgart, Reinhard: Statt eines Nachworts: Johnsons Voraussetzungen. In: R.B. (Hg.): Über Uwe Johnson. Frankfurt a.M. 1970, S. 165–174.
Baumgart, Reinhard: Vernunft, Gefühl und Schnauze. In: Der Spiegel 19 (1965) vom 4.05.1965, S. 127.
Becker, Jurek: „Ihr Unvergleichlichen". Briefe. Ausgewählt und herausgegeben von Christine Becker und Joanna Obruśnik. Frankfurt a.M. 2007.
Becker, Jurek: Bronsteins Kinder. Text und Kommentar. (Suhrkamp BasisBibliothek 96). Frankfurt a.M. 2009.
Becker, Jurek: Mein Judentum. In: J.B.: Mein Vater, die Deutschen und ich. Aufsätze, Vorträge, Interviews. Hg. von Christine Becker. Frankfurt a.M. 2007, S. 13–23.
Begegnungen. Eine Festschrift für Max Frisch zum siebzigsten Geburtstag. Frankfurt a.M. 1981.
Benjamin, Walter: Kritik der Verlagsanstalten. In: W.B.: Medienästhetische Schriften. Mit einem Nachwort von Detlev Schöttker. Frankfurt a.M., S. 165–168.
Bernhard, Thomas/Siegfried Unseld: Der Briefwechsel. Hg. von Raimund Fellinger, Martin Huber und Julia Ketterer. Berlin 2010.

Blasius, Rainer: Starke Geste im Übergang. Als die Hallstein-Doktrin zum ersten Mal angewendet wurde, kannte noch niemand ihren Namen. In: FAZ, Nr. 243 vom 19.10.2007, S. 12.
Bleek, Wilhelm: Deutschlandpolitik der BRD: http://www.bpb.de/geschichte/deutsche-einheit/deutsche-teilung-deutsche-einheit/43646/deutschlandpolitik-der-brd (zuletzt eingesehen am 5.05.2022).
Blöcker, Günter: Roman der beiden Deutschland. In: FAZ vom 31.10.1959.
Blöcker, Günter: Roman der beiden Deutschland. In: Über Uwe Johnson. Hg. von Reinhard Baumgart. Frankfurt a. M. 1970, S. 10–13.
Boehlich, Walter u. a.: Chronik der Lektoren. Von Suhrkamp zum Verlag der Autoren. Frankfurt a. M. 2011.
Boehlich, Walter: Auch Leipzig ist eine Messe wert. In: SZ vom 25./26.09.1965.
Boehlich, Walter: Neun Tage in Leipzig. In: SZ vom 23./24.09.1967.
Boehlich, Walter: Wiedersehen mit der Leipziger Buchmesse. In: SZ vom 24./25.09.1966.
Borchers, Elisabeth: Es hatte keinen Sinn, sich gegen Suhrkamp zu wehren. Gespräch mit Elisabeth Borchers am 8. Dezember 2003 in Frankfurt a. M.. In: Roland Berbig (Hg.): Stille Post. Inoffizielle Schriftstellerkontakte zwischen Ost und West. Von Christa Wolf über Günter Grass zu Wolf Biermann. Berlin 2005, S. 149–171.
Borchers, Elisabeth: Lectori salutem. (Abhandlungen der Klasse der Literatur 2) Wiesbaden 1978.
Borchers, Elisabeth: Nicht zur Veröffentlichung bestimmt. Ein Fragment. Frankfurt a. M. 2018.
Börsenblatt für den deutschen Buchhandel 42 (1986), 56, Titelblatt.
Botond, Anneliese: Briefe an Thomas Bernhard. Mit unbekannten Briefen von Thomas Bernhard 1963–1971. Hg. von Raimund Fellinger. Mattighofen 2018.
Braun, Karlheinz: 1959 und 1969 von 1999 aus gesehen. In: Verleger als Beruf. Siegfried Unseld zum fünfundsiebzigsten Geburtstag. Frankfurt a. M. 1999, S. 28–34.
Braun, Karlheinz: Herzstücke. Leben mit Autoren. Frankfurt a. M. 2019.
Braun, Volker: Das Eigentum [hier noch ohne Titel]. In: FAZ vom 30.03.1990.
Braun, Volker: Die Zickzackbrücke. Ein Abrißkalender. Halle 1992.
Braun, Volker: Gedichte. In: SuF 15 (1963), 4, S. 626–639.
Braun, Volker: Nachruf. In: Anna Chiarloni/Helga Pankoke (Hg.): Grenzfallgedichte. Eine deutsche Anthologie. Berlin 1991, S. 109.
Braun, Volker: Provokation für mich. In: Auftakt 63. Gedichte mit Publikum. Hg. vom Zentralrat der FDJ. Berlin 1963, S. 71–73.
Braun, Volker: Provokation für mich. Halle 1965.
Braun, Volker: Provokation für mich. Halle ²1965.
Braun, Volker: Provokation für mich. Halle ³1967.
Braun, Volker: Provokation für mich. Halle ⁴1973.
Braun, Volker: Provokation für mich. Halle ⁵1975.
Braun, Volker: Provokation für mich. Leipzig 2005.
Braun, Volker: Rimbaud. Ein Psalm der Aktualität. In: V.B.: Texte in zeitlicher Folge. Bd. VIII. Halle 1992, S. 7–42.
Braun, Volker: Rubble Flora. London u. a. 2014.
Braun, Volker: Vorläufiges. Frankfurt a. M. 1966.
Braun, Volker: Werktage 1. Arbeitsbuch 1977–1989. Frankfurt a. M. 2009.
Braun, Volker: Werktage 2. Arbeitsbuch 1990–2008. Berlin 2014.

Braun, Volker/Nuria Quevedo: Grafische Mappe zu Volker Braun, Der Eisenwagen. Halle 1988.
Braunbuch. Kriegs- und Naziverbrecher in der Bundesrepublik. Staat, Wirtschaft, Armee, Verwaltung, Justiz, Wissenschaft. Hg. vom Nationalrat der Nationalen Front des demokratischen Deutschland. Berlin 1965.
Brecht, Bertolt: Gedichte. Ausgewählt von Autoren. Mit einem Geleitwort von Ernst Bloch. Frankfurt a. M. 1975.
Brecht, Bertolt: Werke. Große kommentierte Berliner und Frankfurter Ausgabe. Hg. Werner Hecht u. a. Berlin/Weimar/Frankfurt a. M. 1988–2000.
Brenner, Hildegard: Von verschiedenen Möglichkeiten in dieser Anthologie zu lesen. In: H.B. (Hg.): Nachrichten aus Deutschland. Lyrik, Prosa, Dramatik. Eine Anthologie der neueren DDR-Literatur. Reinbek bei Hamburg 1967, S. 6–14.
Bürgerlicher Klang. In: Der Spiegel 14 (1971): http://www.spiegel.de/spiegel/print/d-43279341.html (zuletzt eingesehen am 5. 05. 2022).
Castein, Hanne (Hg.): Es wird einmal. Märchen für morgen. Frankfurt a. M. 1988.
Czechowski, Heinz: Lektüre. In: Kurt Dawert: Zweite Inventur. Berlin/Weimar 1987, S. 133–138.
Daiber, Hans: Erstes Lesen, erstes Schreiben. Zwei Anthologien aus Deutschland – Ost und West. In: Die Zeit vom 28. 11. 1975: http://www.zeit.de/1975/49/erstes-lesen-erstes-schreiben/komplettansicht (zuletzt eingesehen am 5. 05. 2022).
Damm, Sigrid: Siegfried Unseld zum 75. Geburtstag (1994). In: S.D.: „Einmal nur blick ich zurück". Auskünfte. Frankfurt a. M. 2010, S. 328–334.
Das Buch vom Verlag der Autoren 1969–1989. Beschreibung eines Modells und seiner Entwicklung. Zusammengestellt von Peter Urban. Frankfurt a. M. 1989.
Das Wir und das Ich. Interview mit Volker Braun. In: Auskünfte. Werkstattgespräche mit DDR-Autoren. Berlin/Weimar 1974, S. 319–334.
Delius, Friedrich Christian: „Für meinen ersten Verleger". In: Martina Hanf/Kristin Schulz (Hg.): Das blanke Wesen. Arbeitsbuch Thomas Brasch. Berlin 2004, S. 95–99.
Der künstlerische Beirat an Peter Palitzsch, Brief o.D. In: Manfried Hammer u. a. (Hg.): Das Mauerbuch. Texte und Bilder aus Deutschland von 1945 bis heute. Berlin 1981, S. 146.
Die Geschichte des Suhrkamp Verlages. 1. Juli 1950 bis 30. Juni 2000. Frankfurt a. M. 2000.
Die Suhrkamp Tektonik: https://suhrkamp-forschungskolleg.de/archiv/suhrkamp/ (zuletzt eingesehen am 5. 05. 2022).
Die Wärme, die Kälte des Körpers des Andern. Liebesgedichte. Hg. von Kurt Drawert. Berlin/Weimar 1988.
documenta 6 (Ausstellungskatalog). Red: Joachim Diederichs. Kassel 1977.
Döring, Christian/Hajo Steinert: Vorwort. In: C.D./H.S. (Hg.): Schöne Aussichten. Neue Prosa aus der DDR. Frankfurt a. M. 1990, S. 7f.
Drawert, Kurt: Privateigentum. Frankfurt a. M. 1989.
Drawert, Kurt: Tauben in ortloser Landschaft. Geständnis. Zwei Gedichte mit Holzschnitten von Dieter Gnüchtel. Meran 1996.
Dürr, Heidi: Kein Ulysses für die DDR. Schroffe Töne und eine gelassenere Wirklichkeit. In: Die Zeit vom 26. 03. 1976: http://www.zeit.de/1976/14/kein-ulysses-fuer-die-ddr/komplettansicht. (zuletzt eingesehen am 5. 05. 2022).
Egon Bahr: Wandel durch Annäherung. Vortrag gehalten am 15. Juli 1963: https://www.1000dokumente.de/pdf/dok_0091_bah_de.pdf (zuletzt eingesehen am 5. 05. 2022).
Enzensberger, Hans Magnus (Hg.): Museum der deutschen Poesie. Frankfurt a. M. 1960.

Enzensberger, Hans Magnus: Die große Ausnahme. In: Frankfurter Hefte 14 (1959), 12, S. 910–912.
Enzensberger, Hans Magnus: Wie entsteht ein Gedicht? In: Poetik. Siebente Folge des Jahrbuchs Gestalt und Gedanke. Hg. von der Bayerischen Akademie der Schönen Künste. München 1962, S. 63–91.
Fellinger, Raimund/Matthias Reiner (Hg.): Siegfried Unseld. Sein Leben in Bildern und Texten. Berlin 2014.
Ferber, Christian: Die Messe und die Messe hinter der Messe. Ein Bummel durch Hallen, Stände, Empfänge. In: Die Welt vom 15.10.1965.
Fries, Fritz Rudolf: Der Fernsehkrieg und andere Erzählungen. Frankfurt a.M. 1970.
Fries, Fritz Rudolf: Der Fernsehkrieg. Erzählungen. Mit Ill. von Nuria Quevedo. Halle 1969.
Fries, Fritz Rudolf: Der Weg nach Oobliadooh. Frankfurt a.M. 1966.
Fries, Fritz Rudolf: Diogenes auf der Parkbank. Erinnerungen. Berlin 2006.
Fries, Fritz Rudolf: Im Jahr des Hahns. Tagebücher. Leipzig 1996.
Frisch, Max: Aus dem Berliner Journal. Frankfurt a.M. 2014.
Fühmann, Franz: 22 Tage oder die Hälfte des Lebens. Frankfurt a.M. 1978.
Fühmann, Franz: Bagatelle, rundum positiv. Frankfurt a.M. 1978.
Fühmann, Franz: Briefe 1950–1984. Eine Auswahl. Hg. von Hans-Jürgen Schmitt. Rostock 1994.
Fühmann, Franz: Briefwechsel mit Ingrid Prignitz. „…hab ich Dich wie den Fänger am Trapez". Die Briefe. Band 2. Hg. von Kirsten Thietz. Rostock 2017.
Fühmann, Franz: Briefwechsel mit Kurt Batt. „Träumen und nicht verzweifeln". Die Briefe. Band 1. Hg. von Barbara Heinze und Jörg Pretzel. Rostock 2016.
Fühmann, Franz: Das mythische Element in der Literatur. In: F.F.: Erfahrungen und Widersprüche. Versuche über Literatur. Frankfurt a.M. 1976, S. 147–219.
Fühmann, Franz: Dreizehn Träume. Leipzig 1985.
Fühmann, Franz: Schneewittchen. Ein paar Gedanken zu zwei jungen Dichtern. In: Sinn und Form 6 (1976), S. 1259–1264.
Fühmann, Franz: Werkausgabe in 8 Bänden. Rostock 1993.
Fühmann, Franz: Werkstattgespräch mit Wilfried F. Schoeller. In: Den Katzenartigen wollten wir verbrennen. Ein Lesebuch. Hg. mit einem Nachwort von Hans-Jürgen Schmitt. Hamburg 1983, S. 273–301.
Gäste aus der DDR. Veranstaltung in Unselds Haus. In: Die Zeit vom 22.10.1965.
Gbl. (DDR) II, Nr. 21, 1966, S. 108, §6.
Geipel, Ines (Hg.): Die Verschwiegene Bibliothek in der Edition Büchergilde. 10 Bände. Frankfurt a.M. 2005–2008.
Geißler, Cornelia: Der hohe Preis der Reisefreiheit. In: Berliner Zeitung vom 27.11.1996: http://www.berliner-zeitung.de/fritz-rudolf-fries-diskutierte-ueber-seine-stasi-kontakte-der-hohe-preis-der-reisefreiheit-16784186 (zuletzt eingesehen am 5.05.2022).
Gemeinsame Vergütungsregeln für Autoren belletristischer Werke in der deutschen Sprache: https://vs.verdi.de/++file++519f41526f68445ebf0001f6/download/Vertrag_Belletristik.pdf (zuletzt eingesehen am 5.05.2022).
Goethe, Johann Wolfgang: Faust, hg. von Albrecht Schöne. Bd. 1: Texte. Frankfurt a.M./Leipzig 2003.
Grass, Günter/Wolfdietrich Schnurre: An die Mitglieder des Deutschen Schriftstellerverbands, Brief vom 16.08.1961. In: Manfried Hammer u.a. (Hg.): Das Mauerbuch. Texte und Bilder aus Deutschland von 1945 bis heute. Berlin 1981, S. 137f.

Grünbein, Durs: Gedichte. In: SuF (1988), 4, S. 818–824.
Grünbein, Durs: Grauzone morgens. Frankfurt a. M. 1988.
Guggenheimer, Walter Maria: Alles Theater. Frankfurt a. M. 1966.
Guggenheimer, Walter Maria: Nachwort. In: Uwe Johnson: Karsch und andere Prosa. Frankfurt a. M. 1964, S. 85–96.
Gutschke, Irmtraud: Freiheit des Seiltänzers. In: ND vom 20.10.2005, S. 12.
Hacks, Peter: Das Poetische. Frankfurt a. M. 1972.
Hacks, Peter: Stücke nach Stücken. Bearbeitungen 2. Frankfurt a. M. 1965.
Hacks, Peter: Zwei Bearbeitungen. Frankfurt a. M. 1963.
Handke, Peter/Siegfried Unseld: Der Briefwechsel. Hg. von Raimund Fellinger und Katharina Pektor. Berlin 2012.
Hardt, Petra: Fernlieben. Frankfurt a. M. 2021.
Heinemann, Gustav: Präsidiale Reden. Frankfurt a. M. 1975.
Heinemann, Gustav: Reden und Schriften. Band I–III. Reden des Bundespräsidenten 1969–1974. Frankfurt a. M. 1975–1977.
Hesse, Hermann/Peter Suhrkamp: Briefwechsel 1945–1959. Hg. von Siegfried Unseld. Frankfurt a. M. 1969.
Höcherl fürchtet Jugendkontakte. In: ND vom 14.09.1963, S. 2.
Huchel, Peter: Gezählte Tage. Gedichte. Frankfurt a. M. 1972.
Ich bin für mehr Kontakte. Siegfried Unseld und die Zonen-Verlage. In: FAZ vom 19.10.1965.
In diesem besseren Land. Gedichte der Deutschen Demokratischen Republik seit 1945. Hg. von Adolf Endler und Karl Mickel. Halle 1966.
Jansen, Johannes: Heimat. Abgang. Mehr geht nicht. Ansätze. Frankfurt a. M. 1995.
Jansen, Johannes: Splittergraben. Aufzeichnungen II. Frankfurt a. M. 1993.
Johnson, Uwe: Auskünfte und Abreden zu ‚Zwei Ansichten' (auf Fragen von Mike S. Schoelman). In: Dichten und Trachten 26 (1965), 2, S. 5–10.
Johnson, Uwe: Freiberuflich. In: U.J.: Begleitumstände. Frankfurter Vorlesungen. Frankfurt a. M. 1980.
Johnson, Uwe: Gesamtdeutsch, provinziell. In: Spr.i.t.Z. 28 (1990), 114, S. 116–122.
Johnson, Uwe: Mutmassungen über Jakob. Frankfurt a. M. 1959.
Johnson, Uwe/Siegfried Unseld: Der Briefwechsel. Hg. von Eberhard Fahlke und Raimund Fellinger. Frankfurt a. M. 1999.
Kaiser, Joachim: Heißer Krieg gegen kalte Dramen. In: Der Monat 14 (1962), 162, S. 60–64.
Kirsch, Rainer (Hg.): Auswahl 64. Neue Lyrik – Neue Namen. Berlin 1964.
Knabe, Hubertus: Die Stasi war immer dabei. In: Focus Magazin 26, 22.06.2009: http://www.focus.de/kultur/medien/geschichte-die-stasi-war-immer-dabei_aid_409961.html (zuletzt eingesehen am 5.05.2022).
Koeppen, Wolfgang/Siegfried Unseld: „Ich bitte um ein Wort". Der Briefwechsel. Hg. von Alfred Estermann und Wolfgang Schopf. Frankfurt a. M. 2006.
Kohl, Helmut: Ansprache bei der Gedenkstunde zum 25. Jahrestag des Mauerbaus am 13. August 1986 in Berlin, Bulletin des Presse- und Informationsamts der Bundesregierung Nr. 93 (15.08.1986): https://www.bundeskanzler-helmut-kohl.de/seite/13-august-1986/ (zuletzt eingesehen am 5.05.2022).
Kolbe, Uwe: [Gedichte]. In: SuF 3 (1979), S. 570–572.
Kolbe, Uwe: Das Kabarett. Berlin/Amsterdam 1986.

Kolbe, Uwe: Der größte Anspruch. Über ein paar Zeilen von Volker Braun. In: Neue Rundschau 4 (1990), S. 46–52.
Kolbe, Uwe: Gedichte. In: SuF 6 (1976), S. 1265–1268.
Kolbe, Uwe: Hineingeboren. Gedichte 1975–1979. Berlin/Weimar 1980.
Kolbe, Uwe: Hineingeboren. Gedichte 1975–1979. Frankfurt a. M. 1982.
Kolbe, Uwe: Verlangen. In: ndl 27 (1979), 12, S. 71f.
Krauß, Angela: Das Vergnügen. Berlin/Weimar 1984.
Krauß, Angela: Das Vergnügen. Frankfurt a. M. 1990.
Krauß, Angela: Formen der inneren und äußeren Welt. (Paderborner Universitätsreden 71) Paderborn 2000.
Krauß, Angela: Schimansky, der Großonkel und ich. In: A.K.: Ich muss mein Herz üben. Frankfurt a. M. 2009, S. 79–83.
Krolow, Karl: Wenn die Schwermut Fortschritte macht. Gedichte, Prosa, Essays. Hg. von Kurt Drawert. Leipzig 1990.
Kunert, Günter: Aufforderung zum Zuhören. In: Neue Berliner Illustrierte 4 (1948), 49, S. 9.
Kursbuch. Bde. 1–10. 1965–1967. Hg. von Hans Magnus Enzensberger. Frankfurt a. M. 1965–1967.
Legende nach Mitternacht. In: Der Spiegel 16 (1970) vom 23.04.1970.
Luhmann, Niklas: Dabeisein und Dagegensein. Anregungen zu einem Nachruf auf die Bundesrepublik. In: FAZ vom 22.08.1990, zitiert nach N. L.: Protest. Systemtheorie und soziale Bewegungen. Hg. und eingeleitet von Kai-Uwe Hellmann. Frankfurt a. M. 1996, S. 156–159.
Mattheuer, Wolfgang: Abend, Hügel, Wälder, Liebe. Der andere Mattheuer. Hg. von Ursula Mattheuer-Neustädt und der Wolfgang Mattheuer-Stiftung. Bielefeld 2007.
McKeown, Thomas: Die Bedeutung der Medizin. Traum, Wahn oder Nemesis? Frankfurt a. M. 1982.
Meier, Uwe: Palm, Johann Philipp. In: NDB, Bd. 20. Hg. von Otto zu Stolberg-Wernigerode. Berlin 2001, S. 20f.
Meisner, Matthias: Wie Leipzig von Frankfurt lernen will. Rechte Verlage auf der Buchmesse. In: Tagesspiegel online vom 16.11.2017: https://www.tagesspiegel.de/politik/rechte-verlage-auf-der-buchmesse-wie-leipzig-von-frankfurt-lernen-will/20592762.html (zuletzt eingesehen am 5.05.2022).
Mickel, Karl: [Verschiedene Gedichte]. In: ndl 13 (1965), S. 7 und 12.
Mickel, Karl: Die Jubeljahre des toten B.B. In: K.M.: Gelehrtenrepublik. Beiträge zur deutschen Dichtungsgeschichte. Halle 2000, S. 415–424.
Mickel, Karl: Eine unbetonte Silbe. In: Weimarer Beiträge 10 (1964), 4, S. 542–544.
Mickel, Karl: Eisenzeit. Halle 1975.
Mickel, Karl: Lobverse & Beschimpfungen. Halle 1963.
Mickel, Karl: Vita nova mea. Reinbek bei Hamburg 1967.
Mirowa-Florin, Edel/Fritz Mierau (Hg.): Sternenpflug und Apfelblüte. Russische Lyrik von 1917 bis 1962. Berlin 1963.
Mischke, Christian: Die dritten Zehn. Supplementband zur Reihe „Die Graphischen Bücher". Leipzig 2010.
Müller, Christoph: „Eine geschichtslose Generation." Thomas Brasch im Gespräch über sich und sein Schreiben. In: Theater heute 18 (1977), 2, S. 45f.
Müller, Heiner: Ende einer Handschrift. Gedichte. Frankfurt a. M. 2000.

Nolte, Ernst: „Untergang" der Bundesrepublik? In: FAZ vom 5.09.1990.
Offener Brief an den Generalsekretär der UNO von September 1961. In: Kai Schlüter: Günter Grass im Visier. Die Stasi-Akte. Eine Dokumentation mit Kommentaren von Günter Grass und Zeitzeugen. Berlin 2010, S. 34 f.
Offener Brief. Erklärung der Berliner Künstler vom 17.11.1976. In: Roland Berbig u. a. (Hg.): In Sachen Biermann. Protokolle, Berichte und Briefe zu den Folgen einer Ausbürgerung. Berlin 1994, S. 70 f.
Palitzsch, Peter an Manfred Wekwerth, Brief o.D. In: Manfried Hammer u. a. (Hg.): Das Mauerbuch. Texte und Bilder aus Deutschland von 1945 bis heute. Berlin 1981, S. 144–146.
Plenzdorf, Ulrich/Klaus Schlesinger/Martin Stade (Hg.): Berliner Geschichten. „Operativer Schwerpunkt Selbstverlag". Frankfurt a. M. 1995.
Pulver, Elsbeth: Rückblende. Gedichte von Kurt Drawert. In: NZZ vom 9.03.1990, S. 45.
Rach, Rudolf: Alles war möglich. '39 bis '86. Köln 2019.
Raddatz, Fritz J.: Traditionen und Tendenzen. Materialien zur Literatur der DDR. Frankfurt a. M. 1972.
Raddatz, Fritz J.: Zur deutschen Literatur der Zeit 3. Eine dritte deutsche Literatur. Stichworte zu Texten der Gegenwart. Reinbek bei Hamburg 1987.
Redaktion Logbuch: Die Kraft der Poesie – kein harmloses Handwerk. In: Logbuch Suhrkamp: http://www.logbuch-suhrkamp.de/redaktion-logbuch/die-kraft-der-poesie/ (zuletzt eingesehen am 5.05.2022).
Rennert, Jürgen: Poesiealbum 75. Berlin 1973.
Richter, Steffen: Der Blick der Hineingeborenen. Aus den Tiefen des Realsozialismus: Eugen Ruges Familienroman „In Zeiten abnehmenden Lichts". In: Der Tagesspiegel vom 27.08.2011: http://www.tagesspiegel.de/kultur/rezension-in-zeiten-der-blick-der-hineingeborenen/4546738.html (zuletzt eingesehen am 5.05.2022).
Schädlich, Hans Joachim: Export der Zensur. In: H.-J.S.: Über Dreck, Politik und Literatur. Aufsätze, Reden, Gespräche, Kurzprosa. Berlin 1992, S. 99–102.
Schlenstedt, Silvia: Interview mit Volker Braun. In: Weimarer Beiträge 10 (1972), S. 41–51.
Schmitt, Hans-Jürgen: Die neuen Ich-Gefühle. Neunzig Gedichte von Kurt Drawert. In: SZ vom 4.04.1990, S. V.
Schöne Aussichten. Neue Prosa aus der DDR. Hg. von Christian Döring und Hajo Steinert. Frankfurt a. M. 1990.
Schumann, Horst: Vorwort. In: Auftakt 63. Gedichte mit Publikum. Hg. vom Zentralrat der Freien Deutschen Jugend. Berlin 1963, S. 6.
Segebrecht, Wulf: Die privateigene Empfindung. Der DDR-Lyriker Kurt Drawert im Kampf mit Günter Eich. In: FAZ vom 10.04.1990, S. 85.
Seghers, Anna: Aufstand der Fischer von St. Barbara. Leipzig 1981.
Serke, Jürgen: Asyl für Gesamtdeutschland bei Suhrkamp. Verlagschef Unseld machte die ersten Schritte – Frankfurter Börsenverein im Zwielicht. In: Heidenheimer Zeitung vom 19.10.1965.
Sieben Rosen hat der Strauch. Deutsche Liebesgedichte und Volkslieder von Walther von der Vogelweide bis zur Gegenwart. Hg. von Heinz Czechowski. Halle 1964.
Soll man Brecht spielen? Antworten an Friedrich Torberg. In: Der Monat 14 (1962), 161, S. 57–64.
Sonnenpferde und Astronauten. Gedichte junger Menschen. Hg. von Gerhard Wolf. Halle 1964.

Spector Books. About: https://spectorbooks.com/about (zuletzt eingesehen am 5.05.2022).
Steiner, George: Adorno: love and cognition. In: TLS vom 9.03.1973.
Suhrkamp Longseller: http://www.suhrkamp.de/longseller_108.html (zuletzt eingesehen am 5.05.2022).
Suhrkamp spectaculum: https://www.suhrkamptheater.de/theater-verlag/suhrkamp-theater-buecher-s-22 (zuletzt eingesehen am 5.05.2022).
Talente aus dem Volk. In: Berliner Zeitung vom 15.12.1962.
Thiong'o, Ngugi wa: Verborgene Schicksale. Frankfurt a.M. 1982.
Torberg, Friedrich: Soll man Brecht im Westen spielen? Ein Vortrag im Zyklus „Umstrittene Sachen" des WDR. In: Der Monat 14 (1961), 159, S. 56–62.
Unseld, Siegfried (Hg.): Erste Lese-Erlebnisse. Frankfurt a.M. 1975.
Unseld, Siegfried: „Für wenn ich tot bin". In: Über Uwe Johnson. Hg. von Raimund Fellinger. Frankfurt a.M. 1992.
Unseld, Siegfried: „Ins Gelingen verliebt sein und in die Mittel des Gelingens" – Siegfried Unseld zum Gedenken. Red. von Raimund Fellinger. Frankfurt a.M. 2003.
Unseld, Siegfried: Begegnungen mit Hermann Hesse. Frankfurt a.M. 1975.
Unseld, Siegfried: Chronik 1971. Hg. von Ulrike Anders, Raimund Fellinger und Katharina Karduck. Berlin 2014.
Unseld, Siegfried: Chronik Bd. 1: 1970. Mit den Chroniken Buchmesse 1967, Buchmesse 1968 und der Chronik eines Konflikts 1968. Hg. von Raimund Fellinger und Ulrike Anders. Berlin 2010.
Unseld, Siegfried: Der Autor und sein Verleger. Frankfurt a.M. 1985.
Unseld, Siegfried: Der Marienbader Korb. Über die Buchgestaltung im Suhrkamp Verlag. Willy Fleckhaus zu ehren. Hamburg 1976.
Unseld, Siegfried: Die Aufgaben des literarischen Verlegers. In: S.U.: Der Autor und sein Verleger. Frankfurt a.M. 1985, S. 9–64.
Unseld, Siegfried: Gebrüder Volkart und der Suhrkamp Verlag. In: Walter H. Rambousek/Armin Vogt/Hans R. Volkart (Hg.): Volkart. Die Geschichte einer Welthandelsfirma. Frankfurt a.M. 1990, S. 189–196.
Unseld, Siegfried: Goethe und seine Verleger. Frankfurt a.M./Leipzig 1998.
Unseld, Siegfried: Hermann Hesses Anschauung über den Beruf des Dichters. Tübingen Univ.-Diss. 1951.
Unseld, Siegfried: Kleine Geschichte der Bibliothek Suhrkamp. In: Geschichte des Suhrkamp Verlages. 1. Juli 1950 bis 30. Juni 1990. Frankfurt a.M. 1990, S. 233–253.
Unseld, Siegfried: Nachwort. In: Uwe Johnson: Ingrid Babendererde, Reifeprüfung 1953. Mit einem Nachwort von Siegfried Unseld. Frankfurt a.M. 1985, S. 249–264.
Unseld, Siegfried: Peter Suhrkamp. Eine Biographie. Frankfurt a.M. 2004.
Unseld, Siegfried: Reiseberichte. Hg. von Raimund Fellinger. Berlin 2020.
Unseld, Siegfried: Veröffentlichungen 1946 bis 1999. Eine Bibliographie. Zum 28. September 1999. Bearbeitet von Burgel Zeeh. Frankfurt a.M. 1999.
Unseld, Siegfried: Wie gewinnt man Autoren? In: Heinrich Maria Ledig-Rowohlt zuliebe. Festschrift zu seinem 60. Geburtstag am 12. März 1968. Hg. von Siegfried Unseld. Reinbek bei Hamburg 1968, S. 99–108.
Unsere Zeit im Gedicht. In: ND vom 24.12.1962.
Unteilbares Deutschland. Ein Rechenschaftsbericht 1954 bis 1960. Zusammengestellt von Herbert Hupka. Köln 1960.

Uwe Johnson: Werkausgabe im Suhrkamp Verlag: https://www.suhrkamp.de/buch/uwe-johnson-werkausgabe-t-9783518427026 (zuletzt eingesehen am 5.05.2022).
Vertrag über die Grundlagen der Beziehungen zwischen der Bundesrepublik Deutschland und der Deutschen Demokratischen Republik (Grundlagenvertrag), 21.12.1972: http://www.documentarchiv.de/brd/grundlvertr.html (zuletzt eingesehen am 5.05.2022).
Vertrag zwischen der Bundesrepublik Deutschland und der Deutschen Demokratischen Republik über die Herstellung der Einheit Deutschlands: https://www.gesetze-im-internet.de/einigvtr/BJNR208890990.html (zuletzt eingesehen am 5.05.2022).
Weber, Max: Politik als Beruf. In: M.W.: Gesamtausgabe. Abteilung I: Schriften und Reden. Band 17. Hg. von Wolfgang J. Mommsen u.a. Tübingen 1992, S. 113–252.
Weiss, Peter/Siegfried Unseld: Der Briefwechsel. Hg. von Rainer Gerlach. Frankfurt a.M. 2007.
Weizsäcker, Richard von: Die Deutschen und ihre Identität. Kiel 1986.
Wichner, Ernest: „Und unverständlich wird mein ganzer Text". Anmerkungen zu einer zensurgesteuerten ‚Nationalliteratur'. In: E.W./Herbert Wiesner (Hg.): ‚Literaturentwicklungsprozesse'. Die Zensur der Literatur in der DDR. Frankfurt a.M. 1993, S. 199–216.
Winters, Peter Jochen: Der Kern des Gedichts. Eine ‚Panne' im Literaturbetrieb der DDR. In: FAZ vom 24.05.1982, S. 23.
Wolf, Christa: Auf dem Weg nach Tabou. Texte 1990–1994. Köln 1994.
Wolf, Christa: Kassandra. Leipzig 1984.
Wolf, Christa: Moskauer Tagebücher. Wer wir sind und wer wir waren. Berlin 2014.
Wolf, Christa/Franz Fühmann: Monsieur – wir finden uns wieder. Briefe 1968–1984. Berlin 1998.
Yacine, Kateb: Nedschma. Frankfurt a.M. 1958.
Zimmer, Dieter E.: Algerien im Roman. Die Sprache des Unbewußten – Schweigen oder das Unsagbare sagen. In: Die Zeit vom 15.05.1959: http://pdf.zeit.de/1959/20/algerien-im-roman.pdf (zuletzt eingesehen am 5.05.2022).
Zimmer, Dieter E.: Frißt die Revolution ihre Verleger? Unter- und Hintergründe einer Affäre im Hause Rowohlt. In: Die Zeit vom 26.09.1969.

Forschungsliteratur

„Johnson, ziemlich deutsch." Klaus Wagenbach im Gespräch über Uwe Johnson, geführt von Roland Berbig und Florian Petsch. In: Roland Berbig u. a. (Hg.): Uwe Johnson. Befreundungen. Gespräche, Dokumente, Essays. Berlin 2002, S. 133–156.
100 Jahre Insel-Verlag, 1899–1999. Begleitbuch zur Ausstellung. Hg. von der Deutschen Bibliothek und dem Insel Verlag. Frankfurt a. M. 1999.
Adam, Christian: Der Traum vom Jahre Null. Autoren, Bestseller, Leser: die Neuordnung der Bücherwelt in Ost und West nach 1945. Berlin 2016.
Adorno, Theodor W.: Titel. In: T.W.A.: Gesammelte Schriften. Hg. von Rolf Tiedemann. Bd. 11: Noten zur Literatur. Frankfurt a. M. 1996, S. 325–334.
Albrecht, Andrea u. a.: Einleitung: Theorien, Methoden und Praktiken des Interpretierens. In: A.A. (Hg.): Theorien, Methoden und Praktiken des Interpretierens. Berlin u. a. 2015, S. 1–20.
Alker, Stefan/Achim Hölter (Hg.): Literaturwissenschaft und Bibliotheken. Göttingen 2015.
Amslinger, Tobias u. a.: Editorial. In: IASL 43 (2018), 1, S. 90–107.
Amslinger, Tobias u. a.: suhrkamp wissen. Anatomie einer gescheiterten Reihe. In: ZiG VIII (2014), 1, S. 118–126.
Amslinger, Tobias: Verlagsautorschaft. Enzensberger und Suhrkamp. Göttingen 2018.
Amslinger, Tobias/Marja-Christine Grüne/Anke Jaspers: Mythos und Magazin. Das Siegfried Unseld Archiv als literaturwissenschaftlicher Forschungsgegenstand. In: Irmgard M. Wirtz/Ulrich Weber/Magnus Wieland (Hg.): Literatur – Verlag – Archiv. Göttingen/Zürich 2015, S. 183–213.
Aufruf: Verlage brauchen ein Gedächtnis. In: Stephan Füssel (Hg.): „Ungeöffnete Königsgräber". Chancen und Nutzen von Verlagsarchiven. Wiesbaden 2013, S. 113.
Autorenkollektiv: Brecht in der Öffentlichkeit der BRD: Bühne, Presse, Parlamente. In: Alternative 93 (1973). Brecht-Materialien II. Zur Rezeption in der BRD. Hg. von Hildegard Brenner, S. 275–287.
Barck, Simone/Martina Langermann/Siegfried Lokatis: „Jedes Buch ein Abenteuer". Zensursystem und literarische Öffentlichkeit in der DDR bis Ende der sechziger Jahre. Berlin 1997.
Barck, Simone/Siegfried Lokatis (Hg.): Fenster zur Welt. Eine Geschichte des DDR-Verlages Volk und Welt. Berlin 2003.
Barck, Simone/Siegfried Lokatis (Hg.): Zensurspiele. Heimliche Literaturgeschichten aus der DDR. Halle (Saale) 2008.
Barner, Ines: Von anderer Hand. Kollaborative Praktiken des Schreibens zwischen Autor und Lektor. Göttingen 2020.
Barthes, Roland: Der Tod des Autors. In: Fotis Jannidis u. a. (Hg.): Texte zur Theorie der Autorschaft. Stuttgart 2007, S. 185–193.
Bauerkämper, Arnd/Martin Sabrow/Bernd Stöver (Hg.): Doppelte Zeitgeschichte. Deutsch-deutsche Beziehungen 1945–1990, Bonn 1998.
Beißner, Friedrich: Der Streit um Hölderlins Friedensfeier. In: SuF (1955), 7, S. 621–653.
Berbig, Roland (Hg.): Auslaufmodell „DDR-Literatur". Essays und Dokumente. Berlin 2018.
Berbig, Roland (Hg.): Ein Rundbrief und 32 Antworten. In: R.B. (Hg.): Auslaufmodell „DDR-Literatur". Essays und Dokumente. Berlin 2018, S. 413–499.

Berbig, Roland (Hg.): Stille Post. Inoffizielle Schriftstellerkontakte zwischen Ost und West. Von Christa Wolf über Günter Grass zu Wolf Biermann. Berlin 2005.

Berbig, Roland (Hg.): Uwe Johnson. Befreundungen. Gespräche, Dokumente, Essays. Berlin 2002.

Berbig, Roland u. a. (Hg.): Zersammelt. Die inoffizielle Literaturszene der DDR nach 1990. Eine Bestandsaufnahme. Berlin 2001.

Berbig, Roland: DDR-Literatur – archiviert. Neues zu einem alten Thema? In: R.B. (Hg.): Auslaufmodell „DDR-Literatur". Essays und Dokumente. Berlin 2018, S. 17–44.

Berbig, Roland: Günter Kunert – ein DDR-Schriftsteller? Recherchepfade im Deutschen Literaturarchiv Marbach. In: Ulrich von Bülow/Sabine Wolf (Hg.): DDR-Literatur. Eine Archiv-Expedition. Berlin 2014, S. 233–253.

Berbig, Roland: In fremden Texten. Uwe Johnsons Lektorate. In: Johnson-Jahrbuch 17 (2010), S. 141–158.

Berbig, Roland: War das Haus Suhrkamp bereit und gewillt? Franz Fühmanns Brief an Siegfried Unseld vom 25. Mai 1978 mit den Schreiben Unselds an Fühmann, 30. Juni 1978, und Fühmanns an Elisabeth Borchers, 22. Januar 1979. In: R.B. (Hg.): Auslaufmodell „DDR-Literatur". Essays und Dokumente. Berlin 2018, S. 209–222.

Berbig, Roland/Erdmut Wizisla (Hg.): Wo ich her bin… Uwe Johnson in der D.D.R. Berlin 1994.

Berendse, Gerrit-Jan: Die „Sächsische Dichterschule". Lyrik in der DDR der sechziger und siebziger Jahre. Frankfurt a. M. 1990.

Berendse, Gerrit-Jan: Spiele der Revolte: Karl Mickel und die konspirative Poetik der Sächsischen Dichterschule. In: Neophilologus 91 (2007), 2, S. 281–298.

Berendse, Gerrit-Jan: Wolf Biermann. In: Michael Opitz/Michael Hofmann (Hg.): Metzler-Lexikon DDR-Literatur. Autoren, Institutionen, Debatten. Stuttgart/Weimar 2009, S. 40 f.

Bergemann, Lutz u. a.: Transformationen. Ein Konzept zur Erforschung kulturellen Wandels. In: Hartmut Böhme (Hg.): Transformationen. Ein Konzept zur Erforschung kulturellen Wandels. München 2011, S. 39–56.

Berndt, Frauke/Lily Tonger-Erk: Intertextualität. Eine Einführung. Berlin 2013.

Betzler, Lukas: Vom kritischen Geist der Literatur. Sprachwissen und Sprachkritik in Franz Fühmanns *Die dampfenden Hälse der Pferde im Turm von Babel*. In: Angela Gencarelli (Hg.): DDR-Literatur und die Wissenschaften. Berlin/Boston 2022, S. 105–140.

Blöcker, Günter: Roman der beiden Deutschland. In: Über Uwe Johnson. Hg. von Reinhard Baumgart. Frankfurt a. M. 1970, S. 10–13.

Blume, Patricia F.: Von Überzeichnungen, Schwerpunkttiteln und Blindbänden. Die Rolle der Leipziger Buchmessen für den Buchhandel der DDR. In: P.F.B./Thomas Keiderling/Klaus G. Saur (Hg.): Buch Macht Geschichte. Beiträge zur Verlags- und Medienforschung. Festschrift für Siegfried Lokatis zum 60. Geburtstag. Berlin/Boston 2016, S. 113–128.

Bond, Greg: Uwe Johnson und der Aufbau-Verlag. In: Johnson-Jahrbuch 17 (2010), S. 159–174.

Bosse, Heinrich: Autorschaft ist Werkherrschaft. Über die Entstehung des Urheberrechts aus dem Geist der Goethezeit. Paderborn 2014.

Böthig, Peter: Grammatik einer Landschaft. Literatur aus der DDR in den 80er Jahren. Berlin 1997.

Bourdieu, Pierre: Die feinen Unterschiede. Kritik der gesellschaftlichen Urteilskraft. Frankfurt a. M. 2014.

Bourdieu, Pierre: Die Regeln der Kunst. Genese und Struktur des literarischen Feldes. Frankfurt a. M. 1999.

Bourdieu, Pierre: Les conditions sociales de la circulation internationale des idées. In: Actes de la Recherche en Sciences Sociales 145 (2002), S. 3–8.
Braun, Matthias: „Die Anthologie von den jungen Leuten lässt mich nicht mehr schlafen". Der Mentor Franz Fühmann. In: Text + Kritik 202/203 (2014), S. 121–136.
Braun, Matthias: Drama um eine Komödie. Das Ensemble von SED und Staatssicherheit, FDJ und Ministerium für Kultur gegen Heiner Müllers „Die Umsiedlerin oder Das Leben auf dem Lande" im Oktober 1961. Berlin 1996.
Braun, Matthias: Kulturinsel und Machtinstrument. Die Akademie der Künste, die Partei und die Staatssicherheit. Göttingen 2007.
Braun, Peter: Die Selbstbehauptung der Intellektuellen in der DDR. Annemarie Auer, Franz Fühmann und Christa Wolf in ihren Essays. In: Carsten Gansel/Werner Nell (Hg.): Vom kritischen Denker zur Medienprominenz? Zur Rolle von Intellektuellen in Literatur und Gesellschaft vor und nach 1989. Berlin 2016, S. 231–251.
Braun, Peter/Martin Straub (Hg.): Ins Innere. Annäherungen an Franz Fühmann. Göttingen 2016.
Brohm, Holger: Die Koordinaten im Kopf. Gutachterwesen und Literaturkritik in der DDR in den 1960er Jahren. Fallbeispiel Lyrik. Berlin 2001.
Brunner, Detlev/Udo Grashoff/Andreas Kötzing: Asymmetrisch verflochten? Einleitung. In: D.B./U.G./A.K. (Hg.): Asymmetrisch verflochten? Neue Forschungen zur gesamtdeutschen Nachkriegsgeschichte. Berlin 2013, S. 11–17.
Buchloh, Stephan: Erotik und Kommunismus im Visier: Der Staat gegen Bertolt Brecht und gegen die ‚Schundliteratur'. In: York-Gothart Mix (Hg.): Kunstfreiheit und Zensur in der Bundesrepublik Deutschland. Berlin/Boston 2014, S. 67–95.
Bülow, Ulrich von/Sabine Wolf (Hg.): DDR-Literatur. Eine Archivexpedition. Berlin 2014.
Bürger, Jan: „Aber unsere große Entdeckung... war Siegfried Unseld". Ein erster Blick auf das Archiv der Verlage Suhrkamp und Insel. In: Jahrbuch der Deutschen Schillergesellschaft 54 (2010), S. 13–20.
Bürger, Jan: Die ‚Suhrkamp-Insel' im Jahr 2011. Über drei Ausstellungen mit Fundstücken aus dem Siegfried Unseld Archiv und Gespräche zu Max Frisch, Stefan Zweig und Ingeborg Bachmann. In: Jahrbuch der Deutschen Schillergesellschaft 56 (2012), S. 69–78.
Bürger, Jan: Die Suhrkamp-Insel. Über die ersten beiden Stationen einer neuen Ausstellungsreihe. In: Jahrbuch der Deutschen Schillergesellschaft 55 (2011), S. 78–88.
Bürger, Jan: Herrenrunde mit Panzerwagen. Ein Kommentar. In: ZIG IV (2010), 4, S. 107–110.
Buschmeier, Matthias/Walter Erhart/Kai Kauffmann (Hg.): Literaturgeschichte. Theorien – Modelle – Praktiken. Berlin/Boston 2014.
Byrd, Vance/Ervin Malakaj: Market Strategies and German Literature in the Long Nineteenth Century. Berlin/Boston 2020.
Cahn, Michael: Vom Buch zu Büchern. Wissenschaftliche Verlagsserien im 19. Jahrhundert. In: Christof Windgätter (Hg.): Wissen im Druck. Zur Epistemologie der modernen Buchgestaltung. Wiesbaden 2010, S. 140–164.
Cambi, Fabrizio: Uwe Johnson: Ingrid Babendererde. Reifeprüfung 1953. In: Elena Agazzi/Erhard Schütz (Hg.): Handbuch Nachkriegskultur, Berlin u. a. 2016, S. 377–380.
Chartier, Roger: Lesewelten. Buch und Lektüre in der frühen Neuzeit. Aus dem Franz. von Brita Schleinitz und Ruthard Stäblein. Frankfurt a. M. 1990.
Corino, Karl: Die Akte Kant. IM „Martin", die Stasi und die Literatur in Ost und West. Reinbek bei Hamburg 1995.

Cosentino, Christine/Wolfgang Ertl: Zur Lyrik Volker Brauns. Königstein im Taunus 1984.
Dahlke, Birgit: „Die Fahnen faulen die Zeichen / sind abgenutzt." Zur deutsch-deutschen Geschichte der Anthologie *Berührung ist nur eine Randerscheinung* (1985). In: Günther Häntzschel (Hg.): Literatur in der DDR im Spiegel ihrer Anthologien. Ein Symposion. Wiesbaden 2005, S. 167–180.
Dahlke, Birgit: DDR-Autor, deutscher Autor oder deutsch-jüdischer Autor? Zur widersprüchlichen Kanonisierung Jurek Beckers in Ost und West. In: Matthias Aumüller/Erika Becker (Hg.): Zwischen literarischer Ästhetik und sozialistischer Ideologie. Zur internationalen Rezeption und Evaluation der DDR-Literatur. Berlin 2015, S. 109–122.
Dahlke, Birgit: Papierboot. Autorinnen aus der DDR – inoffiziell publiziert. Würzburg 1997.
Dahlke, Birgit: Wolfgang Hilbig. Hannover 2011.
Danneberg, Lutz/Annette Gilbert/Carlos Spoerhase: Das Werk. Zum Verschwinden und Fortwirken eines Grundbegriffs. Berlin/Boston 2019.
Darnton, Robert: Die Zensoren. Wie staatliche Kontrolle die Literatur beeinflusst hat. Vom vorrevolutionären Frankreich bis zur DDR. München 2016.
Decker, Gunnar: 1965. Der kurze Sommer der DDR. München 2015.
Deckert, Renatus: Ruine und Gedicht. Das zerstörte Dresden im Werk von Volker Braun, Heinz Czechowski und Durs Grünbein. Dresden 2010.
Degen, Andreas: Bildpoetik und Faszinationspoetik im Frühwerk Durs Grünbeins. In: Christoph auf der Horst/Miriam Seidler (Hg.): Bildlichkeit im Werk Durs Grünbeins. Berlin u. a. 2015, S. 31–52.
Deloglu, Katharina: Uwe Kolbe – Stationen der frühen Rezeption in der Bundesrepublik. Überlegungen zu Deutungszuweisungen im literarischen Feld bis 1985. In: Stefan Eilt (Hg.): „…notwendig und schön zu wissen, auf welchem Boden man geht". Arbeitsbuch Uwe Kolbe. Frankfurt a. M. 2012, S. 97–127.
Die Bibliographie des Suhrkamp Verlages 1950–2000. Hg. und bearb. von Wolfgang Jeske. Frankfurt a. M. 2000.
Die Geschichte des Suhrkamp Verlages. 1. Juli 1950 bis 30. Juni 2000. Frankfurt a. M. 2000.
Die Grotesk. In: Wolfgang Beinert (Hg.): Das Lexikon der europäischen Typographie: http://www.typolexikon.de/grotesk/ (zuletzt eingesehen am 5. 05. 2022).
Diskussion über die „Friedensfeier" bei der Jahresversammlung der Hölderlin-Gesellschaft am 9. Juni 1956 in Tübingen. In: Hölderlin-Jahrbuch 9 (1957), S. 99–104.
Domdey, Horst: Verfolgung über den Tod hinaus? Kreon/Antigone-Motivik in Texten Heiner Müllers. In: Ian Wallace u. a. (Hg.): Heiner Müller. Probleme und Perspektiven. Bath-Symposion 1998. Amsterdam 2000, S. 259–276.
Drescher, Angela (Hg.): Dokumentation zu Christa Wolf „Nachdenken über Christa T.". Hamburg/Zürich 1992.
Ehrlich, Lothar: Die Goethe-Gesellschaft im Spannungsfeld der Deutschland- und Kulturpolitik der SED. In: L.E./Gunther Mai (Hg.): Weimarer Klassik in der Ära Ulbricht. Köln/Weimar/Wien 2000, S. 251–281.
Einert, Katharina: „17 Autoren schreiben am Roman des lateinamerikanischen Kontinents". Die Fiktionalisierung Lateinamerikas und seiner Literaturen. In: IASL 43 (2018), 1, S. 127–150.
Einert, Katharina: Die Übersetzung eines Kontinents. Die Anfänge des Lateinamerika-Programms im Suhrkamp Verlag. Berlin 2018.
Elsaghe, Yahya: Thomas Mann auf Leinwand und Bildschirm. Zur deutschen Aneignung seines Erzählwerks in der langen Nachkriegszeit. Berlin 2019.

Elsner, Ursula: „Fertig wird nichts, nur das Nichts ist fertig...". Franz Fühmanns politisch-philosophisches Sprachspielbuch *Die dampfenden Hälse der Pferde im Turm von Babel*. In: Paul Alfred Kleinert/Irina Mohr/Franziska Richter (Hg.): „Auf's Ganze aus sein". Franz Fühmann in seiner Zeit. Berlin 2016, S. 40–50.

Emmerich, Wolfgang: Habitus- und Generationsgemeinschaften im literarischen Feld Ostdeutschlands – vor und nach der Wende. Ein Versuch, das veränderte literarische Feld mit Bourdieu und Mannheim besser zu verstehen. In: Holger Helbig (Hg.): Weiterschreiben. Zur DDR-Literatur nach dem Ende der DDR. Berlin 2001, S. 269–283.

Erfurth, Christine: Erzählverfahren des Phantastischen in Werken von Fritz Rudolf Fries. Heidelberg 2016.

Erhart, Walter/Gangolf Hübinger: Editorial zum Themenschwerpunkt „Literatur/Geschichte". In: IASL 36 (2011), 1, S. 116–119.

Estermann, Monika/Edgar Lersch (Hg.): Deutsch-deutscher Literaturaustausch in den 70er Jahren. Wiesbaden 2006.

Fahlke, Eberhard: „Un vocabolo tedesco". Uwe Johnsons deutscher Beitrag zum Projekt einer europäischen Zeitschrift. In: Spr.i.t.Z. 28 (1990), 113, S. 108–115.

Farge, Arlette: Der Geschmack des Archivs. Aus dem Franz. v. Jörn Etzold in Zusammenarbeit mit Alf Lüdtke. Mit einem Nachwort von Alf Lüdtke. Göttingen 2011.

Felsch, Philipp: Der lange Sommer der Theorie. Geschichte einer Revolte 1960–1990. München 2015.

Felsch, Philipp/Franz Witzel: BRD noir. Berlin 2016.

Fischer, Gottfried Bermann: Bedroht – bewahrt. Der Weg eines Verlegers. Frankfurt a. M. 1971.

Forssman, Friedrich: Wie ich Bücher gestalte. Göttingen 2015.

Foucault, Michel: Der Wahnsinn, Abwesenheit eines Werkes. In: M.F.: Schriften in vier Bänden. Dits et Ecrits. Bd. 1. 1954–1969. Hg. von Daniel Defert und François Ewald. Frankfurt a. M. 2001, S. 539–550.

Foucault, Michel: Was ist ein Autor? In: M.F.: Schriften zur Literatur. Hg. von Daniel Defert/ François Ewald. Frankfurt a. M. 2003, S. 234–270.

Frank, Gustav/Madleen Podlewski/Stefan Scherer: Kultur – Zeit – Schrift. Literatur- und Kulturzeitschriften als ‚kleine Archive'. In: IASL 34 (2010), 2, S. 1–45.

Frohn, Julia: „Bitte vernichte diesen Brief". Ostdeutsche Literatur im Suhrkamp Verlag in der Ära Elisabeth Borchers. In: Roland Berbig (Hg.): Auslaufmodell „DDR-Literatur". Essays und Dokumente. Berlin 2017, S. 81–100.

Frohn, Julia: Deutsches Mosaik. Ostdeutsche Literatur im Suhrkamp Verlag 1950–1972. In: Ulrich von Bülow/Sabine Wolf (Hg.): DDR-Literatur. Eine Archivexpedition. Berlin 2014, S. 137–147.

Frohn, Julia: Literaturaustausch im geteilten Deutschland 1945–1972. Berlin 2014.

Fukuyama, Francis: The End of History? In: The National Interest 16 (1989), S. 3–18.

Funke, Mandy: Rezeptionstheorie – Rezeptionsästhetik. Betrachtungen eines deutsch-deutschen Diskurses. Bielefeld 2004.

Füssel, Stephan: Vorwort. In: S.F. (Hg.): „Ungeöffnete Königsgräber" – Chancen und Nutzen von Verlagsarchiven. Wiesbaden 2013, S. 7–12.

Gallus, Alexander/Axel Schildt/Detlef Siegfried: Deutsche Zeitgeschichte – transnational. In: A.G./A.S./D.S. (Hg.): Deutsche Zeitgeschichte – transnational. Göttingen 2015, S. 11–26.

Gansel, Carsten: „es sei EINFACH NICHT GUT SO". Uwe Johnsons „Ingrid Babendererde. Reifeprüfung 1953". In: Text + Kritik 65/66 (2001), S. 50–68.

Geipel, Ines: Zensiert, verschwiegen, vergessen. Autorinnen in Ostdeutschland 1945–1989. Düsseldorf 2009.
Geipel, Ines/Joachim Walther: Gesperrte Ablage. Unterdrückte Literaturgeschichte in Ostdeutschland 1945–1989. Düsseldorf 2015.
Geist, Peter: Die Lyrik der nichtoffiziellen Literaturszene in der DDR (1976–1989): http://petergeist.homepage.t-online.de/prenzlauerberg.htm (zuletzt eingesehen am 5.05.2022).
Gelberg, Johanna M.: Poetik und Politik der Grenze. Die Literatur der deutschen Teilung nach 1945. Bielefeld 2018.
Genette, Gérard: Palimpseste. Die Literatur auf zweiter Stufe. Frankfurt a. M. 2015.
Genette, Gérard: Paratexte. Das Buch zum Beiwerk des Buches. Frankfurt a. M. 2016.
Gerlach, Rainer: Die Bedeutung des Suhrkamp Verlags für das Werk von Peter Weiss. St. Ingbert 2005.
Ghanbari, Nacim u. a.: Einleitung. In: N.G. u. a. (Hg.): Kollaboration. Beiträge zur Medientheorie und Kulturgeschichte der Zusammenarbeit. München 2018, S. 1–20.
Gieselbusch, Hermann u. a.: 100 Jahre Rowohlt. Eine illustrierte Chronik. Reinbek bei Hamburg 2008.
Gilbert, Annette: Unter ‚L' oder ‚F'? Überlegungen zur Werkidentität bei literarischen Werken. In: A.G. (Hg.): Wiederaufgelegt. Zur Appropriation von Texten und Büchern in Büchern. Bielefeld 2012, S. 67–85.
Gillett, Robert/Astrid Köhler: Ansichten über Ansichten. Rezeptionsanalytische Überlegungen zu Johnsons Königskindern. In: Ulrich Fries u. a. (Hg.): So noch nicht gezeigt. Uwe Johnson zum Gedenken, London 2004. Göttingen 2006, S. 281–308.
Gilman, Sander L.: Jurek Becker. A Life in Five Worlds. Chicago 2003.
Glaser, Hermann: Kulturgeschichte der Bundesrepublik Deutschland. Bonn 1991.
Gleixner, Ulrike u. a. (Hg.): Biographien des Buches. Göttingen 2017.
Gleixner, Ulrike u. a.: Einleitung. In: U.G. u. a. (Hg.): Biographien des Buches. Göttingen 2017, S. 11–22.
Goethe, Johann Wolfgang: Faust, hg. von Albrecht Schöne. Bd. 2: Kommentare. Frankfurt a. M./Leipzig 2003.
Gohlke, Christian: Was sind und zu welchem Ende brauchen wir Klassiker? Zur Konstruktion und Rezeption eines facettenreichen Phänomens. Tübingen: Univ.-Diss. 2020: http://dx.doi.org/10.15496/publikation-39632 (zuletzt eingesehen am 5.05.2022).
Gray, William Glenn: Die Hallstein-Doktrin: Ein souveräner Fehlgriff? In: APuZ 55 (2005), 17, S. 17–23.
Hacke, Jens: Die Bundesrepublik als Idee. Zur Legitimitätsbedürftigkeit politischer Ordnung. In: Otto Depenheuer (Hg.): Erzählungen vom Staat. Ideen als Grundlage von Staatlichkeit. Wiesbaden 2011, S. 115–136.
Hamburger Autorenkollektiv: Literaturwissenschaftliche Strategien der Brecht-Rezeption in der BRD. In: Alternative 93 (1973). Brecht-Materialien II. Zur Rezeption in der BRD. Hg. von Hildegard Brenner, S. 290–317.
Häntzschel, Günther (Hg.): Literatur in der DDR im Spiegel ihrer Anthologien. Ein Symposion. Wiesbaden 2005.
Hartinger, Walfried: Gesellschaftsentwurf und ästhetische Innovation – Zu einigen Aspekten im Werk Volker Brauns. In: Rolf Jucker (Hg.): Volker Braun in perspective. Cardiff 1995, S. 30–54.

Haufler, Daniel: Das Volkseigentum wird streng bewacht. Klaus Wagenbachs West-Ost-Projekte. In: Mark Lehmstedt/Siegfried Lokatis (Hg.): Das Loch in der Mauer. Der innerdeutsche Literaturaustausch. Wiesbaden 1997, S. 166–184.
Hauschild, Jan-Christoph: Heiner Müller oder Das Prinzip Zweifel. Berlin 2001.
Heibach, Christine/Carsten Rohde: Material turn? In: C.H./C.R. (Hg.): Ästhetik der Materialität. Paderborn 2015, S. 9–30.
Helbig, Holger (Hg.): Weiterschreiben. Zur DDR-Literatur nach dem Ende der DDR. Berlin 2007.
Helbig, Holger: Mickel, der Lehrer. „Die Gelehrtenrepublik": Dichtung und Geschichte in den Schriften Karl Mickels. In: ndl 48 (2000), 534, S. 119–129.
Hermann, Frank: Malik. Zur Geschichte eines Verlages 1916–1947. Düsseldorf 1989.
Herrmann, Meike: Die Historisierung hat begonnen. Die Gegenwartsliteratur seit 1990 als Gegenstand der Lektüre und Forschung. In: ZfGerm Neue Folge XVI (2006), 1, S. 109–118.
Hertel, Anja: Wolfgang Mattheuer. Die politische Landschaft. Marburg 2014.
Herzberg, Guntolf: Anpassung und Aufbegehren. Die Intelligenz der DDR in den Krisenjahren 1956/58. Berlin 2006.
Heukenkamp, Ursula (Hg.): Unterm Notdach. Nachkriegsliteratur in Berlin 1945–1949. Berlin 1996.
Heukenkamp, Ursula und Rudolf: Karl Mickel. Berlin 1985.
Heukenkamp, Ursula: Ortsgebundenheit. Die DDR-Literatur als Variante des Regionalismus in der Nachkriegsliteratur. In: Weimarer Beiträge 42 (1996), 1, S. 30–53.
Hexelschneider, Erhard/Erhard John: Kultur als einigendes Band? Eine Auseinandersetzung mit der These von der „einheitlichen deutschen Kulturnation". Berlin 1984.
Hoeft, Brigitte (Hg.): Der Prozeß gegen Walter Janka und andere. Eine Dokumentation. Reinbek bei Hamburg 1990.
Hohendahl, Peter Uwe: Literarische Kultur im Zeitalter des Liberalismus 1830–1870. München 1975.
Hüfner, Agnes: Brecht in Frankreich 1930–1963. Verbreitung, Aufnahme, Wirkung. Stuttgart 1968.
Hulle, Dirk van: Modelling a Digital Scholarly Edition for Genetic Criticism. A Rapprochement. In: Variants 12/13 (2016), S. 34–56: https://doi.org/10.4000/variants.293 (zuletzt eingesehen am 5.05.2022).
Internetportal des Suhrkamp-Forschungskollegs: https://suhrkamp-forschungskolleg.de/ (zuletzt eingesehen am 5.05.2022).
Jaeggi, Rahel: Kritik von Lebensformen. Berlin 2014.
Jäger, Andrea: Schriftsteller aus der DDR. Ausbürgerungen und Übersiedlungen von 1961 bis 1989. 2 Bde. Frankfurt a. M. u. a. 1995.
Jäger, Georg: Keine Kulturtheorie ohne Geldtheorie. Grundlegung einer Theorie des Buchverlags. In: IASL online Diskussionsforum Probleme der Geschichtsschreibung des Buchhandels: http://www.iasl.uni-muenchen.de/discuss/lisforen/jaeger_buchverlag.pdf (zuletzt eingesehen am 5.05.2022).
Jäger, Manfred: Kultur und Politik in der DDR 1945–1990. Köln 1995.
Jannidis, Fotis u. a.: Rede über den Autor an die Gebildeten unter seinen Verächtern. Historische Modelle und systematische Perspektiven. In: F.J. u. a. (Hg.): Rückkehr des Autors. Zur Erneuerung eines umstrittenen Begriffs. Tübingen 1999, S. 3–35.
Jaspers, Anke: Ausgabenpolitik. Verlagspraktiken im geteilten Deutschland am Beispiel von Angela Krauß, Volker Braun und Uwe Kolbe. In: IASL 43 (2018), 1, S. 151–180.

Jaspers, Anke/Andreas B. Kilcher (Hg.): Randkulturen. Lese- und Gebrauchsspuren in Autorenbibliotheken des 19. und 20. Jahrhunderts. Göttingen 2020.

Jaspers, Anke/Claudia Michalski/Morten Paul (Hg.): Ein kleines rotes Buch. Die Mao-Bibel und die Bücher-Revolution der Sechzigerjahre. Berlin 2018.

Jaspers, Anke/Erdmut Wizisla: Was gehört wirklich zu dir. In der Bibliothek Volker Brauns. Bericht über ein Gespräch. In: Volker Braun. Text + Kritik 55 Neufassung (in Vorbereitung).

Jaspers, Anke/Morten Paul: Bibliografie zum Suhrkamp Verlag und zum Siegfried Unseld Archiv (Stand 2018): https://suhrkamp-forschungskolleg.de/wissenswertes/bibliographie/ (zuletzt eingesehen am 5.05.2022).

Jauß, Hans-Robert: Literaturgeschichte als Provokation der Literaturwissenschaft. In: H.-R.J.: Literaturgeschichte als Provokation. Frankfurt a. M. 1970, S. 144–207.

Jesse, Eckhard/Eberhard Sandschneider (Hg.): Neues Deutschland. Eine Bilanz der deutschen Wiedervereinigung. Baden-Baden 2008.

Jung, Thomas: Vom Ende der Geschichte. Rekonstruktionen zum Posthistoire in kritischer Absicht. Münster 1989.

Kampmann, Elisabeth: Kanon und Verlag. Zur Kanonisierungspraxis des Deutschen Taschenbuch Verlags. Berlin 2011.

Kanning, Julian: Schriftstellerverband der DDR. In: Michael Opitz/Michael Hoffmann (Hg.): Metzler Lexikon DDR-Literatur. Autoren – Institutionen – Debatten. Stuttgart/Weimar 2009, S. 301f.

Kant, Immanuel: Zum ewigen Frieden. Ditzingen 2008.

Kapp, Christoph: „Kaum gibt sich der Lektor mit einem Autor auch ausserhalb des Geschäftshauses ab". Uwe Johnson und Walter Boehlich. In: Johnson-Jahrbuch 23 (2016), S. 59–79.

Karlson, Holger Jens: Jurek Becker. Bausteine zu einer Schriftstellerbiographie. In: Berliner Hefte zur Geschichte des literarischen Lebens 3 (2000), S. 7–80.

Kater, Thomas: Keine Wiederkehr des Dagewesenen. Zu Gegenwart und Potential des literarischen Werkbegriffs. In: JLT online: http://www.jltonline.de/index.php/conferences/article/view/782/1838#Note2 (zuletzt eingesehen am 5.05.2022).

Kaufmann, Dorothea/Heidi Thomann Tewarson (Hg.): Willkommen und Abschied. Thirty-five years of German writers in residence at Oberlin College. Rochester, NY 2005.

Kemper, Dirk: Kulturtransfer und Verlagsarbeit – Suhrkamp und Osteuropa. Überlegungen zum Umgang mit dem Siegfried Unseld Archiv. In: D.K./Paweł Zajas/Natali Bakshi (Hg.): Kulturtransfer und Verlagsarbeit. Suhrkamp und Osteuropa. München 2019, S. 1–17.

Kemper, Dirk/Paweł Zajas/Natali Bakshi (Hg.): Kulturtransfer und Verlagsarbeit. Suhrkamp und Osteuropa. München 2019.

Kielmansegg, Peter Graf: Nach der Katastrophe. Eine Geschichte des geteilten Deutschland. Berlin 2000.

Kittstein, Ulrich: Das lyrische Werk Bertolt Brechts. Stuttgart 2012.

Kleinert, Paul Alfred/Irina Mohr/Franziska Richter (Hg.): „Auf's Ganze aus sein". Franz Fühmann in seiner Zeit. Berlin 2016.

Klenner, Jost Philipp: Suhrkamps' Ikonoklasmus. In: ZIG VI (2012), 4, S. 82–91.

Kleßmann, Christoph/Hans Misselwitz/Günter Wichert (Hg.): Deutsche Vergangenheiten – eine gemeinsame Herausforderung. Der schwierige Umgang mit der Nachkriegsgeschichte. Berlin 1999.

Knopf, Jan: Bertolt Brecht. Leben – Werk – Wirkung. Frankfurt a. M. 2006.

Koetzle, Hans-Michael u. a. (Hg.): Design, Revolte, Regenbogen. Stuttgart 2017.
Koetzle, Michael/Carsten M. Wolff: Fleckhaus. Deutschlands erster Art-Director. München/ Berlin 1997.
Köhler, Astrid: Brückenschläge. DDR-Autoren vor und nach der Wiedervereinigung. Göttingen 2007.
Köhler, Astrid: Form und Figur bei Angela Krauß. In: Marion Gees u. a. (Hg.): Poetik des Zwischenraums. Zum Werk von Angela Krauß. Würzburg 2014, S. 31–44.
Kondrup, Johnny: Text und Werk – zwei Begriffe auf dem Prüfstand. In: editio. Internationales Jahrbuch für Editionswissenschaft 27 (2013), S. 1–14.
Kopytoff, Igor: The Cultural Biography of Things: Commoditization as Process. In: Arjun Appadurai (Hg.): The Social Life of Things: Commodities in Cultural Perspective. Cambridge 1986, S. 64–91.
Kotler, Philip u. a.: Marketing Management. Harlow u. a. ²2012.
Krämer, Sybille: Was also ist eine Spur? Und worin besteht ihre epistemologische Rolle? Eine Bestandsaufnahme. In: S.K./Werner Kogge/Gernot Grube (Hg.): Spur. Spurenlesen als Orientierungstechnik und Wissenskunst. Frankfurt a. M. 2007, S. 11–36.
Krätzer, Jürgen: „…das Stocken des Widerspruchs treibt Monstren heraus". In: J.K. (Hg.): Franz Fühmann. Text + Kritik 202/203 (2014), S. 14–35.
Krätzer, Jürgen: „Rübezahl in der Garage" und „Hans im Glück". Franz Fühmann und Uwe Kolbe. In: Stefan Eilt (Hg.): „…notwendig und schön zu wissen, auf welchem Boden man geht". Arbeitsbuch Uwe Kolbe. Frankfurt a. M. 2012, S. 41–53.
Kraushaar, Wolfgang: Die Ballon-Affäre. Ein Kapitel aus der „Protest-Chronik". In: Hermann Gieselbusch u. a.: 100 Jahre Rowohlt. Eine illustrierte Chronik. Reinbek bei Hamburg 2008, S. 260–267.
Krauss, Werner: Über den Anteil der Buchgeschichte an der literarischen Entfaltung der Aufklärung. In: W.K.: Studien zur deutschen und französischen Aufklärung. Berlin 1963, S. 206–325.
Kristeva, Julia: Die Revolution der poetischen Sprache. Frankfurt a. M. 1978.
Kröger, Claus: „Establishment und Avantgarde zugleich"? Siegfried Unseld und der Börsenverein des Deutschen Buchhandels 1967/68. In: Ingrid Gilcher-Holthey (Hg.): Zwischen den Fronten. Positionskämpfe europäischer Intellektueller im 20. Jahrhundert. Berlin 2006, S. 311–331.
Kröger, Claus: Walter Boehlich vs. Siegfried Unseld. Der „Aufstand der Lektoren" im Suhrkamp Verlag. In: Helmut Peitsch/Helen Thein-Peitsch (Hg.): Walter Boehlich. Kritiker. Berlin 2011, S. 229–249.
Kurbjuhn, Charlotte/Steffen Martus/Carlos Spoerhase: Editoriale Aneignung literarischer Werke im 18. Jahrhundert. Vorwort. In: ZfGerm Neue Folge XXVII (2017), 1, S. 7–16.
Lampart, Fabian: Fühmanns Hebel? Franz Fühmanns Fragment *Im Berg* und Johann Peter Hebels *Unverhofftes Wiedersehen*. In: Achim Aurnhammer/Hanna Klessinger (Hg.): Johann Peter Hebel und die Moderne. Freiburg im Breisgau 2011, S. 123–143.
Lang, Lothar: Wolfgang Mattheuer. Berlin 1978.
Lang, Lothar: Wolfgang Mattheuer. In: documenta 6 (Ausstellungskatalog). Red.: Joachim Diederichs. Band 1: Einführung, Malerei, Plastik/Environment, Performance. Kassel 1977, S. 102f.

Lang, Lothar: Zur DDR-Malerei der 70er Jahre. In: documenta 6 (Ausstellungskatalog). Red.: Joachim Diederichs. Band 1: Einführung, Malerei, Plastik/Environment, Performance. Kassel 1977, S. 47 f.

Leeder, Karen: Breaking Boundaries: a new generation of poets in the GDR. Oxford 1996.

Lehmstedt, Mark/Siegfried Lokatis (Hg.): Das Loch in der Mauer. Der innerdeutsche Literaturaustausch. Wiesbaden 1997.

Lejeune, Philippe: Der autobiographische Pakt. Frankfurt a. M. 2010.

Lembrecht, Christina: Bücher für alle. Die UNESCO und die weltweite Förderung des Buches. Berlin/Boston 2013.

Lepper, Marcel/Ulrich Raulff: Jäger, Sammler, Händler. Forschung im Archiv. In: Gegenworte 26 (2011), S. 74–76.

Leuchtenberger, Katja: „Wer erzählt, muß an alles denken". Erzählstrukturen und Leserlenkung in den frühen Romanen Uwe Johnsons. Göttingen 2003.

Leuchtenberger, Katja: Spiel. Zwang. Flucht. Uwe Johnson und Fritz Rudolf Fries. Ein Rollenspiel in Briefen. In: Ulrich Fries u. a. (Hg.): So noch nicht gezeigt. Uwe Johnson zum Gedenken, London 2004. Göttingen 2006, S. 45–68.

Levasier, Marc: „Der schwarze Kanal". Entstehung und Entwicklung einer journalistischen Kontersendung des DDR-Fernsehens. In: Jürgen Wilke (Hg.): Journalisten und Journalismus in der DDR. Berufsorganisation – Westkorrespondenten – „Der schwarze Kanal". Köln u. a. 2007, S. 217–313.

Lindner, Sebastian: Mauerblümchen Kulturabkommen. In: Deutschland Archiv online 5 (2011): http://www.bpb.de/geschichte/zeitgeschichte/deutschlandarchiv/53911/kulturabkommen?p=all (zuletzt eingesehen am 5. 05. 2022).

Lindner, Sebastian: Zwischen Öffnung und Abgrenzung. Die Geschichte des innerdeutschen Kulturabkommens 1973–1986. Berlin 2015.

Links, Christoph: Das Schicksal der DDR-Verlage. Die Privatisierung und ihre Konsequenzen. Berlin 2009.

Löffler, Katrin: Mensch, Arbeit, Glück. Zu Angela Krauß' Erzählung *Das Vergnügen*. In: Torsten Erdbrügger/Inga Probst (Hg.): Verbindungen. Frauen – DDR – Literatur. Festschrift für Ilse Nagelschmidt. Berlin 2018, S. 197–214.

Lohr, Horst: Vom Märchen zum Mythos. Zum Werk Franz Fühmanns. In: Weimarer Beiträge 28 (1982), 1, S. 62–82.

Lokatis, Siegfried: Nimm den Elefanten – Konturen einer Verlagsgeschichte. In: Simone Barck/S. L. (Hg.): Fenster zur Welt. Eine Geschichte des DDR-Verlages Volk & Welt. Berlin 2003, S. 15–30.

Lokatis, Siegfried: Ulysses als Devisenfrage. In: Simone Barck/S.L. (Hg.): Fenster zur Welt. Eine Geschichte des DDR-Verlages Volk und Welt. Berlin 2005, S. 193–196.

Lokatis, Siegfried/Ingrid Sonntag (Hg.): 100 Jahre Kiepenheuer Verlage. Berlin 2011.

Lucius, Wulf D. von: Verlagswirtschaft. Ökonomische, rechtliche und organisatorische Grundlagen. Stuttgart/Konstanz ³2014.

Ludwig, Janine/Miriam Meuser: In diesem besseren Land – Die Geschichte der DDR-Literatur in vier Generationen engagierter Literaten. In: J.L./M.M. (Hg.): Literatur ohne Land? Schreibstrategien einer DDR-Literatur im vereinten Deutschland. Freiburg im Breisgau 2009, S. 11–72.

Lukas, Wolfgang: Archiv – Text – Zeit. Überlegungen zur Modellierung und Visualisierung von Textgenese im analogen und digitalen Medium. In: Anke Bosse/Walter Fanta (Hg.): Textgenese in der digitalen Edition. Berlin/Boston 2019, S. 23–50.

Lukas, Wolfgang/Rüdiger Nutt-Kofoth/Madleen Podewski (Hg.): Text – Material – Medium. Zur Relevanz editorischer Dokumentationen für die literaturwissenschaftliche Interpretation. Berlin 2014.

Lukas, Wolfgang/Rüdiger Nutt-Kofoth/Madleen Podewski: Zur Bedeutung von Materialität und Medialität für Edition und Interpretation. Eine Einführung. In: W.L./R.N.-K./M.P. (Hg.): Text – Material – Medium. Zur Relevanz editorischer Dokumentationen für die literaturwissenschaftliche Interpretation. Berlin/Boston 2014, S. 1–22.

Malik, Rachel: Fixing meaning. Intertextuality, inference and the horizon of the publishable. In: Radical Philosophy 124 (2004), S. 13–26.

Malik, Rachel: Horizons of the Publishable: Publishing in/as Literary Studies. In: ELH 75 (2008) 3, S. 707–735.

Maloney, Paul W.: Hölderlins *Friedensfeier*. Rezeption und Deutung. Frankfurt a. M. 1985.

Marmulla, Henning: Enzensbergers Kursbuch. Eine Zeitschrift um 68. Berlin 2011.

Marschall, Judith: Aufrechter Gang im DDR-Sozialismus. Walter Janka und der Aufbau Verlag. Münster 1994.

Marten, Catherine: Bernhards Baukasten. Schrift und sequenzielle Poetik in Thomas Bernhards Prosa. Berlin/Boston 2018.

Martus, Steffen: Ausgabe. In: Erhard Schütz (Hg.): Das BuchMarktBuch. Der Literaturbetrieb in Grundbegriffen. Reinbek bei Hamburg 2010, S. 19–25.

Martus, Steffen: Epistemische Dinge der Literaturwissenschaft? In: Andrea Albrecht u. a. (Hg.): Theorie, Methoden und Praktiken des Interpretierens. Berlin u. a. 2015, S. 23–51.

Martus, Steffen: Literaturwissenschaftliche Kooperativität aus praxeologischer Perspektive – am Beispiel der ‚Brüder Grimm'. In: Vincent Hoppe/Marcel Lepper/Stefanie Stockhorst (Hg.): Symphilologie. Formen der Kooperation in den Geisteswissenschaften. Göttingen 2016, S. 47–72.

Martus, Steffen: Praxis des Werks. In: Lutz Danneberg/Annette Gilbert/Carlos Spoerhase (Hg.): Das Werk. Zum Verschwinden und Fortwirken eines Grundbegriffs. Berlin/Boston 2019, S. 93–130.

Martus, Steffen: Wandernde Praktiken „after theory"? Praxeologische Perspektiven auf „Literatur/Wissenschaft". In: IASL 40 (2015), 1, S. 177–195.

Martus, Steffen: Werkpolitik. Zur Literaturgeschichte kritischer Kommunikation vom 17. bis 20. Jahrhundert. Mit Studien zu Klopstock, Tieck, Goethe und George. Berlin/New York 2007.

Martus, Steffen/Carlos Spoerhase: Praxeologie der Literaturwissenschaft. In: Geschichte der Germanistik. Mitteilungen 35/36 (2009), S. 89–96.

Max, Katrin: Bürgerlichkeit und bürgerliche Kultur in der Literatur der DDR. München 2018.

Mayer, Franziska: Zur Konstitution von ‚Bedeutung' bei der Buchgestaltung. Aspekte einer Semiotik des Buchs. In: Wolfgang Lukas/Rüdiger Nutt-Kofoth/Madleen Podewski (Hg.): Text – Material – Medium. Zur Relevanz editorischer Dokumentationen für die literaturwissenschaftliche Interpretation. Berlin/Boston 2014, S. 197–215.

Meier, Uwe: Palm, Johann Philipp. In: NDB. Bd. 20. Hg. von Otto zu Stolberg-Wernigerode. Berlin 2001, S. 20 f.

Meyer-Gosau, Frauke: Zu Markte getragen. Texte vom Prenzlauer Berg in der BRD. In: Roland Berbig u. a. (Hg.): Zersammelt. Die inoffizielle Literaturszene der DDR nach 1990. Eine Bestandsaufnahme. Berlin 2001, S. 20–36.

Meyer, Christoph: Deutschland zusammenhalten. Wilhelm Wolfgang Schütz und sein „Unteilbares Deutschland". In: Deutschland Archiv, 25. 7. 2014: www.bpb.de/188966 (zuletzt eingesehen am 5. 05. 2022).

Michael, Klaus: Unabhängige Literatur in der DDR. In: Autonome Kunst der DDR (Dossier): http://www.bpb.de/geschichte/deutsche-geschichte/autonome-kunst-in-der-ddr/55789/unabhaengige-literatur-in-der-ddr?p=all (zuletzt eingesehen am 5. 05. 2022).

Michalski, Claudia: Die edition suhrkamp 1963–1980. Geschichte, Texte und Kontexte. Berlin/Boston 2021.

Michalzik, Peter: Unseld. Eine Biographie. München 2002.

Mieth, Günter: Fausts letzter Monolog. Poetische Struktur einer geschichtlichen Vision. In: Werner Keller (Hg.): Aufsätze zu Goethes ‚Faust II'. Darmstadt 1991 (ursprünglich Goethe-Jahrbuch 97 (1980), S. 90–102), S. 357–374.

Mittenzwei, Werner: Die Intellektuellen. Literatur und Politik in Ostdeutschland 1945 bis 2000. Leipzig 2001.

Mix, York-Gotthart (Hg.): Ein „Oberkunze darf nicht vorkommen". Materialien zur Publikationsgeschichte und Zensur des Hinze-Kunze-Romans von Volker Braun. Wiesbaden 1993.

Möller, Horst: Zwei deutsche Staaten, eine Nation? Zum nationalen Selbstverständnis in den Verfassungen der Bundesrepublik Deutschland und der DDR. In: Udo Wengst/ Hermann Wentker (Hg.): Das doppelte Deutschland. 40 Jahre Systemkonkurrenz. Berlin 2008, S. 15–33.

Müller-Waldeck, Gunnar: „Der Baukunst langer Unbau". Zum Mauer-Gedicht von Volker Braun. Vaasa 1993.

Müller, Beate: Stasi – Zensur – Machtdiskurse. Publikationsgeschichten und Materialien zu Jurek Beckers Werk. Tübingen 2006.

Müller, Corinne Michaela: Ein bedeutendes Stück Verlagsgeschichte. Die Trennung der Verlage Suhrkamp und S. Fischer im Jahre 1950. Heidelberg Univ.-Diss. 1989.

Münch, Ursula: 1990: Grundgesetz oder neue Verfassung, 1. 09. 2008: www.bpb.de/geschichte/deutsche-geschichte/grundgesetz-und-parlamentarischer-rat/38984/deutsche-einheit (zuletzt eingesehen am 5. 05. 2022).

Nebrig, Alexander/Carlos Spoerhase: Für eine Stilistik der Interpunktion. In: A.N./C.S. (Hg.): Die Poesie der Zeichensetzung. Studien zur Stilistik der Interpunktion. Bern u. a. 2012, S. 11–32.

Neuhaus, Stefan: Der Autor als Marke. Strategien der Personalisierung im Literaturbetrieb. In: Wirkendes Wort. Deutsche Sprache und Literatur in Forschung und Lehre 61 (2011), 2, S. 313–328.

Ng, Alan: The Lyrikabend of 11 December 1962. GDR Poetry's „Geburtsstunde" as Historiographic Artifact. Madison 2002: http://www.alan-ng.net/lyrikabend/dissertation/e-book.pdf (zuletzt eingesehen am 5. 05. 2022).

Niefanger, Dirk: Der Autor und sein Label. Überlegungen zur *fonction classificatoire* Foucaults (mit Fallstudien zu Langbehn und Kracauer). In: Heinrich Detering (Hg.): Autorschaft. Positionen und Revisionen. DFG-Symposion 2001. Stuttgart/Weimar 2002, S. 521–539.

Niethammer, Lutz: Posthistoire. Ist die Geschichte zu Ende? Reinbek bei Hamburg 1989.

Norrick, Corinna/Ute Schneider (Hg.): Verlagsgeschichtsschreibung. Modelle und Archivfunde. Wiesbaden 2012.

Oels, David/Ute Schneider (Hg.): „Der ganze Verlag ist einfach eine Bonbonniere". Ullstein in der ersten Hälfte des 20. Jahrhunderts. Berlin/München/Boston 2015.

Ohlerich, Gregor: Sozialistische Denkwelten. Modell eines literarischen Feldes der SBZ/DDR 1945 bis 1953. Heidelberg 2005.

Oschmann, Dirk: Die „Berichtigungen" des Dr. Hinterhand. Über die poetologische Dimension der Skizze eines Verunglückten. In: Johnson-Jahrbuch 9 (2002), S. 317–345.

Oster, Sandra: Das Autorenfoto in Buch und Buchwerbung. Autorinszenierung und Kanonisierung mit Bildern. Berlin/Boston 2014.

Ostheimer, Michael: „Denn die Wirklichkeit ist in unserem Kopf, wo denn sonst. Und im Herzen." Zur Poetik des Schweigens im Werk von Angela Krauß. In: Marion Gees u. a. (Hg.): Poetik des Zwischenraums. Zum Werk von Angela Krauß. Würzburg 2014, S. 45–62.

Ostheimer, Michael: Leseland. Chronotopographie der DDR- und Post-DDR-Literatur. Göttingen 2018.

Pabst, Stephan: Post-Ost-Moderne. Poetik nach der DDR. Göttingen 2016.

Paul, Morten: Suhrkamp Theorie. Eine Buchreihe im philosophischen Nachkrieg. Leipzig 2022.

Pears, Pamela: Images, Messages and the Paratext in Algerian Women's Writing. In: Nicole Matthews/Nickianne Moody (Hg.): Judging a book by its cover. Fans, Publishers, Designers, and the Marketing of Fiction. Aldershot u. a. 2007, S. 161–170.

Peek, Sabine: Cottas Morgenblatt für gebildete Stände. Seine Entwicklung und Bedeutung unter der Redaktion der Brüder Hauff (1827–1865). In: Börsenblatt für den Deutschen Buchhandel Frankfurt a. M. 42 (1965), S. 947–1064.

Peitsch, Helmut: Nachkriegsliteratur 1945–1989. Göttingen 2009.

Pesch, Volker (Hg.): Ende der Geschichte oder Kampf der Kulturen? Der Universalismus des Westens und die internationalen Beziehungen. Greifswald 1997.

Petzinna, Berthold: Die Beobachtung des westdeutschen Verlagswesens durch das Ministerium für Staatssicherheit (MfS) der DDR. Das Beispiel des Suhrkamp Verlags. In: Deutsch-deutscher Literaturaustausch 8/9 (2012). Deutschland-Archiv online vom 20.9.2012: http://www.bpb.de/geschichte/zeitgeschichte/deutschlandarchiv/139910/die-beobachtung-des-westdeutschen-verlagswesens-durch-das-mfs?p=all#fr-footnode2 (zuletzt eingesehen am 5.05.2022).

Petzinna, Berthold: Walter Boehlich und die DDR-Verlage. In: Helmut Peitsch/Helen Thein (Hg.): Walter Boehlich. Kritiker. Berlin 2011, S. 211–227.

Phillips, Angus: How Books Are Positioned in the Market: Reading the Cover. In: Nicole Matthews/Nickianne Moody (Hg.): Judging a book by its cover. Fans, Publishers, Designers, and the Marketing of Fiction. Aldershot u. a. 2007, S. 19–30.

Podewski, Madleen: Akkumulieren – Mischen – Abwechseln: Wie die Gartenlaube eine anschauliche Welt druckt und was dabei aus ‚Literatur' wird (1853, 1866, 1885). Berlin 2020: https://refubium.fu-berlin.de/handle/fub188/28386 (zuletzt eingesehen am 5.05.2022).

Polaschegg, Andrea: Literatur auf einen Blick. Zur Schriftbildlichkeit der Lyrik. In: Sybille Krämer/Eva Cancik-Kirschbaum/Rainer Totzke (Hg.): Schriftbildlichkeit. Wahrnehmbarkeit, Materialität und Operativität von Notationen. Berlin 2012, S. 245–264.

Porombka, Stephan: Literaturbetriebskunde. Zur „genetischen Kritik" kollektiver Kreativität. In: S.P./Wolfgang Schneider/Volker Wortmann (Hg.): Kollektive Kreativität. Tübingen 2006, S. 72–87.

Püllmann, Dennis: Von Brecht zu Braun. Versuch über die Schwierigkeiten poetischer Schülerschaft. Mainz 2011.

Raabe, Paul: Die Geschichte des Buchwesens als Aufgabe der Germanistik. In: Jahrbuch der Internationalen Germanistik 8 (1976), 2, S. 95–106.

Rahn, Thomas: Gestörte Texte. Detailtypographische Interpretamente und Edition. In: Wolfgang Lukas/Rüdiger Nutt-Kofoth/Madleen Podewski (Hg.): Text – Material – Medium. Zur Relevanz editorischer Dokumentationen für die literaturwissenschaftliche Interpretation. Berlin 2014, S. 149–171.

Rajewsky, Irina O.: Intermedialität. Tübingen/Basel 2002.

Reinhardt, Maria: Geteilte Kritiken. DDR-Literatur und bundesrepublikanische Literaturkritik. Fallstudien zum Werk von Brigitte Reimann, Jürgen Fuchs. Heidelberg 2018.

Reinhold, Ursula: „Beiträge zur Humanität". Der Verleger Peter Suhrkamp. In: Ursula Heukenkamp (Hg.): Unterm Notdach. Nachkriegsliteratur in Berlin 1945–1949. Berlin 1996, S. 175–196.

Reuß, Roland: Edition und Öffentlichkeit. In: Martin Schlemmer (Hg.): Digitales Edieren im 21. Jahrhundert. Essen 2017, S. 73–82.

Richter, Hans: Ein deutsches Dichterleben. Biographie. Berlin 2001.

Richter, Sandra: Eine Weltgeschichte der deutschsprachigen Literatur. München 2017.

Ridley, High: „Nach einem Lenz, der sich nur halb entfaltet". Aspects of the Reception of Uwe Johnson's *Ingrid Babendererde*. In: Deidre Byrnes/John E. Conacher/Gisela Holfter (Hg.): German Reunification and the Legacy of GDR Literature and Culture. Leiden/Boston 2018, S. 107–123.

Riedel, Nicolai (Hg.): Uwe Johnsons Frühwerk. Im Spiegel der deutschsprachigen Literaturkritik. Dokumente zur publizistischen Rezeption der Romane „Mutmaßungen über Jakob", „Das dritte Buch über Achim" und „Ingrid Babendererde". Bonn 1987.

Riedel, Volker: Antiker Mythos und zeitgenössisches Griechenland im Werk Franz Fühmanns. In: V.R.: Verklärung mit Vorbehalt. Aufsätze und Vorträge zur literarischen Antikerezeption IV. Hg. von Günter Schmidt. Jena u. a. 2015, S. 177–186.

Riedel, Volker: Antikerezeption in der deutschen Literatur vom Renaissance-Humanismus bis zur Gegenwart. Eine Einführung. Stuttgart/Weimar 2000.

Ritter, Antonia: Eine deutsch-deutsche Koproduktion: die „orientalische Bibliothek": http://www.bpb.de/geschichte/zeitgeschichte/deutschlandarchiv/141633/eine-deutsch-deutsche-koproduktion-die-ob?p=all (zuletzt eingesehen am 5.05.2022).

Robinson, Benjamin: The Skin of the System. On Germany's Socialist Modernity. Stanford 2009.

Rockenberger, Annika/Per Röcken: Wie ‚bedeutet' ein ‚material text'? In: Wolfgang Lukas/Rüdiger Nutt-Kofoth/Madleen Podewski (Hg.): Text – Material – Medium. Zur Relevanz editorischer Dokumentationen für die literaturwissenschaftliche Interpretation. Berlin 2014, S. 25–51.

Roe, Ian F.: The ‚Wende' and the overcoming of ‚Sprachlosigkeit'. In: Graham Jackman/I.F.R. (Hg.): Finding a Voice. Problems of Language in East German Society and Culture. Amsterdam/Atlanta 2000, S. 55–74.

Rosellini, Jay Julian: Kunerts langer Abschied von Brecht – Biermanns Annäherung an Kunert. In: Manfred Durzak/Hartmut Steinecke (Hg.): Günter Kunert. Beiträge zu seinem Werk. München 1992, S. 267–294.
Rosellini, Jay: Volker Braun. München 1983.
Rüther, Günther: Franz Fühmann. Ein deutsches Dichterleben in zwei Diktaturen. In: APuZ 13 (2000): http://www.bpb.de/apuz/25671/franz-fuehmann?p=all (zuletzt eingesehen am 5.05.2022).
Rüther, Günther: Literatur und Politik? Ein deutsches Verhängnis. Göttingen 2013.
Sabrow, Martin: Der vergessene „Dritte Weg". In: APuZ 11 (2010): http://www.bpb.de/apuz/32883/der-vergessene-dritte-weg?p=all#fr-footnodeid_19 (zuletzt eingesehen am 5.05.2022).
Sandhöfer-Klesen, Kathrin: Christa Wolf im Kontext der Moderne. Eine Neuverortung ihres Œuvres zwischen Ost und West. Würzburg 2019.
Sanmann, Angela: Poetische Interaktion. Französisch-deutsche Lyrikübersetzung bei Friedhelm Kemp, Paul Celan, Ludwig Harig, Volker Braun. Berlin u.a. 2013.
Sarkowski, Heinz/Wolfgang Jeske: Der Insel-Verlag 1899–1999. Die Geschichte des Verlags. Mit einer Einleitung von Siegfried Unseld. Frankfurt a.M. 1999.
Scherstjanoi, Elke: Zwei Staaten, zwei Literaturen? Das internationale Kolloquium des Schriftstellerverbandes der DDR, Dezember 1964. Eine Dokumentation. München 2008.
Schillemeit, Jost: „…dich zum Fürsten des Festes". Zum Problem der Auslegung von Friedrich Hölderlins „Friedensfeier". In: J.S.: Studien zur Goethezeit. Hg. von Rosemarie Schillemeit. Göttingen 2006, S. 90–114.
Schirmer, Gisela: DDR und documenta. Kunst im deutsch-deutschen Widerspruch. Bonn 2005.
Schlak, Stephan: Wilhelm Hennis. Szenen einer Ideengeschichte der Bundesrepublik. München 2008.
Schlenstedt, Dieter: Das Werk als Rezeptionsvorgabe und Probleme seiner Aneignung. In: Manfred Naumann u.a.: Gesellschaft – Literatur – Lesen. Literaturrezeption in theoretischer Sicht. Berlin/Weimar 1975, S. 301–438.
Schlenstedt, Dieter: Literarisches Werk? Zu Rahmenbestimmungen eines Begriffsfeldes. In: Zeitschrift für Germanistik 3 (1987), 3, S. 297–310.
Schmid, Hans Bernhard/David P. Schweikard: Einleitung: Kollektive Intentionalität. Begriff, Geschichte, Probleme. In: H.B.S./D.P.S. (Hg.): Kollektive Intentionalität. Eine Debatte über die Grundlagen des Sozialen. Frankfurt a.M. 2009, S. 11–68.
Schmitt, Hans-Jürgen (Hg.): Die Literatur der DDR. München 1983.
Schmitz, Walter: Literatur ‚zwischen den Staaten'. Deutsch-deutsche Exilerfahrung nach 1945. In: W.S./Jörg Bernig (Hg.): Deutsch-deutsches Literaturexil. Schriftstellerinnen und Schriftsteller aus der DDR in der Bundesrepublik. Dresden 2009, S. 15–106.
Schmitz, Walter/Jörg Bernig (Hg.): Deutsch-deutsches Literaturexil. Schriftstellerinnen und Schriftsteller aus der DDR in der Bundesrepublik. Dresden 2009.
Schmücker, Reinold: (Hg.): Identität und Existenz. Studien zur Ontologie der Kunst. Paderborn 2003.
Schneider, Ute: Der unsichtbare Zweite. Die Berufsgeschichte des Lektors im literarischen Verlag. Göttingen 2015.
Scholtyseck, Joachim: Mauerbau und Deutsche Frage. Westdeutsche Intellektuelle und der Kalte Krieg. In: Dominik Geppert/Jens Hacke (Hg.): Streit um den Staat. Intellektuelle Debatten in der Bundesrepublik 1960–1980. Göttingen 2011, S. 69–90.

Schubert, Martin: Materialität in der Editionswissenschaft. Berlin 2010.
Schütz, Erhard u. a. (Hg.): Das BuchMarktBuch. Der Literaturbetrieb in Grundbegriffen. Reinbek bei Hamburg 2010.
Schwartz, Matthias: „Eine Vision anderer Zeiten und Welten". Der Osten Europas und die „Phantastische Bibliothek". In: Dirk Kemper/Paweł Zajas/Natali Bakshi (Hg.): Kulturtransfer und Verlagsarbeit. Suhrkamp und Osteuropa. München 2019, S. 85–112.
Seemann, Anna-Maria: Parallelverlage im geteilten Deutschland. Entstehung, Beziehungen und Strategien am Beispiel ausgewählter Wissenschaftsverlage. Berlin 2017.
Seibt, Gustav: Das Prinzip Abstand. In: SuF (1999), 2, S. 205–218.
Seyer, Ulrike: Die Frankfurter Buchmesse in den Jahren 1967 bis 1969. In: Stephan Füssel (Hg.): Die Politisierung des Buchmarkts. 1968 als Branchenereignis. Hans Altenhein zum 80. Geburtstag gewidmet. Wiesbaden 2007, S. 159–241.
Shoham, Chaim: Jurek Becker ringt mit seinem Judentum. „Der Boxer" und Assimilation nach Auschwitz. In: Walter Röll/Hans-Peter Bayerdörfer (Hg.): Jüdische Komponenten in der deutschen Literatur – die Assimilationskontroverse. Tübingen 1986, S. 225–236.
Shulman, James L.: Introduction. In: Robert K. Merton/Elinor Barber: The Travels and Adventures of Serendipity. A Study in Sociological Semantics and the Sociology of Science. Princeton/Oxford 2004, S. XIII–XXV.
Sieber, Sven: Walter Janka und Wolfgang Harich. Zwei DDR-Intellektuelle im Konflikt mit der Macht. Berlin 2008.
Sonntag, Ingrid (Hg.): An den Grenzen des Möglichen. Reclam Leipzig 1945–1991. Berlin 2016.
Sorg, Reto: Pose und Phantom. Robert Walser und seine Autorenporträts. In: Lucas Marco Gisi u. a. (Hg.): Medien der Autorschaft. Formen literarischer (Selbst-)Inszenierung von Brief und Tagebuch bis Fotografie und Interview. München 2013, S. 107–130.
Spoerhase, Carlos: Das Format der Literatur. Praktiken materieller Textualität zwischen 1740 und 1830. Göttingen 2018.
Spoerhase, Carlos: Perspektiven der Buchwissenschaft. Ansatzpunkte einer buchhistorisch informierten Literaturwissenschaft. In: ZfGerm Neue Folge XXI (2011), S. 145–152.
Spoerhase, Carlos: Was ist ein Werk? Über philologische Werkfunktionen. In: Scientia Poetica 11 (2007), S. 276–344.
Spoerhase, Carlos/Erika Thomalla: Werke in Netzwerken. Kollaborative Autorschaft und literarische Kooperation im 18. Jahrhundert. In: ZfdPh 139 (2020), 2, S. 145–163.
Sprengel, Marja-Christine: Der Lektor und sein Autor. Vergleichende Fallstudien zum Suhrkamp Verlag. Wiesbaden 2016.
Sprengel, Marja-Christine: Drei Bücher, drei Anfänge. Rainer Malkowski, Jurek Becker und Elisabeth Borchers im Suhrkamp Verlag. Unveröffentlichtes Manuskript 2015.
Stanitzek, Georg: Paratextanalyse. In: Thomas Anz (Hg.): Handbuch Literaturwissenschaft. Bd. 2. Stuttgart 2007, S. 198–203.
Theile, Gert: Kanon Grenzen Wandlung. Die Marsyas-Bearbeitungen von Franz Fühmann und Thomas Brasch. In: Ursula Renner/Manfred Schneider (Hg.): Häutung. Lesarten des Marsyas-Mythos. München 2006, S. 197–216.
Theisohn, Philipp/Christine Weder: Literatur als/statt Betrieb – Einleitung. In: P.T./C.W. (Hg.): Literaturbetrieb. Zur Poetik einer Produktionsgemeinschaft. München 2013, S. 7–16.
Themenschwerpunkt: Suhrkamp-Kulturen. Verlagspraktiken in literaturwissenschaftlicher Perspektive. Hg. vom Suhrkamp-Forschungskolleg, in: IASL 43 (2018), 1, S. 90–198.

Thomasson, Amie L.: Die Ontologie literarischer Werke. In: Lutz Danneberg/Annette Gilbert/
    Carlos Spoerhase: Das Werk. Zum Verschwinden und Fortwirken eines Grundbegriffs.
    Berlin/Boston 2019, S. 29–46.
Thomé, Horst: ‚Werk'. In: Klaus Weimar u. a. (Hg.): Reallexikon der deutschen
    Literaturwissenschaft. Neubearbeitung des Reallexikons der deutschen
    Literaturgeschichte. Berlin/New York 2007, S. 832–834.
Tommek, Heribert: Der lange Weg in die Gegenwartsliteratur. Studien zur Geschichte des
    literarischen Feldes in Deutschland von 1960 bis 2000. Berlin/Boston 2015.
Tommek, Heribert: Wendejahr 1995 – Einleitung. In: H.T./Matteo Galli/Achim Geisenhanslüke
    (Hg.): Wendejahr 1995. Transformationen der deutschsprachigen Literatur. Berlin/Boston
    2015, S. 1–7.
Tommek, Heribert/Matteo Galli/Achim Geisenhanslüke (Hg.): Wendejahr 1995.
    Transformationen der deutschsprachigen Literatur. Berlin/Boston 2015.
Triebel, Florian: Theoretische Überlegungen zur Verlagsgeschichte: http://www.iasl.uni-
    muenchen.de/discuss/lisforen/Triebel_Theorie.pdf (zuletzt eingesehen am 5.05.2022).
Trinckauf, Korinna: Nicht nur Festschrift – Methodische Überlegungen zur wissenschaftlichen
    Verlagsgeschichtsschreibung: http://www.iasl.uni-muenchen.de/discuss/lisforen/
    Trinckauf_Verlagsgeschichtsschreibung.pdf (zuletzt eingesehen am 5.05.2022).
Ullrich, Renate: Zu einigen Dimensionen des Verhältnisses von Kollektivität und Individualität.
    Dargestellt an Texten von Volker Braun. In: Gabriele Jähnert/Karin Aleksander/Marianne
    Kriszio (Hg.): Kollektivität nach der Subjektkritik. Geschlechtertheoretische
    Positionierungen. Bielefeld 2013, S. 303–324.
Ulmer, Konstantin: VEB Luchterhand? Ein Verlag im deutsch-deutschen literarischen Leben.
    Berlin 2016.
Verdery, Katherine: Secrets and Truths. Ethnography in the Archive of Romania's Secret Police.
    Budapest 2014.
Vestre, Carolin: Geschichten und Geschichte bei Jurek Becker. Der Holocaust in den Romanen
    „Jakob der Lügner", „Der Boxer" und „Bronsteins Kinder". Universität Hamburg,
    unveröffentlichte Magisterarbeit 1990.
Vieregg, Axel: Exil als Metapher in Peter Huchels später Lyrik. In: Walter Schmitz/Jörg Bernig
    (Hg.): Deutsch-deutsches Literaturexil. Schriftstellerinnen und Schriftsteller aus der DDR
    in der Bundesrepublik. Dresden 2009, S. 227–248.
Vogt, Jochen: Unlikely Company: Brecht and Dante. In: Helen Fehervary/Bernd Fischer (Hg.):
    Kulturpolitik und Politik der Kultur/Cultural Politics and the Politics of Culture. Oxford u. a.
    2007, S. 457–472.
Voit, Friedrich: Der Verleger Peter Suhrkamp und seine Autoren. Seine Zusammenarbeit mit
    Hermann Hesse, Rudolf Alexander Schröder, Ernst Penzoldt und Bertolt Brecht. Kronberg
    im Taunus 1975.
Walther, Joachim: Sicherungsbereich Literatur. Schriftsteller und Staatssicherheit in der
    Deutschen Demokratischen Republik. Berlin 1999.
Weber, Petra: Thomas Mann in Frankfurt, Stuttgart und Weimar. Umstrittenes kulturelles Erbe
    und deutsche Kulturnation. In: Udo Wengst/Hermann Wentker (Hg.): Das doppelte
    Deutschland. 40 Jahre Systemkonkurrenz. Berlin 2008, S. 35–64.
Wehde, Susanne: Typographische Kultur. Eine zeichentheoretische und kulturgeschichtliche
    Studie zur Typographie und ihrer Entwicklung. Tübingen 2000.

Wende, Waltraud: Die verschmähte „Gnade der späten Geburt". Versuche literarischer Vergangenheitsbewältigung bei Jurek Becker, Gert Heidenreich und Peter Schneider. In: Das Argument 29 (1987), 1, S. 44–49.

Weyrauch, Charlotte: Der Suhrkamp Theaterverlag in den 1960er und 1970er Jahren. Tübingen: Univ.-Diss. 2018.

Wichner, Ernest: „Und unverständlich wird mein ganzer Text". Anmerkungen zu einer zensurgesteuerten ‚Nationalliteratur'. In: E.W./Herbert Wiesner (Hg.): „Literaturentwicklungsprozesse". Die Zensur der Literatur in der DDR. Frankfurt a. M. 1993, S. 199–216.

Wiedenmann, Rainer E.: Treue und Loyalität im Prozess gesellschaftlichen Wandels. In: Nikolaus Buschmann/Karl Borromäus Murr (Hg.): Treue. Politische Loyalität und militärische Gefolgschaft in der Moderne. Göttingen 2008, S. 36–71.

Wiesenthal, Helmut: Die Transformation der DDR. Verfahren und Resultat. Gütersloh 1999.

Wilke, Insa: Ist das ein Leben. Der Dichter Thomas Brasch. Berlin 2010.

Wittmann, Reinhard: Vorwort. In: R.W.: Ein Verlag und seine Geschichte. Dreihundert Jahre J. B. Metzler Stuttgart. Stuttgart 1982, S. 9–13.

Wölfel, Ute (Hg.): Literarisches Feld DDR. Bedingungen und Formen literarischer Produktion in der DDR. Würzburg 2005.

Wölfel, Ute: Die autonome Produktion: Arbeitswelt in der DDR-Prosa am Beispiel von Angela Krauß' *Das Vergnügen*. In: U.W. (Hg.): Literarisches Feld DDR. Bedingungen und Formen literarischer Produktion in der DDR. Würzburg 2005, S. 31–51.

Wollheim, Richard: Objekte der Kunst [1968]. Übersetzt von Max Looser. Frankfurt a. M. 1982.

Wruck, Peter: Fontane als Erfolgsautor. Zur Schlüsselstellung der Makrostruktur in der ungewöhnlichen Produktions- und Rezeptionsgeschichte der *Wanderungen durch die Mark Brandenburg*. In: Hanna Delf von Wolzogen (Hg.): „Geschichte und Geschichten aus Mark Brandenburg". Fontanes *Wanderungen durch die Mark Brandenburg* im Kontext der europäischen Reiseliteratur. Internationales Symposium des Theodor-Fontane-Archivs in Zusammenarbeit mit der Theodor Fontane Gesellschaft 18.–22. September 2002 in Potsdam. Würzburg 2003, S. 373–393.

Wruck, Peter: Theodor Fontane in der Rolle des vaterländischen Schriftstellers. Bemerkungen zum schriftstellerischen Sozialverhalten. In: Friedhilde Krause (Hg.): Theodor Fontane im literarischen Leben seiner Zeit. Beiträge zur Fontane-Konferenz vom 17. bis 20. Juni 1986 in Potsdam. Berlin 1987, S. 1–39.

Wunsch, Beate: Studien zu Uwe Johnsons früher Erzählung Ingrid Babendererde. Reifeprüfung 1953. Frankfurt a. M. u. a. 1991.

Wurm, Carsten: Edition Neue Texte. In: Michael Opitz/Michael Hofmann (Hg.): Metzler-Lexikon DDR-Literatur. Autoren – Institutionen – Debatten. Stuttgart/Weimar 2009. S. 84 f.

Wurm, Carsten: Gestern. Heute. Aufbau. 70 Jahre Aufbau Verlag 1945–2015. Berlin 2014.

Wurm, Carsten: Jeden Tag ein Buch. 50 Jahre Aufbau-Verlag 1945–1995. Berlin 1995.

Zajas, Paweł: „Wir lieben ja die Polen…" Zum Forschungspotenzial des Siegfried Unseld Archivs im Hinblick auf den polnisch-deutschen Literaturtransfer. In: Zeitschrift für Slawistik 63 (2018), 1, S. 1–29.

Zajas, Paweł: Aus der Vorgeschichte der Ostpolitik. Literaturtransfer zwischen der Bundesrepublik Deutschland und der Volksrepublik Polen im kulturpolitischen Kontext (1960–1970). In: ZfO 66 (2017), 1, S. 70–98.

Zajas, Paweł: Verlagspraxis und Kulturpolitik. Beiträge zur Soziologie des Literatursystems. München 2019.
Zeckert, Patricia F.: DDR-Leser im Schlaraffenland. Westliteratur, Buchmesse und alternative Medienkultur. In: Stefan Zahlmann (Hg.): Wie im Westen, nur anders. Medien in der DDR. Berlin 2010, S. 97–116.
Zeckert, Patricia F.: Die Internationale Leipziger Buchmesse. In: Leseland DDR. In: APuZ 11 (2009), S. 39–46.
Zeckert, Patricia F.: Die Leipziger Buchmesse, die Börsenvereine und der Mauerbau. In: Deutschland Archiv online 8/9 (2012), Themenheft Deutsch-deutscher Literaturaustausch, 20.09.2012: https://www.bpb.de/geschichte/zeitgeschichte/deutschlandarchiv/139889/die-leipziger-buchmesse-die-boersenvereine-und-der-mauerbau?p=all (zuletzt eingesehen am 5.05.2022).
Zeeh, Burgel/Gottfried Honnefelder (Hg.): Siegfried Unseld. Veröffentlichungen 1951–1994. Eine Bibliographie zum 28. September 1994. Frankfurt a.M. 1995.
Zelle, Carsten: Probleme der Werkeinheit – Wielands „Bonifaz Schleicher" im *Teutschen Merkur* (1776). In: Nicola Kaminski/Nora Ramtke/C.Z. (Hg.): Zeitschriftenliteratur/Fortsetzungsliteratur. Hannover 2014, S. 79–96.
Zimmermann, Hans Dieter: Literaturbetrieb Ost – West. Die Spaltung der deutschen Literatur von 1948 bis 1998. Stuttgart 2000.

Register

Abrassimow, Pjotr Andrejewitsch   635
Abusch, Alexander   77, 216, 392, 394
Adorno, Theodor W.   12, 66, 109, 127, 129, 206–209, 362, 385, 424, 524, 593
– *Stichworte*   385
Affaire Blum   515
Ajouri, Philip   16
Akzente   261, 534, 606
Albert, Friedrich   373
Alighieri, Dante   254
Allende, Isabel   578, 594
– *Das Geisterhaus*   578
Altenhein, Hans   130, 616
Amslinger, Tobias   15, 23, 41, 45, 223, 248, 251, 272, 408, 470, 499
Anderson, Sascha   98, 354
Apitz, Renate   92, 344
– *Hexenzeit*   92
Arbeitsbuch Uwe Kolbe   356, 599 f.
Arendt, Erich   81, 91 f., 164, 256, 546, 584
– *Feuerhalm*   91
Arndt, Rudi   148 f.
Arnim, Bettina von   93, 421
– *Die Günderrode*   93
Asadowski, Konstantin   217
Asturias, Miguel Ángel   342
Atwood, Margaret   109
– *Gute Knochen*   109
Auftakt 63. Gedichte mit Publikum   446 f.
Augstein, Rudolf   129, 630

Bachmann, Ingeborg   20, 54, 104, 285, 304, 365
Bachofen, Johann Jakob   318
– *Das Mutterrecht*   318
– *Materialien zu Bachofens ‚Das Mutterrecht'*   318
Bahr, Egon   125, 162
Baierl, Helmut   164, 450, 584, 588
– *Frau Flinz*   584
Barck, Simone   7, 9, 20, 34, 82 f., 183, 440 f., 445, 472
Barner, Ines   500

Bartsch, Kurt   257
Baselitz, Georg   287
Batt, Kurt   330, 546
Baumann, Annemarie   211
Baumgärtner, Klaus   210–212
Baumgärtner, Sabine   211
Becher, Johannes R.   189, 192, 194, 256, 440, 506, 509, 516, 519 f., 641, 652
– *Die Hohe Warte*   520
– *Kantate des Jahres 1950*   509
Becker, Jurek   17, 20–22, 40, 43, 48, 53 f., 85, 87 f., 90 f., 94, 96, 104, 112, 175, 177 f., 226 f., 231–235, 240–247, 310, 315, 353, 357, 360, 367, 372, 388, 399, 410 f., 418, 497, 566, 574, 576, 580, 605, 633 f., 641, 649, 655
– *Amanda herzlos*   241
– *Bronsteins Kinder*   241 f., 245 f., 641
– *Der Boxer*   240, 242, 245 f., 372, 641
– *Irreführung der Behörden*   90, 178, 231–234, 240, 411, 641
– *Jakob der Lügner*   53, 231, 241 f., 244, 246, 372, 641, 655
– *Mein Judentum*   246
– *Schlaflose Tage*   91, 241–244
– *Wir sind auch nur ein Volk*   241
Beckermann, Thomas   84, 87, 93, 97, 113, 176, 405, 415, 545
Beckett, Samuel   583, 585, 591 f., 651, 653–655
Benjamin, Walter   33, 62, 66, 127, 223, 591
– *Illuminationen*   591
Benn, Gottfried   257 f., 514, 533, 546, 568
Benz, Peter   152
Berbig, Roland   16, 20 f., 38, 213, 322, 330, 490
Berendse, Gerrit-Jan   255 f., 325
Bergander, Rudolf   514
– *Sowjetische Traktoren für deutsche MAS*   514
Berliner Geschichten   241
Berliner Zeitung   339, 443
Bermann Fischer, Gottfried   58–60

Berndt, Frauke   15
Bernhard, Thomas   25, 54, 245, 304, 306f., 500, 572, 575, 578, 591, 649–651, 653–655
– *Auslöschung*   245
Berthel, Werner   93, 102, 176, 545
Berthold, Prof.   629
Berührung ist nur eine Randerscheinung. Neue Literatur aus der DDR   96, 98, 354
Besson, Benno   586
Bettencourt, Liliane   581
Beuys, Joseph   118, 574f.
– *La rivoluzione siamo Noi*   575
– *Straßenbahnhaltestelle*   575
Bibliothek des Hauses Usher   101f.
Bibliothek Suhrkamp   62–64, 75f., 80f., 91, 101, 139, 278, 286, 318, 348, 413, 434, 489
Bibliothek von Werken fortschrittlicher deutscher Schriftsteller   511
Bichsel, Peter   172, 649
Biermann, Wolf   20, 80, 84, 94, 97, 114, 184, 226, 229, 231, 235, 237, 241, 253f., 258, 262, 287, 355, 406, 414, 443, 450, 494, 636
– *Der Drachen*   80
– *Drahtharfe*   80, 254
Bierwisch, Manfred   82, 215f., 391, 402, 651
Bild   615
Binz, Reinhilde   106, 412, 566
Bisalski, Kurt   92
– *Der kleine Mann*   92
Blanchot, Maurice   75
Blank, Ulrich   89
Blatter, Silvio   245, 649
– *Wassermann*   245
Bloch, Ernst   20, 38, 56, 61–63, 65f., 73, 75, 120, 127, 129, 132f., 152, 187f., 206–209, 215, 226, 235, 237, 362, 390, 416f., 421, 424, 504, 548f., 555, 583, 641
– *Prinzip Hoffnung*   61f., 206–208, 416
– *Spuren*   62, 206, 416
Bloch, Karola   66, 73, 132, 417, 549
Blöcker, Günter   69, 72, 206, 536
Blume, Patricia F. (ehemals Zeckert)   37, 165, 179f., 186, 301

Blumenberg, Hans   114, 329
– *Arbeit am Mythos*   114, 329, 572
Bobrowski, Johannes   53, 164
– *Levins Mühle*   53, 164
– *Sarmatische Zeit*   164
– *Schattenland Ströme*   164
Bodin, Frau   545
Boehlich, Walter   25f., 36–38, 76, 81, 83, 87, 159–161, 165–168, 170–172, 179, 205f., 214f., 334–338, 340, 386, 389, 395, 397, 400f., 495, 593, 595
Boetticher, Dietrich von   336
Böhme, Thomas   105
Bohrer, Karl Heinz   523
Böll, Heinrich   129, 150, 308, 349, 419, 651
Bond, Edward   179, 575, 580, 651, 653–655
Borchers, Elisabeth   23, 36, 54, 56, 65, 75, 79f., 85–88, 90–96, 98f., 101, 103, 113, 153f., 157f., 175, 178–185, 230–235, 237, 241, 276f., 308, 310–325, 328, 330f., 333f., 336, 340, 342–349, 351, 356–359, 369–375, 389, 397–399, 402–406, 413–416, 418, 420f., 424, 461, 489f., 492–494, 503f., 546f., 556–558, 564–566, 601–605, 607, 613, 616f., 634f., 649, 655
– *Als Zaddelpaddel kam*   314
– *Gedichte*   318
– *Russische Märchen*   318
Borchert, Wolfgang   482
Born, Nicolas   385, 411, 613
Botond, Anneliese   25, 83, 344, 545
Bourdieu, Pierre   6, 30, 41, 55, 409
Brandt, Willy   4f., 125, 138, 162, 178
Brasch, Thomas   17, 53f., 87, 94, 96, 111, 152, 206, 226, 235–238, 272f., 276f., 321, 327, 349, 353, 355, 369–371, 388, 422, 494, 497, 580, 582, 584, 586, 618, 641, 649, 651, 653–655
– *Der Papiertiger*   653
– *Der schöne 27. September*   369f.
– *Engel aus Eisen*   349
– *Kargo. 32. Versuch auf einem untergehenden Schiff aus der eigenen Haut zu fahren*   94, 235, 238, 327, 369, 371
– *Lovely Rita*   327, 370, 584, 654

– *Vor den Vätern sterben die Söhne* 94, 327, 369f., 618
Braun, Günter 43, 102f., 499, 642, 649–652
– *Conviva Ludibundus* 102, 642
– *Das Kugeltranzendentale Vorhaben* 102
– *Der Eingang ins Paradies* 103, 650
– *Der Fehlfaktor* 102, 642
– *Der Irrtum des großen Zauberers* 102
– *Der Utofant* 102, 642
– *Der x-mal vervielfachte Held* 102, 642
– *Die andere Zukunft* 103, 649
– *Die Geburt des Pantamannes* 103
– *Die unhörbaren Töne* 102, 642
– *Phantastische Aussichten* 103, 651
– *Phantastische Begegnungen* 103
– *Phantastische Träume* 103, 652
– *Phantastische Welten* 103, 652
– *Polaris 5* 103
– *Professor Mittelzwercks Geschöpfe* 102, 642
– *Unheimliche Erscheinungsformen auf Omega XI* 102, 642
Braun, Johanna 43, 102f., 499, 642, 649–652
– *Conviva Ludibundus* 102, 642
– *Das Kugeltranzendentale Vorhaben* 102
– *Der Eingang ins Paradies* 103, 650
– *Der Fehlfaktor* 102, 642
– *Der Irrtum des großen Zauberers* 102
– *Der Utofant* 102, 642
– *Der x-mal vervielfachte Held* 102, 642
– *Die andere Zukunft* 103, 649
– *Die Geburt des Pantamannes* 103
– *Die unhörbaren Töne* 102, 642
– *Phantastische Aussichten* 103, 651
– *Phantastische Begegnungen* 103
– *Phantastische Träume* 103, 652
– *Phantastische Welten* 103, 652
– *Polaris 5* 103
– *Professor Mittelzwercks Geschöpfe* 102, 642
– *Unheimliche Erscheinungsformen auf Omega XI* 102, 642
Braun, Karlheinz 18, 45, 67, 76–78, 83f., 87, 113, 337, 340f., 389, 397, 571, 574, 583, 650
– *Herzstücke. Leben mit Autoren* 36, 583

Braun, Volker 15, 17f., 43–46, 53f., 57, 67, 76, 81f., 84, 91, 93f., 96, 99, 101, 103, 106, 108f., 111, 119, 145, 153–159, 187, 206, 235–238, 250, 252–254, 257, 262, 269, 272–278, 306, 319, 322, 331, 335f., 349, 355, 358, 370, 373, 378, 381, 384f., 397–399, 404–407, 410–412, 415, 417, 423–426, 429–432, 435, 438f., 441–482, 485, 487, 494–496, 498, 503, 536, 538–543, 546, 566, 579f., 582, 584, 588, 604f., 615, 617, 622, 624, 626, 635, 637, 642f., 650f., 653–655
– *Das Eigentum* 108
– *Die Kipper* 584, 643, 653
– *Die Zickzackbrücke* 119, 153–157, 159, 503, 543
– *Gedichte* 472
– *Gesammelte Stücke* 101, 643
– *Hans Faust* 584
– *Hinze und Kunze* 385, 404, 642f., 653
– *Im Querschnitt* 472
– *Iphigenie in Freiheit* 277
– *Langsamer knirschender Morgen* 398, 415, 417
– *Lenins Tod* 405f., 461, 635f., 643
– *Provokation für mich/Vorläufiges* 44
– *Rubble Flora* 465, 481
– *Texte in zeitlicher Folge* 431, 442, 459, 461, 472, 475, 481, 643
– *Trotzki* 405
– *Unvollendete Geschichte* 53, 91, 103, 235, 355, 407, 426, 605, 643
– *Wir und nicht sie* 335, 405, 410, 423, 460, 470, 481, 503, 540, 643
Braunbuch 170f.
Bräunig, Werner 92
– *Ein Kranich am Himmel* 92
Brecht, Bertolt 9, 17, 20, 39, 54, 56f., 59–63, 65f., 68, 73–78, 99–101, 109, 113, 134–137, 140, 152, 155f., 164f., 177, 187, 189, 193–195, 197, 204f., 211, 221, 225, 247–249, 253–260, 262, 264, 268, 272–278, 305–307, 362, 372, 390, 395f., 412, 414f., 420f., 424, 440, 461, 493f., 506f., 516, 519–522, 526, 533f., 546, 565, 568, 580–584, 586, 588f.,

591–593, 597, 609, 623, 630 f., 641, 649, 652, 655
- *Arbeitsjournal* 177, 407, 582
- *Aufstieg und Fall der Stadt Mahagonny* 134
- *Augsburger Sonette* 275
- *Buckower Elegien* 268
- *Der gute Mensch von Sezuan* 522
- *Der Kaukasische Kreidekreis* 522
- *Der Rauch* 305
- *Die Ausnahme und die Regel* 586
- *Die Dreigroschenoper* 519
- *Die Erziehung der Hirse* 61
- *Die Maßnahme* 586
- *Die Verurteilung des Lukullus* 522
- *Große kommentierte Berliner und Frankfurter Ausgabe* 99, 101, 156
- *Hauspostille* 521
- *Herr Puntila und sein Knecht Matti* 655
- *Leben des Galilei* 76, 274, 522
- *Mutter Courage und ihre Kinder* 516, 586
- *Oh Falladah, die Du hangest!* 274
- *Texte für Filme* 412
- *Versuche* 8, 190, 246, 326, 461, 559, 597, 625, 628, 645
Brecht-Schall, Barbara 99
Bredel, Willi 2
Brenner, Hildegard 230, 261, 276
Bressau, Fritz 458, 468
Broch, Hermann 595, 654
Brock, Bazon 482, 650
Brohm, Holger 431, 449, 457
Bruckner, Ferdinand 489
- *Mussia. Erzählung eines frühen Lebens* 489
Buch, Hans Christoph 615
Büchner, Georg 109, 278, 618
Buckwitz, Harry 77, 586
Bude, Heinz 600
Bülow, Ulrich von 21, 139, 251
Bulwer-Lytton, Robert alias Owen Meredith 280
- *Lucile* 280
Burckhardt, Jakob 510
Burmeister, Brigitte 105, 652
Busch, Günther 83, 179, 322 f., 545

Cahn, Michael 222, 293
Calderón de la Barca, Pedro 84, 340
- *Dame Kobold* 84, 340 f.
Canaris, Volker 84, 545, 574
Carlé, Claus 244 f., 566, 613, 616
Caspar, Günther 356 f.
Celan, Paul 54, 325
Cervantes Saavedra, Miguel de 342
Chemnitz, Hellmuth 514
- *Traktoristin im Gespräch mit einem Bauern* 514
Chronik der Lektoren. Von Suhrkamp zum Verlag der Autoren 25, 594, 596
Cibulka, Hanns 92
- *Swantows Tagebuch* 92
Claudius, Eduard 521
- *Paradies ohne Seligkeit* 521
Coing, Helmut 125, 662
Collection S. Fischer 53, 97 f., 415
Conradi, Arnulf 82, 109
Contre le bonheur (Against happiness) 577
Cortázar, Julio 81, 334, 342, 344, 651 f., 654
- *Das Feuer aller Feuer* 342
- *Rayuela* 81, 334, 342–344
Cosentino, Christine 454, 457, 461, 471 f.
Cotta, Johann Friedrich 68, 129, 206, 615
Cremer, Fritz 287
Czechowski, Heinz 359, 365, 367 f., 381, 444 f., 458 f., 649

Dahlke, Birgit 16, 21, 242, 246, 415
Damm, Sigrid 92, 107, 111
- *Cornelia Goethe* 107
- *Ich bin nicht Ottilie* 107
- *Vögel, die verkünden Land* 92
Darnton, Robert 389
Das doppelte Lottchen 516
Dausien, Margret 73
Dausien, Werner 73
De Beauvoir, Simone 3
- *Das andere Geschlecht/Le deuxième sexe* 3
De Bruyn, Günter 335 f., 622, 628
- *Buridans Esel* 335
- *Neue Herrlichkeit* 622
Dedecius, Karl 139
Degen, Andreas 381

Delius, Friedrich Christian 94, 277, 615
Deloglu, Katharina 359, 365, 600
Den Besten, Ad 230
Der Erfolg 513
Der Spiegel 83, 174, 312
Der Volksbetrieb 512
Dessauer, Maria 324–328, 343f., 504, 559, 564
Deutsche Lyrik auf der anderen Seite. Gedicht aus Ost- und Mitteldeutschland 230
Deutscher Geist 63f.
Deutsches Mosaik 139, 179, 649
Dichten und Trachten 70, 334
Die dritten Zehn 482
Die Dynastie der Kasanzews 518
Die Geschichte des Suhrkamp Verlages 1950–2000 53
Die graphischen Bücher. Erstlingswerke des 20. Jahrhunderts 431
Die Neue Rundschau 59
Die Sonnebrucks 515
Die verhängnisvolle Erbschaft 512
Die verschwiegene Bibliothek 413
Die Weltbühne 622
Diefenbach, Katja 16
Dinescu, Mircea 217
Dix, Otto 514, 608
Döblin, Alfred 60
Dokumente der Sozialistischen Einheitspartei Deutschlands 517
Dönitz, Karl 122
Döring, Christian 103–105, 185, 525, 566, 568, 603, 612f., 616f., 652
Döring, Ute 369
Drawert, Kurt 43, 53, 57, 98, 104, 106, 239, 351–354, 358–363, 365–369, 372, 374, 376f., 435, 644
– *Alles ist einfach* 365
– *Haus ohne Menschen* 365
– *Privateigentum* 104, 239, 353, 360f., 366–369, 644
– *Spiegelland* 365
– *Wie es war* 365
– *Zweite Inventur* 353, 359f., 367–369
Düffel, John von 111
Duras, Marguerite 75

Ebert, Albert 104, 281, 301, 354, 387, 412
– *Aufforderung zum Tanz* 281, 301
Edition Neue Texte 280f., 353, 361–363, 599, 609
edition suhrkamp 23, 32, 47, 67, 69, 74, 76–78, 83, 98, 101, 105, 109, 214, 227, 238f., 250, 274, 276, 286, 322, 353, 356–358, 361–365, 374f., 385, 410, 412f., 423, 460, 494, 585, 590, 592, 599, 609–611
edition suhrkamp. Im Dialog. Neues deutsches Theater 76f., 590–592, 647
Edition Suhrkamp Leipzig 109
Ehe im Schatten 515
Ehlers, Heinrich 92
– *Königskinder* 92, 401
Eich, Günter 189, 337, 367, 369
Eichendorff, Joseph von 535
– *Aus dem Leben eines Taugenichts* 71, 535
Einert, Katharina 23, 81, 140, 341f.
Einhorn, Hinnerk 462
Eisler, Hanns 519
– *Roter Wedding* 519
Eliot, T. S. 60, 583, 592
Endler, Adolf 445
Engels, Friedrich 508, 519f.
Enzensberger, Hans Magnus 2, 11, 15, 23f., 26, 48, 53f., 68f., 74, 76, 80–82, 87, 113, 129, 133, 164f., 204–206, 212, 217, 247–265, 267–269, 271f., 274–277, 306, 314f., 334, 341, 356f., 384f., 389, 393, 395, 408, 424, 463–467, 469–471, 476, 503, 533, 536, 538, 540, 587, 596, 614, 651
– *Katechismus zur deutschen Frage* 82, 470
– *landessprache* 265
Enzyklopädie der Sowjetunion 511
Eppelsheimer, Hanns Wilhelm 75
Erb, Elke 7, 54, 99, 136, 143, 205, 211, 273, 354, 390, 547, 580f.
Erhard, Ludwig 196, 231, 397
Erler, Gotthard 99, 668
Ertl, Wolfgang 444, 448, 453f., 457, 461, 471f., 476
Eschenburg, Theodor 124, 549
Estermann, Monika 22, 25, 35, 307, 494

Faber, Elmar   100, 107 f., 482, 603, 607, 618, 630
Faber, Michael   482
Faktor, Jan   10 f., 49, 76, 105, 115, 119, 122, 132, 191, 204, 221, 232, 248, 304, 357, 378, 391, 425, 498, 638, 652
Farge, Arlette   26
Fassbinder, Rainer Werner   575
Faulkner, William   7, 210
Fauth, Hans   348 f., 373 f., 564
Fellinger, Raimund   26 f., 50, 109, 122, 432, 602, 614
– *Unseld. Sein Leben in Bildern und Texten*   20, 122
Feltrinelli, Giangiacomo   214
Film in der Südsee   512
Fischer, Samuel   59
Fleckhaus, Willy   68, 78, 217, 227, 286, 495
Fleißer, Marieluise   489, 653
– *Abenteuer aus dem Englischen Garten*   489
Fontane, Theodor   33, 74, 99, 263, 305, 552
– *Effi Briest*   263
– *Wanderungen durch die Mark Brandenburg*   305
Ford, Richard   109
– *Eifersüchtig*   109
Fortini, Franco   274, 651
Forum   37, 160, 174, 213, 354, 444
Foucault, Michel   1, 34, 293, 501
Franck, Leonhard   519
Franck, Margarete   46, 109, 198–200, 203 f., 207, 210–212
Frankenstein, Wolfgang   514
– *Die ersten Gäste*   514
Frankfurter Allgemeine Zeitung   69, 468
Frankfurter Hefte   69, 205
Friedrich, Heinz   132, 254, 267, 308, 349, 354, 373, 474, 650, 652 f.
Fries, Fritz Rudolf   18, 38, 40, 43, 46, 54, 71 f., 77, 81 f., 84 f., 87, 94, 103, 120, 187, 209, 214–217, 234, 281, 306, 308 f., 332–353, 356 f., 372 f., 379, 388, 390 f., 393–395, 400–404, 410, 415, 418, 420, 435, 470 f., 503, 535, 544, 546, 566, 605, 644 f., 651

– *Alexanders neue Welten*   333, 343, 373, 644
– *Bemerkungen anhand eines Fundes oder Das Mädchen aus der Flasche. Texte zur Literatur*   347
– *Das Luft-Schiff*   333, 373, 644
– *Das nackte Mädchen auf der Straße*   333, 343, 644
– *Der Fernsehkrieg*   333, 335, 339 f., 346, 644
– *Der Seeweg nach Indien*   343, 348, 644
– *Der Weg nach Oobliadooh*   71, 77, 81, 103, 187, 209, 215, 332–334, 391, 393, 400 f., 403, 470, 503, 535, 645
– *Die Väter im Kino*   348
– *Herbsttage im Niederbarnim*   348
– *Schumann, China und der Zwickauer See*   333, 644
– *See-Stücke*   333, 644
– *Verlegung eines mittleren Reiches*   333, 546
– *Viva América*   339, 644
Frisch, Marianne   412
Frisch, Max   26, 53 f., 60, 76, 150 f., 172, 245, 275, 306, 337, 412–414, 421, 572, 579, 583, 592, 610, 649–651, 653 f.
– *Aus dem Berliner Journal*   414
Frohn, Julia   8, 21, 54, 61, 173, 498
Frycia, Dieter   450
Fuchs, Werner   318, 494
– *Todesbilder in der modernen Gesellschaft*   318
Fuentes, Carlos   342
Fühmann, Franz   40, 42 f., 65, 85, 88, 90, 93 f., 98, 114, 175, 177 f., 195, 231, 234 f., 256, 306, 308–333, 336, 345 f., 350 f., 353–356, 358, 364 f., 367 f., 373, 379, 397, 402 f., 406, 418, 420, 423, 440, 504, 521, 546, 556–559, 563–566, 600, 605, 636, 645 f., 650
– *Bagatelle, rundum positiv*   310 f., 319–321, 562, 645
– *Das hölzerne Pferd. Die Sage vom Untergang Trojas und von den Irrfahrten des Odysseus*   326
– *Das Judenauto*   310, 324

- *Das mythische Element in der Literatur* 326
- *Das Nibelungenlied* 317, 560
- *Den Katzenartigen wollten wir verbrennen* 311, 330
- *Der Geliebte der Morgenröte* 311, 324, 330, 560, 565
- *Der Jongleur im Kino oder Die Insel der Träume* 310
- *Der Sturz des Engels. Erfahrungen mit Dichtung* 330
- *Die dampfenden Hälse der Pferde im Turm zu Babel* 311
- *Die Elite* 310
- *Erfahrungen und Widersprüche* 310 f., 317, 326, 645
- *Es wird einmal. Märchen für morgen* 310, 650
- *Fräulein Veronika Paulmann aus der Pirnaer Vorstadt oder Etwas über das Schauerliche bei E.T.A. Hoffmann* 323, 330
- *Freiheit im Treibhaus* 322
- *Im Berg* 311
- *Kabelkran und Blauer Peter* 310
- *König Ödipus* 310, 312, 321
- *Prometheus* 311, 313–315, 317f., 323, 326, 328, 556, 558, 560 f., 653
- *22 Tage oder Die Hälfte des Lebens* 178, 645

Fukuyama, Francis 142, 144
Funke, Christoph 157, 304
Füssel, Stephan 16, 22, 36 f., 46, 130
Füst, Milán 317, 558, 560
- *Herbstdüsternisse. Gedichte* 317, 558, 560

Galdós, Benito Pérez 342
García Lorca, Federico 342, 359, 651, 654 f.
Gastl, Julie 549
Geipel, Ines 413 f.
Genette, Gérard 12 f., 40, 227, 255, 279, 281, 500
George, Stefan 223, 284, 606, 654
- *Nach der Lese* 284
Georgi, Friedrich 170
Gerlach, Harald 92
- *Vermutungen um einen Landstreicher* 92
Gerlach, Rainer 61, 67 f.

Geschichte des deutschen Buchhandels im 19. und 20. Jahrhunderts 186
Gide, André 513
Gilcher-Holtey, Ingrid 16
Gilman, Sander L. 247, 650
Ginsburg, Jewgenija Semjonowna 10
- *Marschroute eines Lebens* 10
Giraudoux, Jean 535
- *La Folle de Chaillot* 535
Glatzer, Ruth 357 f., 373
Gnüchtel, Dietrich 362
Goethe, Johann Wolfgang von 6 f., 68, 99, 107, 128, 132, 149, 223, 267, 269 f., 595, 615, 618, 654 f.
- *Faust* 269 f.
Gohlke, Christian 23 f.
Goll, Philipp 16
González, Esteban 342
Gordimer, Nadine 109
- *Niemand, der mit mir geht* 109
Gorki, Maxim 509
Görlach, Erwin 514
- *Die Jugend der Welt kämpft für den Frieden* 514
Gorsen, Peter 318
Göschen, Georg Joachim 132
Gosse, Peter 92
- *Ausfahrt aus Byzanz* 92
Grass, Günter 20, 133, 165, 172, 204 f., 615, 649–651
- *Die Plebejer proben den Aufstand* 165, 204
Gratzik, Paul 92, 345 f., 546
- *Transportpaule* 92
Groebner, Valentin 16
Groffy, Christoph 525
Groß, Jens 48, 111, 654
Großmann, Karin 156
Grosz, George 608
Grotewohl, Otto 192, 512
Grünbein, Durs 41, 43, 54, 98, 103 f., 109, 111, 156, 239, 272 f., 277 f., 352–354, 366, 374–383, 385–388, 401, 412, 497, 504, 566, 569, 614, 645, 652
- *Grauzone morgens* 103, 239, 352, 374–376, 381, 383, 567, 569, 645
Gruner, Jürgen 183, 620

Grzimek, Bernhard 607
Grzimek, Sabine 364, 607f.
Guggenheimer, Walter Maria 68, 75, 196–201, 203, 205, 210, 503, 526, 530
Guillén, Nicolás 342, 651
Gulliver 70, 76
Günderrode, Karoline von 93, 421
Günther, Eberhard 10, 80, 92, 96, 98, 184, 312, 369, 458, 461f., 647, 649, 652
Günther, Thomas 105
Gütling, Peter 395–398, 637
Gutschke, Irmtraud 482
Gysi, Klaus 74f., 80, 163–165, 216, 392, 394

Haack, Hans-Joachim 180f.
Habermas, Jürgen 129, 146, 424
Hacke, Jens 133, 146f., 534
Hacks, Peter 62, 65, 74, 76f., 81f., 84, 92, 164, 252f., 257, 273f., 276f., 397, 533, 583–586, 588, 645, 650, 652f.
– *Das Poetische* 74, 645
– *Der Schuhu und die fliegende Prinzessin* 92
– *Stücke nach Stücke. Bearbeitungen* 253, 645
– *Zwei Bearbeitungen* 74, 253, 645
Häfner, Eberhard 105
Hager, Kurt 620f., 623, 635
Haid, Bruno 524, 619f.
Hallstein, Walter 4f., 88, 162, 167, 213
Hamm, Peter 133f., 613
Handke, Peter 26, 54, 245, 306f., 320, 393, 413, 424, 572, 575, 588, 591f., 613, 650, 653, 655
– *Die Hornissen* 393
– *Die Wiederholung* 246
– *Langsame Heimkehr* 320
– *Publikumsbeschimpfung* 592
Harich, Wolfgang 163, 215, 399f., 544, 619, 641, 651
Hartinger, Walfried 431, 444, 450, 458f., 461
Haufe, Eberhard 103
Hauff, Wilhelm 206, 516
Hauptmann, Elisabeth 59f., 81, 397, 462
Havel, Václav 413, 623, 653

Hecht, Werner 99–101, 109, 156, 641
Hegel, Georg Wilhelm Friedrich 207, 413
– *Werke in 20 Bänden* 413
Hegewald, Wolfgang 98
– *Das Gegenteil der Fotografie* 98
Heidegger, Martin 62
Heiduczek, Werner 92, 335, 635
– *Abschied von den Engeln* 335
– *Tod am Meer* 92
Hein, Christoph 53f., 103, 110f., 445, 494, 584–586, 599, 628, 647
– *Weiskerns Nachlass* 111
– *Willenbrock* 110
Heinemann, Gustav 149f., 177, 649
Heinze, Barbara 330f.
Heisig, Bernhard 287, 608
Heißenbüttel, Helmut 310, 651
Heist, Walter 489
Helmes, Heinz 609
Hensel, Kerstin 105, 107, 652
– *Im Schlauch* 107
– *Tanz am Kanal* 107
Herger, Wolfgang 472
Hermann, Matthias 4, 7, 10, 61, 106f., 645, 649, 652
– *72 Buchstaben* 106, 645
Hermlin, Stephan 81f., 95, 229, 318, 423, 438–442, 450f., 480, 566, 636, 646
Hertel, Anja 288
Herzfelde, Wieland 61
Hesse, Hermann 54, 58–60, 108, 123f., 126–128, 149, 307, 424, 591
– *Das Glasperlenspiel* 126
Heukenkamp, Rudolf 267, 271
Heukenkamp, Ursula 267, 271
Heuss, Theodor 139, 192
Hexelschneider, Erhard 137
Heym, Stefan 81, 566, 568, 650
Hilbig, Wolfgang 53, 97, 105, 239, 331, 415f., 604, 618, 626, 652
– *abwesenheit* 56, 97, 167, 171, 293, 415, 618
Hildebrandt, Dieter 2, 84, 87, 93, 113, 176, 503, 523, 525, 545, 649
Hildebrandt, N.N. 394
Hintermeier, Karl Hans 10, 80f.
Hiršal, Josef 82

Hirsch, Rudolf 78
Hofé, Günter 393
Hofer, Carl 514
Hoffmann, E.T.A. 46, 93, 95, 97, 310, 324, 327f., 330, 356, 564–566, 605
Hofmannsthal, Hugo von 60
Hölderlin, Friedrich 249, 254, 267f., 271, 442, 464, 598, 615, 653
Homer 325
Honecker, Erich 163, 231
Honnefelder, Gottfried 76, 525, 566, 655
Höpcke, Klaus 18, 45, 150, 406, 414f., 571, 618f., 623, 626, 629, 635
Horkheimer, Max 524
Hörnigk, Frank 110
Hottas, Joachim 458
Hübner, Uwe 105
Huchel, Nora Monica 90
Huchel, Peter 65, 74, 89f., 164, 177, 195, 212f., 229, 251, 318, 411f., 450, 521, 641
– Chausseen, Chausseen 74, 90
– Gedichte 521
– Gezählte Tage 90
Hüser, Rembert 16

Igel, Jayne-Ann 105, 652
il menabò 70
In diesem besseren Land. Gedichte der Deutschen Demokratischen Republik seit 1945 445
Izcaray, Jesús 342

Jaeggi, Rahel 29–31, 36, 117f., 120, 187, 220, 351, 424, 490
Jahn, Jürgen 549, 655
Jakobs, Karl-Heinz 2, 397
– Eine Pyramide für mich 397
Jakubeit, Peter 92
– Trallenwurzeln 92
Jandl, Ernst 594
Janka, Walter 61, 163f., 400
Jansen, Johannes 104–107, 650, 652
– Heimat. Abgang. Mehr geht nicht 105f.
– prost neuland 104
– Reisswolf 106
– Splittergraben 105f.
Jastram, Jo 287

Jauß, Hans-Robert 302, 304–306
Jendryschik, Manfred 90, 178, 231–233, 358, 646
– Die Fackel und der Bart. Dreiunddreißig Geschichten 90
– Frost und Feuer, ein Protokoll und andere Erzählungen 90, 178, 232, 646
– Glas und Ahorn. Achtundzwanzig Geschichten 90
Jentzsch, Bernd 369, 414, 450
Jerofejew, Viktor 109
– Tigerliebe 109
Jeske, Wolfgang 60, 78, 100, 274, 641
John, Erhard 137, 202
Johnson, Uwe 20, 26, 38, 46–48, 53–56, 65f., 68–73, 75f., 80f., 109, 111f., 120, 152, 169, 179, 187–189, 196–216, 221, 225f., 235, 237, 248, 274, 306f., 324, 337–340, 343, 346, 352, 365, 383, 385f., 388, 390f., 403f., 407, 411f., 418, 469, 493, 498, 503, 526, 529f., 596, 614, 641, 649, 651
– Das dritte Buch über Achim 71, 179, 206, 214
– Das Ostdeutsche Jahr 76
– Ingrid Babendererde 65, 68, 187, 196–198, 200–203, 206, 386, 503, 526–528
– Jahrestage 109, 179, 214, 498, 614
– Mutmassungen über Jakob 56, 66, 68f., 109, 187, 196, 200, 203–206, 209, 214, 386, 503, 530
– Über Johnson 69
– Zwei Ansichten 70f., 169
Jokostra, Peter 64
Jovellanos, Gaspar Melchor de 340
– Pan y Toros 340
Joyce, James 7, 183, 202, 393, 585, 595, 629, 655
– Ulysses 183
József, Attila 319
Jung, Franz 142, 196, 262, 439f., 443f., 450, 480, 482, 527, 653
Junge Welt 519
Jünger, Ernst 62, 136, 296, 566

Kachold, Gabriele 105, 652
Kafka, Franz 7, 599

Kalow, Marianne 545
Kamnitzer, Heinz 345f., 546
Kampmann, Elisabeth 30, 281, 308, 349, 419, 430
Kant, Hermann 80f., 84, 173–175, 229, 545, 566, 624
– *Die Aula* 80f., 174
– *Impressum* 174, 278, 434, 437, 450
Kant, Immanuel 143
– *Zum ewigen Frieden* 143
Kapp, Christoph 38, 205f., 622
Kasack, Hermann 60
Kässens, Wend 93, 664
Kästner, Erich 440
Kemenow, Wladimir Semjonowitsch 520
Kemper, Dirk 24, 28, 97, 102, 138f., 191, 498
Kerr, Alfred 60
Kesten, Hermann 214
Kieserling, André 16
Kiesinger, Kurt Georg 397
Kimmich, Dorothee 15
Kippenberg, Anton 147
Kipphardt, Heinar 67f., 583f., 588, 641, 650
Kirde, Kalju 102
Kirsch, Sarah 52f., 84, 229, 385, 444, 450, 604, 633, 649f.
Kirsten, Wulf 43, 103, 107, 330, 499, 646
– *Die Erde von Meißen* 103
Kittelmann, Hans-Joachim 89
Klein, Jenö 62, 180, 261, 283, 285f., 289f., 295, 397, 406, 647
Kleine Mainzer Bücherei 489
Kleist, Heinrich von 263, 422
– *Prinz Friedrich von Homburg* 263
Klemer, Arnold 395–397
Klenner, Jost Philip 291
Klessinger, Hannah 311
Klopstock, Friedrich Gottlieb 223, 254, 263
– *Für den König* 263
Knopf, Jan 100f., 275f.
Koeppen, Wolfgang 54, 307, 614, 649
Kögel, Maria Magdalena 122
Kohl, Helmut 151, 158, 296, 557
Köhler, Astrid 71, 301

Köhler, Barbara 105–107
– *Deutsches Roulette* 106
Köhler, Dr. 524
Köhler, Erich 92, 348f., 353, 373
– *Hartmut und Joana* 373, 646
– *Schrägschnitte* 92
Kolbe, Jürgen 356
Kolbe, Uwe 18, 41, 43, 45, 54, 57, 98, 104–106, 351–359, 361–369, 372, 374, 376, 385, 388, 408, 411–413, 415f., 418, 423f., 435, 491, 497, 571, 599f., 611, 613, 616, 618, 646, 652
– *Abschiede und andere Liebesgedichte* 106, 353, 358, 646
– *Bornholm II* 98, 106, 353, 364–366, 415, 599f., 603f., 608, 610, 646
– *Das Kabarett* 416
– *Die Farben des Wassers* 612
– *Diese Frau* 612
– *Gegenreden* 612
– *Hineingeboren* 34, 56f., 96, 98, 106, 112f., 353–355, 358, 361–363, 366, 376, 494, 599, 608, 610, 646
– *Lietzenlieder* 612
– *Nicht wirklich platonisch* 612
– *Renegatentermine* 423f., 617f.
– *Vaterlandkanal. Ein Fahrtenbuch* 646
– *Vineta* 424, 612
Kollektiv Gericke/Zank 514
– *Am Schluß der Wettbewerbsbesprechung* 514
Kolleritsch, Alfred 605, 613
Kondrup, Johnny 13
Königsdorf, Helga 53, 92
– *Meine ungehörigen Träume* 92
Konrád, György 397
– *Der Besucher* 397
Kopytoff, Igor 44, 352, 429
Krag, Jens Otto 410
Krätzer, Jürgen 317, 328f., 354, 356, 359, 366
Krauß, Angela 7, 18f., 43, 53, 104–106, 224, 227, 239, 278–286, 289–292, 294, 296–304, 306, 350f., 353, 356, 358, 386, 410, 435, 497, 646f., 652
– *Das Vergnügen* 53, 104, 227, 279f., 282, 285, 290, 294–302, 647

– *Glashaus/Kleine Landschaft* 282 f., 284 – 286, 289 f., 295, 647
Krauss, Werner 33, 63
Kretschmar, Georg 514
– *Auf verantwortungsvollem Posten* 514
Krleza, Miroslav 530
– *Bankett in Blitwien* 530
Kroetz, Franz Xaver 575, 651, 654
Krolow, Karl 359, 363, 367, 649
– *Die Wärme, die Kälte des Körpers des Andern. Liebesgedichte* 363, 367
Krüger, Ingrid 95
Krüger, Michael 356, 613
Kuhrt, Rolf 431, 481–484
Kunert, Günter 53, 65, 74, 82, 84, 164, 195, 229, 248 f., 251, 253, 257–262, 264, 273, 276 f., 331, 356, 381, 503, 521, 533 f., 566, 588, 649 f.
– *Erinnerung an einen Planeten* 258, 262
– *Wegschilder und Mauerinschriften* 195, 521
Kung-fu-tse 569
Kunze, Reiner 53, 229, 241, 385, 411, 622–624, 643
– *Die Wunderbaren Jahre* 241
kürbiskern 79, 115, 249
Kurbjuhn, Charlotte 45, 223, 279 f., 374, 409, 429, 500
Kursbuch 24, 82 f., 165, 169, 204 f., 260, 262, 334, 385, 395, 470 f., 544, 586 f., 651

Lampart, Fabian 311, 326
Lance, Alain 18, 346, 481
Lang, Lothar 67 f., 77 f., 84, 164, 287 f., 587 f., 647
Lange, Hartmut 18, 68, 77 f., 84, 250, 392, 408 f., 584, 586, 589 f., 650
– *Der Hundsprozeß* 78, 647
– *Die Gräfin von Rathenow* 587, 647
– *Marski* 77, 250, 587 f., 647
– *Senftenberger Erzählungen* 78
Lange-Müller, Katja 53, 98, 604
– *Wehleid – wie im Leben* 98
Langermann, Martina 440 f., 445, 472
Lanzendörfer, Franz 387

Laxness, Halldór 489
– *Die Islandglocke* 489
Ledig-Rowohlt, Heinrich Maria 10, 129
Leeder, Karen 255, 481
Leese, Daniel 16
Lehmann, Hans-Thies 598, 649 f.
Lehmann, Jürgen 92
– *Strandgesellschaft* 92
Lehmann, Wilhelm 60
Lehnert, Christian 106
– *Der gefesselte Sänger* 106
Lem, Stanisław 102, 650–652
– *Nacht und Schimmel* 102
Lemke, Helmut 410
Lenin, Wladimir Iljitsch 189, 259, 508 f., 512, 515
Lenz, Siegfried 150, 649
Lenz, Werner 92
– *Wie Graßnick seinen Steinkauz fliegen ließ* 92
Lepper, Marcel 16
Lersch, Edgar 22, 35, 494
Leske, Hans Peter 450
Leuchtenberger, Katja 38, 69, 339
Leusink, Andreas 597
Lewandowsky, Volker 374
Licht, Wolfgang 92
– *Bilanz mit vierunddreißig oder Die Ehe der Claudia M.* 92
Liebling Kreuzberg 246
Liebmann, Irina 105, 652
Lindemann, Gisela 115, 426
Lindner, Sebastian 5, 138, 163
Links, Christoph 186
Löbe, Paul 189
Loerke, Oskar 63
Löffler, Hans 357
– *Wege. Gedichte und Geschichten* 357
Löffler, Katrin 301 f.
Lokatis, Siegfried 7, 20, 25, 186, 441, 472
Lorenz, Peter 552
Loschütz, Gert 499, 647
Lowell, Robert 413
– *Für die Toten der Union. Gedichte* 413
Lübke, Heinrich 150, 170, 192
Ludwig, Janine 1, 98, 113, 325, 355, 653

Luhmann, Niklas   107f., 140–144, 153f., 158, 424, 496, 504, 547f.
– *Protest. Systemtheorie und soziale Bewegungen*   141
Lützeler, Paul Michael   16, 411
Luxemburg, Rosa   508

Magritte, René   285, 291, 295
Magritz, Kurt   514
Majakowski, Wladimir   189, 422, 449, 509
Malik, Rachel   28, 39, 61, 222, 464
Mann, Heinrich   506
Mann, Klaus   482
Mann, Thomas   7, 60, 498, 530
manuskripte   369, 605
Marchwitza, Hans   521–523
– *Roheisen*   521, 523
Marcuse, Herbert   318, 385, 524
– *Versuch über der Befreiung*   385
Marmulla, Henning   24
Maron, Monika   53, 98, 604
– *Flugasche*   98, 604
Marquardt, Hans   564
Marré, Heribert   104, 385, 460, 525
Marten, Catherine   500
Martus, Steffen   15f., 28–30, 115, 224, 279, 284, 292
Marx, Karl   41, 189, 462, 508, 510, 523
Mattheuer, Wolfgang   279f., 285–288, 290–292, 294f., 297f., 300f., 303
– *Das vogtländische Liebespaar*   290, 294
– *Die Ausgezeichnete*   301
– *Ein weites Feld*   287f., 295
Matthies, Frank-Wolf   43, 98, 354, 412, 647
– *Das Überleben herrscht den ganzen Tag*   98
– *Tagebuch Fortunes*   98, 647
May, Gisela   399
Mayer, Brigitte Maria   599
Mayer, Hans   1f., 7, 20, 56, 62–67, 74f., 101, 196, 225, 251, 526, 544, 618, 641, 643, 649
McKeown, Thomas   362
Meckel, Christoph   606
Meinecke, Friedrich   138
Meinke, Erhard   514
– *Bereit, für den Frieden sterben*   514

Mensching, Steffen   92, 105, 652
– *Erinnerung an eine Milchglasscheibe*   92
Menzel, Gerhard W.   92
– *Die Truppe des Molière*   92
Meuser, Miriam   355
Michaelis, Rolf   53, 234
Michalski, Claudia   23
Michalzik, Peter   37, 83, 109, 122–124, 129f., 194f.
Michel, Karl Markus   76, 82f., 85, 87, 139f., 173–175, 228–230, 470, 503, 545f., 581, 651, 653f.
– *Katechismus zur deutschen Frage*   82, 470
Michels, Hermann   287
Michels, Volker   545
Michelsen, Hans Günter   592, 650, 653
– *Stienz*   592
Mickel, Karl   2, 79f., 84, 92, 227, 248–257, 260–272, 274f., 277, 356, 445, 450, 497, 503, 536, 588, 651
– *Eisenzeit*   267
– *Gelehrtenrepublik*   80, 92, 256, 272
– *Lachmunds Freunde*   80
– *Vita nova mea*   80, 262f., 266, 503, 536
Mieth, Günter   269f.
Mikado   413, 599, 604
Mischke, Christian   482
Mitscherlich, Alexander   129, 169, 524
– *Die Unwirtlichkeit unserer Städte*   169
Mittag, Günter   621
Mittenzwei, Werner   8, 10, 99f., 641
Mohr, Arno   124, 314, 354, 514
– *Landaufteilung 1945*   514
Molière   582
Molina, Tirso de   341f.
– *Die fromme Marta*   341
Morgenblatt für Freunde der Literatur   206
Morgenstern, Christian   80
– *Galgenlieder*   80
Morgner, Irmtraud   53, 651
Mosebach, Martin   109
– *Stilleben mit wildem Tier*   109
Mosès, Stéphane   544
Mozart, Wolfgang Amadeus   271
Mühsam, Erich   482
Müller, Anna   599
Müller, Beate   21

Müller, Christoph 370
Müller, Corinne 203
Müller, Gesine 15
Müller, Heiner 53f., 67, 76f., 80, 84, 87,
    93f., 103, 107, 109f., 164, 188, 215f.,
    245, 272–274, 276–278, 369, 375, 379,
    392f., 396f., 413, 541, 580, 582, 584–
    586, 588–591, 596–599, 647, 649–
    651, 653–655
– *Der Lohndrücker* 586, 588
– *Die Hamletmaschine* 654
– *Die Korrektur* 586
– *Die Umsiedlerin oder Das Leben auf dem
    Lande* 215f.
– *Gesammelte Irrtümer* 599
– *Geschichten aus der Produktion 1* 597
– *Herakles* 77, 586f., 589f., 647
– *Horatier* 586
– *Mauser* 586, 654
– *Philoktet* 77, 393, 585f., 589f., 647, 653
– *Quartett* 590, 655
– *Werke* 110, 277, 596, 598f.
Müller, Inge 92, 586
– *Wenn ich schon sterben muß* 92
Müller, Klaus Detlef 100
Müller-Schwefe, Hans-Ulrich 98, 412, 602
Mundstock, Karl 8
Museum der modernen Poesie 81

*Nachrichten aus Deutschland, Lyrik, Prosa,
    Dramatik. Eine Anthologie der neueren
    DDR-Literatur* 230, 261
Naumann, Manfred 305
Népszabadság 155
Neruda, Pablo 81, 440
Neske, Günther 62
Neue Deutsche Literatur 444
Neue Rundschau 59, 424, 605
Neues Deutschland 145
Neumann, Gabriele 93
Neumann, Gert 53, 98
– *Die Schuld der Worte* 98
Neuss, Wolfgang 253f.
– *Wolf Biermann, Ost, zu Gast bei Wolfgang
    Neuss, West* 254
Neutsch, Erik 2, 626

Nezval, Vítězslav 556
– *Auf Trapezen* 556
Ngugi wa Thiong'o 362
Niefanger, Dirk 1, 34
Nizon, Paul 424, 649
Nolte, Ernst 144, 146
Nolte, Ulrich 16
Nono, Luigi 594
Norrick-Rühl, Corinna 22
Novak, Helga M. 229
Nowotny, Joachim 92, 281f.
– *Letzter Auftritt der Komparsen* 92

Opitz, Detlev 97, 105, 281, 414, 652
Ostheimer, Michael 298

Pabst, Stephan 11, 144, 240
Palitzsch, Peter 134
Palm, Johann Phillip 132
Papenfuß-Gorek, Bert 105, 652
Park 339, 605, 644, 655
Paul, Jean 71, 546
Paul, Morten 23
Pavel, Hans-Joachim 585
Paz, Octavio 342
Pech, Kristian 92
– *Die Mützentransaktion* 92
Pedretti, Erica 245, 649
Penzoldt, Ernst 59f., 307
Petras, Arnim 111
Petsch, Florian 80, 213
Petzel, Jörg 331
Petzinna, Berthold 62, 159–161, 171f.,
    389f., 394, 398
Phaicon 101
Phantastische Bibliothek 101f., 651f.
Piscator, Erwin 594
Plenzdorf, Ulrich 53f., 88, 90f., 94, 96,
    106, 108, 177f., 231–235, 241, 373, 406,
    494, 580, 605, 647f., 653, 655
– *Die Legende vom Glück ohne Ende* 91
– *Die neuen Leiden des jungen W.* 53, 90,
    178, 232–234, 647f., 653, 655
Plöschberger, Doris 16
Poche, Klaus 98
Podewski, Madlen 14, 43, 113, 222, 279,
    303, 435, 449

Poesie 76
Poesiealbum 369, 414
Pohlmann, Jens 596
Polaris 101
Porombka, Stephan 14f., 33, 221, 224
Pound, Ezra 568
Prignitz, Ingrid 330f.
Proudhon, Pierre-Joseph 509
Proust, Marcel 202
Pulver, Elsbeth 367

Quarber Merkur 102
Quevedo, Nuria 340, 345f., 546

Rach, Rudolf 18, 25, 45, 93, 152, 571, 651
– *Alles war möglich '39 bis '86* 571
– *Eine französische Geschichte* 571
– *Gleich nebenan. Pariser Jahre '86 bis '20* 571
Raddatz, Fritz J. 1–3, 8–14, 52, 79, 86, 234, 250, 263, 387, 401, 426
– *Traditionen und Tendenzen. Materialien zur Literatur der DDR* 3, 11
Ragwitz, Ursula 621, 623
Rathenow, Lutz 105, 239, 587, 647, 652
Raue, Peter 597
Reallexikon der deutschen Literaturwissenschaft 436
Reich, Konrad 88, 90, 194, 234, 312, 345, 347, 369, 373, 404, 406, 414, 513, 553f., 645
Reich-Ranicki, Marcel 80, 110, 152, 234f., 320, 328, 426, 605
Reich-Ranicki, Teofila 320
Reichert, Klaus 83
Reimann, Andreas 92, 494
– *Das ganze halbe Leben* 92
Reinhart, Familie 60, 78, 295, 298–301
Reinig, Christa 385
Renn, Ludwig 65, 177, 194f., 327, 520f.
– *Adel im Untergang* 520
Reuter, Wolfgang 397, 652
Rheinberger, Hans-Jörg 279
Richter, Bernt 249, 262–264
Richter, Hans 328
Richter, Nikola 16
Richter, Sandra 15f., 115

Riedel, Volker 206, 326f., 650
Rimbaud, Arthur 442
Ritzerfeld, Helene 62, 67, 566, 583
Robinson, Benjamin 312, 331f.
Rochefort, Christiane 75
Rodrian, Fred 564
Roehler, Klaus 404
Rojas, Fernando de 342
Rolin, Dominique 75
Romero, Elvío 342
Rosellini, Jay Julian 258, 472
Rosenlöcher, Thomas 105
– *Die verkauften Pflastersteine* 107
– *Die Wiederentdeckung des Gehens beim Wandern* 107
Rosenthal, Manfred 60
Roth, Joseph 95, 179, 482, 653–655
Rottensteiner, Franz 102f., 649–652
Rowohlt, Ernst 161f.
Różewicz, Tadeusz 82
Rühe, Volker 157f., 543
Rüther, Günter 10, 312

Sabais, Heinz Winfried 152
Sachs, Heinz 46, 87, 105, 335, 338
Saeger, Uwe 105, 652
Sämann, Wolfgang 92
– *Das Haus des Dr. Pondabel* 92
– *Der Anfang einer Reise* 92
– *Der Lichtblick* 92
Sarkowski, Heinz 78f.
Sarkozy, Nicolas 581
Saur, Karl G. 186
Sawitzsch, Owadig 397
– *Die imaginäre Gesellschaft* 397
Schadewaldt, Wolfgang 549
Schedlinski, Rainer 105–107, 648, 652
– *die rationen des ja und des nein* 106, 648
Scheib, Hans 612
Schildt, Axel 4, 16
Schiller, Johann Christoph Friedrich 99, 132, 205, 465, 587, 615
Schimansky, Hanns 282f., 286
Schirmer, Gisela 287
Schirrmacher, Frank 110
Schleef, Einar 94, 499, 641, 655
Schlenstedt, Dieter 43, 305f., 462

Schlenstedt, Silvia 442, 460, 466
Schlesinger, Klaus 98, 241, 397, 604, 616
– *Matulla und Busch* 98
– *Michael* 97, 281, 286, 397, 411, 495, 650, 652
Schmid, Carlo 124, 304
Schmidt, Arno 533, 652
Schmidt, Helmut 146, 149 f., 504, 552, 554, 616
– *Kritischer Rationalismus und Sozialdemokratie* 150, 552
Schmitt, Hans-Jürgen 310 f., 327, 367, 440–443, 451, 643
Schmitz, Walter 387 f., 412
Schneider, Peter 615
Schneider, Reinhold 60
Schneider, Rolf 98, 566, 616, 623, 649
Schneider, Ute 22, 86
Schnitzler, Karl-Eduard 157 f., 543
Schnurre, Wolfgang 133
Schoeller, Wilfried F. 311
Scholem, Gershom 593, 595
Scholl, Hans 123
Scholtyseck, Joachim 133
Schönberg, Arnold 519
Schöne Aussichten. Prosa aus der DDR 239
Schröder, Rudolf Alexander 59 f., 307
Schuch, Wolfgang 580, 585, 597
Schulz, Genia 94, 598
Schulze, Axel 92
– *Kirschenzeit* 92
Schumann, Horst 446
Schütz, Stefan 93, 107, 189, 196, 231, 292, 586, 653 f.
– *Galaxas Hochzeit* 107
Schweriner Landeszeitung 512
Science Fiction der Welt 102
Seel, Eberhard 197, 284, 509, 526
Segebrecht, Wulf 367
Seghers, Anna 8, 56, 63–66, 85, 87 f., 175, 194 f., 346, 418, 489 f., 492, 520–523, 546, 638, 648
– *Anna Seghers aus Mainz* 489
– *Aufstand der Fischer von St. Barbara* 63 f., 346, 648
– *Das siebte Kreuz* 8, 64

– *Die schönsten Sagen vom Räuber Woynok* 64, 648
– *Die Toten bleiben jung* 63, 521
– *Sonderbare Begegnungen* 489
– *Wiedereinführung der Sklaverei in Guadeloupe* 64, 648
Seibt, Gustav 261
Seiler, Lutz 111 f.
– *Kruso* 111
– *pech&blende* 111
Senghor, Léopold Sédar 129
Shakespeare, William 582, 652
Shaw, Bernard 583, 592, 653
Shoham, Caim 246
Sie tanzte nur einen Sommer 516
Sieben Rosen hat der Strauch. Deutsche Liebesgedichte und Volkslieder von Walther von der Vogelweide bis zur Gegenwart 445
Simm, Hans-Joachim 613
Sinn und Form 74, 77, 103, 164, 213, 215, 236, 319, 354 f., 375, 378, 382, 407, 450 f., 454, 457 f., 462, 605 f.
Sitte, Willi 287
Slupianek, Benno 74, 211 f., 251
Sonnenpferde und Astronauten. Gedichte junger Menschen 444
Sonntag 20, 34, 147 f., 163, 444, 653
Spectaculum 76, 78, 107, 413, 590–592, 652–655
Spectaculum. Texte moderner Filme 76
Spectaculum. Texte moderner Hörspiele 76
Spectaculum. Texte moderner Opern 76
Spieß, H.A. 514
– *Internationaler Kindertag in Druxberge* 514
Spoerhase, Carlos 16, 28, 224, 279
Sprache im technischen Zeitalter 70
Sprengel, Marja-Christine (ehemals Grüne) 23, 50, 241, 314, 316, 350, 372
Springer, Axel 89, 615
Stachanow, Alexei Grigorjewitsch 509
Stalin, Josef Wissarionowitsch 259, 506, 508 f., 515, 642, 651
Stangl, Reinhard 612
Stanitzek, Georg 16
Staudt, Rolf 89, 95, 181, 183–185, 566

Staudte, Wolfgang 515
– *Die Geschichte vom kleinen Muck* 516
– *Die Mörder sind unter uns* 515
– *Rotation* 515
Stein, Stefan 92, 132, 266, 268, 355, 477–479
– *Wolfsmilch* 92
Steiner, George 66, 89, 127, 649
Steinert, Hajo 105, 652
Steinmüller, Angela 102, 648, 652
– *Der Traum vom Großen Roten Fleck* 102, 648
– *Pulaster* 102, 648
Steinmüller, Karlheinz 102, 648 f.
– *Der Traum vom Großen Roten Fleck* 102, 648
– *Pulaster* 102, 648
Stiegler, Bernd 15
Stolper, Armin 92, 556, 651
– *Die Karriere des Seiltänzers* 92
Stoph, Willi 623 f.
Storz, Gerhard 549
Stramm, August 482
Strausfeld, Michi 342–344
Strittmatter, Erwin 65, 92, 195, 521, 624
– *Katzgraben* 521
– *Der Wundertäter* 622
Strützel, Dieter 472
Süddeutsche Zeitung 170, 290, 630
Suhrkamp, Peter 16, 58–66, 161, 199 f., 202 f., 210, 273, 416, 540, 583, 591, 593 f., 615
suhrkamp spectaculum 76
suhrkamp taschenbuch 286, 289 f., 294, 317, 321, 489
suhrkamp wissen 16, 27, 76
Szaniawski, Jerzy 139 f.

Tägliche Rundschau 514
Tarkowski, Andrei Arsenjewitsch 601
Taubert, Sigfred 170, 649
Teichmann, Hans-Dieter 85, 545
Teller, Johanna 417
Teller, Jürgen 390, 417, 549
Tellkamp, Uwe 111, 156
– *Der Turm* 111
Text+Kritik 331

Thälmann, Ernst 518
Theater der Zeit 77
Theater heute 370, 576, 651
Theile, Gert 327
Theisohn, Philipp 14
Thron, Helga 367 f.
Töpelmann, Sigrid 360
Torberg, Friedrich 135
Trakl, Georg 330, 559, 564 f.
Trampe, Wolfgang 92
– *Verhaltene Tage* 92
Trolle, Lothar 93, 413, 599
Tschuang-tse 569
Tübke, Werner 287
Tucholsky, Kurt 482

Über Koeppen 322
Uhse, Bodo 450, 454, 658
Ulbricht, Walter 2, 6, 11, 64, 73, 163, 270, 511–513, 548
Ulmer, Konstantin 6, 8, 21, 30, 64, 85, 124, 426
Unseld, Hildegard 549
Unseld, Joachim 360, 364, 378, 525, 607, 614
Unseld, Ludwig 122
Unseld, Siegfried 1–3, 8–11, 16, 20, 25 f., 36 f., 48, 50–52, 54, 56, 59, 65–68, 73–79, 81, 83, 87, 89–91, 93, 95, 99–102, 105–111, 118–140, 142–144, 146–158, 160, 162–170, 172, 177–182, 185–196, 198–205, 207–209, 211–217, 228, 231, 236, 242, 244 f., 248–253, 262 f., 273, 278, 291, 306 f., 310, 312, 316, 318–320, 322, 328–330, 334, 336–343, 347 f., 356, 360, 364, 372, 375, 378, 384, 386 f., 390–392, 394–396, 399 f., 402–403, 405–407, 410–412, 414, 416–418, 420–424, 427, 462 f., 467–469, 493, 495 f., 503–505, 525, 543–548, 550, 552, 554 f., 559, 561–565, 572–576, 578, 583, 588, 591–597, 599, 602, 607, 612–618, 629–631, 635, 649
– *Begegnungen mit Hermann Hesse* 123 f., 126 f.

– *Chronik* 10, 25f., 36, 47–51, 83, 87, 100, 105–107, 109, 125f., 130, 142, 146, 150–152, 202, 214, 310, 320, 344, 375, 406f., 421, 427, 594, 596, 629
– *Der Autor und sein Verleger* 37, 59, 128, 130
– *Goethe und seine Verleger* 128, 248
– *Hermann Hesses Anschauung vom Beruf des Dichters* 126
– *Ins Gelingen verliebt sein* 27, 418
– *Marienbader Korb* 286, 291
– *Peter Suhrkamp. Eine Biographie* 58
– *Verleger als Beruf* 83, 151
Unseld-Berkéwicz, Ulla 150, 320
Urban, Peter 83f., 139

Valéry, Paul 579
– *Sur la Littérature* 579
Vallejo, César 342
Vogt, Jochen 60, 254f.
Voigt, Fritz-Georg 99, 356, 395, 524
Voit, Friedrich 59, 306f.
Völker, Klaus 404, 651
Volkskunst 506, 511f.
Völlger, Winfried 92
– *Verwirrspiel* 92, 401
Vörös, Karoly 155

Wagenbach, Klaus 80, 213
Wagner, Bernd 413, 599, 645
Wallraff, Günter 626
Walser, Martin 26, 40, 53f., 68, 75f., 81, 84, 103, 113, 133, 179, 214f., 242–245, 248f., 320, 332f., 337, 362, 385, 395, 413, 424, 482, 503, 535, 574–576, 588, 596, 614, 630, 649–651, 653f.
– *Ein fliehendes Pferd* 243f.
– *Tod eines Kritikers* 320
– *Überlebensgroß Herr Krott* 588
Walser, Robert 595
Walter, Otto F. 35, 48, 60, 77, 231, 246, 313, 489, 649, 652
Walther, Joachim 395, 413, 628, 638, 650
Wandel, Paul 518
Wander, Maxie 53, 455
Wang, Helen 16

Weber, Max 151
– *Politik als Beruf* 151
Weber-Kellermann, Ingeborg 183
– *Die Kindheit. Eine Kulturgeschichte* 184
Weder, Christine 3, 8, 14, 135, 181, 295, 336, 345, 349, 569, 575
Wegmann, Thomas 16
Weigel, Helene 59, 81f., 134–137, 139, 197, 204f., 273, 462, 504, 550, 552, 584, 586
Weill, Kurt 519
Weiskopf, Franz Carl 2
Weiss, Peter 24, 53f., 169, 274, 362, 469, 524, 588f., 591–594, 649f., 653f.
– *Die Ermittlung* 169, 593, 654
– *Marat/Sade* 589, 591
– *Trotzki im Exil* 524
Weiss, Rainer 277f., 571
Weissberg, Liliane 15
Weizsäcker, Richard von 151, 650
Wekwerth, Manfred 134, 584, 649
Wellm, Alfred 92, 625
– *Morisco* 92, 625
Die Welt 214
Welt der Literatur 77
Welzer, Harald 16
Wendisch, Trak 361, 363f., 608
Wenzel, Hans-Eckart 92, 654
– *Lied vom roten Mohn* 92
Weyrauch, Charlotte 23, 32, 350
Widmer, Urs 83, 87, 335
Wiedenmann, Rainer E. 419
Wieland, Magnus 16, 292
Wiemers, Adalbert 89
Wiener, Oswald 102, 135, 155, 543, 594, 653
Wiens, Paul 345f., 546
Wilke, Insa 157, 370f.
Willson, Leslie A. 411
Wirth, Andrzej 82
Wirth, Uwe 16
Witsch, Joseph Caspar 62, 96, 131, 354, 422
Wittkopf, Rudolf 342, 651f.
Wolf, Christa 53, 84f., 93, 110f., 175, 229, 323, 331f., 335f., 346, 408, 418, 420–423, 494, 546, 604, 628, 649
– *Der geteilte Himmel* 93, 335

– *Eulenspiegel* 93
– *Kassandra* 346, 421
– *Kindheitsmuster* 421
– *Mit anderem Blick* 336, 422
– *Nachdenken über Christa T.* 175, 233, 335f., 420
– *Stadt der Engel oder The Overcoat of Dr. Freud* 111
Wolf, Friedrich 65, 195, 521
– *Professor Mamlock* 521
– *Zyankali* 521
Wolf, Gerhard 444, 458f.
Wolf, Sabine 21
Wölfel, Ute 5, 296f., 300
Wolff, Karl Dietrich 286, 598
Wollenschläger, Hans 183
Wolter, Christine 92
Wruck, Peter 33, 43, 305
Wunderlich, Gert 431, 481, 483, 485

Yacine, Kateb 75, 210
– *Nedschma* 210

Zajas, Paweł 24, 30, 125
Zander, Heinz 92
– *Stille Landfahrten* 92
Zeeh, Burgel 48, 76, 128, 375f., 378, 385, 400, 402, 503, 544, 572
Zeiske, Mathias 16
Die Zeit 77, 80, 154, 170, 172, 210, 239, 242f., 366, 393
Zeller, Eugen 123
Ziem, Jochen 68, 470f., 650f.
Zimmer, Dieter E. 10, 210, 369, 452, 618
Zimmermann, Hans Dieter 22
Zuckmayer, Carl 60
Zweig, Arnold 20, 63, 65, 194f., 520f.
– *Erziehung vor Verdun* 520

www.ingramcontent.com/pod-product-compliance
Lightning Source LLC
Chambersburg PA
CBHW051551230426
43668CB00013B/1814